이렇게 기막힌 적중률

필기 + 실기

올인원
All in one

정보처리산업기사
1권·이론서

26
·2026년 수험서·
수험서 47,000원

강희영, 정선아 공저

 막판정리 핸드북
Key Point 핵심 자료집 증정

 CBT 서비스
시험장 환경 완벽 적응 가능

 스터디 카페
질문/답변 및 이벤트 참여

YoungJin.com Y.
영진닷컴

저자·강사·감수자·베타테스터
이기적 크루를 찾습니다!

- ■ 접수 방법 : 온라인 접수
- ■ 문의 : book2@youngjin.com
- ■ 접수 분야 : 수험서 전 도서
- ■ 세부 사항

1. 저자·강사
요건 : 관련 강사, 유튜버, 블로거 우대
혜택 : 이기적 수험서 저자·강사 자격
　　　집필 경력 증명서 발급

2. 감수자
요건 : 관련 전문 지식 보유자
혜택 : 도서 내 감수자 이름 기재
　　　저자 모집 시 우대(우수 감수자)

3. 베타테스터
요건 : 관련 수험생, 전공자, 교사/강사
혜택 : 활동 인증서 & 참여 도서 1권
　　　영진닷컴 쇼핑몰 30,000원 적립
　　　스타벅스 기프티콘(우수 활동자)
　　　백화점 상품권 100,000원(우수 테스터)

상시 모집 중 ▶

1판 1쇄 발행 2025년 7월 25일

저자 강희영, 정선아 공저
발행인 김길수
등록 2007. 4. 27 제 16-4189호
기획 김선희
디자인 임정원, 강민정, 김소연
제작 황장협
주소 (우)08512 서울특별시 금천구 디지털로9길 32 갑을그레이트밸리 B동 10층 (주)영진닷컴
ISBN 978-89-314-7976-8

발행처 (주)영진닷컴
총괄 이혜영
영업 박준용, 임용수, 김도현, 이윤철
내지 편집 박수경
인쇄 예림
가격 47,000원

이 책을 무단 복사, 복제, 전재하는 것은 저작권법에 저촉됩니다.
인쇄나 제본이 잘못된 도서는 구입처에서 교환해 드립니다.

01 정보시스템 기반 기술

1. 운영체제(OS, Operating System)
- 정의 : 컴퓨터 시스템의 하드웨어와 소프트웨어 자원을 효율적으로 관리하고, 사용자와 컴퓨터 간의 인터페이스를 제공하는 시스템 소프트웨어
- 주요 기능 : 사용자 인터페이스 제공, 자원 관리 및 스케줄링, 오류 처리, 자원 공유 및 보호, 시스템 초기화 유지

> 목적 : 처리량의 향상, 반환시간의 단축, 신뢰성의 향상,
> 사용 가능도의 증대 + 시스템 성능 향상, 사용자 인터페이스 제공 등

2. 운영체제 성능 평가 기준 ✨

처리량(Throughput)	단위 시간 내 처리 작업 수
반환시간(Turnaround Time)	작업 시작부터 결과 반환까지 걸리는 시간
신뢰성(Reliability)	결과의 정확성
사용 가능도(Availability)	사용 가능 시간 비율

3. 운영체제의 구성

1) 제어 프로그램(Control Program) : 시스템 전체의 움직임을 감시 감독 관리 및 지원

감시 프로그램 (Supervisor Program)	작업의 향상 및 시스템 전체의 작동 상태를 감시/통제
작업 제어 프로그램 (Job Control Program)	여러 업무를 처리하고 다른 업무로의 전환을 자동적으로 수행하기 위한 준비 및 제어
데이터 관리 프로그램 (Data Management Program)	시스템에서 취급하는 파일과 데이터를 효과적인 방법으로 관리할 수 있도록 함

2) 처리 프로그램(Processing Program) : 주어진 문제를 응용 프로그램 감독 하에 실제 데이터 처리

언어 번역 프로그램 (Language Translator Program)	프로그램 언어로 작성된 원시 프로그램을 컴퓨터가 이해할 수 있는 기계어로 번역해 주는 프로그램(어셈블러, 컴파일러, 인터프리터 등)
서비스 프로그램 (Service Program)	사용자가 편리하게 작업할 수 있도록 작성되어진 프로그램
문제 프로그램(Problem Program)	특정 업무 문제를 위해 사용자가 작성한 프로그램

4. 처리 방식에 따른 분류

일괄 처리 시스템 (Batch Processing System)	자료를 모아 일괄 처리, CPU 유휴 시간 많음
실시간 처리 시스템 ⭐ (Real Time System)	입력 즉시 처리, 정해진 시간 내 수행 보장, 재현 불가, 임의 도착 데이터 처리 필요
시분할 시스템(Time Sharing System)	사용자에게 짧은 시간씩 CPU 분배
다중 프로그래밍 시스템 (Multi programming systerm)	여러 프로그램을 동시에 메모리에 적재
다중 처리 시스템	여러 CPU 활용
분산 처리 시스템	여러 컴퓨터로 작업 분산

— 주(Master) 프로세서와 종(Slave) 프로세서

5. Windows 운영체제의 특징

- GUI 기반 인터페이스
- 보안 기능 상대적으로 낮음
- NTFS 파일 시스템 사용

6. UNIX 구조 및 특징 ⭐

커널(Kernel)	하드웨어 직접 제어
쉘(Shell)	사용자 명령 해석

7. 프로세스의 정의
- 정의 : 실행 중인 프로그램, PCB로 관리됨
- 특징 : PCB 소유, 병행 수행 가능, 비동기적 수행

8. PCB(Process Control Block)
- 역할 : 프로세스의 상태 정보를 저장하는 자료 구조
- 포함 정보 : 식별자(PID), 프로세스 상태, 레지스터 값, 메모리 포인터, 우선순위 등

9. 프로세스 상태 전이 ★*

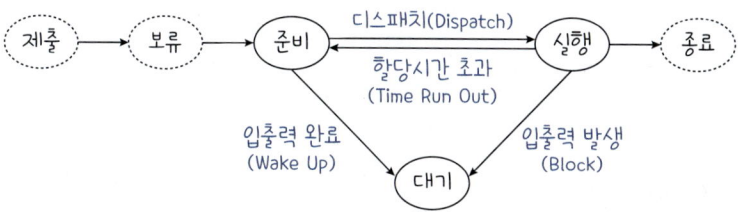

보류(pending)	작업이 디스크에 저장된 상태
준비(ready)	CPU 할당을 기다리는 상태
실행(running)	CPU가 프로세스를 수행 중인 상태
대기(blocked)	입출력(I/O)을 기다리며 CPU를 양도한 상태
종료(terminated)	프로세스가 실행을 마친 상태
디스패치(dispatch)	준비 상태 → 실행 상태(CPU 할당)
할당시간 초과(time run out)	실행 상태 → 준비 상태(시간 초과)
입출력 발생(block)	실행 상태 → 대기 상태(I/O 요청)
입출력 완료(wake up)	대기 상태 → 준비 상태(I/O 완료)

10. 프로세스 스케줄링의 원칙 ⭐

- 처리율 극대화
- 응답 시간 최소화
- 공평성 확보
- 오버헤드 최소화

11. 비선점형(Non-Preemptive) 스케줄링

한 프로세스가 일단 CPU를 할당받으면 다른 프로세스가 CPU를 강제로 빼앗을 수 없고, 사용이 끝날 때까지 기다리는 방식

FIFO(First In First Out)	• 준비 큐에 도착한 순서대로 CPU 할당 • 간단하나 대기시간 김
SJF(Shortest Job First)	실행시간 짧은 작업 우선
HRN(Highest Response Ratio Next)	• 대기 시간이 긴 프로세스에게 높은 우선 순위 부여 • 에이징 기법 적용 • 우선 순위 계산식 = (대기 시간 + 서비스 시간) / 서비스 시간 ⭐
기한부	마감시간 기준, 실시간성 강조

12. 선점형(Preemptive) 스케줄링

RR(Round Robin)	Time Slice 방식
SRT(Shortest Remaining Time)	남은 실행시간이 짧은 작업 우선
다단계 큐(MQ, Multi-level Queue)	우선순위에 따라 단계별 준비 큐를 배치
다단계 피드백 큐(MFQ)	작업 특성 따라 큐 이동 가능

13. 스레드(Thread)
- 프로세스 내 실행 흐름 단위
- 커널/사용자 스레드로 구분
- 특징 : 메모리 공유, 응답성 향상

14. 기아 상태와 Aging 기법
- 기아 상태 ✨ : 낮은 우선순위 작업이 계속 대기
- Aging : 대기 시간이 길어질수록 우선순위를 점진적으로 상승시켜 해결

15. 병행 프로세스(Concurrent Process)
- 정의 : PCB를 가진 두 개 이상의 프로세스가 동시에 실행
- 고려사항 : 자원 공유 시 상호 배제 필요, 동기화 필요, 교착상태 방지 필요

16. 임계 구역(Critical Section)
- 정의 : 여러 프로세스가 운영될 때 서로 공유하게 되는 자원 중에서 상호 배제시켜야 하는 일정 부분의 영역
- 조건 : 상호 배제(mutual exclusion), 진행(process), 한계 대기(bounded waiting)

17. 상호배제(Mutual Exclusion) ✨
- 정의 : 한 시점에 하나의 프로세스만 공유 자원 접근 허용
- 구현 알고리즘 : 데커 알고리즘, 피터슨 알고리즘, Test and set 기법, Lamport의 빵집 알고리즘, Swap 명령어 기법 등
- 상호배제 구현 요구 조건
  - 두 개 이상의 프로세스들이 동시에 임계 영역에 있어서는 안 됨
  - 임계 구역 바깥에 있는 프로세스가 다른 프로세스의 임계구역 진입을 막아서는 안 됨
  - 어떤 프로세스도 임계 구역으로 들어가는 것이 무한정 연기되어서는 안 됨
  - 임계 구역은 특정 프로세스가 독점할 수 없음
  - 프로세스들의 상대적인 속도에 대해서는 어떠한 가정도 하지 않음

18. 상호배제 알고리즘 비교 ⭐*

Dekker 알고리즘	• 최초의 소프트웨어 상호배제 알고리즘 • flag, turn 사용 • 상호배제·교착방지·무한연기 방지 모두 만족 • 구현 복잡
Peterson 알고리즘	• Dekker를 단순화한 형태 • flag, turn 사용 • 상호배제·진행·한정대기 조건 만족 • 간단하고 직관적
SWAP 명령어	• 원자적 하드웨어 명령어 • 레지스터와 메모리 값 교환 • 동기화 기초 연산으로 사용 • Lock 구현에 활용, 원자성 보장

19. 세마포어(Semaphore)

- 정의 : E. J. Dijkstra가 제안한 방법으로 상호 배제의 원리 보장
- 동기화를 위한 공유 변수
- 연산

P조작	프로세스를 대기시키는 wait 동작
V조작	대기 중인 프로세스를 깨우는 신호를 보내는 signal 동작

- 종류

이진 세마포어 (Binary Semaphore)	값이 0 또는 1만 가질 수 있음
산술 세마포어 (Counting Semaphore)	• 0과 양의 정수 값을 가질 수 있음 • 여러 자원의 동시 제어에 사용됨

20. 모니터(Monitor)   ─ 병행 다중 프로그래밍 환경에서 사용

- 상호 배제를 위한 특수한 동기화 기법
- 공유 데이터 + 해당 데이터를 처리하는 프로시저 집합으로 구성
- 자료 추상화와 정보 은폐를 기반으로 설계됨
- 외부 프로세스는 모니터 내부 데이터 직접 접근 불가
- 자원 요청 시, 반드시 모니터의 진입부 호출
- 동기화 제어를 위해 Wait/Signal 연산 사용

21. 교착상태(Deadlock) ★*

- 정의 : 두 개 이상의 프로세스가 서로 자원을 점유하고 대기하면서 <mark>아무것도 수행하지 못하는 상태</mark>
- 교착상태 발생 조건

상호배제(Mutual Exclusion)	한 자원을 동시에 여러 프로세스가 사용할 수 없음 ─ 오직 하나만 사용 가능
점유 및 대기(Hold and Wait)	자원을 가진 상태에서 다른 자원을 기다림
비선점(Non Preemption)	자원을 강제로 빼앗을 수 없음
환형 대기(Circular Wait)	프로세스들이 서로 다음 자원을 기다리며 원형 구조로 대기

─ 사용 완료 시까지 반환 기다려야 함

- 교착상태 해결 방법

예방(Prevention)	• 교착 조건 중 하나라도 발생하지 않도록 차단 • 4가지 조건 중 일부를 부정함 (예) Hold and Wait 금지 등
회피(Avoidance)	교착 가능성은 인정하되, 위험 상태 진입을 피함
발견(Detection)	이미 발생한 교착 상태를 탐지하고 관련 프로세스와 자원을 확인함
회복(Recovery)	교착된 프로세스를 종료하거나 자원을 강제로 회수하여 문제 해결

└ 대표적인 기법 : 은행원 알고리즘(Banker's Algorithm)

22. 은행원 알고리즘(Banker's Algorithm) ✿*

- 자원 할당 전, 시스템이 안전 상태인지 검사하여 <u>교착상태 예방</u>
- 프로세스의 최대 자원 요구량을 미리 알아야 알고리즘 적용 가능
- 자원 할당 시마다 최대 요구량, 현재 할당량, 가용 자원을 기준으로 안전성 판단

23. 기억장치 계층 구조 ✿*

계층	예시	특징
1단계	레지스터(Register)	CPU 내부, 속도 가장 빠름, 용량 매우 작음
2단계	캐시 메모리(Cache)	CPU와 주기억장치 사이, 고속 접근, 용량 작음
3단계	주기억장치(Main Memory)	RAM, 실행 중인 프로그램과 데이터 저장
4단계	보조기억장치(Secondary)	HDD, SSD 등, 대용량, 속도 느림

- 설계 목적 : 속도와 용량, 비용의 절충을 통해 전체 시스템 성능과 경제성 극대화
- 지역성의 원리 : 자주 사용하는 데이터는 <u>상위 계층</u>(빠른 메모리)에 저장해 접근 속도 향상
- CPU 직접 접근 : 레지스터, 캐시, 주기억장치까지는 CPU가 직접 접근 가능, 보조기억장치는 주기억장치로 적재 후 접근

24. 가상 기억 장치 개념

- 실제 메모리보다 큰 주소 공간을 제공하는 기법
- <u>보조기억장치(디스크) 일부를 주기억처럼 사용</u>
- 프로그램 전체를 한꺼번에 적재하지 않고, 필요한 부분만 적재
- 다중 프로그래밍 효율 향상, 메모리 관리 유연성 확보
- 페이지(Page) 단위로 관리하며, 페이지 부재(Page Fault) 발생 시 디스크에서 불러옴
- 대표 기술 : 페이징(Paging), 세그먼테이션(Segmentation) ✿*

25. 페이징(Paging)

- 가상 기억 공간과 물리적 기억 공간을 동일한 크기의 페이지(Page) 단위로 나눔
- 가상 주소 → 물리 주소로 변환 시 페이지 테이블 사용
- 프로그램 전체를 적재하지 않고, 필요한 페이지만 적재
- 외부 단편화 없음, 내부 단편화 발생 가능
- 페이지 부재(Page Fault) 발생 시 보조기억장치에서 해당 페이지를 불러옴

구분	페이지 크기 클 경우	페이지 크기 작을 경우
페이지 수	적어짐 (페이지 테이블 크기 ↓)	많아짐 (페이지 테이블 크기 ↑)
디스크 접근	한 번에 많은 데이터 이동 (효율 ↑)	자주 접근 필요 (디스크 I/O ↑)
내부 단편화	커짐 (불필요한 메모리 낭비 발생)	작음 (공간 낭비 적음)
지역성 활용	낮음 (불필요한 데이터까지 적재 가능성 ↑)	높음 (정밀하게 필요한 페이지만 적재 가능)

26. 세그먼테이션(Segmentation)

- 프로그램을 의미 단위의 세그먼트로 가변 크기 분할 — 코드, 데이터, 스택 등
- 내부 단편화 없음, 외부 단편화 발생 가능
- 프로그램 구조 반영, 보호·공유에 유리함

27. 단편화(Fragmentation) 개념과 해결법

- 메모리 공간이 쪼개져 효율적으로 사용되지 못하는 현상
- 내부 단편화 : 고정 크기 블록 할당 시, 남는 공간이 낭비됨
- 외부 단편화 : 가변 크기 블록 사용 시, 작은 빈 공간이 여기저기 흩어져 사용 불가
- 외부 단편화 해결법 ✨*

집약(Compaction)	흩어진 빈 공간을 한 곳으로 모음
통합(Coalescing)	연속된 빈 블록을 하나로 합침, 인접한 빈 공간끼리 병합

28. 주기억장치 관리 정책 ★*

새로 반입되는 프로그램이나 데이터를 <u>주기억장치의 어느 위치에 저장할지</u> 결정하는 정책

(주기억장치의 어느 위치에 저장할지 — 배치(Placement) 정책)

최초 적합(First Fit)	• 처음으로 맞는 크기의 공간에 할당 • 빠르지만 단편화 발생 가능
최적 적합(Best Fit)	• 가장 딱 맞는 최소 공간에 할당 • 공간 활용 효율 ↑, 탐색 시간 ↑
최악 적합(Worst Fit)	• 가장 큰 공간에 할당하여 큰 조각을 남기려 함 • 단편화 완화 목적

29. 페이지 교체 알고리즘 ★*

- 정의 : 페이지 부재(Page Fault) 발생 시, 기억장치에 적재된 페이지 중 하나를 제거하고 새로운 페이지로 교체하는 방식
- 목적 : 페이지 부재율 최소화, 효율적인 메모리 활용

OPT(Optimal)	• 앞으로 가장 오래 사용되지 않을 페이지 제거 • 이론적으로 가장 낮은 페이지 부재율, 실제 구현은 불가능
FIFO(First-In First-Out)	• 가장 먼저 들어온 페이지 제거 • 구현 쉬우나 성능은 보장 안 됨
LRU(Least Recently Used)	• 가장 오랫동안 사용되지 않은 페이지 제거 • 지역성 원리에 기반, 성능 우수
LFU(Least Frequently Used)	• 사용 횟수가 가장 적은 페이지 제거 • 장기간 비활성 페이지 제거에 효과적
NUR(Not Used Recently)	• 최근에 사용되지 않은 페이지 제거 • 참조 비트(R), 변경 비트(M) 사용해 간단히 구현
SCR(Second Chance Replacement)	• FIFO 개선 방식 • 참조 비트(R)로 자주 사용된 페이지에 두 번째 기회를 부여

30. 페이지 폴트(Page Fault)
- 프로세스가 존재하지 않는 페이지에 접근할 때 발생
- 디스크에서 해당 페이지를 메모리로 불러오는 작업 필요

31. 스래싱(Thrashing)
페이지 부재가 너무 자주 발생하여 CPU보다 페이지 교체 작업에 더 많은 시간이 소비됨 → 시스템 성능 급격히 저하

32. 워킹셋(Working Set) ✦*
- 프로세스가 일정 시간 동안 자주 참조하는 페이지들의 집합
- 워킹셋을 메모리에 유지하면 페이지 폴트와 스래싱을 줄일 수 있음

33. 구역성(Locality)
프로세스가 실행될 때 메모리 접근이 특정 영역(시간 또는 공간)에 집중되는 성질

시간 구역성	• 최근 참조한 페이지를 가까운 미래에도 참조할 가능성 높음 • 예) 순환, 부프로그램, 스택, 함수 호출 반복, 루프(loop) 등
공간 구역성	• 특정 주소를 참조하면 그 주변 주소도 곧 참조될 가능성 높음 • 예) 배열순례(Array-Traversal), 순차적 코드의 실행, 같은 영역에 있는 변수 참조, 연속된 데이터 구조 접근

34. 디스크 스케줄링 ⭐*

- 정의 : 디스크에 저장된 데이터를 효율적으로 접근하기 위해, 디스크 헤드의 이동 순서를 결정하는 기법
- 목적 : 탐색 시간(Seek Time)과 회전 지연 시간(Rotation Delay)을 최소화하여, 처리량 증가와 응답시간 최소화를 달성

FCFS(First Come First Serve)	• 요청 순서대로 처리 • 단순하지만 탐색 거리 비효율적일 수 있음
SSTF(Shortest Seek Time First)	• 현재 위치에서 가장 가까운 요청 먼저 처리 • 탐색 거리 최소화, 기아 현상 발생 가능
SCAN(엘리베이터 방식)	• 한 방향으로 이동하며 요청 처리, 끝까지 간 뒤 방향 반대 • 기아 현상 줄이고 탐색 거리도 안정적
C-SCAN(Circular SCAN)	• 한 방향으로만 이동하여 끝에 도달하면 처음으로 돌아가 계속 진행 • 균형 잡힌 응답 시간 제공

35. 네트워크 분류

BAN(Body Area Network)	• 인체 중심 초근거리 네트워크 • 웨어러블, 센서 등
PAN(Personal Area Network)	• 개인 장비 간 근거리 통신 • 블루투스, NFC 기반 개인 네트워크
LAN(Local Area Network)	• 건물·사무실 등 좁은 지역 네트워크 • 빠른 속도
MAN(Metropolitan Area Network)	• 캠퍼스, 시청망 등 도시 규모의 중간 범위 네트워크 • 여러 LAN 연결
WAN(Wide Area Network)	• 국가·대륙 등 광범위 네트워크 • 여러 MAN/LAN 연결 (인터넷 포함)

36. 전용 회선(Dedicated Line)

- 특정 사용자들끼리 항상 연결되어 있는 회선
- 통신 품질이 높고, 보안성과 안정성이 뛰어남
- 종류

점대점(Point-to-Point)	두 지점을 직접 1:1 연결
다지점(Multipoint)	여러 지점이 하나의 전용 회선 공유(1:N 연결)

37. 교환 회선(Switched Line) ✱*

- 통신할 때마다 회선을 일시적으로 설정해서 사용하는 방식
- 종류 : 회선 교환, 메시지 교환, 패킷 교환

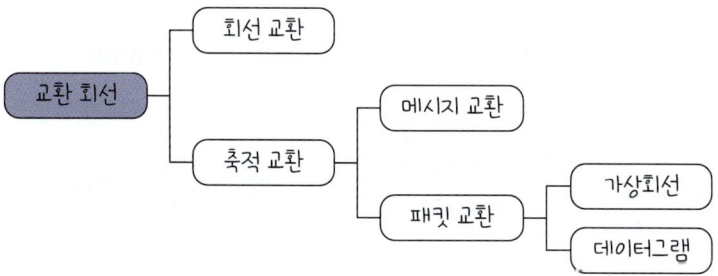

38. 회선 교환 방식

송신자와 수신자 사이에 통신 경로(전용 회선)를 미리 설정하고, 데이터 전송이 끝날 때까지 동일한 경로를 독점적으로 사용하는 방식

장점	• 전송 지연 거의 없음(고정 경로) • 전송 중 오류 적음 • 실시간 데이터에 적합 (음성 등)
단점	• 회선 설정 시간 필요 • 비효율적인 회선 사용 (유휴 시간 발생) • 대역폭 낭비 가능성 있음

39. 메시지 교환 방식 ✩*

- 데이터를 가변 길이의 메시지 단위로 전송
- 축적 후 전달(store and forward) 방식 : 메시지를 중간 노드에 저장했다가, 다음 경로가 비면 전송

40. 패킷 교환 방식 ✩*

- 데이터를 작은 단위로 나눠 전송 (작은 단위 = 패킷)
- 각 패킷은 독립적으로 최적 경로를 선택
- 전용 회선 없이 네트워크 자원을 효율적으로 공유
- 지연은 일정하지 않으나 회선 효율이 높음
- 인터넷 등에서 주로 사용
- 종류 : 데이터그램 방식(Datagram), 가상 회선 방식(Virtual Circuit) ✩*

구분	데이터그램 방식	가상 회선 방식
연결 설정	없음(비연결형)	전송 전 논리적 경로 설정(연결형)
경로 선택	패킷마다 독립적으로 경로 선택 (경로가 다를 수 있음)	모든 패킷이 동일한 경로로 전달
순서 보장	패킷 순서 보장 안 됨, 도착 순서 불규칙	순서 보장, 순서대로 도착
신뢰성/지연	신뢰성 낮음, 지연 불규칙	신뢰성 높음, 비교적 일정한 지연

41. 주요 패킷 교환 기술

X.25	• ITU-T에서 제정한 국제 표준 패킷 교환 프로토콜 • 가상 회선 기반(연결형) • 오류/흐름 제어 지원 • 신뢰성↑, 느림
Frame Relay	• X.25 후속 • 오류 제어 생략 • 고속 통신, 효율↑
ATM(Asynchronous Transfer Mode)	• 고정 크기 셀(53바이트) 사용 • 음성·영상 통합 전송 가능 • 고속 패킷망
MPLS(Multiprotocol Label Switching)	• IP 기반 고속 패킷 전달 방식 • 레이블 기반 전송 경로 설정 • 품질 보장 가능

42. 네트워크 주요 장비 ⭐

리피터(Repeater)	• 신호를 증폭·재생해 전송 거리 연장 • 물리 계층, L1
허브(Hub)	• 여러 장치를 단순 연결, 받은 데이터를 모든 포트로 전달 • 물리 계층, L1
브리지(Bridge)	• 서로 다른 LAN(세그먼트) 연결 • 트래픽 필터링 • 데이터링크 계층, L2
스위치(Switch)	• 목적지 MAC 주소 기반으로 해당 장치에만 데이터 전달 → 네트워크 효율↑ • 데이터링크 계층, L2
라우터(Router)	• IP 주소 기반 최적 경로 선택 • 네트워크 계층, L3
게이트웨이(Gateway)	• 서로 다른 프로토콜/네트워크 구조 간 데이터 변환·중계 • 응용 계층 포함, L4~L7

43. 프로토콜(Protocol)

- 정의 : 컴퓨터나 네트워크 장치 간 데이터 통신을 위한 규칙과 약속의 체계
- 주요 역할 : 서로 다른 장치들이 정확하고 신뢰성 있게 데이터를 주고받도록 통신 방식, 절차, 오류 처리 등을 규정
- 기능 : 데이터 단편화/재조합, 캡슐화, 주소 지정, 순서 제어, 흐름/오류 제어, 동기화 등
- 프로토콜의 3요소 ✯*

구문(Syntax)	데이터 형식과 구조
의미(Semantics)	제어 정보, 동작 의미
타이밍(Timing)	전송 속도, 순서, 동기화

44. OSI 7 계층(Open System Interconnection 7 Layer) ✯*

- 네트워크 통신을 구조화해 설계·운영·문제 해결을 체계적으로 하게 해주는 국제 표준 모델
- 각 계층은 독립적으로 특정 역할을 담당

분류	계층	이름	주요 역할 및 특징	전송 단위	대표 프로토콜/장비
상위 계층	7	응용 계층	사용자와 직접 상호작용	데이터	HTTP, FTP, SMTP
	6	표현 계층	데이터 형식 변환, 암호화/복호화, 압축	데이터	JPEG, MPEG, ASCII
	5	세션 계층	통신 세션 설정·유지·종료, 동기화	데이터	NetBIOS, SSL, TLS
하위 계층	4	전송 계층	신뢰성 있는 전송, 오류/흐름 제어, 포트 관리	세그먼트	TCP, UDP
	3	네트워크 계층	경로 설정, 라우팅, IP 주소 관리	패킷	IP, ICMP, 라우터
	2	데이터 링크 계층	MAC 주소, 프레임 단위 전송, 오류 검출	프레임	이더넷, 스위치, 브리지
	1	물리 계층	전기적/물리적 신호로 데이터 전송	비트	케이블, 허브, 리피터

45. 응용 계층 주요 프로토콜

계층	
HTTP/HTTPS	• 웹 페이지 전송(하이퍼텍스트 전송) • HTTPS는 암호화 지원
FTP ★*	• 파일의 업로드/다운로드 등 파일 전송 • 포트 21 사용
SMTP	• 전자메일 전송용 프로토콜(Simple Mail Transfer Protocol)
POP3/IMAP ★*	• 이메일 수신/관리용 프로토콜 • POP3 : 다운로드 후 삭제 • IMAP : 서버에 메일 보관
DNS	도메인 이름과 IP 주소 변환(Domain Name System)
Telnet	원격 접속(암호화 없음)
SSH	보안이 강화된 원격 접속(암호화 O)

46. TCP/IP 프로토콜 구조 ★*

계층	주요 프로토콜	핵심 기능
응용 계층	HTTP, FTP, SMTP, DNS 등	• 사용자 서비스 제공 • 웹, 메일, 파일, 도메인 해석 등
전송 계층	TCP, UDP	• TCP : 연결형, 신뢰성 보장 • UDP : 비연결형, 빠름
인터넷 계층	IP, ICMP, ARP, RARP	• IP : 주소 지정, 라우팅 • ICMP : 오류/상태 메시지 • ARP : IP → MAC 주소 변환 • RARP : MAC → IP 주소 변환
네트워크 접근 계층	이더넷, Wi-Fi 등	• 물리적 전송 • 프레임 구성 • MAC 주소 기반 통신

47. TCP(Transmission Control Protocol) 헤더 구조

> 크기는 최소 20바이트, 옵션 포함 시 최대 60바이트

출발지 포트/목적지 포트	수신 애플리케이션을 식별하는 16비트 포트 번호
순서 번호(Sequence Number) ★	데이터 순서 지정(32비트)
응답 번호(Acknowledgment Number)	수신자가 다음에 받아야 할 데이터의 순서(32비트)
헤더 길이(Data Offset)	헤더의 전체 길이(4비트)
플래그(제어 비트)	연결 설정·해제(SYN, FIN), 데이터 수신 확인(ACK), 긴급 데이터(URG) 등 제어
윈도우 크기(Window Size)	수신 가능한 데이터 양(흐름 제어)
체크섬(Checksum) ★	오류 검출
긴급 포인터(Urgent Pointer)	긴급 데이터 위치 표시(드물게 사용)
옵션(Option)	윈도우 확장, 타임스탬프 등 추가 기능(최대 40바이트)

48. 데이터링크 제어 프로토콜 ★

흐름 제어(Flow Control) : 송수신 간 데이터 전송 속도와 양을 조절해 네트워크 혼잡과 데이터 손실을 방지하는 기능

정지 대기 (Stop-and-Wait)	• 한 번에 하나의 프레임만 전송 • 수신 측 확인 응답(ACK) 후 다음 프레임 전송
슬라이딩 윈도우 (Sliding Window)	• 한 번에 여러 프레임(n개) 연속 전송 가능 • ACK 수신에 따라 윈도우 크기 조절

49. 데이터링크 제어 프로토콜의 오류 제어 방법

오류 검출 : 전송 데이터에 오류가 있는지 확인

패리티 검사	단일 비트 오류만 탐지 가능
체크섬(Checksum) ★	데이터 블록의 합으로 오류 검출
CRC(순환 중복 검사)	다항식 연산으로 높은 검출률 제공

50. 오류 정정 및 복구(오류 발생 시 복구 방법)

- 전진 오류 수정(FEC) : 송신 시 잉여 비트 추가, 수신 측에서 자체적으로 오류 검출·정정(예) 해밍 코드)
- ARQ(Automatic Repeat reQuest, 검출 후 재전송)⭐⭐ : 오류 발생 시 수신 측이 송신 측에 재전송 요청

Stop-and-Wait ARQ	• 프레임 하나씩 전송 • ACK/NAK로 확인 • 효율 낮음
Go-Back-N ARQ	• 여러 프레임 연속 전송 • 오류 발생 시 해당 프레임부터 모두 재전송
Selective Repeat ARQ	• 오류 발생 프레임만 선택적으로 재전송 • 효율 높음

51. HDLC(High-Level Data Link Control)

- 국제 표준 데이터링크 제어 프로토콜(ISO 표준)
- 비트 중심 프로토콜
- 양방향(전이중) 통신 지원, 오류 제어 및 흐름 제어 기능 포함
- 프레임 구조 : 시작/종료 플래그, 주소, 제어, 데이터, FCS(오류 검사) 필드
- 동작 모드

NRM(정상 응답 모드)	주국(Master)이 통신 제어, 종국(Slave)은 응답만 가능(단방향 통신)
ARM(비정규 응답 모드)	종국도 허용된 시점에 송신 가능(제한적 양방향)
ABM(비동기 응답 모드)	주/종 구분 없이 자유롭게 양방향 통신 가능 — 가장 유연함

52. 라우팅 ✮*

— 데이터가 송신지에서 수신지까지 이동하는 최적의 경로 설정

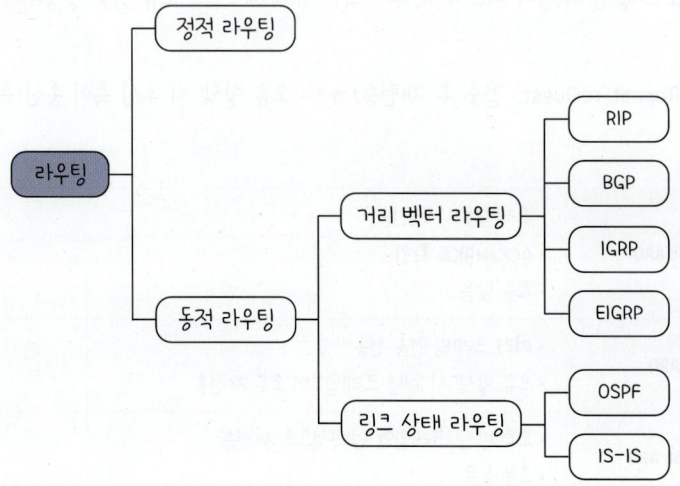

- 정적 라우팅 : 관리자가 라우팅 테이블을 수동으로 설정, 구조가 단순, 소규모/변동 적은 네트워크에 적합, 자동 복구 불가, 확장성 낮음
- 동적 라우팅 : 라우터가 라우팅 정보를 자동으로 교환·갱신, 네트워크 변화에 자동 대응, 대규모 네트워크에 적합, 확장성·유연성 높음

53. 동적 라우팅 프로토콜

1) 거리 벡터 라우팅(Distance Vector)
- 경로 거리(홉 수) 기준으로 최단 경로 선택, 주기적 전체 테이블 전송 → 네트워크 부하 가능성
- 대표 프로토콜 ★*

RIP	홉 수 기준, 단순함, 최대 15홉 제한
IGRP/EIGRP	시스코 고유, RIP보다 발전됨
BGP	자율 시스템 간 경로 제어(인터넷 핵심 프로토콜)

2) 링크 상태 라우팅(Link State)
- 전체 네트워크 구조 인식, 링크 상태 정보 기반 경로 계산, 초기 설정 복잡하지만 빠르고 정확
- 대표 프로토콜 ★*

OSPF	오픈 표준, 대규모 네트워크에 적합
IS-IS	ISP나 백본망에서 사용

54. IPv4

- 32비트 주소 체계
- 10진수 표기 : 8비트씩 4개(옥텟)로 구분 (예) 192.168.0.1)
- 클래스(Class) A~E로 구분하여 주소 범위 관리
- 네트워크부 + 호스트부로 구성, 서브넷 마스크로 구분
- 서브넷 마스크 : IP 주소에서 네트워크와 호스트를 구분하는 값

> 서브넷팅(Subnetting) :
> 네트워크를 더 작은
> 단위로 나누는 기술
> → IP 효율화 목적

클래스	특징	서브넷 마스크
A 클래스	• 대형망(0~127) • 네트워크 적고 호스트 많음	255.0.0.0
B 클래스	중형망(128~191)	255.255.0.0
C 클래스	• 소형망(192~223) • 네트워크 많고 호스트 적음	255.255.255.0
D 클래스	멀티캐스트(224~239)	
E 클래스	• 실험/예약(240~255) • 일반적으로 사용하지 않음	

55. IPv6 ★*

- IPv4 주소 고갈 문제와 보안 강화를 위해 개발된 차세대 IP
- 128비트 주소 체계, 16진수 8블록 사용
- 주소 공간 확장, 헤더 구조 단순화
- 브로드캐스트 제거, 유니캐스트·멀티캐스트·애니캐스트 지원
- 자동 설정(Auto Configuration) 및 이동성(Mobility) 지원
- 보안(인증·암호화) 기능 내장

56. DNS(Domain Name System)

도메인 이름을 IP 주소로 변환하는 시스템

57. 개발환경 인프라 구성 방식

On-Premise	• 내부 망 기반 • 자체 장비 구매 및 설치 • 보안 요구 높음 • 외부 유출 민감한 환경에 적합
클라우드	• 클라우드 서비스 임대 • 장비 구매 불필요, 비용↓ • 구축 빠름 • 유연한 확장 가능
Hybrid	• On-Premise + 클라우드 혼합 방식 • 상황에 따라 선택 운영

58. SDLC(Software Development Life Cycle) ★

요구분석 → 설계 → 구현 → 테스트 → 운영/유지보수

폭포수 모델(Waterfall)	• 각 개발 단계가 순차적으로 한 번씩만 진행 • 전통적, 명확한 산출물 • 대규모·요구사항 명확한 프로젝트에 적합
원형 모델(Prototype)	• 실제 소프트웨어의 견본 제작 (시제품, 프로토타입 등) • 고객과 개발자가 함께 검증 후, 사용자 요구 반영
V 모델(Verification & Validation)	• 폭포수 모델 확장 • 각 개발 단계에 대응하는 테스트 단계 병행
나선형 모델(Spiral)	• 위험 분석과 반복 개발 강조 • 폭포수 + 프로토타입 + 위험관리 융합
애자일 모델(Agile) ★	• 반복적, 점진적 개발 • 고객 요구 변화에 유연하게 대응 • 고객과의 소통·협업 중시, 변화 수용

59. 구조적 설계

- 분할과 정복(Divide and Conquer) 원리에 기반한 계층적 설계 기법
- 기능 중심, 하향식 개발, 구조적 분석 기반
- 표현 도구 : 자료 흐름도, 자료 사전, 구조 차트(Structure Chart)

60. 자료 흐름도(DFD; Data Flow Diagram)

프로세스(Process)	입력 데이터를 처리해 출력하는 기능 단위	○
자료 흐름(Flow)	구성 요소 간 데이터의 이동 경로	→
자료 저장소(Data Store)	데이터를 저장하는 장소	=
단말(Terminator)	시스템 외부와의 인터페이스, 시작과 끝 역할	□

61. 자료 사전(DD; Data Dictionary)

표기법 기호	의미
=	자료의 정의
+	자료의 연결
[ ]	자료의 선택
{ }	자료의 반복
( )	자료의 생략
**	주석(설명)

62. N-S Chart ✿*

순차·선택·반복 구조를 사각형 블록으로 표현해, 프로그램 논리와 구조를 명확하게 시각화하는 구조적 설계 도구

63. HIPO(Hierarchy plus Input Process Output) ✿*

- 기능 중심의 계층적 설계 도구
- 입력, 처리, 출력 과정을 도형으로 표현하여 시스템 구조를 시각화
- Top-Down 방식의 설계 기법 사용

도식 목차 (visual table of contents)	전체 흐름과 구조를 한눈에 보여줌
총괄 도표 (overview diagram)	도식 목차의 내용을 입력·처리·출력 관계로 도식화, 시스템 주요 기능 설명
상세 도표 (detail diagram)	각 기능을 구체적으로 모듈 단위로 표현

64. Dijkstra의 구조적 설계

- 순차, 선택, 반복의 기본 제어 구조로만 표현
- GOTO문 없이 논리적 흐름만으로 프로그램을 구성

65. 소프트웨어 아키텍처(Software Architecture) ✿*

- 소프트웨어 개발의 전체 구조와 구성요소, 이들 간의 관계를 설계하는 것
- SDLC에서의 위치 : 요구사항 분석 → 아키텍처 → 설계 → 개발 → 테스트 → 운영 및 유지보수

66. 소프트웨어 아키텍처 패턴 ★*

- 특정한 문제 해결을 위한 검증된 구조적 설계 방식
- 소프트웨어 시스템의 구조와 구성 방식을 표준화함
- 복잡한 시스템을 체계적으로 설계하고, 재사용성과 유지보수성을 높이며, 개발자 간 의사소통과 협업을 용이하게 함

계층 패턴	• 기능별로 계층을 분리하여 독립성 유지 • 유지보수와 테스트 용이
클라이언트-서버 패턴	• 서버는 서비스 제공, 클라이언트는 요청 • 웹 서비스, 네트워크 시스템에 활용
마스터-슬레이브 패턴 ★*	• 마스터가 작업을 분배, 슬레이브가 수행 • 병렬 처리, 장애 허용 시스템에 사용
파이프-필터 패턴	• 데이터를 여러 필터(처리 단위)로 전달하여 처리 • 데이터 흐름이 중요한 시스템, 컴파일러
피어 투 피어(P2P) 패턴 ★*	• 모든 노드가 동등하게 데이터 교환, 파일 공유 • 분산 네트워크(WebRTC 등)
MVC 패턴	• 모델-뷰-컨트롤러(Model-View-Controller) • 웹 애플리케이션에 흔히 사용

67. 객체지향

현실 세계의 객체(Entity)를 소프트웨어 객체(Object)로 만들어 조립해 개발하는 기법

집합 관계(Aggregation)	• 전체-부분 관계 • 일부는 독립적 생존 가능(예) 반 ◇── 학생)
포함 관계(Composition)	• 전체-부분 관계 • 부분은 전체에 종속됨(예) 사람 ◆── 심장)
일반화 관계(Generalization)	• 상속 관계 • "is a" 관계(예) 학생 is a 사람, 학생 ──▷ 사람)

68. 객체 지향 기본 개념

객체(Object)	데이터(속성)와 동작(메서드)을 함께 가지는 실체
클래스(Class)	• 객체를 생성하기 위한 설계도 • 객체들의 공통된 특성과 행동 정의
추상화(Abstraction)	• 중요한 속성과 기능만을 선택적으로 표현 • 불필요한 정보는 숨김
캡슐화(Encapsulation) ★	데이터와 메서드를 하나로 묶고, 외부에서 직접 접근하지 못하게 정보 은닉
상속(Inheritance) ★	기존 클래스의 특성을 물려받아 재사용하며, 기능을 확장함
다형성(Polymorphism) ★	• 하나의 메시지(함수 호출)에 대해 여러 방식으로 응답 가능 • 오버라이딩(상속받은 메서드 재정의), 오버로딩(동일 이름의 메서드 여러 개 정의) 등
메시지(Message)	• 객체 간의 통신 수단 • 메서드를 호출하는 방식

69. Rumbaugh 방법론(OMT) - 객체 중심 분석

객체 모델	시스템의 객체와 관계 도출
동적 모델	상태 변화와 이벤트 중심 분석
기능 모델	데이터 흐름과 기능 분석

70. 객체지향 설계 원칙(SOLID 원칙) ★

단일 책임 원칙(SRP)	클래스는 하나의 책임만 가져야 함
개방-폐쇄 원칙(OCP)	확장에는 열려 있고, 수정에는 닫혀 있어야 함
리스코프 치환 원칙(LSP)	자식 클래스는 부모 클래스를 대체할 수 있어야 함
인터페이스 분리 원칙(ISP)	사용하지 않는 기능을 포함한 큰 인터페이스는 분리해야 함
의존 역전 원칙(DIP)	구체 클래스보다 추상에 의존해야 함 — 인터페이스, 추상 클래스 등

71. UML(Unified Modeling Language) 다이어그램 ★*

1) 구조(정적) 다이어그램

클래스 다이어그램	클래스와 속성, 메서드, 관계 표현 (주로 설계 단계 사용)
객체 다이어그램	객체 간의 인스턴스 구조 표현
컴포넌트 다이어그램	소프트웨어 모듈과 의존 관계 표현
배치 다이어그램	시스템의 하드웨어 구성과 배치 구조 표현

2) 행위(동적) 다이어그램

유스케이스 다이어그램	사용자와 시스템 간 상호작용 표현 (요구사항 도출 시 사용)
시퀀스 다이어그램	객체 간 메시지 흐름과 순서 표현
활동 다이어그램	프로세스 흐름이나 조건 분기 등 업무 절차 표현

72. UML 3가지 주요 모델

기능 모델(Use Case)	사용자의 요구사항과 기능 표현
객체 모델(Class)	클래스, 속성, 관계 등 구조적 요소 표현
동적 모델(Sequence, Activity, State)	시스템의 동작과 시간 흐름 표현

73. GoF 패턴 ⭐*

1) 생성(Creational) 패턴 : 객체 생성 방식의 유연성과 캡슐화 제공

Singleton	단 하나의 인스턴스만 생성
Factory Method	객체 생성을 서브클래스에 위임
Abstract Factory	관련 객체들을 집합적으로 생성
Builder	복잡한 객체를 단계별로 생성
Prototype	기존 객체를 복제해 생성

2) 구조(Structural) 패턴 : 클래스와 객체의 구조 및 조합 방식 설계

Adapter	인터페이스 호환 안 되는 클래스 연결
Decorator	객체에 기능을 동적으로 추가
Composite	객체를 트리 구조로 구성
Proxy	대리 객체를 통해 접근 제어
Facade	복잡한 시스템에 단순한 인터페이스 제공

3) 행위(Behavioral) 패턴 : 객체/클래스 간의 상호작용과 책임 분배

Observer	상태 변화 시 자동 알림
Strategy	알고리즘을 캡슐화해 교체 가능
Command	요청을 객체로 캡슐화
State	객체의 상태에 따라 행동 변경
Template Method	알고리즘 구조 정의, 일부만 재정의 허용

74. 애플리케이션 테스트 기본 원리 ⭐

- 완벽한 테스트는 불가능하며, 결함을 줄일 수는 있지만 완전히 제거할 수는 없음
- 결함은 특정 모듈(20%)에 집중되는 경향(파레토 법칙)
- 동일 테스트 반복 시 새로운 결함 발견 어려움(살충제 패러독스)
- 테스트는 소프트웨어 특성, 환경, 테스터 역량 등 정황에 따라 다르게 수행해야 함

75. 화이트 박스 테스트(White Box Test) ⭐

- 개발자 관점의 테스트
- 소스코드 구조를 기준으로 내부 논리 검사
- 경로, 조건, 루프 등 프로그램의 흐름을 따라 테스트
- 테스트 커버리지(제어 흐름 기준) 측정 가능
- 기법 : 기본 경로 테스트, 루프 테스트, 조건/결정 테스트 등

76. 블랙 박스 테스트(Black Box Test) ⭐

- 사용자 관점의 테스트
- 기능 명세(요구사항)에 따른 외부 동작 검사
- 내부 구조는 고려하지 않고 입력과 출력 중심으로 테스트
- 기법 : 동등 분할 검사, 경계값 분석, 원인-효과 그래프 검사, 오류 예측 검사, 비교 검사 등

77. SDLC와 테스트 단계 - V 모델 ⭐⭐

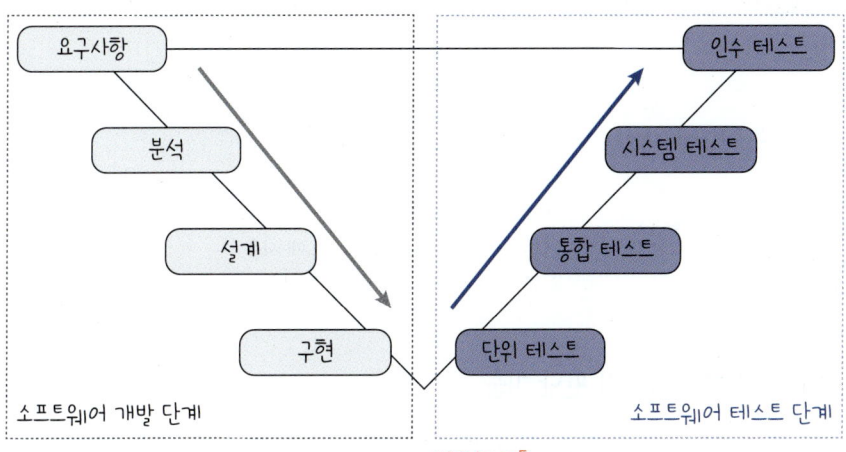

단위 테스트(Unit Test)	소프트웨어의 단위를 개발자가 직접 테스트하여 기본 기능을 검증 (컴포넌트, 모듈)
통합 테스트(Integration Test)	단위 모듈 간의 인터페이스와 상호작용을 테스트하여 모듈 간 연결 오류를 확인
시스템 테스트(System Test)	전체 시스템이 요구사항에 맞게 동작하는지 확인하는 종합 테스트
인수 테스트(Acceptance Test)	실제 사용 환경에서 사용자가 요구사항이 충족됐는지 최종적으로 검증하는 테스트

78. 알파 테스트와 베타 테스트

알파 테스트	• 개발자와 사용자가 개발자 환경(내부)에서 함께 수행하는 테스트 • 주로 기능 검증(Validation) 목적이며, 결함을 조기에 발견하기 위해 실시
베타 테스트	• 실제 고객 환경에서 개발자 없이 사용자가 소프트웨어를 설치·운영하여 수행하는 인수 테스트 • 제품의 최종 품질과 사용자 만족도를 확인하기 위해 실시

79. 테스트 장치(Test Harness) ☆*

소프트웨어의 단위 또는 컴포넌트를 테스트하기 위해 만들어진 자동화된 테스트 지원 도구 및 환경

테스트 드라이버(Driver)	• 테스트 대상 모듈을 호출하는 상위 더미 프로그램 • 상향식(하위 → 상위) 테스트에 사용
테스트 스텁(Stub)	• 테스트 대상 모듈이 호출하는 하위 더미 프로그램 • 하향식(상위 → 하위) 테스트에 사용

80. 애플리케이션 결함의 판단 기준

- 기능 명세서에 가능하다고 명시된 동작을 수행하지 않는 경우
- 기능 명세서에 불가능하다고 명시된 동작을 수행하는 경우
- 기능 명세서에 명시되어 있지 않은 동작을 수행하는 경우
- 기능 명세서에 명시되어 있지 않지만 수행해야 할 동작을 수행하지 않는 경우
- 테스터의 시각에서 볼 때 문제가 있다고 판단되는 경우
  └ 이해하기 어려운 기능, 사용이 까다로운 기능, 비정상적으로 느린 기능 등

참고 | 정보시스템 기반 기술 - 마인드맵

1. UI

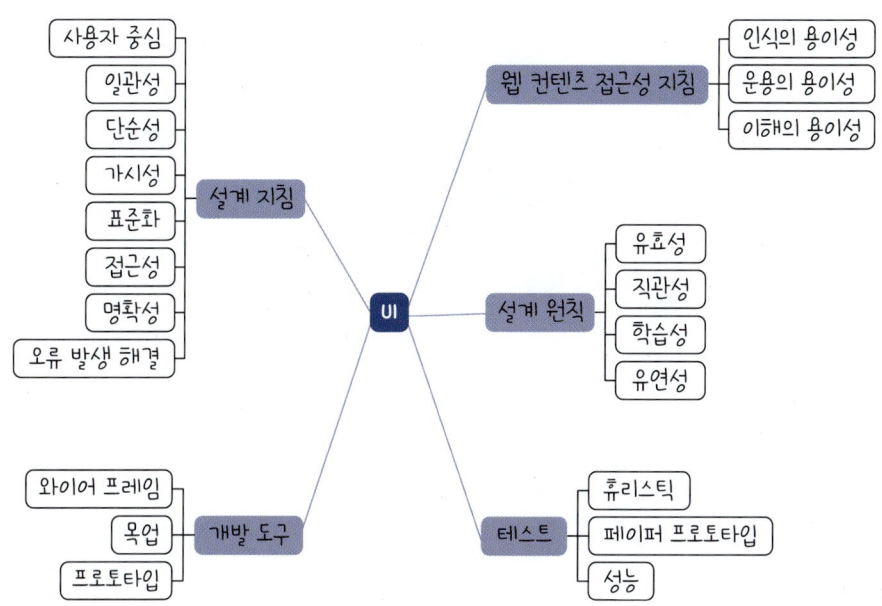

2. UML

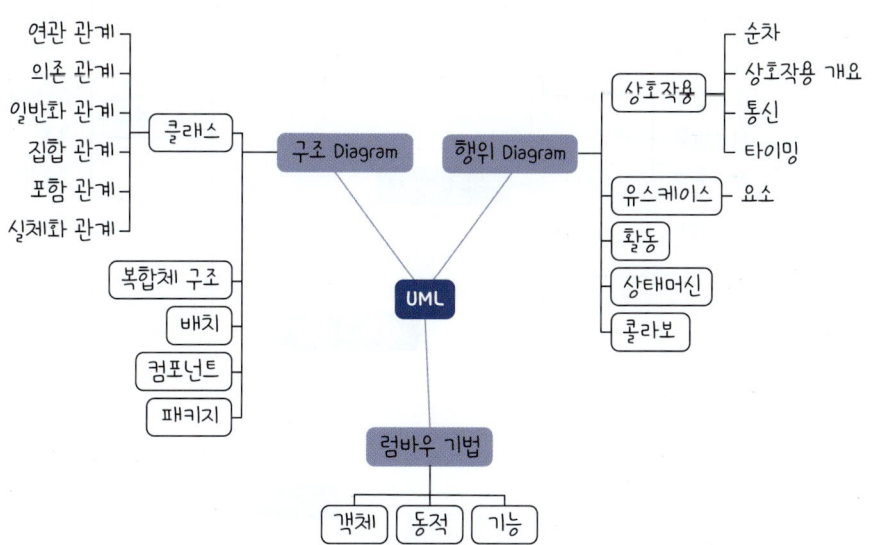

3. 디자인 패턴

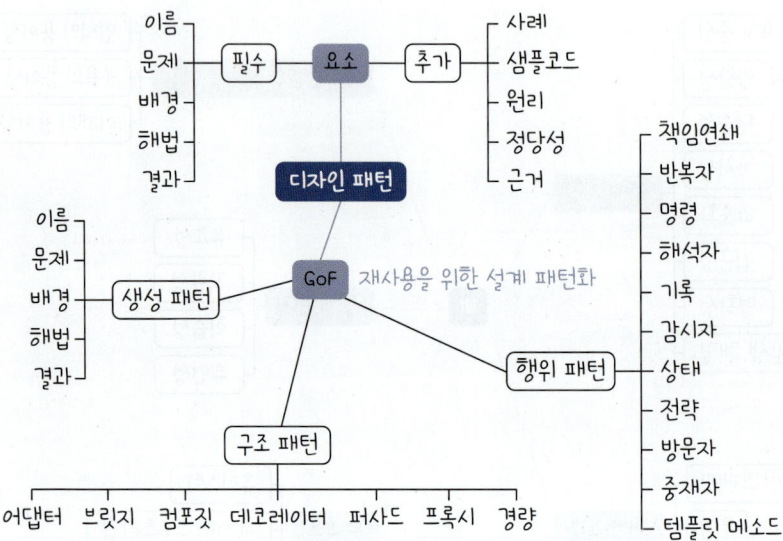

4. 설계 모델링

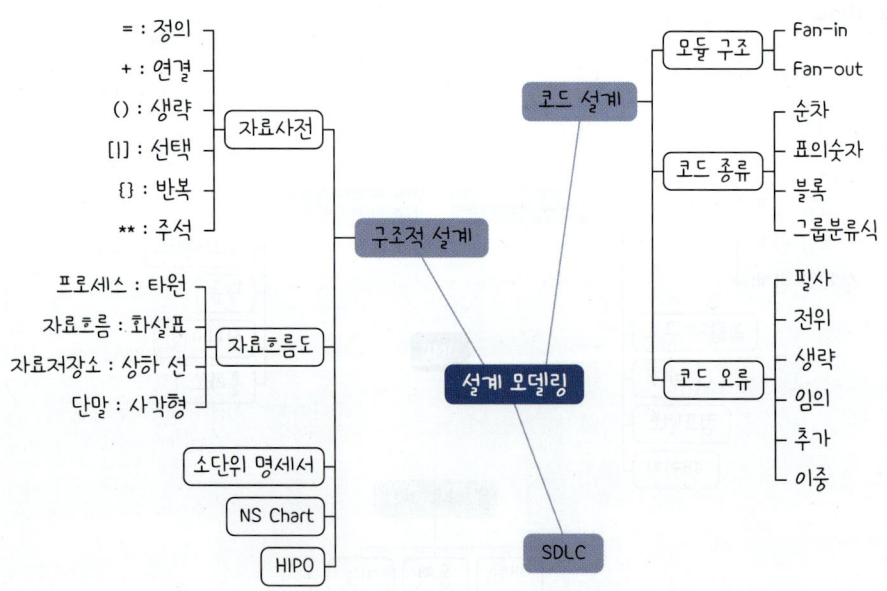

5. 아키텍처 패턴

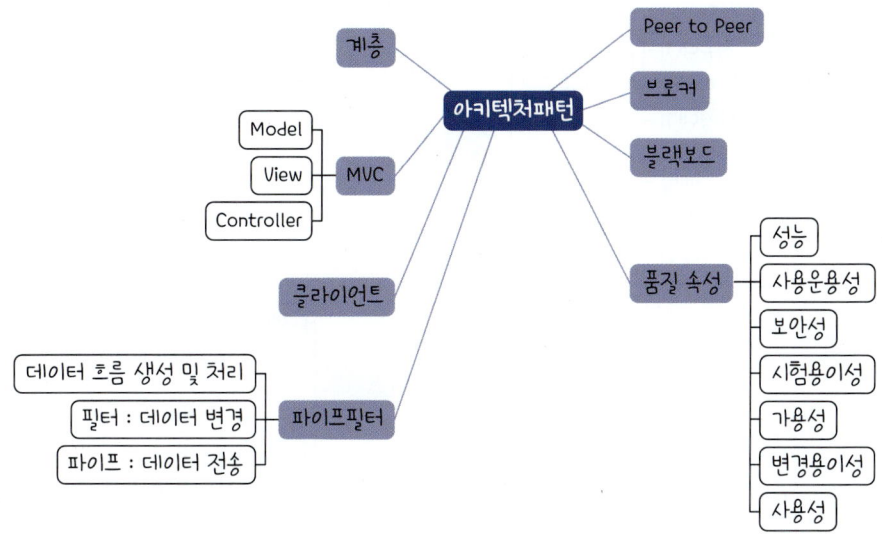

6. 테스트

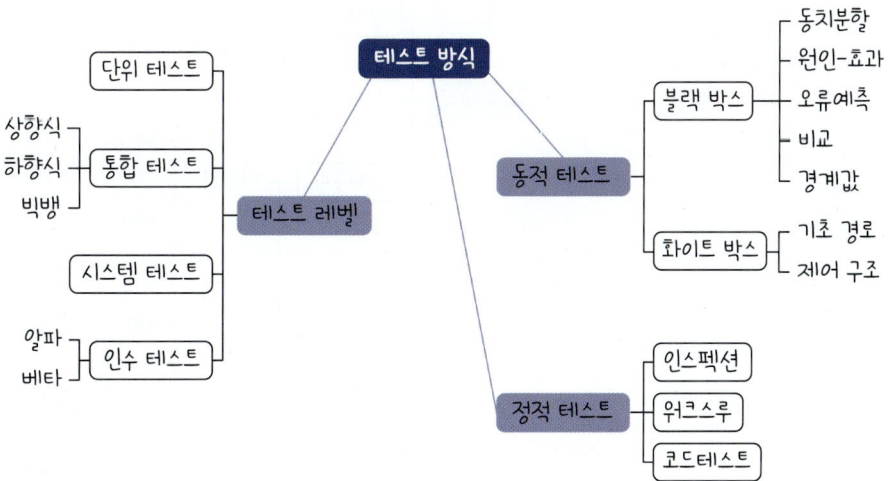

7. OS

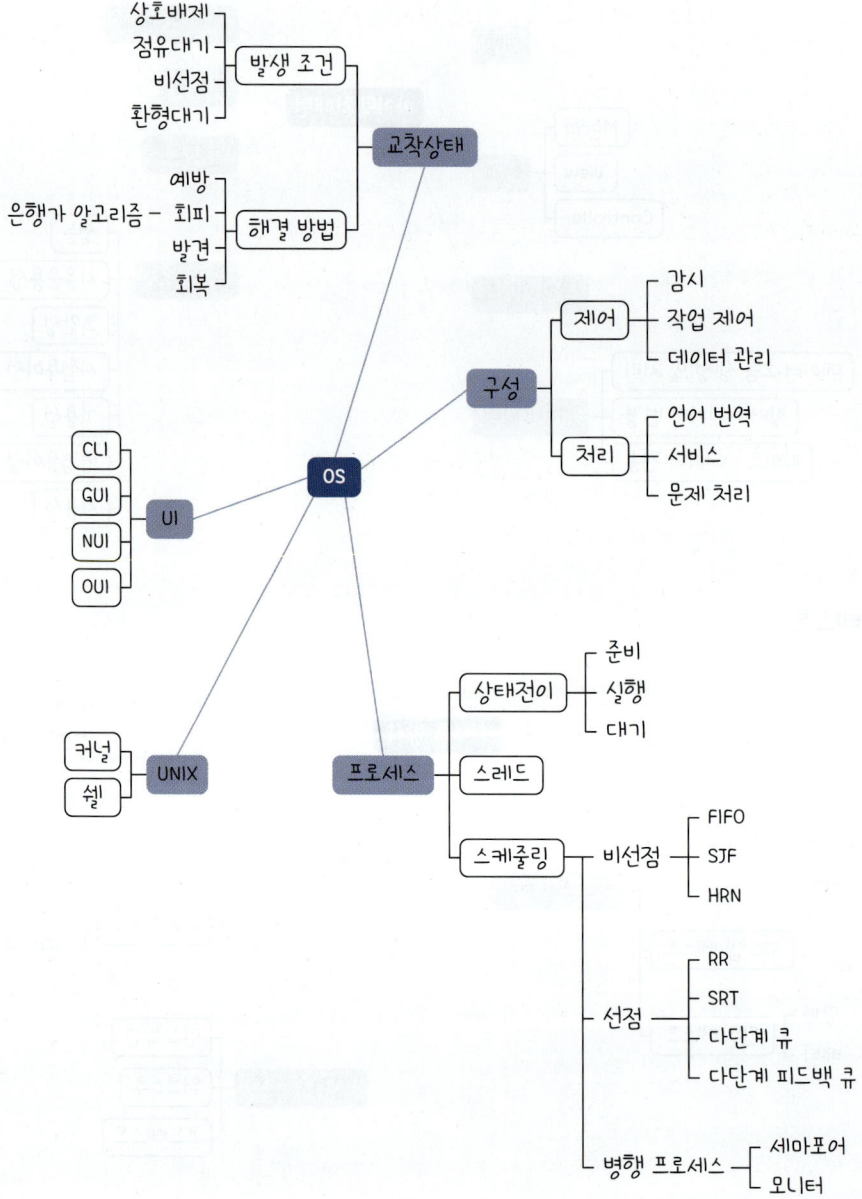

8. 네트워크

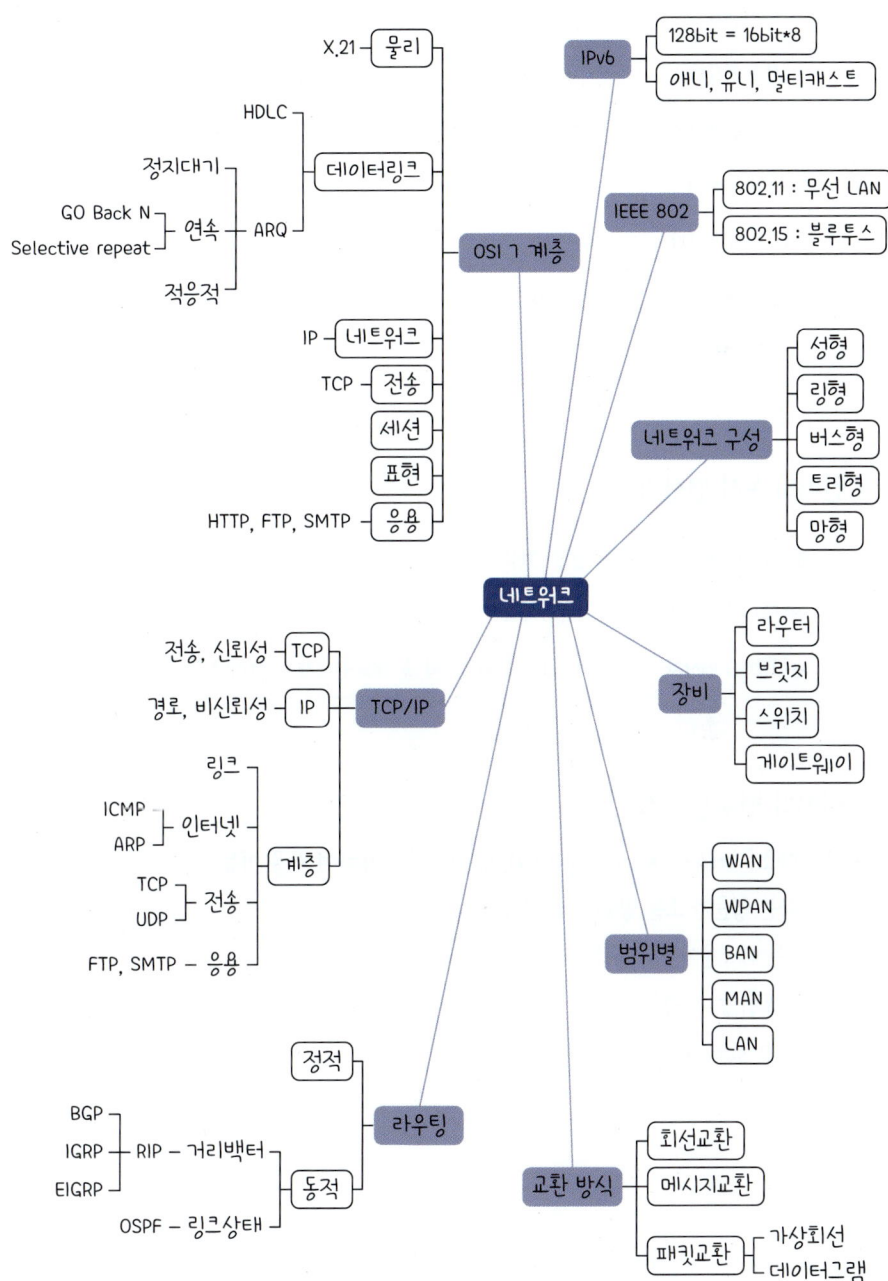

02 프로그래밍 언어 활용

1. C언어의 연산자 ★★

연산자	종류	우선순위
산술 연산자	*, /, %, +, -	높음 ↑
비트 이동 연산자	<<, >>	
관계 연산자	<, <=, >, =, ==, !=	
비트 논리 연산자	&, ^, |	
논리 연산자	!, &&, ||	↓ 낮음
삼항 연산자	?	

— 괄호( )가 가장 높음

2. C언어의 논리 연산자

논리부정(!) 연산자	'참'을 '거짓'으로, '거짓'을 '참'으로 부정
논리곱(&&) 연산자	좌측과 우측 피연산자가 모두 '참'이어야 '참'의 결과
논리합(||) 연산자	좌측과 우측 피연산자 중 좌측 연산자가 '참'이면 '참'의 결과

3. C언어의 변수명 작성 규칙 ★★

- 영문 대소문자(A~Z, a~z), 숫자(0~9), 밑줄(_)을 혼용하여 사용 가능
- 첫 글자는 영문자 또는 밑줄(_)로 시작해야 함
- 영문자는 대소문자를 구분함
- 공백을 포함할 수 없음
- 예약어(Reserved Word)를 사용할 수 없음
  └ 프로그래밍 언어에서 미리 사용하기로 약속한 단어

4. 라이브러리 함수

함수	설명
atoi()	문자열을 정수형으로 변환
atof()	문자열을 실수형으로 변환
itoa()	숫자를 문자열로 변환
ceil()	자리 올림
floor()	자리 버림

5. for 반복문 ★*

- 일정 횟수만큼 <u>반복 수행</u>할 때 사용
- 문법 구조

```
for(초기식; 조건식; 증감식) {
    명령문1;
    ...
    명령문n;
}
```

6. 문자열 처리 함수

함수	설명
strlen()	인수로 전달되는 문자열 길이 반환
strcat(), strncat()	하나의 문자열에 다른 문자열을 연결
strcpy(), strncpy()	문자열을 복사
strcmp(), strncmp()	문자열 내용을 비교
atoi(), atol(), atoll(), atof()	인수로 전달된 문자열을 숫자형으로 변환
toupper(), tolower()	영문자를 대문자, 소문자로 변환

7. Java 연산자의 종류 및 우선순위 ★★

연산자	종류	결합 방향	우선순위
단항 연산자	+, -, !, ~, ++, --	←	높음
산술 연산자	*, /, %		
	+, -		
시프트 연산자	<<, >>, >>>		
관계 연산자	<, <=, >, >=	→	
	==, !=		
비트 연산자	&, |, ^		
논리 연산자	&&, ||		
조건 연산자	?:		
할당 연산자	=, +=, -=, *=, /=, %=, <<=, >>=	←	
콤마 연산자	,	→	낮음

8. Java의 접근 제한자(접근 제어자)

public	모든 접근을 허용
private	같은 패키지에 있는 객체와 상속 관계의 객체들만 허용
default	같은 패키지에 있는 객체들만 허용
protected	현재 객체 내에서만 허용

9. Java의 배열 객체

- 배열 객체.length : 배열 객체의 크기(요소의 개수)
- 실행의 순서 : main() → marr()

10. Java 출력 함수

System.out.print()	괄호 안을 출력하고 줄 바꿈을 안 함
System.out.println()	괄호 안을 출력하고 줄 바꿈을 함
System.out.printf()	변환 문자를 사용하여 출력함

11. Java 조건식 ⭐*

if ~ else 문

```
if(조건식)
    조건식의 결과가 참일 때 실행하는 명령문;
else
    조건식의 결과가 거짓일 때 실행하는 명령문;
```

12. 삼항 연산자

```
조건식? 참일 때 명령문 : 거짓일 때 명령문
```

13. 오버로딩(Overloading)과 오버라이딩(Overriding)

1) 오버로딩(Overloading) ⭐*
   - 한 클래스 내에서 같은 이름의 메소드를 사용하는 것
   - 같은 이름의 메소드를 여러 개 정의하면서 매개 변수의 유형과 개수가 달라지도록 하는 기술

2) 오버라이딩(Overriding) ⭐*
   - 상속 관계의 두 클래스의 상위 클래스에서 정의한 메소드를 하위 클래스에서 변경(재정의)하는 것
   - Java 언어에서는 static 메소드의 오버라이딩을 허용하지 않음
   - 하위 클래스의 매개 변수 개수와 타입은 상위 객체와 같아야 함

14. Java의 예외 처리 예약어

try	예외가 발생할 수 있는 코드 블록을 정의
catch	예외가 발생했을 때 해당 예외를 처리하는 코드 블록을 정의
finally	예외 발생 여부에 상관없이 항상 실행되는 코드 블록을 정의

15. Python ✦✦

- 1991년 귀도 반 로섬(Guido van Rossum)이 개발한 고급 프로그래밍 언어
- 플랫폼에 독립적이고 인터프리터식, 객체지향적, 동적 타이핑 대화형 언어
- 매우 쉬운 문법 구조로 초보자들도 쉽게 배울 수 있음

16. Python 변수명 작성 규칙

- 영문 대소문자(A~Z, a~z), 숫자(0~9), 달러 기호($), 밑줄(_)을 혼용하여 사용 가능
- 첫 글자는 영문자, 달러 기호($), 밑줄(_)로 시작해야 함
- 영문자는 대소문자를 구분함
- 공백을 포함할 수 없음
- 예약어(Reserved Word)를 사용할 수 없음

17. Python의 조건식

if ~ elif ~ else 조건문

```
if 조건1:
    조건1이 True일 경우 실행문
elif 조건2:
    조건1일 False이고 조건2가 True일 경우 실행문
else
    조건1과 조건2가 모두 False일 경우 실행문
```

18. Python의 range() 함수

- for 반복문과 함께 많이 사용되며, 주어진 인수로 0부터 연속된 정수를 리스트 객체로 반환하는 함수
- (예1) range(3) → (결과) [0, 1, 2]
- (예2) range(1, 3) → (결과) [1, 2]

19. Python의 리스트와 딕셔너리

- 리스트 객체 : [요소1, 요소2, ...]
- 딕셔너리 객체 : { 'key1' : 'value1', 'key2' : 'value2', ... }

20. HTML(Hyper Text Markup Language)

- HTML 언어는 W3C를 기반으로 함
- 확장자는 html 또는 htm
- HTML은 태그(Tag)로 구성되어 있음

21. HTML 태그의 특징

- 시작 태그는 < , 종료 태그는 /> 을 사용하여 구분
- HTML 속성은 대소문자 구분을 하지 않음
- 들여쓰기와 줄바꿈을 인식하지 않으며, 띄어쓰기는 한 칸만 인식함

22. CSS(Cascading Style Sheet) ★*

- HTML과 함께 웹을 구성하는 기본 프로그래밍 요소
- HTML이 텍스트나 이미지, 표와 같은 구성 요소를 웹 문서에 넣어 뼈대를 만드는 것이라면 CSS는 색상이나 크기, 이미지 크기나 위치, 배치 방법 등 웹 문서의 디자인 요소를 담당함

23. CSS의 선택자(Selector)

- 스타일을 적용할 HTML 요소를 선택하는 데 사용
- 다양한 방법으로 HTML 요소를 선택할 수 있으며, 이를 통해 웹 페이지의 특정 부분에 스타일을 적용
- 기본 선택자 ★★

요소 선택자(Type Selector)	P를 이용하여 특정 HTML 요소 선택
클래스 선택자(Class Selector)	.을 이용하여 특정 클래스를 가진 요소 선택
아이디 선택자(ID Selector)	#을 이용하여 특정 아이디를 가진 요소 선택
전체 선택자(Universal Selector)	*를 이용하여 문서의 모든 요소 선택

24. 자바스크립트(Javascript)

- 자바스크립트를 이용하여 웹 페이지에서 발생하는 사용자 이벤트에 대한 처리가 가능하고, 내장 객체를 활용하면 다양한 형태의 웹 페이지 구현 가능
- 자바스크립트는 HTML 문서 내에서 태그를 통해 작성되며, 작성되는 위치는 <u>스크립트 태그 영역</u>
- .js 확장자를 갖는 외부 파일 형태로 작성할 수 있음

25. 자바스크립트의 이벤트 핸들러

onclick	마우스로 클릭했을 때
ondbclick	마우스로 더블클릭했을 때
onmousemove	마우스 포인터가 HTML 요소 위에서 움직일 때
onmouseout	마우스 포인터가 HTML 요소를 벗어났을 때
onmouseover	마우스 포인터가 HTML 요소 위에 놓여있을 때
onkeypress	키보드의 키를 누르고 손을 뗐을 때
onchange	input 요소의 값이 바뀌었을 때
onfocus	input 요소에 포커스가 갔을 때
onblur	input 요소에 포커스가 잃었을 때

26. 응집도(Cohesion)

― 한 모듈 내에 있는 처리 요소들 사이의 기능적인 연관 정도

기능적 응집도 ⭐	모듈 내부의 모든 기능이 단일한 목적을 위해 수행되는 경우	높은 품질 / 강함 ↑
순차적 응집도	모듈 내에서 한 활동으로부터 나온 출력값을 다른 활동이 사용하는 경우	
교환적 응집도	동일한 입력과 출력을 사용하여 다른 기능을 수행하는 활동들이 모여 있는 경우	
절차적 응집도	모듈이 다수의 관련 기능을 가질 때 모듈 안의 구성요소들이 그 기능을 순차적으로 수행하는 경우	
시간적 응집도	연관된 기능이라기보다는 특정 시간에 처리되어야 하는 활동들을 한 모듈에서 처리하는 경우	
논리적 응집도	유사한 성격을 갖거나 특정 형태로 분류되는 처리 요소들이 한 모듈에서 처리되는 경우	
우연적 응집도	서로 간에 어떤 의미 있는 연관 관계도 없는 기능 요소로 구성되는 경우	약함

27. 결합도(Coupling)

― 모듈 간의 의존도 정도

자료 결합도 ⭐	한 모듈이 파라미터나 인수로 다른 모듈에게 데이터를 넘겨 주고 호출받은 모듈은 받은 데이터에 대한 처리결과를 다시 돌려주는 경우	높은 품질 / 약함 ↑
스탬프 결합도	두 모듈이 동일한 자료구조를 조회하는 경우	
제어 결합도	한 모듈이 다른 모듈의 내부 논리 조직을 제어하기 위한 목적으로 제어신호를 이용하여 통신하는 경우	
외부 결합도	한 모듈에서 외부로 선언한 변수를 다른 모듈에서 참조하는 경우	
공통 결합도	한 모듈이 다른 모듈에게 제어요소를 전달하고 여러 모듈이 공통자료 영역을 사용하는 경우	
내용 결합도	한 모듈이 다른 모듈의 내부 기능 및 그 내부 자료를 참조하는 경우	강함

28. 효과적인 모듈화 설계 방법

- 응집도 ↑, 결합도 ↓
- 복잡도와 중복성을 줄이고 일관성 유지
- 유지보수가 용이하도록 설계
- 모듈 크기는 시스템의 전반적인 기능과 구조를 이해하기 쉬운 크기로 설계
- 모듈 기능은 예측이 가능해야 하며 지나치게 제한적이어서는 안 됨

29. 소프트웨어 재사용의 특징

- 개발 시간 및 비용 감소
- 품질 향상과 생산성 향상
- 신뢰성 향상과 프로그램 생성 지식 공유
- 프로젝트 실패 위험 감소
- 새로운 개발 방법론의 도입 어려움
- 기존 소프트웨어에 재사용 소프트웨어 추가 어려움

30. 소프트웨어 재사용 범위에 따른 분류

함수와 객체	클래스(Class)나 함수(Function) 단위로 구현된 소스코드 재사용
컴포넌트	컴포넌트의 인터페이스를 통해 통신하여 컴포넌트 단위로 재사용
애플리케이션	공통된 기능을 제공하도록 구현된 애플리케이션과의 통신으로 기능을 공유하여 재사용

참고: 프로그래밍 언어 활용 - 마인드맵

1. C

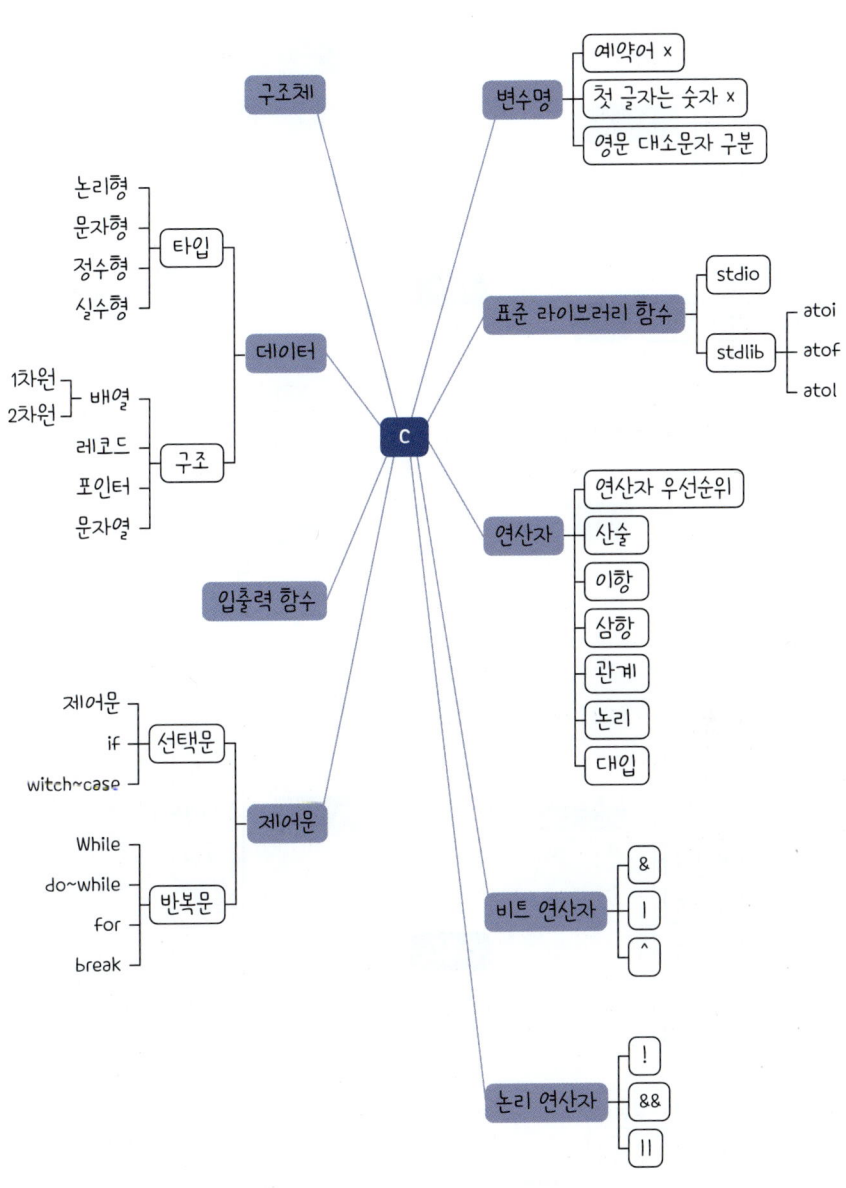

2. JAVA

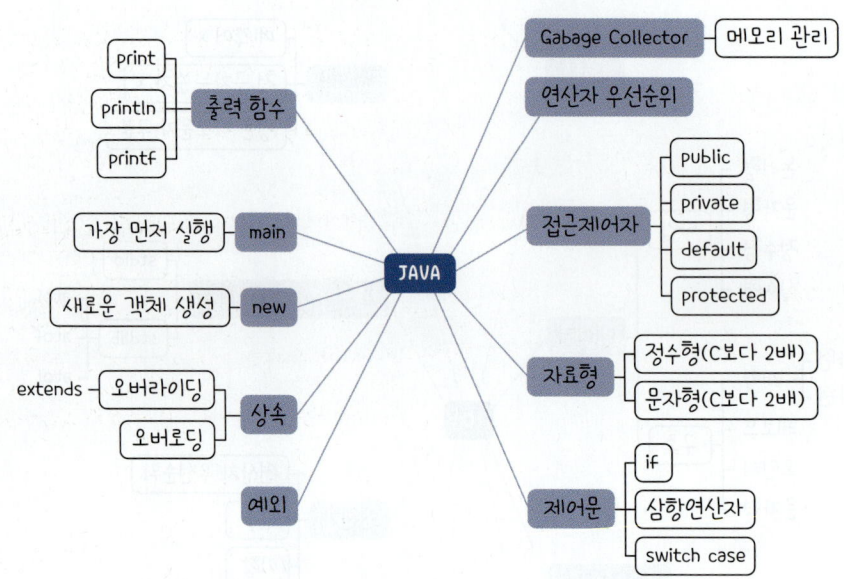

3. 모듈화

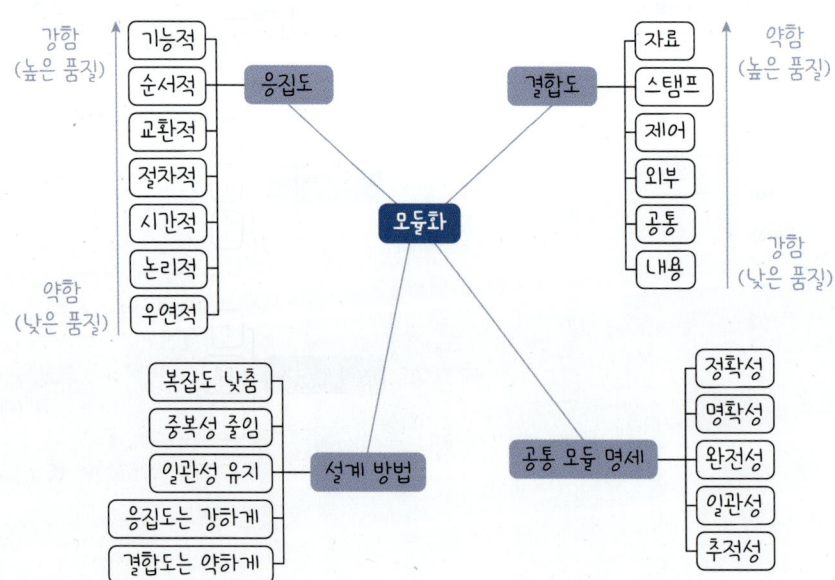

03 데이터베이스 활용

1. 정적 분석과 동적 분석

1) 정적 분석 도구 — 소프트웨어가 실행되지 않는 환경 하에서, 소스 코드 의미를 분석, 결함을 찾아내는 분석 기법
   - 잠재적인 실행 오류와 코딩 표준 위배 사항 등 보안 약점 검출
   - 검출된 약점을 수정/보완하여 소프트웨어의 안전성을 강화하고 향후 발생하는 오류 수정 비용을 줄일 수 있음
   - 소스 코드에서 코딩의 복잡도, 모델 의존성, 불일치성 등 분석
   - 애플리케이션 개발 단계에서 사용

2) 동적 분석 도구 — 소프트웨어가 실행 중인 환경 하에서, 다양한 입/출력 데이터, 사용자 상호작용의 변화들을 점검
   - SW 실행 과정에서의 다양한 입·출력 데이터의 변화 및 사용자 상호작용에 따른 변화를 점검하는 분석 기법
   - 애플리케이션을 실제로 실행하여 평가
   - 애플리케이션 개발 완료 단계에서 사용

2. 자료 구조의 분류

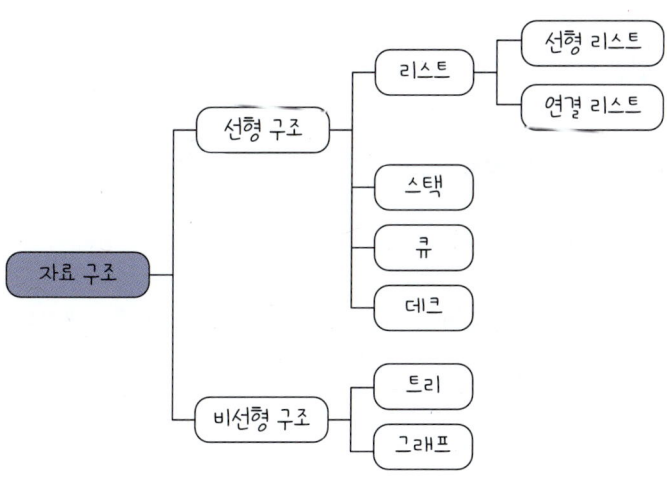

3. 리스트(List)

선형 리스트 (Linear List)	• 배열과 같이 연속되는 기억장소에 저장되는 리스트 • 노드의 삽입/삭제 시 자료의 이동이 필요하기 때문에 작업이 번거로움
연결 리스트 (Linked List)	• 노드(Node)의 포인터 부분을 서로 연결시킨 리스트 • 노드의 삽입/삭제가 용이하며 포인터를 위한 추가 공간이 필요하므로 기억 공간이 많이 소요됨

4. 스택(Stack)

- 리스트의 한쪽 끝에서만 자료의 삽입과 삭제가 이루어지는 자료 구조
- 후입선출(LIFO, Last In First Out) 방식
- 스택 가드(Stack Guard) ✨* : 메모리상에서 프로그램의 복귀 주소와 변수 사이에 특정 값을 저장해 두었다가 그 값이 변경되었을 경우 오버플로우 상태로 가정하여 프로그램 실행을 중단하는 기술

5. 큐(Queue)

- 자료의 삽입 작업은 선형 리스트의 한쪽 끝에서, 삭제 작업은 다른 쪽 끝에서 수행되는 자료 구조
- 선입선출(FIFO, First In First Out) 방식

6. 데크(Deque)

- 자료의 삽입과 삭제가 리스트의 양쪽 끝에서 이루어지므로 두 개의 포인터를 사용하는 자료 구조
- 스택과 큐를 복합한 형태

7. 트리(Tree)
- 노드(Node)와 가지(Branch)를 이용하여 사이클을 이루지 않도록 구성한 자료 구조
- 연결된 노드 간의 관계를 표현할 수 있음

8. 그래프(Graph)
- 정점(Vertex)과 간선(Edge)의 집합으로 이루어지는 자료 구조
- 제어 흐름 그래프에서 순환 복잡도 : V(G) = E(화살표 수) - N(노드 수) + 2
- 방향이 있는 그래프와 방향이 없는 그래프가 있음 ★*
  - 최대 간선 개수 : n(n-1)
  - 최대 간선 개수 : n(n-1)/2

9. 트리와 그래프 비교

구분	트리	그래프
방향성	방향	방향, 무방향
사이클	비순환	순환, 비순환, 자기순환
루트 노드	1개의 루트	개념 없음
부모-자식	1개의 부모 노드	개념 없음
모델	계층 모델	네트워크 모델
간선 수	n-1개	자유

10. 이진 트리 운행법(Traversal) ⭐*

전위 순회 (Pre-Order Traversal)	Root → Left → Right	
중위 순회 (In-Order Traversal)	Left → Root → Right	
후위 순회 (Post-Order Traversal)	Left → Right → Root	

11. 선택 정렬(Selection Sort) ⭐*

앞에서부터 가장 작은 수(Smallest)를 찾아서 키(Key)의 값과 교체하는 방법

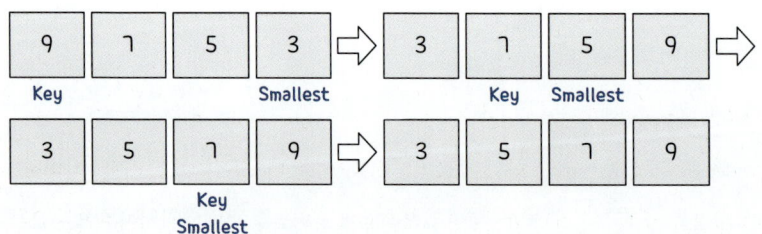

12. 삽입 정렬(Insertion Sort) ⭐*

두 번째부터 비교를 시작하여, 앞의 값들과 비교하여 자신의 자리를 찾는 방법

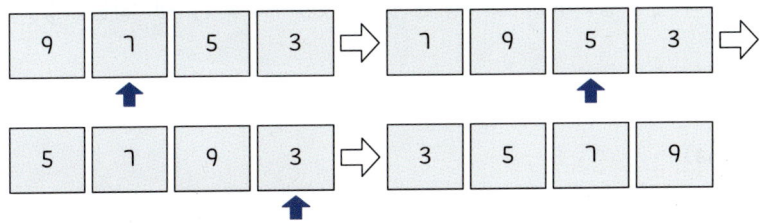

13. 버블 정렬(Bubble Sort) ⭐*

오른쪽에 있는 값과 비교를 하여 왼쪽이 더 크면 교환하는 방법

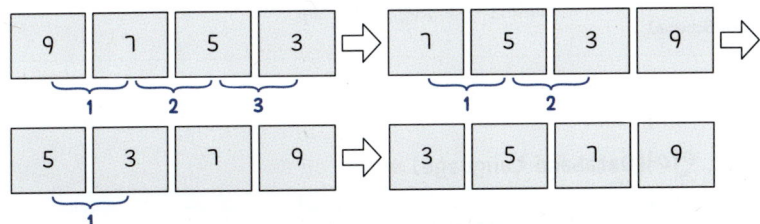

14. 병합(합병) 정렬(2-Way Merge Sort)

- 두 개의 키들을 한 쌍으로 하여 각 쌍에 대해 순서를 정함
- 순서대로 정렬된 각 쌍의 키들을 합병하여 하나의 정렬된 서브 리스트로 만듦

― 분할 정복(Divide and Conquer)에 기반한 알고리즘

15. 퀵 정렬(Quick Sort)

- 레코드의 많은 자료 이동을 없애고 하나의 파일을 부분적으로 나누어가면서 정렬하는 방법
- 키(Key)를 기준으로 작은 값은 왼쪽에 큰 값은 오른쪽에 모이도록 서로 교환시키는 부분 교환 정렬법

16. 힙 정렬(Heap Sort) ⭐*

- 완전 이진 트리(Complete Binary Tree)를 이용하여 정렬하는 방법
- 정렬한 입력 레코드들로 힙을 구성하고 가장 큰 키값을 갖는 루트 노드를 제거하는 과정을 반복하여 정렬

17. 스키마(Schema)

외부 스키마 (External Schema)	사용자나 응용 프로그래머가 접근할 수 있는 정의를 기술
개념 스키마 (Conceptual Schema)	데이터베이스 전체를 정의하여 기술
내부 스키마 (Internal Schema)	데이터의 실제 저장 방법을 기술

18. 데이터베이스 언어(Database Language) ⭐*

데이터 정의어(DDL)	• 스키마를 정의하고 변경하며 삭제할 수 있음 • 논리적 데이터 구조와 물리적 데이터 구조 간의 사상 정의 • 번역한 결과가 데이터 사전에 저장됨
데이터 조작어(DML)	• 사용자와 데이터베이스 관리 시스템 간의 인터페이스를 제공 • 데이터의 검색/삽입/삭제/변경 수행 ⭐*
데이터 제어어(DCL)	• 불법적인 사용자로부터 데이터를 보호함 • 무결성 유지 및 데이터 회복 및 병행 제어 수행

19. 데이터베이스 모델의 분류

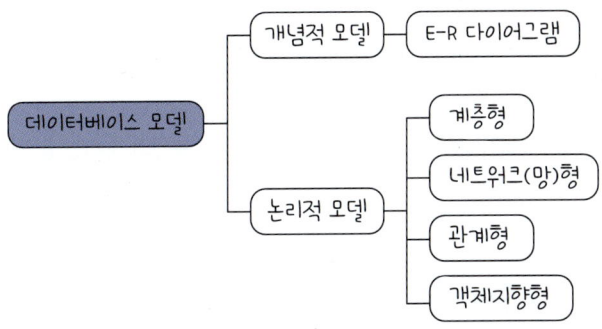

20. 개념적 데이터 모델

- 속성들로 기술된 개체 타입과 이 개체 타입 간의 관계를 이용하여 현실 세계를 표현하는 방법
- E-R 모델(Entity-Relationship 모델, 개체-관계 모델) : 개체 타입과 이들 간의 관계 타입을 이용하여 현실 세계를 개념적으로 표현한 방법 ✮*

21. 논리적 데이터 모델

- 필드로 기술된 데이터 타입과 이 데이터 타입 간의 관계를 이용하여 현실 세계를 표현하는 방법
- 개념 모델을 상세화하는 작업

22. 관계형 데이터베이스 모델의 구조

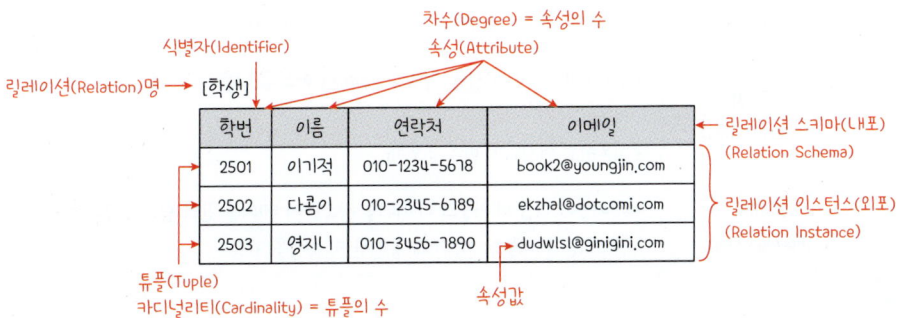

23. 릴레이션(Relation)의 특징

― 데이터들을 2차원 테이블의 구조로 저장한 것

- 튜플의 유일성 : 모든 튜플은 서로 다른 값을 가짐
- 튜플의 무순서성 : 하나의 릴레이션에서 튜플의 순서는 없음
- 속성의 원자성 : 속성값은 원자값을 가짐
- 속성의 무순서성 : 각 속성은 릴레이션 내에서 유일한 이름을 가지며, 속성의 순서는 큰 의미가 없음

24. 관계형 데이터베이스의 주요 용어

- 속성(Attribute) : 릴레이션의 열(=Column), 개체를 구성하는 속성
- 튜플(Tuple) : 릴레이션의 행(=Row), 속성들의 집합(=레코드(Record))
- 차수(Degree) ★ : 릴레이션을 구성하는 속성의 수
- 카디널리티(Cardinality) ★ : 릴레이션에 입력된 튜플의 수
- 릴레이션 스키마(Relation Schema) : 릴레이션의 이름과 속성 이름의 집합(=릴레이션 내포)
- 릴레이션 인스턴스(Relation Instance) : 릴레이션의 어느 시점까지 입력된 튜플들의 집합(=릴레이션 외포)

25. 키(Key)의 종류 ★

기본키 (Primary Key)	• 후보키들 중에서 하나를 선택한 키 • NULL 값과 중복된 값을 가질 수 없음
후보키 (Candidate Key)	• 테이블에서 각 행을 유일하게 식별할 수 있는 최소한의 속성들의 집합 • 기본키가 될 수 있는 후보들이며, 유일성과 최소성을 동시에 만족시켜야 함
슈퍼키 (Super Key)	• 테이블에서 각 행을 유일하게 식별할 수 있는 하나 또는 그 이상의 속성들의 집합 • 유일성은 만족시키지만 최소성은 만족시키지 못함
대체키 (Alternate Key)	• 후보키가 두 개 이상일 경우 그 중에서 어느 하나를 기본키로 지정하고 남은 후보키들 • 기본키로 선정되지 않은 후보키
외래키 (Foreign Key)	• 테이블이 다른 테이블의 데이터를 참조하여 테이블 간의 관계를 연결하는 키 • 참조되는 테이블의 기본키와 동일한 키 속성을 가짐

26. 무결성(Integrity)

개체 무결성	기본키의 값은 널(Null) 값이나 중복 값을 가질 수 없다는 제약조건
참조 무결성	릴레이션의 외래키를 변경하려면 이를 참조하고 있는 기본키도 변경해야 하며, 이때 참조할 수 없는 외래키 값을 가질 수 없다는 제약조건
도메인 무결성	각 속성값은 해당 속성 도메인에 지정된 값이어야 한다는 제약조건

27. 이상 현상(Anomaly)

- 릴레이션 조작 시 데이터들이 불필요하게 중복되어 예기치 않게 발생하는 곤란한 현상
- 이러한 이상 현상을 예방하고 효과적인 연산을 하기 위해 <u>데이터 정규화(Data Normalication)</u>를 진행

28. 이상 현상의 종류 ★

삽입 이상 (Insertion Anomaly)	자료를 삽입할 때 의도하지 않은 자료까지 삽입해야만 자료를 테이블에 추가가 가능한 현상
갱신 이상 (Update Anomaly)	중복된 데이터 중 일부만 수정되어 데이터 모순이 일어나는 현상
삭제 이상 (Deletion Anomaly)	어떤 정보를 삭제하면, 의도하지 않은 다른 정보까지 삭제되어버리는 현상

29. 함수적 종속(Functional Dependency) ★

- 개체 내에 존재하는 속성 간의 관계를 종속적인 관계로 정리하는 방법
- 테이블의 한 필드값(X)이 다른 필드값(Y)을 결정하는 관계
- 기준값을 결정자(Determinant)라고 하고 종속되는 값을 종속자(Dependent)라고 할 때, 속성 Y(종속자)는 속성 X(결정자)에 함수적 종속이라 하고, X→Y로 표현

30. 함수적 종속의 종류

완전 함수 종속	종속자가 기본키에만 종속되며, 기본키가 여러 속성으로 구성되어 있을 경우 기본키를 구성하는 모든 속성이 포함된 기본키의 부분집합에 종속된 경우	[A, B] → C
부분 함수 종속	기본키가 복합키일 경우 기본키를 구성하는 속성 중 일부에게 종속된 경우	[A, B] → C (A→C)
이행 함수 종속	A, B, C라는 3개의 속성이 있을 때 A→B, B→C라는 종속 관계가 성립하면 A→C가 성립하는 경우	A→B→C, A→C

31. 정규화의 과정

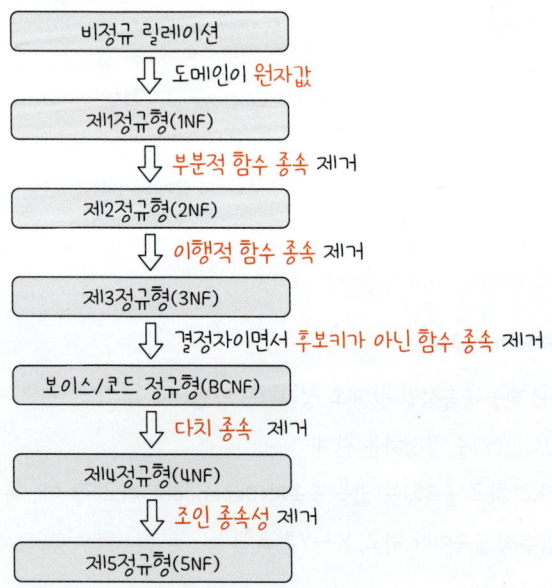

비정규 릴레이션
⬇ 도메인이 **원자값**
제1정규형(1NF)
⬇ **부분적 함수 종속** 제거
제2정규형(2NF)
⬇ **이행적 함수 종속** 제거
제3정규형(3NF)
⬇ 결정자이면서 **후보키가 아닌 함수 종속** 제거
보이스/코드 정규형(BCNF)
⬇ **다치 종속** 제거
제4정규형(4NF)
⬇ **조인 종속성** 제거
제5정규형(5NF)

32. 정규형의 종류

1) 제1정규형(1NF)
   - 어떤 릴레이션에 속한 모든 도메인이 원자값(Atomic Value)만으로 되어 있는 릴레이션 — 하나의 항목에는 중복된 값이 입력될 수 없음
   - 하나의 속성만 있어야 하고 반복되는 속성은 별도의 테이블로 분리

2) 제2정규형(2NF)
   - 1정규형을 만족하고, 릴레이션에 내재된 부분 함수적 종속을 제거
   - 부분 함수적 종속에 해당하는 속성을 별도의 테이블로 분리

3) 제3정규형(3NF)
   - 1, 2정규형을 만족하고, 속성 간 이행적 함수 종속을 제거 — A→B, B→C이면 A→C 성립
   - 주 식별자가 아닌 속성 중 종속 관계가 있는 속성을 제거하는 과정

4) 보이스/코드 정규형(BCNF) ★*
   - 1, 2, 3정규형을 만족하고, 결정자가 후보키가 아닌 함수 종속을 제거
   - 결정자가 모두 후보키인 강한 제3정규형

5) 제4정규형(4NF)
   1, 2, 3, BCNF 정규형을 만족하고, 다치(다가) 종속을 제거 — A→B일 때 하나의 A 값에 여러 개의 B 값이 존재함(A→→B)

6) 제5정규형(5NF)
   1, 2, 3, BCNF, 4정규형을 만족하고, 후보키를 통하지 않은 조인 종속을 제거

33. 반정규화(De-Normalization) ★★

- 역정규화 혹은 반정규화는 이미 정규화된 데이터베이스에서 성능을 개선하기 위해 사용되는 전략
- 정규화를 통하여 정합성과 데이터 무결성이 보장되지만, 테이블의 개수가 증가함에 따라 테이블 간의 조인이 증가하여 조회 성능이 떨어질 수 있는데 이렇게 정규화된 엔티티, 속성, 관계에 대해 시스템의 성능 향상과 개발(Development) 및 운영(Maintenance)의 단순화를 위해 중복, 통합, 분리 등을 수행하는 데이터 모델링의 기법

34. 트랜잭션(Transaction)

- 데이터베이스 내에서 한꺼번에 모두 수행되어야 할 연산들의 집합
- 트랜잭션 내의 연산은 한꺼번에 완료되어야 하며 그렇지 못한 경우 모두 취소되어야 함

35. 트랜잭션의 성질

원자성 (Atomicity)	트랜잭션 내의 연산은 반드시 모두 수행되어야 하며 그렇지 않은 경우 모두 수행되지 않아야 함
일관성 (Consistency)	트랜잭션이 정상적으로 완료된 후 언제나 일관성 있는 데이터베이스 상태가 되어야 하며, 결과에 모순이 생겨서는 안 됨
격리성 (Isolation)	하나의 트랜잭션이 수행 중에는 다른 트랜잭션이 접근할 수 없으며 각각의 트랜잭션은 독립적이어야 함(독립성)
영속성 (Durability)	트랜잭션이 성공적으로 완료된 후 결과는 지속적으로 유지되어야 함(지속성)

| 참고 | **데이터베이스 활용 - 마인드맵** |

1. DB

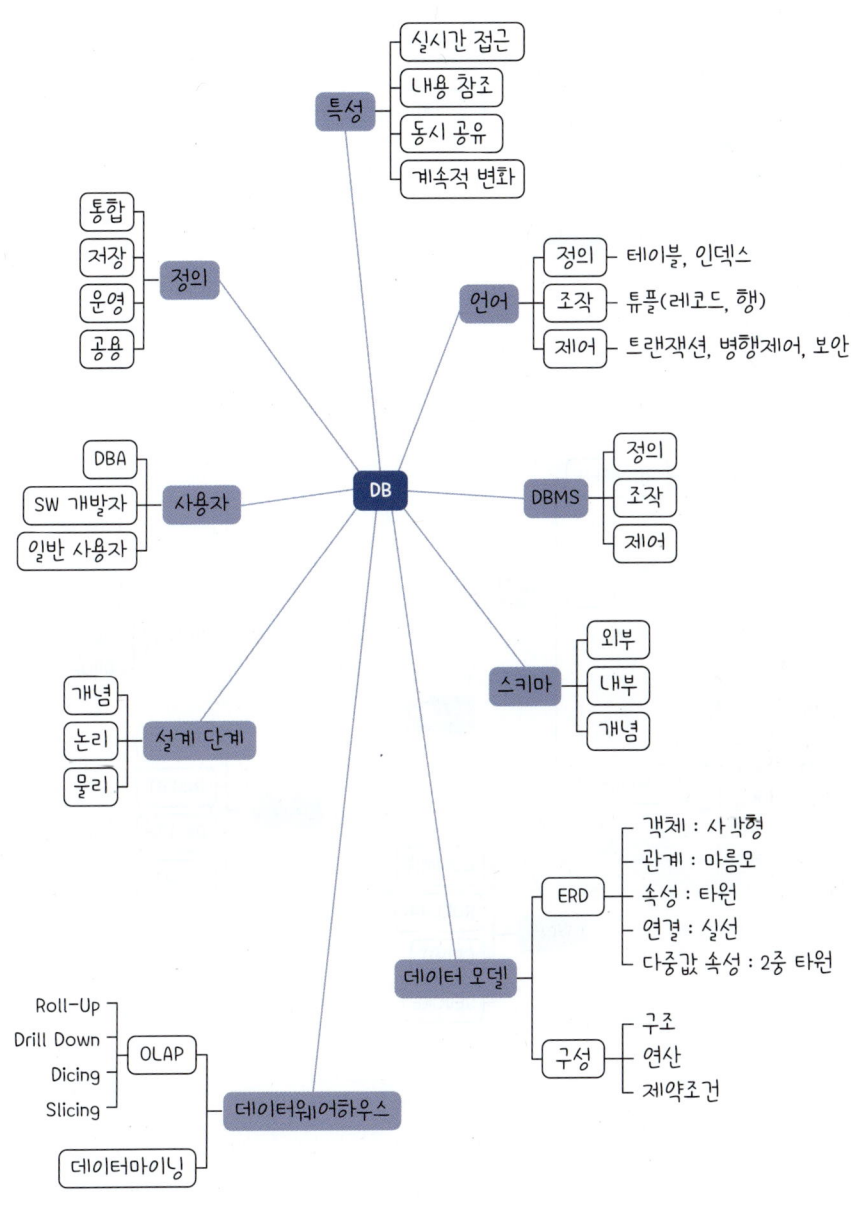

2. DB 보안

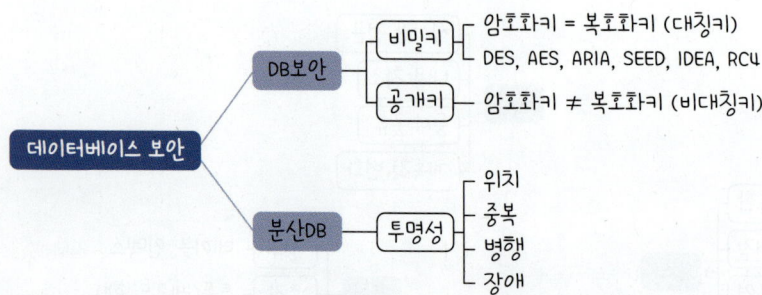

3. SQL

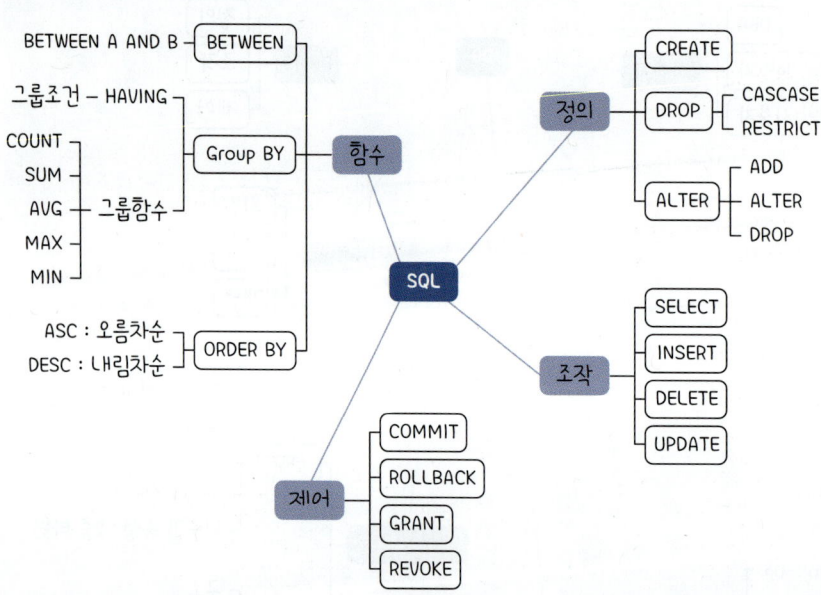

4. 관계연산

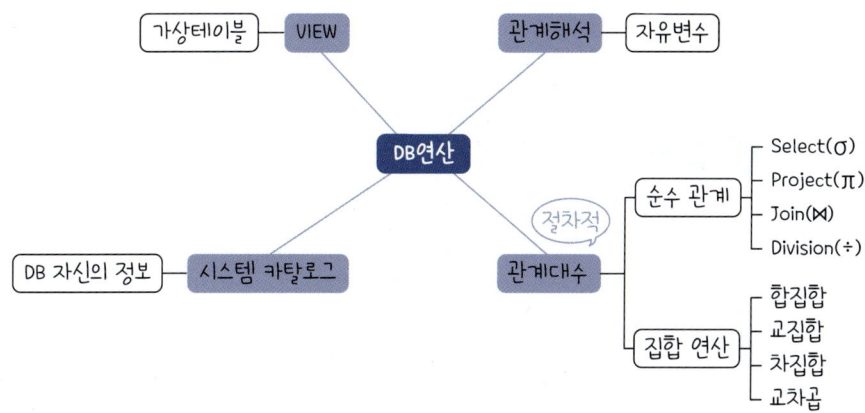

5. 관계형 모델

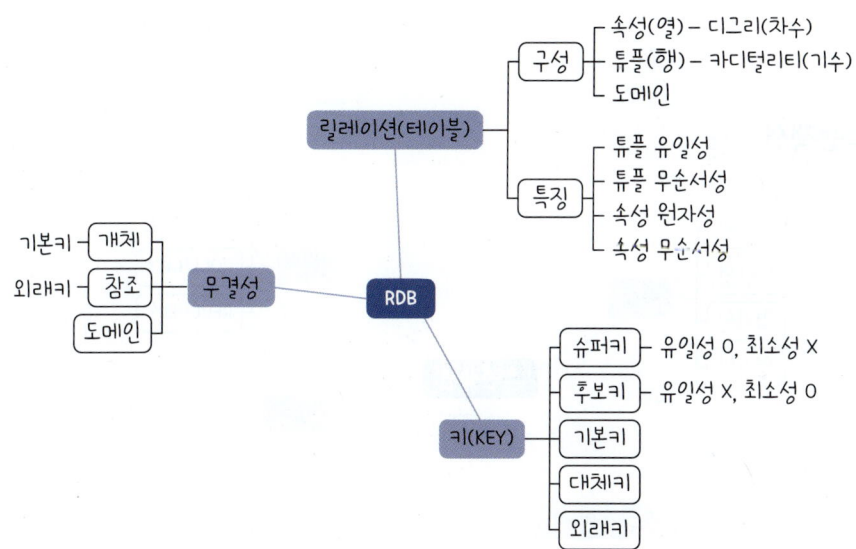

6. 정규화

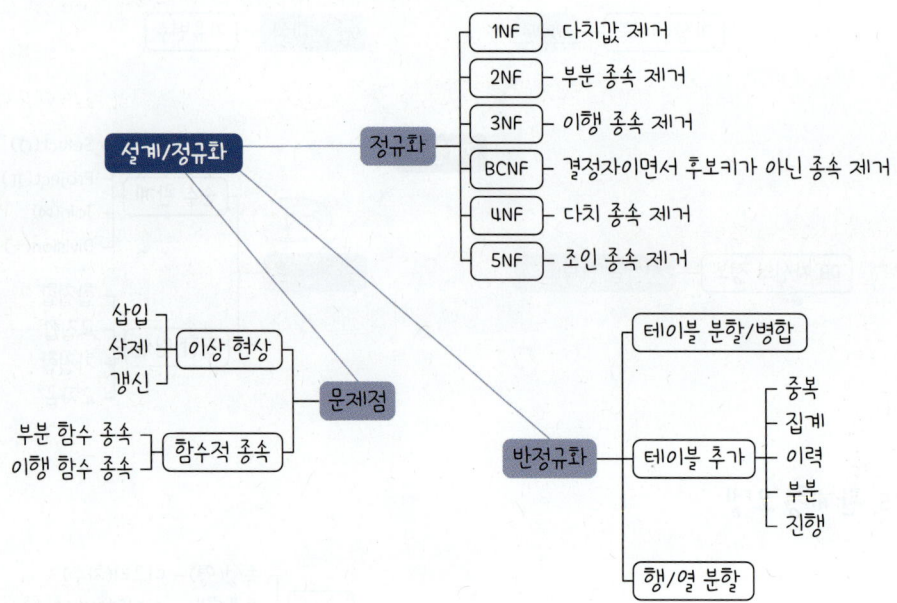

7. 트랜잭션

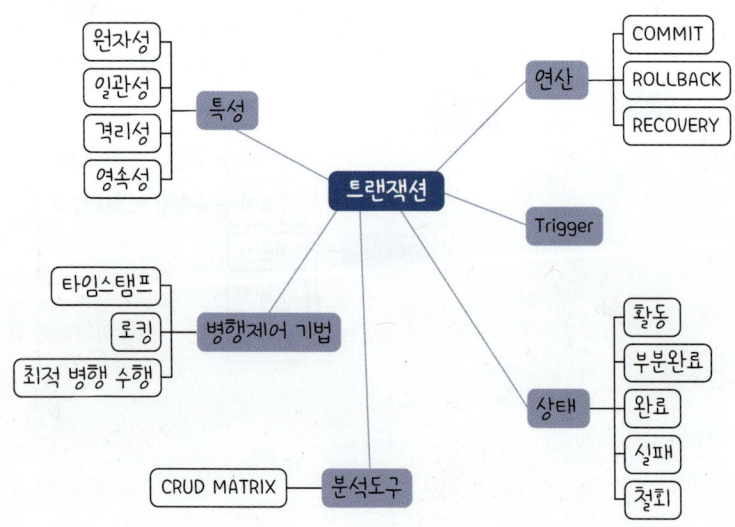

오직 스터디 카페 멤버에게만
주어지는 특별 혜택!

이기적 스터디 카페

이기적 스터디 카페

합격을 위한 기적 같은 선물
또기적 합격자료집

혼자 공부하기 외롭다면?
온라인 스터디 참여

모든 궁금증 바로 해결!
전문가와 1:1 질문답변

1년 내내 진행되는
이기적 365 이벤트

도서 증정 & 상품까지!
우수 서평단 도전

간편하게 한눈에
시험 일정 확인

합격까지 모든 순간 이기적과 함께!
이기적 365 EVENT

QR코드를 찍어 이벤트에 참여하고 푸짐한 선물 받아가세요!

1 기출문제 복원하기
이기적 책으로 공부하고 시험을 봤다면 7일 내로 문제를 제보해 주세요!

2 합격 후기 작성하기
당신만의 특별한 합격 스토리와 노하우를 전해 주세요!

3 온라인 서점 리뷰 남기기
온라인 서점에서 책을 구매하고 평점과 리뷰를 남겨 주세요!

4 정오표 이벤트 참여하기
더 완벽한 이기적이 될 수 있게 수험서의 오류를 제보해 주세요!

※ 이벤트별 혜택은 변경될 수 있으므로 자세한 내용은 해당 QR을 참고해 주세요.

기적의 적중률, 여러분의 참여로 완성됩니다
기출 복원 EVENT

1. 이기적 수험서로 공부하고 시험에 응시했다면 누구나 참여 가능
2. 응시일로부터 7일 이내 복원 문제만 인정(수험표 첨부 필수!)
3. 중복, 누락, 허위 문제는 당첨 대상에서 제외

※ 이벤트별 혜택은 변경될 수 있으므로 자세한 내용은 해당 QR을 참고해 주세요.

시험 환경 100% 재현!
CBT 온라인 문제집

CBT 온라인 문제집 이용 가이드

- **STEP 1** CBT 사이트 (cbt.youngjin.com) 접속하기
- **STEP 2** 과목을 선택하고 시작하기 버튼 클릭하기
- **STEP 3** 시간에 맞춰 문제 풀고 합격 여부 확인하기
- **STEP 4** 로그인하면 MY 페이지에서 응시 결과 확인 가능

글자 크기 조절
글자 크기 100% 150% 200%

안 푼 문제 수 확인 가능
· 전체 문제 수 : 40 · 안 푼 문제 수 : 40

실제 시험처럼 시간 재며 풀기
제한 시간 40분
남은 시간 37분 39초

모바일 접속도 가능

답안 표기란에 체크

안 푼 문제로 바로 이동 가능
합격 결과 즉시 확인

이기적 CBT

책은 너무 무겁다면? 가볍게 만나자!
이기적 전자책(eBook)

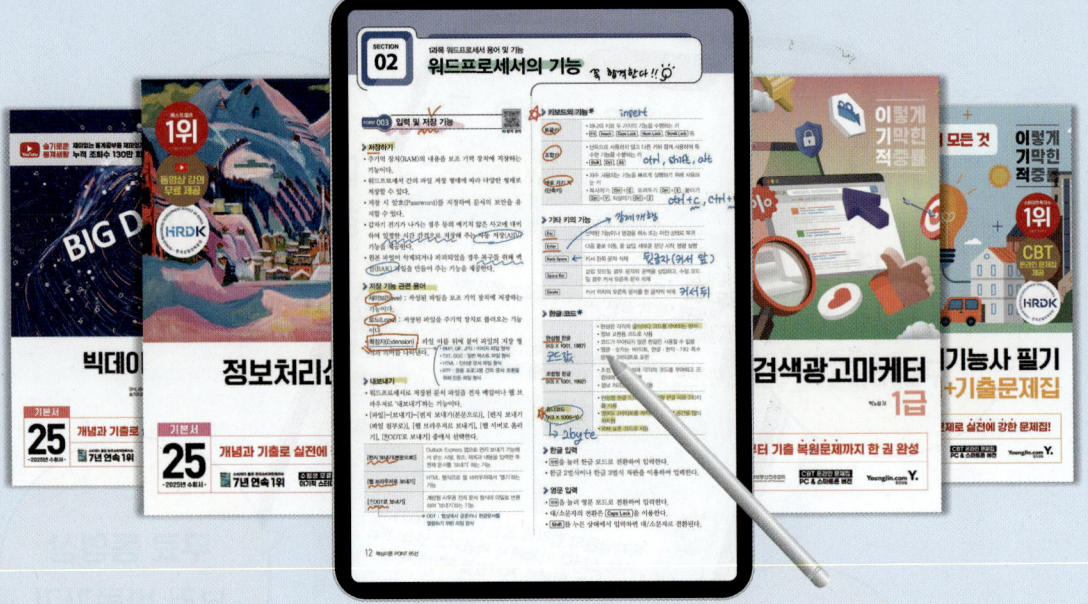

LIGHT
...
여러 권의 책도
eBook으로
구매하면 0.0g!

EASY
...
필요한 키워드
손쉽게 검색 &
무제한 필기 가능

FAST
...
배송 기다림 없이
즉시 다운받고
바로 학습 가능

이용방법

온라인 서점 접속 eBook 메뉴에서 이기적 도서 검색 [eBook] 상품 구매 → 서점별 eBook뷰어로 바로 이용 가능

※ eBook은 배송 과정이 없는 디지털 상품으로 온라인 서점별 앱에서 바로 이용 가능하며 이와 별개로 **도서 전체의 PDF 파일은 제공하지 않습니다.**

◀ 이기적 전자책 보러가기

이렇게 기막힌 적중률

정보처리산업기사
올인원
1권 · 이론서

"이" 한 권으로 합격의 "기적"을 경험하세요!

차례

출제빈도에 따라 분류하였습니다.
- 상 : 반드시 보고 가야 하는 이론
- 중 : 보편적으로 다루어지는 이론
- 하 : 알고 가면 좋은 이론

이 책의 구성   1-10
CBT 시험 가이드   1-12
시험의 모든 것   1-14
시험 출제 경향   1-15

PART 01 응용 SW 기초 기술 활용   1권

CHAPTER 01 운영체제 기초 활용
- 하 SECTION 01 운영체제 개념   1-18
- 중 SECTION 02 운영체제 종류와 기본 명령어   1-25
- 상 SECTION 03 프로세스 개념과 스케줄링   1-32
- 상 SECTION 04 병행 프로세스   1-39
- 상 SECTION 05 기억 장치   1-42
- 하 SECTION 06 디스크 관리   1-50

CHAPTER 02 네트워크 기초 활용
- 하 SECTION 01 네트워크 개요   1-54
- 상 SECTION 02 네트워크 계층 구조   1-62
- 상 SECTION 03 TCP/IP 프로토콜   1-67
- 중 SECTION 04 데이터링크 제어 프로토콜   1-75
- 중 SECTION 05 라우팅   1-79
- 중 SECTION 06 인터넷과 IP 주소 체계   1-82

CHAPTER 03 기본 개발환경 구축
- 하 SECTION 01 기본 개발환경 구축하기   1-88

PART 02 애플리케이션 설계

CHAPTER 01 공통 모듈 설계
- 상 SECTION 01 설계 모델링   1-96
- 상 SECTION 02 소프트웨어 아키텍처   1-103

CHAPTER 02 객체지향 설계
- 상 SECTION 01 객체지향(Object Oriented)   1-108
- 상 SECTION 02 UML 다이어그램   1-115
- 상 SECTION 03 디자인 패턴   1-119

PART 03 애플리케이션 테스트 및 배포

CHAPTER 01 애플리케이션 테스트 수행
- SECTION 01 통합개발환경(IDE) 도구 활용 ... 1-126
- SECTION 02 애플리케이션 테스트 ... 1-128
- SECTION 03 애플리케이션 개발 단계에 따른 테스트 ... 1-134
- SECTION 04 애플리케이션 결함 관리 ... 1-142
- SECTION 05 UI 테스트 기법 ... 1-146

CHAPTER 02 애플리케이션 배포
- SECTION 01 소스코드 검증 기법 ... 1-150

PART 04 프로그래밍 언어 활용

CHAPTER 01 프로그래밍 언어의 개요
- SECTION 01 C언어와 Java언어의 기본문법 구조 ... 1-154
- SECTION 02 데이터 타입 ... 1-160
- SECTION 03 변수와 상수 ... 1-163
- SECTION 04 연산자 ... 1-168
- SECTION 05 데이터 입력 및 출력 ... 1-177
- SECTION 06 제어문(1) – 선택문 ... 1-181
- SECTION 07 제어문(2) – 반복문 ... 1-187
- SECTION 08 배열과 문자열 ... 1-194
- SECTION 09 C언어 포인터 ... 1-204
- SECTION 10 C언어 사용자 정의 함수 ... 1-208
- SECTION 11 Java 클래스와 메소드 ... 1-213
- SECTION 12 Java 상속 ... 1-217
- SECTION 13 예외 처리 ... 1-221
- SECTION 14 Python에 대한 이해 ... 1-227

CHAPTER 02 언어의 특성 활용
- SECTION 01 언어별 특성 파악 ... 1-272
- SECTION 02 애플리케이션 구현 및 최적화 ... 1-276

CHAPTER 03 라이브러리 활용
- SECTION 01 라이브러리 선정 ... 1-282
- SECTION 02 라이브러리 구성 및 적용 ... 1-287

PART 05 프로그램 구현

CHAPTER 01 개발환경 구축하기
- SECTION 01 개발환경 구축하기 ... 1-292
- SECTION 02 개발환경 구축 ... 1-295

CHAPTER 02 공통 모듈 구현하기
- SECTION 01 모듈화 ... 1-302
- SECTION 02 재사용과 공통 모듈 ... 1-305

CHAPTER 03 화면 구현하기
- SECTION 01 UI 설계 확인하기 ... 1-308
- SECTION 02 UI 설계하기 ... 1-313
- SECTION 03 UI 구현 지침 확인 ... 1-318
- SECTION 04 UI 구현 ... 1-322
- SECTION 05 UI 테스트 ... 1-334

CHAPTER 04 서버 프로그램 구현하기
- SECTION 01 서버 프로그램 ... 1-338
- SECTION 02 소프트웨어 개발 보안과 API ... 1-342

PART 06 데이터 입출력 구현

CHAPTER 01 데이터베이스
- SECTION 01 데이터베이스 개념 ... 1-346
- SECTION 02 데이터베이스 관리 시스템 ... 1-348
- SECTION 03 데이터베이스 구조(스키마) ... 1-350
- SECTION 04 데이터베이스 설계 ... 1-353
- SECTION 05 개체-관계 모델(E-R Model) ... 1-356

CHAPTER 02 논리 데이터베이스 설계
- SECTION 01 관계 데이터 모델 ... 1-362
- SECTION 02 키(Key)와 무결성 제약조건 ... 1-366
- SECTION 03 관계 데이터 연산 ... 1-371
- SECTION 04 이상(Anomaly)과 함수적 종속 ... 1-377
- SECTION 05 정규화 ... 1-383
- SECTION 06 트랜잭션(Transaction) ... 1-392
- SECTION 07 회복 기법과 병행 제어 ... 1-396
- SECTION 08 기타 데이터베이스 용어 ... 1-400

PART 07 SQL 응용

CHAPTER 01 기본 SQL 작성하기
- SECTION 01 SQL 정의어(DDL) — 1-410
- SECTION 02 SQL 조작어(DML) — 1-418
- SECTION 03 SQL 제어어(DCL, TCL) — 1-432

CHAPTER 02 고급 SQL 작성
- SECTION 01 인덱스(INDEX) — 1-436
- SECTION 02 뷰(VIEW)와 시스템 카탈로그 — 1-446
- SECTION 03 다중 테이블 검색 — 1-450
- SECTION 04 집계 함수 — 1-463
- SECTION 05 GROUP BY절을 사용한 그룹 처리 함수 — 1-466

PART 08 데이터베이스 프로그래밍

CHAPTER 01 데이터 조작 프로시저 작성
- SECTION 01 동시성 제어 — 1-474

PART 09 필기! 문제로 합격하기 (2권)

- CHAPTER 01 실전 모의고사 — 2-5
- CHAPTER 02 최신 기출문제 — 2-139
- CHAPTER 03 최신 기출문제 정답 & 해설 — 2-237

PART 10 실기! 문제로 합격하기

- CHAPTER 01 실전 모의고사 — 2-313
- CHAPTER 02 최신 기출문제 — 2-449
- CHAPTER 03 최신 기출문제 정답 & 해설 — 2-549

이 책의 구성

STEP 1 핵심만 정리한 이론

정보처리산업기사 시험에
자주 출제되는 핵심 이론만 쏙쏙!

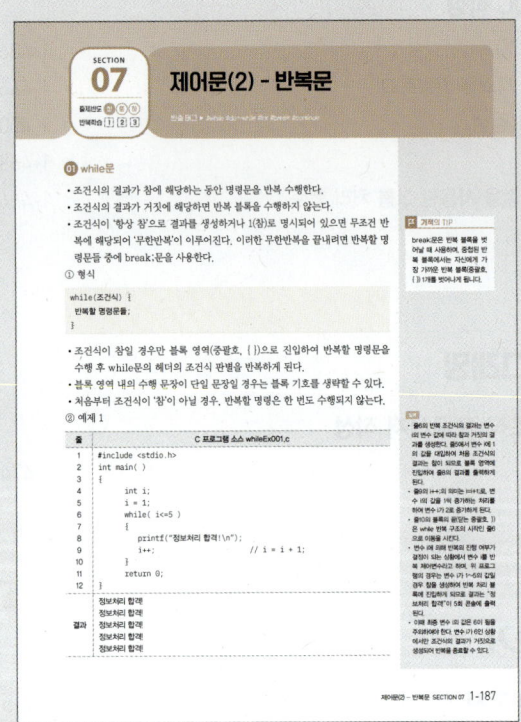

- 출제빈도와 빈출태그 확인
- 반복 학습을 통해 이론 완벽 숙지
- 기적의 TIP과 더 알기 TIP 참고

STEP 2 합격을 다지는 예상문제

앞에서 공부한 이론을 바탕으로
필기 문제와 실기 문제 풀어보기

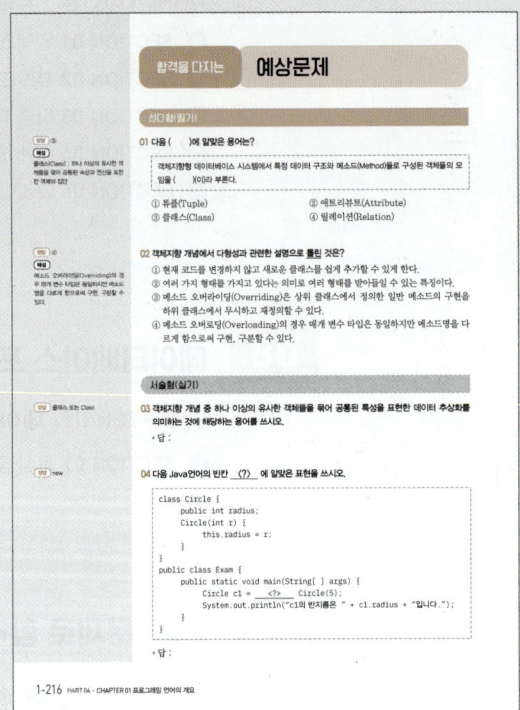

- 문제와 함께 이론 내용 복습
- 정답은 옆에서 바로 확인 가능
- 이론에 없는 내용도 문제로 학습

STEP 3 모의고사 & 기출문제

BONUS  시험장에서도, 막판 정리

자격증 준비에서 가장 중요한
모의고사와 기출문제 풀어보기

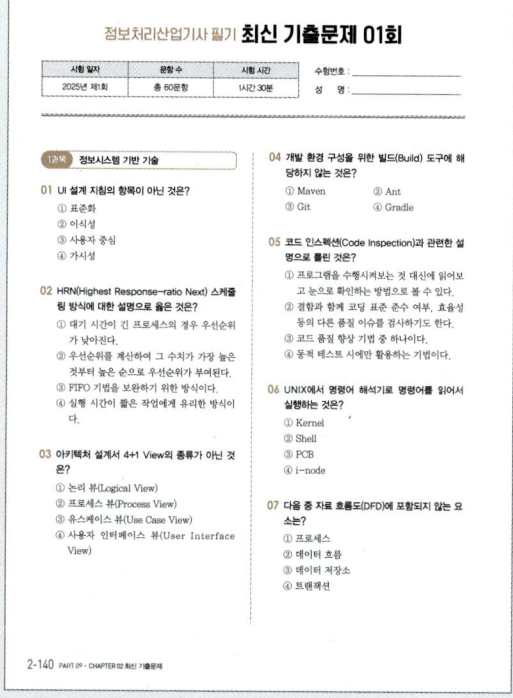

- 각 모의고사 10회, 기출문제 10회
- 2025년 1회 최신 기출문제 수록
- 친절한 해설로 틀린 문제 바로 복습

도서 구매자 특별 제공
마지막까지 이기적과 함께!

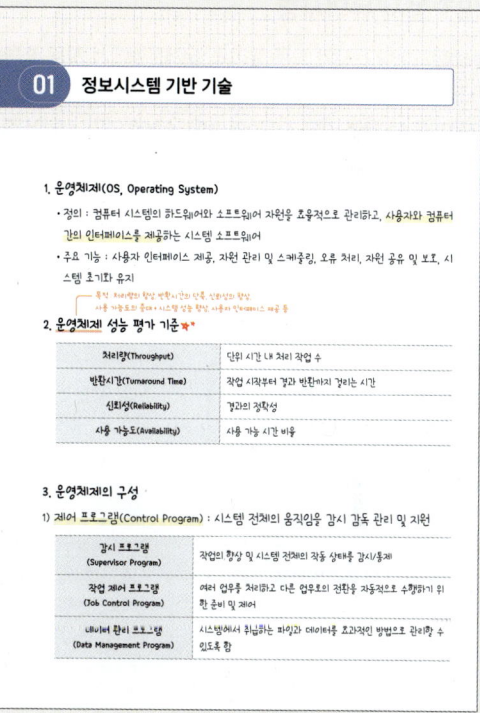

- 이기적 도서 구매자 특별 자료
- 시험장까지 가져갈 수 있는 미니북
- 시험에서 가장 중요한 내용들로 구성

CBT 시험 가이드

CBT란?

CBT는 시험지와 필기구로 응시하는 일반 필기시험과 달리, 컴퓨터 화면으로 시험 문제를 확인하고 그에 따른 정답을 클릭하면 네트워크를 통하여 감독자 PC에 자동으로 수험자의 답안이 저장되는 방식의 시험입니다.
오른쪽 QR코드를 스캔해서 큐넷 CBT를 체험해 보세요!

CBT 응시 유의사항

- 수험자마다 문제가 모두 달라요. 문제은행에서 자동 출제됩니다!
- 답지는 따로 없어요!
- 문제를 다 풀면, 반드시 '제출' 버튼을 눌러야만 시험이 종료되어요!
- 시험 종료 안내방송이 따로 없어요!

FAQ

Q CBT 시험이 처음이에요! 시험 당일에는 어떤 것들을 준비해야 좋을까요?

A 시험 20분 전 도착을 목표로 출발하고 시험장에는 주차할 자리가 마땅하지 않은 경우가 많으므로, 대중교통을 이용하는 것을 추천합니다. 무사히 시험 장소에 도착했다면 수험자 입장 시간에 늦지 않게 시험실에 입실하고, 자신의 자리를 확인한 뒤 착석하세요.

Q 기존보다 더 어려워졌을까요?

A 시험 자체의 난이도 차이는 없지만, 랜덤으로 출제되는 CBT 시험 특성상 경우에 따라 유독 어려운 문제가 많이 출제될 수는 있습니다. 이러한 돌발 상황에 대비하기 위해 이기적 CBT 온라인 문제집으로 실제 시험과 동일한 환경에서 미리 연습해 두세요.

Q 풀었던 문제의 답안 수정은 어떻게 하나요?

A 마킹한 답안을 수정할 경우에는 문제지 화면에서 수정하고자 하는 문제의 답을 다시 클릭하면 먼저 체크한 번호는 없어지고 새로 선택한 번호가 검은색으로 마킹됩니다.

Q 문제를 다 풀고 나면 어떻게 하나요?

A 문제를 다 풀고 시험을 종료하려면, '시험 종료' 버튼을 클릭하면 됩니다. 마킹하지 않은 문제가 있을 경우 남은 문제의 문제번호 목록을 보여 주고, 남은 문제번호를 선택한 다음 [문항으로 이동] 버튼을 클릭하면 문제화면에 클릭한 문제가 나타납니다. 남은 문제가 없을 경우 최종적으로 종료 여부를 확인하는 대화상자가 나타나며 [예]를 클릭하면 시험이 종료되고 수험자가 작성한 답안은 자동으로 저장되어 서버로 전송됩니다.

CBT 진행 순서

| 좌석번호 확인 | 수험자 접속 대기 화면에서 본인의 좌석번호를 확인합니다. |

↓

| 수험자 정보 확인 | 시험 감독관이 수험자의 신분을 확인하는 단계입니다.
신분 확인이 끝나면 시험이 시작됩니다. |

↓

| 안내사항 | 시험 안내사항을 확인하고, 다음을 클릭합니다. |

↓

| 유의사항 | 시험과 관련된 유의사항을 확인합니다. |

↓

| 문제풀이 메뉴 설명 | 시험을 볼 때 필요한 메뉴에 대한 설명을 확인합니다.
메뉴를 이용해 글자 크기와 화면 배치를 조정할 수 있습니다.
남은 시간을 확인하며 답을 표기하고, 필요한 경우 아래의 계산기를 이용할 수 있습니다. |

↓

| 문제풀이 연습 | 시험 보기 전, 연습을 해 보는 단계입니다.
직접 시험 메뉴화면을 클릭하며, CBT가 어떻게 진행되는지 확인합니다. |

↓

| 시험 준비 완료 | 문제풀이 연습을 모두 마친 후 [시험 준비 완료] 버튼을 클릭하면 시험 감독관의 지시에 따라 시험이 시작됩니다. |

↓

| 시험 시작 | 시험이 시작되었습니다. 수험자는 제한 시간에 맞추어 문제풀이를 시작합니다. |

↓

| 답안 제출 | 시험을 완료하면 [답안 제출] 버튼을 클릭합니다. 답안을 수정하기 위해 시험화면으로 돌아가고 싶으면 [아니오] 버튼을 클릭합니다. |

↓

| 답안 제출 최종 확인 | 답안 제출 메뉴에서 [예] 버튼을 클릭하면, 수험자의 실수를 방지하기 위해 한 번 더 주의 문구가 나타납니다. 시험 문제 풀이가 완벽히 끝났다면 [예] 버튼을 클릭하여 최종 제출합니다. |

↓

| 합격 발표 | CBT 시험이 모두 종료되면, 퇴실할 수 있습니다. |

이제 완벽하게 CBT 필기시험에 대해 이해하셨나요?
그렇다면 이기적이 준비한 CBT 온라인 문제집으로 학습해 보세요!

이기적 온라인 문제집 : https://cbt.youngjin.com

이기적 CBT
바로가기

시험의 모든 것

시험 알아보기

● **자격 소개**

정보시스템의 생명주기 전반에 걸친 프로젝트 업무를 수행하는 직무로서 분석, 설계, 구현, 시험, 운영, 유지보수 등의 업무를 수행할 수 있다.

● **시험 일정**
- 1년에 필기/실기 각 3회씩 시행
- 정확한 시험 일정은 시행처 참고

● **응시 자격**
- 모든 학과 응시 가능
- 실기는 필기 합격자 대상

● **검정 방법**
- 필기 : 객관식 4지 택일형, 과목당 20문항(과목당 30분)
- 실기 : 필답형(2시간 30분)

● **합격 기준**
- 필기 : 100점을 만점으로 하여 과목당 40점 이상, 전과목 평균 60점 이상
- 실기 : 100점을 만점으로 하여 60점 이상

● **자격증 발급**
- 인터넷 신청 후 우편배송
- 32개 지부/지사

출제기준

● **개요**
- 적용 기간 : 2025.01.01~2027.12.31
- 정보통신 〉 정보기술 〉 정보처리산업기사

● **필기 출제기준**
- 적용 기간 : 2025.01.01~2027.12.31
- 정보통신 〉 정보기술 〉 정보처리산업기사

정보시스템 기반 기술	응용 SW 기초 기술 활용
	애플리케이션 설계
	테스트 및 배포
프로그래밍 언어 활용	프로그래밍 언어 활용
	프로그램 구현
데이터베이스 활용	데이터베이스 이해
	SQL 활용
	데이터베이스 프로그래밍

● **실기 출제기준**

정보처리 실무	응용 SW 기초 기술 활용
	UI 테스트
	화면 구현
	프로그래밍 언어 활용
	SQL 활용
	애플리케이션 테스트 수행
	애플리케이션 배포

> **고사장 및 시험 관련 문의**
> - 시행처 : 한국산업인력공단
> - 홈페이지 : www.q-net.or.kr
> ☎ 1644-8000

시험 출제 경향

정보처리산업기사 필기

정보처리산업기사 필기시험은 정보시스템 기반 기술, 프로그래밍 언어 활용, 데이터베이스 활용 3과목으로 구성됩니다. 과목당 20문항 총 60문항이며, 사지선다형으로 실시됩니다. 과목당 40점(8개) 미만일 경우 과락으로 불합격이며, 평균 60점(36개) 이상 점수를 얻으면 합격입니다.

과목명	NCS 능력단위	NCS 세분류
정보시스템 기반 기술	응용 SW 기초 기술 활용	응용 SW 엔지니어링
	애플리케이션 테스트 수행	
	애플리케이션 배포	
	UI 테스트	UI/UX 엔지니어링
프로그래밍 언어 활용	프로그래밍 언어 활용	응용 SW 엔지니어링
	화면 구현	
	서버 프로그램 구현	
	앱 프로그래밍	스마트 문화 앱 콘텐츠 제작
데이터베이스 활용	SQL 활용	DB 엔지니어링
	데이터 입출력 구현	응용 SW 엔지니어링

정보처리산업기사 실기

정보처리산업기사 실기시험은 필기 과목의 세부 NCS 모듈을 분리하여 7 모듈로 구성됩니다. 필기시험과 내용이 중복되며 주관식 서술형, 단답형으로 출제됩니다. 총 20문항이 출제되며 문제당 5점으로 배점됩니다. 60점 이상 점수를 얻어야 합격이며, 필기와 같은 시험 범위지만 주관식으로 직접 작성해야 한다는 부담이 있는 시험입니다. 특히 프로그래밍 언어 활용과 응용 SW 기초 기술 활용의 출제 비중이 높으니 이 두 모듈을 제외한 나머지 모듈은 필기에서 배운 내용을 복습하고 실기에서는 프로그래밍 언어 활용과 응용 SW 기초 기술 활용에 중점을 두어 학습하도록 합니다.

과목명	NCS 능력단위	NCS 세분류
정보처리 실무	응용 SW 기초 기술 활용	응용 SW 엔지니어링
	화면 구현	
	프로그래밍 언어 활용	
	애플리케이션 테스트 수행	
	애플리케이션 배포	
	UI 테스트	UI/UX 엔지니어링
	SQL 활용	DB 엔지니어링

PART 01

응용 SW 기초 기술 활용

CHAPTER

01

운영체제 기초 활용

학습 방향

운영체제는 사용자가 컴퓨터를 효율적으로 관리하고 사용할 수 있도록 지원하는 시스템 소프트웨어입니다. 프로세스 관리, 메모리 관리 등이 자주 출제되니 이 부분들을 확실하게 숙지하셔야 합니다.

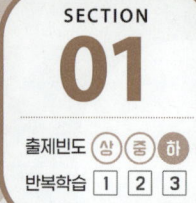

운영체제 개념

빈출 태그 ▶ #운영체제 #성능평가 기준 #실시간 처리 시스템 #다중 처리 시스템 #다중 프로그래밍 시스템 #시분할 시스템

01 운영체제의 개념

1) 운영체제(OS, Operating System)의 정의

- 컴퓨터 시스템이 제공하는 하드웨어(H/W)와 소프트웨어(S/W) 기능을 사용할 수 있도록 해주는 시스템 소프트웨어(S/W)이다.
- 운영체제는 컴퓨터 자원들인 기억 장치, 프로세서, 파일 및 정보 네트워크 및 보호 등을 효율적으로 관리할 수 있는 프로그램의 집합이다.
- 한정된 시스템 자원을 효율적으로 사용할 수 있도록 관리 및 운영함으로써 사용자에게 편리성을 제공한다.
- 운영체제 개념도

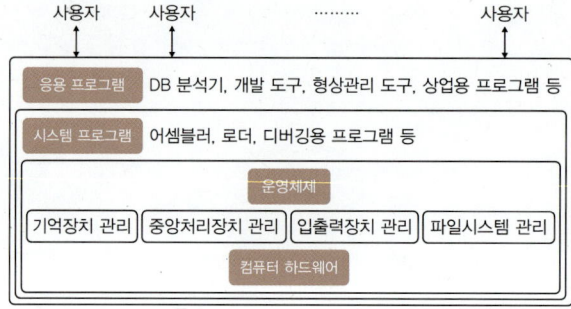

2) 운영체제의 주요 기능

- 사용자가 컴퓨터 하드웨어를 사용하기 쉽도록 컴퓨터와 사용자 간의 인터페이스를 지원한다.
- 사용자에게 편리성을 제공한다.
- 운영체제는 사용자가 하드웨어에 쉽게 접근할 수 있도록 한다.
- 컴퓨터를 초기화시켜 작업(Job)을 수행할 수 있는 상태로 유지시키는 역할을 한다.
- CPU, 기억 장치, 파일, 입출력 장치, 정보 관리 등의 자원을 여러 이용자가 나누어 사용할 수 있도록 관리한다.
- 자원을 효율적으로 관리하기 위해서 스케줄링 기능을 제공한다.
- 데이터 및 자원의 공유 기능을 제공한다.
- 시스템의 오류 처리를 담당한다.

3) 운영체제의 목적

- 사용자가 프로그램을 수행할 수 있는 환경을 제공하고 다수의 사용자 또는 응용 프로그램들이 컴퓨터 시스템의 한정된 자원들을 효율적으로 사용하게 하는 데 그 목적이 있다.
- 운영체제 성능 평가 기준

처리량(Throughput)	동일한 시간(단위 시간) 내에서 얼마나 많은 작업량을 처리할 수 있는가의 요인
반환시간(Turn Around Time)	데이터를 수집하고 그것을 계산 처리용으로 변환하여 계산을 실행한 후 그 결과를 사용자에게 반환하는 데 걸리는 시간
신뢰성(Reliability)	작업의 결과를 얼마나 정확하게 믿을 수 있는가의 요인
사용 가능도(Availability)	• 시스템을 사용할 필요가 있을 때 즉시 사용 가능한 정도 • 시스템의 전체 운영 시간 중에서 실제 가동하여 사용 중인 시간의 비율

> **기적의 TIP**
>
> 운영체제의 목적은 성능평가 기준에 맞춰서 처리량의 향상, 응답시간의 단축, 신뢰성의 향상, 사용 가능도의 증대 외에 시스템 성능 향상, 사용자 인터페이스 제공 등이 있습니다.

4) 운영체제의 구성

- 운영체제는 시스템 전체의 움직임을 감시 감독 관리 및 지원하는 제어 프로그램과 주어진 문제를 응용 프로그램 감독 하에 실제 데이터를 처리하는 처리 프로그램으로 구성된다.

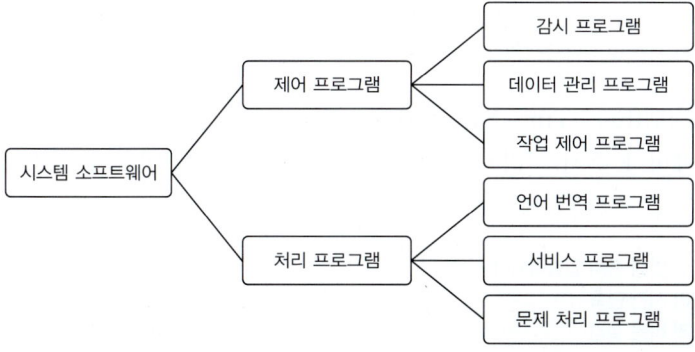

02 운영체제의 분류 기준

- 운영체제는 사용자 수, 동시에 여러 작업의 가능 여부, 처리 방식 등에 따라 분류할 수 있다.

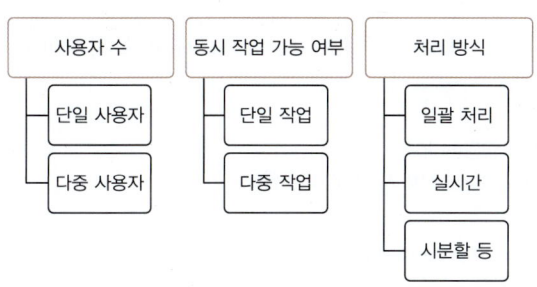

1) 사용자 수에 따른 분류

① 단일 사용자 : 한 명의 사용자만 컴퓨터에 접근하여 처리 가능하다.
  - 예) MS DOS, Windows 95, Windows NT, Windows 2000, 개인용 컴퓨터 등
② 다중 사용자 : 두 명 이상의 사용자가 동시에 컴퓨터에 접근하여 처리 가능하다.
  - 예) IBM AS400, Linux 및 Unix 분산 OS 등

2) 동시 작업 가능 여부에 따른 분류

① 단일 작업 : 한 번에 한 개의 프로그램만 처리할 수 있다.
② 다중 작업 : 한 번에 여러 개의 프로그램을 처리할 수 있다.

3) 처리 방식에 따른 분류

① 일괄 처리 시스템(Batch Processing System)
- 입력되는 자료를 일정 기간 또는 일정량을 모아서 한꺼번에 처리하는 방식이다.

장점	• 시스템 사용 계획에 따른 능률적 사용 • 컴퓨터 시스템의 효율적 사용 가능
단점	• 프로그램 오류 수정 작업 어려움 • CPU가 유휴 상태일 때가 많음 • 반환 시간 및 응답시간 증가

② 실시간 처리 시스템(Real Time System)
- 자료가 발생할 때마다 즉시 처리하는 방식으로 정해진 시간에 반드시 수행되어야 하는 작업들을 처리하기에 적합한 방식이다.

장점	• 자료 발생 즉시 입출력되어 사용자 노력 절감 • 처리 시간 단축 • 처리 비용 절감
단점	• 특정 상태 재현 불가능 • 단순 재실행 불가능 • 자료가 임의로 도착하므로 자료의 일시 저장 및 대기 필요

③ 다중 처리 시스템(Multi Processing System)
- 여러 개의 CPU와 한 개의 주기억 장치로 여러 프로그램을 동시에 처리하는 방식이다.
- 여러 개의 CPU 중에서 하나의 프로세서를 주(Master) 프로세서로 지정하고, 나머지들은 종(Slave) 프로세서로 지정한다.

주(Master) 프로세서	• 입출력과 연산을 담당한다. • 주 프로세서가 고장나면 전체 시스템이 다운된다.
종(Slave) 프로세서	• 연산을 수행한다. • 입출력 발생 시 주 프로세서에게 서비스를 요청한다.

- 주 프로세서가 입·출력을 수행하므로 비대칭 구조를 갖는다.

장점	• 여러 개의 CPU 사용으로 작업 속도 및 신뢰성 향상 • 프로그램 처리 속도 향상 • 한 쪽의 CPU가 고장나도 다른 CPU를 이용해 계속적인 업무 처리 가능
단점	• 여러 CPU 간의 기억 장치 공유 문제 • CPU 사용의 스케줄링 문제 결정 • 같은 자원을 요구하는 CPU 간의 경쟁 제어

④ 다중 프로그래밍 시스템(Multi Programming System)
- 한 개의 CPU가 있는 컴퓨터에서 여러 개의 프로그램(Program)을 동시에 기억 장치에 보관시킨 후 번갈아가며 처리하는 방법이다.

| Program P1 | 실행 | 대기 | 실행 | 대기 | 실행 | 대기 |
| Program P2 | 대기 | 실행 | 대기 | 실행 | 대기 | 실행 |

장점	• CPU 이용률 및 처리율 증가 • CPU 유휴 시간 방지
단점	• 복잡한 운영체제 • 스케줄링, 교착상태 등 문제 발생 가능

- Buffering : CPU와 입출력 장치 사이의 속도 차이를 해소하기 위해 메모리 영역에 자료를 잠시 저장해서 입출력 장치의 느린 속도를 보완해 주는 방법이다.
  - CPU의 효율적인 시간 관리를 지향하기 위해 도입되었다.
  - 주기억 장치와 CPU 간 또는 주기억 장치와 입출력 장치 간의 데이터 이동에 있어서 시간 관리의 효율화를 도모한다.
- Spooling(Simultaneous Peripheral Operations On-Line) : CPU와 입·출력 장치를 아주 높은 효율로 작업할 수 있도록 하는 다중 프로그래밍의 운영 방식이다.
  - 용량이 크고 빠른 디스크를 이용하여 각 사용자의 입·출력을 효과적으로 처리하는 기법이다.
- 버퍼링과 스풀링 비교

버퍼링	• 단일 작업, 단일 사용자 • 하드웨어적 구현 • 버퍼의 위치는 주기억 장치
스풀링	• 다중 작업, 다중 사용자 • 소프트웨어적 구현 • 스풀의 위치는 디스크

⑤ 시분할 시스템(Time Sharing System)
- 일괄 처리 형태에서의 사용자 대기 시간을 줄이기 위한 대화식 처리 형태로, 사용자와 시스템 간에 직접적인 통신을 제공한다.

Program P1	실행	대기	실행	대기	실행	대기
Program P2	대기	실행	대기	실행	대기	실행	대기
Program P3	대기	실행	대기	실행	대기	실행

- 동시에 많은 사용자가 컴퓨터를 공유하고 있지만 마치 자신만이 독점하여 사용하고 있는 것처럼 느끼게 된다.
- 단위 작업 시간을 Time Slice라고 한다.

장점	• 빠른 응답 제공 • 프로세서의 유휴시간 감소
단점	• 운영체제가 복잡 • 운영체제 유지가 어려움 • CPU 스케줄링 정책, 기억 장치 관리 기법이 필요

⑥ 분산 처리 시스템(Distributed Processing System)
- 통신 회선으로 연결된 여러 개의 컴퓨터와 단말기에 작업과 자원을 분산시킨 후, 통신망을 통하여 교신 처리하는 운영체제 방식이다.
- 데이터 처리 장치와 데이터베이스가 지역적으로 분산되어 있으며 정보 교환을 위해 네트워크로 결합된 시스템이다.
- 자료가 중앙에 집중된 대형 컴퓨터의 고장으로 인해 발생하는 업무 마비를 예방할 수 있다.
- 업무량 증가에 따른 점진적인 확장이 용이하다.
- 제한된 자원을 여러 지역에서 공유 가능하다.
- 사용자는 각 컴퓨터의 위치를 몰라도 자원 사용이 가능하다.
- 연산 속도, 신뢰성, 사용 가능도가 향상된다.
- 분산 운영체제와 네트워크 운영체제의 비교

분산 운영체제	• 전체 시스템에 대하여 일관성 있는 설계 가능 • 네트워크로 연결된 각 노드들의 독자적인 운영체제가 배제됨
네트워크 운영체제	기존의 운영체제 위에 통신 기능을 추가한 것

합격을 다지는 예상문제

선다형(필기)

01 운영체제의 역할로 거리가 먼 것은?
① 사용자와의 인터페이스 구현
② 프로세서, CPU, 입출력 장치 등의 자원 스케줄링
③ 사용자가 작성한 원시 프로그램을 기계어로 번역
④ 시스템의 오류 처리

> **정답** ③
> **해설**
> 운영체제는 사용자가 컴퓨터 하드웨어를 사용하기 쉽도록 컴퓨터와 사용자 간의 인터페이스를 지원하는 역할을 한다. 원시 프로그램을 기계어로 번역하는 것은 언어 번역 프로그램의 기능이다.

02 운영체제가 관리하는 자원에 속하지 않는 것은?
① 프로세스 관리
② 주기억 장치 관리
③ 사용자 관리
④ 입출력 장치 관리

> **정답** ③
> **해설**
> 운영체제가 관리하는 자원에는 프로세스 관리, 주기억 장치 관리, 입출력 관리, 파일 관리 등이 있다.

03 운영체제의 목적으로 거리가 먼 것은?
① 사용 가능도 증대
② 처리량 증대
③ 응답시간 증가
④ 신뢰성 증대

> **정답** ③
> **해설**
> 응답시간은 사용자가 내린 명령을 실행하고 그 결과를 사용자에게 반환하는 데 걸리는 시간이므로 짧을수록 좋다. 운영체제는 응답시간의 단축(감소)을 목적으로 한다.

04 운영체제의 운용 기법 중 시분할 체제에 대한 설명으로 옳지 않은 것은?
① 운영체제가 간단하고, 유지가 용이해서 현재 많이 사용한다.
② 단위 작업 시간을 Time Slice라고 한다.
③ 여러 사용자가 CPU를 공유하고 있지만 마치 자신만이 독점하여 사용하고 있는 것처럼 느끼게 된다.
④ 다수의 단말기가 1대의 컴퓨터를 공동으로 사용한다.

> **정답** ①
> **해설**
> 시분할 운영체제는 운영체제가 복잡하고, 유지가 어렵다.

05 다중 처리기의 운영체제 구조 중 주종(Master/Slave) 처리기에 대한 설명으로 옳지 않은 것은?
① 주 프로세서가 고장날 경우에도 전체 시스템이 다운되지 않는다.
② 주 프로세서는 입·출력과 연산을 담당한다.
③ 종 프로세서는 입·출력 발생 시 주 프로세서에게 서비스를 요청한다.
④ 주 프로세서가 입·출력을 수행하므로 비대칭 구조를 갖는다.

> **정답** ①
> **해설**
> 주종 처리기에서 주(Master) 프로세서가 고장나면 전체 시스템이 다운된다.

| 정답 | ③ |

해설
제어 프로그램에는 감시 프로그램, 작업 관리 프로그램, 자료(Data) 관리 프로그램 등이 있다.

06 운영체제는 제어 프로그램(Control Program)과 처리 프로그램(Process Program)으로 구성된다. 다음 중 운영체제의 처리 프로그램에 해당되지 않는 것은?
① 언어 번역 프로그램
② 연결 편집 프로그램
③ 자료 관리 프로그램
④ 유틸리티 프로그램

| 정답 | ③ |

해설
분산 시스템은 통신 회선으로 연결된 여러 개의 컴퓨터와 단말기에 작업과 자원을 분산시킨 후, 통신망을 통하여 교신 처리하는 운영체제 방식이다. 지역적으로 떨어진 컴퓨터를 연결하기 때문에 보안에 항상 신경써야 한다.

07 분산 시스템을 사용함으로써 얻을 수 있는 장점이 아닌 것은?
① 자원 공유
② 연산 속도 향상
③ 보안성 향상
④ 신뢰도 향상

서술형(실기)

| 정답 | 운영체제 |

해설
운영체제는 컴퓨터 자원들인 기억 장치, 프로세서, 파일 및 정보 네트워크 및 보호 등을 효율적으로 관리할 수 있는 프로그램의 집합이다.

08 컴퓨터 자원인 프로세서, 기억 장치, 입출력, 파일 등을 효율적으로 관리할 수 있는 프로그램의 집합을 무엇이라 하는지 쓰시오.
◦ 답 :

| 정답 | 사용 가능도 또는 Availability |

해설
사용 가능도(Availability)는 시스템의 전체 운영 시간 중에서 실제 가동하여 사용 중인 시간의 비율로, 시스템을 사용할 필요가 있을 때 즉시 사용 가능한 정도를 의미한다.

09 운영체제의 성능 평가 기준 중 시스템을 사용할 필요가 있을 때 즉시 사용 가능한 정도를 의미하는 용어를 무엇이라 하는지 쓰시오.
◦ 답 :

| 정답 | 분산 처리 시스템 또는 Distributed Processing System |

해설
분산 처리 시스템은 데이터 처리 장치와 데이터베이스가 지역적으로 분산되어 있으며 정보교환을 위해 네트워크로 상호 결합된 시스템이다.

10 통신 회선으로 연결된 여러 개의 컴퓨터와 단말기에 작업과 자원을 분산시킨 후, 통신망을 통하여 교신 처리하는 운영체제 방식을 무엇이라 하는지 쓰시오.
◦ 답 :

| 정답 | 일괄 처리 시스템 또는 Batch Processing System |

해설
입력되는 자료를 일정 기간 또는 일정량 모아서 한꺼번에 처리하는 시스템은 일괄 처리 시스템이다.

11 운영체제 운영 방식 중에서 입력되는 자료를 일정 기간 또는 일정량을 모아서 한꺼번에 처리하는 방식으로 시스템 사용 계획에 따라 능률적으로 시스템을 사용할 수 있는 시스템을 무엇이라 하는지 쓰시오.
◦ 답 :

SECTION 02 운영체제 종류와 기본 명령어

빈출 태그 ▶ #UNIX #커널 #쉘 #i-node #UNIX 명령어

01 운영체제 종류

1) Windows OS

- Microsoft사 제품으로 유료로 다양한 라이선스 정책이 적용되어 있다.
- 주로 중소 규모 및 개인용 PC의 OS로 사용된다.
- 서버용 : NT4.0, Server2000, Server2003, Server2008, Server2012
- 모바일용 : PoketPC2000, Mobile6.X, Mobile7.X, Phone7, Phone8

① Windows 운영체제의 특징

- GUI(Graphic User Interface) 지원 : 사용자가 컨트롤하는 마우스의 아이콘을 이용하여 소프트웨어를 실행시키는 편리한 인터페이스를 지원한다.
- 체계적인 고객 지원이 가능하다.
- 마이크로소프트사만이 수정 및 배포가 가능하다.
- 문제점(버그 등)이 발견되었을 시 수정에 시간이 걸린다.
- 유닉스 계열의 운영체제에 비하여 보안에 취약하다.
- NTFS 파일 시스템 사용이 가능하다.

2) UNIX

① UNIX의 특징

- IBM의 AIX, HP의 UX, 오라클의 솔라리스(Solaris) 등의 제품이 있으며, 유료로 다양한 라이선스 정책이 적용되어 있다.
- 주로 대용량 처리, 안전성이 요구되는 서버(Server) 제품군에 사용된다.
- 다양한 유틸리티 프로그램들이 존재한다.
- 다중 사용자(Multi User), 다중 작업(Multi Tasking)을 지원한다.
- 하나 이상의 작업에 대하여 백그라운드에서 수행이 가능하다.
- 대화식 시분할 운영체제이다.
- 계층형(Tree) 구조의 파일 시스템을 갖는다.
- 대부분 C언어로 작성되어 이식성과 장치 간의 호환성이 높다.

> **기적의 TIP**
>
> 운영체제에는 Windows, UNIX, Linux, iOS, Android 등이 있습니다.

> **기적의 TIP**
>
> **NTFS(New Technology File System) 파일 시스템**
> - 윈도우 NT 계열 운영체제의 파일 시스템이다.
> - 메타 데이터를 지원한다.
> - 고급 데이터 구조의 사용으로 인한 성능을 개선하였다.
> - 추가 확장 기능을 더한 디스크 공간 활용이 가능하다.
> - 대용량 볼륨에 효율적이며, 저용량 볼륨에서의 속도 저하가 나타난다.
> - 자동 압축이 가능하며, 안정성과 신뢰성이 향상되었다.

② UNIX 구성

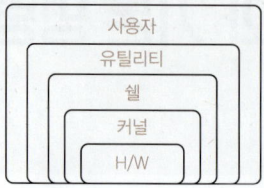

- 커널(Kernel) : 컴퓨터가 부팅될 때 주기억 장치에 적재된 후 시스템이 꺼질 때까지 항상 주기억 장치에 상주한다.
  - 가장 핵심적인 부분으로 하드웨어를 보호하고 응용 프로그램들에게 서비스를 제공한다.
  - 프로세스 관리 기능, 기억 장치 관리 기능, 입·출력 관리 기능, 인터럽트의 처리, 파일 시스템의 유지보수, 기억 장치 할당 및 회수 등의 기능을 제공한다.
- 쉘(Shell) : 사용자가 운영체제와 대화하기 위한 기반을 제공하는 프로그램으로 명령어를 해석하고, 오류의 원인을 알려주는 역할을 수행한다.
  - 사용자가 입력시킨 명령어 라인을 읽어 필요한 시스템 기능을 실행시키는 명령어 해석기이다.
  - 시스템과 사용자 간의 인터페이스를 제공한다.
  - 공용 쉘이나 사용자 자신이 만든 쉘을 사용할 수 있다.
  - 여러 가지의 내장 명령어를 가지고 있다.
  - 반복적인 명령 프로그램을 만드는 프로그래밍 기능을 제공한다.
  - 초기화 파일을 이용해 사용자 환경을 설정하는 기능을 제공한다.

> **기적의 TIP**
> 커널(Kernel)의 특징과 기능은 꼭 암기해야 합니다.

③ UNIX 파일 시스템의 구조
- UNIX의 파일 시스템은 계층 구조로 구성되어 있다.

부트 블록	부팅할 때 필요한 코드를 저장하고 있는 블록
슈퍼 블록	전체 파일 시스템에 대한 종합적인 정보를 저장하고 있는 블록
i-node 블록	파일을 구성하는 모든 물리적 블록들의 위치를 알 수 있는 정보를 가지고 있는 블록 • 소유자의 사용자 번호 • 파일 소유자의 사용자 식별 • 소유자가 속한 그룹의 번호 • 파일의 크기 • 파일에 대한 링크의 수 • 파일의 내용이 담긴 디스크상의 실제 주소
데이터 블록	디렉터리별로 디렉터리 엔트리와 실제 파일에 대한 데이터가 저장된 블록

3) Linux

- 유닉스를 기반으로 개발된 UNIX 호환 커널이다.
- 개인용, 중대 규모 서버에 사용된다.
- 데비안, 레드햇, Fedora, Ubuntu, Cent OS와 같이 다양한 버전으로 다양한 회사에서 출시되었다.
- 리눅스와 유닉스의 차이점

분류	리눅스	유닉스
비용	대부분 무료이며 지원 정책에 따라 일부 유료 서비스 제품도 있음	대부분 유료
주 사용자	개발자, 일반 사용자	메인프레임, 워크스테이션 등 대형 시스템 관리자
개발사	커뮤니티	IBM, HP 등
개발 배포	오픈소스 개발	대부분 사업자에 의해 배포
사용량	모바일폰, 태블릿 등 다양하게 사용	인터넷 서버, 워크스테이션 등 대형 서비스에 주로 사용
사용자 편의	GUI 제공, 파일시스템 지원, BASH Shell 사용	• 커맨드 기반이 주였으나 GUI도 제공하는 추세, 파일시스템 제공 • 기본은 Bourne Shell, 현재는 많은 Shell과 호환 가능

4) iOS

- Apple사에서 개발한 유닉스 기반 모바일 운영체제로 하드웨어의 번들(Bundle)이다.
- 아이폰, 아이패드 등 Apple사 제품에만 탑재 가능하다.
- 스마트폰 및 태블릿 PC에 사용된다.

5) Android

- Google사에서 개발한 리눅스 기반 모바일 운영체제로 무료이다.
- 스마트폰 및 태블릿 PC 등 휴대용 장치에서 주로 사용된다.
- 모든 코드가 공개되어 있는 개방형 소프트웨어이다.
- 자바, 코틀린 등을 이용해 애플리케이션 작성이 가능하다.
- 생산성이 높으며 전문 지식이 없어도 개발 가능하다.

02 운영체제 기본 명령어

1) CLI(Command Line Interface)

- 사용자가 직접 명령어를 입력하여 컴퓨터 시스템에게 명령을 내리는 방식이다.
- 사용자와 컴퓨터 간 텍스트 터미널을 통해 상호작용하는 방식이다.
- 텍스트 기반의 작업 환경으로, 사용자가 키보드 등을 통해 문자열 형태로 명령을 입력하고, 출력도 문자열 형태로 출력된다.

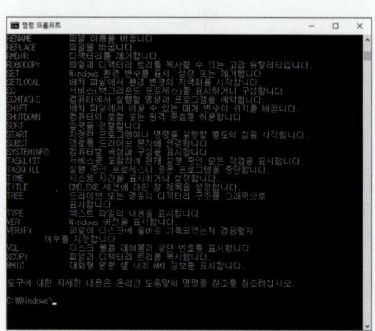

> **기적의 TIP**
>
> **Command 창 호출**
> - Windows 운영체제에서 CLI 명령어를 입력하기 위해서는 Command 창이 필요하다.
> - Windows 시스템에서 '명령 프롬프트'를 선택하여 명령 프롬프트 창을 호출할 수 있다.
>
>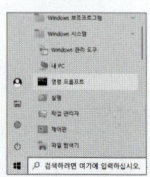
>
> - 명령 프롬프트 창에서 'help'를 입력하면 명령어 목록이 출력된다.

2) GUI(Graphic User Interface)

- 사용자가 마우스 등을 통해 윈도에서 프로그램을 실행하고 파일을 이동하는 방식이다.
- 제어 프로그램을 통해 사용자와 컴퓨터가 상호작용하는 방식이다.
- 마우스 기반의 제어 시스템인 GUI가 제공되고 설치도 화면 위주로 사용한다.

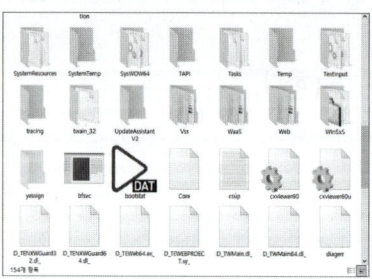

3) Windows CMD 명령어

① 시스템 관련 명령어

systeminfo	시스템 정보 확인	services.msc	윈도우 서비스 보기
regedit	레지스트리 편집기 실행	perfmon.msc	성능 모니터 뷰
sysedit	시스템 구성 편집기	secpol.msc	로컬 보안 설정
telnet open 사이트 주소	텔넷 접속 명령어	mstsc.exe	원격 데스크톱 연결 사용
netstat -na	네트워크 상태 확인	compmgmt.msc	컴퓨터 관리
sfc	시스템 파일 검사기	devmgmt.msc	장치 관리자

② 파일, 폴더, 디스크 관련 명령어

DIR	파일 목록 표시	ATTRIB	파일 속성 변경
COPY	파일 복사	FIND	파일 찾기
TYPE	파일 내용 표시	CHKDSK	디스크 상태 검사
REN	파일 이름 변경	FORMAT	디스크 초기화
DEL	파일 삭제	MD	디렉터리 생성
MOVE	파일 이동	CD	디렉터리 위치 변경
CLS	화면 지우기	RD	디렉터리 삭제

4) 유닉스/리눅스 계열 기본 명령어

- 리눅스 또는 유닉스를 구동시킨 뒤 Shell 창을 호출하여 명령어를 입력한다.
- 명령어 창에 '-help', '-h', '#man' 명령어를 입력하여 실행 가능한 명령어 종류를 확인한다.

① 유닉스/리눅스 기본 명령어

ls	현재 위치의 파일 목록 조회
mkdir	디렉터리 생성
cd	디렉터리 이동
cp	파일 복사
mv	파일 이동
rm	파일 제거
chmod	파일에 대한 액세스(읽기, 쓰기, 실행) 권한 설정
chown	파일 소유자 변경
cat	파일의 내용을 화면에 표시
redirection	화면에 출력되는 결과를 파일로 저장
alias	자주 수행하는 명령어 설정
fork	프로세스 복제, 새로운 자식 프로세스 생성
ps	현재 프로세스의 상태 확인
getpid	자신의 프로세스 아이디 획득
getppid	부모 프로세스 아이디 획득
finger	사용자 정보 표시
uname	시스템 정보, 버전 표시
pwd	현재 경로 표시
nice	신규 프로세스를 발생시키며 프로세스의 우선순위 조정
renice	신규 프로세스 추가 없이 프로세스 우선순위 조정

> **기적의 TIP**
>
> **파일 권한 설정**
> - 파일 권한과 8진수값 : r(read, 읽기, 4), w(write, 쓰기, 2), x(execute, 실행, 1)
> - 사용자 : 파일 소유자(Owner), 특정 그룹(Group), 그 외 사용자(Other)

> **기적의 TIP**
>
> **파일 권한 설정의 예**
>
> -rwxr-xr-x
>
> - 파일 소유자 : rwx(읽기, 쓰기, 실행 가능, 4+2+1=7)
> - 특정 그룹 : r-x(읽기, 실행 가능, 4+1=5)
> - 그 외 사용자 : r-x(읽기, 실행 가능, 4+1=5)

합격을 다지는 예상문제

선다형(필기)

01 UNIX 시스템에서 파일 모드가 '-rwxr-xr--'이다. 이 파일에 대한 설명 중 옳지 않은 것은?

① 모든 사용자는 읽기가 가능하다.
② 권한을 나타내는 숫자는 '765'이다.
③ 파일 소유자(Owner)는 쓰기가 가능하다.
④ 다른 사용자(Other)는 실행이 불가능하다.

정답 ②

해설
- 권한을 나타내는 숫자는 754이다.
- -rwxr-xr--
  - 파일 소유자(Owner) : rwx(읽기, 쓰기, 실행 가능) → 4+2+1=7
  - 특정 그룹(Group) : r-x(읽기, 실행 가능) → 4+0+1=5
  - 다른 사용자(Other) : r--(읽기 가능) → 4+0+0=4

02 다음 중 UNIX 시스템이나 Windows 시스템에 사용되는 디렉터리 구조로 맞는 것은?

① 일단계 구조 디렉터리(Single Level Directory)
② 이단계 구조 디렉터리(Two Level Directory)
③ 나무 구조 디렉터리(Tree Structured Directory)
④ 비순환 그래프 디렉터리(Acyclic Graph Directory)

정답 ③

해설
UNIX 시스템은 계층 구조의 디렉터리를 이용한다.

03 UNIX 운영체제의 특징으로 보기 어려운 것은?

① 여러 개의 작업을 수행할 수 있는 멀티태스킹을 지원한다.
② 개인(단일) 사용자용으로 지원하고 있어 개인이 사용하기 위한 최적의 환경을 제공한다.
③ C언어로 대부분 구성되어 있기 때문에 이식성이 좋다.
④ 파일시스템이 트리 구조로 구성되어 있다.

정답 ②

해설
UNIX는 다중 사용자(Multi User), 다중 작업(Mulit tasking)을 지원한다.

04 다음 중 운영체제가 아닌 것은?

① Windows 10
② Unix
③ Linux
④ Microsoft 365

정답 ④

해설
Microsoft 365는 응용 프로그램이다.

05 UNIX에서 파일 내용을 화면에 표시하는 명령은?

① cat
② type
③ ls
④ finger

정답 ①

해설
UNIX에서 파일의 내용을 화면에 표시하는 명령은 cat이다. Windows에서는 type 명령을 이용해 파일의 내용을 화면에 표시한다.

06 Windows의 기능으로 옳지 않은 것은?

① GUI를 지원한다.
② 마이크로소프트사만이 수정과 배포가 가능하다.
③ 문제점이 발견되었을 때 즉각적인 수정이 가능하다.
④ 유닉스 계열의 운영체제에 비하여 보안에 취약하다.

정답 ③

해설
Windows는 마이크로소프트사만이 수정과 배포가 가능하기 때문에 문제점이 발견되었을 때 수정에 시간이 걸린다.

07 리눅스 기반으로 Google사에서 개발한 모바일 기반 운영체제는 무엇인가?
① Android
② iOS
③ UNIX
④ Windows

서술형(실기)

08 다음 설명에 가장 적합한 UNIX 명령어를 쓰시오.

명령어	내용
(①)	현재 위치의 파일 목록 조회
(②)	현재 프로세스의 상태 확인
(③)	파일 복사

- ① :
- ② :
- ③ :

09 UNIX의 파일 시스템 구조 중 파일 소유자의 사용자 번호, 소유자가 속한 그룹의 번호 등 파일에 대한 정보를 기억하는 고정된 크기의 블록을 무엇이라 하는지 쓰시오.
- 답 :

10 컴퓨터가 부팅될 때 디스크로부터 주기억 장치로 적재된 후 시스템이 꺼질 때까지 항상 주기억 장치에 상주하면서 실행되는 UNIX 운영체제의 기본구조를 무엇이라 하는지 쓰시오.
- 답 :

11 유닉스(UNIX)에서 파일에 대한 접근(읽기, 쓰기, 실행) 권한을 설정하여 사용자에 대한 파일의 접근을 제한하는 데 사용하는 명령어는 무엇인지 쓰시오.
- 답 :

12 애플사에서 개발한 유닉스 기반의 모바일 운영체제로 애플사 제품에만 탑재 가능한 운영체제는 무엇인지 쓰시오.
- 답 :

SECTION 03 프로세스 개념과 스케줄링

빈출 태그 ▶ #프로세스 정의와 상태 전이도 #프로세스 스케줄링 #선점형과 비선점형 #평균 반환 시간 #HRN 우선순위

01 프로세스(Process)

1) 프로세스의 개념
- CPU를 통해 수행되는 사용자 및 시스템 프로그램으로 시스템의 작업 단위이다.
- 지정된 결과를 얻기 위한 일련의 계통적 동작을 말한다.
- 커널에 등록되고 커널의 관리 하에 있는 작업을 의미한다.
- 각종 자원들을 요청하고 할당받을 수 있는 개체이다.

2) 프로세스의 특징
- 목적 또는 결과에 따라 발생되는 사건들의 과정이다.
- 각각의 프로세스는 모두 PCB를 갖고 있다.
- 운영체제가 관리하는 실행 단위이다.
- 현재 실행 중이거나 곧 실행이 가능한 프로그램이다.
- 프로시저가 활동 중이다.
- 프로세서가 할당되어 실행될 수 있는 개체이다.
- 프로그램이 활성화 된 상태이다.
- 동시에 실행될 수 있는 프로그램들의 집합이다.
- 비동기적 행위를 일으키는 주체이다.
- 프로세스는 병행 수행이 가능하다.

3) 프로세스 상태 전이
- 컴퓨터 시스템 내에 하나의 프로세스가 존재하는 동안 그 프로세스는 계속해서 여러 사건들에 의해 일련의 상태 변화를 거친다.
- 프로세스 상태 전이도

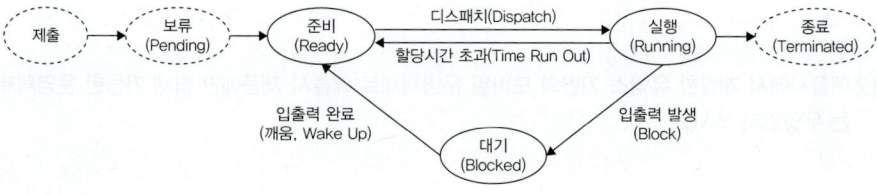

> **기적의 TIP**
>
> **PCB**
> **(Process Control Block)**
> - 프로세스의 중요한 상태 정보를 갖는 자료 구조이다.
> - 운영체제가 프로세스 관리를 위해 필요한 정보를 PCB에 수록한다.
> - PCB를 위한 공간은 시스템이 최대로 수용할 수 있는 프로세스의 수를 기본으로 하여 동적으로 공간을 할당하게 된다.
> - PCB에 저장되는 정보 : 프로세스 식별자, 프로세스의 현재 상태, 프로세스 상태 정보, 프로세스의 우선순위, 프로세스가 위치한 메모리에 대한 포인터, CPU 레지스터 정보

① 프로세스 상태
- 보류(Pending) 상태 : 작업이 제출되어 스풀 공간인 디스크에 수록되어 있는 상태이다.
- 준비(Ready) 상태 : CPU를 할당받을 수 있는 상태로 CPU가 프로세스 자신을 처리해 주기를 기다리는 상태이다. 우선순위를 부여하여 가장 높은 우선순위를 갖는 프로세스가 다음 순서에 CPU를 할당받는다.
- 실행(Running) 상태 : 프로세스가 CPU를 차지하고 있는 상태로, CPU에 의해 프로세스를 수행하는 상태이다.
- 대기(Blocked) 상태 : CPU를 양도하고 입출력 처리가 완료될 때까지 대기 큐에서 대기하고 있는 상태로 우선순위가 존재하지 않는다.
- 종료(완료, Terminated) 상태 : 프로세스가 CPU를 할당받아 주어진 시간 내에 완전히 수행을 종료한 상태이다.

② 상태 전이
- 디스패치(Dispatch) : 준비 상태의 프로세스들 중에서 우선순위가 가장 높은 프로세스를 선정하여 CPU를 할당함으로써 실행 상태로 전환한다.
- 할당시간 초과(Time Run Out) : CPU의 지정된 할당 시간을 모두 사용한 프로세스는 다른 프로세스를 위해 다시 준비 상태로 되돌아간다.
- 입출력 발생(Block) : 실행 중인 프로세스가 입출력 명령을 만나면 인터럽트가 발생하여 입출력 전용 프로세서에게 CPU를 양도하고 자신은 대기 상태로 전환한다.
- 입출력 완료(깨움, Wake Up) : 입출력 완료를 기다리다가 입출력 완료 신호가 들어오면 대기 중인 프로세스는 준비 상태로 전환한다.

> **기적의 TIP**
>
> 하나의 프로세스를 준비(Ready) 상태에서 실행(Run) 상태로 만드는 것은 처리 스케줄러(Process Scheduler)가 담당합니다.

> **기적의 TIP**
>
> **스레드(Thread)**
> - 프로세스보다 더 작은 단위를 말하며, 다중 프로그래밍을 지원하는 시스템 하에서 CPU에게 보내져 실행되는 또 다른 단위를 의미한다.
> - 하드웨어, 운영체제의 성능과 응용 프로그램의 처리율을 향상시킬 수 있다.
> - 프로세스 내부에 포함되는 스레드는 공통적으로 접근 가능한 기억 장치를 통해 효율적으로 통신한다.
> - 프로세스가 여러 개의 스레드들로 구성되어 있을 때, 하나의 프로세스를 구성하고 있는 여러 스레드들은 모두 개별적인 제어 흐름을 갖는다.
>   - 커널 스레드 : 운영체제에 의해 스레드를 운용한다.
>   - 사용자 스레드 : 사용자가 만든 라이브러리를 사용하여 스레드를 운용한다.

02 프로세스 스케줄링(Process Scheduling)

1) 프로세스 스케줄링의 정의
- CPU를 사용하려고 하는 프로세스들 사이의 우선순위를 관리하는 작업이다.
- 스케줄링의 기준에는 프로세서 중심 프로세스, 대화식 프로세스, 배치 프로세스 등이 있다.

2) 프로세스 스케줄링의 원칙
- CPU 이용률과 처리율을 최대화한다.
- 단위 시간당 처리량을 극대화해야 한다.
- 응답시간을 최소화해야 한다.
- 경과시간의 예측이 가능하여야 한다.
- 응답시간과 자원의 활용 간에 균형을 유지해야 한다.
- 대화식 사용자에게 가능한 빠른 응답을 주어야 한다.

> **기적의 TIP**
>
> 프로세스 스케줄링 원칙은 운영체제의 성능 평가 기준에 맞춰서 정리하세요.

- 모든 작업에 대해 공평성을 유지해야 한다.
- 무한 연기는 회피해야 한다.
- 오버헤드를 최소화시켜야 한다.

3) 비선점(Non-preemptive) 스케줄링

① 우선순위(Priority) 스케줄링
- 준비상태 큐에서 대기하는 프로세스에게 우선순위를 부여하여 우선순위가 가장 높은 프로세스부터 순서대로 처리하는 비선점 스케줄링 방법이다.
- 각 작업마다 우선순위가 주어지며, 우선순위가 제일 높은 작업에게 먼저 프로세서가 할당된다.
- 기아 상태(Starvation)가 발생할 수 있다.

② 기한부(Deadline) 스케줄링
- 프로세스들을 특정 시간 안에 마치도록 하는 비선점 스케줄링 방법으로, 정확한 자원 요구량을 미리 제시하는 것이 필요하다.
- 데드라인을 놓치면 프로세스 가치가 낮아진다.

③ FIFO(First In First Out, FCFS)
- 가장 간단하고 단순하며 구현하기 쉽다.
- 준비 큐에 도착한 순서대로 CPU를 할당하는 비선점 스케줄링 기법이다.
- 일단 요청이 도착하면 실행 예정 순서가 도착순으로 고정된다.
- 더 높은 우선순위의 요청이 도착하더라도 요청의 순서가 바뀌지 않는다.
- FIFO의 평균 대기시간, 평균 반환시간 계산

프로세스	도착시간	서비스시간
P1	0	3
P2	1	7
P3	3	2

- 서비스 순서 : P1-P2-P3

```
| P1  | P2      | P3 |
0     3         10   12
```

프로세스	도착시간	서비스시간	대기시간	반환시간
P1	0	3	0	3
P2	1	7	3-1=2	10-1=9
P3	3	2	10-3=7	12-3=9

- 평균 대기 시간 = (0+2+7)/3 = 3
- 평균 반환 시간 = (3+9+9)/3 = 7

기적의 TIP

비선점 스케줄링
- CPU가 어떤 프로세스 실행을 시작하여 그 프로세스가 종료될 때까지 다른 프로세스를 실행할 수 없도록 한 스케줄링이다.
- 프로세스에게 이미 할당된 프로세서를 강제로 빼앗을 수 없고, 그 프로세스의 사용이 종료된 후에 스케줄링한다.
- 종류 : 우선순위, 기한부(Deadline), FIFO, SJF, HRN

기적의 TIP
- 대기 시간 = 해당 프로세스의 작업 시작 시간-도착시간
- 평균 대기 시간 = 총 대기 시간/프로세스 개수
- 반환 시간 = 해당 프로세스의 작업 끝난 시간-도착시간
- 평균 반환 시간 = 총 반환 시간/프로세스 개수

④ SJF(Shortest Job First)
- 작업이 끝나기까지의 실행시간 추정치가 가장 작은 작업을 먼저 실행시키는 비선점형 스케줄링 방법이다.
- 스케줄링 방식에서 평균 대기 시간이 가장 짧다.
- SJF의 평균 대기시간, 평균 반환시간 계산

작업	도착시간	서비스시간
P1	0	23
P2	3	35
P3	8	10

– 서비스 순서 : P1-P3-P2

P1	P3	P2	
0	23	33	68

작업	도착시간	서비스시간	대기시간	반환시간
P1	0	23	0	23
P2	3	35	33-3=30	68-3=65
P3	8	10	23-8=15	33-8=25

– 평균 대기 시간 = (0+30+15)/3 = 15
– 평균 반환 시간 = (23+65+25)/3 ≒ 37.67

⑤ HRN
- 최소 작업 우선(SJF) 기법의 약점을 보완한 비선점 스케줄링 기법이다.
- 대기 시간이 긴 프로세스의 경우 우선순위가 높아진다
- 긴 작업과 짧은 작업 간의 지나친 불평등을 해소할 수 있다.
- 에이징 기법을 적용한 방법이다.
- 우선순위를 계산하여 그 수치가 가장 높은 것부터 낮은 순으로 우선순위가 부여된다.
- 우선순위 계산식 = (대기 시간+서비스 시간)/서비스 시간
- HRN의 우선순위 계산

작업명	대기시간	서비스시간	우선순위 계산식	우선순위
P1	30	10	(30+10)/10 = 4	2
P2	12	6	(12+6)/6 = 3	3
P3	84	12	(84+12)/12 = 8	1

– 서비스 순서 : P3-P1-P2

> **기적의 TIP**
> P1이 도착했을 때 다른 작업들은 도착 전이므로, P1 작업을 먼저 수행합니다.

> **더 알기 TIP**
>
> **에이징(Aging)**
> 한 프로세스가 다른 프로세스보다 우선순위 등이 낮아 기다리게 되는 경우, 한 번 양보하거나 일정 시간이 지나면 우선순위를 한 단계씩 높여 줌으로써 오래 기다린 프로세스를 고려하여 무기한 지연을 해결하는 방법이다.

> **기적의 TIP**
>
> **선점 스케줄링**
> - CPU가 어떤 프로세스 실행 중에 다른 프로세스가 CPU를 요구하면 실행 중인 프로세스를 중단하고 요구한 프로세스가 실행될 수 있도록 설계한 스케줄링이다.
> - 온라인 응용에 적합한 스케줄링이다.
> - 종류 : RR(Round Robin), SRT, 다단계 큐, 다단계 피드백 큐

4) 선점(Preemptive) 스케줄링

① RR(Round Robin) 기법
- FIFO 스케줄링 기법을 선점 기법(Preemptive)으로 구현한 것이다.
- 프로세스들이 중앙처리장치에서 시간량에 제한을 받는다.
- 시분할 시스템을 위해 고안된 방식이다.
- 시스템이 사용자에게 적합한 응답시간을 제공해 주는 대화식 시스템에 유용하다.
- 시간 할당량(Time Slice)이라는 작은 단위 시간이 정의되고 이 단위 시간 동안 CPU를 제공하는 방법이다.
- 할당된 시간(Time Slice) 내에 작업이 끝나지 않으면 대기 큐의 맨 뒤로 그 작업을 배치한다.
- 시간 할당량이 커지면 FCFS 스케줄링과 같은 효과를 얻는다.
- 시간 할당량이 작을 경우 스래싱에 소요되는 시간의 비중이 커지면서 문맥 교환 및 오버헤드가 자주 발생될 수 있다.
- 빈번한 스케줄러의 실행이 요구된다.
- RR의 프로세스 실행 순서
  - CPU 할당 시간 : 3시간

작업	입력시간	서비스시간
P1	10:00	10시간
P2	10:30	5시간
P3	12:00	15시간

P1	P2	P3	P1	P2	P3	P1	P3	P1	P3	P3
0	3	6	9	12	14	17	20	23	24	27	30

  - 작업 수행 순서 : P1-P2-P3-P1-P2-P3-P1-P3-P1-P3-P3

② SRT(Shortest Remaining Time)
- 비선점 방식의 SJF에 선점 방식을 도입하여, 현재 실행 중인 프로세스보다 잔여 처리 시간이 짧은 프로세스가 준비 큐에 생기면 실행 중인 프로세스를 선점하여 더 짧은 프로세스를 실행시키는 선점형 방식이다.

③ 다단계 큐(MQ, Multi-level Queue)
- 프로세스들을 우선순위에 따라 시스템 프로세스, 대화형 프로세스, 일괄처리 프로세스 등으로 상위, 중위, 하위 단계의 단계별 준비 큐를 배치하는 선점형 스케줄링 방식이다.

④ 다단계 피드백 큐(MFQ, Multi-level Feedback Queue)
- 여러 개의 큐를 두어 낮은 단계로 내려갈수록 프로세스의 시간 할당량을 크게 하는 프로세스 스케줄링 방식이다.
- 마지막 단계의 큐에서는 작업이 완료될 때까지 Round-Robin 방식을 통해 처리된다.
- 짧은 작업에 우선권을 준다.
- 입·출력 위주의 작업권에 우선권을 주어야 한다.

합격을 다지는 예상문제

선다형(필기)

01 프로세스의 정의로 옳지 않은 것은?
① 동기적 행위를 일으키는 주체
② 프로세스 제어 블록의 존재로서 명시되는 것
③ 운영체제가 관리하는 실행 단위
④ 프로시저가 활동 중인 것

> 정답 ①
> 해설
> 프로세스는 CPU를 통해 수행되는 사용자 및 시스템 프로그램으로 시스템의 작업 단위로 비동기적 행위를 불러 일으키는 주체이다.

02 운영체제가 프로세스에 대한 정보를 저장해 놓는 장소를 PCB(Process Control Block)라고 한다. 다음 중 PCB가 갖는 정보가 아닌 것은?
① 프로세스의 현 상태
② 프로세스의 고유한 식별자
③ 프로세스의 우선순위
④ 프로세스의 크기

> 정답 ④
> 해설
> PCB는 프로세스의 중요한 상태 정보를 갖는 자료 구조로, 프로세스 식별자, 프로세스의 현재 상태, 프로세스 상태 정보 등을 기억하고 있다. 프로세스의 크기는 저장하지 않는다.

03 다음 [보기]에서 설명하는 특징을 가지고 있는 스케줄링 기법은 무엇인가?

[보기]

- 짧은 작업에 유리하다.
- 입출력 장치를 효과적으로 이용하기 위해서 입출력 위주의 작업들에 우선권을 준다.
- 가능한 빨리 작업의 특성을 알고 그것에 맞게 그 작업을 스케줄링한다.
- CPU에 대한 요구량에 따라 프로세스들을 분류하는 데 이상적이다.

① 기한부(DeadLine) 스케줄링
② SJF(Shortest Job First) 스케줄링
③ 라운드 로빈(Round Robbin) 스케줄링
④ 다단계 피드백 큐(Multilevel Feedback Queue) 스케줄링

> 정답 ④
> 해설
> 다단계 피드백 큐(MFQ)는 여러 개의 큐를 두어 낮은 단계로 내려갈수록 프로세스의 시간 할당량을 크게 하는 프로세스 스케줄링 방식이다.

04 스레드(Thread)에 대한 설명으로 옳지 않은 것은?

① 사용자 스레드의 경우 사용자가 만든 라이브러리를 사용하여 스레드를 운용한다.
② 커널 스레드의 경우 운영체제에 의해 스레드를 운용한다.
③ 하나의 프로세스를 구성하고 있는 여러 스레드들은 모두 공통적인 제어 흐름을 갖는다.
④ 스레드를 사용함으로써 하드웨어, 운영체제의 성능과 응용 프로그램의 처리율을 향상시킬 수 있다.

[정답] ③
[해설] 프로세스가 여러 개의 스레드들로 구성되어 있을 때, 하나의 프로세스를 구성하고 있는 여러 스레드들은 모두 독립적인 제어 흐름을 갖는다.

05 비선점(Non-preemptive)형 프로세스 스케줄링 방식에 해당하는 것으로 가장 옳은 것은?

① FIFO, SJF
② SJF, SRT
③ FIFO, SRT
④ Round-Robin, SRT

[정답] ①
[해설]
• 비선점형 방식 : 우선순위, 기한부(Deadline), FIFO, SJF, HRN
• 선점형 방식 : RR(Round Robin), SRT, 다단계 큐, 다단계 피드백 큐

서술형(실기)

06 다음은 프로세스 상태전이도이다. 빈칸에 들어갈 용어를 보기에서 골라 기호로 쓰시오.

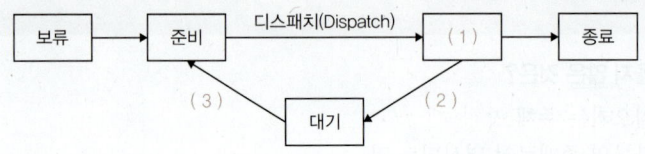

[보기]
① 할당시간 초과(Time Run Out)   ② 입출력 발생(Block)   ③ 제출
④ 입출력 완료(Wake Up)   ⑤ 실행   ⑥ CPU

◦ (1) :
◦ (2) :
◦ (3) :

[정답] (1) ⑤ (2) ② (3) ④

07 다음 표와 같이 작업이 제출되었다. 이를 FIFO 정책으로 스케줄링하면 평균 반환시간은 얼마인지 쓰시오.

프로세스	도착시간	서비스시간
P1	0	7
P2	1	2
P3	5	3

◦ 답 :

[정답] 약 7.3
[해설]

프로세스	반환시간
P1	7
P2	7+2-1=8
P3	7+2+3-5=7

평균 반환시간 = (7+8+7)/3 = 약 7.3

08 자원이 할당되기를 오랜 시간 동안 기다린 우선순위가 낮은 프로세스에 대하여, 기다린 시간에 비례하여 우선순위를 높여주어 프로세스가 무기한 지연되지 않도록 하는 기법을 무엇이라 하는지 쓰시오.

◦ 답 :

[정답] 에이징 또는 Aging

SECTION 04 병행 프로세스

빈출 태그 ▶ #병행 프로세스 #상호 배제 #교착상태 #은행원 알고리즘

01 병행 프로세스(Concurrent Process)

- PCB를 가진 두 개 이상의 프로세스가 동시에 실행되는 것을 의미한다.
- 병행 프로세스의 고려 사항
  - 공유자원을 상호 배타적으로 사용해야 한다.
  - 병행 프로세스들 사이에는 협력 또는 동기화가 이루어져야 한다.
  - 교착상태를 해결해야 하며 병렬 처리도를 극대화해야 한다.

02 임계 구역(Critical Section)

- 두 개 이상의 프로세스가 운영될 때 서로 공유하게 되는 자원 중에서 상호 배제시켜야 하는 일정 부분의 영역을 의미한다.
- 문제를 해결하기 위한 조건 : 상호 배제(Mutual Exclusion), 진행(Process), 한계 대기(Bounded Waiting)

> **기적의 TIP**
>
> **임계 구역의 원칙**
> - 순서를 지키면서 신속하게 사용한다.
> - 프로세스들이 하나씩 순차적으로 처리되어야 한다.
> - 하나의 프로세스가 독점하게 해서는 안 된다.
> - 임계 구역에서 프로세스 수행은 가능한 빨리 끝내야 한다.
> - 프로세스가 무한 루프에 빠지지 않도록 해야 한다.

03 상호 배제(Mutual Exclusion)

- 병행 중인 프로세스들 간에 공유 변수를 엑세스하고 있는 하나의 프로세스 이외에는 다른 모든 프로세스들이 공유 변수를 엑세스하지 못하도록 제어하는 기법이다.
- 여러 개의 병렬 프로세스가 공통의 변수 또는 자원에 접근할 때, 그 조작을 정당하게 실행하기 위하여 접근 중인 임의의 시점에서 하나의 프로세스만이 그 접근을 허용하도록 제어하는 기법이다.
- 상호 배제를 구현하는 기법으로 데커 알고리즘, 피터슨 알고리즘, Test and Set 기법, Lamport의 빵집 알고리즘, Swap 명령어 기법 등이 있다.
- 상호 배제 구현 시 요구 조건
  - 두 개 이상의 프로세스들이 동시에 임계 영역에 있어서는 안 된다.
  - 임계 구역 바깥에 있는 프로세스가 다른 프로세스의 임계 구역 진입을 막아서는 안 된다.
  - 어떤 프로세스도 임계 구역으로 들어가는 것이 무한정 연기되어서는 안 된다.
  - 임계 구역은 특정 프로세스가 독점할 수 없다.
  - 프로세스들의 상대적인 속도에 대해서는 어떠한 가정도 하지 않는다.

1) 세마포어(Semaphore)

- E. J. Dijkstra가 제안한 방법으로 상호 배제의 원리를 보장하는 것이다.
- 반드시 상호배제의 원리가 지켜져야 하는 공유 영역에 대해 각각의 프로세스들이 접근하기 위하여 사용되는 두 개의 연산 P(Wait)와 V(Signal)를 통해서 프로세스 사이의 동기를 유지한다.

P 조작	프로세스를 대기시키는 Wait 동작
V 조작	대기 중인 프로세스를 깨우는 신호를 보내는 Signal 동작

- 프로세스 블록 큐는 임계 영역에 진입할 수 없는 프로세스를 블록화하여 대기시키는 순서를 유지하는 데 사용하는 큐이다.
- 세마포어 종류

이진 세마포어 (Binary Semaphore)	오직 0과 1의 두 가지 값을 가진다.
산술 세마포어 (Counting Semaphore)	• 0과 양의 정수를 값으로 가질 수 있다. • 동일한 자원들이 있는 풀에서 자원을 할당할 때 사용하며, 풀에 있는 자원 수가 같은 값으로 초기화한 후, 세마포어가 0까지 줄어들었을 때 대기한다.

> **기적의 TIP**
>
> **세마포어의 특징**
> - 여러 개의 프로세스가 동시에 그 값을 수정하지 못한다.
> - 세마포어에 대한 연산은 처리 도중에 인터럽트 되어서는 안 된다.
> - 세마포어에 대한 오퍼레이션들은 소프트웨어나 하드웨어로 구현 가능하다.

2) 모니터(Monitor)

- 병행 다중 프로그래밍에서 상호 배제를 구현하기 위한 특수 프로그램 기법이다.
- 구조적인 면에서 공유 데이터와 이 데이터를 처리하는 프로시저의 집합이라 할 수 있다.
- 자료 추상화와 정보 은폐 개념을 기초로 한다.
- 공유 데이터와 이 데이터를 처리하는 프로시저로 구성된다.
- 모니터 외부의 프로세스는 모니터 내부의 데이터를 직접 액세스할 수 없다.
- 자원 요구 프로세스는 그 자원 관련 모니터 진입부를 반드시 호출한다.
- 모니터에서는 Wait와 Signal 연산이 사용된다.

04 교착상태(DeadLock)

1) 교착상태 발생의 필요 충분 조건

상호 배제 (Mutual Exclusion)	한 번에 하나의 프로세스만이 어떤 자원을 사용할 수 있다.
점유 및 대기 (Hold and Wait)	• 프로세스가 다른 자원을 기다리면서 이들에게 이미 할당된 자원을 갖고 있다. • 최소한 하나의 자원을 점유하고 있는 프로세스가 있어야 하며, 이 프로세스가 다른 프로세스에 의하여 점유된 자원을 추가로 얻기 위해 대기하고 있어야 한다.
비선점 (Non Preemption)	자원은 사용이 끝날 때까지 이들이 갖고 있는 프로세스로부터 제거할 수 없다.

> **기적의 TIP**
>
> **교착상태**
> 두 개 이상의 프로세스가 서로 상대방이 사용하고 있는 자원의 사용을 위해 기다리는 현상을 의미한다.
>
>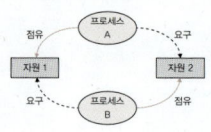

환형 대기 (Circular Wait)	• 대기하고 있는 프로세스의 집합 {P₀,P₁,…Pn}에서 P₀은 P1이 점유한 자원을 대기하고, P1은 P2를 대기하며, Pn은 P₀가 점유한 자원을 요청하기 위해 대기한다. • 프로세스의 환형 사슬이 존재해서 이를 구성하는 각 프로세스는 사슬 내의 다음에 있는 프로세스가 요구하는 하나 또는 그 이상의 자원을 갖고 있다.

2) 교착상태 해결 방법

예방(Prevention)	• 교착상태 발생 조건 중 하나를 발생하지 않게 하는 방법이다. • 상호 배제(Mutual Exclusion) 부정, 점유와 대기(Hold and Wait) 부정, 비선점(Non Preemption) 부정, 환형 대기(Circular Wait) 부정
회피(Avoidance)	• 교착상태의 발생 가능성을 인정하고, 교착상태 가능성을 피해가는 방법이다. • 은행원 알고리즘(Banker's Algorithm)과 관계된다.
발견(Detection)	교착상태가 발생했는지 검사하여 교착상태에 빠진 프로세스와 자원을 발견하는 방법이다.
회복(Recovery)	교착상태에 빠진 프로세스를 종료하거나 해당 프로세스가 점유하고 있는 자원을 선점하여 다른 프로세스에게 할당하는 기법이다.

> **기적의 TIP**
> 환형 대기 부정은 교착상태의 예방을 위하여 각 자원 유형에 일련의 순서번호를 부여하는 것을 의미합니다.

합격을 다지는 예상문제

선다형(필기)

01 다음 중 은행원 알고리즘(Banker's Algorithm)이 사용되는 경우는?
① 교착상태 예방
② 교착상태 회피
③ 교착상태 탐지
④ 교착상태로부터의 회복

정답 ②
해설
은행원 알고리즘은 교착상태 회피에 사용된다.

02 세마포어에 대한 설명으로 가장 옳지 <u>않은</u> 것은?
① Dijkstra는 교착상태에 대한 문제를 세마포어 개념을 이용하여 해결하였다.
② V 조작은 대기 중인 프로세스를 깨우는 신호를 보내는 Signal 동작이다.
③ 이진 세마포어는 오직 0과 1의 두 가지 값을 가지며, 산술 세마포어는 0과 양의 정수를 값으로 가질 수 있다.
④ 프로세스 블록 큐는 임계 영역에 진입할 수 없는 프로세스를 블록화하여 대기시키는 순서를 유지하는 데 사용하는 큐이다.

정답 ①
해설
• 세마포어는 상호 배제의 원리를 보장하는 것이다.
• V 조작은 신호를 보내는 Signal 동작이며, P 조작은 대기시키는 Wait 동작이다.

서술형(실기)

03 시스템에서 교착상태가 발생할 수 있는 필요조건 4가지를 쓰시오.
◦ 답 :

정답 상호 배제, 점유와 대기, 비선점, 순환 대기 또는 Mutual Exclusion, Hold on Wait, Non Preemption, Curcular Wait

SECTION 05 기억 장치

빈출 태그 ▶ #계층 구조 #단편화 #압축과 집약 #페이지 배치 전략 #페이지 교체 전략 #페이지 부재 #스래싱

> **기적의 TIP**
> - 프로그램의 실행이 종료될 때까지 메모리를 사용 가능한 상태로 유지 및 관리하는 것을 메모리 관리라고 합니다.
> - CPU와 지속적으로 데이터를 송수신하는 상황에서 어떤 부분의 메모리가 현재 사용되는지, 어떤 순서로 메모리에 입출력되어야 하는지, 메모리 공간이 필요할 경우 어떻게 확보 및 제거할지에 대한 종합적인 관리가 메모리 관리입니다.

01 기억 장치(Memory)의 계층 구조

- 컴퓨터 시스템의 기억 장치는 디스크나 테이프 같은 보조 기억 장치와 주기억 장치 그리고 캐시 기억 장치 및 CPU 레지스터들이 계층적으로 구성되어 있다.

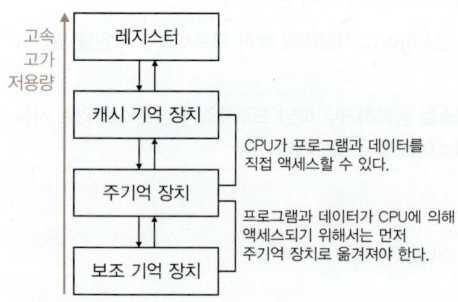

- 대체로 하위 계층의 보조 기억 장치는 상위의 기억 장치보다 가격은 싸지만 용량이 크다.
- 데이터와 프로그램은 보조 기억 장치에 저장되며, 실행되기 위해서는 주기억 장치로 적재되어야 한다.
- 자주 쓰이는 프로그램이나 데이터는 CPU에서 접근이 빠른 고속 및 고가의 주기억 장치나 캐시 기억 장치에 배치한다.
- 주기억 장치에 적재된 프로그램은 CPU 내의 레지스터로 이동하여 처리한다.
- 레지스터는 CPU 내에 있는 고속의 기억 장치로 CPU 동작에 필요한 내용을 기억한다.

> **기적의 TIP**
> CPU는 가상 주소(Virtual or Logical Address)를, 메모리는 물리 주소(Physical Address)를 사용하는데 이를 연결(Mapping)하는 것은 MMU(Memory Management Unit)가 담당합니다.

> **기적의 TIP**
> - 가상 주소(Virtual Address) : 프로그래머에 의해 쓰여진 주소
> - 물리적 주소(Physical Address) : 주기억 장치의 주소

02 가상 기억 장치(Virtual Memory)

- 주기억 장치보다 용량이 큰 프로그램을 실행하기 위해 보조 기억 장치의 일부를 주기억 장치처럼 사용하는 개념이다.
- 컴퓨터 시스템의 주기억 장치 용량보다 더 큰 저장 용량을 주소로 지정할 수 있도록 해준다.
- 다중 프로그래밍의 효율을 높일 수 있다.
- 프로그램 실행 시 주소변환 작업이 필요하다.
- 페이징(Paging)과 세그먼테이션(Segmentation) 기법을 이용하여 가상 기억 장치를 구현할 수 있다.

> **기적의 TIP**
> - 페이징(Paging) 기법 : 프로그램을 고정된 크기의 일정한 블록으로 나누는 기법
> - 세그먼테이션(Segmentation) 기법 : 프로그램을 가변적인 크기의 블록으로 나누는 기법

1) 페이징(Paging) 기법

① 개념
- 사용자의 논리적 주소 공간과 컴퓨터 시스템의 물리적 기억장소가 같은 크기의 페이지 단위로 나뉘며, 사용자 프로그램은 페이지 단위로 임의의 빈 페이지 프레임에 적재될 수 있다.
- 외부 단편화는 발생하지 않으나, 내부 단편화가 발생할 수 있다.
- 페이지의 위치 정보를 가지고 있는 페이지 맵 테이블이 필요하다.

② 페이지 크기
- 가상 기억 장치에서 페이지 크기는 고정되는데, 이러한 크기를 결정하기 위해서는 기억 장치 효용도와 페이지 이동 효율 등의 사항이 고려되어야 한다.
- 페이지 크기가 작을 경우에 동일한 크기의 프로그램에 더 많은 수의 페이지가 필요하게 되어 주소 변환에 필요한 페이지 맵 테이블의 공간이 더 많이 요구된다.
- 페이지 크기가 클 경우에는 페이지 단편화로 인해 많은 기억공간을 낭비하게 되지만 페이지 맵 테이블의 크기는 줄어든다.

2) 세그먼테이션(Segmentation) 기법

① 개념
- 메모리를 효율적으로 관리하기 위해 프로그램을 세그먼테이션한다.
- 프로그램 크기만큼으로 분할하여 주기억 장치에 저장 처리하는 기법이다.
- 각 프로그램에 대한 보호는 기억 장치 보호키를 이용한다.

② 특징
- 할당하는 단위가 일정하지 않고 가변적일 때 세그먼트 단위로 흩어서 적재할 수 있다.
- 내부 단편화는 발생하지 않으나, 외부 단편화가 발생할 수 있다.

03 기억 장치 할당

- 프로그램이나 데이터를 실행하기 위해 주기억 장치에 어떻게 할당할 것인지에 대해 결정하는 기법이다.
- 연속 할당 기법과 분산 할당 기법으로 분류할 수 있다.

연속 할당			분산 할당		
단일 분할	다중 분할		페이징 시스템		세그먼테이션
	고정 분할	동적 분할	순수 페이징	요구 페이징 (가상기억 장치)	

> **기적의 TIP**
>
> **재배치(Replacement)**
> 주어진 프로그램을 주기억 장치의 임의의 장소에 적재할 수 있는 기능을 말하며, 프로그램에서 정해진 논리적인 상대 주소를 주기억 장치의 물리적인 주소로 변환시켜 줌으로써 적재된 위치에 관계없이 실행 가능하도록 해주는 기법입니다.

> **기적의 TIP**
>
> **페이지 크기가 클 경우**
> - 전체적인 입출력 효율성이 증가된다.
> - 프로그램 수행에 불필요한 내용까지도 주기억 장치에 적재될 수 있다.
> - 입·출력 시간이 감소한다.
> - 페이지 맵 테이블의 크기가 감소한다.
>
> **페이지 크기가 작을 경우**
> - 디스크 접근 횟수가 많아진다.
> - 더 많은 페이지가 존재한다.
> - 기억장소 이용 효율이 증가한다.
> - 입·출력 시간이 늘어난다.
> - 내부 단편화가 감소한다.
> - 페이지 맵 테이블의 크기가 증가한다.

> **기적의 TIP**
>
> - 기억 장치의 공간을 나누는 분할 방식에는 단일 분할, 고정 분할, 동적 분할이 있습니다.
> - 나눠진 공간에 프로그램이나 데이터를 적재(할당)하는 방식에는 연속 할당과 분산 할당이 있습니다.

1) 연속 할당

- 사용자 프로세스의 요구 공간을 주기억 장치의 연속된 영역에 할당해 주는 방법으로 단일 프로그래밍 시스템과 다중 프로그래밍 시스템을 위한 기법으로 구분할 수 있다.
- 새로운 파일을 생성할 때 그 파일 크기보다 큰 연속된 기억 공간이 없으면 그 파일을 생성할 수 없다.
- 파일의 디렉터리를 구현하기가 수월하다.
- 외부 단편화가 발생한다.

① 단일 분할
- 가장 단순한 기법으로 초기의 운영체제에서 많이 사용하던 기법이다.
- 주기억 장치를 운영체제 영역과 사용자 영역으로 나누어 한 명의 사용자만 사용자 영역을 사용하도록 하는 기법이다.

② 고정 분할
- 다중 프로그래밍을 위해 주기억 장치를 몇 개의 고정된 개수와 크기의 부분으로 분할하여, 여러 개의 사용자 프로그램이 동시에 적재되어 실행하게 하는 방법이다.

③ 동적 분할(가변 분할)
- 고정 분할 기법과는 달리 각 프로세스의 요구량에 따라 동적으로 필요한 만큼의 개수와 크기와 분할 공간을 생성할 수 있다.

④ 단편화(Fragmentation)
- 단편화란 주기억 장치의 연속된 영역을 할당할 경우에 사용되지 않고 낭비되는 부분적인 기억 공간을 말한다.
- 주기억 장치에서 빈번하게 기억장소가 할당되고 반납됨에 따라 기억장소들이 조각들로 나누어지는 현상을 의미한다.

내부 단편화	분할된 영역이 할당된 프로그램의 크기보다 커서 프로그램이 할당된 후 남아 있는 빈 공간
외부 단편화	분할된 영역이 할당될 프로그램의 크기보다 작아서 프로그램이 할당되지 못해 사용되지 못하는 공간

- 단편화 계산

영역	분할 크기(K)	작업 크기(K)	내부 단편화(K)	외부 단편화(K)
A	20	10	10	-
B	50	60	-	50
C	120	10	110	-
D	200	100	100	-
E	300	90	210	-
합계			430K	50K

- 단편화의 발생

고정 분할	내부 단편화 및 외부 단편화 발생
가변 분할	내부 단편화는 발생하지 않지만 외부 단편화는 발생

- 단편화의 문제 해결 방안

집약(Compaction)	서로 떨어진 여러 개의 공백을 모아서 하나의 큰 기억 공간을 만드는 과정
통합(Coalescing)	인접한 공백들을 더 큰 하나의 공백으로 합하는 과정

04 주기억 장치 관리 정책

1) 반입(Fetch) 정책
- CPU에 의해 실행되거나 참조되기 위해서 주기억 장치로 적재할 프로그램이나 자료를 언제 가져 올 것인가를 결정하는 정책이다.
- 요구 반입과 예상 반입이 있다.

2) 배치(Placement) 정책
- 프로그램이나 데이터를 주기억 장치의 어디에 위치시킬 것인가를 결정하는 전략이다.
- 종류

최초 적합(First Fit)	배치가 가능한 공간 중 첫 번째 공간에 배치
최적 적합(Best Fit)	• 배치가 가능한 공간 중 프로그램의 크기와 가장 유사한 공간에 배치 • 프로그램이나 데이터가 들어갈 수 있는 크기의 빈 영역 중에서 단편화를 가장 적게 남기는 분할 영역에 배치시키는 기법
최악 적합(Worst Fit)	• 배치가 가능한 공간 중 가장 큰 공간에 배치 • 프로그램이나 데이터가 들어갈 수 있는 크기의 빈 영역 중에서 단편화를 가장 많이 남기는 분할 영역에 배치시키는 기법

> **기적의 TIP**
>
> 12K 크기의 프로그램을 배치하는 경우
>
> | 빈 공간 크기 | 배치 전략 |
> |---|---|
> | 16K | 최초 적합 (First Fit) |
> | 20K | 최악 적합 (Worst Fit) |
> | 11K | — |
> | 13K | 최적 적합 (Best Fit) |

3) 교체 전략
- 새로 주기억 장치에 배치되어야 할 프로그램이 들어갈 장소를 마련하기 위해 어떤 프로그램이나 데이터를 제거할 것인지 결정하는 전략이다.
- 종류 : OPT, FIFO, LRU, LFU, NUR 등

① OPT(OPTimal relplacement)
- 앞으로 가장 오랫동안 사용되지 않을 페이지를 교체하는 기법이다.
- 가장 이상적이나 실현 가능성 희박하다.

② FIFO(First In First Out) 기법
- 가장 먼저 적재된 페이지를 먼저 교체하는 기법이다.
- 프로세스에 할당된 페이지 프레임 수가 증가하면 페이지 부재의 수가 감소하는 것이 당연하지만 페이지 프레임 수가 증가할 때 현실적으로 페이지 부재가 더 증가하는 벨레이디의 모순(Belady's Anomaly) 현상이 발생한다.

- FIFO 기법의 페이지 교체 예-1
  - 참조열 : 1, 2, 3, 4, 1, 2, 5, 1, 2, 3, 4, 5
  - 페이지 프레임 : 3(모두 비어있는 상태)

페이지 프레임	1	1	1	4	4	4	5	5	5	5	5	5
		2	2	2	1	1	1	1	1	3	3	3
			3	3	3	2	2	2	2	2	4	4
페이지 부재	발생	발생	발생	발생	발생	발생			발생	발생		

> **기적의 TIP**
>
> **페이지 부재(Page Fault)**
> 가상 기억 장치 시스템에서 가상 페이지 주소를 사용하여 데이터를 접근하는 프로그램이 실행될 때, 프로그램에서 접근하려고 하는 페이지가 주기억 장치에 존재하지 않는 경우 발생하는 현상입니다.

  - 페이지 부재 발생 횟수 : 9회
  - 최종적으로 기억 공간에 남는 페이지 : 5, 3, 4

- FIFO 기법의 페이지 교체 예-2
  - 참조열 : 1, 2, 3, 4, 1, 2, 5, 1, 2, 3, 4, 5
  - 페이지 프레임 : 4(모두 비어있는 상태)

페이지 프레임	1	1	1	1	1	1	5	5	5	5	4	4
		2	2	2	2	2	2	1	1	1	1	5
			3	3	3	3	3	3	2	2	2	2
				4	4	4	4	4	4	3	3	3
페이지 부재	발생	발생	발생	발생			발생	발생	발생	발생	발생	발생

> **기적의 TIP**
>
> 예-2에서는 벨레이디의 모순(Belady's Anomaly) 현상이 발생합니다.

  - 페이지 부재 발생 횟수 : 10회
  - 최종적으로 기억 공간에 남는 페이지 : 4, 5, 2, 3

③ LRU(Least Recently Used)
- 각 페이지마다 계수기나 스택을 두어 현시점에서 가장 오랫동안 사용하지 않은 페이지를 교체하는 페이지 교체 알고리즘이다.
- 페이지 교체 알고리즘 중 근래에 쓰이지 않은 페이지는 가까운 미래에도 쓰이지 않을 가능성이 많기 때문에 이러한 페이지를 호출되는 페이지와 대체시키는 기법이다.
- LRU 기법의 페이지 교체 예
  - 참조열 : 1, 2, 3, 4, 1, 3, 1, 2
  - 페이지 프레임 : 3(모두 비어있는 상태)

페이지 프레임	1	1	1	4	4	4	4	2
		2	2	2	1	1	1	1
			3	3	3	3	3	3
페이지 부재	발생	발생	발생	발생				발생

  - 페이지 부재 발생 횟수 : 6회
  - 최종적으로 기억 공간에 남는 페이지 : 2, 1, 3

④ LFU(Least Frequently Used)
- 사용 빈도수가 가장 적은 페이지를 교체시킨다.
- 사용 빈도수가 동일한 페이지가 여러 개일 경우 LRU 기법에 따라 교체한다.

⑤ NUR(Not Used Recently)
- 페이지 교체 기법 중 시간 오버헤드를 줄이는 기법으로서 참조 비트(Referenced bit)와 변형 비트(Modified bit)를 필요로 하는 방법이다.
- "근래에 쓰이지 않은 페이지들은 가까운 미래에도 쓰이지 않을 가능성이 높다."라는 이론에 근거한 교체 전략이다.

⑥ SCR(Second Chance Replacement)
- 각 페이지에 프레임을 FIFO 순으로 유지시키면서 LRU 근사 알고리즘처럼 참조 비트를 갖게 하는 기법이다.

4) 주요 용어

① 스래싱(Thrashing)
- 가상 기억 장치에서 어떤 프로세스가 충분한 프레임을 갖지 못하여 페이지 교환이 계속적으로 발생하여 전체 시스템의 성능이 저하되는 현상을 의미한다.
- 페이지 부재(Page Fault)가 계속 발생되어 프로세스가 수행되는 시간보다 페이지 교체에 소비되는 시간이 더 많은 경우이다.

② 구역성(Locality)
- 프로세서들은 기억 장치 내의 정보를 균일하게 액세스 하는 것이 아니라, 어느 한순간에 특정 부분을 집중적으로 참조하는 경향이 있다.
- 프로그램이 실행되는 과정에서 발생하는 기억 장치 참조는 한순간에는 아주 지역적인 일부 영역에 대하여 집중적으로 이루어진다는 성질을 의미한다.
- 구역성에는 시간(Temporal) 구역성과 공간(Spatial) 구역성이 있다.

시간(Temporal) 구역성	• 하나의 페이지를 일정 시간 동안 집중적으로 접근하는 현상을 의미한다. • 한 번 참조한 페이지는 가까운 시간 내에 계속 참조할 가능성이 높은 것을 나타내는 이론이다. • 예 순환, 부 프로그램, 스택 등
공간(Spatial) 구역성	• 기억장소가 참조되면 그 근처의 기억장소가 다음에 참조되는 경향이 있음을 나타내는 이론이다. • 예 배열순례(Array-Traversal), 순차적 코드의 실행, 같은 영역에 있는 변수를 참조할 때 사용

③ 워킹 셋(Working Set)
- 프로세스가 일정 시간 동안 자주 참조하는 페이지들의 집합이다.

합격을 다지는 예상문제

선다형(필기)

01 다음 중 가상 기억 장치에 대한 설명으로 옳지 <u>않은</u> 것은?
① 주기억 장치보다 용량이 큰 프로그램을 실행하기 위해 보조 기억 장치의 일부를 주기억 장치처럼 사용하는 개념이다.
② 프로그래머에 의해 쓰여진 주소를 가상 주소(virtual address)라 한다.
③ 주기억 장치의 주소를 물리 주소(physical address)라 한다.
④ 프로세스가 갖는 가상 주소 공간상의 연속적인 주소가 실제 기억 장치에서도 연속적이어야 한다.

> **정답** ④
> **해설**
> 가상 기억 장치는 프로그램을 여러 개의 작은 블록 단위로 나누어서 가상 기억 장치에 보관해 놓고, 프로그램 실행 시 요구되는 블록만 주기억 장치에 불연속적으로 할당하여 처리한다.

02 다음과 같이 주기억 장치의 공백이 있다고 할 때, Worst Fit 배치 방법은 13K 크기의 프로그램을 어느 영역에 할당하는가?

영역	크기	영역	크기
A	12K	C	30K
B	20K	D	15K

① A ② B ③ C ④ D

> **정답** ③
> **해설**
> 배치 전략 중 Worst Fit 배치 방법은 할당할 수 있는 공간 중 크기가 가장 큰 공간에 배치하는 전략이다.

03 구역성(locality)에 대한 설명으로 옳지 <u>않은</u> 것은?
① 공간 구역성의 예로는 순환, 부 프로그램, 스택 등이 있다.
② 구역성에는 시간 구역성과 공간 구역성이 있다.
③ 공간 구역성 이론은 기억장소가 참조되면 그 근처의 기억장소가 다음에 참조되는 경향이 있음을 나타내는 이론이다.
④ 프로세서들은 기억 장치 내의 정보를 균일하게 액세스하는 것이 아니라, 어느 한순간에 특정 부분을 집중적으로 참조하는 경향이 있다.

> **정답** ①
> **해설**
> 시간 구역성에는 순환, 부 프로그램, 스택 등이 있으며, 공간 구역성에는 배열순례(Array-Traversal), 순차적 코드의 실행 등이 있다.

04 가변분할 다중 프로그래밍 시스템에서 인접한 공백들을 하나의 공백으로 합치는 과정을 무엇이라 하는가?
① 기억장소의 페이징(paging)
② 기억장소의 통합(coalescing)
③ 기억장소의 집약(compaction)
④ 기억장소의 단편화(fragmentation)

> **정답** ②
> **해설**
> 인접한 공백들을 하나의 공백으로 합치는 과정은 통합(coalescing)이다. 집약(compaction)은 서로 떨어진 여러 개의 공백을 모아서 하나의 큰 기억 공간을 만드는 과정을 의미한다.

05 작업의 모든 부분을 주기억장소에 상주시키지 않고, 작업을 분할하여 필요한 부분만 교체해 가면서 주기억장소에 상주시키는 방법을 무엇이라 하는가?
① 구역성(locality)
② 압축(compaction)
③ 재배치(relocation)
④ 오버레이(overlay)

> **정답** ④
> **해설**
> 실행되어야 할 작업의 크기가 커서 사용자 기억 공간에 수용될 수 없을 때 작업의 모든 부분들이 동시에 주기억장소에 상주해 있을 필요는 없다. 이때 작업을 분할하여 필요한 부분만 교체할 수 있는데, 이것을 오버레이라고 한다.

06 LRU 교체 알고리즘을 사용하고 페이지 참조의 순서가 다음과 같을 경우 할당된 프레임의 수가 3개일 때 프레임의 최종 상태는? (단, 현재 모든 페이지 프레임은 비어 있다고 가정한다.)

> 페이지 참조 순서 : 1, 2, 2, 3, 1, 4, 2, 3

① 3, 4, 2　　　　　　　　　② 1, 2, 3
③ 1, 4, 3　　　　　　　　　④ 2, 3, 4

정답 ①

해설
LRU 알고리즘은 최근에 사용되지 않은 페이지를 교체하는 방법이다. LRU 알고리즘으로 페이지를 교체하면 페이지 부재가 총 6번 발생하며, 페이지 프레임에 최종적으로 남는 페이지는 3, 4, 2이다.

참조 페이지	1	2	2	3	1	4	2	3
페이지 프레임	1	1	1	1	1	1	1	3
		2	2	2	2	4	4	4
				3	3	3	2	2
페이지 부재	○	○		○		○	○	○

07 페이징 기법에서 페이지 크기가 클수록 발생하는 현상은?
① 기억장소 이용 효율이 증가한다.　　② 페이지 맵 테이블의 크기가 감소한다.
③ 내부 단편화가 감소한다.　　　　　④ 입·출력 시간이 늘어난다.

정답 ②

해설
①, ③, ④는 페이징 기법에서 페이지 크기가 작을수록 발생하는 현상이다.

서술형(실기)

08 빈번한 페이지의 부재 발생으로 프로세스의 수행 소요시간보다 페이지 교환에 소요되는 시간이 더 큰 경우를 의미하는 용어는 무엇인지 쓰시오.

○ 답 :

정답 스래싱 또는 Thrashing

해설
스래싱(Thrashing)은 빈번한 페이지의 부재 발생으로 프로세스의 수행 소요시간보다 페이지 교환에 소요되는 시간이 더 큰 경우를 의미하며, 스래싱이 발생하면 시스템의 성능이 저하된다.

09 각 페이지마다 계수기나 스택을 두어 현 시점에서 가장 오랫동안 사용하지 않은 페이지를 교체하는 페이지 교체 알고리즘은 무엇인지 쓰시오.

○ 답 :

정답 LRU

해설
LRU 방법은 근래에 쓰이지 않은 페이지는 가까운 미래에도 쓰이지 않을 가능성이 많기 때문에, 현 시점에서 가장 오랫동안 사용하지 않은 페이지를 교체시키는 기법이다.

10 FIFO 교체 알고리즘을 사용하고 페이지 참조의 순서가 다음과 같을 경우 할당된 프레임의 수가 3개일 때 몇 번의 페이지 부재가 발생하는지 쓰시오. (단, 현재 모든 페이지 프레임은 비어 있다고 가정한다.)

> 페이지 참조 순서 : 1, 2, 3, 1, 4, 1, 2

○ 답 :

정답 6

해설

참조 페이지	1	2	3	1	4	1	2
페이지 프레임	1	1	1	1	4	4	4
		2	2	2	2	1	1
			3	3	3	3	2
페이지 부재	○	○	○		○	○	○

11 하나의 프로세스가 자주 참조하는 페이지 집합을 무엇이라 하는지 쓰시오.

○ 답 :

정답 워킹 셋 또는 Working Set

해설
Working Set은 운영체제의 가상 기억장치 관리에서 프로세스가 일정 시간 동안 자주 참조하는 페이지들의 집합을 의미한다.

12 (①) 구역성 이론은 기억장소가 참조되면 그 근처의 기억장소가 다음에 참조되는 경향을 의미하며, (②) 구역성은 하나의 페이지를 일정 시간 동안 집중적으로 접근하는 현상을 의미한다. ①과 ②에 가장 알맞은 용어를 쓰시오.

○ ① :
○ ② :

정답 ① 공간 ② 시간

SECTION 06 디스크 관리

빈출 태그 ▶ #FCFS #SSTF #SCAN #총 이동거리

01 디스크 스케줄링(Disk Scheduling)

- 디스크에서 찾고자 하는 데이터가 여러 곳에 흩어져 있을 때 헤드가 움직일 방향(순서)을 결정한다.
- 목적 : 처리량 극대화, 평균 응답시간 단축, 응답시간 편차 최소화
- 종류 : FCFS, SSTF, SCAN, C-SCAN, N-step SCAN, 에션바흐 기법 등

02 디스크 스케줄링의 종류

1) FCFS(First Come First Served) 스케줄링

- 가장 간단한 스케줄링 형태로, 요청한 순서대로 서비스해 주는 방법이다.
- 도착 순서에 따라 실행 순서가 고정된다는 점에서 공평하다.
- 서비스 예
    - 현재 헤드 위치 : 100번
    - 헤드 진행 방향 : 바깥쪽(199번)에서 안쪽(0번)
    - 디스크 대기 큐 : 65, 102, 40, 16, 90
    - 트랙 이동 순서 : 100 → 65 → 102 → 40 → 16 → 90

2) SSTF(Shortest Seek Time First) 스케줄링

- 탐색 거리가 가장 짧은 요청이 먼저 서비스를 받는 기법이다.
- 응답시간에 편차가 크고, 기아 현상이 발생할 수 있다.
- 일괄처리 시스템에 유용하며, 대화형 시스템에는 부적합하다.
- 서비스 예
    - 현재 헤드 위치 : 100번
    - 헤드 진행 방향 : 바깥쪽(199번)에서 안쪽(0번)
    - 디스크 대기 큐 : 65, 102, 40, 16, 90
    - 트랙 이동 순서 : 100 → 102 → 90 → 65 → 40 → 16

> **기적의 TIP**
> - 트랙(Track) : 디스크의 회전축을 중심으로 구성된 동심원 모양
> - 섹터(Sector) : 하나의 트랙을 몇 개로 분할한 블록으로, 디스크로부터 판독 혹은 기록할 경우의 최소 단위
> - 실린더(Cylinder) : 회전축을 중심으로 같은 거리에 있는 트랙들의 집합
> - 탐색시간(Seek Time) : 지정된 트랙에서 원하는 데이터가 있는 섹터로 헤드가 이동하는 데 걸리는 시간

3) SCAN 스케줄링

- SSTF의 개선 기법이다.
- 진행 방향상의 가장 짧은 거리에 있는 요청을 먼저 수행한다.
- 디스크 헤드가 맨 바깥쪽 트랙에서 가장 안쪽 트랙으로 이동하면서 해당되는 트랙에 대한 요구를 차례대로 서비스해 주는 방법이다.
- 실린더 지향 전략이다.
- 서비스 예
  - 현재 헤드 위치 : 100번
  - 헤드 진행 방향 : 바깥쪽(199번)에서 안쪽(0번)
  - 디스크 대기 큐 : 65, 102, 40, 16, 90
  - 트랙 이동 순서 : 100 → 90 → 65 → 40 → 16 → 0 → 102

4) C-SCAN 스케줄링

- 바깥쪽에서 안쪽으로만 진행하면서 짧은 거리에 있는 실린더를 먼저 서비스해 주는 방법이다.
- 가장 안쪽과 가장 바깥쪽의 실린더에 대한 차별대우를 없앤 기법이다.
- 서비스 예
  - 현재 헤드 위치 : 100번
  - 헤드 진행 방향 : 바깥쪽(199번)에서 안쪽(0번)
  - 디스크 대기 큐 : 65, 102, 40, 16, 90
  - 트랙 이동 순서 : 100 → 90 → 65 → 40 → 16 → 0 → 199 → 102

5) N-step SCAN 스케줄링

- SCAN 스케줄링과 동일하나 현재 대기 중인 것들만 서비스한다.
- 진행 도중에 도착한 것들은 다음 반대 방향으로 이동 시에 서비스해 주는 방법이다.

6) 에션바흐(Eschenbach) 기법

- 헤드는 C-SCAN처럼 움직이는데, 모든 실린더는 요청이 있는지 여부에 상관없이 전체 트랙이 한 바퀴 회전할 동안에 서비스를 받는다.
- 탐색 시간, 회전 지연 시간의 최적화를 시도한 기법 중 하나이다.
- 부하가 큰 항공 예약 시스템을 위한 개발된 기법이다.

합격을 다지는 예상문제

선다형(필기)

01 디스크 스케줄링 기법 중 현재 헤드 위치에서 가장 가까운 요청이 먼저 서비스를 받는 기법은?

① FCFS 스케줄링
② SSTF 스케줄링
③ SCAN 스케줄링
④ C-SCAN 스케줄링

정답 ②

해설
SSTF 스케줄링은 디스크 스케줄링 기법 중 탐색 거리가 가장 짧은 요청이 먼저 서비스를 받는 기법이다.

02 디스크 스케줄링 기법 중 가장 안쪽과 가장 바깥쪽의 실린더에 대한 차별대우를 없앤 기법은?

① FCFS
② SSTF
③ SCAN
④ C-SCAN

정답 ④

해설
C-SCAN은 바깥쪽에서 안쪽으로만 진행하면서 짧은 거리에 있는 실린더를 먼저 서비스해 주는 방법으로, 가장 안쪽과 가장 바깥쪽의 실린더에 대한 차별대우를 없앤 기법이다.

03 다음 중 FCFS 디스크 스케줄링 기법의 특징은 무엇인가?

① 도착 순서에 따라 실행 순서가 고정된다는 점에서 공평하다.
② 탐색 시간, 회전 지연 시간의 최적화를 시도한 기법 중 하나이다.
③ 진행 방향상의 가장 짧은 거리에 있는 요청을 먼저 수행한다.
④ 실린더 지향 전략이다.

정답 ①

해설
- FCFS(First Come First Served) 스케줄링은 가장 간단한 스케줄링 형태로, 요청한 순서대로 서비스해 주기 때문에 도착 순서에 따라 실행 순서가 고정된다.
- ② : 에션바흐 기법
- ③, ④ : SCAN 기법

서술형(실기)

04 디스크 스케줄링 알고리즘 중에서 헤드가 다른 곳으로 이동하기 전에, 근처에 있는 요구들을 먼저 처리해 주고 헤드를 이동하는 방식의 알고리즘은 무엇인지 쓰시오.

∘ 답 :

정답 SSTF

해설
SSTF 스케줄링은 현재 헤드 위치에서 가장 가까운 요청을 먼저 서비스하는 방식이다.

05 초기 헤드의 위치가 100번 트랙이고 디스크 대기 큐에 다음과 같은 순서의 액세스 요청이 대기 중이다. FCFS 스케줄링 기법을 사용하여 액세스 요청을 모두 처리할 경우 가장 마지막에 처리하는 트랙은 무엇인지 쓰시오. (단, 가장 안쪽 트랙 : 0, 가장 바깥 쪽 트랙 : 199)

디스크 대기 큐 : 65, 103, 27, 86, 40

∘ 답 :

정답 40

해설
FCFS 스케줄링은 디스크 대기 큐에 들어온 순서대로 처리하는 방식이다. 가장 마지막에 요청된 트랙이 가장 마지막에 처리된다.

CHAPTER

02

네트워크 기초 활용

학습 방향

네트워크 계층 구조에서 각 층의 역할을 알고, TCP와 UDP를 구별해야 합니다. 라우팅 알고리즘의 특징과 IP 프로토콜에 대해 숙지해야 합니다.

SECTION 01 네트워크 개요

빈출 태그 ▶ #LAN #WAN #패킷 교환 방식 #스위치 #프로토콜

01 네트워크(Network)

1) 네트워크 개념

- 네트워크는 원하는 정보를 원하는 수신자 또는 기기에 정확하게 전송하기 위한 기반 인프라이다.
- 네트워크는 규모에 따라서 LAN, MAN, WAN, PAN, BAN 등으로 구분할 수 있다.

LAN (Local Area Network)	• 근거리 네트워크 • 한 건물 또는 작은 지역을 연결하는 네트워크
MAN (Metropolitan Area Network)	• 도시권 네트워크(케이블 TV) • LAN의 확장형
WAN (Wide Area Network)	• 광범위한 지역을 수용하는 광역 네트워크 시스템 • LAN에 비해 전송 거리가 넓음 • 라우팅 알고리즘이 필요함 • LAN 대비 에러율이 높고 전송 지연이 큼
WPAN (Wireless Personal Area Network)	• 사용자 주변의 수 미터(m) 이내의 거리에서 휴대용 정보 단말기 등을 이용하여 필요한 정보를 처리할 수 있도록 구성한 통신망 • 무선 PAN 기술의 예 : IEEE 802.15에서 표준을 제정한 지그비(Zigbee), 블루투스(Bluetooth), 저전력 단거리 무선망 IPv6 (6LoWPAN), 고속 단거리 무선망(HR-WPAN) 등
BAN (Body Area Network)	• 인체를 중심으로 하는 네트워크 • 사람이 착용하는 옷이나 인체에 부착된 여러 장치로부터 구성된 네트워크를 통해 데이터 통신

> **기적의 TIP**
>
> **PICONET**
> 여러 개의 독립된 통신 장치가 블루투스 기술이나 초광대역 무선(UWB, Ultra Wideband) 통신 기술을 사용하여 통신망을 형성하는 무선 네트워크 기술이다.

2) WAN(Wide Area Network)

- 국가, 대륙과 같이 광범위한 지역을 연결하는 네트워크이다.
- 거리에 제약이 없으나 다양한 경로를 지나 정보가 전달되므로 LAN보다 속도가 느리고 에러율도 높다.

전용 회선 방식	통신 사업자가 사전에 계약을 체결한 송신자와 수신자끼리만 데이터를 교환하는 방식
교환 회선 방식	공중망을 활용하여 다수의 사용자가 선로를 공유하는 방식 교환 회선 ─┬─ 회선 교환 　　　　　└─ 축적 교환 ─┬─ 메시지 교환 　　　　　　　　　　　　└─ 패킷 교환 ─┬─ 가상회선 　　　　　　　　　　　　　　　　　└─ 데이터그램

① 회선 교환(Circuit Switching) 방식
- 물리적 전용선을 활용하여 데이터 전달 경로가 정해진 후 동일 경로로만 전달이 된다.
- 회선 교환 방식은 회선을 확보하기 위한 작업을 진행하고 실데이터를 전송한 후, 회선을 닫는 프로세스로 진행된다. 이러한 작업이 일어나는 동안 다른 기기들은 해당 경로를 사용할 수 없다.

② 메시지 교환 방식
- 교환기가 일단 송신측의 메시지를 받아서 저장한 후 전송 순서가 되면 수신측으로 전송하는 방식이다.
- 전송 메시지는 추후 검색이 가능하다.

③ 패킷 교환 방식
- 패킷이라는 단위를 사용하여 데이터를 송신하고 수신한다.
- 현재 컴퓨터 네트워크에서 주로 사용하는 방식이다.
- 메시지의 임시 저장과 실시간 처리가 가능하다.
- 대화형 데이터 통신에 적합하도록 개발된 교환 방식이다.
- 전송할 수 있는 패킷의 길이가 제한되어 있다.
- 속도, 프로토콜 및 코드 변환이 가능하다.
- 장애 발생 시 대체경로 선택이 가능하다.
- 패킷 처리 방식에 따라 가상회선 방식과 데이터그램 방식이 있다.

가상회선 패킷 교환 방식	• 패킷이 전송되기 전에 논리적인 연결 설정이 이루어져야 한다. • 패킷 도착 순서가 고정적이다. • 수신은 송신된 순서대로 패킷이 도착한다.
데이터그램 패킷 교환 방식	• 부하가 적거나 간헐적인 통신의 경우에 적합하다. • 대역폭 설정에 융통성이 있다. • 네트워크 운용에 있어서 보다 높은 유연성을 제공한다.

3) 패킷 교환 방식 종류
- 패킷 교환 방식은 컴퓨터 통신을 위하여 개발된 네트워킹 기술로, 메세지 교환과 회선 교환의 장점을 결합하고, 두 방식의 단점을 최소화시킨 교환 기술이다.
- WAN을 통해 데이터를 원격지로 송부하기 위한 방식으로, X.25, 프레임릴레이 및 ATM 등이 있다.

① X.25
- 전기 통신 국제기구인 ITU-T에서 관리 감독하며, 패킷 교환망에서 DCE와 DTE 사이에 이루어지는 상호작용을 규정한 프로토콜이다.
- X.25는 패킷이라고 불리는 데이터 블록을 사용하여 대용량의 데이터를 다수의 패킷으로 분리하여 고정된 대역폭으로 송신하며, 수신측에서는 다수의 패킷을 결합하여 원래의 데이터로 복원한다.

> **기적의 TIP**
> **회선 교환의 특성**
> - 물리적인 통신 경로가 통신 종료까지 구성된다.
> - 접속에는 긴 시간이 소요되나 전송지연은 거의 없다.
> - 네트워크 리소스를 특정 사용층이 독점적으로 사용하기 때문에 전송이 보장(Guaranteed)된다.
> - 데이터를 동시에 전송할 수 있는 양을 의미하는 대역폭이 고정되고 안정적인 전송률을 확보할 수 있다.
> - 점대점 방식의 전송구조를 갖는다.
> - 에러 제어가 제공되지 않는다.

> **기적의 TIP**
> **패킷**
> - 정보를 일정한 크기로 분할한 뒤 각각의 묶음에 송수신 주소 및 부가 정보를 입력한 것이다.
> - 각 패킷은 오버헤드 비트가 필요하다.
> - 비패킷형 단말기들을 패킷 교환망에 접속이 가능하도록 데이터를 패킷으로 조립하고, 수신측에서는 분해해 주는 PAD가 필요하다.

> **기적의 TIP**
> - ITU는 국제전기통신연합의 약칭으로 국제 간 통신규격을 제정하는 산하기구를 두고 있습니다.
> - 단말장치(DTE)는 디지털 데이터의 송수신 과정에서 데이터를 입출력하는 기능을 수행하는 장치입니다.

- 데이터 송수신의 신뢰성을 확보하기 위해 양자 간 통신 연결을 확립해 나가는 프로세스를 거친다.
- 에러 제어나 흐름 제어를 위한 복잡한 기능을 가지고 있어 성능상의 오버헤드가 발생된다.
- OSI 7 계층 중 물리 계층~네트워크 계층까지 담당한다.
- 현재는 프레임 릴레이나 ISDN, ATM 등의 고속망으로 대체되었다.

➕ 더 알기 TIP

데이터 회선 종단 장치(신호 변환 장치, DCE)
- 컴퓨터나 단말 장치의 데이터를 통신 회선에 적합한 신호로 변경하거나, 통신 회선의 신호를 컴퓨터나 단말 장치에 적합한 데이터로 변경하는 신호 변환 기능을 수행하는 장치이다.
- DCE에는 디지털 데이터를 아날로그 신호로 변조하여 전송하는 모뎀(MODEM, 변복조장치)과 디지털 신호를 전송하는 DSU, 아날로그 신호를 디지털 형태로 변환하여 전송하는 코덱(CODEC)이 있다.

② 프레임 릴레이
- 프레임 릴레이는 ISDN을 사용하기 위한 프로토콜로서 ITU-T에 의해 표준으로 작성되었다.
- 사용자의 요청에 따라 유연한 대역폭을 할당한다.
- 망의 성능 향상을 위해 에러 제어 기능과 흐름 제어 기능을 단순화시켰다.
- OSI 7 계층 중 물리 계층과 데이터 링크 계층만을 담당한다.
- 전용선을 사용하는 것보다 가격이 저렴하며 기술적으로는 X.25에 비해 우위에 있다.

③ ATM(Asynchronous Transfer Mode)
- ATM은 비동기 전송모드라고 하는 광대역 전송에 쓰이는 스위칭 기법이다.
- B-ISDN의 표준 기술로서 데이터를 일정한 크기의 셀(Cell)로 분할하여 전송하는 기술이다.
- 동기화를 맞추지 않아 보낼 데이터가 없는 사용자의 슬롯을 다른 사람이 사용할 수 있도록 하여 네트워크상의 효율성을 높였다.
- ATM망은 연결형 회선이기 때문에 하나의 패킷을 보내 연결을 설정하게 되고 이후 실데이터 전송이 이루어진다.
- ATM은 OSI 7 계층과는 다른 고유한 참조 모델을 가지고 있다.

> **기적의 TIP**
>
> ATM에서 하나의 셀(Cell)은 5바이트의 헤더(Header)와 48바이트의 페이로드(Payload)로 구성됩니다.

물리 계층(Physical Layer)	물리적 전송 매체를 다룬다.
ATM 계층	셀과 셀 전송을 담당한다. 셀의 레이아웃을 정의하고 헤더 필드가 의미하는 것을 알려 준다. 또 가상 회선의 연결 및 해제, 혼잡 제어도 다룬다.
AAL(ATM Adaptation Layer)	패킷을 작은 조각인 셀로 전송한 후 다시 조립하여 원래의 데이터로 복원하는 역할을 한다.

02 네트워크 주요 장비

1) LAN 카드(NIC, Network Interface Card)
- 두 대 이상의 컴퓨터로 네트워크를 구성하는 장치이다.
- 이더넷 카드, 네트워크 어댑터라고도 한다.
- 외부 네트워크와 접속하여 가장 빠른 속도로 데이터를 주고받을 수 있게 컴퓨터 내에 설치되는 장치이다.

2) 허브(Hub)
- 여러 대의 컴퓨터를 연결하여 네트워크로 보내거나 하나의 네트워크로 수신된 정보를 여러 대의 컴퓨터로 송신하기 위한 장비이다.
- 다수의 오프라인, 온라인 접속 기기들을 로컬 네트워크(LAN)에 연결하기 위한 장비이다.
- 한 사무실이나 가까운 거리의 컴퓨터들을 연결한다.
- 각 회선을 통합적으로 관리하며, 신호 증폭 기능을 하는 리피터의 역할을 포함한다.

3) 리피터(Repeater)
- 디지털 신호를 증폭시켜 주는 역할을 하여 신호가 약해지지 않고 컴퓨터로 수신되도록 하는 장치이다.
- 네트워크에서 신호를 수신하여 증폭한 후 다음 구간으로 재전송한다.
- 감쇠된 전송 신호를 새롭게 재생하여 다시 전달하는 재생 중계 장치이다.

4) 브리지(Bridge)
- 같은 프로토콜을 사용하는 두 개의 근거리 통신망(LAN)을 서로 연결해 주는 통신망 연결 장치이다.

5) 스위치(Switch)
- 브리지와 같은 역할을 하나 브리지보다 더 큰 LAN을 구성하는 장치이다.
- MAC 주소 테이블을 이용하여 목적지 MAC 주소를 가진 장비 측 포트로만 프레임을 전송하는 역할을 한다.
- 스위치 종류

구분	특징	한계
L2 스위치	가장 원초적인 스위치	• 상위 레이어에서 동작하는 IP 이해 불가 • IP 이해 불가에 따른 라우팅도 불가
L3 스위치	IP 레이어에서의 스위칭을 수행하여 외부로 전송	• 라우터와의 경계가 모호함 • FTP, HTTP 등 우선 스위칭 불가
L4 스위치	• TCP/UDP 등 스위칭 수행 • FTP, HTTP 등을 구분하여 스위칭하는 로드 밸런싱 가능	애플리케이션 레이어에서 파악이 가능한 이메일 내용 등 정교한 로드 밸런싱 수행 불가

> **기적의 TIP**
> - Store and Forwarding : 데이터를 전부 받은 후 다음 처리를 하는 방식
> - Cut Through : 데이터의 목적지 주소만 확인 후 바로 전송 처리하는 방식
> - Fragment Free : 위 두 방식의 장점을 결합한 방식

➕ 더 알기 TIP

브리지와 스위치의 비교

구분	브리지	스위치
방식	소프트웨어 방식	하드웨어 기반
속도	저속	고속
포트 수	2~3개	수십, 수백 개
포트별 지원 속도	포트에 같은 속도 지원	포트마다 다른 속도 지원
전송 방식	Store and Forwarding	Cut Through, Fragment Free

6) 스위칭 허브
- 스위치 기능을 가진 허브를 의미한다.
- 요즘 사용되는 대부분의 허브가 스위칭 허브이다.

7) 망(백본) 스위칭 허브
- 광역 네트워크를 커버하는 스위칭 허브이다.
- 예를 들어 경남권 스위칭, 부산권 스위칭 등 대단위 지역을 커버한다.

8) 라우터(Router)
- 서로 다른 네트워크 간의 데이터를 전송하고 가장 이상적인 데이터 전달 경로를 설정하여 주는 역할을 수행한다.
- 둘 이상의 서로 다른 네트워크에 접속하여 서로 간에 데이터를 주고 받을 수 있도록 경로 선택, 혼잡 제어, 패킷 폐기 기능을 수행한다.
- LAN과 LAN을 연결하거나 LAN과 WAN을 연결하기 위한 인터넷 네트워킹 장비이다.

> **기적의 TIP**
> 라우팅 프로토콜은 경로 설정을 하여 원하는 목적지까지 지정된 데이터가 안전하게 전달되도록 해줍니다.

9) 게이트웨이(Gateway)
- 이기종 프로토콜을 사용하는 망을 서로 연결하는 데 사용되는 장치 또는 시스템을 뜻한다.

10) 유무선 인터넷 공유기
- 외부로부터 들어오는 인터넷 라인을 연결하여 유선으로 여러 대의 기계를 연결하거나 무선 신호로 송출하여 여러 대의 컴퓨터가 하나의 인터넷 라인을 공유할 수 있도록 하는 네트워크 기기이다.

03 프로토콜(Protocol)

1) 프로토콜 정의

- 서로 다른 기기들 간의 데이터 교환을 원활하게 수행할 수 있도록 표준화시켜 놓은 통신 규약이다.
- 컴퓨터나 원거리 통신 장비 사이에서 메시지를 주고받는 양식과 규칙의 체계이다.
- 다른 기종의 장비는 각기 다른 통신 규약을 사용하는데, 프로토콜을 사용하면 다른 기기 간 정보의 전달을 표준화할 수 있다.
- 통신 프로토콜을 구성하는 기본 요소 : 구문(Syntax), 의미(Semantics), 순서(Timing)

구문(Syntax)	데이터의 형식이나 부호화 및 신호 레벨 등을 규정
의미(Semantics)	오류 제어, 동기 및 흐름 제어 등의 각종 제어 절차에 관한 정의
순서(Timing)	접속되어 있는 엔티티 간의 통신 속도의 조정이나 메시지의 순서 제어 등을 규정

2) 프로토콜의 기능

- 단편화 : 전송이 가능한 작은 블록으로 나누어지는 것이다.
- 재조립 : 단편화되어 온 조각들을 원래 데이터로 복원한다.
- 캡슐화 : 상위 계층의 데이터에 각종 정보를 추가하여 하위 계층으로 보낸다.
- 연결 제어 : 데이터의 전송량이나 속도를 제어한다.
- 오류 제어 : 전송 중 잃어버리는 데이터나 오류가 발생한 데이터를 검증한다.
- 동기화 : 송신과 수신측의 시점을 맞춘다.
- 다중화 : 하나의 통신 회선에 여러 기기들이 접속할 수 있는 기술이다.
- 주소 지정 : 송신과 수신지의 주소를 부여하여 정확한 데이터 전송을 보장한다.

합격을 다지는 예상문제

선다형(필기)

01 학교나 공장의 구내와 같이 한정된 지역에서 TCP/IP를 기반으로 사용자에게 인터넷을 접속할 수 있도록 컴퓨터를 연결한 네트워크 형태는?

① LAN
② PAN
③ WAN
④ BAN

> **정답** ①
> **해설**
> LAN은 컴퓨터의 물리적 자원들이 한 건물 내에 산재해 있을 때 정보 자원의 공유를 가능하게 해주는 통신망이다.

02 데이터 교환 방식 중 축적 교환 방식에 해당하지 않는 것은?

① 메시지 교환 방식
② 가상회선 패킷 교환 방식
③ 데이터그램 패킷 교환 방식
④ 회선 교환 방식

> **정답** ④
> **해설**
> 데이터 교환 방식은 회선 교환 방식과 축적 교환 방식으로 분류되며, 축적 교환 방식에는 메시지 교환 방식과 패킷 교환 방식이 있다.

03 패킷 교환 방식에 관한 설명으로 적합하지 않은 것은?

① 패킷 교환은 저장-전달 방식을 사용한다.
② 아날로그 데이터 전송에 최적화되어 있다.
③ 교환기에서 패킷을 일시 저장 후 전송하는 축적 교환 기술이다.
④ 장애 발생 시 대체경로 선택이 가능하다.

> **정답** ②
> **해설**
> 패킷 교환 방식은 현재 컴퓨터 네트워크에서 주로 사용하는 방식으로, 디지털 데이터 전송에 최적화되어 있다.

04 패킷으로 나누어진 데이터는 인터넷 주소를 가지게 되며, 장치는 인터넷 주소를 참조하여 경로를 결정하게 된다. 이 경로를 결정하는 장비는?

① 스위치
② 라우터
③ 게이트웨이
④ 스위칭 허브

> **정답** ②
> **해설**
> 라우터(Router)는 둘 이상의 서로 다른 네트워크에 접속하여 서로 간에 데이터를 주고 받을 수 있도록 경로 선택, 혼잡 제어, 패킷 폐기 기능을 수행한다.

05 데이터 통신 시스템에서 정확하고 신뢰성 있는 정보를 주고 받기 위해 미리 약속된 규정을 무엇이라 하는가?

① 포맷(format)
② 신텍스(syntax)
③ 프로토콜(protocol)
④ 트렁크(trunk)

> **정답** ③
> **해설**
> 프로토콜은 미리 약속된 규정으로, 서로 다른 기기들 간의 데이터 교환을 원활하게 수행할 수 있도록 표준화시켜 놓은 통신 규약을 의미한다.

06 프로토콜의 구성 요소 중 접속되어 있는 엔티티 간의 통신 속도 조정이나 메시지 순서 제어 등을 규정하는 것은 무엇인가?

① 구문(Syntax)
② 의미(Semantics)
③ 타이밍(Timing)
④ 코딩(Cording)

정답 ③

해설
- 구문(Syntax) : 데이터의 형식이나 부호화 및 신호 레벨 등을 규정
- 의미(Semantics) : 오류 제어, 동기 및 흐름 제어 등의 각종 제어 절차에 관한 정의
- 타이밍(Timing, 순서) : 접속되어 있는 엔티티 간의 통신 속도의 조정이나 메시지의 순서 제어 등을 규정

07 ATM 셀은 총 53바이트로 구성되어 있다. 이 중 헤더 길이는 몇 [byte]인가?

① 5
② 8
③ 10
④ 48

정답 ①

해설
ATM은 데이터를 일정한 크기의 셀(cell)로 분할하여 전송하는 기술이다. 하나의 셀(cell)은 5바이트의 헤더(header)와 48바이트의 페이로드(payload)로 구성된다.

서술형(실기)

08 데이터를 전송하기 전에 송·수신측 사이에 하나의 통신 경로가 설정되며, 설정된 통신 경로는 통신이 종료될 때까지 독점되는 방식으로 음성이나 동영상 같은 연속적이며 실시간 전송이 요구되는 통신에 적합한 통신망은 무엇인지 쓰시오.

◦ 답 :

정답 회선 교환 방식 또는 Circuit Switching

해설
회선 교환(Circuit Switching) 방식은 고정된 대역폭 전송 방식으로, 데이터 전송 전에 설정된 물리적인 통신 경로가 통신 종료까지 구성된다.

09 비패킷형 단말기들을 메시지의 임시 저장과 실시간 처리가 가능한 패킷 교환망에 접속이 가능하도록 데이터를 패킷으로 조립하고, 수신측에서는 분해해주는 것을 무엇이라 하는지 쓰시오.

◦ 답 :

정답 PAD

해설
PAD는 비패킷형 단말기에서 데이터의 조립과 분해 기능을 제공하는 일종의 어댑터이다.

10 통신 프로토콜을 구성하는 기본 요소 3가지를 쓰시오.

◦ 답 :

정답 구문, 의미, 순서 또는 Syntax, Semantics, Timing

11 공중데이터 네트워크에서 패킷형 터미널을 위한 DTE와 DCE 간의 접속규격을 나타내는 ITU-T 권고안은 무엇인지 쓰시오.

◦ 답 :

정답 X.25

해설
X.25는 DTE(단말장치)와 DCE(데이터 회선 종단장치) 사이에서 인터페이스를 제공하며, 패킷 교환망을 통해 패킷을 원활히 전달하기 위한 통신 프로토콜이다.

12 소형 센서를 비롯하여 스마트 기기에 이르기까지 다양한 형태의 장치를 인체에 이식하거나 피부 또는 의상 등에 장착하여 통신이 이루어지는 통신망을 무엇이라 하는지 쓰시오.

◦ 답 :

정답 인체 영역 통신망(BAN, Body Area Network) 또는 무선 인체 통신망(WBAN, Wireless BAN)

해설
주로 심박, 혈압, 체온 등 건강 상태를 측정하고 관리하는 데 활용되기 때문에 저전력과 고신뢰 통신이 요구된다.

SECTION 02 네트워크 계층 구조

빈출 태그 ▶ #OSI 7 계층 #메시지 #세그먼트 #패킷 #프레임 #비트

01 OSI 7 계층(Open System Interconnection 7 Layer)

1) OSI 7 계층의 개념

- 국제 표준화 기구인 ISO(International Standardization Organization)에서 개발한 네트워크 계층 표현 모델이다.
- 각 계층은 서로 독립적으로 구성되어 있고, 각 계층은 하위 계층의 기능을 이용하여 상위 계층에 기능을 제공한다.
- 1계층인 물리 계층부터 7계층인 애플리케이션 계층으로 정의되어 있다.

2) OSI 7 계층의 필요성

- 데이터 통신을 위해서는 데이터를 전기 신호로 변환하고 복잡한 네트워크 경로를 통해 데이터를 전달해야 한다.
- 송신지와 수신지의 컴퓨터 구조가 상이할 경우 전송한 데이터가 올바르게 인식되지 않을 수도 있어 복잡한 변환 과정을 거쳐야 한다.
- 이런 복잡한 구성을 유사한 기능별로 계층화하여 처리되는 정보들을 캡슐화하여 구성하였다.
- 각 계층에 사용되는 통신 규격을 프로토콜로 표준화하였다.
- 응용 소프트웨어 개발자, 서버/네트워크 엔지니어들이 본인과 연관된 계층만 고려하며 업무를 수행할 수 있도록 하였다.

> **기적의 TIP**
> 응용 소프트웨어 개발자는 주로 OSI 7 Layer의 상위 계층(5~7)을 다루고 서버/네트워크 엔지니어는 하위 계층(1~4)을 다룹니다. 응용 소프트웨어 개발자는 4계층에 지정된 포트 번호를 통해 상위 계층의 프로토콜을 구별할 수 있습니다.

02 OSI 7 계층의 구성

OSI 7 계층	데이터 단위	전달되는 정보 및 형태
응용 계층		
표현 계층		
세션 계층	메시지	Data
전송 계층	세그먼트	Data / TCP 헤더
네트워크 계층	패킷	Data / TCP 헤더 / IP 헤더
데이터 링크 계층	프레임	Data / TCP 헤더 / IP 헤더 / MAC 주소
물리 계층	비트	010101000001011011

- 응용 계층부터 물리 계층까지 데이터가 전달될 때 전달되는 정보의 종류와 형식은 상이하다.
- 데이터를 목적지에 정확하게 전달하는 것에 초점을 두는 하위 계층과 송수신 데이터의 가공 및 활용에 초점을 두는 상위 계층으로 구성되어 있다.

상위 계층	응용 계층, 표현 계층, 세션 계층
하위 계층	전송 계층, 네트워크 계층, 데이터 링크 계층, 물리 계층

1) 1계층 - 물리(Physical) 계층

- 기계적, 전기적, 절차적 특성을 정의한 계층으로, 실제 장비들을 연결하기 위한 연결 장치이다.
- 비트 스트림의 전기 신호 전송과 비트의 부호화와 복호화를 담당한다.
- 주요 장비 : 허브, 리피터, 케이블
- 표준 프로토콜 : RS-232C, X.21

> **기적의 TIP**
> OSI 7 계층의 순서는 반드시 암기해야 합니다.

2) 2계층 - 데이터 링크(Data Link) 계층

- 물리적 연결을 이용해 신뢰성 있는 정보를 전송하기 위해 동기화, 오류 제어, 흐름 제어, 접근 제어 등의 전송 에러를 제어하는 계층이다.
- 인접 노드 간의 링크의 설정과 유지 및 종료를 담당한다.
- 매체 공유를 위한 매체접근제어(MAC)를 수행한다.
- 현재 노드와 다음에 접근할 노드의 물리주소(MAC)가 포함된 프레임을 구성하여 전달한다.
- 주요 장비 : 브리지, NIC, L2 스위치, 스위칭 허브
- 표준 프로토콜 : HDLC, BSC, LAPB, LAPD, LAPF, LLC/MAC, ATM, PPP, SLIP 등

> **기적의 TIP**
> **MAC 주소**
> 데이터 링크 계층에서 통신을 위한 네트워크 인터페이스에 할당된 고유 식별자이다. IEEE 802 네트워크 기술에 네트워크 주소로 사용되며, 이더넷과 와이파이를 포함한 대부분의 기기들이 주소를 가지고 있다.

3) 3계층 - 네트워크(Network) 계층

- 통신망을 통하여 패킷을 목적지까지 전달하는 것을 담당하는 계층이다.
- 중계 기능, 최적의 경로 설정 등을 주로 수행한다.
- 다수의 중개 시스템 중 올바른 경로를 선택하도록 지원한다.
- 라우터 또는 교환기는 패킷 전달을 위해 경로를 지정하거나 교환 기능을 제공한다.
- 패킷에 발신지와 목적지의 논리 주소를 추가하여, 최종 목적지까지 전달하는 책임을 진다.
- 주요 장비 : 라우터, L3 스위치
- 표준 프로토콜 : IP, ICMP, IGMP, ARP, RARP, 라우팅 프로토콜 등

> **기적의 TIP**
>
> 데이터 링크(Data Link) 계층은 "인접 노드 간 연결", 전송(Transport) 계층은 "종단 간 연결"로 암기하세요.

4) 4계층 – 전송(Transport) 계층

- 종단 간 신뢰성 있고 효율적인 데이터 전송을 다루는 계층이다.
- 데이터 전송에 관한 서비스를 제공하는 계층으로 투명하고 신뢰성 있는 통신이 가능하도록 한다.
- 송신측과 수신측 사이를 실제적으로 연결한다.
- 세그먼트를 구성하여 송수신지의 포트(Port)를 지정한다.
- 메시지 분할 및 재조립, 프로세스 간 혼잡제어, 흐름 제어, 오류 제어, 재전송 등을 수행한다.
- 주요 장비 : 게이트웨이, 로드밸런서, 방화벽
- 프로토콜 : TCP/IP, UDP, RTP

5) 5계층 – 세션(Session) 계층

- 프로세스 간의 대화 제어 및 동기점을 이용한 효율적인 데이터 복구 제공을 위한 계층이다.
- 송신, 수신 간의 논리적 연결을 담당한다.
- 프로토콜 : RPC, NetBIOS 등

6) 6계층 – 표현(Presentation) 계층

- 정보의 형식 설정과 코드의 변환, 암호화, 압축 등의 기능을 주로 수행하는 계층이다.
- 송수신지의 다른 데이터 표현 방식을 상호 인식이 가능하도록 변환하는 역할을 수행한다.
- 프로토콜 : JPEG, MPEG 등

7) 7계층 – 응용(Application) 계층

- 사용자에게 서비스를 제공하는 계층으로, 사용자 입출력 정의, 응용 프로세스 관리 등을 수행한다.
- 응용 프로세스 간의 정보교환, 전자사서함, 파일 전송 등을 취급하는 계층이다.
- 이메일, 웹 등 사용자 친화 환경을 제공하는 계층이다.
- 프로토콜 : HTTP, FTP, SMTP, POP3 등

FTP(File Transfer Protocol, 파일 전송 프로토콜)	서버와 클라이언트 사이에 파일을 전송하기 위한 프로토콜이다.
HTTP(HyperTextTransfer Protocol)	웹 상에서 웹 서버 및 웹 브라우저 상호 간의 데이터 전송을 위한 응용 계층 프로토콜이다.
SMTP(Simple Mail Transfer Protocol, 간이 전자 우편 전송 프로토콜)	인터넷에서 이메일을 보내기 위해 이용되는 프로토콜이다.
POP 3(Post Office Protocol Version 3)	메일 서버에 접속해서 메일을 수신한다.

IMAP(Internet Message Access Protocol, 인터넷 메시지 접속 프로토콜)	로컬 서버 내 전자우편을 엑세스하기 위한 표준 프로토콜이다.
SSH(Secure SHell, 시큐어셸)	네트워크 상의 다른 컴퓨터에 로그인하거나 원격 시스템에서 명령을 실행하고 다른 시스템으로 파일을 복사할 수 있도록 해주는 프로토콜이다.

➕ 더 알기 TIP

DPI(Deep Packet Inspection, 심층 패킷 정보 감시)

OSI 7 Layer 전 계층의 프로토콜과 패킷 내부의 콘텐츠를 파악하여 침입 시도, 해킹 등을 탐지하고 트래픽을 조정하기 위한 패킷 분석 기술로, 인터넷 상에서 작은 패킷 단위로 나누어 전송되는 정보를 감시하여 유해 트래픽을 차단하고, 중요한 서비스에 대한 우선순위를 부여함으로써 망을 한층 효율적으로 사용할 수 있다.

합격을 다지는 예상문제

선다형(필기)

01 다음 중 OSI 참조 모델의 물리 계층을 제외한 각 계층에서 데이터 이외에 제어 정보를 부과하는 것을 무엇이라 하는가?

① 단편화
② 캡슐화
③ 분류화
④ 계층화

정답 ②
해설 데이터를 전송하면서 데이터 이외의 제어 정보를 부과하는 것을 캡슐화라고 한다.

02 OSI 참조 모델 관점에서 프로토콜을 해석할 경우 그 범위가 다른 하나는?

① TCP
② UDP
③ RTP
④ HTTP

정답 ④
해설
- HTTP는 응용 계층의 프로토콜이다.
- TCP, UDP, RTP는 전송 계층의 프로토콜이다.
- RTP(Real-Time Transport Protocol, 실시간 전송 프로토콜)는 실시간으로 음성이나 동화를 송수신하기 위한 전송 계층의 통신 규약이다.

03 OSI 7 계층 중 아래에서 설명하는 기능은 어느 계층에서 수행하는가?

> 보안을 위해 데이터의 암호화와 해독을 수행하고 효율적인 전송을 위해 필요에 따라 압축과 전개를 수행한다.

① 응용 계층(Application Layer)
② 표현 계층(Presentation Layer)
③ 전송 계층(Transport Layer)
④ 데이터 링크 계층(Data Link Layer)

정답 ②
해설 OSI 7 계층 중 6 계층인 표현(Presentation) 계층에서 정보의 형식 설정과 코드의 변환, 암호화, 압축 등의 기능을 주로 수행한다.

정답 ①

해설
- ①은 전송 계층에 대한 설명이다.
- 네트워크 계층은 통신망을 통하여 패킷을 목적지까지 전달하는 것을 담당하는 계층이다.

04 OSI(Open Systems Interconnect) 모델에 대한 설명으로 옳지 않은 것은?

① 네트워크 계층은 데이터 전송에 관한 서비스를 제공하는 계층으로 송신측과 수신측 사이의 실제적인 연결 설정 및 유지, 오류 복구와 흐름 제어 등을 수행한다.
② 데이터 링크 계층은 네트워크 계층에서 받은 데이터를 프레임(Frame)이라는 논리적인 단위로 구성하고 전송에 필요한 정보를 덧붙여 물리 계층으로 전달한다.
③ 세션 계층은 전송하는 두 종단 프로세스 간의 접속(Session)을 설정하고, 유지하고 종료하는 역할을 한다.
④ 표현 계층은 전송하는 데이터의 표현 방식을 관리하고 암호화하거나 데이터를 압축하는 역할을 한다.

정답 ④

해설
게이트웨이는 전송 계층의 장비이다.

05 다음 중 컴퓨터 통신의 OSI 7 계층에서 사용되는 장비와 해당 계층의 연결이 옳지 않은 것은?

① 물리 계층 – 리피터(Repeater), 허브(Hub)
② 데이터 링크 계층 – 브릿지(Bridge), 스위치(Switch)
③ 네트워크 계층 – 라우터(Router)
④ 응용 계층 – 게이트웨이(Gateway)

서술형(실기)

정답 나 – 사 – 가 – 다 – 마 – 바 – 라

06 다음 보기는 OSI 7 계층을 나타낸 것이다. 하위 계층부터 상위 계층 순서대로 나열하시오.

[보기]

가. 네트워크 계층	나. 물리 계층
다. 전송 계층	라. 응용 계층
마. 세션 계층	바. 표현 계층
사. 데이터 링크 계층	

◦ 답 : ___ – ___ – ___ – ___ – ___ – ___ – ___

정답 ① 세그먼트 ② 패킷 ③ 프레임

해설
- 전송 계층에서는 응용 계층의 메시지에 헤더 정보를 포함하여 세그먼트를 구성한다.
- 네트워크 계층에서는 세그먼트에 헤더 정보를 포함하여 패킷을 구성한다.
- 데이터 링크 계층에서는 패킷에 헤더 정보를 포함하여 프레임을 구성한다.

07 OSI 7 계층에서 계층별로 사용하는 프로토콜의 데이터 단위는 다음 표와 같다. ①, ②, ③에 적합한 데이터 단위는 무엇인지 쓰시오.

계층	데이터 단위
전송 계층	(①)
네트워크 계층	(②)
데이터 링크 계층	(③)
물리 계층	비트

◦ ① :
◦ ② :
◦ ③ :

SECTION 03 TCP/IP 프로토콜

빈출 태그 ▶ #TCP/IP #TCP 헤더 #UDP #상위 프로토콜 #지시자 #IP 헤더

01 Transmission Control Protocol/Internet Protocol

1) TCP/IP의 개념

- 인터넷 통신을 위한 기본 통신 프로토콜이다.
- OSI 7 Layer를 실무에 활용하는 기능 중심으로 4 계층으로 구조화하고, 각 그룹에서 활용되는 프로토콜군을 정리한 네트워크 통신 구조 모델이다.
- 인터넷에 연결된 서로 다른 기종의 컴퓨터들이 데이터를 주고받을 수 있도록 하는 표준 프로토콜이다.
- TCP와 IP 프로토콜만을 지칭하는 것이 아니라 UDP(User Datagram Protocol), ICMP(Internet Control Message Protocol), ARP(Address Resolution Protocol), RARP(Reverse ARP) 등 관련된 프로토콜을 통칭한다.

2) TCP/IP 프로토콜 스택의 구성

- OSI 7 Layer의 1, 2 계층과 5, 6, 7 계층을 통합하여 4 계층으로 구성된다.
- TCP/IP와 OSI 7 계층 비교

OSI	TCP/IP	프로토콜
응용	응용 (Application)	• HTTP(Hypertext Transfer Protocol) : 인터넷 브라우저용 • FTP(File Transfer Protocol) : 파일 송수신용 • IMAP(Internet Messaging Access Protocol) : 메일 송수신용 • SMTP(Simple Mail Transfer Protocol) : 메일 송수신용 • TELNET(Telecommunication Network) : 터미널 접속용
표현		
세션		
전송	전송 (Transport)	• TCP(Transmission Control Protocol) : 패킷 송수신용 • UDP(User Datagram Protocol) : 패킷 단방향 송신용
네트워크	인터넷 (Internet)	• ARP(Address Resolution Protocol) : IP의 MAC 주소 변환용 • ICMP(Internet Control Message Protocol) : NW 제어용
데이터 링크	네트워크 액세스 (Network Access)	• RS-232(Recommended Standard-232) : 직렬 포트용 • V.35 : 케이블 랜선용 • FDDI(Fiber Distributed Data Interface) : 광섬유 케이블용
물리		

02 TCP(Transmission Control Protocol)

1) 특징

- 수신측의 수신 가능 상태, 수신 여부 등을 단계별로 체크해 가며 데이터를 전송한다.
- 데이터의 중복이나 손실 없이 종단 간에 데이터를 전송한다.
- 논리적인 1:1 가상 회선을 지원하여 해당 경로로만 데이터가 전달되도록 한다.
- 전이중 서비스를 제공한다.
- 스트림 데이터 서비스를 제공한다.
- 대표 서비스 : FTP, Telnet, HTTP, SMTP, POP, IMAP 등

> **기적의 TIP**
> CRC 체크와 재전송 기능을 통해 신뢰성 있는 전송을 확보하고, 흐름 제어 기능을 수행하여 단계별 데이터 전송 상황을 체크해야 합니다.

> **기적의 TIP**
> 스트림 소켓 : TCP 전송 계층 프로토콜을 사용하여 통신하는 데 이용되는 소켓

2) TCP 헤더 구조

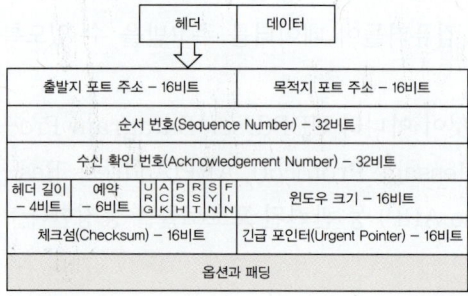

> **기적의 TIP**
> '포트 주소'를 '포트 번호'라고 하기도 합니다.

- 출발지/목적지 포트 주소 : 송신-수신 프로세스에 할당되는 포트 주소를 나타낸다.
- 순서 번호(Sequence Number) : 송신자가 전하는 데이터 전송 순서로, 전달하는 바이트마다 번호를 부여한다.
- 수신 확인 번호(Acknowledgement Number) : 제대로 수신했는지 여부를 수신자측으로부터 전달받는다.
- 헤더 길이(데이터 오프셋) : 정수값으로 세그먼트 헤더의 길이를 나타낸다.
- 예약 필드 : 6비트 영역으로 필요에 따라 다른 사용 목적으로 확보된 필드로 실제 사용하지 않는다.
- 윈도우(Window) 크기 : 수신 윈도우의 버퍼 크기를 지정하는 영역으로, 한 번에 전송할 수 있는 데이터의 양을 나타낸다.
- Checksum : 헤더와 데이터의 오류를 검출하고, 데이터를 포함한 세그먼트의 오류를 검사한다.
- 긴급 위치 : 긴급 데이터 처리용으로 사용한다.
- 제어(플래그) 비트 : 총 6개로 통신의 성질을 나타낸다.
  - SYN(동기화) : 연결 시작 용도로 사용한다. 연결이 시작될 때 SYN 플래그에 1로 표시해서 보낸다.
  - ACK(확인) : ACK 번호가 유효할 경우, 1로 표시해서 보낸다. 초기 SYN이 아닌 모든 패킷은 기존 메시지에 대한 응답이므로 ACK 플래그가 1로 표기된다.

- PSH(가능한 빨리 처리) : 서버측에서 전송할 데이터가 없거나 데이터를 버퍼링 없이 응용 프로그램으로 즉시 전달할 것을 지시할 때 사용한다.
- URG(긴급) : 긴급 데이터인 경우 1로 표시해서 보낸다.
- RST(강제 초기화) : 연결 종료 시 1로 표시되는데, 연결을 일방적으로 끊을 때 사용한다.
- FIN(연결 해제) : 연결 종료 시 1로 표시하며, 데이터 전송을 마친 후 정상적으로 양방향 종료 시 사용한다.

03 UDP(User Datagram Protocol)

1) 특징

- 망으로 데이터를 송신만 하며, 확인 작업을 수행하지 않는다.
- 비연결형 프로토콜로, 연결되어 있지 않아도 데이터를 송신할 수 있다. 단, 수신측의 수신 여부는 확인하기 어렵다.
- 흐름 제어, 오류 제어를 하지 않아 신뢰성 있는 데이터 전송에는 부적합하다.
- 하나의 송신 정보를 다수의 인원이 수신해야 할 경우 UDP를 사용한다.
- 적은 오버헤드로 빠른 전송을 할 수 있다.
- 대표 서비스 : SNMP, DNS, TFTP, NFS, NETBIOS, 인터넷 게임/방송/증권 등

> **기적의 TIP**
> UDP는 전송 에러율이 낮거나 에러 발생이 허용되는 신속한 데이터 전송을 제공합니다.

2) UDP 헤더 구조

```
헤더  데이터
 ↓
출발지 포트 주소 - 16비트 | 목적지 포트 주소 - 16비트
데이터 길이 - 16비트       | UDP 체크섬 - 16비트
```

- 출발지/목적지 포트 주소
- 데이터 길이
- UDP 체크섬(Checksum)

+ 더 알기 TIP

구분	TCP	UDP
연결	연결 지향	비연결형
링크 설정 지연	발생	발생하지 않음
데이터 전송	연속적	불연속적
수신측 통신 상태	통신 가능 상태	부재중이라도 가능
신뢰성	신뢰성 있는 전달	신뢰성 없는 전달
패킷 교환 서비스 유형	가상회선 방식	데이터그램 방식
오류 제어, 흐름 제어	수행함	수행하지 않음
통신 방식	전이중(Full Duplex)	반이중(Half Duplex)
용도	데이터 전송	실시간 트래픽 전송
인터넷 서비스	유니캐스트	유니캐스트, 멀티캐스트, 브로드캐스트

04 인터넷(Internet) 계층

1) IP(Internet Protocol)

- IP는 패킷의 주소를 해석하고 경로를 결정하여 다음 호스트로 전송한다.
- IP 계층의 패킷은 데이터그램(Datagram)이라고 하며, 각 데이터그램은 독립적으로 처리된다.
- 데이터그램은 서로 다른 경로로 전달될 수 있고, 순서가 바뀌어 전달될 수 있다.
- 신뢰성 없는 비연결형 데이터그램 프로토콜로 오류 검사 및 추적 기능이 없다.

① IP 데이터그램(Datagram)

- IP 데이터그램은 가변 길이의 패킷으로, 헤더와 데이터 부분으로 구성된다.
- 기본 헤더의 크기는 20바이트이며, 옵션 영역을 사용하면 최대 60바이트까지 확장할 수 있다.

② IP 헤더의 구성

버전 (4비트)	헤더 길이 (4비트)	서비스 타입 (8비트)	전체 패킷 길이 (16비트)	
단편화 식별자 (16비트)			플래그 (3비트)	단편 오프셋 (32비트 또는 13비트)
패킷 수명 (8비트)	프로토콜 유형 (8비트)		헤더 체크섬 (16비트)	
송신지 IP 주소(32비트)				
수신지 IP 주소(32비트)				
IP 헤더 옵션 영역			패딩	

- 버전(VER, Version) 영역 : IP 프로토콜의 버전을 나타내기 위한 4비트 영역이다.
- 헤더 길이(HLEN, Header Length) : 헤더 전체 길이를 4바이트 단위로 표시하는 4비트 영역이다. 예를 들어 옵션이 없는 경우 헤더 전체 길이는 20바이트이므로 $20/4=5(0101_2)$가 된다. 옵션 필드가 최대 길이라면 헤더 전체 길이는 60바이트가 되므로 $60/4=15(1111_2)$가 된다.
- 서비스 타입(Type of Service) : 네트워크를 통한 데이터 전송 시 사용자의 데이터마다 우선권을 부여하는 8비트 영역이다.
- 전체 길이(Total Length) : 헤더와 데이터를 포함하는 IP 데이터그램의 전체 길이를 바이트 단위로 표시하는 16비트 영역이다.
- 단편화 식별자(Identification) : 송신측에서 지정하는 패킷 구분자 역할을 수행하는 16비트 영역이다. IP 프로토콜이 분할한 패킷에 동일한 고유 번호를 부여하여 수신측에서 식별자 번호가 같은 패킷을 다시 재조립할 수 있도록 한다.
- 플래그(Flag) : 전송되는 패킷이 분할된 패킷인지 여부에 대한 정보를 나타내는 3비트 영역이다.

- 단편 오프셋(Fragmentation Offset) : 분할된 패킷의 내용이 원래의 분할 전 데이터에서 위치하는 상대 주소값을 나타내는 영역으로 32비트 또는 13비트로 구성된다. 분할된 패킷들의 순서가 바뀌어 수신지에 도착할 수 있기 때문에 이 필드가 중요하다.
- 패킷 수명(TTL, Time To Live) : 데이터그램이 인터넷을 통하여 전달되는 동안 수명을 제한하는 방법으로 사용되는 8비트 영역이다. 라우터를 지날 때마다 TTL값을 1씩 감소시키다가 값이 0이 되면 해당 데이터그램을 폐기한다. 수신측에서는 폐기된 패킷을 수신하면 전송측에 오류 메시지를 보낸다.
- 프로토콜 유형(Protocol) : IP 계층의 서비스를 사용하는 상위 계층 프로토콜이 무엇인지 나타낸다. 대표적으로 TCP는 6, UDP는 17, ICMP는 1을 지정한다.
- 헤더 체크섬(Header Checksum) : 헤더에만 적용하는 오류 검출 코드로 16비트 영역이다. 헤더 오류만 검출하고, 데이터의 오류는 검출하지 않는다.
- 송신지 IP 주소와 수신지 IP 주소 : 패킷을 전송하는 송신지와 패킷을 수신하는 수신지 주소를 나타내는 영역으로 각 32비트로 구성된다.
- IP 헤더 옵션 영역 : 네트워크 관리나 보안처럼 특수 용도로 이용하는 영역으로 가변 크기이다.
- 패딩(Padding) : 데이터그램 헤더의 길이가 32비트의 배수가 되도록 메워놓는 가변 크기의 영역이다.

2) ARP(Address Resolution Protocol)
- 논리 주소인 IP 주소를 물리 주소(MAC)로 변환하는 프로토콜이다.

3) RARP(Reverse Address Resolution Protocol)
- 물리적 하드웨어 주소인 이더넷 주소를 IP 주소로 변환하는 프로토콜이다.

4) ICMP(Internet Control Message Protocol)
- IP의 동작 과정에서의 전송 오류가 발생하는 경우에 대비해 오류 정보를 전송하는 목적으로 사용하는 프로토콜이다.

05 네트워크 계층별 헤더 정보

- 송신지와 수신지의 각 계층에서는 독립적으로 통신을 수행하기 위해 PDU의 헤더 정보에 계층별 주요한 제어 정보를 포함한다.
- 헤더 정보에는 반드시 현재 계층에서 정의하는 정보와 상위 프로토콜 지시자가 포함되어야 한다.
- 디캡슐레이션할 때 상위 프로토콜 지시자 정보를 이용해 어느 상위 계층 프로토콜로 보내야 할지 구분해야 하므로 동작하는 계층보다 한 계층 위의 정보가 적혀 있다.

> **기적의 TIP**
> **인캡슐레이션**
> 송신지 응용 계층(Application Layer)에서 발생한 데이터를 하위 계층으로 이동시키면서 각 계층에서 처리한 결과를 캡슐화하는 과정이다.

> **기적의 TIP**
> **디캡슐레이션**
> 수신지의 하위 계층에서 인식한 데이터를 상위 계층으로 이동시키면서 각 네트워크 계층에서 처리 가능한 형태로 디캡슐화하는 과정이다.

> **기적의 TIP**
> **PDU(Protocol Data Unit)**
> 각 네트워크 계층에서 사용하는 데이터 단위로, 통신에 필요한 헤더 정보(제어 정보)와 데이터를 캡슐화하여 구성하며 Frame, Packet, Segment 등 계층별로 다른 단위를 사용한다.

- 계층별 정의하는 정보와 상위 프로토콜 지시자의 예

| FTP | DNS | DHCP | 웹 | | 7계층 |

Seq	Ack	출발지 포트	목적지 포트	데이터	4계층
101	201	13959	80(HTTP)	데이터	

출발지 IP	목적지 IP	Protocol No.	데이터	3계층
10.1.1.1	10.1.1.2	6(TCP)	데이터	

출발지 MAC	도착지 MAC	이더 타입	데이터	2계층
BB	AA	0x0800(IP)	데이터	

각 계층별 정의 정보 / 상위 프로토콜 지시자

- 네트워크 계층별 헤더 정보

4계층(Transport)	• Source Port, Destination Port • Sequence Number, Acknowledgement Number • Data Offset, Res, Flags, Window Size, Header and Data Checksum • Urgent Pointer, Options
3계층(Network)	• Source IP, Destination IP, Protocol • Version, IHL, DSCP, ECN, Total Length, Identification • Flags, Fragment Offset, Time to Live, Header Checksum, Options
2계층(Data Link)	Destination MAC, Source MAC, Ether Type

1) 전송(Transport) 계층

- 전송 계층의 목적은 큰 데이터를 잘 분할하고 받는 쪽에서 잘 조립하는 것이다.
- 데이터에 순서를 정하고 받은 패킷의 순서가 맞는지, 빠진 패킷은 없는지 점검한다.
- 포트 번호 : 상위 프로토콜 지시자
  - Source Port : 출발지 포트로, 발신하는 application의 포트
  - Destination Port : 목적지 포트로, 수신해야 할 application의 포트
- 순서 번호(Sequence Number) : 순차적 전송할 경우 순서를 붙이며, 순서가 어긋나면 목적지 프로토콜이 이를 바로 잡는다.
- 주요 상위 프로토콜 지시자

TCP 20, 21	FTP(File Transfer Protocol) (20 : 전송, 21 : 서버 접속)
TCP 22	SSH(Secure Shell)
TCP 23	TELNET(Telnet Terminal)
TCP 25	SMTP(Simple Mail Transfer Protocol)
TCP 80, UDP 80	HTTP(Hypertext Transfer Protocol)
TCP 443	HTTPS(Hypertext Transfer Protocol Secure)

> **기적의 TIP**
>
> 상위 프로토콜 지시자를 '잘 알려진 포트 번호(Well-Known Port)'라고도 합니다.

2) 네트워크(Network) 계층

- Source IP : 출발지 컴퓨터 주소
- Destination IP : 목적지 컴퓨터 주소
- 프로토콜 번호 : 상위 프로토콜 지시자
- 주요 상위 프로토콜 지시자

1	ICMP(Internet Control Message)
2	IGMP(Internet Group Management)
6	TCP(Transmission Control)
17	UDP(User Datagram)
58	IPv6용 ICMP

3) 데이터 링크(Data Link) 계층

- Source MAC : 발신지 MAC
- Destination MAC : 목적지 MAC
- 오류 체크
- 이더 타입 : 상위 프로토콜 지시자
- 주요 상위 프로토콜 지시자

0x0800	IPv4(Internet Protocol Version 4)
0x86DD	IPv6(Internet Protocol Version 6)
0x0806	ARP(Address Resolution Protocol)
0x8035	RARP(Reverse ARP)

합격을 다지는 예상문제

선다형(필기)

01 TCP/IP 프로토콜에서 TCP 및 UDP에 대한 설명으로 옳지 <u>않은</u> 것은?

① TCP와 UDP는 전송 계층(Transport Layer)의 프로토콜이다.
② UDP는 중복 전달 및 전송 오류를 허용한다.
③ FTP, Telnet, HTTP, SMTP, POP, IMAP는 TCP 서비스를 이용하는 응용 계층(Application Layer) 프로토콜이다.
④ UDP는 신뢰성 있는 통신을 제공하기 위한 연결형 프로토콜이다.

 ④

④는 TCP에 대한 설명이며, UDP는 비연결형 프로토콜이다.

정답 ②

해설
TCP 헤더의 플래그 비트 : SYN(동기화), ACK(확인), PSH(가능한 빨리 처리), URG(긴급), RST(강제 초기화), FIN(연결 해제)

정답 ①

해설
FTP 서버에 접속하는 포트 번호는 21번 포트이다.

정답
① 인캡슐레이션 ② 디캡슐레이션

정답 ARP

해설
ARP(Address Resolution Protocol)는 논리 주소인 IP 주소를 물리 주소(MAC)로 변환하는 프로토콜이고, RARP는 물리적 하드웨어 주소인 이더넷 주소를 IP 주소로 변환하는 프로토콜이다.

정답 ① 4 ② 3 ③ 32

해설
- 헤더 길이 : IP 헤더 전체 길이를 4바이트 단위로 표시하는 4비트 영역이다.
- 플래그 : 전송되는 패킷이 분할된 패킷인지 여부에 대한 정보를 나타내는 3비트 영역이다.
- 송신지 IP 주소 : 패킷을 송신하는 송신자의 주소를 나타내는 영역으로 32비트 영역이다.

---

02 TCP 헤더의 플래그 비트에 해당되지 않는 것은?

① URG
② ENQ
③ SYN
④ FIN

03 잘 알려진 포트 번호(Well-known Port)와 TCP 프로토콜의 연결이 올바르지 않은 것은 무엇인가?

① 10번 포트 : FTP
② 23번 포트 : TELNET
③ 25번 포트 : SMTP
④ 80번 포트 : HTTP

서술형(실기)

04 다음 보기의 ①~②에 가장 적합한 용어를 써 넣으시오.

- (①)(은)는 송신지 응용 계층(Application Layer)에서 발생한 데이터를 하위 계층으로 이동시키면서 각 계층에서 처리한 결과를 캡슐화하는 과정이다.
- (②)(은)는 수신지의 하위 계층에서 인식한 데이터를 상위 계층으로 이동시키면서 각 네트워크 계층에서 처리 가능한 형태로 디캡슐화하는 과정이다.

∘ ① :
∘ ② :

05 사용자가 입력한 IP 주소를 물리적 네트워크 주소(MAC Address)로 변환하기 위해 사용하는 프로토콜은 무엇인지 쓰시오.

∘ 답 :

06 다음 그림은 IPv4의 헤더 구조와 크기(bit)를 나타내는 것이다. 빈칸 ①~③에 들어갈 가장 적합한 값을 쓰시오.

버전 (4비트)	헤더 길이 (①비트)	서비스 타입 (8비트)	전체 패킷 길이 (16비트)	
단편화 식별자 (16비트)			플래그 (②비트)	단편 오프셋 (32비트)
패킷 수명 (8비트)		프로토콜 유형 (8비트)	헤더 체크섬 (16비트)	
송신지 IP 주소(③비트)				
수신지 IP 주소(32비트)				
IP 헤더 옵션 영역				

∘ ① :
∘ ② :
∘ ③ :

SECTION 04 데이터링크 제어 프로토콜

빈출 태그 ▶ #ARQ #NRM #ABM #ARM #HDLC 프레임 구조

01 흐름 제어(Flow Control)

- 통신망 내의 트래픽 제어의 원활한 흐름을 위해 전송하는 패킷(프레임)의 양이나 속도를 적절히 조절하여 전체 시스템의 안전성을 기하고 서비스의 품질 저하를 방지하는 기능이다.

1) 정지 대기(Stop-and Wait)

- 흐름 제어의 가장 간단한 형태이다.
- 송신측에서 하나의 프레임을 전송한 후, 수신측에서 확인 응답을 할 때까지 기다렸다가 다음 프레임을 전송하는 방식이다.
- 수신측에서는 확인 응답을 보류하여 데이터 흐름을 정지시킬 수 있다.

2) 슬라이딩 윈도우(Sliding Window)

- 흐름 제어 방식 중 가장 대표적인 방식으로, 정지 대기(Stop-and Wait) 방식보다 효율적이다.
- 송신측에서 윈도우 크기의 개수가 n개이면 n개만큼의 프레임을 연속해서 전송할 수 있다.
- 수신측에서는 윈도우 크기의 개수만큼 크기 n을 조절하여 송신측에 확인 통보한다.

02 오류 제어(Error Control)

- 프레임의 전송에서 생기는 오류를 검출하고 정정하는 기법이다.
- 흐름 제어 기법의 사용을 기반으로 오류를 제어한다.
- 종류로는 정지-대기 ARQ, Go-Back-N ARQ, 선택적 ARQ, 적응적 ARQ 등이 있다.

1) 정지-대기 ARQ(Automatic Repeat reQuest)

- 정지-대기 흐름 제어 기법을 사용한 오류 제어 기법이다.
- 단순하나 비효율적인 기법이다.
- 송신측에서 1개의 프레임을 전송한 후 수신측에서 오류의 발생을 점검하여 ACK 또는 NAK 신호를 보내올 때까지 대기하는 방식이다.

> **기적의 TIP**
> - ACK(긍정 확인 응답) : 수신측에서 메시지를 에러 없이 정상적으로 수신했거나, 송신해도 된다는 것을 송신측에 알리기 위한 제어용 신호
> - NAK(부정 확인 응답) : 정상적으로 수신되지 않았음을 송신측에 알리는 메시지

2) Go-Back-N ARQ

- 슬라이딩-윈도우 흐름 제어에 기반을 둔 오류 제어 기법으로 연속적 ARQ 방식이다.
- 데이터 프레임을 연속적으로 전송해 나가다가 NAK을 수신하게 되면 오류가 발생한 프레임 이후에 전송된 모든 데이터 프레임을 재전송하는 ARQ 방식이다.
- 오류가 발생한 부분부터 모두 재전송하므로 동일한 프레임이 중복 전송되는 단점이 있다.

3) 선택적 재전송(Selective Repeat) ARQ

- 수신측에서 NAK 응답을 하면, 오류가 발생한 프레임만 재전송하는 방식이다.

4) 적응적(Adaptive) ARQ

- 전송 효율을 최대한 높이려고 데이터 블록의 길이를 동적으로 변경시켜 전송하는 ARQ 방식이다.

03 HDLC(High-Level Data Link Control)

- 각 프레임에 데이터 흐름을 제어하고 오류를 검출할 수 있는 비트열을 삽입하여 전송하는 비트 방식의 데이터링크 프로토콜이다.
- 스테이션에는 주 스테이션, 부 스테이션, 혼성 스테이션이 있다.
- 2개의 링크 구성 방식을 사용한다.

불균형 구성	하나의 주 스테이션과 1개 이상의 부 스테이션으로 구성되며, 전이중과 반이중 전송을 모두 지원
균형 구성	2개의 혼성 스테이션으로 구성되며, 전이중과 반이중 전송을 모두 지원

기적의 TIP

- 비트 방식의 데이터링크 프로토콜 : HDLC, SDLC, LAP-B, ADCCP 등
- 문자 방식의 데이터링크 프로토콜 : BSC 등

기적의 TIP

- 주 스테이션 : 링크 제어의 책임을 갖고 명령을 내림
- 부 스테이션 : 주 스테이션의 제어로 동작하며, 응답만 함
- 혼성 스테이션 : 명령과 응답 모두 가능

1) 동작 모드

정상 응답 모드(NRM, Normal Response Mode)	・불균형 구성에 사용된다. ・부 스테이션은 주 스테이션에서 명령이 와야만 전송을 할 수 있다.
비동기 응답 모드(ARM, Asynchronous Response Mode)	・불균형 구성에 사용된다. ・부 스테이션은 주 스테이션의 허가 없이 전송을 할 수 있다.
비동기 균형 모드(ABM, Asynchronous Balanced Mode)	・균형 구성에 사용된다. ・한쪽 스테이션이 다른 쪽의 허락을 받지 않고도 전송을 할 수 있다.

2) 프레임 구조

- HDLC 프레임은 플래그, 주소부, 제어부, 정보부, FCS, 플래그로 구성된다.

Flag 플래그	Address 주소부	Control 제어부	Information 정보부	FCS	Flag 플래그
01111110	8비트	8비트	임의 길이	16비트	01111110

① 플래그(Flag)
- 프레임의 시작과 끝을 표시한다.
- 8비트로 구성되며 고유의 비트 패턴으로 제한한다.

② 주소부(Address)
- 프레임을 송수신하는 스테이션을 구별하기 위해 사용한다.
- 모든 스테이션에게 프레임을 전송할 때는 주소값으로 '11111111'을 사용한다.

③ 제어부(Control)
- 정보 프레임, 감시 프레임, 무번호 프레임의 3종류 프레임을 정의한다.

정보 프레임 (I-frame, Information Frame)	사용자 정보를 전송하는 프레임
감시 프레임 (S-frame, Supervisory Famee)	흐름 제어나 오류 제어를 위해 사용
무번호 프레임 (U-frame, Unnumbered Frame)	번호가 붙지 않는 프레임으로, 링크의 설정, 해제, 오류 회복을 위해 주로 사용되는 프레임

④ 정보부(Information)
- 실제 전달할 정보 메시지가 들어있는 부분이다.

⑤ 프레임 검사 순서(FCS, Frame Check Sequence)
- 오류가 없이 상대측에 정확히 전송되는가를 확인하는 프레임이다.
- 오류 검출로는 순환 잉여 검사(CRC)를 사용한다.

> **기적의 TIP**
>
> **순환 잉여 검사(CRC, Cyclic Redundancy Check)**
> 송신측에서 데이터에 대해 특정 다항식으로 나눈 결과를 여분의 FCS에 덧붙여 보내면, 수신측에서는 동일한 방법으로 계산한 결과와의 일치성으로 오류 검사를 하는 기술이다.

합격을 다지는 예상문제

선다형(필기)

01 Sliding Window 방식으로 통칭되며 송신 스테이션이 데이터 프레임을 연속적으로 NAK를 수신할 때까지 전송하는 방식은?

① Stop-and-Wait ARQ
② Go-back-N ARQ
③ Selective-Repeat ARQ
④ Adaptive ARQ

[정답] ②
[해설] Go-back-N ARQ는 데이터 프레임을 연속적으로 보내다가, 수신측에서 NAK 응답을 하면 오류가 발생한 프레임 이후를 모두 재전송하는 방식이다.

02 HDLC 프레임의 헤더에서 프레임을 송수신하는 스테이션을 구별하기 위해 사용되는 스테이션 식별자 필드는?

① 플래그
② 주소 필드
③ 정보 필드
④ 프레임 검사 순서

[정답] ②
[해설] 주소부는 HDLC 프레임 형식에서 두 번째 영역에 해당되며, 프레임을 수신하는 목적지 스테이션을 식별하는 데 사용된다.

서술형(실기)

03 HDLC Frame을 형식에 맞게 순서대로 나열하시오.

[보기]

| Address | Flag | Control | Information | FCS |

∘ 답 : ─   ─   ─   ─   ─

[정답] Flag-Address-Control-Information-FCS-Flag
[해설] HDLC 프레임은 플래그, 주소부, 제어부, 정보부, FCS, 플래그 형식으로 구성된다.

라우팅

빈출 태그 ▶ #라우팅 #동적 라우팅 #RIP

01 라우팅(Routing)

- 라우팅이란 데이터가 송신지에서 수신지까지 이동하는 최적의 경로를 설정하는 것이다.
- 크게는 정적 라우팅과 동적 라우팅으로 분류할 수 있다.
- 라우팅의 종류

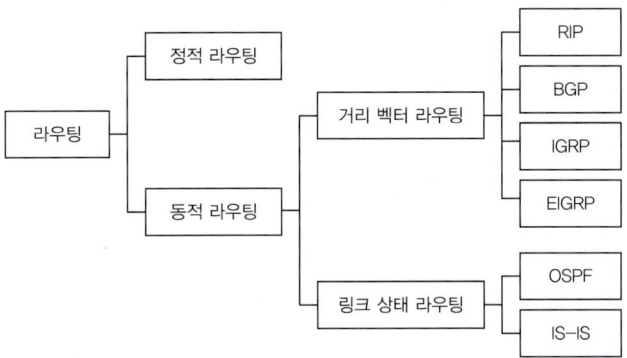

02 정적 라우팅(Static Routing)

- 네트워크 관리자가 직접 라우팅 테이블에 라우팅 경로를 입력하여 관리하는 방법이다.
- 네트워크 정보를 쉽게 추가하고, 경로를 직접 제어할 수 있다.
- 네트워크 장애가 있는 경우에 관리자가 직접 대체 경로를 입력해줘야 하므로 변화가 적은 소규모 네트워크에 적합하다.

03 동적 라우팅(Dynamic Routing)

- 네트워크 관리자가 직접 개입하지 않고 라우터 간에 정보를 교환하면서 라우팅 경로를 관리하는 방법이다.
- 대부분의 일반적인 네트워크에서 사용한다.
- 동적 라우팅은 거리 벡터 라우팅 알고리즘과 링크 상태 라우팅 알고리즘을 사용한다.

1) 거리 벡터 라우팅(Distance Vector Routing)

- 인접 라우터와 라우팅 테이블 정보를 교환해서 패킷 전송을 위해 거쳐야 하는 라우터의 개수로 거리를 산정하여 최적의 라우팅 경로를 수립하는 방법이다.
- 네트워크에 변경이 발생하면 정확한 정보를 파악하는 데 시간이 걸린다.
- 라우팅 정보 처리에 많은 리소스가 필요 없기 때문에 간단한 네트워크를 구축하는 데 많이 사용된다.
- 종류에는 RIP, BGP, IGRP, EIGRP 등이 있다.

① RIP(Routing Information Protocol)
- 설정하기 쉽고 간단해서 널리 사용된다.
- 라우팅 테이블에 동일 네트워크에 포함된 각 라우터에 도달하기 위해 거쳐야 하는 라우터들의 최대 수와 각 라우터에 도달하기 위해 이동해야 하는 다음 라우터 정보를 관리한다.
- 정기적으로 라우팅 테이블 정보를 이웃 라우터와 교환하여 자신의 라우팅 테이블을 갱신한다.
- 최대 홉수를 15로 제한하고 있어 소규모 네트워크 환경에 적합하다.
- 최단 경로 탐색에는 Bellman-Ford 알고리즘을 사용한다.

② BGP(Border Gateway Protocol)
- 다양한 프로토콜 정보를 한꺼번에 교환할 수 있다.
- 관리자의 의도대로 경로를 동적으로 변환할 수 있다.
- BGP를 사용하는 호스트에 변경이 감지되었을 때에만 갱신된 라우팅 테이블 정보를 보내는데, 오직 연관된 부분만 보내진다.

2) 링크 상태 라우팅(Link State Routing)

- 연결된 모든 라우터로부터 연결 상태 정보를 수신하여 각 라우터까지 최단 경로를 라우팅 테이블로 만드는 방법으로, OSPF, IS-IS 등의 프로토콜을 이용해 라우터 간 정보를 교환한다.
- 전체 네트워크의 링크 상태 정보를 받아 각자 처리하므로 전체 네트워크의 경로 변화를 파악하는 데 유리하다.

① OSPF(Open Shortest Path First)
- 라우터의 연결 상태가 변경된 경우 동일 네트워크에 포함된 모든 라우터에 자신의 변경 정보를 전달하고, 정보를 수신한 라우터들이 각 라우터에 접근하기 위한 최적의 네트워크 경로를 갱신하는 방법이다.
- 네트워크 변화에 신속하게 대처할 수 있는 알고리즘이다.
- 멀티캐스팅을 지원한다.
- 최단 경로 탐색에 Dijkstra 알고리즘을 사용한다.

합격을 다지는 예상문제

선다형(필기)

01 다음 중 방식이 <u>다른</u> 라우팅 프로토콜은?
① RIP
② RIP V2
③ BGP
④ OSPF

정답 ④

해설
- 거리 벡터 라우팅(Distance Vector Routing) 알고리즘 : RIP, BGP, IGRP, EIGRP 등
- 링크 상태 라우팅(Link State Routing) 알고리즘 : OSPF, IS-IS 등

02 라우팅 프로토콜에 대한 설명으로 <u>틀린</u> 것은?
① 라우팅은 패킷이 어떤 경로를 통해 가게 할 것인지를 결정한다.
② 정적 라우팅은 거리 벡터 라우팅과 링크 상태 라우팅으로 나눌 수 있다.
③ 정적 라우팅은 네트워크 관리자가 직접 라우팅 테이블에 라우팅 경로를 입력하여 관리한다.
④ 동적 라우팅은 인접한 라우터들 사이에서 네트워크 정보를 교환한다.

정답 ②

해설
거리 벡터 라우팅과 링크 상태 라우팅으로 나눌 수 있는 것은 동적 라우팅이다.

03 라우팅 프로토콜인 OSPF(Open Shortest Path First)에 대한 설명으로 옳지 <u>않은</u> 것은?
① 네트워크 변화에 신속하게 대처할 수 있다.
② 링크 상태 라우팅(Link State Routing) 프로토콜이라고 한다.
③ 멀티캐스팅을 지원한다.
④ 최단 경로 탐색에는 Bellman-Ford 알고리즘을 사용한다.

정답 ④

해설
OSPF는 최단 경로 탐색으로 Dijkstra 알고리즘을 사용한다.

서술형(실기)

04 다음 보기에서 설명하는 라우팅 프로토콜은 무엇인지 쓰시오.

- 각 라우터는 이웃 라우터들로부터 수신한 정보를 이용하여 라우팅 표를 갱신한다.
- 경로 선택 메트릭은 홉 카운트(Hop Count)이다.
- 소규모 네트워크 환경에 적합하다.

◦ 답 :

정답 RIP

해설
RIP는 거리 벡터 라우팅(Distance Vector Routing)으로 라우팅 테이블에 동일 네트워크에 포함된 각 라우터에 도달하기 위해 거쳐야 하는 라우터들의 최대 수와 각 라우터에 도달하기 위해 이동해야 하는 다음 라우터 정보를 관리한다.

05 라우팅 프로토콜 중 관리자의 의도대로 경로를 동적으로 변환할 수 있으며, 다양한 프로토콜 정보를 한꺼번에 교환할 수 있고, 신뢰할 만한 TCP 연결에 의해 라우팅 정보를 교환하는 프로토콜은 무엇인지 쓰시오.

◦ 답 :

정답 BGP 또는 Border Gateway Protocol

해설
BGP를 사용하는 호스트들은 TCP를 이용하여 통신하며, 어떤 호스트에 변경이 감지되었을 때에만 갱신된 라우팅 테이블 정보를 보내는데, 오직 연관된 부분만 보내진다.

SECTION 06 인터넷과 IP 주소 체계

빈출 태그 ▶ #IP 주소 #IPv4 #클래스 #IPv6 #유니캐스트 #멀티캐스트 #브로드캐스트 #DNS

01 인터넷(Internet)

1) 인터넷의 개념
- TCP/IP 프로토콜을 기반으로 연결된 광범위한 컴퓨터 통신망이다.
- 유닉스 운영체제를 기반으로 하는 네트워크들의 집합체이다.

2) 주요 서비스
- WWW(World Wide Web) : 하이퍼텍스트 기반으로 되어 있는 http 프로토콜을 사용하며, 웹 페이지는 서버에서 정보를 제공하여 주고 클라이언트에서는 웹 브라우저에 의해 정보를 검색하고 제공한다.
- FTP(File Transfer Protocol) : 파일을 송수신할 때 사용되는 서비스이다.
- 유즈넷(Usenet) : 공통의 관심사를 가진 인터넷 사용자들이 서로 의견을 주고받을 수 있게 하는 서비스이다.
- 텔넷(Telnet) : 컴퓨터 통신망 상의 다른 컴퓨터에 로그인하기 위해 사용하는 서비스이다.
- 전자우편(E-Mail) : 컴퓨터 통신망을 이용하여 사용자 간에 편지나 여러 정보를 주고 받을 수 있는 서비스이다.
- IoT : 각종 사물에 컴퓨터 칩과 통신 기능을 내장하여 인터넷에 연결하는 기술이다.

> **기적의 TIP**
> - SMTP : 메일 전송에 사용
> - POP3 : 메일 수신에 사용
> - MIME : 웹 브라우저가 지원하지 않는 각종 멀티미디어 파일의 내용을 확인하고 실행시켜 주는 프로토콜

02 IP 주소

1) IP(Internet Protocol) 주소의 개념
- 인터넷 주소는 인터넷에서 국제 표준 방식에 의하여 일정한 통신규약에 따라 특정 정보시스템을 식별하여 접근할 수 있도록 하는 숫자·문자·부호 또는 이들의 조합으로 구성되는 정보체계이다.
- IP 주소는 인터넷에 연결된 기기들 간의 통신을 위해서 전 세계 컴퓨터에 부여되는 유일한 식별자이다.
- IP 주소를 이용하여 송신 호스트에서 수신 호스트로 패킷을 전달한다.
- 현재는 IPv4와 IPv6가 공존하며, NAT(Network Address Translator)에서 두 개의 주소 체계를 변환하여 사용하게 한다.

> **기적의 TIP**
> - IP 주소는 세계 인터넷 주소 자원의 총괄 관리 기관인 IANA(Internet Assigned Names Authority)에서 관리합니다.
> - IANA는 각각의 대륙별 인터넷 주소 자원 관리 기관인 RIR(Regional Internet Registry)에 주소를 분배하고, 우리나라의 경우에는 한국인터넷정보센터(www.krnic.or.kr)에서 IP 주소를 관리합니다.

2) IPv4

- IPv4 주소는 전 세계적으로 약 43억 개로 제한되어 관리되는 유한한 주소 체계이다.
- 32비트의 주소체계를 사용한다.
- 8비트씩 .(점)으로 구분한 필드(옥텟) 4개를 10진수 형태로 나타낸다.
- 라우팅 시 네트워크 부분만 참조한다.
- 효율적 관리를 위해 클래스 개념을 도입하여 사용하고 있다.
- 클래스 구분

A Class	• 국가, 대형 통신망 • 2^{24} = 16,772,216개의 호스트 사용 가능	0~127 (실질 : 1~126)
B Class	• 중대형 통신망 • 2^{16} = 65,536개의 호스트 사용 가능	128~191
C Class	• 소규모 통신망 • 2^{8} = 256개의 호스트 사용 가능	192~223
D Class	멀티캐스트용	224~239
E Class	실험적 주소, 공용되지 않음	240~254

> **기적의 TIP**
>
> IPv4와 IPv6의 주소를 전환하는 기법에는 터널링(Tunneling), 듀얼 스택(Dual Stack), 헤더 변환(Translation) 등이 있습니다.

- IPv4는 네트워크 부분과 호스트 부분으로 구성되며, 클래스별로 네트워크와 호스트 주소의 길이가 다르다.
  - 각 클래스의 네트워크 주소 : 네트워크 자체의 주소
  - 호스트 주소 : 각 네트워크에 속한 호스트의 주소

A클래스

네트워크	호스트	호스트	호스트
255	0	0	0

기본 서브넷

B클래스

네트워크	네트워크	호스트	호스트
255	255	0	0

기본 서브넷

C클래스

네트워크	네트워크	네트워크	호스트
255	255	255	0

기본 서브넷

D클래스   멀티캐스트(Multicast)

E클래스   차후 사용을 위해 예약됨

- 서브넷(Subnet) : IP 주소의 수는 한정되어 있으므로 어떤 기관에서 배정받은 하나의 네트워크 주소를 다시 여러 개의 작은 네트워크로 나누어 사용하는 것이다.
- 서브넷 마스크(Subnet Mask) : 컴퓨터가 속한 네트워크를 나타내는 네트워크 식별자를 추출하는 것으로 네트워크 부분과 호스트 부분을 명시하는 역할을 한다.

> **기적의 TIP**
>
> - 서브넷(Subnet) : 하나의 네트워크를 여러 개의 작은 네트워크로 나눴을 때 작은 네트워크 하나하나를 의미
> - 서브넷팅(Subnetting) : 하나의 네트워크를 여러 개의 네트워크로 분리하는 과정

3) IPv6

- IPv4의 주소 자원 부족과 인터넷 보안의 강화를 위해 개발된 주소 체계이다.
- 주소 공간의 확장으로 하나의 주소를 여러 계층으로 나누어 다양한 방법으로 사용이 가능하다.
- IPv4에서 자주 사용하지 않는 헤더 필드를 제거해 헤더 포맷을 단순화하였다.
- IPv6 주소는 128비트로, 16비트씩 8부분으로 구분한다.
- 각 필드는 :(콜론)으로 구분하고, 16진수를 이용하여 표현한다.
- IPv6는 주소 자동 설정(Auto Configuration) 기능을 통해 손쉽게 이용자의 단말을 네트워크에 접속시킬 수 있다.
- 데이터를 특성에 맞게 분류 및 처리해 향상된 서비스를 지원한다.
- 멀티미디어의 실시간 처리가 가능하다.
- 암호화와 인증 옵션 기능을 제공한다.
- 프로토콜의 확장을 허용하도록 설계되었다.
- 흐름 레이블(Flow Label)이라는 항목이 추가되었다.
- 유니캐스트, 멀티캐스트, 애니캐스트를 지원한다.
- IPv4와 IPv6 체계 비교

> **기적의 TIP**
> - 유니캐스트(Unicast) : 단일 송신자와 단일 수신자 간의 통신
> - 멀티캐스트(Multicast) : 단일 송신자와 다중 수신자 간의 통신
> - 애니캐스트(Anycast) : 단일 송신자와 가장 가까이 있는 단일 수신자 간의 통신

구분	IPv4	IPv6
주소 길이	32비트	128비트
표시 방법	8비트씩 4 부분으로 10진수 예) 202.30.64.22	16비트씩 8 부분으로 16진수 예) 2001:0230:abcd:ffff:0000:0000:ffff:1111
주소 개수	약 43억 개	약 43억×43억×43억×43억 개
주소 할당	A, B, C 등 클래스 단위의 비순차적 할당	네트워크 규모 및 단말기 수에 따른 순차적 할당
품질 제어	지원 수단 없음	등급별, 서비스별로 패킷 구분 가능 (품질 보장 용이)
보안 기능	IPSec 프로토콜 별도 설치	확장 기능에서 기본 제공
P&P	지원 수단 없음	지원 수단 있음
모바일 IP	상당히 곤란	용이
웹 캐스팅	곤란	용이

4) DNS(Domain Name System)

- 도메인 이름(Domain Name) : IP 주소를 문자로 표현한 주소이다.
- DNS : 문자로 된 도메인 네임을 컴퓨터가 이해할 수 있는 IP 주소로 변환하는 시스템을 뜻한다.
- DNS 서버 : DNS 역할을 하는 서버를 나타낸다.

합격을 다지는 예상문제

선다형(필기)

01 IPv4 주소에 대한 설명 중 틀린 것은?

① 1과 0의 16비트열로 저장된다.
② 마침표에 의해 구분되는 네 부분의 10진수로 나타낸다.
③ 클래스 개념을 사용하고 있다.
④ 네트워크와 호스트 부분으로 구성된다.

정답 ①

해설
IPv4는 32비트로 저장된다.

02 클래스 기반 주소 지정에서 IPv4 주소 131.23.120.5가 속하는 클래스는?

① A Class
② B Class
③ C Class
④ D Class

정답 ②

해설
B Class의 주소는 십진수로 128~191까지이다.

03 IPv6의 특징으로 틀린 것은?

① 헤더 정보가 IPv4보다 간단하다.
② IPv4보다 패킷 처리가 빨라졌다.
③ Mobility 기능은 IPv4가 더 좋다.
④ 멀티캐스트가 IPv4의 브로드캐스트 역할을 대신한다.

정답 ③

해설
IPv6는 IPv4 주소에서 발생하는 많은 문제점을 보완 및 개선하였고, IPv4에 비해 Mobility 기능이 더 용이해졌다.

04 IPv4와 IPv6에 대한 설명으로 옳지 않은 것은?

① IPv4는 비연결형 프로토콜이다.
② IPv6 주소의 비트 수는 IPv4 주소 비트 수의 2배이다.
③ IPv6는 애니캐스트(Anycast) 주소를 지원한다.
④ IPv6는 IPv4 네트워크와의 호환성을 위한 방법을 제공한다.

정답 ②

해설
IPv4는 32비트이며, IPv6는 128비트로 구성되어 있으므로 IPv6 주소의 비트 수는 IPv4 주소 비트 수의 4배이다.

서술형(실기)

정답
유니캐스트, 멀티캐스트, 애니캐스트

05 IPv6가 지원하는 주소 유형 세 가지는 무엇인지 쓰시오.

○ 답 :

정답 C 클래스 또는 C Class

해설
C 클래스(Class)는 소규모 통신망에 사용되며, 256개의 호스트를 사용할 수 있다.

06 IPv4에서 256개의 호스트를 사용할 수 있어 소규모 통신망에 사용되는 클래스는 무엇인지 쓰시오.

○ 답 :

정답 DNS

해설
도메인 이름(Domain Name)은 IP 주소를 문자로 표현한 주소이며, 이러한 도메인 이름을 컴퓨터가 이해할 수 있는 IP 주소로 변환하는 시스템을 DNS라고 한다.

07 문자로 된 도메인 네임을 컴퓨터가 이해할 수 있는 IP 주소로 변환하는 시스템을 무엇이라고 하는지 쓰시오.

○ 답 :

CHAPTER

03

기본 개발환경 구축

학습 방향

응용 소프트웨어 개발에 필요한 운영체제와 개발도구의 종류 및 특징에 대해 숙지 하세요.

SECTION 01 기본 개발환경 구축하기

빈출 태그 ▶ #서버 운용 기준 #On-Premise #클라우드 방식 #하이브리드 방식

01 운영체제 설치

1) 운영체제별 개발환경의 이해

① 개발의 정의
- 엔진, 프레임워크 등의 특정한 개발환경에서 함수, 라이브러리 등의 개발 킷, 개발 도구를 불러와 사용 가능한 개발 언어로 인터페이스에 맞게 특정 플랫폼, 운영체제 등의 시스템에서 동작할 수 있는 프로그램 또는 소프트웨어를 만드는 것을 개발이라 한다.

② 운영체제별 개발환경 구축 비교

구분	윈도우	유닉스
주요 OS	Windows7, Windows10, Windows Server	AIX, HP-UX, Solaris, Linux(Redhat, Fedora)
프로그래밍 언어	ASP, ASPX, PHP for Win, JSP for Win	PHP, JSP
웹 서버	IIS, Apache for Wondows	Apache
데이터베이스	MS-SQL	MySQL, Oracle, Solaris

> **기적의 TIP**
>
> **개발환경 구축에 필요한 정보**
> - 개발환경 구축은 설치하는 운영체제에 따라 웹 서버, 데이터베이스, 프로그래밍 언어가 상이할 수 있다.
> - 해당 프로젝트의 목적과 구축 설계에 대한 명확한 이해가 필요하다.
> - 개발하고자 하는 프로그램에 맞는 하드웨어와 소프트웨어의 선정이 중요하다.
> - 개발에 사용되는 제품들의 성능, 라이선스, 사용 편의성 등에 대한 내용을 파악하고 있어야 한다.

2) 운영체제 선택 및 설치

① Windows 계열 운영체제 선택
- 윈도우즈 계열 운영체제는 개인용, 기업용, 워크스테이션용으로 출시된다.

Windows Home	개인 사용자에게 최적화된 운영체제
Windows Pro	• 소규모 기업용으로 최적화된 운영체제 • Home에 비해 관리 및 배포, 도메인 가입, 엔터프라이즈 모드, 원격 데스크톱 지원, Hyper V와 같이 향상된 기능 제공
Windows Pro for Workstation	• 트랜잭션이 몰리거나 복구 기능을 필요로 하는 소규모 기업용 운영체제 • CPU를 4개까지 동시 지원하여 동시 처리 성능이 뛰어남 • 메모리는 6테라바이트까지 지원 • 비휘발성 메모리 모듈을 지원하여 전력이 공급되지 않아도 데이터를 유지할 수 있어 안정성 향상 • 파일 복원을 위해 향상된 ReFs 지원

> **기적의 TIP**
>
> ReFs(Resilient File System) : 데이터 가용성을 최대화하고, 다양한 워크로드에서 큰 데이터 집합을 효율적으로 확장하고, 손상에 대한 복원력으로 데이터 무결성을 제공하는 Microsoft의 최신 파일 시스템

② 리눅스/유닉스 계열 운영체제 선택
- 오픈소스 기반의 리눅스와 유닉스는 개발사 및 제공 업체가 다양하다.
- 리눅스는 Redhat, 페도라, 센트OS와 같은 Redhat 계열과 데비안, 우분투, 칼리, 라즈비안과 같은 데비안 계열 그리고 기타 리눅스(젠투, 아치, 슬랙웨어) 등으로 구분된다.

Debian GNU/Linux	• 개발자 패키지와 매뉴얼이 활성화되어 있어 개발자에게 최적화되어 있음 • 다운로드 : https://www.debian.org/distrib
Ubuntu	• 가장 광범위하게 쓰이는 Linux 운영체제 • 다양한 개발자용 패키지 제공 • Software Center를 통해 응용 소프트웨어 공급 • 다운로드 : https://www.ubuntu.com/download
openSUSE	• 안정화된 버전(openSUSE)과 테스트 중인 버전(Tumbleweed)을 동시에 공급 • YaST 패키지를 통해 태스크 자동화 지원 • 다운로드 : https://software.opensuse.org
Fedora	• 스마트 설정과 업데이트로 사용자 편의성 제공 • 안정화된 운영과 다양한 하드웨어 지원 • 다운로드 : https://getfedora.org/en/workstation
CentOS	• 프로그래밍에 최적화된 환경 제공 • RHEL 소스로 컴파일되어 해당 계열의 프로그램 대다수 사용 가능 • 다운로드 : https://www.centos.org/download
Slackware	• 다양한 소프트웨어와 그래픽 유저 인터페이스가 미리 설치 • 시스템 관리자를 위한 복구 툴 내장 • 다운로드 : http://www.slackware.com

③ 운영체제 운용 기준
- 외부의 침입이나 바이러스로 인해 시스템이 통제 불능의 상태가 되어 불필요한 리소스를 낭비하거나 중요한 데이터의 유실을 방지하기 위해 계속 점검하여 운용한다.

서버 운용 기준	• 운용 아키텍처 및 기능 파악 • 네트워크 구성 현황 및 장비 매뉴얼 확보 • 장비 가동 및 중지 매뉴얼 확인 • 백업 주기, 보안 업데이트 주기 설정 및 점검 • 문제 발생 시 대처 방안 마련
개별 PC용 운영체제 운용 기준	• 정기적인 데이터 백업 • 주기적 보안 업데이트 • 시스템 백업 정례화 • 문제 발생 시 문의처 정보 확인

> **기적의 TIP**
>
> **운영체제 설치 시 고려 사항**
> - 상용 운영체제인 경우 라이선스 및 수량 확인
> - 개발통합환경(IDE)과의 호환성
> - 운영체제 EOS(End of Service) 여부
> - 운영체제 설치 후 취약점 점검 항목에 따른 조치
> - 운영체제 최신 패치 여부 확인

3) 시스템 설치 보고서의 이해

- 운영체제 및 개발도구 설치 후 시스템이 성공적으로 설치되었음을 확인하기 위해 개발환경에 설치된 시스템의 개요 및 개발환경, 설치 작업 요약, 설치 시 문제점과 문제점 해결 방법 등을 보고서에 작성할 수 있다.
- 시스템 설치 보고서에 작성하는 항목

시스템 개요	설치된 시스템의 전반적인 개요와 특징을 설명하고 시스템의 구성 및 운영환경에 대해 기술한다.
시스템 설치 작업 요약	시스템 설치 작업의 전반적인 내용을 요약해서 기술하며 서버 주소, 작업 내역 및 결과, 운영환경, DB, 애플리케이션별 작업 내역을 기술한다.
상세 작업 내역	개발환경 내 운영체제, 데이터베이스, 애플리케이션 설치 현황 및 계정 정보에 대해 기술한다.
플랫폼 설치 결과	플랫폼 설치가 완료된 상태를 검토하기 위한 결과물로 구분(S/W, D/B, VPN 등), 장비(UNIX, NT 등), S/W명, 설치 일자, 설치 테스트 결과(성공/실패), 설치 수량 등을 기술한다.
시스템 설치 결과	모든 시스템의 구성요소가 계획대로 설치되었는지 검증하고 설치 완료 상태를 보고하는 것으로 시스템명, 설치 일시, 설치 테스트, 설치 담당자 등을 기술한다.
시스템 정기 점검	• 시스템 설치 이후에 시스템에 대한 정기 점검을 실시할 수 있다. • 시스템 정기 점검 시 작업 내역을 문서로 기록한다. • OS 계정과 패스워드 관리대장은 관리자가 관리하고, 기밀성 보장을 위해 암호화하여 안전하게 관리한다.

02 개발도구 설치

1) 개발도구의 개념

- 개발환경에서의 개발도구란 개발자가 엔진, 프레임워크 등의 개발환경에서 통합개발환경 및 개발도구에서 제공하는 함수, 라이브러리 등을 이용하여 개발 언어를 통해 프로그램 제작을 수월하게 해주는 도구이다.

① 통합개발환경의 이해
- 통합개발환경(IDE, Integrated Development Environment)이란 개발을 하면서 사용하는 도구들의 집합을 말한다.
- 통합개발환경의 지원 기능 : 언어팩, 개발 편집기, Git 연동, Syntax High-lighting, 기타 플러그인

② 통합개발환경의 종류

Eclipse	자바 기반 통합개발환경
Visual Studio	마이크로소프트 통합개발환경
Xcode	애플이 개발한 OS X의 개발 툴 모음
PhpStorm	PHP 기반 통합개발환경
JRE	• 자바 실행 환경(Java Runtime Environment) • 자바 프로그램을 시스템에서 실행하기 위한 것

2) 개발도구의 종류

구성요소	제공 서비스	비고(사례)
JDK	Java 기반 개발 및 Java Runtime 환경 제공	JDK
Eclipse	통합개발환경 지원 툴(IDE)	3.6.2(Helios)
Web 서버	웹 환경 서비스를 지원하기 위하여 http 요청을 서비스하며, 클러스트 구성으로 부하 분산 및 Fail-Over 기능을 제공	Oracle iPlanet
WAS (Web Application Server)	웹 서버로부터 요청을 받아 처리하기 위한 처리엔진을 가지며, J2EE 환경의 분산 및 클러스터링 기반의 서비스 제공	Oracle Weblogic
DBMS	업무에 의해 발생하는 정보의 저장을 담당	Oracle
형상관리	소스관리의 최적화된 환경을 제공하고 있으며, 운영환경에 있어서는 Dimesion을 통한 소스관리 환경 제공	SVN/Dimension
App 프레임워크	Spring 기반의 다양한 기술 컴포넌트를 제공하고, 개발 생산성 향상을 위한 템플릿 및 패치, 기반구조를 제공하는 통합개발환경 수행	전자정부 표준 프레임워크
DB 모델링	조달청 DA 유지관리 툴로서 정보시스템의 표현, 분석, 설계 지원	DA#
APP 모델링	업무 프로세스의 분석, 설계를 지원	EA
DBMS	업무에 의해 발생하는 정보의 저장을 담당	Oracle
Anyframe	조달청 표준 개발 프레임워크로 DAO Wizard를 통해 VO,SVC, DAO(DEM, DQM) 및 iBatisSQL을 자동으로 생성, 개발 생산성을 제공	Anyframe
웹 리포팅	다양한 보고서 및 통계 자료를 다양한 출력 형태로 제공	Rexpert
SSO/EAM	PKI 기반의 통합 로그인 및 EAM 솔루션으로 인증정보를 암호화하여 한 번의 접속으로 모든 시스템에 접근	KSign
PMD	개발된 프로그램 소스의 품질관리와 Inspection을 위한 용도로 전자정부 표준 프레임워크에서 권고하는 수준의 룰 적용	
Ant	소스의 배포를 위한 빌드 과정을 xml 기반의 스트립트 형태로 제공	
Jenkins	빌드된 소스의 배포를 자동화하는 도구	

3) 개발도구 설치 시 고려 사항

- 개발도구와 운영체제의 호환성 및 충돌 여부
- 개발도구 버전 확인
- 상용 S/W의 경우 라이선스 수량 확인
- 개발도구 보안성을 고려한 최신 패치 여부
- 개발도구별 운영체제

03 응용 시스템 개발 인프라 구축

1) 개발환경 인프라 구축 개요

- 개발하려는 전체 시스템에 필요로 하는 서비스를 효율적으로 선택하여 개발환경을 구축해야 한다.
- 개발환경 인프라 구성 방식

On-Premise 방식	• 외부 인터넷망이 차단된 상태에서 인트라넷 망만을 활용하여 개발환경을 구축하는 방식 • 데이터와 정보의 외부 유출이 민감할 경우 해당 장비를 자체 구매하고 특정 공간에 개발환경 구축
클라우드 방식	• 아마존, 구글, 마이크로소프트 등 클라우드 공급 서비스를 하는 회사들의 서비스를 임대하여 개발환경을 구축하는 방식 • 해당 장비를 초기에 구매하지 않음 • 개발환경 투자비용 적음 • 구축 시간이 빠름
Hybrid 방식	On-Premise와 클라우드 방식을 혼용하는 방식

- 개발환경 인프라 고려 사항
  - 개발하려는 목표 시스템을 완벽히 이해하고 있는가?
  - 로컬 개발환경과 운영환경이 명확히 구분되어 개발 소스가 충돌나지 않는가?
  - 개발 서버는 계층화(Staging)되어 있어 검증되어 안정화된 소스와 개발 중인 불안전한 소스가 구분되도록 고려되었는가?
  - 서비스의 안정적인 운영을 위해 지속적인 테스트와 신속한 배포가 가능하도록 설계되었는가?
  - 운영비가 급격히 상승하여 비용적인 부담이 될 수 있는 가능성이 있는가?
  - 서비스의 규모가 커질 경우 확장성이 충분히 고려되어 있는가?
  - 오픈소스 활용 시 커뮤니티를 활용하기 위한 환경이 구축되어 있는가?
  - 개발에 참여하기 위한 다수의 인원이 참조할 수 있는 표준화가 마련되었는가?

2) 클라우드 기반 개발 인프라 구축

- 장비 임대, 스토리지 대여뿐만 아니라 개발자 도구 및 생산성 향상을 위한 각종 유틸리티까지 지원한다.
- 사용자는 서비스의 범위와 사용량에 따른 비용만을 지불하고 서비스 제공자는 이중화된 클라우드 센터를 운영하여 안정적 서비스를 공급한다.

합격을 다지는 예상문제

선다형(필기)

01 다음 중 서버 운영체제의 운용 기준에 해당하지 않은 것은?

① 네트워크 구성 현황 및 장비 매뉴얼 확보
② 장비 가동 및 중지 매뉴얼 확인
③ 백업 주기, 보안 업데이트 주기 설정 및 점검
④ 문제 발생 시 문의처 정보 확인

[정답] ④
[해설] 서버 운영체제를 운용할 때는 문제 발생 시 대처 방안을 마련해야 한다. 문제 발생 시 문의처 정보를 확인하는 것은 개별 PC용 운영체제의 운용 기준이다.

02 다음 설명 중 개발환경의 인프라를 구성하는 방식 중 On-Premise 방식에 대한 설명으로 옳은 것은?

① 해당 장비를 초기에 구매하지 않아서 초기 구축 비용을 줄일 수 있다.
② 외부 인터넷 망이 차단된 상태에서 인트라넷 망만을 활용하여 개발환경을 구축하는 방식이다.
③ 구축 시간이 빠르다.
④ 서비스를 임대하여 개발환경을 구축하는 방식이다.

[정답] ②
[해설] ①, ③, ④는 클라우드 방식에 대한 설명이다.

03 웹 브라우저와 같은 클라이언트로부터 HTTP 요청을 받아들이고, HTML 문서와 같은 웹 페이지를 반환하는 프로그램을 무엇이라고 하는가?

① 웹 서버
② Proxy 서버
③ WAS
④ DBMS

[정답] ①
[해설] 웹 서버는 웹 환경 서비스를 지원하기 위하여 웹 페이지를 클라이언트로 전달한다.

서술형(실기)

04 다음 보기에서 유닉스에서 사용 가능한 것을 모두 골라 기호를 쓰시오.

[보기]

| ① JSP | ② ASP | ③ MS-SQL |
| ④ Oracle | ⑤ MySQL | ⑥ Apache |

◦ 답 :

[정답] ①, ④, ⑤, ⑥
[해설] ASP는 윈도우에서 사용 가능한 프로그래밍 언어이며, MS-SQL은 윈도우에서 사용 가능한 데이터베이스 프로그램이다.

05 다음은 개발환경 인프라 구성 방식에 대한 설명이다. 괄호 안에 들어갈 공통된 용어를 쓰시오.

( ) 방식은 아마존, 구글, 마이크로소프트 등 ( ) 공급 서비스를 하는 회사들의 서비스를 임대하여 개발환경을 구축하는 방식으로, 해당 장비를 초기에 구매하지 않기 때문에 개발환경 투자 비용이 적다는 장점이 있다.

◦ 답 :

[정답] 클라우드

PART

02

애플리케이션 설계

CHAPTER
01

공통 모듈 설계

학습 방향

애플리케이션 설계의 방법과 원칙, 종류들에 대해 정확히 숙지해야 합니다. 소프트웨어 아키텍처를 패턴별로 분류해서 암기해야 합니다.

SECTION 01 설계 모델링

빈출 태그 ▶ #설계 원리 #구조화 #분할과 정복 #모듈 #구조적 설계 #N-S차트 #HIPO #자료 흐름도

> **기적의 TIP**
>
> 일반적으로 사용하는 소프트웨어 생명 주기 모델에는 폭포수 모형, 원형(Prototype), V모델, 나선형, 애자일 등이 있습니다.

01 소프트웨어 생명 주기(SDLC, Software Development Life Cycle)

- 소프트웨어가 개발되기 위해 정의되고 사용이 완전히 끝나 폐기될 때까지의 전 과정을 단계별로 나눈 것을 의미한다.
- SDLC의 기본 단계

요구사항 분석	• 사용자 요구사항 정의, 시스템의 목표를 정하는 과정 • 결과물 : 요구사항 명세서
설계	• 요구사항을 설계도면에 옮기는 것, 물리적 실현의 첫 단계 • 소프트웨어의 구조와 그 성분을 명확히 밝혀 구현을 준비하는 단계 • 결과물 : 설계 명세서(설계 도면)
개발(구현)	• 설계 명세서를 바탕으로 실제 모습으로 변환 • 결과물 : 컴퓨터 프로그램
테스트	품질보증 활동의 중요한 일부분
운영 및 유지보수	사용 중 발생하는 여러 변경 사항에 대해 적응하는 활동

02 소프트웨어 설계

1) 설계의 개념

- 분석 단계에서 밝혀진 요구사항을 컴퓨터에서 어떻게 실현할 것인가를 결정하는 과정이다.
- 설계는 관리적 시각과 기술적 시각으로 나눌 수 있다.
    - 관리적 시각 : 상세 설계, 기본 설계
    - 기술적 시각 : 자료 설계, 구조 설계, 사용자 인터페이스 설계, 절차 설계

> **더 알기 TIP**

자료 설계 (Data Design)	• 파일이나 데이터베이스를 설계하는 작업 • 설계 단계에서 우선적으로 이루어지는 것이 바람직
구조 설계 (Architectural Design)	• 프로그램 요소들 간의 관계 정립 • 모듈 사이의 제어 및 인터페이스를 나타내는 것
사용자 인터페이스 설계 (User Interface Design)	사용자가 시스템의 기능에 접근할 수 있도록 메뉴, 입력 양식, 출력 화면 등을 설계
절차 설계 (Procedure Design)	• 프로그램의 알고리즘에 대한 설계 작업 • 프로그램 요소들을 소프트웨어 기능으로 변환

2) 설계의 원리

단순성	• 복잡한 여러 가지 요소를 정리하여 단순화하거나 복잡함을 최소화 • 시스템의 유지보수성에 영향을 주는 가장 중요한 특성
효율성	사용하는 자원이 적정하고 효과적이게 함
구조화 (분할, 계층화)	• 분할과 정복(Divide and Conquer) • 문제의 영역들을 각각의 기능 모듈 단위로 세분화하여 모듈 간의 관계를 구조적으로 설계 • 서로 연관되어 있는 부분들은 같은 구성요소에, 연관성이 없는 부분들은 연관성이 없는 구성요소들에 할당되어야 함
추상화	자세한 부분에 좌우되지 않게 컴포넌트 정의
모듈화	• 프로그램을 작고 독립적인 단위로 분할하는 기준 • 각 모듈이 외부와의 결합이 낮고, 내부 요소가 응집되도록 해야 함
정보 은닉	• 모듈 내부의 세부상황을 은폐시키고 다른 모듈과의 접속에 필요한 정보만을 노출시킴으로써 모듈 간의 접속을 가능한 단순화 • 한 함수 안에 특정 기능을 수행하는 데 필요한 자료만을 사용 가능하도록 규제

① 추상화(Abstraction)
- 복잡한 문제나 단순하면서도 규모가 큰 문제를 해결하기 위해 필요 없는 세부 사항을 배제하고 문제를 쉽게 이해할 수 있도록 전체적이고 포괄적인 개념으로 단순화 시키는 것이다.
- 방법

제어 추상화	프로그램의 흐름 등에 대해 간략화 한 것
기능(과정)추상화	• 모듈이 수행하는 기능 측면으로 간략화 한 것 • 절차 중심의 접근 방법에서 분할하는 기준
데이터 추상화	• 데이터의 상세정보를 간략화 한 것 • 객체지향 개념이 탄생되는 계기

② 모듈
- 모듈(Module)이란 전체 프로그램의 기능 중 특성 기능을 처리할 수 있는 실행 코드이다.
- 자체적으로 컴파일 가능하고 다른 프로그램에서 재사용이 가능하다.
- 공통 모듈은 날짜 처리를 위한 유틸리티 모듈처럼 여러 기능 및 프로그램에서 공통적으로 사용할 수 있는 모듈을 의미한다.

> **기적의 TIP**
>
> 공통 모듈 작성 원칙 : 정확성, 명확성, 완전성, 일관성, 추적성

3) 설계 모델링

- 분석 단계에서 밝혀진 요구사항을 컴퓨터에서 어떻게 실현할 것인가를 결정하는 과정이다.
- 요구사항 분석 단계에서 정의한 필수 기능들을 구체적인 구현 방법으로 명시한다.
- 소프트웨어에서 요구되는 기능과 성능 조건을 만족하도록 설계 명세서를 작성하는 과정이다.

- 소프트웨어 내부 기능 외에 소프트웨어 구조, 행위들을 모델링하여 분석, 검증하는 단계이다.
- 소프트웨어 실행에 필요한 관련 기술과 원칙을 적용하는 과정이다.

① 설계 모델의 구성

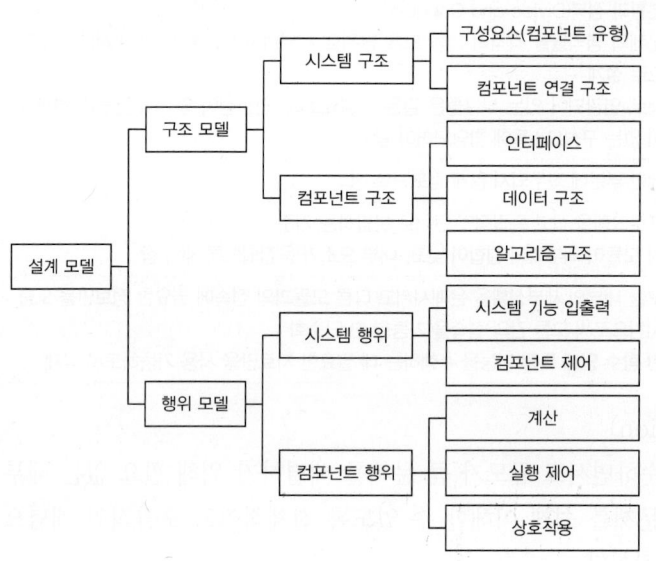

② 구조 모델링
- 소프트웨어 구성요소들 사이의 구조적 관계에 대한 특성을 모델링한다.
- 소프트웨어 구성요소들을 상호 연결 구조로 모델링한다.
- 구성요소들은 유형, 인터페이스, 내부 설계 구조 형태별로 분류하여 구조화한다.

③ 행위 모델링
- 구성요소들의 정적(기능적) 특성 모델링 : 입출력 데이터, 데이터 흐름, 데이터 변환, 데이터 저장 등을 모델링한다.
- 구성요소들의 동적 특성 모델링 : 구성요소가 언제 어떠한 순서로 수행되는지 (상태 전이, 데이터 흐름 경로, 사건 발생 순서, 실행 경로 등) 모델링한다.

④ 설계 모델의 요소

유형	정적(Static, 기능적) 특성	동적(Dynamic) 특성
구조 모델	• 구성요소의 유형 및 유형 계통 • 구성 요소의 배열 결합 관계 • 구성 요소들의 인터페이스 • 구성 요소들의 상호작용 채널	• 동적 생성 및 소멸 • 동적 결합과 연결 • 위치 이동, 복제
행위 모델	• 입출력 데이터 • 입출력 매핑(Mapping) • 데이터 흐름 채널	• 제어 • 상호작용 프로토콜 • 상호작용 실행 경로 • 상태 전이 • 처리 순서 • 입출력 순서 • 알고리즘

03 구조적 설계

- 분할과 정복(Divide and Conquer)의 원리에 입각, 프로그램의 주요 과업을 하향식으로 세분화시켜, 세분화된 모듈들이 계층적 구조를 이루게 하는 방식이다.
- 자료의 흐름과 구조에 따라 프로세스를 구분하고 점차적으로 세분화하여 사용자 요구사항에 맞는 시스템을 구축하는 구조적 방법론에 의한 설계 기법이다.
- 구조적 방법론 : 정형화된 분석 절차에 따라 사용자 요구사항을 파악, 문서화하는 체계적 분석 방법으로 자료 흐름도, 자료 사전, 소단위 명세서의 특징을 갖는다.

구분	구조적 방법론
중점	기능 중심
접근 방법	하향식 개발
요구사항 분석 기법	구조적 분석 기법
모델링	기능 모델링
개발 언어	C, VB, Python, COBOL, Pascal 등

구분		구조적 방법론
단계별 주요 산출물	분석	자료 흐름도 소단위 명세서 자료 사전
	설계	프로그램 정의서 프로그램 사양서 Structure Chart
목표		프로세스 자동화

> **기적의 TIP**
>
> **기능 모델링**
> - 시스템에서 요구되는 정보의 흐름과 변화를 나타내는 프로세스를 중심으로, 프로세스의 추상적 개념부터 점차적으로 세분화하여 사용자의 요구사항을 분석하는 과정이다.
> - 기본 요소 : 표현(Representation), 규약(Convention), 명세(Sepcification)

1) 자료 흐름도(DFD, Data Flow Diagram)

- 자료의 흐름과 변환 과정, 기능을 도형 중심으로 기술하는 방법이다.
- 자료 흐름 그래프 또는 버블(Bubble) 차트라고도 한다.
- 자료의 흐름과 기능을 프로세스(Process), 자료 흐름(Flow), 자료 저장소(Data Store), 단말(Terminator)의 네 가지 기본 기호로 표시한다.

구성 요소	설명	기호
처리(Process)	입력된 데이터를 원하는 형태로 출력하기 위한 과정	○
자료 흐름(Flow)	DFD 구성요소들 간의 오가는 데이터 흐름	→
자료 저장소(Data Store)	• 데이터가 저장된 장소 • 도형 안에 자료 저장소 이름을 기입	=
단말(Terminator)	• 자료의 시작과 끝을 의미 • 시스템과 교신하는 외부 개체	□

- 자료 흐름도의 예

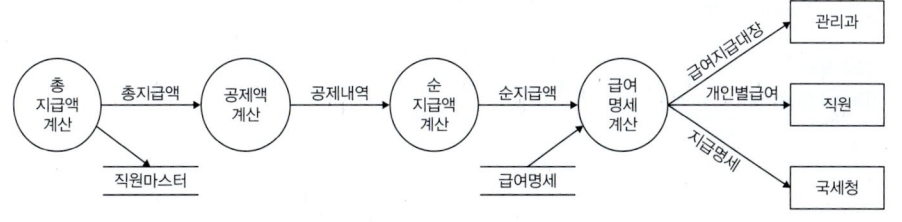

2) 자료 사전(DD, Data Dictionary)
- 자료 흐름도에 나타나는 데이터의 흐름과 저장소 등의 데이터 항목을 더 자세히 정의하고 기록한 것이다.
- 자료 사전의 표기법

표기법 기호	의미	표기법 기호	의미
=	자료의 정의	{ }	자료의 반복
+	자료의 연결	( )	자료의 생략
[ ]	자료의 선택	**	주석(설명)

3) 소단위 명세서(Mini Specification)
- 입력 자료를 출력 자료로 변환하기 위해 수행되어야 하는 정책이나 규칙을 구체적으로 기술한 도구이다.

4) N-S Chart
- 논리 기술에 중점을 두고 상자 도형을 이용한 도형식 표현 방법이다.
- 순차, 선택 및 다중 선택, 반복 등의 제어 논리 구조를 표현하는 도구이다.
- 조건이 복합되어 있는 곳의 처리를 시각적으로 명확히 식별하는 데 적합하다.
- 이해하기 쉽고 코드 변환이 용이하다.

5) HIPO(Hierarchy plus Input Process Output)
- 기능 중심의 표현 방식으로 도표 상에 기능 위주로 입력 내용, 처리 방법, 출력 내용이 제시되어 시스템의 이해가 쉽다.
- 시스템을 설계하거나 표준화된 문서를 위한 수단이다.
- 기능과 자료의 의존 관계를 동시에 표현할 수 있다.
- 시스템과 프로그램을 기능별로 하향(top-down)식 설계 기법을 사용하여 나타낸다.
- 프로그램 기능을 계층 구조로 도식화함으로써 개발 순서를 논리적으로 전개할 수 있는 수단이 된다.
- 3단계 종류

도식 목차(도형 목차) (Visual Table of Contents)	전체적인 흐름과 구조를 나타내는 도표
총괄 도표 (Overview Diagram)	• 도식 목차의 내용을 입력, 처리, 출력 관계로 도표화 한 것 • 사용자의 관점에서 본 시스템 또는 프로그램의 기능과 처리 내용을 설명
상세 도표 (Detail Diagram)	총괄 도표를 구체적으로 표현한 모듈 도표

6) Dijkstra의 구조적 설계

- 순차(sequence), 조건(condition, 선택), 반복(repetition) 구조만을 이용하므로 소프트웨어의 복잡도를 감소시킨다.
- 읽기, 검사, 유지보수가 용이하다는 특징을 갖는 전통적인 기법이다.
- 표준화된 설계 기법으로, 단일 입출력 구조를 갖는다.

합격을 다지는 예상문제

선다형(필기)

01 소프트웨어 개발 생명 주기(Software Development Life Cycle)의 순서로 옳은 것은?

① 계획 → 분석 → 설계 → 구현 → 테스트 → 유지보수
② 분석 → 계획 → 설계 → 구현 → 테스트 → 유지보수
③ 분석 → 계획 → 설계 → 테스트 → 구현 → 유지보수
④ 계획 → 설계 → 분석 → 구현 → 테스트 → 유지보수

정답 ①
해설
소프트웨어 개발 생명 주기(SDLC)는 계획 → 분석 → 설계 → 구현 → 테스트 → 유지보수 순서로 이루어진다.

02 다음 중 추상화 방법에 해당하지 않는 것은?

① 제어 추상화
② 구조 추상화
③ 기능 추상화
④ 데이터 추상화

정답 ②
해설
추상화 방법에는 제어 추상화, 기능 추상화, 데이터 추상화가 있다.

03 HIPO 패키지 중 사용자의 간점에서 본 시스템 또는 프로그램의 기능과 처리 내용을 설명하는 것은 무엇인가?

① 상세 도표
② 총괄 도표
③ 도식 목차
④ 보충 설명

정답 ②
해설
총괄 도표는 도식 목차의 내용을 입력, 처리, 출력 관계로 도표화한 것으로, 사용자의 관점에서 본 시스템 또는 프로그램의 기능과 처리 내용을 설명한다.

04 자료 사전에서 사용하는 기호와 의미의 연결이 옳지 않은 것은?

① [ ] – 자료의 선택
② { } – 자료의 반복
③ = – 자료의 정의
④ * – 자료의 연결

정답 ④
해설
자료의 연결을 나타내는 기호는 '+'이다.

정답 ③

해설
설계의 기술적 시각에는 자료 설계, 구조 설계, 사용자 인터페이스 설계, 절차 설계가 있다. 상세 설계와 기본 설계는 관리적 시각에 해당한다.

05 소프트웨어 설계의 기술적 시각이 아닌 것은 무엇인가?
① 자료 설계
② 사용자 인터페이스 설계
③ 상세 설계
④ 절차 설계

정답 ④

해설
④는 단순성에 대한 설명이다. 정보 은닉은 모듈 내부의 세부 상황을 은폐시키고 다른 모듈과의 접속에 필요한 정보만을 노출시키는 것을 의미한다.

06 다음 중 소프트웨어 설계 원리에 대한 설명으로 옳지 않은 것은?
① 효율성 – 사용하는 자원이 적정하고 효과적이게 한다.
② 구조화 – 서로 연관되어 있는 부분들은 같은 구성요소에, 연관성이 없는 부분들은 연관성이 없는 구성요소들에 할당한다.
③ 모듈화 – 프로그램을 작고 독립적인 단위로 분할하는 기준이다.
④ 정보 은닉 – 복잡한 여러 가지 요소를 정리하여 단순화하거나 복잡함을 최소화한다.

정답 ②

해설
공통 모듈 작성 원칙에는 정확성, 명확성, 완전성, 일관성, 추적성이 있다.

07 다음 중 공통 모듈 작성 원칙에 해당하지 않는 것은?
① 정확성
② 이식성
③ 일관성
④ 완전성

정답 ①

해설
②, ③, ④는 동적 특성에 해당한다.

08 행위 모델의 기능적 특성에 해당하는 것은?
① 입출력 데이터
② 상호작용 프로토콜
③ 입출력 순서
④ 알고리즘

정답 ③

해설
자료 흐름도는 처리(Process), 자료 흐름(Data Flow), 자료 저장소(Data Store), 단말(Terminator)로 구성된다.

09 자료 흐름도(DFD)의 구성요소가 아닌 것은?
① 처리(Process)
② 자료 흐름(Data Flow)
③ 제어(Control)
④ 단말(Terminator)

정답 ④

해설
N-S 차트는 순서도와는 달리 논리 기술에 중점을 두고 상자 도형을 이용한 설계 도구로 순차, 선택, 반복 등의 제어 논리 구조를 표현한다.

10 N-S 차트에서 사용하지 않는 제어 논리 구조는 무엇인가?
① 순차 구조
② 선택 구조
③ 반복 구조
④ Go-To 구조

소프트웨어 아키텍처

빈출 태그 ▶ #소프트웨어 아키텍처 #패턴 #MVC #파이프-필터

01 소프트웨어 아키텍처(Software Architecture)

1) 개념

- 소프트웨어 아키텍처는 개발하고자 하는 소프트웨어의 사전 작업을 통하여 소프트웨어 개발을 쉽게 하도록 기본 틀을 만드는 것으로, 복잡한 개발을 체계적으로 접근하기 위한 밑그림이라고 할 수 있다.
- 소프트웨어 아키텍처는 시스템의 구성요소와 구성요소 간의 상호 관계 구조이다.
- 외부에서 인식할 수 있는 특성이 담긴 소프트웨어의 골격이 되는 기본 구조이다.
- 소프트웨어의 구성요소들 사이에서 유기적 관계를 표현하고 소프트웨어의 설계와 업그레이드를 통제하는 지침과 원칙을 의미한다.
- 소프트웨어 아키텍처의 정의

IEEE-1471 (국제 표준)	시스템에 대한 기본 조직 체계로 시스템을 이루는 구성요소와 이 구성요소들 사이의 관계, 구성요소와 주변 환경과의 관계, 시스템의 진화 방향, 설계를 지배하는 원칙들로 실체화된다.
SEI(카네기멜론대 SW공학센터)	시스템을 구성하기 위해 필요한 구조의 집합이며, 이는 요소와 관계, 요소 속성과 관계 속성을 포함한다.

2) 특징

- 소프트웨어 시스템의 구조를 결정한다.
- 여러 소프트웨이 요소 또는 컴포넌트로 구성되어 있다.
- 요소, 컴포넌트는 외부로 드러나는 속성, 즉 인터페이스를 갖는다.
- 요소, 컴포넌트 간 서로 관계를 가지며 인터페이스를 통해 통신한다.
- 요소, 컴포넌트를 설계하고 변경하는 것에 대한 원리와 가이드라인을 제공한다.
- SDLC에서의 위치 : 요구사항 분석 → 아키텍처 → 설계 → 개발 → 테스트 → 운영 및 유지보수

3) 소프트웨어 아키텍처의 품질 속성

- 품질 속성은 시스템 품질 속성, 비즈니스 품질 속성, 아키텍처 품질 속성으로 분류한다.
- 비즈니스 품질 속성은 주로 비용, 일정, 시장, 마케팅과 관련된다.
- 아키텍처 품질 속성은 아키텍처의 철학에 가깝다.

- 시스템 품질 속성이 뒷받침해 주어야만 비즈니스 품질 속성과 아키텍처 품질 속성을 달성할 수 있다.

시스템 품질 속성	가용성, 변경 용이성, 성능, 보안성, 사용 편의성, 시험 용이성
비즈니스 품질 속성	시장 적시성, 비용과 이익, 시스템의 프로젝트 생명 주기, 목표 시장, 신규 발매 일정, 노후 시스템과의 통합
아키텍처 품질 속성	개념적 무결성, 정확성과 완전성, 개발 용이성

02 소프트웨어 아키텍처 패턴(스타일)

- 빈번히 발생하는 '문제'와 그 문제에 대한 '해법'을 하나의 쌍으로 구성해, 특정 문제에 대한 해법을 손쉽게 재활용할 수 있게 한 것이다.
- 아키텍처 설계에서 자주 발생하는 문제를 해결하기 위하여 목표 시스템의 주요한 구조적 조직 관계를 나타내는 문서, 산출물이다.

1) 패턴의 특징

- 패턴은 특정한 설계 상황(Context)에서 반복적으로 발생하는 설계 문제를 제기하며 그 문제에 대한 해법을 제시한다.
- 기존에 이미 그 효과가 입증된 설계 경험을 정리한 것이다.
- 패턴은 컴포넌트나 단일 클래스, 객체 같은 수준보다 높은 단계의 추상 레벨에서 발견되고 정의된다.
- 패턴은 설계 원칙에 대한 공통 어휘와 공감대를 형성시켜 준다.
- 패턴은 소프트웨어 아키텍처를 문서로 정리하는 방법을 제공한다.
- 고유한 특성(Property)을 제공해야 하는 소프트웨어를 개발할 수 있도록 도와준다.
- 복잡한 소프트웨어의 아키텍처를 구축하는 데 도움을 준다.
- 패턴을 사용하면 소프트웨어의 복잡성을 관리하는 데 유용하다.

2) 패턴의 유형

> **기적의 TIP**
> 패턴 유형별 개념과 특징을 정확하게 구분해야 합니다.

데이터 중심(Data-Centric)	• 칠판형 • 저장소형
데이터 흐름(Data Flow)	• 일괄 순차형 • 파이프 필터형
가상머신(Virtual Machine)	• 번역기형 • 규칙 기반 시스템
호출과 반환(Call and Return)	• 주 프로그램과 서브 루틴 • 원격 프로시저 호출 • 계층(Layer)

① 저장소(Repository Architecture)
- 광범위하게 접근되는 데이터 저장소에 대한 접근과 갱신 업무 중심이다.
- 데이터 중심 아키텍처로 공유 데이터 저장소를 통해 접근자 간의 통신이 이루어지므로 각 접근자의 수정과 확장이 용이하다.
- 서브 시스템들이 단일 중앙 저장소의 자료를 접근하고 변경한다.
- 서브 시스템들은 독립적이고 중앙 자료 저장소를 이용하여 상호 대화한다.
- 복잡한 자료가 계속 변경되는 업무를 처리하는 응용 시스템에 적용된다.
- 중앙 저장소가 급속하게 병목 형상을 일으킬 수 있다는 단점이 있다.
- 서브 시스템들과 저장소 사이의 결합도가 높아 서브 시스템에 영향을 주지 않고 저장소를 변경하기가 매우 어렵다.

② MVC(Model/View/Controller)
- 저장소 구조의 특수한 경우이다.
- MVC 모델은 사용자 인터페이스를 담당하는 계층의 응집도를 높일 수 있고, 여러 개의 다른 UI를 만들어 그 사이에 결합도를 낮출 수 있다.
- 모델(데이터 관리), 뷰(UI 관리), 제어(상호작용 정의) 구조라는 세 가지 다른 서브 시스템으로 구성되어 있다.

모델(Model)	• 데이터를 저장 보관하고 있다. • 중앙 데이터 구조로 제어 객체가 제어 흐름을 지시한다.
뷰(View)	모델(Model)에 있는 데이터를 사용자 인터페이스에 보이는 역할을 담당한다.
제어(Controller)	모델(Model)에 명령을 보냄으로써 모델의 상태를 변경할 수 있다.

> **기적의 TIP**
> 뷰와 제어가 모델보다 더 자주 변경되며, 사용자 인터페이스 변경이 모델 서브 시스템에 영향을 주지는 않습니다.

- 여러가지 뷰가 필요한 상호작용 시스템에 적절한 구조이다.
- 분산된 데이터의 일관성을 유지하기 위해 사용된다.

③ 클라이언트/서버(Client/Sever)
- 서버는 서브 시스템(클라이언트)에 서비스 제공하고, 클라이언트는 사용자와 대화한다.
- 클라이언트나 서버의 제어 흐름은 요청과 결과를 받기 위하여 동기화 되는 일을 제외하고는 모두 독립적이다.
- 저장소 구조의 특수 형태이다.

> **기적의 TIP**
> 저장소 구조의 중앙 데이터 구조는 한 프로세스에 의해 관리되지만 클라이언트 서버 구조에서는 제한이 없습니다.

④ 파이프-필터(Pipes and Filters, Data Flow)
- 사용자 개입 없이 데이터 흐름이 전환되는 경우에 사용된다.
- 서브 시스템이 입력 데이터를 받아 처리하고 결과를 다른 시스템에 보내는 작업을 반복하는 아키텍처 스타일이다.
- 필터는 서브 시스템이라 하고, 서브 시스템 사이의 관계를 파이프라 한다.
- 파이프와 필터 구조는 변경이 가능하다.
- 필터는 다른 필터와 교환될 수 있고 다른 목적으로 재구성될 수 있다.
- 컴포넌트 사이에 더 복잡한 상호작용이 필요한 정보 관리 시스템, 상호작용 시스템에는 맞지 않는다.

⑤ 계층(Layered)
- 각 서브 시스템이 하나의 계층이 되어 하위층이 제공하는 서비스를 상위층의 서브 시스템이 사용하도록 구성된다.
- 계층과 계층 사이의 인터페이스 제약만 어기지 않으면 각 층을 필요에 따라 쉽게 변경할 수 있다.
- 연결된 층의 인터페이스만 맞추어주면 특정 계층을 재사용할 수 있다.
- 과다한 계층 분할은 서브 시스템 사이의 인터페이스로 인하여 성능 저하를 가져온다.

⑥ 마스터-슬레이브(Master-Slave)
- 일반적으로 실시간 시스템에서 사용된다.
- 마스터가 슬레이브에게 작업을 분산하면 슬레이브가 처리한 결과로 최종 결과를 계산하는 패턴이다.
- 마스터 프로세스는 일반적으로 연산, 통신, 조정을 책임지며, 슬레이브 프로세스들을 제어할 수 있다.

합격을 다지는 예상문제

선다형(필기)

01 다음 중 소프트웨어 아키텍처에 대한 설명으로 올바르지 않은 것은?
① 복잡한 개발을 체계적으로 접근하기 위한 밑그림이다.
② 외부에서 인식할 수 있는 특성이 담긴 소프트웨어의 골격이 되는 기본 구조이다.
③ 소프트웨어의 구성요소들 사이에서 독립적 관계를 표현한다.
④ 시스템의 구성요소와 구성요소 간의 상호 관계 구조이다.

정답 ③
해설
소프트웨어 아키텍처는 개발하고자 하는 소프트웨어의 사전 작업을 통하여 소프트웨어 개발을 쉽게 하도록 기본 틀을 만드는 것으로, 소프트웨어의 구성요소들 사이에서 유기적 관계를 표현한다.

02 아키텍처를 구성하는 품질 속성 중 시스템 품질 속성에 해당하지 않는 것은 어느 것인가?
① 변경 용이성
② 사용 편의성
③ 개발 용이성
④ 가용성

정답 ③
해설
- 개발 용이성은 아키텍처 품질 속성에 해당한다.
- 시스템 품질 속성은 가용성, 변경 용이성, 성능, 보안성, 사용 편의성, 시험 용이성이다.

03 MVC 패턴에 대한 설명으로 옳지 않은 것은?
① 모델, 뷰, 제어 구조로 구성되어 있다.
② 뷰와 제어보다는 모델이 더 자주 변경된다.
③ 사용자 인터페이스 변경이 모델 서브 시스템에 영향 주지 않는다.
④ 분산된 데이터의 일관성을 유지하기 위해 사용된다.

정답 ②
해설
MVC(Model/View/Controller) 패턴에서 뷰와 제어가 모델보다 더 자주 변경된다.

CHAPTER
02

객체지향 설계

학습 방향

객체지향은 현실 세계의 개체를 하나의 객체로 만들어 객체들을 조립해서 소프트웨어를 개발하는 기법입니다. 객체의 정의와, 관련된 용어를 반드시 숙지해야 합니다. 또한 디자인 패턴의 종류를 구분하고, 각 디자인 패턴의 특징을 정확히 학습해야 합니다.

SECTION 01 객체지향(Object Oriented)

출제빈도 상 중 하
반복학습 1 2 3

빈출 태그 ▶ #객체 #클래스 #상속 #추상화 #다형성 #캡슐화 #정보은닉 #럼바우 모델링 #SOLID 원칙

01 객체지향의 개요

- 현실 세계의 개체(Entity)를 하나의 객체(Object)로 만들어 객체들을 조립해서 소프트웨어를 개발하는 기법이다.

1) 특징

- 소프트웨어의 재사용 및 확장과 유지보수가 용이하다.
- 현실 세계를 모형화하여 사용자와 개발자의 이해가 쉽다.
- 고품질의 소프트웨어 개발이 빨라진다.
- 복잡한 구조를 단계적, 계층적으로 표현하였다.
- 대형 프로그램의 작성이 쉽다.
- 멀티미디어 데이터 및 병렬 처리를 지원한다.
- 객체 간의 독립성을 최대화한다.
- 공통된 속성을 명백히 표현할 수 있다.

2) 객체지향에서의 관계

연관화	is Member of	서로 공통된 의미들끼리 묶어 연관된 집단으로 표현할 때 유용
분류화	is Instance of	공통된 속성에 의해 정의된 객체 및 클래스의 인스턴스를 표현할 때 유용
집단화	is Part of	서로 관련 있는 여러 개의 객체를 묶어 한 개의 상위 객체를 표현할 때 유용
일반화(특수화)	is a	객체의 공통적인 성질을 상위 객체로 정의하고, 특수화된 객체들을 하위의 부분형 객체로 정의하여 사용

02 객체지향 기본 개념

1) 객체(Object)

- 데이터와 데이터를 처리하는 함수를 묶어놓은 소프트웨어 모듈을 객체라고 한다.
- 객체는 필요한 자료 구조와 수행되는 함수들을 가진 하나의 독립된 존재이다.
- 객체는 상태, 동작, 고유 식별자를 가진 모든 것이라 할 수 있다.

> **기적의 TIP**
> - 데이터 : 객체가 가지고 있는 정보로 속성이나 상태 분류 등
> - 함수 : 객체가 수행하는 기능, 객체가 갖는 데이터를 처리하는 알고리즘

- 실세계에 존재하거나 생각할 수 있는 것이다.
- 객체의 상태는 속성값에 의해 정의된다.
- 데이터 구조와 이 구조에서 이루어진 연산들이 모여서 하나의 독립된 기능을 수행한다.

더 알기 TIP

객체의 특성
- 모든 객체는 상태(State), 행위(Behavior), 정체성(Identity)이 있어야 한다.

상태(State)	객체가 가질 수 있는 조건으로 시간에 따라 변한다.
행위(Behavior)	객체는 어떤 연산을 수행할 수 있는 능력을 갖고 있다.
정체성(Identity)	객체는 독립적으로 식별 가능한 이름을 가지고 있다.

- 객체는 다른 객체로부터 메시지를 받았을 때 정해진 기능을 수행한다.
- 객체와 객체는 상호 연관성에 의한 관계가 형성된다.
- 객체는 일정한 기억장소를 가지고 있다.

2) 속성(Attribute)
- 객체들이 갖고 있는 데이터의 값으로 파일 처리에서 객체는 레코드, 속성은 필드와 유사한 개념이다.
- 클래스 내에 속하는 객체들이 가지고 있는 데이터의 값(Value)들을 단위별로 정의한다.

3) 메소드(Method)
- 객체가 메시지를 받아 실행해야 할 때 객체의 구체적인 연산을 의미한다.
- 객체의 상태 참조 및 변경하는 수단이다.
- 객체의 외부적인 활동을 연산이라는 전제하에서 구현된다.

4) 메시지(Message)
- 메시지는 객체들 간에 상호작용을 하는 데 사용되는 수단이다.
- 메시지 전달은 객체에서 객체로 이루어지며, 객체가 메시지를 받으면 메소드가 수행된다.

5) 클래스(Class)
- 하나 이상의 유사한 객체들을 묶어 공통된 특성을 표현한 데이터 추상화하는 단위이다.
- 공통된 속성과 연산(행위)를 갖는 객체의 집합이다.
- 클래스는 데이터 값을 저장하는 필드와 이 필드에서 연산하는 메소드로 정의한다.
- 클래스는 인스턴스들이 가질 변수와 인스턴스들이 사용할 메소드를 가진다.

기적의 TIP

인스턴스(Instance) : 같은 클래스에 속하는 개개의 객체이자 하나의 클래스에서 생성된 객체

> **기적의 TIP**
>
> **캡슐화의 특징**
> - 인터페이스가 단순화 된다.
> - 소프트웨어 재사용성이 높아진다.
> - 변경 발생 시 오류의 파급 효과가 적다.
> - 객체 간의 결합도가 낮아진다.

6) 캡슐화(Encapsulation)

- 연관된 데이터와 함수를 함께 묶어 외부와 경계를 만들고 필요한 인터페이스만을 밖으로 드러내는 과정이다.
- 데이터와 데이터를 조작하는 연산을 하나로 묶어 하나의 모듈 내에서 결합되도록 하는 것으로, 객체에 포함된 정보의 손상과 오용을 방지한다.
- 속성과 관련된 연산(Operation)을 클래스 안에 묶어서 하나로 취급하는 것을 의미한다.
- 객체의 사용자들에게 내부적인 구현의 세부적인 내용들을 은폐시키는 기능을 하는 것이다.
- 사용자에게는 상세한 구현을 감추고 필요한 사항만 보이게 한다.

7) 정보 은닉(Information Hiding)

- 캡슐 속에 있는 데이터와 함수를 외부에 노출시키지 않는 기법이다.
- 필요하지 않은 정보는 접근할 수 없도록 하여 한 모듈 또는 하부 시스템이 다른 모듈의 구현에 영향을 받지 않게 설계된다.
- 클래스 외부에서 특정 정보에 접근하는 것을 막는다.
- 다른 객체에게 자신의 정보를 숨기고 자신의 연산만을 통해 접근을 허용한다.
- 모듈들 사이의 독립성을 유지시키는 데 도움을 준다.

8) 상속(Inheritance)

- 상위 클래스의 메소드와 속성을 하위 클래스가 물려받는 것이다.
- 상위 클래스에서 속성이나 연산을 전달받아 새로운 형태의 클래스로 확장하여 사용한다.
- 하위 클래스는 상위 클래스의 모든 속성과 연산을 자신의 속성으로 사용 가능하다.
- 소프트웨어의 재사용을 높이는 개념이다.

9) 다형성(Polymorphism)

- 다형성이란 여러 가지 형태를 가지고 있다는 의미로, 여러 형태를 받아들일 수 있는 특징을 말한다.
- 현재 코드를 변경하지 않고 새로운 클래스를 쉽게 추가할 수 있다.
- 상속받은 여러 개의 하위 객체들이 다른 형태의 특성을 갖는 객체로 이용될 수 있는 성질이다.

10) 추상화(Abstraction)

- 불필요한 것을 제외하고, 공통적으로 사용 가능한 큰 틀을 구상한다.
- 공통 성질을 추출하여 슈퍼 클래스로 구성한다.
- 객체 중심의 안정된 모델을 구축한다.
- 추상화 방법

과정(기능) 추상화	모듈이 수행하는 기능 측면으로 간략화
자료 추상화	자료와 자료에 대한 조작(오퍼레이션)을 같이 정의하는 개념
제어 추상화	프로그램의 액션에 대하여 간략화, 외부 이벤트에 대한 반응 추상화

03 객체지향 분석

1) 객체지향 분석의 개념

- 소프트웨어를 개발하기 위한 비즈니스(업무)를 객체와 속성, 클래스와 멤버, 전체와 부분 등으로 나누어서 분석해 내는 기법이다.
- 데이터와 행위를 하나로 묶어 객체를 정의내리고 추상화시키는 작업을 수행한다.
- 사용자의 요구사항을 분석하여 요구된 문제와 관련된 모든 클래스(객체), 이와 연관된 속성과 연산, 관계 등을 정의하여 모델링한다.
- 문제 영역의 분석 대상을 형식적인 전략으로 기술하는 단계이다.
- 코드 재사용에 의한 프로그램 생산성 향상 및 요구에 따른 시스템의 쉬운 변경이 가능하다.
- 객체 중심의 상향식 접근 방법을 도입하였다.
- 정보와 데이터 중심으로 시스템을 개발한다.

2) 객체지향 분석 방법론

① 럼바우(Rumbaugh) 방법
- 모든 소프트웨어 구성요소를 그래픽 표기법으로 모델링하는 방법이다.
- 가장 일반적으로 사용하는 기법으로 OMT(Object Modeling Technique)라고도 한다.
- 객체 모형, 동적 모형, 기능 모형의 3개 모형을 생성하는 방법이다.

• 객체 모형 → 동적 모형 → 기능 모형 순서로 분석한다.

분류	특징	도구
객체 모형 (Object Modeling, 정보 모델링)	시스템에서 요구되는 객체를 찾아내어 속성과 연산 식별 및 객체들 간의 관계를 규정하여 다이어그램을 표시, 정적 특징 정의	객체도, 자료 사전
동적 모형 (Dynamic Modeling)	시간 흐름에 따른 객체들과 객체들 사이의 제어 흐름, 상호 작용, 동작 순서 등을 표현	상태도 (STD, State Diagram)
기능 모형 (Functional Modeling)	객체 모델링에서 규명된 객체와 동적 모델링에서 밝혀진 각 객체의 형태 변화에서 새로운 상태로 들어갔을 때 수행되는 동작들을 기술하는 데 사용	자료 흐름도(DFD)

② 부치(Booch) 방법론
• 시스템의 요구사항을 분석하여 모델링하고 문서화하기 위해 사용한다.
• 미시적, 거시적 프로세스를 모두 사용하는 분석 방법으로 클래스와 객체들을 분석 및 식별하고 속성과 연산을 정의한다.
• 표기법으로 클래스 다이어그램, 객체 다이어그램, 모듈 다이어그램, 프로세스 다이어그램을 사용한다.

③ 코드(Coad)와 요든(Yourdon) 방법론
• 소규모 시스템 개발에 적합한 방법론이다.
• E-R 다이어그램을 사용하여 객체의 행위를 데이터 모델링하는 데 초점을 둔 방법이다.
• 객체 식별, 구조 식별, 주체 정의, 속성 및 관계 정의, 서비스 정의 등의 과정으로 구성된다.

④ 워프스-브룩(Wirfs-Brocks) 방법론
• 분석과 설계 프로세스 간에 뚜렷한 구분이 없다.
• 고객 명세의 평가로 시작하여 설계로 끝나는 연속적인 프로세스로 접근하는 방법이다.

⑤ 야콥슨(Jacobson) 방법론
• Use Case를 사용하는 분석 방법이다.
• 사용자가 제품 또는 시스템과 어떻게 상호작용하는지를 서술한 시나리오로 접근하는 방법이다.

04 객체지향 설계

1) 객체지향 설계의 원칙

- 시스템 변경이나 확장에 유연한 시스템을 설계하기 위해 지켜야 할 원칙이다.
- SOLID 원칙이라고도 한다.

① 단일 책임의 원칙(SRP, Single Responsibility Principle)
- 객체는 단 하나의 책임만 가진다.
- 응집도는 높고, 결합도는 낮게 설계한다.

② 개방-폐쇄의 원칙(OCP, Open-Closed Principle)
- 기존의 코드를 변경하지 않고 기능을 추가할 수 있도록 설계되어야 한다.
- 클래스는 확장에 대해 열려 있어야 하며 변경에 대해 닫혀 있어야 한다.

③ 리스코프 교체 원칙(LSP, Liskov Substitution Principle)
- 리스코프 치환 원칙이라고도 하며, 핵심은 부모 클래스의 행동 규약을 자식 클래스가 위반하면 안 된다는 것이다.
- 서브 타입(상속받은 하위 클래스)은 어디에서나 자신의 기반 타입(상위 클래스)으로 교체할 수 있어야 한다.

④ 인터페이스 분리 원칙(ISP, Interface Segregation Principle)
- 어떤 클래스가 다른 클래스에 종속될 때에는 최소한의 인터페이스만을 사용해야 한다는 원칙이다.
- 클라이언트는 자신이 사용하지 않는 메서드와 의존 관계를 맺으면 안 된다.
- 클라이언트가 사용하지 않는 인터페이스때문에 영향을 받아서는 안 된다.

⑤ 의존 역전 원칙(DIP, Dependency Inversion Principle)
- 각 객체들 간의 의존 관계가 성립될 때 추상성이 낮은 클래스보다 추상성이 높은 클래스와 의존 관계를 맺어야 한다.
- 추상화는 세부 사항에 의존해서는 안 되고 세부 사항(구체적인 구현)은 추상화에 의존해야 한다는 것으로, 변화하기 쉬운 것에 의존하지 말라는 원칙이다.

합격을 다지는 예상문제

선다형(필기)

01 캡슐화(Encapsulation)의 특징으로 볼 수 없는 것은?
① 인터페이스가 단순화 된다.
② 소프트웨어 재사용성이 높아진다.
③ 변경 발생 시 오류의 파급 효과가 적다.
④ 객체 간의 결합도가 높아진다.

[정답] ④
[해설] 캡슐화가 되면 객체 간의 결합도가 낮아져서 모듈의 품질이 향상된다.

02 럼바우 방법론에서 사용하는 모형 중 동적 모형에 대한 설명으로 옳은 것은?
① 속성과 연산 식별 및 객체들 간의 관계를 다이어그램으로 표현한다.
② 시간 흐름에 따른 객체들과 객체들 사이의 제어 흐름, 상호작용, 동작 순서 등을 표현한다.
③ 객체도와 자료 사전을 이용한다.
④ 각 객체의 형태 변화에서 새로운 상태로 들어갔을 때 수행되는 동작들을 기술하는 데 사용한다.

[정답] ②
[해설] ①, ③은 객체 모형, ④는 기능 모형

03 객체지향 기법에서 공통된 속성에 의해 정의된 객체 및 클래스의 인스턴스를 표현할 때 유용한 관계로, 'is Instance of'로 나타내는 용어는?
① 분류화
② 연관화
③ 집단화
④ 일반화

[정답] ①
[해설] 연관화는 'is Member of', 집단화는 'is Part of', 일반화는 'is a'

04 객체지향 설계의 원칙 중 기존의 코드를 변경하지 않고 기능을 추가할 수 있도록 설계되어야 한다는 원칙은 무엇인가?
① 단일 책임의 원칙(SRP)
② 리스코프 교체 원칙(LSP)
③ 개방-폐쇄의 원칙(OCP)
④ 인터페이스 분리 원칙(ISP)

[정답] ③
[해설] 개방-폐쇄의 원칙은 기존의 코드를 변경하지 않고 기능을 추가할 수 있도록 설계되어야 한다는 원칙이다. 클래스는 확장에 대해 열려 있어야 하며 변경에 대해 닫혀 있어야 한다.

05 객체지향 기법에서 객체가 메시지를 받아 실행해야 할 구체적인 연산을 정의한 것은?
① 메소드
② 클래스
③ 속성
④ 인스턴스

[정답] ①
[해설] 메소드(Method)는 객체가 메시지를 받아 실행해야 할 객체의 구체적인 연산으로, 객체의 상태를 참조하거나 변경하는 수단이다.

06 객체지향 분석 방법론에 해당하지 않는 것은?
① 부치(Booch) 방법론
② 구조적 방법론
③ Coad/Yourdon 방법론
④ OMT 방법론

[정답] ②
[해설] 객체지향 분석 방법론에는 럼바우(Rumbaugh) 방법론(OMT 방법론), 부치(Booch) 방법론, Jacobson 방법론, Wirfs-Brocks 방법론, Coad/Yourdon 방법론 등이 있다.

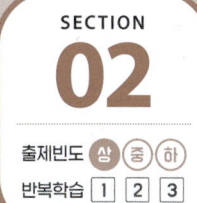

UML 다이어그램

빈출 태그 ▶ #UML #UML 구성요소 #일반화 관계 #다이어그램 #유스케이스 #시퀀스 다이어그램

01 UML(Unified Modeling Language) 다이어그램

1) UML의 정의

- 객체지향 방법론 중에서 Rumbaugh의 OMT 방법론과 Booch의 Booch 방법론, Jacobson의 OOSE 방법론을 통합하여 만든 모델링 개념의 공통 집합이다.
- 객체지향 분석 및 설계 방법론의 표준 지정을 목표로 제안된 모델링 언어이다.
- 객체지향 소프트웨어를 모델링하는 표준 그래픽 언어로, 심벌과 그림을 사용해 객체지향 개념을 나타낼 수 있다.
- 소프트웨어 아키텍처 설계 소프트웨어에 대한 요구사항 정의, 분석과 설계 모델링 작업에서 널리 활용되고 있다.
- 소프트웨어의 구성요소와 그것들의 관계 및 상호작용을 시각화한 것이다.

2) UML의 구성요소

사물	관계	다이어그램	
· 구조 사물 · 행동 사물 · 그룹 사물 · 주해 사물	· 연관 관계 · 포함 관계 · 일반화 관계 · 의존 관계 · 실체화 관계	정적(구조) 다이어그램 · 클래스 다이어그램 · 객체 다이어그램 · 컴포넌트 다이어그램 · 배치 다이어그램	동적(행위) 다이어그램 · 유스케이스 다이어그램 · 액티비티 다이어그램 · 시퀀스 다이어그램 · 상태 다이어그램 · 활동 다이어그램

① 사물(Things)
- 모델 구성의 기본 요소로 추상적인 개념이다.
- 시스템의 구조와 행위 등을 표현하고 개념들을 그룹화하기 위한 것들로 구성되어 있다.

② 관계(Relationships)
- 사물 간의 연결 관계를 추상화하여 표현한다.

연관 관계 (Association)	구조적 관점에서 사물들의 연결을 표현	————
포함 관계 (Composition)	사물 사이의 포함 관계를 표현	———◆

일반화 관계 (Generalization)	• 사물 간의 특수화, 일반화 관계를 표현 • 클래스 다이어그램의 상속 관계	———▷
의존 관계 (Dependency)	• 사물 간의 서로 영향을 미치는 관계를 표현 • 포함 의존 관계, 확장 의존 관계	• 포함 의존 관계 《include》 - - - - - -▶ • 확장 의존 관계 《extend》 ◀- - - - - -
실체화 관계 (Realization)	• 사물이 수행하기로 되어 있는 제약을 명세화 • 인터페이스와 구현 클래스 관계	- - - - - -▷

③ 다이어그램(Diagram)
- 사물들 간의 관계를 도형으로 표현한 것으로, 여러 관점에서 시스템을 가시화한 뷰(View)를 제공함으로써 의사소통에 도움을 준다.
- 정적 모델링에서 사용하는 구조적 다이어그램, 동적 모델링에서 사용하는 행위 다이어그램을 주로 사용한다.

02 정적 다이어그램과 동적 다이어그램

1) 정적 다이어그램(Structural Diagram)

> **기적의 TIP**
> 시스템의 정적인 부분을 가시화하기 위하여 정적 다이어그램을 이용하여 표현합니다.

① 클래스 다이어그램(Class Diagram)
- 시스템을 구성하는 클래스와 인터페이스 사이의 정적인 관계를 표현한 다이어그램이다.
- 주요 시스템 구조를 파악하고 구조상의 문제점을 도출할 수 있다.

② 객체 다이어그램(Object Diagram)
- 클래스 다이어그램에 포함된 사물들의 인스턴스(Instance)를 특정 시점의 객체와 객체 사이의 관계로 표현한 다이어그램이다.

③ 컴포넌트 다이어그램(Component Diagram)
- 실제 구현 모듈인 컴포넌트 간의 관계를 표현하는 다이어그램이다.

④ 배치 다이어그램(Deployment Diagram)
- 노드와 노드 사이에 존재하는 컴포넌트들의 물리적인 구성을 표현하는 다이어그램이다.

2) 동적 다이어그램(Behavioral Diagram)

> **기적의 TIP**
> 시스템의 동적인 부분을 가시화하기 위하여 동적 다이어그램을 이용하여 표현합니다.

① 유스케이스 다이어그램(Use Case Diagram)
- 시스템의 요구사항 중 기능적인 요구사항은 유스케이스 단위로 표현한다.
- 유스케이스 다이어그램은 사용자와 시스템 간의 상호작용을 나타낸다.
- 액터(Actor)와 이들 간의 관계는 다이어그램으로 표현한다.
- 유스케이스는 UML에서 시스템에 제공되는 고유 기능 단위이며, 액터(Actor, 행위자)를 통해 시스템을 수행하는 것이 목표이다.

> **더 알기 TIP**
>
> **포함과 확장 관계**
>
> 유스케이스(Use Case, 사용 사례)의 구성요소 간 관계에는 연관, 포함, 확장, 일반화, 그룹화 등이 있으며 기능 수행 시 반드시 포함하거나 선택적으로 수행할 수 있는 관계를 점선으로 표시한다.
>
> | 포함(Include) | 시스템의 기능이 별도의 기능을 포함 | ----《include》▶ |
> |---|---|---|
> | 확장(Extend) | 기본 유스케이스 수행 시 특별한 조건을 만족할 때 수행하는 유스케이스 | ◀----《extend》 |

② 시퀀스 다이어그램(Sequence Diagram)
- 시스템의 내부적인 로직 흐름을 동적으로 표현한 다이어그램이다.
- 시간의 흐름에 따른 객체 간의 상호작용을 명세화하여 나타낸다.
- 객체와 객체 사이의 관계와 객체들끼리 상호 교환하는 메시지의 순서를 강조하여 표현한다.
- 구성 : 객체(Object), 생명선(Lifeline), 실행(Activation), 메시지(Message), 시간

③ 상태 다이어그램(State Diagram)
- 시스템의 동적인 상태를 나타내는 다이어그램이다.
- 이벤트에 따라 순차적으로 발생하는 객체의 상태 변화를 표현한다.

④ 활동 다이어그램(Activity Diagram)
- 시스템의 내부 활동에 대한 흐름을 행위에 따라 변화하는 객체의 상태를 표현하는 다이어그램이다.

03 UML을 이용한 모델링

① 기능 모델링
- 요구사항의 정의 단계에서 주로 유스케이스 다이어그램을 사용하여 시스템으로부터 도출된 기능적 요구사항을 표현한다.

② 정적 모델링
- 시스템의 정적 구조를 클래스와 클래스 간에서 객체가 상호 관계할 수 있는 메시지로 표현한다.
- 클래스 다이어그램, 패키지 다이어그램 등을 활용한다.

③ 동적 모델링
- 시스템을 구성하는 시간의 흐름에 따라 요소들 간에 인스턴스된 객체들 사이에 메시지를 교환함으로써 객체의 상호작용을 표현한다.
- 시퀀스 다이어그램과 활동 다이어그램, 상태 다이어그램 등을 활용한다.

합격을 다지는 예상문제

선다형(필기)

01 UML의 기본 구성요소가 아닌 것은?

① 사물
② 관계
③ 단말
④ 다이어그램

> **정답** ③
> **해설**
> UML의 구성요소는 사물, 관계, 다이어그램이다.

02 UML의 다이어그램은 정적 다이어그램과 동적 다이어그램으로 나눌 수 있다. 다음 중 분류가 다른 하나는 무엇인가?

① 클래스 다이어그램(Class Diagram)
② 객체 다이어그램(Object Diagram)
③ 컴포넌트 다이어그램(Component Diagram)
④ 시퀀스 다이어그램(Sequence Diagram)

> **정답** ④
> **해설**
> 시퀀스 다이어그램(Sequence Diagram)은 동적 다이어그램에 해당한다.

03 다음 관계와 표기법이 맞게 연결된 것은 어느 것인가?

① 연관 관계(Association) : ‑ ‑ ‑ ‑ ‑ ‑ ‑▷
② 포함 관계(Composition) : ─────
③ 일반화 관계(Generalization) : ─────▷
④ 실체화 관계(Realization) : ─────◆

> **정답** ③
> **해설**
>
> | 연관 관계 | ───── |
> | 포함 관계 | ────◆ |
> | 일반화 관계 | ────▷ |
> | 실체화 관계 | ‑ ‑ ‑ ‑▷ |

04 UML의 다이어그램에 대한 설명으로 옳지 않은 것은?

① 시퀀스(sequence) 다이어그램은 시스템이 내부 또는 외부 이벤트에 대해 어떻게 반응하는지 보여준다.
② 클래스(class) 다이어그램은 시스템의 클래스들과 그들 간의 연관을 보여준다.
③ 유스케이스(usecase) 다이어그램은 사용자와 시스템 간의 상호작용을 보여준다.
④ 배치 다이어그램(Deployment Diagram)은 노드와 노드 사이에 존재하는 컴포넌트들의 물리적인 구성을 표현한다.

> **정답** ①
> **해설**
> • 시퀀스(Sequence) 다이어그램은 시스템의 내부적인 로직 흐름을 동적으로 표현한 다이어그램이다.
> • ①은 상태(State) 다이어그램에 대한 설명이다.

05 UML을 이용한 모델링 중 주로 시퀀스 다이어그램과 활동 다이어그램, 상태 다이어그램 등을 활용하는 모델링은 무엇인가?

① 기능 모델링
② 동적 모델링
③ 정적 모델링
④ 상세 모델링

> **정답** ②
> **해설**
> 동적 모델링은 시스템을 구성하는 시간의 흐름에 따라 객체의 상호작용을 표현하는 모델링으로, 시퀀스 다이어그램, 활동 다이어그램, 상태 다이어그램 등을 활용한다.

SECTION 03 디자인 패턴

빈출 태그 ▶ #디자인 패턴 #디자인 패턴 구성요소 #생성 패턴 #행위 패턴 #Factory Method 패턴

01 디자인 패턴(Design Pattern)

1) 디자인 패턴의 개념

- 소프트웨어 설계에서 자주 발생하는 문제에 대한 일반적이고 반복적인 해결 방법을 뜻한다.
- 모듈의 세분화된 역할이나 모듈들 간의 인터페이스 구현 방식을 설계할 때 참조할 수 있는 전형적인 해결 방식이다.
- 프로그램 개발에 자주 등장하는 문제를 기술하고 같은 작업을 반복하여 설계하지 않고 여러 번 반복하여 사용할 수 있는 문제에 대한 솔루션 기술을 의미한다.
- 한 패턴에 변형을 가하거나 어떠한 요구사항을 반영하면 다른 패턴으로 변형되는 특징이 있다.

2) 디자인 패턴의 장단점

장점	• 객체지향 설계 및 구현의 생산성을 높이는 데 적합하다. • 개발자들 간의 원활한 의사소통이 가능하다. • 소프트웨어의 아키텍처를 쉽게 파악할 수 있다. • 재사용성과 확장성이 좋아 개발 시간을 단축할 수 있다. • 설계 변경에 따른 유연성과 이식성이 좋아진다. • 소프트웨어 코드의 품질을 향상시킬 수 있다 • 소프트웨어의 품질과 생산성을 향상시킬 수 있다.
단점	• 객체지향 개발 위주로만 사용할 수 있다. • 초기 비용이 많이 든다.

> **기적의 TIP**
> 디자인 패턴의 필수 구성 요소 : 콘텍스트(Context), 문제(Problem), 해결(Solution)

> **기적의 TIP**
> - 콘텍스트(Context) : 문제가 발생하는 여러 상황을 기술
> - 문제(Problem) : 패턴이 적용되어 해결될 필요가 있는 여러 디자인 이슈를 기술
> - 해결(Solution) : 문제를 해결하도록 설계를 구성하는 요소들과 그 요소들 사이의 관계, 책임, 협력 관계를 기술

02 GoF(Gang of Four) 디자인 패턴

- 에리히 감마(Erich Gamma), 리처드 헬름(Richard Helm), 랄프 존슨(Ralph Johnson), 존 블리시데스(John Vlissides)가 쓴 소프트웨어 설계에 있어 공통된 문제들에 대한 표준적인 해법과 작명법을 제안한 책에서 비롯되었다.
- 23가지의 디자인 패턴을 정리하고 각각의 디자인 패턴을 생성, 구조, 행위로 분류하였다.

1) 디자인 패턴의 구성요소

패턴의 이름과 구분	패턴을 부를 때 사용하는 이름과 패턴의 유형
문제 및 배경	패턴이 사용되는 분야 또는 배경, 해결하는 문제
솔루션	패턴을 이루는 요소들, 관계, 협동 과정
사례	간단한 적용 사례
결과	패턴을 사용하면 얻게 되는 이점이나 영향
샘플 코드	패턴이 적용된 원시 코드

2) 디자인 패턴의 분류

① 목적에 따른 패턴의 분류

생성 패턴 (Creational)	• 객체를 생성하는 데 사용되는 패턴 • 클래스 정의와 객체 생성 방식을 구조화, 캡슐화 할 방법을 제시
구조 패턴 (Structural)	• 여러 개의 객체를 모아 구조화(합성) 시키는 패턴 • 여러 개의 객체에 접근할 수 있는 인터페이스를 제공
행위 패턴 (Behavioral)	• 객체의 구체적인 알고리즘을 정의하는 패턴 • 클래스나 객체들이 상호작용하는 방법과 책임을 분산하는 방법을 정의 • 객체 사이의 결합도를 최소화

> **기적의 TIP**
> • 클래스 패턴 : 클래스와 서브 클래스 간의 관련성, 상속을 통해 관련되며, 컴파일 타임에 정적으로 결정
> • 객체 패턴 : 객체 간의 관련성을 다루고, 런타임에 변경될 수 있는 동적인 성격

② 범위에 따른 패턴의 분류

구분		목적에 의한 분류		
		생성	구조	행위
범위	클래스	• Factory method	• Adapter(Class)	• Interpreter • Template method
	객체	• Abstract Factory • Singleton • Prototype • Builder	• Adapter(Object) • Bridge • Composite • Decorator • Facade • Flyweight • Proxy	• Chain of Responsibility • Command • Iterator • Mediator • Memento • Observer • State • Strategy • Visitor

03 생성 패턴 종류

① 팩토리 메소드 패턴(Factory Method Pattern)

- 객체를 생성하기 위한 인터페이스를 정의하여 어떤 클래스가 인스턴스화 될 것인지를 서브 클래스가 결정하도록 하는 것이다.
- 상위 클래스에서 객체를 생성하는 인터페이스를 정의하고, 하위 클래스에서 인스턴스를 생성하도록 하는 방식이다.
- Virtual-Constructor Pattern이라고도 한다.

② 추상 팩토리 패턴(Abstract Factory Pattern)
- 구체적인 클래스에 의존하지 않고, 인터페이스를 통해 서로 연관·의존하는 객체들의 그룹으로 생성하여 추상적으로 표현한다.

③ 빌더 패턴(Builder Pattern)
- 객체의 생성 과정과 표현 방법을 분리하고 있어, 동일한 객체 생성에서도 서로 다른 결과를 만들어 낼 수 있다.

④ 프로토타입 패턴(Prototype Pattern)
- 프로토타입을 먼저 생성하고 인스턴스를 복제하여 사용하는 구조이다.

⑤ 싱글턴 패턴(Singleton Pattern)
- 특정 클래스의 인스턴스가 오직 하나임을 보장하고, 이 인스턴스에 대한 접근 방법을 제공한다.

04 구조 패턴의 종류

① 어댑터 패턴(Adapter Pattern)
- 호환성이 없는 클래스들의 인터페이스를 다른 클래스가 이용할 수 있도록 변환해주는 패턴이다.

② 브리지 패턴(Bridge Pattern)
- 구현부에서 추상층을 분리하여 서로가 독립적으로 확장할 수 있도록 구성한 패턴이다.
- 기능과 구현을 두 개의 별도 클래스로 구현한다.

③ 컴포지트 패턴(Composite Pattern)
- 여러 객체를 가진 복합 객체와 단일 객체를 구분 없이 다룰 때 사용하는 패턴이다.

④ 데코레이터 패턴(Decorator Pattern)
- 객체 간의 결합을 통해 능동적으로 기능들을 확장할 수 있는 패턴이다.

⑤ 퍼싸드 패턴(Facade Pattern)
- 복잡한 서브 클래스들을 피해 더 상위에 인터페이스를 구성함으로써 서브 클래스들의 기능을 간편하게 사용할 수 있도록 하는 패턴이다.
- 개발자가 사용해야 하는 서브 시스템의 가장 앞쪽에 위치하면서 서브 시스템에 있는 객체들을 사용할 수 있도록 인터페이스 역할을 하는 디자인 패턴이다.

⑥ 플라이웨이트 패턴(Flyweight Pattern)
- 인스턴스가 필요할 때마다 매번 생성하는 것이 아니고 가능한 한 공유해서 사용함으로써 메모리를 절약하는 패턴이다.

⑦ 프록시 패턴(Proxy Pattern)
- 접근이 어려운 객체와 여기에 연결하려는 객체 사이에서 인터페이스 역할을 수행하는 패턴이다.

05 행위 패턴의 종류

① 책임 연쇄 패턴(Chain of Responsibility Pattern)
- 책임들이 연결되어 있어 내가 책임을 못질 것 같으면 다음 책임자에게 자동으로 넘어가는 구조를 갖는다.
- 요청을 처리할 수 있는 각 객체들이 고리(Chain)로 묶여 있어 요청이 해결될 때까지 고리를 따라 책임이 넘어간다.

② 커맨드 패턴(Command Pattern)
- 여러 기능을 실행할 수 있도록 재사용성이 높은 클래스를 설계하는 패턴이다.
- 요청을 객체의 형태로 캡슐화하여 재사용하거나 취소할 수 있도록 저장한다.

③ 해석자 패턴(Interpreter Pattern)
- 특정 언어의 문법 표현을 정의한다.

④ 반복자 패턴(Iterator Pattern)
- 내부를 노출하지 않고 접근이 잦은 어떤 객체의 원소를 순차적으로 접근할 수 있는 동일한 인터페이스를 제공한다.

⑤ 옵서버 패턴(Observer Pattern)
- 객체 상태가 변할 때 관련 객체들이 그 변화를 통지받고 자동으로 갱신될 수 있게 한다.

⑥ 전략 패턴(Strategy Pattern)
- 동일 계열의 알고리즘군을 정의하고 캡슐화하여 상호교환이 가능하도록 한다.

⑦ 템플릿 메서드 패턴 (Templatemethod Pattern)
- 상위 클래스는 알고리즘의 골격만을 작성하고 구체적인 처리는 서브 클래스로 위임한다.

⑧ 방문자 패턴(Visitor Pattern)
- 객체의 원소에 대해 수행할 연산을 분리하여 별도의 클래스로 구성한다.

⑨ 중재자 패턴(Mediator Pattern)
- 객체 간의 통제와 지시의 역할을 하는 중재자를 두어 객체지향의 목표를 달성하게 해준다.
- 한 집합에 속해 있는 객체들의 상호작용을 캡슐화하여 새로운 객체로 정의한다.

⑩ 상태 패턴(State Pattern)
- 객체의 상태에 따라 동일한 동작을 다르게 처리해야 할 때 사용한다.

⑪ 기념품 패턴(Memento Pattern)
- 객체가 특정 상태로 다시 되돌아올 수 있도록 내부 상태를 실체화한다.

합격을 다지는 예상문제

선다형(필기)

01 디자인 패턴에 대한 설명으로 옳지 않은 것은?
① 일반적으로 디자인 패턴을 이용하면 좋은 설계나 아키텍처를 재사용하기 쉬워진다.
② 패턴은 사용 목적에 따라서 생성 패턴, 구조 패턴, 행위 패턴으로 분류할 수 있다.
③ 생성 패턴은 빌더(Builder), 추상 팩토리(Abstract Factory) 등을 포함한다.
④ 객체지향 개발, 구조적 개발에 모두 효과적으로 사용할 수 있다.

정답 ④
해설 디자인 패턴은 객체지향 개발 위주로만 사용할 수 있다.

02 다음 설명의 ⊙에 들어갈 용어로 옳은 것은?

> (⊙)(은)는 유사한 문제를 해결하기 위해 설계들을 분류하고 각 문제 유형별로 가장 적합한 설계를 일반화하여 체계적으로 정리해 놓은 것으로, 소프트웨어 개발에서 효율성과 재사용성을 높일 수 있다.

① 소프트웨어 아키텍처 ② UML
③ 소프트웨어 개발 생명주기 ④ 디자인 패턴

정답 ④

03 디자인 패턴은 목적에 따라 생성 패턴, 구조 패턴, 행위 패턴으로 분류할 수 있다. 다음 중 생성 패턴은 어느 것인가?
① 반복자 패턴(Iterator Pattern) ② 빌더 패턴(Builder Pattern)
③ 어댑터 패턴(Adapter Pattern) ④ 퍼싸드 패턴(Facade Pattern)

정답 ②
해설 ①은 행위 패턴, ③과 ④는 구조 패턴

04 다음 디자인 패턴 중 클래스 패턴에 해당하지 않는 것은?
① 해석자 패턴(InterpreterPattern)
② 어댑터 패턴(Adapter Pattern)
③ 프로토타입 패턴(Prototype Pattern)
④ 팩토리 메소드 패턴(Factory Method Pattern)

정답 ③
해설 디자인 패턴은 범위에 따라서 클래스 패턴과 객체 패턴으로 나눌 수 있다. ③은 객체 패턴에 해당한다.

05 다음 중 디자인 패턴에 대한 설명으로 옳지 않은 것은?
① 컴포지트 패턴(Composite Pattern)은 여러 객체를 가진 복합 객체와 단일 객체를 구분 없이 다룰 때 사용하는 패턴이다.
② 싱글턴 패턴(Singleton Pattern)은 특정 클래스의 인스턴스가 오직 하나임을 보장하고, 이 인스턴스에 대한 접근 방법을 제공한다.
③ 데코레이터 패턴(Decorator Pattern)은 구현부에서 추상층을 분리하여 서로가 독립적으로 확장할 수 있도록 구성한 패턴이다.
④ 빌더 패턴(Builder Pattern)은 객체의 생성 과정과 표현 방법을 분리하고 있어, 동일한 객체 생성에서도 서로 다른 결과를 만들어 낼 수 있다.

정답 ③
해설
• 데코레이터 패턴(Decorator Pattern)은 객체 간의 결합을 통해 능동적으로 기능들을 확장할 수 있는 패턴이다.
• ③은 브리지 패턴(Bridge Pattern)에 대한 설명이다.

PART

03

애플리케이션
테스트 및 배포

CHAPTER

01

애플리케이션 테스트 수행

학습 방향

테스트의 종류와 테스트 수행 단계별 설명을 충분히 숙지해야 합니다. 화이트 박스 테스트와 블랙 박스 테스트의 차이점, 알파 테스트와 베타 테스트의 차이점에 대해서 확실하게 인지해야 합니다. UI의 개념과 인터페이스 종류에 대해서도 학습하세요.

SECTION 01 통합개발환경(IDE) 도구 활용

빈출 태그 ▶ #IDE #협업 도구

01 통합개발환경(IDE, Integrated Development Environment)

- 기존의 소프트웨어 개발은 컴파일러, 텍스트 편집기, 디버거 등을 모두 따로 사용하여 효율이 떨어졌다.
- 코딩, 디버그, 컴파일, 배포 등 프로그램 개발에 관련된 모든 작업을 하나의 프로그램 안에서 처리하는 환경을 제공하는 소프트웨어이다.
- 공통된 개발자 툴을 하나의 그래픽 사용자 인터페이스(Graphical User Interface, GUI)로 결합하는 애플리케이션을 구축하기 위한 소프트웨어이다.

1) IDE 구성요소

① 소스코드 편집기
- 소프트웨어 코드를 작성하도록 돕는 텍스트 편집기이다.
- 언어별 자동 완성 기능과 코드 작성 중 버그 검사를 제공한다.

② 로컬 빌드 자동화
- 간편하고 반복 가능한 태스크를 개발자가 사용하는 소프트웨어의 로컬 빌드를 생성할 때 자동화해주는 유틸리티이다.
- 컴퓨터 소스코드를 바이너리 코드로 컴파일링한다.
- 바이너리 코드를 패키징하고 자동화 테스트를 실행한다.

③ 디버거
- 원본 코드에 있는 버그 위치를 그래픽으로 표시할 수 있는 다른 프로그램을 테스트하는 프로그램이다.

2) 협업 도구

- 개발에 참여하는 사람들이 서로 다른 작업 환경에서 원활히 프로젝트를 수행할 수 있도록 도와주는 도구이며 협업 소프트웨어, 그룹웨어라고도 한다.
- 종류

커뮤니케이션 도구	메시지나 파일, 데이터, 혹은 문서를 사람들 사이에 주고 받을 수 있게 만들어 정보의 공유 증진 ⓔ 전자메일, 팩스, 웹 등
회의 도구	상호 대화적인 방식으로 정보의 공유 증진 ⓔ 화상회의, 대화방, 전화회의 시스템 등
협업 관리 도구	그룹 내의 활동을 관리하고 증진 ⓔ 전자 달력, 프로젝트 관리 시스템 등

02 통합개발환경 도구의 종류

종류	개발사	플랫폼	운영체제	지원 언어
이클립스 (Eclipse)	IBM, 이클립스 재단	크로스 플랫폼 (자바)	윈도우, 리눅스, AIX, 솔라리스, MacOS X	자바, C, C++, PHP, JSP
비주얼 스튜디오 (Visual Studio)	마이크로소프트	Win32, win64	윈도우 시리즈, MacOS	비주얼 베이직, 비주얼 베이직 닷넷, 비주얼 C++, 비주얼 C 샤프, F 샤프
IntelliJ IDEA	젯브레인즈	운영체제	윈도우, MacOS, 리눅스	자바, 코틀린, 그루비, 스칼라
라자루스 (Lazarus)	Lazarus team	크로스 플랫폼	리눅스 배포판, FreeBSD, MacOS X, 윈도우	프리 파스칼, 파스칼 SDK
C++ 빌더 (C++ Builder)	엠바카데로 테크놀로지스	Win32	윈도우	C, C++
제이빌더 (J Builder)				JAVA

합격을 다지는 예상문제

선다형(필기)

01 IDE(Integrated Development Environment) 도구의 각 기능에 대한 설명으로 **틀린** 것은?
① 컴파일(Compile) - 저급언어의 프로그램을 고급언어 프로그램으로 변환하는 기능
② 코딩(Coding) - 프로그래밍 언어를 가지고 컴퓨터 프로그램을 작성할 수 있는 환경을 제공
③ 디버깅(Debugging) - 프로그램에서 발견되는 버그를 찾아 수정할 수 있는 기능
④ 배포(Deployment) - 소프트웨어를 최종 사용자에게 전달하기 위한 기능

정답 ①
해설 컴파일은 고급언어의 프로그램을 저급언어로 변환하는 기능을 담당한다.

서술형(실기)

02 코딩, 디버그, 컴파일, 배포 등 프로그램 개발에 관련된 모든 작업을 하나의 프로그램 안에서 처리하는 환경을 제공하는 소프트웨어를 무엇이라 하는지 쓰시오.
· 답 :

정답 통합개발환경 또는 IDE
해설 통합개발환경(IDE)는 기존에 소프트웨어를 개발할 때 컴파일러, 텍스트 편집기, 디버거 등을 모두 따로 사용하여 효율이 떨어진 것을 보완하기 위해 개발된 소프트웨어로 코딩, 디버그, 컴파일, 배포 등 프로그램 개발에 관련된 모든 작업을 하나의 프로그램 안에서 처리하는 환경을 제공한다.

SECTION 02 애플리케이션 테스트

빈출 태그 ▶ #테스트 #디버거 #파레토 법칙 #화이트 박스 테스트 #블랙 박스 테스트 #검증 #확인

01 애플리케이션 테스트 개요

1) 테스트의 개념

- 소프트웨어 테스트란 구현된 응용 애플리케이션이나 시스템이 사용자가 요구하는 기능의 동작과 성능, 사용성, 안정성 등을 만족하는지 확인하기 위하여 소프트웨어의 결함을 찾아내는 활동이다.
- 애플리케이션의 품질을 확보하고 결함을 찾아내기 위해 수행되는 일련의 작업이다.
- 시스템이 정해진 요구를 만족하는지, 예상과 실제 결과가 어떤 차이를 보이는지 수동 또는 자동 방법을 동원하여 검사하고 평가하는 일련의 과정을 의미한다.
- 오류 발견을 목적으로 프로그램을 실행하여 품질을 평가하는 과정이다.
- 노출되지 않은 숨어있는 결함(Fault)을 찾기 위해 소프트웨어를 작동시키는 일련의 행위와 절차이다.

> **기적의 TIP**
> 디버깅(Debugging) : 이미 노출된 소프트웨어의 결함을 없애는 작업

2) 테스트의 필요성

오류 발견	프로그램에 잠재된 오류를 발견하고 이를 수정하여 올바른 프로그램을 개발하는 활동이다.
오류 예방	프로그램 실행 전에 코드 리뷰, 동료 검토, 인스펙션 등을 통해 오류를 사전에 발견하는 예방 차원의 활동이다.
품질 향상	사용자의 요구사항 및 기대 수준을 만족하도록 반복적인 테스트를 거쳐 제품의 신뢰도를 향상하는 품질 보증 활동이다.

3) 테스트의 기본 원칙

① 테스팅은 결함을 밝히는 활동이다.
- 테스팅은 소프트웨어의 잠재적인 결함을 줄일 수 있지만, 결함이 발견되지 않아도 결함이 없다고 증명할 수 없음을 나타낸다.

② 완벽한 테스팅은 불가능하다.
- 무한 경로, 무한 입력 값, 무한 시간이 소요되어 완벽하게 테스트할 수 없으므로 리스크 분석과 우선순위를 토대로 테스트에 집중할 것을 의미한다.

③ 테스팅은 개발 초기에 시작해야 한다.
- 애플리케이션의 개발 단계에 테스트를 계획하고 SDLC(Software Development Life Cycle)의 각 단계에 맞춰 전략적으로 접근하는 것을 고려해야 한다.

➕ 더 알기 TIP

Boehm의 법칙
초기 개발 단계에서 결함을 발견하면 많은 시간과 비용을 절약할 수 있지만 나중 단계에서 발견하면 비용이 많이 들어간다는 법칙이다. 요구사항을 수정하는 것이 SW를 수정하는 것보다 쉽다는 의미이기도 하다.

④ 결함 집중(Defect Clustering)을 고려한다.
- 애플리케이션 결함의 대부분은 소수의 특정한 모듈에 집중되어 존재한다.
- 파레토(Pareto)의 법칙 : 소프트웨어 제품에서 발견되는 전체 결함의 80%는 소프트웨어 제품의 전체 기능 중 20%에 집중되어 있다.

⑤ 살충제 패러독스(Pesticide Paradox)를 고려한다.
- 동일한 테스트 케이스로 반복 실행하면 결함을 발견할 수 없다.
- 애플리케이션에 잠재된 보다 많은 결함을 발견하기 위해서는 테스트 케이스를 주기적으로 리뷰하고 개선해야 한다.

⑥ 테스팅은 정황(Context)에 의존한다.
- 정황과 비즈니스 도메인에 따라 테스트를 다르게 수행하여야 한다.

⑦ 오류-부재의 궤변(Absence of Errors Fallacy)을 고려한다.
- 사용자의 요구사항을 만족하지 못하는 오류를 발견하고 그 오류를 제거하였다 해도, 해당 애플리케이션의 품질이 높다고 말할 수 없다.

3) 테스트 작업 과정

① 목표 설정 : 테스트에 의하여 무엇을 점검할 것인지 결정한다.
② 테스트 방법 결정 : 어떤 방법을 이용하여 어떻게 테스트할 것인지 결정한다.
③ 테스트 케이스 개발 : 테스트 케이스를 개발한다.
④ 예상되는 올바른 결과 작성 : 실제 테스트 수행 전 올바른 결과값을 확인한다.
⑤ 테스트 실행 : 작성한 테스트 케이스로 테스트를 실행한다.

> 🏁 **기적의 TIP**
> 테스트 케이스 : 테스트 자료나 실행될 조건으로, 시험 조건, 테스트 데이터, 예상 결과를 포함하는 것

> 🏁 **기적의 TIP**
> 테스트 오라클(Test Oracle) : 테스트의 결과가 참인지 거짓인지를 판단하기 위해서 사전에 정의된 참값을 입력하여 비교하는 기법 및 활동

02 테스트 유형

1) 프로그램 실행 여부에 따른 테스트의 종류

① 정적 테스트(Static Test)
- 프로그램 실행 없이 소스코드의 구조를 분석하여 논리적으로 검증하는 테스트로 인스펙션, 코드 검사, 워크스루 등이 있다.

② 동적 테스트(Dynamic Test)
- 프로그램의 실행을 요구하는 테스트로 화이트 박스 테스트와 블랙 박스 테스트가 있다.

2) 테스트 기법에 따른 테스트의 종류

① 화이트 박스 테스트(White Box Test)

- 화이트 박스 테스트는 모듈의 논리적인 구조를 체계적으로 점검할 수 있다.
- 프로그램의 내부 로직(수행 경로 구조, 루프 등)을 보면서 테스트를 수행한다.
- 테스트 데이터를 이용해 실제 프로그램을 실행함으로써 오류를 찾는 동적 테스트에 해당한다.
- 산출물의 각 기능별로 적절한 프로그램의 제어 구조에 따라 선택, 반복 등의 부분들을 수행함으로써 논리적 경로를 점검한다.
- 화이트 박스 테스트의 이해를 위해 논리 흐름도(Logic-Flow Diagram)를 이용할 수 있다.
- 테스트 데이터를 이용해 실제 프로그램을 실행함으로써 오류를 찾는 동적 테스트에 해당한다.
- 테스트 데이터를 선택하기 위하여 검증 기준(Test Coverage)을 정한다.
- 소스코드의 모든 문장을 한 번 이상 수행함으로써 진행된다.
- 모듈 안의 작동을 직접 관찰할 수 있다.

② 블랙 박스 테스트(Black Box Test)

- 프로그램의 외부 사용자 요구사항 명세를 보면서 테스트, 주로 구현된 기능을 테스트한다.
- 프로그램의 구조를 고려하지 않는다.

더 알기 TIP

화이트 박스 테스트와 블랙 박스 테스트

구분	종류	찾을 수 있는 오류
화이트 박스 테스트	• 기초 경로 테스트(Basic Path Testing) • 루프 테스트 • 데이터 흐름 테스트 • 조건 커버리지	• 세부적 오류 • 논리 구조상의 오류 • 반복문 오류 • 수행 경로 오류
블랙 박스 테스트	• 동등(균등, 동치) 분할 • 경계값 분석(Boundary Value Analysis) • 오류 예측 • 원인 결과 그래프 • 비교 테스트	• 비정상적인 자료를 입력해도 오류 처리를 수행하지 않는 경우 • 정상적인 자료를 입력해도 요구된 기능이 제대로 수행되지 않는 경우 • 경계값을 입력할 경우 요구된 출력 결과가 나오지 않는 경우

3) 테스트 목적에 따른 테스트의 종류

① 회복(Recovery) 테스트

- 시스템에 고의로 실패를 유도하고 시스템이 정상적으로 복귀하는지 테스트한다.

② 안전(Security) 테스트

- 불법적인 소프트웨어가 접근하여 시스템을 파괴하지 못하도록 소스코드 내의 보안적인 결함을 미리 점검하는 테스트이다.

③ 강도(Stress) 테스트
- 시스템에 과다 정보량을 부과하여 과부하 시에도 시스템이 정상적으로 작동되는지를 검증하는 테스트이다.
- 비정상적으로 과도한 분량 또는 빈도로 자원을 요청할 때의 영향을 테스트한다.

④ 성능(Performance) 테스트
- 사용자의 이벤트에 시스템이 응답하는 시간, 특정 시간 내에 처리하는 업무량, 사용자 요구에 시스템이 반응하는 속도 등을 테스트한다.

⑤ 구조(Structure) 테스트
- 시스템의 내부 논리 경로, 소스코드의 복잡도를 평가하는 테스트이다.

⑥ 회귀(Regression) 테스트
- 변경 또는 수정된 코드에 대하여 새로운 결함 발견 여부를 평가하는 테스트이다.
- 한 모듈의 수정이 다른 부분에 미치는 영향을 테스트한다.

⑦ 병행(Parallel) 테스트
- 변경된 시스템과 기존 시스템에 동일한 데이터를 입력 후 결과를 비교하는 테스트이다.

4) 테스트 기반(Test Bases)에 따른 테스트의 종류

① 명세 기반 테스트(Specification-based Test)
- 주어진 명세를 빠짐없이 테스트 케이스로 구현하고 있는지 확인하는 테스트이다.
- 해결할 문제를 명세하기 위해 공식적이거나 비공식적인 모델을 사용한다.
- 동등 분할, 경계값 분석, 유한 상태 기계 기반, 결정 테이블, 정형 명세 기반, 유스케이스, 페어와이즈, 직교 배열 테스트 등이 있다.

② 구조 기반 테스트(Structure-based Test)
- 소프트웨어 내부 논리 흐름에 따라 테스트 케이스를 작성하고 확인하는 테스트이다.
- 코드와 개발 설계 등의 소프트웨어 구현 정보를 기반으로 테스트 케이스를 도출한다.
- 구문 기반, 결정 기반, 조건 기반, 조건 결정 기반, 변경 조건 결정 기반, 멀티 조건 기반 커버리지 테스트 등이 있다.

③ 경험 기반 테스트(Experience-based Test)
- 테스트 관련 인력의 지식이나 경험에서 테스트 케이스를 도출한다.
- 유사 소프트웨어나 유사 기술 평가에서 테스터의 경험을 토대로 한, 직관과 기술 능력을 기반으로 수행하는 테스트를 말한다.
- 탐색적 테스팅, 리스크 기반 테스팅 등이 있다.

합격을 다지는 예상문제

선다형(필기)

01 다음 중 테스트의 기본 원칙과 거리가 먼 것은?

① 완벽한 테스트는 불가능하다.
② 정황과 비즈니스 도메인에 따라 테스트를 다르게 수행하여야 한다.
③ 테스트는 애플리케이션을 운용하면서, 유지보수 단계에서 하는 것이다.
④ 애플리케이션 결함의 대부분은 소수의 특정한 모듈에 집중되어 존재한다는 결함 집중(Defect Clustering)을 고려한다.

정답 ③
해설
테스트는 개발 초기에 시작해야 하고, 애플리케이션의 개발 단계에 테스트를 계획하고 SDLC(Software Development Life Cycle)의 각 단계에 맞춰 전략적으로 접근해야 한다.

02 프로그램의 내부 구조나 알고리즘을 보지 않고, 요구사항 명세서에 기술되어 있는 소프트웨어 기능을 토대로 실시하는 테스트는?

① 화이트 박스 테스트
② 블랙 박스 테스트
③ 구조 테스트
④ 경로 테스트

정답 ②
해설
블랙 박스 테스트(Black Box Test)는 프로그램의 외부 사용자 요구사항 명세를 보면서 테스트하는 방법으로, 주로 구현된 기능을 테스트한다.

03 소프트웨어 테스트에서 오류의 80%는 전체 모듈의 20% 내에서 발견된다는 법칙은?

① Brooks의 법칙
② Boehm의 법칙
③ Pareto의 법칙
④ Jackson의 법칙

정답 ③

04 다음 중 테스트 수행 순서로 옳은 것은?

① 목표 설정-테스트 방법 결정-테스트 케이스 개발-예상되는 결과 작성-테스트 실행
② 테스트 방법 결정-목표 설정-테스트 케이스 개발-예상되는 결과 작성-테스트 실행
③ 목표 설정-테스트 케이스 개발-테스트 방법 결정-예상되는 결과 작성-테스트 실행
④ 목표 설정-예상되는 결과 작성-테스트 케이스 개발-테스트 방법 결정-테스트 실행

정답 ①

05 테스트를 목적에 따라 분류했을 때, 성능(Performance) 테스트에 대한 설명으로 옳은 것은?

① 시스템에 고의로 실패를 유도하고 시스템이 정상적으로 복귀하는지 테스트한다.
② 시스템에 과다 정보량을 부과하여 과부하 시에도 시스템이 정상적으로 작동되는지를 테스트한다.
③ 부당하고 불법적인 침입을 시도하여 보안 시스템이 불법적인 침투를 잘 막아내는지 테스트한다.
④ 사용자의 이벤트에 시스템이 응답하는 시간, 특정 시간 내에 처리하는 업무량, 사용자 요구에 시스템이 반응하는 속도 등을 테스트한다.

정답 ④
해설
① 회복(Recovery) 테스트
② 강도(Stress) 테스트
③ 안전(Security) 테스트

06 다음 중 테스트와 관련한 설명으로 옳지 않은 것은?

① 테스트 오라클(Test Oracle) : 테스트의 결과가 참인지 거짓인지를 판단하기 위해서 사전에 정의된 참값을 입력하여 비교하는 기법 및 활동을 의미한다.
② 테스트 케이스 : 테스트 자료나 실행될 조건으로 시험 조건, 테스트 데이터, 예상 결과를 포함하는 것이다.
③ 검증(Verification) : 생산된 제품이 정상적으로 동작하는지 확인하는 것을 의미한다.
④ 정적 테스트 : 프로그램 실행 없이 소스코드의 구조를 분석하여 논리적으로 검증하는 테스트이다.

[정답] ③
[해설]
- 검증(Verification)은 제품의 생산 과정을 테스트하는 것으로, 올바른 제품을 생산하고 있는지 확인하는 것이다.
- ③은 확인(Validation)에 대한 설명이다.

07 다음 설명의 테스트 기반 기법은?

- 코드와 개발 설계 등의 소프트웨어 구현 정보를 기반으로 테스트 케이스를 도출한다.
- 수행된 테스트 케이스를 바탕으로 테스트 커버리지를 측정할 수 있다.
- 테스트 커버리지를 높이기 위해 추가로 테스트 케이스를 시스템적으로 도출할 수 있다.

① 명세 기반 테스트 설계
② 구조 기반 테스트 설계
③ 경험 기반 테스트 설계
④ 성능 기반 테스트 설계

[정답] ②
[해설]
구조 기반 테스트에 대한 설명으로, 소프트웨어 내부 논리 흐름에 따라 테스트 케이스를 작성하고 확인하는 테스트이다.

서술형(실기)

08 테스트를 하면 할수록 테스트에 면역이 되는 현상을 의미하는 용어로, 동일한 테스트 케이스를 이용해서 반복적으로 소프트웨어 제품을 테스트한다면, 처음에는 문제점들을 많이 발견할 수 있겠지만, 그 문제점들을 보완한 후에는 더 이상 아무런 문제점도 찾을 수 없게 된다는 것을 뜻하는 용어는 무엇인지 쓰시오.

◦ 답 :

[정답] 살충제 패러독스 또는 Pesticide Paradox

09 다음 보기에서 블랙 박스 테스트의 종류만을 골라 기호를 쓰시오.

[보기]

| ① 균등 분할 | ② 원인 결과 그래프 | ③ 기초 경로 테스트 |
| ④ 오류 예측 | ⑤ 조건 커버리지 | ⑥ 경계값 분석 |

◦ 답 :

[정답] ①, ②, ④, ⑥
[해설]
- 블랙 박스 테스트 : 균등 분할, 경계값 분석, 오류 예측, 원인 결과 그래프, 비교 테스트 등
- 화이트 박스 테스트 : 기초 경로 테스트, 루프 테스트, 데이터 흐름 테스트, 조건 커버리지 등

10 다음은 테스트 기법에 대한 설명이다. 빈칸에 알맞은 용어를 쓰시오.

(①) 박스 테스트 기법은 소프트웨어 인터페이스에서 실시되는 검사로 설계된 모든 기능들이 정상적으로 수행되는지 확인한다. (①) 박스 테스트 기법은 소프트웨어의 기능이 의도대로 작동하고 있는지를 보여준다.
(②) 박스 테스트 기법은 모듈 안의 작동을 직접 관찰할 수 있으며 원시 코드의 모든 문장을 한 번 이상 수행 함으로써 진행된다. (②) 박스 테스트 기법에는 Data Flow Testing, Loop Testing 등이 있다.

◦ 답 :

[정답] ① 블랙 또는 Black ② 화이트 또는 White

SECTION 03 애플리케이션 개발 단계에 따른 테스트

빈출 태그 ▶ #단위 테스트 #통합 테스트 #시스템 테스트 #테스트 드라이버 #스텁(stub) #알파 테스트 #베타 테스트 #상향식 테스트 #하향식 테스트

> **기적의 TIP**
>
> **V모델**
> - SDLC와 테스트 단계의 모형이 V자와 유사하여 V모델이라고도 한다.
> - V모델은 구조화 된 접근 방식을 따르는 소프트웨어 개발 프로세스이다.

01 SDLC와 테스트 단계

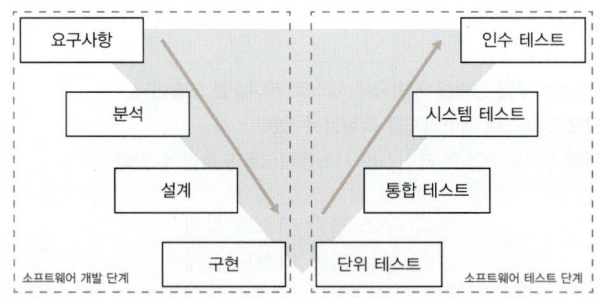

- 소프트웨어 생명 주기는 요구사항, 분석, 디자인, 구현 또는 개발 순으로 진행되며, 프로젝트의 특성과 방법론에 따라 반복적(iteration)으로 수행하는 경우도 있다.
- 테스트는 단위 테스트, 통합 테스트, 시스템 테스트, 인수 테스트의 순으로 진행된다.
- 프로젝트 수행 단계에 따른 테스트의 분류

단위 테스트 (Unit Test)	작은 소프트웨어 단위(컴포넌트 또는 모듈)를 테스트하는 것으로서, 일반적으로 개발자에 의해 행해진다.
통합 테스트 (Integration Test)	모듈 사이의 인터페이스, 통합된 컴포넌트 간의 상호작용을 테스트하는 것으로, 하나의 프로세스가 완성된 경우 부분적으로 통합 테스트를 수행하는 경우도 있다.
시스템 테스트 (System Test)	통합된 단위 시스템의 기능이 시스템에서 정상적으로 수행되는지를 테스트하는 것으로 성능 및 장애 테스트가 여기에 포함된다.
인수 테스트 (Acceptance Test)	일반적으로 최종 사용자와 업무에 따른 이해관계자 등이 테스트를 수행함으로써 개발된 제품에 대해 운영 여부를 결정하는 테스트로, 실제 업무 적용 전에 수행한다.

02 단위 테스트(Unit Test)

- 컴포넌트 테스트(Component Testing)이라고도 한다.
- 구현 단계에서 각 모듈의 개발을 완료한 후 개발자가 명세서의 내용대로 정확히 구현되었는지 테스트한다.

- 소프트웨어 최소 기능 단위인 모듈, 컴포넌트를 테스트하는 것으로 사용자의 요구사항을 기반으로 한 기능 테스트를 제일 먼저 수행한다.
- 개별 모듈을 시험하는 것으로 모듈이 정확하게 구현되었는지, 예정한 기능이 제대로 수행되는지를 점검하는 것이 주요 목적인 테스트이다.
- 모듈 내부의 구조를 구체적으로 볼 수 있는 구조적 테스트를 주로 시행한다.
- 발견 가능한 오류 : 알고리즘 오류에 따른 원치 않은 결과, 탈출구가 없는 반복문의 사용, 틀린 계산 수식에 의한 잘못된 결과
- 테스트 드라이버(Test Driver)를 이용한다.

더 알기 TIP

테스트 드라이버(Test Driver)
상향식 테스트에서 사용되는 것으로 테스트의 대상이 되는 하위 모듈을 호출하는 간이 소프트웨어이다. 테스트에 필요한 데이터를 인자(파라미터, 매개변수)를 통해 넘겨주고, 테스트 완료 후 그 결과값을 받는 역할을 하는 가상의 모듈이다.

1) 유형

인터페이스	• 다른 모듈과의 데이터 인터페이스에 대해 테스트 • 입력 변수의 개수, 타입, 순서 등의 오류 발견
자료 구조	• 모듈 내의 자료 구조상 오류가 없는지 테스트 • 변수 이름, 초기화, 초기값의 부정확 여부, 불일치한 데이터 타입의 오류 발견
수행 경로	• 구조 및 루프 테스트 등에 의해 논리 경로 테스트 • 탈출구가 없는 반복문의 사용 오류 발견
오류 처리	• 각종 오류들이 모듈에 의해 적절히 처리하는지 테스트 • 알고리즘 오류에 따른 원치 않는 결과 오류 발견
경계	• 오류가 발생하기 쉬운 경계값으로 테스트 • 틀린 계산 수식에 의한 잘못된 결과 오류 발견

2) 기법

① JUnit을 활용한 테스트
- Java 환경에서는 대부분 JUnit이라는 단위 테스트 프레임워크를 통해 단위 테스트를 할 수 있다.

② Mock 테스트
- 단위 테스트 시 Mock 객체를 사용하여 테스트하는 기법을 말한다.
- 특정 기능 또는 모듈에 대한 응답 결과를 미리 정의해 놓고 테스트한다.
- 특정 모듈이나 기능이 완벽히 개발 완료되지 않은 상태에서도 진행할 수 있다.
- 테스트 전용 객체는 테스트 더블(Test Double)이며, 테스트를 위해 실제 객체를 대신해서 사용되는 용어이다.

- Mock 테스트의 객체 유형

Dummy	• 객체의 전달에만 사용되고 실제로는 사용하지 않는다. • 매개변수 목록을 채우는 데 쓰인다.
Fake	• 실제로 동작하도록 구현된다. • 보통 빠른 구현을 위해 실제 환경과는 다르게 구현할 수 있다.
Stubs	• 테스트를 위해 미리 준비한 응답만을 제공하는 것이다. 그 외의 상황에 대해서는 정상적인 작동을 하지 못하는 것이 일반적이다. • 스텁은 호출에 대한 정보를 기록하는 경우도 있다.
Mocks	• 스펙을 통해 정의된 응답을 받고 다른 응답을 받을 경우 예외를 발생하도록 구현되어 있다. • 응답에 대한 확인을 수행하는 역할을 한다.

03 통합 테스트(Integration Test)

- 단위 테스트가 끝난 모듈 또는 컴포넌트 단위의 프로그램이 설계 단계에서 제시한 애플리케이션과 동일한 구조와 기능으로 구현된 것인지를 확인하는 테스트이다.
- 시스템을 구성하는 모듈의 인터페이스와 결합을 테스트한다.
- 소프트웨어 각 모듈 간의 인터페이스 관련 오류 및 결함을 찾아내기 위한 체계적인 테스트 기법이다.
- 컴포넌트 간 인터페이스 테스트를 하고 운영체제(OS), 파일 시스템, 하드웨어 또는 시스템 간 인터페이스와 같은 각각 다른 부분과 상호 연동이 정상적으로 작동하는지 여부를 테스트한다.
- 전체 시스템이 통합 완료될 때까지 단위 시스템 간의 연계성 및 기능 요구사항들을 확인하고, 하드웨어와 소프트웨어 구성요소 간의 상호작용을 테스트하는 것이 주요 목적이다.
- 업무 간의 연계성과 상호 운영성 중심의 테스트를 수행한다.

1) 테스트 설계 방법

보다 작은 케이스	동등 클래스(Equivalence Class) 예) 한 자리 정수를 더하는 프로그램인 경우 1+1, 1+2…9+9까지 81가지 케이스는 모두 동등한 경우이다. 따라서 이런 경우를 모두 모아서 몇 가지 케이스만 테스트하면 되는 경우이다.
보다 많은 버그 찾기	경계 테스트(Boundary Test) 예) 위의 동등 클래스 중 대표 클래스를 뽑을 때 가장자리, 즉 경계값을 뽑는 경우이다.
테스트 대상을 빠짐없이 실행하기	모델 기초(Model-based) 테스트 설계 예) 상태 전이(State-transition) 테스트 모델을 UML의 State Chart Diagram으로 표현하여 노드와 링크를 모두 대상으로 하여 테스트한다. 또는 모든 테스트 요소를 매트릭스 형태로 나열하여 테스트한다.

2) 통합 테스트 수행 방법의 분류

- 점증적인 방법 : 상향식 통합과 하향식 통합 방식이 있다.
- 비점증적인 방법(빅뱅 방식) : 모든 컴포넌트를 사전에 통합하여 전체 프로그램을 한꺼번에 테스트한다.
- 통합 테스트 분류별 특징

구분	백본(Backbone)	빅뱅(Big bang)	상향식	하향식
수행 방법	가장 중요하고 리스크가 높은 모듈로 초기 통합 형성	모든 테스트 모듈을 동시에 통합	가장 하부의 모듈부터 통합	가장 상부의 모듈부터 통합
드라이버/스텁	드라이버/스텁을 필요에 따라 만들어 사용	드라이버/스텁 없이 실제 모듈로 테스트	테스트 드라이버 필요	테스트 스텁 필요
장점	• 결함 격리 쉬움 • 리스크가 높은 결함을 초기에 발견	단시간 테스트	• 결함 격리 쉬움 • 하위 모듈을 충분히 테스트	• 결함 격리 쉬움 • 설계상의 결함을 빨리 발견
단점	테스트 시간이 오래 걸릴 수 있음	결함 격리 어려움	• 수정이 어려운 설계상 결함을 상부 구조에서 발견 가능 • 비즈니스 로직 반영 어려움	수정이 어려운 중요한 결함을 하부에서 발견 가능 (예 디자인 결함을 가진 DB)

① 상향식 통합(Bottom Up) 테스트
- 애플리케이션 구조에서 최하위 레벨의 모듈 또는 컴포넌트로부터 위쪽 방향으로 제어의 경로를 따라 이동하면서 구축과 테스트를 시작한다.
- 하위층에 중요한 기능이나 모듈이 많은 경우에는 상향식 통합이 적당하다.

② 하향식 통합(Top Down) 테스트
- 메인 제어 모듈(프로그램)로부터 아래 방향으로 제어의 경로를 따라 이동하면서 하향식으로 통합하면서 테스트를 진행한다.
- 메인 제어 모듈에 통합되는 하위 모듈과 최하위 모듈은 '깊이-우선' 또는 '너비-우선' 방식으로 통합된다.
- 상위층의 모듈을 먼저 시험하므로 시스템의 계층 구조와 상위층의 중요한 인터페이스를 조기에 시험할 수 있다.
- 모듈 간의 인터페이스와 시스템의 동작이 정상적으로 잘 되고 있는지를 빨리 파악하고자 할 때 하향식 통합 테스트를 사용하는 것이 좋다.
- 상위 컴포넌트를 테스트하고 점증적으로 하위 컴포넌트를 테스트한다.
- 하위 컴포넌트 개발이 완료되지 않은 경우 스텁(Stub)을 사용하기도 한다.

> **기적의 TIP**
>
> 스텁(Stub) : 하향식 통합 테스트에 있어서 모듈 간의 통합 시험을 위해 일시적으로 필요한 조건만을 가지고 임시로 제공되는 시험용 모듈

③ 회귀 테스팅(Regression Testing)
- 통합 테스트가 완료된 후에 변경된 모듈이나 컴포넌트가 있다면 새로운 오류 여부를 확인하기 위해 회귀 테스트를 수행할 수 있다.
- 회귀 테스트는 모듈이나 컴포넌트의 변화로 인해 의도하지 않은 오류가 생기지 않았음을 보증하기 위해 반복 테스트하는 것을 말한다.

④ 샌드위치형(연쇄식)
- 하향식과 상향식 통합 방식을 절충한 방식이다.

04 시스템 테스트(System Test)

1) 특징
- 컴퓨터 시스템을 완벽하게 검사하기 위한 목적 또는 성능 목표를 가지고 테스트한다.
- 시스템 테스트는 개발 프로젝트 차원에서 정의된 전체 시스템의 동작과 관련되어 있다.
- 환경 제한적 장애 관련 리스크를 최소화하기 위하여 실제의 최종 사용자 환경과 유사하게 시스템 성능, 관련된 고객의 기능, 비기능적인 요구사항 등이 완벽하게 수행되는지를 테스트한다.
- 요구사항 명세서, 비즈니스 절차, 유스케이스, 리스크 분석 결과 등을 이용한다.

> **기적의 TIP**
> 업무 기반의 기능적 요구사항과 시스템적인 비기능적 요구사항으로 나눌 수 있습니다.

2) 방법

기능적 요구사항	요구사항 명세서, 비즈니스 절차, 유스케이스 등 명세서 기반의 블랙 박스(Black Box) 테스트
비기능적 요구사항	성능 테스트, 회복 테스트, 보안 테스트, 내부 시스템의 메뉴 구조, 웹 페이지의 내비게이션 등의 구조적 요소에 대한 화이트 박스(White Box) 테스트

05 인수 테스트(Acceptance Test)

1) 특징
- 사용자측 관점에서 소프트웨어가 요구사항을 충족시키는지를 평가한다.
- 최종 사용자가 요구한 기능이 제대로 반영되었는지, 인수 조건에 만족하는지를 테스트하는 기법이다.
- 시스템을 당장 사용할 수 있도록 준비되어 있는지 확인하기 위한 단계이다.
- 소프트웨어가 고객의 합리적인 기대에 따라 제 기능을 발휘하는지 테스트한다.
- 요구 기능 만족 여부, 사용 편리성에 대하여 실제 운영 환경에서 실행되며 고객이 주도하는 테스트이다.

2) 종류

사용자 인수 테스트	비즈니스 사용자가 시스템 사용의 적절성 여부 확인
운영상의 인수 테스트	시스템 관리자가 시스템 인수 시 수행하는 테스트 활동으로 백업/복원 시스템, 재난 복구, 사용자 관리, 정기 점검 등 확인
계약 인수 테스트	계약상의 인수/검수 조건을 준수하는지 여부 확인
규정 인수 테스트	정부 지침, 법규, 규정 등 규정에 맞게 개발하였는지 확인
알파 테스트	개발하는 조직 내 잠재 고객에 의해 테스트 수행
베타 테스트	실제 환경에서 고객에 의해 테스트 수행

➕ 더 알기 TIP

알파 테스트와 베타 테스트

알파 테스트	• 개발자의 장소에서 사용자가 개발자 앞에서 행하는 기법이며, 일반적으로 통제된 환경에서 사용자와 개발자가 함께 확인하면서 수행되는 검사이다. • 검증(Validation) 검사 기법 중 하나이다.
베타 테스트	• 필드 테스팅(Field Testing)이라고도 한다. • 개발자 없이 고객의 사용 환경에 소프트웨어를 설치하여 검사를 수행하는 인수 검사 기법이다.

> **기적의 TIP**
> 알파 테스트와 베타 테스트의 차이점을 명확하게 구분해야 합니다.

06 테스트 자동화 도구

1) 개념
• 테스트 자동화란 사람이 하던 반복적 테스트 절차를 자동화 도구를 활용하여 준비, 구현, 수행, 분석 등을 스크립트 형태로 구현함으로써, 시간과 인력 투입의 부담을 최소화하고 운영 중인 시스템의 모니터링 또는 UI가 없는 서비스의 경우에도 정밀한 테스트가 가능하도록 하는 것이다.

2) 장점
• 테스트 데이터의 재입력과 재구성 같은 반복 작업의 자동화를 통하여 테스트 인력과 시간을 최소화한다.
• 향상된 요구사항 정의, 성능 및 스트레스 테스트, 품질 측정을 최적화한다.
• 빌드 확인, 회귀, 다중 플랫폼 호환성, 소프트웨어 구성, 기본 테스트 등의 향상된 테스트 품질을 보장한다.

3) 단점
• 도입 후 테스트 도구 전문가를 양성 또는 고용이 필요하며, 초기에 프로세스 적용에 대한 시간, 비용, 노력에 대한 추가 투자가 필요하다.
• 비공개 상용 소프트웨어의 경우 고가이며, 인력과 교육에 대한 유지관리 비용이 높다.

4) 테스트 장치(Test Harness)

- 애플리케이션 컴포넌트 및 모듈을 테스트하는 환경의 일부분이다.
- 테스트를 지원하기 위한 코드와 데이터를 의미한다.
- 시스템을 테스트하기 위해 작성된 별도의 프로그램으로 테스트가 끝난 후 삭제된다.
- 단위 또는 모듈 테스트에 사용하기 위해 코드 개발자가 작성한다.
- 구성요소에는 테스트 드라이버, 테스트 스텁, 테스트 슈트, 테스트 케이스, 테스트 스크립트, 목 오브젝트 등이 있다.

테스트 드라이버(Test Driver)	• 상향식 테스트에 필요 • 테스트 대상 하위 모듈을 호출하고, 파라미터를 전달하고, 모듈 테스트 수행 후의 결과 도출
테스트 스텁(Test Stub)	• 하향식 테스트에 필요 • 제어 모듈이 호출하는 타 모듈의 기능을 단순히 수행하는 도구
테스트 슈트(Test Suites)	테스트 대상 컴포넌트나 모듈, 시스템에 사용되는 테스트 케이스의 집합
테스트 케이스(Test Case)	입력 값, 실행 조건, 기대 결과 등의 집합
테스트 스크립트(Test Script)	자동화된 테스트 실행 절차에 대한 명세
목 오브젝트(Mock Object)	사용자의 행위를 조건부로 사전에 입력해 두면, 그 상황에 예정된 행위를 수행하는 객체

합격을 다지는 예상문제

선다형(필기)

01 테스트를 수행하는 순서로 올바른 것은?

① 단위 테스트-통합 테스트-시스템 테스트-인수 테스트
② 단위 테스트-시스템 테스트-통합 테스트-인수 테스트
③ 단위 테스트-시스템 테스트-인수 테스트-통합 테스트
④ 통합 테스트-단위 테스트-인수 테스트-시스템 테스트

[정답] ①

02 다음이 설명하는 애플리케이션 통합 테스트 유형은?

- 모듈 간의 인터페이스와 시스템의 동작이 정상적으로 잘되고 있는지를 빨리 파악하고자 할 때 사용한다.
- 상위 컴포넌트를 테스트하고 점증적으로 하위 컴포넌트를 테스트한다.
- 깊이 우선 방식과 너비 우선 방식이 있다.

① 상향식 통합 테스트
② 하향식 통합 테스트
③ 회귀 테스트
④ 빅뱅 테스트

[정답] ②
[해설] 하향식 통합 테스트는 상위층의 모듈을 먼저 시험하므로 시스템의 계층 구조와 상위층의 중요한 인터페이스를 조기에 시험할 수 있다.

03 단위 테스트에서 발견할 수 있는 오류가 아닌 것은?

① 알고리즘 오류에 따른 원치 않는 결과
② 탈출구가 없는 반복문의 사용
③ 틀린 계산 수식에 의한 잘못된 결과
④ 모듈 간의 비정상적 상호작용으로 인한 원치 않는 결과

정답 ④

해설
- 단위 테스트는 각 모듈 단위로 테스트하는 것으로, 모듈 간의 상호작용은 해당하지 않는다.
- ④는 통합 테스트에서 발견할 수 있는 오류이다.

04 단위 테스트에서 테스트의 대상이 되는 하위 모듈을 호출하고, 파라미터를 전달하는 가상의 모듈로 상향식 테스트에 필요한 것은?

① 테스트 드라이버(Test Driver)
② 테스트 스텁(Test Stub)
③ 테스트 하네스(Test Harness)
④ 테스트 케이스(Test Case)

정답 ①

해설
테스트 드라이버는 시험 대상 모듈을 호출하는 간이 소프트웨어를 의미한다. 필요에 따라 매개 변수를 전달하고 모듈을 수행하고 나오는 결과를 보여준다.

05 통합 테스트(Integration Test)와 관련한 설명으로 틀린 것은?

① 시스템을 구성하는 모듈의 인터페이스와 결합을 테스트하는 것이다.
② 하향식 통합 테스트의 경우 모든 컴포넌트를 사전에 통합하여 전체 프로그램을 한꺼번에 테스트한다.
③ 상향식 통합 테스트의 경우 시스템 구조도의 최하위에 있는 모듈을 먼저 구현하고 테스트한다.
④ 하향식 통합 테스트에서는 스텁(Stub)이 필요하다.

정답 ②

해설
②는 비점증적 방식인 빅뱅 방식에 대한 설명이다.

서술형(실기)

06 단계별 테스트 중에서 다음 설명에 해당하는 테스트를 쓰시오.

- 테스트가 가능한 단위로 나뉘어진 모듈에서 결함을 찾고 그 기능을 검증한다.
- 개발 수명주기의 정황과 시스템에 의존적이면서도 시스템의 다른 부분에서 격리하여 독립적으로 수행해야 한다.
- 모듈 내부의 구조를 구체적으로 볼 수 있는 구조적 테스트를 주로 시행한다.

ㅇ 답 :

정답 단위 테스트

해설
단위 테스트는 개별 모듈을 시험하는 것으로 모듈이 정확하게 구현되었는지, 예정한 기능이 제대로 수행되는지를 점검하는 것이 주요 목적인 테스트이다.

07 다음 보기의 ①~②에 알맞은 용어를 쓰시오.

불특정 다수의 사용자를 위하여 작성한 소프트웨어의 인수 테스트에는 (①) 테스트와 (②) 테스트가 있다. (①) 테스트는 선택된 사용자가 개발환경에서 시험하는 것을 말한다. 개발자가 소프트웨어를 테스트하는 사용자를 모니터하면서 오류와 문제점을 기록한다. (②) 테스트는 시범적 사용을 위하여 선택된 사용자에 의하여 외부 환경에서 테스트한다. 개발자 없이 사용 환경에서 소프트웨어를 설치하여 시험한다. (②) 테스트는 시스템을 배우는 시험적인 기간이라는 의미로 필드 테스트(Field Test)라고도 한다.

ㅇ ① :
ㅇ ② :

정답 ① 알파 테스트 ② 베타 테스트

SECTION 04 애플리케이션 결함 관리

빈출 태그 ▶ #결함 #결함 관리 프로세스

01 애플리케이션 결함 관리의 이해

1) 결함의 정의

- 결함은 프로그램과 명세서 간의 차이, 업무 내용의 불일치이다.
- 결함은 기대 결과와 실제 관찰 결과 간의 차이이다.
- 시스템이 사용자가 기대하는 타당한 기대치를 만족시키지 못할 때 변경이 필요한 모든 것은 결함이다.
- 소프트웨어 개발 활동을 수행함에 있어서 시스템이 고장(Failure)을 일으키게 하며, 오류(Error)가 있는 경우가 결함이다.

2) 결함의 판단 기준

> 🔑 **기적의 TIP**
> 5가지 규칙 중 하나 이상에 해당하는 경우에 결함으로 판단합니다.

- 기능 명세서에 가능하다고 명시된 동작을 수행하지 않는 경우
- 기능 명세서에 불가능하다고 명시된 동작을 수행하는 경우
- 기능 명세서에 명시되어 있지 않은 동작을 수행하는 경우
- 기능 명세서에 명시되어 있지 않지만 수행해야 할 동작을 수행하지 않는 경우
- 테스터의 시각에서 볼 때 문제가 있다고 판단되는 경우

➕ **더 알기 TIP**

테스터의 시각에서 결함으로 판단되는 경우의 예시
이해하기 어려운 기능, 사용이 까다로운 기능, 비정상적으로 느린 기능 등

3) 결함 관련 용어

에러(Error)	소프트웨어 개발 또는 유지보수 수행 중에 발생한 부정확한 결과로, 개발자의 실수로 발생한 오타, 개발 명세서의 잘못된 이해, 서브 루틴의 기능 오해 등이 있다.
오류(Fault)	프로그램 코드 상에 존재하는 것으로 비정상적인 프로그램과 정상적인 프로그램 버전 간의 차이로 인하여 발생되며, 잘못된 연산자가 사용된 경우에 프로그램이 서브 루틴으로부터의 에러 리턴을 점검하는 코드가 누락된 것을 말한다.
실패(Failure)	정상적인 프로그램과 비정상적인 프로그램의 실행 결과의 차이를 의미하며, 프로그램 실행 중에 프로그램의 실제 실행 결과를 개발 명세서에 정의된 예상 결과와 비교함으로써 발견한다.
결함(Defect)	버그, 에러, 오류, 실패, 프로그램 실행에 대한 문제점, 프로그램 개선 사항 등의 전체를 포괄하는 용어이다.

4) 결함 관리 프로세스

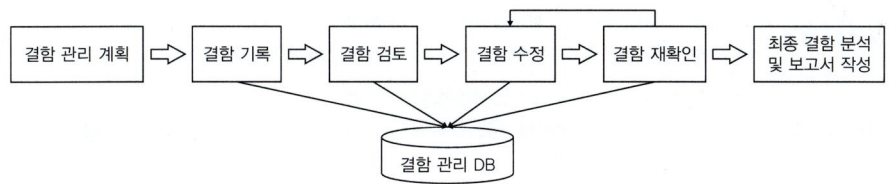

① 결함 관리 계획 : 결함 관리 계획은 전체 프로세스에서 결함 관리에 대한 일정, 인력, 업무 프로세스를 확보하여 계획을 수립하는 것을 말한다.
② 결함 기록 : 테스터는 발견된 결함에 대한 정보를 결함 관리 DB에 기록한다.
③ 결함 검토 : 등록된 결함에 있어서 주요 내용을 검토하고, 결함을 수정할 개발자에게 전달한다.
④ 결함 수정 : 개발자는 할당된 결함의 프로그램을 수정한다.
⑤ 결함 재확인 : 테스터는 개발자가 수정한 내용을 확인하고 다시 테스트를 수행한다.
⑥ 결함 상태 추적 및 모니터링 활동 : 결함 관리 팀장은 결함 관리 데이터베이스를 이용하여 대시보드 또는 게시판 형태의 서비스를 제공한다.
⑦ 최종 결함 분석 및 보고서 작성 : 발견된 결함에 대한 내용과 이해관계자들의 의견이 반영된 보고서를 작성하고 결함 관리를 종료한다.

5) 결함의 상태 및 추적

① 결함 등록(Open) : 테스터와 품질 관리(QA) 담당자에 의해 결함이 처음 발견되어 등록되었지만, 아직 분석이 되지 않은 상태이다.
② 결함 검토(Reviewed) : 등록된 결함을 담당 모듈 개발자, 테스터, 프로그램 리더, 품질 관리(QA) 담당자와 검토하는 상태이다.
③ 결함 할당(Assigned) : 결함의 영향 분석 및 수정을 위해 개발자와 문제 해결 담당자에게 할당된 상태이다.
④ 결함 수정(Resolved) : 개발자에 의해 결함의 수정이 완료된 상태이다.
⑤ 결함 조치 보류(Deferred) : 수정이 필요한 결함이지만 현재 수정이 불가능해서 연기된 상태로서 우선순위, 일정 등을 고려하여 재등록을 준비하는 상태이다.
⑥ 결함 종료(Closed) : 발견된 결함이 해결되고 테스터와 품질 관리(QA) 담당자에 의해 종료 승인을 한 상태이다.
⑦ 결함 해제(Clarified) : 테스터, 프로그램 리더, 품질 관리(QA) 담당자가 결함을 검토한 결과, 결함이 아니라고 판명된 경우이다.

> **기적의 TIP**
>
> 결함은 여러 상태를 가지고 있으며, 이 상태의 변화를 지속적으로 추적 관리하는 것이 결함 관리의 주요 작업 중 하나입니다.

6) 결함 분류

시스템 결함	• 애플리케이션 환경과 데이터베이스 처리에서 발생하는 결함 • 종류 : 비정상적인 종료/중단, 응답시간 지연, 데이터베이스 에러
기능 결함	• 기획, 설계, 업무 시나리오 단계에서 발생된 결함 • 종류 : 사용자의 요구사항 미반영/불일치, 부정확한 비즈니스 프로세스, 스크립트 에러, 타시스템 연동 시 오류
GUI 결함	• 사용자 화면 설계에서 발생된 결함 • 종류 : 응용 프로그램의 UI 비일관성, 부정확한 커서/메시지, 데이터 타입의 표시 오류 등
문서 결함	• 기획자, 사용자, 개발자 간의 의사소통과 기록이 원활하지 않은 경우 발생 • 종류 : 사용자의 온라인/오프라인 매뉴얼의 불일치, 요구사항 분석서와 기능 요구사항의 불일치로 인한 불완전한 상태의 문서

7) 결함 심각도

- 결함 심각도는 여러 개의 결함 중 전체 시스템에 결함이 미치는 영향을 레벨별로 나타낸다.
- 우선순위를 High, Medium, Low 등으로 정한다.

High	• 시스템이 중단(또는 다운)되어 더 이상 프로세스를 진행할 수 없게 만드는 결함 • 시스템의 핵심 요구사항 미구현, 시스템 다운, 장시간 시스템 응답 지연, 시스템 복구 후 데이터 왜곡 등
Medium	• 시스템의 흐름에 영향을 미치는 결함 • 부정확한 기능, 부정확한 업무 프로세스, 데이터 필드 형식의 오류, 데이터베이스 에러, 보안 관련 오류 등
Low	• 시스템의 흐름에는 영향을 미치지 않는 결함이나 상황에 맞지 않는 용도와 화면 구성(Configuration) 결함 • 부정확한 GUI 및 메시지, 에러 시 메시지 미출력, 화면상의 문법/철자 오류 등

합격을 다지는 예상문제

선다형(필기)

01 결함의 판단 기준에 대한 설명으로 옳지 <u>않은</u> 것은?
① 기능 명세서에 가능하다고 명시된 동작을 수행하지 않는 경우에는 결함이다.
② 기능 명세서에 불가능하다고 명시된 동작을 수행하지 않은 경우에는 결함이 아니다.
③ 기능 명세서에 명시되어 있지 않은 동작을 수행하는 경우에는 결함이다.
④ 테스터의 시각에서 볼 때 문제가 있다고 판단되는 경우에는 결함이 아니다.

> **정답** ④
> **해설**
> 테스터의 시각에서 이해하기 어려운 기능, 사용이 까다로운 기능, 비정상적으로 느린 기능 등도 결함이다.

02 결함 심각도 중에서 High 레벨에 속하는 결함은 무엇인가?
① 데이터 필드 형식의 오류
② 시스템의 핵심 요구사항 미구현
③ 에러 시 메시지 미출력
④ 화면상의 문법/철자 오류

> **정답** ②
> **해설**
> • High 레벨의 결함은 시스템이 중단(또는 다운)되어 더 이상 프로세스를 진행할 수 없게 만드는 결함으로, 시스템의 핵심 요구사항 미구현이 해당한다.
> • ①은 Medium 레벨, ③과 ④는 Low 레벨

서술형(실기)

03 다음 빈칸 ( )에 알맞은 용어를 쓰시오.

> ( )(은)는 프로그램과 명세서 간의 차이, 업무 내용 불일치뿐만 아니라, 기대 결과와 실제 관찰 결과 간의 차이도 포함한다. 시스템이 사용자가 기대하는 타당한 기대치를 만족시키지 못해 변경이 필요한 모든 것도 ( )에 해당한다.

◦ 답 :

> **정답** 결함

04 결함 관련 용어에 대한 설명을 바르게 연결하시오.

① 에러(Error)   •   • ⓐ 정상적인 프로그램과 비정상적인 프로그램의 실행 결과의 차이를 의미한다.

② 오류(Fault)   •   • ⓑ 소프트웨어 개발 또는 유지보수 수행 중에 발생한 부정확한 결과로, 개발자의 실수로 발생한 오타가 해당한다.

③ 실패(Failure) •   • ⓒ 프로그램 코드 상에 존재하는 것으로 비정상적인 프로그램과 정상적인 프로그램 버전 간의 차이로 인하여 발생된다.

④ 결함(Defect) •   • ⓓ 프로그램 실행에 대한 문제점, 프로그램 개선 사항 등의 전체를 포괄하는 용어이다.

> **정답** ①-ⓑ ②-ⓒ ③-ⓐ ④-ⓓ

SECTION 05 UI 테스트 기법

빈출 태그 ▶ #UI #휴리스틱

> **기적의 TIP**
> - UI : 사용성, 접근성, 편의성 중시
> - UX : UI를 통해 사용자가 느끼는 만족이나 감정

01 UI 테스트

- 일반 사용자를 대상으로, 실제로 시스템이나 소프트웨어에 구현된 UI를 사용해 보도록 하면서 사용성에서의 문제점을 도출해 내는 방식을 의미한다.
- 사용자가 직접 제품을 사용하면서 미리 작성된 시나리오에 맞추어 과제를 수행한 후, 질문에 답하도록 하는 테스트 방법이다.
- 테스트 목적, 대상 등에 따라 다양한 유형이 존재한다.
- 현 제품에 대한 사용자의 요구사항과 행동을 관찰하는 유용한 진단 방법이다.
- 소프트웨어 테스트와 사용성 테스트의 차이점

소프트웨어 테스트	• 요구사항 정의에 기반하여 완성도를 높이는 것 • 요구정의에 따른 기능 위주의 보완에 초점
사용성 테스트	사용자에 기반한 시나리오를 구성하고 정황요소를 고려한 태스크 기반의 개선을 집중적으로 다룸

02 UI 테스트 기법의 종류

1) 휴리스틱 평가(Heuristic Evaluation)

- 시스템과 관련된 각각의 요소들이 휴리스틱을 얼마나 잘 준수하고 있는가를 사용성 전문가들이 판단하는 평가 방법이다.
- 사용성에 대한 문제를 찾아내기 위한 사용성 공학 방법으로 전문가에 의해 이론과 경험을 근거로 하여 일련의 규칙들을 만들어 놓고 평가 대상이 그러한 규칙들을 얼마나 잘 지키고 있는가를 확인하는 평가 방법이다.
- 목적 : 디자인 전문가들이 사용성 원칙 또는 휴리스틱 가이드라인에 비추어 평가하려는 대상의 문제점을 발견하고 디자인에 반영하는 것이 목적이다.
- 휴리스틱 평가의 장점과 단점

장점	• 상대적으로 적은 비용 소모 • 짧은 시간 내에 시스템의 중요한 문제점들을 발견 가능 • 프로젝트 수행 과정의 전반에 테스트 가능 • 초기에 문제점 발견 가능
단점	• 구체적이고 계량적인 평가 자료를 만들기 어려움 • 사용성 전문가와 실제 시스템의 사용자가 시스템을 바라보는 시각 차이 발생 • 사용성 전문가의 능력에 따라 평가 결과가 달라짐

2) 페이퍼 프로토타입(Paper Prototype) 평가

- 프로토타입의 가장 빠른 방법으로 제품의 전반적인 컨셉과 흐름을 잘 보여주며, 보는 사람들이 최종 제품에 대한 기대를 갖지 않고 더 자유롭게 의견을 개진하면서 발전시킬 수 있는 방법이다.
- 사용자들에게 보다 현실감 있는 테스트를 제공하기 위해서 단순히 UI 스케치에 그치지 않고, 프로토타입을 구현하게 될 경우에는 긴 시간이 소요될 수 있다.
- 실제 출시될 제품의 디자인을 미리 경험해 봄으로서 수정 및 보완해야 할 부분을 발견하는 것이 목적이다.

3) 선호도(Preference) 평가

- "A가 B보다 더 좋다", "C가 D보다 더 편리하다"와 같이 제품이나 서비스에 대한 사용자의 선호도에 영향을 미치는 속성들을 파악하고, 중요도에 따른 선호도를 예측하기 위하여 사용된다.
- 사용자의 니즈(Needs)에 대응할 수 있는 평가 방법이다.
- 사용자의 감성을 제대로 읽어내기 위해 과학적인 시점에서 객관적으로 해석하는 것이 목적이다.

4) 성능(Performance) 평가

- 사용자가 실제로 제품이나 서비스와 연관된 것을 사용해 보고 태스크(Task)별 학습성, 효율성, 기억 용이성, 오류, 만족도 등에 대해 평가하여, 그 결과를 바탕으로 성능을 개선한다.
- 제품이나 서비스를 개발하는 단계에 맞춰 평가를 진행한다.
- 개발 마지막 단계에서 각 제품이나 서비스의 태스크들이 지닌 장단점을 파악하기 위해 실행한다.

> **기적의 TIP**
>
> **평가 내용**
> - 학습성 : 쉽게 학습할 수 있는가?
> - 효율성 : 일단 학습하면 매번 신속하게 사용할 수 있는가?
> - 기억 용이성 : 사용한 기능을 능숙하게 다시 수행할 수 있는가?
> - 오류 : 오류가 적고, 사용자가 상황을 쉽게 극복할 수 있는가?
> - 만족도에 대한 평가 : 사용하는 것이 즐겁고 만족스러운가?

5) 파일럿 테스트(Pilot Test)

- 파일럿 테스트란 주로 컴퓨터 프로그램 등의 최신 기술을 개발하여, 실제 상황에서 실현하기 전에 소규모로 시험 작동해보는 것을 의미한다.
- 대규모 프로젝트를 실행하거나 플랜트를 본격적으로 가동하기 전에, 발생할 수 있는 여러 가지 변인들에 미리 파악해서 수정 보완하기 위해, 모의로 시행해 보는 것을 말하기도 한다.

6) 심층 인터뷰(In Depth Interview)

- 1명의 응답자와 일대일 면접을 통해 소비자의 심리를 파악하는 조사법이다.
- 어떤 주제에 대해 응답자의 생각이나 느낌을 자유롭게 이야기함으로써 응답자의 내면 깊숙이 자리잡고 있는 욕구, 태도, 감정 등을 발견하는 면접조사이다.
- 심층 인터뷰의 경우, 조사원의 면접 및 분석 능력에 따라 조사 결과의 신뢰성과 타당성이 크게 변할 수 있으므로 철저한 사전 준비와 시간이 필요하다.

7) 포커스 그룹 인터뷰

- 표적시장으로 예상되는 소비자를 일정한 자격 기준에 따라 6~12명 정도 선발하여, 한 장소에 모이게 한 후, 면접자의 진행 아래 조사 목적과 관련된 토론을 함으로써 자료를 수집하는 방법이다.

8) 맥락적 인터뷰

- 맥락적 인터뷰는 서비스 과정 가운데 특정 상황이나 맥락에서 이루어지며, 인터뷰를 진행하면서 리서치는 민족지학적 기법으로 특정 행동을 관찰하고 조사할 수 있는 방법이다.

> **기적의 TIP**
> 민족지학적 기법이란 특정 집단의 문화적 행위를 이해하기 위해 생활 현장에서 자료를 조사, 수집, 기록하고 분석하는 연구 방법입니다.

합격을 다지는 예상문제

선다형(필기)

01 다음 UI 테스트 기법 중 휴리스틱 평가의 장점에 해당하지 않는 것은?

① 전문가에 의해 테스트를 하기 때문에 많은 비용이 소모된다.
② 짧은 시간 내에 시스템의 중요한 문제점들을 발견할 수 있다.
③ 프로젝트 수행 과정의 전반에 걸쳐서 테스트가 가능하다.
④ 초기에 문제점을 발견할 수 있다.

> 정답 ①
> 해설
> 휴리스틱 평가는 사용성에 대한 문제를 찾아내기 위한 사용성 공학 방법으로, 다른 테스트에 비해 상대적으로 적은 비용이 소모된다.

02 UI 테스트 중에서 사용자가 실제로 제품이나 서비스와 연관된 것을 사용해 보고 태스크(Task)별 학습성, 효율성, 기억 용이성, 오류, 만족도 등에 대해 평가하는 기법은 무엇인가?

① 파일럿 테스트
② 성능(Performance) 평가
③ 선호도(Preference) 평가
④ 페이퍼 프로토타입(Paper Prototype) 평가

> 정답 ②
> 해설
> 성능(Performance) 평가는 제품이나 서비스를 개발하는 단계에 맞춰 평가를 진행한다.

서술형(실기)

03 다음 보기의 (   )에 공통으로 들어갈 용어를 쓰시오.

| (   ) 평가 기법은 전문가에 의해 이론과 경험을 근거로 하여 일련의 규칙들을 만들어 놓고 평가 대상이 그러한 규칙들을 얼마나 잘 지키고 있는가를 확인하는 평가 방법이다. 디자인 전문가들이 사용성 원칙 또는 (   ) 가이드라인에 비추어 평가하려는 대상의 문제점을 발견하고 디자인에 반영하는 것이 목적이다. |

- 답 :

> 정답 휴리스틱 또는 Heuristic
> 해설
> 휴리스틱 평가(Heuristic Evaluation)는 시스템과 관련된 각각의 요소들이 휴리스틱을 얼마나 잘 준수하고 있는가를 사용성 전문가들이 판단하는 평가 방법이다.

CHAPTER
02

애플리케이션 배포

학습 방향

정적 테스트 도구와 동적 테스트 도구의 특성 및 차이점에 대해 알아두세요.

SECTION 01 소스코드 검증 기법

빈출 태그 ▶ #정적 테스트 도구 #동적 테스트 도구

01 소스코드 검증 도구

- 소스코드 검증 도구는 구현된 SW를 실행하지 않고 테스트하는 정적 테스트 도구와 구현된 SW를 실행하여 동작을 보면서 테스트하는 동적 테스트 도구로 구분한다.

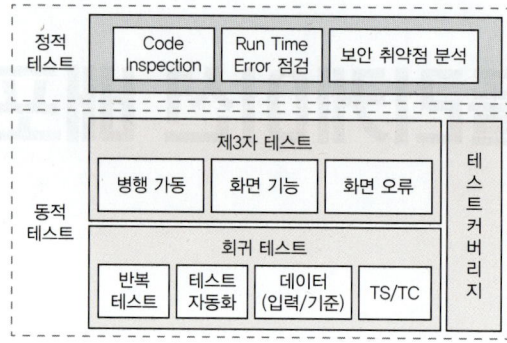

1) 정적 테스트 도구

- 테스트하기 전에 코딩 오류, 성능 저하, 보안 취약점 등의 결함을 조기에 발견할 수 있도록 지원한다.
- 개발의 생산성을 향상시킨다.
- 운영환경에서 프로그램의 품질 향상을 제고한다.
- 정량적인 품질 관리 시스템을 구축하게 한다.

2) 동적 테스트 도구

- 테스트 미수행 코드를 확인한다.
- 분기(결정)문 등 특정 유형의 코드 구조가 충분히 테스트되었는지를 확인하여 추가적인 테스트를 진행한다.
- 애플리케이션의 안정성을 제고한다.
- 소스 품질 관리(통제) 활동을 할 수 있는 정량적인 품질 관리 시스템을 구축할 수 있게 한다.

02 테스트 프레임워크(동적 분석 도구)

1) 개념
- 테스트 케이스를 별도의 테스트 코드로 작성하고 동작시킬 수 있는 환경을 제공하는 도구이다.
- 개발자의 반복적이고 시간이 많이 소요되는 테스트 작업을 자동화하여 테스트에 소요되는 시간과 노력을 절감할 수 있게 한다.

2) 구성
① 테스트 코드
- 테스트 코드 작성 및 자동화된 운영환경을 구성한다.
- 빌드 도구와 연계하여 빌드 수행 시 테스트 코드를 동작시켜 자동화된 테스트 환경을 제공한다.

② 테스트 저장소
- 테스트 수행을 위한 테스트 코드, 테스트 데이터, 관련 테스트 스크립트, 테스트 수행 결과를 저장, 관리한다.

합격을 다지는 예상문제

선다형(필기)

01 다음 중 정적 테스트 도구의 설명에 해당하지 않는 것은?
① 특정 유형의 코드가 충분히 테스트되었는지를 확인하기 위하여 해당 코드를 직접 실행하여 테스트를 진행한다.
② 테스트하기 전에 코딩 오류, 성능 저하, 보안 취약점 등의 결함을 조기에 발견할 수 있도록 지원한다.
③ 운영환경에서 프로그램의 품질 향상을 제고한다.
④ 개발의 생산성을 향상시킨다.

정답 ①
해설 ①은 동적 테스트 도구에 대한 설명이다.

서술형(실기)

02 다음 보기 문항 중에서 동적 테스트 도구에 해당하는 것들을 찾아 나열하시오.

[보기]

코드 인스펙션	화면 기능	반복 테스트
보안 취약점 분석	Run Time Error 점검	병행 가동

◦ 답:

정답 화면 기능, 반복 테스트, 병행 가동
해설 정적 테스트 도구 : 코드 인스펙션, 보안 취약점 분석, Run Time Error 점검

PART 04

프로그래밍 언어 활용

CHAPTER
01

프로그래밍 언어의 개요

학습 방향

정보처리산업기사 시험에서 가장 출제 비중이 높은 과목입니다. 언어를 통해 컴퓨터에게 명령을 내리는 것을 프로그래밍이라고 하며, 이러한 프로그래밍을 통해 컴퓨터와 소통하기 위한 기본적인 문법 구조를 잘 알아두세요.

SECTION 01 C언어와 Java언어의 기본문법 구조

빈출 태그 ▶ #C언어의 특징 # JAVA언어의 특징

> **기적의 TIP**
>
> C언어와 Java언어의 기본 문법과 기본 프로그래밍 코드들을 학습합니다. 처음부터 암기하듯 학습하기보다는 반복적으로 예제 코드를 살피면서 익숙해지는 것이 중요합니다.

01 C언어와 Java언어의 개요

① C언어
- 1972년 미국 벨 연구소의 데니스 리치에 의해 개발된 시스템 기술용 언어이다.
- 유닉스(UNIX) 운영체제 개발에 사용할 목적으로 만들어졌다.
- 특징
  - 논리적이며 구조적인 시스템 프로그래밍 언어이다.
  - 하드웨어 제어가 가능하며 프로그램 이식성이 높다.
  - 간략한 문법 표현으로 함축적인 프로그램 작성이 용이하다.
  - 효율성과 유연성을 갖춘 저급 언어 특성을 가진 고급 언어이다.

② Java언어
- 1996년 미국 썬 마이크로시스템즈가 발표한 객체지향 프로그래밍 언어이다.
- Java는 프로그래밍 언어와 함께 실행 환경(플랫폼)을 포함하고 있다.
- 특징
  - 플랫폼 독립적이다.
  - 상속을 지원하는 객체지향 프로그래밍 언어(Object-Oriented PL)이다.
  - 응용 프로그래밍과 웹 프로그래밍(애플릿)이 가능하다.
  - 예외 처리와 멀티 스래싱을 지원한다.

02 C언어의 기본 구조

- C언어의 소스코드는 파일명.c로 작성되어 있다.
- 절차적 프로그래밍의 대표적인 언어인 C언어는 함수 중심으로 이루어져 있다.
- 기본 구조는 도입 부분, main( ) 함수 부분, 사용자 정의(호출) 함수로 구분되어 있다. C언어의 번역은 소스코드의 상단부터 진행되지만, 번역과정을 거친 후 실제 실행은 main( ) 함수에서부터 실행된다. 즉, C언어의 main( ) 함수는 실행의 시작과 끝이라고 할 수 있다.

도입 부분	프로그램설명주석 전처리기(매크로) 사용자 정의 함수 선언문; 사용자 정의 자료형 선언(구조체)
| main( ) 함수<br><br>• 프로그램 실행의 시작과 끝<br>• 반드시 1개가 있어야만 함 | ```c
int main( int argc, char *argv[] )
{
        변수선언문;
        실행문;
                치환문
                제어문
                함수호출
                ……
        return 0;
}
``` |
| 호출 함수 | ```c
사용자 정의 함수정의( )
{

}
``` |

- C언어의 main( ) 함수는 다음의 여러 가지 방법 중 하나로 선언할 수 있으며 ANSI/IS · Standard C (표준 C)에서는 반환형이 int인 main( ) 함수로 사용할 것을 권장한다.

방법 1	방법 2	방법 3	방법 4
| ```c
int main(int argc,
char *argv[ ])
{
   ……
   return 0;
}
``` | ```c
int main( )
{
   ……
   return 0;
}
``` | ```c
int main(void)
{
   ……
   return 0;
}
``` | ```c
void main( )
{
   ……
}
``` |

> **기적의 TIP**
>
> 실기시험에서 출제되는 C코드의 경우 방법 4의 main( ) 함수 표현으로 출제되는 경우가 많습니다. 실무에서는 C컴파일러마다 차이가 있을 수 있으나 필답형 문제를 풀이할 경우는 main 함수의 구조에 민감하지 않으셔도 됩니다.

03 Java언어의 기본 구조

- Java언어의 소스코드는 클래스명.java로 작성되어 있다. 클래스명은 반드시 대문자로 시작하여야 한다.
- 객체지향 프로그래밍 언어의 대표인 Java언어는 클래스 중심으로 되어 있으며 클래스 내의 메소드를 통해 기능을 구현한다.

| 전역 영역 | ```java
package 선언문;
import 선언문;
``` |
|---|---|
| 클래스<br><br>• 클래스명 = 자바파일명<br>• main 메소드를 포함하는 클래스 : public 클래스 | ```java
public class 클래스명{

    public static void main( String args[] ) {
            실행문;
    }

}
``` |

04 C언어와 Java언어의 기본 소스코드 비교

① C언어

줄	C 프로그램 소스 helloEx001.c
1	`#include <stdio.h>`
2	`int main( )`
3	`{`
4	`printf("Hello, C! \n");`
5	`return 0;`
6	`}`
결과	Hello, C!

② Java언어

줄	Java 프로그램 소스 HelloEx001.java
1	`public class HelloEx001 {`
2	`public static void main(String[ ] args) {`
3	`System.out.println("Hello, Java!");`
4	`}`
5	`}`
결과	Hello, Java!

05 C언어와 Java언어의 프로그램 구성요소

C언어	Java언어

(1) 예약어(reserved word) : 키워드
  - 자료형관련, 기억관련, 제어관련, 기타
  - int, char, static, if~else, for, while, include 등
(2) 명칭(identifier) : 식별자
  - 변수명, 배열명, 함수명, 매크로명
(3) 상수(constant)
  - 정수상수, 실수상수, 문자상수, 문자열상수
(4) 연산자(operator)
(5) 설명문(comment) : 주석
  - 비실행문
  - 한 줄 주석   // C언어 공부 방법
  - 여러 줄 주석   /* 다양한 코드를 살펴보며, 코드에 주석을 적어보기! */
	(1) 예약어(reserved word) : 키워드
	  - 자료형관련, 기억관련, 제어관련, 기타
	  - int, char, static, if~else, for, while, import 등
	(2) 명칭(identifier) : 식별자
	  - 클래스명, 메소드명, 변수명, 배열명, 함수명
	  - (관례) 클래스 이름의 경우, 대문자로 시작 메소드나 필드, 변수의 이름은 소문자로 시작
	(3) 상수(constant)
	  - 논리상수, 정수상수, 실수상수, 문자상수, 문자열상수
	(4) 연산자(operator)
	(5) 설명문(comment) : 주석
	  - 비실행문
	  - 한 줄 주석 // Java언어 공부 방법
	  - 여러 줄 주석 /* 다양한 코드를 살펴보며, 코드에 주석을 적어보기! */

06 C언어 기본문법 구조와 printf( ) 함수

① printf( ) 함수

- 기능 : 콘솔 화면에 주어진 출력 양식으로 자료(상수)를 출력하는 함수이다. "문자열상수" 또는 인수의 값을 화면에 출력한다.
- 형식 : #include <stdio.h>
  printf("출력형식", 출력대상1, 출력대상2, …);

② 출력형식 변환문자

%d	10진 정수로 변환하여 출력
%f	부동소수점을 실수로 변환하여 출력
%c	한 문자로 변환하여 출력
%s	문자열로 변환하여 출력

%o(8진 정수), %x(16진 정수), %u(부호 없는 10진 정수), %e(지수)

③ 예제

줄	C 프로그램 소스 helloEx002.c
1	`#include <stdio.h>`
2	`int main( )`
3	`{`
4	`    printf("Hello, Everybody~\n");`
5	`    printf("정보처리산업기사 : 60+40점\n");`
6	`    printf("정보처리산업기사 : %d점\n", 60+40);`
7	`    return 0;`
8	`}`
결과	Hello, Everybody~ 정보처리산업기사 : 60+40점 정보처리산업기사 : 100점

> **기적의 TIP**
>
> **전처리기(Preprocessor)**
> 시스템이 제공하는 소스코드(라이브러리)를 미리 포함한 후 컴파일을 진행하도록 사전 작업을 처리해 주는 시스템 프로그램

> **기적의 TIP**
>
> **stdio.h 헤더파일 표준입출력 함수**
> printf( ), scanf( ), getchar( ), putchar( ), gets( ), puts( ), fgets( ), fputs( ) 등

> **설명**
> - 줄1의 #include는 전처리 기능으로 라이브러리 파일을 해당 소스코드에 전처리하여 포함시킨다. 줄 4의 printf( ) 함수를 사용하기 위해서는 stdio.h 헤더파일을 컴파일(번역) 과정 이전에 해당 소스코드에 포함시켜야 허용할 수 있다. stdio.h는 표준입출력 함수들을 포함하고 있는 라이브러리 헤더파일이다.
> - 줄4는 큰따옴표(" ")로 둘러싸인 문자열 "Hello, Everybody~"를 그대로 콘솔 화면에 출력한다. 이 때 "\n"은 newline의 의미로 콘솔 화면으로 출력하는 문자가 아니고 개행(줄 바꿈)하는 처리를 하여 커서를 이동한다.
> - 줄6은 큰따옴표(" ")로 둘러싸인 문자열 내부에 % 기호로 시작하는 문자가 있다. %d는 출력변환 형식을 지정하는 문자로 printf( ) 함수 내의 두 번째 인수인 60+40의 결과 100의 상수 값을 10진 정수 형태로 변환하여 출력한다.

07 Java의 System.out.print( )와 System.out.println( )

- System.out.println( )은 java.lang 패키지에서 제공하는 표준출력문(메소드)이다. 괄호 사이에 출력하고자 하는 변수나 문자열이 올 수 있다. 원하는 내용이 출력된 후 '줄 바꿈'이 자동으로 이루어진다. 반면, System.out.print( )는 출력 직후 자동 줄 바꿈을 하지 않고 같은 줄에 커서가 머물러있게 된다.
- System.out.println( )와 System.out.print( )에서 여러 항목을 이어서 출력하고자 할 경우는 별도의 출력형식 지정 없이 항목들의 접속(concatenation)을 의미하는 기호 '+'를 사용하면 된다.

> **기적의 TIP**
>
> 필답형 Java 문제의 경우는 빈칸에 코드를 채워 완성하는 문제와 주어진 코드의 결과를 직접 작성하는 유형의 문제가 출제됩니다. 직접 결과를 작성하는 문제를 풀이할 때는 코드상의 print( ) 메소드와 println( ) 메소드를 주의해서 답안을 작성하세요.

① C언어의 printf( ) 함수

줄	C 프로그램 소스 helloEx003.c
1	`#include <stdio.h>`
2	`int main( )`
3	`{`
4	`    printf("%d", 100);`
5	`    printf("%d\n", 100);`
6	`    printf("합격점수 : %d\n", 100);`
7	`    return 0;`
8	`}`
결과	100100 합격점수 : 100

② Java언어의 print( )와 println( ) 메소드

설명
- 줄3의 결과는 print( ) 메소드에 의해 정수 상수 100을 콘솔에 출력한다.
- 줄4는 줄3의 결과 출력 후 커서가 머무른 위치에 정수 상수 100을 출력하고 println( ) 메소드의 기능인 출력하고 줄 변경을 수행하여 다음 줄로 커서를 이동시킨다.
- 줄5는 이후 큰 따옴표 내의 문자열을 출력하고 문자열 연결 연산자(+)에 의해 100을 출력하고 역시 다음 줄로 커서를 이동시킨다.

줄	Java 프로그램 소스 HelloEx002.java
1	`public class HelloEx002 {`
2	`    public static void main(String[ ] args) {`
3	`        System.out.print(100);`
4	`        System.out.println(100);`
5	`        System.out.println("합격점수 : " + 100);`
6	`    }`
7	`}`
결과	100100 합격점수 : 100

③ Java언어의 println( ) 메소드의 예제

줄	Java 프로그램 소스 HelloEx003.java
1	`public class HelloEx003 {`
2	`    public static void main(String[ ] args) {`
3	`        int x = 10;`
4	`        int y = 20;`
5	`        System.out.println( "x+y = " + (x+y) );`
6	`        System.out.println( "x-y = " + (x-y) );`
7	`        System.out.println( "x*y = " + (x*y) );`
8	`        System.out.println( "x/y = " + (x/y) );`
9	`    }`
10	`}`
결과	x+y = 30 x-y = -10 x*y = 200 x/y = 0

합격을 다지는 예상문제

선다형(필기)

01 C언어의 특징으로 옳지 <u>않은</u> 것은?
① 기호 코드(Mnemonic Code)라고도 한다.
② 이식성이 뛰어나 컴퓨터 기종에 관계 없이 프로그램을 작성할 수 있다.
③ UNIX 운영체제를 구성하는 시스템 프로그램이다.
④ 포인터에 의한 번지 연산 등 다양한 연산 기능을 가진다.

> **정답** ①
> **해설**
> 기호 코드(Mnemonic Code)는 어셈블리어이다.

02 Java언어에 대한 설명 중 옳지 <u>않은</u> 것은?
① 데니스 리치에 의해 개발된 시스템 기술용 언어이다.
② 프로그래밍 언어와 함께 실행 환경(플랫폼)을 포함하고 있다.
③ 응용 프로그래밍과 웹 프로그래밍이 가능하다.
④ 예외 처리와 멀티 스래싱을 지원한다.

> **정답** ①
> **해설**
> Java언어는 미국 썬 마이크로시스템즈가 발표한 객체지향 프로그래밍 언어이다.

03 C언어에서 문자열을 출력하기 위해 사용되는 것은?
① %x
② %d
③ %s
④ %h

> **정답** ③
> **해설**
> ①은 16진 정수 출력, ②는 10진 정수 출력, ④는 없음

서술형(실기)

04 다음은 C언어의 printf( ) 함수 내의 출력형식 변환문자와 관련된 설명에서 빈칸 ①~③에 알맞은 변환문자를 쓰시오.

%문자	변환 형식
(①)	10진 정수로 변환하여 출력
(②)	부동소수점을 실수로 변환하여 출력
(③)	한 문자로 변환하여 출력
%S	문자열로 변환하여 출력

%o(8진 정수), %x(16진 정수), %u(부호 없는 10진 정수), %e(지수)

- ① :
- ② :
- ③ :

> **정답** ① %d ② %f ③ %c

데이터 타입

빈출 태그 ▶ #데이터 타입 #C/JAVA 자료형 #예약어

01 데이터 타입(Data Type, 자료형)의 정의
- 자료형이란 변수가 가질 수 있는 데이터(값)의 유형이다.
- 프로그램을 작성 시 자료형을 결정하여 변수를 선언한다.
- 프로그래밍 언어에 따라 데이터 타입에 차이가 있다.

02 데이터 타입의 분류
① 기본 데이터 타입
- 정해진 구조 외에 다른 구조를 가질 수 없는 자료형이다.
- 종류 : 논리형, 문자형, 정수형, 실수형

② 구조적 데이터 타입
- 기본 자료형으로부터 파생하여 만든 자료형이다.
- 종류 : 배열(같은 자료형의 자료 모임), 레코드(다른 자료형의 자료 모임), 포인터형, 문자열형

03 기본 데이터 타입
① 논리형(Boolean Type, 부울형, 불린형)
- 참값(true)과 거짓값(false)의 상수(값, 리터럴)를 표현할 때 사용하는 자료형이다.
- 두 상수 값만 존재한다.
- C언어의 기본 데이터 타입은 아니다.

② 문자형(Character Type)
- 단일 문자의 자료형이다.
- 작은따옴표로 표현된 상수들을 표현할 때 사용하는 자료형이다.
  - 예 'a', 'A', '1', ' ', '!' 등

③ 정수형(Integer Type, Fixed Point Type)
- 고정 소수점 타입이다.
- 부호는 있고, 소수점이 없는 정수 상수들을 표현할 때 사용하는 자료형이다.
  - 예 +1, −1, +123, −123 등

④ 실수형(Floating Point Type)
- 부동 소수점 타입이다.
- 부호와 소수점이 있는 실수 상수들을 표현할 때 사용하는 자료형이다.
  예) +3.14, -3.14, +1.0, -123.0 등

04 구조적 데이터 타입

① 배열(Array)
- 동일한 유형의 값들을 모아 놓은 자료형이다.
- 순차 구조이고, 첨자(index)로 배열 원소를 구별한다.
- 1차원 구조와 2차원 이상의 다차원 구조로 구성할 수 있다.
  예) {1, 3, 5}, {1.1, 2.2, 3.3}, {'A', 'B', 'C'} 등

② 레코드(Record)
- 서로 다른 유형의 값들을 모아 놓은 자료형이다.
- 이름으로 원소를 구별한다.
  예) {2020, "Kang", 100}, {1, 4.2} 등

③ 포인터형(Pointer)
- 객체를 참조하기 위해 메모리의 주소를 값으로 하는 자료형이다.
- 하나의 자료에 동시에 많은 리스트의 연결이 가능하다.
- 커다란 배열의 원소를 효율적으로 저장하고자 할 때 이용한다.
- 고급 언어에서 주로 사용되는 기법이다.
- 지원 프로그래밍 언어 : C, C++

④ 문자열형(Character String Type)
- 문자열(단일 문자들)의 자료형이다.
- 큰따옴표로 표현된 상수들을 표현할 때 사용하는 자료형이다.
- 기본 데이터 타입이 아니다.
  예) "A", "100", "PASS", "Kang" 등

> **기적의 TIP**
>
> 구조적 데이터 타입은 여러 자료를 하나의 단위로 묶어서 취급합니다.

05 프로그래밍 언어의 기본 데이터 타입(Primitive Type) 및 크기

- 자료형의 예약어는 모두 소문자이다.
- 문자열형(String)은 기본 데이터 타입이 아니다.
- C++언어의 논리형의 예약어는 bool이다.
- Python의 long형은 무한크기이다.
- C#언어의 실수형에는 decimal(16byte)이 있다.

기적의 TIP

- 데이터 타입은 프로그래밍 언어마다 정해져 있는 예약어를 구별하여 암기해야 합니다. 특히 C언어와 Java 언어에서의 long형과 char형의 크기가 차이가 있다는 것을 유념해 두세요.
- 데이터 타입은 변수의 선언문에서 좀 더 깊이 있게 학습하는 것이 효율적입니다.

C언어

자료형	예약어(크기, byte)
정수형	short(2), int(4), long(4), unsinged
실수형	float(4), double(8), long double
문자형	char(1), unsigned char
형 없음	void

Java언어

자료형	예약어(크기, byte)
정수형	byte(1), short(2), int(4), long(8)
실수형	float(4), double(8)
문자형	char(2)
형 없음	void
논리형	boolean(1)

합격을 다지는 예상문제

선다형(필기)

01 C언어에서 정수형 자료 선언 시 사용하는 것은?

① char ② float ③ double ④ int

[정답] ④
[해설] ①은 문자형, ②는 실수형(4byte), ③은 실수형(8byte)

02 C언어에서 사용하는 자료형이 아닌 것은?

① long ② integer ③ float ④ double

[정답] ②
[해설] integer는 Fortran의 정수형 자료형이다.

서술형(실기)

03 다음 〈보기〉에서 C언어의 기본 자료형을 골라 쓰시오.

[보기]

> boolean, int, char, float

○ 답 :

[정답] int, char, float

04 다음 〈보기〉에서 자료형에 대한 설명으로 옳은 것을 골라 쓰시오.

[보기]

> ⊙ 모든 프로그래밍 언어는 논리형 자료형을 갖는다.
> ⓒ 문자형 자료형의 크기는 1byte이다.
> ⓒ 배열형은 이질형 자료들을 하나의 단위로 묶어 저장할 때 사용한다.
> ⓔ 자료형은 변수가 가질 수 있는 속성값의 길이 및 성질로 프로그래밍 언어에 따라 데이터 타입의 유형을 구분하는 기준은 차이가 있다.

○ 답 :

[정답] ⓔ

SECTION 03 변수와 상수

빈출 태그 ▶ #변수 #상수 #선언문 #대입문

01 상수(Constant)의 개념

- 항상 고정된 값을 갖는 자료(값)로, 변경 불가능하다.
- 유형 : 정수형, 실수형, 문자형, 문자열형, 논리형
- 수명 시간 동안 고정된 하나의 값과 이름을 가진 자료로서, 프로그램이 동작하는 동안 값이 바뀌지 않는 공간이다.

> **기적의 TIP**
>
> **프로그램(Program)**
> - 프로그램은 주어진 문제를 해결하기 위한 처리 절차와 방법을 기술한 명령어들의 모임이다.
> - 프로그램 : 자료 + 명령어

02 C 프로그램의 상수

정수형 상수	10진수, 8진수, 16진수 표현 가능
실수형 상수	소수 형식, 지수 형식
문자형 상수	• 키보드 문자 + escape 문자 • 작은따옴표(' ')로 묶은 1개의 영문자나 숫자문자나 특수문자 • 내부적으로는 ASCII코드값으로 저장
문자열형 상수	• 큰따옴표(" ")로 묶은 여러 개의 영문자 및 숫자문자나 특수문자 • 문자열 끝에 문자열의 끝을 의미하는 null 문자('\0') 추가

03 변수(Variable)

- 변수는 프로그램 실행 중 변경할 수 있는 값이 저장되는 기억공간이다(=메모리).
- 프로그램에서 하나의 값을 저장할 수 있는 기억 장소의 이름을 의미한다.
- 변수는 이름, 값, 속성, 참조 등의 요소로 구성된다.
- 변수명은 프로그래머가 각 언어별로 변수명을 만드는 규칙에 따라 임의로 이름을 붙일 수 있다.
- 변수는 묵시적으로 변수형을 선언할 수도 있고, 선언문을 사용할 수도 있다.
- 변수의 유형은 컴파일 시간에 한 번 정해지면 일반적으로 그대로 유지한다.
- 변수의 수명은 할당된 변수가 값을 저장할 기억장소를 할당받은 때부터 그 기억장소가 더 이상 변수값을 의미하지 않을 때까지의 시간을 의미하며, 바인딩 이후 변수를 사용할 수 있다.

> **기적의 TIP**
>
> **변수의 4요소**
> - 주소(address)
> - 이름(name)
> - 자료형(datatype)
> - 값(value)

> **기적의 TIP**
>
> **바인딩(Binding)**
> - 어떤 변수의 명칭과 그 메모리 주소, 데이터형 또는 실제 값을 연결하는 것이다.
> - 변수들이 갖는 속성이 완전히 결정되는 시간을 바인딩 시간(Binding Time)이라고 한다.
> - 바인딩의 종류 : 정적 바인딩(번역시간), 동적 바인딩(실행시간)

> **기적의 TIP**
>
> C언어와 Java언어의 모든 명령문은 반드시 세미콜론(;)으로 마무리해야 합니다.

04 변수의 선언문

① 변수의 선언문
- 변수명과 자료형을 결정하여, 기억공간을 할당하는 것이다.
- 프로그램 실행 시 사용할 데이터의 속성 정보를 컴파일러(언어번역기)에게 알려주는 문장이다.
- 효율적인 주기억 장치의 관리가 가능하다.
- 정적형 검사가 가능하다.

- 형식 : 자료형 변수명;
- 코딩 :
```
{
    int  a;
    int  A;
    int  Age;
    float b;
    char c;
```

② C언어의 변수명 정의 규칙(Naming Rule)
- 변수명은 식별자이므로 영문 대소문자, 숫자를 혼합하여 명명한다.
- 대소문자 구별하며, 변수명으로 예약어를 사용하는 것을 금지한다.
- 밑줄(_)을 제외한 모든 특수문자의 사용을 금지한다.
- 숫자로 시작하는 것을 금지한다.
- 데이터의 의미나 역할을 표현할 수 있는 이름으로 명명하는 것이 프로그램의 가독성과 유지보수성 증가를 위해 바람직하다.

05 변수의 대입문 및 초기화

1) 변수의 대입문
- 변수(기억공간)에 자료(값)를 대입(할당, 배정, assign)하는 것이다.
- 변수의 내용(값)을 변경하는 문장이다.
- 프로그램에서 가장 일반적으로 사용되는 연산문이다.

> **기적의 TIP**
>
> **대입연산자(=)**
> 우측의 R-value의 값을 좌측의 L-value의 위치에 저장시키는 연산을 수행한다.

- 형식 : L-value = R-value;
- 코딩 :
```
{
    a = 20;
    Age = 20;
    A = 10 + 20;
    A = A + 1;
    A = Age;
```

2) 변수의 초기화

- 변수의 선언문과 대입문을 구별하여 코딩할 수도 있지만 초기화를 통해 변수 선언이 이루어짐과 동시에 특정 값을 부여할 수도 있다.

- 형식 : 자료형   변수명 = 초기값;
- 코딩 :
    ```
    {
        int      kor = 90;
        double   pi = 3.14;
        char     level = 'A';
    ```

> **기적의 TIP**
>
> 프로그램 내의 변수는 고유한 역할이 있습니다. 따라서 변수의 역할에 적합한 초기값이 부여되어야 합니다.
>
> - 누적 합 변수의 초기값
>   ```
>   int result=0;
>   ```
> - 누적 곱 변수의 초기값
>   ```
>   int result=1;
>   ```

① 예제 1

줄	C 프로그램 소스 variableEx001.c
1	`#include <stdio.h>`
2	`int main( )`
3	`{`
4	`    int Age;`
5	`    Age = 20;`
6	`    printf("저의 나이는 20살입니다.\n");`
7	`    printf("저의 나이는 %d살입니다.\n",20);`
8	`    Age = Age + 1;`
9	`    printf("저의 나이는 %d살입니다.\n", Age);`
10	`    return 0;`
11	`}`
결과	저의 나이는 20살입니다. 저의 나이는 20살입니다. 저의 나이는 21살입니다.

> **설명**
> - 줄4에서는 Age라는 이름의 4byte 크기의 정수형 변수가 메모리에 선언되었다.
> - 줄5에서는 줄4에서 선언된 변수 Age에 정수 상수 20이 대입(저장)되었다.
> - 줄8에서는 대입 연산자(=) 우측 Age+1의 덧셈 연산을 통해 21의 결과를 먼저 계산하고 결과 상수값을 다시 변수 Age에 대입한다. 최종적으로 변수 Age에는 21이 저장된다.

② 예제 2

줄	C 프로그램 소스 variableEx002.c
1	`#include <stdio.h>`
2	`int main( )`
3	`{`
4	`    int num1, num2;`
5	`    int sum;`
6	`    num1 = 20;`
7	`    num2 = 30;`
8	`    sum = num1 + num2;`
9	`    printf("%d + %d = %d\n", num1, num2, sum);`
10	`    return 0;`
11	`}`
결과	20 + 30 = 50

> **설명**
> - 줄4와 줄5에서 정수형 변수 3개가 선언되었다. 위 프로그램은 두 정수의 합을 출력하는 프로그램으로 이를 처리하기 위해 필요한 변수를 3개로 결정했기 때문이다. C언어 프로그램에서 변수의 선언은 함수의 몸체 블록에 진입하여 미리 선언을 해 두어야만 한다.
> - 줄6과 줄7을 통해 정수 상수 20과 30을 변수 num1과 num2에 각각 대입하였다.
> - 줄8에서는 대입 연산자(=)의 우측 산술 처리를 먼저 수행한 후 해당 결과값을 구해 변수 sum에 대입하였다.

06 변수와 C언어의 scanf( ) 함수

대입 연산자를 통해 변수에 값을 대입할 수도 있지만 콘솔(키보드)을 통해 사용자가 직접 원하는 값을 변수에 대입하고자 할 때 C언어에서는 scanf( ) 함수를 이용하여 처리한다.

① scanf( ) 함수

> - 기능 : 콘솔 화면에서 키보드로부터 자료(상수)를 주어진 입력 형식으로 입력시키는 함수이다.
> - 형식 : #include ⟨stdio.h⟩
>   scanf("입력 형식", &입력대상1, &입력대상2, …);
>
>
>
> =   내부에서(상수)   예 num = 10;
>
> scanf( )   외부에서(키보드)   예 scanf("%d", &num);

② 입력형식 변환문자

%d	10진 정수로 변환하여 입력
%f	부동소수점을 실수로 변환하여 입력
%c	한 문자로 변환하여 입력
%s	문자열로 변환하여 입력

%ld(long 정수), %lf(double 실수), %o(8진 정수), %x(16진 정수)

③ 예제 1

줄	C 프로그램 소스 variableEx003.c
1	`#include <stdio.h>`
2	`int main( )`
3	`{`
4	`    int Age;`
5	`    Age = 20;`
6	`    printf("나이 : %d\n", Age);`
7	`    printf("나이를 입력하세요? : ");`
8	`    scanf("%d", &Age);`
9	`    printf("나이 : %d\n", Age);`
10	`    return 0;`
11	`}`
결과	나이 : 20 나이를 입력하세요? : 30 [Enter] 나이 : 30

설명
- 줄5에서는 변수 Age에 대입연산자를 통해 정수 상수 20을 대입한 후 줄6에서 출력을 하였다.
- 줄8에서는 표준입력 함수인 scanf( ) 함수를 통해 키보드로 임의의 정수형 상수를 입력받아 변수 Age에 대입하였다. scanf( ) 함수의 두 번째 인자의 경우는 변수명 앞에 주소 연산자(&)를 표기하여 변수의 주소(위치)에 접근할 수 있도록 해야 한다.

④ 예제 2 : 사각형의 가로와 세로의 길이를 입력받아 사각형의 넓이 구하기

줄	C 프로그램 소스 variableEx004.c
1	`#include <stdio.h>`
2	`int main( )`
3	`{`
4	`    int width;`
5	`    int height;`
6	`    int area;`
7	`    printf("사각형의 가로? ");`
8	`    scanf("%d", &width);`
9	`    printf("사각형의 세로? ");`
10	`    scanf("%d", &height);`
11	`    area = width * height;`
12	`    printf("사각형의 넓이 : %d\n", area);`
13	`    return 0;`
14	`}`
결과	사각형의 가로? 3 Enter 사각형의 세로? 5 Enter 사각형의 넓이 : 15

합격을 다지는 예상문제

선다형(필기)

01 수명 시간 동안 고정된 하나의 값과 이름을 가지며, 프로그램이 동작하는 동안 절대로 값이 변하지 <u>않는</u> 것은?

① 상수
② 변수
③ 포인터
④ 블록

정답 ①
해설
상수(Constant)는 프로그램이 동작하는 동안 값이 절대로 변하지 않는 값을 의미한다.

서술형(실기)

02 다음 〈보기〉에서 C언어의 변수의 이름으로 적합한 것을 골라 쓰시오.

[보기]

1score, kor_Score, eng Score, while

◦ 답 :

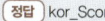
정답 kor_Score

해설
변수명은 숫자로 시작하는 것을 금지하며, 예약어를 사용하는 것을 금지한다. 또한 공백도 허용하지 않는다.

SECTION 04 연산자

빈출 태그 ▶ #연산자 우선순위 #산술 연산자 #관계 연산자 #논리 연산자 #비트 연산자

> **기적의 TIP**
>
> 이번 Section에서는 프로그래밍 언어에서 많이 사용되는 연산자의 각 기능들을 학습합니다. 많은 프로그래밍 언어가 있지만 대부분의 언어는 C언어의 연산자를 사용하고 있습니다. 따라서 C언어 연산자 중심으로 연산자 각각의 기능을 학습하고, Java언어와 Python언어의 차이나는 연산자를 꼭 명확하게 구분하세요.

01 연산자(Operator)와 우선순위

- 연산자는 자료에 대한 연산동작을 지정한 기호이다.
- 연산자 우선순위란 두 종류 이상의 연산자가 수식 내에 포함될 경우 연산의 순서를 의미한다.
- 연산자 결합 방향(결합성)이란 우선순위가 동일한 연산자들이 수식 내에 포함될 경우 어느 방향으로 결합하는가를 결정하는 것이다.

① C언어 연산자 우선순위와 결합 방향

구분	우선순위	연산자	결합 방향
단항 연산자	1	( ) [ ] -> .	→
	2	! ~ ++ -- & * sizeof( ) cast	←
이항 연산자	3	* / %	→
	4	+ -	→
	5	〈〈 〉〉	→
	6	〉 〉= 〈 〈=	→
	7	== !=	→
	8	&	→
	9	^	→
	10	|	→
	11	&&	→
	12	||	→
삼항 연산자	13	? :	←
대입 연산자	14	= += *= &= ⋯	←
나열 연산자	15	,	→

② Java 연산자 우선순위와 결합 방향

구분	우선순위	연산자	결합 방향
단항 연산자	1	( ) [ ]	→
	2	! ~ ++ -- cast new	←
이항 연산자	3	* / %	→
	4	+ -	→
	5	<< >> >>>	→
	6	> >= < <= instanceof	→
	7	== !=	→
	8	&	→
	9	^	→
	10	|	→
	11	&&	→
	12	||	→
삼항 연산자	13	? :	←
대입 연산자	14	= += *= &= …	←
나열 연산자	15	,	→

02 이항 연산자의 우선순위

- 연산자의 대부분은 피연산자(연산의 대상)를 2개 가지는 이항 연산자에 속한다.
- 이항 연산자의 우선순위는 '산술 연산자 → 관계 연산자 → 논리 연산자' 순으로 우선순위가 높다. 즉, 괄호가 있지 않으면 우선순위가 높은 연산자부터 연산 처리가 된다.

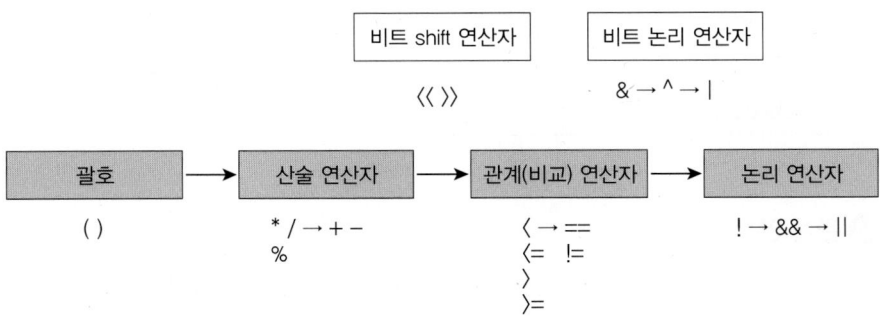

03 산술 연산자

- 정수 산술 연산은 정수의 결과값을, 실수 산술 연산은 실수의 결과값을 갖는다.
- 부호를 나타내는 단항 연산자 +, −는 이항 산술 연산자보다 우선순위가 높다.
- 이항 연산자 +, −는 *, /, %보다 우선순위가 낮다.
- % 연산자는 정수 나눗셈 후 나머지 값을 구한다.

> **기적의 TIP**
>
> 예를 들어 printf("7을 3으로 나눈 나머지 : %d", 7%3)의 경우, 7을 3으로 나눈 나머지 : 1이 출력됩니다.

+	A + B	변수 A에 저장된 값과 변수 B에 저장된 값을 더한다.
−	A − B	변수 A에 저장된 값에서 변수 B에 저장된 값을 뺀다.
*	A * B	변수 A에 저장된 값과 변수 B에 저장된 값을 곱한다.
/	A / B	변수 A에 저장된 값을 변수 B에 저장된 값으로 나눈 몫을 구한다.
%	A % B	변수 A에 저장된 값을 변수 B에 저장된 값으로 나눈 나머지를 구한다.

① 예제

줄	C 프로그램 소스 operatorEx001.c
1	`#include <stdio.h>`
2	`int main( )`
3	`{`
4	`    int x, y;`
5	`    x = 5;`
6	`    y = 2;`
7	`    printf("덧  셈 : 5+2=%d \n", x+y);`
8	`    printf("뺄  셈 : 5-2=%d \n", x-y);`
9	`    printf("곱  셈 : 5*2=%d \n", x*y);`
10	`    printf("나눗셈 : 5/2=%d \n", x/y);`
11	`    printf("나머지 : 5%2=%d \n", x%y);`
12	`    return 0;`
13	`}`
결과	덧 셈 : 5+2=7 뺄 셈 : 5−2=3 곱 셈 : 5*2=10 나눗셈 : 5/2=2 나머지 : 5%2=1

04 관계 연산자

- 관계 연산은 두 피연산자(연산의 대상)의 관계를 비교하여 관계가 성립하면 참(true)을, 성립하지 않으면 거짓(false)을 연산의 결과값으로 생성한다.

> **기적의 TIP**
>
> 관계 연산자의 결과값
> - C언어는 참 또는 거짓
> - Java언어는 true 또는 false

>	A > B	A에 저장된 값이 B에 저장된 값보다 큰가?
>=	A >= B	A에 저장된 값이 B에 저장된 값보다 크거나 같은가?
<	A < B	A에 저장된 값이 B에 저장된 값보다 작은가?
<=	A <= B	A에 저장된 값이 B에 저장된 값보다 작거나 같은가?
==	A == B	A에 저장된 값이 B에 저장된 값과 같은가?
!=	A != B	A에 저장된 값이 B에 저장된 값과 다른가?

① 예제

줄	C 프로그램 소스 operatorEx002.c
1	`#include <stdio.h>`
2	`int main( )`
3	`{`
4	`    int x, y;`
5	`    x = 5;`
6	`    y = 2;`
7	`    printf("5>2  : %d \n", x>y);`
8	`    printf("5<2  : %d \n", x<y);`
9	`    printf("5==2 : %d \n", x==y);`
10	`    printf("5!=2 : %d \n", x!=y);`
11	`    return 0;`
12	`}`
결과	5>2 : 1 5<2 : 0 5==2 : 0 5!=2 : 1

설명
- 줄7의 x>y는 각각의 변수 속의 값으로 관계 연산식을 5>2로 연산하여 5가 2보다 크다는 논리식에 '참'의 결과를 생성한다. 이러한 '참'의 결과를 printf( ) 명령문의 출력형식 문자 %d인 10진 정수로 변환시켜 출력하면 '참'의 값은 정수 1로 출력된다.
- C언어에서 논리식 판별 결과 '참'을 10진 정수로 변환하면 1로, '거짓'을 변환하면 0으로 출력된다.

05 논리 연산자

- 주어진 값(거짓 또는 참)에 대하여 AND(논리곱) 연산은 모두 참일 경우에만 참, OR(논리합) 연산은 하나라도 참이면 결과는 참, NOT(부정) 연산은 참일 경우는 거짓, 거짓일 경우는 참을 결과값으로 생성한다.

변수 A	변수 B	A && B	A || B	!A
거짓	거짓	거짓	거짓	참
거짓	참	거짓	참	참
참	거짓	거짓	참	거짓
참	참	참	참	거짓

기적의 TIP
- 논리 연산자의 우선순위는 'NOT → AND → OR' 순으로 처리되며, NOT 연산자는 단항 연산자입니다.
- NOT 연산자로 !, AND 연산자로 &&, OR 연산자로 ||를 사용합니다.

기적의 TIP

논리 상수값
Java언어의 경우는 명확하게 논리 상수값이 true, false로 존재하나 C언어의 경우는 논리 상수값이 존재하지 않는다.

① 예제

줄	C 프로그램 소스 operatorEx003.c
1	`#include <stdio.h>`
2	`int main( )`
3	`{`
4	`    int month, day, birthday;`
5	`    month = 1;`
6	`    day = 10;`
7	`    birthday = month==8 && day==19;`
8	`    printf("birthday : %d \n", birthday);`
9	`    return 0;`
10	`}`
결과	birthday : 0

설명
줄7의 month==8 && day==19는 1==0 && 10==19의 값으로 대입되어 연산을 진행한다. 연산의 우선순위는 관계 연산자가 논리 연산자보다 높으므로 (1==0) && (10==19)와 같이 관계 연산을 먼저 연산하게 된다. 1==0은 1과 0이 같냐는 조건식에 '거짓'의 결과가 생성되고 10==19의 조건식 역시 '거짓'의 결과가 생성되므로 거짓 && 거짓의 논리식의 판별을 하여 모두 거짓이므로 결과가 '거짓'이다. 거짓인 결과를 정수형 변수에 형 변환하여 대입이 이루어지므로 0이 대입된다.

06 대입 연산자와 증감 연산자

① 대입 연산자

- 대입 연산자는 변수에 어떤 값을 저장할 때 사용한다.
- 연산 대상과 대입 대상이 되는 변수가 같을 경우는 복합 연산자를 이용하여 축약하여 표현할 수 있다.
- 대입 연산자의 결합 방향은 우측에서 좌측으로 연산이 수행된다.

=	A = 10;	변수 A에 10을 대입(저장)한다.
	A = B = 10;	B = 10; A = B; 순으로 처리한다. 즉, 변수 B에 10을 대입한 후, 변수 A에 변수 B의 값을 대입한다. 오른쪽부터 왼쪽으로 대입(=)한다.
+=	A += 10;	A = A + 10;과 동일하다.
-=	A -= 10;	A = A - 10;과 동일하다.
*=	A *= 10;	A = A * 10;과 동일하다.
/=	A /= 10;	A = A / 10;과 동일하다.
%=	A %= 10;	A = A % 10;과 동일하다.

② 증가/감소 연산자

- 변수의 값을 1씩 증가시키거나 1씩 감소시킬 때 사용한다.
- ++는 1씩 증가를 의미한다. 예 a++; → a=a+1;
- --는 1씩 감소를 의미한다. 예 a--; → a=a-1;

++	++A;	• 전위 증가 연산자 • 변수 A에 저장된 값을 1만큼 증가시킨다. (A = A + 1;)
	A++;	• 후위 증가 연산자 • 변수 A에 저장된 값을 1만큼 증가시킨다. (A = A + 1;)
--	--A;	• 전위 감소 연산자 • 변수 A에 저장된 값을 1만큼 감소시킨다. (A = A - 1;)
	A--;	• 후위 감소 연산자 • 변수 A에 저장된 값을 1만큼 감소시킨다. (A = A - 1;)

> **기적의 TIP**
>
> 증가/감소 연산자를 포함한 코드 문제는 실기시험에 자주 출제됩니다. 증가/감소 연산자가 단독으로 명령문에 사용되는 경우에는 전위/후위를 구분하여 실행하지 않습니다. 즉, 다음은 모두 변수 a를 1씩 증가시키며 결과도 같습니다.
> ① ++a;
> ② a++;
> ③ a+=1;
> ④ a=a+1;

③ 예제

줄	C 프로그램 소스 operatorEx004.c
1	`#include <stdio.h>`
2	`int main( )`
3	`{`
4	`    int a = 10;`
5	`    a = a + 1;`
6	`    printf("%d\n", a);`
7	`    a += 1;`
8	`    printf("%d\n", a);`
9	`    ++a;`
10	`    printf("%d\n", a);`
11	`    a++;`

줄	
12	`        printf("%d\n", a);`
13	`        return 0;`
14	`}`

결과	11 12 13 14

07 삼항 연산자(조건 연산자)

- C 언어와 Java에서 피연산자가 3개 필요한 연산자는 삼항 연산자가 유일하다.

? :	A ? B : C	A가 참이면 B를, 거짓이면 C를 결과값으로 설정한다.

① 예제

줄	C 프로그램 소스 operatorEx005.c
1	`#include <stdio.h>`
2	`int main( )`
3	`{`
4	`    int x, y, big;`
5	`    x = 5;`
6	`    y = 2;`
7	`    big = (x>y) ? x : y;`
8	`    printf("큰 값 : %d\n", big);`
9	`    return 0;`
10	`}`

결과	큰 값 : 5

> **설명**
> 줄7에서 (x)y) ? x : y의 삼항 연산을 먼저 처리한다. 첫 번째 항인 x>y는 5>2의 조건식으로 참을 결과로 생성하고 참의 결과로 인해 두 번째 항 x를 선택하게 된다. big = x;이 수행되어 변수 big에는 x의 값 5가 대입된다.

> **기적의 TIP**
> **조건 연산자와 if~else 구문**
> 삼항 조건 연산자를 사용한 명령문은 if~else 구문으로 변환할 수 있다.
> • 삼항 조건 연산자
> `big = (x>y)?x:y;`
> • if~else 구문
> ```
> if(x>y)
>    big=x;
> else
>    big=y;
> ```

08 비트 연산자와 기타 연산자

① 비트 시프트 연산자
- <<는 비트를 왼쪽으로 이동(Shift)시킨다.
- >>는 비트를 오른쪽으로 이동(Shift)시킨다.
  - 예) b = a << 2;
    → a의 값을 왼쪽으로 2비트 이동시킨 결과를 b에 저장한다.

② 비트 논리 연산자
- & : 논리곱(AND)
  - 예) a = 5; b = 3; c = a & b;
    → 0101 AND 0011의 결과인 1(=0001)이 c에 저장된다(4비트로 가정).
- ^ : 배타적 논리합(XOR)
  - 예) a = 5; b = 3; c = a ^ b;
    → 0101 XOR 0011의 결과인 6(=0110)이 c에 저장된다.

> **기적의 TIP**
> 비트 연산의 결과와 관련된 문제가 출제될 가능성이 높습니다. 시험장에서는 실제로 정수형 32bit에 대한 진법 변환을 하지 마시고 4~8bit의 자릿수에 대해 10진수를 2진수로 변환하는 방법을 꼭 능숙하게 익혀가세요.

> **기적의 TIP**
> **비트 연산자**
> 비트 연산자는 시프트 연산과 논리 연산으로 구분된다. 비트 연산은 정수형 변수만을 연산의 대상으로 한다. 정수형 변수 내의 비트값 0과 1을 대상으로 시프트와 논리 연산을 수행한다.

- | : 논리합(OR)
  - 예) a = 5; b = 3; c = a | b;
    → 0101 OR 0011의 결과인 7(=0111)이 c에 저장된다.
- ~ : 논리부정(NOT)
  - 예) a = −1; c = ~a;
    → 1111 반전(토글)의 결과인 0000이 c에 저장된다.

비트 A	비트 B	A & B	A ^ B	A | B	~A
0	0	0	0	0	1
0	1	0	1	1	1
1	0	0	1	1	0
1	1	1	0	1	0

③ 기타 연산자
- sizeof 연산자
  - C언어에서 변수, 변수형, 배열의 저장 장소의 크기를 Byte 단위로 구한다.
  - 예) printf("int 자료형의 크기 : %d", sizeof(int)); → (결과) int 자료형의 크기 : 4
- 콤마 연산자
  - 성격이 동일한 자료형을 나열할 때 사용된다.
  - 예) int a, b, c;
- Cast 연산자(형 변환 연산자)
  - 명시적 형 변환 시에 사용하며 어떤 수식을 다른 데이터형으로 변경할 때 사용한다.
  - 예) int num = (int)3.14 + 5;
    → (int)3.14는 실수형 상수 3.14를 정수형 상수 3으로 변환 후 3 + 5를 수행한 결과 8을 정수형 변수 num에 대입한다.
- 포인터 연산자
  - C언어의 단항연산자 중, &는 변수의 주소를 의미하고 *는 변수의 내용을 의미한다.
  - 예) int a = 3;
    int *ptr = &a;
    *ptr = *ptr + 5;
    → 정수형 변수 a를 포인터 변수 ptr이 포인팅(참조)하고 있고 *ptr은 포인터 변수에 포인터 연산자(*)를 통해 값을 참조하여 변수 a의 내용인 3을 5와 덧셈하여 8의 결과를 포인터 변수 ptr을 통해 다시 변수 a의 내용으로 대입한다.

합격을 다지는 예상문제

선다형(필기)

01 표준 C언어의 관계 연산자 중 "A와 B가 같지 않다"의 의미를 갖는 것은?

① A < > B
② A != B
③ A <= B
④ A &= B

정답 ②

02 다음 중 JAVA에서 우선순위가 가장 낮은 연산자는?

① --
② &
③ %
④ =

정답 ④

해설
-- > % > & > =

03 C언어에서 두 개의 논리 값 중 하나라도 참이면 1을, 모두 거짓이면 0을 반환하는 연산자는?

① ||
② &&
③ **
④ !=

정답 ①

해설
- || : OR 연산 – 둘 중 하나라도 참이면 True
- && : AND 연산 – 둘 다 참이어야 True
- ** : C언어 연산자가 아님
- != : 같지 않음 – 피연산자가 서로 다를 시 True

04 다음 C언어 프로그램이 실행되었을 때의 결과는?

```
#include
int main(int argc, char *argv[]) {
    int a = 4;
    int b = 7;
    int c = a | b;
    printf("%d", c);
    return 0;
}
```

① 3   ② 4
③ 7   ④ 10

정답 ③

해설
- 변수 a와 b의 4, 7을 (2진수)비트 연산자 |(OR)로 연산한다.
- 비트 연산자는 2진수로 변환 후 계산한다.
- OR 연산자는 두 비트 중 1개라도 1이면 1이 출력된다.

```
     0100  (4)
OR)  0111  (7)
     0111  (7)
```

- 변수 0111는 "%d" 출력형식 지정문자에 의해 10진수로 변환하면 7이 출력된다.

정답) ! → + → 〈 → && → ||

서술형(실기)

05 다음 〈보기〉의 연산자를 우선순위가 높은 것에서 낮은 순으로 순서에 맞게 골라 쓰시오.

[보기]

!, +, &&, ||, 〈

∘ 답 : ___ → ___ → ___ → ___ → ___

정답) 5

해설
비트 연산자는 변수를 비트(2진수)로 변환하여 연산한다.
a=3 → a=0011
b=6 → b=0110

0011
0110
―――
0101 → 5

06 다음 C언어는 두 수의 비트별 XOR을 구하는 프로그램이다. 실행 결과를 쓰시오.

```c
#include <stdio.h>
void main( )
{
    int a=3, b=6;
    int c = a ^ b;
    printf("%d", c);
}
```

∘ 답 :

정답) 13 13

해설
int 연산자는 가장 작은 정수를 구한다.
b=(int)7.3 + (int)6.7 → 7+6

07 다음 C언어의 실행 결과를 쓰시오.

```c
#include <stdio.h>
void main()
{
    int a = 7 + 6;
    int b = (int)7.3 + (int)6.7;
    printf("%d %d", a, b);
}
```

∘ 답 :

SECTION 05 데이터 입력 및 출력

빈출 태그 ▶ #입출력 함수 #입출력 변환문자 #이스케이프 시퀀스

01 데이터 입·출력의 개념

- 프로그램을 수행하는 과정에서 메모리로 데이터를 입력하고, 메모리에서 데이터를 출력하도록 하는 것이다.
- 읽기(Read)와 쓰기(Write) 명령을 이용하여 데이터 전송 요청을 할 수 있다.

02 C언어 대표 표준 데이터 입·출력 함수

- C언어에서 표준 입출력 함수를 사용하기 위해서는 #include 전처리를 통해 stdio.h라는 표준 입출력 헤더파일을 코드 상단에 반드시 입력해야만 한다.
- #include 〈stdio.h〉

입력 함수	scanf( )	표준 입력 함수
	getchar( )	문자 입력 함수
	gets( )	문자열 입력 함수
출력 함수	printf( )	표준 출력 함수
	putchar( )	문자 출력 함수
	puts( )	문자열 출력 함수

> **기적의 TIP**
>
> 이번 Section에서는 표준 출력 함수 부분에 관련된 내용만 다루도록 하겠습니다. C언어의 표준 출력 함수는 정말 다양하기 때문에 이러한 함수의 종류를 학습하는 것보다 집중하여 printf( ) 함수를 꼼꼼히 학습하는 것이 효율적인 방법입니다.

03 C언어 데이터 입·출력 변환문자

%d	입출력 대상을 10진 정수로 변환(decimal)
%o	입출력 대상을 8진 정수로 변환(octal)
%x	입출력 대상을 16진 정수로 변환(hexa-decimal)
%c	입출력 대상을 단일 문자로 변환(character)
%s	입출력 대상을 문자열로 변환(string)
%f	입출력 대상을 10진 실수로 변환(float)

04 C언어 확장문자(이스케이프 시퀀스, Escape Sequence)

\n	New Line	커서를 다음 줄 처음으로 이동
\r	Carriage Return	커서를 현재 줄 처음으로 이동
\t	Tab	커서를 일정 간격만큼 띄움
\b	Backspace	커서를 뒤로 한 칸 이동
\0	Null	널 문자 출력
\'	Single Quote	작은따옴표 출력
\"	Double Quote	큰따옴표 출력
\\	Backslash	역슬래시(\) 출력
\a	Alert	벨소리 발생
\f	Form Feed	한 페이지 넘김

05 C언어 데이터 입·출력 예제

① 예제 1

설명
- 줄10의 출력 결과는 %d의 출력형식 변환문자 사이에 숫자가 추가되어 있다. %7d는 전체 출력 자릿수 7자리를 확보하고 7자리에 12를 출력한 결과이다. 확보한 7자리의 우측을 기준으로 2자리를 확보해야 12를 출력할 수 있다. 12를 출력한 이후 5자리가 반대편 좌측에 공백으로 남아 있다.
- 줄11은 줄10의 결과와 같이 출력되고 좌측의 공백의 빈자리만큼 0으로 채워서 출력되었다.
- 줄12의 %d 사이의 자릿수 숫자에 – 부호를 추가하여 %-7d로 출력을 시킬 경우는 정수 출력을 위해 7자리를 확보하여 출력하되 기준을 좌측으로 하여 출력을 시킨 결과이다. 12를 출력하고 이후 5자리의 공백문자가 출력에 존재한다.

줄	C 프로그램 소스 inoutEx001.c
1	`#include <stdio.h>`
2	`int main( )`
3	`{`
4	`    printf("Hello World");`
5	`    printf("Hello World\n");`
6	`    printf("10진정수출력 : %d\n", 12);`
7	`    printf("8진정수출력 : %o\n", 12);`
8	`    printf("16진정수출력 : %x\n", 12);`
9	`    printf("%d\n", 12);`
10	`    printf("%7d\n", 12);`
11	`    printf("%07d\n", 12);`
12	`    printf("%-7d\n", 12);`
13	`    return 0;`
14	`}`
결과	Hello WorldHello World 10진정수출력 : 12 8진정수출력 : 14 16진정수출력 : c 12 |　|　|　|　|　|1|2| |0|0|0|0|0|1|2| |1|2|　|　|　|　|　|

② 예제 2

줄	C 프로그램 소스 inoutEx002.c
1	`#include <stdio.h>`
2	`int main( )`
3	`{`
4	`printf("%f\n", 3.147123);`
5	`printf("%7.2f\n", 3.147123);`
6	`printf("%07.2f\n", 3.147123);`
7	`printf("%-7.2f\n", 3.147123);`
8	`return 0;`
9	`}`
결과	3.147123 3.15 0003.15 3.15

설명

- 줄5의 출력형식 지정문자 %f 사이에 7.2는 전체 확보 자릿수가 7자리이고 그 중 2자리가 소수 이하 자릿수를 의미한다. %7.2f로 출력 자릿수를 지정한 후 3.147123의 실수 상수를 출력하려면 소수 이하 2자리까지만 결과로 출력된다. 소수 이하 3번째 자릿수의 값이 7로 반올림의 대상이 되어 3.15를 출력하게 된다. 전체 자리가 7자리이므로 3.15의 출력의 기준을 우측으로 맞추었을 때 좌측에 3칸의 공문자가 존재하게 된다.
- 줄6의 결과 역시 출력할 결과값은 3.15이고 %07.2f의 0을 추가하여 빈 공간에 공문자가 아닌 0을 채워 출력하게 된다.
- 줄7의 경우는 3.15의 출력의 기준을 좌측에 맞추어 3.15 출력 후 우측으로 3칸의 공문자가 출력된다.

③ 예제 3

줄	C 프로그램 소스 inoutEx003.c
1	`#include <stdio.h>`
2	`int main( )`
3	`{`
4	`printf("정수출력 : %d\n", 123);`
5	`printf("정수출력 : %d %d\n", 10, 20);`
6	`printf("실수출력 : %f\n", 3.14);`
7	`printf("문자출력 : %c\n", 'A');`
8	`printf("문자열출력 : %s\n", "PASS");`
9	`putchar('A');`
10	`putchar('\n');`
11	`puts("PASS");`
12	`return 0;`
13	`}`
결과	정수출력 : 123 정수출력 : 10 20 실수출력 : 3.140000 문자출력 : A 문자열출력 : PASS A PASS

합격을 다지는 예상문제

선다형(필기)

01 C언어에서 문자열 출력 시 사용하는 함수는?

① gets( )
② getchar( )
③ puts( )
④ putchar( )

[정답] ③
[해설]
①은 문자열 입력, ②는 한 문자 입력,
④는 한 문자 출력

02 C언어에서 이스케이프 시퀀스(Escape Sequence)에 대한 설명으로 틀린 것은?

① \n : null character
② \r : carriage return
③ \f : form feed
④ \b : backspace

[정답] ①
[해설]
\n : new line, 개행

서술형(실기)

03 다음 〈보기〉에서 C언어의 함수 중 문자열 입력 함수를 골라 쓰시오.

[보기]

getchar( ), gets( ), puts( ), putchar( )

◦ 답 :

[정답] gets( )

04 C언어에서 사용되는 이스케이프 시퀀스 중 커서를 다음 줄 처음으로 이동하는 New Line을 의미하는 문자를 쓰시오.

◦ 답 :

[정답] \n 또는 ₩n

SECTION 06 제어문(1) - 선택문

빈출 태그 ▶ #제어문의 구조 #if~else #다중 if #switch~case

01 구조적 프로그램에서의 순서 제어

- 프로그램의 이해가 쉽고 디버깅 작업이 쉽도록 한다.
- 한 개의 입구(입력)와 한 개의 출구(출력) 구조를 갖도록 한다.
- GOTO문은 사용하지 않는다.

① 구조적 프로그래밍의 기본 구조
- 순차(Sequence) 구조
- 선택(Selection) 구조
- 반복(Iteration) 구조

② 구조적 프로그램의 특징
- 프로그램의 가독성이 좋으며 개발 및 유지보수가 용이하다.
- 프로그래밍에 대한 규칙을 제공하여 투자되는 노력과 시간이 감소한다.
- 프로그램의 신뢰성이 향상된다.

> **기적의 TIP**
> 제어문은 프로그래밍 언어 활용 학습의 핵심입니다. C 코드와 Java코드의 문법에 맞게 구형할 수 있도록 기본 문법을 반복해서 학습하세요.

02 제어문

- 주어진 조건의 결과값에 따라 프로그램의 수행 순서를 제어하거나 문장들의 수행 횟수를 조정하는 문장이다.
- 프로그램의 흐름을 지시하는 데 사용되는 문장이다.

① C언어의 제어문

순차 구조	int a; // 변수 선언문;
	a = 10 + 20; // 변수 대입문;

선택 구조	① if문 ② switch~case문
반복 구조	① while문 ② do~while문 ③ for문
제어 명령문;	① break; ② continue; ③ goto 레이블명;

② Java언어의 제어문

순차 구조	int a; // 변수 선언문;
	a = 10 + 20; // 변수 대입문;

선택 구조	① if문 ② switch~case문
반복 구조	① while문 ② do~while문 ③ for문 ④ for-each문
제어 명령문	① break; ② continue;

03 단순 if문

① 형식

```
if(조건식) {
    문장;
}
```

- 조건식이 참일 경우만 블록 영역(중괄호, { })으로 진입하여 문장을 수행한다.
- 블록 영역 내의 수행 문장이 단일 문장일 경우는 블록 기호를 생략할 수 있다.

② 예제

> **설명**
> - 줄7과 줄9에서 콘솔 입력을 통해 변수 month와 변수 day에 각각 1을 입력받아 대입하였다.
> - 줄10의 if문의 조건식에서 두 변수의 값이 모두 1이 입력되었는지를 판별하여 결과가 참으로 생성되어 줄11의 age = age + 1; 문장을 실행하게 되었다. 줄11은 조건식의 참일 경우 수행되는 유일한 문장으로 블록을 생략하였으며 변수 age에 20이 입력되어 있어 21로 증가하여 대입되었다.

줄	C 프로그램 소스 ifEx001.c
1	`#include <stdio.h>`
2	`int main( )`
3	`{`
4	`    int month, day, age;`
5	`    age = 20;`
6	`    printf("날짜 입력 > 월 (1~12) : ");`
7	`    scanf("%d",&month);`
8	`    printf("날짜 입력 > 일 (1~31) : ");`
9	`    scanf("%d",&day);`
10	`    if( month==1 && day==1 )`
11	`        age = age + 1;`
12	`    printf("나이 : %d\n", age);`
13	`    return 0;`
14	`}`
결과	날짜 입력 > 월 (1~12) : 1 [Enter] 날짜 입력 > 일 (1~31) : 1 [Enter] 나이 : 21

③ 예제 2

설명
- 예제 2의 프로그램은 예제 1의 코드에 break; 제어문을 추가하였다. break문은 switch문 블록의 닫는 괄호(})의 밖으로 제어(실행 순서)를 이동시킨다.
- 줄6번에서 변수 season에 2를 입력받아 저장한 상황이라면 줄7번에서의 처리에 의해서 줄10번의 case 2:의 레이블로 이동을 한다. 해당 printf( )문을 출력하고 break;문을 수행하게 되므로 줄14번 밖으로 이동하여 프로그램을 종료하게 된다.
- 줄13번의 default: 레이블은 줄7번에서 알맞은 레이블을 찾지 못할 경우에 이동되는 레이블이다. 위 프로그램의 경우는 변수 season에 1~4 이외의 정수 값이 입력되면 줄13으로 이동하게 된다.

줄	C 프로그램 소스 switchEx002.c
1	`#include <stdio.h>`
2	`int main( )`
3	`{`
4	`    int season;`
5	`    printf("계절 구분 > 봄(1), 여름(2), 가을(3), 겨울(4) : ");`
6	`    scanf("%d", &season);`
7	`    switch(season)`
8	`    {`
9	`        case 1: printf("봄 소풍 가세요~\n");      break;`
10	`        case 2: printf("바다로 갈까요?\n");       break;`
11	`        case 3: printf("단풍구경 갑시다.\n");     break;`
12	`        case 4: printf("스키장으로 떠나요!\n");   break;`
13	`        default: printf("계절코드를 잘못 선택하셨네요.\n");`
14	`    }`
15	`    return 0;`
16	`}`
결과	계절 구분 > 봄(1), 여름(2), 가을(3), 겨울(4) : 2 [Enter] 바다로 갈까요?

합격을 다지는 예상문제

선다형(필기)

01 구조적 프로그램의 기본 구조가 아닌 것은?

① 순차 구조 ② 반복 구조
③ 일괄 구조 ④ 선택 구조

[정답] ③
[해설] 구조적(structured) 프로그램의 기본 구조 : 순차(sequence) 구조, 조건(condition) 구조, 반복(repetition) 구조

02 C언어에서 반복처리를 위한 명령문이 아닌 것은?

① for   ② while   ③ continue   ④ do~while

[정답] ③
[해설] continue는 루프 실행 도중 루프를 다시 실행하고자 할 때 사용한다.

서술형(실기)

03 다음 〈보기〉에서 선택 제어문을 골라 쓰시오.

[보기]

if, for, while, switch

◦ 답 :

[정답] if, switch

06 switch~case문

① 형식

```
switch(정수형 변수) {
    case 값1: 문장1;
    case 값2: 문장2;
    ………
    case 값n: 문장n;
    default: 문장x;
}
```

- 정수형 변수의 값이 어느 case문의 값과 일치하는지 찾아서 그 지점부터 switch 구문 마지막까지 모든 문장들을 수행한다.
- 만일 더 이상 밑에 있는 문장들을 수행하지 않고 switch 구문을 종료하고자 한다면 break; 문장을 적절한 곳에 명시한다.

② 예제 1

줄	C 프로그램 소스 switchEx001.c
1	`#include <stdio.h>`
2	`int main( )`
3	`{`
4	`    int season;`
5	`    printf("계절 구분 > 봄(1), 여름(2), 가을(3), 겨울(4) : ");`
6	`    scanf("%d", &season);`
7	`    switch(season)`
8	`    {`
9	`        case 1: printf("봄 소풍 가세요~\n");`
10	`        case 2: printf("바다로 갈까요?\n");`
11	`        case 3: printf("단풍구경 갑시다.\n");`
12	`        case 4: printf("스키장으로 떠나요!\n");`
13	`    }`
14	`    return 0;`
15	`}`
결과	계절 구분 > 봄(1), 여름(2), 가을(3), 겨울(4) : 2 [Enter] 바다로 갈까요? 단풍구경 갑시다. 스키장으로 떠나요!

설명

- 줄6번에서 변수 season에 2를 콘솔로 입력받아 저장하였다.
- 줄7번에서 switch문은 변수 season의 정수값 2를 파악하여 case 2의 줄10으로 제어(실행 순서)를 이동시킨다.
- 줄10의 case 2: 레이블 위치의 printf( ) 문장을 수행 후 switch문 블록의 닫는 괄호(})까지인 줄13까지 연이어서 실행하게 된다. 따라서 결과는 줄10, 줄11, 줄12가 실행되어 콘솔에 출력된다.

05 다중 if문

① 형식

```
if(조건식1) {
    문장1;
} else if(조건식2) {
    문장2;
} else {
    문장3;
}
```

- 조건식1이 참인 경우에는 문장1을 수행하고, 조건식1이 거짓이지만 조건식2가 참인 경우는 문장2를 수행한다.
- 조건식1과 조건식2 모두 거짓인 경우 문장3을 수행한다.

② 예제

아래의 프로그램은 변수 number에 콘솔을 통해 정수를 입력받아 양수 또는 0 또는 음수인지를 판별하는 프로그램이다.

줄	C 프로그램 소스 ifEx004.c
1	`#include <stdio.h>`
2	`int main( )`
3	`{`
4	`    int number;`
5	`    printf("정수 입력 : ");`
6	`    scanf("%d", &number);`
7	`    if(number > 0)`
8	`        printf("Positive Number\n");`
9	`    else if(number==0)`
10	`        printf("ZERO\n");`
11	`    else`
12	`        printf("Negative Number\n");`
13	`    return 0;`
14	`}`
결과	정수 입력 : 10 [Enter] Positive Number
결과	정수 입력 : 0 [Enter] ZERO
결과	정수 입력 : -10 [Enter] Negative Number

04 if~else문과 조건 연산자

① 형식

```
if(조건식) {
    문장1;
} else {
    문장2;
}
```

- 조건식이 참인 경우에는 문장1을 수행하고, 거짓인 경우 문장2를 수행한다.
- 블록 영역 내의 수행 문장이 단일 문장일 경우는 블록 기호를 생략할 수 있다.

② 예제 1

줄	C 프로그램 소스 ifEx002.c
1	`#include <stdio.h>`
2	`int main( )`
3	`{`
4	`    int x, y, big;`
5	`    x = 5;    y = 2;`
6	`    // big = (x>y) ? x : y;`
7	`    if (x > y)`
8	`            big = x;`
9	`    else`
10	`            big = y;`
11	`    printf("큰값  : %d \n", big);`
12	`    return 0;`
13	`}`
결과	큰값 : 5

설명
- 줄7에서 x>y의 조건식 처리 시 5>2의 결과는 참이므로 줄8을 수행하게 된다.
- 줄8은 변수 big에 변수 x 값인 5를 대입시킨다. 줄11에 출력으로 큰값 5가 결과로 출력된다.
- 위 if~else문은 줄6의 주석처럼 삼항 연산자(조건 연산자)로 간결하게 코딩할 수 있으며 동일한 결과를 얻을 수 있다.

③ 예제 2

줄	C 프로그램 소스 ifEx003.c
1	`#include <stdio.h>`
2	`int main( )`
3	`{`
4	`    int number;`
5	`    printf("정수입력 : ");`
6	`    scanf("%d", &number);`
7	`    if (number%2 == 1)`
8	`            printf("홀수입니다.\n");`
9	`    else`
10	`            printf("짝수입니다.\n");`
11	`    return 0;`
12	`}`
결과	정수입력 : 3 Enter 홀수입니다.

설명
- 줄7의 조건식 number%2 == 1은 홀수와 짝수를 판별하는 조건식이다. 변수 number의 값을 2로 나눈 후 나머지 값이 1인지를 묻는다. 즉, 변수 number를 2로 나눈 나머지 값이 홀수인지를 판별하는 조건식이다. 줄6을 통해 변수 number에는 3을 콘솔 입력하여 저장하여 두었으므로 3%2는 3을 2로 나눈 나머지 1을 연산한 후 1==1의 관계 연산을 수행하게 된다. 1과 1은 같으므로 참의 결과를 생성한다.
- 줄7의 결과로 줄8의 출력문이 실행된다.

기적의 TIP

C언어나 Java언어의 코드 문제로 홀수와 짝수 판별문제는 자주 출제되는 부분입니다. 조건식의 구성을 다양하게 학습해두세요.

SECTION 07 제어문(2) - 반복문

출제빈도 상 중 하
반복학습 1 2 3

빈출 태그 ▶ #while #do~while #for #break #continue

01 while문

- 조건식의 결과가 참에 해당하는 동안 명령문을 반복 수행한다.
- 조건식의 결과가 거짓에 해당하면 반복 블록을 수행하지 않는다.
- 조건식이 '항상 참'으로 결과를 생성하거나 1(참)로 명시되어 있으면 무조건 반복에 해당되어 '무한반복'이 이루어진다. 이러한 무한반복을 끝내려면 반복할 명령문들 중에 break;문을 사용한다.

① 형식

```
while(조건식) {
    반복할 명령문들;
}
```

> **기적의 TIP**
>
> break;문은 반복 블록을 벗어날 때 사용하며, 중첩된 반복 블록에서는 자신에게 가장 가까운 반복 블록(중괄호, { }) 1개를 벗어나게 됩니다.

- 조건식이 참일 경우만 블록 영역(중괄호, { })으로 진입하여 반복할 명령문을 수행 후 while문의 헤더의 조건식 판별을 반복하게 된다.
- 블록 영역 내의 수행 문장이 단일 문장일 경우는 블록 기호를 생략할 수 있다.
- 처음부터 조건식이 '참'이 아닐 경우, 반복할 명령은 한 번도 수행되지 않는다.

② 예제 1

줄	C 프로그램 소스 whileEx001.c
1	`#include <stdio.h>`
2	`int main( )`
3	`{`
4	`    int i;`
5	`    i = 1;`
6	`    while( i<=5 )`
7	`    {`
8	`        printf("정보처리 합격!\n");`
9	`        i++;                    // i = i + 1;`
10	`    }`
11	`    return 0;`
12	`}`
결과	정보처리 합격! 정보처리 합격! 정보처리 합격! 정보처리 합격! 정보처리 합격!

> **설명**
>
> - 줄6의 반복 조건식의 결과는 변수 i의 변수 값에 따라 참과 거짓의 결과를 생성한다. 줄5에서 변수 i에 1의 값을 대입하여 처음 조건식의 결과는 참이 되므로 블록 영역에 진입하여 줄8의 결과를 출력하게 된다.
> - 줄9의 i++;의 의미는 i=i+1;로, 변수 i의 값을 1씩 증가하는 처리를 하여 변수 i가 2로 증가하게 된다.
> - 줄10의 블록의 끝(닫는 중괄호, })은 while 반복 구조의 시작인 줄6으로 이동을 시킨다.
> - 변수 i에 의해 반복의 진행 여부가 결정이 되는 상황에서 변수 i를 반복 제어변수라고 하며, 위 프로그램의 경우는 변수 i가 1~5의 값일 경우 참을 생성하여 반복 처리 블록에 진입하게 되므로 결과는 "정보처리 합격!"이 5회 콘솔에 출력된다.
> - 이때 최종 변수 i의 값은 6이 됨을 주의하여야 한다. 변수 i가 6인 상황에서만 조건식의 결과가 거짓으로 생성되어 반복을 종료할 수 있다.

③ 예제 2

줄	C 프로그램 소스 whileEx002.c
1	`#include <stdio.h>`
2	`int main( )`
3	`{`
4	`    int i;`
5	`    int sum = 0;`
6	`    i = 1;`
7	`    while(i<=10)`
8	`    {`
9	`        sum += i;           // sum = sum + i;`
10	`        i++;                // i = i + 1;`
11	`    }`
12	`    printf("1부터 10까지의 합 : %d\n", sum);`
13	`    return 0;`
14	`}`
결과	1부터 10까지의 합 : 55

④ 예제 3

줄	C 프로그램 소스 whileEx003.c
1	`#include <stdio.h>`
2	`int main( )`
3	`{`
4	`    int i;`
5	`    i = 1;`
6	`    printf("=== 구구단 : 2단 출력 ===\n");`
7	`    while(i<10)            // while(i<=9)`
8	`    {`
9	`        printf("%d * %d = %2d\n", 2, i, 2*i);`
10	`        i++;`
11	`    }`
12	`    return 0;`
13	`}`
결과	=== 구구단 : 2단 출력 === 2 * 1 = 2 2 * 2 = 4 2 * 3 = 6 …… 2 * 9 = 18

02 do~while문

① 형식

```
do {
    반복할 명령문들;
} while(조건식);
```

- 반복할 문장을 무조건 먼저 수행한 후, 조건식이 참인 경우에만 다시 반복한다.
- 맨 끝에 세미콜론(;)을 붙인다.

② 예제

줄	C 프로그램 소스 dowhileEx001.c
1	`#include <stdio.h>`
2	`int main( )`
3	`{`
4	`    int i;`
5	`    int sum = 0;`
6	`    i = 1;`
7	`    do`
8	`    {`
9	`        sum += i;           // sum = sum + i;`
10	`        i++;                // i = i + 1;`
11	`    } while(i<=10);`
12	`    printf("1부터 10까지의 합 : %d\n", sum);`
13	`    return 0;`
14	`}`
결과	1부터 10까지의 합 : 55

03 for문

① 형식

```
for(초기식; 조건식; 증감식)
{
    반복할 명령문들;
}
```

- ① 초기식을 최초 for문 진입 시 1회 수행한 후, ② 조건식을 점검하여 결과가 참인 경우에만 ③ 반복할 명령문들을 수행한다. 그 후에 ④ 증감식을 수행한 후 ⑤ 다시 조건식을 점검하여 역시 참인 경우에 반복 수행하고 거짓인 경우 반복을 종료한다.
- 만일 처음부터 조건식이 참이 아니면 반복할 문장은 한 번도 수행되지 않는다.
- for문의 경우 반복 횟수가 명확하게 정해진 반복 상황을 처리할 때 간결하게 코드가 표현되는 장점이 있다.

> **기적의 TIP**
>
> 반복 제어문의 for문과 while문이 서로 변환되어 코딩되었을 때의 제어변수와 관련된 코드 표현을 잘 익혀두세요.

② 예제 1

줄	C 프로그램 소스 forEx001.c
1	`#include <stdio.h>`
2	`int main( )`
3	`{`
4	`    int i;`
5	`    printf("=== 구구단 : 2단 출력 ===\n");`
6	`    for(i=1; i<10; i++)`
7	`    {`
8	`        printf("%d * %d = %2d\n", 2, i, 2*i);`
9	`    }`
10	`    return 0;`
11	`}`
결과	=== 구구단 : 2단 출력 === 2 * 1 = 2 2 * 2 = 4 2 * 3 = 6 …… 2 * 9 = 18

③ 예제 2

줄	C 프로그램 소스 forEx002.c
1	`#include <stdio.h>`
2	`int main( )`
3	`{`
4	`    int i;`
5	`    int j;`
6	`    for(i=2; i<10; i++)`
7	`    {`
8	`       for(j=1; j<10; j++)`
9	`       {`
10	`          printf("%d * %d = %2d\n", i, j, i*i);`
11	`       }`
12	`    }`
13	`    return 0;`
14	`}`
결과	2 * 1 = 2 …… 2 * 9 = 18 3 * 1 = 3 …… 9 * 9 = 81

04 break문

- for, while, do~while, switch문과 같이 반복문이나 선택문 수행 중 블록 범위를 완전히 벗어나고자 할 경우에 사용한다.
- 예제

줄	C 프로그램 소스 breakEx001.c
1	`#include <stdio.h>`
2	`int main( )`
3	`{`
4	`    int num, sum=0;`
5	`    while(1)`
6	`    {`
7	`        printf("정수 입력(끝:0) : ");`
8	`        scanf("%d", &num);`
9	`        if(num == 0)`
10	`            break;`
11	`        sum += num;`
12	`    }`
13	`    printf("입력한 정수의 합계 : %d\n", sum);`
14	`    return 0;`
15	`}`
결과	정수 입력(끝:0) : 1 [Enter] 정수 입력(끝:0) : 2 [Enter] 정수 입력(끝:0) : 3 [Enter] 정수 입력(끝:0) : 0 [Enter] 입력한 정수의 합계 : 6

> **기적의 TIP**
>
> **무한반복**
> - while문
>   - C언어
>     ```
>     while(1)
>     {
>         반복대상;
>     }
>     ```
>   - Java언어
>     ```
>     while(true)
>     {
>         반복대상;
>     }
>     ```
> - for문
>   ```
>   for( ; ; )
>   {
>       반복대상;
>   }
>   ```

05 continue문

- break;문과 상반되는 제어문이다.
- 반복문에서 continue;문을 만나면 continue;문 이후 문장을 실행하지 않고, 반복 조건식으로 제어를 이동한다. 반복 구문 안에서 반복을 중단하지 않고 이 시점부터 다음 반복으로 넘어가고 싶을 때 사용한다.
- 예제

줄	C 프로그램 소스 continueEx001.c
1	`#include <stdio.h>`
2	`int main( )`
3	`{`
4	`    int i;`
5	`    for(i=1; i<=10; i++)`
6	`    {`

```
 7          if(i % 2 == 0)        // i가 짝수인지를 판별
 8              continue;
 9          printf("%d\n", i);
10      }
11      return 0;
12  }
```

결과	1 3 5 7 9

06 goto문

- 레이블이 있는 곳으로 무조건 분기한다.
- 장점 : 루틴의 빠른 실행이 가능하다.
- 단점 : 프로그램이 비구조적이 되고 이해하기 어려워진다.
- 구조적 프로그래밍에서는 goto문을 사용하지 않는다.
- C언어에는 존재하지만, Java언어에는 존재하지 않는 제어문이다.

합격을 다지는 **예상문제**

선다형(필기)

01 다음 C언어 프로그램이 실행되었을 때, 실행 결과는?

```
#include <stdio.h>
#include <stdlib.h>
int main(int argc, char *argv[]) {
    int i = 0;
    while(1){
        if(i==4) {
            break;
        }
        ++i;
    }
    printf("i = %d", i);
    return 0;
}
```

① i = 0   ② i = 1
③ i = 3   ④ i = 4

[정답] ④

[해설]
while 반복문의 조건식이 1일 경우 '참'으로 판별되어 무한 반복을 실행한다. break; 명령문은 조건식 내에서 탈출한다.

int i = 0;	변수 i를 1로 초기화한다.
while(1) {	조건식이 항상 참인 경우, 무한 반복한다.

if(i == 4) {
    break;
}
	만약 i가 4이면 무한 반복을 종료한다.

++i;	i가 4가 아니라면 i를 1씩 증가시킨다.
}	즉, i는 0~4까지 반복한 뒤 탈출한다.
printf("i = %d", i);	i는 4이므로 "i = 4"를 출력한다.

02 명시적 순서 제어에 해당되지 않는 것은?

① 해당 언어에서 각 문장이나 연산의 순서를 프로그래머가 직접 변경
② GOTO문이나 반복문을 사용해서 문장의 실행 순서를 변경
③ 수식의 괄호를 사용해서 연산의 순서를 변경
④ 수식에서 연산자 우선순위에 의한 수식 계산

03 C언어의 제어구조(control structure)에서 문장을 실행한 다음, 조건을 검사하여 반복 실행의 여부를 결정하는 문은?

① for문　　　　　　　　　② while문
③ do-while문　　　　　　 ④ switch-case문

서술형(실기)

04 다음 C프로그램의 출력값을 쓰시오.

```c
#include <stdio.h>
void main( )
{
    int a=3, b=10;
    if(b>5)
        printf("%x\n", a+b);
    else
        printf("%x\n", b-a);
}
```

◦ 답 :

05 다음 C프로그램에서 에러를 발생시킨 부분에 해당하는 기호를 쓰시오.

```c
#include <stdio.h>
int main( )
{   int i = 1;
    int sum = 0;
    while(true)  ─────────── ㉠
    {
        sum += i;
        if(i==5) break;  ─── ㉡
        i++;  ──────────── ㉢
    }
    printf("1~5까지의 합 : %d\n", sum);  ── ㉣
    return 0;
}
```

◦ 답 :

SECTION 08 배열과 문자열

빈출 태그 ▶ #배열 변수 #배열 초기화 #Java언어 자료형 #Java 배열의 크기

01 배열(Array) 변수

- C언어는 배열과 구조체와 같은 사용자 정의 자료형을 제공한다.
- 한 번의 선언으로 여러 개의 메모리 공간을 관리할 수 있다.
- 같은 자료형의 값을 메모리 공간에 순서적으로 하나의 이름(배열명)으로 모아 놓은 것이다.

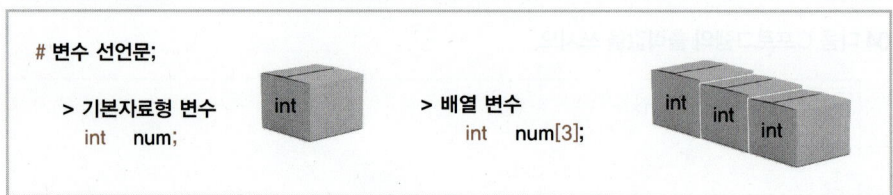

① 배열변수 선언문;

- 형식 : 자료형 변수명;
  자료형 배열명[배열요소의 개수];
- 코딩 :
```
{
    int     a[10];
    double  b[2];
    char    ch[5];
```

② 배열의 초기화

- 배열 요소의 범위 : 배열명[0]~배열명[첨자-1]
- 배열의 첨자(index) : 0부터 시작한다.
- 배열 선언과 동시에 초기화 시, 요소의 개수 생략이 가능하다.
- 배열 초기화의 예

```
{
    int     a[3] = { 1, 2, 3 };
    double  b[2] = { 1.1, 2.2 };
    char    ch[4] = { 'P', 'A', 'S', 'S' };

    int     a[ ] = { 1, 2, 3 };
    double  b[ ] = { 1.1, 2.2 };
    char    ch[ ] = { 'P', 'A', 'S', 'S' };
```

③ 예제 : 배열을 적용하지 않은 예

줄	C 프로그램 소스 arrayEx001.c
1	`#include <stdio.h>`
2	`int main( )`
3	`{`
4	`    int SA, SD, DB, PL, IS;   float  avg;`
5	`    scanf("%d", &SA);`
6	`    scanf("%d", &SD);`
7	`    scanf("%d", &DB);`
8	`    scanf("%d", &PL);`
9	`    scanf("%d", &IS);`
10	`    avg = (SA+SD+DB+PL+IS) / 5;`
11	`    printf("정보처리 필기 평균점수 : %.2f점\n", avg);`
12	`    return 0;`
13	`}`
결과	50 [Enter] 90 [Enter] 50 [Enter] 90 [Enter] 100 [Enter] 정보처리 필기 평균점수 : 76.00점

④ 예제 : 배열을 적용한 예

줄	C 프로그램 소스 arrayEx002.c
1	`#include <stdio.h>`
2	`int main( )`
3	`{`
4	`    int score[5];`
5	`    int total = 0;`
6	`    float  avg;`
7	`    int i;`
8	`    for(i=0; i<5; i++)`
9	`    {`
10	`        scanf("%d", &score[i]);`
11	`        total += score[i];`
12	`    }`
13	`    avg = total / 5;`
14	`    printf("정보처리 필기 평균점수 : %.2f점\n", avg);`
15	`    return 0;`
16	`}`
결과	50 [Enter] 90 [Enter] 50 [Enter] 90 [Enter] 100 [Enter] 정보처리 필기 평균점수 : 76.00점

02 1차원 문자 배열과 문자열 배열

- C언어에서는 문자열 상수를 1차원의 문자 배열과 문자열 배열을 통해 메모리에 저장하여 참조한다.
- C언어의 문자열 배열은 문자 배열보다 1byte의 널문자('\0')를 포함하고 있다.
- C언어의 문자상수의 경우는 1byte의 char 자료형으로 문자형 변수에 저장된다. 이때 문자상수는 ASCII코드로 표현된다.

> **기적의 TIP**
>
> **ASCII(아스키) 코드**
> ANSI(미국표준협회)의 표준 코드 체계이다. ASCII는 각 문자를 7비트로 표현하므로 총 128개의 문자 표현이 가능하다.
> - 대문자 'A'
>   - ASCII 코드값 : 65
>   - |1|0|0|0|0|0|1|
> - 소문자 'a'
>   - ASCII 코드값 : 97
>   - |1|1|0|0|0|0|1|

① 예제 1

줄	C 프로그램 소스 arrayEx003.c
1	`#include <stdio.h>`
2	`int main( )`
3	`{`
4	`int i;`
5	`char ch[4] = { 'P', 'A', 'S', 'S' };`
6	`for(i=0; i<4; i++)`
7	`{`
8	`printf("%c", ch[i]);`
9	`}`
10	`printf("\n");`
11	`return 0;`
12	`}`
결과	PASS

② 예제 2

줄	C 프로그램 소스 arrayEx004.c
1	`#include <stdio.h>`
2	`int main( )`
3	`{`
4	`int i;`
5	`char    ch[4] = { 'P', 'A', 'S', 'S' };`
6	`char    str[5] = "PASS";`
7	`printf("문자배열의   크기 : %d바이트\n", sizeof(ch));`
8	`printf("문자열배열의 크기 : %d바이트\n", sizeof(str));`
9	`return 0;`
10	`}`
결과	문자배열의 크기 : 4바이트 문자열배열의 크기 : 5바이트

③ 예제 3

줄	C 프로그램 소스 arrayEx005.c
1	`#include <stdio.h>`
2	`int main( )`
3	`{`
4	`    int i;`
5	`    char    ch[4] = { 'P', 'A', 'S', 'S' };`
6	`    char    str[5] = "PASS";`
7	`    for(i=0; i<4; i++)`
8	`        printf("%c",ch[i]);`
9	`    printf("\n");`
10	`    printf("%s\n", str);     //printf("%s\n", &str[0]);`
11	`    return 0;`
12	`}`
결과	PASS PASS

> **기적의 TIP**
>
> **문자 배열과 문자열 배열**
> • 1차원 문자 배열
>
> | 0 | 1 | 2 | 3 |
> |---|---|---|---|
> | 'P' | 'A' | 'S' | 'S' |
>
> • 1차원 문자열 배열
>
> | 0 | 1 | 2 | 3 | 4 |
> |---|---|---|---|---|
> | 'P' | 'A' | 'S' | 'S' | '\0' |
>
> **설명**
>
> 줄10에서 배열명을 %s 출력형식으로 출력을 하면 문자열 배열의 시작부터 '\0' 널문자 이전 문자까지 연속해서 모두 출력된다.

03 2차원 배열

- 2차원 배열의 선언 형식 : 자료형 배열명[행 개수][열 개수];
- 2차원 배열변수의 원소에 초깃값을 배정하려면 행우선(row-major) 원칙을 따라 배정한다. 이것은 행 인덱스를 고정시킨 상태에서 열 인덱스를 먼저 증가시키면서 초깃값을 배정하는 방법으로, C 언어와 Java 언어 모두 동일하다.
- 2차원 배열의 인덱스의 시작 값은 행 인덱스와 열 인덱스 모두 0이다.

① 예제 1

줄	C 프로그램 소스 arrayEx006.c
1	`#include <stdio.h>`
2	`int main( )`
3	`{`
4	`    int i, j, sub_total;`
5	`    int s[3][2] = { {10,20}, {30,40}, {50,60} };`
6	`    for(i=0; i<3; i++) {`
7	`        sub_total = 0;`
8	`        for(j=0; j<2; j++) {`
9	`            sub_total += s[i][j];`
10	`        }`
11	`        printf("%d번 학생 총점 : %d\n", i+1, sub_total);`
12	`    }`
13	`    return 0;`
14	`}`
결과	1번 학생 총점 : 30 2번 학생 총점 : 70 3번 학생 총점 : 110

04 Java언어의 자료형

① 기본형(Primitive Type)
- 정해진 자료형의 값 자체이다.
- 기본형 변수의 선언문

```
int a = 10;
double b = 3.14;
```

② 참조형(Reference Type)
- C언어의 포인터와 같으며 실제 값이 저장된 메모리 주소에 해당한다.
- 참조형 변수의 선언문

```
int anArr[ ];
String rStr;
```

05 Java언어의 배열

① C언어 배열과 Java언어 배열
- C언어에서의 배열은 int, char형과 같은 기본형 상수들을 배열변수의 인덱스를 통해 참조한다.
- Java언어에서의 배열은 참조형 변수를 통해 배열객체를 참조한다.

② Java 배열의 선언 규칙
- 배열은 선언한 뒤 초기화나 배열객체 생성 후, 사용 가능하다.
- 배열의 크기를 지정할 수 없다.
- 다차원 배열을 255차원까지 가능하다.
- 형식

```
{
    int a[ ] = { 1, 2, 3 };
    int[ ]  a = { 1, 2, 3 };
    int[ ]  a = new int[3];
```

③ Java 배열의 크기
'배열이름.length'를 통해 배열의 크기인 요소의 개수를 알 수 있다.

④ 예제 1

줄	Java 프로그램 소스 ArrayEx001.java
1	`public class ArrayEx001 {`
2	`    public static void main(String[ ] args) {`
3	`        // 1차원 배열의 초기화`
4	`        int[ ] intArr = { 1,2,3 };`
5	
6	`        for(int i = 0; i<intArr.length; i++) {`
7	`            System.out.print(intArr[i] +" ");`
8	`        }`
9	`        System.out.println( );`
10	`    }`
11	`}`
결과	1 2 3

⑤ 예제 2 : 1차원 배열과 each-for문을 이용한 순회

줄	Java 프로그램 소스 ArrayEx002.java
1	`public class ArrayEx002 {`
2	`    public static void main(String[ ] args) {`
3	`        // 1차원 배열의 생성`
4	`        int[ ] intArr = new int[3];`
5	
6	`        for(int i = 0; i < intArr.length; i++)`
7	`            intArr[i] = i+1;`
8	`        for(int i : intArr) {`
9	`            System.out.print(i + " ");`
10	`        }`
11	`        System.out.println( );`
12	`    }`
13	`}`
결과	1 2 3

⑥ 예제 3

줄	Java 프로그램 소스 ArrayEx003.java
1	`public class ArrayEx003 {`
2	`    public static void main(String[ ] args) {`
3	`        int[ ] score = { 100, 90, 80, 70, 60 };`
4	`        for(int i : score ) {`
5	`            System.out.print(i + " ");`
6	`        }`
7	`        System.out.println( );`
8	`    }`
9	`}`
결과	100 90 80 70 60

> **기적의 TIP**
> - each-for문(향상된 for문) : 객체 내의(여러 개의) 대상을 차례로 접근할 경우 유용하다.
> - 형식 : for(타입변수 선언 : 배열객체명) { 실행문; }

06 Java언어의 문자열

- Java언어에서는 문자열상수를 String 클래스를 통해 참조한다.
- 형식

```
{
    // 1. 문자열형의 생성 (대입형)
    String    strArr1 = "Java";

    // 2. String 클래스의 생성자를 이용하여 초기화
    String    strArr2 = new String("Java");
```

① String 클래스
- java.lang 패키지의 주요 클래스 중의 하나인 String 클래스이다.
- String 클래스는 주로 문자열을 출력하거나 결합하는 데 사용한다.
- Java언어는 String 클래스를 통해 편리하게 문자열을 사용 가능하다.
  예) String   str = new String("정보처리 한방 합격!");
- String 클래스를 이용하면 "문자열" 간 결합이 용이하다.
  예) System.out.println(name + "님 합격을 축하합니다!");

기적의 TIP

객체지향 언어의 장점은 클래스가 제공하는 메소드(연관된 기능)를 통해 필요한 기능들을 쉽게 구현할 수 있다는 점입니다. 모든 메소드들을 암기하기보다 예제를 통해 주요 클래스의 메소드를 살펴보도록 하세요.

② String 클래스의 주요 메소드

char charAt(int index)	인덱스 위치의 문자 하나 리턴
boolean equals(Oabject obj)	다른 문자열 객체와 비교
String replace(char oldChar, char newChar)	특정 문자를 새로운 문자로 치환
static String valueOf(para)	숫자값을 문자형으로 처리
int length( )	문자열의 길이(널문자 제외)

③ 예제

줄	Java 프로그램 소스 ArrayEx004.java
1	`public class ArrayEx004 {`
2	`    public static void main(String[ ] args) {`
3	`        String str = "SSAP";`
4	`        int length = str.length( );`
5	
6	`        for(int i = length-1; i >= 0; i--)`
7	`            System.out.printf("%c", str.charAt(i));`
8	
9	`        System.out.println( );`
10	`    }`
11	`}`
결과	PASS

07 Java언어의 문자열과 + 연산자

① '+' 연산자
- 문자열형 변수나 리터럴에 대하여 연결(문자열 연결)한다.
- + 연산자를 사용할 경우, 기본형이나 참조형 데이터를 문자열로 자동 형변환시켜 준다.

② 예제 1

줄	Java 프로그램 소스 ArrayEx005.java
1	`public class ArrayEx005 {`
2	`    public static void main(String[ ] args) {`
3	`        String strS1 = "Gisa";`
4	`        String strS2 = "One Pass!";`
5	`        String strS3 = strS1 + strS2;`
6	`        System.out.println(strS3);`
7	`        System.out.println(100 + "점 합격~!");`
8	`    }`
9	`}`
결과	GisaOne Pass! 100점 합격~!

> **설명**
> - 줄5에서 strS1과 strS2의 문자열을 문자열 연결하여 "GisaOne Pass"로 새로운 문자열을 생성 후 strS3에 대입한다.
> - 줄7에서 정수 100을 문자열 "100"으로 변환 후 문자열 연결 연산 후 출력한다.

③ 예제 2

줄	Java 프로그램 소스 ArrayEx006.java
1	`import java.util.Scanner;`
2	`public class ArrayEx006 {`
3	`    public static void main(String[ ] args) {`
4	`        Scanner input = new Scanner(System.in);`
5	`        System.out.print("=== 덧셈(1) 뺄셈(2) 선택 : ");`
6	`        String sel = input.next( );`
7	`        if(sel.equals("1"))`
8	`            System.out.println("10 + 20 = "+ (10+20));`
9	`        if(sel.equals("2"))`
10	`            System.out.println("10 - 20 = "+ (10-20));`
11	`    }`
12	`}`
결과	=== 덧셈(1) 뺄셈(2) 선택 : 1 [Enter] 10 + 20 = 30

> **기적의 TIP**
> - System.out : 콘솔 출력 객체
> - System.in : 키보드 입력 객체

합격을 다지는 예상문제

선다형(필기)

01 C언어에서 배열(Array)에 관한 설명으로 틀린 것은?

① 배열의 각 요소를 변수처럼 사용한다.
② 배열의 첨자(index)는 1부터 시작한다.
③ 배열 요소는 배열명에 첨자를 붙여 표현한다.
④ 배열은 일차원뿐만 아니라 다차원 배열도 만들 수 있다.

[정답] ②

[해설] C언어 배열의 첨자(index)는 0부터 시작한다.

02 다음 C 프로그램이 실행되었을 때의 3번째 배열 결과는?

```
#include <stdio.h>
int main( )
{
    int i, j, sub_total;
    int s[3][2] = { {35,20}, {70,45}, {55,70} };
    for(i=0; i<3; i++) {
        sub_total = 0;
        for(j=0; j<2; j++) {
            sub_total += s[i][j];
        }
        printf("%d번 학생 총점 : %d \ n", i+1, sub_total);
    }
    return 0;
}
```

① 3번 학생 총점 : 55
② 3번 학생 총점 : 125
③ 3번 학생 총점 : 115
④ 3번 학생 총점 : 65

[정답] ②

[해설] 배열 s의 입력값은,

35	20
70	45
55	70

이다.
i(행변수)는 0~2까지 반복한다.
j(열변수)는 0~1까지 반복한다.
i+1 → 0+1 = 2 즉 3번째 행의 55, 70의 합계를 계산한다.

서술형(실기)

03 다음 Java 코드에서 each-for문을 이용하여 배열 pass의 모든 요소를 출력하고자 한다. 빈칸에 알맞은 코드를 쓰시오.

```
boolean[ ] pass = { true,true,false,false,true };
for( boolean abc : pass )
    System.out.println( _____ );
```

· 답 :

정답 abc

04 다음은 배열의 값의 순위를 Java 코드로 구현한 프로그램이다. 빈칸에 알맞은 코드를 쓰시오.

```
public class Test {
    public static void main(String[ ] args) {
        int[ ] score = { 95, 100, 75, 60, 80 };
        int[ ] rank = { 1, 1, 1, 1, 1 };

        for(int i = 0; i < score.length; i++) {
            for(int j = 0; j < score.length; j++) {
                if ( score[i] < _____ )
                    rank[i]++;
            }
        }
        for (int i = 0; i < score.length; i++) {
            System.out.println(score[i] + "\t"+ rank[i]);
        }
    }
}
```

· 답 :

정답 score[j]

해설
score 배열의 각 값에서 해당 배열값보다 큰 값의 개수를 계산하면 그 배열의 순위가 된다.

SECTION 09 C언어 포인터

빈출 태그 ▶ #포인터의 개념 #포인터 변수 #관련 연산자

01 C언어 포인터의 개요

① 개념
- 포인터(Pointer)는 객체에 대한 참조(Reference)하는 다른 객체를 가리키는 자료형이다.
- 고급 언어에서 사용되는 기법이다.
- C언어에서는 포인터 연산자를 통해 명시적으로 참조상황을 표현할 수 있다.
- Java언어에는 포인터 연산자가 존재하지 않는다.

② 특징
- 객체를 참조하기 위해 주소를 값으로 하는 자료형이다.
- 커다란 배열에 원소를 효율적으로 저장할 때 이용된다.
- 하나의 자료에 동시에 많은 리스트의 연결이 가능하다.
- C/C++에서 포인터 변수를 선언할 때는 포인터 연산자(*)를 이용하여 선언한다.
- null 값을 갖는 포인터 변수는 아무런 객체도 가리키고 있지 않다는 의미이다.
- 지원 언어의 종류로는 PL/I, ALGOL, PASCAL, C, C++ 등이 있다.

> **기적의 TIP**
>
> **포인터 사용 시 문제점**
> - 한 객체를 여러 포인터 변수가 가리키는 경우 어느 하나의 변수가 가리키고 있는 객체의 값을 바꾸면 나머지 포인터 변수의 의사와 상관없이 변경되어 혼란을 초래한다.
> - 한 객체에 대해 포인터가 하나도 없는 경우 객체에 대해 주소(참조) 값이 없어지기 때문에 객체로의 접근이 불가능해진다(Dangling Pointer).

02 포인터 변수의 선언과 대입

- 포인터 변수는 변수값으로 메모리의 주소값을 갖는다.
- 포인터 변수의 선언문

    예 int* p; 또는 int *p;

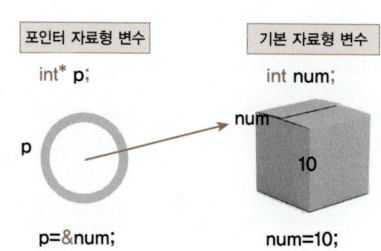

03 포인터 변수와 관련 연산자

- &(주소 연산자) : 모든 변수에 대한 주소값을 구하는 연산자
- *(포인터 연산자, 간접 연산자) : 포인터 변수의 자료(내용)를 구하는 연산자

① 예제 1

줄	C 프로그램 소스 pointerEx001.c
1	`#include <stdio.h>`
2	`int main( )`
3	`{`
4	`    int   num;`
5	`    int*  p1;`
6	`    num = 100;`
7	`    p1 = &num;`
8	`    printf("일반변수    접근 : %d\n", num);`
9	`    printf("포인터 변수 접근 : %d\n", *p1);`
10	`    return 0;`
11	`}`
결과	일반변수 접근 : 100 포인터 변수 접근 : 100

② 예제 2

줄	C 프로그램 소스 pointerEx002.c
1	`#include <stdio.h>`
2	`int main( )`
3	`{`
4	`    int   i;`
5	`    int   A[ ] = {10,20,30,40,50};`
6	`    int*  p;`
7	`    p = A;                  // p = &A[0];`
8	`    for(i=0; i<5; i++)`
9	`    {`
10	`        printf("%5d", *(p+i));  // printf("%5d", A[i]);`
11	`    }`
12	`    return 0;`
13	`}`
결과	10 20 30 40 50

③ 예제 3

줄	C 프로그램 소스 pointerEx003.c
1	`#include <stdio.h>`
2	`int main( )`
3	`{`
4	`    int    NUM = 98;`
5	`    int*   ptr;`
6	`    ptr = &NUM;`
7	`    NUM = NUM + 1;`
8	`    printf("%d\n", NUM);`
9	`    *ptr = *ptr + 1;`
10	`    printf("%d\n", *ptr);`
11	`    return 0;`
12	`}`
결과	99 100

합격을 다지는 예상문제

선다형(필기)

01 포인터 자료형에 대한 설명으로 옳지 않은 것은?

① 고급언어에서는 사용되지 않고 저급언어에서 주로 사용되는 기법이다.
② 객체를 참조하기 위해 주소를 값으로 하는 형식이다.
③ 커다란 배열에 원소를 효율적으로 저장하고자 할 때 이용한다.
④ 하나의 자료에 동시에 많은 리스트의 연결이 가능하다.

정답 ①
해설
포인터 자료형은 주로 C언어에서 사용되며, C언어는 고급언어에 해당한다.

02 다음 중 포인터를 올바르게 사용한 문장은?

① int *ptr = 100;
② int a = 10; int ptr = &a;
③ int a = 10; int *ptr = &a;
④ int a = 10; int &ptr = a;

정답 ③
해설
int *ptr과 같이 선언하면, ptr은 int형 변수가 저장된 주소를 담을 수 있는 포인터가 된다. 정답은 변수 a의 주소를 &a로 구해 포인터 변수 ptr에 저장한다.

03 다음 C언어 프로그램이 실행되었을 때, 실행 결과는?

```
#include <stdio.h>
int main(int argc, char *argv[]) {
    int arr[2][3]={1, 2, 3, 4, 5, 6};
    int (*p)[3] = NULL;
    p = arr;
    printf("%d, ", *(p[0]+1) + *(p[1]+2));
    printf("%d", *(*(p+1)+0) + *(*(p+1)+1));
    return 0;
}
```

① 7, 5
② 8, 5
③ 8, 9
④ 7, 9

서술형(실기)

04 다음 〈보기〉의 C언어의 포인터 형(Pointer Type)에 대한 설명으로 맞는 것을 골라 쓰시오.

[보기]

ⓐ 포인터 변수는 기억장소의 번지를 기억하는 동적 변수이다.
ⓑ 포인터는 가리키는 자료형이 일치할 때 대입하는 규칙이 있다.
ⓒ 보통 변수의 번지를 참조하려면 번지 연산자 #을 변수 앞에 쓴다.
ⓓ 실행문에서 간접 연산자 *를 사용하여 포인터 변수가 지시하고 있는 내용을 참조한다.

◦ 답 :

05 표준 C언어에서 포인터 변수를 사용할 때 기억장소의 관리 문제로 데이터 접근 경로가 없어진 후에도 데이터 객체가 메모리에 지속적으로 남아 있는 경우가 발생하며 이를 쓰레기(garbage)라고 한다. 이 쓰레기를 없애기 위해 사용되는 함수명을 쓰시오.

◦ 답 :

06 다음 C언어 프로그램이 실행되었을 때, 실행 결과를 쓰시오.

```
#include <stdio.h>
int main( )
{
    int num;
    int* p1;
    num = 100;
    p1 = &num;
    printf("필기점수 만점 : %d\n", num);
    printf("실기점수 만점 : %d\n", *p1);
    return 0;
}
```

◦ 답 :

SECTION 10 C언어 사용자 정의 함수

빈출 태그 ▶ #별명 #부작용 #매개변수 전달 방법 #사용자 정의 함수 #재귀 함수

01 부 프로그램(Subprogram)

① 개념
- 부 프로그램은 주 프로그램이나 다른 부 프로그램에서 사용되는 독립된 형태의 단위 프로그램이다.
- C언어에서는 사용자 정의 함수를 통해 필요한 기능을 독립적인 단위로 구현하여 사용할 수 있도록 정의한 후 호출하여 사용한다.

② 특징
- 부 프로그램을 선언할 때 부 프로그램의 이름, 부 프로그램의 존재를 나타내는 키워드, 부 프로그램의 인자, 반환값, 부 프로그램에서 수행하는 기능이 필요하다.
- 부 프로그램을 사용하면 프로그램의 크기가 줄어들고, 프로그램 수정이나 관리가 편리하다.
- 두 모듈이 같이 실행되면서 서로 호출하는 형태를 코루틴(Coroutine)이라고 한다.

③ 프로그램 간의 자료 전달 방법
- 전역 변수를 사용하여 부 프로그램 간 공유 변수를 사용한다.
- 전역 변수 사용 시 프로그램을 이해하기 상대적으로 어렵고 모든 프로그램 모듈에서 공유하므로 부작용으로 발생된 오류를 발견하거나 수정하기 어려워지기 때문에 매개 변수를 사용하는 방법을 주로 사용한다.
- 매개 변수 전달 방법 : 주 프로그램(Caller)의 매개 변수를 부 프로그램(Callee)으로 전달하는 방법이다.
  - 값 호출(Call by Value) : 실제값이 전달된다. 부 프로그램의 가인수에 값이 복사된다.
  - 참조 호출(Call by Address 또는 Call by Reference) : 매개 변수의 주소가 전달된다.

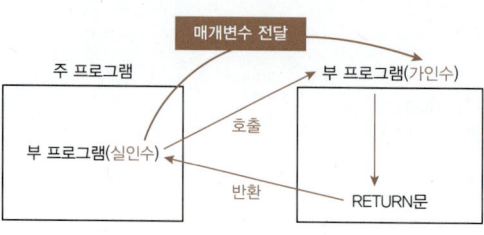

> **기적의 TIP**
> - 고급언어에서는 프로그램의 모듈화를 위해서 부 프로그램을 지원한다.
> - 한 프로그램 내에서 특정한 일이 여러 번 실행될 필요가 있을 때 이를 부 프로그램으로 작성하여 프로그램의 여러 곳에서 사용할 수 있다.
> - 프로그래밍에 드는 시간과 프로그램이 차지하는 기억 장소를 절약할 수 있다.
> - 전체적인 프로그램을 모듈러하게 구성할 수 있다.

> **기적의 TIP**
> C언어의 매개 변수 전달 방법
> 값 호출(Call by Value)과 참조 호출(Call by Address) 방법만 가능하다.

④ 예제

줄	C 프로그램 소스 functionEx001.c
1	`#include <stdio.h>`
2	`int power(int base, int exp) {`
3	`    int i, result = 1;`
4	`    for (i = 0; i < exp; i++)`
5	`        result = result * base;`
6	`    return(result);`
7	`}`
8	`void main( ) {`
9	`    printf("%d\n", power(2, 10));`
10	`}`
결과	1024

> **설명**
> 줄9의 power(2, 10)에 의해 줄2의 부 프로그램(사용자 정의 함수)으로 호출이 발생하며 이때 2를 power 함수의 지역 변수 base에 10을 지역 변수 exp에 각각 전달하여 대입이 된다.

02 프로그래밍 언어의 유해 요소

① 별명(Alias)
- 자료 객체는 생존 기간 중 여러 별명을 가질 수 있다.
- 일반적으로 별명은 프로그램의 이해를 매우 어렵게 한다.
- 자료 객체가 여러 가지 별명을 갖는 경우 프로그램의 무결점 검증이 어려워진다.
- 같은 참조 환경에서 다른 이름으로 같은 자료 객체를 참조할 수 있는 언어의 경우, 프로그래머에게 심각한 어려움을 줄 수 있다.

② 부작용(Side Effect)
- 연산의 결과로 예상할 수 없을 정도로 다른 변수의 값이 변하는 경우를 의미한다.
- 프로그램을 구성하는 함수에서 전역 변수를 사용하여 함수의 결과를 반환하는 경우, 함수에 전달되는 입력 파라미터의 값이 같아도 전역 변수의 상태에 따라 함수에서 반환되는 값이 달라질 수 있는 현상이다.

➕ **더 알기 TIP**

부작용(Side Effect)
- 프로그래밍 언어에서 한 서브 루틴이나 함수가 자신의 지역 변수에 속하지 않는 전역 변수나 매개 변수의 값을 변화시키는 일이다.
- 부작용을 최소화하기 위해서는 값만을 전달하는 Call By Value가 적당하다.
- 참조 호출(Call by Reference)과 이름 호출(Call by Name)에서 발생한다.
- 정확한 프로그램을 작성하는 데 어려움을 주고 프로그램의 정확성 검사를 불가능하게 한다.
- 전역 변수의 단점을 보완하기 위해서 매개 변수 전달 기법을 사용한다.

> **기적의 TIP**
>
> 사용자 정의 함수는 '함수 선언문 → 함수 정의 → 함수 호출' 순으로 구현 및 사용해야 합니다.

03 C언어의 사용자 정의 함수

① 사용자 정의 함수 선언문

```
반환형      함수명(가인수1, 가인수2…);
```

② 사용자 정의 함수 정의

```
반환형      함수명(가인수1, 가인수2…)
{
    명령문;
    return 반환값;
}
```

③ 사용자 정의 함수 호출

```
함수명( );
함수명(실인수1, 실인수2…);
변수 = 함수명( );
변수 = 함수명(실인수1, 실인수2…);
함수명(함수명( ));
```

④ 예제

줄	C 프로그램 소스 functionEx002.c
1	`#include <stdio.h>`
2	`int add(int, int);`
3	`int add(int x, int y)`
4	`{`
5	`    int sum;`
6	`    sum = x + y;`
7	`    return sum;`
8	`}`
9	`int main( )`
10	`{`
11	`    printf("10 + 20 = %d\n", add(10, 20));`
12	`    return 0;`
13	`}`
결과	10 + 20 = 30

> **기적의 TIP**
>
> 재귀 호출은 내부적으로 스택 메모리를 통해 수행되며 이를 수행하는 과정에서 문맥 교환(Context Switch)이 일어나기 때문에 반복 호출에 비해 재귀 호출이 더 수행시간이 느려집니다.

04 부 프로그램 되부름(재귀 호출)

① 재귀 함수(Recursive Function)
- 부 프로그램은 자기 자신을 호출할 수 있다.
- 부 프로그램의 첫 번째 활성화 레코드가 존재하는 동안 두 번째 활성 레코드가 생성될 수 있다.

② 활성 레코드(Activation Record)
- 단위 프로그램이 활성화될 때마다 스택 메모리에 새로 생성되며 실행에 필요한 정보들을 가지고 있다.
- 활성 레코드 안에 들어가는 정보 : 지역 변수(Local Variable), 매개 변수(Parameter), 복귀 주소(Return Address)

③ 예제

줄	C 프로그램 소스 functionEx003.c
1	`#include <stdio.h>`
2	`void main( )`
3	`{`
4	`    recursive(5);`
5	`}`
6	`int recursive(int n)`
7	`{`
8	`    int i;`
9	`    if(n < 1)`
10	`        return 2;`
11	`    else`
12	`    {`
13	`        i = (2 * recursive(n - 1)) + 1;`
14	`        printf("%d\n", i);`
15	`        return i;`
16	`    }`
17	`}`
결과	5 11 23 47 95

합격을 다지는 예상문제

선다형(필기)

01 부 프로그램(Subprogram) 사용의 특징에 해당하지 않는 것은?

① 시스템 설계 시 효율적이다.
② 가독성 및 유지, 보수가 편리하다.
③ 프로그램이 커지므로 기억장소를 많이 필요하게 된다.
④ 프로그래머는 동일한 프로그램을 한 번만 작성해서 필요시 호출하여 사용이 가능하다.

정답 ③
해설 프로그래밍에 드는 시간과 프로그램이 차지하는 기억장소를 절약할 수 있다.

정답 ③
해설
자료 객체가 여러 가지 별명을 갖는 경우 프로그램의 무결점 검증이 어려워진다.

02 자료 객체의 별명(alias)에 관한 설명으로 옳지 않은 것은?
① 자료 객체는 생존 기간 중 여러 별명을 가질 수 있다.
② 일반적으로 별명은 프로그램의 이해를 매우 어렵게 한다.
③ 자료 객체가 여러 가지 별명을 갖는 경우 프로그램의 무결점 검증이 쉬워진다.
④ 같은 참조환경에서 다른 이름으로 같은 자료 객체를 참조할 수 있는 언어의 경우, 프로그래머에게 심각한 어려움을 줄 수 있다.

정답 ②

03 프로그램을 구성하는 함수에서 전역 변수를 사용하여 함수의 결과를 반환하는 경우, 함수에 전달되는 입력 파라미터의 값이 같아도 전역 변수의 상태에 따라 함수에서 반환되는 값이 달라질 수 있는 현상을 무엇이라 하는가?
① reference
② side effect
③ aliasing
④ recursive

정답 ③
해설
참조에 의한 전달(Call by Reference)은 실 매개변수의 값이 아니라 실 매개변수의 주소를 전달한다.

04 매개변수 전달 방법 중 실 매개변수의 주소를 대응되는 형식 매개변수들에게 보내어 기억장소를 공유시키는 전달 방식은?
① 값에 의한 전달
② 결과에 의한 전달
③ 참조에 의한 전달
④ 이름에 의한 전달

서술형(실기)

정답 별명 또는 Alias

05 다음에서 빈칸에 들어갈 프로그래밍 언어의 유해 요소는 무엇인지 쓰시오.

- 자료 객체는 생존 기간 중 여러 개의 (   )(을)를 가질 수 있다.
- 일반적으로 (   )(은)는 프로그램의 이해를 매우 어렵게 한다.
- 자료 객체가 여러 가지 (   )(을)를 갖는 경우 프로그램의 무결점 검증이 어려워진다.
- 같은 참조 환경에서 다른 이름으로 같은 자료 객체를 참조할 수 있는 언어의 경우, 프로그래머에게 심각한 어려움을 줄 수 있다.

◦ 답 :

정답 부작용 또는 Side Effect

06 다음에서 공통으로 설명하는 프로그래밍 언어의 유해 요소를 쓰시오.

- 연산의 결과로 예상할 수 없을 정도로 다른 변수의 값이 변하는 경우를 의미한다.
- 프로그램을 구성하는 함수에서 전역 변수를 사용하여 함수의 결과를 반환하는 경우, 함수에 전달되는 입력 파라미터의 값이 같아도 전역 변수의 상태에 따라 함수에서 반환되는 값이 달라질 수 있는 현상이다.

◦ 답 :

SECTION 11 Java 클래스와 메소드

출제빈도 상 중 하
반복학습 1 2 3

빈출 태그 ▶ #클래스 #메소드 #오버로딩

01 클래스와 객체

① 클래스의 개념

- 클래스(Class)는 객체(Object)를 생성하기 위한 설계 또는 틀이며, 클래스의 구성요소로는 필드(멤버 변수)와 메소드(멤버 함수)가 있다.
- 필드는 객체의 상태값을 저장하는 목적의 멤버 변수이며 메소드는 객체의 행위를 구현하는 멤버 함수이다.
- Java언어에서는 필드, 메소드, 생성자로 클래스가 구성된다. 모든 클래스에는 생성자가 반드시 존재하고 하나 이상의 생성자를 가질 수 있다. 생성자를 생략하면 컴파일 시 자동으로 기본 생성자를 바이트 코드 파일에 추가한다.
- 클래스를 선언한 후 new 연산자를 사용하여 객체를 생성하고 객체에 대한 레퍼런스 변수를 선언하여 객체를 활용한다.
- Java의 클래스 선언 시 클래스명은 하나 이상의 문자로 이루어져야 한다. 대문자로 반드시 시작하며 영문 대소문자와 숫자, 특수문자로 클래스명을 작성한다. 클래스명은 예약어(키워드)를 사용할 수 없으며 '$'와 '_' 이외의 특수문자는 사용할 수 없다.
- Java 소스파일(.java)에는 여러 개의 Class 작성이 가능하지만 Public Class는 한 개만 작성 가능하다. Public Class가 있을 경우에는 반드시 클래스명을 파일명으로 지정한다.
- Main Method는 실행의 시작을 위해 반드시 필요하며 실행을 시작하는 Public Class 내에 작성을 하고 Main Method가 있는 Class명으로 파일명을 지정해야만 실행이 가능하다.
- 형식

```
접근지정자  class  클래스명 {
    필드
    메소드
    생성자
}
```

> **기적의 TIP**
>
> **접근 지정자**
> **(Access Modifier)**
> - Java언어에서는 클래스와 클래스 멤버에 접근 지정자를 두어 다른 클래스에서 접근하여 사용할 수 있는지 여부를 지정한다.
> - 4가지 접근 지정자는 공개 범위에 따라 private 〈 디폴트(생략) 〈 protected 〈 public 순으로 공개 범위가 넓다.
> - class 앞에는 접근 지정자 중 Public 또는 디폴트(생략) 중 한 가지만 사용 가능하다.

② 예제 1

줄	Java 프로그램 소스 ClassEx001.java
1	`class Rectangle {`
2	`    int width;`
3	`    int height;`
4	`    public int getArea( ) {`
5	`        return width * height;`
6	`    }`
7	`    public int getRound( ) {`
8	`        return 2 * (width + height);`
9	`    }`
10	`}`
11	`public class ClassEx001 {`
12	`    public static void main(String[ ] args) {`
13	`        Rectangle aaa = new Rectangle( );`
14	`        aaa.width = 10;`
15	`        aaa.height = 20;`
16	`        System.out.println("사각형의 넓이 : " + aaa.getArea( ));`
17	`        System.out.println("사각형의 둘레 : " + aaa.getRound( ));`
18	`    }`
19	`}`
결과	사각형의 넓이 : 200 사각형의 둘레 : 60

③ 예제 2

줄	Java 프로그램 소스 ClassEx002.java
1	`class Number {`
2	`    private int x;`
3	`    void setX(int i) {`
4	`        x = i;`
5	`    }`
6	`    int getX( ) {`
7	`        return x;`
8	`    }`
9	`}`
10	`public class ClassEx002 {`
11	`    public static void main(String[ ] args) {`
12	`        Number obj = new Number( );`
13	`        obj.setX(100);`
14	`        System.out.println(obj.getX( ));`
15	`    }`
16	`}`
결과	100

02 메소드 간의 호출

① 예제

줄	Java 프로그램 소스 ClassEx003.java
1	`public class ClassEx003 {`
2	`    static int fun1(int x) {`
3	`        return fun2(x+2);`
4	`    }`
5	`    static int fun2(int x) {`
6	`        return fun3(x*2);`
7	`    }`
8	`    static int fun3(int x) {`
9	`        return x/2;`
10	`    }`
11	`    public static void main(String[ ] args) {`
12	`        int result = fun1(10);`
13	`        System.out.println(result);`
14	`    }`
15	`}`
결과	12

03 메소드 오버로딩(Overloading)

- 오버로딩(Overloading)은 한 클래스 내에서의 메소드를 중복해서 작성하는 것으로 서로 매개 변수의 타입이나 개수가 다른 여러 개의 메소드가 같은 이름으로 작성되는 것을 말한다.
- 오버로딩의 목적은 메소드명이 같은 여러 개의 메소드를 중복 선언하여 사용의 편리성을 향상시키는 데 있다.

① 예제

줄	Java 프로그램 소스 ClassEx004.java
1	`public class ClassEx004 {`
2	`    static int add(int x, int y) {`
3	`        return x+y;`
4	`    }`
5	`    static double add(double x, double y) {`
6	`        return x+y;`
7	`    }`
8	`    public static void main(String[ ] args) {`
9	`        System.out.println("두 정수의 덧셈 : " + add(10, 20));`
10	`        System.out.println("두 실수의 덧셈 : " + add(1.1, 2.2));`
11	`    }`
12	`}`
결과	두 정수의 덧셈 : 30 두 실수의 덧셈 : 3.3000000000000003

합격을 다지는 예상문제

선다형(필기)

01 다음 ( )에 알맞은 용어는?

> 객체지향형 데이터베이스 시스템에서 특정 데이터 구조와 메소드(Method)들로 구성된 객체들의 모임을 ( )(이)라 부른다.

① 튜플(Tuple)   ② 애트리뷰트(Attribute)
③ 클래스(Class)   ④ 릴레이션(Relation)

[정답] ③
[해설] 클래스(Class) : 하나 이상의 유사한 객체들을 묶어 공통된 속성과 연산을 표현한 객체의 집합

02 객체지향 개념에서 다형성과 관련된 설명으로 틀린 것은?
① 현재 코드를 변경하지 않고 새로운 클래스를 쉽게 추가할 수 있게 한다.
② 여러 가지 형태를 가지고 있다는 의미로 여러 형태를 받아들일 수 있는 특징이다.
③ 메소드 오버라이딩(Overriding)은 상위 클래스에서 정의한 일반 메소드의 구현을 하위 클래스에서 무시하고 재정의할 수 있다.
④ 메소드 오버로딩(Overloading)의 경우 매개 변수 타입은 동일하지만 메소드명을 다르게 함으로써 구현, 구분할 수 있다.

[정답] ④
[해설] 메소드 오버라이딩(Overriding)의 경우 매개 변수 타입은 동일하지만 메소드명을 다르게 함으로써 구현, 구분할 수 있다.

서술형(실기)

03 객체지향 개념 중 하나 이상의 유사한 객체들을 묶어 공통된 특성을 표현한 데이터 추상화를 의미하는 것에 해당하는 용어를 쓰시오.

◦ 답 :

[정답] 클래스 또는 Class

04 다음 Java언어의 빈칸 <?> 에 알맞은 표현을 쓰시오.

```
class Circle {
    public int radius;
    Circle(int r) {
        this.radius = r;
    }
}
public class Exam {
    public static void main(String[ ] args) {
        Circle c1 = ___<?>___ Circle(5);
        System.out.println("c1의 반지름은 " + c1.radius + "입니다.");
    }
}
```

◦ 답 :

[정답] new

SECTION 12 Java 상속

빈출 태그 ▶ #상속 #오버라이딩

01 상속(Inheritance)의 개념

- 클래스 상속이란 부모(Super) Class의 속성(전역변수, 필드, Field)과 메소드를 상속받는 것이다.
- 자식 Class는 부모 Class의 생성자와 Private 요소를 제외한 모든 멤버를 상속받는다.
- 부모 Class의 메소드와 속성을 별도의 선언 없이 블록 안에 있는 것처럼 접근하여 사용한다.
- Java언어에서는 단일 상속만 가능하다. 자식 Class는 단 하나의 부모 Class를 상속받을 수 있다.
- Java언어의 모든 Class는 Object Class를 상속받는다.
- extends 키워드를 사용한다.

> **기적의 TIP**
>
> - 부모 Class
>   = 상위 Class
>   = 슈퍼 Class
>   = 기본 Class
>
> - 자식 Class
>   = 하위 Class
>   = 서브 Class
>   = 파생 Class

더 알기 TIP

상속성(Inheritance)
- 클래스는 계층 구조를 이룬다.
- 상위 계층의 모든 요소를 상속받고 추가적으로 필요로 되는 새로운 자료 구조와 메소드를 추가하여 하위 계층의 클래스를 생성한다.
- 객체지향에서는 상속의 개념을 이용하여 소프트웨어의 재사용을 지원한다.

① 형식

```
class A {              // 부모 Class
    필드
    메소드( )
}
class B extends A {    // 자식 Class
}
```

② 예제

줄	Java 프로그램 소스 InheritanceEx001.java
1	`class Person {`
2	`    String name = "홍길동";`
3	`    void sleep( ) {`
4	`        System.out.println("SLEEP");`
5	`    }`
6	`}`
7	`class Student extends Person {`
8	`    void study( ) {`
9	`        System.out.println("STUDY");`
10	`    }`
11	`}`
12	`public class InheritanceEx001 {`
13	`    public static void main(String[ ] args) {`
14	`        Student std = new Student( );`
15	`        System.out.println(std.name);`
16	`        std.sleep( );`
17	`        std.study( );`
18	`    }`
19	`}`
결과	홍길동 SLEEP STUDY

02 오버라이딩(Overriding)

- 메소드 오버라이딩은 클래스 상속 상황에서 부모 Class의 멤버를 자식 Class에서 상속받았지만 자식 Class에서 해당 멤버의 내용을 수정하여 자식 Class 객체에서 적용한다.
- 메소드 오버라이딩은 부모 Class의 정의에는 영향을 주지 않는다. 부모 Class로부터 상속받은 자식 Class의 메소드 멤버를 재정의하는 다형성을 오버라이딩(Overriding)이라고 한다.

① 오버로딩(Overloading)과 오버라이딩(Overriding)

구분	설명	조건
오버로딩 (Overloading)	같은 클래스 내에서 같은 메소드명 중복 정의	메소드명은 같고 메소드의 매개변수의 개수 또는 매개변수의 자료형 또는 반환형이 달라야 함
오버라이딩 (Overriding)	두 클래스 간의 상속 관계에서 부모 클래스로부터 상속받은 자식 클래스의 메소드를 재정의	두 클래스 간 메소드명, 매개변수 개수, 자료형 모두 같아야 함

② 예제

줄	Java 프로그램 소스 InheritanceEx002.java
1	class Person {
2	String name = "홍길동";
3	void sleep( ) {
4	System.out.println("SLEEP");
5	}
6	}
7	class Student extends Person {
8	void sleep( ) {
9	System.out.println("Good Night");
10	}
11	}
12	public class InheritanceEx002 {
13	public static void main(String[ ] args) {
14	Student std = new Student( );
15	System.out.println(std.name);
16	std.sleep( );
17	}
18	}
결과	홍길동 Good Night

합격을 다지는 예상문제

선다형(필기)

01 클래스 간 계층 관계에 근거하고 클래스 간 속성과 연산을 공유하는 객체지향 언어의 특징은?

① 다형성
② 객체
③ 추상화
④ 상속성

정답 ④

서술형(실기)

02 객체지향 언어에서 클래스 A와 클래스 B는 상속 관계에 있다. A는 부모 클래스, B는 자식 클래스라고 할 때 클래스 A에서 정의된 메소드(Method)와 원형이 동일한 메소드를 클래스 B에서 기능을 추가하거나 변경하여 다시 정의하는 것을 무엇이라고 하는지 쓰시오.

◦ 답 :

정답 오버라이딩 또는 Overriding

정답) 캡슐화, 상속, 오버라이딩

03 다음 Java 프로그램에서 사용된 기법을 〈보기〉에서 골라 쓰시오.

[코드]

```java
class AAA {
    int addition(int x, int y) {
        return x+y;
    }
    int subtraction(int x, int y) {
        return x-y;
    }
}
class BBB extends AAA {
    int subtraction(int x, int y) {
        return (x>y)? x-y : y-x;
    }
}
public class Test {
    public static void main(String[ ] args) {
        BBB cal = new BBB( );
        int num1 = cal.addition(30, 50);
        int num2 = cal.subtraction(30, 50);
        System.out.println(num1 + " " + num2);
    }
}
```

[보기]

캡슐화, 상속, 오버라이딩, 오버로딩

◦ 답 :

정답) 상속 또는 inheritance

04 객체지향 개념에서 이미 정의되어 있는 상위 클래스(슈퍼 클래스 혹은 부모 클래스)의 메소드를 비롯한 모든 속성을 하위 클래스가 물려받는 것에 해당하는 용어를 쓰시오.

◦ 답 :

SECTION 13 예외 처리

빈출 태그 ▶ #예외 #JAVA 예외 처리 #예외 클래스

01 예외(Exception)의 개념

- 예외(Exception)는 프로그램 실행 중 발생한 오류로 사용자의 잘못된 조작이나 개발자의 잘못된 구현으로 프로그램의 오동작이나 결과에 악영향을 미치는 오류이다. 예외는 에러가 아니다.
- 예외가 발생하면 프로그램이 수행을 중단하게 되는 것은 에러와 동일하지만 예외는 예외 처리를 통해 정상적인 종료를 하도록 만들어 준다. 즉 예외란, 프로그램에서 제어할 수 있는 실행시간의 오류이다.
- 예외는 예외 처리(Exception Handling)를 통해 개발자가 프로그램을 정상적으로 동작하게 해결할 수 있다. 즉 에러의 경우는 잘못된 결과를 도출하여 예측이 불가능 경우를 말하지만 예외는 예측이 가능하기 때문에 코드상에서 예외 처리를 할 수 있다.
- 대부분의 객체지향 언어에서는 예외 처리 기능을 제공하고 있으며, Java 프로그래밍 언어에는 예외 처리를 try~catch 구문을 통해 수행할 수 있다.
- 예외 처리 문법을 지원하는 언어 : C++, C#, Java, Python

기적의 TIP

예외가 주로 발생하는 원인
- 사용자의 잘못된 데이터 입력
- 잘못된 연산
- 프로그래머에 의한 잘못된 로직 작성
- 하드웨어와 네트워크 오작동
- 시스템 과부하

기적의 TIP

에러(Error)
- 에러는 흔히 컴파일 오류(Compile Time Error)를 말한다.
- 에러는 문법에 맞지 않게 작성된 코드 또는 컴퓨터 하드웨어의 오동작이나 고장으로 인해 발생한다.
- Compile Error : 컴파일(번역) 도중 발생하는 오류로, 문법적 오류(Syntax Error)가 대부분
- Runtime Error : 실행 도중 발생하는 오류
- Logic Error : 논리적인 문제로 인해 의도치 않은 결과가 발생하는 오류

02 Java에서의 에러(오류)와 예외

① Java에서의 에러 발생의 경우-1

줄	Java 프로그램 소스 ExceptionEx001.java
1	`public class ExceptionEx001 {`
2	`    public static void main(String[ ] args) {`
3	`        integer num = 100;`
4	`        System.out.println(num);`
5	`    }`
6	`}`

- 위 프로그램을 실행하면 'integer cannot be resolved to a type'이라는 에러 메시지가 콘솔창(결과창)에 표시되며 최종 결과를 확인할 수 없다. 컴파일 오류, 문법적인 오류(Syntax Error)가 발생했기 때문이다. 코드 입력 시 키워드의 맞춤법이 틀리거나 문장 부호가 입력되지 않았을 경우 등의 상황에서 발생하는 컴파일 오류는 프로그래밍 코딩 시 발생하는 가장 흔한 오류이다.
- 줄3의 'integer'는 Java언어에 존재하는 데이터 타입이 아니므로 'int'로 수정을 함으로써 컴파일 오류를 해결할 수 있다.

② Java에서의 예외 발생의 경우-2

줄	Java 프로그램 소스 ExceptionEx002.java
1	`public class ExceptionEx002 {`
2	`    public static void main(String[ ] args) {`
3	`        int[ ] obj = new int[3];`
4	`        obj[10] = 1234;`
5	`    }`
6	`}`

- 위 프로그램을 실행하면 'java.lang.ArrayIndexOutOfBoundsException'이라는 예외 메시지가 콘솔창(결과창)에 표시되며 에러 발생의 경우와 마찬가지로 실행이 중단된다.
- 줄4번에서 예외가 발생하였다. 배열 첨자의 범위를 벗어나는 영역을 참조했기 때문이다. obj 객체 내의 요소는 3개이므로 접근 가능한 첨자는 0에서 2까지의 범위인데 줄4번에서는 10번째 첨자 영역을 참조하려 했기 때문이다. 예외 상황이 발생했을 경우 예외 처리 방법은 다양하다. 예외를 적극적으로 해결하거나 예외상황을 무시하거나 예외상황에 대한 메시지 출력을 하는 등 예외 객체를 통해 프로그램 전체의 실행을 정상적으로 진행할 수 있다.

03 Java에서의 예외 처리 구문

① 예외 처리의 기본 형식

```
try {
        // 예외가 발생할 가능성이 있는 명령문;
} catch (Exception e) {
        // 예외 처리
}
```

② 예외 처리의 기본 확장 형식

```
try {
        // 예외가 발생할 가능성이 있는 명령문;
} catch (Exception e1) {
        // 예외 처리1
} catch (Exception e2) {
        // 예외 처리2
}
```

> **기적의 TIP**
>
> Java 프로그래밍 언어에서는 try~catch 구문을 통해 예외 처리를 해줄 수 있습니다. 예외 처리에 대한 학습은 예외의 정의와 try~catch~finally의 문법구조를 이해하는 정도로 학습하면 충분합니다.

③ 예외 처리의 전체 형식

```
try {
        // 예외가 발생할 가능성이 있는 명령문;
} catch (Exception e) {
        // 예외 처리
} finally {
        // 예외의 유무와 상관없이 실행하는 명령문;
        // 생략할 수 있다.
}
```

- try 블록에는 예외가 발생할 가능성이 있는 위험한 명령문들이 들어가고, catch 블록에는 예외 발생 시 수행할 예외 처리 로직이 들어간다.
- try 블록 내의 명령어를 실행 중에 예외가 발생하면 예외를 발생시킨 명령어의 다음의 코드들은 실행되지 않으며 발생 예외에 해당하는 catch 블록으로 실행이 된다.
- catch 블록은 여러 개를 둘 수 있다.
- finally 블록은 마지막에 실행하고 싶은 명령문을 입력한다. 예외 발생 유무와 상관없이 실행이 된다.

④ throw문을 사용한 예외 처리 형식(강제로 예외를 발생시켜 제어를 이동할 경우 사용)

```
try {
      if(예외 조건식)
          throw e;      // 예외 객체를 던짐
} catch (Exception e) {
        // 예외 처리
} finally {
        // 예외의 유무와 상관없이 실행하는 명령문;
        // 생략할 수 있다.
}
```

04 Java에서의 예외 처리

① try~catch 구문 사용 전

if~else문의 선택 제어구조를 통해 예외 발생에 대해 프로그래머가 정확히 인지하여 문법적으로 구현해야만 한다.

줄	Java 프로그램 소스 ExceptionEx003.java
1	`public class ExceptionEx003 {`
2	`    public static void main(String[ ] args) {`
3	`        int a = 10;`
4	`        int b = 0;`
5	`        int c = 0;`
6	`        if(b == 0)`
7	`            System.out.println ("0으로 나눗셈 불가능!");`
8	`        else {`
9	`            c = a / b;`
10	`            System.out.printf("%d / %d : %d\n", a, b, c);`
11	`        }`
12	`    }`
13	`}`
결과	0으로 나눗셈 불가능!

② try~catch 구문 사용

Java에서는 프로그래머가 처리할 수 있는 예외(Checked Exception)의 경우는 try~catch 구문을 이용하여 예외 객체 생성을 통해 예외를 처리하는 것이 바람직하다.

줄	Java 프로그램 소스 ExceptionEx004.java
1	`public class ExceptionEx004 {`
2	`    public static void main(String[ ] args) {`
3	`        int a = 10;`
4	`        int b = 0;`
5	`        try {`
6	`            int c = a / b;`
7	`            System.out.printf("%d / %d : %d\n", a, b, c);`
8	`        } catch(Exception e ) {`
9	`            System.out.println(e.getMessage( ));`
10	`            System.out.println ("0으로 나눗셈 불가능!");`
11	`        }`
12	`    }`
13	`}`
결과	/ by zero 0으로 나눗셈 불가능!

05 Java의 주요 예외 클래스

- Java 프로그램에서는 실행 중 try 블록 내에서 예외가 발생하면 자바 플랫폼(JVM)에서 catch( ) 블록으로 객체를 만들어 예외에 대한 정보를 전달한다.

예외 클래스	예외 발생 이유
ArithmeticException	정수를 0으로 나눌 경우 발생
ArrayIndexOutOfBoundsExcetion	배열의 범위를 벗어난 index 접근 시 발생
ClassCastExcetion	변환할 수 없는 타입으로 객체를 반환 시 발생
NullPointException	존재하지 않는 레퍼런스를 참조할 때 발생
IllegalArgumentException	잘못된 인자를 전달할 때 발생
IOException	입출력 동작 실패 또는 인터럽트 시 발생
OutOfMemoryException	메모리가 부족한 경우 발생
NumberFormatException	문자열이 나타내는 숫자와 일치하지 않는 타입의 숫자로 변환 시 발생

06 Java의 예외 처리 사례

줄	Java 프로그램 소스 ExceptionEx005.java
1	`public class ExceptionEx005 {`
2	`    public static void main(String[ ] args) {`
3	`        int a, b, result;`
4	`        a = 5;`
5	`        b = 0;`
6	`        try {`
7	`            result = a / b;`
8	`            System.out.println("A");`
9	`        } catch(ArithmeticException e) {`
10	`            System.out.println("B");`
11	`        } finally {`
12	`            System.out.println("C");`
13	`        }`
14	`        System.out.println("D");`
15	`    }`
16	`}`
결과	B C D

> **설명**
> - 줄6의 try 블록의 시작으로 줄9번 이전의 코드에서 예외 발생 가능성이 있는 명령어들이 포함되어 있다.
> - 줄7의 실행 시 a / b의 나눗셈 산술 연산이 5 / 0 값으로 수행되어 나눗셈의 제수가 0이므로 산술 연산 진행에서 예외가 발생한다. Java에서는 'java.lang.ArithmeticException'을 발생시킨다.
> - 줄9에서는 산술 연산과 관련된 예외를 처리하는 catch 블록을 인식하여 줄10의 명령문을 실행하게 된다. 결과의 첫 줄에 "B"가 출력된다.
> - 예외가 발생한 지점이 줄7이므로 줄8은 수행되지 않는다.
> - 예외에 해당하는 catch 블록을 실행한 후 줄11의 finally 블록을 실행하게 된다. 다음 줄 결과로 "C"가 출력된다.
> - 위 프로그램의 줄14번은 try~catch~finally 구문의 예외 처리와 관련 없이 실행되어야 하는 명령문이므로 마지막 줄의 결과로 "D"가 출력된다.

합격을 다지는 예상문제

선다형(필기)

01 JAVA의 예외(Exception)와 관련한 설명으로 틀린 것은?

① 문법 오류로 인해 발생한 것
② 오동작이나 결과에 악영향을 미칠 수 있는 실행 시간 동안에 발생한 오류
③ 배열의 인덱스가 그 범위를 넘어서는 경우 발생하는 오류
④ 존재하지 않는 파일을 읽으려고 하는 경우에 발생하는 오류

[정답] ①
[해설] 문법 오류는 컴파일 과정 중에 에러가 발생하여 프로그램의 정상적인 실행이 불가능하므로, 실행 과정 중 발생하는 JAVA의 예외 조건에 부합하지 않는다.

서술형(실기)

02 다음 〈보기〉에서 예외 처리 구문을 지원하는 언어를 골라 쓰시오.

[보기]

C, C++, Java, Python

∘ 답 :

[정답] C++, Java, Python

03 프로그램 내의 산술 계산식 수행 과정 중 변수의 값을 0으로 나누는 경우에 발생하는 Java언어의 예외 객체형에 해당하는 클래스 명칭을 쓰시오.

∘ 답 :

[정답] ArithmeticException

04 다음은 Java언어에서 지원하고 있는 예외 처리 문법 구조를 표현한 예이다. 밑줄 친 빈칸 ①~③에 알맞은 예약어를 쓰시오.

```
    ①    {
            // 예외가 발생할 가능성이 있는 명령문;
}    ②    (Exception e) {
            // 예외 처리
}    ③    {
            // 예외의 유무와 상관 없이 실행하는 명령문;
}
```

• ① :
• ② :
• ③ :

[정답] ① try ② catch ③ finally

SECTION 14 Python에 대한 이해

빈출 태그 ▶ #Python의 개념 #Python 제어문 #Python 연산자 #시퀀스 #딕셔너리 #셋 #리스트

01 파이썬(Python)

- 1989년 네덜란드 출신의 귀도 반 로섬(Guido van Rossum)에 의해 개발된 스크립트형 고급 프로그래밍 언어이다.
- 플랫폼 독립적이며 객체지향적이며 실행시간에 자료형을 검사하는 동적 타이핑 대화형 언어이다.
- 파이썬은 모두 객체 단위이며 함수, 메소드, 객체, 패키지로 구성되어 있다.
- 특징
  - 문법이 간결하여 쉽게 작성할 수 있고 인터프리터에 의해 실행 결과를 빠르게 확인할 수 있다.
  - 확장 가능한 다양한 라이브러리가 존재하여 생산성이 높아 개발 속도가 빠르다.
  - 응용 프로그램과 웹, 서버 사이드 영역까지 다양한 분야에서 활용되고 있는 전 세계에서 가장 인기 있는 프로그래밍 언어 중 하나이다.

02 Python 기본 문법 구조

① Python언어 기본 구조
- 대화형 셀에 Python 명령어를 입력

> 대화형 셀   >>> print("Hello, Python!")

  - 파이썬 인터프리터 실행 후, 파이썬 인터렉티브 셀(대화형 셀)에서 파이썬 명령어 단위로 입력하면 바로 실행 결과가 출력된다.
  - 파이썬 명령 프롬프트(>>>)는 파이썬 명령어를 실행하는 기본 실행 환경이다.
  - Python의 프롬프트

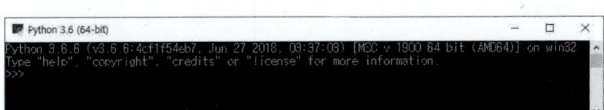

> **기적의 TIP**
>
> **프롬프트(Prompt)**
> 명령어를 입력하여 수행할 수 있게 해주는 셀

- 모듈 형태로 Python 명령어를 저장

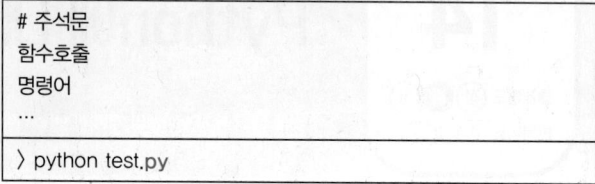

- 텍스트 에디터에서 파이썬 명령어들을 확장자가 py인 하나의 소스파일로 생성 후 실행한다.
- 파이썬 명령어는 세미콜론(;)을 붙이지 않는다.
- 파이썬의 코드 블록 구분은 중괄호 { }가 아니라 들여쓰기(indent)이다.
- 파이썬 스크립트(Script) IDE : Python IDLE, Jupyter Notebook, PyCharm 등

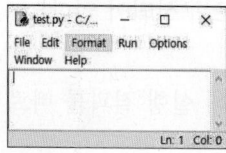
▲ Python IDLE

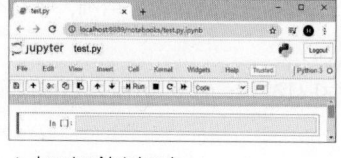
▲ Jupyter Notebook

▲ PyCharm

➕ 더 알기 TIP

파이썬의 블록

- 같은 블록 영역의 명령어들은 동일한 간격으로 들여쓰기되어야 한다. 일반적으로 `Tab`으로 들여쓰기 간격을 구분하거나 `Space Bar` 4칸으로 구분한다.
- 예

```
n1 = 10
n2 = 20
if n1 > n2:
    big, small = n1, n2
else:
    big, small = n2, n1
print(big, small)
```

② 다른 언어와의 차이 : 콘솔 화면 "문자열" 출력 예제
- 파이썬은 C언어, C++, Java 언어와는 다르게 명령어를 한 라인씩 바로 번역 후 실행하는 인터프리터형 언어이다.

C언어
```
#include <stdio.h>
void main( )
{
    printf("Hello, C!");
}
```

📘 **기적의 TIP**

Python언어는 C, C++, Java언어와는 다르게 문법이 간단하고 바로 실행되는 인터프리터형 언어입니다. 학습 시 4가지 언어를 함께 비교하며 학습하는 것보다는 C와 Java언어를 학습한 후 간결하고 직관적인 Python언어의 예제들을 간단히 살피는 것이 효율적인 학습 방법입니다.

C++언어	`#include <iostream>`
	`int main( )`
	`{`
	`    std::cout<<"Hello, C++!";`
	`    return 0;`
	`}`
		`#include <iostream>`
		`using namespace std;`
		`int main( )`
		`{`
		`    cout<<"Hello, C++!";`
		`    return 0;`
		`}`

Java언어	`public class Test {`
	`    public static void main(String[ ] args)`
	`    {`
	`        System.out.print("Hello, Java!");`
	`    }`
	`}`	

Python	`>>> print("Hello, Python!")`	

③ Python언어의 키워드
- 파이썬의 기본 키워드는 35개로 간결한 언어이다.
- 파이썬의 키워드는 파이썬 명령 프롬프트에 help( ) 명령을 실행하여 확인할 수 있다.
- 35개 키워드(예약어)는 반드시 대소문자를 구별한다.

False	class	from	or	None	continue	global
pass	True	def	if	raise	and	del
import	return	as	elif	in	try	assert
else	is	while	async	except	lambda	with
await	finally	nonlocal	yield	break	for	not

④ Python언어의 기본 문법
- 주석(Comments, 비실행문)
  - 파이썬에서 한 줄 주석은 해시(#) 기호로 시작한다.
  - 여러 줄로 되어 있는 영역 주석은 작은따옴표와 큰따옴표로 설명문을 감싸서 주석 영역으로 구분한다.

```
# 한 줄 주석 : 해시(#) 기호
'''
여러 줄
주석 영역
'''
""" 
작은따옴표 3개 또는 큰따옴표 3개
"""
```

> **기적의 TIP**
>
> **키워드(Keyword)**
> 프로그램 언어마다 정해져 있는 예약어로, 변수명이나 함수명 등의 식별자로 사용 불가능하다.

> **기적의 TIP**
>
> 파이썬 예약어 중 False와 True는 대문자로 시작한다는 것을 꼭 기억하세요.

- 세미콜론(;) 없음
  - 파이썬은 문장 마무리에 세미콜론(;)을 사용하지 않는다.
  - 단, 여러 문장을 한 줄에 쓸 때에는 세미콜론을 사용하기도 한다.

```
# 문장 마무리에 세미콜론을 사용하지 않음
print("Hello")

# 여러 문장을 한 줄에 이어 쓸 때에는 세미콜론을 사용하기도 함
print("Hello"); print("Python")
```

- 들여쓰기(Indentation)
  - 블록 구성, 즉 : 다음 줄은 반드시 들여쓰기한다.
  - 같은 블록 내에서는 들여쓰기 칸의 개수가 같아야 한다.
  - 공백과 탭을 섞어서 사용하면 안 된다.

```
sum = 0
for i in range(10):
    print(i)
    sum += i
print(sum)
```

⑤ 표준 입·출력 함수

- 파이썬의 콘솔을 통한 표준 입력과 출력 함수는 각각 input( ) 함수와 output( ) 함수이다.
- 예제 : 표준 출력 함수 print( )

줄	Python 프로그램 소스 practice001.py	
1	`# 단일 값 출력`	
2	`print(100)`	# 정수 출력
3	`print(3.14)`	# 실수 출력
4	`print("A")`	# 문자열 출력
5	`print("정보처리")`	# 문자열 출력
6	`print(True)`	# 논리 참값 출력
7	`print(False)`	# 논리 거짓값 출력
8	`print(10, 2)`	# 두 정수 출력
9	`print("정보처리", "합격")`	# 두 문자열 출력
10	`# 값 여러 개 묶음 출력`	
11	`print([1, 3, 5])`	# 리스트 객체 출력
12	`# 연산 결과 출력`	
13	`print(10 + 2)`	# 정수 덧셈 연산 결과 출력
14	`print("정보처리" + "합격")`	# 문자열 연결 처리 결과 출력

결과	100 3.14 A 정보처리 True False 10 2 정보처리 합격 [1, 3, 5] 12 정보처리합격

• 예제 : 표준 입력 함수 input( )

줄	Python 프로그램 소스 practice002.py
1	# 사용자의 입력값을 전달받아 바로 출력
2	value = input( )
3	print(value)
4	
5	# 안내 메시지 출력 후 입력
6	value = input("값을 입력하세요 : ")
7	print(value)
결과	a [Enter] a 값을 입력하세요 : 10 [Enter] 10

03 Python 기본 자료형

① Python의 변수(Variable)
• 변수는 데이터를 저장할 수 있도록 할당받은 메모리 공간이다.
• Python의 변수는 숫자값, 문자열값 또는 클래스의 객체를 나타낸다.
• Python의 변수는 변수와 값을 선언하게 되면 값에 의해 메모리 영역이 결정된다. 이와 같이 실행시간에 변수의 자료형이 결정되는 자료형 바인딩을 동적 타이핑(Dynamic Typing)이라 한다.

② 변수명
• 변수명은 영문자(대소문자), 숫자, 언더스코어(_)를 조합하여 작성한다.
• 변수명은 숫자로 시작할 수 없다. 반드시 영문자나 언더스코어(_)로 시작해야 한다.
• 변수명은 대소문자를 구분한다.
• 변수명에는 예약어(Reserved Words)를 사용할 수 없다.

> **기적의 TIP**
>
> **정적 타이핑(Static Typing)**
> • 변수명과 변수의 자료형이 바인딩(Binding, 연결)되는 시점이 번역시간이다.
> • 정적 타이핑의 경우 자료형을 결정하는 변수의 선언문이 작성되어야만 한다.
> • C언어와 Java언어의 경우 정적 타이핑에 해당한다.

③ Python의 변수명과 리터럴 상수

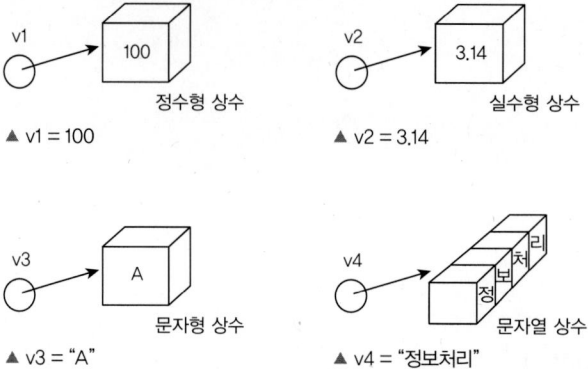

▲ v1 = 100   ▲ v2 = 3.14

▲ v3 = "A"   ▲ v4 = "정보처리"

④ Python의 자료형(Data Types)과 자료구조(Data Structure)
- 파이썬의 기본 자료형(Data Types)에는 정수형(Integer), 부울형(Boolean), 실수형(Floating Point), 복소수형(Complex)의 숫자형과 아무것도 없는 것을 나타내는 자료형인 None 자료형이 있다.
- 파이썬의 자료구조(Data Structure)는 정수형, 실수형, 문자열 등의 데이터가 여러 개 있을 때 이를 효과적으로 관리하기 위해 사용된다. 파이썬의 자료구조는 시퀀스(Sequences), 셋(Set), 매핑(Mapping)으로 구분하며 프로그래밍에서 자주 사용된다.

> **기적의 TIP**
>
> **None**
> - '값 없음'을 나타내는 Scalar 타입의 자료형 값으로 보통 다른 언어에서는 널(null)로 표현한다.
> - 함수에서 반환값을 지정하지 않으면 None이 반환된다.

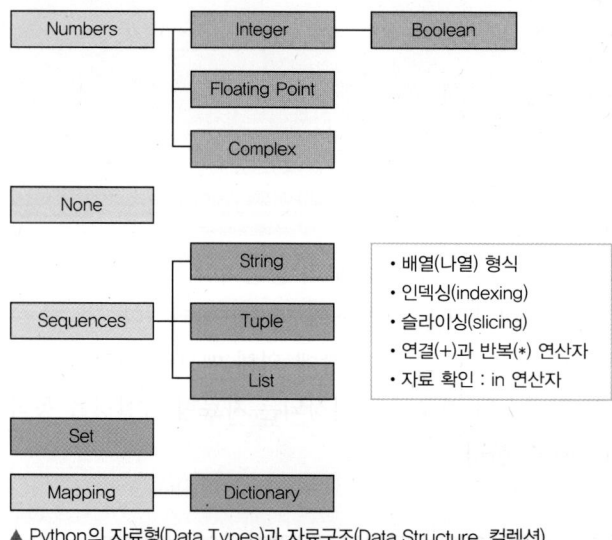

▲ Python의 자료형(Data Types)과 자료구조(Data Structure, 컬렉션)

- 예제 1 : type( ) 함수를 이용한 값의 자료형 반환(1)

줄	Python 프로그램 소스 practice003.py
1	v1 = 100
2	v2 = 3.14
3	v3 = "A"
4	v4 = "정보처리"
5	v5 = True
6	v6 = False
7	v7 = 3.14e-10
8	
9	print(v1, v2, v3, v4, v5, v6, v7)
10	print(v1 + v2)
11	print(v3 + v4)
12	print(v1 + v5)
13	print(v1 + v6)
14	
15	# type( ) : 값의 자료형 반환
16	print(type(v1))
17	print(type(v2))
18	print(type(v3))
19	print(type(v4))
20	print(type(v5))
21	print(type(v6))
결과	100 3.14 A 정보처리 True False 3.14e-10 103.14 A정보처리 101 100 ⟨class 'int'⟩ ⟨class 'float'⟩ ⟨class 'str'⟩ ⟨class 'str'⟩ ⟨class 'bool'⟩ ⟨class 'bool'⟩

- 예제 2 : type( ) 함수를 이용한 값의 자료형 반환(2)

줄	Python 프로그램 소스 practice004.py
1	# 자료구조
2	a = "정보처리 100점 합격"
3	b = [1, 2, 3]
4	c = (1, 2, 3)
5	d = {1:"A", 2:"B", 3:"C"}
6	
7	print(a)
8	print(b)
9	print(c)
10	print(d)
11	
12	print(type(a))

13	print(type(b))
14	print(type(c))
15	print(type(d))

| 결과 | 정보처리 100점 합격
[1, 2, 3]
(1, 2, 3)
{1: 'A', 2: 'B', 3: 'C'}

⟨class 'str'⟩
⟨class 'list'⟩
⟨class 'tuple'⟩
⟨class 'dict'⟩ |

• 예제 3 : str( ) 함수를 이용한 문자열형으로 형 변환

줄	Python 프로그램 소스 practice005.py
1	name = "김학생"
2	kor = 100
3	eng = 50
4	math = 90
5	tot = kor + eng + math
6	avg = tot / 3
7	# 문자열 연결 연산자 +
8	# 자료형 변환(casting) : 문자열형으로 형 변환 str( )
9	print("이름 : " + name)
10	print("총점 : " + str(tot) + "점")
11	print("평균 : " + str(avg) + "점")

| 결과 | 이름 : 김학생
총점 : 240점
평균 : 80.0점 |

• 예제 4 : 자료형 변환 함수 int( ), float( ), str( )

줄	Python 프로그램 소스 practice006.py
1	# 자료형 변환 함수
2	print(int(3.14))
3	print(int(3.78))
4	print(int(-3.14))
5	print(int(-3.78))
6	print(int("123"))
7	print(float(3))
8	print(float("3.14"))
9	print(3+1.2)
10	print(float(10+2))
11	
12	print("1" + "2")
13	print(int("1") + int("2"))
14	
15	no = 100
16	print("com" + str(no))

| 결과 | 3
3
-3
-3
123
3.0
3.14
4.2
12.0
12
3
com100 |

• 예제 5 : input( ) 함수와 형 변환

줄	Python 프로그램 소스 practice007.py
1	# input( ) 함수와 형 변환
2	
3	print("--- 두 정수의 덧셈 ---")
4	n1 = input("첫 번째 정수 입력 : ")
5	n2 = input("두 번째 정수 입력 : ")
6	result = int(n1) + int(n2)
7	print("결과 : " + str(result))
결과	--- 두 정수의 덧셈 --- 첫 번째 정수 입력 : 10 [Enter] 두 번째 정수 입력 : 2 [Enter] 결과 : 12

⑤ 자료형(Data Type) 관련 주요 내장 함수

type(x)	x의 자료형 확인
int(x, [base])	x를 base 진법의 정수로 변환
hex(x)	x를 16진수로 변환
oct(x)	x를 8진수로 변환
bin(x)	x를 2진수로 변환
float(x)	x를 실수형으로 변환
complex(x)	x를 복소수형으로 변환
bool(x)	x를 논리형으로 변환
str(x)	x를 문자열형으로 변환

04 Python 연산자

① Python의 연산자
- 연산자(operator)는 연산 대상에 대한 연산 동작을 지정하는 기호이다.
- Python의 연산 우선순위는 '산술연산 → 관계(비교)연산 → 논리연산' 순이다.
- C언어나 Java의 증가(++) 연산자, 감소(--) 연산자, 삼항 연산자(? :)는 없다.
- 논리 연산자는 not, and, or이다.
- 관계와 논리 연산의 결과는 논리 상수(=부울 상수)인 'True'와 'False'뿐이다.
- 기타 연산자 is, is not, in, not in은 시퀀스형 자료구조에서 사용된다.

> **기적의 TIP**
>
> 논리 상수
> - Python : True, False
> - C++/Java : true, false

② Python의 산술 연산자

줄	Python 프로그램 소스 practice008.py
1	# 산술 연산자
2	n1 = 10
3	n2 = 3
4	
5	print(n1 + n2) # 덧셈
6	print(n1 - n2) # 뺄셈
7	print(n1 * n2) # 곱셈
8	print(n1 / n2) # 나눗셈
9	print(n1 % n2) # 나눗셈의 나머지
10	print(n1 // n2) # 나눗셈의 몫
11	print(n1 ** n2) # 거듭제곱
결과	13 7 30 3.3333333333333335 1 3 1000

③ Python의 관계 연산자

줄	Python 프로그램 소스 practice009.py
1	# 관계(비교) 연산자 : 결과 논리(부울) 상수
2	# C언어, Java와 동일 기호
3	print(2 < 7)
4	print(2 > 7)
5	print(2 <= 7)
6	print(2 >= 7)
7	print(2 == 7)
8	print(2 != 7)
9	
10	# 나이는 20살 이상인지 판별
11	age = 25
12	print(age >= 20)
13	Age = 17
14	Print(age >= 20)
15	

16	# number의 값이 2의 배수 판별
17	number = 13
18	print((number%2) == 0)

결과	True False True False False True True False False

④ Python의 논리 연산자

줄	Python 프로그램 소스 practice010.py
1	# 논리 연산자 : 반드시 소문자 not, and, or
2	print(not True)
3	print(not False)
4	
5	print(True and True)
6	print(True and False)
7	print(True or False)
8	
9	'''
10	test1 시험의 결과가 "합격"이고
11	test2 시험의 결과가 "합격"인지 판별
12	'''
13	test1 = "합격"
14	test2 = "불합격"
15	print((test1=="합격") and (test2=="합격"))

결과	False True True False True False

⑤ Python의 비트 연산자

줄	Python 프로그램 소스 practice011.py
1	# 비트 연산자 : 비트 연산 후, 10진수로 출력
2	print(~10) # bitwise not
3	print(10 & 6) # bitwise and
4	print(10 | 6) # bitwise or
5	print(10 ^ 6) # bitwise xor
6	
7	print(10 << 1) # bitwise left shift
8	print(10 >> 1) # bitwise right shift

결과	-11 2 14 12 20 5

⑥ Python의 대입 연산자와 복합 연산자

• 예제 1

줄	Python 프로그램 소스 practice012.py
1	# 대입 연산자와 복합 연산자
2	
3	a = 10
4	a += 1
5	a -= 2
6	a *= 3
7	a //= 4
8	print(a)
결과	6

• 예제 2 : 두 변수 교환(SWAP) 방법(1)

줄	Python 프로그램 소스 practice013.py
1	# 대입 연산자 : 두 변수의 교환(swap)
2	# 방법 1
3	v1 = 100
4	v2 = 200
5	print(v1, v2)
6	temp = v1
7	v1 = v2
8	v2 = temp
9	print(v1, v2)
결과	100 200 200 100

• 예제 3 : 두 변수 교환(SWAP) 방법(2)

줄	Python 프로그램 소스 practice014.py
1	# 대입 연산자 : 두 변수의 교환(swap)
2	# 방법 2
3	v1, v2 = 100, 200
4	
5	print(v1, v2)
6	v1, v2 = v2, v1
7	print(v1, v2)
결과	100 200 200 100

⑦ Python의 기타 연산자 : is, is not, in, not in

줄	Python 프로그램 소스 practice015.py
1	# 기타 연산자 : is, is not, in, not in
2	# 시퀀스에서 값을 찾을 때 사용하며 결과는 논리값
3	print("Python" is "Python")
4	print("PYTHON" is not "Python")
5	print("P" in "Python")
6	print("P" not in "Python")
7	
8	nations = ["한국", "미국", "중국"]
9	print("한국" in nations)
10	print("일본" in nations)
결과	True True True False True False

⑧ Python의 연산자 우선순위

우선순위	연산자	
1	**	
2	~ +부호 -부호	
3	* / % //	
4	+덧셈 -뺄셈	산술 연산자
5	<< >>	
6	&	
7	^ |	
8	< <= > >=	관계 연산자
9	== !=	
10	= += -= *= /= %= //= **= &= ^= |= >>= <<=	
11	is is not	
12	in not in	
13	not and or	논리 연산자

> **기적의 TIP**
>
> **시퀀스 자료형의 공통 연산**
> - 배열(나열) 형식
> - 인덱싱(Indexing)
> - 슬라이싱(Slicing)
> - 연결(+)과 반복(*) 연산자
> - 자료 확인 : in 연산자

05 시퀀스, 셋, 딕셔너리

① Python의 문자열(Strings)
- 문자열(Strings)은 문자들의 모임이다.
- Python의 문자열은 작은따옴표(' ') 또는 큰따옴표(" ")로 문자열 상수를 감싼다. 단, 작은따옴표와 큰따옴표의 혼용은 불가능하다.
- 'Python' 과 "Python"은 동일한 문자열 상수값이다.
- Python의 모든 문자열은 유니코드(Unicode)이다.
- Python의 문자열 표현은 4가지 방법이 가능하다.
  - 방법 1 : 작은따옴표로 감싸는 방법

  ```
  >>> print('축! "합격"')
  축! "합격"
  ```

  - 방법 2 : 큰따옴표로 감싸는 방법

  ```
  >>> print("I'm happy")
  I'm happy
  ```

  - 방법 3 : 작은따옴표 3개씩 감싸는 방법

  ```
  >>> print('''pass
  DNA''')
  pass
  DNA
  ```

  - 방법 4 : 큰따옴표 3개씩 감싸는 방법

  ```
  >>> print("""
  정보처리
  합격""")
  
  정보처리
  합격
  ```

- String(문자열)의 인덱싱(Indexing) : 문자변수[인덱스]
  - Python의 문자열의 인덱스는 0부터 나열형으로 관리되며, 역순은 −음수 인덱스로 표현한다.
  - 인덱싱(Indexing)은 문자변수[인덱스]로 해당 인덱스 위치의 요소 하나를 추출 후 결과를 반환한다.

> **기적의 TIP**
>
> **시퀀스의 인덱스**
> - 시작 위치 : 0
> - 끝 위치 : −1

- 예제 1

줄	Python 프로그램 소스 practice016.py
1	# String(문자열)의 인덱싱(indexing)
2	# 인덱스 0부터 나열형으로 관리 / 역순 -음수 인덱스
3	s = "HRD Korea"
4	
5	s_count = len(s)
6	print("문자열 : " + s)
7	print("문자열의 길이 : " + str(s_count))
8	
9	print(s[0])
10	print(s[1])
11	print(s[2])
12	
13	print(s[8])
14	print(s[len(s)-1])
15	print(s[-1])
결과	문자열 : HRD Korea 문자열의 길이 : 9 H R D a a a

- String(문자열)의 슬라이싱(Slicing) : [인덱스 시작 : 인덱스 끝 : 스텝]
  - 슬라이싱(Slicing)은 문자열의 지정한 인덱스의 시작 위치에서 끝 위치까지 연속된 부분 문자열을 추출한 결과를 반환하며, 스텝값을 지정하면 시작 위치에서 일정한 간격에 위치한 문자들을 추출하여 반환한다.

- 예제 2

줄	Python 프로그램 소스 practice017.py
1	# String(문자열)의 슬라이싱(slicing)
2	# [인덱스 시작 : 인덱스 끝 : 스텝]
3	s1 = "HRD"
4	s2 = "Korea"
5	s3 = s1 + s2
6	s4 = s2 * 3
7	
8	print(s3)
9	print(s4)
10	# 인덱스 시작 <= index < 인덱스 끝
11	print(s3[0])
12	print(s3[0:3])

줄	
13	print(s3[:3])
14	print(s3[0:8])
15	print(s3[0:])
16	print(s3[:])
17	print(s3[::2])
결과	HRDKorea KoreaKoreaKorea H HRD HRD HRDKorea HRDKorea HRDKorea HDoe

• 예제 3 : String(문자열)의 함수

줄	Python 프로그램 소스 practice018.py
1	# String의 함수
2	str = "Hello World"
3	
4	print(str)
5	
6	print(str.upper( ))
7	print(str.lower( ))
8	print(str.capitalize( ))
9	print(str.title( ))
10	print(str.count("l"))
11	print(str.find("l"))
12	print(str.split(" "))
13	print(str.replace("l", "*"))
14	
15	print(str)
결과	Hello World HELLO WORLD hello world Hello world Hello World 3 2 ['Hello', 'World'] He**o Wor*d Hello World

- 예제 4 : String(문자열)의 함수

줄	Python 프로그램 소스 practice019.py
1	jumin = "901225-1122345"
2	
3	print("생년 : " + jumin[0:2] + "년")
4	print("생월 : " + jumin[2:4] + "월")
5	print("생일 : " + jumin[4:6] + "일")
6	
7	# 주민번호 뒷자리 감추기
8	print(jumin[0:8].ljust(14, "*"))
9	
10	# 올해 나이
11	age = 2020-1900-int(jumin[:2])+1
12	print("나이 : " + str(age) + "살")
결과	생년 : 90년 생월 : 12월 생일 : 25일 901225-1****** 나이 : 31살

② Python의 튜플(Tuple)
- 순서가 있는 불변의 객체들의 모임이다.
- 한 번 생성되면 값을 변경할 수 없다.
- 튜플이 하나의 원소만 존재하는 경우는 튜플이 아니다.
- ( )(소괄호)가 생략되어도 튜플이 가능하다.
- 튜플의 형태 : 기본 튜플, 혼합 튜플, 중첩 튜플
- 예제 1

줄	Python 프로그램 소스 practice020.py
1	# Tuple : 순서O, 불변
2	t = ( )
3	print(t)
4	print(type(t))
5	t = (1, 3, 5, 3.14, 'HRD')
6	print(t)
7	print(t[0])
8	print(t[0:2])
9	print(t[::-1])
10	print(len(t))
11	# + 연산으로 추가
12	t = t + (100, 'PASS')
13	print(t)
14	# * 연산으로 반복
15	print(t * 2)
16	# in 연산으로 존재 확인 가능
17	print(3.14 in t)
18	

줄	
19 20 21	t = 1, 3 print(t) #t[0] = 11 # 에러
결과	( ) 〈class 'tuple'〉 (1, 3, 5, 3.14, 'HRD') 1 (1, 3) ('HRD', 3.14, 5, 3, 1) 5 (1, 3, 5, 3.14, 'HRD', 100, 'PASS') (1, 3, 5, 3.14, 'HRD', 100, 'PASS', 1, 3, 5, 3.14, 'HRD', 100, 'PASS') True (1, 3)

• 예제 2 : 중첩 튜플(Nested Tuple)

줄	Python 프로그램 소스 practice021.py

1
2
3
4
5
6
7
8
9
10
11
	# 중첩 튜플 : nested tuple
	t = ("Python", (1, 3, 5))
	print(t)
	print(t[0])
	print(t[1])
	
	print(t[1][0])
	print(t[1][1])
	print(t[1][2])
	
	print(t[0][0])

결과	('Python', (1, 3, 5)) Python (1, 3, 5) 1 3 5 P

③ Python의 리스트(List)
- 리스트(List)는 순서가 있는 가변의 객체들의 모임이다.
- 리스트의 형태 : 기본 리스트, 혼합 리스트, 매트릭스 리스트
- 예제 1 : Python의 리스트 인덱싱

> **기적의 TIP**
>
> **Python의 자료구조**
> - 리스트 [ ]
> - 튜플 ( )
> - 셋 { }
> - 딕셔너리 {Key:Value}

줄	Python 프로그램 소스 practice022.py
1	# 리스트의 인덱싱
2	a = []
3	print(type(a))
4	a = [10, 20, 30, 40, 50]
5	print(a)
6	print(len(a))
7	print(a[0:5])
8	print(a[:])
9	print(a[:-1])
10	print(a[::-1])
11	print(a[::2])
12	
13	# 리스트의 연산
14	a = [10, 20, 30]
15	b = [40, 50]
16	print(a + b)
17	print(a * 2)
18	print(10 in a)
19	print(70 in a)
결과	\<class 'list'\> [10, 20, 30, 40, 50] 5 [10, 20, 30, 40, 50] [10, 20, 30, 40, 50] [10, 20, 30, 40] [50, 40, 30, 20, 10] [10, 30, 50] [10, 20, 30, 40, 50] [10, 20, 30, 10, 20, 30] True False

- 예제 2 : Python의 리스트 함수(추가, 병합, 삽입, 삭제)

줄	Python 프로그램 소스 practice023.py
1	# 리스트의 함수
2	x = [10, 20, 30]
3	print(x)
4	x.append(40) # (뒤로) 요소 추가
5	print(x)

6	x.append(50)
7	print(x)
8	x.append([1, 2]) # (뒤로) 리스트 추가
9	print(x)
10	x.extend([1, 2]) # (뒤로) 요소 리스트 병합
11	print(x)
12	x.insert(1, 70) # 원하는 인덱스에 요소 삽입
13	print(x)
14	x.remove(10) # 원하는 값 삭제(여러 개면 첫 번째 것만)
15	print(x)
16	x.reverse( ) # 역순으로 리턴(반환)
17	print(x)
결과	[10, 20, 30] [10, 20, 30, 40] [10, 20, 30, 40, 50] [10, 20, 30, 40, 50, [1, 2]] [10, 20, 30, 40, 50, [1, 2], 1, 2] [10, 70, 20, 30, 40, 50, [1, 2], 1, 2] [70, 20, 30, 40, 50, [1, 2], 1, 2] [2, 1, [1, 2], 50, 40, 30, 20, 70]

• 예제 3 : Python의 리스트 수정

줄	Python 프로그램 소스 practice024.py
1	# 리스트의 수정
2	season = [ ]
3	season = list( )
4	season = ['봄', '여름', '가을']
5	season.append('겨울')
6	season.append('여름')
7	print(season)
8	season.remove('여름')
9	print(season)
10	del season[3]
11	print(season)
12	season.insert(1, "여름")
13	print(season)
14	season[0] = 'spring'
15	print(season)
결과	['봄', '여름', '가을', '겨울', '여름'] ['봄', '가을', '겨울', '여름'] ['봄', '가을', '겨울'] ['봄', '여름', '가을', '겨울'] ['spring', '여름', '가을', '겨울']

• 예제 4 : Python의 리스트 함수

줄	Python 프로그램 소스 practice025.py
1	# 리스트 함수
2	a = [50, 20, 70, 20, 30, 10]
3	print(a)
4	print(len(a))
5	print(max(a))
6	print(min(a))
7	print(a.count(20))
8	a.sort( )
9	print(a)
10	a.sort(reverse=True)
11	print(a)
12	a.clear( )
13	print(a)
결과	[50, 20, 70, 20, 30, 10] 6 70 10 2 [10, 20, 20, 30, 50, 70] [70, 50, 30, 20, 20, 10] [ ]

④ Python의 셋(Set)

• 셋(Set)은 임의의 순서를 가진 중복되지 않은 요소들의 가변 모임이다.
• 공집합은 { }가 아닌 set( ) 함수로 만든다.
• 집합 연산인 합집합, 교집합, 차집합, 대칭 차집합 연산이 가능하다.
• 예제 1 : 셋의 생성과 집합 연산

줄	Python 프로그램 소스 practice026.py
1	a = { }
2	print(type(a))
3	a = set( )
4	print(type(a))
5	a.add(1)
6	a.add(2)
7	a.add(3)
8	a.add(2)
9	print(a)
10	b = {3, 4, 5}
11	print(b)
12	print(a | b)
13	print(a & b)
14	print(a - b)
15	print(a ^ b)
16	print(a.union(b))

> **기적의 TIP**
>
> **{ }**
> { }는 딕셔너리이다. 셋과 비슷하지만 key가 없이 value만 존재한다.

17	print(a.intersection(b))
18	print(a.difference(b))
19	print(a.symmetric_difference(b))

| 결과 | <class 'dict'>
<class 'set'>
{1, 2, 3}
{3, 4, 5}
{1, 2, 3, 4, 5}
{3}
{1, 2}
{1, 2, 4, 5}
{1, 2, 3, 4, 5}
{3}
{1, 2}
{1, 2, 4, 5} |

• 예제 2 : 셋 함수

줄	Python 프로그램 소스 practice027.py
1	travel = {'서울', '대전', '부산', '제주'}
2	print(travel)
3	print(travel)
4	print("제주" in travel)
5	print("춘천" in travel)
6	travel.add('제주')
7	travel.add('군산') # 요소 추가
8	print(travel)
9	travel.update(['강화', '전주']) # 리스트 추가
10	print(travel)
11	travel.remove('대전')
12	print(travel)
13	travel.clear( )
14	print(travel)

| 결과 | {'대전', '제주', '부산', '서울'}
{'대전', '제주', '부산', '서울'}
True
False
{'대전', '제주', '부산', '군산', '서울'}
{'대전', '전주', '제주', '부산', '강화', '군산', '서울'}
{'전주', '제주', '부산', '강화', '군산', '서울'}
set( ) |

⑤ Python의 딕셔너리(Dictionary)

- 딕셔너리(Dictionary)는 순서가 없는 불변의 키(key)와 가변의 값(value)의 쌍으로 이루어진 객체들의 모임이다(아이템 → 키:값).
- 키는 고유하며 대소문자를 구별한다.
- 키를 호출하면 값을 리턴하는 구조를 가진다.

- Python Dictionary의 주요 함수

keys( )	key들을 모아놓은 리스트 반환
values( )	values들을 모아놓은 리스트 반환
items( )	쌍의 튜플을 모아놓은 리스트 반환
clear( )	모든 내용 삭제
get(key)	지정된 key의 value를 반환
has_key(key)	해당 key의 존재 여부 판단

- 예제 : 딕셔너리 함수

줄	Python 프로그램 소스 practice028.py
1	# 딕셔너리
2	country = {'대한민국':'서울', '중국':'베이징', '미국':'워싱턴'}
3	print(country)
4	print(country.keys( ))
5	print(country.values( ))
6	print(country.items( ))
7	print(country.get('대한민국'))
8	country['대한민국'] = 'Seoul'
9	print(country.get('대한민국'))
10	country.clear( )
11	print(country)
12	del country

| 결과 | {'대한민국': '서울', '중국': '베이징', '미국': '워싱턴'}
dict_keys(['대한민국', '중국', '미국'])
dict_values(['서울', '베이징', '워싱턴'])
dict_items([('대한민국', '서울'), ('중국', '베이징'), ('미국', '워싱턴')])
서울
Seoul
{ } |

⑥ Python의 자료구조(Data Structure)

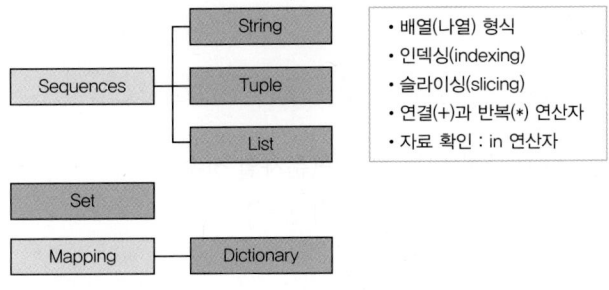

- 리스트(List) : [ ] 대괄호로 표현한다. 다양한 데이터 타입을 가질 수 있고 순서가 중요하며, 중복을 허용한다.
- 튜플(Tuple) : ( ) 소괄호로 표현한다. 리스트와 유사하지만 수정, 삭제, 추가를 할 수 없다.

- 딕셔너리(Dictionary) : { } 중괄호로 표현한다. key, value 값으로 이루어진 요소를 가지는 자료형이다.
- 세트(Set) : { } 중괄호로 표현한다(딕셔너리와 혼동 주의). 집합 자료형으로 리스트와 비슷하다. 인덱스 순서가 없으며, 중복을 허용하지 않는다.

더 알기 TIP

자료구조	중복	순서	변경 여부
리스트 [ ]	허용 O	있음	가변
튜플 ( )	허용 O	있음	불변
딕셔너리 {Key:Value}	KEY 중복 허용 X	없음	가변(키 불변)
집합 { }	허용 X	없음	가변

06 Python 표준 입·출력

① Python의 표준 입·출력
- 파이썬에서의 표준 입·출력은 콘솔(장치)을 이용하는 경우와 파일에 저장된 자료를 입·출력하는 경우에 이루어진다.
- 콘솔 입출력 = 파이썬 셸 이용
  - 표준 입력 : input( ) 함수를 통해 키보드의 입력값을 변수에 저장한다.
  - 표준 출력 : print( ) 함수를 통해 기억장치의 변수의 값을 콘솔에 출력한다.

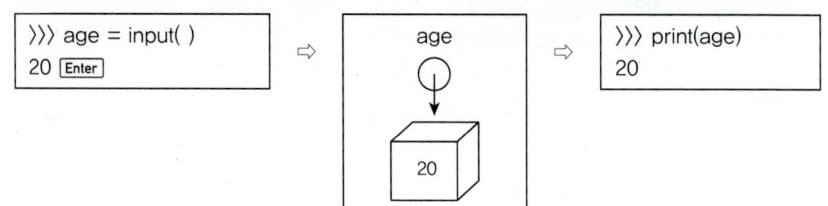

② Python의 표준 출력 : print( ) 함수
- 형식

```
print(value1, …, sep=' ', end='\n', file=sys.stdout, fluse=False)
```

- value1, value2, … : 출력 대상이 되는 항목들(문자열 상수)
- sep : 출력 대상들 사이의 구분자(기본은 하나의 공백)
- end : 기본은 개행(줄 바꿈, '\n')
- file : 출력 대상(기본은 콘솔 sys.stdout)
- fluse : 출력 버퍼를 비우는 기능

- 방법
  - 포맷팅(formatting) : 출력 서식 이용, %
  - format( ) 함수 이용 1, { }
  - format( ) 함수 이용 2, { }
  - python3.6 이상 : f{"변수명"}
- 예제 1

줄	Python 프로그램 소스 practice029.py
1	# print( ) 함수
2	print("C", "C++", "Java", "Python")
3	print("C" + "C++" + "Java" + "Python")
4	
5	# 방법 1 : % 포맷팅
6	print("저는 %d살입니다." % 20)
7	print("이름은 %s입니다." % "홍길동")
8	print("저의 이번 학기 학점은 %c입니다." % "A")
9	print("저는 %s와 %s를 잘합니다." % ("Java", "Python"))
10	# 방법 2 : format( ) 함수 1
11	print("저는 { }살입니다.".format(20))
12	print("저는 { }와 { }을 잘합니다.".format("Java", "Python"))
13	print("저는 {0}와 {1}을 잘합니다.".format("Java", "Python"))
14	print("저는 {1}와 {0}을 잘합니다.".format("Java", "Python"))
15	# 방법 3 : format( ) 함수 2
16	print("저는 {age}살이고, {language}을 잘합니다.".format(age=20, language="Python"))
17	print("저는 {age}살이고, {language}을 잘합니다.".format(language="Python", age=20))
18	# 방법 4 (Python3.6 이상) : {변수명}
19	age = 20
20	language = "Python"
21	print(f"저는 {age}살이고, {language}을 잘합니다.")
결과	C C++ Java Python CC++JavaPython 저는 20살입니다. 이름은 홍길동입니다. 저의 이번 학기 학점은 A입니다. 저는 Java와 Python을 잘합니다. 저는 20살입니다. 저는 Java와 Python을 잘합니다. 저는 Java와 Python을 잘합니다. 저는 Python와 Java을 잘합니다. 저는 20살이고, Python을 잘합니다. 저는 20살이고, Python을 잘합니다. 저는 20살이고, Python을 잘합니다.

• 예제 2 : 출력형식 지정문자

줄	Python 프로그램 소스 practice030.py
1	# 출력형식 지정문자
2	
3	# \n : 개행(줄 바꿈)
4	print("Java\nPython")
5	
6	# \t : 탭
7	print("Java\tPython")
8	
9	# \\ : 출력 문자열 내 \ 문자 출력
10	print("Java\\Python")
11	
12	# \'\" : 출력 문자열 내 큰따옴표(작은따옴표) 출력
13	print("\'Python\'")
14	print('\"Python\"')
결과	Java Python Java Python Java\Python 'Python' "Python"

③ Python의 표준 입력 : input( ) 함수

• 예제

줄	Python 프로그램 소스 practice030.py
1	# 표준 입력 : input( )
2	input( )
3	int(input( ))
4	
5	# 콘솔 입력 시 문자열로 입력됨 → 형 변환 필요
6	n1 = int(input("input n1 : "))
7	n2 = int(input("input n2 : "))
8	n3 = n1 + n2
9	print("{0} + {1} = {2}".format(n1, n2, n3))
결과	input n1 : 10 [Enter] input n2 : 20 [Enter] 10 + 20 = 30

07 Python 제어문

① Python의 조건 제어문(선택 제어)
- 파이썬의 조건 제어문에는 if문, if~else문, if~elif~else문이 있다. 조건식의 판단 결과는 논리 상수값인 True와 False 중 하나이다.
  - if문

  ```
  if 조건식:
      실행문
  ```

  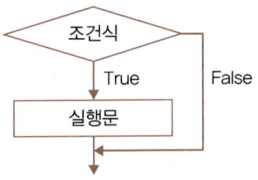

  - if~else문

  ```
  if 조건식:
      True의 실행문
  else:
      False의 실행문
  ```

  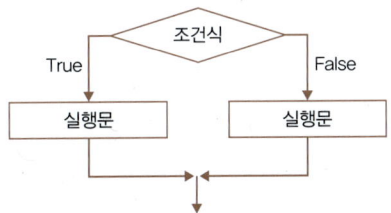

  - if~elif~else문

  ```
  if 조건식1:
      실행문1
  elif 조건식2:
      실행문2
  else :
      실행문3
  ```

  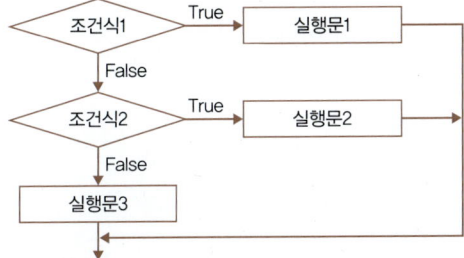

> **기적의 TIP**
>
> Python의 제어문의 학습은 C언어나 Java언어로 선택 제어와 반복 제어를 학습했던 개념을 가지고 Python의 문법만 확인하세요. 파이썬에서는 조건식에 소괄호를 감싸지 않으며, 조건식 끝에 콜론을 반드시 입력합니다. 블록의 경우는 중괄호 대신 들여쓰기를 통해 구분하니 이에 주의해야 처리결과를 정확히 파악할 수 있습니다.

• 예제 : if문, if~else문

줄	Python 프로그램 소스 practice031.py
1	# 조건문(선택 제어)
2	# if문
3	id = input("관리자 아이디 입력 : ")
4	if id == 'SYS':
5	print("관리자 로그인 성공!")
6	
7	# if ~ else문 : 짝홀수 판별
8	num = 13
9	if num%2 == 0:
10	print("짝수")
11	else:
12	print("홀수")
결과	관리자 아이디 입력 : SYS [Enter] 관리자 로그인 성공! 홀수

• 예제 : if~elif~else문

줄	Python 프로그램 소스 practice032.py
1	# 다중 if~else : if ~ elif ~ else
2	age = int(input("나이를 입력하시오 : "))
3	if 0 <= age <= 17:
4	result = "미성년"
5	elif 18 <= age <= 65:
6	result = "청년"
7	elif 66 <= age <= 79:
8	result = "중년"
9	elif 80 <= age <= 99:
10	result = "노년"
11	elif age >= 100:
12	result = "장수노인"
13	else:
14	result = "나이 입력 오류"
15	print("당신의 나이는 {0}이며, {1}입니다.".format(age, result))
결과	나이를 입력하시오 : 20 [Enter] 당신의 나이는 20이며, 청년입니다.

② Python의 반복 제어문

• 파이썬의 반복 제어문에는 while문과 for문이 있다.

– while문

```
while 조건식:
    반복대상
    반복대상
else:
    False 명령문
```

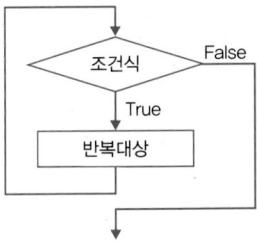

- for문

```
for 변수 in 순서형 객체:
    반복대상
    반복대상
else:
    False 명령문
```

• 예제 : while문

줄	Python 프로그램 소스 practice033.py
1	# while문
2	# 정수 5개를 입력받아 합계 출력
3	total = 0
4	i = 1
5	while i <= 5:
6	num = int(input("{0}번째 정수 입력 : ".format(i)))
7	total += num
8	i += 1
9	print("합계 : %d" % total)
결과	1번째 정수 입력 : 1 [Enter] 2번째 정수 입력 : 3 [Enter] 3번째 정수 입력 : 2 [Enter] 4번째 정수 입력 : 4 [Enter] 5번째 정수 입력 : 10 [Enter] 합계 : 20

• 예제 : for문

줄	Python 프로그램 소스 practice034.py
1	# for문
2	# 60점 이상 합격생 구하기
3	
4	scores = [60, 50, 55, 65, 75, 100, 80]
5	pass_cnt = 0
6	for score in scores:
7	if score >= 60:
8	pass_cnt += 1
9	print("합격생은 전체 {0}명 중 {1}명입니다.".format(len(scores), pass_cnt))
결과	합격생은 전체 7명 중 5명입니다.

③ range( ) 함수 : 정수 시퀀스(순서형 객체) 생성

- 예제

줄	Python 프로그램 소스 practice035.py
1	# range( ) 함수
2	print(range(3))
3	print(list(range(3)))
4	
5	# range(start, stop, step)
6	a = list(range(5))
7	b = list(range(0,5))
8	c = list(range(0,5,1))
9	print(a)
10	print(b)
11	print(c)
결과	range(0, 3) [0, 1, 2] [0, 1, 2, 3, 4] [0, 1, 2, 3, 4] [0, 1, 2, 3, 4]

- 예제 : for문과 range( ) 함수

줄	Python 프로그램 소스 practice036.py
1	# 원하는 구구단 출력하기
2	num = int(input("출력을 원하는 단 ? "))
3	for i in range(1, 10, 1):
4	print("{0} * {1} = {2}".format(num, i, num*i))
결과	출력을 원하는 단 ? 7 [Enter] 7 * 1 = 7 7 * 2 = 14 7 * 3 = 21 7 * 4 = 28 7 * 5 = 35 7 * 6 = 42 7 * 7 = 49 7 * 8 = 56 7 * 9 = 63

- 예제 : 중첩 for문을 이용한 구구단(2단~9단)

줄	Python 프로그램 소스 practice037.py
1	# 구구단(2단~9단)
2	for i in range(2,10):
3	print("--- {0}단 ---".format(i))
4	for j in range(1,10):
5	print("%d * %d = %d" % (i, j, i*j))

결과	--- 2단 --- 2 * 1 = 2 2 * 2 = 4 2 * 3 = 6 2 * 4 = 8 2 * 5 = 10 2 * 6 = 12 2 * 7 = 14 2 * 8 = 16 2 * 9 = 18 --- 3단 --- 3 * 1 = 3 ... 9 * 8 = 72 9 * 9 = 81

④ 무한 loop와 break

- 예제

줄	Python 프로그램 소스 practice038.py
1	# 무한 loop와 break
2	# 정수를 계속해서 입력받아 짝수 리스트에 추가하여라.
3	# 입력 정수가 -1이면 무한 반복을 탈출한다.
4	even_list = list( )
5	while True:
6	num = int(input("정수 입력(-1은 종료) : "))
7	if num == -1:
8	break
9	if num%2 == 0:
10	even_list.append(num)
11	print(even_list)
결과	정수 입력(-1은 종료) : 1 [Enter] 정수 입력(-1은 종료) : 3 [Enter] 정수 입력(-1은 종료) : 5 [Enter] 정수 입력(-1은 종료) : 2 [Enter] 정수 입력(-1은 종료) : 4 [Enter] 정수 입력(-1은 종료) : -1 [Enter] [2, 4]

⑤ continue

- 예제

줄	Python 프로그램 소스 practice039.py
1	# continue문 : 1~10까지의 정수 중 홀수만 출력
2	for n in range(1, 11):
3	if n%2 == 0:
4	continue
5	print(n)

결과	1 3 5 7 9

⑥ random( ) 함수 : 난수(무작위 수) 생성

• 예제

줄	Python 프로그램 소스 practice040.py
1	# 난수 생성
2	from * random import
3	
4	# 0.0~1.0 미만의 임의의 값 생성
5	print(random( ))
6	# 0.0~10.0 미만의 임의의 값 생성
7	print(random( ) * 10)
8	# 1~10 이하의 임의의 값 생성
9	print(int(random( ) * 10) + 1)
10	# 1~45 이하의 임의의 값을 생성
11	print(int(random( ) * 45) + 1)
12	# 1~46 미만의 임의의 값 생성
13	print(randrange(1, 45+1))
14	# 1~45 이하의 임의의 값 생성
15	print(randint(1, 45))

결과	0.321872090020964413 6.57121325934826 10 18 22 13

08 Python 함수

① Python의 함수(Function)
- 함수란 여러 개의 실행문을 하나의 블록 단위로 묶은 모듈이다.
- 특정 작업을 수행하는 독립적인 프로그램 단위로 모듈화를 기본으로 한다.
- Python에서의 모듈은 별도의 파일(.py)로 존재하는 함수와 데이터를 의미한다.

② Python의 함수의 종류

기본 함수 (내장 함수, Built-in 함수)	Python 설치 시 기본으로 제공하는 함수 예 print( ), input( ), type( ), str( ), range( ) 등
외장 함수 (라이브러리 함수)	import문을 사용하여 외부의 라이브러리에서 제공하는 함수 예 Random, Time, Sys, Os 등
사용자 정의 함수	사용자가 프로그램 내의 필요한 기능을 직접 만든 함수

③ Python의 사용자 정의 함수
- 형식

```
def 함수명(매개변수1, 매개변수2, …):
    실행문
    실행문
    return 반환값
```

- 사용자 정의 함수는 함수 정의 후, 함수명을 통한 호출문을 통해 실행된다.
- 함수 본문에 return문이 생략된 함수는 None을 반환한다.
- 사용자 정의 함수의 4가지 유형

유형	매개변수(전달받은 값)	return문(반환하는 값)
유형1	X	X
유형2	X	O
유형3	O	X
유형4	O	O

- 예제

줄	Python 프로그램 소스 practice041.py
1	# 사용자 정의 함수 : 유형1
2	def hello( ):
3	print("안녕하세요!")
4	
5	# 사용자 정의 함수 : 유형2
6	def init_number( ):
7	return 1
8	
9	# 사용자 정의 함수 : 유형3
10	def set_name(name):
11	print("이름은 %s입니다." % name)
12	
13	# 사용자 정의 함수 : 유형4
14	def add(num1, num2):
15	return num1 + num2
16	
17	hello( )
18	print("초기화 : ", init_number( ))
19	set_name("이기적")
20	print("%d + %d = %d" % (3, 5, add(3, 5)))
결과	안녕하세요! 초기화 : 1 이름은 이기적입니다. 3 + 5 = 8

④ 매개변수(인수, 인자, Parameter, Argument)
• 예제 1

줄	Python 프로그램 소스 practice042.py
1	# 매개변수 전달 : 직육면체의 부피
2	# 디폴트 매개변수(매개변수 기본값 설정)
3	
4	def volume(length=1, width=1, height=1):
5	return length*width*height
6	
7	print(volume(3, 4, 5))
8	print(volume(1, 1, 1))
9	print(volume(1, 1))
10	print(volume(1))
11	print(volume( ))
결과	60 1 1 1 1

• 예제 2

줄	Python 프로그램 소스 practice043.py
1	# 가변인수
2	# 전달된 정수들 중 최대값 구하기
3	def max_number(*num):
4	return max(num)
5	
6	print(max_number(10))
7	print(max_number(10, 33))
8	print(max_number(10, 33, 55))
결과	10 33 55

• 예제 3

줄	Python 프로그램 소스 practice044.py
1	# 가변인수
2	# 학생별 수강과목 출력
3	def complete(name, *courses):
4	print("{0}학생은 {1}를 이수하였습니다.".format(name, courses))
5	
6	complete("홍길동", "Java")
7	complete("김길동", "Java", "C")
8	complete("강길동", "Java", "C", "Python")
결과	홍길동학생은 ('Java',)를 이수하였습니다. 김길동학생은 ('Java', 'C')를 이수하였습니다. 강길동학생은 ('Java', 'C', 'Python')를 이수하였습니다.

⑤ 여러 개의 return 값 반환

• 예제

줄	Python 프로그램 소스 practice045.py
1	# 여러 개의 결과값 반환
2	def calc(x, y):
3	add = x + y
4	sub = x - y
5	return add, sub
6	
7	i, j = calc(10, 3)
8	
9	print("덧셈 결과 : ", i)
10	print("뺄셈 결과 : ", j)
결과	덧셈 결과 : 13 뺄셈 결과 : 7

합격을 다지는 예상문제

선다형(필기)

정답 ④

해설
파이썬(Python)은 1991년 귀도 반 로섬(Guido van Rossum)이 개발한 고급 프로그래밍 언어이다. 플랫폼에 독립적이고 인터프리터식, 객체지향적, 동적 타이핑(Dynamically Typed) 대화형 언어이며, 매우 쉬운 문법 구조로 초보자들도 쉽게 배울 수 있다.

01 귀도 반 로섬(Guido van Rossum)이 발표한 언어로 인터프리터 방식이자 객체지향적이며, 배우기 쉽고 이식성이 좋은 것이 특징인 스크립트 언어는?

① C++
② JAVA
③ C#
④ Python

정답 ④

02 Python 데이터 타입 중 시퀀스(Sequence) 데이터 타입에 해당하며 다양한 데이터 타입들을 주어진 순서에 따라 저장할 수는 있으나 저장된 내용을 변경할 수는 없는 것은?

① 복소수(Complex) 타입
② 리스트(List) 타입
③ 사전(Dict) 타입
④ 튜플(Tuple) 타입

정답 ①

해설
- 리스트 객체 : [요소1, 요소2, ...]
- 딕셔너리 객체 : { 'key1' : 'value1', 'key2' : 'value2', ... }
- print(list_data[0]) : list_data[0]의 슬라이싱 연산을 통해 리스트 객체의 0번째 요소를 추출하여 출력한다. → a
- print(dict_data['a']) : dict_data['a']는 딕셔너리의 키 'a'에 대응하는 값을 추출하여 출력한다. → 90

03 다음 Python 프로그램이 실행되었을 때, 실행 결과는?

```
a = 100
list_data = ['a', 'b', 'c']
dict_data = {'a' : 90, 'b' : 95}
print(list_data[0])
print(dict_data['a'])
```

①
```
a
90
```

②
```
100
90
```

③
```
100
100
```

④
```
a
a
```

서술형(실기)

04 다음은 1부터 10까지의 정수를 출력하는 Python언어로 구현된 프로그램이다. 밑줄 ①~②에 들어갈 적합한 표현을 쓰시오.

〈출력 결과〉

```
1 2 3 4 5 6 7 8 9 10
```

```
for x in range(  ①  ,  ②  ):
    print(x, end = ' ')
```

◦ ① :
◦ ② :

정답 ① 1 ② 11

해설
range(시작, 종료) : Python의 range 함수는 종료값보다 1 작은 값까지 반복한다.

05 다음은 원하는 구구단을 출력하는 Python언어로 구현된 프로그램이다. 밑줄 ①~②에 들어갈 적합한 표현을 쓰시오.

〈출력 결과〉

```
출력할 단은 몇 단인가요? 7 Enter
7 * 1 = 7
7 * 2 = 14
7 * 3 = 21
7 * 4 = 28
7 * 5 = 35
7 * 6 = 42
7 * 7 = 49
7 * 8 = 56
7 * 9 = 63
```

```
base = int(  ①  ('출력할 단은 몇 단인가요? '))
for i in   ②   (1, 10):
    print(base, ' * ', i, ' = ', base*i)
```

◦ ① :
◦ ② :

정답 ① input ② range

해설
Python의 입력 명령어는 input이다.

[정답] def add(a, b):

[해설] 두 변수 a, b의 합계를 계산하고 있다.

06 다음의 〈출력 결과〉와 같이 출력하도록 Python언어로 구현된 프로그램의 밑줄에 들어갈 적합한 표현을 쓰시오.

〈출력 결과〉

```
5
8.64
(4+6j)
abcdef
```

```
_____
    return a + b

print(add(2,3))
print(add(3.14, 5.5))
print(add(1+2j, 3+4j))
print(add("abc", "def"))
```

∘ 답 :

[정답] 12 12 12 12

[해설]
0o : 8진수
0x : 16진수
0b : 2진수

07 다음은 Python언어로 작성된 프로그램이다. 이를 실행한 결과를 쓰시오.

```
a = 12
b = 0o14
c = 0xC
d = 0b1100
print(a, b, c, d)
```

∘ 답 :

08 다음 Python언어로 구현된 문자열 연산의 실행 결과 중 빈칸 ①~③에 들어갈 결과를 쓰시오.

```
strings = 'Life is too short'
print(strings)
print(len(strings)) # string length
print(strings[0]) # indexing
print(strings[3]) # indexing
print(strings[16]) # indexing
print(strings[-1]) # indexing

print(strings[0:3]) # slicing
print(strings[1:3]) # slicing
print(strings[:]) # slicing
print(strings[:-1]) # slicing

str1 = 'Life is too short'
str2 = ', You need Python.'
str3 = str1 + str2 # concatenation
print(str3)
str4 = str3 * 2 # repetition
print(str4)
print(',' in str3) # member check
print('!' in str3) # member check
```

〈출력 결과〉

```
Life is too short
17
L
    ①
t
t
Lif
    ②
Life is too short
Life is too shor
Life is too short, You need Python.
Life is too short, You need Python.Life is too short, You need Python.
    ③
False
```

◦ ① :

◦ ② :

◦ ③ :

정답 import

해설
1~6까지의 자연수 중 3개의 난수를 발생시킨다.
import문을 이용하여 난수값을 가져온다.

09 다음의 〈출력 결과〉와 같이 출력하도록 Python언어로 구현된 프로그램의 밑줄에 들어갈 적합한 표현을 쓰시오.

〈출력 결과〉

```
5 4 2
```

```
_____ random
min = 1
max = 6
i = 0
while i < 3:
    num = random.randint(min, max)
    print(num, end = ' ')
    i = i + 1
```

◦ 답 :

정답 in

해설
for 변수 in 리스트(또는 튜플, 문자열):
    수행할 문장1
    수행할 문장2

10 다음에 제시된 Python 프로그램이 〈출력 결과〉와 같이 결과를 출력해주고 있다. Python 프로그램의 밑줄 〈?〉 에 들어갈 Python 표현을 대소문자를 구별하여 쓰시오.

〈출력 결과〉

```
결과 : a
결과 : b
결과 : c
```

```
for a  <?>  ['A', 'B', 'C']:
    b = a.lower( )
    print("결과 : ", b)
```

◦ 답 :

정답 55

해설
1~10까지 자연수의 누적합계를 계산한다.
1+2+3+4+5+6+7+8+9+10 = 55

11 다음은 Python언어로 작성된 프로그램이다. 이를 실행한 결과를 쓰시오.

```
total = 0

for i in range(1, 11):
    total += i

print (total)
```

◦ 답 :

12 다음은 Python언어로 작성된 프로그램이다. 이를 실행한 결과를 쓰시오.

```
alphabet = ['A', 'B', 'C']
for a in alphabet[::-1]:
    print(a)
```

◦ 답 :

13 다음에 제시된 Python 프로그램이 〈출력 결과〉와 같이 결과를 출력해주고 있다. Python 프로그램의 밑줄 〈?〉 에 들어갈 Python 표현을 대소문자를 구별하여 쓰시오.

〈출력 결과〉

```
{'email': 'abc@hrdk.org', 'age': '20', 'name': '홍길동'}
홍길동
20
길이 : 3
```

```
members = { 'name':'홍길동', 'age':'20', 'email':'abc@hrdk.org' }
print(members)
print(members['name'])
print(members['age'])
print('길이 : %d' % ___<?>___ (members))
```

◦ 답 :

14 다음은 Python언어로 작성된 프로그램이다. 이를 실행한 결과를 쓰시오.

```
a = list(range(1,10,2))
a.append(a[2])
a.append(a[4])
a.remove(a[1])
a.remove(a[3])
for i in a:
    print(i, end = ' ')
```

◦ 답 :

정답 kr

해설
url_split = url.split('.') : '.'을 기준으로 문자열을 나눈다.
url_split = ['http://hrdkorea', 'or', 'kr']
print(url_split[-1]) : url_split 리스트에서 뒤에서 첫 번째 값을 출력한다.

15 다음은 Python언어로 작성된 프로그램이다. 이를 실행한 결과를 쓰시오.

```
url = 'http://hrdkorea.or.kr'
url_split = url.split('.')
print(url_split[-1])
```

◦ 답 :

정답 pass

해설
email.lower('pAss@hrdkorea.or.kr')
→'pass@hrdkorea.or.kr'
email.split('@')[0]
→['pass', 'hrdkorea.or.kr']

16 다음은 Python언어로 작성된 프로그램이다. 이를 실행한 결과를 쓰시오.

```
email = 'pAss@hrdkorea.or.kr'
email = email.lower( )
id = email.split('@')[0]
print(id)
```

◦ 답 :

정답 ['pass', 'dumok', 'a135']

해설
emails 리스트에 각각 입력한다.
['pAss@hrdkorea.or.kr', 'Dumok@abcd.com', 'a135@xyz.net']

email.lower( ) : 리스트 값을 모두 소문자로 변환한다.
id.append(email.split('@')[0]) : 리스트 값을 @을 기준으로 분할하고 첫 번째 리스트를 출력한다.

17 다음은 Python언어로 작성된 프로그램이다. 이를 실행한 결과를 쓰시오.

```
emails = [ ]
emails.append('pAss@hrdkorea.or.kr')
emails.append('Dumok@abcd.com')
emails.append('a135@xyz.net')

id = list( )
for email in emails:
    email = email.lower( )
    id.append(email.split('@')[0])

print(id)
```

◦ 답 :

정답 [11, 13, 15, 17, 19]
[12, 14, 16, 18, 20]

해설
print(nums[시작:종료:스텝]) : nums 리스트의 값을 시작에서 종료까지 스텝만큼씩 인덱스를 증가시키며 출력한다. 시작, 종료, 스텝을 생략하면 리스트의 [시작:종료:1]과 같은 표현이다.

18 다음은 Python언어로 작성된 프로그램이다. 이를 실행한 결과를 쓰시오.

```
nums = [11, 12, 13, 14, 15, 16, 17, 18, 19, 20]
print(nums[::2])
print(nums[1::2])
```

◦ 답 :

19 다음은 Python언어로 작성된 프로그램이다. 이를 실행한 결과를 쓰시오.

```
def print_reverse(string):
    print(string[::-1].upper( ))

print_reverse('python')
```

◦ 답 :

20 다음에 제시된 Python 프로그램이 〈출력 결과〉와 같이 결과를 출력해주고 있다. Python 프로그램의 밑줄 _〈?〉_ 에 들어갈 Python 표현을 대소문자를 구별하여 쓰시오.

〈출력 결과〉

```
[2, 4, 6]
```

```
def func(items):
    result = [ ]
    for item in items:
        if   <?>   == 0:
            result.append(item)
    return result

print(func([9, 2, 5, 4, 1, 6]))
```

◦ 답 :

21 다음은 Python언어로 작성된 프로그램이다. 이를 실행한 결과를 쓰시오.

```
def test1(num) :
    return num + 3

def test2(num) :
    num = num + 1
    return test1(num)

result = test2(10)
print(result)
```

◦ 답 :

정답 지불금액 : 21250원

해설
fruits 딕셔너리 변수를 선언하고 값을 할당한다.

banana	[500, 20]
apple	[1000, 10]
kiwi	[250, 5]

for p in price_amount:
  payment += p[0] * p[1]

딕셔너리 값의 각 행의 단가와 수량을 곱하고 곱한 값의 누적합계를 계산한다.

banana	[500, 20]	10000
apple	[1000, 10]	10000
kiwi	[250, 5]	1250
10000+10000+1250 = 21250		

정답 ㉣

해설
set의 2가지 특징 : 중복을 허용하지 않는다. 순서가 없다(Unordered).
update([값1, 값2]) : set에 여러 값을 추가한다.
append는 set에서 사용할 수 없다(list용 함수).

---

22 다음은 Python언어로 작성된 프로그램이다. 이를 실행한 결과를 쓰시오.

```
fruits = {"banana": [500, 20],
          "apple": [1000, 10],
          "kiwi": [250, 5]}

price_amount = fruits.values( )
payment = 0
for p in price_amount:
    payment += p[0] * p[1]

print('지불금액 : %d원' % payment)
```

◦ 답 :

23 다음은 Python언어로 작성된 프로그램으로, 이를 실행하면 에러가 발생한다. 에러가 발생하는 위치의 기호를 쓰시오.

```
student = {'김철수', '강철수', '박철수'}
student.add('강철수')            # ㉠
student.update(['정철수', '이철수']) # ㉡
student.remove('강철수')         # ㉢
student.append('최철수')         # ㉣
print(student)
```

◦ 답 :

CHAPTER

02

언어의 특성 활용

학습 방향

응용 소프트웨어 개발에 사용되는 프로그래밍 언어의 특징과 라이브러리를 활용하여 기본 응용 소프트웨어를 구현할 수 있어야 합니다.

SECTION 01 언어별 특성 파악

출제빈도 상 중 하
반복학습 1 2 3

빈출 태그 ▶ #고급언어 #저급언어 #컴파일러 #인터프리터

> **기적의 TIP**
> 부호 형태의 프로그래밍 언어는 컴퓨터 기술 발전과 함께 지속적으로 발전하고 있습니다.

01 프로그래밍 언어의 발전 과정과 유형 분류

1) 프로그래밍 언어의 발전 과정

1970년대 이전	1970년대	1980년대	1990년대	2000년대 이후
FORTRAN(1954) COBOL(1959) BASIC(1964) BCPL(1957)	PASCAL(1970) C(1972) SMALLTALK(1978)	ADA,C++(1983) Objective-C(1986) Perl(1987)	Python, HTML(1991) JAVA, PHP(1995)	C#(2001) Scala(2003) Go(2009) Swift(2014)

2) 프로그래밍 언어의 유형 분류

① 개발 편의성 측면에 따른 분류

저급언어 (Low-Level Language)	• 컴퓨터가 직접 이해할 수 있는 기계어이다. • 실행속도는 빠르나 기계마다 상이하여 호환성이 없고 유지관리가 어렵다. • 추상화 수준이 낮고 배우거나 유지관리가 힘들어 현재는 거의 사용하지 않는다. • 예 기계어, 어셈블리어 등
고급언어 (High-Level Language)	• 인간의 자연어를 이용하여 개발자가 쉽게 소스코드를 작성할 수 있는 언어(사람이 이해하기 쉽게 작성된 언어)이다. • 번역 과정(컴파일러, 인터프리터)이 필요하며, 가독성이 높아 대부분의 프로그래밍에서 사용한다. • 예 C, C++, JAVA, PYTHON, .NET 등 대다수 언어

② 실행 및 구현 방식에 따른 분류

> **기적의 TIP**
> 명령형 언어는 절차형 언어로, 상태 변경을 강조합니다.

명령형 언어 (Imperative Language)	• 구문에 중점을 두어 컴퓨터가 동작해야 할 알고리즘을 통해 프로그래밍의 상태를 변경시키는 방식이다. • 저장된 명령어들이 순차적으로 실행되는 프로그래밍 방식이다. • 예 FORTRAN, COBOL, PASCAL, C 등
함수형 언어 (Functional Language)	• 함수의 응용을 강조하여 수학적인 수식 등의 함수들로 프로그램을 구성하여 호출하는 방식이다. • 자료의 처리는 수학적인 함수의 연산으로 취급하고, 상태와 가변 데이터는 멀리한다. • 예 SCHEME, ERLANG, LISP, ML 등
논리형 언어 (Logic Language)	• 논리 문장을 이용하여 프로그램을 표현하고 조건이 만족되면 연관된 규칙이 실행되는 방식이다. • 추론과 관계 규칙을 통해 원하는 결과를 얻는다. • 예 PROLOG 등

객체지향 언어 (Object-Oriented Language)	• 객체 간의 메시지 교환을 통하여 동작하는 방식이다. • 객체 간의 관계에 초점을 두고 기능을 중심으로 메소드를 구현한다. • 예 JAVA, C++, SMALLTALK, PYTHON 등

> **기적의 TIP**
> 객체지향형 언어는 상속성, 캡슐화, 다형성, 추상화 등의 특징을 가지고 있습니다.

③ 빌드(Build) 방식에 따른 분류

컴파일 언어 (Compile Language)	• 소스코드가 기계어 실행 파일로 빌드되는 방식이다. • 컴파일러를 이용해 소스코드를 실행 가능한 형태의 기계어로 번역하는 과정이 필요하다. • 실행 시 필요한 정보가 사전에 계산되어 구동시간은 오래 걸리지만, 프로그램 실행속도가 빠르다. • 예 FORTRAN, PASCAL, C, C++ 등
인터프리터 언어 (Interpreter Language)	• 소스코드를 한 줄씩 번역하며 실행하는 방식이다. • 별도의 컴파일 과정 없이 바로 실행 가능하다. • 소스코드를 하나씩 번역하면서 실행하므로 실행속도는 느리다. • 예 BASIC, PROLOG, Python, LISP, SNOBOL 등
바이트 코드 언어 (Byte Code Language)	• 컴파일을 통해 고급언어를 중간 언어로 변환한 후 가상머신을 통해 번역을 실행하는 방식이다. • 컴파일을 통해 가상머신이 번역할 수 있는 Byte Code로 변환되며, 가상머신은 다시 Native OS가 이해할 수 있는 기계어로 번역한다. • 여러 환경에서 사용 가능하다. • 예 JAVA, SCALA 등

02 컴파일러(Compiler)와 인터프리터(Interpreter)

1) 동작 순서

- 컴파일러 : 원시코드 → 컴파일러 → 컴파일 → 목적코드 → 실행
- 인터프리터 : 원시코드 → 인터프리터 → 문장 단위 해석 및 실행

> **기적의 TIP**
> • 컴파일러 : 소스코드를 목적 코드로 변환하여 실행하는 방식
> • 인터프리터 : 문장 단위로 읽어들여 해석하며 실행하는 방식

2) 컴파일러와 인터프리터 비교

구분	컴파일러	인터프리터
개발 편의성	코드를 수정하고 실행이 필요한 경우 재 컴파일이 필요하다.	코드 수정 후 즉시 실행 가능하다.
번역 단위	전체 소스코드 단위로 번역된다.	문장 단위로 번역된다.
실행 파일 및 속도	실행 파일 생성 처리속도가 빠르다.	실행 파일이 생성되지 않으며 처리속도가 느리다.
메모리 할당	실행 파일 생성 시 사용한다.	별도로 메모리를 할당하지 않는다.
오류 확인 및 처리	전체 코드에 대한 컴파일 수행 시 발생한 오류 확인이 가능하다.	프로그램 실행 후 오류가 발생한 문장 이후의 코드는 실행하지 않는다.
파일 용량	실행 파일 전체를 번역하여 처리해야 하므로 용량이 크다.	원시 코드만 처리하면 되므로 용량이 상대적으로 작다.
보안	목적 프로그램으로 변환되어 원시 코드의 유출 가능성이 상대적으로 낮다.	원시 코드를 바로 실행하여 유출 가능성이 높다.
주요 언어	C, C++, JAVA	Python, Javascript, Ruby

03 프로그래밍 언어

1) 프로그래밍 언어별 특성

FORTRAN	IBM에서 과학적인 계산을 하기 위해 시작된 간결하고 엄격한 구문 형식의 언어로, 컴퓨터 시스템에 대해 많은 관련 지식이 필요하며 기상예측, 자원탐사, 우주항공, 유체 및 구조해석 등의 과학계산 전문 분야에 활용
COBOL	미국 국방성에 의해 개발되었으며 비즈니스, 금융, 회사/정부 관리 시스템에 주로 사용하며 메인프레임 컴퓨터의 레거시 응용 프로그램들에 사용되고, 비교적 프로그램 크기가 크고 구문이 복잡
PASCAL	잘 짜인 구조와 간결성으로 프로그래밍 교육을 위해서 널리 사용되었으며, 파스칼에 객체지향 개념을 포함한 오브젝트 파스칼(Object Pascal), 오브젝트 파스칼을 일부 변형한 델파이(Delphi) 프로그래밍 언어로 발전
LISP (LISt Processing)	기본 자료구조는 연결 리스트로 구성되어 있으며, 리스트 처리 및 인공지능 언어
C	UNIX 운영체제 구현에 사용되는 언어이며, 효율적인 실행과 간결한 문법, 효과적인 포인터 타입 제공이라는 특징으로 인해 많이 사용되고 있는 시스템 프로그래밍 언어
C++	C언어에서 발전한 언어로, 다중상속 등을 제공하는 객체지향 프로그래밍 언어
C#	C와 C++의 발전된 형태로 .NET 환경에 맞춰 설계되었으며, 사용자 인터페이스를 쉽게 만들 수 있는 컴포넌트 기능 제공
PHP	웹 개발에 특화된 언어로, 다양한 프레임워크를 지원하고 특별한 컴포넌트를 설치하지 않아도 다양한 처리가 가능
JAVA	C++에 비해 단순하고 분산환경과 객체지향, 보안성을 지원하고 컴파일을 통해 class 파일을 생성하며 가상머신(JVM)에서 실행
JAVASCRIPT	HTML, CSS와 함께 웹을 구성하는 핵심 요소로 거의 모든 웹 브라우저에 스크립트 엔진(인터프리터)이 존재하며, 웹 페이지의 동작 구현이 가능하고 빠른 개발과 확장성이 뛰어나지만 다른 언어에 비해 상대적으로 보안이나 성능이 부족
PYTHON	배우기 쉽고 이식성이 좋은 언어로, 다양한 함수들도 많이 제공되어 최근 트렌드와 맞물려 스타트업과 글로벌 기업 등에서도 많이 사용하는 언어
GOLANG	Google에서 만든 언어로 짧게는 GO라고도 부르며, 내장 라이브러리가 많이 지원되고 C언어의 문법과 유사하나 제어 구조를 가지고 빠른 컴파일이 가능함
KOTLIN	JAVA보다 간결한 문법을 가지고 있는 JVM 기반의 언어로 JAVA와의 상호 운용이 100% 지원되고 2019년 구글이 안드로이드의 공식 언어로 추가
R	통계 및 그래프 작업을 위한 인터프리터 프로그래밍 언어로 수많은 통계 관련 패키지가 개발되어 있고 빅데이터 분석 및 기계학습 등에 유용

2) 프로그래밍 언어별 사용 용도

웹(프런트엔드)		HTML, CSS, Javascript, JSP, PHP, ASP
모바일	안드로이드	JAVA, Kotlin
	iOS	Object C, Swift
데스크톱		C, C++, C#
게임		C, C++, Unity
AI 빅데이터 분석		Python, R

04 절차지향 언어와 객체지향 언어의 차이

구분	절차지향	객체지향
구성	함수	객체
구현 방식	전체적인 기능 동작을 고려한 각 단계별 기능 구현	필요한 속성의 객체 모델링 후 상호작용 기능 구현
접근 제어	없음	가능(public, private)
상속/다형성	없음	가능
보안성	낮음	높음
장점	• 프로그램 흐름을 쉽게 추적 가능 • 복잡도가 단순하고 실행속도가 상대적으로 빠름	• 뛰어난 재사용 및 확장성, 유지보수의 용이성 제공 • 규모가 크고 협업이 필요한 대형 프로젝트에 적합
단점	• 큰 프로젝트의 경우 구조 복잡, 중복 코드 발생 • 유기성이 높아 신규 기능 추가 등이 어려움	• 상대적으로 속도가 느림 • 메모리 사용율이 높고 설계 시간이 오래 걸림
언어	C, Fortran, Pascal	JAVA, C++, Python

합격을 다지는 예상문제

선다형(필기)

01 번역기(Compiler)와 인터프리터(Interpreter)에 대한 설명으로 거리가 먼 것은?

① 컴파일러는 원시어가 고급언어이다.
② 인터프리터를 사용하면 대화 형식의 프로그래밍이 가능하게 된다.
③ 실행 시간의 효율성을 중시하는 프로그래밍 언어는 대부분 인터프리터를 사용한다.
④ 컴파일러의 단점 중 하나는, 번역된 산출물인 목적코드가 큰 기억 장치를 요한다는 것이다.

서술형(실기)

02 고급언어(High-Level Language)에 대하여 약술하시오.

○ 답 :

정답 ③

해설
• 번역 시간 : 인터프리터 > 컴파일러
• 실행 시간 : 컴파일러 > 인터프리터

정답 인간의 자연어를 이용하여 개발자가 쉽게 소스코드를 작성할 수 있는 언어로, 실행 전 번역 과정이 필요하다.

SECTION 02 애플리케이션 구현 및 최적화

빈출 태그 ▶ #코드 인스펙션 #동료검토 #워크스루 #OWASP

01 코드 인스펙션(Code Inspection)

- 프로그램을 수행시켜보는 것 대신에 읽어보고 눈으로 확인하는 방법으로 볼 수 있다.
- 코드 품질 향상 기법 중 하나로, 정적 테스트 시에 활용하는 기법이다.
- 결함과 함께 코딩 표준 준수 여부, 효율성 등의 다른 품질 이슈를 검사하기도 한다.

1) 인스펙션 수행

- 역할 담당자를 지정하여 진행한다.
- 인스펙션은 개발 초기 단계에서 결함을 식별하여 수정함으로써 오류로 인한 비용 최소화, 코드 품질 향상, 유사 결함의 발생 예방 및 유지보수 효율성 향상을 목적으로 진행한다.

> **기적의 TIP**
> 역할 담당자 = 중재자(Moderator), 저자(Author), 진행자(Reader), 검토자(Inspector), 기록자(Recorder)

2) 인스펙션 수행 절차 및 수행 내용

계획(Planning)	대상 선정 및 팀 구성, 대상 산출물을 사전에 배포하고 인스펙션 일시 및 장소를 공지한다.
개관(Overview)	참여자 대상으로 산출물에 대한 이해도를 높여 인스펙션의 효과성을 향상시킬 수 있으며 생략 가능하다.
준비(Preparation)	개별적으로 작업 산출물과 관련 자료들을 철저하게 숙지하고 이해하도록 하며, 팀원은 각자 준비 사용 시간과 결점이라고 생각되는 것들을 기록한다.
검토회의(Meeting)	산출물을 함께 검토하며 준비 단계나 검토회의에서 식별된 결함 부분에 대해 집중한다.
재작업(Rework)	개발자가 검사 회의 후 모든 발견된 오류를 수정하는 단계로, 오류의 개수에 따라 진행자가 재검사 진행 여부를 판단 가능하다.
추적(Follow-up)	결함이 정상적으로 수정되었는지 최종 확인하고 인스펙션을 종료한다.

> **기적의 TIP**
> 준비 시 검토해야 할 주요 항목은 체크 리스트를 활용하며, 검토회의가 너무 길 경우에는 효율성이 저하되기 때문에 1~2시간 사이로 조절하도록 합니다.

3) 코드 리뷰 기법 비교

동료 검토 (Peer Review)	별도의 절차 없이 비공식으로 계획 없이 임의적으로 실시되며, 개발자가 동료와 코드 및 산출물의 결함을 식별하는 기법이다.
워크스루 (Walkthrough)	개발자가 리뷰의 주제와 시간을 정해서 발표를 하고 동료들로부터 의견이나 아이디어를 듣는 시간을 가질 수 있으며, 사례에 대한 정보 공유나 아이디어 수집을 위해서 사용될 수 있다.
인스펙션(Inspection)	역할과 절차, 체크리스트를 기준으로 결함을 식별하는 공식적인 리뷰 기법이다.

> **기적의 TIP**
> 워크스루(Walkthrough)는 단체로 하는 코드 리뷰 기법 중에서 가장 비정형적인 방법 중에 하나입니다.

4) 인스펙션 과정

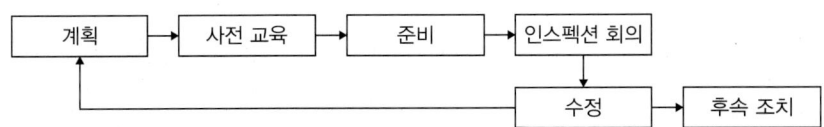

02 리팩토링(Refactoring)

- SW의 원래 기능은 유지하면서 오류를 제거하고 새로운 기능을 추가하는 것이 아니라 결과의 변경 없이 프로그램 소스의 구조를 재조정하는 것이다.
- 단순히 코딩 스타일만 개선하는 것이 아니라 성능과 코드의 구조를 개선하는 과정을 의미한다.

1) 주요 리팩토링 대상 및 방법

① 나쁜 냄새(Bad Smell) : 오류는 아니지만 문제를 유발할 수 있거나 설계 결함을 가지고 있는 부분이다.
② 냄새의 원인 : 중복된 코드(Duplicated Code), 긴 메소드(Long Method), 거대한 클래스(Large Class), 긴 파라미터 리스트(Long Parameter List), 확산적 변경(Divergent Change), 산탄총 수술(Shotgun Surgery), 기능에 대한 욕심(Feature Envy), 데이터 덩어리(Data Clump), 기본 타입에 대한 강박관념(Primitive Obsession), Switch문(Switch Statements), 평행 상속 구조(Parallel Inheritance Hierarchies), 게으른 클래스(Lazy Class), 추측성 일반화(Speculative Generality), 임시 필드(Temporary Field), 메시지 체인(Message Chains), 미들 맨(Middle Man), 부적절한 친밀(Inappropriate Intimacy), 다른 인터페이스를 가진 대체 클래스(Alternative Classes with Different Interface), 불완전한 라이브러리 클래스(Incomplete Library Class), 데이터 클래스(Data Class), 거부된 유산(Refused Bequest), 주석(Comment) 등
③ 대표적인 냄새 원인 및 리팩토링 방법

중복된 코드 (Duplicated Code)	중복을 제거해야 한다.
긴 메소드 (Long Method)	메소드를 적정 수준의 크기로 나누어야 한다.
긴 파라미터 리스트 (Long Parameter List)	파라미터 개수를 줄여야 한다.
게으른 클래스 (Lazy Class)	자식 클래스와 부모 클래스의 차이가 없으면 합친다.
주석(Comment)	주석이 없어도 코드를 이해할 수 있도록 소스코드를 변경한다.

메시지 체인 (Message Chain)	특정 객체를 얻기 위한 다수 객체를 간소화한다.
미들 맨(Middle Man)	다른 클래스로 위임하는 역할만 담당하는 클래스 제거를 검토한다.
불완전 라이브러리 (Incomplete Library)	불완전 시 필요 부분을 추가 구성한다.
스위치 명령문 (Switch Statements)	지나치게 많은 case를 사용하는 Switch 문장은 코드 중복의 신호이다.

2) 리팩토링 수행 절차

- 정상 동작하는 코드를 대상으로 Bad Smell이 있는 부분을 지속적으로 개선하여 재구조하며, Bad Smell은 코드 인스펙션과 PMD 등의 Tool을 이용하여 식별할 수 있다.

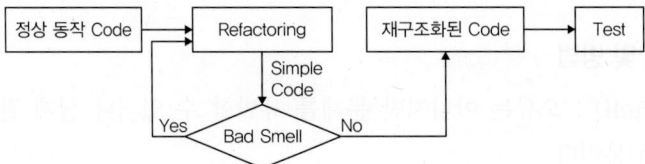

3) OWASP TOP 10

① OWASP(The Open Web Application Security Project)
- 웹 애플리케이션에 대한 보안 프로젝트이다.
- 웹 애플리케이션 취약점 중에서 빈도가 많이 발생하고 보안상 영향을 크게 줄 수 있는 10가지를 선정하였다.

> **기적의 TIP**
> OWASP TOP 10은 2020 이전 기준입니다.

② 10가지 항목

Injection(인젝션)	웹 애플리케이션에 비정상적인 명령어나 Query 등을 보내 공격자가 시스템에 불법적으로 접근할 수 있는 취약점
Broken Authentication (취약한 인증)	잘못 구현된 인증이나 Session 관리 기능으로 인해 일시적 혹은 영구적으로 공격자가 다른 사용자의 권한을 획득할 수 있는 취약점
Sensitive Data Exposure (민감한 데이터 노출)	개인 식별 정보나 신용 정보 등의 민감 데이터 저장 및 전송 시 노출 취약점
XML External Entities(XXE) (XML 외부 개체)	XML 문서에서 External Entity를 이용하여 공격자가 의도하는 외부 URL을 실행하여 서버의 로컬 파일 정보를 출력하거나 서비스 거부 공격을 수행할 수 있는 취약점
Broken Access control (접근 권한 취약)	사용자가 권한을 벗어나 행동할 수 없도록 정책을 시행하며, 만약 엑세스 제어가 취약하면 사용자는 주어진 권한을 벗어나 모든 데이터를 무단으로 열람, 수정 혹은 삭제 등의 행위로 이어질 수 있는 취약점
Security Misconfigurations (보안 설정 오류)	애플리케이션 스택의 적절한 보안 강화가 누락되었거나 클라우드 서비스에 대한 권한이 적절하지 않게 구성되었을 때, 잘못된 구성으로 인한 HTTP Header나 민감 정보가 포함된 에러 메시지 등으로 인한 취약점
Cross Site Scripting(XSS) (크로스 사이트 스크립팅)	웹 페이지에 악성 스크립트를 삽입할 수 있는 취약점으로 사용자의 정보(쿠키, 세션 등)를 탈취하거나 악의적인 사이트로 이동할 수 있는 취약점

Insecure Deserialization (안전하지 않은 역직렬화)	데이터를 역직렬화하는 과정에서 원격코드 실행이나 권한 상승 등이 가능한 취약점
Using Components with Known Vulnerabilities (알려진 취약점이 있는 구성요소 사용)	취약한 컴포넌트가 악용되는 경우 서버가 장악되거나 심각한 데이터 손실을 발생할 수 있는 취약점
Insufficient logging and monitoring (불충분한 로깅 및 모니터링)	충분하지 않은 로깅과 모니터링을 통해 시스템을 추가로 공격하고 데이터를 변조하거나 추출, 파괴 가능한 취약점

4) 정적 분석과 PMD(Programming Mistake Detector)

① 정적 분석(Static Analysis)
- 소프트웨어를 실행하지 않고 코드 레벨에서 분석하는 방법으로 소스코드의 실행 없이 코드의 의미를 분석해 결함을 찾아내는 코드 분석 기법이다.
- 오류가 존재하는 부분을 사전에 식별하여 영향 범위를 최소화할 수 있고, 테스팅 단계에서의 부담을 줄여 프로그램의 품질을 높일 수 있다.

② PMD(Programming Mistake Detector)
- 응용 프로그램 코드의 문제를 사전에 확인할 수 있는 정적 분석을 위한 오픈소스코드 분석 도구이며, 기본 제공 규칙 세트가 포함되어 있고 사용자 지정 규칙을 작성할 수 있다.
- 단독 형태로도 사용할 수 있고 이클립스 등과 같은 IDE에 플러그인 형태로 배포되어 누구나 사용할 수 있다.

> **기적의 TIP**
>
> PMD는 일반적으로 시큐어 코딩을 위해 자바 코드를 검사해서 나쁜 코딩을 확인하고 그에 대한 설명을 지원하는 정적 코드 분석 도구이며 Eclipse, Jbuider 등에 연동하여 사용합니다.

③ PMD 기본 룰셋 및 내용 예시

EmptyFinallyBlock	내용이 없는 Finally 구문 단락
EmptyCatchBlock	내용이 없는 Catch 구문 단락
UnnecessaryReturn	불필요한 Return 구문
DuplicateImports	Import문이 중복 선언
AvoidReassigningParameters	넘겨받는 메소드 Parameter 값을 직접 변경
EqualsNull	Null 값과 비교하기 위해 Equals 메소드를 사용
UnnecessaryParentheses	불필요한 괄호를 사용할 경우 마치 메소드 호출처럼 보여서 소스 코드의 가독성을 떨어뜨릴 수 있음
VariableNamingConventions	Final이 아닌 변수는 밑줄을 포함할 수 없음
StringToString String	객체에서 toString() 함수를 사용
UnusedPrivateField	사용되지 않는 Private field
UnusedPrivateMethod	사용되지 않는 Private Method

합격을 다지는 예상문제

선다형(필기)

01 코드 인스펙션과 관련한 설명으로 틀린 것은?
① 프로그램을 수행시켜보는 것 대신에 읽어보고 눈으로 확인하는 방법으로 볼 수 있다.
② 코드 품질 향상 기법 중 하나이다.
③ 동적 테스트 시에만 활용하는 기법이다.
④ 결함과 함께 코딩 표준 준수 여부, 효율성 등의 다른 품질 이슈를 검사하기도 한다.

[정답] ③
[해설] 코드 인스펙션은 정적 테스트의 가장 일반적인 유형으로, 프로그램을 수행시켜 보는 것 대신에 읽어보고 눈으로 확인하는 방법이다.

02 프로그램 품질관리의 방법에는 워크스루(Walkthrough)와 인스펙션(Inspection)이 있다. 워크스루에 대한 설명으로 옳지 않은 것은?
① 소프트웨어 품질을 검토하기 위한 기술적 검토 회의이다.
② 제품 개발자가 주최가 된다.
③ 오류 발견과 발견된 오류의 문제 해결에 중점을 둔다.
④ 검토 자료는 사전에 미리 배포한다.

[정답] ③
[해설] 워크스루와 인스펙션은 오류 발견을 위한 활동이다.

03 다음 중 PMD 기본 룰셋이 아닌 것은?
① EmptyFinallyBlock
② EmptyCatchBlock
③ EmotyPrivateField
④ EqualsNull

[정답] ③

서술형(실기)

04 나쁜 냄새(Bad Smell)에 대하여 약술하시오.
◦ 답 :

[정답] 오류는 아니지만 문제를 유발할 수 있거나 설계 결함을 가지고 있는 부분이다.

05 다음이 설명하는 보안 프로젝트 이름을 영문 약어와 풀 네임을 모두 쓰시오.

- 웹 애플리케이션에 대한 보안 프로젝트이다.
- 웹 애플리케이션 취약점 중에서 빈도가 많이 발생하고 보안상 영향을 크게 줄 수 있는 10가지를 선정하여 발표한다.

◦ 답 :

[정답] OWASP, The Open Web Application Security Project

CHAPTER
03

라이브러리 활용

학습 방향

모듈, 라이브러리, 프레임워크, 패키지에 대한 개념적 이해와 각 단위별 역할을 학습하게 됩니다. 출제 비중은 낮지만 프로그래밍 언어의 기본 단위 개념이므로 간단히 정리하도록 합니다.

SECTION 01 라이브러리 선정

빈출 태그 ▶ #라이브러리 #정적/동적 라이브러리 #OSS

01 라이브러리(Library)

1) 라이브러리의 개념
- 소프트웨어의 구성요소 중 한 가지로, API를 바탕으로 대상 환경(플랫폼)에서 바로 실행될 수 있도록 모듈화된 프로그램 모음이다.

2) 라이브러리의 목적
- 코드의 재사용 및 부품화, 기술 유출 방지를 위하여 하나 이상의 Subroutine 혹은 Function들의 집합으로 일반적으로 컴파일되어 실행이 가능한 Object Code 형태로 제공된다.
- 코드 재사용을 위해 조직화된 초창기 방법 중의 하나이다.
- 주로 다수의 다른 프로그램들에서 사용할 수 있도록 운영체계나 소프트웨어 개발환경제공자들에 의해 제공된다.

3) 라이브러리의 구성

도움말	라이브러리에 대한 설명 및 사용 방법 등에 대한 도움말 문서
설치 파일	라이브러리를 연동하기 위해 제공되는 설치 파일
예시 코드	애플리케이션 구현 시 라이브러리를 쉽게 연동할 수 있도록 제공되는 샘플 코드

> 기적의 TIP
> 라이브러리의 구성에는 사용 방법을 위한 문서와 도움말, 예시 코드, 함수, 클래스, 값, 자료형 사양 등을 포함할 수 있습니다.

02 라이브러리의 유형

1) 별도 설치 여부에 따른 유형

① 표준 라이브러리(Standard Library)
- 프로그래밍 언어와 함께 제공되는 라이브러리로 프로그래밍 언어가 기본적으로 가지고 있는 라이브러리를 의미한다.
- 프로그래밍 언어의 여러 구현 시 통용될 수 있도록 만들어졌다.
- 각 프로그래밍 언어의 표준 라이브러리는 기본 기능 이외에 날짜와 시간 등의 다양한 추가 기능을 이용할 수 있는 API를 제공한다.
- 자바 jar 파일 형태가 대표적이다.

> 기적의 TIP
> - 윈도우 : dll, lib
> - 리눅스 : so, a

② 외부 라이브러리(3rd Party Library)
- 별도의 파일을 설치하여 사용할 수 있는 라이브러리를 의미한다.
- 누구나 개발하여 사용하거나 공유할 수 있고, 관련 커뮤니티나 인터넷 검색 등을 이용하여 공유된 라이브러리를 사용할 수 있다.

03 코드 결합 방식에 따른 유형

1) 정적 라이브러리(Static Library)

① 개념
- 작성된 소스코드는 번역 프로그램(컴파일러, 인터프리터 등)을 통해 목적 프로그램으로 번역되고 목적 프로그램은 링킹(Lingking)을 통해 다른 목적 프로그램이나 라이브러리와 연결되어 로드 모듈 즉, 컴파일의 링킹 단계에서 실행 파일에 결합된다.
- 프로그램을 빌드할 때 라이브러리가 제공하는 코드를 실행 파일에 넣는 방식이다.
- 동작 코드가 실행 바이너리에 포함되어 별도의 추가 작업 없이 독립적으로 라이브러리 함수 사용이 가능하다.

② 장단점
- 실행 파일에 라이브러리가 포함되어 실행 시 라이브러리가 필요 없다.
- 컴파일 시 필요한 라이브러리를 프로그램에 적재하므로 이식성이 좋다.
- 런타임 시 참조할 필요가 없어 실행속도에 유리하다.
- 같은 코드를 가진 여러 프로그램을 실행할 경우 코드가 중복되어 메모리 낭비가 발생한다.
- 라이브러리를 변경할 경우 라이브러리와 프로그램을 다시 배포해야 한다.

2) 동적 라이브러리(Dynamic Library)

① 개념
- 컴파일할 때 코드가 복사되지 않고 프로그램 시작 시 로딩된다.
- 필요할 때만 해당 라이브러리를 메모리로 불러들일 수 있어 실행 파일의 크기를 줄일 수 있고, 사용이 끝나면 메모리에서 제거되어 효율적인 메모리 사용이 가능하다.
- 공통적으로 필요한 기능들을 프로그램과 분리하여 필요시에만 호출하여 사용할 수 있도록 만든 라이브러리를 의미한다.
- 윈도에서는 주로 .dll 확장자, 리눅스에서는 주로 .so 확장자를 가진다.

② 장단점
- 프로그램이 한 번 메모리에 올려진 것을 공유하므로 메모리 사용 공간이 정적 라이브러리에 비해 적다.
- 언어 형식이 다른 여러 프로그램을 지원하고 외부 의존도가 발생해서 이식이 어렵다.
- 공유 라이브러리를 메모리에 올리려면 찾아 올리는 데 시간이 소요되어 성능 저하가 발생한다.

3) 라이브러리, 프레임워크, 아키텍처, 플랫폼 비교

> **기적의 TIP**
>
> IT에서 일반적으로 사용되는 개발 용어인 프레임워크, 아키텍처, 플랫폼의 차이점과 예시를 통해 용어들 간의 상관관계를 확인할 수 있습니다.

항목	설명	예시
Library	코드 재사용 및 부품화를 위하여 필요한 기능에서 호출하여 사용할 수 있도록 제공되는 모듈의 집합	jQuery, DLL, Class, Jar 등
Framework	응용 프로그램 표준 구조를 구현하기 위한 클래스와 라이브러리 모임	Spring, Django 등
Archtecture	여러 가지 컴퓨터 구성요소들에 대한 전반적인 기계적 구조와 이를 설계하는 방법	모노리틱 아키텍처, MSA 등
Platform	여러 가지 기능을 제공해주는 프로그램 실행이 가능한 공통 실행 환경으로 플랫폼 위에 다른 플랫폼이 존재할 수 있음	Window, Linux, JVM 등

➕ 더 알기 TIP

프레임워크와 라이브러리의 차이점

프레임워크(Framework)	• 프레임워크는 뼈대나 기반구조를 뜻하고, 제어의 역전 개념이 적용된 대표적인 기술이다. • 프로그래밍을 진행할 때 필수적인 코드, 알고리즘 등과 같이 어느 정도의 구조를 제공해주기 때문에 프레임워크를 사용하는 프로그래머는 이 프레임워크의 뼈대 위에서 코드를 작성하여 프로그램을 개발하면 된다.
라이브러리(Library)	• 단순 활용 가능한 도구들의 집합을 의미한다. • 프로그래머가 어떠한 기능을 수행하기 위해서 도움을 주는 또는 필요한 것을 제공해주는 역할을 한다.

- 흐름에 대한 제어 권한을 누가 지니고 있냐의 차이이다.
- 프레임워크는 전체적인 흐름을 자체적으로 가지고 있어 프로그래머는 그 안에서 필요한 코드를 작성하는 반면에, 라이브러리는 프로그래머가 전체적인 흐름을 가지고 있어 라이브러리를 자신이 원하는 기능을 구현하고 싶을 때 가져다 사용할 수 있다.

4) OSS(Open Source Software)의 유형

GNU GPL 2.0 (GNU General Public License)	• 자유 소프트웨어 재단(Free Software Foundation, FSF)에서 만든 라이선스 • GNU 프로젝트에서 배포한 프로그램을 사용하기 위해 작성되었으며 많은 오픈소스 소프트웨어가 채택하고 있는 라이선스 • 가장 많이 알려져 있고 의무사항들도 다른 라이선스들에 비해 엄격한 편 • 배포하는 경우 저작권 표시, 보증책임이 없다는 표시 및 GPL에 의해 배포된다는 사실 명시 필요
GNU Lesser GPL(LGPL) 2.1	• GPL 라이선스를 사용하기만 해도 소스코드를 공개해야 한다는 부담 때문에 라이브러리와 모듈로의 링크를 허용한 라이선스 • 배포하는 경우 저작권 표시, 보증책임이 없다는 표시 및 LGPL에 의해 배포된다는 사실 명시 필요
Berkeley Software Distribution(BSD) License	• GPL/LGPL보다 덜 제한적이기 때문에 허용 범위가 넓으며, 가장 큰 차이점은 소스코드의 공개 의무가 없음 • 수정 프로그램에 대한 소스코드의 공개를 요구하지 않기 때문에 상용 소프트웨어에 무제한 사용 가능함
Apache License	• 아파치 웹서버의 배포를 위해 만들어진 라이선스 • 아파치 재단이나 재단의 프로젝트에 의해서 만들어진 모든 소프트웨어는 현재 Apache License 2.0에 의해 배포 • 소스코드에 대한 공개 의무 등의 의무사항은 없지만 아파치 라이선스의 소스코드를 수정하여 배포하는 경우 아파치 라이선스, 버전 2.0을 꼭 포함시켜야 함 • 아파치 재단에서 만든 소프트웨어임을 밝혀야 함 • 예 안드로이드, 하둡 등
MIT License	• 미국 매사추세츠공과대학교(MIT)에서 소프트웨어 공학도들을 돕기 위해 개발한 라이선스 • 라이선스와 저작권 관련 명시만 지켜주면 되는 라이선스로 가장 느슨한 조건을 가진 라이선스 중 하나이기 때문에 인기가 많음 • 예 Bootstrap, Angular.js, Backbone.js, jQuery 등

합격을 다지는 예상문제

선다형(필기)

01 다음 중 라이브러리의 구성이 아닌 것은?

① 도움말
② 설치 파일
③ 실행 파일
③ 예시 코드

> [정답] ③
> [해설]
> 라이브러리의 구성 : 도움말, 설치 파일, 예시 코드

02 소프트웨어 개발 프레임워크와 관련한 설명으로 가장 적절하지 않은 것은?

① 반제품 상태의 제품을 토대로 도메인별로 필요한 서비스 컴포넌트를 사용하여 재사용성 확대와 성능을 보장받을 수 있게 하는 개발 소프트웨어이다.
② 라이브러리와는 달리 사용자 코드에서 프레임워크를 호출해서 사용하고, 그에 대한 제어도 사용자 코드가 가지는 방식이다.
③ 설계 관점에 개발 방식을 패턴화시키기 위한 노력의 결과물인 소프트웨어 상태로 집적화시킨 것으로 볼 수 있다.
④ 프레임워크의 동작 원리를 그 제어 흐름의 일반적인 프로그램 흐름과 반대로 동작한다고 해서 IoC(Inversion of Control)라고 설명하기도 한다.

> [정답] ②
> [해설]
> 라이브러리와는 달리 사용자 코드에서 프레임워크를 호출해서 사용하고, 그에 대한 제어도 프레임워크가 가지는 방식이다.

서술형(실기)

03 다음 빈칸에 들어갈 오픈소스 라이선스의 유형을 영문으로 쓰시오.

> • 아파치 웹 서버의 배포를 위해 만들어진 라이선스이다.
> • 아파치 재단이나 재단의 프로젝트에 의해서 만들어진 모든 소프트웨어는 현재 (   ) 2.0에 의해 배포되고 있다.

○ 답 :

> [정답] Apache License

04 다음과 같은 특징을 갖는 라이브러리를 쓰시오.

> • 작성된 소스코드는 번역 프로그램(컴파일러, 인터프리터 등)을 통해 목적 프로그램으로 번역되고 목적 프로그램은 링킹(Lingking)을 통해 다른 목적 프로그램이나 라이브러리와 연결되어 로드 모듈 즉, 컴파일의 링킹 단계에서 실행 파일에 결합된다.
> • 프로그램을 빌드할 때 라이브러리가 제공하는 코드를 실행 파일에 넣는 방식이다.

○ 답 :

> [정답] 정적 라이브러리

SECTION 02 라이브러리 구성 및 적용

빈출 태그 ▶ #모듈 #패키지 #빌드 도구

01 모듈과 패키지

- 라이브러리는 모듈과 패키지를 모두 포함한다.
- 모듈의 경우 개별 파일을 지칭하고, 패키지의 경우 여러 개의 파일을 모아놓은 폴더로 생각할 수 있다.

1) 모듈과 패키지 비교

모듈(Module)	• 모듈은 데이터, 함수, 클래스 등이 담겨져 있는 파일이다. • 소프트웨어 구조를 이루며, 다른 것들과 구별될 수 있는 독립적인 기능을 갖는 단위이다. • 하나 또는 몇 개의 논리적인 기능을 수행하기 위한 명령어들의 집합이라고도 할 수 있다. • 서로 모여 하나의 완전한 프로그램으로 만들어질 수 있다. • 사용법 : import (모듈명)
패키지(Package)	• 패키지는 연관된 모듈들의 집합이라 할 수 있다. • 패키지명과 모듈명을 import하여 불러올 수 있다. • 사용법 : import (패키지명).(모듈명)

2) PyPI(Python Package Index)

- Python Package Index는 파이썬 패키지들이 모여 있는 저장소를 의미하고, Python 개발자라면 누구에게나 오픈되어 있다.
- PyPI에서 권하는 Python 라이브러리 설치 툴이 pip이며, 파이썬 3.4 이후의 버전에는 기본으로 포함되어 있다.
- 모듈과 패키지 사용법

pip list	설치된 패키지를 표시한다.
pip install ⟨package name⟩	패키지를 설치한다.
pip install --upgrade ⟨package name⟩	설치된 패키지를 업그레이드한다.
pip uninstall ⟨package name⟩	설치된 패키지를 제거한다.
pip --help	pip와 관련된 명령어를 조회한다.

3) 빌드와 빌드 도구

① 빌드

- 소스코드를 컴파일한 뒤에 다수의 연관된 모듈을 묶어 실행 파일로 만드는 과정을 빌드라고 한다.
- 소스코드 파일을 컴퓨터에서 실행할 수 있는 상태 단위로 변환하는 과정 또는 결과물을 의미한다.
- 소스코드 파일이 실행 코드로 변환되는 컴파일 과정을 핵심으로 수행한다.
- 빌드에 따른 결과물을 대상으로 하는 상세 확인이 요구된다.
- 소프트웨어 개발자가 반복 작업해야 하는 코딩을 잘 짜인 프로세스를 통해 자동으로 실행하여, 신뢰성 있는 결과물을 생산해 낼 수 있는 작업 방식 및 방법이다.
- 작성한 소스코드(java), 프로젝트에서 쓰인 각각의 파일 및 자원 등(.xml, .jpg, .jar, .properties)을 JVM이나 톰캣같은 WAS가 인식할 수 있는 구조로 패키징하는 과정 및 결과물이라고 할 수 있다.
- 프로세스 : 컴파일 → 패키징 → 단위 테스트 → 정적 분석 → 보고 → 배포 → 최종 빌드

② 빌드 도구(Build Tool)

- 최근에 오픈소스인 Gradle이 등장했으며, 구글이 안드로이드의 기본 빌드 시스템으로 Gradle을 선택하면서 사용자가 급증하였다.
- 빌드 자동화 도구의 기능 : 코드 컴파일, 컴포넌트 패키징, 파일 조작, 개발 테스트 실행, 버전관리 도구 통합, 문서 생성, 배포 기능, 코드 품질 분석
- 빌드 자동화 도구의 종류 : Gradle, Jenkins, Makefile, Ant, Maven
- 초기의 java 빌드 도구로 Ant를 많이 사용하였으나 최근 많은 빌드 도구들이 생겨나 Maven이 많이 쓰였고, 현재는 Gradle이 많이 쓰인다.

> **기적의 TIP**
> Ant는 스크립트 작성도 많고 라이브러리 의존관리가 되지 않아 불편합니다.

4) 빌드 도구 비교

Ant	• XML 기반의 빌드 스크립트를 작성한다. • 자유롭게 빌드 단위를 지정할 수 있다. • 사용하기 쉬우나 큰 프로젝트의 경우 스크립트 관리나 빌드 과정이 복잡하다. • 생명주기(Lifecycle)를 갖지 않아 각각의 결과물에 대한 의존관계 등을 정의해야 한다.
Maven	• XML 기반으로 작성되며 생명주기와 POM(Project Object Model) 개념이 도입되었다. • 필요한 라이브러리를 특정 문서(pom. xml) 파일을 이용해 dependency를 추가/삭제하여 라이브러리를 관리한다. • 자바용 프로젝트 관리 도구로 아파치 앤트(Ant)의 대안으로 만들어졌으며 아파치 라이선스로 배포되는 오픈소스 소프트웨어이다.
Gradle	• Ant와 Maven의 장점을 모아 작성되었으며 의존성 관리를 위한 다양한 방법을 제공한다. • 빌드 스크립트를 XML이 아닌 JVM에서 실행되는 스크립트 언어 그루비(Groovy)를 사용한다.

Jenkins	• Java 기반의 오픈소스 형태의 빌드 자동화 도구이다. • 서버 기반의 도구로 클라이언트의 요청을 처리하기 위해 서버에서 실행되는 서블릿(Servlet)과 실행 및 생명 주기를 관리하는 서블릿 컨테이너에서 실행된다. • Web UI를 지원하고 SVN, Git 등 대부분의 형상관리 도구와 연동할 수 있다. • 분산된 다수의 컴퓨터를 이용하여 분산 빌드, 테스트가 가능하다. • RSS, E-mail을 통하여 빌드 실패 내역의 실시간 통지가 가능하다.

합격을 다지는 예상문제

선다형(필기)

01 개발환경 구성을 위한 빌드(Build) 도구에 해당하지 않는 것은?

① Ant　　　　　② Kerberos
③ Maven　　　　④ Gradle

정답 ②

해설
커버로스(Kerberos) : '티켓(ticket)'을 기반으로 동작하며 클라이언트/서버 사이의 인증을 제공하는 암호화 프로토콜

02 빌드 자동화 도구에 대한 설명으로 틀린 것은?

① Gradle은 실행할 처리 명령들을 모아 태스크로 만든 후 태스크 단위로 실행한다.
② 빌드 자동화 도구는 지속적인 통합개발환경에서 유용하게 활용된다.
③ 빌드 자동화 도구에는 Ant, Gradle, Jenkin 등이 있다.
④ Jenkins는 Groovy를 기반으로 한 오픈소스로 안드로이드 앱 개발환경에서 사용된다.

정답 ④

해설
Groovy를 기반으로 한 오픈소스로 안드로이드 앱 개발환경에서 사용되는 도구는 Gradle이다.

서술형(실기)

03 다음이 설명하는 빌드 도구는 무엇인지 쓰시오.

• Ant와 Maven의 장점을 모아 작성되었으며 의존성 관리를 위한 다양한 방법을 제공한다.
• 빌드 스크립트를 XML이 아닌 JVM에서 실행되는 스크립트 언어인 그루비(Groovy)를 사용한다.

◦ 답 :

정답 Gradle

04 다음 설명에 부합하는 용어를 쓰시오.

• 소프트웨어 구조를 이루며, 다른 것들과 구별될 수 있는 독립적인 기능을 갖는 단위이다.
• 하나 또는 몇 개의 논리적인 기능을 수행하기 위한 명령어들의 집합이라고도 할 수 있다.
• 서로 모여 하나의 완전한 프로그램으로 만들어질 수 있다.

◦ 답 :

정답 모듈 또는 Module

PART

05

프로그램 구현

CHAPTER
01

개발환경 구축하기

학습 방향

응용 소프트웨어 개발에 필요한 하드웨어 및 소프트웨어의 필요 사항을 검토하고, 이에 따라 개발환경에 필요한 준비를 수행합니다. 또한 응용 소프트웨어 개발에 필요한 하드웨어 및 소프트웨어를 설치하고 설정하여 개발환경을 구축할 수 있어야 합니다.

SECTION 01 개발환경 구축하기

빈출 태그 ▶ #통합개발환경(IDE) #빌드 도구 #형상관리 도구 #테스트 도구

01 개발환경 구축

- 개발환경 구축은 고객이 요청한 시스템의 구현을 진행하기 위한 준비 단계로 구현 시스템이 운영될 환경과 같은 환경을 구축해야 한다. 이때 구현될 목표 시스템의 요구사항에 대한 명확한 이해가 필요하다.
- 목표 시스템의 요구사항에 대한 분석을 통해 목표 시스템의 환경을 명확히 한 후 개발 도구를 선정하는 작업을 진행하게 된다.
- 목표 시스템의 요구사항은 프로젝트의 분석 및 설계 시의 산출물을 분석하여 파악할 수 있으며, 이에 맞는 개발환경을 준비한다.

> **기적의 TIP**
>
> **프로젝트 분석 및 설계 산출물**
> 제안 요청서, 제안서, 사업 수행 계획서, 요구사항 정의서, 시스템 아키텍처, 애플리케이션 아키텍처 등

02 개발 도구 선정 과정

- 서버 프로그램의 개발환경을 준비할 때 시스템의 하드웨어 사양을 고려하여 적합한 개발 도구(소프트웨어)를 선정하여야 한다.
- 다음과 같은 과정을 통해 개발 도구를 선정하여 서버 프로그램의 개발환경을 준비한다.

목표 시스템의 환경 분석	⇒	구현 도구 선정	⇒	빌드 도구 선정	⇒	형상관리 도구 선정	⇒	테스트 도구 선정
요구사항 분석 설계 및 모델링		개발언어 및 H/W 사양을 고려하여 선정		프로그램의 배포 및 라이브러리 관리를 위해 선정		개발 인원을 고려하여 선정		프로젝트 검증을 위해 선정

03 구현 도구의 선정

- 구현 및 개발 도구(Implementation and Development Tool)는 프로젝트 진행 시 개발자가 가장 많이 사용하게 되는 도구로 코드 작성 및 디버깅을 지원하는 도구이자 환경이다.
- 목표 시스템 구축에 적합한 개발언어를 선정 후 풍부한 지능과 플러그인(Plug-in)을 보유하고 있는 통합개발환경(IDE, Integrated Development Environment)을 선정한다.
- 대표적인 통합개발 도구로는 Eclipse, Visual Studio, X code, IntelliJ IDEA, NetBeans 등이 있다.

> **기적의 TIP**
>
> **IDE (Integrated Development Environment, 통합개발환경)**
> - 구현 도구
> - 개발 과정에서 사용되는 도구들의 집합
> - 코딩, 디버깅, 컴파일, 빌드 등 프로그램 개발과 관련된 일련의 모든 작업들을 통합하여 제공해주는 소프트웨어

- 개발언어의 주요 선정 기준

적정성	개발하고자 하는 목표 시스템이나 응용 프로그램의 목적에 부합해야 한다.
효율성	프로그래밍의 효율성이 고려되어야 한다.
이식성	일반적인 PC 및 OS에 개발환경이 설치 가능해야 한다.
친밀성	프로그래머가 그 언어를 이해하고 사용할 수 있어야 한다.
범용성	광범위한 분야에 사용되고 있으며 다양한 과거 개발 실적이나 사례가 존재해야 한다.

04 빌드 도구와 형상관리 도구의 선정

- 팀 단위 프로젝트의 진행 시 팀 내의 개발자들의 원활한 협업을 하기 위해 개발한 결과물들은 빌드 도구와 형상관리 도구를 통해 관리된다.
- 빌드 도구(Build Tool)는 개발자가 작성한 소스코드 파일을 컴파일, 테스팅, 정적 분석 등을 진행하여 실행 가능한 소프트웨어로 자동 생성하는 도구이다. 프로젝트 진행 시 사용되는 라이브러리들에 대한 버전을 자동으로 동기화하여 추가 관리한다.
  - 빌드 도구는 프로젝트 팀원의 빌드 도구의 친밀도와 숙련도, 형상관리 도구와 통합 개발 도구와의 호환성을 고려하여 선정한다.
  - 대표적인 빌드 도구로는 Gradle, Maven, Ant 등이 있다.

Gradle	Maven	Ant
이미 구현된 Goal 수행		프로젝트 특화된 Target 수행
프로젝트 전체 정보를 정의		빌드 프로세스만 정의
Multi 프로젝트 빌드 지원	빌드 생명 주기, 표준화된 디렉터리 레이아웃	매우 복잡한 빌드 스크립트
스크립트 규모가 작고 읽기 쉬움	재사용 가능한 플러그인 및 저장소	스크립트의 재사용 불가

> **기적의 TIP**
> 빌드(Build) : 소스코드 파일을 실행 가능한 소프트웨어 산출물로 만드는 일련의 과정

> **기적의 TIP**
> 빌드(Build) 과정
> - 전처리(Preprocessing)
> - 컴파일(Compile)
> - 패키징(Packaging)
> - 테스팅(Testing)
> - 배포(Distribution)

> **기적의 TIP**
> - Goal : 플러그인에서 실행할 수 있는 각각의 기능
> - Target : 최소한의 실행 단위로, 특정 작업

- 형상관리 도구(Configuration Management Tool)는 프로젝트와 관련된 모든 변경사항을 관리하는 도구이다.
  - 형상관리 도구를 선정할 때는 목표 시스템 환경과 통합 개발 도구와의 호환성을 고려하여 선정한다.
  - 대표적인 형상관리 도구로는 CVS(Concurrent Version System), SVN(Subversion), Git, Perforce(P4D) 등이 있다.

05 테스트 도구의 선정

- 테스트 도구(Test Tool)는 단순하고 반복적인 테스트 작업을 위해 코드의 분석, 테스트 케이스 작성, 테스트에 대한 리포팅 및 분석 등을 통해 테스트 효율성을 향상시키는 도구이다. 대표적인 테스트 도구에는 xUnit, Spring Test 등이 있다.

- 프로젝트 검증에 적합한 테스트 활동은 계획, 분석/설계, 수행의 단계로 진행되며 각 활동에 적합한 테스트 도구가 존재한다. 테스트 도구를 선정할 때에는 통합 개발 도구와 호환이 가능한 테스트 자동화 도구를 선정하도록 한다.
- 테스트 활용에 따른 도구 분류

테스트 활동	테스트 도구	설명
테스트 계획	요구사항 관리	고객 요구사항 정의 및 변경사항 관리
테스트 분석 및 설계	테스트 케이스 생성	테스트 기법에 따른 테스트 데이터 및 테스트 케이스 작성
	커버리지 분석	대상 시스템에 대한 테스트 완료 범위 척도
테스트 수행	테스트 자동화	기능 테스트 등 테스트 도구를 활용하여 자동화를 통한 테스트의 효율성을 높일 수 있음(xUnit, STAF, NTAF 등)
	정적 분석	원시 코드를 분석하여 잠재적인 오류를 분석하며, 코딩 표준, 런타임 오류 등을 검증
	동적 분석	프로그램 수행 중 발행하는 오류의 검출을 통한 오류 검출(Avalanche, Valgrind 등)
	성능 테스트	가상 사용자를 인위적으로 생성하여 시스템 처리 능력 측정(JMeter, AB, OpenSTA 등)
	모니터링	시스템 자원(CPU, Memory 등) 상태 확인 및 분석 지원 도구(Nagios, Zenoss 등)
테스트 통제	형상관리	테스트 수행에 필요한 다양한 도구 및 데이터 관리
	테스트 관리	전반적인 테스트 계획 및 활동에 대한 관리
	결함 추적/관리	테스트에서 발생한 결함 관리 및 협업 지원

> **기적의 TIP**
>
> **정적 분석 도구**
> - 결함 예방/발견
> - 코딩 표준
> - 코드 복잡도
>
> **동적 분석 도구**
> - 메모리 릭(Leak)
> - 동기화 오류

합격을 다지는 예상문제

선다형(필기)

01 다음 중 개발 언어의 주요 선정 기준이 아닌 것은?

① 적정성 ② 효율성 ③ 이식성 ④ 보안성

[정답] ④
[해설] 개발 언어의 주요 선정 기준 : 적정성, 효율성, 이식성, 친밀성, 범용성

02 다음은 테스트 수행 중 사용되는 테스트 도구에 대한 설명이다. 빈칸에 들어갈 용어로 알맞게 짝지어진 것은?

> 테스트 수행 활동 시 사용되는 오류 검출 도구에는 두 가지의 테스트 도구가 있다. (㉮)(은)는 원시 코드를 분석하여 잠재적인 오류를 분석하며 코딩 표준, 런타임 오류 등을 검증할 수 있고, (㉯)(은)는 프로그램 수행 중 발생하는 오류를 검출하는 테스트 도구이다.

① ㉮ 동적 분석 ㉯ 정적 분석　　② ㉮ 형상 관리 ㉯ 결함 관리
③ ㉮ 정적 분석 ㉯ 동적 분석　　④ ㉮ 결함 관리 ㉯ 형상 관리

[정답] ③

SECTION 02 개발환경 구축

빈출 태그 ▶ #형상관리 #형상관리 항목

01 개발 하드웨어 환경

- 일반적으로 사용되는 시스템 환경은 프로그램 개발을 위한 개발환경, 테스트를 위한 테스트 환경, 실제 시스템이 운영되는 운영 환경과 백업 환경 등으로 분류할 수 있다.
- 개발 하드웨어 환경은 운영 환경과 유사한 구조로 구성하는 것이 원칙이며, 개발용 하드웨어 환경을 구축하기 위해서는 다음과 같은 하드웨어 구성을 고려하여야 한다.

① 클라이언트(Client) 환경 구성
- 서버 시스템에서 제공하는 서비스를 활용하기 위해 사용자와의 인터페이스(Interface)를 제공하는 하드웨어이다.
- 일반적으로 PC(Client/Server 화면), 웹 브라우저 화면, 핸드폰(모바일 앱)이 클라이언트로 활용된다.
- 웹 서비스상에서는 서버에서 전송한 데이터가 웹을 통해서 클라이언트에 도착 후 최종적으로 웹 브라우저로 전달된다. 웹 브라우저에는 데이터를 해석해 주는 파서와 데이터를 화면에 표현해 주는 렌더링 엔진이 포함되어 있다.

② 서버(Server) 환경 구성
- 서버 활용 목적에 따라 애플리케이션 서버, 데이터베이스 서버, 파일 서버 등으로 나눌 수 있다.
- 웹 서비스를 제공하기 위해서 애플리케이션 서버를 웹 서버와 웹 애플리케이션 서버로 분리하여 구성하기도 한다.

③ 서버와 운영체제(플랫폼)
- 클라이언트 서버 모델(Client-Server Model)
  - 클라이언트 서버 모델은 네트워크상에서 서비스 요청자인 클라이언트와 서비스 자원의 제공자인 서버 간에 작업을 분리해 주는 분산 애플리케이션 구조이자 네트워크 아키텍처이다.
  - 대부분 Server에서 데이터를 처리하고 클라이언트는 UI를 담당한다.
  - 구조가 간단하여 속도가 좋은 특징이 있으나 배포가 어렵다는 단점이 있다.

> **기적의 TIP**
> - 웹 브라우저 : 월드 와이드 웹(WWW)에서 정보를 검색, 표현하고 탐색하기 위한 소프트웨어이다.
> - 웹(Web) 서버 : 클라이언트(웹 브라우저 화면)에서 요청하는 서비스의 속도를 향상시키기 위해 정적 파일(HTML, CSS, 이미지 등)들을 제공하는 웹 서버 애플리케이션이 설치되는 하드웨어
> - 웹 애플리케이션(Application) 서버 : 동적 웹 서비스를 제공하기 위해 Tomcat, Undertow, IIS 등 미들웨어인 WAS(Web Application Server)와 서비스에 관련된 애플리케이션이 설치되는 하드웨어
> - 데이터베이스(Database) 서버 : MySql, Oracle, MS-SQL 등 데이터베이스가 설치되는 하드웨어
> - 파일(File) 서버 : 서비스 제공을 위해 파일을 저장하고, 공유하기 위한 파일 저장 하드웨어

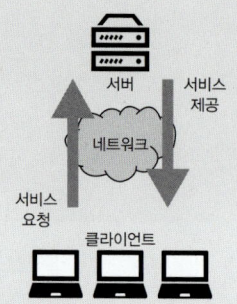

서버
(Server)
	• 네트워크를 통해서 요청되는 서비스를 제공하는 역할을 하는 컴퓨터 또는 프로그램
	• 서버 역할에 적합한 운영체제를 설치해야 한다.
	• 다중 사용자용(Multi-User)
	• 운영체제의 종류
	  – 윈도우 서버(Windows Server) 계열
	  – 유닉스(UNIX) 계열 : 솔라리스(Solaris), HP-UX, OS/2
	  – 리눅스(Linux) 계열 : 레드햇(Redhat), 페도라(Fedora), 우분투(Ubuntu)

클라이언트
(Client)
	• 네트워크를 통해서 서비스를 요청하는 역할을 하는 컴퓨터 또는 프로그램
	• 클라이언트 역할에 적합한 운영체제를 설치해야 한다.
	• 단일 사용자용(Single-User)
	  – 운영체제의 종류
	  – 윈도우 계열 : Windows 10, 7, XP
	  – 애플 계열 : MacOS

• 웹 서버

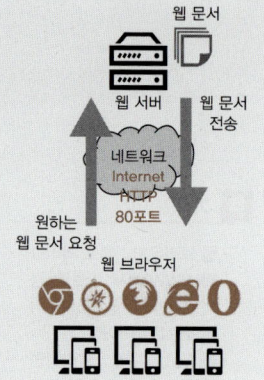

웹 문서	• Markup Language
	  – HTML, XML, SGML, WML, VML
	  – CSS
	• Script Language
	  – JavaScript, VBscript
	• Embedded Control
	  – ActiveX, Applet

웹 서버 (Web Server)	• 웹 문서를 사용자에게 제공하는 프로그램 • 웹 서버에서 웹 문서를 제공하기 위해서는 웹 서버 프로그램을 설치해야 한다. • Apache, IIS(Internet Information Services)

• 웹 프로그래밍

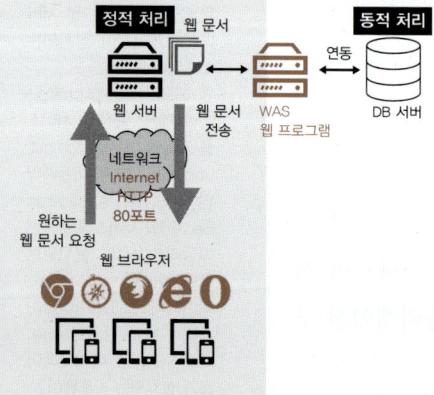

Server Side Scripting Language	• 웹 문서를 동적으로 생성 • ASP(Active Server Page) • JSP(Java Server Page) • PHP(Personal Home Page) • Python, Ruby, Perl
웹 프로그램	다양한 언어를 이용한 데이터베이스 연동을 통해 웹상에서 동작하는 프로그램
웹 애플리케이션 서버(WAS)	• WAS(Web Application Server) • 웹 서버와 데이터베이스 서버 사이에서 연동하며 인터페이스 역할을 하는 서버 • 서버 측 언어를 통해 웹 프로그램을 사용하여 클라이언트에게 동적 서비스를 제공 • Apache Tomcat, Oracle WebLogic 등

- WAS는 일종의 미들웨어로 웹 클라이언트(보통 웹 브라우저)의 요청 중 웹 애플리케이션이 동작하도록 지원한다.
- WAS도 보통 자체적으로 웹 서버 기능을 내장하고 있다.
- 현재는 WAS가 가지고 있는 웹 서버도 정적인 콘텐츠를 처리하는 데 있어서 성능상 큰 차이가 없으나 규모가 커질수록 웹 서버와 WAS를 분리한다.

④ 응용 서버 플랫폼
- LAMP : 리눅스 운영체제에서 웹 프로그램 개발을 위해 구축해야 하는 소프트웨어를 묶어 놓은 것을 의미한다.
  - 운영체제 → Linux
  - 웹 서버 → Apache
  - 데이터베이스 → MySQL
  - 언어 → PHP
- WAMP : 윈도우 운영체제에서 웹 프로그램 개발을 위해 구축해야 하는 소프트웨어를 묶어 놓은 것을 의미한다.
  - 운영체제 → Windows
  - 웹 서버 → Apache
  - 데이터베이스 → MySQL
  - 언어 → PHP

⑤ 미들웨어(MiddleWare)
- 클라이언트와 데이터베이스 사이에서 매개체 역할을 하는 소프트웨어로 데이터 관리, 애플리케이션 서비스, 메시징, 인증 및 API 관리를 주로 처리한다.
- 클라이언트 쪽에 비즈니스 로직이 많을 경우, 클라이언트 관리(배포 등)로 인해 비용이 많이 발생하는 문제가 있다.
- 비즈니스 로직을 동작하는 미들웨어 서버를 통해 클라이언트는 입력과 출력만 담당하도록 지원할 수 있다.

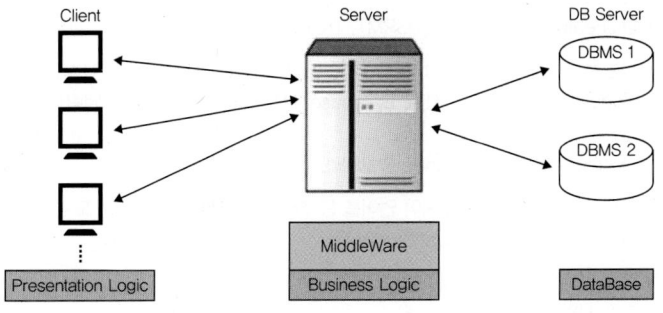

02 개발 소프트웨어 환경

개발 소프트웨어 환경도 개발 하드웨어 환경과 마찬가지로 운영 환경과 동일한 구조로 구성한다.

① 시스템 소프트웨어

운영체제 (OS, Operation System)	• 하드웨어 운영을 위한 시스템 소프트웨어로, Windows/Linux/UNIX 등의 환경으로 구성 • 일반적으로 상세 소프트웨어 명세는 하드웨어를 제공하는 벤더(Vender)에서 제공 • 예 Windows, Linux, UNIX(HPUX, Solaris, AIX) 등
JVM (Java Virtual Machine)	• 스택 기반의 자바 가상머신으로 Java와 운영체제 사이에서 중개자 역할을 수행하여 Java가 운영체제에 상관없이 재사용 가능하게 지원 • Java 관련 응용 프로그램을 실행하기 위한 인터프리터 환경 • 적용 버전을 개발 표준에서 명시하여 프로젝트에 참여하는 모든 개발자가 동일한 버전을 적용
Web Server	• 정적 웹 서비스를 수행하는 미들웨어로서, 웹 브라우저 화면에서 요청하는 정적 파일 제공 • 클라이언트(Client)가 요청하는 HTML 문서나 각종 리소스(Resource) 전달 • 예 Apache, Nginx, Microsoft IIS(Internet Information Server), GWS(Google Web Server) 등
WAS (Web Application Server)	• 클라이언트의 요청 중에 웹 애플리케이션을 동작하도록 지원하는 미들웨어 • 웹 서버와 JSP/Servlet 애플리케이션 수행을 위한 엔진으로 구성 • 예 Tomcat, Undertow, JEUS, Weblogic, Websphere 등
DBMS (Database Management System)	• 다수의 사용자가 데이터베이스에 접근 가능하게 하며 데이터의 저장과 관리를 위한 데이터베이스 소프트웨어 • 예 Oracle, SQL Server, MySQL, MariaDB, DB2, Sybase 등

> **기적의 TIP**
>
> **Apache 웹 서버**
> Apache Software Foundation에서 개발한 웹 서버로 오픈소스 소프트웨어이며 대부분 운영체제에서 설치 및 사용 가능하다.
>
> **Nginx 웹 서버**
> 오픈소스 소프트웨어로 차세대 웹서버로 불리며 소량 자원을 빠르게 서비스하는 것을 목적으로 만들어진 서버이다.

② 개발 소프트웨어

요구사항 관리 도구	• 목표 시스템의 기능과 제약 조건 등 고객의 요구사항을 수집, 분석, 추적을 쉽게 할 수 있게 지원하는 도구 • 예 JFeature, JRequisite, OSRMT, Trello 등
설계/모델링 도구	• 기능을 논리적으로 결정하기 위해 통합 모델링 언어(UML, Unified Modeling Language) 지원, Database 설계 지원 등 설계 및 모델링을 지원하는 도구 • 예 ArgoUML, DB Designer, StarUML 등
구현 도구	• 문제 해결 방법을 소프트웨어 언어를 통해 구현 및 개발을 지원하는 도구 • 예 Eclipse, IntelliJ, Visual Studio 등
테스트 도구	• 구현 및 개발된 모듈들에 대하여 요구사항에 적합하게 구현되어 있는지 테스트를 지원하는 도구 • 예 JUnit, CppUnit, JMeter SpringTest 등
형상관리 도구	• 산출물의 변경사항을 버전별로 관리하여 목표 시스템의 품질 향상을 지원하는 도구 • 예 CVS(Concurrent Versions System), SVN(Apache Subversion), Git 등

03 형상관리(SCM, Software Configuration Management)

① 형상관리의 정의
- 소프트웨어의 변경사항을 체계적으로 추적하고 통제하는 것으로, 일반적인 버전관리 기반의 소프트웨어 운용을 좀 더 포괄적인 학술 분야의 형태로 넓힐 수 있도록 하는 활동이다.
- 형상관리는 다음과 같은 특성을 갖는다.
  - 소프트웨어 변경사항을 파악하고 제어하며, 적절히 변경되고 있는지 확인한 후 해당 담당자에게 통보하는 작업이다.
  - 형상관리는 프로젝트 생명주기의 모든 단계에서 수행하는 활동이며, 유지보수 단계에서도 수행되는 활동이다.
  - 형상관리의 수행으로 소프트웨어 개발의 전체 비용을 줄이고, 개발 과정에서 나타나는 여러 가지 문제점 발생 요인이 최소화되도록 보증하는 것을 목적으로 하는 품질보증을 위한 중요한 활동이다.

> **기적의 TIP**
>
> **형상(Configuration)**
> 형상은 소프트웨어가 동작하게 되는 그 자체를 말하며 구현되는 소스코드, 설계서, 요구사항 정의서, 제품 설명서, 유지보수 문서 등을 형상이라고 한다. 이러한 형상을 구성하는 단위를 형상 항목(SCI, Software Configuration Item)이라고 한다.

+ 더 알기 TIP

변경관리, 버전관리, 형상관리
- 변경관리 : 소스의 변경 상황을 관리
- 버전관리 : 소스의 변경 상황을 버전으로 관리하여 체계적인 변화 과정을 기록
- 형상관리 : 소스뿐만 아니라 진행 상황, 빌드, 릴리즈, 퍼블리싱 등도 관리 가능한 통합 시스템

② 형상관리의 주요 활동

형상 식별	• 형상관리 대상을 구분하고 고유한 관리 목록 번호 부여 • 계층(Tree) 구조로 구분하여 수정 및 추적이 쉽도록 베이스라인의 기준을 정하는 활동
버전 관리	진화 그래프 등을 통해 SCI의 버전 부여 및 갱신(버전 제어)
형상 통제 (변경 통제)	• 변경 제어 또는 변경 관리 • SCI에 대한 접근 및 동기화 제어 • 식별된 형상항목의 변경 요구를 검토, 승인하여 적절히 통제함으로써 현재의 베이스라인에 잘 반영될 수 있도록 조정하는 작업 • 형상통제위원회(CCB) 승인을 통한 적절한 형상 통제가 가능
형상 감사	• SCI 무결성을 평가하여 공식적으로 승인 • 베이스라인의 무결성을 평가하기 위해 확인, 검증 과정을 통해 공식적으로 승인하는 작업
상태 보고	• 개발자와 유지보수 담당자에게 변경사항 공지(형상 기록) • 베이스라인의 현재 상태 및 변경 항목들이 제대로 반영되는지 여부를 보고하는 절차 • 형상의 식별, 통제, 감사 작업의 결과를 기록 및 관리하고 보고서를 작성하는 작업

> **기적의 TIP**
>
> **베이스라인(기준선, Baseline)**
> 변경을 통제하게 도와주는 기준선은 정식으로 검토 및 합의된 명세서나 제품 개발의 바탕으로서, 정식의 변경 통제 절차를 통해서만 변경 가능하다.

③ 형상 항목
- 소프트웨어 공학 기반 표준과 절차 : 방법론, WBS, 개발 표준
- 소프트웨어 프로젝트 계획서
- 소프트웨어 요구사항 명세서
- 소프트웨어 아키텍처, 실행 가능한 프로토타입
- 소프트웨어 화면, 프로그램 설계서
- 데이터베이스 기술서 : 스키마, 파일 구조, 초기 내용
- 소스코드 목록 및 소스코드
- 실행 프로그램
- 테스트 계획, 절차, 결과
- 시스템 사용 및 운영과 설치에 필요한 매뉴얼
- 유지 보수 문서 : 변경 요청서, 변경 처리 보고서 등

합격을 다지는 예상문제

선다형(필기)

01 소프트웨어의 개발 과정에서 소프트웨어의 변경 사항을 관리하기 위해 개발된 일련의 활동을 뜻하는 것은?

① 복호화
② 형상관리
③ 저작권
④ 크랙

[정답] ②

02 소프트웨어 형상관리에 대한 설명으로 거리가 먼 것은?

① 소프트웨어에 가해지는 변경을 제어하고 관리한다.
② 프로젝트 계획, 분석서, 설계서, 프로그램, 테스트 케이스 모두 관리 대상이다.
③ 대표적인 형상관리 도구로 Ant, Maven, Gradle 등이 있다.
④ 유지보수 단계뿐만 아니라 개발 단계에도 적용할 수 있다.

[정답] ③
[해설] Ant, Maven, Gradle은 빌드 자동화 도구이다.

03 소프트웨어 형상관리에서 관리 항목에 포함되지 않는 것은?

① 프로젝트 요구 분석서
② 소스코드
③ 운영 및 설치 지침서
④ 프로젝트 개발 비용

[정답] ④
[해설] 대표적인 소프트웨어 형상관리 항목 : 프로젝트 요구 분석서, 운영 및 설치 지침서, 요구사항 명세서, 설계/인터페이스 명세서, 테스트 설계서, 소프트웨어 품질보증, 형상관리, V&V 계획서와 같은 계획서, 코드 모듈(소스와 오브젝트 모두)

CHAPTER
02

공통 모듈 구현하기

학습 방향

공통 모듈의 상세 설계를 기반으로 프로그래밍 언어와 도구를 활용하여 업무 프로세스 및 서비스의 구현에 필요한 공통 모듈을 작성할 수 있고, 소프트웨어 측정 지표 중 모듈 간의 결합도는 줄이고 개별 모듈들의 내부 응집도를 높인 공통 모듈을 구현할 수 있어야 합니다.

SECTION 01 모듈화

빈출 태그 ▶ #모듈화 #Fan-In #Fan-Out #응집도 #결합도

> **기적의 TIP**
>
> 모듈화와 관련된 본 섹션은 학습 난이도가 높지는 않으나 필기와 실기에서 꾸준히 출제되고 있는 부분입니다. 모듈화의 기본 개념과 모듈의 평가 지표인 응집도와 결합도의 유형 및 순서를 정확히 암기하세요.

01 모듈과 모듈화

① 모듈과 모듈화

- 모듈(Module)은 하나의 프로그램을 몇 개의 작은 부분으로 분할한 단위이다. 즉, 독립적으로 재활용될 수 있는 소프트웨어의 부분을 말한다. 모듈의 독립성은 응집도와 결합도에 의해 측정된다.
- 모듈화(Modularity)는 시스템을 분해하고 추상화하여 소프트웨어 성능을 향상시키고 시스템의 디버깅, 테스트, 유지보수 등을 편리하게 하는 설계 과정이다.
- 모듈화의 특징은 다음과 같다.
  - 모듈의 이름으로 호출하여 다수가 이용할 수 있다.
  - 변수의 선언을 효율적으로 하여 기억 장치를 유용하게 사용할 수 있다.
  - 모듈마다 사용할 변수를 정의하지 않고 상속하여 사용할 수 있다.
  - 시스템 개발 시 재사용으로 인해 개발 기간과 노동력을 절감할 수 있다.
  - 시스템 개발 비용을 절감할 수 있다.
  - 프로그램의 신뢰도를 향상시킬 수 있다.
  - 유지보수가 용이하며 오류로 인한 파급효과를 최소화시킬 수 있다.
- 효과적인 모듈화는 소프트웨어 구조를 평가하여 응집도는 강하게 하고, 결합도는 약하게 개선하며 복잡도와 중복을 피하도록 설계한다.
- 시스템 복잡도를 줄이기 위해서는 높은 Fan-Out를 가진 구조를 최소화하고 구조의 깊이가 증가할수록 Fan-In을 최대화하도록 한다.

② 소프트웨어 구조

- 소프트웨어 구조는 소프트웨어의 구성요소인 모듈 간의 관계를 계층적 구성을 나타낸 것이다.
- 소프트웨어 구조에서 사용되는 용어

Fan-In(팬인)	주어진 한 모듈을 제어하는 상위 모듈 수
Fan-Out(팬아웃)	주어진 한 모듈이 제어하는 하위 모듈 수
Depth	최상위 모듈에서 주어진 모듈까지의 깊이
Width	같은 등급(Level)의 모듈 수
Superordinate	다른 모듈을 제어하는 모듈
Subordinate	어떤 모듈에 의해 제어되는 모듈

> **기적의 TIP**
>
> **Fan-In과 Fan-Out**
> - Fan-In은 들어오는 개수, Fan-Out은 나가는 개수로 이해하면 된다.
> - 아래의 소프트웨어 구조도에서 모듈 F의 Fan-In과 Fan-Out을 계산해보자.
>
>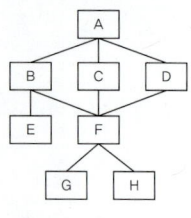
>
> - Fan-In : 3
> - Fan-Out : 2

02 소프트웨어 모듈 응집도

① 응집도
- 응집도(Cohesion)는 모듈 안의 요소들이 서로 기능적으로 관련되어 있는 정도를 말한다.
- 모듈 내부 요소는 명령어, 명령어의 모임, 호출문, 특정 작업수행 코드 등이다.

② 응집도의 유형
- 응집도는 모듈 요소의 응집 정도에 따라 구분되며 응집도가 강할수록 높은 품질의 모듈이다. 즉, 기능적 응집도의 경우 가장 강한 응집도에 해당하며 품질 또한 높다.

기능적 응집도 (Functional Cohesion)	모듈 내부의 모든 기능 요소들이 한 문제와 연관되어 수행되는 경우	응집도 강함
순차적 응집도 (Sequential Cohesion)	모듈 내부의 한 기능 요소에 의한 출력 자료가 다음 기능 요소의 입력 자료로 제공되는 경우	
통신적 응집도 (Communication Cohesion)	동일한 입력과 출력을 사용하는 소작업들이 모인 경우 (= 교환적 응집도)	
절차적 응집도 (Procedural Cohesion)	모듈이 다수의 관련 기능을 가질 때 모듈 내부의 기능 요소들이 그 기능을 순차적으로 수행할 경우	
시간적 응집도 (Temporal Cohesion)	특정 시간에 처리되는 여러 기능을 모아 한 개의 모듈로 작성할 경우	
논리적 응집도 (Logical Cohesion)	유사한 성격을 갖거나 특정 형태로 분류되는 처리 요소들로 하나의 모듈이 형성되는 경우	
우연적 응집도 (Coincidental Cohesion)	모듈 내부의 각 기능 요소들이 서로 관련이 없는 요소로만 구성된 경우	응집도 약함

> **기적의 TIP**
>
> 기 – 순 – 교 – 절 – 시 – 논 – 우

03 소프트웨어 모듈 결합도

① 결합도
- 결합도(Coupling)는 두 모듈 간의 상호 의존도를 말한다.
- 구조적 설계에서 기능 수행 시 모듈 간 최소한의 상호작용을 하여 하나의 기능만을 수행하는 정도를 표현한다.
- 모듈 간의 결합도를 약하게 하면 모듈 독립성이 향상되어 시스템을 구현하고 유지보수 작업이 쉽다.
- 자료 결합도가 설계 품질이 가장 좋다.

② 결합도의 유형

- 결합도는 모듈 간 결합 정도에 따라 구분되며 결집도가 낮을수록 높은 품질의 모듈이다. 즉, 자료 결합도의 경우 가장 약한 결합도에 해당하며 품질 또한 높다.

> **기적의 TIP**
> 자 – 스 – 제 – 외 – 공 – 내

자료 결합도 (Data Coupling)	모듈 간의 인터페이스가 자료 요소로만 구성된 경우	결합도 약함 ↑
스탬프 결합도 (Stamp Coupling)	• 두 모듈이 동일한 자료구조를 조회하는 경우 • 자료구조의 어떠한 변화 즉 포맷이나 구조의 변화는 그것을 조회하는 모든 모듈 및 변화되는 필드를 실제로 조회하지 않는 모듈에까지도 영향을 미치게 됨	
제어 결합도 (Control Coupling)	• 어떤 모듈이 다른 모듈의 내부 논리 조작을 제어하기 위한 목적으로 제어신호를 이용하여 통신하는 경우 • 하위 모듈에서 상위 모듈로 제어신호가 이동하여 상위 모듈에게 처리 명령을 부여하는 권리 전도현상이 발생함	
외부 결합도 (External Coupling)	어떤 모듈에서 외부로 선언한 변수(데이터)를 다른 모듈에서 참조할 경우	
공통 결합도 (Common Coupling)	여러 모듈이 공통 자료 영역을 사용하는 경우	
내용 결합도 (Content Coupling)	가장 강한 결합도를 가지고 있으며, 한 모듈이 다른 모듈의 내부 기능 및 그 내부 자료를 조회하도록 설계되었을 경우 • 한 모듈에서 다른 모듈의 내부로 제어 이동 • 한 모듈이 다른 모듈 내부 자료의 조회 또는 변경 • 두 모듈이 동일한 문자(Literals)의 공유	↓ 결합도 강함

합격을 다지는 예상문제

선다형(필기)

01 다음 중 Myers가 구분한 응집도(Cohesion)의 정도에서 가장 낮은 응집도를 갖는 단계는?

① 순차적 응집도(Sequential Cohesion)
② 기능적 응집도(Functional Cohesion)
③ 시간적 응집도(Temporal Cohesion)
④ 우연적 응집도(Coincidental Cohesion)

> **정답** ④
> **해설**
> (강함) 기능적 응집도 > 순차적 응집도 > 교환적 응집도 > 절차적 응집도 > 시간적 응집도 > 논리적 응집도 > 우연적 응집도 (약함)

02 모듈화(Modularity)와 관련한 설명으로 틀린 것은?

① 시스템을 모듈로 분할하면 각각의 모듈을 별개로 만들고 수정할 수 있기 때문에 좋은 구조가 된다.
② 응집도는 모듈과 모듈 사이의 상호의존 또는 연관 정도를 의미한다.
③ 모듈 간의 결합도가 약해야 독립적인 모듈이 될 수 있다.
④ 모듈 내 구성요소들 간의 응집도가 강해야 좋은 모듈 설계이다.

> **정답** ②
> **해설**
> 응집도(Cohesion)는 한 모듈 내에 있는 처리 요소들 사이의 기능적인 연관 정도를 나타낸다.

SECTION 02 재사용과 공통 모듈

빈출 태그 ▶ #재사용 #공통 모듈

01 소프트웨어 재사용(Software Reusability)

- 소프트웨어 재사용(Software Reusability)은 이미 개발되어 그 기능, 성능 및 품질을 인정받았던 소프트웨어의 전체 또는 일부분을 다시 사용하여 새로운 시스템을 개발하는 기법이다.
- 재사용을 통해 유사한 정보 시스템 개발 시간 및 비용을 절감하여 생산성을 증가시킬 수 있다.
- 재사용될 공통 모듈에 대해서는 관련 프로젝트 문서가 사전에 공유되어야 한다.
- 모듈의 크기가 작고 일반적으로 설계된 모듈일수록 재사용률이 높다.
- 재사용 범위에 따른 분류

함수와 객체	클래스(Class)나 함수(Function) 단위로 구현된 소스코드를 재사용
컴포넌트	컴포넌트의 인터페이스를 통해 통신하여 컴포넌트 단위로 재사용
애플리케이션	공통된 기능을 제공하도록 구현된 애플리케이션과의 통신으로 기능을 공유하여 재사용

- 재사용 방식의 발전 방향
  - 시스템 개발의 생산성과 성능, 효과적인 유지보수 지원을 위한 재사용성 극대화를 위해 발전해 왔으며 궁극적으로 프레임워크가 등장하게 되었다.
  - 소스 재사용 → 재사용 메소드 → 재사용 객체 → 디자인 패턴 → 프레임워크

> **기적의 TIP**
> **소프트웨어 재사용의 특징**
> - 개발 시간 및 비용 감소
> - 품질 향상과 생산성 향상
> - 신뢰성 향상과 프로그램 생성 지식 공유
> - 프로젝트 실패 위험 감소
> - 새로운 개발 방법론의 도입 어려움
> - 기존 소프트웨어에 재사용 소프트웨어 추가 어려움

> **기적의 TIP**
> 더미코드(Dummy Code)는 임시로 작성된 코드이므로 재사용 가치가 없습니다.

> **기적의 TIP**
> **컴포넌트의 4가지 특징**
> - 독립적인 동작
> - 구현, 명세화, 패키지화, 배포 가능
> - 하나 이상의 클래스들로 구성
> - 인터페이스를 통해서만 접근 가능

02 공통 모듈(Common Module)

① 공통 모듈의 개념

- 공통 모듈은 시스템 구축 시 여러 하위 시스템에서 재사용되는 독립된 모듈이다.
- 시스템 구축 시 각 서브 시스템에서 공통으로 자주 사용하는 기능들을 하나의 패키지로 묶어 공통 모듈로 개발을 진행하면 개발 생산성을 높일 수 있다.
- 공통 모듈을 재사용하면 서브 시스템의 기능에 대한 정합성이 보장되고 중복 개발을 줄일 수 있으며 유지보수가 편리하다는 장점이 있다. 또한 공통 모듈을 재사용을 통해 모듈 간 표준화가 보장되며 소프트웨어의 품질도 상향시킬 수 있다.

> **기적의 TIP**
> **프레임워크(Framework)**
> 소프트웨어 개발에 도움을 주는 재사용 가능한 디자인 패턴 및 소스코드의 집합

② 공통 모듈 명세 작성 원칙

정확성	실제 시스템 구현 시 필요한지 여부를 알 수 있도록 정확하게 작성
명확성	해당 기능에 대한 일관된 이해와 하나로 해석될 수 있도록 작성
완전성	시스템의 구현 시 요구사항과 필요한 모든 것을 기술
일관성	공통 기능 사이에 충돌이 발생하지 않도록 작성
추적성	해당 기능에 대한 유의사항의 출처와 관련 시스템 등 유기적 관계에 대한 식별이 가능하도록 작성

③ 공통 모듈의 구현 형태

클래스	공통 모듈이 존재할 수 있는 가장 기본적인 형태
라이브러리	클래스의 묶음으로 클라이언트 소프트웨어가 일방적으로 호출함
컴포넌트	라이브러리가 체계화된 형태의 소프트웨어
프레임워크	여러 기능을 하는 클래스/컴포넌트들이 서로 유기적인 관계를 맺은 형태로, 클라이언트 소프트웨어가 호출하기도 하고 호출을 당하기도 함

④ 공통 모듈 구현 순서
- 공통 모듈의 상세 설계를 기반으로 작성해야 할 공통 모듈을 확인 후, 공통 모듈의 상세 설계 산출물을 기반으로 공통 모듈을 구현한다.
- 공통 모듈 상세 설계를 기반으로 한 공통 모듈 구현 순서

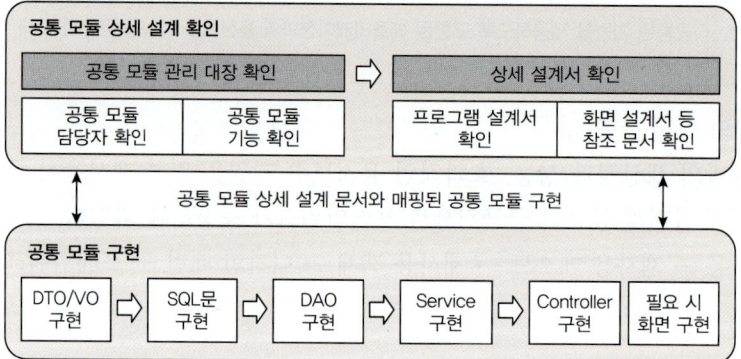

합격을 다지는 예상문제

선다형(필기)

01 소프트웨어를 재사용함으로써 얻을 수 있는 이점으로 가장 거리가 먼 것은?
① 생산성 증가
② 프로젝트 문서 공유
③ 소프트웨어 품질 향상
④ 새로운 개발 방법론 도입 용이

정답 ④

CHAPTER

03

화면 구현하기

학습 방향

설계된 화면과 폼의 흐름을 확인하고 제약사항과 화면의 폼 흐름을 구현에 반영하도록 설계를 확인할 수 있어야 합니다.

SECTION 01 UI 설계 확인하기

출제빈도 상 중 하
반복학습 1 2 3

빈출 태그 ▶ #UI의 정의 #UI의 분야 #소프트웨어 아키텍처 #프로토타입

01 UI(User Interface)

1) UI의 개념

① 정의
- 인간과 디지털 기기 소프트웨어 사이에서 의사소통할 수 있도록 만들어진 매개체를 의미한다.
- 인간과 컴퓨터의 상호작용(HCI)에 필요한 화상, 문자, 소리, 수단(장치)을 의미한다.
- UI 요구사항을 분석하기 전 목적과 그에 맞는 용도, 개발 배경 등 가장 기본이 되는 사항을 확인하여야 하며, 서로 다른 부서 또는 조직 간의 관계와 역할에 대해 명확하게 이해하고 있어야 한다.

② 특징
- 실사용자의 만족도에 직접적인 영향을 준다.
- 적절한 UI 구성으로 편리성, 가독성, 동선의 축약 등으로 작업시간을 줄일 수 있고 업무 효율을 높일 수 있다.
- 실사용자가 수행해야 할 기능을 구체적으로 제시한다.
- UI 설계 전 소프트웨어 아키텍처를 우선 숙지하고 있어야 한다.

③ 분야
- 표현 분야 : 전체적인 구성과 콘텐츠의 상세 표현을 위한 분야
- 정보 제공과 전달 분야 : 물리적 제어를 통한 정보 제공과 전달을 위한 분야
- 기능 분야 : 기능적으로 사용자가 쉽고 간편하게 사용하도록 하는 분야

2) UI의 종류

- GUI(Graphical) : 그래픽(아이콘, 버튼, 문자)을 통하여 작업할 수 있는 환경
- CLI(Command Line) : 명령줄(키보드 등)을 통하여 작업할 수 있는 환경
- NUI(Natural) : 터치, 증강현실, 상황인식 등 사람의 감각 행동 인지를 통하여 작업할 수 있는 환경
- MUI(Menu) : 메뉴를 기반으로 작업할 수 있는 환경
- 음성 사용자 인터페이스

3) UI 구현 표준과 지침

UI 구현 표준	• 전체 시스템 개발 중에 개발자 간 협업을 통하여 각기 개발한 화면 간에 갖추어야 할 최소한의 UI 요소 및 배치 규칙 등을 의미한다. • UI에 공통으로 적용되어야 할 화면 구성, 화면 이동 등이 있다.
UI 구현 지침	• 소프트웨어 개발 시 효율적인 정보 전달이 가능하도록 UI 설계에서 지켜야 할 세부 사항을 규정하는 것이다. • UI 요구사항, 구현 제약 사항 등 UI 개발 과정에서 꼭 지켜야 할 공통 조건을 의미한다.

02 소프트웨어 아키텍처(Software Architecture)

1) 개념

- 다수의 이해관계자가 참여하는 복잡한 개발에서 상호 이해, 타협, 의사소통을 체계적으로 접근하기 위하여 개발 대상 소프트웨어의 기본 틀(뼈대)을 만드는 것이다.
- 전체 시스템의 전반적인 구조를 체계적으로 설계하는 것이다.

> **기적의 TIP**
>
> 아키텍처(Architecture) : 소프트웨어를 구성하는 컴포넌트들의 상호작용 및 관계, 각각의 특성을 기반으로 컴포넌트들이 상호 유기적으로 결합하는 소프트웨어의 여러 가지 원칙들의 집합 – 권형도(2004)

2) 소프트웨어 아키텍처의 품질 특성

- 소프트웨어의 기능, 성능, 만족도 등의 요구사항을 얼마나 충족하는가를 나타내는 소프트웨어 특성의 핵심 집합이다.
- 사용자의 요구사항을 얼마나 충족시키느냐에 따라 확립된다.
- ISO/IEC 9126 모델에 정의되어 있다.

03 제약사항(Constraints Requirements)

1) 개념

- 시스템을 설계하거나 구현할 때 관련되는 기술이나 표준, 규정들을 의미한다.

2) 구분

- 개발과 관련된 정책, 업무규칙, 특정 소프트웨어나 프로그램의 사용, 데이터 사용과 관련된 제약 등에 대한 기술 제약사항(Technical Constraints)
- 개발할 때 적용할 업무 영역의 표준이나 법규의 표준 적합 제약사항(Standard Compliance Constraints)

04 UI 개발 도구

1) 화면 설계 도구의 종류
- 파워포인트(Powerpoint), 스토리보드(Storyboard), 와이어 프레임(Wireframe), 목업(Mockup) 등이 있다.

2) 와이어 프레임(Wireframe)
- 제품을 구성하는 서로 다른 레이아웃을 정적이면서 간단한 표현 상태로 재현한 것을 의미한다.
- 이름과 같이 와이어로 설계된 모양으로, 간단한 와이어를 사용하여 인터페이스를 시각적으로 묘사한다.
- 기획 단계 초기에 작성하며, 구성할 화면의 대략적인 레이아웃이나 UI 요소 등의 틀(Frame)을 설계하는 단계이다.
- 개발 관계자(디자이너, 개발자, 기획자) 사이의 레이아웃 협의, 현재 진행 상황 등을 공유할 때 사용한다.

> **기적의 TIP**
> 와이어 프레임 툴 : 핸드라이팅, 파워포인트, 키노트, Sketch, Balsamiq, Moqups, Adobe Experience Design, 카카오 오븐

3) 목업(Mockup)
- 와이어 프레임보다 좀 더 실제 제품과 유사하게 만들어지는 실물 크기의 정적 모형으로 시각적으로만 구현된다.

> **기적의 TIP**
> 목업 툴 : 카카오 오븐, Balsamiq Mockup, Power Mockup

4) UI 프로토타입(Prototype)

① 개념
- 새로운 시스템 개발 시 설계, 성능, 구현 가능성, 운용 가능성을 평가하거나 요구사항을 좀 더 구체화하는 도구이다.
- 요구사항을 분석하여 전체적인 기능을 간략화하여 동적인 형태로 구현한 모형이다.
- 도출된 요구사항을 토대로 프로토타입(시제품)을 제작하여 대상 시스템과 비교하면서 개발 중에 도출되는 추가 요구사항을 지속해서 재작성하는 과정이다.
- 수정 보완의 반복 작업을 통하여 시스템 설계 및 개발에 소요되는 비용과 노력을 줄일 수 있다.
- 와이어 프레임, 스토리보드에 Interaction을 적용한 것이다.

> **기적의 TIP**
> 프로토타입(Prototype)의 사전적 의미 : 대량 생산에 앞서 미리 제작해보는 원형 또는 시제품으로, 제작물의 모형

② 프로토타입의 장단점

장점	• 사용자 설득과 이해가 쉽다. • 개발시간이 감소한다. • 오류를 사전에 발견할 수 있다.
단점	• 수정이 많아지면 작업시간이 늘어날 수 있다. • 필요 이상으로 자원을 많이 소모한다. • 정확한 문서 작업이 생략되는 문제가 발생할 수 있다.

> **기적의 TIP**
> UI Prototype 툴 : HTML/CSS, Axure, Invision Studio, 카카오 오븐, Flinto, 네이버 Proto Now

③ 프로토타입 작성 도구 및 방법

아날로그(Analog)	• 포스트잇, 칠판, 종이, 펜 등을 이용한다. • 소규모 개발, 제작비용과 기간이 짧을 경우 빠른 업무협의가 필요한 경우에 사용한다. • 비용이 저렴하면서 즉시 변경이 가능하다. • 회의 중 바로 작성할 수 있으나 공유가 어렵다. • 상호 연관 관계가 복잡한 경우 표현이 어렵다.
디지털(Digital)	• PowerPoint, Acrobat, Invision, Marvel, Adobe Xd, Flinto, Priciple, Keynote, UX pin, HTML 등의 SW 툴을 이용한다. • 재사용성이 높지만 도구를 다룰 줄 아는 전문가가 필요하다. • 목표 제품과 비슷하게 테스트할 수 있으며 수정이 수월하다.

④ UI 프로토타입 작성 시 고려 사항

프로토타입 계획 작성	프로토타입 작성의 전체적인 계획을 확립한다.
프로토타입 범위 확인	• 프로젝트 범위, 위험 상황, 목적을 명확히 하며 환경적 바탕이 준비되었는지 확인한다. • 별도의 프로토타입 팀을 구성할 수 있는지 확인한다.
프로토타입 목표 확인	목표가 기능과 관련된 것인지, 성능과 관련된 것인지, 개발환경에 관련된 것인지 고객과 협의하여 목표를 명확화한다.
프로토타입 기간 및 비용 확인	• 가능한 투입 기간 및 비용이 경제적으로 목적에 달성할 수 있도록 계획한다. • 검증 범위와 기간 등이 과도하면 고객 목표가 비대화되어 문제가 될 수 있다.
프로토타입 산출물 확인	실제 개발에 참조될 수 있어야 하나 아키텍처 요소 검증을 위한 것이므로 실제 개발에서는 참고 수준으로 활용한다.
프로토타입 유의사항 확인	작은 범위와 소수 인원으로 최소기간 내 위험요소 식별 및 해결을 위한 것이므로 범위나 시간을 과도하게 설정하지 않도록 주의한다(목표 비대 가능성).

5) UI 디자인

• 화면의 모양이나 기능 등을 표현하는 것이다.

6) UI 설계서

• 웹 사이트의 페이지 구성요소를 기록한 설계도를 의미한다.
• 정적인 형태의 화면 형태로 와이어 프레임이나 목업 등을 이용하여 작성한다.

합격을 다지는 예상문제

선다형(필기)

01 다음 중 화면 설계 도구의 종류가 아닌 것은?
① Storyboard
② Wireframe
③ Git
④ Powerpoint

[정답] ③
[해설]
Git은 형상관리 도구이다.

02 다음 중 와이어 프레임 툴의 종류가 아닌 것은?
① 핸드라이팅
② 파워포인트
③ 키노트
④ Gradle

[정답] ④
[해설]
Gradle은 Ant, Maven의 보완으로 개발된 빌드 도구(안드로이드 스튜디오 주 빌드 도구)이다.

03 UI의 한 종류로 멀티 터치, 동작 인식 등 사용자의 자연스러운 움직임을 인식하여 서로 주고 받는 정보를 제공하는 사용자 인터페이스는?
① GUI(Graphical User Interface)
② OUI(Organic User Interface)
③ NUI(Natural User Interface)
④ CLI(Command Line Interface)

[정답] ③
[해설]
NUI(Natural User Interface)는 사용자의 자연스러운 움직임을 인식하여 서로 주고받는 정보를 제공하는 사용자 인터페이스(키보드, 마우스, 3D 모션 등) 기술이다.

04 다음이 설명하는 UI 설계 도구는 무엇인가?

- 제품을 구성하는 서로 다른 레이아웃을 정적이면서 간단한 표현 상태로 재현한 것을 의미한다.
- 인터페이스를 시각적으로 묘사한다.
- 기획 단계 초기에 작성하며, 구성할 화면의 대략적인 레이아웃이나 UI 요소 등의 틀(Frame)을 설계하는 단계이다.
- 개발 관계자(디자이너, 개발자, 기획자) 사이의 레이아웃 협의, 현재 진행 상황 등을 공유할 때 사용한다.

① 파워포인트(Powerpoint)
② 와이어 프레임(Wireframe)
③ 스토리보드(Storyboard)
④ 목업(Mockup)

[정답] ②

05 프로토타입 작성 도구 중 같은 방식의 도구로만 올바르게 묶인 것은?
① 포스트잇, 칠판, 종이
② 칠판, 종이, HTML, 펜
③ PowerPoint, Acrobat, Invision, Post-it
④ 종이, 펜, 파워포인트, 어도비

[정답] ①
[해설]
- 아날로그(Analog) : 포스트잇, 칠판, 종이, 펜 등
- 디지털(Digital) : PowerPoint, Acrobat, Invision, Marvel, Adobe Xd, Flinto, Priciple, Keynote, UX pin, HTML 등

SECTION 02 UI 설계하기

빈출 태그 ▶ #UI 설계 원칙별 정의 #설계 지침 #시나리오 문서의 작성요건

01 UI 설계

① UI 설계 원칙

직관성	화면의 버튼, 항목, 입력란 등 누구나 쉽게 이해하고 사용할 수 있도록 한다.
유효성	사용자의 목적을 정확히 달성할 수 있도록 유용하고 효과적이어야 한다.
학습성	사용자가 쉽게 배우고 익힐 수 있어야 한다.
유연성	사용자의 요구를 최대한 수용하면서 오류를 최소화해야 한다.

② UI 설계의 필요성

- 구현 대상 결과의 오류 최소화와 적은 노력으로 구현하는 결과를 얻을 수 있다.
- 막연한 작업 기능에 대하여 구체적인 방법을 제시한다.
- 사용자 편의성을 높여 작업시간을 단축시키고 업무 이해도를 높인다.
- 정보 제공자와 공급자 사이의 원활하고 쉬운 매개 임무를 수행한다.

③ UI 설계 지침

사용자 중심	실사용자의 이해를 바탕으로 쉽게 이해하고 사용할 수 있는 환경을 제공한다.
일관성	사용자가 기억하기 쉽고 빠른 습득이 가능하도록 일관된 버튼이나 조작법을 제공한다.
단순성	인지적 부담을 줄이도록 조작 방법을 가장 간단히 작동하도록 한다.
가시성	주요 기능은 메인 화면에 배치하여 조작이 쉽게 한다.
표준화	기능 구조의 선행 학습 이후 쉽게 이용할 수 있도록 디자인을 표준화한다.
접근성	사용자의 직무, 성별, 나이 등 다양한 계층을 수용해야 한다.
결과 예측 가능	작동 대상 기능만 보고도 결과 예측이 가능해야 한다.
명확성	사용자 관점에서 개념적으로 쉽게 인지할 수 있어야 한다.
오류 발생 해결	오류가 발생하면 사용자가 상황을 정확히 인지할 수 있어야 한다.

02 UI 설계 원리

① 실행 차를 줄이기 위한 UI 설계 원리
- 사용 의도를 파악한다.
- 행위의 순서를 규정한다.
- 행위의 순서대로 실행한다.

② 평가 차를 줄이기 위한 UI 설계 원리
- 수행한 키 조작의 결과를 사용자가 빠르게 지각하도록 유도한다.
- 키 조작으로 변화된 시스템의 상태를 사용자가 쉽게 인지하도록 유도한다.
- 사용자가 가진 원래 의도와 시스템 결과 간의 유사 정도를 사용자가 쉽게 파악하도록 유도한다.

03 UI 설계 단계

① UI 설계 단계
- 문제 정의 : 시스템의 목적과 해결해야 할 문제를 정의한다.
- 사용자 모델 정의 : 사용자 특성을 결정하고, 소프트웨어 작업 지식 정도에 따라 초보자, 중급자, 숙련자로 구분한다.
- 작업 분석 : 사용자의 특징을 세분화하고 수행되어야 할 작업을 정의한다.
- 컴퓨터 오브젝트 및 기능 정의 : 작업 분석을 통하여 어떤 사용자 인터페이스에 표현할지를 정의한다.
- 사용자 인터페이스 정의 : 모니터, 마우스, 키보드, 터치스크린 등 물리적 입출력 장치의 상호작용 오브젝트를 통하여 시스템 상태를 명확히 한다.
- 디자인 평가 : 사용자 능력과 지식에 적합한가? 사용자가 사용하기 편리한가? 등을 평가하는 것을 의미하며, 사용성 공학을 통하여 평가할 수 있는데 평가 방법론으로는 Usability Engineering, GOMS, Heuristics 등이 있다.

> **기적의 TIP**
> - Usability Engineering : 인지적, 경험적, 사회적 관점에서 사용성을 공학적 방법으로 평가
> - GOMS : 인간이 어떤 행위를 할지 예측하여 그 문제를 해결하는 데 필요한 소요시간, 학습시간 등을 평가하기 위한 기법
> - Heuristics : 논리적 근거가 아닌 어림짐작을 통하여 답을 도출해내는 방법

② UI 상세 설계 단계

UI 메뉴 구조 설계	• 요구사항과 UI 표준 및 지침에 따라 사용자의 편의성을 고려한다. • 요구사항 최종 확인, UI 설계서 표지 및 개정 이력을 작성한다. • UI 구조 설계, 사용자 기반 메뉴 구조 설계 및 화면을 설계한다.
내/외부 화면과 폼 설계	• UI 요구사항과 UI 표준 지침에 따라 하위 시스템 단위를 설계한다. • 실행 차를 최소화하기 위하여 UI 설계원리 검토, 행위 순서 검토, 행위 순서대로 실행 검토한다. • 평가 차를 줄이기 위한 UI 설계원리를 검토한다.
UI 검토 수행	• UI 검토 보완을 위한 시뮬레이션 시연 구성원에는 컴퓨터 역할을 하기 위해 서류를 조작하는 사람, 전체적인 평가를 위한 평가 진행자, 관찰자가 있고 이 구성원의 평가 결과를 토대로 설계를 보완한다. • UI 시연을 통한 사용성에 대한 검토 및 검증을 수행한다.

04 시나리오(Scenario)

① UI 시나리오 작성 원칙
- UI 전체적 기능과 작동 방식을 개발자가 쉽게 이해할 수 있도록 구체적으로 작성한다.
- Tree 구조나 Flowchart 표기법을 이용한다.
- 공통 적용이 가능한 UI 요소와 Interaction(상호작용)을 일반적인 규칙으로 정의한다.
- 대표적인 화면의 레이아웃 및 그에 속하는 기능을 정의한다.
- Interaction의 흐름 및 순서, 분기, 조건, 루프를 명시한다.
- 예외상황에 대한 사례를 정의한다.
- 기능별 상세 기능 시나리오를 정의하되 UI 일반 규칙을 지킨다.
- UI 시나리오 규칙을 지정한다.

> **기적의 TIP**
>
> **Flowchart(= 순서도)**
> 약속된 기호와 도형을 이용하여 일의 흐름을 표시해 놓은 차트

② UI 시나리오 문서의 작성요건

완전성 (Complete)	• (누락 없이) 완전해야 한다. • 최대한 빠짐 없이 가능한 한 상세하게 기술한다. • 시스템 기능보다 사용자의 테스크에 초점을 맞춰 기술한다.
일관성 (Consistent)	• 일관성이 있어야 한다(서비스에 대한 목표, 시스템과 사용자의 요구사항). • 모든 문서의 UI 스타일(Flow 또는 Layout)을 일관적으로 구성한다.
이해성 (Understandable)	• 처음 접하는 사람도 이해하기 쉽도록 구성하고 설명한다. • 이해하지 못하는 추상적인 표현이나 이해하기 어려운 용어는 사용하지 않는다.
가독성 (Readable)	• 문서를 쉽게 읽을 수 있어야 한다(문서 템플릿과 타이포그래피). • 표준화된 템플릿을 작성하여 적용한다(회사의 고유한 문서 양식). • 버전의 넘버링은 v1.0, v2.0 등과 같이 일관성 있게 한다. • 문서의 인덱스에 대한 규칙 적용, 목차 제공이 중요하다. • 줄의 간격은 충분하게 유지하며, 단락에 대한 구분과 들여쓰기의 기준을 마련하여 읽기에 쉽고 편해야 한다. • 여백과 빈 페이지를 적절하게 활용하여 여백의 미를 살리도록 한다. • 시각적인 효과를 위한 강조는 일관성 있게 활용하도록 한다. • 편집기의 상호 참조(Cross-referencing) 기능을 활용한다(하이퍼링크 등).
수정 용이성 (Modifiable)	• 쉽게 변경할 수 있어야 한다. • 수정 또는 개선 사항을 시나리오에 반영하면서 쉽게 적용할 수 있어야 한다. • 같은 수정 사항을 위해 여러 문서를 편집하지 않도록 한다.
추적 용이성 (Traceable)	• 시나리오 변경 사항은 쉽게 추적이 가능해야 한다. • 변경 사항들이 언제, 어디서, 어떤 부분들이, 왜 발생하였는지 추적이 쉬워야 한다.

③ UI 시나리오 문서의 기대 효과
- 요구사항이나 의사소통에 대한 오류를 감소시킨다.
- 개발 과정 중 혼선을 최소화하여 개발 속도를 향상시킨다.
- 불필요한 기능을 최소화하여 시나리오 작성과 소프트웨어 개발 비용을 줄일 수 있다.
- 유관 부서의 만족도를 높인다.

05 UI 흐름 설계서 구성

- UI 설계서 표지 : 프로젝트 이름과 시스템 이름을 포함하여 작성한다.
- UI 설계서 개정 이력 : 처음 작성 시 '초안작성'을 포함한다. 초기 버전은 1.0으로 설정하고 완성 시 버전은 x.0으로 바꾸어 설정한다.
- UI 요구사항 정의
- 시스템 구조 : UI 프로토타입 재확인 후 UI 시스템 구조를 설계한다.
- 사이트 맵 : UI 시스템 구조를 사이트 맵 구조로 설계한다.
- 프로세스 정의 : 사용자 관점에서의 요구 프로세스의 순서를 정리한다.
- 화면 설계 : UI 프로세스/프로토타입을 고려하여 페이지별로 화면을 구성 및 설계한다.

06 스토리보드(Storyboard)

- 스토리보드란 UI/UX 구현에 수반되는 사용자와 작업, 인터페이스 간 상호작용을 시각화한 것으로, 개발자와 디자이너 간의 의사소통을 돕는 도구이다.
- 완성해야 할 서비스와 예상되는 사용자 경험을 미리 보기 위한 방법론이다.
- 작성 목적 : 설계에 필요한 조각을 모아 순서대로 놓고 배치해보고 쌓아서 조립하는 과정으로 설계 단계에서 발생할 수 있는 문제를 미리 발견하고 대처하기 위한 과정이다.
- 작성 단계 : 메뉴 구성도 만들기 → 스타일 확정하기 → 설계하기
- 작성 방법 : 우측 상단에 '제목, 작성자', 좌측에 'UI 화면', 우측에 'Description' 기재

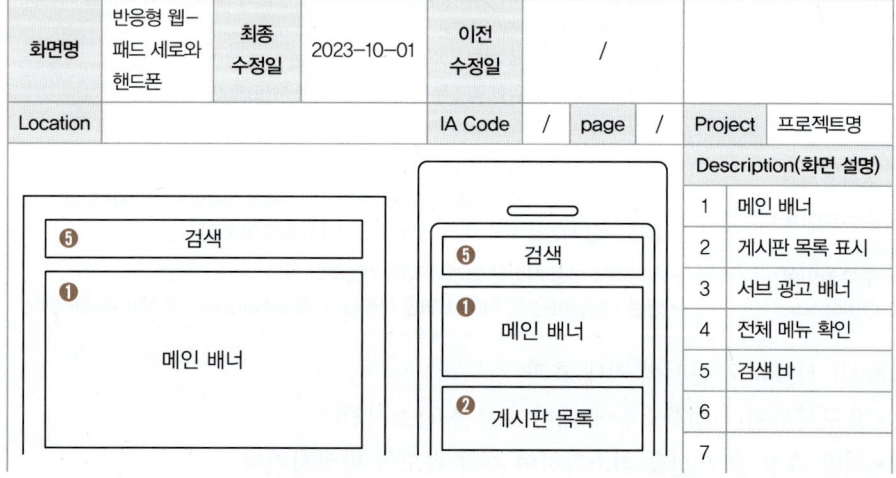

합격을 다지는 예상문제

선다형(필기)

01 UI의 설계 지침으로 틀린 것은?
① 이해하기 편하고 쉽게 사용할 수 있는 환경을 제공해야 한다.
② 주요 기능을 메인화면에 노출하여 조작이 쉽도록 하여야 한다.
③ 치명적인 오류에 대한 부정적인 사항은 사용자가 인지할 수 없도록 한다.
④ 사용자의 직무, 연령, 성별 등 다양한 계층을 수용하여야 한다.

[정답] ③
[해설] 치명적인 오류에 대한 부정적인 사항이라도 사용자에게 정확한 정보를 제공해야 한다.

02 사용자 인터페이스(UI)의 특징으로 틀린 것은?
① 구현하고자 하는 결과의 오류를 최소화한다.
② 사용자의 편의성을 높임으로써 작업시간을 증가시킨다.
③ 막연한 작업 기능에 대해 구체적인 방법을 제시하여 준다.
④ 사용자 중심의 상호작용이 되도록 한다.

[정답] ②

03 UI 설계 원칙에서 누구나 쉽게 이해하고 사용할 수 있어야 한다는 것은?
① 유효성
② 직관성
③ 무결성
④ 유연성

[정답] ②

04 UI 설계 원칙에 해당하지 않는 것은?
① 직관성
② 효과성
③ 학습성
④ 유연성

[정답] ②
[해설] UI 설계 원칙 4가지 : 직관성, 유효성, 학습성, 유연성

05 UI 시나리오 문서의 작성 요건 중 다음 내용에서 설명하는 요건은 무엇인가?

- 시나리오 변경사항은 쉽게 추적이 가능해야 한다.
- 변경사항들이 언제, 어디서, 어떤 부분들이, 왜 발생하였는지 추적이 쉬워야 한다.

① Complete
② Readable
③ Modifiable
④ Traceable

[정답] ④
[해설] 추적 용이성(Traceable)에 대한 설명이다.

06 UI 설계 원리 중 실행 차를 줄이기 위한 UI 설계 원리에 해당하지 않는 것은?
① 의도와 결과의 유사 정도 파악
② 사용 의도 파악
③ 행위의 순서 규정
④ 행위의 순서대로 실행

[정답] ①
[해설] 사용자의 원래 의도와 시스템 결과 간의 유사 정도를 사용자가 파악하도록 유도하는 것은 평가 차를 줄이기 위한 UI 설계 원리이다.

UI 구현 지침 확인

빈출 태그 ▶ #웹 표준 #웹 접근성

01 UI 구현 지침 확인

1) W3C(World Wide Web Consortium)
- WWW를 위한 표준 개발, 장려를 위한 국제적인 컨소시엄 조직이다.
- 웹의 지속적인 성장을 도모하는 프로토콜과 가이드라인을 개발하여 월드 와이드 웹의 모든 잠재력을 이끌어내기 위한 조직이다.

2) 웹의 3요소

웹 표준 (Web Standards)	• 웹에서 사용되는 기술이나 규칙을 의미한다. • 웹 사이트를 작성할 때 이용하는 HTML, CSS, JavaScript 등에 대한 규정과 다른 기종이나 다른 플랫폼에서도 웹 페이지가 구현되도록 제작하는 기법 등을 포함한다.
웹 접근성 (Web Accessibility)	• 어떠한 사용자(장애인, 노인 등), 어떠한 기술 환경에서도 사용자가 전문적인 능력없이 웹 사이트에서 제공하는 모든 정보에 접근할 수 있도록 보장하는 것을 뜻한다. • 모든 사용자가 웹 콘텐츠에 보다 손쉽게 접근할 수 있도록 웹 접근성 지침을 준수하여 설계하고, 실사용성을 고려하여 웹 사이트를 구현하였는지 여부의 수준을 의미한다.
웹 호환성 (Cross Browsing)	서비스 이용자 단말기의 하드웨어 및 소프트웨어 환경이 다른 경우에도 동등한 서비스를 제공하는 것을 의미한다.

02 UI 구현 표준과 지침

① UI 구현 표준
- 전체 시스템 개발 중에 개발자 간 협업을 통하여 각기 개발한 화면 간에 갖추어야 할 최소한의 UI 요소 및 배치 규칙 등을 의미한다.
- UI에 공통으로 적용되어야 할 화면 구성, 화면 이동 등이 있다.

② UI 구현 지침
- 소프트웨어 개발 시 효율적인 정보 전달이 가능하도록 UI 설계에서 지켜야 할 세부 사항을 규정하는 것이다.
- UI 요구사항, 구현 제약 사항 등 UI 개발 과정에서 꼭 지켜야 할 공통 조건을 의미한다.

03 한국형 웹 콘텐츠 접근성 지침 2.1

① 정의
- 장애인이 비장애인과 동등하게 웹 콘텐츠에 접근할 수 있도록 웹 콘텐츠를 제작하는 방법에 관하여 기술하고 있다. (2015.3.31. 개정)
- 웹 콘텐츠 저작자와 개발자, 웹 사이트 설계자 등이 웹 콘텐츠를 접근성을 준수하여 콘텐츠를 쉽게 제작할 수 있는 지침들을 제공하는 데 목적이 있다.
- 2008년 12월에 제정된 웹 접근성 관련 국제 표준인 월드 와이드 웹 컨소시엄(W3C, World Wide Web Consortium)의 '웹 콘텐츠 접근성 가이드라인 2.0(WCAG 2.0)'을 국내 실정에 맞게 반영하였다.
- 논리적 요소, 시각적 요소, 구조적 요소를 모두 고려해야 한다.

② 4가지 원칙
- 인식의 용이성 : 대체 텍스트, 멀티미디어 대체 수단, 명료성
- 운용의 용이성 : 입력장치 접근성, 충분한 시간 제공, 광(光) 과민성 발작 예방, 쉬운 내비게이션
- 이해의 용이성 : 가독성, 예측 가능성, 콘텐츠의 논리성, 입력 도움
- 견고성 : 문법 준수, 웹 애플리케이션 접근성

04 UX(User Experience) 사용자 경험

- 사용자가 제품을 대상으로 직/간접적으로 사용하면서 느끼고 생각하게 되는 지각과 반응, 행동 등 모든 경험을 의미한다.
- UI는 사람과 시스템 간의 상호작용을 의미하지만, UX는 제품과 서비스, 회사와 상호작용을 통한 전체적인 느낌이나 경험을 말한다.
- 긍정적인 사용자 경험을 개발·창출하기 위해 학술적, 실무적으로 이를 구현해내기 위한 활동이다.

긍정적인 사용자 경험	부정적인 사용자 경험
소프트웨어 공학, 마케팅, 산업디자인, 경영학의 중요 과제로 긍정적인 사용자 경험을 통하여 사용자의 만족도를 높이며 브랜드 충성도 향상, 시장 경쟁력을 제공한다.	사용자가 원하는 목적 행위를 하는 데 있어, 상대적으로 많은 노력이 필요하다면 감정적, 이성적, 경제적으로 불편함을 느끼게 되어 시장 경쟁력에서 밀리게 된다.

- 사용자가 특정 인터랙션 시스템으로 받는 전체적인 경험, 그것의 제공자, 경험을 통해 사용자가 느끼는 긍정적 감정 이상의 것을 포함한다.
- 사용자 개인, 사용자의 요구나 목표를 지원하거나 충족하기 위해서 기획된 시스템, 요구사항과 조직의 목표를 만족하기 위한 시스템 간의 인터랙션 순서를 정립하는 활동이다.

- UX에 영향을 주는 요소 : 성능, 시간
- 사용자 경험 디자인 활용 기법 : 포함된 요소들의 사용성 연구를 위한 현장 심사, 플로우, 내비게이션 맵, 사용자 스토리나 시나리오, 퍼소나, UX 컨셉 기획 문서, 사이트 맵, 콘텐츠 목록, IA, 와이어 프레임, 인터랙션이나 시뮬레이션을 위한 프로토타입, 행동이나 디자인을 묘사한 설명서, 기대되는 결과에 대한 정밀한 시각화를 위한 그래픽 시안

> **기적의 TIP**
> **퍼소나**
> 시나리오를 수행하기 위한 가상의 사용자를 의미한다.

05 모바일 사용자 UX 설계 시 고려사항(행정안전부 고시)

- 시스템을 사용하는 대상, 환경, 목적, 빈도 등을 고려한다.
- 사용자가 직관적으로 서비스 이용 방법을 파악할 수 있도록 한다.
- 입력의 최소화, 자동완성 기능을 제공한다.
- 사용자의 입력 실수를 해결할 수 있도록 되돌림 기능을 제공한다.
- 모바일 서비스의 특성에 적합한 디자인을 제공한다.

➕ **더 알기 TIP**

웹/모바일 접근성 지침
장애인이나 노인 등 다양한 사용자 환경에서 사용자가 전문적인 능력 없이 웹/모바일 기기 등에서 제공하는 모든 정보에 접근할 수 있도록 보장하는 것을 의미한다.

> **기적의 TIP**
> **접근성**
> 장애인뿐 아니라 모든 사용자가 정보통신 기기 및 웹 서비스를 손쉽게 사용할 수 있도록 구축하는 것을 의미한다.

06 감성 공학

- 인간의 소망으로 이미지나 감성을 구체적 제품설계를 통하여 실현해내는 공학적 접근 방법이다.
- 인간 감성의 정성, 정량적 측정과 평가를 통하여 제품 환경 설계에 반영하는 기술이다.
- 설계 단계에서 인간의 정신적인 특성과 신체적 특성을 넘어 감성까지 고려한 것이다.
- 인간과 컴퓨터 간의 상호작용, 즉 HCI(Human Computer Interaction or Interface) 설계에 인간의 특성, 감성 등을 반영한다.
- 인간이 가지고 있는 소망으로서의 이미지나 감성을 구체적인 제품 설계로 실현해내는 인문사회과학, 공학, 의학 등 여러 분야의 학문이 융합된 기술이다.
- 감각 및 생체 계측, 센서, 인공지능 등의 생체 제어 기술 등을 통해 과학적으로 접근한다.
- 최종 목표는 감성 공학을 통하여 인간이 쉽고 편리하고 쾌적하게 시스템과 어우러지는 것이다.
- 1988년 시드니 국제 학회에서 '감성 공학'으로 명명되었다.

> **기적의 TIP**
> **HCI(Human Computer Interaction or Interface)**
> 인간과 컴퓨터의 상호작용(Interaction)을 연구하는 학문이며, 이를 통하여 어떻게 하면 좋은 제품을 만들 수 있는지를 연구한다.
>
> **HCI의 목적**
> - 컴퓨터를 좀 더 인간이 쉽고 쓸모있게 하여 상호작용(UX)을 개선하는 것이다.
> - 컴퓨터의 도구로서 잠재력을 극대화해 인간의 의지를 더 자유롭게 한다.
> - 인간의 창의력, 인간 사이의 의사소통과 협력을 증진하는 데 있다.

① 감성 공학 기술

기초 기술	인간공학, 생리학, 심리학을 기반으로 한 생체 계측 기술, 인간 감각 계측 기술, 생체 제어 기술 등을 통하여 인간의 특성을 파악하는 기술
구현 기술	센서 및 감지 기술, Actuator(작동) 기술, 센서 퓨전 기술, Micro-machining, 퍼지, Neural network 기술, 산업기술을 통해 파악한 인간 특성을 통하여 인터페이스 구현
응용 기술	사용성 평가 기술, 인공 현실감 기술 등

② 감성 공학 관련 기술

생체 측정 기술	인간 특성을 파악하는 인간공학, 인지공학 등을 통하여 측정
인간 감성 특성 파악 기술	센서 공학, 퍼지 뉴트럴 네트워크, 신경망 기술을 통하여 인간에 적합하도록 UI를 구현하기 위한 기술
감성 디자인 기술과 오감 센서 및 감성 처리 기술	산업디자인(무드 스웨터, Bios Beats, 애니메이션 섬유 등)과 오감(시각, 촉각, 미각, 후각, 청각)
마이크로 기구 설계	마이크로가공 기술을 통하여 극소 기계 설계
사용성 평가 기술 및 가상현실 기술	인간에 대한 적합성을 판단하고 새로운 감성을 창출하기 위한 기술

합격을 다지는 예상문제

선다형(필기)

01 한국형 웹 콘텐츠 접근성 지침 2.1의 4가지 원칙의 설명이 잘못된 것은?

① 인식의 용이성 : 대체 텍스트, 멀티미디어 대체 수단, 명료성
② 운용의 용이성 : 입력장치 접근성, 충분한 시간 제공, 광(光) 과민성 발작 예방, 쉬운 내비게이션
③ 이해의 용이성 : 가독성, 예측 가능성, 콘텐츠의 논리성, 입력 도움
④ 견고성 : 논리적, 시각적, 구조적 명료성

정답 ④
해설
견고성 : 문법 준수, 웹 애플리케이션 접근성

02 한국형 웹 콘텐츠 접근성 지침 2.1의 원칙 중 다음에서 설명하는 원칙은 무엇인가?

> 입력장치 접근성, 충분한 시간 제공, 광(光) 과민성 발작 예방, 쉬운 내비게이션

① 인식의 용이성
② 운용의 용이성
③ 이해의 용이성
④ 견고성

정답 ②
해설
한국형 웹 콘텐츠 접근성 지침 2.1의 원칙 : 인식의 용이성, 운용의 용이성, 이해의 용이성, 견고성

SECTION 04 UI 구현

빈출 태그 ▶ #HTML #CSS #JavaScript

> **기적의 TIP**
> HTML 문서(웹 페이지)에는 그림, CSS(Cascading Style Sheets), 자바스크립트가 포함됩니다.

01 서버(Server)와 클라이언트(Client)

1) 웹 서버
- HTML 문서를 클라이언트로 전달하는 것이다.
- 콘텐츠 제공뿐 아니라 클라이언트로부터 콘텐츠를 전달받는 것도 웹 서버의 기능에 속한다.
- 종류 : Apache, IIS, nginx, GWS 등

2) 클라이언트
- 네트워크를 통하여 다른 서버 시스템상의 컴퓨터에 원격 서비스에 접속할 수 있는 응용 프로그램이나 서비스를 의미한다.
- 웹 브라우저에 URL을 입력하여 그 URL에 해당하는 웹 서버로 웹 페이지에 대한 요청을 전달하는 기능을 한다.
- 종류 : 파이어폭스, 크롬, IE, Edge 등

02 웹 사이트와 웹 페이지

웹 사이트(Web Site)	인터넷 프로토콜 기반의 네트워크에서 URL을 통하여 보이는 웹 페이지들의 의미 있는 묶음이다.
웹 페이지(Web Page)	WWW(World Wide Web) 상에 있는 개개의 문서를 의미한다.

03 HTML(Hyper Text Markup Language)

1) 개념
- HTML(Hypertext Markup Language)은 웹 페이지를 표현하는 데 사용되는 마크업 언어이다.
- HTML은 주로 웹 페이지에서 '무엇을 어디에 배치할지'와 같이 구조화하는 데 사용된다.

2) HTML의 기본 구조

```
<!DOCTYPE html>
<html>
  <head>
    <title>
    페이지 제목
    </title>
    meta  CSS/JS  ...
  </head>
  <body>
    ...
  </body>
</html>
```

> **기적의 TIP**
> 〈style〉은 CSS와 관련된 것이 표시되며, 사용될 수도 있고 사용되지 않을 수도 있는 부분입니다.

3) HTML의 기본 태그

① 〈!DOCTYPE html〉: 웹 페이지가 HTML5 문서임을 의미하며, HTML5에는 반드시 표기
② 〈html〉...〈/html〉: HTML 문서의 시작과 끝 의미
③ HEAD 부분 관련 태그
- 〈HEAD〉...〈/HEAD〉: 문서 설명 기입
- 〈TITLE〉...〈/TITLE〉: 웹 브라우저의 제목 표시줄에 표시될 문서의 제목 기입
- 〈META〉: HTML 문서의 작성자, 검색 키워드, 문서 파기 일자 등 기입

④ 문단 관련 태그
- 〈BODY〉...〈/BODY〉: 본문의 시작부터 끝까지 지정할 시 사용
- 〈HR〉: 수평선(속성: size, width, align)
- 〈BR〉: 줄 바꿈 시 사용
- 〈P〉...〈/P〉: 문단 바꿈 시 사용
- 〈CENTER〉...〈/CENTER〉: 가운데 정렬 시 사용
- 〈DIV〉...〈/DIV〉: 문서를 구분하여 문단별로 정렬할 때 사용

> **기적의 TIP**
> 문단은 사용자에게 보여주는 실제 내용이 구현되는 부분, 즉 화면에 보여지는 부분입니다.

⑤ 목록 관련 태그
- 〈UL〉...〈/UL〉: 순서가 없는 기호 목록 작성 시 사용
- 〈OL〉...〈/OL〉: 순서가 있는 숫자 목록 작성 시 사용
- 〈LI〉: 목록 각각의 내용을 정의할 때 사용
- 〈DL〉...〈/DL〉: 용어에 대한 정의 목록 작성 시 사용
- 〈DT〉...〈/DT〉: 용어의 제목 작성 시 사용
- 〈DD〉...〈/DD〉: 용어의 내용 작성 시 사용

⑥ 글자 관련 태그
- 〈Hn〉...〈/Hn〉 : 제목 작성 시 사용(크기를 1~6까지 작성 가능)
- 〈FONT〉...〈/FONT〉 : 글꼴 모양 변경 시 사용
- 〈!-- --〉 : 주석문 처리
- 〈I〉...〈/I〉 : 이탤릭체로 적용
- 〈B〉...〈/B〉 : 굵은 글꼴 적용
- 〈U〉...〈/U〉 : 밑줄 적용
- 〈SUP〉...〈/SUP〉 : 위첨자 적용
- 〈SUB〉...〈/SUB〉 : 아래첨자 적용
- 〈STRIKE〉...〈/STRIKE〉 : 취소선 적용
- 〈CITE〉...〈/CITE〉 : 인용문 적용
- 〈CODE〉...〈/CODE〉 : 프로그램 소스코드 표현 시 적용

⑦ 멀티미디어 삽입 관련 태그
- 〈A〉 : 하이퍼링크 연결 시 사용
- 〈EMBED〉 : 멀티미디어 개체 삽입 시 사용
- 〈OBJECT〉 : 멀티미디어 개체 삽입 시 사용(플레이어를 지정하여 사용)
- 〈IMG〉 : 이미지 삽입 시 사용
- 〈MAP〉 : 이미지맵 사용 시 사용
- 〈AREA〉 : 이미지맵 내에 영역을 분할할 때 사용
- 〈APPLET〉 : 자바 애플릿을 삽입할 때 사용

⑧ 표 관련 태그
- 〈TABLE〉...〈/TABLE〉 : 표 시작과 끝을 설정할 때 사용
- 〈TR〉...〈/TR〉 : 행 분할
- 〈TD〉...〈/TD〉 : 열 분할
- 〈TH〉...〈/TH〉 : 〈TD〉와 동일하지만 제목과 관련된 내용일 때 사용
- 〈CAPTION〉...〈/CAPTION〉 : 표의 캡션을 표시할 때 사용

4) HTML의 레이아웃

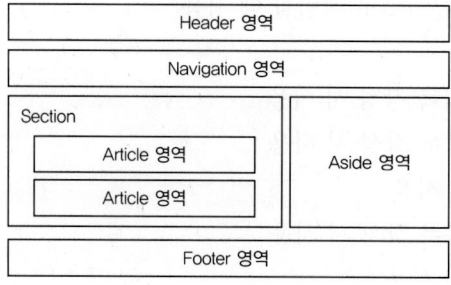

- Header : 로고나 회사명, 사이트 맵, 로그인/회원가입 버튼, 검색 버튼 등이 위치한다.

- Navigation : 본문의 주요 내비게이션(메인 메뉴) 영역을 지정한다.
- Section : 해당 페이지의 콘텐츠 영역을 지정할 때 사용하며 헤더(Header), 푸터(Footer) 태그와 비교해서 영역을 구분 지정할 때 사용한다.
- Article : 독립적인 콘텐츠 항목에 대한 영역이다.
- Aside : 본문 내용 이외에 표현하고자 하는 기타 내용이 있을 경우에 영역을 지정할 때 사용하거나 서브 메뉴를 표시하고자 할 때 사용하기도 한다.
- Footer : 주로 개인정보 보호정책, 회사 주소 등을 작성한다.

04 CSS(Cascading Style Sheets)

1) 개념

- HTML은 웹 문서를 다양하게 설계하고 수시로 변경하는 데 많은 제약이 따르는데, CSS는 이를 보완하기 위해 만들어진 것이다.
- HTML이나 XML(XML의 방언인 SVG, XHTML 포함)로 작성된 문서의 표시 방법을 기술하기 위한 스타일 시트 언어이다.
- 스타일을 미리 저장해 두고 일부 내용의 스타일을 변경할 때 전체 페이지의 내용을 한꺼번에 처리할 수 있어 간편하고 페이지의 일관성을 유지할 수 있다.
- 오픈 웹 핵심 언어 중 하나로, W3C 명세가 다양한 브라우저의 표준으로 작동하고 있다.

2) 문법

선택자	선언 시작	스타일					선언 끝
		속성명	값	속성명	속성값	
P	{	color:	red;	text-align:	center;	}

① 선택자(Selector)
- 스타일 적용 대상을 뜻하며, HTML 요소나 ID, Class 형태로 정의할 수 있다.

② 스타일(Style)
- 다양한 형태로 지정할 수 있으며 '속성:값' 형태로 지정한다.

3) CSS 선택자

① 공용 선택자(Universal Selector, 일반 선택자)
- HTML 요소를 선택자로 하여 스타일을 적용할 수 있으며, 이 경우 해당 HTML 요소 모두에 스타일이 적용된다.

```
*{
속성이름: 값; 속성이름: 값; 속성이름: 값;
  }
```

② 태그 선택자(Tag Selector)
- 지정한 태그에 대하여 스타일이 적용된다.

```
태그{
속성이름: 값; 속성이름: 값; 속성이름: 값;
  }
```

③ 클래스 선택자(Class Selector)
- 특정 HTML 요소들을 그룹화하여 스타일을 지정하는 것이 가능하다.

```
클래스명{
속성이름: 값; 속성이름: 값; 속성이름: 값;
  }
```

④ 아이디 선택자(ID Selector)
- 특정 ID를 부여하여 ID에 스타일을 지정할 수 있다.

```
#id명{
속성이름: 값; 속성이름: 값; 속성이름: 값;
  }
```

⑤ 그룹 선택자(Group Selector)
- 다양한 유형의 요소를 한꺼번에 선택하고자 할 때 사용한다. ,(Comma)를 이용해 선택자를 그룹화 한다.

```
태그1, 태그2, 태그3{
속성이름: 값; 속성이름: 값; 속성이름: 값;
    }
```

5) 텍스트 관련 속성

속성	개념	예제 및 정의
font-family	글꼴 정의	`*{ font-family: Times, monospace, serif; }` • Times를 우선 지정 • 지원되지 않을 경우 monospace를 지정

font-size	글꼴 크기	`span{ font-size: 16px; }`
		`span{ font-size: 2rem; }`
		`span{ font-size: 1.5em; }`
		• px : 모니터 상의 화소 하나 크기에 대응하는 절대적인 크기
		• rem : 〈html〉 태그의 font-size에 대응하는 상대적인 크기
		• em : 부모태그(상위태그)의 font-size에 대응하는 상대적인 크기

속성	개념	예제 및 정의
txt-align	텍스트 정렬	`p{ text-align: right; }`
		• left/right : 왼쪽 또는 오른쪽 정렬 • center : 가운데 정렬 • justify : 양끝 정렬 (마지막 줄 제외)

color	텍스트 색상	`span{ color: red; }`
		`span{ color: #FF0000; }`
		`span{ color: rgb(100%, 0%, 0%); }`

		• RGB 색상 코드 : # + 여섯자리 16진수 값 형태로 지정 • RGB 함수 : Red, Green, Blue의 수준을 각각 정의해 지정

6) 박스 모델

- 브라우저가 요소를 렌더링할 때, 각각의 요소는 기본적으로 사각형 형태로 영역을 차지하게 되며 이 영역을 '박스'라고 표현한다.
- CSS는 이러한 박스의 크기, 위치, 속성을 결정할 수 있다.

➕ 더 알기 TIP

렌더링
- 서버로부터 HTML 파일을 받아 browser에 뿌려주는 과정을 의미하며 브라우저는 서버로부터 HTML 문서를 다운받고 렌더링 엔진은 HTML 문서를 파싱해서 DOM 트리를 만든다.
- 다음 외부 CSS 파일과 함께 포함된 스타일 요소를 파싱하여 CSSOM 트리를 만든다.
- 스타일은 브라우저의 자체 스타일, 사용자 정의 스타일, html 태그에 걸려있는 스타일 순서로 처리되고 나중에 처리되는 스타일을 따르게 된다.

> 🚩 **기적의 TIP**
>
> CSS Object Model : JavaScript에서 CSS를 조작할 수 있는 API 집합. HTML 대신 CSS가 대상인 DOM이라고 생각할 수 있으며, 사용자가 CSS 스타일을 동적으로 읽고 수정할 수 있는 방법

속성	개념	예제 및 정의
box-sizing	박스 모양	• padding이나 테두리 때문에 요소의 크기가 덩달아 커져서 불편한 경우에 이를 대처하기 위해 사용한다. • box-sizing 속성은 요소의 너비(width)와 높이(height)를 계산하는 방법을 지정한다. • 너비와 높이가 같더라도, box-sizing 속성값에 따라 크기가 달라질 수 있다.
		• content-box : 기본값, 너비와 높이가 콘텐츠 영역만을 포함 • border-box : 너비와 높이가 안쪽 여백과 테두리까지 포함
background	배경 정의	• 배경은 콘텐츠의 배경을 정의한다. • 단축 속성으로써 색상, 이미지, 반복 등 다양한 하위 속성을 정의할 수 있다.
		• background-color : 배경색을 정의 • background-image : 배경 이미지를 정의 • background-position : 배경 이미지의 초기 위치를 정의 • background-size : 크기를 정의 • background-repeat : 반복 방법을 정의

7) position

- 문서상에 요소를 배치하는 방법을 정의한다.
- position이 요소의 배치 방법을 결정하면, top/bottom/right/left가 최종 위치를 결정하는 방식이다.

속성	개념	예제 및 정의
position	요소 배치	• position : 배치 방식 • top : 상단 여백 • right : 오른쪽 여백 • left : 왼쪽 여백 • bottom : 아래쪽 여백 • static : 기본값, 요소를 일반적인 문서 흐름에 따라 배치 • relative : 일반적인 문서 흐름에 따라 배치하되, 상하좌우 위치값에 따라 오프셋 적용 • absolute : 일반적인 문서 흐름에서 제거하고, 가장 가까운 position 지정 요소에 대해 상대적으로 오프셋 적용 • fixed : 일반적인 문서 흐름에서 제거하고, 지정한 위치에 고정 • sticky : 일반적인 문서 흐름에서 제거하고, 스크롤 동작이 존재하는 가장 가까운 요소에 대해 오프셋 적용

05 자바스크립트(JavaScript)

1) 개념

- 객체지향의 프로그래밍 언어로서 웹 브라우저에서 주로 사용된다.
- 자바스크립트를 이용하여 웹페이지에서 발생하는 사용자 이벤트에 대한 처리가 가능하고, 내장 객체를 활용하면 다양한 형태의 웹페이지를 구현할 수 있다.

2) 자바스크립트 구현 예시

```
<!DOCTYPE html>
<html>
<head>

  <script>
  function myFunction()
  document.getElementById("exam").innerHTML = "변경 후"
  </script>

</head>
<body>
<h1>JavaScript 구현 예</h1>
<p id="exam">변경 전</p>
<button type="button" onclick="myFunction()">변경</button>
</body>
</html>
```

3) 자바스크립트 작성 방법

- HTML 문서 내에서 〈script〉〈/script〉 태그를 이용하여 작성한다.
- 작성 위치는 〈head〉 영역, 〈body〉 영역이다.

```
<!DOCTYPE html>
<html>

    <body>

    <h1>JavaScript 구현 예</h1>
    <p id="exam">변경 전</p>
    <button type="button" onclick="myFunction()">변경</button>

        <script>
        function myFunction()
        document.getElementById("exam").innerHTML = "변경 후"
        </script>

    </body>

</html>
```

4) 자바스크립트 변수

- 자바스크립트는 자동으로 데이터 유형을 판단하기 때문에 변수선언이 다른 언어보다 간단하다.
- 일반적인 경우 특별히 변수선언을 할 필요가 없다.
- 변수를 선언하지 않고 필요한 곳에서 사용하면 되는데, 다만 변수를 선언하고자 하는 경우에는 var 키워드를 사용하여 선언한다.

5) 자바스크립트 변수명 작성 규칙

- 변수명은 항상 알파벳이나 '_'로 시작해야 한다.
- 한글이름은 사용할 수 없다.
- 대/소문자를 구별한다.
- 변수명에 스페이스나 콤마, 물음표(?), 인용부호(" ")는 사용할 수 없다.
- 예약어(Reserved Word)는 변수명으로 사용할 수 없다.

6) 자바스크립트 연산자 우선순위

( ), [ ]	최우선 연산자
++, --	증감 연산자
*, /, %, +, -	산술 연산자
〉〉, 〈〈, 〉〉〉	시프트 연산자
〉, 〈, 〉=, 〈=, ==, !=	비교 연산자
&, ^, |	비트 연산자
&&, ||	논리 연산자
=, +=, -=	대입 연산자

7) 자바스크립트 제어문

if ~ else	조건 분기문
switch ~ case	입력된 값에 따라 case로 분기
while	조건이 만족하면 반복
for	초기값 조건이 맞을 때까지 반복
do ~ while	실행문이 최초 한 번 처리된 다음 조건을 검사하고 그 조건이 만족되지 않으면 계속 반복

8) 외부 JavaScript 파일 적용

- js 확장자를 갖는 별도의 외부 자바스크립트 코드 파일을 생성하고, 이를 HTML 페이지에 적용할 수 있다.
- 동일한 자바스크립트 코드를 여러 HTML 페이지에 적용할 수 있는 장점이 있다.

```
<!DOCTYPE html>
<html>

  <body>
  <script src="Script.js"></script>
  </body>

</html>
```

9) DOM(Document Object Model)과 자바스크립트의 관계

- 문서 객체 모델(DOM, Document Object Model)은 XML이나 HTML 문서에 접근하기 위한 일종의 인터페이스로 문서 내의 모든 요소를 정의하고, 각각의 요소에 접근하는 방법을 제공한다.
- 웹 브라우저는 웹 페이지가 로딩될 때 해당 페이지에 대한 DOM을 생성하며, 이 HTML DOM은 해당 페이지의 요소들을 계층 구조의 형태로 나열한다.

10) DOM의 구조

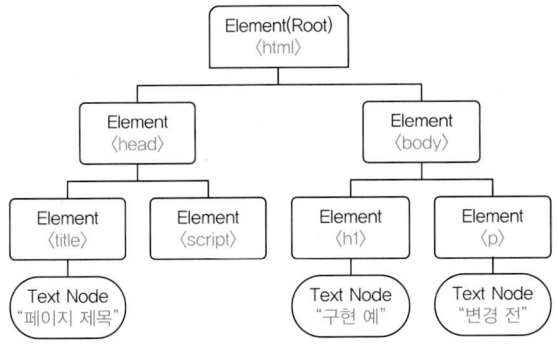

11) HTML DOM을 통한 자바스크립트 구현 방법

- 해당 페이지의 요소 변경이나 추가, 삭제, 속성 변경이나 추가
- 해당 페이지의 CSS의 변경이나 추가, 삭제
- 새로운 HTML 이벤트의 생성

12) DHTML(Dynamic HTML)

- HTML 문서에 있는 객체의 내용을 자유롭게 변경할 수 있다.
- CGI로 처리해야 할 작업들을 각 클라이언트에서 처리하기 때문에 서버의 부하를 줄일 수 있다.
- 원하는 정보를 얻기 위해 웹 서버를 찾을 필요가 없게 만들어주는 인터렉티브(interactive)한 페이지이다.
- 홈페이지를 다이나믹하게 구성하기 위한 기법이다.
- 기존의 HTML 문서에 CSS 기능을 첨가하였다.
- 기존의 HTML 문서에 문서객체모델(DOM) 기능을 첨가하였다.

13) XML

- 기존에 없던 기능을 새롭게 만들 수 있는 확장 가능한 마크업 언어이다.
- 확장성 생성 언어라는 뜻으로 기존의 HTML의 단점을 보완하여 구조화 문서를 기술하기 위한 국제 표준 규격이다.
- 구조화된 문서를 제작하기 위한 언어로 태그의 사용자 정의가 가능하다.

06 HTML의 이벤트 처리

1) 정의
- ⟨script⟩ 태그 내부의 자바스크립트 코드의 경우, 해당 HTML 파일이 로딩될 때 한 번 실행되는데 이런 정적인 코드만 사용하면 사용자 이벤트에 대한 다양한 처리가 어렵다.
- 이런 이유로 HTML에서는 HTML 태그의 여러 속성을 통해 자바스크립트 코드를 처리할 수 있도록 한다.

2) 구성요소

① onclick
- 버튼과 같은 HTML의 다양한 폼 요소에서 지원하며, 사용자가 해당 요소를 클릭할 때 동작한다.
- 만일 onclick 핸들러가 false(거짓)를 반환할 경우에는 해당 요소의 어떠한 기능도 수행하지 않는다.

② onmousedown, onmouseup
- onclick 핸들러와 유사하게 동작하지만, 마우스를 누를 때와 놓았을 때를 구분하여 동작할 수 있다는 점이 다르다.

③ onmouseover, onmouseout
- 마우스의 포인터가 해당 요소의 위로 올라오거나 벗어날 때 구동한다.

④ onchange
- ⟨input⟩, ⟨select⟩, ⟨textarea⟩ 요소에서 지원하며 해당 요소의 입력 포커스를 다른 곳으로 이동할 때 구동한다.

⑤ onload
- ⟨body⟩ 태그에서 사용되며 해당 페이지와 해당 페이지에 연결된 외부 내용들이 완전히 로딩되었을 때 구동한다.

합격을 다지는 예상문제

선다형(필기)

01 DHTML(Dynamic HTML)의 설명으로 틀린 것은?
① HTML 문서에 있는 객체의 내용을 자유롭게 변경할 수 있다.
② CGI로 처리해야 할 작업들을 각 클라이언트에서 처리 하기 때문에 서버의 부하를 줄일 수 있다.
③ 웹 페이지가 로드되면, 클라이언트 쪽에서 이벤트를 발생한 경우에만 서버에서 웹 페이지를 다시 로드하므로 서버 로드가 줄어든다.
④ 원하는 정보를 얻기 위해 웹 서버를 찾을 필요가 없게 만들어주는 인터렉티브(interactive)한 페이지이다.

> 정답 ③

02 HTML 태그 중 줄 바꿈 태그로 옳은 것은?
① ⟨PRE⟩
② ⟨LI⟩
③ ⟨BR⟩
④ ⟨HR⟩

> 정답 ③

03 자바스크립트의 변수로 사용할 수 없는 것은?
① _java
② return
③ Hello2
④ BasiC

> 정답 ②

04 다음이 설명하는 웹 프로그래밍 언어는 무엇인가?

> 기존의 HTML은 웹 문서를 다양하게 설계하고 수시로 변경하는 데 많은 제약이 따르는데, 이를 보완하기 위해 만들어졌다.

① CSS
② JavaScript
③ DHTML
④ XML

> 정답 ①

05 다음 자바스크립트 제어문의 빈칸에 들어갈 알맞은 명령어는 무엇인가?

if ~ else	조건 분기문
switch ~ case	입력된 값에 따라 case로 분기
( )	조건이 만족하면 반복
for	초기값 조건이 맞을 때까지 반복
do ~ while	실행문이 최초 한 번 처리된 다음 조건을 검사하고 그 조건이 만족되지 않으면 계속 반복

① object
② area
③ embed
④ while

> 정답 ④

SECTION 05 UI 테스트

빈출 태그 ▶ #UI 테스트 #사용성 테스트 측정 항목 #사용성 테스트 유형

01 UI 테스트

- 구현된 UI의 사용성을 검증하기 위해 테스트를 수행하고, 결과에 따라 개선 및 결과 보고서를 작성하는 행위 또는 그 절차이다.
- 사용자가 미리 작성된 시나리오에 따라 사용자가 직접 제품을 사용하면서 진행하는 사용자 중심 테스트이다.
- 요구사항과 행동을 관찰할 수 있는 유용한 진단 방법이다.
- UI 테스트 중에 발생되는 산출물은 메뉴얼 작성 시 중요한 참고 자료가 된다.

02 사용성 테스트(Usability Test)

1) 개념

- 사용성 테스트에 대한 계획 수립, 사용성 테스트 설계, 사용성 테스트 수행과 결과 검토로 구분하여 진행된다.

> 📌 **기적의 TIP**
> 사용성은 사용자가 제품이나 서비스를 사용할 때 얼마나 사용이 쉬운가를 나타내는 척도입니다.

2) 측정 항목

학습 용이성(이해도)	사용자들이 UI에 대해 쉽게 학습할 수 있는가
효율성	사용자가 한 번 학습한 뒤 얼마나 빠르게 사용할 수 있는가
기억 용이성	사용자가 재방문했을 때 다시 사용하는 데 어려움은 없는가
에러	사용자가 에러를 접하고, 얼마나 쉽게 해결할 수 있는가
만족도	UI에 대한 전체적인 만족도가 어떠한가

3) 특징

- 실사용자의 행위를 분석하여 사이트 구성 메뉴의 문제점과 요구사항의 반영 여부를 점검하는 것이다.
- 실사용자가 접근하고 이용하는 측면에서 선호할만한 웹 사이트의 기능을 테스트하는 것이다.
- 사용자의 요구사항에 적합한 웹 사이트를 만들기 위하여 구현 전체 절차에 사용자의 재요구사항이 반영되도록 하는 것이다.

4) 유형

① 탐구형(Explorative)
- UX의 가장 초기 단계에서 사용된다.
- 와이어 프레임(화면 단위의 레이아웃 설계)을 사용자들에게 보여주고 그들의 반응을 관찰하는 방식이다.
- 얼마나 사람들이 컨셉을 잘 이해하고 제품을 사용하면서 그들의 정신적인 프로세스가 어떻게 작동하는지를 알아내는 것에 초점을 맞춰서 진행된다.

② 평가형(Assessment)
- 프로토타입을 통한 사용성 테스트로서 가장 마지막 단계에서 쓰인다.
- 앱이나 웹 사이트의 효율성에 대해 평가를 하는 데 큰 도움을 준다.
- 실시간 실험을 통해서 사용자들의 반응을 트랙하고 어떤 에러들을 만들어 내는지 관찰한다.
- 테스트를 통해서 알게 된 사용성 문제를 없애기 위해 사용된다.

③ 비교형(Comparative)
- 디자이너가 여러가지 솔루션 중에 골라야 할 때 사용된다.
- 사용자들은 두 가지 이상의 다양한 UX 요소들을 비교하고 의견을 공유한다.
- 전문가들은 비교 대상의 각각 장단점을 비교하여 가장 사용자 친화적인 것을 선택하게 된다.

5) 과정
- 계획 수립 : 목적, 평가 내용(항목) 분석, 사용 환경, 사용자 등을 분석한다.
- 테스트 설계 : 진행 절차 작성, 테스트 참가자 결정, 테스트 항목의 평가 방향 결정, 다양한 평가 방법으로 설계한다.
- 리크루팅 : 테스트 대상자를 모집한다.
- 테스트 실행 : 설계된 진행 절차대로 진행한다.
- 결과 보고서 작성 : 평가에 사용된 데이터를 분류하고 분석하며 결과를 통해 문제점을 분석한 후, 수정에 필요한 의견을 포함하여 보고서를 작성함으로써 피드백을 통해 오류를 수정하도록 한다.

03 테스트 케이스의 작성
- 테스트 케이스는 어떤 실행 환경에서 어떤 입력 값들을 부여하여 원하는 결과가 정확히 나오는지를 판단할 수 있도록 작성한다.

> **기적의 TIP**
>
> **UI 테스트의 주의사항**
> - 사용성에 치중한 나머지 고객의 감성적인 측면에 그칠 수 있다.
> - 기본 기능이 정확히 구현되었는지 검사하는 기본적인 기능 테스트에 대한 누락이 발생하지 않도록 주의한다.
> - 테스트에 참여하는 인원이 자율적으로 테스트할 수 있는 환경이어야 좋은 품질 보장이 가능하다.
> - 테스트 진행 시 자세한 기능 설명, 구현 방법에 대해서 충분한 테스트가 기능하도록 한다.
> - 테스트가 오랜 시간 진행될 경우 지연 사유를 체크해야 한다.

합격을 다지는 예상문제

선다형(필기)

01 사용성 테스트 측정 항목이 <u>아닌</u> 것은?
① 학습 용이성
② 효율성
③ 에러 대처
④ 처리 능력

정답 ④

02 다음 중 사용성 테스트 유형이 <u>아닌</u> 것은?
① 탐구형
② 학습형
③ 비교형
④ 평가형

정답 ②

03 다음에서 설명하는 사용성 테스트 유형은 무엇인가?

> · 프로토타입을 통한 사용성 테스트로서 가장 마지막 단계에서 쓰인다.
> · 앱이나 웹 사이트의 효율성에 대해 평가를 하는 데 큰 도움을 준다.
> · 실시간 실험을 통해서 사용자들의 반응을 트랙하고 어떤 에러들을 만들어 내는지 관찰한다.
> · 테스트를 통해서 알게 된 사용성 문제를 없애기 위해 사용된다.

① 평가형
② 탐구형
③ 비교형
④ 검증형

정답 ①

04 다음 사용성 테스트 과정의 빈칸에 들어갈 알맞은 단계는?

> 계획 수립 - 테스트 설계 - 리쿠르팅 - (　　) - 결과 보고서 작성

① 사용자 분석
② 참가자 선정
③ 피드백 수행
④ 테스트 실행

정답 ④

05 다음 중 사용성 테스트의 주의사항으로 옳지 <u>않은</u> 것은?
① 기본 기능이 정확하게 구현되었는지 검사하는 기능 테스트에 누락이 발생하지 않도록 주의해야 한다.
② 테스트에 참여하는 인원이 자율적으로 테스트할 수 있는 환경이라면 결과가 왜곡될 수 있으니 주의해야 한다.
③ 테스트 진행 시 기능에 대해 자세하게 설명하고, 구현 방법을 충분히 테스트할 수 있도록 해야 한다.
④ 테스트 시간이 예상보다 오래 지연되어 진행될 경우에는 지연 사유를 체크하여야 한다.

정답 ②

CHAPTER
04

서버 프로그램 구현하기

학습 방향

소프트웨어의 공급자부터 실제 고객까지의 프로세스를 살펴보고, 서버에서 작동하는 프로그램의 구현 절차에 대해서 살펴보게 됩니다. 또한 서버 프로그램 개발 시 고려해야 할 소프트웨어 개발 보안과 API의 정의와 종류를 학습하게 됩니다. 출제 비중이 높지 않으니 개념적으로 간단히 정리하도록 합니다.

SECTION 01 서버 프로그램

출제빈도 상 중 하
반복학습 1 2 3

빈출 태그 ▶ #프레임워크 #DAO #DTO #VO

01 프레임워크(Framework)에 대한 개념

- 프레임워크(Framework)란 틀, 규칙, 법칙을 의미하는 '프레임(Frame)'과 작업을 의미하는 '워크(Work)'의 합성어로 작업에 대한 규칙을 정하는 일이다.
- 랄프 존슨(Ralph Johnson)은 프레임워크를 '소프트웨어의 구체적인 부분에 해당하는 설계와 구현을 재사용이 가능하게끔 일련의 협업화된 형태로 클래스들을 제공하는 것'이라고 정의하였다.
- 소프트웨어 프레임워크(애플리케이션 프레임워크, Application Framework)는 프로그래밍에서 특정 운영체제를 위한 응용 프로그램 표준 구조를 구현하는 클래스와 라이브러리의 모임이다.
- 효율적인 정보 시스템 개발을 위한 코드 라이브러리, 애플리케이션 인터페이스(Application Interface), 설정 정보 등의 집합으로서 재사용이 가능하도록 공통적인 개발환경인 기본 뼈대를 제공해 주는 것이다.
- 광의적으로 정보 시스템의 개발 및 운영을 지원하는 도구 및 가이드 등을 포함한다.
- 프레임워크는 목적에 따라 효율적으로 구조를 마련해 놓은 개발 방식이다.

02 프레임워크의 특징

모듈화 (Modularity)	프레임워크는 인터페이스에 의한 캡슐화를 통해서 모듈화를 강화하고 설계와 구현의 변경에 따르는 영향을 극소화하여 소프트웨어의 품질을 향상시킨다.
재사용성 (Reusability)	• 프레임워크가 제공하는 인터페이스는 반복적으로 사용할 수 있는 컴포넌트를 정의할 수 있게 하여 재사용성을 높여 준다. • 프레임워크 컴포넌트를 재사용하는 것은 소프트웨어의 품질을 향상시킬 뿐만 아니라 개발자의 생산성도 높여 준다.
확장성 (Extensibility)	• 프레임워크는 다형성(Polymorphism)을 통해 애플리케이션이 프레임워크의 인터페이스를 확장할 수 있게 한다. • 프레임워크 확장성은 애플리케이션 서비스와 특성을 변경하고 프레임워크를 애플리케이션의 가변성으로부터 분리함으로써 재사용성의 이점을 얻게 한다.
제어의 역흐름 (Inversion of Control)	프레임워크 코드가 전체 애플리케이션의 처리 흐름을 제어하여 특정한 이벤트가 발생할 때 다형성(Polymorphism)을 통해 애플리케이션이 확장한 메소드를 호출함으로써 제어가 프레임워크로부터 애플리케이션으로 거꾸로 흐르게 한다.

- 웹 서버 프레임워크의 주요 종류
  - 웹 서버 프레임워크는 동적인 웹 페이지나 웹 서비스를 개발하는 과정에서 DB 연동, 템플릿 지원, 코드 재사용 등을 지원하는 것을 목적으로 하는 프레임워크이다.
  - 웹 애플리케이션 구축 아키텍처는 대부분 MVC(모델-뷰-컨트롤러) 모델을 이용하여 사용자 인터페이스를 백 엔드로 분리하여 개발한다.

기반	프레임워크	설명
CLI	ASP.NET	MS가 개발한 동적인 웹 사이트, 웹 애플리케이션, 웹 서비스 개발을 지원하는 웹 애플리케이션 프레임워크
PHP	CodeIgniter (코드이그나이터)	간편한 인터페이스와 논리적인 구조로 서버 지원을 최소화한 프레임워크
PHP	Laravel(라라벨)	오픈소스 웹 프레임워크이며 MVC 아키텍처와 모듈 방식의 패키징 시스템으로 가장 대중적인 PHP 프레임워크
Java	Spring(스프링)	자바 플랫폼을 위한 오픈소스 애플리케이션 프레임워크로 공공기관의 웹 서비스 개발 시 사용을 권장하는 전자정부 표준 프레임워크
Java	struts(스트럿츠)	자바 기반의 JSP만을 위한 오픈소스 프레임워크
JavaScript	Vue.js	반응형 및 구성 가능한 뷰 구성요소를 제공하여 단순한 사용자 인터페이스를 구축하는 데 사용되는 프레임워크
JavaScript	React.js	페이스북에서 개발하는 대화형 사용자 인터페이스를 구축하는 선언적이고 동적이며 유연한 프레임워크
JavaScript	Angualr.js	데이터 중심적, 테스트 주도적, 선언적 HTML의 특징을 가지고 사용자 환경에서 쉽고 빠르게 HTML 어휘를 확장 가능한 프레임워크
Python	Django(장고)	고도의 데이터베이스 기반 웹 사이트를 작성하는 데 용이하며 강력한 라이브러리를 제공하지만 모바일 환경 구현이 어려운 프레임워크
Ruby	Ruby on Rails (루비 온 레일즈)	데이터베이스를 이용한 웹 애플리케이션을 개발할 때 반복되는 코드를 대폭 줄여 개발 시간이 단축 가능한 오픈소스 프레임워크

03 데이터 저장 계층 또는 영속 계층(Persistence Layer)

- DAO/DTO/VO는 영속 계층(Persistence Layer)에서 사용되는 특정 패턴을 통해 구현되는 Java Bean이다.
- 영속 계층의 객체 종류

DAO (Data Access Object)	• DAO는 데이터베이스의 데이터를 접근(Access)하는 트랜잭션 객체로 데이터를 조회하거나 조작하는 기능을 전담 • 데이터베이스에 연결하여 입력, 수정, 삭제, 조회 등의 작업을 하는 클래스 • 애플리케이션 호출을 데이터 저장 부분(Persistence Layer)에 매핑함으로써 DAO는 데이터베이스의 세부 내용을 노출하지 않고 특정 데이터 조작 기능을 제공

> **기적의 TIP**
>
> **Java Bean(자바 빈)**
> 데이터를 표현하는 것을 목적으로 하는 Java의 재사용 가능한 클래스로 반복적인 작업을 효율적으로 하기 위해 생성하여 사용한다.
> - 디폴트 생성자가 반드시 존재
> - 직렬화 가능
> - Getter와 Setter 메소드 제공

> **기적의 TIP**
>
> **Persistence Layer(퍼시스턴스 계층)**
> 데이터 저장 계층 또는 영속 계층으로 영구 저장소인 데이터베이스에 데이터를 영구 처리하는 계층

DTO (Data Transfer Object)	• DTO는 프로세스 사이에서 데이터를 전송하는 객체를 의미하는 계층 간 데이터 교환을 위한 자바 빈즈 • 많은 프로세스 간의 커뮤니케이션이 원격 인터페이스(◉ 웹 서비스)에 의해 이루어지기 때문에 전송될 데이터를 모으는 DTO를 이용해서 한 번만 호출하게 함 • DTO는 스스로의 데이터를 저장 및 회수하는 기능을 제외하고 아무 기능도 가지고 있지 않다는 것이 DAO와의 차이임 • 순수한 데이터 객체이며 속성과 그 속성에 접근하기 위한 Getter와 Setter 메소드만 가진 클래스(필수사항 : 속성은 private 접근, public Getter/Setter 메소드)
VO (Value Object)	• VO는 간단한 독립체(Entity)를 의미하는 작은 객체를 의미 • 가변 클래스인 DTO와 다르게 Getter 기능(Read Only 속성)만 제공하는 불변 클래스를 만들어서 사용

04 서버 프로그램 구현 절차

① 업무 프로그램을 구현하기 위한 I/O 오브젝트(DTO/VO)를 정의한다.
② 업무 프로그램을 구현하기 위한 Data를 준비한다.
③ 업무 프로그램을 구현하기 위한 SQL을 작성한다.
④ 데이터 접근 객체(DAO, Data Access Object)를 구현한다.
⑤ Java 시큐어 코딩 가이드에 의한 보안 취약성을 제거하는 코드를 구현한다.
⑥ 컨트롤러(Controller) 클래스를 구현한다.

> **기적의 TIP**
>
> 세부 업무 프로세스를 기반으로 업무 프로그램을 서버 영역(Back End)과 화면 영역(Front End)으로 구분하여 구현하며, 순서에 상관없이 구현해도 됩니다.

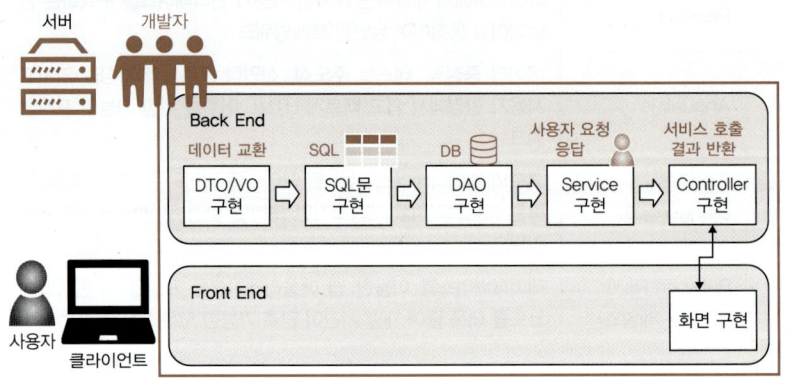

05 서버 프로그램 테스트

① 소프트웨어 테스트
• 소프트웨어 테스트란 구현된 애플리케이션이나 시스템이 사용자의 요구사항을 만족시키는지 확인하기 위하여 기능 및 비기능 요소의 결함을 찾아내는 활동이다.

② 소프트웨어 테스트의 원칙
• 개발자가 자신이 개발한 프로그램 및 소스코드를 테스팅하지 않는다.
  - 일반적으로 개발자가 자신이 개발한 소스코드를 자신이 테스팅을 할 경우 결함을 발견하는 것이 쉬운 일이 아니다.

- 효율적인 결함 제거 법칙 사용
  - 효율적으로 결함을 발견, 가시화, 제거, 예방의 순서로 하여 정량적으로 관리할 수 있어야 한다.
  - 낚시의 법칙, 파레토의 법칙 등이 있다.
- 완벽한 소프트웨어 테스팅은 불가능하다.
  - 단순한 애플리케이션이라도 테스트 케이스의 수는 무한대로 발생되기 때문에 완벽한 테스트는 불가능하다.
- 테스트는 계획 단계부터 해야 한다.
  - 소프트웨어 테스트는 결함의 발견이 목적이긴 하지만 개발 초기 이전인 계획 단계에서부터 할 수 있다면 결함을 예방할 수 있다.
- 살충제 패러독스(Pesticide Paradox)
  - 동일한 테스트 케이스로만 반복 실행하면 더 이상 새로운 결함을 발견할 수 없으므로 주기적으로 테스트 케이스를 점검하고 개선해야 한다.
- 오류-부재의 궤변(Absence of Errors Fallacy)
  - 사용자의 요구사항을 만족하지 못한다면 오류를 발견하고 제거해도 품질이 높다고 말할 수 없다.

③ 소프트웨어 테스트의 명세

- 테스트가 완료되면 테스트 계획과 테스트 케이스 설계부터 단계별 테스트 시나리오, 테스트 결과까지 모두 포함된 문서를 일관성 있게 작성한다.
- 테스트 계획, 소요 비용, 테스트 결과에 의해 판단 가능한 대상 소프트웨어의 품질 상태를 포함한 요약 문서를 작성한다.
- 단계별 테스트 종료 시 테스트 실행 절차를 리뷰하고 결과에 대한 평가를 수행하며, 그 결과에 따라 실행 절차를 최적화하여 다음 테스트에 적용한다.

> **기적의 TIP**
> - 낚시의 법칙 : 낚시를 즐겨 하는 사람들은 특정 자리에서 물고기가 잘 잡힌다는 사실을 경험적으로 알고 있다. 소프트웨어 제품의 결함도 특정 기능, 모듈, 라이브러리에서 결함이 많이 발견된다는 것이 소프트웨어 테스트에서의 낚시의 법칙이다.
> - 파레토의 법칙 : 소프트웨어 제품에서 발견되는 전체 결함의 80%는 소프트웨어 제품의 전체 기능 중 20%에 집중되어 있다.

> **기적의 TIP**
> - 품질 상태는 품질 지표인 테스트 성공률, 발생한 결함의 수와 결함의 중요도, 테스트 커버리지 등이 포함됩니다.
> - 테스트 결과서는 결함에 관련된 내용을 중점적으로 기록하며, 결함의 내용, 결함의 재현 순서를 상세하게 기록합니다.

합격을 다지는 예상문제

선다형(필기)

01 프레임워크(Framework)에 대한 설명으로 옳은 것은?
① 소프트웨어 구성에 필요한 기본 구조를 제공함으로써 재사용이 가능하게 해준다.
② 소프트웨어 개발 시 구조가 잡혀있기 때문에 확장이 불가능하다.
③ 소프트웨어 아키텍처(Architecture)와 동일한 개념이다.
④ 모듈화(Modularity)가 불가능하다.

[정답] ①

[해설]
프레임워크(FrameWork) : 복잡한 소프트웨어 문제를 해결하거나 서술하는 데 필요한 기본 구조를 제공함으로써 재사용이 가능하게 해준다.

SECTION 02 소프트웨어 개발 보안과 API

빈출 태그 ▶ #시큐어코딩 가이드 #API의 개념

01 소프트웨어(SW) 개발 보안

1) 정의
- 소프트웨어 개발 보안은 소프트웨어 개발 과정에서 발생할 수 있는 보안 취약점을 최소화하여 보안 위협으로부터 안전한 소프트웨어를 개발하기 위한 일련의 보안 활동을 의미한다.
- SW 개발 과정에서 개발자의 실수, 논리적 오류 등으로 인해 SW에 내포될 수 있는 보안 취약점(Vulnerability)의 원인, 즉 보안 약점(Weakness)을 최소화하고 사이버 보안 위협에 대응할 수 있는 안전한 SW를 개발하는 것이 목적이다.
- 데이터의 기밀성, 무결성, 가용성을 유지하는 것을 목표로 한다.
- 정부에서 제공하는 소프트웨어 개발 보안 가이드를 참고하여 보안 항목들을 점검한다.

2) 보안 요소

기밀성	정보와 자원은 인가된 사용자에게만 접근 허용
무결성	오직 인가된 사용자만 수정 가능
가용성	인가받은 사용자는 언제든 사용 가능
인증	사용하려는 사용자가 합적인지 확인하는 모든 행위
부인 방지	데이터를 송/수신한 사용자가 사실을 부인할 수 없도록 증거 제공

> **기적의 TIP**
> 소프트웨어 개발 보안 가이드의 구성요소는 Java 시큐어 코딩 가이드의 점검 항목입니다.

02 소프트웨어 개발 보안 가이드의 구성

입력 데이터 검증 및 표현	• 프로그램 입력값에 대한 검증 누락 또는 부적절한 검증, 데이터의 잘못된 형식 지정으로 인해 발생할 수 있는 보안 약점 • SQL 삽입, 자원 삽입, 크로스 사이트 스크립트 등 26개
보안 기능	• 보안 기능(인증, 접근 제어, 기밀성, 암호화, 권한 관리 등)을 적절하지 않게 구현 시 발생할 수 있는 보안 약점 • 부적절한 인가, 중요 정보 평문 저장(또는 전송) 등 24개
시간 및 상태	• 동시 또는 거의 동시 수행을 지원하는 병렬 시스템, 하나 이상의 프로세스가 동작하는 환경에서 시간 및 상태를 부적절하게 관리하여 발생할 수 있는 보안 약점 • 경쟁 조건, 제어문을 사용하지 않는 재귀 함수 등 7개

에러 처리	• 에러를 처리하지 않거나, 불충분하게 처리하여 에러 정보에 중요 정보(시스템 등)가 포함될 때 발생할 수 있는 보안 약점 • 취약한 패스워드 요구 조건, 오류 메시지를 통한 정보 노출 등 4개
코드 오류	• 타입 변환 오류, 자원(메모리 등)의 부적절한 반환 등과 같이 개발자가 범할 수 있는 코딩 오류로 인해 유발되는 보안 약점 • 널 포인터 역참조, 부적절한 자원 해제 등 7개
캡슐화	• 중요한 데이터 또는 기능성을 불충분하게 캡슐화하였을 때 인가되지 않는 사용자에게 데이터 누출이 가능해지는 보안 약점 • 제거되지 않고 남은 디버그 코드, 시스템 데이터 정보 노출 등 8개
API 오용	• 의도된 사용에 반하는 방법으로 API를 사용하거나, 보안에 취약한 API를 사용하여 발생할 수 있는 보안 약점 • NS Lookup에 의존한 보안 결정, 널 매개 변수 미조사 등 7개

03 API(Application Programming Interface)

1) 정의

- 응용 프로그램 프로그래밍 인터페이스이며, 프로그래밍에서 프로그램을 작성하기 위한 일련의 부(Sub) 프로그램, 프로토콜 등을 정의하여 상호작용을 하기 위한 인터페이스 사양을 의미한다.
- 정의 및 프로토콜 집합을 사용하여 두 소프트웨어 구성요소가 서로 통신할 수 있게 하는 메커니즘이다.
- 개발에 필요한 여러 도구를 제공하기 때문에 이를 이용하면 원하는 기능을 쉽고 효율적으로 구현할 수 있다.

2) API의 종류

- Windows API, 단일 유닉스 규격(SUS), Java API, 웹 API 등이 있다.

> **기적의 TIP**
> 누구나 무료로 사용할 수 있는 API를 Open API라고 합니다.

합격을 다지는 예상문제

선다형(필기)

01 소프트웨어 개발에서 정보보안 3요소에 해당하지 않는 설명은?

① 기밀성 : 인가된 사용자에 대해서만 자원 접근이 가능하다.
② 무결성 : 인가된 사용자에 대해서만 자원 수정이 가능하며, 전송 중인 정보는 수정되지 않는다.
③ 가용성 : 인가된 사용자는 가지고 있는 권한 범위 내에서 언제든 자원 접근이 가능하다.
④ 휘발성 : 인가된 사용자가 수행한 데이터는 처리완료 즉시 폐기되어야 한다.

 ④

정보보안의 3요소 : 기밀성(Confidentiality), 무결성(Integrity), 가용성(Availability)

PART 06

데이터 입출력 구현

CHAPTER

01

데이터베이스

학습 방향

데이터베이스의 기본 개념과 용어들을 잘 정리해 두세요. 앞으로 자주 등장하는 용어입니다.

SECTION 01 데이터베이스 개념

출제빈도 상 중 하
반복학습 1 2 3

빈출 태그 ▶ #데이터베이스 개념 #개체 #속성 #관계

> **기적의 TIP**
>
> 이번 Section에 나오는 데이터베이스의 기본 개념과 용어들을 잘 정리해 두세요. 앞으로 자주 등장하는 용어입니다.

01 데이터베이스의 정의

- 데이터베이스란 어느 한 조직에서 업무 처리를 위해 다수의 응용 시스템 혹은 다수의 사용자들이 공용으로 사용하기 위해 통합·저장된 운영 데이터의 집합을 말한다.
- 데이터의 종류

통합된 데이터 (Integrated Data)	하나의 주제에 따라 중복을 최소화한 데이터의 집합
저장된 데이터 (Stored Data)	사용자나 응용 시스템이 필요시 언제든지 이용할 수 있도록 저장된 데이터의 집합
공용 데이터 (Shared Data)	여러 사용자와 다수의 응용 시스템이 공유할 수 있도록 만든 데이터의 집합
운영 데이터 (Operational Data)	중복을 최소화하고 여러 사람이 공유함에 있어 문제가 발생하지 않도록 관리를 필요로 하는 데이터로, 이용가치가 있는 데이터의 집합

02 데이터베이스의 특징

계속적인 변화(진화) (Continuous Evolution)	항상 최신 정보를 유지할 수 있도록 삽입, 삭제, 갱신이 이루어짐
동시 공유 (Concurrent Sharing)	여러 사용자가 동시에 접근하여 이용
실시간 접근성 (Real-Time Accessibility)	질의(Query)에 대해 실시간 처리 및 응답
내용에 의한 참조 (Contents Reference)	데이터의 물리적 주소나 위치에 의하지 않고 사용자가 요구하는 데이터 내용으로 검색(이용)

03 데이터베이스의 구성요소

① 개체(Entity)
- 사람이 생각하는 개념이나 정보 단위와 같은 현실 세계의 대상체로, 실세계에 존재하는 유형 혹은 무형 정보의 대상이며 서로 구별이 되는 하나하나의 대상을 말한다.
- 개체는 하나 이상의 속성(정보)으로 구성된다.

② 속성(Attribute)
- 개체의 특성이나 혹은 상태를 기술하는 것을 말한다.
- 속성만으로는 개체를 구분하기 어렵다.

③ 관계(Relationship)
- 두 개 이상의 개체 사이 또는 속성 간의 상호 연관성을 말한다.
- 관계의 종류(사상 대응수)

1:1(일대일)	두 개체 간의 구성 원소가 각각 하나씩 대응되는 경우
1:n(일대다)	두 개체 간의 구성 원소 중 하나의 원소와 여러 개의 원소가 대응되는 경우
n:m(다대다)	두 개체 간의 구성 원소들이 상호 여러 개의 원소들과 대응되는 경우

> **기적의 TIP**
> 한 명의 학생이 있을 때 이 한 명의 학생은 개체가 됩니다. 그리고 그 학생이 가지고 있는 정보 가령 학번, 이름, 주소 등과 같은 것은 속성이 됩니다.

> **기적의 TIP**
> 정보(Information)란 관찰이나 측정 등을 통해 수집된 자료(Data)를 가공하여 유용한 가치를 가지도록 한 것을 말합니다.

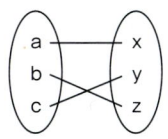
▲ 1:1 관계

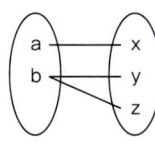
▲ 1:n 관계

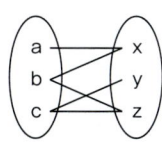
▲ n:m 관계

합격을 다지는 예상문제

선다형(필기)

01 데이터베이스 정의에 해당되는 내용을 모두 나열한 것은?

　㉠ Shared Data
　㉡ Distributed Data
　㉢ Stored Data
　㉣ Operational Data

① ㉠, ㉡
② ㉠, ㉡, ㉢
③ ㉠, ㉢, ㉣
④ ㉠, ㉡, ㉢, ㉣

> **정답** ③
> **해설**
> 데이터베이스의 정의 : 통합된 데이터(Integrated Data), 저장된 데이터(Stored Data), 운영 데이터(Operational Data), 공용 데이터(Shared Data)

02 데이터베이스의 특성으로 옳은 내용을 모두 골라 쓰시오.

　㉠ 실시간 접근성
　㉡ 변하지 않는 항상성
　㉢ 동시 공유
　㉣ 내용에 의한 참조

　◦ 답 :

> **정답** ㉠, ㉢, ㉣
> **해설**
> 데이터베이스의 특성 : 실시간 접근성(Real Time Accessibility), 내용에 의한 참조(Content Reference), 동시 공유(Concurrent Sharing), 계속적 변화(Continuous Evolution)

SECTION 02 데이터베이스 관리 시스템

빈출 태그 ▶ #DBMS #중복성 #종속성 #무결성 #데이터베이스 언어

01 DBMS(DataBase Management System)의 정의

- 종래 파일 시스템의 문제점인 데이터의 중복성과 종속성 등의 문제를 최소화하기 위해 등장하였으며, 사용자와 데이터베이스 간의 중계 역할을 한다.
- 데이터베이스의 내용을 정의하고, 조작, 제어(관리)할 수 있도록 함으로써 모든 사용자나 응용 프로그램들이 데이터베이스를 공유할 수 있도록 관리·운영해 주는 소프트웨어 시스템을 말한다.

> **기적의 TIP**
> - 중복성 : 동일한 데이터가 여러 곳에 중복 저장되는 성질을 말하며, 이로 인해 일관성이 결여될 수 있고 저장 공간 측면에서도 비효율적이다.
> - 종속성 : 하나의 데이터가 삭제, 변경됨으로 인해 다른 데이터가 원하지 않게 그 영향을 받는 성질을 말한다.

> **기적의 TIP**
> DBMS는 쉽게 말해서 컴퓨터의 윈도와 같은 운영체제의 역할과 비슷합니다. 운영체제가 있어서 우리가 컴퓨터를 이용할 수 있고, 여러 가지 작업을 할 수 있듯이 데이터베이스에서도 DBMS가 그와 같은 역할을 한다고 생각하세요.

02 DBMS의 필수 기능

정의 기능 (Definition Facility)	• 저장될 데이터의 형태, 구조 등 데이터베이스의 저장에 관한 여러 가지 사항을 정의(생성)하는 기능 • 데이터베이스 구조 정의 제공
조작 기능 (Manipulation Facility)	• 데이터베이스의 자료를 사용자가 이용할 수 있도록 요구에 따라 검색, 갱신, 삽입, 삭제 등을 지원하는 기능 • 데이터베이스를 접근하여 데이터의 검색/삽입/삭제/갱신 등의 연산 작업을 위한 사용자와 데이터베이스 사이의 인터페이스 수단 제공
제어 기능 (Control Facility)	• 데이터의 정확성과 안전성 유지를 위한 관리 기능 • 데이터 무결성 유지, 보안 유지 및 권한 검사, 병행 제어 제공

> **기적의 TIP**
> - 무결성 : 데이터베이스의 자료가 오류 없이 정확성과 안정성을 유지하기 위한 제약 조건이나 성질
> - 병행 수행 제어 : 동시에 여러 가지 작업을 하는 경우 무결성 유지를 위해 동시에 제어하는 것

03 DBMS의 장단점

장점	• 데이터의 중복성과 종속성을 최소화함 • 데이터의 일관성을 유지함 • 데이터의 무결성을 유지함 • 사용자 간의 데이터 공유가 가능함 • 데이터의 보안 유지가 가능함 • 데이터의 표준화 구현이 가능함
단점	• 많은 운영비가 소요됨 • 자료 처리가 복잡함 • Backup(백업)과 Recovery(회복)의 어려움이 있음

> **기적의 TIP**
> 데이터의 중복성과 종속성을 최소화한다는 의미는 데이터의 '독립성'을 유지해야 한다는 것을 나타내기도 합니다.

04 데이터베이스 언어

- 데이터베이스 언어란 데이터베이스의 전체 구조와 구성요소 및 제약조건 등을 정의(생성)하고, 데이터베이스를 이용하며, 관리·운영을 위해 사용되는 언어를 말한다.
- 데이터베이스에서 사용되는 언어는 크게 정의어, 조작어, 제어어로 나뉜다.

정의어(DDL, Data Definition Language)	데이터베이스 구조를 정의 및 수정 등을 위해 사용되는 언어 예 CREATE, DROP, ALTER
조작어(DML, Data Manipulation Language)	데이터베이스 내의 자료를 검색, 삽입, 수정, 삭제하기 위해 사용되는 언어 예 SELECT, INSERT, UPDATE, DELETE
제어어(DCL, Data Control Language)	데이터베이스의 데이터에 대해 무결성 유지, 병행 수행 제어, 보호와 관리를 위한 언어 예 GRANT, REVOKE

> **기적의 TIP**
>
> 데이터베이스 언어의 종류는 DBMS의 필수 기능과 유사합니다. 데이터베이스 언어는 DBMS의 기능을 수행하기 위해 만들어졌기 때문입니다. 따라서 이 두 가지를 연관지어 정리하세요.

합격을 다지는 예상문제

선다형(필기)

01 DBMS의 필수 기능 중 모든 응용 프로그램들이 요구하는 데이터 구조를 지원하기 위해 데이터베이스에 저장될 데이터 타입과 구조에 대한 정의, 이용 방식, 제약 조건 등을 명시하는 기능은?

① 정의 기능 ② 조작 기능
③ 사상 기능 ④ 제어 기능

정답 ①

02 다음 중 데이터베이스 관리 시스템(DBMS)의 장점에 해당하지 않는 것은?

① 데이터의 일관성 유지 ② 데이터의 무결성 유지
③ 데이터의 보안 보장 ④ 데이터 간의 종속성 유지

정답 ④
해설
DBMS는 데이터 중복 및 종속성 최소화를 지향한다.

서술형(실기)

03 데이터베이스 언어 중 다음의 설명에 해당하는 언어는 무엇인지 쓰시오.

- 데이터베이스 내의 자료를 검색, 삽입, 수정, 삭제하기 위해 사용되는 언어이다.
- 종류에는 SELECT, INSERT, UPDATE, DELETE 등이 있다.

○ 답 :

정답 DML

SECTION 03 데이터베이스 구조(스키마)

빈출 태그 ▶ #내부 스키마 #개념 스키마 #외부 스키마 #DBA

기적의 TIP

컴퓨터를 통해 보고 듣는 문자, 이미지, 영상, 소리 등은 사람이 보고 듣고 이해할 수 있는 형태입니다. 이와 같이 사람이 이해할 수 있는 것을 논리적 구조라고 합니다. 그러나 실제 컴퓨터 내부에서는 모든 것이 2진수로 표현되고 처리되는데, 이러한 형태를 물리적 구조라고 합니다. 앞으로 '논리적~'하면 사람이 표현하고 생각하는 구조, '물리적~'하면 기계 입장에서 표현하고 처리하는 구조로 이해해 두세요!

01 데이터베이스의 표현

논리적 구조	사용자 관점에서 본 구조를 나타내며 사용자가 이해하고 생각하는 것을 나타내는 형태
물리적 구조	저장 장치(기계) 관점에서 본 구조를 나타내며 기계 처리에 맞는 형태

02 스키마(Schema)

- 스키마는 데이터베이스의 전체적인 구조와 제약조건에 대한 명세를 기술·정의한 것을 말하며, 스킴(Scheme)이라고도 한다.
- 스키마의 종류

내부 스키마 (Internal Schema)	물리적 저장 장치 관점(기계 관점)에서 본 데이터베이스의 물리적 구조
개념 스키마 (Conceptual Schema)	논리적 관점(사용자 관점)에서 본 전체적인 데이터 구조
외부 스키마 (External Schema)	전체 데이터 중 사용자가 사용하는 한 부분에서 본 논리적 구조를 말하며, 서브 스키마라고도 함

- 스키마의 구조

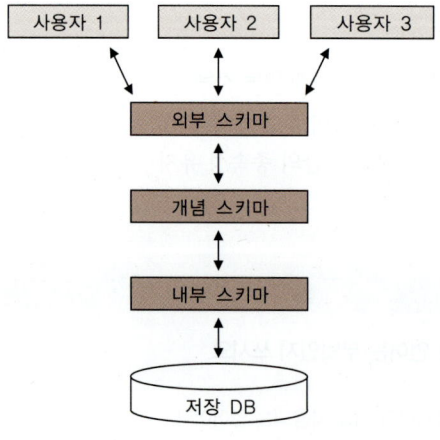

기적의 TIP

스키마 종류 어렵죠? 예를 들어 영진닷컴 홈페이지를 이용한다고 했을 때, 우리는 모르지만 영진닷컴 홈페이지를 관리하는 컴퓨터에는 사용자들에게 제공하기 위한 수많은 자료들이 실제 기계 처리에 맞게 분배되어 저장되고 처리됩니다. 이와 같이 실제 기계 처리에 맞게 저장되고 처리되는 일련의 모든 것을 내부 스키마라고 합니다.
그리고 이 모든 서비스는 홈페이지를 통해 우리가 알아볼 수 있는 문자와 이미지 등으로 나타나죠? 이와 같이 전반적으로 우리가 알아볼 수 있는 형태로 나타내는 것을 개념 스키마라고 합니다.
마지막으로 영진닷컴 홈페이지에서 제공하는 많은 서비스 중 하나를 선택(하나의 메뉴를 클릭)하면 그에 해당하는 서비스가 제공됩니다. 이와 같이 외부 스키마는 전체 중에서 사용자가 직접 하나를 선택했을 때 그에 해당하는 서비스를 제공하는 것을 말합니다.

03 데이터베이스 관리자(DBA, DataBase Administrator)

- 데이터베이스 시스템과 관련된 모든 자원에 대해 기획·통제를 하며 데이터베이스 언어를 이용해 DBMS를 거쳐 전체적인 관리 운영에 책임을 지는 사람이나 집단을 말한다.
- DBA의 역할
  - 데이터베이스 구성요소를 결정
  - 저장 구조와 접근 방법을 선정
  - 보안, 권한 부여, 유효성 검사 등을 수행
  - 스키마를 정의
  - 예방, 회복 절차 수립 등을 모색
  - 무결성 유지를 위한 관리

더 알기 TIP

데이터베이스 사용자

- 데이터 관리자(DA, Data Administrator) : 정보 관리의 책임을 지는 경영 분야의 고위직으로 특정한 데이터베이스의 유지나 보안에 대해서는 책임을 지지 않으나 정보의 가치, 무결성과 질을 관리한다.
- 응용 프로그래머(Application Programmer) : 데이터베이스의 내용을 일반 사용자가 사용할 수 있도록 프로그램(응용 시스템)을 개발하는 사람을 말한다.
- 사용자(User) : 데이터베이스의 내용을 실제 사용하는 사람이나 집단을 말한다.

합격을 다지는 예상문제

선다형(필기)

01 다음에서 설명하는 스키마(Schema)는?

> 데이터베이스 전체를 정의한 것으로 데이터 개체, 관계, 제약조건, 접근 권한, 무결성 규칙 등을 명세한 것

① 외부 스키마　　② 내부 스키마
③ 개념 스키마　　④ 내용 스키마

해설
개념 스키마(Conceptual Schema)는 모든 응용 시스템들이나 사용자들이 필요로 하는 데이터를 통합한 조직 전체의 데이터베이스를 정의한다.

02 DBA의 역할로 거리가 먼 것은?

① 응용 프로그램(Application Program)의 작성
② 스키마 정의
③ 무결성 제약 조건의 지정
④ 저장 구조와 액세스 방법 정의

해설
응용 프로그램 작성은 응용 프로그래머의 역할이다.

서술형(실기)

03 다음 괄호에 들어갈 알맞은 내용을 채우시오.

(①)	데이터베이스 구조와 관련된 전반적인 정의로서 데이터베이스 설계 단계를 의미하는 것으로 데이터베이스를 구성하는 개체, 속성, 이들 간에 존재하는 관계, 데이터 구조와 데이터들이 갖는 제약에 관한 정의를 총칭하는 것을 말한다.
(②)	데이터베이스는 3계층 구조로 구성되며 이 중 데이터베이스의 물리적 저장장치 관점에서 본 구조를 내부 스키마, 데이터베이스의 전체적인 구조를 논리적 관점에서 본 구조를 개념 스키마, 전체 데이터 중 사용자가 사용하는 한 부분에서 본 논리적 구조를 (②)(이)라 하며 서브 스키마라고도 한다.
(③)	데이터베이스 시스템과 관련된 모든 자원들에 대해 DBMS를 거쳐 표현하고 관리 목적으로 데이터베이스에 접근하여 데이터베이스 시스템의 관리 운영에 책임을 지는 사람 또는 집단을 말한다.

- ① :
- ② :
- ③ :

[정답]
① 스키마 또는 Schema ② 외부 스키마
③ 데이터베이스 관리자 또는 DBA

04 다음 괄호에 들어갈 알맞은 내용을 채우시오.

(①)	응용 프로그램과 데이터베이스의 중재자 역할을 하며 모든 응용 프로그램들이 데이터베이스에 접근하여 데이터를 공유할 수 있도록 관리하는 프로그램의 집합체로서 데이터베이스 시스템을 운영 및 관리하며 데이터베이스와 사용자를 연결해 주는 역할을 한다. 또한 데이터의 독립성을 확보하고 중복성과 종속성을 최소화하여 모든 응용 시스템들이 데이터베이스를 공유하여 사용할 수 있도록 데이터베이스를 정의, 조작, 제어하기 위한 기능을 탑재한 소프트웨어 시스템을 말한다.
(②)	데이터베이스 내에 저장되는 데이터 값들이 항상 일관성을 갖고 데이터의 유효성, 정확성, 안정성을 유지할 수 있도록 하는 제약조건을 두는 데이터베이스의 특성을 말한다.
(③)	데이터베이스에서 구조를 정의하거나 수정·삭제 등을 위해 사용되는 언어를 정의어(DDL)라 하며, 데이터베이스의 자료를 조작(검색, 갱신, 추가, 삭제) 및 질의하기 위한 언어를 (③)(이)라 한다. 데이터베이스의 무결성 유지, 보안과 권한 검사, 회복 절차 이행, 병행 수행 제어 등을 위해 사용되는 언어를 제어어(DCL)라 한다.

- ① :
- ② :
- ③ :

[정답]
① 데이터베이스 관리 시스템 또는 DBMS
② 무결성 ③ 조작어 또는 DML

SECTION 04 데이터베이스 설계

빈출 태그 ▶ #개념적 설계 #논리적 설계 #물리적 설계

- 데이터베이스 설계는 데이터베이스의 스키마를 정의하고, 이에 따라 데이터베이스를 구현하기 위한 전반적인 과정을 말한다.
- 데이터베이스 설계 과정은 요구 조건 분석, 설계, 구현, 운영 및 유지보수 등의 과정을 통해 이루어진다.

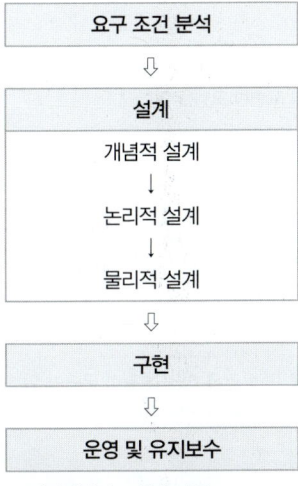

▲ 데이터베이스 설계 과정

> **기적의 TIP**
>
> 이번 Section의 내용은 데이터베이스의 기초가 되는 내용이니 개념적 설계, 논리적 설계, 물리적 설계의 개념을 잘 정리해 두세요.

01 요구 조건 분석

- 요구 조건 분석은 사용자가 무엇에 대한 정보를 필요로 하는지 문제가 무엇인지 등을 분석하는 과정이다.
- 실제로 만들어야 할 데이터베이스를 정의하고, 사용자의 요구 조건에 따라 명세서(Specification)를 작성하게 된다.

02 설계

- 설계 단계는 요구 조건 분석을 통해 얻는 정보를 토대로 실제 데이터베이스를 만들기 위한 이전 단계이다.
- '개념적 설계 → 논리적 설계 → 물리적 설계' 과정을 통해 이루어진다.

① 개념적 설계(Conceptual Design)
- 개념적 설계는 구축하고자 하는 데이터베이스를 개념적으로 표현함으로써 구현할 데이터베이스를 정하고, 데이터베이스를 구성할 구성요소를 결정한 후 수행할 작업과 관계를 설계하는 과정을 말한다.

> **예** 회사에서 사원들 간에 비상 연락망을 만들 경우 비상 연락망을 구성할 구성요소, 즉 항목을 결정해야 한다. 가령 사원번호, 사원명, 부서명, 연락처 등의 항목으로 만들어야겠다면 그 항목을 결정하는 단계를 개념적 설계 단계라고 한다.

- 개념적 설계에서는 구성요소를 정하고 수행할 작업을 설계하기 위해 'E-R 모델'을 대표적으로 이용한다.

➕ 더 알기 TIP

E-R 모델(Entity-Relationship Model)
데이터베이스에서 사용되는 개체(Entity), 속성(Attribute), 개체와 개체 간의 관계(Relationship) 등을 약속된 기호를 이용하여 표현함으로써 데이터베이스의 전반적인 구조를 이해하기 쉽도록 표현한 모델을 말한다.

② 논리적 설계(Logical Design)
- 논리적 설계는 개념적 설계에서 만들어진 구조를 논리적으로 구현 가능한 데이터 모델로 변환하는 단계로 사용자가 알아볼 수 있는 형태로 변환하고, 스키마를 정의하는 과정을 말한다.

> **예** 사원번호, 사원명, 부서명, 연락처 등의 항목으로 구성된 비상 연락망을 만들 경우 아래와 같이 우리가 알아 볼 수 있는 테이블(표)과 같은 형태(구조)로 표현하여 사용자가 이해할 수 있도록 하는데, 이와 같은 단계를 논리적 설계 단계라고 한다.

비상연락망

사원번호	사원명	부서명	연락처

- 위와 같이 테이블(표)의 형태로 표현된 모델을 '관계 데이터 모델'이라고 한다.

③ 물리적 설계(Physical Design)
- 물리적 설계에서는 논리적 데이터베이스 구조를 실제 기계가 처리하기에 알맞도록 내부 저장 장치 구조와 접근 경로 등을 설계하는 과정이다.
- 효율적인 기계 처리에 맞도록 설계하는 과정을 말한다.

> **기적의 TIP**
> 물리적 설계는 실제 기계 내부에서 데이터가 처리될 때 어떻게 해야 공간에 효율적으로 저장될지, 어떻게 해야 사용자들이 쉽게 사용할 수 있을지, 어떻게 해야 작업이 효율적으로 수행될지 등을 설계하는 과정입니다.

03 구현

- 구현 단계는 설계 과정에서 얻어진 것을 토대로 실제 데이터베이스를 만드는 과정이다.
- 데이터베이스 언어를 이용하여 간결·명료하면서도 분석하고 계획한 내용과 일치하고 유지·보수가 용이하도록 작성한다.

+ 더 알기 TIP

데이터베이스 언어
- 정의어(DDL, Data Definition Language) : 데이터베이스의 정의 및 수정, 제거를 위해 사용되는 언어이다.
- 조작어(DML, Data Manipulation Language) : 데이터베이스 내의 자료를 검색, 삽입, 수정, 삭제하기 위해 사용되는 언어이다.
- 제어어(DCL, Data Control Language) : 데이터베이스의 데이터 보호와 관리를 위해 사용되는 언어이다.

04 운영 및 유지보수

- 운영 및 유지보수 단계는 구현된 데이터베이스를 실제로 운영하는 단계이다.
- 실제 사용해 봄으로써 문제점과 개선점 등을 파악하게 된다.

> **기적의 TIP**
>
> 데이터베이스의 전반적인 설계 순서를 정리해 보죠.
> 요구 조건 분석 → 설계(개념적 설계 → 논리적 설계 → 물리적 설계) → 구현 → 운영 및 유지보수

합격을 다지는 예상문제

선다형(필기)

01 물리적 데이터베이스 구조의 기본 데이터 단위인 저장 레코드의 양식을 설계할 때 고려 사항이 아닌 것은?
① 데이터 타입
② 데이터 값의 분포
③ 트랜잭션 모델링
④ 접근 빈도

> **정답** ③
> **해설**
> 트랜잭션 모델링
> - 트랜잭션을 개념적 시스템 독립적으로 정의한다.
> - 트랜잭션의 입출력 기능, 형태만 정의한다.
> - 검색, 갱신, 혼합(검색, 갱신)

02 데이터베이스 설계 단계 중 저장 레코드 양식 설계, 레코드 집중의 분석 및 설계, 접근 경로 설계와 관계되는 것은?
① 논리적 설계
② 요구 조건 분석
③ 개념적 설계
④ 물리적 설계

> **정답** ④
> **해설**
> 물리적 설계 : 목표 DBMS에 종속적인 물리적 구조 설계, 저장 레코드 양식 설계와 레코드 집중의 분석/설계, 엑세스 경로 인덱싱, 클러스터링, 해싱 등의 설계, 접근 경로 설계 및 트랜잭션 세부 설계

서술형(실기)

03 다음 괄호에 들어갈 알맞은 내용을 채우시오.

(①)	데이터 모델링은 데이터베이스 설계 과정에 해당하는 것으로 구축하고자 하는 데이터베이스에 대해 요구 조건 분석 → 설계 → 구현 → 운영/유지보수 과정을 거치게 된다. (①)(은)는 설계 과정 중 데이터베이스를 구성할 구성요소를 결정하고 수행할 작업을 설계하는 과정으로, 구축하고자 하는 데이터베이스를 개념적으로 표현하는 단계를 말한다.
(②)	데이터베이스 설계 과정에서 만들어진 구조를 논리적으로 구현 가능한 데이터 모델로 변환하고 스키마를 정의하는 단계를 논리적 설계라고 하며, 이를 실제 처리하기에 알맞도록 내부 저장 장치 구조와 접근 경로 등을 설계하는 단계를 (②)(이)라고 한다.

◦ ① :
◦ ② :

> **정답** ① 개념적 설계 ② 물리적 설계

SECTION 05 개체-관계 모델(E-R Model)

빈출 태그 ▶ #E-R Model의 이해 #표현법

> **기적의 TIP**
> E-R Model의 개념과 구조를 이해할 수 있어야 합니다. E-R Model의 기호와 다양하게 표현되는 방법을 숙지해 두세요.

> **기적의 TIP**
> E-R Model은 다른 말로 E-R Diagram이라고 하며, 약어로 ERD라고도 합니다.

01 개체-관계 모델(E-R Model)

- E-R Model은 개념적 설계 단계에서 사용되는 설계 기법이다.
- 데이터베이스를 구성하는 개체(Entity) 타입과 관계(Relationship) 타입 간의 구조 또는 개체를 구성하는 속성(Attribute) 등을 약속된 기호를 이용하여 표현함으로써 데이터베이스의 전반적인 구조를 이해하기 쉽도록 표현한 모델을 말한다.
- P. Chen 박사에 의해 최초로 제안되었다.

02 E-R Model의 기호

기호	의미
□ (사각형)	개체(Entity)
○ (타원)	속성(Attribute)
◇ (마름모)	관계(Relationship)
⌒ (밑줄 타원)	키 속성(기본키 속성)
□─◇─□	개체와 개체 간의 관계 구조
복합 타원	복합 속성

> **기적의 TIP**
> - 개체 : 실세계에 존재하면서 서로 구별이 되는 유형 혹은 무형 정보의 대상
> - 속성 : 개체의 특성이나 상태를 기술하는 것
> - 관계 : 두 개 이상의 개체 사이 또는 속성 간의 상호 연관성
> - 키 속성 : 개체의 속성들 중 모두 다른 값을 가져 개체를 식별할 수 있는 속성
> - 복합 속성 : 하나의 속성값이 세부적으로 나누어질 수 있는 속성

03 E-R Model의 표현

① 학번, 성명, 전공 속성으로 구성된 '학생' 개체의 경우

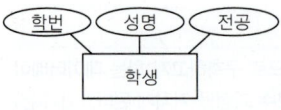

- '학생'이라는 이름의 데이터베이스를 구축하기 위한 개념적 설계 단계에서 E-R Model을 사용한다.
- 학번, 성명, 전공의 세 가지 속성 중 성명과 전공은 같은 학생이 있을 수 있으나 학번은 모두 다른 값을 가지고, 학생들을 유일하게 구분할 수 있으므로 키 속성(기본키 속성)으로 표현된다.

② 개체와 개체 간의 관계 타입을 표현한 경우

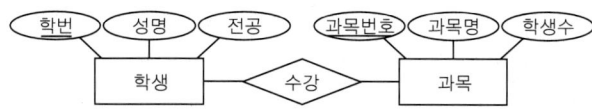

- 학번, 성명, 전공 속성으로 구성된 학생 개체와 과목번호, 과목명, 학생수 속성으로 구성된 과목 개체 간에 '수강' 관계가 있음을 표현하고 있다.

③ 관계의 종류에 따른 표현 방법
- 1:1(일대일) 관계의 경우

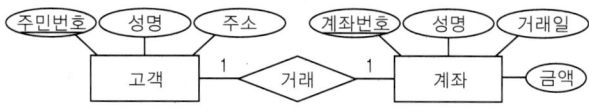

- 주민번호, 성명, 주소 속성으로 구성된 고객 개체와 계좌번호, 성명, 거래일, 금액 속성으로 구성된 계좌 개체 간에 '거래' 관계가 있으며, 고객과 계좌는 1:1의 거래 관계가 있음을 나타낸다.
- 즉, 한 명의 고객은 하나의 계좌와 거래가 이루어지고, 하나의 계좌는 한 명의 고객과 거래가 이루어짐을 의미한다.

- 1:n(일대다) 관계의 경우

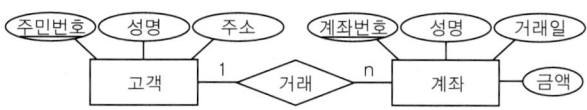

- 고객 개체와 계좌 개체 간에 '거래' 관계가 있으며, 고객과 계좌는 1:n의 거래 관계가 있음을 나타낸다.
- 즉, 한 명의 고객은 여러 개의 계좌와 거래할 수 있고, 하나의 계좌는 한 명의 고객과 거래가 이루어짐을 의미한다.

- n:m(다대다) 관계의 경우

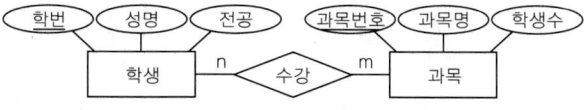

- 학생 개체와 과목 개체 간에 '수강' 관계가 있으며, 학생과 과목은 n:m의 수강 관계가 있음을 나타낸다.
- 즉, 한 명의 학생은 여러 과목을 수강할 수 있고, 한 과목은 여러 학생이 수강할 수 있음을 의미한다.

04 다양한 관계 표현법(정보 공학적 표현법)

──┼───┼──	1:1 관계
──┼───K──	1:n 관계
──K───K──	n:m 관계
──┼───O──	관계가 있을 수도 있고, 없을 수도 있음

① 1:1 관계의 정보 공학적 표현

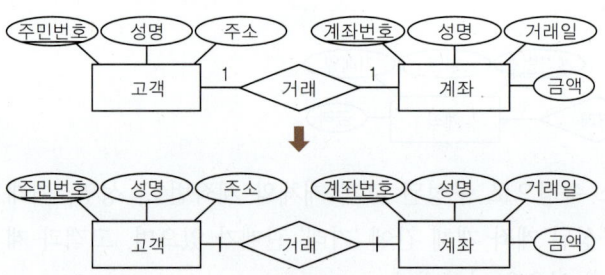

② 1:n 관계의 정보 공학적 표현

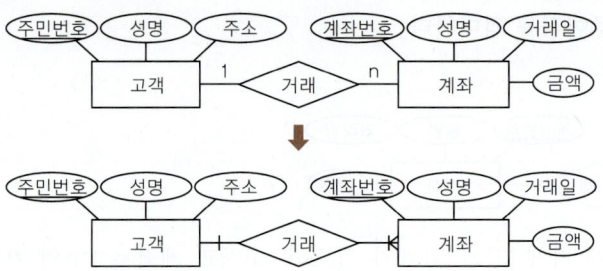

③ n:m 관계의 정보 공학적 표현

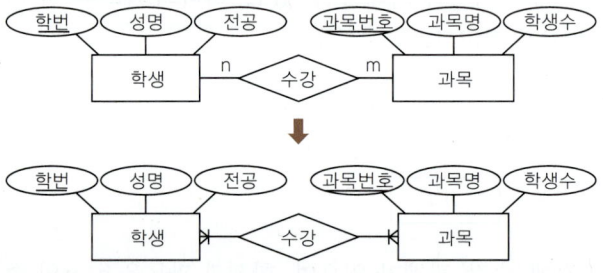

④ 'O'의 선택적 관계 표현

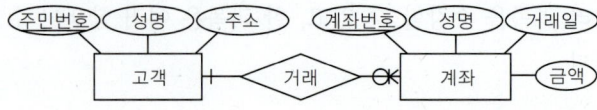

- 'O'는 선택의 의미로 고객 개체와 계좌 개체 간에 관계가 없을 수도 있고, 관계가 있다면 1:n의 거래 관계가 있음을 의미한다.

05 데이터베이스 모델

- 데이터베이스 모델은 개념적 설계 이후 논리적 설계 단계에서 사용되는 모델이다.
- 논리적으로 구현 가능한 데이터 모델로 변환하기 위해 사용되며, 관계 데이터 모델, 네트워크 데이터 모델, 계층 데이터 모델 등이 있다.

➕ **더 알기 TIP**

데이터 모델
- 데이터베이스 구축 시 데이터베이스 구조를 명시하기 위한 개념들의 집합이다.
- 데이터 모델의 구성요소

구조(Structure)	논리적으로 표현된 개체들 간의 관계를 표시
연산(Operation)	데이터베이스에 저장된 실제 데이터를 처리하는 방법을 표시
제약 조건(Constraint)	데이터베이스에 저장될 수 있는 실제 데이터의 논리적인 제약 조건을 표시

① 관계 데이터 모델

- 관계 데이터 모델은 표 데이터 모델이라고도 하며, 2차원 구조의 표(테이블) 형태로 표현하는 방법으로, 구조가 단순하며 사용이 편리하여 가장 많이 사용하고 있는 형태이다.
- n:m 표현이 가능하다.
- '학번', '성명', '전공', '학년'을 속성으로 갖는 '학생' 개체를 관계 데이터 모델로 표현하면 다음과 같다.

학생

학번	성명	전공	학년
083577	강희영	컴퓨터	3
072719	홍길동	토목	4
093505	김정미	컴퓨터	2

② 네트워크 데이터 모델

- 그래프 형태로 표현하며 망 데이터 모델이라고도 하며 레코드 타입 간 관계를 도형으로 표현한다.
- 오른쪽 그림은 강사 개체와 학생 개체, 과목 개체 간에 관계를 나타내는 것으로 강사와 학생 사이에는 '지도' 관계가 있고, 강사와 과목 사이에는 '강의' 관계가 있으며, 학생과 과목 사이에는 '수강신청' 관계가 있음을 나타낸다.

③ 계층 데이터 모델

- 트리 구조로 표현하여 트리 데이터 모델이라고도 한다.
- 부모-자식 관계, 즉 일 대 다(1:n) 관계를 나타낸다.

📌 **기적의 TIP**

데이터베이스 모델 중 실제로 관계 데이터 모델이 가장 많이 사용됩니다. 따라서 앞으로 모든 예제는 표(테이블)를 이용해 표현되며, 관계 데이터 모델에 대한 세부 내용은 이후에 자세히 다루도록 하겠습니다.

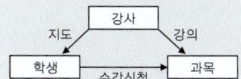

▲ 네트워크 데이터 모델

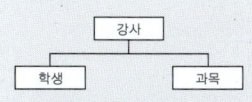

▲ 계층 데이터 모델

합격을 다지는 예상문제

선다형(필기)

01 개체–관계 모델(E-R Model)의 그래픽 표현으로 옳지 않은 것은?
① 개체 타입 – 사각형
② 속성 – 원형
③ 관계 타입 – 마름모
④ 연결 – 삼각형

정답 ④
해설 연결 – 선

02 데이터 모델의 구성요소 중 데이터 구조에 따라 개념 세계나 컴퓨터 세계에서 실제로 표현된 값들을 처리하는 작업을 의미하는 것은?
① Relation
② Operation
③ Constraint
④ Data Structure

정답 ②
해설 데이터 모델의 구성요소 : 데이터 구조(Structure), 연산(Operations), 제약 조건(Constraints)

서술형(실기)

03 다음 괄호에 들어갈 알맞은 내용을 채우시오.

(①)	데이터베이스를 설계하는 과정은 3단계로 구성되며 개념적 설계 → 논리적 설계 → 물리적 설계 과정을 거치게 된다. 이 중 개념적 설계 단계에서는 Peter Chan이 제안한 (①)(을)를 이용하여 데이터베이스를 구성하는 개체(Entity) 타입과 관계(Relation) 타입 간의 구조 그리고 개체를 구성하는 속성(Attribute) 등을 기호를 이용하여 표현함으로써 데이터베이스의 전반적인 구조를 이해하기 쉽게 표현할 수 있다.
(②)	(①)에서 사용되는 기호는 다음과 같다. • 사각형 : 개체(Entity) • 타원 : (②) • 마름모 : 관계 • 선 : 속성과 개체 집합을 연결, 개체 집합과 관계 연결
(③)	데이터베이스의 논리적 설계 단계에서 사용되는 데이터베이스 모델 중에서 표 데이터 모델이라고도 하며, 2차원 구조의 표(테이블) 형태로 표현하는 방법으로, 구조가 단순하며 사용이 편리하여 가장 많이 사용하고 있는 형태를 말한다.
(④)	데이터베이스 모델 중 계층 데이터 모델은 트리 구조로 표현하여 트리 데이터 모델이라고도 하며 부모–자식 관계, 즉 1:n 관계로 표현되며 (④)(은)는 CODASYL이 제안한 것으로 망 데이터 모델이라고도 하며, 레코드 타입 간의 관계에 대한 도형적(그래프 형태)으로 표현하는 방법을 말한다.

° ① :
° ② :
° ③ :
° ④ :

정답 ① E-R Model ② 속성 ③ 관계 데이터 모델 ④ 네트워크 데이터 모델

CHAPTER

02

논리 데이터베이스 설계

학습 방향

업무 분석가, 데이터베이스 엔지니어가 작성한 논리 데이터저장소 설계 내역에서 정의된 데이터의 유형을 확인하고 식별할 수 있습니다.

SECTION 01 관계 데이터 모델

빈출 태그 ▶ #릴레이션(Relation) #속성(Attribute) #튜플(Tuple) #도메인(Domain) #차수(Degree) #카디널리티(Cardinality)

> 🅟 **기적의 TIP**
> 앞으로 모든 데이터베이스에 대한 내용은 관계 데이터 모델로 표현하고 설명됩니다. 따라서 관계 데이터 모델과 관련된 모든 용어는 매우 중요하므로 정확히 개념을 알아 두세요.

> 🅟 **기적의 TIP**
> 데이터베이스에서는 동일한 의미를 다양하게 표현합니다.
> • 릴레이션(Relation) = 테이블(Table) = 표
> • 속성(Attribute) = 열(Column) = 항목(Filed)
> • 튜플(Tuple) = 행(Row) = 레코드(Record)

01 관계 데이터 모델의 개념

• 관계 데이터 모델은 자료의 저장 형태를 2차원 구조의 표(테이블)로 표현하는 방법을 말한다.
• 관계 데이터 모델의 용어

릴레이션(Relation)	자료 저장의 형태가 2차원 구조의 테이블(표)로 표현
속성(Attribute)	릴레이션을 구성하는 각 열(Attribute=Column=Filed)
튜플(Tuple)	릴레이션의 한 행을 구성하는 속성들의 집합(Tuple=Row=Record)
도메인(Domain)	하나의 속성이 가질 수 있는 값들의 범위
릴레이션 스키마(Relation Schema)	릴레이션의 이름과 속성 이름의 집합(릴레이션의 구조)
릴레이션 인스턴스(Relation Instance)	릴레이션에서 어느 시점까지 입력된 튜플들의 집합
디그리, 차수(Degree)	릴레이션을 구성하는 속성(항목)의 수
카디널리티(Cardinality)	릴레이션에 입력된 튜플(레코드)의 수

• 다음은 학번, 이름, 주민번호, 학과, 학년 항목으로 구성된 '학생'이라는 이름을 가진 릴레이션이다.

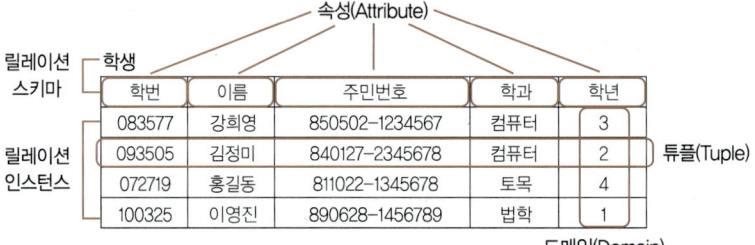

▲ 릴레이션의 구조

- 릴레이션을 구성하는 각각의 항목 '학번', '이름', '주민번호', '학과', '학년'은 속성이 된다.
- 릴레이션에서 한 명 한 명에 대한 '학번', '이름', '주민번호', '학과', '학년' 속성값, 즉 하나의 행이 튜플이 된다.

- 하나의 속성이 가질 수 있는 값의 범위를 도메인이라 하며, 도메인은 릴레이션을 만들 때 속성의 값으로 올 수 있는 범위를 제한함으로써 범위 외의 값은 올 수 없도록 한다. '학년' 속성의 경우 속성값의 범위를 1, 2, 3, 4로 제한해 도메인을 만들면 '학년' 속성에는 그 외의 값은 입력될 수 없다.
- '학생' 릴레이션에서 항목은 '학번', '이름', '주민번호', '학과', '학년' 속성으로 구성되어 속성의 수가 5개이므로 차수(Degree)는 5가 된다.
- '학생' 릴레이션에서 현재까지 강희영, 김정미, 홍길동, 이영진 학생의 자료가 입력되었다면 이 네 명에 대한 '학번', '이름', '주민번호', '학과', '학년' 모든 값 자체, 즉 튜플(자료)의 집합을 릴레이션 인스턴스라고 한다.

083577	강희영	850502-1234567	컴퓨터	3
093505	김정미	840127-2345678	컴퓨터	2
072719	홍길동	811022-1345678	토목	4
100325	이영진	890628-1456789	법학	1

▲ 릴레이션 인스턴스

- '학생' 릴레이션에서 현재까지 강희영, 김정미, 홍길동, 이영진 학생의 자료가 입력되었다면 입력된 튜플의 수는 4이므로 카디널리티(Cardinality)는 4가 된다.
- '학생' 릴레이션에서 릴레이션 이름 '학생'과 속성명 '학번', '이름', '주민번호', '학과', '학년' 즉, 릴레이션의 구조를 릴레이션 스키마라고 한다.

학생

| 학번 | 이름 | 주민번호 | 학과 | 학년 |

▲ 릴레이션 스키마

+ **더 알기** TIP

릴레이션의 특징
- 튜플의 유일성 : 릴레이션의 튜플들은 모두 상이하다.
- 튜플의 무순서성 : 릴레이션의 튜플들은 유일하며 순서에는 의미가 없다.
- 속성의 무순서성 : 릴레이션의 속성들 간의 순서는 의미가 없다.
- 속성의 원자성 : 릴레이션의 속성은 원자값으로 구성되며 분해가 불가능하다.

| 번호 | 이름 | 성적 | | | ⇨ | 번호 | 이름 | 국어 | 영어 | 수학 |
| | | 국어 | 영어 | 수학 | | | | | | |

왼쪽의 성적 속성은 국어, 영어, 수학으로 나누어지므로 원자값으로 구성되어 있지 않다. 따라서 오른쪽과 같이 더 이상 분해되지 않도록 속성을 구성해야 한다.

> **기적의 TIP**
>
> **원자값(Atomic Value)**
> - 더 이상 분해되지 않는 최소 구성의 단위를 말한다.
> - 널 값(Null Value)도 원자값에 속한다.

02 E-R Model과 관계 데이터 모델과의 관계

① E-R Model로 표현된 단순한 개체와 속성을 릴레이션으로 표현한 경우

- 개념적 설계 단계에서 E-R Model로 표현된 '학번', '성명', '학과', '연락처' 속성으로 구성된 '학생' 개체를 논리적 설계 단계에서 '학번', '성명', '학과', '연락처' 속성으로 구성된 '학생' 릴레이션으로 구현하였다.
- E-R Model에서 개체는 릴레이션으로, E-R Model에서 각각의 속성은 릴레이션의 각 속성(항목)으로 변환된다.
- E-R Model에서 키 속성인 '학번'은 릴레이션에서 기본키(Primary Key) 속성으로 표현된다.

> **기적의 TIP**
>
> **기본키(Primary Key)**
> 키 속성과 동일한 개념으로 릴레이션에서 개체를 식별하기 위해 선정된 속성 즉, '학생' 릴레이션에서 한 명 한 명의 학생을 구별하기 위해 선정된 속성을 말한다.

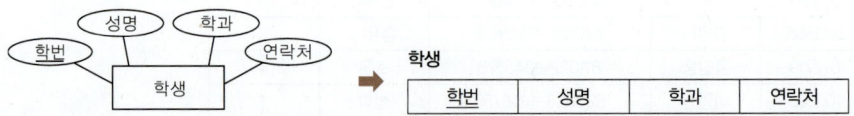

② 개체와 개체 간의 관계를 나타낸 E-R Model을 릴레이션으로 표현한 경우

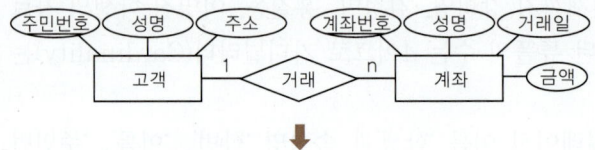

고객

주민번호	성명	주소	계좌번호

계좌

계좌번호	성명	거래일	금액

- E-R Model에서 두 개체 간의 관계를 나타낸 경우 위와 같이 두 릴레이션으로 표현하며, 두 릴레이션의 관계를 연결하기 위해서는 두 릴레이션의 기본키 속성을 필요한 릴레이션에 추가해서 관계가 성립이 되도록 한다.
- 위 릴레이션 중 '고객' 릴레이션에서 홍길동 고객이 있다면, 홍길동 고객의 금액을 알고 싶은 경우 '고객' 릴레이션의 자료만으로는 금액을 알 수 없다. 이런 경우 '계좌' 릴레이션의 기본키인 '계좌번호'를 필요에 의해 '고객' 릴레이션에 추가해줌으로써 '계좌' 릴레이션을 이용해 금액을 알 수 있다. 즉, '고객' 릴레이션에서 홍길동 고객의 계좌번호를 알면 '계좌' 릴레이션에서 홍길동 고객의 계좌번호와 같은 계좌번호의 금액이 홍길동 고객의 금액이 된다.

> **기적의 TIP**
>
> 한 릴레이션에서 다른 릴레이션의 자료를 이용하기 위해 선정된 속성을 외래키(Foreign Key)라고 하며, 외래키는 참조(이용)하려는 릴레이션의 기본키 속성이어야 합니다.

➕ **더 알기 TIP**

Mapping Rule

Mapping Rule은 개념적 데이터베이스 모델링 결과를 관계형 데이터베이스 이론에 근거하여 데이터베이스 구조로 변환하는 과정을 말하며, 개체(Entity)는 릴레이션(테이블)으로, 속성은 릴레이션의 항목으로, 키 속성(식별자)은 기본키로, 관계는 외래키로 변환된다.

➕ 더 알기 TIP

교차 엔티티(Intersection Entity)

n:m(다대다) 관계의 E-R Model을 릴레이션으로 표현하는 경우 보다 정확한 상호 참조를 위해 하나의 릴레이션을 더 만들게 되는데, 이를 '교차 엔티티(Intersection Entity)'라고 한다.

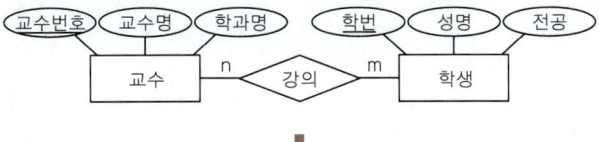

교수

교수번호	교수명	학과명

학생

학번	성명	전공

강의

교수번호	학번

→ 교차 엔티티

합격을 다지는 예상문제

선다형(필기)

01 데이터베이스에서 릴레이션에 대한 설명으로 틀린 것은?

① 모든 튜플은 서로 다른 값을 가지고 있다.
② 하나의 릴레이션에서 튜플은 특정한 순서를 가진다.
③ 각 속성은 릴레이션 내에서 유일한 이름을 가진다.
④ 모든 속성 값은 원자 값(Atomic Value)을 가진다.

[정답] ②
[해설]
튜플의 무순서성 : 하나의 릴레이션에서 튜플의 순서는 없다.

서술형(실기)

02 관계 데이터 모델에서 릴레이션(Relation)에 포함되어 있는 튜플(Tuple)의 수를 무엇이라고 하는지 쓰시오.

◦ 답 :

[정답] 카디널리티 또는 Cardinality
[해설]
• 디그리(Degree) : 속성의 수(차수)
• 카디널리티(Cardinality) : 튜플의 수(기수)

SECTION 02 키(Key)와 무결성 제약조건

빈출 태그 ▶ #키 #후보키 #기본키 #대체키 #외래키 #유일성 #최소성 #개체 무결성 #참조 무결성 #도메인 무결성

01 키(Key)의 개념

- 키(Key)란 관계 데이터베이스에서 튜플을 식별하기 위해 사용하는 속성이나 속성의 집합이다.
- 데이터베이스의 참조 또는 검색 시에 사용된다.

02 키(Key)의 종류

학생

학번	이름	주민번호	학과	학년
070222	강희영	810503-1234567	컴퓨터	2
090203	김정미	830225-2345678	컴퓨터	1
020525	이나라	761207-2456789	신문방송	4
020723	강희영	741002-1345678	체육	4

인명

이름	주소
강희영	서울 특별시 1가 12번지
이영진	경기 안산시 2가 3번지
강희영	인천 광역시 3가 10번지
김정애	경기 안산시 2가 3번지

① 후보키(Candidate Key)
- 릴레이션(테이블)에서 각 튜플을 유일하게 식별할 수 있는 속성이나 속성의 집합을 말한다.
- 후보키가 될 수 있는 조건은 유일성과 최소성을 모두 만족해야 한다.

> - 위 [학생] 테이블에서 학생 개개인은 학번이나 주민번호를 알면 구분할 수 있다. 따라서 '학번'과 '주민번호'는 후보키가 된다.
> - 위 [인명] 테이블에서는 이름에도 중복되는 값이 있을 수 있고, 주소에도 중복되는 값이 있을 수 있다. 따라서 이런 경우 이름과 주소를 모두 알아야 개개인을 구분할 수 있으므로 이름, 주소를 조합한 (이름, 주소)가 후보키가 된다.

- 위 [학생] 테이블에서 학번과 이름 두 가지를 알아도 학생 개개인을 구분할 수 있으나 이름 없이 학번 하나만 가지고도 학생 개개인을 구분할 수 있다. 이와 같이 하나하나의 자료를 식별하는 데 필요한 최소의 속성으로만 구성되는 성질을 최소성이라고 한다.

> 기적의 TIP
> - 유일성 : 각 튜플을 유일하게 식별하는 성질
> - 최소성 : 각 튜플을 유일하게 식별할 수 있는 최소 구성의 성질

② 기본키(Primary Key, PK)
- 기본키는 후보키 중에서 튜플을 식별하기 위해 특별히 선택된 키를 말한다.
- 기본키는 중복될 수 없으며, NULL값이 올 수 없다.
- 유일성과 최소성을 만족해야 한다.
- 위 [학생] 테이블에서 후보키인 '학번'과 '주민번호' 중에서 '학번'을 기본키로 설정할 수 있다(주민번호를 기본키로 설정해도 됨).

③ 대체키(Alternate Key)
- 대체키는 후보키 중에서 기본키를 제외한 속성을 말한다.
- 위 [학생] 테이블에서 '학번'을 기본키로 했다면 대체키는 '주민번호'가 된다. '주민번호'를 기본키로 했다면 대체키는 '학번'이 된다.

④ 외래키(Foreign Key, FK)
- 외래키는 하나의 테이블에서 원하는 자료를 얻지 못하는 경우 다른 테이블을 참조(이용)하기 위해 사용되는 속성을 말하며, 외래 식별자라고도 한다.
- 외래키는 참조 릴레이션(테이블)의 기본키와 같아야 한다.
- 외래키는 NULL이 올 수 있다.
- 외래키의 속성명과 참조 릴레이션의 기본키 속성명은 서로 달라도 무방하다.

> **기적의 TIP**
>
> 기본키 = 주 키 = 주 식별자

> **기적의 TIP**
>
> NULL
> 데이터베이스에서 정보의 부재, 자료 없음(비어 있음)을 나타낸다. NULL은 숫자(0)나 공백(Space)과 다르다.

교수

번호	교수이름	학과번호	직급
1001	이영진	A1	주임
1002	이순신	A2	부주임
1003	홍길동	B1	교수

학과

학과번호	학과이름	교수번호	학생수
A1	컴퓨터	1001	30
A2	정보통신	1002	20
B1	토목	1003	50

- 위 [교수] 테이블에서는 홍길동 교수가 담당하는 학생 수를 알 수 없다. 이때 [교수] 테이블에서 '학과번호'를 가지고 [학과] 테이블의 '학과번호'를 참조해서 홍길동 교수의 학과번호 'B1'에 해당하는 학생 수를 알면 된다. 이와 같이 [교수] 테이블의 '학과번호'를 외래키로 선정해서 [학과] 테이블을 참조하면 된다. 이때 [학과] 테이블과 같이 참조되는 테이블을 '참조 테이블'이라고 한다.

> **기적의 TIP**
>
> 후보키는 튜플을 식별하기 위한 후보들이고, 이 중에서 편의상 튜플을 식별하기 위해 선택한 것이 기본키, 그리고 나머지는 대체키가 됩니다.

+ 더 알기 TIP

식별 관계와 비식별 관계
- 위와 같이 [교수] 테이블의 외래키로 '학과번호'를 선정한 경우, 즉 외래키가 일반 속성인 경우는 참조 테이블과 '비식별 관계'라고 한다. 비식별 관계에서는 테이블을 참조하여 원하는 정보만 얻을 수 있는 관계이다.
- 반면 기본키를 외래키로 선정하여 다른 테이블을 참조하는 경우는 참조 테이블의 튜플을 식별할 수 있기 때문에 '식별 관계'라고 한다.

> - 식별 관계 : 외래키가 기본키인 경우
> - 비식별 관계 : 외래키가 일반 속성인 경우

⑤ 슈퍼키(Super Key)
- 슈퍼키는 한 릴레이션(테이블) 내의 튜플들을 식별할 수 있는 후보키와 다른 속성들과의 모든 조합을 말한다.
- 슈퍼키는 유일성은 만족하지만, 최소성은 만족하지 않는다.
- 위 [학생] 테이블에서 학생 개개인을 구분하기 위한 모든 경우를 후보키와 조합해서 나열하면 다음과 같다.

> (학번, 이름), (학번, 주민번호), (학번, 학과), (학번, 학년), (학번, 이름, 학과), (학번, 이름, 학과, 학년), (주민번호, 이름), (주민번호, 학과) …

더 알기 TIP

릴레이션의 또 다른 표현 방법

학생

학번	이름	주민번호	학과	학년
083577	강희영	850502-1234567	컴퓨터	3
093505	김정미	840127-2345678	컴퓨터	2
072719	홍길동	811022-1345678	토목	4
100325	이영진	890628-1456789	법학	1

⇒

학생

학번
이름
주민번호
학과
학년

좌측의 릴레이션을 간단한 형태로 우측과 같이 표현하기도 한다. 기본키는 윗부분에 표현하고 나머지 속성은 아래 부분에 표기한다.

기적의 TIP

기본키와 관련된 무결성 제약조건은 '개체 무결성', 외래키와 관련된 무결성 제약조건은 '참조 무결성'입니다.

03 무결성(Integrity) 제약조건

- 무결성은 데이터베이스 자료의 오류 없는 정확성과 안정성을 나타낸다.
- 무결성 제약조건은 정확성과 안정성을 유지하기 위한 제약조건이다.

① 개체 무결성
- 기본키는 NULL 값이 올 수 없으며, 중복될 수 없음을 나타내는 제약조건이다.
- 개체 무결성은 개체를 식별하기 위해서 오류가 없도록 하기 위한 제약조건이다.
- 아래 '학생' 릴레이션(테이블)에서 '학번'은 기본키로 학생들을 서로 구분하기 위해 선정된 속성이므로 중복되거나 NULL 값이 올 수 없다.

학생

학번	이름	학년	학과	성적
400	박태인	1	수학과	90
200	홍길동	2	국문과	70
100	이영진	4	컴퓨터과	95
300	이순신	3	토목과	80

② 참조 무결성
- 외래키는 NULL 값이 올 수 있으며, 참조 릴레이션(테이블)의 기본키와 같아야 하는 제약조건으로 테이블 참조 시 오류가 없도록 하기 위한 제약조건이다.
- 아래 [교수] 테이블의 '학과번호'에서 참조하는 [학과] 테이블의 '학과번호'의 값은 반드시 존재해야 한다.

교수

번호	교수이름	학과번호	직급
1001	이영진	A1	주임
1002	이순신	A2	부주임
1003	홍길동	B1	교수

학과

학과번호	학과이름	교수번호	학생수
A1	컴퓨터	1001	30
A2	정보통신	1002	20
B1	토목	1003	50

③ 도메인 무결성
- 릴레이션(테이블)에서 속성값의 범위가 정의된 경우 그 속성값은 정해진 범위 이내의 값으로 구성해야 하는 제약조건이며, 동일한 속성에 대해 데이터 타입과 데이터 길이가 동일해야 한다.
- 다음 [학생] 릴레이션(테이블)에서 학년 속성의 값으로 1, 2, 3, 4만 올 수 있도록 도메인을 정의했다면 그 외 값이 올 수 없으며, 학년 속성은 누구든지 동일한 숫자형 데이터 타입과 데이터 길이가 적용된다.

학생

학번	이름	학년	학과	성적
400	박태인	1	수학과	90
200	홍길동	2	국문과	70
100	이영진	4	컴퓨터과	95
300	이순신	3	토목과	80

④ 고유(Unique) 무결성
- 특정 속성에 대해 고유한 값을 가지도록 조건이 주어진 경우, 그 속성값은 모두 달라야 하는 제약조건을 말한다.
- [학생] 릴레이션에서 릴레이션 정의 시 '이름' 속성에는 중복된 값이 없도록 제한했다면 '이름' 속성에는 중복된 이름이 있어서는 안 된다.

⑤ NULL 무결성
- 특정 속성값에 NULL이 올 수 없다는 조건이 주어진 경우, 그 속성값은 NULL 값이 올 수 없다는 제약조건을 말한다.
- [학생] 릴레이션에서 릴레이션 정의 시 '학과' 속성에는 NULL 값이 올 수 없도록 제한했다면 '학과' 속성에는 NULL이 있어서는 안 된다.

⑥ 키 무결성
- 한 릴레이션(테이블)에는 최소한 하나의 키가 존재해야 하는 제약조건을 말한다.

합격을 다지는 예상문제

선다형(필기)

01 키의 종류 중 유일성과 최소성을 만족하는 속성 또는 속성들의 집합은?

① Atomic Key
② Super Key
③ Candidate Key
④ Test Key

정답 ③
해설 Candidate Key : 후보키

02 다른 릴레이션의 기본키를 참조하는 키를 의미하는 것은?

① 외래키
② 슈퍼키
③ 필드키
④ 후보키

정답 ①

서술형(실기)

03 다음 괄호에 들어갈 알맞은 내용을 채우시오.

(①)	릴레이션(테이블)에서 각 튜플들을 유일하게 식별할 수 있는 속성이나 속성의 집합을 말하며, (①)이(가) 될 수 있는 조건은 유일성과 최소성을 모두 만족해야 한다.
(②)	후보키(Candidate Key) 중에서 튜플을 식별하기 위해 특별히 선택된 속성을 말한다. (②)(은)는 중복이 될 수 없고 NULL이 올 수 없으며 유일성과 최소성을 만족해야 한다.
(③)	하나의 테이블에서 필요에 의해 다른 테이블을 참조하기 위해 사용되는 속성을 말한다. (③)(은)는 참조 릴레이션의 기본키(Primary Key)와 동일해야 하며, NULL이 올 수 있다.
(④)	기본키(Primary Key) 값은 중복된 값이 있을 수 없으며, NULL이 될 수 없음을 나타내는 제약조건이다. (④)(은)는 릴레이션(테이블)에서 개체(Entity)를 식별함에 있어 오류가 없도록 하기 위한 제약조건을 말한다.
(⑤)	두 릴레이션(테이블)의 참조 관계에 있어 외래키(Foreign Key) 값은 참조 릴레이션의 기본키(Primary Key)와 같아야 하는 제약조건으로 릴레이션(테이블) 참조 시 오류가 발생하지 않도록 하기 위한 제약조건을 말한다.

- ① :
- ② :
- ③ :
- ④ :
- ⑤ :

정답 ① 후보키 또는 Candidate Key ② 기본키 또는 Primary Key ③ 외래키 또는 Foreign Key ④ 개체 무결성 ⑤ 참조 무결성

관계 데이터 연산

빈출 태그 ▶ #셀렉트(σ) #프로젝트(π) #조인(⋈) #디비전(÷) #동일 조인 #자연 조인 #외부 조인 #세타 조인

01 관계 대수(Relational Algebra)

- 관계 대수는 릴레이션에서 사용자가 원하는 결과를 얻기 위해 연산자를 표현하는 방법으로 결과를 얻기 위한 절차를 표현하기 때문에 절차적 언어라고 한다.
- 관계 대수는 크게 순수 관계 연산자와 일반 집합 연산자로 나뉜다.

순수 관계 연산자	SELECT(σ), PROJECT(π), JOIN(⋈), DIVISION(÷)
일반 집합 연산자	합집합(∪), 교집합(∩), 차집합(−), 카티션 프로덕트(×)

> **기적의 TIP**
> 관계 데이터 연산은 관계 데이터베이스 구조에서 사용되는 연산으로, 크게 관계 대수와 관계 해석 두 가지 종류가 있습니다.

> **기적의 TIP**
> 관계 대수에 해당하는 연산자의 개념과 종류, 이용법을 정확히 정리해 두세요.

① 셀렉트(SELECT, σ)

- 릴레이션에서 조건을 만족하는 수평적 부분 집합(튜플)을 구하기 위한 연산을 말한다.
- 결과는 조건을 만족하는 튜플들로 테이블이 만들어진다.
- 연산 기호는 시그마(σ)를 이용한다.
- 표기 형식

```
σ<선택조건>(테이블 이름)
```

- [학생] 테이블을 이용한 SELECT(σ) 연산

학생

학번	이름	학년	전공	점수
001	이영진	4	컴퓨터	90
002	김정미	3	영문	87
003	홍길동	1	수학	72
004	강감찬	1	수학	77

예1 [학생] 테이블에서 점수가 80점 이상에 해당하는 튜플들을 추출하여라.

⟨표기⟩

```
σ점수≥80(학생)
```

⟨결과⟩

학번	이름	학년	전공	점수
001	이영진	4	컴퓨터	90
002	김정미	3	영문	87

예 2 [학생] 테이블에서 학년이 '1'에 해당하는 튜플들을 추출하여라.

〈표기〉

$\sigma_{\text{학년}=1}(\text{학생})$

〈결과〉

학번	이름	학년	전공	점수
003	홍길동	1	수학	72
004	강감찬	1	수학	77

② 프로젝트(PROJECT, π)

- 프로젝트 연산은 릴레이션에서 수직적 부분 집합(속성의 값)을 구하는 연산으로 원하는 속성만 추출하기 위한 연산이다.
- 연산 기호는 파이(π)를 이용한다.
- 표기 형식

$\pi_{\langle\text{추출 속성리스트}\rangle}(\text{테이블 이름})$

- [학생] 테이블을 이용한 PROJECT(π) 연산

학생

학번	이름	학년	전공	점수
001	이영진	4	컴퓨터	90
002	김정미	3	영문	87
003	홍길동	1	수학	72
004	강감찬	1	수학	77

예 1 [학생] 테이블에서 학번과 이름 속성을 추출하여라.

〈표기〉

$\pi_{\text{학번, 이름}}(\text{학생})$

〈결과〉

학번	이름
001	이영진
002	김정미
003	홍길동
004	강감찬

예 2 [학생] 테이블에서 학년과 전공 속성을 추출하여라.

⟨표기⟩

$\pi_{\text{학년, 전공}}(\text{학생})$

⟨결과⟩

학년	전공
4	컴퓨터
3	영문
1	수학

⟨풀이⟩
추출된 결과에서 중복되는 값은 한 번만 표현된다.

③ 조인(JOIN, ⋈)
- 두 테이블로부터 조건에 맞는 관련된 튜플들을 하나의 튜플로 결합하여 하나의 테이블로 만드는 연산을 말한다.
- 조인의 종류는 동일 조인(Equi Join), 자연 조인(Natural Join), 외부 조인(Outer Join) 등 여러 가지 종류가 있다.
- 연산 기호는 '⋈'를 사용한다.
- 표기 형식

테이블1 ⋈⟨조인 조건⟩ 테이블2

- 동일 조인(Equi Join)
  - 관계 연산자 =, ≠, ⟨, ≤, ⟩, ≥ 중 '=' 연산자만을 사용하여 조건을 표현한다.
  - 가장 기본이 되는 조인이며, 두 테이블의 모든 속성을 합한 하나의 테이블 구조로 만들어진다(중복이 되는 속성도 모두 표현한다).

학생

학번	성명	수강코드	학년
9507	이영진	10-A	4
9619	박태인	20-A	3
9610	김정애	30-B	3
9825	강감찬	10-A	1
9532	이태순	40-B	4

성적

학번	수강과목	점수
9507	운영체제	92
9507	데이터베이스	85
9619	전자계산기구조	91
9610	운영체제	88
9610	자료구조	80
9610	데이터베이스	70
9825	정보통신	72

> **기적의 TIP**
> 동일 조인한 결과는 중복된 속성도 표현되므로, A 테이블의 속성수가 n개이고 B 테이블의 속성수가 m개인 경우 n+m의 속성수(디그리, Degree)가 된다.

예 [학생] 테이블과 [성적] 테이블에서 학번이 서로 동일한 튜플들을 이용하여 하나의 테이블로 만들어라.

〈표기〉

학생 ⋈ 학번=학번 성적

〈결과〉

학번	성명	수강코드	학년	학번	수강과목	점수
9507	이영진	10-A	4	9507	운영체제	92
9507	이영진	10-A	4	9507	데이터베이스	85
9619	박태인	20-A	3	9619	전자계산기구조	91
9610	김정애	30-B	3	9610	운영체제	88
9610	김정애	30-B	3	9610	자료구조	80
9610	김정애	30-B	3	9610	데이터베이스	70
9825	강감찬	10-A	1	9825	정보통신	72

〈풀이〉

① 두 테이블의 속성들을 합한 하나의 테이블 구조를 만든다.

학번	성명	수강코드	학년	학번	수강과목	점수

② 조건과 같이 [학생] 테이블의 학번과 [성적] 테이블의 학번이 서로 동일한 자료를 하나의 튜플로 만들어 위에서 만든 테이블 구조에 삽입한다.

학생

학번	성명	수강코드	학년
9507	이영진	10-A	4
9619	박태인	20-A	3
9610	김정애	30-B	3
9825	강감찬	10-A	1
9532	이태순	40-B	4

성적

학번	수강과목	점수
9507	운영체제	92
9507	데이터베이스	85
9619	전자계산기구조	91
9610	운영체제	88
9610	자료구조	80
9610	데이터베이스	70
9825	정보통신	72

⇩

학번	성명	수강코드	학년	학번	수강과목	점수
9507	이영진	10-A	4	9507	운영체제	92
9507	이영진	10-A	4	9507	데이터베이스	85

③ 다른 모든 학번도 같은 방법으로 하되, 조건에 맞지 않는 튜플은 결과에 포함시키지 않는다(학생 테이블에서 학번 '9532' 학생은 성적 테이블에 동일한 학번이 없어 결과에 포함되지 않는다).

- 자연 조인(Natural Join)
  - 동일 조인한 결과에서 중복되는 속성을 제거하여 표현한다.

학번	성명	수강코드	학년	학번	수강과목	점수
9507	이영진	10-A	4	9507	운영체제	92
9507	이영진	10-A	4	9507	데이터베이스	85
9619	박태인	20-A	3	9619	전자계산기구조	91
9610	김정애	30-B	3	9610	운영체제	88
9610	김정애	30-B	3	9610	자료구조	80
9610	김정애	30-B	3	9610	데이터베이스	70
9825	강감찬	10-A	1	9825	정보통신	72

중복 속성

- 위 동일 조인한 결과에서 '학번'이 중복되므로 하나를 제거하여 표현한다.

학번	성명	수강코드	학년	수강과목	점수
9507	이영진	10-A	4	운영체제	92
9507	이영진	10-A	4	데이터베이스	85
9619	박태인	20-A	3	전자계산기구조	91
9610	김정애	30-B	3	운영체제	88
9610	김정애	30-B	3	자료구조	80
9610	김정애	30-B	3	데이터베이스	70
9825	강감찬	10-A	1	정보통신	72

- 외부 조인(Outer Join)
  - 조인 시 두 테이블 간에 관련 없는, 다시 말해 조건에 맞지 않는 튜플도 결과 테이블에 포함시켜 조인하는 방법으로 해당 자료가 없는 부분은 NULL 값이 된다.

학생

학번	성명	수강코드	학년
9507	이영진	10-A	4
9619	박태인	20-A	3
9610	김정애	30-B	3
9825	강감찬	10-A	1
9532	이태순	40-B	4

성적

학번	수강과목	점수
9507	운영체제	92
9507	데이터베이스	85
9619	전자계산기구조	91
9610	운영체제	88
9610	자료구조	80
9610	데이터베이스	70
9825	정보통신	72

- 위 [학생] 테이블과 [성적] 테이블에서 [학생] 테이블에 있는 학번 '9532'는 [성적] 테이블에서 동일한 학번이 없으므로 동일 조인과 자연 조인에서는 결과 테이블에 포함되지 않았다. 그러나 외부 조인에서는 조건에 맞지 않는 경우도 결과 테이블에 포함되며, 해당 자료가 없는 경우 NULL 값이 된다.
- [학생] 테이블과 [성적] 테이블을 외부 조인한 결과는 다음과 같다.

학번	성명	수강코드	학년	수강과목	점수
9507	이영진	10-A	4	운영체제	92
9507	이영진	10-A	4	데이터베이스	85
9619	박태인	20-A	3	전자계산기구조	91
9610	김정애	30-B	3	운영체제	88
9610	김정애	30-B	3	자료구조	80
9610	김정애	30-B	3	데이터베이스	70
9825	강감찬	10-A	1	정보통신	72
9532	이태순	40-B	4	NULL	NULL

④ 디비전(DIVISION, ÷)
- A, B 두 테이블에 대해 'A DIVISION B'는 B 테이블의 조건을 만족하는 튜플들을 테이블 A에서 추출하는 연산이다.
- 결과는 연산에 사용된 속성은 제외된다.
- 연산 기호는 '÷'를 이용한다.

> **기적의 TIP**
>
> DIVISION 연산은 시험에 자주 출제되지 않습니다. 간단히 의미만 알아두세요.

- 표기 형식

테이블1(테이블1속성 ÷ 테이블2속성)테이블2

02 관계 해석(Relational Calculus)

- 관계 해석은 릴레이션에서 결과를 얻기 위한 과정을 표현하는 것으로 연산자 없이 정의하는 방법을 이용하는 비절차적 언어이다.
- 튜플 관계 해석과 도메인 관계 해석이 있다.
- 표기 형식

{결과값 | 조건}

> 기적의 TIP
> 관계 해석은 시험에서 중요하게 다루는 부분은 아닙니다. 개념만 간단히 읽어 보세요.

예 [학점] 테이블에서 수강번호가 'B123'이고, 점수가 80 이상인 학생의 이름을 구하여라.

{학점.이름 | 학점 ∧ 학점.수강번호='B123' ∧ 학점.점수≥80}

합격을 다지는 예상문제

선다형(필기)

01 관계 대수에 대한 설명으로 틀린 것은?

① 원하는 릴레이션을 정의하는 방법을 제공하며 비절차적 언어이다.
② 릴레이션 조작을 위한 연산의 집합으로 피연산자와 결과가 모두 릴레이션이다.
③ 일반 집합 연산과 순수 관계 연산으로 구분된다.
④ 질의에 대한 해를 구하기 위해 수행해야 할 연산의 순서를 명시한다.

[정답] ①
[해설]
관계 대수(Relational Algebra) : 원하는 정보와 그 정보를 어떻게 유도하는가를 기술하는 절차적인 방법

서술형(실기)

02 다음 보기에서 관계 데이터베이스의 관계 대수 연산자의 기호를 모두 골라 쓰시오.

σ, ⋈, |, π, ∧, ÷, ∪

- 답 :

[정답] σ, ⋈, π, ÷
[해설]
관계 대수 연산자의 종류 : Selection(σ), Projection(π), Join(⋈), Division(÷)

SECTION 04 이상(Anomaly)과 함수적 종속

출제빈도 상 중 하
반복학습 1 2 3

빈출 태그 ▶ #삭제 이상 #삽입 이상 #갱신 이상 #완전 함수 종속 #부분 함수 종속 #이행적 함수 종속

01 이상(Anomaly)

① 삭제 이상(Deletion Anomaly)
- 관계 데이터베이스에서 삭제는 튜플 단위로 이루어진다. 삭제 이상은 테이블에서 하나의 자료를 삭제하고자 하는 경우 그 자료가 포함된 튜플이 삭제됨으로 인해 원하지 않은 자료까지 함께 삭제가 이루어져 발생하는 문제점을 말한다.
  - '고객번호', '제품번호', '제품명', '단가', '주문량' 속성으로 구성된 [고객주문] 테이블이 있다.

고객주문

고객번호	제품번호	제품명	단가	주문량
A012	S-321	SD메모리	25,000	2
A012	M-789	메모리	28,000	1
A023	K-002	키보드	5,000	1
A123	K-012	헤드셋	10,000	2
A134	M-123	마우스	6,000	4
A134	S-321	SD메모리	25,000	2
A321	K-012	헤드셋	10,000	1
A567	M-123	마우스	6,000	2
A789	M-123	마우스	6,000	3
A789	S-567	스캐너	100,000	1

  - [고객주문] 테이블은 한 명의 고객이 여러 제품을 주문하고, 하나의 제품을 여러 고객이 주문하고 있는 상황을 나타내는 테이블이다.
  - 따라서 [고객주문] 테이블에서는 하나의 속성만으로는 튜플들을 식별할 수 없고, '고객번호'와 '제품번호'가 조합된 합성키 (고객번호, 제품번호)가 기본키가 된다.
  - 이 중에서 고객번호 'A789'가 주문한 제품 중 스캐너 주문을 취소한다면, [고객주문] 테이블에서 스캐너를 삭제해야 한다.
  - 삭제는 튜플 단위로 이루어지기 때문에 스캐너가 포함된 튜플이 삭제가 된다. 이때 스캐너가 포함된 튜플 전체가 삭제되며, 스캐너에 대한 가격 정보도 함께 삭제되어 스캐너에 대한 가격을 알 수 없게 된다. [고객주문] 테이블에서는 스캐너를 주문한 경우가 더 이상 없기 때문이다.
  - 이와 같이 하나의 자료만 삭제하고 싶지만 그렇지 못하고 그 자료가 포함된 튜플 전체가 삭제됨으로 인해 원하지 않는 정보가 손실되는 문제점을 삭제 이상이라고 한다.

> **기적의 TIP**
> 이번 Section에서 배우는 용어는 다음 Section의 기본이 되는 용어들입니다. 매우 중요하므로 꼭 알아두세요.

> **기적의 TIP**
> 논리적 설계는 개념적 설계에서 만들어진 구조를 논리적으로 구현 가능한 데이터 모델로 변환하는 단계를 말하고, 물리적 설계는 논리적 데이터베이스 구조를 실제 기계 처리에 알맞도록 내부 저장 장치 구조와 접근 경로 등을 설계하는 단계를 말합니다.

> **기적의 TIP**
> 이상(Anomaly) 현상은 데이터베이스의 논리적 설계 시 하나의 릴레이션에 많은 속성들이 존재하여 데이터의 중복과 종속으로 인해 발생되는 문제점을 의미하며, 릴레이션을 처리하는 데 여러 가지 문제를 초래하게 됩니다.

② 삽입 이상(Insertion Anomaly)
- 관계 데이터베이스에서 삽입 역시 튜플 단위로 이루어진다. 이때 삽입하는 과정에서 원하지 않는 자료가 삽입된다든지 또는 삽입하는 데 자료가 부족해 삽입이 되지 않아 발생하는 문제점을 삽입 이상이라고 한다.
  - 위 [고객주문] 테이블에서 새로운 제품을 판매하기 위해 새로운 제품에 대한 정보로 '제품번호', '제품명', '단가'를 삽입하려고 한다.
  - 그러나 [고객주문] 테이블에서는 (고객번호, 제품번호)로 조합된 합성키가 기본키이기 때문에 '고객번호'가 없다면 삽입할 수 없다. 기본키에는 NULL이 올 수 없기 때문이다.
  - 따라서 [고객주문] 테이블에 새로운 제품 정보를 삽입하기 위해서는 고객이 주문을 해서 '고객번호'를 알기 전까지는 새로운 제품에 대한 정보를 삽입할 수 없는 현상이 발생하게 된다.
  - 이와 같이 삽입 작업을 수행하는 경우 원하지 않게 삽입이 되지 않는 현상을 삽입 이상이라고 한다.

③ 갱신 이상(Update Anomaly)
- 관계 데이터베이스의 자료를 갱신하는 과정에서 정확하지 않거나 일부의 튜플만 갱신됨으로 인해 정보가 모호해지거나 일관성이 없어져 정확한 정보의 파악이 안 되는 현상을 말한다.
  - 위 [고객주문] 테이블에서 마우스의 단가를 5,000으로 변경하려고 한다. [고객주문] 테이블에서 마우스가 포함된 튜플은 세 개이다.
  - 그런데 마우스가 포함된 3개의 튜플을 모두 변경하지 않고 일부만 변경한다면 마우스의 단가를 파악할 때 5,000원인지 6,000원인지 알 수 없게 된다.
  - 이와 같이 자료의 갱신 과정에서 잘못된 작업으로 인해 정보의 일관성이 없어져 정확한 정보를 파악하지 못하는 현상을 갱신 이상이라고 한다.

02 함수적 종속(Functional Dependency)

- 종속이란 어떤 릴레이션에서 속성 A, B가 있을 때 임의 튜플에서 A의 값이 B의 값을 함수적으로 결정한다면, 즉 A의 값을 알면 B의 값을 알 수 있거나 A의 값에 따라 B의 값이 달라진다면 B는 A에 함수적으로 종속되었다고 하고, 기호로는 A → B로 표기한다.
- B가 A에 종속되어 A 값을 알면 B 값을 알 수 있을 때 A를 '결정자'라고 하고, B를 '종속자'라고 한다.
- 종속의 종류로는 완전 함수 종속, 부분 함수 종속, 이행적 함수 종속 등이 있다.

- '학번', '성명', '수강과목', '학년'으로 구성된 [학생] 테이블이 있다.

학생

학번	성명	수강과목	학년
990111	김철수	정보통신	1
981010	이철준	컴퓨터	3
990223	박태인	데이터베이스	1
972020	김길동	운영체제	2
981533	이영진	산업공학	3
961017	최길동	컴퓨터	4
962111	이철준	데이터베이스	4

- [학생] 테이블에서 기본키인 '학번'을 알면 그 학생의 성명, 수강과목, 학년을 알 수 있다. 이때 '성명', '수강과목', '학년'은 '학번'에 종속되었다고 한다.
- 표기는 다음과 같다.

> 학번 → 성명
> 학번 → 수강과목
> 학번 → 학년

① 완전 함수 종속과 부분 함수 종속
- 완전 함수 종속(Full Functional Dependency)은 릴레이션에서 한 속성이 오직 기본키에만 종속이 되는 경우를 말한다.
- 부분 함수 종속(Partial Functional Dependency)은 릴레이션에서 한 속성이 기본키가 아닌 다른 속성에 종속이 되거나 또는 기본키가 2개 이상 합성키(복합키)로 구성된 경우 이 중 일부 속성에 종속이 되는 경우를 말한다.
- 위 [학생] 테이블에서 '성명', '수강과목', '학년'은 기본키인 '학번'을 알아야 알 수 있으므로 '성명', '수강과목', '학년'은 '학번'에 완전 함수 종속되었다고 한다.
- '고객번호', '제품번호', '제품명', '주문량'으로 구성된 [고객주문] 테이블이 있다.

고객주문

고객번호	제품번호	제품명	주문량
A012	S-321	SD메모리	2
A012	M-789	메모리	1
A023	K-002	키보드	1
A123	K-012	헤드셋	2
A134	M-123	마우스	4
A134	S-321	SD메모리	2
A321	K-012	헤드셋	1
A567	M-123	마우스	2
A789	M-123	마우스	3
A789	S-567	스캐너	1

- 위 [고객주문] 테이블에서는 '고객번호'와 '제품번호'가 조합된 (고객번호, 제품번호)가 기본키이다. [고객주문] 테이블에서 '주문량' 속성은 기본키인 '고객번호'와 '제품번호'를 모두 알아야 구분할 수 있다. 이런 경우 '주문량' 속성은 기본키에 완전 함수 종속되었다고 한다.
- 표기는 다음과 같다.

(고객번호, 제품번호) → 주문량

- 반면, '제품명'은 기본키인 '고객번호'와 '제품번호'를 모두 알아도 값을 구분할 수 있지만 기본키의 일부인 '제품번호'만 알아도 '제품명'을 알 수 있다. 이와 같은 경우 '제품명'은 기본키에 부분 함수 종속되었다고 한다.
- 표기는 다음과 같다.

제품번호 → 제품명

> **기적의 TIP**
>
> 다이어그램에서 B는 A에 종속되었음을 나타냅니다.

- [고객주문] 테이블의 함수 종속 관계를 다이어그램을 이용하여 표현하면 다음과 같다.

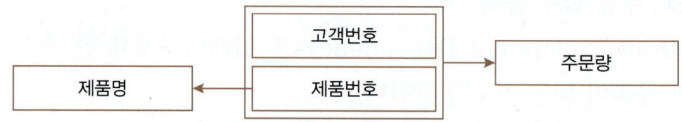

- 위 다이어그램에서 '주문량'은 '고객번호'와 '제품번호'의 조합에 종속됨을 나타낸다. 반면, '제품명'은 '제품번호' 한 가지에만 종속됨을 나타낸다.

② 이행적 함수 종속(Transitive Functional Dependency)

- 이행적 함수 종속은 릴레이션에서 A, B, C 세 가지 속성 간의 종속이 A → B, B → C일 때, A → C가 성립이 되는 경우 이행적 함수 종속이라고 한다. 즉, A를 알면 B를 알 수 있고 B를 알면 C를 알 수 있을 때, A를 알면 C를 알 수 있는 경우를 말한다.

A → B, B → C, A → C

> **기적의 TIP**
> 릴레이션에서는 기본키를 선정하면 그 기본키에 따라 튜플을 식별할 수 있어야 합니다. 완전 함수 종속은 모든 속성이 기본키에 종속이 되는 경우로 문제가 되지 않습니다. 따라서 부분 함수 종속과 이행적 함수 종속 관계는 완전 함수 종속이 되도록 구성을 해야 합니다.

- '제품번호', '제품명', '단가' 속성으로 구성된 [제품] 테이블이 있다.

제품

제품번호	제품명	단가
S-321	SD메모리	25,000
M-789	메모리	28,000
K-002	키보드	5,000
K-012	헤드셋	10,000
M-123	마우스	6,000
S-567	스캐너	100,000

- [제품] 테이블에서는 '제품번호'를 알면 '제품명'을 알 수 있다. 또 '제품명'을 알면 '단가'를 알 수 있다. 결국 '제품번호'를 알면 '단가'를 알 수 있다. 이와 같은 경우를 이행적 함수 종속이라고 한다.
- [제품] 테이블의 종속 관계는 다음과 같다.

> 제품번호 → 제품명, 제품명 → 단가, 제품번호 → 단가

- [제품] 테이블의 함수 종속 관계를 다이어그램을 이용하여 표현하면 다음과 같다.

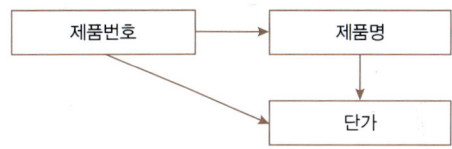

합격을 다지는 예상문제

선다형(필기)

01 정규화를 거치지 않으면 릴레이션 조작 시 데이터 중복에 따른 예기치 못한 곤란한 현상이 발생할 수 있다. 이러한 이상(Anomaly) 현상의 종류에 해당하지 <u>않는</u> 것은?
① 삭제 이상
② 삽입 이상
③ 갱신 이상
④ 조회 이상

정답 ④
해설
이상 현상의 종류 : 삽입 이상, 삭제 이상, 갱신 이상

02 데이터베이스 내에서 데이터들이 불필요하게 중복되어 릴레이션 조작 시 예기치 못한 곤란한 현상을 무엇이라고 하는가?
① Normalization
② Bug
③ Anomaly
④ Error

정답 ③
해설
이상(Anomaly) 현상 : 데이터 중복으로 인해 릴레이션 조작 시 예상하지 못한 곤란한 현상이 발생하는 것을 의미한다.

03 릴레이션 R의 속성 A, B, C에 대해 R.A → R.B이고 R.B → R.C일 때 R.A → R.C를 만족하는 관계를 무엇이라고 하는가?
① 완전 함수 종속
② 다치 종속
③ 이행 함수 종속
④ 조인 종속

정답 ③
해설
이행적 함수 종속 : A → B, B → C일 때, A → C가 성립이 되는 경우

서술형(실기)

정답 ① 이상 또는 Anomaly ② 완전 함수 종속 ③ 부분 함수 종속 ④ 이행적 함수 종속

04 다음 괄호에 들어갈 알맞은 내용을 채우시오.

(①)	관계 데이터베이스의 논리적 설계 과정에서 하나의 릴레이션에 많은 속성들이 존재함으로써 데이터의 종속과 중복으로 인해 여러 가지 문제점이 발생하게 된다. (①) 현상은 릴레이션을 처리하는 데 발생하는 여러 가지 문제점으로 삽입, 삭제, 갱신 등의 종류가 있다.
(②)	관계 데이터베이스에서 (①) 현상과 함께 고려해야 할 문제가 종속이다. 종속이란 임의의 한 릴레이션에서 속성 A, B가 존재하는 경우 A의 값을 알면 B의 값을 알 수 있거나 A의 값에 따라 B의 값이 달라진다면, B는 A에 함수적으로 종속되었다고 하고, 기호로는 A → B로 표기한다. 이러한 종속 관계에서 한 속성이 오직 기본키(Primary Key)에만 종속이 되는 경우 (②) 관계에 있다고 한다.
(③)	(③)(은)는 종속의 종류 중에서 임의의 한 릴레이션에서 하나 속성이 기본키(Primary Key)가 아닌 이외의 속성에 종속 되거나 기본키(Primary Key)가 2개 이상 혼합키로 구성된 경우 이 중 일부 속성에 종속이 되는 경우를 말한다.
(④)	릴레이션에서 A, B, C 세 가지 속성 간의 종속 관계가 A → B, B → C 일 때, A → C 가 성립이 되는 경우, 즉 A를 알면 B를 알 수 있고, B를 알면 C를 알 수 있을 때, A를 알면 C를 알 수 있는 경우 (④)(이)라고 한다.

- ① :
- ② :
- ③ :
- ④ :

정답 ① 프로젝트 또는 Project ② 셀렉트 또는 Select ③ 조인 또는 Join ④ 관계 해석

05 다음 괄호에 들어갈 알맞은 내용을 채우시오.

(①)	• 관계 데이터 연산은 크게 관계 대수와 관계 해석으로 나뉘며 이 중 관계 데이터베이스에서 사용자가 원하는 정보를 검색하기 위해서 어떻게 유도되는가를 기술하는 절차적 언어로 관계 대수가 있다. • 관계 대수의 종류에서 순수 관계 연산자들 중 (①) 연산은 릴레이션의 속성을 연산 대상으로 연산에 명세된 속성 값들만 선택한다. • 릴레이션의 수직적 부분 집합과 동일하므로 수직 연산이라 한다. 연산의 결과 릴레이션은 중복된 튜플을 배제하고 생성되며, 연산 기호로 파이(π)를 사용한다.
(②)	릴레이션에서 주어진 조건을 만족하는 튜플들을 선택하는 연산이다. (②) 연산의 결과 릴레이션은 주어진 릴레이션을 수평적 부분 집합의 결과와 동일하므로 수평 연산이라고도 한다. 연산 기호로 시그마(σ)를 사용한다.
(③)	두 릴레이션(테이블)으로부터 조건에 맞는(관련된) 튜플들을 하나의 튜플로 결합하여 하나의 릴레이션(테이블)으로 만들기 위해 사용되는 연산을 말한다.
(④)	수학의 'Predicate Calculus'에 기반으로 제안되었으며 릴레이션에서 원하는 결과를 얻기 위한 과정을 표현하는 것으로 연산자 없이 정의하는 방법을 이용하는 비절차적 언어의 특징을 가진다.

- ① :
- ② :
- ③ :
- ④ :

SECTION 05 정규화

빈출 태그 ▶ #정규화 개념 #제1정규형 #제2정규형 #제3정규형

01 정규화(Normalization)

- 정규화란 논리적 설계 단계에서 발생할 수 있는 종속으로 인한 이상(Anomaly) 현상의 문제점을 해결하기 위해, 속성들 간의 종속 관계를 분석하여 여러 개의 릴레이션으로 분해하는 과정을 말한다.
- 정규형이 되는 과정을 정규화라고 하며, 정규형의 종류로는 제1정규형, 제2정규형, 제3정규형, BCNF, 제4정규형, 제5정규형 등이 있다.

> **기적의 TIP**
> 정규형의 개념을 정확히 정리하고 정규형의 종류를 구분할 수 있어야 합니다.

02 정규형의 종류

① 제1정규형(1NF : First Normal Form)
- 제1정규형은 한 릴레이션을 구성하는 모든 도메인이 원자값(Atomic Value)만으로 구성되도록 하는 정규형을 말한다.
- '회원번호', '성명', '연락처', '수강과목', '수강료'로 구성된 [회원] 테이블이 있다.

회원

회원번호	성명	연락처	수강과목	수강료
10010	박순신	123-4567	POP글씨	40,000
			지점토공예	40,000
20020	이감찬	234-1122	펜글씨	30,000
20030	김길동	321-4321	지점토공예	40,000
			기타	50,000

- 위 [회원] 테이블에서 '박순신'과 '김길동' 회원은 한 명의 회원이 여러 과목을 수강하고 있다.
- 그런데 '박순신' 회원과 '김길동' 회원에 대한 중복이 되는 속성값 '회원번호', '성명', '연락처'에 해당하는 튜플을 하나로 합쳐서 나타내고 있다.
- 데이터베이스에서는 검색, 삽입, 삭제 등 여러 가지 작업이 튜플 단위로 이루어지기 때문에 '박순신' 회원과 '김길동' 회원과 같이 튜플을 하나로 합쳐서 표현하면 원활하게 수행되지 못한다.

- 따라서 위 [회원] 테이블이 각각의 튜플로 구성되도록 회원 정보를 나타내는 [회원] 테이블과 수강과목에 대한 정보를 나타내는 [강좌] 테이블로 분해하면 다음과 같다.

```
회원(회원번호, 성명, 연락처)
강좌(수강과목, 수강료)
```

회원

회원번호	성명	연락처
10010	박순신	123-4567
20020	이감찬	234-1122
20030	김길동	321-4321

강좌

수강과목	수강료
POP글씨	40,000
지점토공예	40,000
펜글씨	30,000
기타	50,000

- 이와 같이 모든 도메인이 각각의 튜플로 구성되도록, 즉 원자값만으로 구성되도록 분해하는 과정을 제1정규형(1NF)이라고 한다.

② 제2정규형(2NF : Second Normal Form)
- 제2정규형은 제1정규형을 만족하면서 릴레이션을 구성하는 모든 속성이 기본키에 완전 함수 종속이 되도록 분해하는 과정을 말한다.
- 즉, 제2정규형에서는 릴레이션에 존재하는 부분 함수 종속을 제거하고 모든 속성이 기본키에 완전 함수 종속이 되도록 한다.
- '고객번호', '제품번호', '제품명', '주문량'의 속성을 가진 [고객주문] 테이블이 있다.

고객주문

고객번호	제품번호	제품명	주문량
A012	S-321	SD메모리	2
A012	M-789	메모리	1
A023	K-002	키보드	1
A123	K-012	헤드셋	2
A134	M-123	마우스	4
A134	S-321	SD메모리	2
A321	K-012	헤드셋	1
A567	M-123	마우스	2
A789	M-123	마우스	3
A789	S-567	스캐너	1

- [고객주문] 테이블에서 '고객번호'와 '제품번호'가 조합된 합성키(복합키)가 기본키가 된다.
- [고객주문] 테이블의 종속 관계를 살펴보면 '주문량' 속성값은 '고객번호'와 '제품번호' 모두 알아야 구분할 수 있으므로 기본키인 (고객번호, 제품번호)에 완전 함수 종속된다.

```
(고객번호, 제품번호) → 주문량
```

- 반면, '제품명' 속성값은 기본키 (고객번호, 제품번호)의 일부인 '제품번호'만 알아도 구분할 수 있으므로 부분 함수 종속 관계에 있다.

> 제품번호 → 제품명

- 따라서 이와 같이 부분 함수 종속 관계가 있는 테이블을 기본키에 완전 함수 종속이 되도록 분해하면 다음과 같이 분해할 수 있다.

> 주문량(<u>고객번호</u>, <u>제품번호</u>, 주문량)
> 제품(<u>제품번호</u>, 제품명)

주문량

고객번호	제품번호	주문량
A012	S-321	2
A012	M-789	1
A023	K-002	1
A123	K-012	2
A134	M-123	4
A134	S-321	2
A321	K-012	1
A567	M-123	2
A789	M-123	3
A789	S-567	1

제품

제품번호	제품명
S-321	SD메모리
M-789	메모리
K-002	키보드
K-012	헤드셋
M-123	마우스
S-567	스캐너

- 이와 같이 [고객주문] 테이블을 [주문량] 테이블과 [제품] 테이블로 분해하면 [주문량] 테이블에서 '주문량'은 기본키인 (고객번호, 제품번호)에 완전 함수 종속이 되고, [제품] 테이블에서 '제품명'은 기본키인 '제품번호'에 완전 함수 종속이 되어 제2정규형(2NF)을 만족하게 된다.

③ 제3정규형(3NF : Third Normal Form)
- 제3정규형은 제2정규형을 만족하면서 릴레이션을 구성하는 속성들 간에 이행적 함수 종속 관계를 분해하여 비이행적 함수 종속이 되도록 하는 과정을 말한다.
- '학번', '전공', '담당교수' 속성으로 구성된 [수강] 테이블이 있다.

수강

학번	전공	담당교수
0001	컴퓨터	김선수
0002	기계	박길동
0003	토목	이찬성
0004	컴퓨터	김선수
0005	기계	박길동

- [수강] 테이블의 종속 관계를 살펴보면 다음과 같다.

- '학번'을 알면 그 학생의 '전공'을 알 수 있다. 즉, '전공'은 '학번'에 종속되어 있다. 또한 '전공'을 알면 '담당교수'를 알 수 있다. 즉, '담당교수'는 '전공'에 종속되어 있다. 결국 '학번'을 알면 '전공' 속성값을 알 수 있고, '담당교수' 속성값도 알 수 있게 된다. 즉, '학번'과 '담당교수' 속성 간에 이행적 함수 종속 관계가 있는 것이다.

```
학번 → 전공
전공 → 담당교수
학번 → 담당교수
```

- 따라서 이행적 함수 종속 관계가 있는 [수강] 테이블을 분해하면 다음과 같이 분해할 수 있다.

```
학생(학번, 전공)
교수(전공, 담당교수)
```

학생

학번	전공
0001	컴퓨터
0002	기계
0003	토목
0004	컴퓨터
0005	기계

교수

전공	담당교수
컴퓨터	김선수
기계	박길동
토목	이찬성

- 이와 같이 [수강] 테이블을 [학생] 테이블과 [교수] 테이블로 분해하면 각 테이블이 기본키에 완전 함수 종속 관계로 유지되면서 이행적 함수 종속 관계도 해결되어 제3정규형(3NF)을 만족하게 된다.

④ 보이스-코드 정규형(BCNF : Boyce-Codd Normal Form)
- 보이스-코드 정규형은 제3정규형을 만족하면서, 릴레이션에서 모든 결정자가 후보키가 되도록 하는 과정을 말한다.
- '회원번호', '수강과목', '강사' 속성으로 구성된 [등록] 테이블이 있다.

등록

회원번호	수강과목	강사
10010	POP글씨	최수지
10010	서예	김선수
20020	기타	이영춘
20030	네일아트	이태선
20030	POP글씨	최수지
30010	서예	박길동
30010	POP글씨	김정미

- [등록] 테이블에서 한 명의 회원이 여러 과목을 수강할 수 있으므로 '회원번호' 하나의 속성으로는 후보키가 될 수 없다.

> **기적의 TIP**
> - 결정자 : 속성 A, B 중에서 속성 A가 속성 B의 값을 결정한다면, 즉 A→B의 종속 관계에 있을 때 A를 결정자라 한다. B는 종속자가 된다.
> - 후보키 : 릴레이션에서 각 튜플을 유일하게 식별할 수 있는 속성이나 속성의 집합을 말한다.

- [등록] 테이블에서 후보키가 될 수 있는 것은 합성키(복합키)로 (회원번호, 수강과목) 또는 (회원번호, 강사)이다. (수강과목, 강사)는 후보키가 될 수 없다. 수강과목이 'POP글씨'이고, 강사가 '최수지'인 경우는 회원번호가 '10010'과 '20030' 두 가지로 서로 튜플을 식별할 수 없기 때문이다.
- 후보키 (회원번호, 수강과목)과 (회원번호, 강사) 중 기본키를 (회원번호, 수강과목)으로 지정하면 다음과 같은 종속 관계가 성립된다.

(회원번호, 수강과목) → 강사

- 또한 [등록] 테이블에서는 한 과목을 여러 명의 강사가 강의할 수 있음을 알 수 있다. 'POP글씨'를 강사 '최수지'와 '김정미'가 강의하고 있고, '서예'는 '김선수'와 '박길동' 강사가 강의하고 있다. 따라서 수강과목과 강사 간의 종속 관계는 강사를 알면 수강과목을 알 수 있는 형태이다. 수강과목과 강사 간에는 다음과 같은 종속 관계가 성립된다.

강사 → 수강과목

- 이때 '강사' 속성은 후보키가 아니다. 후보키가 아님에도 수강과목을 결정하는 결정자 역할을 하고 있는 것이다. 이와 같이 결정자가 후보키가 아닌 경우 분해하는 과정을 BCNF라고 한다. 위 [등록] 테이블은 다음과 같이 분해할 수 있다.

회원등록(회원번호, 강사)
강사(강사, 수강과목)

- [회원등록] 테이블의 '강사' 속성을 외래키로 지정하여 [강사] 테이블을 참조한다.

회원등록

회원번호	강사
10010	최수지
10010	김선수
20020	이영춘
20030	이태선
20030	최수지
30010	박길동
30010	김정미

강사

강사	수강과목
최수지	POP글씨
김선수	서예
이영춘	기타
이태선	네일아트
박길동	서예
김정미	POP글씨

- 이와 같이 [등록] 테이블을 [회원등록] 테이블과 [강사] 테이블로 분해하면 모든 결정자가 후보키가 되어 BCNF를 만족하게 된다.

> **기적의 TIP**
>
> 제4정규형과 제5정규형은 고급 정규형이라고 합니다. 일반적으로 사용되는 정규형은 아니므로 개념의 특징적인 용어만 기억해 두세요.

⑤ 제4정규형(4NF : Fourth Normal Form)
- 제4정규형은 릴레이션에서 다치 종속(MVD) 관계가 성립되는 경우 분해하는 정규형을 말한다.
- 다치 종속(MVD : Multivalued Dependency)
  - 함수 종속은 'A → B'인 경우 A의 속성값은 B의 속성값 하나를 결정하게 된다.

강사

강사	수강과목
최수지	POP글씨
김선수	서예
이영춘	기타
이태선	네일아트

  - [강사] 테이블에서 '강사 → 수강과목' 종속 관계가 있다. 따라서 '강사' 속성의 값은 '수강과목' 속성 하나의 값과 대응되어 '수강과목' 하나하나를 식별할 수 있는 것이다.
  - 다치 종속(MVD)은 함수 종속과는 달리 하나의 속성값이 대응되는 속성의 집합을 결정하는 종속 관계를 말하며, 릴레이션의 속성이 3개 이상일 때 존재한다.
  - 다치 종속의 표기는 다음과 같이 한다.

  > A →→ B : A의 속성값은 B의 속성값의 집합을 결정하게 된다.

  - '과목명', '강사', '교재' 속성으로 구성된 [강좌] 테이블이 있다.

강좌

과목명	강사	교재
POP글씨	최수지	POP-1
POP글씨	최수지	POP-2
POP글씨	김정미	POP-1
POP글씨	김정미	POP-2
서예	박길동	서예-1
서예	박길동	서예-2

  - 위 [강좌] 테이블은 함수 종속 관계가 성립되지 않는다. 그런데 [강좌] 테이블에서는 '과목명'을 알면 그 과목과 관련된 강사들이 누구인지 강사의 집합을 알 수 있으며, '과목명'을 알면 그 과목과 관련된 교재의 집합을 알 수 있다. 즉, POP글씨와 관련된 강사는 (최수지, 김정미)이다. 또 POP글씨와 관련된 교재는 (POP-1, POP-2)이다.

- 이와 같이 하나의 속성값과 여러 개의 속성값이 종속된 관계를 다치 종속(MVD)이라고 한다. [강좌] 테이블은 다음과 같은 다치 종속(MVD)이 성립된다.

> 과목명 →→ 강사
> 과목명 →→ 교재

- 이와 같은 다치 종속(MVD) 관계의 테이블을 분해하는 것이 제4정규형이다.
- [강좌] 테이블은 다음과 같이 분해할 수 있다.

> 강사(과목명, 강사)
> 교재(과목명, 교재)

강사

과목명	강사
POP글씨	최수지
POP글씨	김정미
서예	박길동

교재

과목명	교재
POP글씨	POP-1
POP글씨	POP-2
서예	서예-1
서예	서예-2

⑥ 제5정규형(5NF : Fifth Normal Form)
- 제5정규형은 릴레이션에 존재하는 조인 종속(Join Dependency)이 후보키를 통해서만 성립이 되도록 하는 정규형을 말한다.
- 조인 종속(Join Dependency)은 원래의 릴레이션을 분해한 뒤 자연 조인한 결과가 원래의 릴레이션과 같은 결과가 나오는 종속성을 말한다.

더 알기 TIP

정규화 진행 과정

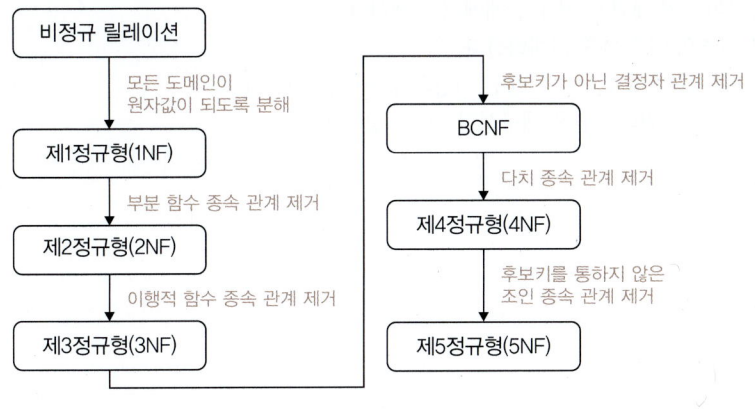

기적의 TIP

각 정규형과 관련된 문제에서 실제 릴레이션을 분해하는 형태는 출제되지 않습니다. 릴레이션에 어떤 종속 관계가 있으니 이 종속을 해결하기 위한 정규형이 무엇이지 물어보는 형태입니다. 따라서 각 정규형의 특징적인 용어들을 기억하면서 정규형의 종류를 정리해 두세요.

합격을 다지는 예상문제

선다형(필기)

01 부분 함수 종속 제거가 이루어지는 정규화 단계는?

① 1NF → 2NF
② 2NF → 3NF
③ 3NF → BCNF
④ BCNF → 4NF

[정답] ①
[해설] 부분 함수 종속 관계 제거는 2차 정규형 단계이다.

02 A → B이고 B → C일 때 A → C를 만족하는 종속 관계를 제거하는 정규화 단계는?

① 1NF → 2NF
② 2NF → 3NF
③ 3NF → BCNF
④ 비정규 릴레이션 → 1NF

[정답] ②
[해설] 이행 함수 종속 관계 제거는 3차 정규형 단계이다.

03 정규화 과정 중 1NF에서 2NF가 되기 위한 조건은?

① 1NF를 만족하고 모든 도메인이 원자값이어야 한다.
② 1NF를 만족하고 키가 아닌 모든 애트리뷰트가 기본키에 대해 이행적으로 함수 종속되지 않아야 한다.
③ 1NF를 만족하고 다치 종속이 제거되어야 한다.
④ 1NF를 만족하고 키가 아닌 모든 속성이 기본키에 대하여 완전 함수적 종속 관계를 만족해야 한다.

[정답] ④
[해설] 2차 정규형의 원칙은 완전 함수적 종속이다.

04 다음 정규화에 대한 설명으로 틀린 것은?

① 데이터베이스의 개념적 설계 단계에서 수행한다.
② 데이터 구조의 안정성을 최대화한다.
③ 중복을 배제하여 삽입, 삭제, 갱신 이상의 발생을 방지한다.
④ 데이터 삽입 시 릴레이션을 재구성할 필요성을 줄인다.

[정답] ①
[해설] 정규화는 논리적 설계 단계에 진행한다.

서술형(실기)

05 다음 괄호에 들어갈 알맞은 내용을 채우시오.

(①)	데이터베이스의 논리적 설계 시 하나의 릴레이션에 많은 속성들이 존재하게 하고, 데이터의 중복과 종속으로 인해 이상(Anomaly) 현상이 발생할 수 있다. 이러한 이상(Anomaly) 현상을 제거하기 위해 릴레이션의 무결성을 유지하면서 정확한 정보를 제공하기 위해 여러 개의 릴레이션으로 분해하는 것을 (①)(이)라고 한다.
(②)	'주문번호', '부품번호', '부품가격', '주문량'의 속성으로 구성된 [주문현황] 테이블이 있다. **주문현황** | 주문번호	부품번호	부품가격	주문량
---	---	---	---
1318	C-1	1,500	20
1318	C-2	700	15
1222	C-3	600	15
1407	C-1	1,500	21
1407	C-4	600	12	 [주문현황] 테이블은 '주문번호'와 '부품번호'가 합성키인 (주문번호,부품번호)가 기본키이다. 또한 모든 도메인이 원자값으로 구성되어 있으므로 (②)(을)를 만족하고 있다.
(③)	위 [주문현황] 테이블의 종속 관계를 분석한 결과 '부품가격'은 기본키인 (주문번호,부품번호) 외에 '부품번호'만으로도 구분할 수 있으므로 '부품번호'에 종속되어 있음을 알 수 있다. 이와 같이 기본키가 아닌 속성에 종속이 되는 것을 부분 함수 종속이라 하며 이와 같은 종속을 해결하기 위해서는 (③)(을)를 수행함으로써 해결할 수 있다.
(④)	릴레이션에서 A를 알면 B를 알 수 있고, B를 알면 C를 알 수 있을 때, A를 알면 C를 알 수 있는 경우 이행적 함수 종속 관계가 성립된다고 할 수 있다. 이와 같은 경우 (④)(을)를 수행하여 종속 관계를 해결할 수 있다.

- ① :
- ② :
- ③ :
- ④ :

정답
① 정규화 ② 제1정규형
③ 제2정규형 ④ 제3정규형

SECTION 06 트랜잭션(Transaction)

출제빈도 상 중 하
반복학습 1 2 3

빈출 태그 ▶ #트랜잭션 #원자성 #일관성 #격리성 #지속성 #COMMIT #ROLLBACK

01 트랜잭션(Transaction)

- 트랜잭션은 데이터베이스 내에서 한꺼번에 모두 수행되어야 할 연산들의 집합으로, 하나의 작업 처리를 위한 논리적 작업 단위를 말한다.
- 트랜잭션 내의 연산은 한꺼번에 완료되어야 하며 그렇지 못한 경우 모두 취소되어야 한다.

02 트랜잭션의 성질

① 원자성(Atomicity)
- 트랜잭션의 가장 기본적인 특성으로 트랜잭션 내의 연산은 반드시 모두 수행되어야 하며 그렇지 않은 경우 모두 수행되지 않아야 한다.

② 일관성(Consistency)
- 트랜잭션이 정상적으로 완료된 후 언제나 일관성 있는 데이터베이스 상태가 되어야 하며, 결과에 모순이 생겨서는 안 된다.

> 사용자가 물건을 구매한 후 10점의 포인트를 적립카드에 적립하여 100점이 되었다면 그 결과는 어디에서 점수를 조회하더라도 동일한 결과가 나와야 한다. 본사에서 포인트 점수를 조회하면 100점인데 일반 매장에서 조회해서 100점이 아니면 일관성이 결여된 것이다.

③ 격리성(Isolation)
- 하나의 트랜잭션이 수행 중에는 다른 트랜잭션이 접근할 수 없으며 각각의 트랜잭션은 독립적이어야 한다. 따라서 독립성이라고도 한다.

> 동일한 회사의 적립카드를 이용하는 사용자 A와 사용자 B가 동시에 적립카드에 적립하더라도 사용자 A에게 적립하는 처리과정과 B에게 적립하는 처리과정은 서로 구별되어 각각 정확하게 처리되어야 한다.

기적의 TIP

일상생활에서 물건을 구매한 후 적립카드에 해당 포인트만큼 적립하는 경우, '적립카드 인식 → 포인트 입력 → 승인 → 회원 데이터베이스에 포인트 적립 → 종료'의 과정을 거치게 됩니다. 적립카드에 포인트를 적립하는 과정에서 이루어지는 위와 같은 연산들의 집합을 트랜잭션이라고 생각하세요. 이때 위 과정은 한꺼번에 모두 완료되어야 합니다. 이 중 한 과정에서라도 오류가 발생하면 모든 과정이 취소됩니다. 이것은 트랜잭션의 기본 성질입니다.

④ 영속성(Durability)
- 트랜잭션이 성공적으로 완료된 후 결과는 지속적으로 유지되어야 한다. 따라서 지속성이라고도 한다.

> 사용자가 적립카드에 100점까지 적립했다면 그 결과는 이후 적립이 이루어지기 전까지 계속 유지되어야 한다.

> **기적의 TIP**
> 트랜잭션의 성질인 Atomicity, Consistency, Isolation, Durability를 함축하여 ACID 성질이라고 합니다.

03 트랜잭션 연산

① COMMIT
- 트랜잭션이 성공적으로 종료된 후 수정된 내용을 지속적으로 유지하기 위한 연산이다.
- 적립카드에 10점의 점수를 적립하는 트랜잭션을 수행해서 정상적으로 종료되는 경우는 다음과 같다.

```
read(card)       → 카드 인식
A = A + 10       → 포인트 입력
recognition      → 승인
write(A)         → 포인트 적립
COMMIT           → 정상 종료
```

② ROLLBACK
- 트랜잭션이 비정상적으로 수행되었거나 오류가 발생했을 때 수행 작업을 취소하고 이전 상태로 되돌리기 위한 연산이다.
- 적립카드에 10점의 점수를 적립하는 트랜잭션을 수행하는 도중 오류가 발생하는 경우는 다음과 같다.

```
read(card)       → 카드 인식
A = A + 10       → 포인트 입력     작업 취소
오류
ROLLBACK
```

> **기적의 TIP**
> 트랜잭션 연산에는 COMMIT와 ROLLBACK이 있으며, 하나의 트랜잭션은 COMMIT이나 ROLLBACK이 되어야 합니다.

04 트랜잭션의 상태도

- 트랜잭션이 수행되는 과정은 다음과 같은 상태로 구분할 수 있다.

실행	현재 실행 중인 상태
부분 완료	실행을 모두 마치고, 데이터베이스에 결과를 저장하기 직전 상태
완료	트랜잭션의 연산을 정상적으로 마치고, 연산 결과를 데이터베이스에 저장한 상태
실패	트랜잭션 실행 중 오류에 의해 더 이상 진행될 수 없는 상태
철회	트랜잭션 실행이 실패되어 복귀되는 상태

- 부분 완료는 실행은 마쳤지만 아직 데이터베이스에 저장이 이루어지지 않은 상태이다. 따라서 부분 완료가 되었다 하더라도 실패로 이어질 수 있다.
- 트랜잭션이 비정상적으로 수행되거나 오류가 발생하면 ROLLBACK 연산에 의해 취소된다. 이와 같이 하나의 트랜잭션은 반드시 COMMIT이나 ROLLBACK되어야 한다.

> **기적의 TIP**
> 부분 완료된 트랜잭션이 COMMIT되는 것은 문서를 모두 작성하고 '저장' 버튼을 누르는 것과 같은 의미로 생각하세요. 예를 들어 문서를 다 작성했더라도 저장하지 않으면 작성한 문서가 손실될 수도 있듯이 트랜잭션이 정상적으로 완료되었다 하더라도 COMMIT 연산을 수행하지 않으면 수행된 결과가 유지될 수 없습니다.

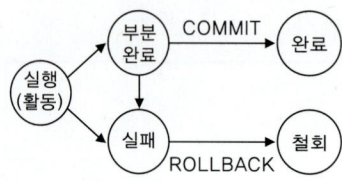

▲ 트랜잭션의 상태도

합격을 다지는 예상문제

선다형(필기)

01 트랜잭션의 특성 중 "all or nothing", 즉 트랜잭션의 연산은 데이터베이스에 모두 반영되든지 아니면 전혀 반영되지 않아야 함을 의미하는 특성은?

① Atomicity ② Consistency
③ Isolation ④ Durability

[정답] ①
[해설] Atomicity : 원자성

02 어떤 트랜잭션이 수행을 하는 도중 수행이 잘못되었고 데이터베이스가 모순 상태에 있을 때, 이 작업의 논리적 단위가 행한 모든 갱신 연산을 복구시키거나 취소해야 함을 트랜잭션 관리기에 알려주는 연산은?

① COMMIT ② ROLLBACK
③ FETCH ④ RECOVER

[정답] ②

03 다음 보기에서 설명하는 트랜잭션의 성질은 무엇인가?

> A씨가 은행에 10,000원을 입금하여 총 합계가 100,000원이 되었다. 이 계좌의 100,000원은 어디에서 조회해도 같은 금액이 나와야 한다. 은행 본점에서 조회하는 것과 a지점에서 조회하는 것에 차이가 있어서는 안 된다.

① 원자성
② 영속성
③ 격리성
④ 일관성

04 트랜잭션의 상태 중 트랜잭션의 마지막 연산이 실행된 직후의 상태로, 모든 연산의 처리는 끝났지만 트랜잭션이 수행한 최종 결과를 데이터베이스에 반영하지 않은 상태는?

① Active
② Partially Committed
③ Committed
④ Aborted

서술형(실기)

05 다음 괄호에 들어갈 알맞은 내용을 채우시오.

(①)	데이터베이스에 보관된 자료를 이용하여 작업을 수행하는 가장 기본적인 작업의 단위가 되며, 여러 개의 연산이 하나의 논리적 기능을 수행하기 위한 연산들의 집합을 말한다. 한 카드회사의 신용카드를 발급 받아 카드를 이용해 물건을 구매하는 과정을 살펴보면, 카드 인식 → 금액 입력 → 카드 회사 송신 → 승인 → 승인 내역 수신 → 완료와 같은 과정을 거치게 된다. 이와 같이 하나의 작업을 수행하는 데 이루어지는 연산들의 집합을 (①)(이)라고 한다.
(②)	(①)(은)는 모든 연산은 반드시 한꺼번에 완료되어야 하며, 그렇지 못한 경우 모두 취소되어야 한다. 이와 같은 성질을 (②)(이)라 한다. 그 외에 실행된 후에도 언제나 일관성 있는 데이터베이스 상태가 되어야 하며, 결과에 모순이 생겨서는 안 되도록 하는 일관성의 성질을 갖는다.
(③)	데이터베이스 내의 하나의 (①)(이)가 수행 중에는 다른 (①)(이)가 접근할 수 없으며 각각의 트랜잭션은 독립적이어야 한다. 이러한 성질을 (③)(이)라 한다. 또한 성공적으로 종료된 결과는 계속 유지되어야 하는 영속성의 성질을 갖는다.
(④)	데이터베이스 내의 (①)(이)가 수행되는 과정의 상태는 다음과 같다. • 실행 : 현재 (①) 실행 중인 상태를 말한다. • 부분완료 : (①)의 실행은 모두 마쳤으나 데이터베이스에 저장하기 이전 상태를 말한다. • (④) : 성공적으로 완료된 (①)의 연산 결과를 데이터베이스에 저장한 상태를 말한다. • 실패 : (①)의 실행이 오류에 의해 더 이상 진행될 수 없는 상태를 말한다. • 철회 : (①)의 실행이 취소되는 상태를 말한다.

- ① :
- ② :
- ③ :
- ④ :

SECTION 07 회복 기법과 병행 제어

빈출 태그 ▶ #회복 기법 #병행 제어 #로킹(Locking)

> **기적의 TIP**
> 회복의 기본 개념과 병행 제어에 대한 내용을 잘 정리해 두세요.

01 회복(Recovery)

- 회복이란 여러 가지 요인으로 인해 손상된 데이터베이스를 손상되기 이전의 정상적인 상태로 복구시키는 작업을 말한다.
- 회복을 위해 로그(Log)를 이용하게 되는데, 로그(Log)란 트랜잭션이 수행되어 변경되는 데이터베이스의 상황 정보를 기록하는 것으로, 트랜잭션이 수행되기 이전 값과 수행된 이후 값 모두 기록된다. 이와 같은 정보를 담고 있는 파일을 로그 파일(Log File)이라고 한다.

① 회복 기법

- 즉시 갱신 기법 : 트랜잭션이 실행(활동) 상태에서 변경되는 내용을 그때그때 바로 데이터베이스에 적용하는 기법이다. 변경되는 모든 내용은 로그(Log)에 기록하여 장애 발생 시 로그(Log)의 내용을 토대로 회복시킨다.
- 지연 갱신 기법 : 트랜잭션이 수행되어 부분완료될 때까지 데이터베이스에 적용하지 않고 지연시킨 후 부분완료가 되면 로그(Log)의 내용을 토대로 데이터베이스에 적용하는 기법이다.
- 검사 시점 기법 : 트랜잭션이 실행되는 중간에 검사 시점(Check Point)을 지정하여 검사 시점까지 수행 후 완료된 내용을 데이터베이스에 적용하는 기법이다.
- 그림자 페이징(Shadow Paging) 기법 : 이 기법은 로그(Log)를 사용하지 않고, 데이터베이스를 동일한 크기의 단위인 페이지로 나누어 각 페이지마다 복사하여 그림자 페이지를 보관한다. 데이터베이스의 변경되는 내용은 원본 페이지에만 적용하고, 장애가 발생되는 경우 그림자 페이지를 이용해 회복한다.

② REDO(재수행)와 UNDO(취소)

- REDO : 트랜잭션이 수행되어 COMMIT이 되면 변경된 내용을 데이터베이스에 반영하게 된다. 이때 로그(Log)의 내용을 토대로 재수행하며 변경된 내용을 데이터베이스에 반영하게 된다. 이와 같이 재수행하는 과정을 말한다.
- UNDO : 트랜잭션이 수행되는 도중 오류가 발생하거나 비정상적으로 종료되는 경우 트랜잭션이 시작된 시점으로 되돌아가는 과정을 말한다.

> **기적의 TIP**
> COMMIT과 ROLLBACK은 '저장해라', '취소해라'와 같은 명령어입니다. REDO와 UNDO는 COMMIT과 ROLLBACK 명령에 의해 수행되는 과정을 말합니다.

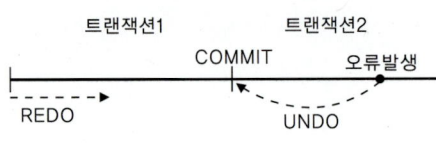

▲ REDO와 UNDO의 수행

> **더 알기 TIP**
>
> **데이터베이스 수행 시 발생되는 장애의 유형**
> - 트랜잭션 장애 : 하나의 트랜잭션이 수행되는 과정에서 발생하는 오류를 말한다.
> - 시스템 장애 : 트랜잭션 장애들로 인해 시스템상의 문제가 발생하여 트랜잭션이 수행되지 못하는 경우를 말한다. 예를 들어 컴퓨터를 사용하는 도중에 컴퓨터가 다운되는 경우가 여기에 속한다.
> - 미디어 장애 : 하드웨어적으로 하드디스크 등이 손상되는 경우를 말한다.

02 병행 제어(Concurrency Control)

- 동시에 여러 개의 트랜잭션이 실행되는 경우를 병행 실행이라고 하는데 이와 같은 병행 실행 시 트랜잭션 간의 격리성을 유지하여 트랜잭션 수행에 문제가 발생되지 않도록 제어하는 것을 병행 제어라고 한다.
- 대표적인 병행 제어의 방법으로 로킹(Locking) 기법이 있다.

① 로킹(Locking)
- 로킹(Locking) 기법은 트랜잭션의 병행 실행 시 하나의 트랜잭션이 사용하는 데이터베이스 내의 데이터를 다른 트랜잭션이 접근하지 못하게 하는 것을 말한다.
- 하나의 트랜잭션이 실행될 때는 'LOCK'을 설정해 다른 트랜잭션이 데이터에 접근하지 못하도록 잠근 후 실행하고, 실행이 완료되면 'UNLOCK'을 통해 해제한다.

> LOCK → 트랜잭션 실행 → 트랜잭션 완료 → UNLOCK

- '학번', '이름', '국어', '영어' 속성으로 구성된 [학생] 테이블이 있다.

학생

학번	이름	국어	영어
071113	김길동	75	80
082134	이영진	82	85
072235	김정애	90	72
091156	박태인	85	80

- 위 [학생] 테이블을 사용자 A와 사용자 B가 거의 동시에 접근해서 사용자 A는 학생들의 '국어' 점수를 검색하는 트랜잭션을 수행하려고 하고, 사용자 B는 '김정애' 학생의 정보를 삭제하는 트랜잭션을 수행하려고 한다.
- 만약 사용자 A가 검색하는 도중 일부 값이 사용자 B에 의해 삭제된다면 검색 결과를 신뢰할 수 없을 것이다.
- 따라서 사용자 A는 [학생] 테이블을 사용하기 전 [학생] 테이블에 다른 트랜잭션이 접근하지 못하도록 'LOCK'을 설정한다.

기적의 TIP

병행 제어의 목적
- 데이터베이스 공유 최대화
- 데이터베이스 일관성 최대화
- 시스템 활용도 최대화
- 사용자에 대한 응답시간 최소화

기적의 TIP

로킹(Locking)을 락(LOCK)으로 표현하는 경우도 있습니다. 로킹은 다른 트랜잭션이 데이터에 접근하지 못하게 열쇠로 잠가 놓는다고 생각하세요.

- 그리고 사용자 A가 원하는 트랜잭션을 수행하고, 완료 후 'UNLOCK'을 통해 해제한다. [학생] 테이블에 대해 LOCK이 해제되면 사용자 B가 접근하여 이용할 수 있다. 만약 LOCK이 해제되지 않았다면 다른 트랜잭션이 접근할 수 없게 된다.

사용자 A	사용자 B
LOCK(학생)	
read 학생	
검색	
UNLOCK(학생)	
	LOCK(학생)
	read 학생
	삭제
	UNLOCK(학생)

② 로킹 단위
- LOCK을 설정할 데이터의 크기를 나타낸다.
- 로킹 단위는 테이블, 속성, 튜플 단위로 설정할 수 있다.
- 로킹 단위가 크면 많은 양의 데이터의 LOCK 설정이 가능하고, 로킹 단위가 작으면 적은 양의 데이터의 LOCK 설정이 가능하다.
- 로킹 단위가 크면 LOCK으로 설정한 가짓수가 적어지고, 로킹 단위가 작으면 LOCK으로 설정한 가짓수가 많아진다.
- 로킹 단위가 크면 병행성 수준이 낮아지고, 로킹 단위가 작으면 병행성 수준이 높아진다.

학생

학번	이름	국어	영어
071113	김길동	75	80
082134	이영진	82	85
072235	김정애	90	72
091156	박태인	85	80

LOCK

▲ 로킹 단위가 큰 경우

학생

학번	이름	국어	영어
071113	김길동	75	80
082134	이영진	82	85
072235	김정애	90	72
091156	박태인	85	80

LOCK LOCK LOCK LOCK

▲ 로킹 단위가 작은 경우

- 위 그림에서 좌측은 로킹 단위를 크게 해서 테이블 자체를 LOCK으로 설정한 것이고, 우측은 로킹 단위를 작게 해서 속성 단위로 LOCK을 설정한 경우이다.
- 위 그림과 같이 로킹 단위를 크게 지정한 경우는 LOCK의 가짓수가 적어지고, 로킹 단위를 작게 지정한 경우는 LOCK의 가짓수가 많아진다.
- 로킹 단위를 크게 하여 테이블 자체를 LOCK으로 설정하면 LOCK이 해제되기 전에 다른 트랜잭션은 이 테이블에 접근할 수 없다. 따라서 다른 트랜잭션과 테이블을 이용하는 데 병행성 수준이 낮아지게 된다.
- 반면 로킹 단위를 작게 하면 현재 LOCK으로 설정되지 않은 부분은 다른 트랜잭션도 접근하여 이용할 수 있으므로 병행성 수준이 높아지게 된다.

③ 병행 제어를 하지 않았을 때의 문제점

갱신 분실 (Lost Update)	두 개 이상의 트랜잭션이 수행되는 과정에서 연산 결과의 일부가 없어지는 현상
모순성 (Inconsistency)	두 개 이상의 트랜잭션이 수행되어 얻어진 결과가 일관성 없이 서로 다른 현상
연쇄 복귀 (Cascading Rollback)	두 개 이상의 트랜잭션이 수행되던 중 하나의 트랜잭션이 취소되어 연쇄적으로 다른 트랜잭션도 취소되는 현상

합격을 다지는 예상문제

선다형(필기)

01 로킹에 대한 설명으로 옳지 않은 것은?

① 로킹의 대상이 되는 객체의 크기를 로킹 단위라고 한다.
② 로킹은 주요 데이터의 접근을 상호배타적으로 하는 것이다.
③ 로킹 단위가 크면 병행성 수준이 높아진다.
④ 로킹 단위가 작아지면 로킹 오버헤드가 증가한다.

[정답] ③
[해설] 로킹 단위가 크면 병행성 수준이 낮아진다.

서술형(실기)

02 다음 괄호에 들어갈 알맞은 내용을 채우시오.

(①)	데이터베이스를 구축하여 이용하는 과정에서 여러 가지 문제가 발생할 수 있다. 회복(Recovery)이란 여러 가지 요인으로 인해 손상된 데이터베이스를 손상되기 이전의 정상적인 상태로 되돌리는 과정으로 즉시 갱신 기법, (①), Check Point 기법, 그림자 페이지 기법 등이 있다. 즉시 갱신 기법과 (①), Check Point 기법은 로그(log)를 이용하는 기법으로, 이 중 (①)(은)는 트랜잭션이 수행되어 부분완료될 때까지 지연시킨 후 로그(log)의 내용을 이용해 문제를 해결하는 기법이다.
(②)	동시에 여러 개의 트랜잭션이 수행되는 것을 병행 실행이라고 하며 병행 실행 시 트랜잭션의 병행 제어를 함으로써 트랜잭션의 성질 중 격리성을 만족하도록 해야 한다. 병행 제어를 위한 대표적인 방법으로 (②) 기법이 있다. 하나의 트랜잭션이 실행되는 동안 다른 트랜잭션이 사용 중인 데이터에 접근하지 못하도록 'LOCK'을 설정해 실행하고, 실행이 완료되면 'UNLOCK'을 통해 해제하게 된다.
(③)	병행 제어를 하지 않았을 경우 트랜잭션이 수행되는 과정에서 연산 결과의 일부가 없어지는 갱신 분실, 트랜잭션이 수행되어 얻어진 결과가 일관성 없어지는 모호성, 그리고 트랜잭션이 수행되던 중 하나 트랜잭션이 취소되어 연쇄적으로 다른 트랜잭션도 취소되는 현상인 (③)(이)가 발생할 수 있다.

- ① :
- ② :
- ③ :

[정답] ① 지연 갱신 ② 로킹 또는 Locking ③ 연쇄 복귀

SECTION 08 기타 데이터베이스 용어

빈출 태그 ▶ #재귀 관계 #분산 데이터베이스 #데이터 마이닝 #OLAP

01 개체(Entity)의 종류

① 독립 개체(Independent Entity)
- 데이터베이스 내에서 다른 개체(Entity)에 종속되지 않고, 그 개체(Entity) 내에서 모든 검색과 변경 등이 가능한 개체를 말한다.

② 종속 개체(Dependent Entity)
- 데이터베이스의 그 개체(Entity) 내에서 원하는 검색 등의 연산을 하지 못하고 다른 개체(Entity)를 참조해야 하는 개체를 말하는 것으로, 다른 개체에 종속되는 개체이다.
- '번호', '교수이름', '학과번호'로 구성된 [교수] 테이블과 '학과번호', '학과이름', '학생수', '교수이름'으로 구성된 [학과] 테이블이 있다.

교수

번호	교수이름	학과번호
1001	이영진	A1
1002	이순신	A2
1003	홍길동	B1

학과

학과번호	학과이름	학생수	교수이름
A1	컴퓨터	30	이영진
A2	정보통신	20	이순신
B1	토목	50	홍길동

- 위 [교수] 테이블에서 '이영진' 교수가 담당하는 학과의 이름이나 학생수는 검색할 수 없고, [교수] 테이블의 '학과번호'를 외래키로 지정해서 [학과] 테이블을 참조해야 원하는 내용을 검색할 수 있다.
- 이와 같은 경우 [교수] 테이블은 '종속 개체'에 해당된다. 반면 [학과] 테이블에서는 자체적으로 원하는 내용을 모두 검색할 수 있으므로 '독립 개체'가 된다.

02 속성(Attribute)의 종류

① 단순 속성(Simple Attribute)
- 단순 속성은 속성의 값을 더 이상 작은 단위로 나눌 수 없는 속성을 말한다.
- 위 [학과] 테이블에서 '학과번호', '학과이름', '학생수' 등은 속성의 값을 더 이상 작은 단위로 나눌 수 없다. 따라서 이와 같은 속성을 단순 속성이라고 한다.

② 복합 속성(Composite Attribute)
- 복합 속성은 속성의 값을 여러 개의 작은 단위로 나눌 수 있는 속성을 말한다.
- 위 [교수] 테이블이나 [학과] 테이블에서 '교수이름'은 세부적으로 '성'과 '이름' 으로 나눌 수 있다. 이와 같이 필요에 따라 속성값을 작은 단위로 나눌 수 있는 속성을 복합 속성이라 한다.

③ 결합 속성(Concatenate Attribute)
- 결합 속성은 두 개 이상의 속성값을 합쳐 하나의 속성으로 구성된 속성을 말한다.
- '출생년도'와 '출생월일'로 되어 있는 속성을 합쳐서 '생년월일'로 나타냈다면 '생년월일'은 결합 속성이 된다.

| 출생년도 | 출생월일 | → | 생년월일 |

03 관계(Relation)의 종류

① 중복 관계(Redundant Relation)
- 두 테이블 간의 참조가 두 가지 이상의 속성으로 참조할 수 있는 경우를 말한다.
- X 테이블에서 Y 테이블을 참조하는 경우 x2 속성으로도 Y 테이블을 참조할 수 있고, x3 속성으로도 Y 테이블을 참조할 수 있을 때 중복 관계라고 한다.

X
| x1 | x2 | x3 |

Y
| y1 | y2 | y3 |

② 재귀 관계(Recursive Relation)
- 일반적으로 참조는 두 테이블 간에 이루어지지만, 재귀 관계는 하나의 테이블 내에서 자기 자신의 테이블 내용을 참조하는 경우를 말한다.
- '사원번호', '이름', '연락처', '상사사번'으로 구성된 [사원] 테이블이 있다.

사원

사원번호	이름	연락처	상사사번
200	김길동	010-1234-5678	400
300	박영희	010-2345-8756	100
100	이철수	010-4321-1234	
400	최태희	010-5112-4321	300

- [사원] 테이블에서 '김길동' 사원의 상사가 누구인지 알기 위해서는 '김길동' 사원의 '상사사번'을 확인해야 한다. '김길동' 사원의 '상사사번'이 400이므로 '사원번호'가 400인 '최태희' 사원이 상사임을 확인할 수 있다.
- 이와 같이 자기 자신의 테이블을 참조하는 경우를 재귀 관계라고 한다.

04 분산 데이터베이스(Distributed Database)

- 분산 데이터베이스란, 정보의 양이 급증하고 정보를 사용하는 사용자도 증가함에 따라 처리의 효율과 신속한 서비스를 제공하기 위해 통신 네트워크를 통해 여러 대의 컴퓨터에 데이터를 분산시켜 저장하고 관리하여 사용자의 정보 요청 시 각각 컴퓨터에서 직접 처리·제공하도록 구성된 데이터베이스를 말한다.

① 분산 형태

- 수평 분산(Horizontal Distribution) : 다량의 정보를 여러 개의 동등한 기능을 가진 컴퓨터(서버)에 저장시켜 운영하는 방식으로, 각각의 서버는 서로 공유할 수 있으며 어느 하나의 서버에 문제가 발생하더라도 데이터베이스 운영에 지장을 주지 않는 형태이다.
- 수직 분산(Vertical Distribution) : 수직 분산은 전체를 운영하는 주 서버와 처리를 담당하는 여러 대의 부 서버로 구성하여 운영하는 방식으로, 주 서버의 운영에 따라 관리되므로 관리가 용이하나 주 서버에 장애가 발생할 경우 전체 운영에 지장을 주게 된다.

② 분산 데이터베이스의 장단점

장점	· 자체적인 처리 능력으로 신속한 서비스가 제공됨 · 확장성이 용이함 · 신뢰성과 가용성이 증진됨 · 효율성과 융통성이 있음
단점	· 구축하기 복잡함 · 오류가 증가함 · 구축·운영 비용이 증가됨

> **기적의 TIP**
> 데이터를 처리하고 서비스를 제공하는 컴퓨터를 서버(Server)라 하고, 데이터 처리를 요청하고 서비스를 제공받는 컴퓨터를 클라이언트(Client)라고 합니다.

> **기적의 TIP**
> 분산 데이터베이스는 투명성(Transparency)이 보장되어야 합니다. 투명성(Transparency)이란 실제로 분산 데이터베이스는 여러 개의 컴퓨터로 나누어져 있지만 사용자는 나누어져 있다는 것을 느끼지 못하고 하나의 컴퓨터로 인식하는 것을 말합니다.

05 튜닝(Tuning)

- 튜닝(Tuning)은 데이터베이스의 성능 향상과 사용자의 요구에 따라 빠른 검색을 통한 신속한 서비스 제공, 저장 공간의 효율을 향상시키는 등 데이터베이스 시스템을 최적화하기 위해 재조정(조율)하는 것을 말한다.
- 데이터 검색 시 자료가 저장된 블록의 이동과 접근 횟수를 줄일 수 있도록 저장 공간을 조정하여 신속한 검색이 이루어지도록 한다.
- SQL 명령어 작성 시 쉽게 이해할 수 있도록 표준화된 형태로 작성한다.
- 트랜잭션의 무결성을 유지하면서 정보 공유를 위해 적정한 수준의 Locking 기법을 사용한다.

> **기적의 TIP**
> 튜닝의 개념 정도만 간단히 살펴보세요.

06 CRUD 매트릭스

- 수행할 프로세스(업무)와 프로세스 수행에 사용된 개체 간의 상관관계를 분석하기 위해 2차원 구조의 행렬 구조로 표현함으로써 응용 시스템과 데이터베이스 간의 업무 분석을 하기 위한 상관 분석표를 말한다.
- 데이터베이스에 영향을 주는 생성, 읽기, 갱신, 삭제 연산으로 프로세스와 테이블 간에 매트릭스를 만들어서 트랜잭션을 분석하는 도구이다.
- 업무 프로세스와 데이터 간의 상관관계 분석을 위한 것으로 업무 프로세스와 엔티티 타입을 행과 열로 구분하여 행과 열이 만나는 교차점에 이용에 대한 상태를 표시한다.
- CRUD 매트릭스에 사용된 C는 Create, R은 Read, U는 Update, D는 Delete를 의미한다.

프로세스\개체	X	Y	Z
프로세스1	C	R	C
프로세스2	R	D	U
프로세스3	D	C	R

- 위 표와 같은 경우 프로세스 1을 수행하기 위해 X와 Z 개체는 생성하였고, Y 개체는 읽기만 했다는 의미이다.

- 이와 같이 프로세스를 수행함에 있어 어떤 개체를 어떻게 이용했는지를 분석하기 위한 도표를 CRUD 매트릭스라고 한다.

07 트리거(Trigger)

- 트리거는 참조 관계에 있는 두 테이블에서 하나의 테이블에 삽입(Insert), 삭제(Delete), 갱신(Update) 등의 연산으로 테이블의 내용이 바뀌었을 때 데이터의 일관성과 무결성 유지를 위해 이와 연관된 테이블도 연쇄적으로 변경이 이루어질 수 있도록 하는 것을 말한다.

교수

교수번호	교수이름	학과번호
1001	이영진	A1
1002	이순신	A2
1003	홍길동	B1

학과

학과번호	학과이름	학생수	교수이름
A1	컴퓨터	30	이영진
A2	정보통신	20	이순신
B1	토목	50	홍길동

- 위 두 테이블에서 [교수] 테이블의 '학과번호'를 외래키(Foreign Key)로 지정하여 [학과] 테이블을 참조하고 있다.
- 이때, [학과] 테이블에 새로운 학과가 신설되어 학과 정보가 삽입되거나 또는 반대로 삭제되거나 변경되는 경우 이와 연관된 [교수] 테이블의 정보도 연쇄적으로 같이 삽입, 삭제, 변경이 이루어져야 데이터의 일관성과 무결성을 유지할 수 있다.

08 내장 SQL(Embedded-SQL)

① 내장 SQL의 의미
- 내장 SQL이란 삽입 SQL이라고도 하며, 일반 응용 프로그램에 SQL을 삽입하여 데이터베이스 자료를 이용하고 다양한 조작을 할 수 있도록 한 것이다. 즉, 응용 프로그램이 실행될 때 같이 실행되도록 호스트 프로그램 언어에 삽입된 SQL을 말한다.
- 만약 정보를 제공하는 한 회사의 서버에 수많은 자료를 저장해서 데이터베이스를 구축한 뒤 사용자에게 직접 SQL 조작어(DML)를 이용해 자료를 추가하고, 필요한 정보를 검색해서 사용하도록 한다면 쉽게 이용하기 곤란할 것이다.
- 따라서 회사에서는 다음과 같은 사이트를 구축해서 사용자들이 쉽게 이용할 수 있도록 한다.

> **기적의 TIP**
>
> 호스트 프로그램 언어 : 응용 프로그램을 작성할 때 사용되는 C, C++, Visual Basic 등의 언어

> **기적의 TIP**
>
> 호스트 변수는 변수입니다. 변수는 값을 기억하는데, 한 번에 하나의 값만을 기억할 수 있습니다.

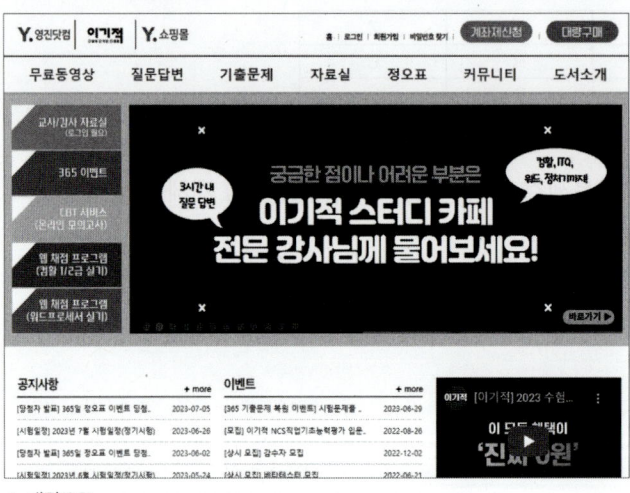

▲ 내장 SQL

- 인터넷상의 사이트도 여러 가지 호스트 프로그램 언어를 이용해 만든 일종의 프로그램이다. 여기에 데이터베이스와 연결해서 사용자들이 SQL 언어를 모르더라도 쉽게 정보를 이용할 수 있도록 한다. 이때 사이트(프로그램)에는 SQL 언어가 내장되어 있어서 사용자들이 화면상에서 버튼과 메뉴 등을 이용해 쉽게 사용할 수 있는 것이다.
- 이와 같이 호스트 프로그램 언어를 이용해 만든 프로그램에 내장되어, 데이터베이스를 이용할 수 있도록 하는 것을 내장 SQL이라고 한다.

② 내장 SQL의 특징
- 내장 SQL은 'EXEC SQL'문으로 시작하여 세미콜론(;)으로 종료한다.
- 내장 SQL은 호스트 프로그램 실행 시 같이 실행된다.
- 일반 SQL문은 실행 후 결과값으로 여러 자료(튜플)를 얻을 수 있지만 내장 SQL은 하나의 자료(튜플)만 얻을 수 있다.
- 호스트 언어에 데이터베이스의 자료를 불러와 기억하기 위한 공간(변수)이 필요하다. 불러온 자료를 기억하기 위한 변수를 호스트 변수라고 한다.

- 호스트 변수를 사용하기 위해서는 BEGIN DECLARE SECTION~END DECLARE SECTION을 통해 선언되어 있어야 한다.
- 호스트 변수명과 데이터베이스의 속성명은 같아도 무방하다.
- 호스트 변수는 구분을 위해 콜론(:)을 변수명 앞에 붙인다.
- 데이터베이스 속성의 데이터 타입과 호스트 변수의 데이터 타입은 서로 같아야 한다.

09 스토어드 프로시저(Stored Procedure)

- 스토어드 프로시저란 자주 수행해야 할 SQL 처리 과정을 미리 하나의 작은 프로그램으로 작성하여 데이터베이스에 저장해 두었다가 필요한 경우 호출하여 사용하기 위해 만들어 놓은 프로그램이다.
- 반복되는 작업을 매번 작성하지 않아도 되므로 작업이 효율적이며 수행시간을 단축시킬 수 있다.
- 프로시저 생성은 CREATE 명령을 이용해 생성한다.

```
CREATE PROCEDURE 프로시저_이름
BEGIN
    SQL 처리 내용
END;
```

> **기적의 TIP**
> 스토어드 프로시저는 일종의 매크로와 유사한 개념입니다.

> **기적의 TIP**
> 프로시저(Procedure)
> 하나의 처리를 위한 작은 프로그램

- 프로시저 삭제는 DROP 명령을 이용해 삭제한다.

```
DROP PROCEDURE 프로시저_이름;
```

10 기타 데이터베이스 용어

① 데이터 웨어하우스(Data Warehouse)
- 데이터 웨어하우스(Data Warehouse)란 한 조직이나 사용자의 의사 결정에 도움을 주기 위하여, 기간 내의 저장된 대량의 데이터를 공통의 형식으로 변환하여 관리하는 데이터베이스를 말한다.
- 웨어하우스(Warehouse)는 창고라는 의미로 기업의 여러 가지 의사결정을 위해 기업의 여러 가지 정보를 관리하는 정보 관리 시스템으로 이용된다.

② 데이터 마트(Data Mart)
- 데이터 마트는 데이터 웨어하우스의 축소판으로 데이터의 한 부분에서 사용자가 관심을 갖는 데이터들을 담은 비교적 작은 규모의 데이터 웨어하우스를 말한다.
- 즉, 대량의 다양한 정보를 사용자의 요구에 따라 체계적으로 분석하여 기업의 경영 활동을 돕기 위한 시스템을 말한다.

> **기적의 TIP**
> '데이터 마트'는 쉽게 말해서 쇼핑몰 사이트에서 판매되는 무수히 많은 제품 중에서 내가 필요하거나 관심 있는 것을 장바구니에 담아두는 것과 유사합니다.

③ 데이터 마이닝(Data Mining)
- 데이터 마이닝은 데이터 웨어하우스와 같은 대량의 데이터에서 실제로 존재하지 않는 정보를 얻어내기 위해 각 데이터의 상관관계를 통계적 분석, 인공지능 기법 등을 통해 통계적 규칙(Rule)이나 패턴(Pattern)을 찾아내는 것을 말한다.

> 한 쇼핑몰에서 판매 인기 품목으로 '어학 학습기 깜박이'가 가장 많이 팔렸고, 주문 지역을 조사해보니 서울, 경기 지역이 가장 많았다. 그 내용을 토대로 '서울, 경기 사람들은 영어 공부를 많이 하는구나'라는 정보를 유추할 수 있다.

④ OLAP(Online Analytical Processing)
- 사용자가 직접 데이터베이스 검색과 분석을 통해 문제점이나 해결책을 찾도록 해주는 분석형 애플리케이션 개념이다.
- 대규모 데이터를 이용한 질의 검색 시 다수의 테이블을 이용하고, 연산에 장시간이 소요되기 때문에 간단히 해결하기는 어렵다.
- OLAP는 온라인 검색을 지원하는 데이터 웨어하우스 지원 도구이며, 이 같은 대규모 연산이 필요한 질의를 다차원 구조 분석 기법을 통해 고속으로 지원한다.

⑤ ODBC(Open Database Connectivity)
- 윈도 응용 프로그램에서 다양한 데이터베이스 관리 시스템(DBMS)에 접근하여 사용할 수 있도록 개발한 표준 개방형 응용 프로그램 인터페이스 규격을 말한다.
- ODBC는 서로 다른 데이터베이스에서 구축된 데이터를 상호 간에 공유할 수 있게 하며, 비록 데이터베이스가 교체되더라도 응용 시스템은 그대로 유지할 수 있게 해 준다.

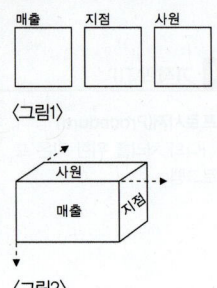

〈그림1〉

〈그림2〉

한 기업에서 〈그림1〉과 같이 '매출', '지점', '사원'들의 정보가 저장된 테이블이 있다. 이와 같은 여러 개의 테이블을 〈그림2〉와 같이 다차원 구조(큐브) 형태로 분석함으로써 '어느 지점의 어느 사원의 매출이 어떻게 되는지', '각 지점별 사원의 매출액은 어떻게 되는지' 등을 알 수 있다.

⑪ 인덱스(INDEX)
- 인덱스는 수많은 데이터 중에서 원하는 자료를 빠르고 효율적으로 검색하기 위해서 사용하는 방법을 말한다.
- 인덱스는 기본적으로 데이터의 위치(주소)를 관리·기억하는 인덱스 파일(Index File)과 실제 데이터를 기억하는 데이터 파일(Data File)로 구성된다.
- 데이터를 검색할 때는 먼저 인덱스 파일에서 데이터의 주소를 찾는다. 이어서 데이터 파일에서 인덱스 파일에서 찾은 주소의 데이터를 검색하게 된다.

합격을 다지는 예상문제

선다형(필기)

01 분산 데이터베이스에 대한 설명으로 옳지 않은 것은?
① 데이터베이스의 설계가 쉽다.
② 분산제어가 가능하다.
③ 시스템 성능이 향상된다.
④ 시스템의 융통성이 증가한다.

> 정답 ①
> 해설
> 분산 데이터베이스는 데이터를 분산·저장·관리해야 하므로 설계가 어렵다.

02 데이터베이스에 영향을 주는 생성, 읽기, 갱신, 삭제 연산으로 프로세스와 테이블 간에 매트릭스를 만들어서 트랜잭션을 분석하는 것은?
① CASE 분석
② 일치 분석
③ CRUD 분석
④ 연관성 분석

> 정답 ③

서술형(실기)

03 다음 괄호에 들어갈 알맞은 내용을 채우시오.

(①)	데이터베이스에서 서로를 구별할 수 있는 하나하나를 개체(Entity)라 한다. 개체(Entity)의 종류 중 다른 개체(Entity)에 종속되지 않고, 그 개체(Entity) 내에서 모든 검색과 변경 등이 가능한 개체를 (①)(이)라 하고, 다른 개체(Entity)를 참조해야 하는 개체를 말하는 것으로, 다른 개체에 종속되는 개체를 종속 개체라고 한다.
(②)	관계 데이터베이스 간의 관계에는 종속 개체가 두 가지 이상의 속성으로 참조할 수 있는 경우를 중복 관계라고 하며, 보통은 참조 관계가 두 테이블 간에 이루어지지만 하나의 테이블 내에서 자기 자신 테이블의 내용을 참조하는 경우를 (②)(이)라고 한다.
(③)	상호 테이블 간의 참조 관계에 있는 두 테이블에서 하나의 테이블에 삽입(Insert), 삭제(Delete), 갱신(Update) 등이 연산으로 테이블이 내용이 바뀌었을 때, 연관된 테이블도 연쇄적으로 변경이 자동적으로 이루어지도록 (③)(을)를 이용한다. 그렇게 함으로써 데이터의 일관성과 무결성을 유지할 수 있다.
(④)	현대 사회에서 대기업이나 정부 기관에서는 데이터 웨어하우스와 같은 대량의 데이터가 존재한다. 데이터 웨어하우스에서 실제로 존재하지 않는 정보를 얻어내기 위해 각 데이터의 상관 관계를 통계적 분석, 인공지능 기법 등을 통해 통계적 규칙(Rule)이나 패턴(Pattern)을 찾아내는 것을 (④)(이)라고 한다.
(⑤)	현재 사회는 정보의 양이 급증하고 정보를 사용하는 사용자도 증가함에 따라 대량의 정보를 통신 회선을 통해 여러 대의 서버에 분산시켜 저장하고 관리하여 처리의 효율과 신속한 서비스를 제공할 수 있는 (⑤)(을)를 구축하게 되었고, 이는 각각 서버에서 자체적으로 처리할 수 있다.

- ① :
- ② :
- ③ :
- ④ :
- ⑤ :

> 정답 ① 독립 개체 ② 재귀 관계 ③ 트리거 ④ 데이터마이닝 ⑤ 분산 데이터베이스

PART

07

SQL 응용

CHAPTER

01

기본 SQL 작성하기

학습 방향

관계형 데이터베이스에서 SQL을 사용하여 응용 시스템의 요구 기능에 적합한 데이터를 정의하고 조작하며 제어할 수 있어야 합니다.

SECTION 01 SQL 정의어(DDL)

빈출 태그 ▶ #CREATE #ALTER #DROP #FOREIGN KEY~REFERENCES #CASCADE/RESTRICT

> **기적의 TIP**
>
> SQL은 전반적으로 중요합니다. 각 명령어의 개념과 구문을 이해하고 암기해 두세요. SQL도 일종의 언어이므로 영어 공부할 때 단어, 숙어 외우듯이 구문을 외워두세요.

> **더 알기 TIP**
>
> **SQL(Structured Query Language)**
> - 관계 데이터베이스에서 사용되는 대표적인 언어로, 관계 대수와 관계 해석을 기초로 데이터베이스의 작업을 보다 효율적이고 다양하게 표현하고 처리하기 위한 고급 데이터베이스 언어이다. 대화식이며, 기타 다른 언어로 작성된 프로그램에 내장되어 처리할 수 있다.
> - SQL의 종류는 크게 정의어(DDL, Data Definition Language), 조작어(DML, Data Manipulation Language), 제어어(DCL, Data Control Language)로 나누어진다.

> **기적의 TIP**
>
> 관계 대수와 관계 해석을 이용해 데이터베이스에서 원하는 자료를 이용하고 검출하기도 하지만 SQL을 이용하면 보다 효율적이고 다양한 기능을 수행할 수 있습니다.

- SQL 정의어는 관계 데이터베이스에서 사용될 테이블, 스키마, 도메인, 인덱스, 뷰 등을 정의(생성)하거나 수정·제거하기 위해 사용되는 언어이다.
- 정의어의 종류에는 CREATE문, ALTER문, DROP문 등이 있다.

01 CREATE

> **기적의 TIP**
>
> 'CREATE'의 의미는 '창조하다, 만들다'입니다. 단어의 의미를 생각하면 쉽게 명령어의 용도를 이해할 수 있습니다. 즉 CREATE 명령어는 테이블, 스키마, 도메인, 인덱스, 뷰 등을 정의(생성)하기 위해 사용하는 명령문입니다.

① 테이블 정의
- 테이블은 CREATE TABLE문에 의해 생성되며, 다음과 같은 구문에 따라 만들어진다.
- 구문

```
CREATE TABLE 테이블_이름
  ({속성_이름 데이터_타입 [NOT NULL],}
   [PRIMARY KEY(속성_이름),]
   [UNIQUE(속성_이름),]
   [FOREIGN KEY(속성_이름) REFERENCES 참조테이블_이름(속성_이름)
      [ON DELETE CASCADE | SET NULL | SET DEFAULT | NO ACTION]
      [ON UPDATE CASCADE | SET NULL | SET DEFAULT | NO ACTION],]
   [CONSTRAINT 제약조건_이름 CHECK(속성_이름=범위 값)]
  );
```

- 구문에서 표현된 '{ }'는 반복, '[ ]'는 생략 가능, '|'는 선택을 의미한다.
- CREATE TABLE 테이블_이름 : 테이블을 만들겠다는 의미이며 '테이블_이름'에는 테이블의 이름을 기입한다.

- {속성_이름 데이터_타입 [NOT NULL]} : 테이블을 구성할 속성 이름과 데이터 타입 등을 기입한다. { }가 반복의 의미이므로 테이블을 구성할 속성 수만큼 반복한다.
    - [NOT NULL] : 테이블 생성 시 특정 속성값에 'NULL'이 없도록 지정할 때 사용되며, [ ]가 생략의 의미이므로 필요 없을 때는 생략한다.
- PRIMARY KEY(속성_이름) : 테이블에서 기본키 속성을 지정할 때 사용한다.
- UNIQUE(속성_이름) : 테이블 생성 시 특정 속성의 값에 중복된 값이 없도록 하며, 즉 모든 속성값이 고유한 값을 가지도록 지정할 때 사용한다.
- FOREIGN KEY(속성_이름) REFERENCES 참조테이블_이름(속성_이름) : 외래키를 지정할 때 사용된다.
    - FOREIGN KEY(속성_이름) : 현재 생성되는 테이블에서 외래키로 사용될 속성 이름을 기입한다.
    - 참조테이블_이름(속성_이름) : 외래키를 이용해서 참조할 테이블과 기본키로 지정된 속성 이름을 기입한다.
- CONSTRAINT 제약조건_이름 CHECK(속성_이름=범위 값) : 테이블을 생성할 때 특정 속성에 대해 속성값의 범위를 지정할 때 사용된다.
- SQL 정의어, 조작어, 제어어는 시작부터 ;까지가 하나의 문장이다.

> 기적의 TIP
>
> REFERENCES는 '참조'라는 의미입니다. 외래키 지정 시 'FOREIGN KEY~REFERENCES'는 하나의 숙어처럼 외워두세요.

> 기적의 TIP
>
> 속성값의 범위를 지정할 때 'CONSTRAINT 제약조건_이름'은 생략할 수 있으며, 실제 속성의 범위 값은 'CHECK' 옵션을 통해 설정한다는 것을 꼭 알아두세요.

더 알기 TIP

데이터 타입

데이터 타입은 데이터의 유형(형식)을 말한다. 컴퓨터에 자료를 저장할 때는 저장될 자료가 어떤 형태인지 지정해야 한다. 예를 들어 전화번호 02-1234-5678인 경우 전화번호는 사실은 문자이다. 그러나 문자형으로 지정해 주지 않으면 숫자로 인식되어 계산될 수 있다. 따라서 데이터가 문자인지, 숫자인지 등과 같이 데이터의 유형(형식)을 지정해 줘야 한다.

▶ 데이터 타입의 종류

데이터 타입	표현 형식	데이터 타입	표현 형식
정수(Integer)	INT	가변길이 문자	VARCHAR(문자수)
실수(Float)	FLOAT 또는 REL	시간	TIME
고정길이 문자	CHAR(문자수)	날짜	DATE

- 고정길이 문자는 지정된 문자 수만큼의 기억공간을 항상 차지하는 방식이다.
- 가변길이 문자는 지정된 문자 수 안에서 실제 자료에 따라 유동적으로 기억공간을 차지하는 방식이다. 예를 들어 데이터 타입을 CHAR(10)인 경우와 VARCHAR(10)으로 지정했을 때 실제 자료의 문자수가 5라면 CHAR(10)인 경우는 실제 문자 수와 상관 없이 문자 10개를 저장할 공간을 차지하고 VARCHAR(10)인 경우는 문자 5개를 저장할 공간만 차지한다.

> 기적의 TIP
>
> 오라클의 경우, 가변길이 문자의 표현 형식은 VARCHAR2(문자수)입니다.

예 다음 주어진 지시사항에 따라 테이블을 만드는 SQL문을 완성하시오.

〈테이블 생성 지시사항〉

- 학번, 성명, 학과, 학년, 학점으로 구성된 [학생] 테이블을 만들어라.
- 학번과 학년은 숫자형 자료이며, 나머지는 문자형이다.
- 성명은 가변길이 문자로 최대 25자리로, 학과는 고정길이 문자로 10자리로, 학점은 고정길이 문자로 1자리 문자형이다.
- 학번을 기본키로 지정한다.
- 성명 속성은 공백이 있을 수 없다.
- 학과 속성을 이용하여 [수강] 테이블의 학과를 참조하도록 외래키를 지정하며, 참조 테이블에서 삭제가 발생하면 NULL 값으로 하고, 수정이 발생하면 연쇄적으로 수정하도록 한다.
- 학년의 속성값은 4 이하의 값을 갖도록 'hak' 이름으로 제약한다.

〈풀이〉

```
CREATE TABLE 학생
   ( 학번 INT,
     성명 VARCHAR(25) NOT NULL,
     학과 CHAR(10),
     학년 INT,
     학점 CHAR(1),
     PRIMARY KEY(학번),
     FOREIGN KEY(학과) REFERENCES 수강(학과)
        ON DELETE SET NULL
        ON UPDATE CASCADE,
     CONSTRAINT hak CHECK(학년 <= 4));
```

〈결과〉

학생

학번	성명	학과	학년	학점
...	...	...	...	...

② 스키마 정의
- 시스템 관리자가 일반 사용자에게 스키마에 대한 권한을 주기 위한 스키마를 만들기 위해 사용된다.
- 스키마는 CREATE SCHEMA문에 의해 생성되며, 다음과 같은 구문에 따라 만들어진다.
- 구문

```
CREATE SCHEMA 스키마_이름 AUTHORIZATION 사용자;
```

예 스키마 이름이 'JUNGBO'이고, 허가권자가 '이영진'인 스키마를 정의하시오.

```
CREATE SCHEMA JUNGBO AUTHORIZATION 이영진;
```

〈풀이〉
사용자 '이영진'에게 데이터베이스 구축에 필요한 스키마를 정의하고 사용할 수 있도록 'JUNGBO'라는 이름으로 스키마를 만든 것이다.

③ 도메인 정의
- 한 속성값의 범위를 지정하기 위한 도메인은 CREATE DOMAIN문에 의해 생성되며, 다음과 같은 구문에 따라 만들어진다.
- 구문

```
CREATE DOMAIN 도메인_이름 데이터_타입
  [DEFAULT 기본값]
  [CONSTRAINT 제약조건_이름 CHECK(VALUE IN(범위 값))];
```

> **예** 속성의 값으로 'T'와 'F'로만 구성되는 'success'라는 이름의 도메인을 정의하시오(단, 속성값이 입력되지 않을 경우 기본값은 'T'로 한다).

```
CREATE DOMAIN success CHAR(1)
  DEFAULT 'T'
  CONSTRAINT success CHECK(VALUE IN('T', 'F'));
```

> **기적의 TIP**
> - 'CONSTRAINT 제약조건_이름' 구절에 의해 제약조건 이름을 지정하는 이유는 한 번 만든 제약조건을 반복해서 사용할 경우 다음에는 제약조건 이름만 불러와 편리하게 사용하기 위해서입니다. 필요 없는 경우에는 'CONSTRAINT 제약조건_이름' 부분은 생략해도 됩니다.
> - 테이블을 정의할 때도 마찬가지로 속성값의 범위를 지정할 때 'CHECK' 옵션을 이용합니다.

④ 인덱스 정의
- 데이터베이스 내의 자료를 보다 효율적으로 검색하기 위해 인덱스를 만들며, 시스템에 의해 자동 관리된다.
- 인덱스는 CREATE INDEX문에 의해 생성되며, 다음과 같은 구문에 따라 만들어진다.
- 구문

```
CREATE [UNIQUE] INDEX 인덱스_이름
  ON 테이블_이름(속성_이름 [ASC|DESC])
  [CLUSTER];
```

- UNIQUE : 중복을 허용하지 않도록 인덱스를 생성할 때 사용되며, 생략 시 중복이 허용된다.
- ON 테이블_이름(속성_이름) : 지정된 테이블의 속성으로 인덱스를 만든다.
  - [ASC|DESC] : 인덱스로 사용될 속성값의 정렬 방법을 나타내며 ASC는 오름차순, DESC는 내림차순을 의미한다.
- CLUSTER : 인접된 튜플들을 물리적인 그룹으로 묶어 저장하도록 할 때 사용된다.

> **예** [학생] 테이블의 학과 속성값을 오름차순 정렬하여, 중복을 허용하지 않도록 'stud_idx'라는 이름의 인덱스를 정의하시오.

```
CREATE UNIQUE INDEX stud_idx
  ON 학생(학과 ASC);
```

02 ALTER

- ALTER 명령문은 기존에 만들어진 테이블에 새로운 속성을 추가하거나 기존 속성을 변경·삭제할 때 사용하는 명령어이다.
- 구문

```
ALTER TABLE 테이블 이름 ADD 속성_이름 데이터_타입 [DEFAULT];
ALTER TABLE 테이블 이름 ALTER 속성_이름 [SET DEFAULT];
ALTER TABLE 테이블 이름 DROP 속성_이름 [CASCADE | RESTRICT];
```

- ALTER TABLE ~ ADD : 기존 테이블에 새로운 속성을 추가할 때 사용되는 구문이다.
- ALTER TABLE ~ ALTER : 기존 테이블의 속성에 대한 사항을 변경할 때 사용되는 구문이다. (단, 오라클의 경우 ALTER TABLE ~ MODIFY)
- ALTER TABLE ~ DROP : 기존 테이블에서 속성(항목)을 제거할 때 사용되는 구문이다.

예 1 아래 [학생] 테이블에 '주소' 속성을 추가하시오(단, 주소 항목은 가변길이 문자형으로 30자까지 입력될 수 있다).

학생

학번	성명	학과	학년	학점
2071025	이영진	전기통신	3	A
2081517	홍길동	산업공학	2	B
2081520	강희영	컴퓨터공학	4	A

```
ALTER TABLE 학생 ADD 주소 VARCHAR(30);
```

〈결과〉 새로운 '주소' 속성이 추가된다.

학생

학번	성명	학과	학년	학점	주소
2071025	이영진	전기통신	3	A	
2081517	홍길동	산업공학	2	B	
2081520	강희영	컴퓨터공학	4	A	

예2 아래 [학적] 테이블에서 '학년' 속성을 제거하시오.

학적

학번	성명	연락처	전공	학년
2072233	박봉달	010-1234-5678	컴퓨터	3
2084466	김태수	010-2345-6789	국문	3
2090522	최우수	010-4321-1357	영문	2
2053322	이영진	010-2468-3579	법학	4

```
ALTER TABLE 학적 DROP 학년 CASCADE;
```

〈결과〉 [학적] 테이블에서 '학년' 속성이 제거된다.

학적

학번	성명	연락처	전공
2072233	박봉달	010-1234-5678	컴퓨터
2084466	김태수	010-2345-6789	국문
2090522	최우수	010-4321-1357	영문
2053322	이영진	010-2468-3579	법학

03 DROP

- DROP 명령문은 기존에 사용되던 테이블, 스키마, 도메인, 인덱스, 뷰, 제약조건 등을 제거할 때 사용하는 명령으로 삭제 시 테이블 전체가 제거된다.
- 구문

```
DROP TABLE 테이블_이름 [CASCADE | RESTRICT];
DROP SCHEMA 스키마_이름 [CASCADE | RESTRICT];
DROP DOMAIN 도메인_이름 [CASCADE | RESTRICT];
DROP VIEW 뷰_이름 [CASCADE | RESTRICT];
DROP INDEX 인덱스_이름;
DROP CONSTRAINT 제약조건_이름;
```

> **기적의 TIP**
>
> ALTER TABLE~DROP은 테이블에서 하나의 속성만 삭제되는 것이고, DROP TABLE~은 테이블 전체가 삭제되는 것입니다. 비교해서 정리해 두세요.

예 아래 [학적] 테이블을 제거하시오.

학적

학번	성명	주민등록번호	전공	학년
2083577	강희영	850502-1234567	컴퓨터	3
2093505	김정미	840127-2345678	컴퓨터	2
2072719	홍길동	811022-1345678	토목	4
2100325	이영진	890628-1456789	법학	1

```
DROP TABLE 학적 CASCADE;
```

+ 더 알기 TIP

제거 시 사용되는 옵션 RESTRICT와 CASCADE의 차이점

- RESTRICT : 삭제할 요소가 사용(참조) 중이면 삭제가 이루어지지 않는다.
- CASCADE : 삭제할 요소가 사용(참조) 중이더라도 삭제가 이루어지며, 삭제할 테이블을 참조 중인 다른 테이블도 연쇄적으로 같이 삭제된다. 예를 들어 A 테이블을 B 테이블에서 외래키를 이용해 참조하는 경우 A 테이블을 삭제하면 B 테이블도 같이 모두 삭제된다.

예 테이블 A와 B에서 테이블 B의 한 속성을 외래키로 지정하여 테이블 A를 참조하는 경우

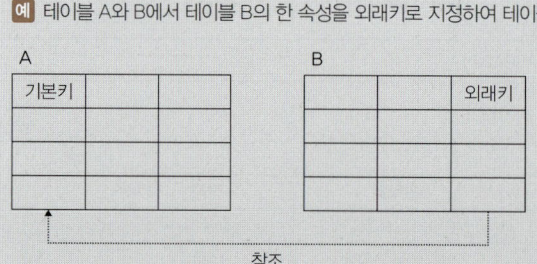

- DROP TABLE A RESTRICT;
  → 테이블 A는 삭제되지 않는다.
- DROP TABLE A CASCADE;
  → 테이블 A가 삭제되며, 테이블 A를 참조하는 테이블 B도 연쇄적으로 삭제된다.

합격을 다지는 예상문제

선다형(필기)

01 CREATE TABLE문에 포함되지 않는 기능은?

① 속성의 타입 변경
② 속성의 NOT NULL 여부 지정
③ 기본키를 구성하는 속성 지정
④ CHECK 제약조건의 정의

[정답] ①
[해설] 속성 타입 변경은 Alter문을 사용한다.

02 다음 중 SQL에서의 DDL문이 아닌 것은?

① CREATE
② DELETE
③ ALTER
④ DROP

[정답] ①
[해설] DELETE는 DML문이다.

서술형(실기)

03 다음 괄호에 들어갈 알맞은 내용을 채우시오.

(①)	관계 데이터베이스에서 데이터베이스에 필요한 내용을 정의·관리하거나 원하는 결과를 얻기 위해 관계 대수와 관계 해석을 기초로 데이터베이스의 작업을 보다 효율적이고, 다양하게 표현하고 처리하기 위해 사용되는 대표적인 관계 데이터베이스 언어를 말하며 대화식 언어이다.
(②)	관계 데이터베이스에서 사용되는 테이블, 스키마, 도메인, 인덱스, 뷰 등을 정의하거나 수정·제거하기 위해 사용되는 언어를 말하며, 종류로는 CREATE문, ALTER문, DROP문이 있다.
(③)	(③) 명령어는 관계 데이터베이스에 필요한 테이블, 스키마, 도메인, 인덱스, 뷰 등을 정의하기 위해 사용하는 명령문을 말한다. 테이블 정의는 '(③) TABLE 테이블_이름'의 명령어 구문을 이용한다.
(④)	관계 데이터베이스에서 이미 만들어진 기존의 테이블에 새로운 항목을 추가하거나 변경 또는 항목의 삭제 등에 사용하는 명령어를 말한다. (④) 명령의 기본 사용방법은 다음과 같다. • 항목 추가 : (④) TABLE ~ ADD • 항목 사항 변경 : (④) TABLE ~ ALTER • 항목 삭제 : (④) TABLE ~ DROP
(⑤)	DROP 명령문은 관계 데이터베이스에서 사용되던 테이블, 스키마, 도메인, 인덱스, 뷰, 제약조건 등을 제거할 때 사용하는 명령을 말한다. DROP 명령에 사용되는 옵션 (⑤)(와)과 RESTRICT가 있으며 RESTRICT는 삭제할 요소가 참조 중이면 삭제되지 않도록 하는 옵션을 말하고, (⑤)(은)는 삭제할 요소가 참조 중이더라도 삭제가 이루어지며, 삭제할 테이블을 참조 중인 다른 테이블도 연쇄적으로 같이 삭제가 되도록 하는 옵션을 말한다.

- ① :
- ② :
- ③ :
- ④ :
- ⑤ :

정답
① SQL ② 데이터 정의어 또는 DDL
③ CREATE ④ ALTER ⑤ CASCADE

04 이미 존재하는 [학생정보] 테이블의 '학번', '성명', '학과' 속성과 속성값을 모두 복제하여 새로운 [학생] 테이블을 생성하는 다음 〈SQL문〉의 밑줄에 알맞은 용어를 쓰시오.

〈SQL문〉

```
CREATE TABLE 학생
    _____ SELECT 학번, 성명, 학과 FROM 학생정보;
```

- 답 :

정답 AS

SECTION 02

SQL 조작어(DML)

빈출 태그 ▶ #SELECT #INSERT #UPDATE #DELETE

> **기적의 TIP**
>
> SQL 조작어는 실제 사용자가 가장 많이 사용하는 언어로 전반적으로 중요한 부분입니다. 특히 SELECT 명령에 대한 내용은 꼭 숙지하고, 직접 SQL 명령문을 반복하여 작성해 보세요.

- SQL 조작어는 데이터베이스 내의 자료를 실제 사용자가 이용(조작)하기 위한 언어이며, 데이터의 검색, 삽입, 수정, 삭제 등을 위해 사용된다.
- 조작어의 종류에는 SELECT문(검색), INSERT문(삽입), UPDATE문(갱신), DELETE문(삭제) 등이 있다.

01 SELECT(검색문)

- SELECT문은 테이블에서 원하는 자료를 검색하고자 하는 경우에 사용되는 명령문이며, 산술식에 의한 계산도 수행한다.
- 구문

```
SELECT [DISTINCT] 속성_이름
FROM 테이블_이름
[WHERE 조건]
[GROUP BY 속성_이름 [HAVING 그룹조건]]
[ORDER BY 속성_이름 [ASC | DESC]];
```

> **기적의 TIP**
>
> - DISTINCT : 검색 결과에 중복되는 값이 있는 경우 한 번만 표현하도록 하는 옵션이며, 생략 시 중복된 값이 모두 표시됨
> - HAVING 그룹조건 : GROUP BY에 의해 그룹으로 분류를 한 후 조건을 제시할 때 사용됨
> - ASC : 오름차순(작은 값에서 큰 값)으로 정렬할 때 사용되는 옵션
> - DESC : 내림차순(큰 값에서 작은 값으로 정렬할 때 사용되는 옵션

- SELECT 속성_이름 : 검색하고자 하는 속성 이름을 나열하여 기술한다. 필요에 따라 구하고자 하는 값에 대한 계산식을 기술한다.
- FROM 테이블_이름 : 검색하고자 하는 속성이 있는 테이블 이름을 기술한다.
- WHERE 조건 : 검색에 필요한 조건을 기입하는 부분으로 관계 연산자(=, 〈〉, 〈, 〈=, 〉, 〉=)와 논리 연산자(NOT, AND, OR) 등의 다양한 연산자를 이용할 수 있다.
- GROUP BY 속성_이름 : 작업의 효율을 위해 필요시 한 속성의 값을 그룹으로 분류하고자 할 때 사용된다.
- ORDER BY 속성_이름 : 검색하고자 하는 속성의 값을 정렬하여 검색하고자 하는 경우 사용된다. 정렬 방법은 오름차순, 내림차순 등이 있다.

> **기적의 TIP**
>
> 일반적인 조건은 WHERE절을 이용하지만 GROUP BY에 의한 그룹 조건은 WHERE절이 아닌 HAVING절을 이용합니다.

> **기적의 TIP**
>
> 기본적으로는 오름차순 정렬이 되며, 정렬 기준은 2가지 이상 주어질 수 있습니다.

① 단순 질의문
• 기본적인 형태의 검색문을 말한다.

학생

학번	성명	학년	수강과목	점수	연락처
2090111	김철수	1	정보통신	85	234-4567
2081010	이철준	2	컴퓨터	80	432-1234
2090223	박태인	1	데이터베이스	88	245-2151
2072020	김길동	3	운영체제	92	
2081533	이영진	2	산업공학	90	242-4461
2061017	최길동	4	컴퓨터	75	625-7588

예1 [학생] 테이블에서 모든 학생의 성명을 검색하시오.

```
SELECT 성명
FROM 학생;
```

〈결과〉

성명
김철수
이철준
박태인
김길동
이영진
최길동

〈풀이〉
문제에서 검색하고자 하는 것은 성명이다. 검색하고자 하는 자료의 속성 이름은 SELECT절에 기입하고, 사용될 테이블 이름은 FROM절에 기입한다. 문제에서 별다른 조건 없이 모든 학생의 성명을 검색해야 하므로 WHERE절 이하는 생략한다.

예2 [학생] 테이블에서 데이터베이스를 수강하는 학생의 학번과 성명을 검색하시오.

```
SELECT 학번, 성명
FROM 학생
WHERE 수강과목='데이터베이스';
```

〈결과〉

학번	성명
2090223	박태인

〈풀이〉
문제에서 검색해야 하는 것은 '학번'과 '성명'이다. 검색해야 할 자료의 속성 이름은 SELECT절에 기입하고, 사용할 테이블 이름은 FROM절에 기입한다. 그리고 문제에서 학생 중 데이터베이스를 수강하는 학생이라고 조건을 제시했다. 이런 조건은 WHERE절에 기입한다. 학생이 어느 과목을 수강하는지는 '수강과목' 속성과 비교한다.

> **기적의 TIP**
>
> 문제에서 모든 속성을 검색하라고 했을 때 SELECT절에 속성 이름을 모두 나열해도 동일한 결과가 나옵니다.
>
> ```
> SELECT 학번, 성명, 학년,
>        수강과목, 점수, 연락처
> FROM 학생
> WHERE 학년 = 3;
> ```

예 3 [학생] 테이블에서 3학년 학생의 모든 속성을 검색하시오.

```
SELECT *
FROM 학생
WHERE 학년=3;
```

〈풀이〉
문제에서 검색해야 하는 것은 모든 속성이다. SQL에서 모든 속성을 의미하는 특수문자로 '*'를 사용한다. 조건은 3학년이 된다.

예 4 [학생] 테이블에서 학년이 2학년이고, 수강과목이 '산업공학'인 학생의 성명과 연락처를 검색하시오.

```
SELECT 성명, 연락처
FROM 학생
WHERE 학년=2 AND 수강과목='산업공학';
```

〈결과〉

성명	연락처
이영진	242-4461

〈풀이〉
문제에서는 학년이 2학년이라는 것과 수강과목이 '산업공학'이라는 두 가지 조건이 있다. 문제의 의미상 이 두 조건을 모두 만족해야 한다. 이런 경우 논리 연산자 중 'AND' 연산자를 이용한다.

> **기적의 TIP**
>
> AND, OR의 구분
> - 두 조건의 연결이 '그리고, ~고, ~이면서' → AND를 사용합니다.
> - 두 조건의 연결이 '~거나, ~와(과), 또는' → OR를 사용합니다.

예 5 [학생] 테이블에서 학년이 '1학년'이거나 수강과목이 '운영체제'인 학생의 성명을 검색하시오.

```
SELECT 성명
FROM 학생
WHERE 학년=1 OR 수강과목='운영체제';
```

〈결과〉

성명
김철수
박태인
김길동

〈풀이〉
문제에서는 학년이 '1학년'이라는 것과 수강과목이 '운영체제'라는 두 가지 조건 중 문제의 의미상 둘 중 하나만 만족되어도 검색대상이 된다. 이런 경우 논리 연산자 중 'OR' 연산자를 사용한다.

② 'DISTINCT' 옵션을 이용하여 중복된 값을 제거한 검색의 경우

> **예** [학생] 테이블에서 2학년 이상인 학생의 수강과목을 검색하되, 같은 수강과목값은 한 번만 검색되도록 하시오.

```
SELECT DISTINCT 수강과목
FROM 학생
WHERE 학년>=2;
```

〈결과〉

수강과목
컴퓨터
운영체제
산업공학

'DISTINCT' 옵션을 사용하지 않은 경우는 다음과 같다.

〈결과〉

수강과목
컴퓨터
운영체제
산업공학
컴퓨터

〈풀이〉
검색 결과 중 중복된 값을 한 번만 검색되도록 할 때 'DISTINCT' 옵션을 사용한다.

③ 함수를 이용한 검색문

- 집계 함수의 종류는 다음과 같다.

SUM(속성_이름)	지정된 속성의 합계를 구하는 함수
AVG(속성_이름)	지정된 속성의 평균을 구하는 함수
MAX(속성_이름)	지정된 속성의 값 중 최댓값을 구하는 함수
MIN(속성_이름)	지정된 속성의 값 중 최솟값을 구하는 함수
COUNT(속성_이름)	지정된 속성의 행 수를 세어주는 함수

> **예 1** [학생] 테이블에서 1학년 학생의 점수 합계를 구하시오.

```
SELECT SUM(점수)
FROM 학생
WHERE 학년=1;
```

〈결과〉

173

〈풀이〉
합계를 구할 때는 SUM 함수를 이용하며, '점수' 속성에 대한 합계를 구하는 것이므로 'SUM(점수)'와 같이 표기하고, 함수는 SELECT절에 기입한다.

🟡 더 알기 TIP

SELECT절의 AS 사용

SELECT 명령문에서 검색된 결과나 계산된 결과를 원하는 속성 이름으로 생성해서 결과를 표현할 수 있으며, 이 때 SELECT절에 'AS'를 이용한다. 위 [예1]에서는 계산된 결과가 속성 이름은 없이 결과만 얻어지는데, 만약 결과가 '1학년합계'라는 속성 이름을 가지도록 할 경우 다음과 같다.

```
SELECT SUM(점수) AS 1학년합계
FROM 학생
WHERE 학년=1;
```

〈결과〉

1학년합계
173

예2 [학생] 테이블에서 3학년 이상 학생의 수를 '학생수'라는 속성 이름으로 구하시오.

```
SELECT COUNT(*) AS 학생수
FROM 학생
WHERE 학년>=3;
```

〈결과〉

학생수
2

〈풀이〉
원하는 자료의 개수를 구할 때는 COUNT 함수를 사용한다. 주어진 문제에서는 학생수를 세는데 [학생] 테이블에서 3학년 이상의 학생에 대해 어떤 속성값으로 세어도 동일한 결과가 나온다. 즉, 학번 속성으로 세든, 성명 속성으로 세든, 학년 속성으로 세든 3학년 이상의 학생수는 동일하다. 이와 같이 정해진 한 속성이 아닌 어떤 속성으로 세어도 무방할 때 'COUNT(*)'와 같이 표현한다.

🚩 기적의 TIP

COUNT 함수와 NULL값

COUNT 함수는 COUNT(*)인 경우에는 NULL값도 세어 주지만, COUNT(속성_이름)인 경우에는 NULL값은 세어 주지 않습니다.
- SELECT COUNT(*)
  FROM 학생;
  → 〈결과〉 6
- SELECT COUNT(연락처)
  FROM 학생;
  → 〈결과〉 5

④ 검색된 결과를 정렬해서 표현하고자 하는 경우

- 검색된 결과를 원하는 기준에 따라 정렬시키고자 할 때, 'ORDER BY'절을 이용한다.

🚩 기적의 TIP

앞의 [학생] 테이블을 참고하세요.

예 [학생] 테이블에서 점수가 85점 이상인 학생을 학번의 오름차순으로 성명을 검색하시오.

```
SELECT 성명
FROM 학생
WHERE 점수>=85
ORDER BY 학번 ASC;
```

〈결과〉

성명
김길동
이영진
김철수
박태인

〈풀이〉
정렬을 수행할 때 ORDER BY절을 사용하며, 오름차순은 ASC, 내림차순은 DESC로 나타낸다.

+ 더 알기 TIP

정렬의 기준

정렬의 기준은 2가지 이상 주어질 수 있다. 예를 들어 'ORDER BY 학번 ASC, 학년 DESC'는 1차적으로 학번을 기준으로 오름차순으로 정렬하고, 학번이 같은 경우 2차적으로 학년의 내림차순으로 정렬하라는 의미이다.

⑤ 그룹 분류 질의문

- 속성의 값을 그룹으로 분류하고자 할 때 사용하며, 'GROUP BY'절을 사용한다.
- GROUP BY에 의해 그룹으로 분류한 후 조건은 'HAVING'절을 이용한다.

예 [학생] 테이블에서 2명 이상인 학년을 검색하시오.

```
SELECT 학년
FROM 학생
GROUP BY 학년
HAVING COUNT(*)>=2;
```

〈결과〉

학년
1
2

〈풀이〉

[학생] 테이블에서 학년은 순서대로 되어 있지 않아 수를 세기가 효율적이지 못하다. 이런 경우 학년별로 그룹 지어 분류하면 보다 효율적으로 처리할 수 있다. 아래 [학생] 테이블은 학년별로 그룹지어 분류한 결과이다.

학생

학번	성명	학년	수강과목	점수	연락처
2090111	김철수	1	정보통신	85	234-4567
2090223	박태인	1	데이터베이스	88	245-2151
2081010	이철준	2	컴퓨터	80	432-1234
2081533	이영진	2	산업공학	90	242-4461
2072020	김길동	3	운영체제	92	
2061017	최길동	4	컴퓨터	75	625-7588

⑥ 부속(하위) 질의문

- 부속 질의문은 질의문 안에 또 하나의 질의문을 가지고 있는 형태로, 일반적으로 두 개 이상 여러 테이블을 이용해야 하는 경우 사용된다.
- 처음에 나오는 질의문을 메인 질의문이라고 하고, 두 번째 나오는 질의문을 부속(하위) 질의문이라고 한다.
- 메인 질의문과 부속 질의문은 =, IN 등으로 연결된다.

학생정보

학번	이름	학과	학년	연락처
2090111	김감찬	컴퓨터	1	234-4567
2081010	이철수	기계	2	432-1234
2090223	김정애	컴퓨터	1	245-2151
2072020	이길동	수학	3	246-1177
2081533	이영진	법학	2	242-4461
2061017	이순신	체육	4	625-7588

학과인원

학과	학생수
컴퓨터	35
기계	25
수학	30
법학	20
체육	32
전기	33

예1 [학생정보] 테이블과 [학과인원] 테이블을 이용하여 '이영진' 학생이 속한 학과의 학생수를 검색하시오.

```
SELECT 학생수
FROM 학과인원
WHERE 학과 =
    (SELECT 학과
     FROM 학생정보
     WHERE 이름='이영진');
```

〈결과〉

학생수
20

〈풀이〉
문제에서 학생의 이름은 [학생정보] 테이블에, 학생수는 [학과인원] 테이블에 있으므로 이런 경우 두 테이블을 이용하는데 [학생정보] 테이블과 [학과인원] 테이블의 공통 속성으로 '학과' 속성을 이용한다. 우선 [학생정보] 테이블에서 '이영진' 학생의 학과를 검색해서 '이영진' 학생의 학과인 '법학' 학과를 [학과인원] 테이블에서 검색해 그에 해당하는 학생수를 검색하면 된다.

> **기적의 TIP**
>
> 메인 질의문과 부속 질의문을 연결할 때 '='을 사용하는 경우와 'IN'을 사용하는 경우가 있습니다. [예1]과 같이 부속 질의문에서 얻어진 결과가 한 가지인 경우 '='을 사용하고, [예2]와 같이 부속 질의문에서 얻어진 결과가 하나 이상 여러 가지인 경우는 'IN'을 사용해야 합니다.

예2 [학생정보] 테이블과 [학과인원] 테이블을 이용하여 학과 학생수가 30명 이하인 학과 학생의 이름을 검색하시오.

```
SELECT 이름
FROM 학생정보
WHERE 학과 IN
    (SELECT 학과
     FROM 학과인원
     WHERE 학생수<=30);
```

〈결과〉

성명
이철수
이길동
이영진

〈풀이〉
[학과인원] 테이블에서 학생수가 30명 이하인 학과를 검색해서 [학생정보] 테이블에서 검색된 학과에 해당하는 학생의 이름을 검색한다.

⑦ 부분 매치 질의문
- 부분 매치 질의문은 조건문 작성 시 문자형 자료의 일부를 가지고 비교하여 검색하는 질의문을 말한다.
- 부분 매치 질의문에서 '%'는 여러 문자를 대신하고, '_'는 한 자리를 대신한다.
- '%'나 '_'를 이용하여 조건문을 작성할 때는 '=' 대신 'LIKE'를 이용한다.

예 [학생] 테이블에서 연락처의 번호가 '7588'로 끝나는 학생의 성명을 검색하시오.

```
SELECT 성명
FROM 학생
WHERE 연락처 LIKE '%7588';
```

〈결과〉

성명
최길동

〈풀이〉
문제에서 연락처의 번호가 '7588'인 경우를 검색하는데, 이것은 전화번호 중 국번에 해당하는 부분은 어떤 경우든 상관 없고, 전화번호 중 번호 부분(오른쪽 네 자리)만 7588이면 된다는 의미이다. 이런 경우처럼 전화번호 중 국번과 같이 여러 자리를 대신하는 경우 '%'를 사용하며, '%'를 사용하는 경우는 '=' 대신 'LIKE'를 사용한다.

> **기적의 TIP**
>
> 앞의 [학생] 테이블을 참고하세요.

⑧ 'NULL' 값과 비교하는 질의문
- 조건문 작성 시 'NULL' 값과 비교하는 경우를 말한다.
- 'NULL'과 비교하는 경우 WHERE절에 '=' 대신 'IS'를 사용하며, '〈 〉' 대신 'IS NOT'을 사용한다.

예1 [학생] 테이블에서 연락처가 NULL인 학생의 학번을 검색하시오.

```
SELECT 학번
FROM 학생
WHERE 연락처 IS NULL;
```

〈결과〉

학번
2072020

〈풀이〉
[학생] 테이블에서 연락처의 속성값이 비어 있는(NULL) 학생의 학번을 검색한다. 이와 같이 'NULL'과 비교하는 경우 'IS'를 사용한다.

예2 [학생] 테이블에서 연락처가 NULL이 아닌 학생의 성명을 검색하시오.

```
SELECT 성명
FROM 학생
WHERE 연락처 IS NOT NULL;
```

〈결과〉

성명
김철수
이철준
박태인
이영진
최길동

〈풀이〉
연락처의 속성값이 있는 학생의 성명을 검색한다. 여기서 NULL과 비교할 때는 'IS'를 사용하지만 문제에서 'NULL이 아닌', 즉 'NULL과 같지 않은'의 의미를 나타낼 때는 IS에 NOT을 붙여 'IS NOT'을 사용한다.

> **기적의 TIP**
>
> - WHERE절에서 '=' 대신 LIKE를 사용하는 경우나 IS(IS NOT)을 사용하는 경우는 예외적인 경우이므로 잘 알아 두세요.
> - 여기서 잠깐 혼동할 수 있는 것을 정리하면, 'NOT NULL'은 SQL 정의문에서 CREATE 명령을 이용해 테이블을 생성할 때 임의의 속성값에 NULL이 올 수 없도록 하기 위해 사용하는 것이고, 'IS NOT NULL'은 SELECT 명령에서 NULL과 비교 시 NULL이 아닌 값을 나타낼 때 사용하는 것입니다.
> - NOT NULL을 사용한 경우와 IS NOT NULL을 사용한 경우를 혼동하지 마세요.

02 INSERT(삽입문)

- INSERT문은 기존 테이블에 새로운 자료(튜플)를 삽입하는 경우 사용하는 명령문이다.
- 구문

```
INSERT INTO 테이블_이름[(속성_이름...)]
VALUES (속성값...);
```

- INSERT INTO 테이블_이름[(속성_이름...)] : 자료가 삽입될 테이블 이름과 테이블에서 자료가 삽입될 속성 이름들을 기입한다. 삽입될 자료가 테이블의 모든 속성값을 가지고 있는 경우는 속성 이름을 생략해도 되지만 그렇지 않은 경우 속성 이름을 반드시 기입한다.
- VALUES (속성값...) : 각 속성에 삽입될 실제 속성값들을 기입한다.

학생

학번	성명	학년	수강과목	점수	연락처
2090111	김철수	1	정보통신	85	234-4567
2081010	이철준	2	컴퓨터	80	432-1234
2090223	박태인	1	데이터베이스	88	245-2151
2072020	김길동	3	운영체제	92	
2081533	이영진	2	산업공학	90	242-4461
2061017	최길동	4	컴퓨터	75	625-7588

예 [학생] 테이블에 학번 2051115, 성명 '김정미', 학년 4, 수강과목 '데이터베이스', 연락처 '243-0707'인 학생을 삽입하시오.

```
INSERT INTO 학생(학번, 성명, 학년, 수강과목, 연락처)
VALUES (2051115, '김정미', 4, '데이터베이스', '243-0707');
```

〈결과〉

학생

학번	성명	학년	수강과목	점수	연락처
2090111	김철수	1	정보통신	85	234-4567
2081010	이철준	2	컴퓨터	80	432-1234
2090223	박태인	1	데이터베이스	88	245-2151
2072020	김길동	3	운영체제	92	
2081533	이영진	2	산업공학	90	242-4461
2061017	최길동	4	컴퓨터	75	625-7588
2051115	김정미	4	데이터베이스		243-0707

〈풀이〉
새롭게 추가될 학생의 자료는 [학생] 테이블의 속성 중 '점수' 속성값이 없다. 이런 경우는 자료가 삽입될 속성 이름을 정확히 기재해야 한다.

➕ 더 알기 TIP

속성 이름의 생략
- 앞선 [예]의 내용에서 모든 속성의 값을 가진 자료를 삽입할 때는 속성 이름을 생략해도 된다.
- [학생] 테이블에 학번 2051115, 성명 '김정미', 학년 4, 수강과목 '데이터베이스', 점수 90, 연락처 '243-0707'인 학생을 삽입하시오.

```
INSERT INTO 학생
VALUES (2051115, '김정미', 4, '데이터베이스', 90, '243-0707');
```

03 UPDATE(갱신문)

- UPDATE문은 테이블의 자료(튜플) 중에서 값을 변경하고자 하는 경우 사용되는 명령문이다.
- 구문

```
UPDATE 테이블_이름
SET 속성_이름=변경 내용
[WHERE 조건];
```

- UPDATE 테이블_이름 : 변경할 테이블 이름을 기재한다.
- SET 속성_이름=변경내용 : 변경할 자료의 값을 기재한다.

예 [학생] 테이블에서 '이영진' 학생의 점수를 92점으로 수정하시오.

```
UPDATE 학생
SET 점수=92
WHERE 성명='이영진';
```

〈결과〉

학생

학번	성명	학년	수강과목	점수	연락처
2090111	김철수	1	정보통신	85	234-4567
2081010	이철준	2	컴퓨터	80	432-1234
2090223	박태인	1	데이터베이스	88	245-2151
2072020	김길동	3	운영체제	92	
2081533	이영진	2	산업공학	92	242-4461
2061017	최길동	4	컴퓨터	75	625-7588

04 DELETE(삭제문)

- DELETE문은 테이블의 자료(행)를 삭제할 경우 사용하는 명령문이다.
- WHERE절의 조건에 맞는 행만 삭제되며, WHERE절이 생략된 경우 모든 행이 삭제되어 빈 테이블이 된다.
- 구문

```
DELETE FROM 테이블_이름
[WHERE 조건];
```

예1 [학생] 테이블에서 2학년 학생의 자료를 삭제하시오.

```
DELETE FROM 학생
WHERE 학년=2;
```

> **기적의 TIP**
>
> 예2와 같이 DELETE 명령문에서 WHERE절이 생략되면 테이블은 있지만 자료가 없는 빈 테이블이 되므로, 테이블 자체를 삭제할 때는 SQL 정의어 중 DROP 명령문을 사용합니다.

예2 [학생] 테이블의 모든 학생을 삭제하시오.

```
DELETE FROM 학생;
```

〈결과〉

학생

학번	성명	학년	수강과목	점수	연락처

〈풀이〉
WHERE절이 없는 경우 모든 튜플이 삭제되며, 빈 테이블이 된다.

합격을 다지는 예상문제

선다형(필기)

01 다음 테이블을 보고 강남지점의 판매량이 많은 제품부터 출력되도록 할 때 다음 중 가장 적절한 SQL 구문은? (단, 출력은 제품명과 판매량이 출력되도록 한다.)

〈푸드〉 테이블

지점명	제품명	판매량
강남지점	비빔밥	500
강북지점	도시락	300
강남지점	도시락	200
강남지점	미역국	550
수원지점	비빔밥	600
인천지점	비빔밥	800
강남지점	잡채밥	250

① SELECT 제품명, 판매량 FROM 푸드
　　ORDER BY 판매량 ASC;
② SELECT 제품명, 판매량 FROM 푸드
　　ORDER BY 판매량 DESC;
③ SELECT 제품명, 판매량 FROM 푸드
　　WHERE 지점명 = '강남지점'
　　ORDER BY 판매량 ASC;
④ SELECT 제품명, 판매량 FROM 푸드
　　WHERE 지점명 = '강남지점'
　　ORDER BY 판매량 DESC;

해설
판매량이 많은 제품부터 출력되도록 하려면 내림차순 정렬을 적용해야 한다. SQL에서 정렬은 ORDER BY을 사용하며 내림차순은 DESC를 사용한다. 오름차순의 경우 생략이나 ASC를 사용한다.

02 SQL문에서 HAVING을 사용할 수 있는 절은?

① LIKE절
② WHERE절
③ GROUP BY절
④ ORDER BY절

해설
HAVING절을 사용한 조회 검색 : GROUP BY절에 의해 선택된 그룹의 탐색 조건을 지정할 수 있으며 SUM, AVG, COUNT, MAN, MIN 등의 그룹 함수와 함께 사용할 수 있다.

정답
① INTO ② SET ③ FROM ④ DROP

서술형(실기)

03 다음 괄호에 들어갈 알맞은 내용을 채우시오.

| ( ① ) | '사번', '성명', '담당부서', '연락처'로 구성된 [사원] 테이블에 신입사원의 정보를 삽입하려고 한다. 이와 같이 기존의 테이블에 새로운 자료를 삽입할 때, INSERT 명령을 이용한다. 사번 'A1234', 이름 '이영진', 담당부서 '총무부', 연락처 '010-1234-5678'인 자료를 삽입하는 과정은 다음과 같다.<br><br>```
INSERT ( ① ) 사원(사번, 성명, 담당부서, 연락처)
VALUES ('A1234', '이영진', '총무부', '010-1234-5678');
``` |
| ( ② ) | 위 [사원] 테이블에 삽입하는 과정에서 사번이 'A0101'인 사원의 담당부서가 잘못 삽입되어 '영업부'로 변경하고자 한다. 테이블의 자료 중에서 값을 변경하고자 하는 경우 UPDATE 명령을 사용한다.<br><br>```
UPDATE 사원
( ② ) 담당부서 ='영업부'
WHERE 사번 ='A0101';
``` |
| ( ③ ) | DELETE 명령을 이용해 퇴사한 사원에 대한 정보를 삭제하고자 한다. DELETE 명령 기본 구문은 다음과 같다.<br><br>```
DELETE ( ③ ) 테이블_이름 [WHERE 조건] ;
``` |
| (④) | DELETE 명령을 이용해 자료를 삭제하는 경우 WHERE절을 이용해 조건을 만족하는 자료만 삭제할 수 있으며, WHERE 절이 생략되는 경우 테이블의 모든 자료가 삭제되게 된다. 이러한 경우 테이블은 삭제되지 않으며 자료가 모두 삭제된 빈 테이블이 된다. 테이블을 삭제하는 경우 (④) 명령을 사용해야 한다. |

- ① :
- ② :
- ③ :
- ④ :
```

04 다음 괄호에 들어갈 알맞은 내용을 채우시오.

(①)	사용자가 실제 관계 데이터베이스의 내용을 검색, 삽입, 수정, 삭제 등을 수행할 수 있도록 사용되는 언어를 말한다. (①)의 종류로는 SELECT문, INSERT문, UPDATE문, DELETE문 등 4가지 명령어가 있다.
(②)	릴레이션(테이블)에서 사용자가 원하는 자료를 검색하고자 하는 경우에 사용되는 명령문을 말하며 기본 구문은 다음과 같다. (②) 검색 속성_이름 FROM 테이블_이름 [WHERE 조건] ;
(③)	관계 데이터베이스에서 원하는 자료를 검색하는 경우 (②) 명령이 사용되며, 검색 결과에 중복되는 값이 있는 경우 한 번만 표현되도록 하기 위해 (③) 옵션을 이용하고 생략 시 중복된 값이 모두 표시된다.
(④)	관계 데이터베이스에서 검색하고자 하는 속성의 결과를 정렬하여 검색하고자 하는 경우 'ORDER BY' 구문을 사용하여 오름차순 혹은 내림차순으로 정렬할 수 있다. 또한 검색 시 필요에 따라 속성의 값을 그룹으로 분류하고자 할 때 'GROUP BY' 구문을 사용하며 'GROUP BY' 구문을 사용하여 그룹에 대한 조건을 제시하는 경우 (④)(을)를 이용한다.
(⑤)	SELECT 명령에서 자료의 일부를 이용하여 검색하는 질문을 부분 매치 질의문이라고 하는데 부분 매치 질의문에서 '%'는 여러 문자를 대신하고, '_'는 한 자리를 대신한다. '%'나 '_'를 이용하여 WHERE절을 구성할 때는 '=' 대신 (⑤)(을)를 이용한다.
(⑥)	관계 데이터베이스에서 SELECT 명령을 이용하여 검색할 때 경우에 따라 조건문에서 'NULL'값과 비교하는 경우가 있 다. 이러한 경우 일반 조건문과 차이점이 있는데 'NULL'과 비교하는 경우 WHERE절에 '='을 사용하지 않고 (⑥)(을)를 사용해야 한다.

- ① :
- ② :
- ③ :
- ④ :
- ⑤ :
- ⑥ :

[정답]
① 데이터 조작어 또는 DML
② SELECT ③ DISTINCT ④ HAVING
⑤ LIKE ⑥ IS

SECTION 03 SQL 제어어(DCL, TCL)

빈출 태그 ▶ #COMMIT #ROLLBACK #GRANT #REVOKE

> **기적의 TIP**
> SQL 제어어는 언제든지 출제될 가능성이 있습니다. 각 명령어의 의미를 잘 정리해 두세요.

- SQL 제어어는 관리자가 데이터의 보안, 무결성 유지, 병행제어, 회복 등을 하기 위해 사용하는 언어를 말한다.
- 제어어의 종류에는 COMMIT, ROLLBACK, GRANT, REVOKE 등이 있다.

01 COMMIT 명령어와 ROLLBACK 명령어

① COMMIT
- COMMIT 명령어는 데이터베이스 내의 연산이 성공적으로 종료되어 연산에 의한 수정 내용을 지속적으로 유지하기 위한 명령어를 말한다.

② ROLLBACK
- ROLLBACK 명령어는 데이터베이스 내의 연산이 비정상적으로 종료되거나 정상적으로 수행이 되었다 하더라도 수행되기 이전 상태로 되돌리기 위해 연산 내용을 취소할 때 사용하는 명령어를 말한다.

학생

학번	성명	학년	수강과목	점수	연락처
2090111	김철수	1	정보통신	85	234-4567
2090223	박태인	1	데이터베이스	88	245-2151
2072020	김길동	3	운영체제	92	
2081010	이철준	2	컴퓨터	80	432-1234
2081533	이영진	2	산업공학	90	242-4461
2061017	최길동	4	컴퓨터	75	625-7588

예1 [학생] 테이블에서 김길동 학생의 연락처를 '232-0077'로 갱신하시오.

```
UPDATE 학생 SET 연락처='232-0077' WHERE 성명='김길동';
COMMIT;
```

〈풀이〉
UPDATE 명령에 의해 수행한 연산 결과를 정상적으로 종료하고, 그대로 유지하겠다는 의미가 된다.

예2 ROLLBACK 명령에 의해 연산 결과를 취소하시오.

```
DELETE FROM 학생 WHERE 성명='최길동';
ROLLBACK;
```

〈풀이〉
[학생] 테이블에서 최길동 학생의 자료를 삭제했지만 ROLLBACK 명령에 의한 연산이 취소되어 삭제된 자료가 다시 되살아난다.

02 GRANT 명령어와 REVOKE 명령어

① GRANT
- GRANT 명령어는 관리자(DBA)가 사용자에게 데이터베이스에 대한 권한을 부여하기 위한 명령어이다.
- 구문

```
GRANT 권한 내용 ON 테이블_이름 TO 사용자 [WITH GRANT OPTION];
```

- GRANT 권한 내용 ON 테이블_이름 TO 사용자 : 관리자가 사용자에게 테이블에 대한 권한을 부여한다.
- WITH GRANT OPTION : 사용자가 관리자로부터 부여받은 권한을 다른 사용자에게 부여할 수 있는 권한 부여권까지 부여하고자 할 때 사용하는 옵션이다.

예 관리자가 사용자 OTH에게 [학생] 테이블에 대해 UPDATE 할 수 있는 권한과 그 권한을 필요시 다른 사용자에게 부여할 수 있는 권한을 부여하시오.

```
GRANT UPDATE ON 학생 TO OTH WITH GRANT OPTION;
```

〈풀이〉
사용자 OTH은 [학생] 테이블에 대해 UPDATE 할 수 있으며, 자신이 가지고 있는 권한을 다른 사용자에게 부여할 수 있다.

② REVOKE
- REVOKE 명령어는 관리자(DBA)가 사용자에게 부여했던 권한을 취소하기 위해 사용되는 명령어이다.
- 구문

```
REVOKE 권한 내용 ON 테이블_이름 FROM 사용자 [CASCADE];
```

- REVOKE 권한 내용 ON 테이블_이름 FROM 사용자 : 관리자가 사용자에게 부여했던 테이블에 대한 권한을 취소한다.
- CASCADE : 사용자가 다른 사용자에게 권한을 부여했을 경우 CASCADE 옵션을 이용해 사용자의 권한을 취소하면 사용자가 부여했던 다른 사용자들의 권한도 연쇄적으로 취소된다.

예 사용자 OTH에게 부여했던 [학생] 테이블에 대한 UPDATE 권한을 취소하시오.

```
REVOKE UPDATE ON 학생 FROM OTH CASCADE;
```

〈풀이〉
사용자 OTH에게 부여되었던 [학생] 테이블에 대한 UPDATE 권한과 권한 부여권이 취소된다. 만약 사용자 OTH가 다른 사용자에게 권한을 부여했다면, 부여했던 모든 권한이 연쇄적으로 취소된다.

합격을 다지는 예상문제

선다형(필기)

01 데이터 제어어(DCL)에 대한 설명으로 옳은 것은?

① ROLLBACK : 데이터의 보안과 무결성을 정의한다.
② COMMIT : 데이터베이스 사용자의 사용 권한을 취소한다.
③ GRANT : 데이터베이스 사용자에게 사용 권한을 부여한다.
④ REVOKE : 데이터베이스 조작 작업이 비정상적으로 종료되었을 때 원래 상태로 복구한다.

서술형(실기)

02 다음 괄호에 들어갈 알맞은 내용을 채우시오.

(①)	관계 데이터베이스에서 데이터의 정확성과 안정성 및 운영을 하기 위해 관리자가 데이터의 보안, 무결성 유지, 병행제어, 회복 등을 하기 위해 사용되는 언어를 말한다. (①)의 종류는 COMMIT, ROLLBACK, GRANT, REVOKE 등이 있다.
(②)	(②) 명령어는 데이터베이스 내의 연산(트랜잭션)이 성공적으로 종료되어 연산의 결과를 지속적으로 반영하기 위해 사용되는 명령을 말한다. 원하는 연산을 수행한 후 (②) 명령을 수행하면 데이터베이스에 수행한 연산 결과가 저장되게 된다.
(③)	데이터베이스에서 수행한 연산이 잘못 수행되었거나 비정상적으로 종료되어 정확한 연산 결과를 알 수 없는 경우 연산이 수행되기 이전의 상태로 되돌리기 위해 (③) 명령어를 사용한다. (③) 명령은 수행된 연산을 취소시켜 이전 상태로 되돌릴 때 사용된다.
(④)	관계 데이터베이스에서 관리자가 관리와 작업의 효율을 위해 다른 사용자에게 테이블에 대한 권한을 부여할 수 있으며, 관리자가 사용자에게 데이터베이스에 대한 권한을 부여할 때는 GRANT 명령을 사용하며, 관리자가 사용자에게 부여했던 권한을 취소하고자 할 때 (④) 명령을 사용하여 권한을 취소할 수 있다.

- ① :
- ② :
- ③ :
- ④ :

03 DBA가 사용자 PARK에게 테이블 [STUDENT]의 데이터를 갱신할 수 있는 시스템 권한을 부여하고자 하는 SQL문을 작성하고자 한다. 다음 주어진 SQL문의 빈칸 ①~②에 알맞은 용어를 쓰시오.

```
SQL> GRANT    ①       ②    STUDENT TO PARK;
```

- ① :
- ② :

CHAPTER
02

고급 SQL 작성

학습 방향

데이터베이스 관련 중요 기능인 인덱스, 뷰, 시스템 카탈로그, 다중 테이블 검색, 집계 함수, GROUP BY절 등을 학습하게 됩니다. 특히 뷰, 시스템 카탈로그, 다중 테이블 검색, 집계 함수, GROUP BY절은 출제 비중이 높으니 꼼꼼히 학습하도록 합니다.

SECTION 01 인덱스(INDEX)

출제빈도 상 중 하
반복학습 1 2 3

빈출 태그 ▶ #인덱스 #B-트리 #클러스터드 인덱스 #넌 클러스터드 인덱스 #CREATE INDEX #DROP INDEX #ALTER INDEX

> **기적의 TIP**
> 인덱스의 개념과 인덱스의 종류를 잘 구분해서 알아두세요.

01 인덱스(Index) 개념

- 인덱스는 수많은 데이터 중에서 원하는 자료를 빠르고 효율적으로 검색하기 위해서 사용하는 방법을 말한다.
- 인덱스는 기본적으로 데이터의 위치(주소)를 관리·기억하는 인덱스 파일(Index File)과 실제 데이터를 기억하는 데이터 파일(Data File)로 구성된다.
- 데이터를 검색할 때는 먼저 인덱스 파일에서 데이터의 주소를 찾는다. 이어서 데이터 파일에서 인덱스 파일에서 찾은 주소의 데이터를 검색하게 된다.
- 인덱스 파일(Index File)은 [키값, 주소]의 두 가지 정보로 구성된다.
- '학번', '성명', '학년', '수강과목', '점수' 속성으로 구성된 [학생] 테이블이 있다.

> **기적의 TIP**
> - 키값 : 인덱스를 만들 때 사용된 속성의 값
> - 주소 : 실제로 자료가 저장된 위치

학생

학번	성명	학년	수강과목	점수
2090111	김철수	1	정보통신	85
2081010	이철준	2	컴퓨터	80
2090223	박태인	1	데이터베이스	88
2072020	김길동	3	운영체제	92
2081533	이영진	2	산업공학	90
2061017	최길동	4	컴퓨터	75

> **기적의 TIP**
> 인덱스는 전공 서적과 같은 두꺼운 책에서 원하는 자료를 찾을 경우 가장 뒤에 있는 '찾아보기'에서 원하는 자료의 페이지를 확인한 후 해당 페이지에서 원하는 자료를 찾는 방법과 유사합니다.

- [학생] 테이블에서 검색을 빠르고 효율적으로 하기 위해 CREATE 명령을 이용해 INDEX를 만든다.

```
CREATE UNIQUE INDEX Stud_idx
ON 학생(학번 ASC);
```

- [학생] 테이블의 '학번' 속성값을 오름차순 정렬하여, 'Stud_idx'라는 이름의 인덱스를 만든 것이다.

Stud_idx

학번	주소
2061017	600
2072020	400
2081010	200
2081533	500
2090111	100
2090223	300

▲ 인덱스 파일

학생

주소	학번	성명	학년	수강과목	점수
100	2090111	김철수	1	정보통신	85
200	2081010	이철준	2	컴퓨터	80
300	2090223	박태인	1	데이터베이스	88
400	2072020	김길동	3	운영체제	92
500	2081533	이영진	2	산업공학	90
600	2061017	최길동	4	컴퓨터	75

▲ 데이터 파일

- 예를 들어 학번 '2081533' 학생의 데이터를 찾고자 하는 경우, 먼저 인덱스 파일에서 '2081533' 학번의 주소 값 '500'을 찾는다. 이어서 데이터 파일에서 주소 '500'에 해당하는 자료가 찾고자 하는 데이터가 되는 것이다.

- 인덱스의 장단점

장점	• 데이터 검색 속도의 향상 • 시스템 부하 감소 • 시스템 전체의 성능 향상
단점	• 추가 DB 공간의 필요 • 인덱스 생성 시간 소요 • 잦은 변경 작업(Insert, Update, Delete)으로 인한 성능 저하

02 인덱스 구조

- 인덱스 구조가 어떻게 형성되느냐에 따라 검색의 효율이 좌우된다.
- 대표적인 인덱스 구조에는 B-트리, B⁺-트리가 있다.

① B-트리(Balanced Tree)

- B-트리는 검색의 효율을 높이기 위해 자료의 구조를 균형 있는 트리 구조로 나타내는 방법이다.
- B-트리에서 하나의 노드에는 여러 개의 자료를 기억할 수 있으며 다음과 같이 구성된다.

| P1 | data1 | P2 | data2 | P3 | … |

▲ B-트리의 노드

> **기적의 TIP**
> 테이블에서 기본키 속성으로 만든 인덱스를 '기본 인덱스(Primary Index)'라 하고, 일반 속성으로 만든 인덱스를 '보조 인덱스(Secondary Index)'라고 합니다.

- 한 노드의 데이터들은 오름차순 정렬되어 있다.
  - P1 : data1보다 작은 값을 갖는 하위 노드의 주소
  - P2 : data1과 data2의 중간 값을 갖는 하위 노드의 주소
  - P3 : data2보다 큰 값을 갖는 하위 노드 주소
- B-트리의 특징
  - 차수가 m일 때, 루트(Root) 노드와 리프(Leaf) 노드를 제외한 모든 노드는 최소 m/2개, 최대 m개의 서브트리를 갖는다. 즉, 한 노드에는 반절 이상의 자료가 채워져야 한다.
  - 모든 리프(단말) 노드는 같은 레벨에 있다.
  - 루트 노드는 리프 노드가 아닌 이상 적어도 두 개의 서브트리를 갖는다.
  - 한 노드 안에 있는 키값들은 오름차순으로 구성된다.
  - 검색은 루트 노드에서부터 시작한다.
  - 다음은 노드의 차수가 3인, 3원 B-트리이다.

> **기적의 TIP**
> • 차수 : 노드의 가짓수
> • 루트 노드 : 트리에서 최상위 노드
> • 리프 노드 : 단말 노드라고도 하며, 하위 노드가 없는 노드

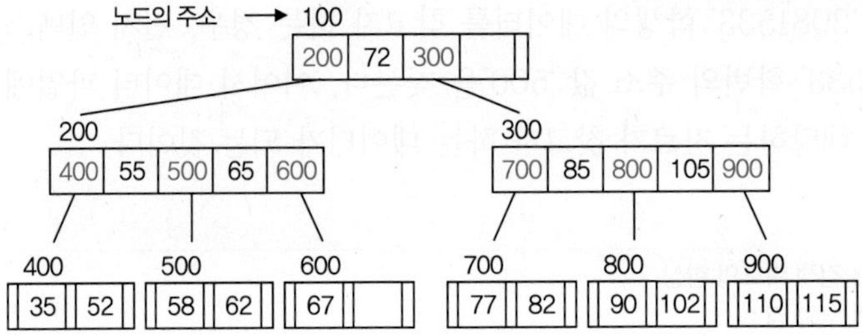

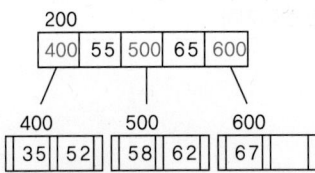

▲ 그림 1

- 한 노드의 키값은 반 이상 채워져 있으며, 오름차순으로 정렬되어 있다.

▲ 그림 2

- 〈그림2〉는 〈그림1〉의 일부로 200번지 노드의 값은 '55'와 '65'가 저장된 것이다.
  - 400번지 노드는 '35'와 '52'가 저장된 것이며, 200번지의 '55'보다 작은 값으로 구성된다.
  - 500번지 노드는 '58'과 '62'가 저장된 것이며, 200번지의 '55'와 '65' 사이의 값으로 구성된다.
  - 600번지 노드는 '67'이 저장된 것이며, 200번지의 '65'보다 큰 값으로 구성된다.
- 이와 같은 원리에 따라 트리 구조로 나타낸 것이 B-트리이다.
- 〈그림1〉에서 '77'을 찾을 경우 탐색 트리의 검색법에 따라 루트 노드의 '72'와 비교하여 크므로 우측 서브 트리를 검색한다. 즉, 300번지 노드로 이동한다. 찾고자 하는 '77'은 300번지 노드에 없으며 '85'보다 작으므로 700번지로 이동한다. 700번지 노드에 찾고자 하는 '77'이 있다.

② B⁺-트리
- B 트리의 변형으로 인덱스 세트와 순차 세트로 구성된다.
- 인덱스 세트는 단말 노드를 찾기 위한 인덱스를 제공하고, 순차 세트는 단말 노드로만 구성되어 있다.
- 순차 세트의 단말 노드에는 모든 키값이 다시 나타나도록 하여 단말 노드만으로도 순차 검색이 가능하다.

> **기적의 TIP**
>
> **탐색 트리**
> 루트 값과 비교하여 루트보다 작은 값은 좌측 서브트리로 이동하고, 루트보다 큰 값은 우측 서브트리로 이동하면서 검색하도록 만든 트리

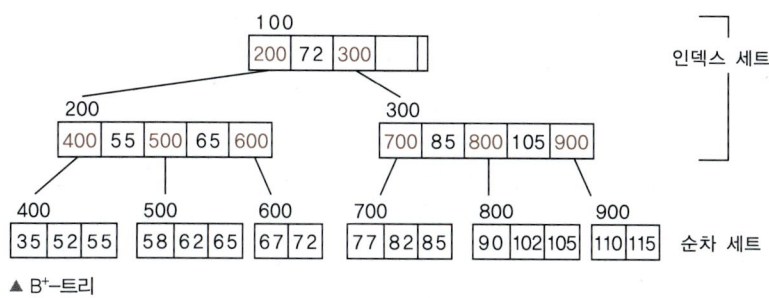

▲ B⁺-트리

03 인덱스 기타 유형

인덱스는 기본적으로 B-트리 구조를 많이 사용하지만 기타 유형으로 클러스터드 인덱스(Clustered Index)와 넌 클러스터드 인덱스(Non Clustered Index)가 있다.

① 클러스터드 인덱스(Clustered Index)
- 테이블에서 하나의 속성을 기준으로 정렬시킨 후, 테이블을 재구성하여 인덱스를 만드는 방법을 말한다.
- 테이블의 물리적 순서(실제 순서)와 인덱스 순서가 동일하다.
- 하나의 테이블에는 하나의 인덱스만 만들 수 있다.
- 아래는 '학번', '이름', '점수' 속성으로 구성된 [학생] 테이블로 클러스터드 인덱스를 만든 것이다.
    - [학생] 테이블의 '학번'을 기준으로 오름차순 하여 테이블을 재구성한다.

학생

학번	이름	점수
500	김길동	80
300	이철수	85
700	박태인	90
400	최태희	65
200	김정미	92
100	이영진	87
600	이찬성	80
900	강희영	92
800	김정애	85

➡

학번	이름	점수
100	이영진	87
200	김정미	92
300	이철수	85
400	최태희	65
500	김길동	80
600	이찬성	80
700	박태인	90
800	김정애	85
900	강희영	92

- 재구성한 테이블을 일정한 크기로 나눠 page 단위로 구성하고, 각 data page의 첫 번째 키값(대표값)과 page 번호로 인덱스를 만든다.

> **기적의 TIP**
>
> **data page**
> 페이지 단위로 나누어진 데이터가 저장·관리되는 곳

INDEX

page 대표값	page 번호
100	1
400	2
700	3

data page 1

학번	이름	점수
100	이영진	87
200	김정미	92
300	이철수	85

data page 2

학번	이름	점수
400	최태희	65
500	김길동	80
600	이찬성	80

data page 3

학번	이름	점수
700	박태인	90
800	김정애	85
900	강희영	92

- page 대표값은 각 data page의 첫 번째 키값으로 인덱스에서 하나의 대표값은 다음 대표값 이전까지의 범위를 나타낸다.
- 예를 들어 학번이 600번인 학생의 정보를 검색한다면, 먼저 인덱스 테이블에서 600번에 해당하는 page 번호를 찾는다. 600번은 대표값이 400인 경우에 해당된다. 대표값이 400인 경우 page 번호는 2이므로 data page 2에서 600번 학생을 찾으면 된다.

② 넌 클러스터드 인덱스(Non Clustered Index)
- 넌 클러스터드 인덱스는 테이블을 재구성하지 않고, 데이터 주소로 인덱스를 만들어 주소값을 이용하여 검색하는 방법이다.
- 넌 클러스터드 인덱스는 하나의 테이블에 여러 개의 인덱스를 만들 수 있다.
- 인덱스 구조보다 다소 복잡해질 수 있다.
- 아래는 '학번', '이름', '점수' 속성으로 구성된 [학생] 테이블로 넌 클러스터드 인덱스를 만든 것이다.
    - [학생] 테이블을 일정한 크기의 페이지로 나눈다.

data page 1

학번	이름	점수
500	김길동	80
300	이철수	85
700	박태인	90

data page 2

학번	이름	점수
400	최태희	65
200	김정미	92
100	이영진	87

data page 3

학번	이름	점수
600	이찬성	80
900	강희영	92
800	김정애	85

- 키값과 데이터의 위치를 나타내는 ROW id로 구성된 인덱스 페이지를 만든다.
- ROW id는 (page 그룹, data page 번호, 행 위치)로 구성된다(page 그룹은 파일이 여러 종류인 경우 사용되며 여기에서는 생략한다).

index page 01	
키값(학번)	Row id
100	2-3
200	2-2
300	1-2
400	2-1
500	1-1

index page 02	
키값(학번)	Row id
600	3-1
700	1-3
800	3-3
900	3-2

- 인덱스 대표값과 인덱스 page 번호로 구성된 ROOT 인덱스를 만든다.

ROOT 인덱스

index 대표값	index page 번호
100	01
600	02

- 예를 들어 학번이 900인 학생의 정보를 검색한다면, ROOT 인덱스에서 학번 900에 해당하는 인덱스를 찾는다. 900은 인덱스 대표값 600에 해당하므로 인덱스 page 번호 02번으로 이동한다.
- 인덱스 page 번호 02에서 900을 찾는다. ROW id가 '3-2'이므로 data page 3번의 두 번째 행을 검색하면 된다.

ROOT 인덱스

index 대표값	index page 번호
100	01
600	02

index page 01	
키값(학번)	Row id
100	2-3
200	2-2
300	1-2
400	2-1
500	1-1

index page 02	
키값(학번)	Row id
600	3-1
700	1-3
800	3-3
900	3-2

data page 1		
학번	이름	점수
500	김길동	80
300	이철수	85
700	박태인	90

data page 2		
학번	이름	점수
400	최태희	65
200	김정미	92
100	이영진	87

data page 3		
학번	이름	점수
600	이찬성	80
900	강희영	92
800	김정애	85

> **기적의 TIP**
> - 클러스터드 인덱스는 실제 데이터의 순서와 인덱스의 순서가 일치하기 때문에 일정한 범위를 가지고 찾는 경우 속도 향상에 도움이 됩니다.
> - 클러스터드 인덱스는 삽입, 수정의 경우 변경된 내용을 인덱스에 반영하고 재정렬해야 하므로 넌 클러스터드 인덱스보다 불리합니다.
> - 넌 클러스터드 인덱스는 한 개의 특정 값을 찾거나, 많은 양의 데이터 중에서 작은 범위를 찾을 때 유용합니다.

04 인덱스 정의어

- 데이터베이스 내의 자료를 보다 효율적으로 검색하기 위해 인덱스를 만들며, 시스템에 의해 자동 관리된다.
- 인덱스는 DB 사용자에 의해 DDL문을 통해 '생성 · 제거 · 수정'이 가능하다.
- 인덱스의 정의어는 표준 SQL에 포함되지 않아 DBMS 제품마다 구문이 약간씩 다르다.

① 인덱스 생성

- 인덱스는 CREATE INDEX문에 의해 생성되며, 테이블에 있는 하나 이상의 속성(컬럼)으로 만들 수 있다.
- 다음과 같은 구문에 따라 만들어진다.
- 구문

```
CREATE [UNIQUE] INDEX 인덱스_이름
ON 테이블_이름(속성_이름 [ASC|DESC])
[CLUSTER];
```

- UNIQUE : 중복을 허용하지 않도록 인덱스를 생성할 때 사용되며, 생략 시 중복이 허용된다.
- ON 테이블_이름(속성_이름) : 지정된 테이블의 속성으로 인덱스를 만든다.
- [ASC|DESC] : 인덱스로 사용될 속성값의 정렬 방법을 나타내며 ASC는 오름차순, DESC는 내림차순을 의미한다.
- CLUSTER : 인접된 튜플들을 물리적인 그룹으로 묶어 저장하도록 할 때 사용된다.

예1 [학생] 테이블의 학과 속성값을 오름차순 정렬하여, 중복을 허용하지 않도록 'stud_idx'라는 이름의 인덱스를 생성하시오.

```
CREATE UNIQUE INDEX stud_idx ON 학생(학과 ASC);
```

예2 [회원] 테이블의 회원명 속성값과 주소 속성값을 이용하여, 중복을 허용하지 않도록 'member_idx'라는 이름의 인덱스를 생성하시오.

```
CREATE UNIQUE INDEX member_idx ON 회원(회원명, 주소);
```

② 인덱스 제거
- 인덱스는 보통 DROP INDEX문에 의해 제거된다.
- DROP INDEX문뿐만 아니라 ALTER TABLE 명령 뒤에 DROP INDEX 명령이 추가되는 형태로도 사용된다.
- 일반적으로 인덱스가 테이블에 종속되어 존재하기 때문에 인덱스를 제거하기 위해서는 테이블의 변경 후, 인덱스를 제거하게 된다.
- 인덱스 생성 후 DB에서 많은 조작 작업을 수행하다 보면 성능이 저하되므로 사용하지 않는 인덱스는 삭제하는 것이 바람직하다.
- 다음과 같은 구문에 따라 인덱스가 제거된다.
- 구문

```
DROP INDEX 인덱스_이름;
```

- 인덱스_이름 : 제거할 인덱스 이름을 의미한다.

예 'stud_idx'라는 이름의 인덱스를 제거하시오

```
DROP INDEX stud_idx;
```

③ 인덱스 수정
- 인덱스는 ALTER INDEX문에 의해 재생성된다. 즉, 기존 인덱스를 삭제하고 다시 생성하게 된다.
- 최초에 생성된 인덱스를 수정하는 경우는 매우 드물다. 따라서 일부 DBMS에서는 수정하는 SQL문을 지원하지 않는다.
- 다음과 같은 구문에 따라 인덱스가 수정된다.
- 구문

```
ALTER [UNIQUE] INDEX 인덱스_이름
  ON 테이블_이름(속성_이름 [ASC|DESC]);
```

예 [학생] 테이블의 학과 속성값을 내림차순 정렬하여, 중복을 허용하지 않도록 'stud_idx'라는 이름의 인덱스를 수정하시오.

```
ALTER UNIQUE INDEX stud_idx ON 학생(학과 DESC);
```

05 인덱스 스캔(Index Scan) 방식

- 인덱스는 다양한 기준으로 구분할 수 있다. 속성값의 유일성에 따라 Unique와 Nonunique로 구분하고, 인덱스를 구성하는 속성의 수에 따라 단일 인덱스와 결합 인덱스 그리고 인덱스의 물리적 구성 방식에 따라 B*Tree, 비트맵(Bitmap) 그리고 클러스터(Cluster)로 구분한다.
- 가장 일반적으로 사용되는 것은 밸런스드 트리 인덱스(Balanced Tree Index)이며, B*Tree 인덱스라고도 한다.

합격을 다지는 예상문제

선다형(필기)

정답 ③
해설
인덱스 추가 삭제는 CREATE, DROP을 사용한다.

01 데이터베이스의 인덱스와 관련한 설명으로 틀린 것은?

① 데이터를 쉽고 빠르게 찾을 수 있도록 만든 데이터 구조이다.
② 테이블에 붙여진 색인으로 데이터 검색 시 처리 속도 향상에 도움이 된다.
③ 인덱스의 추가, 삭제 명령어는 각각 ADD, DELETE이다.
④ 대부분의 데이터베이스에서 테이블을 삭제하면 인덱스도 같이 삭제된다.

정답 ④
해설
인덱스란 데이터베이스에 저장된 자료를 더욱 빠르게 조회하기 위하여 별도로 구성한 순서 데이터를 말한다.

02 데이터베이스에서 인덱스(Index)와 관련한 설명으로 틀린 것은?

① 인덱스의 기본 목적은 검색 성능을 최적화하는 것으로 볼 수 있다.
② B-트리 인덱스는 분기를 목적으로 하는 Branch Block을 가지고 있다.
③ BETWEEN 등 범위(Range) 검색에 활용될 수 있다.
④ 시스템이 자동으로 생성하여 사용자가 변경할 수 없다.

정답 ①

03 데이터베이스 성능에 많은 영향을 주는 DBMS의 구성요소로 테이블과 클러스터에 연관되어 독립적인 저장 공간을 보유하며, 데이터베이스에 저장된 자료를 더욱 빠르게 조회하기 위하여 사용되는 것은?

① 인덱스(Index)
② 트랜잭션(Transaction)
③ 역정규화(Denormalization)
④ 트리거(Trigger)

서술형(실기)

04 아래 〈제품〉 테이블에서 제품 검색을 효율적으로 하기 위해 '제품코드'를 이용해 오름차순하여 기본 인덱스를 생성하는 SQL문을 작성하시오.

〈제품〉

제품코드	제품명	단가
P-001	프린터	100,000
M-002	모니터	120,000
H-003	하드디스크	70,000
D-004	DVD	40,000
I-005	무선공유기	35,000
K-001	키보드	5,000
M-001	마우스	6,000
C-006	화상카메라	15,000

- 답 :

정답
CREATE UNIQUE INDEX code_idx ON 제품(제품코드 ASC);

05 다음의 설명과 부합하는 인덱스의 종류를 쓰시오.

- 테이블의 하나의 속성을 기준으로 정렬시킨 후, 테이블을 재구성하여 인덱스를 만드는 방법이다.
- 테이블의 물리적 순서와 인덱스 순서가 동일하고, 하나의 테이블에는 하나의 인덱스만 만들 수 있다.
- 실제 데이터의 순서와 인덱스의 순서가 일치하기 때문에 일정한 범위를 가지고 찾는 경우 속도 향상에 도움이 된다.

- 답 :

정답 클러스터드 인덱스 또는 Clustered Index

06 데이터베이스에서 군집화에 대하여 간략히 설명하시오.

- 답 :

정답 군집화(Clustering)는 데이터들을 유사한 특성을 지닌 몇 개의 소그룹으로 분할하는 작업을 뜻하며, 다른 데이터마이닝 작업을 위한 선행 작업으로서의 역할을 수행하는 경우가 많다.

SECTION 02 뷰(VIEW)와 시스템 카탈로그

빈출 태그 ▶ #DDL #CREATE VIEW

> **기적의 TIP**
> VIEW의 개념 및 생성과 삭제 방법들을 알아두세요.

01 뷰(VIEW)

- 뷰는 하나 이상의 테이블로부터 유도되어 만들어진 가상 테이블로 처리 과정 중의 중간 내용이나 기본 테이블 중 일부 내용을 검색해 보여 주거나 별도로 관리하고자 하는 경우 사용하는 임시 테이블이다.
- 뷰는 실제 물리적으로 기억공간을 차지하지 않으며, 논리적 독립성을 제공하고, 데이터 접근 제어로 보안성을 향상한다.

학생

학번	성명	학년	수강과목	점수	연락처
2090111	김철수	1	정보통신	85	234-4567
2081010	이철준	2	컴퓨터	80	432-1234
2090223	박태인	1	데이터베이스	88	245-2151
2072020	김길동	3	운영체제	92	
2081533	이영진	3	산업공학	90	242-4461
2061017	최길동	4	컴퓨터	75	625-7588

예 [학생] 테이블에서 3학년 이상 학생의 학번과 성명을 검색하시오.

```
SELECT 학번, 성명
FROM 학생
WHERE 학년>=3;
```

〈결과〉

학번	성명
2081010	이철준
2081533	이영진
2061017	최길동

〈풀이〉
검색된 결과를 보여주는 이 테이블은 전체 테이블(기본 테이블) 중에서 사용자가 검색한 일부를 보여 주기 위한 테이블이다. 이 테이블은 기억공간을 차지하지 않으며 화면상에 보여지는 임시 테이블이다. 이러한 테이블을 '뷰(VIEW)'라고 한다.

① 뷰의 생성
- 뷰를 생성하기 위해서는 CREATE 명령문을 이용한다.
- 구문

```
CREATE VIEW 뷰_이름[(뷰_속성이름)]
AS SELECT 기본테이블의 속성_이름
FROM 기본테이블_이름
[WHERE 조건]
[WITH CHECK OPTION];
```

- CREATE VIEW 뷰_이름[(뷰_속성이름)] : 뷰도 테이블이므로 뷰의 이름과 뷰를 구성할 속성의 이름을 기재한다.
- AS SELECT 기본테이블의 속성_이름 FROM 기본테이블_이름 : 기본 테이블은 뷰를 만들기 위해 사용되는 대상 테이블로 기본 테이블의 이름과 기본 테이블의 속성 이름을 기재한다.
  - 기본 테이블의 속성 이름과 뷰에서 사용될 속성 이름은 다르게 부여할 수 있으며, 뷰의 속성 이름을 생략하는 경우 기본 테이블의 속성 이름과 동일한 속성 이름을 갖는다.
- WITH CHECK OPTION : 뷰에 대한 갱신, 삽입, 수정 등의 연산 시 WHERE절의 조건에 맞지 않으면 실행이 되지 않도록 할 때 사용하는 옵션이다.

예 [학생] 테이블에서 3학년 학생의 학번과 성명, 연락처 속성을 이용하여 학번, 이름, 전화번호 속성으로 구성된 '3학년연락처' 뷰를 생성하시오.

```
CREATE VIEW 3학년연락처(학번, 이름, 전화번호)
AS SELECT 학번, 성명, 연락처
FROM 학생
WHERE 학년=3;
```

〈결과〉

3학년연락처

학번	이름	전화번호
2081010	이철준	432-1234
2081533	이영진	242-4461

〈풀이〉
[학생] 테이블이 기본 테이블이 되며 [학생] 테이블의 '학번', '성명', '연락처' 속성을 이용하여 '학번', '이름', '전화번호' 속성을 가진 '3학년연락처' 뷰가 생성된다. 참고로 뷰에서 사용될 속성 이름을 생략하면 [학생] 테이블의 속성인 '학번', '성명', '연락처'가 뷰에 동일하게 적용된다.

② 뷰의 삭제
- 뷰를 삭제할 때는 DROP 명령어를 이용해 삭제한다.
- 구문

```
DROP VIEW 뷰_이름 [RESTRICT | CASCADE];
```

- DROP VIEW 뷰_이름 : 삭제할 뷰의 이름을 기재한다.
- RESTRICT | CASCADE : 삭제 시 옵션으로 둘 중 하나를 선택한다.
  - RESTRICT : 삭제할 요소가 사용(참조) 중이면 삭제가 이루어지지 않는다.
  - CASCADE : 삭제할 요소가 사용(참조) 중이더라도 삭제가 이루어지며, 연관된 모든 요소들도 일괄적으로 삭제된다.

예 위에서 생성한 '3학년연락처' 뷰를 제거하고, 연관된 뷰들도 연쇄적으로 제거하시오.

```
DROP VIEW 3학년연락처 CASCADE;
```

더 알기 TIP

뷰의 특징
- 뷰가 정의된 기본 테이블이 제거되면, 뷰도 자동적으로 제거된다.
- 뷰에 대한 검색(SELECT)은 일반 테이블과 거의 동일하다.
- 뷰에 대한 삽입, 삭제, 갱신은 제약이 따른다. 뷰의 속성 중 기본 테이블의 기본키가 포함되어 있지 않으면 삽입, 삭제, 갱신이 되지 않는다.
- 보안 측면에서 뷰를 활용할 수 있다.
- 뷰는 ALTER문을 이용하여 변경할 수 없다.
- 한 번 정의된 뷰는 변경할 수 없으며, 삭제한 후 다시 생성해야 한다.

02 시스템 카탈로그(System Catalog)

- 시스템 카탈로그는 데이터베이스에 저장되어 있는 테이블, 인덱스, 뷰, 제약조건, 사용자 등 개체들에 대한 정보와 정보들 간의 관계를 저장한 것으로 그 자체가 하나의 작은 데이터베이스이다.
- 시스템 카탈로그는 데이터 사전(Data Dictionary)이라고도 한다.
- 시스템 카탈로그에 저장된 데이터를 메타 데이터(Meta Data)라고 한다.
- 시스템 카탈로그는 일반 테이블과 같이 시스템 테이블로 구성된다.
- 일반 사용자도 시스템 카탈로그의 내용을 검색할 수 있지만, 시스템 카탈로그의 내용을 삽입, 삭제, 갱신 등은 불가능하다.
- 시스템 카탈로그 갱신은 사용자가 SQL문을 실행하면 시스템에 의해 자동적으로 이루어진다.

기적의 TIP

일상 생활에서도 '카탈로그'라는 용어를 많이 사용합니다. 예를 들어 전자제품 카탈로그는 전자 제품에 대한 종류, 기능, 크기, 가격 등 여러 가지 정보를 담고 있습니다. 이와 같이 시스템 카탈로그는 데이터베이스에 저장된 각 개체들에 대한 정보를 담고 있습니다.

기적의 TIP

메타 데이터(Meta Data)
저장된 데이터에 관한 데이터를 말한다.

합격을 다지는 예상문제

선다형(필기)

01 데이터베이스에서의 뷰(View)에 대한 설명으로 틀린 것은?
① 뷰는 다른 뷰를 기반으로 새로운 뷰를 만들 수 있다.
② 뷰는 일종의 가상 테이블이며, Update에는 제약이 따른다.
③ 뷰는 기본 테이블을 만드는 것처럼 Create View를 사용하여 만들 수 있다.
④ 뷰는 논리적으로 존재하는 기본 테이블과 다르게 물리적으로만 존재하며 카탈로그에 저장된다.

정답 ④
해설 뷰(View)는 저장장치 내에 물리적으로 존재하지 않고 테이블에서 유도되는 가상의 테이블이며 기본 테이블에 의해 유도되므로 기본 테이블을 삭제하면 뷰도 삭제된다.

02 뷰(VIEW)에 대한 설명으로 틀린 것은?
① 뷰 위에 또 다른 뷰를 정의할 수 있다.
② 뷰에 대한 조작에서 삽입, 갱신, 삭제 연산은 제약이 따른다.
③ 뷰의 정의는 기본 테이블과 같이 ALTER문을 이용하여 변경한다.
④ 뷰가 정의된 기본 테이블이 제거되면 뷰도 자동적으로 제거된다.

정답 ③
해설 뷰의 생성 시 CREATE문, 검색 시 SELECT문, 정의 변경 시 ALTER문을 사용할 수 없고 DROP 문을 이용한다.

서술형(실기)

03 다음은 '사원번호', '사원명', '부서', '연락처' 속성으로 구성된 [사원] 테이블에서 부서가 '총무부'인 사원들에 대한 사번, 이름, 연락처 속성을 가진 '총무부사원명단' 뷰를 만들기 위한 명령문이다. 빈칸에 들어갈 알맞은 내용을 쓰시오.

```
CREATE VIEW 총무부사원명단(사번, 이름, 연락처)
(      ) 사원번호, 사원명, 연락처
FROM 사원
WHERE 부서='총무부';
```

◦ 답 :

정답 AS SELECT

04 뷰(VIEW)는 데이터베이스 시스템에 논리적인 독립성을 제공하고 보안성을 향상하는 장점을 가진 것으로, 하나 이상의 테이블로부터 유도되어 만들어진 가상 테이블을 말한다. 뷰(VIEW)는 CREATE 명령문에 의해 생성되며 DROP 명령문에 의해 삭제된다. 다음은 D 회사의 사원들에 대한 정보를 저장하기 위한 릴레이션 스키마이다.

[사원]

사원번호	사원명	부서	직위	연락처

[사원] 테이블에서 직위가 대리인 사원들에 대한 사번, 이름, 연락처를 가진 '대리사원명단' 뷰(VIEW)를 만들기 위한 SQL 명령문을 작성하시오(단, 생성 이후 조건에 맞지 않는 경우는 수행되지 않도록 한다).

◦ 답 :

정답 CREATE VIEW 대리사원명단(사번, 이름, 연락처) AS SELECT 사원번호, 사원명, 연락처 FROM 사원 WHERE 직위='대리' WITH CHECK OPTION;

SECTION 03 다중 테이블 검색

빈출 태그 ▶ #DML #부속(하위) 질의 #조인 #집합 연산자

> **기적의 TIP**
>
> 관계형 데이터베이스 관리 시스템(RDBMS) 내의 여러 테이블을 통합해야 원하는 정보를 얻을 수 있는 다중 테이블 검색 기법에는 부속 질의, 조인, 집합 연산이 있습니다. 실무에서는 매우 자주 사용하는 기법이지만 각 DBMS마다 지원되는 문법 구조가 다르기 때문에 개념 중심으로 공부해 두세요.

01 부속(하위) 질의

- 부속 질의는 구조적으로 상위 질의어에 포함되는 하위 질의어로 일반적으로 '서브 쿼리(Subquery)'라고 한다.
- 서브 쿼리는 하나의 SELECT 문장의 절 안에 포함된 또 하나의 SELECT문을 말한다.
- 서브 쿼리를 포함하고 있는 쿼리문을 메인 쿼리(Main Query), 포함된 또 하나의 쿼리를 서브 쿼리(Sub Query)라 한다.
- 서브 쿼리의 결과값은 메인 쿼리로 반환되어 사용된다.
- 서브 쿼리는 메인 쿼리가 실행되기 이전에 한 번만 실행된다.
- 서브 쿼리가 반환하는 행의 수에 따라 단일 행 서브 쿼리와 다중 행 서브 쿼리가 있다.

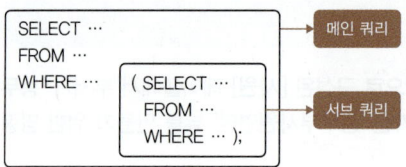

① 서브 쿼리 활용 시 유의사항

- 서브 쿼리는 비교 연산자의 오른쪽에 기술해야 하고 반드시 소괄호 ( ) 안에서 사용한다.
- 서브 쿼리가 반환하는 행의 수 또는 컬럼 수는 메인 쿼리가 기대하는 행의 수 또는 컬럼 수와 일치하여야 한다.
- 서브 쿼리는 ORDER BY절을 사용하지 않는다.
- 메인 쿼리의 FROM절에 있는 컬럼명은 서브 쿼리 내에서 사용될 수 있으나, 서브 쿼리의 FROM절에 있는 컬럼명은 메인 쿼리에서 사용할 수 없다.

성적

학번	성명	학년	학과	점수
201231	강희영	1	컴퓨터	80
201701	홍길동	1	수학	90
191211	김영진	2	컴퓨터	100
182011	이철수	3	통계학	70
171711	김선희	4	수학	80

② 단일 행(Single Row) 서브 쿼리
- 단일 행(Single Row) 서브 쿼리는 서브 쿼리 수행 결과가 오직 하나의 행(로우, Row)만 반환된다.
- 단일 행 서브 쿼리문에서는 오직 하나의 행(로우, Row)으로 반환되는 서브 쿼리의 결과는 메인 쿼리에 반환되는데 메인 쿼리의 WHERE절에서는 단일 행 비교 연산자인 =, 〈 〉, 〉, 〉=, 〈, 〈=를 사용해야 한다.

> **기적의 TIP**
>
> 단일 행 서브 쿼리의 WHERE 절에 사용되는 비교 연산자
>
> | | |
> |---|---|
> | = | 같다 |
> | 〈〉 | 같지 않다 |
> | 〉 | 크다(초과) |
> | 〉= | 크거나 같다(이상) |
> | 〈 | 작다(미만) |
> | 〈= | 작거나 같다(이하) |

예1 [성적] 테이블에서 '김영진'과 동일한 학과인 학생을 검색하시오.

```
SELECT *
FROM 성적
WHERE 학과 = ( SELECT 학과
               FROM 성적
               WHERE 성명 = '김영진' );
```

〈결과〉

학번	성명	학년	학과	점수
201231	강희영	1	컴퓨터	80
191211	김영진	2	컴퓨터	100

예2 [성적] 테이블에서 '강희영'의 점수보다 더 높은 점수를 받은 학생을 검색하시오.

```
SELECT *
FROM 성적
WHERE 점수 > ( SELECT 점수
               FROM 성적
               WHERE 성명 = '강희영' );
```

〈결과〉

학번	성명	학년	학과	점수
201701	홍길동	1	수학	90
191211	김영진	2	컴퓨터	100

③ 다중 행(Multiple Row) 서브 쿼리
- 다중 행(Multiple Row) 서브 쿼리는 서브 쿼리에서 반환되는 결과가 여러 행이 반환된다.
- 다중 행 서브 쿼리는 반드시 다중 행 연산자(Multiple Row Operator)와 함께 사용해야 한다.
- 다중 행 연산자(Multiple Row Operator)는 다음과 같다.

IN	메인 쿼리의 비교 조건 ('=' 연산자로 비교할 경우)이 서브 쿼리의 결과 중에서 하나라도 일치하면 참이다.
ANY, SOME	메인 쿼리의 비교 조건이 서브 쿼리의 검색 결과와 하나 이상이 일치하면 참이다.
ALL	메인 쿼리의 비교 조건이 서브 쿼리의 검색 결과와 모든 값이 일치하면 참이다.
EXISTS	메인 쿼리의 비교 조건이 서브 쿼리의 결과 중에서 만족하는 값이 하나라도 존재하면 참이다.

> **기적의 TIP**
>
> 다중 행 서브 쿼리 ALL 연산자의 의미
>
> | WHERE 속성_이름 〈 ALL | 비교 대상 중 서브 쿼리 최솟값보다 작다. |
> |---|---|
> | WHERE 속성_이름 〉 ALL | 비교 대상 중 서브 쿼리 최댓값보다 크다. |

예1 [성적] 테이블에서 점수가 80점 이상인 학생의 학과와 같은 학과의 학생을 검색하시오.

```
SELECT *
FROM 성적
WHERE 학과 IN ( SELECT 학과
                FROM 성적
                WHERE 점수 >= 80 );
```

〈결과〉

학번	성명	학년	학과	점수
201231	강희영	1	컴퓨터	80
201701	홍길동	1	수학	90
191211	김영진	2	컴퓨터	100
171711	김선희	4	수학	80

예2 [성적] 테이블에서 학과가 '수학'인 전체 학생의 점수보다 더 큰 점수를 받은 학생의 학번, 성명, 학년, 점수를 검색하시오.

```
SELECT 학번, 성명, 학년, 점수
FROM 성적
WHERE 점수 > ALL (SELECT 점수 FROM 성적 WHERE 학과 = '수학');
```

〈결과〉

학번	성명	학년	점수
191211	김영진	2	100

02 조인(JOIN)

- 조인(JOIN)이란 둘 이상의 테이블로부터 특정 공통된 값을 갖는 행을 연결하거나 조합하여 검색하는 것으로 관계형 DBMS에서 매우 중요한 연산이다.
- SQL의 SELECT문의 FROM 절에 두 개 이상의 테이블을 대상으로 조인 조건에 부합하는 조인 연산(⋈)을 수행한다.
- SQL 표준에서는 다양한 조인의 문법이 존재하지만, 각 DBMS마다 조인 문법에 차이가 있으므로 실무에서는 사용하는 DBMS에 적합한 조인 쿼리를 수행해야 한다.
- 조인의 필요성 : 여러 테이블에 흩어져 있는 정보 중에서 사용자가 필요한 정보를 가져와서 하나의 가상 테이블로 결과를 보여준다.

> **기적의 TIP**
>
> 조인은 관계형 데이터베이스 시스템에서 자주 사용되는 대표적인 문법이지만 시험에서는 특정 DBMS에 국한하여 문제가 출제되지 않습니다. 관계형 데이터 연산에서의 조인 연산(⋈)의 개념을 꼼꼼히 정리해 두세요.

> **기적의 TIP**
>
> **정규화와 조인**
> 정규화는 데이터의 중복을 최소화하기 위해 릴레이션을 분해하는 기법이고, 조인은 다중 테이블에 대한 검색의 효율성을 위해 릴레이션을 결합하는 기법이다.
> • 정규화 : 릴레이션 분해
> • 조인 : 릴레이션 결합

① 조인의 종류
- 조인에는 논리적 조인과 물리적 조인이 있다. 논리적 조인의 종류는 다음과 같이 구분한다.

내부 조인(Inner Join)	• 동등 조인(Equi Join) : 동일 컬럼을 기준으로 조합하여 나타냄 • 비동등 조인(Non-Equi Join) : 동일 컬럼이 없이 다른 조건을 사용하여 나타냄
외부 조인(Outer Join)	• Left Outer Join, Right Outer Join, Full Outer Join • 조인 조건에 만족하지 않는 행도 나타냄
셀프 조인(Self Join)	한 테이블 내에서 조인하여 나타냄
교차 조인(Cross Join)	• 카티션 곱(Cartesian Product) • 조인 조건이 생략 또는 누락되어 모든 조합 행을 나타냄

> **기적의 TIP**
> **물리적 조인**
> 데이터베이스 내부에서 발생하는 테이블 결합 방식으로 중첩 반복 조인, 정렬 합병 조인, 해시 조인이 있다.

학생

학번	성명	학년	학과번호
201231	강희영	1	D14
201701	홍길동	1	D13
191211	김영진	2	D14
182011	이철수	3	D15
171711	김선희	4	D13

학과

학과번호	학과명	학과사무실
D11	경영학	101호
D12	사회복지	201호
D13	수학	301호
D14	컴퓨터	401호
D15	통계학	501호

② 컬럼명의 모호성 해결 방법
- 조인 수행 시 두 테이블에 동일한 컬럼이름을 사용하면 어느 테이블 소속인지 불분명한 상태라는 오류 메시지가 출력되고 조인을 수행하지 않는다.
- 컬럼명의 모호성을 해결하기 위해 컬럼이름을 구분할 때, SELECT절이나 WHERE절에 '테이블명.컬럼명'으로 표현한다.
- 또한 테이블에 별칭을 부여하면 테이블 이름을 단순화할 수 있으며 FROM절에 "테이블명 별명" 형태로 테이블명과 별명 사이에 한 칸 이상의 공백을 띄운다.

> **기적의 TIP**
> **별명(Alias)**
> 데이터, 컬럼, 테이블 등에 별칭을 주어 명확한 식별 및 간결성을 위해 사용된다.
> • Oracle 테이블 별명 예
> ```
> SELECT S.학번 FROM 학생 S;
> ```
> • MySQL 테이블 별명 예
> ```
> SELECT S.학번 FROM 학생 AS S;
> ```

예 [학생] 테이블에서 성명과 학과번호를 검색하시오.

```
SELECT 성명, 학과번호
FROM 학생;
```

```
SELECT 학생.성명, 학생.학과번호
FROM 학생;
```

```
SELECT S.성명, S.학과번호
FROM 학생 S;
```

〈결과〉

성명	학과번호
강희영	D14
홍길동	D13
김영진	D14
이철수	D15
김선희	D13

③ 교차 조인(Cross Join)

- 교차 조인(Cross Join)은 카티션 곱(Cartesian Product)이라고도 하며, WHERE절에 JOIN 조건이 존재하지 않을 경우로 JOIN에 참조되는 두 테이블의 각 행의 행수를 모두 곱한 결과의 행수로 테이블이 반환된다.
- 반환되는 결과 테이블은 두 테이블의 디그리의 합과 카디널리티의 곱의 크기이다.
- 교차 조인은 단순 결합된 형태이기 때문에 조인 결과가 무의미한 결과이므로 조인을 할 때는 조건을 명확히 지정한 다른 조인 방법을 활용하는 것이 바람직하다.

> **기적의 TIP**
>
> - 디그리(Degree) : 컬럼(속성)의 개수
> - 카디널리티(Cardinality) : 로우(튜플)의 개수

> **기적의 TIP**
>
> **교차 조인**
> - Oracle
> ```
> SELECT *
> FROM 학생, 학과;
> ```
> - ANSI SQL 표준
> ```
> SELECT *
> FROM 학생 CROSS JOIN 학과;
> ```

예 [학생] 테이블과 [학과] 테이블을 교차 조인하는 SQL문을 작성하시오.

```
SELECT *
FROM 학생, 학과;
```

〈결과〉

학번	성명	학년	학생.학과번호	학과.학과번호	학과명	학과사무실
201231	강희영	1	D14	D11	경영학	101호
201231	강희영	1	D14	D12	사회복지	201호
201231	강희영	1	D14	D13	수학	301호
201231	강희영	1	D14	D14	컴퓨터	401호
201231	강희영	1	D14	D15	통계학	501호
201701	홍길동	1	D13	D11	경영학	101호
201701	홍길동	1	D13	D12	사회복지	201호
201701	홍길동	1	D13	D13	수학	301호
201701	홍길동	1	D13	D14	컴퓨터	401호
201701	홍길동	1	D13	D15	통계학	501호
191211	김영진	2	D14	D11	경영학	101호
191211	김영진	2	D14	D12	사회복지	201호
191211	김영진	2	D14	D13	수학	301호
191211	김영진	2	D14	D14	컴퓨터	401호
191211	김영진	2	D14	D15	통계학	501호
182011	이철수	3	D15	D11	경영학	101호
182011	이철수	3	D15	D12	사회복지	201호
182011	이철수	3	D15	D13	수학	301호
182011	이철수	3	D15	D14	컴퓨터	401호
182011	이철수	3	D15	D15	통계학	501호
171711	김선희	4	D13	D11	경영학	101호
171711	김선희	4	D13	D12	사회복지	201호
171711	김선희	4	D13	D13	수학	301호
171711	김선희	4	D13	D14	컴퓨터	401호
171711	김선희	4	D13	D15	통계학	501호

〈풀이〉
- 학번 테이블의 로우의 개수 × 학과 테이블의 로우의 개수 = 5×5 = 25 (로우)
- 학번 테이블의 컬럼의 개수 + 학과 테이블의 컬럼의 개수 = 4+3 = 7 (컬럼)

④ 동등 조인(Equi Join)
- 동등 조인(Equi Join)은 가장 많이 사용하는 조인 방법으로, 조인 대상이 되는 두 테이블에서 공통적으로 존재하는 컬럼의 값이 일치되는 공통 행을 연결하여 결과를 생성하는 조인 방법이다. 등가 조인이라고도 한다.
- WHERE절에 1개 이상의 조인 조건을 반드시 작성한다.
- 동등 조인은 WHERE절에 조인 조건으로 '=' 비교 연산자를 사용한다.

예 [학생] 테이블과 [학과] 테이블을 동등 조인하는 SQL문을 작성하시오.

```
SELECT *
FROM 학생 S, 학과 D
WHERE S.학과번호 = D.학과번호;
```

〈결과〉

학번	성명	학년	학과번호	학과번호	학과명	학과사무실
201231	강희영	1	D14	D14	컴퓨터	401호
201701	홍길동	1	D13	D13	수학	301호
191211	김영진	2	D14	D14	컴퓨터	401호
182011	이철수	3	D15	D15	통계학	501호
171711	김선희	4	D13	D13	수학	301호

⑤ 자연 조인(Natural Join)
- 자연 조인(Natural Join)은 ANSI SQL 표준으로 대부분의 DBMS에서 사용되는 조인 문법이다.
- 자연 조인은 테이블 간의 모든 컬럼을 대상으로 공통 컬럼을 자동으로 조사하여 같은 컬럼명을 가진 값이 일치할 경우 조인 조건을 수행한다.
- 동등 조인은 FROM절의 테이블 수에 따라 WHERE절에 조인 조건식을 작성하지만, 자연 조인은 FROM절에 NATURAL INNER JOIN을 명시하여 간결하게 조인을 진행한다. INNER는 생략 가능하다.

예 [학생] 테이블과 [학과] 테이블을 자연 조인하는 SQL문을 작성하시오.

```
SELECT *
FROM 학생 NATURAL INNER JOIN 학과;
```

또는

```
SELECT *
FROM 학생 NATURAL JOIN 학과;
```

〈결과〉

학번	성명	학년	학과번호	학과명	학과사무실
201231	강희영	1	D14	컴퓨터	401호
201701	홍길동	1	D13	수학	301호
191211	김영진	2	D14	컴퓨터	401호
182011	이철수	3	D15	통계학	501호
171711	김선희	4	D13	수학	301호

⑥ JOIN~ON
- 두 테이블을 JOIN 연산한 뒤 자료를 검색하는 형태의 질의문을 말한다.
- [테이블1] JOIN [테이블2] ON [조인조건] 형태로 구성된다.

학생정보

학번	이름	학과	학년	연락처
190111	김감찬	컴퓨터	1	234-4567
181010	이철수	기계	3	432-1234
190223	김정애	컴퓨터	1	245-2151
172020	이길동	수학	2	246-1177
181533	이영진	법학	3	242-4461
161017	이순신	체육	4	625-7588

학과인원

학과	학생수
컴퓨터	35
기계	25
수학	30
법학	20
체육	32
전기	33

예 [학생정보] 테이블과 [학과인원] 테이블에서 학과명이 같은 튜플을 JOIN하여 이름, 학과, 학생수를 검색하시오.

```
SELECT 이름, 학과, 학생수
FROM 학생정보 JOIN 학과인원 ON (학생정보.학과=학과인원.학과);
```

〈풀이〉
[학생정보] 테이블과 [학과인원] 테이블을 일반적으로 자연조인을 수행한 뒤 이름, 학과, 학생수를 검색한다.

〈조인결과〉

학번	이름	학과	학년	연락처	학생수
190111	김감찬	컴퓨터	1	234-4567	35
181010	이철수	기계	3	432-1234	25
190223	김정애	컴퓨터	1	245-2151	35
172020	이길동	수학	2	246-1177	30
181533	이영진	법학	3	242-4461	20
161017	이순신	체육	4	625-7588	32

〈검색결과〉

이름	학과	학생수
김감찬	컴퓨터	35
이철수	기계	25
김정애	컴퓨터	35
이길동	수학	30
이영진	법학	20
이순신	체육	32

03 집합(SET) 연산자

- DML의 SELECT문의 질의 결과 행으로 얻은 두 테이블을 집합(SET) 연산자로 집합 단위의 연산을 할 수 있다.
- 집합 연산자에는 UNION, UNION ALL, INTERSECT, MINUS가 있다.
- 집합 연산의 질의 결과는 하나의 테이블로 반환된다.

1) 집합 연산자의 종류

UNION	두 질의 결과 행을 합치고 중복을 제거함	
UNION ALL	두 질의 결과 행을 합치고 중복을 포함함	
INTERSECT	두 질의 결과 행의 공통되는 행	
MINUS	첫 번째 질의 결과에서 두 번째 질의 결과에 있는 행을 제거한 값	

① UNION 연산자

- UNION 연산자는 각 SELECT문의 질의 결과에 대한 각 집합의 합을 반환하는 합집합 연산자이다.
- UNION 연산자의 경우는 각 집합의 합의 결과에 대해 중복 행을 제거하고 반환된다.

데이터베이스

학번	성명	학년	학과
201231	강희영	1	컴퓨터
201701	홍길동	1	수학
191211	김영진	2	컴퓨터
182011	이철수	3	통계학
171711	김선희	4	수학

인공지능

학번	성명	학년	학과
201231	강희영	1	컴퓨터
181533	빅서준	3	전자
191211	김영진	2	컴퓨터
202011	이철수	1	통계학
171730	신민준	4	수학

예 [데이터베이스] 테이블과 [인공지능] 테이블을 활용하여 데이터베이스 과목과 인공지능 과목을 수강하는 학생을 검색하시오.

```
SELECT * FROM 데이터베이스
UNION
SELECT * FROM 인공지능;
```

〈결과〉

학번	성명	학년	학과
201231	강희영	1	컴퓨터
201701	홍길동	1	수학
191211	김영진	2	컴퓨터
182011	이철수	3	통계학
171711	김선희	4	수학
181533	박서준	3	전자
202011	이철수	1	통계학
171730	신민준	4	수학

② UNION ALL 연산자

- UNION ALL 연산자는 각 SELECT문의 질의 결과에 대한 각 집합의 합을 반환하는 합집합 연산자이다. 이때 UNION ALL은 중복된 결과 행을 포함하여 최종 반환된다.

예 [데이터베이스] 테이블과 [인공지능] 테이블을 활용하여 데이터베이스 과목과 인공지능 과목을 수강하는 학생을 검색하시오(단, 중복된 결과 행을 모두 포함한다).

```
SELECT * FROM 데이터베이스
UNION ALL
SELECT * FROM 인공지능;
```

〈결과〉

학번	성명	학년	학과
201231	강희영	1	컴퓨터
201701	홍길동	1	수학
191211	김영진	2	컴퓨터
182011	이철수	3	통계학
171711	김선희	4	수학
201231	강희영	1	컴퓨터
181533	박서준	3	전자
191211	김영진	2	컴퓨터
202011	이철수	1	통계학
171730	신민준	4	수학

③ INTERSECT 연산자
- INTERSECT 연산자는 각 SELECT문의 질의 결과에 대한 각 집합의 공통된 행을 반환하는 교집합 연산자이다.
- MySQL에서는 교집합 연산자가 없다.

예 [데이터베이스] 테이블과 [인공지능] 테이블을 활용하여 데이터베이스 과목과 인공지능 과목을 동시에 수강하는 학생을 검색하시오. (Oracle의 경우)

```
SELECT * FROM 데이터베이스
INTERSECT
SELECT * FROM 인공지능;
```

〈결과〉

학번	성명	학년	학과
201231	강희영	1	컴퓨터
191211	김영진	2	컴퓨터

④ MINUS 연산자
- MINUS 연산자는 기준이 되는 SELECT문의 질의 결과에 대한 집합의 행에서 공통 행을 제외한 행을 반환하는 차집합 연산자이다.
- Oracle에서는 MINUS, SQL Server에서는 EXCEPT 연산자를 각각 사용한다.
- MySQL에서는 차집합 연산자가 없다.

예 [데이터베이스] 테이블과 [인공지능] 테이블을 활용하여 인공지능 과목은 수강하지 않고 데이터베이스 과목만 수강하는 학생을 검색하시오. (Oracle의 경우)

```
SELECT * FROM 데이터베이스
MINUS
SELECT * FORM 인공지능;
```

〈결과〉

학번	성명	학년	학과
201701	홍길동	1	수학
182011	이철수	3	통계학
171711	김선희	4	수학

2) 집합 연산자 활용 시 유의사항

- 각 집합 SELECT문의 질의 결과는 컬럼 수가 반드시 같아야 집합 연산을 수행할 수 있다.
- 각 집합 SELECT문의 질의 결과는 컬럼의 자료형이 반드시 같아야 집합 연산을 수행할 수 있다.
- MINUS 연산자는 각 집합의 SELECT문의 질의 결과의 순서에 따라 결과가 상이하다.
- 각 집합의 SELECT문은 ORDER BY절을 포함하지 못하지만, 전체 결과 행에 대한 ORDER BY절은 포함할 수 있다.
- 전체 결과 행에 관한 ORDER BY절은 컬럼명보다 순서번호를 사용한다.

합격을 다지는 예상문제

선다형(필기)

정답 ②

해설
- 하위 질의문은 하위 질의를 먼저 처리하고 검색된 결과는 상위 질의에 적용되어 검색된다.
- 하위 질의 : (SELECT 학번 FROM R2 WHERE 과목번호 = 'C100');
- R2 테이블에서 과목번호가 'C100'인 튜플의 학번 필드를 조회한다. → 학번, 1000, 3000, 4000이 조회됨
- SELECT 이름 FROM R1 WHERE 학번 IN (1000, 3000 ,4000)
- R1 테이블에서 학번이 1000, 2000, 4000인 튜플의 이름을 조회한다. → 홍길동, 강남길, 오말자

01 아래의 SQL문을 실행한 결과는?

[R1 테이블]

학번	이름	학년	학과	주소
1000	홍길동	4	컴퓨터	서울
2000	김철수	3	전기	경기
3000	강남길	1	컴퓨터	경기
4000	오말자	4	컴퓨터	경기
5000	장미화	2	전자	서울

[R2 테이블]

학번	과목번호	성적	점수
1000	C100	A	91
1000	C200	A	94
2000	C300	B	85
3000	C400	A	90
3000	C500	C	75
3000	C100	A	90
4000	C400	A	95
4000	C500	A	91
4000	C100	B	80
4000	C200	C	74
5000	C400	B	85

[SQL문]

```
SELECT 이름
FROM R1
WHERE 학번 IN
        (SELECT 학번
         FROM R2
         WHERE 과목번호 = 'C100');
```

①
이름
홍길동
강남길
장미화

②
이름
홍길동
강남길
오말자

③
이름
홍길동
김철수
강남길
오말자
장미화

④
이름
홍길동
김철수

정답 ④

해설
교차 조인(Cross Join)은 카티션 곱(Cartesian Product)이라고도 하며, WHERE절에 JOIN 조건이 존재하지 않을 경우로 JOIN에 참조되는 두 테이블의 각 행의 행수를 모두 곱한 결과의 행수로 테이블이 반환된다.

02 관계 대수(Relational Algebra)의 연산자 중에서 두 릴레이션(Relation)의 교차 곱을 수행하기 때문에 두 릴레이션의 공통 튜플 수와 관계가 없는 것은?

① UNION
② INTERSECTION
③ DIFFERENCE
④ CARTESIAN PRODUCT

서술형(실기)

정답 SELECT 팀코드 FROM 직원 WHERE 이름 = '정도일'

해설
- 하위 질의문은 하위 질의를 먼저 처리하고 검색된 결과는 상위 질의에 적용되어 검색된다.
- 직원 테이블에서 "정도일" 팀원의 팀코드를 검색하여 상위 질의에 반환한다.

03 다음 [조건]에 부합하는 SQL문을 작성하고자 할 때, [SQL문]의 빈칸에 들어갈 내용을 쓰시오. (단, '팀코드' 및 '이름'은 속성이며, '직원'은 테이블이다.)

[조건]

이름이 '정도일'인 팀원이 소속된 팀코드를 이용하여 해당 팀에 소속된 팀원들의 이름을 출력하는 SQL문 작성

[SQL문]

```
SELECT 이름
FROM 직원
WHERE 팀코드 = (            );
```

◦ 답 :

SECTION 04 집계 함수

빈출 태그 ▶ #다중 행 함수 #GROUP BY절 #COUNT(*)

01 다중 행 함수

- SQL에서는 데이터 조작을 위한 다양한 함수를 '단일 행 함수'와 '다중 행 함수'로 구분하여 제공한다.
- 단일 행 함수의 경우 행의 수만큼 처리 결과값을 반환하며 SELECT절, WHERE절, GROUP BY절에서 사용된다.
- 다중 행 함수는 전체 또는 그룹별로 데이터 튜플(행) 간의 상호 연관 및 계산 분석을 한 단일 결과값을 반환한다. GROUP BY절에는 그룹의 기준이 되는 컬럼명을 기술하며, 집계 함수는 SELECT절과 HAVING절에 사용되며, 분석을 위한 윈도우 함수는 GROUP BY절을 사용하지 않고 SELECT절에서 사용된다.

02 집계 함수

- 집계 함수(Aggregate Function)는 다중 행 함수로 여러 튜플(행)을 처리한 후 한 행의 결과값을 반환한다. 이때 널(NULL) 값은 제외하고 처리 후 결과를 반환한다.
- 집계 함수 중 일부인 그룹 함수(Group Function)는 다음과 같다.

SUM(컬럼명)	컬럼의 합계 반환	MAX(컬럼명)	컬럼의 최댓값 반환
AVG(컬럼명)	컬럼의 평균 반환	MIN(컬럼명)	컬럼의 최솟값 반환
COUNT(컬럼명)	컬럼의 행의 개수 반환	STDDEV(컬럼명)	컬럼의 표준편차 반환
		VARIANCE(컬럼명)	컬럼의 분산 반환

> **기적의 TIP**
> - COUNT(*) : 전체 행의 개수를 반환
> - COUNT(컬럼명) : 컬럼의 널 값을 제외한 행의 개수를 반환

학생

NO	NAME	KOR	ENG	MATH
203355	강희영	100	100	100
211135	김영진	100	NULL	100
222233	홍길동	NULL	0	100

예1 [학생] 테이블을 대상으로 하는 〈SQL문〉의 결과를 쓰시오.

```
SELECT COUNT(*) AS 전체학생수, COUNT(KOR) 국어응시생수
FROM 학생;
```

〈결과〉

전체학생수	국어응시생수
3	2

예2 [학생] 테이블을 대상으로 하는 〈SQL문〉의 결과를 쓰시오.

```
(1) SELECT COUNT(KOR) FROM 학생;
(2) SELECT COUNT(ENG) FROM 학생;
(3) SELECT AVG(KOR) FROM 학생;
(4) SELECT AVG(ENG) FROM 학생;
```

〈결과〉
(1) 2
(2) 2
(3) 100
(4) 50

예3 [학생] 테이블을 대상으로 하는 〈SQL문〉의 결과를 쓰시오.

```
SELECT SUM(MATH) FROM 학생 WHERE NAME <> '홍길동';
```

〈결과〉

SUM(MATH)
200

합격을 다지는 예상문제

선다형(필기)

01 다음 중 SQL의 집계 함수(Aggregation Function)가 아닌 것은?
① AVG
② COUNT
③ SUM
④ CREATE

정답 ④
해설 CREATE는 SQL 데이터베이스 정의어이다.

서술형(실기)

02 다음 〈지시사항〉을 표현한 〈SQL문〉의 밑줄에 알맞은 용어를 쓰시오.

〈지시사항〉

[사원] 테이블에서 각 부서별 평균 급여를 검색하시오. (단, [사원] 테이블은 '사원번호', '사원명', '부서명', '급여' 컬럼으로 생성되어 있다.)

〈SQL문〉

```
SELECT _____
FROM 사원
GROUP BY 부서명;
```

∘ 답 :

정답 부서명, AVG(급여)

SECTION 05 GROUP BY절을 사용한 그룹 처리 함수

빈출 태그 ▶ #ROLLUP #CUBE #GROUPING SETS

01 SELECT문 문법

- ROLLUP 함수와 CUBE 함수는 SELECT문의 GROUP BY절에 사용되며, 이를 통해 그룹별 집계와 총계를 쉽게 구할 수 있다.
- SELECT문의 문법

```
SELECT [ALL | DISTINCT] [테이블명.]컬럼명 [AS 별칭] [, [테이블명.]컬럼명 [AS 별칭]… ]
                      [, 그룹함수(컬럼명) [AS 별칭]]
                      [, 윈도우함수명 OVER (PARTITION BY 컬럼명, 컬럼명2, …
                                          ORDER BY 컬럼명3, 컬럼명4, …) [AS 별칭]]
FROM 테이블명[, 테이블명…]
[WHERE 조건식]
[GROUP BY [ROLLUP | CUBE](컬럼명, 컬럼명, …)]
[HAVING 조건식]
[ORDER BY 컬럼명 [ASC | DESC]];
```

> **기적의 TIP**
>
> [ ]은 생략 가능합니다.

- SELECT문의 필수절은 FROM이며, 쿼리에 따라 추가되는 절로 확장되어 작성된다.
- SELECT문의 모든 절이 작성되었을 때, 실행 순서는 FROM → WHERE → GROUP BY → HAVING → ORDER BY → SELECT이다.

- GROUP BY절을 사용한 그룹 처리 함수
  - GROUP BY절을 사용한 그룹 처리 함수에는 ROLLUP 함수, CUBE 함수, GROUPING SETS 함수가 있다.
  - ROLLUP 함수와 CUBE 함수는 주어진 컬럼의 순서에 따라 다른 집계 결과가 반환되지만, GROUPING SETS 함수는 컬럼의 순서에 상관없이 같은 결과를 반환한다.

ROLLUP	주어진 컬럼을 기준으로 그룹별 집계를 구하는 함수
CUBE	주어진 컬럼을 기준으로 모든 컬럼 조합의 그룹별 집계를 구하는 함수
GROUPING SETS	주어진 컬럼들에 대한 다양한 집계 집합을 구하는 함수

02 ROLLUP 함수

- ROLLUP 함수는 주어진 컬럼별 소그룹 간의 집계와 총계를 계산 후 원래 테이블에 추가하여 생성된 결과 테이블을 반환한다.
- 주어진 컬럼의 수에 따라 결과 테이블의 레벨이 결정되며, ROLLUP 함수의 경우 주어진 컬럼의 수보다 하나 더 큰 레벨로 결과 테이블이 반환된다. 즉, 컬럼의 수가 N이라고 하면, (N+1) 레벨로 반환된다.
- 쿼리 작성 시, 일반적으로 ROLLUP 함수의 컬럼들은 모두 SELECT절에 추가되어야 유의미한 결과를 분석할 수 있다.

[STUDENT] 테이블

SID	SNAME	DEPT	GRADE	TEST
20210101	김철수	컴퓨터과	3	80
20210203	홍철수	수학과	3	90
20210307	정철수	전기과	3	70
20210109	이철수	컴퓨터과	3	82
20220102	박철수	컴퓨터과	2	60
20220204	강철수	수학과	2	100
20220206	신철수	수학과	2	40
20220308	김영진	전기과	2	95
20230310	이영진	전기과	1	65
20230311	강영진	전기과	1	88
20230411	정영진	전기과	1	92
20230412	신영진	전기과	1	100

예1 [STUDENT] 테이블을 대상으로 하는 지시사항을 반영한 〈SQL문〉을 쓰시오.

〈지시사항〉
- 학생(STUDENT) 테이블의 학과별/학년별, 학과별, 전체 점수의 평균을 계산하여 출력하여라.
- 단, 평균값은 정수 자리까지만 표현한다. (ROUND 함수 사용)

〈SQL문〉
```
SELECT DEPT 학과, GRADE 학년, ROUND(AVG(TEST)) 평균
FROM STUDENT
GROUP BY ROLLUP(DEPT, GRADE);
```

> **기적의 TIP**
>
> **SELECT절의 별칭**
> 컬럼에 자주 사용하는 별칭 예약어인 AS는 생략 가능합니다. 별칭에 빈칸이 있을 경우는 반드시 큰따옴표("")로 감싸주어야 합니다.

⟨결과⟩

학과	학년	평균
수학과	2	70
수학과	3	90
수학과	NULL	77
전기과	1	86
전기과	2	95
전기과	3	70
전기과	NULL	85
컴퓨터과	2	60
컴퓨터과	3	81
컴퓨터과	NULL	74
NULL	NULL	80

⟨풀이⟩
- ROLLUP 함수에 주어진 컬럼의 개수는 2개이므로 결과 테이블의 레벨값은 (2+1)=3이다.
- ROLLUP 함수의 경우 결과 테이블은 하위 레벨(3레벨)이 가장 먼저 출력된다. 즉, 그룹 사이에 소계 튜플(행)이 추가되고 마지막 튜플(행)에 전체를 대상으로 한 총계의 결과 튜플(행)이 추가된다.

예 2 [STUDENT] 테이블을 대상으로 하는 지시사항을 반영한 ⟨SQL문⟩을 쓰시오.

⟨지시사항⟩

학생(STUDENT) 테이블의 학과별/학년별, 학과별, 전체 인원수를 계산하여 출력하여라.

⟨SQL문⟩

```
SELECT DEPT, GRADE, COUNT(*) AS 인원수
FROM STUDENT
GROUP BY ROLLUP(DEPT, GRADE);
```

⟨결과⟩

DEPT	GRADE	인원수
수학과	2	2
수학과	3	1
수학과	NULL	3
전기과	1	4
전기과	2	1
전기과	3	1
전기과	NULL	6
컴퓨터과	2	1
컴퓨터과	3	2
컴퓨터과	NULL	3
NULL	NULL	12

03 CUBE 함수

- CUBE 함수는 주어진 컬럼들 간의 결합 가능한 다차원적인 모든 조합의 그룹의 집계와 컬럼별 집계 및 총계를 계산 후 원래 테이블에 추가하여 생성된 결과 테이블을 반환한다.
- 주어진 컬럼의 수에 따라 결과 테이블의 레벨이 결정되며, CUBE 함수의 경우 주어진 컬럼의 수가 N개라고 하면, 2의 N승(2^N) 레벨로 결과 테이블이 반환된다.
- CUBE 함수는 UNION 연산을 반복 수행하지 않고도 컬럼의 조합에 대한 집계가 가능하고 쿼리의 가독성과 수행 속도가 빠른 장점을 가진 함수이다.
- 쿼리 작성 시, 일반적으로 ROLLUP 함수와 CUBE 함수의 컬럼들은 모두 SELECT절에 추가되어야 유의미한 결과를 분석할 수 있다.

> **기적의 TIP**
>
> ROLLUP 함수와 CUBE 함수의 결과 레벨
> (컬럼의 개수 : N)
> - ROLLUP 함수 : N+1
> - CUBE 함수 : 2^N

예 [STUDENT] 테이블을 대상으로 하는 지시사항을 반영한 〈SQL문〉을 쓰시오.

〈지시사항〉
- 학생(STUDENT) 테이블의 학과별/학년별, 학과별, 학년별, 전체 점수의 평균을 계산하여 출력하여라.
- 단, 평균값은 정수 자리까지만 표현한다. (ROUND 함수 사용)

〈SQL문〉
```
SELECT DEPT 학과, GRADE 학년, ROUND(AVG(TEST)) 평균
FROM STUDENT
GROUP BY CUBE(DEPT, GRADE);
```

〈결과〉

학과	학년	평균
NULL	NULL	80
NULL	1	86
NULL	2	74
NULL	3	81
수학과	NULL	77
수학과	2	70
수학과	3	90
전기과	NULL	85
전기과	1	86
전기과	2	95
전기과	3	70
컴퓨터과	NULL	74
컴퓨터과	2	60
컴퓨터과	3	81

〈풀이〉
- CUBE 함수에 주어진 컬럼의 개수는 2개이므로 결과 테이블의 레벨값은 (2^2)=4이다.
- CUBE 함수의 경우 ROLLUP 함수와는 반대로 결과 테이블은 상위 레벨(1레벨)이 가장 먼저 추가되어 출력된다. 즉, 튜플(행)에 전체를 대상으로 한 총계의 결과 튜플(행)이 가장 먼저 추가되고 그룹 사이에 모든 조합의 소계 튜플(행)이 각 하위 레벨 사이에 추가된다.

04 GROUPING SETS 함수

- GROUPING SETS 함수는 주어진 컬럼별 집계를 계산한 후 집계의 결과 튜플(행)만 출력한다.
- GROUPING SETS 함수는 인수로 주어지는 컬럼의 순서와 상관없이 결과가 같다.

예 [STUDENT] 테이블을 대상으로 하는 지시사항을 반영한 〈SQL문〉을 쓰시오.

〈지시사항〉

학생(STUDENT) 테이블의 학과별 인원수와 학년별 인원수를 계산하여 출력하여라.

〈SQL문〉

```
SELECT DEPT, GRADE, COUNT(*) 인원수
FROM STUDENT
GROUP BY GROUPING SETS(DEPT, GRADE);
```

〈결과〉

DEPT	GRADE	인원수
컴퓨터과	NULL	3
전기과	NULL	6
수학과	NULL	3
NULL	1	4
NULL	2	4
NULL	3	4

합격을 다지는 예상문제

선다형(필기)

01 다음의 성적 테이블에서 학생별 점수평균을 구하기 위한 SQL문으로 옳은 것은?

성명	과목	점수
홍길동	국어	80
홍길동	영어	68
홍길동	수학	97
강감찬	국어	58
강감찬	영어	97
강감찬	수학	65

① SELECT 성명, (AVG)점수 FROM 성적 ORDER BY 성명;
② SELECT 성명, AVG(점수) FROM 성적 ORDER BY 성명;
③ SELECT 성명, (AVG)점수 FROM 성적 GROUP BY 성명;
④ SELECT 성명, AVG(점수) FROM 성적 GROUP BY 성명;

[정답] ④

서술형(실기)

02 다음은 SELECT 명령문의 모든 추가 절이 작성되었을 때, 실행의 순서를 나열한 것이다. 빈칸에 알맞은 용어를 순서대로 쓰시오.

FROM → (①) → GROUP BY → HAVING → ORDER BY → (②)

- ① :
- ② :

[정답] ① WHERE ② SELECT

PART 08

데이터베이스 프로그래밍

CHAPTER

01

데이터 조작
프로시저 작성

학습 방향

응용 소프트웨어 설계와 물리 데이터 저장소 설계에 따라 데이터 저장소에 연결을 수행하는 프로시저를 작성할 수 있습니다.

SECTION 01 동시성 제어

빈출 태그 ▶ #ACID #로킹

01 동시성 제어의 개념

① 정의
- 여러 명의 사용자가 동시에 데이터베이스 하나에 접근할 때 발생하는 여러 가지 문제점을 해결하기 위한 제어 방법이다.
- 다중 사용자 환경에서는 여러 개의 트랜잭션이 섞여서 동시에 실행된다.
- 여러 트랜잭션이 동시에 실행되더라도 트랜잭션이 하나씩 순차적으로 실행된 결과와 동일한 경우를 직렬 가능(Serializable)한 상태라고 한다.
- 데이터의 무결성 및 일관성 보장을 목표로 한다.

② 목적
- 공유도를 최대한으로 한다.
- 응답 시간을 빠르게 한다.
- 시스템 활용도를 높게 한다.

③ 필요성
- 트랜잭션의 순차 실행의 결과와 동시 처리된 트랜잭션의 결과가 동일해야 한다.
- 직렬화의 가능성을 보장해야 한다.
- 여러 사용자가 공유된 데이터베이스에 동시 접근 시 여러 문제가 발생한다(갱신 분실, 불일치, 연쇄 복귀).
- 여러 개의 트랜잭션이 동시에 수행되면 CPU와 디스크의 활용률이 높아져 트랜잭션 처리량이 높아진다.
- 짧은 트랜잭션은 긴 트랜잭션이 모두 완료될 때까지 기다릴 필요가 없으므로 반응시간이 향상된다.
- 공유도 최대, 응답 시간 최소, 시스템 활용이 최대 보장된다.

④ 동시성 제어를 하지 않았을 때의 문제점

갱신 분실(Lost update)	• 2개 이상의 트랜잭션이 같은 데이터를 공유하여 갱신할 때 생기는 문제이다. • 일련의 갱신 작업 시 일부 갱신 사실이 반영되지 않는다.
오손 판독(Dirtyread)	애플리케이션이 아직 영구적인 저장소에 커밋(COMMIT)되기 전에 데이터베이스로부터 데이터를 읽을 때 발생한다.
반복 불능 읽기 (Unrepeatable Read)	데이터를 읽고 있는 중에 동시 실행하고 있는 다른 트랜잭션이 데이터를 수정할 경우 반복할 수 없는 읽기 문제가 발생한다.
팬텀(Phantom)	• 기존에 존재하지 않았던 새로운 데이터가 추가된 경우에 발생한다. • 직렬 가능성(Serializable)으로 해결할 수 있다.

> **기적의 TIP**
>
> **직렬 가능성**
> - 트랜잭션이 연속적으로 실행됨을 보증한다.
> - 각각의 트랜잭션이 독립적으로 작동함을 의미한다(ACID).
> - 엄청난 성능 저하를 초래한다.

+ 더 알기 TIP

트랜잭션의 특성 : ACID

원자성 (Atomicity)	• 완전하게 수행이 완료되지 않으면 전혀 수행되지 않아야 한다. • 연산은 Commit, Rollback을 이용하여 적용 또는 취소로 한꺼번에 완료되어야 한다. • 중간에 하나의 오류가 발생되더라도 취소가 되어야 한다. • 예) 은행 ATM 이용 시 출금액 입력 후 트랜잭션 발생에 오류가 생기면 작업은 취소되고 다시 시도를 요구한다.
일관성 (Consistency)	• 시스템의 고정 요소는 트랜잭션 수행 전후가 같아야 한다. • 트랜잭션 결과는 일관성을 유지해야 한다. • 트랜잭션 처리 전과 후의 데이터베이스 상태는 같아야 한다. 처리 후라고 해서 구조나 형식이 변경되어서는 안 된다.
격리성 (Isolation, 고립성)	• 트랜잭션 실행 시 다른 트랜잭션의 간섭을 받지 않아야 한다. • 예) 은행 계좌에 100원이 있을 경우 A, B 사람이 동시에 한 계좌에서 100원을 인출하려고 시도하면 먼저 요구한 트랜잭션을 판별하여 순위를 결정하고 우선권을 가진 트랜잭션을 먼저 처리할 때 우선권이 없는 트랜잭션이 끼어들 수 없도록 한다. 즉, 100원이 있는 계좌에서 200원이 출금되는 현상이 발생하는 것을 방지한다.
영속성 (Durability, 지속성)	• 트랜잭션의 완료 결과가 데이터베이스에 영구히 기억되어야 한다. • 예) 은행 계좌에서 100원 중 10원을 인출했을 때 계좌에는 90원이 남아 있어야 한다.

⑤ 동시성 제어 기법

2PL(2 Phase Locking) 기법 (2단계 Locking 기법)	• 요청 단계 및 반납 단계로 구성 • 직렬성 보장, 교착 상태(Dead Lock) 발생 가능
타임스탬프 순서 기법	• 트랜잭션의 타임스탬프에 따라 순서를 부여하는 기법 • 시간표가 적은 트랜잭션이 철회, 연쇄복귀(Cascading Rollback)의 부작용이 발생할 수 있음
추후 검증 기법	• 트랜잭션은 판독, 검증, 기록의 3단계 • 임시 지역변수 실행, 검증이 성공하면 실재 DB에 반영하고 검증이 실패하면 복귀(연쇄 복귀 방지)

+ 더 알기 TIP

기아 현상(Starvation)

- 로킹을 사용할 때 발생하는 교착 상태 외에 또 다른 문제점이다.
- 어떤 트랜잭션이 무한정 수행되지 않는 반면 시스템에 있는 다른 트랜잭션들은 정상적으로 수행될 때 발생한다.
- 기아 현상을 해결하기 위해 선착 처리(First-come First-served) 큐를 사용한다.

▶ 기적의 TIP

선착 처리
트랜잭션들이 어떤 항목에 락을 요청한 순서에 따라 그 항목에 로크(Lock)를 걸 수 있는 방법이다.

02 로킹(Locking)

① 로킹의 개념

로킹이란 트랜잭션이 사용하는 모든 데이터 항목에 대해 Lock를 지정해 두고, 해당 로크(Lock)를 획득한 경우에만 사용 가능하도록 하는 방법이다.

② 로킹의 종류

- 이진 로크 : 로크가 걸린 상태(Locked:1) 또는 로크가 해제된 상태(Unlocked:0)의 두 가지 상태만 존재한다.
- 배타적 로크 : 객체를 로크한 트랜잭션에 대해서만 액세스가 예약된다.
- 공유적 로크 : 트랜잭션들이 같은 데이터 항목을 공통적으로 읽어들일 때 존재한다.
- DML 로크 : Select, Insert, Update, Delete 등을 사용하여 특정 행에 대한 잠금을 의미한다. 특정 테이블 내의 모든 행에 대해 설정되는 테이블 수준의 잠금이다.
- DDL 로크 : Create, Alter 등을 사용하여 객체 구조의 정의를 보호한다.
- 내부 잠금 : 공유 데이터 구조, 객체, 파일들에 대해 다중 사용자 접근을 관할하기 위해 사용된다. 종류에는 래치(Latch)와 인큐가 있다.
- 분산 잠금 : 오퍼레이션에서 다양한 노드들에 있는 자원들이 서로 일관성을 보장하기 위해 사용한다.
- PCM(Parallel Cache Management) 잠금 : 버퍼 캐시 내부의 하나 이상의 캐시 데이터 블록을 여러 데이터베이스 인스턴스들에서 사용할 수 있도록 보호하는 방식이다.
- 사용자 잠금과 사용자 정의 잠금

③ Locking의 문제

- 분실 갱신 : 애플리케이션 개발자가 모든 항목을 동시에 갱신하는 것이 쉽다고 판단하여 특정 항목이 갱신되어도 전체 항목을 갱신하도록 개발하였기 때문에 발생한다. 도구들은 질의한 레코드들에 대해 잠금을 설정하여 갱신될 때까지 이를 유지하여 분실 갱신이 발생하지 않도록 막아준다.
- 블로킹 : 한 세션이 자원에 대하여 잠금을 가지는 상태에서 다른 세션이 그 자원을 요청하는 경우에 발생한다. 새로 자원을 요청한 세션은 블로킹되어 잠금을 소유한 세션이 잠금을 해제할 때까지 차단된다.
- 교착 상태(Dead lock)가 발생할 수 있다.

> **기적의 TIP**
> - 래치 : 짧은 시간 동안 유지되는 로크
> - 인큐 : 테이블의 행을 갱신하는 일들에 사용되며 요구가 큐에 줄을 서서 자원을 기다리는 방식

03 2단계 로킹(Two-Phase Locking)

- 완벽한 직렬성을 보장하기 위해 로킹(Locking) 기법을 보다 강화한 방법이다.
- 2가지 단계로 이루어져 있으며, 확장 단계 후 수축 단계를 실행하게 되고 서로 중복되거나 겹칠 수 없다.
  - 확장 단계(Growing Phase) : 항목들에 대한 새로운 로크를 획득할 수 있지만 해제할 수 없다.
  - 수축 단계(Shrinking Phase) : 이미 보유하고 있는 로크들을 해제할 수 있지만 어떤 새로운 로크를 획득할 수 없다.
- 교착 상태가 발생할 수 있다.

> **기적의 TIP**
> - 비관적 잠금 : 어떤 값을 변경하기 직전에 동작하기 시작한다. 대부분 충돌을 일으킨다는 가정하에 실행된다.
> - 낙관적 잠금 : 대부분 충돌을 일으키지 않는다는 가정하에 트랜잭션이 완료될 때까지 제한없이 실행된다.

합격을 다지는 예상문제

선다형(필기)

01 로킹 단위(Locking Granularity)에 대한 설명으로 옳은 것은?
① 로킹 단위가 크면 병행성 수준이 낮아진다.
② 로킹 단위가 크면 병행 제어 기법이 복잡해진다.
③ 로킹 단위가 작으면 로크(lock)의 수가 적어진다.
④ 로킹은 파일 단위로 이루어지며, 레코드와 필드는 로킹 단위가 될 수 없다.

> **정답** ①
> **해설**
> - 로킹 단위가 커지면 로크의 수가 적어 관리가 쉬워지지만 병행성 수준은 낮아진다.
> - 로킹 단위가 작으면 로크의 수가 많아 관리가 어려워지지만 병행성 수준은 높아진다.

02 데이터베이스의 트랜잭션 성질들 중에서 다음 설명에 해당하는 것은?

> 트랜잭션의 모든 연산들이 정상적으로 수행 완료되거나 아니면 전혀 어떠한 연산도 수행되지 않은 원래 상태가 되도록 해야 한다.

① Atomicity
② Consistency
③ Isolation
④ Durability

> **정답** ①
> **해설**
> 원자성(Atomicity) : 완전하게 수행 완료되지 않으면 전혀 수행되지 않아야 함

서술형(실기)

03 데이터베이스 병행 제어(동시성 제어)의 2단계 로킹에서 로킹 방법 2가지를 쓰시오.

답 :

정답) 확장 단계 또는 Growing Phase, 수축 단계 또는 Shrinking Phase

04 데이터베이스 병행 제어(동시성 제어) 기법인 Locking의 종류 중 로크가 걸린 상태(Locked:1) 또는 로크가 해제된 상태(Unlocked:0)의 두 가지 상태만 존재하는 로크는 무엇인지 쓰시오.

답 :

정답) 이진 로크

05 데이터베이스 병행 제어(동시성 제어) 기법의 3가지 종류를 쓰시오.

답 :

정답) 2PL 기법, 타임스탬프 순서 기법, 추후 검증 기법

06 다음에서 설명하는 것이 무엇인지 쓰시오.

> 비슷한 종류의 무엇인가를 묶는다는 개념으로, 특정 컬럼값이 동일한 레코드에서 값에 의한 데이터 조회 시 빠른 속도로 접근하도록 동일한 장소에 저장하는 방법을 말한다.

답 :

정답) 데이터베이스 클러스터링

07 로킹을 사용할 때 발생하는 교착 상태 외에 또 다른 문제점으로 어떤 트랜잭션이 무한정 수행되지 않는 반면 다른 트랜잭션들은 정상적으로 수행되는 현상을 무엇이라고 하는지 쓰시오.

답 :

정답) 기아 현상

MEMO

자격증은 이기적!

이기적 강의는 무조건 0원!
이기적 영진닷컴

공부하다가 궁금한 사항은?
이기적 스터디 카페

이렇게 기막힌 적중률

정보처리산업기사
올인원
2권·문제집

"이" 한 권으로 합격의 **"기적"** 을 경험하세요!

PART 09 필기! 문제로 합격하기

CHAPTER 01 실전 모의고사

SECTION 01 실전 모의고사 01회	2-6
SECTION 02 실전 모의고사 02회	2-19
SECTION 03 실전 모의고사 03회	2-32
SECTION 04 실전 모의고사 04회	2-46
SECTION 05 실전 모의고사 05회	2-58
SECTION 06 실전 모의고사 06회	2-72
SECTION 07 실전 모의고사 07회	2-85
SECTION 08 실전 모의고사 08회	2-98
SECTION 09 실전 모의고사 09회	2-113
SECTION 10 실전 모의고사 10회	2-125

CHAPTER 02 최신 기출문제

SECTION 01 최신 기출문제 01회(2025년 제1회)	2-140
SECTION 02 최신 기출문제 02회(2024년 제3회)	2-150
SECTION 03 최신 기출문제 03회(2024년 제2회)	2-159
SECTION 04 최신 기출문제 04회(2024년 제1회)	2-169
SECTION 05 최신 기출문제 05회(2023년 제3회)	2-178
SECTION 06 최신 기출문제 06회(2023년 제2회)	2-188
SECTION 07 최신 기출문제 07회(2023년 제1회)	2-199
SECTION 08 최신 기출문제 08회(2022년 제3회)	2-209
SECTION 09 최신 기출문제 09회(2022년 제2회)	2-218
SECTION 10 최신 기출문제 10회(2022년 제1회)	2-228

CHAPTER 03 최신 기출문제 정답 & 해설

	2-237

PART 10 실기! 문제로 합격하기

CHAPTER 01 실전 모의고사

SECTION 01 실전 모의고사 01회	2-314
SECTION 02 실전 모의고사 02회	2-327
SECTION 03 실전 모의고사 03회	2-341
SECTION 04 실전 모의고사 04회	2-356
SECTION 05 실전 모의고사 05회	2-370
SECTION 06 실전 모의고사 06회	2-383
SECTION 07 실전 모의고사 07회	2-395
SECTION 08 실전 모의고사 08회	2-407
SECTION 09 실전 모의고사 09회	2-420
SECTION 10 실전 모의고사 10회	2-433

CHAPTER 02 최신 기출문제

SECTION 01 최신 기출문제 01회(2025년 제1회)	2-450
SECTION 02 최신 기출문제 02회(2024년 제3회)	2-462
SECTION 03 최신 기출문제 03회(2024년 제2회)	2-473
SECTION 04 최신 기출문제 04회(2024년 제1회)	2-483
SECTION 05 최신 기출문제 05회(2023년 제3회)	2-493
SECTION 06 최신 기출문제 06회(2023년 제2회)	2-504
SECTION 07 최신 기출문제 07회(2023년 제1회)	2-514
SECTION 08 최신 기출문제 08회(2022년 제3회)	2-524
SECTION 09 최신 기출문제 09회(2022년 제2회)	2-533
SECTION 10 최신 기출문제 10회(2022년 제1회)	2-541

CHAPTER 03 최신 기출문제 정답 & 해설   2-549

PART 09

필기! 문제로 합격하기

파트 소개

이론을 모두 공부했다면 이제 문제로 합격에 한발 다가갈 단계입니다. 필기! 문제로 합격하기 파트를 통해 실전 모의고사와 최신 기출문제를 풀어보면서 이론에서 공부했던 내용들을 다시 한번 복습해보세요. 이론 내용이 어떻게 문제화 되는지 알아보고, 부족했던 부분들은 앞으로 돌아가서 확실하게 공부해두세요. 이기적은 모든 수험생들의 합격을 응원합니다!

CHAPTER 01

실전 모의고사

학습 방향

이론을 모두 공부했다면, 이제 앞으로 출제될 가능성이 있는 문제들을 풀어보세요. 각 이론들마다 문제화될 수 있는 내용들을 쏙쏙 골라 총 10회의 실전 모의고사를 수록했습니다. 문제를 풀어본 후 잘 이해가 안 된다면 문제 아래의 해설을 통해 이론 내용을 복습하세요. 자기만의 오답노트를 만들어 시험 전에 확인한다면 충분히 합격할 수 있습니다!

정보처리산업기사 필기 실전 모의고사 01회

시험 일자	문항 수	시험 시간
년 월 일	총 60문항	1시간 30분

수험번호 : _____
성   명 : _____

1과목 정보시스템 기반 기술

01 공간 구역성(Spatial Locality)과 밀접한 관계가 있는 것은?

① 스택(Stack)
② 순환(Looping)
③ 배열 순례(Array Traversal)
④ 부 프로그램(Subprogram)

구역성(Locality)
• 프로세스가 실행되는 동안 일부 페이지만 집중적으로 참조되는 경향을 의미한다.
• 시간 구역성(Temporal Locality) : 최근에 참조된 기억장소가 가까운 장래에도 계속 참조될 가능성이 높음을 의미한다(루프, 서브루틴, 스택, 집계에 사용되는 변수 등).
• 공간 구역성(Spatial Locality) : 하나의 기억장소가 가까운 장래에도 계속 참조될 가능성이 높음을 의미한다(배열 순례, 프로그램의 순차적 수행 등).

02 UML 다이어그램 중 순차 다이어그램에 대한 설명으로 틀린 것은?

① 객체 간의 동적 상호작용을 시간 개념을 중심으로 모델링하는 것이다.
② 주로 시스템의 정적 측면을 모델링하기 위해 사용된다.
③ 일반적으로 다이어그램의 수직 방향이 시간의 흐름을 나타낸다.
④ 회귀 메시지(Self-Message), 제어블록(Statementblock) 등으로 구성된다.

순차 다이어그램은 행위 다이어그램이므로 동적이다.

03 운영체제를 기능별로 분류할 경우 제어 프로그램과 처리 프로그램으로 구분할 수 있다. 다음 중 처리 프로그램으로만 짝지어진 것은?

> ① 언어 번역 프로그램
> ② 감시 프로그램
> ③ 서비스 프로그램
> ④ 문제 프로그램
> ⑤ 작업 제어 프로그램
> ⑥ 자료 관리 프로그램

① ②, ④, ⑤   ② ①, ②, ④, ⑥
③ ①, ③, ④   ④ ①, ②, ⑤

• **제어 프로그램(Control Program)**
  – 감시 프로그램(Supervisor Program)
  – 작업 제어 프로그램(Job Control Program)
  – 자료 관리 프로그램(Data Management Program)
• **처리 프로그램(Processing Program)**
  – 언어 번역 프로그램(Language Translator Program)
  – 서비스 프로그램(Service Program)
  – 문제 프로그램(Problem Program)

04 분산 운영체제의 구조 중 완전 연결(Fully-Connection)에 대한 설명으로 옳지 않은 것은?

① 모든 사이트는 시스템 안의 다른 모든 사이트와 직접 연결된다.
② 사이트들 간의 메시지 전달이 매우 빠르다.
③ 기본 비용이 적게 든다.
④ 사이트 간의 연결은 여러 회선이 존재하므로 신뢰성이 높다.

완전 연결의 경우 모든 사이트를 직접 연결해 기본 구성 시 설비비가 많이 소요된다.

정답 01 ③ 02 ② 03 ③ 04 ③

05 프로세스의 상태 전이에 속하지 않는 것은?

① Dispatch
② Spooling
③ Wake up
④ Workout

프로세스 상태 전이

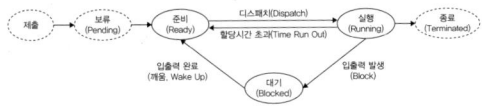

- 제출 : 작업을 시스템에 제출한 상태
- 접수 : 제출된 작업이 보조기억장치의 할당 위치에 저장(Spooling)된 상태
- 준비 : 프로세스가 스케줄링 큐에서 실행을 준비하고 있는 상태
- 디스패치 : 프로세스가 준비 상태에서 실행 상태로 전이되는 과정
- 실행 : 프로세스가 프로세서를 할당받아 실행되는 상태
- 대기(보류, 블록) : 입·출력이 필요해서 실행 중인 프로세스가 중단되고 대기하고 있는 상태
- 종료 : 프로세서의 실행이 끝나고 프로세스 할당이 해제된 상태

06 기억장치 배치 전략과 그에 대한 설명으로 옳게 짝지어진 것은?

① 최적 적합 – 가용 공간 중에서 가장 작은 공백이 남는 부분에 배치
② 최고 적합 – 가용 공간 중에서 가장 마지막 분할 영역에 배치
③ 최초 적합 – 가용 공간 중에서 가장 큰 공백이 남는 부분에 배치
④ 최악 적합 – 가용 공간 중에서 첫 번째 분할 영역에 배치

기억장치 배치 전략
- 최초 적합(First Fit) : 프로그램/데이터가 할당 가능한 영역 중에서 첫 번째 영역에 할당
- 최적 적합(Best Fit) : 프로그램/데이터가 할당 가능한 영역 중에서 단편화가 가장 작은 영역에 할당
- 최악 적합(Worst Fit) : 프로그램/데이터가 할당 가능한 영역 중에서 단편화가 가장 큰 영역에 할당

07 UNIX 운영체제에서 커널에 대한 설명으로 틀린 것은?

① 컴퓨터가 부팅될 때, 주기억장치에 적재된 후 상주하면서 실행된다.
② 프로세스 관리, 기억장치 관리 등의 기능을 수행한다.
③ 하드웨어를 보호하고 프로그램과 하드웨어 간의 인터페이스 역할을 담당한다.
④ 사용자의 명령어를 인식하여 프로그램을 호출하고 명령을 수행하는 명령어 해석기이다.

- 쉘(Shell) : 사용자의 명령어를 인식하여 프로그램을 호출하고 명령을 수행하는 명령어 해석기이다.
- 커널(Kernel) : 프로세스 간의 통신, 파일 관리, 입출력 관리 등을 수행한다.

08 메시지 지향 미들웨어(Message-Oriented Middleware, MOM)에 대한 설명으로 틀린 것은?

① 느리고 안정적인 응답보다는 즉각적인 응답이 필요한 온라인 업무에 적합하다.
② 독립적인 애플리케이션을 하나의 통합된 시스템으로 묶기 위한 역할을 한다.
③ 송신측과 수신측의 연결 시 메시지 큐를 활용하는 방법이 있다.
④ 상이한 애플리케이션 간 통신을 비동기 방식으로 지원한다.

MOM(Message Oriented Middleware)
- 메시지 기반의 비동기형 메시지를 전달하는 방식의 미들웨어이다.
- 온라인 업무보다는 이기종 분산 데이터 시스템의 데이터 동기를 위해 많이 사용한다.

09 UNIX 시스템에서 커널의 기능이 아닌 것은?

① 프로세스 관리
② 명령어 해석
③ 기억장치 관리
④ 입출력 관리

커널(Kernel)
- UNIX 시스템의 중심부에 해당한다.
- 주기억장치에 적재된 후 상주하면서 실행된다.
- 프로세스 관리, 기억장치 관리, 입·출력 관리, 파일 관리, 시스템 호출 인터페이스 등의 기능을 담당한다.
- 하드웨어를 캡슐화한다.

오답 피하기
명령어 해석은 shell의 기능이다.

10 익스트림 프로그래밍에 대한 설명으로 틀린 것은?

① 대표적인 구조적 방법론 중 하나이다.
② 소규모 개발 조직이 불확실하고 변경이 많은 요구를 접하였을 때 적절한 방법이다.
③ 익스트림 프로그래밍을 구동시키는 원리는 상식적인 원리와 경험을 최대한 끌어올리는 것이다.
④ 구체적인 실천 방법을 정의하고 있으며, 개발 문서보다는 소스코드에 중점을 둔다.

XP(eXtreme Programming)
- 1999년 Kent Beck이 제안하였으며, 개발 단계 중 요구사항이 시시각각 변동이 심한 경우 적합한 방법론이다.
- 요구에 맞는 양질의 소프트웨어를 신속하게 제공하는 것을 목표로 한다.
- 요구사항을 모두 정의해 놓고 작업을 진행하는 것이 아니라, 요구사항이 변경되는 것을 적용하는 방식으로 예측보다는 적응성에 더 높은 가치를 부여한 방법이다.
- 고객의 참여와 개발 과정의 반복을 극대화하여 생산성을 향상하는 방법이다.

오답 피하기
XP는 대표적인 Agile 개발 방법론이다.

11 메시지가 전송되기 전에 발생지에서 목적지까지의 물리적 통신 회선 연결이 선행되어야 하는 교환 방식은?

① 메시지 교환 방식
② 데이터그램 방식
③ 회선 교환 방식
④ ARQ 방식

회선 교환 방식(Circuit Switching)
- 음성 전화망과 같이 메시지가 전송되기 전에 발생지에서 목적지까지의 물리적 통신 회선 연결이 선행되어야 하는 교환 방식이다.
- 일단 통신 경로가 설정되면 데이터의 형태, 부호, 전송 제어 절차 등에 의한 제약을 받지 않는다.
- 고정된 대역폭 전송 방식으로 일정한 데이터 전송률을 제공하므로 두 가입자가 동일한 전송 속도로 운영된다.
- 송·수신자 간의 실시간 데이터 전송에 적합하다.

12 HDLC 전송 제어 절차의 세 가지 동작 모드에 속하지 않는 것은?

① 정규 응답 모드(NRM)
② 동기 응답 모드(SRM)
③ 비동기 응답 모드(ARM)
④ 비동기 평형 모드(ABM)

HDLC의 데이터 전송 모드
- 정규(표준) 응답 모드(NRM, Normal Response Mode)
- 비동기 응답 모드(ARM, Asynchronous Response Mode)
- 비동기 평형 모드(ABM, Asynchronous Balanced Mode)

13 데이터 통신에서 동기 전송 방식에 대한 설명으로 틀린 것은?

① 문자 또는 비트들의 데이터 블록을 송수신한다.
② 전송 데이터와 제어정보를 합쳐서 레코드라 한다.
③ 수신기가 데이터 블록의 시작과 끝을 정확히 인식하기 위한 프레임 레벨의 동기화가 요구된다.
④ 문자 위주와 비트 위주 동기식 전송으로 구분된다.

전송 데이터와 제어정보를 합쳐서 프레임(Frame)이라고 한다.

정답 09 ② 10 ① 11 ③ 12 ② 13 ②

14 Link State 방식의 라우팅 프로토콜로 옳은 것은?

① RIPv2
② OSPF
③ RIP
④ EIGRP

OSPF(Open Shortest Path First protocol)
- 링크 상태(Link State) 라우팅 프로토콜로 IP 패킷에서 프로토콜 번호 89번을 사용하여 라우팅 정보를 전송하여 안정되고 다양한 기능으로 가장 많이 사용되는 IGP(Interior Gateway Protocol)이다.

오답 피하기
- 거리 벡터 라우팅(Distance Vector Routing) 알고리즘 : RIP, BGP, IGRP, EIGRP 등
- 링크 상태 라우팅(Link State Routing) 알고리즘 : OSPF, IS-IS 등

15 소프트웨어 개발 영역을 결정하는 요소 중 다음 사항과 관계 있는 것은?

- 소프트웨어에 의해 간접적으로 제어되는 장치와 소프트웨어를 실행하는 하드웨어
- 기존의 소프트웨어와 새로운 소프트웨어를 연결하는 소프트웨어
- 순서적 연산에 의해 소프트웨어를 실행하는 절차

① 기능(Function)
② 성능(Performance)
③ 제약 조건(Constraint)
④ 인터페이스(Interface)

인터페이스 설계의 정의
- 시스템의 구조와 서브 시스템들 사이의 관계 표현
- 소프트웨어에 의해 간접적으로 제어되는 장치와 소프트웨어를 실행하는 하드웨어
- 기존의 소프트웨어와 새로운 소프트웨어를 연결하는 소프트웨어
- 순서적 연산에 의해 소프트웨어를 실행하는 절차

16 TCP 프로토콜을 사용하는 응용 계층의 서비스가 아닌 것은?

① SNMP
② FTP
③ Telnet
④ HTTP

SNMP(Simple Network Management Protocol)
- 실시간 인터넷 방송과 네트워크 장비를 관리 감시하기 위한 응용 계층 프로토콜이다.
- 네트워크망을 관리하기 위해 MIB(Management Information Base)가 사용된다.

오답 피하기
- TCP 프로토콜을 사용하는 응용 계층 서비스 : FTP, Telnet, HTTP, SMTP, POP 등
- UDP 프로토콜을 사용하는 응용 계층 서비스 : SNMP, DNS, TFTP, 인터넷 게임/방송 등

17 송신 스테이션의 데이터 프레임을 연속적으로 전송해 나가다가 NAK를 수신하게 되면 에러가 발생한 프레임을 포함하여 그 이후에 전송된 모든 데이터 프레임을 재전송하는 방식은?

① Stop-and-wait ARQ
② Go-back-N ARQ
③ Selective-Repeat ARQ
④ Non Selective-Repeat ARQ

Go-Back-N ARQ는 수신측으로부터 NAK 수신 시 오류 발생 이후의 모든 블록을 재전송하는 방식이다.

18 속성과 관련된 연산(Operation)을 클래스 안에 묶어서 하나로 취급하는 것을 의미하는 객체지향 개념은?

① Inheritance
② Class
③ Encapsulation
④ Association

캡슐화(Encapsulation)
- 서로 관련성이 높은 데이터(속성)와 그와 관련된 기능(메소드, 함수)을 묶는 기법이다.
- 결합도가 낮아져 소프트웨어 개발에 있어 재사용성이 높아진다.
- 정보은닉을 통하여 타 객체와 메시지 교환 시 인터페이스가 단순해진다.
- 변경 발생 시 오류의 파급 효과가 적다.

19 요구사항 분석에서 비기능적(Nonfunctional) 요구에 대한 설명으로 옳은 것은?

① 시스템의 처리량(Throughput), 반응 시간 등의 성능 요구나 품질 요구는 비기능적 요구에 해당하지 않는다.
② '차량 대여 시스템이 제공하는 모든 화면이 3초 이내에 사용자에게 보여야 한다'는 비기능적 요구이다.
③ 시스템 구축과 관련된 안전, 보안에 대한 요구사항들은 비기능적 요구에 해당하지 않는다.
④ '금융 시스템은 조회, 인출, 입금, 송금의 기능이 있어야 한다'는 비기능적 요구이다.

'차량 대여 시스템이 제공하는 모든 화면이 3초 이내에 사용자에게 보여야 한다'는 성능에 해당하므로 비기능적 요구사항에 해당한다.

오답 피하기
- 기능적 요구사항 : 시스템이 실제로 어떻게 동작하는지에 관점을 둔 요구사항
- 비기능적 요구사항 : 시스템 구축에 대한 성능, 보안, 품질, 안정 등에 대한 성능, 보안, 품질, 안정성 등으로 실제 수행에 보조적인 요구사항

20 미들웨어에 대한 설명으로 틀린 것은?

① 여러 운영체제에서 응용 프로그램들 사이에 위치한 소프트웨어이다.
② 미들웨어의 서비스 이용을 위해 사용자가 정보 교환 방법 등의 내부 동작을 쉽게 확인할 수 있어야 한다.
③ 소프트웨어 컴포넌트를 연결하기 위한 준비된 인프라 구조를 제공한다.
④ 여러 컴포넌트를 1대1, 1대다, 다대다 등 여러 가지 형태로 연결이 가능하다.

미들웨어(Middleware) 솔루션
- 클라이언트와 서버 간의 통신을 담당하는 시스템 소프트웨어이다.
- 이기종 하드웨어, 소프트웨어, 네트워크, 프로토콜, PC 환경, 운영체제 환경 등에서 시스템 간의 표준화된 연결을 도와주는 소프트웨어이다.
- 표준화된 인터페이스를 통하여 시스템 간의 데이터 교환에 있어 일관성을 제공한다.
- 운영체제와 애플리케이션 사이에서 중간 매개 역할을 하는 다목적 소프트웨어이다.

오답 피하기
미들웨어 솔루션은 미들웨어의 서비스 이용을 위해 사용자가 정보 교환 방법 등의 내부 동작을 확인할 필요가 없다.

2과목 프로그래밍 언어 활용

21 Python 데이터 타입 중 시퀀스(Sequence) 데이터 타입에 해당하며 다양한 데이터 타입들을 주어진 순서에 따라 저장할 수 있으나 저장된 내용을 변경할 수 없는 것은?

① 복소수(Complex) 타입
② 리스트(List) 타입
③ 사전(Dict) 타입
④ 튜플(Tuple) 타입

Python 데이터 타입
- 리스트(List) : [ ] 대괄호로 표현한다. 다양한 데이터 타입의 요소를 가질 수 있고 순서가 중요하며, 중복을 허용한다.
- 튜플(Tuple) : ( ) 소괄호로 표현한다. 리스트와 유사하지만 수정, 삭제, 추가를 할 수 없다.
- 딕셔너리(Dictionary) : { } 중괄호로 표현한다. key, value 값으로 이루어진 요소를 가지는 자료형이다.
- 세트(Set) : { } 중괄호로 표현한다(딕셔너리와 혼동 주의). 집합 자료형으로 리스트와 비슷하지만, 인덱스 순서가 없고 중복을 허용하지 않는다.
- 복소수형(Complex)
  - complex64 : 두 개의 32비트 부동소수점으로 표시되는 복소수
  - complex128 : 두 개의 64비트 부동소수점으로 표시되는 복소수

오답 피하기
- 수치 데이터 타입 : int, float, complex
- 불 데이터 타입 : bool(True or False)
- 시퀀스 데이터 타입 : str, list, tuple, set, dict

22 모듈 내 구성 요소들이 서로 다른 기능을 같은 시간대에 함께 실행하는 경우의 응집도(Cohesion)는?

① Temporal Cohesion
② Logical Cohesion
③ Coincidental Cohesion
④ Sequential Cohesion

- 시간적 응집도(Temporal Cohesion) : 특정 시간에 처리되는 여러 기능을 모아 한 개의 모듈로 작성할 경우의 응집도
- 논리적 응집도(Logical Cohesion) : 유사한 성격을 갖거나 특정 형태로 분류되는 처리 요소들로 하나의 모듈이 형성되는 경우의 응집도
- 동시성 응집도(Coincidental Cohesion) : 우연적 응집도라고도 하며, 구성 요소들 간 관련이 별로 없는 응집도
- 순차적 응집도(Sequential Cohesion) : A 요소의 출력을 B 요소의 입력으로 사용하므로 두 요소가 하나의 모듈을 구성한 경우의 응집도

23 다음 중 Myers가 구분한 응집도(Cohesion)의 정도에서 가장 낮은 응집도를 갖는 단계는?

① 순차적 응집도(Sequential Cohesion)
② 기능적 응집도(Functional Cohesion)
③ 시간적 응집도(Temporal Cohesion)
④ 우연적 응집도(Coincidental Cohesion)

응집도 : (강함) 기능적 응집도 > 순차적 응집도 > 교환적 응집도 > 절차적 응집도 > 시간적 응집도 > 논리적 응집도 > 우연적 응집도 (약함)

24 C언어에서 연산자 우선순위가 높은 것에서 낮은 것으로 바르게 나열된 것은?

㉠ ( )	㉡ ==
㉢ <	㉣ <<
㉤ ||	㉥ /

① ㉠, ㉥, ㉣, ㉢, ㉡, ㉤
② ㉠, ㉣, ㉥, ㉢, ㉡, ㉤
③ ㉠, ㉥, ㉣, ㉡, ㉤, ㉢
④ ㉠, ㉥, ㉣, ㉤, ㉡, ㉢

C언어의 연산자 우선순위 : (높음) 괄호 → 산술 연산자 → 비트 이동 연산자 → 관계 연산자 → 비트 논리 연산자 → 논리 연산자 (낮음)
• 산술 연산자 : *, /, %, +, -
• 비트 이동 연산자 : <<, >>
• 관계 연산자 : <, <=, >, >=, ==, !=
• 비트 논리 연산자 : &, ^, |
• 논리 연산자 : &&, ||

25 객체지향 언어에서 객체를 생성하기 위한 자료형은?

① 클래스(Class)   ② 메시지(Message)
③ 행위(Behavior)   ④ 사건(Event)

클래스(Class)
• 클래스는 객체를 정의해 놓은 것으로 데이터와 함수로 구성된다.
• 하나 이상의 유사한 객체들을 묶어 공통된 특성을 묶어 공통된 속성과 연산을 표현한 객체의 집단을 의미한다.
• 객체지향 언어에서 객체를 생성하기 위한 자료형으로 객체는 클래스에 정의된 대로 생성된다.
• 클래스로부터 객체를 생성하는 과정을 클래스의 인스턴스화라고 한다.
• 클래스로부터 만들어진 객체를 클래스의 인스턴스라고 한다.

26 (aa|b)*a의 정규표현으로 만들 수 있는 스트링이 아닌 것은?

① a
② aaa
③ ba
④ aba

• aa|b : aa이거나 b를 출력할 수 있다.
• (aa|b)* : aa이거나 b를 그룹으로 묶어 반복 출력할 수 있다.
• (aa|b)*a : 맨 뒤 a는 a로 끝나야 한다는 의미이다.

• 보기를 모두 경우의 수에 따라 대입해본다.
• a나 b로 시작하면서 a로 끝나야 한다.
• ④번의 경우 a 또는 b를 택일하여 시작해야 하나 모두 표시되어 있어 오류가 된다.

오답 피하기

^x	문자열의 시작을 표현하며 x 문자로 시작됨을 의미한다.
x$	문자열의 종료를 표현하며 x 문자로 종료됨을 의미한다.
.x	임의의 한 문자의 자리수를 표현하며 문자열이 x로 끝난다는 것을 의미한다.
x+	반복을 표현하며 x 문자가 한 번 이상 반복됨을 의미한다.
x?	존재 여부를 표현하며 x 문자가 존재할 수도, 존재하지 않을 수도 있음을 의미한다.
x*	반복 여부를 표현하며 x 문자가 0번 또는 그 이상 반복됨을 의미한다.
x|y	or를 표현하며 x 또는 y 문자가 존재함을 의미한다.
(x)	그룹을 표현하며 x를 그룹으로 처리함을 의미한다.
(x)(y)	그룹들의 집합을 표현하며 앞에서부터 순서대로 번호를 부여하여 관리하고 x, y는 각 그룹의 데이터로 관리된다.
(x)(?:y)	그룹들의 집합에 대한 예외를 표현하며 그룹 집합으로 관리되지 않음을 의미한다.
x{n}	반복을 표현하며 x 문자가 n번 반복됨을 의미한다.
x{n,}	반복을 표현하며 x 문자가 n번 이상 반복됨을 의미한다.

정답 23 ④ 24 ① 25 ① 26 ④

27 모듈화(Modularity)와 관련한 설명으로 틀린 것은?

① 시스템을 모듈로 분할하면 각각의 모듈을 별개로 만들고 수정할 수 있기 때문에 좋은 구조가 된다.
② 응집도는 모듈과 모듈 사이의 상호의존 또는 연관 정도를 의미한다.
③ 모듈 간의 결합도가 약해야 독립적인 모듈이 될 수 있다.
④ 모듈 내 구성 요소들 간의 응집도가 강해야 좋은 모듈 설계이다.

모듈화(Modularity)
• 거대한 문제를 작은 조각의 문제로 나누어 다루기 쉽도록 하는 과정으로, 작게 나누어진 각 부분을 모듈이라고 한다.
• 소프트웨어의 모듈은 프로그래밍 언어에서 Subroutine, Function 등으로 표현될 수 있다.
• 시스템을 지능적으로 관리할 수 있도록 해주며, 복잡도 문제를 해결하는 데 도움을 준다.
• 시스템의 유지보수와 수정을 용이하게 한다.

오답 피하기
응집도(Cohesion) : 한 모듈 내에 있는 처리 요소들 사이의 기능적인 연관 정도

28 귀도 반 로섬(Guido van Rossum)이 발표한 언어로 인터프리터 방식이자 객체지향적이며, 배우기 쉽고 이식성이 좋은 것이 특징인 스크립트 언어는?

① C++
② JAVA
③ C#
④ Python

파이썬(Python)
• 1991년 귀도 반 로섬(Guido van Rossum)이 개발한 고급 프로그래밍 언어이다.
• 플랫폼에 독립적이고 인터프리터식, 객체지향적, 동적 타이핑(Dynamically Typed) 대화형 언어이다.
• 매우 쉬운 문법 구조로 초보자들도 쉽게 배울 수 있다.

29 C언어에서 공용체를 정의하는 키워드는?

① struct
② union
③ enum
④ public

공용체(union)
• union 키워드를 사용하여 선언한다.
• 모든 멤버 변수가 하나의 메모리 공간을 공유한다는 점이 구조체와 구분된다.
• 모든 멤버 변수가 같은 메모리를 공유하므로, 공용체는 한 번에 하나의 멤버 변수밖에 사용할 수 없다.

30 소프트웨어의 개발 과정에서 소프트웨어의 변경사항을 관리하기 위해 개발된 일련의 활동을 뜻하는 것은?

① 복호화
② 형상 관리
③ 저작권
④ 크랙

형상 관리(Version Control Revision Control)
• 구성 관리(Software Configuration Management)라고도 한다.
• 소프트웨어의 변경 사항을 체계적으로 관리하기 위하여 추적하고 통제하는 것이다.
• 단순 버전 관리 기반의 소프트웨어 운용을 좀 더 포괄적인 학술 분야의 형태로 넓히는 근간을 의미한다.
• 작업 산출물을 형상 항목(Configuration Item)이라는 형태로 선정하고, 형상 항목 간의 변경 사항 추적과 통제 정책을 수립하고 관리한다.

31 HTML 태그의 특징에 대해 옳은 것은?

① 시작 태그는 있으나 종료 태그는 없다.
② 대소문자 구별을 명확히 해야 한다.
③ 들여쓰기가 가능하며 웹 브라우저에서 들여쓰기가 적용된다.
④ 태그 안에 속성을 정의할 수 있다.

오답 피하기
• 시작 태그는 〈, 종료 태그는 /〉을 사용해서 구분함
• HTML 속성은 대소문자 구분을 하지 않음
• HTML에서는 들여쓰기와 줄바꿈을 인식하지 않으며, 띄어쓰기는 한 칸만 인식함

32 다음 JAVA 프로그램이 실행되었을 때의 결과를 쓰시오.

```
public class ovr {
    public static void main(String[] args) {
        int arr[];
        int i=0;
        arr=new int[10];
        arr[0]=0;
        arr[1]=1;
        while(i<8) {
            arr[i+2]=arr[i+1]+arr[i];
            i++;
        }
        System.out.println(arr[9]);
    }
}
```

① 13   ② 21
③ 34   ④ 55

1차원 배열을 이용한 피보나치 수열
• 참조형 변수 arr는 new int[10];을 통해 생성된 10개의 정수 배열을 참조하다. arr[0]=0;와 arr[1]=1; 명령문을 통해 0번째 항과 1번째 항의 값을 각각 0과 1로 초기화한다.

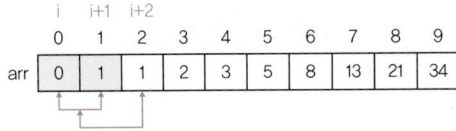

• while 반복문을 통해 8회(i가 0부터 7까지)에 걸쳐 i번째와 i+1번째 요소의 값을 더해 i+2번째 요소의 값을 저장한다.

i	arr[i]		arr[i+1]		(결과) arr[i+2]
0	arr[0]	0	arr[1]	1	arr[2]	1
1	arr[1]	1	arr[2]	1	arr[3]	2
2	arr[2]	1	arr[3]	2	arr[4]	3
3	arr[3]	2	arr[4]	3	arr[5]	5
4	arr[4]	3	arr[5]	5	arr[6]	8
5	arr[5]	5	arr[6]	8	arr[7]	13
6	arr[6]	8	arr[7]	13	arr[8]	21
7	arr[7]	13	arr[8]	21	arr[9]	34

• arr[9]의 요소값은 34이므로 결과는 34가 출력된다.

33 어휘 분석 단계에서 주로 행해지는 작업은?

① 토큰 생성
② 기억장소 할당
③ 구문 분석
④ 파싱

토큰(Token) : 어휘 분석 단계에서 원시 프로그램을 하나의 긴 스트링으로 보고 원시 프로그램을 문자 단위로 스캐닝하여 문법적으로 의미 있는 일련의 문자들로 분할해내는데, 이때 분할된 문법적인 단위를 의미한다.

34 C언어에서 나머지를 구하기 위한 연산자는?

① %   ② @
③ #   ④ !

C언어에서 나머지 연산자는 %이다.

35 JAVA에서 힙(Heap)에 남아 있으나 변수가 가지고 있던 참조값을 잃거나 변수 자체가 없어짐으로써 더 이상 사용되지 않는 객체를 제거해주는 역할을 하는 모듈은?

① Heap Collector
② Garbage Collector
③ Memory Collector
④ Variable Collector

Garbage Collector
• S/W 개발 중 유효하지 않은 가비지 메모리가 발생한다.
• JAVA에서는 C와 달리 JVM 가비시 컬렉터가 불필요한 메모리를 알아서 정리해준다.

36 C언어에서 정수형 자료 선언 시 사용하는 것은?

① char   ② float
③ double   ④ int

• char : 문자형
• float : 실수형
• double : 실수형
• int : 정수형

정답 32 ③ 33 ① 34 ① 35 ② 36 ④

37 구조적 프로그래밍 설계 구조가 아닌 것은?

① 순차 구조
② 선택 구조
③ 반복 구조
④ 객체 구조

구조적 프로그래밍 설계 구조의 종류 : 순차 구조, 선택 구조, 반복 구조

38 다음이 설명의 빈칸에 알맞는 C언어의 언어 문법은?

(ㄱ)(은)는 구문 옆에 있는 수식 또는 변수의 결과는 반드시 -1, 0, 1, 2 같은 정수값이어야 한다. 수식 또는 변수의 결과인 정수값이 나오면 그 값에 해당하는 case값을 찾아 해당하는 명령어를 수행하고 구문을 종료한다.

① switch   ② if
③ for   ④ while

문제의 내용은 switch문에 관한 설명이다.

39 다음 중 소프트웨어의 모듈 설계에서 응집도의 종류에 해당하지 않는 것은?

① 기능적 응집도
② 기술적 응집도
③ 순차적 응집도
④ 논리적 응집도

응집도의 종류 : 기능적, 순차적, 교환적(통신적), 절차적, 시간적, 논리적, 우연적

40 컴파일 과정 중 원시 프로그램을 하나의 긴 스트링으로 보고 문자 단위로 스캐닝하여 문법적으로 의미 있는 일련의 문자(토큰)들로 분할해 내는 작업은?

① 구문 분석
② 원시 분석
③ 선행 처리
④ 어휘 분석

의미 분석	• 컴파일러의 논리적 단계 중 자료형 검사(Type Checking)를 수행하는 단계이다. • 분석 결과에 해석을 가하여 문장이 가진 의미를 분석한다.
어휘 분석	프로그램 실행 시 원시 프로그램을 문자 단위로 스캐닝하여 문법적으로 의미 있는 일련의 문자들로 분할해 내는 역할을 한다.
구문 분석	• 주어진 문장이 정의된 문법 구조에 따라 정당하게 하나의 문장으로 사용될 수 있는가를 확인하는 작업이다. • 컴퓨터 분야에서는 컴파일러에 의하여 원시 프로그램을 기계어 프로그램으로 번역할 때 낱말 분석(Lexical Analysis) 결과로 만들어진 토큰들을 문법에 따라 분석하는 파싱(Parsing) 작업을 수행하여 파스 트리를 구성하는 작업을 지칭한다.

정답 37 ④ 38 ① 39 ② 40 ④

3과목 데이터베이스 활용

41 정규화 과정 중 2NF에서 3NF로 진행 시의 작업에 해당하는 것은?

① 부분적 함수 종속 제거
② 결정적이면서 후보키가 아닌 것 제거
③ 이행적 함수 종속 제거
④ 다치 종속 제거

3차 정규형을 만족하려면 이행적 함수 종속이 제거되어야 한다.

42 데이터베이스의 설계과정이 옳은 것은?

① 요구 분석 → 개념 설계 → 논리 설계 → 물리 설계
② 요구 분석 → 개념 설계 → 물리 설계 → 논리 설계
③ 요구 분석 → 논리 설계 → 물리 설계 → 개념 설계
④ 요구 분석 → 물리 설계 → 개념 설계 → 논리 설계

"개구리는 논물에 살아요"

43 관계해석에 대한 설명으로 틀린 것은?

① 관계 데이터의 연산을 표현하는 방법이다.
② 원하는 정보와 그 정보를 어떻게 유도하는가를 기술하는 절차적인 언어이다.
③ 튜플 관계해석과 도메인 관계해석이 있다.
④ 관계대수로 표현한 식은 관계해석으로 표현할 수 있다.

②는 관계대수(Relational Algebra)에 대한 설명이다.

44 데이터베이스에서 개념적 설계 단계에 대한 설명으로 틀린 것은?

① 산출물로 ERD가 만들어진다.
② DBMS에 독립적인 개념 스키마를 설계한다.
③ 트랜잭션 인터페이스를 설계한다.
④ 논리적 설계 단계의 앞 단계에서 수행된다.

데이터베이스 설계 단계에서의 트랜잭션 설계 단계
• 개념 설계 : 트랜잭션 모델링
• 논리 설계 : 트랜잭션 인터페이스 설계
• 물리 설계 : 트랜잭션 세부 설계

45 업무 활동상 지속적인 관심을 가지고 있는 대상으로서, 그 대상들 간에 동질성을 지닌 객체 집합이나 행위 집합인 개체(Entity)의 특성에 관한 설명으로 틀린 것은?

① 반드시 시스템을 구축하고자 하는 업무에서 필요하고 관리하고자 하는 정보이어야 한다.
② 유일한 식별자에 의해 식별이 가능해야 한다.
③ 일시적으로 존재하는 개체의 집합이 되어야 한다.
④ 개체 타입에는 반드시 속성(Attribute)들이 포함되어 있어야 한다.

객체는 영속적으로 존재하는 개체의 집합이 되어야 한다.

46 병행 제어를 하지 않을 때의 문제점 중 하나인 트랜잭션 수행이 실패한 후 회복되기 전에 다른 트랜잭션이 실패한 갱신 결과를 참조하는 현상은?

① Lost Update
② Inconsistency
③ Uncommitted Dependency
④ Cascading Rollback

Uncommitted Dependency : 하나의 트랜잭션 수행이 실패한 후 회복되기 전에 다른 트랜잭션이 실패한 갱신 결과를 참조하는 현상

정답 41 ③ 42 ① 43 ② 44 ③ 45 ③ 46 ③

47 "회사원"이라는 테이블에서 "사원명"을 검색할 때, "연락번호"가 Null 값이 아닌 "사원명"을 모두 찾을 경우의 SQL 질의로 옳은 것은?

① SELECT 사원명 FROM 회사원 WHERE 연락번호 != NULL;
② SELECT 사원명 FROM 회사원 WHERE 연락번호 <> NULL;
③ SELECT 사원명 FROM 회사원 WHERE 연락번호 IS NOT NULL;
④ SELECT 사원명 FROM 회사원 WHERE 연락번호 DON'T NULL;

공백인 레코드를 찾을 경우 IS NULL, 공백이 아닌 레코드를 찾을 때는 IS NOT NULL을 사용한다.

48 가장 널리 사용되는 데이터 모델로 개념 세계에서 표현된 각 개체와 개체 간의 관계들을 서로 독립된 2차원 테이블(Table), 즉 릴레이션(Relation)으로 표현하는 데이터 모델은?

① 개체형 데이터 모델
② 관계형 데이터 모델
③ 계층형 데이터 모델
④ 네트워크형 데이터 모델

2차원 테이블로 표현되는 데이터 모델은 관계형 데이터 모델이다.

49 다음 중 속성(Attribute)의 특성에 따른 분류에 해당하지 않는 것은?

① 기본 속성
② 설계 속성
③ 파생 속성
④ 원시 속성

속성의 특성에 따른 분류 : 기본 속성, 설계 속성, 파생 속성

50 다음 트리에 대한 프리-오더(Pre-Order) 운행 결과는?

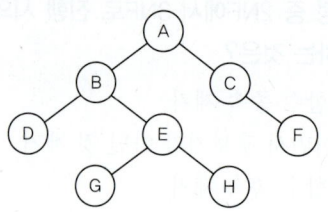

① D G H E B F C A
② D B G E G A C F
③ A B D E G H C F
④ A B C D E F G H

전위 순회(Pre-Order)의 순서는 ROOT → LEFT → RIGHT 순이다.

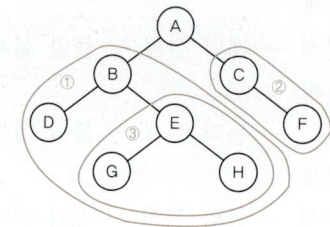

• A ① ②
• A B D ③ ②
• A B D E G H ②
• A B D E G H C F

51 개체-관계 모델(E-R)에서 개체 간 관계 타입을 나타낼 때 사용하는 기호는?

① 삼각형
② 마름모
③ 타원
④ 오각형

E-R 다이어그램

기호	기호 이름	의미
□	사각형	개체(Entity)
◇	마름모	관계(Relationship)
○	타원	속성(Attribute)
—	선, 링크	개체-속성, 개체-개체의 연결
◯	2중 타원	다중값 속성

정답 47 ③ 48 ② 49 ④ 50 ③ 51 ②

52 다음 SQL 명령 중 DML에 해당하는 것으로만 나열된 것은?

① CREATE
② SELECT
③ DROP
④ ALTER
⑤ DELETE
⑥ INSERT
⑦ UPDATE

① ②, ④, ⑤, ⑥, ⑦
② ②, ⑤, ⑥, ⑦
③ ①, ②, ⑥, ⑦
④ ②, ④

DML의 종류 : SELECT, INSERT, DELETE, UPDATE

53 다음 중 후보 식별자(후보키)의 조건으로 잘못된 것은?

① 각 인스턴스를 유일하게 식별할 수 있어야 한다.
② 나머지 속성들을 직접 식별할 수 있어야 한다.
③ 널(Null)이 될 수 있다.
④ 후보 식별자로 속성 집합을 선택하는 경우에는 개념적으로 유일해야 한다.

후보 식별자는 널(Null)이 될 수 없다.

54 다음 중 데이터베이스 관계의 종류가 아닌 것은?

① 유도 관계
② 중복 관계
③ 재귀 관계
④ 배타 관계

데이터베이스 관계의 종류 : 종속 관계, 중복 관계, 재귀 관계, 배타 관계

55 영국 컨설팅 회사 CACI에 의해 처음 개발되었고 오라클에서 Case Method(Custom Development Method)로 채택하여 사용하고 있는 데이터 모델 표기법은?

① 정보공학 표기법(IE Notation)
② E-R 표기법
③ 바커 표기법
④ 관계 표기법

문제는 바커 표기법에 관한 설명이다.

56 데이터베이스 3단계 구조 중 사용자나 응용 프로그래머가 사용할 수 있도록 데이터베이스를 정의한 것은?

① 외부 스키마(External Schema)
② 개념 스키마(Conceptual Schema)
③ 내부 스키마(Internal Schema)
④ 관계 스키마(Relational Schema)

스키마의 3계층

외부 스키마 (External Schema)	사용자나 응용 프로그래머가 접근할 수 있는 정의 기술
개념 스키마 (Conceptual Schema)	• 범기관적 입장에서 데이터베이스를 정의한 것 • 개체 간의 관계와 제약 조건을 나타내고, 데이터베이스 접근 권한, 보안 및 무결성 규칙 명세가 있음
내부 스키마 (Internal Schema)	• 물리적 저장장치의 처지에서 본 데이터베이스 구조 • 실제로 데이터베이스에 저장될 레코드의 형식을 정의하고 저장 데이터 항목의 표현 방법 • 내부 레코드의 물리적 순서 등을 나타냄

57 다음 중 엔터티 간의 관계에서 1:1, 1:M과 같이 관계의 기수성(Cardinality)을 나타내는 것으로 가장 적절한 것은?

① 관계명(Relationship Membership)
② 관계차수(Relationship Degree/Cardinality)
③ 관계선택사양(Relationship Optionality)
④ 관계정의(Relationship Definition)

관계의 표현 요소
- 기수성 : 관계에 참여하는 각 엔터티가 얼마나 많이 참여할 수 있는가의 관계 비율을 의미한다(종류 : 1:1, 1:M, M:M).
- 선택성 : 필수, 선택

58 다음 중 큐를 필요로 하는 작업은?

① 작업 스케줄링
② 중위 표기식의 후위 표기 변환
③ 함수 호출과 리턴
④ 이진트리의 중위 순회

- 큐(Queue)는 자료의 삽입 작업은 선형 리스트의 한쪽 끝에서, 제거 작업은 다른 쪽 끝에서 수행되는 자료 구조
- 가장 먼저 삽입된 자료가 가장 먼저 삭제되는 선입선출(FIFO, First In First Out) 방식임
- 큐의 응용 분야 : 운영체제의 작업 스케줄링 등

59 키값을 여러 부분으로 분류하여 각 부분을 더하거나 XOR하여 주소를 얻는 해싱 함수 기법은 무엇인가?

① Divide
② Folding
③ Mid-Square
④ Digit Analysis

해싱 함수의 종류
- 제산 방법(Division Method) : 나머지 연산자(%)를 사용하여 테이블 주소를 계산하는 방식
- 중첩 방법(폴딩, Folding Method) : 해싱 함수 중 레코드 키를 여러 부분으로 나누고, 나눈 부분의 각 숫자를 더하거나 XOR한 값을 홈 주소로 삼는 방식

60 DBMS에서 사용자가 응용 프로그램을 통하여 저장된 데이터를 실질적으로 SELECT, UPDATE 등의 질의어를 사용하여 처리하는 언어의 개념은?

① 데이터 독립어
② 데이터 정의어
③ 데이터 조작어
④ 데이터 제어어

데이터베이스 언어(Database Language)
- 데이터 정의어(DDL) : 데이터베이스를 생성하거나 수정을 하기 위해 사용하는 언어이다.
- 데이터 조작어(DML) : 데이터의 삽입, 삭제, 수정 등을 하기 위해 사용하는 언어이다.
- 데이터 제어어(DCL) : 데이터 보안, 데이터 무결성, 데이터 복구 등을 위해 사용하는 언어이다.

정보처리산업기사 필기 실전 모의고사 02회

시험 일자	문항 수	시험 시간
년 월 일	총 60문항	1시간 30분

수험번호 : _____
성   명 : _____

과목 정보시스템 기반 기술

01 분산 처리 운영체제 시스템의 구축 목적으로 거리가 먼 것은?

① 보안성 향상
② 자원 공유의 용이성
③ 연산 속도 향상
④ 신뢰성 향상

> 분산 처리 시스템의 특징
> • 다수의 사용자들이 데이터 공유 가능
> • 다수의 사용자들 간의 통신 용이
> • 점진적인 확장 가능
> • 보안 문제 발생

02 다음 그림과 같은 기억장소에서 15K를 요구하는 프로그램이 50K 공백의 작업 공간에 배치될 경우, 사용된 기억장치 배치 전략은?

운영체제
사용 중인 공간
30K 공백
사용 중인 공간
16K 공백
사용 중인 공간
50K 공백
사용 중인 공간

① First Fit Strategy
② Worst Fit Strategy
③ Best Fit Strategy
④ Big Fit Strategy

> 배치(Placement) 전략
> • 최초 적합(First Fit) : 입력되는 작업의 순서에 따라 주기억장치 첫 번째 기억 공간부터 할당
> • 최적 적합(Best Fit) : 입력되는 작업의 크기에 맞는 주기억장치를 찾아 할당
> • 최악 적합(Worst Fit) : 입력되는 작업의 크기에 맞지 않고 낭비가 가장 심한 공간을 찾아 할당
>
> **오답 피하기**
> 문제에서 50k 공간에 15k를 적재함으로써 내부 단편화가 35로 가장 많이 발생한다.

정답 01 ① 02 ②

03 디스크 입출력 요청 대기 큐에 다음과 같은 순서로 기억되어 있다. 현재 헤드가 53에 있을 때, 이들 모두를 처리하기 위한 총 이동 거리는 얼마인가? (단, FCFS 방식을 사용한다.)

> 대기큐 : 98, 183, 37, 122, 14, 124, 65, 67

① 320
② 640
③ 710
④ 763

- FCFS란 먼저 입력된 것이 먼저 처리된다는 것으로 대기큐에 있는 순서대로 처리하게 된다.
- 53 → 98 → 183 → 37 → 122 → 14 → 124 → 65 → 67의 순서대로 이동하며 큰 수에서 작은 수를 빼면 두 간격 사이의 거리값이 나온다.

04 암호화 기법 중 공용키 시스템(Public Key System)에 대한 설명으로 잘못된 것은?

① 암호화키와 해독키는 보안되어야 한다.
② 키의 분배가 용이하다.
③ 암호화키와 해독키가 따로 존재한다.
④ 공용키 암호화 기법을 이용한 대표적 암호화 방식에는 RSA가 있다.

비밀키 시스템 (Private Key System)	• 암호와 해독에 동일한 키를 사용하는 기법으로, 해독키의 비밀성 유지가 중요하다. • 대표적인 암호화 방식에는 DES가 있다. • 대칭형(동일한 키 사용, 암호화 복호화키가 같음)
공개키 시스템 (Public Key System)	• 암호와 해독에 다른 키를 사용하는 기법으로, 암호키는 공개되어 있어 누구나 사용 가능하고, 해독키는 당사자만 알고 있다. • 대표적인 암호화 방식에는 RSA가 있다. • 비대칭형(다른 키 사용, 암호화 복호화키가 다름) • 키의 분배가 용이하다.

05 PCB가 가지고 있는 정보가 아닌 것은?

① 프로세스 식별자
② 프로세스의 현재 상태
③ 할당 자원에 대한 포인터
④ 모든 프로세스의 상태에 대한 조사와 통제 정보

PCB 항목
- 프로세스 식별자
- 프로세스 현재 상태
- 부모, 자식 프로세스를 가리키는 포인터
- 프로그램 카운터(계수기)
- 프로세스 우선순위
- 프로세스가 적재된 기억 장치 부분을 가리키는 포인터
- 프로세스에 할당된 자원을 가리키는 포인터
- 처리기 레지스터 정보
- CPU의 각종 레지스터 상태를 가리키는 포인터
- 기억 장치 관리 정보

06 요구사항 분석에 대한 설명으로 틀린 것은?

① 개발자와 사용자 간의 지식이나 표현의 차이가 커서 상호 이해가 쉽지 않다.
② 사용자의 요구는 예외가 거의 없어 열거와 구조화가 어렵지 않다.
③ 사용자의 요구사항이 모호하고 불명확하다.
④ 소프트웨어 개발 과정 중에 요구사항이 계속 변할 수 있다.

요구사항 분석(Requirement Analysis)
- 소프트웨어가 환경과 어떻게 상호 작용하는지 이해하고, 사용자의 요구사항은 구조화와 열거가 어려워, 명확하지 못하거나 모호한 부분이 많다.
- 이러한 요구를 걸러내기 위한 과정을 통하여 요구사항을 도출하고, 요구사항 정의를 문서화하는 과정이다.
- 도출된 사항을 분석하여 소프트웨어 개발 범위를 파악하여 개발 비용, 일정에 대한 제약을 설정하고 타당성 조사를 수행한다.

07 다음 중 CSS 선택자의 종류가 아닌 것은?

① 공용 선택자   ② 태그 선택자
③ 클래스 선택자   ④ 객체 선택자

CSS 선택자의 종류 : 공용 선택자, 태그 선택자, 클래스 선택자, 아이디 선택자

정답 03 ② 04 ① 05 ④ 06 ② 07 ④

08 다음 중 특정한 목적을 성취하고자 하는 특정 사용자들에 의해 어떤 제품이 사용될 때와 같은 특정한 맥락의 사용에서의 효과성, 효율성, 만족도에 관한 것으로 사용자가 업무를 쉽고 편리하게 수행하는 정도를 의미하는 것은?

① 사용성　　② 편리성
③ 유용성　　④ 효율성

문제는 UI 설계 단계에서 고려해야 할 사항 중 사용성에 관한 내용이다.

09 8위상 변조와 2진폭 변조를 혼합하여 변조속도가 1200[baud]인 경우, 이는 몇 [bps]에 해당되는가?

① 1200　　② 2400
③ 3600　　④ 4800

- 8위상 = 2^3 = 3bit, 2진폭은 1bit
- 3bit + 1bit = 4bit
- 1200 * 4 = 4800bps

10 다음 중 사용성 테스트의 주의사항이 아닌 것은?

① 사용성에만 치중한 나머지 고객의 감성적인 측면에 그칠 수 있다.
② 기본 기능이 정확히 구현되었는지 검사하는 기본적인 기능 테스트에 대한 누락이 발생하지 않도록 주의한다.
③ 테스트에 참여하는 인원이 자율적으로 테스트할 수 있는 환경이 조성되면 품질 보장이 어렵다.
④ 테스트할 때 자세한 기능 설명, 구현 방법에 대해서 충분한 테스트가 가능하도록 제공되어야 한다.

테스트에 참여하는 인원이 자율적으로 테스트할 수 있는 환경이어야 좋은 품질 보장이 가능하다.

11 다음 중 앱 개발을 위한 모바일 운영체제의 종류가 아닌 것은?

① Android
② iOS
③ Series 40
④ Linux

앱 개발을 위한 모바일 운영체제 : Android, iOS, Series 40, Symbian OS, BlackBerry OS

12 전송할 데이터가 있는 채널만 차례로 시간 슬롯을 이용하여 데이터와 함께 주소 정보를 헤더로 붙여 전송하는 다중화 방식은?

① 주파수 분할 다중화
② 역 다중화
③ 예약 시분할 다중화
④ 통계적 시분할 다중화

동기식 TDM(STDM)	• 단말장치 모두에게 타임 슬롯을 할당하며 타임 슬롯은 고정된다. • 고속선로의 회선량은 전체 단말기의 전송량보다 커야 한다.
비동기식 TDM(ATDM)	• 통계적 TDM = 지능적 TDM • 전송을 요구하는 단말기에 슬롯을 할당하며 슬롯 크기는 가변이다. • 고속선로의 전체 단말기의 전송속도의 합보다 적게 할 수 있다.

13 대역폭 W인 채널을 통해 잡음 N이 섞인 신호 S를 전송할 때, 샤논의 정리에 의한 채널용량(bps) 산출식은?

① $W\log_2(1+S/N)$
② $W\log_e(S+N)$
③ $\log_2(W \times N \times S)$
④ $\log_e(1+W \times N/S)$

통신용량 C = $W\log_2(1+S/N)$
W : 대역폭, S : 신호 전력, N : 잡음

14 ATM 교환기에서 처리되는 셀의 길이는?

① 24바이트
② 38바이트
③ 53바이트
④ 64바이트

ATM 셀
- 비동기 전송 방식(ATM)에서 전송 단위로 채택된 고정길이의 패킷이다.
- ITU-T에서는 셀의 길이를 헤더(5바이트)와 정보 블록(48바이트)을 더하여 53바이트로 표준화 하였다.

15 OSI(Open System Interconnection) 7 계층 중 다음 설명에 해당하는 계층은?

> 통신 송수신 양 종점(end-to-end or end-to-user) 간에 투명하고 균일한 전송 서비스를 제공해 주는 계층으로 전송 데이터의 다중화 및 중복 데이터의 검출, 누락 데이터의 재전송 등 세부 기능을 가진다.

① 응용 계층
② 데이터링크 계층
③ 전송 계층
④ 표현 계층

전송 계층 : 통신 송수신 양 종점(end-to-end or end-touser) 간에 투명하고 균일한 전송 서비스를 제공해 주는 계층이다. 전송 데이터의 다중화 및 중복 데이터의 검출, 누락 데이터의 재전송 등 세부 기능을 가진다.

오답 피하기
- 응용 계층 : 응용 프로세스 간의 정보 교환, 전자 사서함, 파일 전송 등을 취급하는 계층이다.
- 데이터링크 계층 : 인접 개방형 시스템 간의 정보 전송, 전송 오류 제어, 흐름 제어 등 물리적 연결을 이용해 신뢰성 있는 정보 전송 기능을 담당하는 계층이다. 매체 공유를 위한 매체접근제어(MAC)를 수행한다.
- 표현 계층 : 정보의 형식 설정과 코드의 변환, 암호화, 압축 등의 기능을 주로 수행하는 계층이다.

16 다음이 설명하는 평가 방법은?

> 사용성에 대한 문제를 찾아내기 위한 사용성 공학 방법으로, 전문가에 의해 이론과 경험을 근거로 하여 일련의 규칙들을 만들어 놓고 평가 대상이 그러한 규칙들을 얼마나 잘 지키고 있는가를 확인하는 평가 방법이다.

① 휴리스틱 평가
② FTR
③ 선호도 평가
④ 성능 평가

오답 피하기
- 정형기술검토(FTR, Formal Technical Review) : 소프트웨어 개발 산출물을 대상으로 요구사항을 확인하고 검증하기 위하여 사용
- 선호도 평가 : 제품이나 서비스에 대한 사용자의 선호도에 영향을 미치는 속성들을 파악하고 중요도에 따른 선호도를 예측하기 위하여 사용
- 성능 평가 : 사용자가 실제로 제품이나 서비스와 연관된 것을 사용해 보고 평가하여 그 결과를 바탕으로 성능을 개선하기 위하여 사용

17 통신망 구성 형태 중 하나의 노드에 여러 개의 노드가 연결되어 있는 형태로, 각 노드가 계층적으로 구성되어 있는 망의 형태는?

① 트리(Tree)형
② 링(Ring)형
③ 스타(Star)형
④ 버스(Bus)형

네트워크 위상(Topology)의 종류

성형(Star)		계층형(Tree)	
망형(Mesh)		버스형(Bus)	
링형(Ring)		격자망형(Grid)	

18 데이터그램(Datagram) 패킷교환 방식에 대한 설명으로 틀린 것은?

① 수신은 송신된 순서대로 패킷이 도착한다.
② 속도 및 코드 변환이 가능하다.
③ 각 패킷은 오버헤드 비트가 필요하다.
④ 대역폭 설정에 융통성이 있다.

가상 회선 방식	• 단말기 간에 논리적인 가상 회선을 미리 설정하여 송신측과 수신측 사이의 연결을 확립한 후에 설정된 경로로 패킷들을 발생 순서대로 전송하는 연결 지향형 방식이다. • 모든 패킷은 같은 경로로 전송되므로 경로 설정이 필요 없다.
데이터그램 방식	• 데이터를 패킷 단위로 나누어 특정 경로의 설정 없이 전송되는 방식이다. • 패킷마다 전송 경로가 다르다. • 네트워크의 상황에 따라 적절한 경로로 전송이 되므로 융통성이 좋다.

19 개발 환경 구성을 위한 빌드(Build) 도구에 해당하지 않는 것은?

① Ant   ② Kerberos
③ Maven   ④ Gradle

빌드 도구의 종류
• Ant : 아파치 재단에서 개발한 자바의 공식적인 빌드 도구
• Maven : 아파치 재단에서 개발, Ant 대안으로 개발되었음
• Gradle : Ant, Maven의 보완으로 개발된 빌드 도구(안드로이드 스튜디오 주 빌드 도구)

오답 피하기
커버로스(Kerberos)는 '티켓(Ticket)'을 기반으로 동작하며 클라이언트/서버 사이의 인증을 제공하는 암호화 프로토콜이다.

20 UI의 종류로 멀티 터치, 동작 인식 등 사용자의 자연스러운 움직임을 인식하여 서로 주고 받는 정보를 제공하는 사용자 인터페이스는?

① GUI(Graphical User Interface)
② OUI(Organic User Interface)
③ NUI(Natural User Interface)
④ CLI(Command Line Interface)

NUI(Natural User Interface)는 사용자의 자연스러운 움직임을 인식하여 서로 주고받는 정보를 제공하는 사용자 인터페이스(키보드, 마우스, 3D 모션 등) 기술이다.

2과목 프로그래밍 언어 활용

21 다음 중 가장 강한 응집도(Cohesion)는?

① Sequential Cohesion
② Procedural Cohesion
③ Logical Cohesion
④ Coincidental Cohesion

(강함) 기능적 응집도(Functional Cohesion) 〉 순차적 응집도(Sequential Cohesion) 〉 통신적 응집도(Communication Cohesion) 〉 절차적 응집도(Procedural Cohesion) 〉 시간적 응집도(Temporal Cohesion) 〉 논리적 응집도(Logical Cohesion) 〉 우연적 응집도(Coincidental Cohesion) (약함)

22 클래스 간 계층 관계에 근거하고 클래스 간 속성과 연산을 공유하는 객체지향 언어의 특징은?

① 다형성
② 객체
③ 추상화
④ 상속성

상속성(Inheritance)
• 클래스는 계층 구조를 이룬다.
• 상위 계층의 모든 요소를 상속받고 추가적으로 필요한 새로운 자료 구조와 메소드를 추가하여 하위 계층의 클래스를 생성한다.
• 객체지향에서는 상속의 개념을 이용하여 소프트웨어의 재사용을 지원한다.

23 개발을 위해 사용되는 소프트웨어의 종류와 특성이 아닌 것은?

① 구현 도구
② 요구사항 도출 도구
③ 형상관리 도구
④ 빌드 도구

개발을 위해 사용되는 소프트웨어의 종류 : 구현 도구, 테스트 도구, 형상관리 도구, 빌드 도구

24 다음 중 통합개발환경 도구의 종류가 아닌 것은?

① Eclipse
② IntelliJ
③ Visual Studio
④ Bootstrap

통합개발환경 도구의 종류
- RE : 실행환경
- Android Studio : V3.1 구글 제공 안드로이드 통합개발환경
- Eclipse : 자바 기반 통합개발환경
- IntelliJ : JetBrains사에서 제작한 상용 자바 통합개발환경
- J2SE : 자바 플랫폼 스탠더드 에디션(자바 가상 머신 규격 + API)
- JRE(Java SE Runtime Environment) : 자바 실행 환경(자바 프로그램을 시스템에서 실행하기 위한 것)
- NetBeans : 자바 기반 플랫폼, 자바스크립트, PHP, C/C++ 등을 개발하기 위한 통합개발환경
- PhpStorm : PHP IDE
- Xcode : 애플이 개발한 OS X의 개발 툴 모음(8.3 버전 이상 : swift 3)
- Vagrant Ruby on Rails : 윈도우 루비 개발환경 구축
- Visual Studio : 마이크로소프트 통합개발환경

오답 피하기
Bootstrap : 웹 사이트나 응용 프로그램을 작성하기 위해 사용하는 무료 소프트웨어 도구 모음

25 컴파일러 자동화 도구의 설명에서 괄호 안에 가장 적합한 내용은?

- 토큰에 대한 표현을 입력으로 받아 기술된 형태의 토큰을 찾아내는 (   )(을)를 만든다.
- 생성된 (   )(은)는 입력 프로그램에서 토큰을 구분해 내는 일을 한다.

① Parser Generator
② Lexical Analyzer Generator
③ Code Generator
④ Code Simulator

어휘 분석기 (Lexical Analyzer Generator)	프로그램 실행 시 원시 프로그램을 문자 단위로 스캐닝하여 문법적으로 의미 있는 일련의 문자들로 분할해 내는 역할를 한다.
구문 분석 (Syntactic Analysis)	주어진 문장이 정의된 문법 구조에 따라 정당하게 하나의 문장으로 사용될 수 있는가를 확인하는 작업. 컴퓨터 분야에서는 컴파일러에 의하여 원시 프로그램을 기계어 프로그램으로 번역할 때 낱말 분석(Lexical Analysis) 결과로 만들어진 토큰들을 문법에 따라 분석하는 파싱(Parsing) 작업을 수행하여 파스 트리를 구성하는 작업을 지칭한다.

26 중위 표기의 수식 "A*(B−C)"를 후위 표기로 나타낸 것은?

① ABC*−
② ABC−*
③ A*BC−
④ AB−C*

후위(Postfix) 표기법
- 피연산자 뒤에 연산자를 표기한다.
- 일반적인 수식 : A+B를 AB+로 표시한다.
- 우선순위대로 묶은 뒤 연산자를 괄호 뒤로 이동한다.
- A*(B−C) → (A*(B−C)) → (A(BC)−)* → ABC−*

27 주석(Comment)의 제거, 상수 정의 치환, 매크로 확장 등 컴파일러가 처리하기 전에 먼저 처리하여 확장된 원시 프로그램을 생성하는 것은?

① Preprocessor
② Linker
③ Loader
④ Cross compiler

- 크로스 컴파일러(Cross Compiler) : 번역이 이루어지는 컴퓨터와 번역된 기계어에 이용되는 컴퓨터가 서로 다른 기종의 컴퓨터일 때 사용하는 컴파일러의 한 가지이다.
- 프리 프로세서(전처리기, Preprocessor) : 주석(Comment)의 제거, 상수 정의 치환, 매크로 확장 등 컴파일러가 처리하기 전에 먼저 처리하여 확장된 원시 프로그램을 생성한다.

28 UI 설계 원칙 중 누구나 쉽게 이해하고 사용할 수 있어야 한다는 원칙은?

① 희소성
② 유연성
③ 직관성
④ 멀티운용성

UI 설계 원칙
- 직관성 : 누구나 쉽게 이해하고 사용할 수 있도록 한다.
- 유효성 : 사용자의 목적을 정확히 달성할 수 있도록 유용하고 효과적이어야 한다.
- 학습성 : 사용자가 쉽게 배우고 익힐 수 있어야 한다.
- 유연성 : 사용자의 요구를 최대한 수용하면서 오류를 최소화해야 한다.

29 다음 내용이 설명하는 UI 설계 도구는?

> • 실물과 흡사한 정적인 모형을 의미한다.
> • 시각적으로 구성 요소를 배치하는 것으로 실제로 구현되지는 않는다.

① 스토리보드(Storyboard)
② 목업(Mockup)
③ 프로토타입(Prototype)
④ 유스케이스(Usecase)

UI 설계에 도움을 주는 도구들
• 와이어 프레임(Wire Frame) : UI 중심의 화면 레이아웃을 선을 이용하여 개략적으로 작성한다.
• 목업(Mockup) : 실물과 흡사한 정적인 모형을 의미한다. 시각적으로 구성 요소를 배치하는 것으로 실제로 구현되지는 않는다.
• 프로토타입(Prototype) : Interaction이 결합하여 실제 작동하는 모형이다.
• 스토리보드(Storyboard) : 정책, 프로세스, 와이어 프레임, 설명이 모두 포함된 설계문서이다.

30 C언어 함수 중 한 문자를 입력받을 때 사용하는 함수로 가장 적절한 것은?

① getchar( )
② inputs( )
③ puts( )
④ putchar( )

C언어의 입출력 함수

입력		출력	
scanf( )	형식화된 입력	printf( )	형식화된 출력
gets( )	문자열 입력	puts( )	문자열 출력
getchar( )	한 문자 입력	putchar( )	한 문자 출력

31 HTML 문서의 〈FONT〉 태그에서 사용할 수 있는 속성이 아닌 것은?

① size
② color
③ input
④ face

input 태그는 사용자로부터 정보를 받아들이는 용도로 글꼴 태그와는 관련이 없다.

32 프레임워크(Framework)에 대한 설명으로 옳은 것은?

① 소프트웨어 구성에 필요한 기본 구조를 제공함으로써 재사용이 가능하게 해준다.
② 소프트웨어 개발 시 구조가 잡혀있기 때문에 확장이 불가능하다.
③ 소프트웨어 아키텍처(Architecture)와 동일한 개념이다.
④ 모듈화(Modularity)가 불가능하다.

프레임워크(Framework) : 복잡한 소프트웨어 문제를 해결하거나 서술하는 데 필요한 기본 구조를 제공함으로써 재사용이 가능하게 해준다.

33 C언어에서 사용하는 이스케이프 시퀀스에 대한 의미가 옳지 않은 것은?

① \r : carriage return
② \t : tab
③ \n : new title
④ \b : backspace

이스케이프 시퀀스(escape-sequence, 제어 문자 상수)
• '\n' : new line(개행)
• '\r' : carriage return(커서를 맨 앞으로 이동)
• '\a' : bell
• '\f' : form feed(프린트 다음 페이지로 이동)
• '\b' : backspace
• '\t' : tab

34 C언어에서 배열(Array)에 관한 설명으로 틀린 것은?

① 배열의 각 요소를 변수처럼 사용한다.
② 배열의 첨자(Index)는 1부터 시작한다.
③ 배열 요소는 배열명에 첨자를 붙여 표현한다.
④ 배열은 일차원뿐만 아니라 다차원 배열도 만들 수 있다.

C언어 배열의 첨자(Index)는 0부터 시작한다.

정답 29 ② 30 ① 31 ③ 32 ① 33 ③ 34 ②

35 다음 C언어 프로그램이 실행되었을 때의 결과는?

```
#include <stido.h>
int main (int argc, char *argv[]) {
    int a[2][2] = {{11, 22}, {44, 55}};
    int i, sum = 0;
    int *p;
    p = a[0];
    for(i = 1; i < 4; i++)
        sum += *(p + i);
    printf("%d", sum);
    return 0;
}
```

① 55
② 77
③ 121
④ 132

C언어 포인터 변수의 덧셈 연산
- 포인터 변수는 정수와 덧셈과 뺄셈 연산이 가능하다.
- 포인터 변수의 덧셈 연산을 통해 포인터 변수가 가리키는 연속된 메모리 주소 간의 거리를 계산할 수 있다.
- 포인터 변수의 덧셈 시 주소의 변량 = 자료형의 크기 * 정수
- p = a[0];
- int형 2차원 배열 a의 0행의 시작 주소를 포인터 변수에 저장한다. (예를 들어 int형 2차원 배열 a의 시작 주소를 1000번지라고 가정한다.)
- int형 변수는 4byte 크기이므로 2차원 배열 a에 16(4*2*2)byte 크기의 연속된 메모리 공간이 할당된다.

p+0 →	1000번지	a[0][0]	11	← *(p+0)
p+1 →	1004번지	a[0][1]	22	← *(p+1)
p+2 →	1008번지	a[1][0]	44	← *(p+2)
p+3 →	1012번지	a[1][1]	55	← *(p+3)

- for 반복 명령을 통해 포인터 변수 p로 2차원 배열 a의 요소의 값에 접근하여 변수 sum에 누적 합계를 구한다.

i	p + i	*(p + i)	sum
1	1000 + (4byte*1) = 1004번지	22	22
2	1000 + (4byte*2) = 1008번지	44	66
3	1000 + (4byte*3) = 1012번지	55	121

- 포인터 연산자 *는 주소(번지)의 내용을 참조하는 연산자이다.

---

36 기존의 HTML은 웹 문서를 다양하게 설계하고 수시로 변경하는 데 많은 제약이 따른다. 이를 보완하기 위해 만들어진 것은?

① CGI
② JAVA
③ DHTML
④ CSS

CSS(Cascading Style Sheet)
- HTML과 함께 웹을 구성하는 기본 프로그래밍 요소이다.
- HTML이 텍스트나 이미지, 표와 같은 구성 요소를 웹 문서에 넣어 뼈대를 만드는 것이라면 CSS는 색상이나 크기, 이미지 크기나 위치, 배치 방법 등 웹 문서의 디자인 요소를 담당한다.

---

37 다음 중 디자인 패턴 구조의 종류가 아닌 것은?

① Context
② Abstract
③ Problem
④ Solution

디자인 패턴 구조의 종류 : Context, Problem, Solution

---

38 변수의 유형 중 메소드 내에서 선언된 변수로서 멤버 변수와 동일한 이름을 가질 수 있으며 지역적으로 우선일 때 사용되는 것은?

① 속성 변수
② 인스턴스 변수
③ 매개 변수
④ 지역 변수

매개 변수는 메소드에 인자로 전달되는 값을 받기 위한 변수로서 메소드 내에서는 지역 변수처럼 사용된다.

정답 35 ③ 36 ④ 37 ② 38 ④

39 자바스크립트의 특징으로 틀린 것은?

① 객체지향 프로그램 언어로 내장 객체를 사용한다.
② HTML 내에 삽입되어 홈페이지에 다양한 효과를 줄 수 있다.
③ 대소문자를 구별하지 않는다.
④ alert( )는 자바스크립트 내장 함수이다.

자바스크립트는 대소문자를 구분하는 언어이다.

40 소프트웨어 품질 관련 국제 표준인 ISO/IEC 25000에 관한 설명으로 옳지 않은 것은?

① 소프트웨어 품질 평가를 위한 소프트웨어 품질 평가 통합모델 표준이다.
② System and Software Quality Requirements and Evaluation으로 줄여서 SQuaRE라고도 한다.
③ ISO/IEC 2501n에서는 소프트웨어의 내부 측정, 외부 측정, 사용 품질 측정, 품질 측정 요소 등을 다룬다.
④ 기존 소프트웨어 품질 평가 모델과 소프트웨어 평가 절차 모델인 ISO/IEC 9126과 ISO/IEC 14598을 통합하였다.

ISO/IEC 25000
- 기존 소프트웨어 품질 평가 모델과 소프트웨어 평가 절차 모델인 ISO/IEC 9126과 ISO/IEC 14598을 통합하였다.
- 2500n, 2501n, 2502n, 2503n, 2504n의 다섯 가지 분야로 나눌 수 있고, 확장 분야인 2505n이 있다.
- 2501n(9126-2, 품질 모형) : 품질 모델 및 품질 사용
- 2503n(9126-3, 품질 측정) : 매트릭을 통한 측정 방법 제시

3과목 데이터베이스 활용

41 다음 중 데이터 종속성의 종류에 해당하지 않는 것은?

① 함수 종속
② 다가 종속
③ 조인 종속
④ 관계 종속

데이터 종속성의 종류 : 함수 종속, 다개(다치) 종속, 조인 종속

42 데이터베이스에서 함수 종속이 주어졌을 때 해당 함수 종속으로부터 추론 가능한 모든 속성의 집합을 의미하는 것은?

① 결정자   ② 종속자
③ 폐포   ④ 식별자

문제는 폐포(Closer)에 관한 내용이다.

43 다음은 무엇에 대한 설명인가?

> It is minimal subset of attributes in a relation which uniquely identifies each tuple in the relation. It is designated as the primary.

① Super Key
② Foreign Key
③ Alternative Key
④ Candidate Key

> 이것은 각 튜플을 고유하게 식별하는 최소의 하위 집합이다. 이것은 기본적으로 지정되어 있다.

후보키(Candidate Key)에 대한 설명으로 후보키는 모든 튜플들을 유일하게 식별할 수 있는 하나 또는 몇 개의 속성 집합을 의미한다. 유일성과 최소성 모두 만족한다.

오답 피하기
슈퍼키(Super Key)는 두 개 이상의 속성으로 구성된 기본키이다.

44 관계 해석에서 'for all : 모든 것에 대하여'라는 의미를 나타내는 논리 기호는?

① ∃ ② ∈
③ ∀ ④ ∪

관계해석 자유변수
- ∀ : "for all(모든 것에 대하여)", 전칭 정량자(Universal quantifier)
- ∃ : "There exists", "For Some", 존재 정량자(Existential quantifier)

45 데이터베이스 언어 중 DDL의 기능이 아닌 것은?

① 논리적, 물리적 데이터 구조의 정의
② 데이터 회복과 병행 수행 제어
③ 논리적 데이터 구조와 물리적 데이터 구조의 사상 정의
④ 데이터베이스 정의 및 수정

데이터 회복과 병행 수행 제어는 DCL의 기능이다.

46 데이터웨어하우스의 기본적인 OLAP(On-Line Analytical Processing) 연산이 아닌 것은?

① translate
② roll-up
③ dicing
④ drill-down

OLAP(On-Line Analytical Processing) 연산의 종류 : roll-up, drill-down, dicing, slicing

47 데이터 모델의 종류 중 CODASYL DBTG 모델과 가장 밀접한 관계가 있는 것은?

① 계층형 데이터 모델
② 네트워크형 데이터 모델
③ 관계형 데이터 모델
④ 스키마형 데이터 모델

네트워크형 데이터 모델 : 데이터베이스를 그래프(Graph) 구조로 표현 (오너-멤버 관계), CODASYL DBTG 모델이라고도 한다.

48 다음과 같이 레코드가 구성되어 있을 때, 이진 검색 방법으로 14를 찾을 경우 비교되는 횟수는?

| 1 2 3 4 5 6 7 8 9 10 11 12 13 14 15 |

① 2번 ② 3번
③ 4번 ④ 5번

- 1단계 : 14가 8보다 크므로 Low를 9로 설정
- 2단계 : 14가 12보다 크므로 Low를 13으로 설정
- 3단계 : 14와 14와 같으므로 검색 완료

오답 피하기
이분 검색 방법
① 대상 범위의 첫 번째 원소의 위치를 Low로, 마지막 원소의 위치를 High로 두고서 그 중간 원소의 위치를 Mid를 (Low+High)/2로 구한다.
② 찾고자 하는 Key와 중간값을 비교한다.
③ Key > 중간값 : Low를 (Mid+1)로 두고서 계속 수행
   Key < 중간값 : High를 (Mid-1)로 두고서 계속 수행
   Key = 중간값 : 검색 완료

49 제2정규형에서 제3정규형이 되기 위한 조건은?

① 이행적 함수 종속 제거
② 부분적 함수 종속 제거
③ 다치 종속 제거
④ 결정자이면서 후보키가 아닌 것 제거

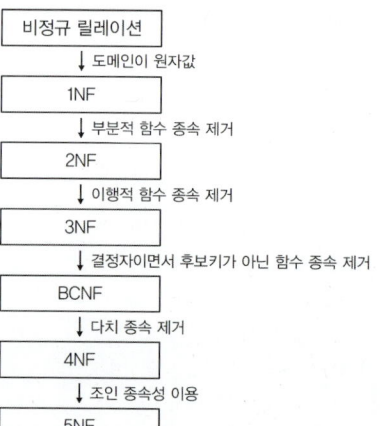

정답 44③ 45② 46① 47② 48② 49①

50 데이터베이스 설계 단계 중 응답시간, 저장 공간의 효율화, 트랜잭션 처리도와 가장 밀접한 관계가 있는 것은?

① 물리적 설계
② 논리적 설계
③ 개념적 설계
④ 요구조건 분석

물리적 설계 : 목표 DBMS에 종속적인 물리적 구조 설계, 저장 레코드 양식 설계, 레코드 집중의 분석/설계, 접근 경로 설계, 트랜잭션 세부 설계

51 개체-관계(Entity-Relationship) 모델을 최초로 제안한 사람은?

① P. Chen
② E. F Codd
③ Bill Gates
④ Lawrence J. Ellison

개체-관계(Entity-Relationship) 모델은 E-R 다이어그램으로 표현하며 P. Chen이 제안했다.

52 테이블 두 개를 조인하여 뷰 V_1을 정의하고, V_1을 이용하여 뷰 V_2를 정의하였다. 다음 명령을 수행한 결과로 옳은 것은?

```
DROP VIEW V_1 CASCADE;
```

① V_1만 삭제된다.
② V_2만 삭제된다.
③ V_1과 V_2 모두 삭제된다.
④ V_1과 V_2 모두 삭제되지 않는다.

CASCADE vs RESTRICT
- DROP View : View_이름 [CASCADE | RESTRICT];
- CASCADE : 삭제할 요소가 다른 개체에서 참조 중이라도 삭제가 수행된다. 즉, V_1 하위에 연결된 V_2도 같이 삭제된다.

오답 피하기
RESTRICT : 삭제할 요소가 다른 개체에서 참조 중일 경우 삭제가 취소된다.

53 다음 중 반정규화 사용 시기가 아닌 것은?

① 정규화에 충실하였으나 수행속도에 문제가 발생한 경우
② 다량의 범위를 자주 처리해야 하는 경우
③ 요약 자료만 주로 요구되는 경우
④ 데이터베이스 전체 범위 데이터를 골고루 자주 처리하는 경우

반정규화 사용 시기
- 정규화에 충실하였으나 수행속도에 문제가 발생한 경우
- 다량의 범위를 자주 처리해야 하는 경우
- 요약 자료만 주로 요구되는 경우
- 특정 범위의 데이터만 자주 처리하는 경우
- 처리 범위를 줄이지 않고는 수행속도를 개선할 수 없는 경우
- 추가된 테이블의 처리를 위한 오버헤드를 고려하여 결정
- 인덱스의 조정이나 부분 범위 처리로 유도하고, 클러스터링을 이용하여 해결할 수 있는지를 검토 후 결정

54 데이터베이스 설계 단계 중 물리적 설계에서 옵션 선택 시 고려사항으로 거리가 먼 것은?

① 스키마의 평가 및 정제
② 응답 시간
③ 저장 공간의 효율화
④ 트랜잭션 처리율

논리적 설계	• 목표 DBMS에 종속적인 논리적 스키마 설계 및 스키마의 평가 및 정제 • 논리적 데이터 모델로 변환 및 트랜잭션 인터페이스 설계
물리적 설계	• 목표 DBMS에 종속적인 물리적 구조 설계 • 저장 레코드 양식 설계와 레코드 집중의 분석/설계, 엑세스 경로 인덱싱, 클러스터링, 해싱 등의 설계

정답 50 ① 51 ① 52 ③ 53 ④ 54 ①

55
트랜잭션(Transaction)은 보통 일련의 연산 집합이란 의미로 사용하며 하나의 논리적 기능을 수행하는 작업의 단위이다. 트랜잭션이 가져야 할 특성으로 거리가 먼 것은?

① Atomicity ② Concurrency
③ Isolation ④ Durability

트랜잭션의 특성
- 원자성(Atomicity) : 트랜잭션의 연산은 데이터베이스에 모두 반영되든지, 아니면 전혀 반영되지 않아야 한다.
- 일관성(Consistency) : 트랜잭션이 그 실행을 성공적으로 완료하면 언제나 일관성 있는 데이터베이스 상태로 변환한다.
- 격리성(Isolation, 고립성) : 둘 이상의 트랜잭션이 동시에 병행 실행되는 경우 어느 하나의 트랜잭션 실행 중에 다른 트랜잭션의 연산이 끼어들 수 없다.
- 영속성(Durability, 지속성) : 트랜잭션에 의해서 생성된 결과는 계속 유지되어야 한다.

56 다음 트리의 중위 순회 결과는?

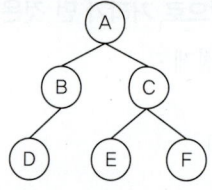

① A B D C E F
② D B A E C F
③ A B C D E F
④ D B E F C A

- 각 그룹을 운행한 뒤 그 결과를 합쳐 본다.

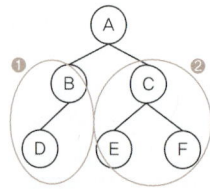

- LEFT – ROOT – RIGHT
  - ❶ A ❷
  - ❶ : D B
  - ❷ : E C F
- D B A E C F

57 다음 문장의 (　) 안 내용으로 공통 적용될 수 있는 가장 적절한 내용은 무엇인가?

"관계형 데이터 모델에서 한 릴레이션의 (　)(은)는 참조되는 릴레이션의 기본키와 대응되어 릴레이션 간에 참조 관계를 표현하는 데 사용되는 중요한 도구이다. (　)(을)를 포함하는 릴레이션이 참조하는 릴레이션이 되고, 대응되는 기본키를 포함하는 릴레이션이 참조 릴레이션이 된다."

① 후보키(Candidate Key)
② 대체키(Alternate Key)
③ 외래키(Foreign Key)
④ 슈퍼키(Super Key)

두 릴레이션에서 참조되는 릴레이션의 기본키와 대응되어 릴레이션 간의 참조 관계를 표현하는 데 사용되는 키는 외래키이다.

58 데이터베이스 정의에 해당되는 내용을 모두 나열한 것은?

㉠ Shared Data
㉡ Distributed Data
㉢ Stored Data
㉣ Operational Data

① ㉠, ㉡
② ㉠, ㉡, ㉢
③ ㉠, ㉢, ㉣
④ ㉠, ㉡, ㉢, ㉣

데이터베이스의 정의
- 통합된 데이터(Integrated Data)
- 저장된 데이터(Stored Data)
- 운영 데이터(Operational Data)
- 공용 데이터(Shared Data)

59 다음 자료를 버블 정렬을 이용하여 오름차순으로 정렬할 경우 PASS 2의 결과는?

> 9, 6, 7, 3, 5

① 6, 3, 5, 7, 9
② 3, 5, 6, 7, 9
③ 6, 7, 3, 5, 9
④ 3, 5, 9, 6, 7

오름차순 버블 정렬 시 매 회전마다 마지막 값이 가장 큰 값이 된다.
- 0 pass : 9, 6, 7, 3, 5
- 1 pass : 6, 7, 3, 5, 9
- 2 pass : 6, 3, 5, 7, 9
- 3 pass : 3, 5, 6, 7, 9

60 힙 정렬에 대한 설명으로 틀린 것은?

① 정렬한 입력 레코드들로 힙을 구성하고 가장 큰 키값을 갖는 루트 노드를 제거하는 과정을 반복하여 정렬하는 기법이다.
② 평균 수행 시간복잡도는 $O(n\log_2 n)$이다.
③ 입력 자료의 레코드를 완전이진트리(Complete Binary Tree)로 구성한다.
④ 최악의 수행 시간복잡도는 $O(2n^4)$이다.

최악의 수행 시간복잡도는 $O(\log_2 n)$이다.

정보처리산업기사 필기 실전 모의고사 03회

시험 일자	문항 수	시험 시간
년 월 일	총 60문항	1시간 30분

수험번호 : _____
성   명 : _____

1과목 정보시스템 기반 기술

01 User Interface 설계 시 오류 메시지나 경고에 관한 지침으로 가장 거리가 먼 것은?

① 메시지는 이해하기 쉬워야 한다.
② 오류로부터 회복을 위한 구체적인 설명이 제공되어야 한다.
③ 오류로 인해 발생될 수 있는 부정적인 내용을 적극적으로 사용자들에게 알려야 한다.
④ 소리나 색의 사용을 줄이고 텍스트로만 전달하도록 한다.

오류 메시지는 사용자가 쉽게 이해할 수 있도록 소리, 색 등을 사용하여 전달한다.

02 파일 디스크립터(File Descriptor)에 대한 설명으로 틀린 것은?

① 파일 디스크립터의 내용에는 파일의 ID 번호, 디스크 내 주소, 파일 크기 등에 대한 정보가 수록된다.
② 파일이 엑세스되는 동안 운영체제가 관리 목적으로 알아야 할 정보를 모아 놓은 자료 구조이다.
③ 해당 파일이 Open되면 FCB(File Control Block)가 메모리에 올라와야 한다.
④ 모든 시스템에 동일한 자료 구조를 갖는다.

파일 디스크립터(File Descriptor)
• 파일을 관리하기 위해 필요한 파일에 대한 정보를 갖고 있는 제어 블록이다.
• 파일 제어 블록(FCB, File Control Block)이라고도 한다.
• 파일마다 독립적으로 존재하며, 시스템에 따라 다른 구조를 가질 수 있다.
• 대개 보조기억장치에 저장되어 있다가 해당 파일이 열릴(Open) 때 주기억장치로 옮겨진다.
• 파일 시스템이 관리하므로 사용자가 직접 참조할 수 없다.

정답 01 ④ 02 ④

03 다음의 페이지 참조 열(Page reference string)에 대해 페이지 교체 기법으로 FIFO를 사용할 경우 페이지 폴트 횟수는? (단, 할당된 페이지 프레임 수는 3이고, 처음에는 모든 프레임이 비어 있음)

> 페이지 참조 열 : 7, 0, 1, 2, 0, 3, 0, 4, 2, 3, 0, 3, 2, 1, 2, 0, 1, 7, 0, 1

① 6
② 12
③ 15
④ 20

FIFO(First In First Out, 선입선출) 알고리즘
- 가장 먼저 적재된 페이지를 먼저 교체하는 기법이다.
- 구현이 간단하다.

참조 페이지	7	0	1	2	0	3	0	4	2	3	0	3	2	1	2	0	1	7	0	1
프레임 1	7	7	7	2	2	2	2	4	4	4	0	0	0	0	0	0	0	7	7	7
프레임 2		0	0	0	0	3	3	3	2	2	2	2	1	1	1	1	1	0	0
프레임 3			1	1	1	1	0	0	0	3	3	3	3	2	2	2	2	2	1
페이지 부재	•	•	•	•		•	•	•		•	•			•		•	•	•		•

04 다음 중 애자일(Agile) 소프트웨어 개발에 대한 설명으로 틀린 것은?

① 공정과 도구보다 개인과의 상호작용을 더 가치 있게 여긴다.
② 동작하는 소프트웨어보다는 포괄적인 문서를 가치 있게 여긴다.
③ 계약 협상보다는 고객과의 협력을 가치 있게 여긴다.
④ 계획을 따르기보다 변화에 대응하기를 가치 있게 여긴다.

포괄적 문서보다는 실제 동작하는 소프트웨어에 중심을 둔다.

05 다중 처리기 운영체제 구성 중 주/종(Master/Slave) 처리기 시스템에 대한 설명으로 옳지 않은 것은?

① 주 프로세서는 입/출력과 연산을 담당한다.
② 종 프로세서는 입/출력 위주의 작업을 처리한다.
③ 주 프로세서만이 운영체제를 수행한다.
④ 주 프로세서에 문제가 발생하면 전 시스템이 멈춘다.

주/종(Master/Slave) 처리기
- 하나의 프로세서를 Master(주) 프로세서로 지정하고, 나머지는 Slave(종) 프로세서로 지정하는 구조
- 주 프로세서 : 운영체제 수행, 입·출력과 연산 담당
- 종 프로세서 : 연산만 담당하고, 입·출력 발생 시 주 프로세서에게 요청함
- 주 프로세서에 문제가 발생하면 전체 시스템이 멈춤

06 다음 설명에 해당되는 소프트웨어는?

> - 개발해야 할 애플리케이션의 일부분이 이미 내장된 클래스 라이브러리로 구현이 되어 있다.
> - 따라서, 그 기반이 되는 이미 존재하는 부분을 확장 및 이용하는 것으로 볼 수 있다.
> - JAVA 기반의 대표적인 소프트웨어로는 스프링(Spring)이 있다.

① 전역 함수 라이브러리
② 소프트웨어 개발 프레임워크
③ 컨테이너 아키텍처
④ 어휘 분석기

소프트웨어 개발 프레임워크(Framework)
- 소프트웨어 개발에 공통적으로 사용되는 구성 요소와 아키텍처를 일반화하여 손쉽게 구현할 수 있도록 여러가지 기능들을 제공해주는 반제품 형태의 소프트웨어 시스템이다.
- 소프트웨어 개발 프레임워크의 주요 기능 : 예외 처리, 트랜잭션 처리, 메모리 공유, 데이터 소스 관리, 서비스 관리, 쿼리 서비스, 로깅 서비스, 사용자 인증 서비스

07 인터페이스 구현 시 사용하는 기술로 속성-값 쌍(Attribute-Value Pairs)으로 이루어진 데이터 오브젝트를 전달하기 위해 사용하는 개방형 표준 포맷은?

① JSON
② HTML
③ AVPN
④ DOF

JSON(JavaScript Object Notation)
• 속성-값 쌍(Attribute-Value Pairs)으로 이루어진 데이터 오브젝트를 전달하기 위해 사용하는 개방형 표준 포맷이다.
• AJAX(Asynchronous Javascript and XML)에서 많이 사용되고 XML을 대체하는 주요 데이터 포맷이다.
• 언어 독립형 데이터 포맷으로 다양한 프로그래밍 언어에서 사용되고 있다.

08 명백한 역할을 가지고 독립적으로 존재할 수 있는 시스템의 부분으로 넓은 의미에서 재사용되는 모든 단위라고 볼 수 있으며 인터페이스를 통해서만 접근할 수 있는 것은?

① Model
② Sheet
③ Component
④ Cell

컴포넌트(Component)
• SW 시스템에서 독립적인 업무 또는 기능을 수행하는 모듈로 교체가 가능한 부품이다.
• 모듈화로 생산성을 향상했으나 모듈의 소스코드 레벨의 재활용으로 인한 한계성을 극복하기 위하여 등장하였다.
• 인터페이스를 통해서 연결된다.

09 내부 인터럽트의 원인이 아닌 것은?

① 정전
② 불법적인 명령의 실행
③ Overflow 또는 0(Zero)으로 나누는 경우
④ 보호 영역 내의 메모리 주소를 Access하는 경우

정전은 외부 인터럽트에 해당한다.

10 회선교환 방식에 대한 설명으로 거리가 먼 것은?

① 속도나 코드 변환이 용이하다.
② 점대점 방식의 전송구조를 갖는다.
③ 접속에는 긴 시간이 소요되나 전송지연은 거의 없다.
④ 고정적인 대역폭을 갖는다.

회선교환망
• 회선교환 방식을 적용. 교환기를 통해 통신회선을 설정하여 직접 데이터를 교환하는 통신망으로 실시간 대화용이다.
• 단말장치가 일대일 정보 전송이 가능하며 메시지를 저장하지 않는다.
• 속도나 코드 변환이 어렵다.
• 점대점 방식의 전송구조를 갖는다.
• 접속에는 긴 시간이 소요되나 전송지연은 거의 없다.
• 고정적인 대역폭을 갖는다.

11 HDLC의 프레임 구조에 포함되지 않는 것은?

① 스타트 필드(Start Field)
② 플래그 필드(Flag Field)
③ 주소 필드(Address Field)
④ 제어 필드(Control Field)

HDLC 구조

| FLAG | ADDRESS | CONTROL | INFORMATION | FCS | FLAG |

12 아날로그 데이터를 디지털 신호로 변환하는 대표적인 PCM(Pulse Code Modulation) 변조 방식의 과정은?

① 표본화 → 양자화 → 부호화 → 복호화
② 표본화 → 부호화 → 복호화 → 양자화
③ 표본화 → 부호화 → 양자화 → 복호화
④ 표본화 → 복호화 → 부호화 → 양자화

PCM 순서 : 표본화 → 양자화 → 부호화 → 복호화 → 여과기

13 소프트웨어 아키텍처와 관련한 설명으로 틀린 것은?

① 파이프 필터 아키텍처에서 데이터는 파이프를 통해 양방향으로 흐르며, 필터 이동 시 오버헤드가 발생하지 않는다.
② 외부에서 인식할 수 있는 특성이 담긴 소프트웨어의 골격이 되는 기본 구조로 볼 수 있다.
③ 데이터 중심 아키텍처는 공유 데이터 저장소를 통해 접근자 간의 통신이 이루어지므로 각 접근자의 수정과 확장이 용이하다.
④ 이해 관계자들의 품질 요구사항을 반영하여 품질 속성을 결정한다.

파이프 필터 아키텍처 : 상태 정보 공유를 위해 비용이 소요되며, 데이터 변환에 오버헤드가 발생할 수 있다.

14 다음이 설명하고 있는 것은?

- 디지털 변조에서 디지털 데이터를 아날로그 신호로 변환시키는 것을 말한다.
- ASK, FSK, PSK와 같이 3가지 방식이 있다.

① Carrier
② Manchester
③ Keying
④ Converter

변조(Keying)에 대한 설명이다.

오답 피하기
- ASK(진폭편이변조) : 반송파로 사용되는 정현파의 진폭에 정보를 싣는 변조 방식
- FSK(주파수편이변조) : 반송파로 사용되는 정현파의 주파수에 정보를 실어 보내는 디지털 변조 방식
- PSK(위상편이변조) : 반송파로 사용하는 정현파의 위상에 정보를 실어 보내는 변조 방식

15 가상 회선 패킷교환 방식에 대한 설명으로 옳은 것은?

① 수신은 송신된 순서대로 패킷이 도착한다.
② 우회 경로로 패킷을 전달할 수 있어 신뢰성이 높다.
③ 비연결형 서비스 방식이다.
④ 먼저 전송했더라도 최적의 경로를 찾지 못하면 나중에 전송한 데이터보다 늦게 도착할 수 있다.

가상 회선 방식	• 단말기 간에 논리적인 가상회선을 미리 설정하여 송신측과 수신측 사이의 연결을 확립한 후에 설정된 경로로 패킷들을 발생 순서대로 전송하는 연결 지향형 방식이다. • 모든 패킷은 같은 경로로 전송되므로 경로 설정이 필요 없다.
데이터그램 방식	• 데이터를 패킷 단위로 나누어 특정 경로의 설정 없이 전송되는 방식이다. • 패킷마다 전송 경로가 다르다. • 네트워크의 상황에 따라 적절한 경로로 전송되므로 융통성이 좋다.

16 IEEE 802.3 LAN에서 사용되는 전송매체 접속 제어(MAC) 방식은?

① CSMA/CD
② Token Bus
③ Token Ring
④ Slotted Ring

IEEE 802의 표준 규격

802.1	상위 계층 인터페이스
802.2	논리 링크 제어(LLC)
802.3	CSMA/CD
802.4	토큰 버스(Token Bus)
802.5	토큰 링(Token Ring)
802.6	MAN
802.8	고속 이더넷(Fast Ethernet)
802.11	무선 LAN
802.15	블루투스

17 객체지향 기법에서 상위 클래스의 메소드와 속성을 하위 클래스가 물려받는 것을 의미하는 것은?

① Abstraction
② Polymorphism
③ Encapsulation
④ Inheritance

상속성(Inheritance)
- 상위 클래스의 모든 속성, 연산을 하위 클래스가 재정의 없이 물려받아 사용하는 것이다.
- 상위 클래스는 추상적 성질을, 자식 클래스는 구체적 성질을 가진다.
- 하위 클래스는 상속받은 속성과 연산에 새로운 속성과 연산을 추가하여 사용할 수 있다.
- 다중 상속 : 다수의 상위 클래스에서 속성과 연산을 물려받는 것이다.

18 RTCP(Real-Time Control Protocol)의 특징으로 옳지 않은 것은?

① Session의 모든 참여자에게 컨트롤 패킷을 주기적으로 전송한다.
② RTCP 패킷은 항상 16비트의 경계로 끝난다.
③ 하위 프로토콜은 데이터 패킷과 컨트롤 패킷의 멀티플렉싱을 제공한다.
④ 데이터 전송을 모니터링하고 최소한의 제어와 인증 기능을 제공한다.

RTCP(Real-Time Control Protocol) 패킷은 항상 32비트의 경계로 끝난다.

19 테스트와 디버그의 목적으로 옳은 것은?

① 테스트는 오류를 찾는 작업이고 디버깅은 오류를 수정하는 작업이다.
② 테스트는 오류를 수정하는 작업이고 디버깅은 오류를 찾는 작업이다.
③ 둘 다 소프트웨어의 오류를 찾는 작업으로 오류 수정은 하지 않는다.
④ 둘 다 소프트웨어 오류의 발견, 수정과 무관하다.

테스트는 오류를 찾는 작업이고, 디버깅은 오류를 수정하는 작업이다.

20 점대점 링크를 통하여 인터넷 접속에 사용되는 프로토콜인 PPP(Point to Point Protocol)에 대한 설명으로 옳지 않은 것은?

① 재전송을 통한 오류 복구와 흐름 제어 기능을 제공한다.
② LCP와 NCP를 통하여 유용한 기능을 제공한다.
③ IP 패킷의 캡슐화를 제공한다.
④ 동기식과 비동기식 회선 모두를 지원한다.

PPP(Point to Point Protocol)
• 인터넷 접속에 사용되는 IETF의 표준 프로토콜이다.
• LCP와 NCP를 통하여 유용한 기능을 제공한다.
• IP 패킷의 캡슐화를 제공한다.
• 비동기식 링크도 지원해야 하기 때문에 프레임은 반드시 바이트의 정수 배가 되어야 한다.
• PPP는 동기식과 비동기식 회선 모두를 지원한다.
• 오류 검출만 제공되며, 재전송을 통한 오류 복구와 흐름 제어 기능은 제공되지 않는다.
• 주로 두 개의 라우터를 접속할 때 사용된다.

2과목 프로그래밍 언어 활용

21 다음 프로그래밍 시스템이나 가상기억장치를 사용하는 시스템에서 너무 자주 페이지 교체가 일어나서 시스템의 심각한 성능 저하를 초래하는 현상을 무엇이라고 하는가?

① Interrupt
② Deadlock
③ Thrashing
④ Working Set

• 스래싱(Thrashing) : 페이지 부재가 계속 발생되어 프로세스가 수행되는 시간보다 페이지 교체에 소비되는 시간이 더 많은 현상
• 워킹 셋(Working Set) : 프로세스를 효과적으로 실행하기 위하여 주기억 장치에 유지되어야 하는 페이지들의 집합

22 프로그래밍 언어에서 수명 시간 동안 고정된 하나의 값과 이름을 가진 자료로서 프로그램이 동작하는 동안 값이 절대로 바뀌지 않는 것을 의미하는 것은?

① Constant
② Variable
③ Reserved work
④ Annotation

상수(Constant) : 프로그램이 동작하는 동안 값이 절대로 변하지 않는 값을 의미한다.

23 다음 중 스크립트 언어의 특징이 아닌 것은?

① 인터프리터 언어이다.
② 단순한 구문을 갖는다.
③ 컴파일된 프로그램보다 실행 시간이 빠르다.
④ 빠르게 배우고 작성하기 위해 고안되었다.

스크립트 언어는 컴파일된 프로그램보다 실행 시간이 오래 걸린다.

오답 피하기
스크립트 언어는 컴파일러보다 빠르게 번역할 수 있지만, 작성된 프로그램을 실행할 때에는 컴파일러로 작성된 프로그램보다 실행 속도가 느리다.

24 어휘 분석의 주된 역할은 원시 프로그램을 하나의 긴 스트링으로 보고 문자 단위로 스캐닝하여 문법적으로 의미 있는 일련의 문자들로 분할해 내는 것이다. 이때 분할된 문법적인 단위를 무엇이라고 하는가?

① 토큰
② 오토마타
③ BNF
④ 모듈

토큰 : 어휘 분석 단계에서 원시 프로그램을 하나의 긴 스트링으로 보고 문자 단위로 스캐닝하여 문법적으로 의미 있는 일련의 문자들로 분할해 내는 문법적인 단위를 의미한다.

25 (A+B)*(C−D)를 전위(Prefix) 표기법으로 변환한 것은?

① AB+CD−*
② *+AB−CD
③ +*−ABCD
④ +−AB*CD

1. 연산자 우선순위대로 ( )로 묶는다. → ((A+B)*(C−D))
2. ( ) 앞으로 연산자를 옮긴다. → *(+(AB)−(CD))
3. ( )를 제거한다. → *+AB−CD

26 다음 중 화면 설계서 유형에 해당하지 않는 것은?

① 파워포인트　② 스토리보드
③ 스프레드시트　④ 와이어 프레임

화면 설계서 유형 : 파워포인트, 스토리보드, 와이어 프레임, 목업

27 다음 C언어 프로그램이 실행되었을 때의 결과는?

```
#include <stdio.h>
int main(int argc, char *argv[]) {
    int a = 4;
    int b = 7;
    int c = a | b;
    printf("%d", c);
    return 0;
}
```

① 3　　　　　② 4
③ 7　　　　　④ 10

- 변수 a와 b의 4, 7을 (2진수)비트 연산자 |(OR)로 연산한다.
- 비트 연산자는 2진수로 변환 후 계산한다.
- OR 연산자는 두 비트 중 1개라도 1이면 1이 출력된다.

　　　0100 (4)
OR) 0111 (7)
　　　0111 (7)

- 변수 0111는 "%d" 출력형식 지정문자에 의해 10진수로 변환하면 7이 되어 출력된다.

28 HTML에 대한 설명으로 틀린 것은?

① HTML 언어는 W3C를 기반으로 한다.
② HTML은 Hyper Text Marking Language의 약자이다.
③ 확장자는 html 또는 htm이다.
④ HTML은 태그(Tag)로 구성되어 있다.

HTML은 Hyper Text Markup Language의 약자이다.

29 고급 언어로 작성된 프로그램을 구문 분석하여 파서에 의하여 생성되는 결과물로 각각의 문장을 문법구조에 따라 트리 형태로 구성한 것은?

① 구조 트리
② 어휘 트리
③ 파스 트리
④ 중간 트리

파스 트리(Parse Tree)
- 고급 언어로 작성된 프로그램을 구문 분석하여 그 문장의 구조를 트리로 표현한 것으로 루트, 중간, 단말 노드로 구성된다.
- 어떤 표현이 BNF에 의해 바르게 작성되었는지 확인하기 위해 만드는 트리이다.
- 문법의 시작 기호로부터 적합한 생성 규칙을 적용할 때마다 가지치기가 이루어진다.
- 트리의 모든 가지 터미널로 유도되어 가지치기가 끝난 상태의 트리를 파스 트리라 한다.
- 파스 트리가 존재하면 주어진 BNF에 의해 올바르게 작성되었음을 의미한다.

30 주기억장치 배치 전략에서 입력된 프로그램을 수용할 수 있는 공간 중 가장 큰 공백에 할당하는 전략은?

① Large-Fit　② Worst-Fit
③ Best-Fit　　④ First-Fit

주기억장치 배치 전략
- 최초 적합(First-Fit) : 적재 가능한 공간 중에서 첫 번째 공간에 배치하는 방식이다.
- 최적 적합(Best-Fit) : 단편화 공간이 가장 작게 발생하는 공간에 배치하는 방식이다.
- 최악 적합(Worst-Fit) : 단편화 공간이 가장 크게 발생하는 공간에 배치하는 방식이다.

31 HTML 문서 안에 포함하여 작동하는 서버측 스크립트 언어로 리눅스 운영체제에 아파치 웹 서버를 설치하고 MySQL 환경에서 주로 사용되는 스크립트 언어는?

① JavaScript ② JSP
③ PHP ④ Python

PHP : 서버용 스크립트 언어로, 웹 페이지를 제작하는 데 많이 사용함

오답 피하기
- JavaScript : 클라이언트용 스크립트 언어로, 웹 페이지의 동작을 제어하며 클래스가 존재하지 않고 변수 선언이 필요 없음
- JSP : Java로 만들어진 서버용 스크립트 언어로, 다양한 운영체제에서 사용 가능함
- Python : 서버 스크립트 언어로, 객체지향을 지원하는 대화형 인터프리터 언어

32 다음 중 Java에서 사용하는 기본형 타입은?

① 배열형 ② 논리형
③ 클래스형 ④ 인터페이스형

JAVA 기본 데이터 타입 : 8개의 기본 데이터 타입(Primitive data types)
- 정수 타입 : byte, short, int, long
- 부동 소수점 타입 : float, double
- 부울(논리) 데이터 타입 : boolean
- 문자 데이터 타입 : char

33 설계 기법 중 하향식 설계 방법과 상향식 설계 방법에 대한 비교 설명으로 가장 옳지 않은 것은?

① 하향식 설계에서는 통합 검사 시 인터페이스가 이미 정의되어 있어 통합이 간단하다.
② 하향식 설계에서 레벨이 낮은 데이터 구조의 세부 사항은 설계 초기 단계에서 필요하다.
③ 상향식 설계는 최하위 수준에서 각각의 모듈들을 설계하고 이러한 모듈이 완성되면 이들을 결합하여 검사한다.
④ 상향식 설계에서는 인터페이스가 이미 성립되어 있지 않더라도 기능 추가가 쉽다.

상향식 설계는 가장 기본적인 컴포넌트를 먼저 설계한 뒤 이것을 사용하는 상위 수준의 컴포넌트를 설계하므로 기능 추가가 어렵다.

34 C언어에서 사용하는 기억 클래스에 해당하지 않는 것은?

① Static ② Register
③ Internal ④ Auto

C언어의 기억 클래스
- 자동 변수(Automatic Variable)
- 레지스터 변수(Register Variable)
- 정적 변수(Static Variable)
- 외부 변수(Extern Variable)
- C언어에서 저장 클래스를 명시하지 않은 변수는 기본적으로 자동 변수(Automatic Variable)로 간주한다.

35 다음 C 프로그램에서 최종적으로 출력되는 n, t의 값을 순서대로 나열하면?

```
void main(void) {
    int n = 0, t = 0;
    do
    {
        t += n;
        printf("n=%2d, t=%2d\n", n++, t);
    } while(n<10);
}
```

① 10, 55 ② 9, 45
③ 10, 45 ④ 9, 55

- 반복제어변수 n이 0~9까지 10회 반복처리를 하는 반복구조이다.

t += n;	t = t + n; 복합 연산자 +=에 의해 변수 t는 변수 n의 누적합계를 저장하는 역할을 한다.
printf("n=%2d, t=%2d\n", n++, t);	후위 증가 연산자이므로 실제로 다음과 같은 두 문장의 실행문 처리와 같다. ① printf("n=%2d, t=%2d\n", n, t); ② n = n + 1;

n	0	1	2	3	4	5	6	7	8	9
t	0	1	3	6	10	15	21	28	36	45

36 C++ 객체지향 프로그래밍에서 method의 사용 예시를 가장 옳게 표현한 것은?

① myClass.CountNumber();
② myClass:CountNumber();
③ myClass→:CountNumber();
④ Void COuntNumber();

C++ 메소드 표현 방법
• '객체명.메소드'로 표현한다.
• . 은 멤버(메소드) 접근 연산자이다.

37 아래의 정규 문법으로 생성되는 문장은?

> 정규문법 G : 1. S → aS | aB
> 2. C → a | aC
> 3. B → bC

① aaab ② abc
③ abaa ④ baba

• BNF에서 |는 택일을 의미한다. 제시된 순서에 따라 정규 문법에 맞춰 경우의 수를 찾아보면 된다.

S → aS | aB

• S 는 a로 시작하면서 S로 끝나거나 a로 시작하면서 B로 끝난다. 즉 ④번은 b로 시작하므로 답이 될 수 없다.
• aa, aaa(S재귀) 또는 aBC가 될 수 있다.

C → a | aC

• C는 a로 시작하거나 a로 시작해 C로 끝난다.
• a 또는 aa, aaa(C재귀)이 될 수 있다.

B → bC

• B는 b로 시작해 C로 끝난다.

S → aS | aB를 앞의 C, B에 대입해 찾는다.

• aS → aa, aaa, aaaa가 될 수 있다.
• aB → abC → aba 또는 abaa가 될 수 있다.
• 보기 중 가능한 문법은 abaa이므로 답은 ③이다.

38 JVM 등의 가상머신이 이해할 수 있는 언어는?

① Script ② Byte Code
③ Assembly ④ CPU Code

바이트 코드란 가상머신이 이해할 수 있는 언어이다.

39 다음 빈칸에 알맞은 답은?

> 자바스크립트는 HTML 문서 내에서 태그를 통해 작성되고, 작성되는 위치는 스크립트 태그 영역 이며, (ㄱ) 확장자를 갖는 외부 파일 형태로 작성할 수 있다.

① .js ② .php
③ .css ④ .asp

자바스크립트의 확장자는 .js이다.

40 다음 C언어 프로그램이 실행되었을 때의 결과는?

```
#include <stdio.h>
int main(int argc, char *argv[]) {
    char a;
    a = 'A' + 1;
    printf("%d", a);
    return 0;
}
```

① 1 ② 11
③ 66 ④ 98

C언어의 문자 상수 ASCII 코드값
• char 자료형은 한 개의 문자 상수를 1byte의 공간에 ASCII코드 값으로 저장한다.
• 대문자 'A'의 ASCII코드 값은 01000001으로 10진수 65이다.
• a = 'A' + 1; : 대문자 'A'의 ASCII코드 값(65)과 1을 덧셈한 결과 66을 char형 변수 a에 대문자 'B'의 ASCII코드 값으로 저장한다.
• 출력 결과는 "%d"의 출력형식 지정문자에 의해 10진 정수로 변환되어 콘솔에 66이 출력된다.

3과목 데이터베이스 활용

41 물리적 데이터베이스 설계를 수행할 때 결정할 사항으로 거리가 먼 것은?

① 어떤 인덱스를 만들 것인지에 대한 고려
② 성능 향상을 위한 개념 스키마의 변경 여부 검토
③ 빈번한 질의와 트랜잭션들의 수행속도를 높이기 위한 고려
④ 개념 스키마와 외부 스키마 설계

외부 스키마는 구성 관점의 용어로 ④번 보기 자체가 잘못 구성된 문제이다.

오답 피하기
- 구성 관점 : 외부, 내부 스키마
- 설계 관점 : 개념, 논리 스키마

42 개체-관계 모델에 대한 설명으로 옳지 않은 것은?

① 오너-멤버(Owner-Member) 관계라고도 한다.
② 개체 타입과 이들 간의 관계 타입을 기본 요소로 이용하여 현실 세계를 개념적으로 표현한다.
③ E-R 다이어그램에서 개체 타입은 사각형으로 나타낸다.
④ E-R 다이어그램에서 속성은 타원으로 나타낸다.

오너-멤버(Owner-Member) 관계는 네트워크형 데이터 모델에 관한 설명이다.

43 스택의 자료 삭제 알고리즘이다. ( ) 안에 들어갈 내용으로 가장 적합한 것은? (단, Top : 스택 포인터, S : 스택의 이름)

```
If Top = 0
    Then (      )
Else
    {
        remove S(Top)
        Top = Top-1
    }
```

① Overflow
② Top = Top+1
③ Underflow
④ Top = Top-2

조건문 구조
- if 조건 then 조건 참 결과 else 조건 거짓 결과
- TOP = 0이라는 것은 스택 포인터가 Bottom에 닿아 있다는 것을 의미한다. 즉 스택에 아무 값도 없으면 Under Flow, 그렇지 않으면 스택 포인터를 1씩 감소하라는 명령이다.

44 물리적 저장 장치의 입장에서 본 데이터베이스 구조로서 실제로 데이터베이스에 저장될 레코드의 형식을 정의하고 저장 데이터 항목의 표현 방법, 내부 레코드의 물리적 순서 등을 나타내는 스키마는?

① Relational Schema
② External Schema
③ Conceptual Schema
④ Internal Schema

스키마 3계층

외부 스키마 (External Schema)	사용자나 응용 프로그래머가 접근할 수 있는 정의를 기술한 것이다.
개념 스키마 (Conceptual Schema)	• 범기관적 입장에서 데이터베이스를 정의한 것이다. • 개체 간의 관계와 제약 조건을 나타내고, 데이터베이스 접근 권한, 보안 및 무결성 규칙 명세가 있다.
내부 스키마 (Internal Schema)	데이터의 실제 저장 방법을 기술한 것이다.

정답 41 ④ 42 ① 43 ③ 44 ④

45 다음 postfix로 표현된 연산식의 연산 결과로 옳은 것은?

> 34*56*+

① 35　　　② 42
③ 81　　　④ 360

- 후위식을 중위식으로 변경하여 계산한다.
- 피연산자 2개와 연산자 1개를 괄호로 묶는다. → ((34*)(56*)+)
- 연산자를 피연산자 사이로 이동한다. → ((3*4)+(5*6))=42

46 해싱에서 동일한 홈 주소로 인하여 충돌이 일어난 레코드들의 집합을 의미하는 것은?

① Synonym　　　② Collision
③ Bucket　　　　④ Overflow

Synonym(동의어) : 해싱에서 동일한 홈 주소로 인하여 충돌이 일어난 레코드들의 집합을 말한다. 다시 말해 해싱 함수의 값을 구한 결과 키 K1, K2가 같은 값을 가질 때, 이들 키 K1, K2의 집합을 동의어(Synonym)라고 한다.

47 데이터베이스의 정의 중 다음 설명과 관계되는 것은?

> "조직에서 그 고유의 기능을 수행하기 위해 반드시 유지해야 할 데이터가 있다. 조직의 존재 목적이나 기능을 수행하는 데 없어서는 안 될 데이터의 집합이다."

① Integrated Data
② Stored Data
③ Operational Data
④ Shared Data

문제의 정의는 현재 운영(수행)되고 있는 데이터를 의미하므로 Operational Data를 설명하고 있다.

오답 피하기

데이터베이스의 정의
- 통합된 데이터(Integrated Data)
- 저장된 데이터(Stored Data)
- 운영 데이터(Operational Data)
- 공용 데이터(Shared Data)

48 병행제어의 목적으로 옳지 않은 것은?

① 시스템 활용도 최대화
② 사용자에 대한 응답시간 최소화
③ 데이터베이스 공유 최소화
④ 데이터베이스 일관성 유지

병행제어의 목적
- 데이터베이스 공유 최대화
- 데이터베이스 일관성 최대화
- 시스템 활용도 최대화
- 사용자에 대한 응답시간 최소화

49 데이터 모델의 구성 요소가 아닌 것은?

① 추상적인 개념으로 조직된 구조
② 구성 요소의 연산
③ 구성 요소의 제약 조건
④ 구성 요소들의 저장 인터페이스

데이터 모델의 구성 요소
- 데이터 구조(Structure) : 데이터 구조 및 정적 성질을 표현한다.
- 연산(Operations) : 데이터의 인스턴스에 적용 가능한 연산 명세와 조작 기법을 표현한다.
- 제약 조건(Constraints) : 데이터의 논리적 제한 명시 및 조작의 규칙이다.

50 다음과 같은 트랜잭션의 특성은?

> 시스템이 가지고 있는 고정 요소는 트랜잭션 수행 전과 트랜잭션 수행 완료 후의 상태가 같아야 한다.

① 원자성　　　② 일관성
③ 격리성　　　④ 영속성

일관성(Consistency)
- 시스템의 고정 요소는 트랜잭션 수행 전후가 같아야 한다.
- 트랜잭션 결과는 일관성을 유지해야 한다.
- 트랜잭션 처리 전과 후의 데이터베이스 상태는 같아야 한다. 처리 후라고 해서 구조나 형식이 변경되어서는 안 된다.

오답 피하기

트랜잭션의 ACID 특성 : 원자성(Atomicity), 일관성(Consistency), 격리성(Isolation, 고립성), 영속성(Durability, 지속성)

51 다음 중 주어진 [학생] 테이블을 참조하여 아래의 SQL문을 실행한 결과로 옳은 것은?

```
SELECT AVG(나이) FROM 학생
WHERE 전공 NOT IN ('수학', '회계');
```

[학생] 테이블

학번	전공	학년	나이
100	국사	4	21
150	회계	2	19
200	수학	3	30
250	국사	3	31
300	회계	4	25
350	수학	2	19
400	국사	1	23

① 25 ② 23
③ 21 ④ 19

SELECT AVG(나이) FROM 학생	학생 테이블에서 나이 평균을 계산
WHERE 전공 NOT IN ('수학', '회계');	전공 필드에 수학, 회계를 제외한

학생 테이블에서 전공 필드에 수학, 회계를 제외한 레코드의 평균을 계산한다.

학번	전공	학년	나이
100	국사	4	21
~~150~~	~~회계~~	~~2~~	~~19~~
~~200~~	~~수학~~	~~3~~	~~30~~
250	국사	3	31
~~300~~	~~회계~~	~~4~~	~~25~~
~~350~~	~~수학~~	~~2~~	~~19~~
400	국사	1	23

즉, (21+31+23)/3 = 75/3 = 25

52 뷰(View) 설계 시 사용되는 뷰 문법상 옵션에 대한 설명으로 잘못된 것은?

① OR REPLACE : 같은 이름의 뷰(View)가 존재하면 갱신하는 옵션
② FORCE : 테이블(Table)이 없어도 뷰(View)를 만드는 옵션
③ NOFORCE : 테이블(Table)이 있으면 뷰(View)를 만드는 옵션
④ ALIAS : 뷰(View)의 컬럼 이름을 정하는 옵션

OR REPLACE : 같은 이름의 뷰(View)가 존재하면 새로 만드는 옵션

53 시스템 카탈로그에 대한 설명으로 틀린 것은?

① 시스템 카탈로그의 갱신은 무결성 유지를 위하여 SQL을 이용하여 사용자가 직접 갱신하여야 한다.
② 데이터베이스에 포함되는 데이터 객체에 대한 정의나 명세에 대한 정보를 유지 관리한다.
③ DBMS가 스스로 생성하고 유지하는 데이터베이스 내의 특별한 테이블의 집합체이다.
④ 카탈로그에 저장된 정보를 메타 데이터라고도 한다.

시스템 카탈로그(System Catalog)
- 시스템 자신이 필요로 하는 여러 가지 객체(기본 테이블, 뷰, 인덱스, 데이터베이스, 패키지, 접근 권한 등)에 관한 정보를 포함하고 있는 시스템 데이터베이스이다.
- 데이터 사전(Data Dictionary), 메타 데이터(Meta Data)라고도 한다.
- 시스템 카탈로그 자체도 시스템 테이블로 구성되어 있어 SQL문을 이용하여 내용 검색이 가능하다.
- 사용자가 시스템 카탈로그를 직접 갱신할 수는 없으나 SQL문으로 여러 가지 객체에 변화를 주면 시스템이 자동으로 갱신한다.

54 아래의 SQL문을 실행한 결과는?

[R1 테이블]

학번	이름	학년	학과	주소
1000	홍길동	4	컴퓨터	서울
2000	김철수	3	전기	경기
3000	강남길	1	컴퓨터	경기
4000	오말자	4	컴퓨터	경기
5000	장미화	2	전자	서울

[R2 테이블]

학번	과목번호	성적	점수
1000	C100	A	91
1000	C200	A	94
2000	C300	B	85
3000	C400	A	90
3000	C500	C	75
3000	C100	A	90
4000	C400	A	95
4000	C500	A	91
4000	C100	B	80
4000	C200	C	74
5000	C400	B	85

[SQL문]

```
SELECT 이름
FROM R1
WHERE 학번 IN
    (SELECT 학번
     FROM R2
     WHERE 과목번호 = 'C100');
```

① 이름
  홍길동
  강남길
  장미화

② 이름
  홍길동
  강남길
  오말자

③ 이름
  홍길동
  김철수
  강남길
  오말자
  장미화

④ 이름
  홍길동
  김철수

- 하위 질의문은 하위 질의를 먼저 처리하고 검색된 결과는 상위 질의에 적용되어 검색된다.
- 하위 질의 : (SELECT 학번 FROM R2 WHERE 과목번호 = 'C100');
- R2 테이블에서 과목번호가 'C100'인 튜플의 학번 필드를 조회한다.
  → 학번, 1000, 3000, 4000이 조회됨
- SELECT 이름 FROM R1 WHERE 학번 IN (1000, 3000 ,4000)
- R1 테이블에서 학번이 1000, 2000, 4000인 튜플의 이름을 조회한다.
  → 홍길동, 강남길, 오말자

55 데이터 모델에 표시해야 할 요소로 거리가 먼 것은?

① 논리적 데이터 구조
② 출력 구조
③ 연산
④ 제약 조건

데이터 모델의 구성 요소
- 데이터 구조(Structure) : 데이터 구조 및 정적 성질 표현
- 연산(Operations) : 데이터의 인스턴스에 적용 가능한 연산 명세와 조작 기법 표현
- 제약 조건(Constraints) : 데이터의 논리적 제한 명시 및 조작의 규칙

정답 54 ② 55 ②

56 다음 중 파티션 설계 시 사용되는 파티션의 종류가 아닌 것은?

① 범위 분할
② 해시 분할
③ 인덱스 분할
④ 조합 분할

파티션의 종류 : 범위 분할, 해시 분할, 조합 분할

57 다음 그림에서 트리의 Degree와 터미널 노드의 수는?

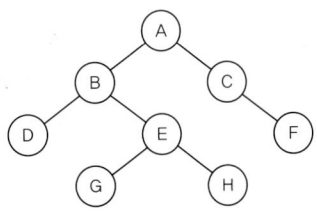

① 트리의 Degree : 4, 터미널 노드 : 4
② 트리의 Degree : 2, 터미널 노드 : 4
③ 트리의 Degree : 4, 터미널 노드 : 8
④ 트리의 Degree : 2, 터미널 노드 : 8

• 차수는 하위 노드(가지)가 최대인 노드의 개수를 의미한다. 그림은 2진 트리로 최대 하위 노드의 2레벨의 2개이다.
• TERMINAL NODE(단말 노드) : 트리의 제일 마지막에 위치한 노드 수를 의미한다. → 4개

58 자료 구조에 대한 설명으로 옳지 않은 것은?

① 스택은 Last In – First Out 처리를 수행한다.
② 큐는 First In – First Out 처리를 수행한다.
③ 스택은 서브루틴 호출, 인터럽트 처리, 수식 계산 및 수식 표기법에 응용된다.
④ 큐는 비선형 구조에 해당한다.

큐는 대표적인 선형 구조에 해당한다.

오답 피하기
• 선형 구조 : 큐, 스택, 데크, 리스트, 연결 리스트
• 비선형 구조 : 그래프, 트리, 인접 행렬

59 삽입(Insertion) 정렬을 사용하여 다음의 자료를 오름차순으로 정렬하고자 한다. 3회전 후의 결과는?

> 5, 4, 3, 2, 1

① 3, 4, 5, 2, 1
② 4, 5, 3, 2, 1
③ 2, 3, 4, 5, 1
④ 1, 2, 3, 4, 5

삽입 정렬은 두 번째 값을 키값으로 지정해 키값 앞의 값과 비교하면서 정렬을 진행한다.
1pass : 5, 4, 3, 2, 1 → 4, 5, 3, 2, 1
2pass : 4, 5, 3, 2, 1 → 3, 4, 5, 2, 1
3pass : 3, 4, 5,, 2, 1 → 2, 3, 4, 5, 1
4pass : 2, 3, 4, 5, 1 → 1, 2, 3, 4, 5

오답 피하기
삽입 정렬은 두 번째 값을 키값으로 시작한다.

60 관계대수 및 관계해석에 대한 설명으로 틀린 것은?

① 관계해석은 원하는 정보와 그 정보를 어떻게 유도하는가를 기술하는 특성을 지닌다.
② 관계해석과 관계대수는 관계 데이터베이스를 처리하는 기능과 능력면에서 동등하다.
③ 관계해석은 원래 수학의 프레디킷 해석에 기반을 두고 있다.
④ 관계대수는 릴레이션을 처리하기 위한 연산의 집합으로 피연산자가 릴레이션이고 결과도 릴레이션이다.

• 관계대수(Relational Algebra)는 원하는 정보와 그 정보를 어떻게 유도하는가를 기술하는 절차적인 방법이다.
• 관계해석(Relational Calculus)은 원하는 정보가 무엇이라는 것만 정의하는 비절차적인 방법이다.

정보처리산업기사 필기 실전 모의고사 04회

시험 일자	문항 수	시험 시간
년 월 일	총 60문항	1시간 30분

수험번호 : _____
성   명 : _____

1과목 정보시스템 기반 기술

01 다음과 같은 프로세스가 동시에 큐에 도착하였을 때, SJF(Shortest Job First) 정책을 사용할 경우 가장 먼저 처리되는 작업은?

프로세스 번호	실행시간
P1	6
P2	8
P3	4
P4	3

① P1 ② P2
③ P3 ④ P4

SJF(Shortest Job First)
- 비선점 스케줄링 기법의 일종이다.
- 준비상태 큐에서 기다리고 있는 프로세스들 중에서 실행 시간이 가장 짧은 프로세스에게 먼저 CPU를 할당하는 스케줄링 기법이다.
- 그러므로 실행시간이 가장 짧은 P4가 가장 먼저 처리된다.

02 다음 빈칸에 들어갈 알맞은 답은?

> Byte Code 언어는 컴파일 결과물이 실행파일이 아닌 (ㄱ)(이)라는 바이트 코드 파일로 생성되고 가상실행환경은 JRE(Java Runtime environment), CLI(Common Language Infrastructure)에서 한 줄씩 실행하는 방식으로 빌드된다.

① class ② byte
③ code   ④ ruby

Byte Code는 class 파일로 저장된다.

03 분산 운영체제에서 사용자가 원하는 파일이나 데이터베이스, 프린터 등의 자원들이 지역 컴퓨터 또는 네트워크 내의 다른 원격지 컴퓨터에 존재하더라도 위치에 관계없이 그 외 사용을 보장하는 개념은?

① 위치 투명성 ② 접근 투명성
③ 복사 투명성 ④ 접근 독립성

투명성
- 위치 투명성(Location Transparency) : 사용자가 원하는 파일이나 데이터베이스, 프린터 등의 자원들이 지역 컴퓨터 또는 네트워크 내의 다른 원격지 컴퓨터에 존재하더라도 위치에 관계없이 그의 사용을 보장한다.
- 병행 투명성(Concurrency Transparency) : 분산 데이터베이스와 관련된 다수의 트랜잭션들이 동시에 실현되더라도 그 트랜잭션의 결과는 영향을 받지 않는다.

04 자료 흐름도(DFD)의 각 요소별 표기 형태의 연결이 옳지 않은 것은?

① Process : 원
② Data Flow : 화살표
③ Data Store : 삼각형
④ Terminator : 사각형

자료 흐름도(DFD, Data Flow Diagram)

구성 요소	의미	표기법
프로세스 (Process)	자료를 변환시키는 시스템의 한 부분을 나타냄	프로세스 이름
자료 흐름 (Data Flow)	자료의 이동(흐름)을 나타냄	자료 이름 →
자료 저장소 (Data Store)	시스템에서의 자료 저장소(파일, 데이터베이스)를 나타냄	자료 저장소 이름
단말 (Terminator)	• 자료의 발생지와 종착지를 나타냄 • 시스템의 외부에 존재하는 사람이나 조직체	단말 이름

정답 01 ④ 02 ① 03 ① 04 ③

05 UNIX에서 파일 내용을 화면에 표시하는 명령과 파일의 소유자를 변경하는 명령을 순서적으로 옳게 나열한 것은?

① dir, chown
② cat, chown
③ type, chmod
④ type, cat

UNIX 명령어
- cat : 파일 내용 화면에 표시
- open : 텍스트 문서 열기
- chmod : 파일의 사용 허가 지정
- chown : 소유자 변경
- ls : 현재 디렉터리 내의 파일 목록 확인

06 다음 중 애플리케이션 배포 단위가 아닌 것은?

① jar   ② car
③ war   ④ ear

애플리케이션 배포 단위 : jar(Java Archive), war(Web Archive), ear(Enterprise Archive)

07 소프트웨어 개발에 이용되는 모델(Model)에 대한 설명 중 거리가 먼 것은?

① 모델은 개발 대상을 추상화하고 기호나 그림 등으로 시각적으로 표현한다.
② 모델을 통해 소프트웨어에 대한 이해도를 향상시킬 수 있다.
③ 모델을 통해 이해 당사자 간의 의사소통이 향상된다.
④ 모델을 통해 향후 개발될 시스템의 유추는 불가능하다.

소프트웨어 개발 모델을 이용해 개발 대상 시스템을 유추할 수 있다.

08 프로세스 제어 블록을 갖고 있으며, 현재 실행 중이거나 곧 실행 가능하며, CPU를 할당받을 수 있는 프로그램으로 정의할 수 있는 것은?

① 워킹 셋   ② 세그먼테이션
③ 모니터   ④ 프로세스

프로세스(Process)의 정의
- 실행 중인 프로그램
- 프로시저의 활동
- 비동기적 행위를 일으키는 주체
- 운영체제가 관리하는 실행 단위

09 클래스 설계 원칙에 대한 바른 설명은?

① 단일 책임의 원칙 : 하나의 클래스만 변경 가능해야 한다.
② 개방-폐쇄의 원칙 : 클래스는 확장에 대해 열려 있어야 하며 변경에 대해 닫혀 있어야 한다.
③ 리스코프 교체의 원칙 : 여러 개의 책임을 가진 클래스는 하나의 책임을 가진 클래스로 대체되어야 한다.
④ 의존관계 역전의 원칙 : 클라이언트는 자신이 사용하는 메소드와 의존관계를 갖지 않도록 해야 한다.

객체지향 설계 원칙(SOLID)
- 단일 책임의 원칙(SRP, Single Responsibility Principle) : 모든 클래스는 단일 목적으로 생성되고, 하나의 책임만 가져야 한다.
- 개방-폐쇄의 원칙(OCP, Open Closed Principle) : 소프트웨어 구성 요소는 확장에 대해서는 개방되어야 하나 수정에 대해서는 폐쇄적이어야 한다.
- 리스코프 교체의 원칙(LSP, Liskov Substitution Principle) : 부모 클래스가 들어갈 자리에 자식 클래스를 대체하여도 계획대로 작동해야 한다.
- 인터페이스 분리의 원칙(ISP, Interface Segregation Principle) : 한 인터페이스는 자신이 사용하지 않는 인터페이스를 클라이언트에 특화되도록 분리해야 한다.
- 의존관계 역전의 원칙(DIP, Dependency Inversion Principle) : 의존관계를 맺으면 변하기 쉽고 변화 빈도가 높은 것보다 변하기 어렵고 변화 빈도가 낮은 것에 의존한다.

10 공학적으로 잘 된 소프트웨어(Well Engineered Software)의 설명 중 틀린 것은?

① 소프트웨어는 유지보수가 용이해야 한다.
② 소프트웨어는 신뢰성이 높아야 한다.
③ 소프트웨어는 사용자 수준에 무관하게 일관된 인터페이스를 제공해야 한다.
④ 소프트웨어는 충분한 테스팅을 거쳐야 한다.

소프트웨어는 사용자 수준에 맞게 잘 작동할 수 있도록 인터페이스를 제공해야 한다.

11 RIP의 한계를 극복하기 위해 IETF에서 고안한 것으로 네트워크의 변화가 있을 때에만 갱신하여 대역을 효과적으로 사용할 수 있는 라우팅 프로토콜은?

① BGP   ② IGRP
③ OSPF ④ RTP

OSPF(Open Shortest Path First)
• 계층적 주소 체계를 기반으로 링크 상태 정보의 갱신 비용을 줄인 방법이다.
• 링크 상태 라우팅 프로토콜로 IP 패킷에서 프로토콜 번호 89번을 사용해 라우팅 정보를 전송하여 안정되고 다양한 기능으로 가장 많이 사용되는 IGP(Interior Gateway Protocol)이다.
• RIP의 한계를 극복하기 위해 IETF에서 고안한 것으로 네트워크의 변화가 있을 때에만 갱신하기 때문에 대역을 효과적으로 사용할 수 있는 라우팅 프로토콜이다.

12 데이터 링크 제어 문자 중에서 수신측에서 송신측으로 부정 응답으로 보내는 문자는?

① NAK(Negative Acknowledge)
② ACK(ACKnowledge)
③ STX(Start of TeXt)
④ ENQ(ENQuiry)

전송 제어 문자
• NAK(Negative AcKnowledge) : 수신측에서 송신측으로 보내는 부정 응답
• ACK(ACKnowledge) : 수신측에서 송신측으로 보내는 긍정 응답
• STX(Start of TeXt) : 본문의 개시 및 헤딩의 종료
• ENQ(ENQuiry) : 상대국에 데이터 링크 설정 및 응답 요구

13 다음이 설명하고 있는 전송 방식은?

• 송신기와 수신기의 동일한 클록을 사용하여 데이터를 송수신하는 방법이다.
• 일반적으로 데이터 블록과 제어 정보를 합쳐서 프레임이라 부른다.
• 프레임의 형식은 크게 문자 위주와 비트 위주로 나누어진다.

① 비동기식 전송
② 동기식 전송
③ 주파수식 전송
④ 비트식 전송

동기식(Synchronous) 전송
• 송신기와 수신기의 동일한 클록을 사용하여 데이터를 송·수신하는 방법이다.
• 프레임(Frame) : 동기 문자와 제어 정보, 데이터 블록으로 구성된다.
• 제어 정보의 앞부분을 프리 앰블, 뒷부분을 포스트 앰블이라고 한다.
• 정보 프레임 구성에 따라 문자 동기 방식, 비트 동기 방식, 프레임 동기 방식으로 구분한다.

14 다음의 설명에 해당하는 언어는?

• 객체지향 시스템을 개발할 때 산출물을 명세화, 시각화, 문서화하는 데 사용된다.
• 즉, 개발하는 시스템을 이해하기 쉬운 형태로 표현하여 분석가, 의뢰인, 설계자가 효율적인 의사소통을 할 수 있게 해준다.
• 따라서 개발 방법론이나 개발 프로세스가 아니라 표준화된 모델링 언어이다.

① JAVA   ② C
③ UML   ④ Python

UML에 대한 설명이다.

15 실제 전송할 데이터를 갖고 있는 터미널에게만 시간 슬롯(Time Slot)을 할당하는 다중화 방식은?

① 디벨로프 다중화
② 주파수 분할 다중화
③ 통계적 시분할 다중화
④ 광파장 분할 다중화

비동기식 시분할 다중화(ATDM)
- Asynchronous Time Division Multiplexing
- 각 채널별로 타임 슬롯을 사용하나 데이터를 전송하고자 하는 채널에 대해서만 슬롯을 유동적으로 배정하며, 비트 블록에 데이터뿐만 아니라 목적지 주소에 대한 정보도 포함하기 때문에 전송 효율이 높다.
- 기억 장치, 복잡한 주소제어 회로 등이 필요하다.
- 동기식 시분할 다중화기에 비해 가격이 비싸고, 접속에 소요되는 시간이 길어진다.
- 지능 다중화, 통계적 다중화라고도 한다.

16 OSI 7 계층 중 종점 호스트 사이의 데이터 전송을 다루는 계층으로 종점 간의 연결 관리, 오류 제어와 흐름 제어 등을 수행하는 계층은?

① 응용 계층
② 전송 계층
③ 프레젠테이션 계층
④ 물리 계층

OSI 7 Layer

Application	사용자에게 서비스 제공
Presentation	코드 변환, 암호화, 압축, 구문 검색
Session	프로세스 간 연결을 확립, 관리, 단절 수단 제공
Transport	통신 양단 간의 에러 제어 및 흐름 제어
Network	경로 설정 및 네트워크 연결 관리
Data Link	흐름 제어, 에러 제어
Physical	전기적, 기능적, 절차적 기능 정의

17 다음 내용이 설명하는 UI 설계 도구는?

- 디자인, 사용 방법 설명, 평가 등을 위해 실제 화면과 유사하게 만든 정적인 형태의 모형
- 시각적으로 구성 요소를 배치하는 것으로 일반적으로 실제로 구현되지는 않음

① 스토리보드(Storyboard)
② 목업(Mockup)
③ 프로토타입(Prototype)
④ 유스케이스(Usecase)

UI 설계에 도움을 주는 도구들
- 와이어 프레임(Wire Frame) : UI 중심의 화면 레이아웃을 선을 이용하여 개략적으로 작성한다.
- 목업(Mockup) : 실물과 흡사한 정적인 모형을 의미한다. 시각적으로 구성 요소를 배치하는 것으로 일반적으로 실제로 구현되지는 않는다.
- 프로토타입(Prototype) : Interaction이 결합하여 실제 작동하는 모형이다.
- 스토리보드(Storyboard) : 정책, 프로세스, 와이어 프레임, 설명이 모두 포함된 설계 문서이다.

18 X.25 프로토콜을 구성하는 계층으로 틀린 것은?

① 물리 계층
② 링크 계층
③ 전송 계층
④ 패킷 계층

X.25의 계층 구조

패킷 계층
프레임 계층
물리 계층

19 8진 PSK 변조 방식에서 변조 속도가 2400 [Baud]일 때 정보 신호의 전송 속도(bps)는?

① 2400
② 4800
③ 7200
④ 9600

2400baud * 3bit = 7200bps

오답 피하기
- 1비트 신호 단위인 경우(onebit; 2위상) : bps = 1baud
- 2비트 신호 단위인 경우(dibit; 4위상) : bps = 2baud
- 3비트 신호 단위인 경우(tribit; 8위상) : bps = 3baud
- 4비트 신호 단위인 경우(quadbit; 16위상) : bps = 4baud

20 다음 중 단위 테스트를 통해 발견할 수 있는 오류가 아닌 것은?

① 알고리즘 오류에 따른 원치 않는 결과
② 탈출구가 없는 반복문의 사용
③ 모듈 간의 비정상적 상호작용으로 인한 원치 않는 결과
④ 틀린 계산 수식에 의한 잘못된 결과

모듈 간의 비정상적 상호작용으로 인한 원치 않는 결과는 통합 테스트로 확인할 수 있다.

오답 피하기

테스트 레벨의 종류

단위 테스트	개발자가 원시코드를 대상으로 각각의 단위를 다른 부분과 연계되는 부분은 고려하지 않고 단위 자체에만 집중하여 테스트한다.
통합 테스트	단위 테스트를 통한 개발 소프트웨어/하드웨어 컴포넌트 간 인터페이스 및 연동 기능 등을 구조적으로 접근하여 테스트한다.
시스템 테스트	• 단위/통합 테스트가 가능한 완벽히 완료되어 기능상에 문제가 없는 상태에서 실제 환경과 가능한 유사한 환경에서 진행한다. • 시스템 성능과 관련된 요구사항이 완벽하게 수행되는지를 테스트하기 때문에 사전 요구사항이 명확해야 한다. • 개발 조직과는 독립된 테스트 조직에서 수행한다.
인수 테스트	• 일반적인 테스트 레벨의 가장 마지막 상위 레벨로, SW 제품에 대한 요구사항이 제대로 이해되었는지 확인하는 단계이다. • 테스팅 환경을 실 사용자 환경에서 진행하며 수행하는 주체가 사용자이다. • 알파, 베타 테스트와 가장 밀접한 연관이 있다.

2과목 프로그래밍 언어 활용

21 수식 "A+(B*C)"를 Postfix 표기법으로 옳게 나타낸 것은?

① ABC+*
② +A*BC
③ A+B*C
④ ABC*+

후위(Postfix) 표기법
- 피연산자 뒤에 연산자를 표기한다.
- 일반적인 수식 : A+B를 AB+로 표시한다.
- 연산자 우선순위대로 묶은 뒤 연산자를 괄호 뒤로 이동한다.
- A+(B*C) → (A+(B*C)) → (A(BC)*)+ → ABC*+

22 C언어에서 사용하는 자료형이 아닌 것은?

① long
② integer
③ float
④ double

오답 피하기
- integer : FORTRAN 정수 변수
- character : FORTRAN 문자 변수

23 로더의 기능이 아닌 것은?

① Allocation
② Compile
③ Linking
④ Relocation

로더의 4대 기능
- 할당(Allocation) : 주기억 장치 안에 빈 공간을 할당
- 연결(Link) : 목적 모듈들 사이의 기호적 외부 참조를 실제적 주소로 변환
- 재배치(Relocation) : 종속적인 모든 주소를 할당된 주기억 장치 주소와 일치하도록 조정
- 적재(Load) : 기계 명령어와 자료를 기억 장소에 물리적으로 배치

24 C언어에서 문자열 입력 함수는?

① puts( ) ② gostring( )
③ gets( ) ④ putchar( )

C언어의 입출력 함수

입력		출력	
scanf( )	형식화된 입력	printf( )	형식화된 출력
gets( )	문자열 입력	puts( )	문자열 출력
getchar( )	한 문자 입력	putchar( )	한 문자 출력

25 프로그램 실행 이전에 정의한 속성이 결정되는 것은?

① 컴파일 바인딩 ② 정적 바인딩
③ 동적 바인딩 ④ 확정 바인딩

바인딩 시간의 분류
- 동적 바인딩(실행 시간 바인딩) : 프로그램 호출 시간, 모듈 기동 시간, 실행 시간 중 객체 사용 시점
- 정적 바인딩(번역 시간 바인딩) : 언어 정의 시간, 언어 구현 시간, 언어 번역 시간, 링크 시간으로 프로그램 실행 이전에 정의한 속성 결정

오답 피하기
정적 바인딩(Static Binding)이 발생하는 시간 : 번역 시간(Translation time), 언어 구현 시간, 언어 정의 시간, 로드 시간(Load time), 링크 시간(Link time)

26 사용자가 원하는 정보를 빠르고 정확하게 검색하고, 정보와 정보 사이의 이동을 원활하게 돕기 위해 제공하는 것으로, 검색 기능, 사용자 위치 정보, 리스트 메뉴, 탭 메뉴, 토글 메뉴, 사이트맵 등의 체계를 무엇이라고 하는가?

① 프로세스
② 내비게이션
③ 레이블링
④ 카드 소팅

내비게이션은 사용자가 사이트에서 원하는 정보를 쉽고 빠르게 찾을 수 있도록 안내하는 것으로, 원하는 정보를 쉽고 빠르게 찾을 수 있도록 다양한 경로나 방법을 제공해야 한다.

27 C언어에서 변수로 사용할 수 없는 것은?

① data02 ② int01
③ _sub ④ short

C언어 변수명 작성 규칙
- 영문 대소문자(A~Z, a~z), 숫자(0~9), '_'를 혼용하여 사용할 수 있다.
- 첫 글자는 숫자로 시작할 수 없으며, 영문자나 '_'로 시작해야 한다.
- 영문자는 대소문자를 구분한다.
- 공백을 포함할 수 없다.
- 예약어(Reserved Word)는 사용할 수 없다.

오답 피하기
C언어에서 사용되는 예약어는 사용할 수 없다. short 자료형은 2byte 정수를 저장하고자 할 때 사용한다.

28 사용자 인터페이스를 설계할 경우 고려해야 할 가이드라인과 가장 거리가 먼 것은?

① 심미성을 사용성보다 우선하여 설계해야 한다.
② 효율성을 높이게 설계해야 한다.
③ 발생하는 오류를 쉽게 수정할 수 있어야 한다.
④ 사용자에게 피드백을 제공해야 한다.

사용자 인터페이스는 사용자의 사용성을 우선한다.

29 주어진 BNF를 이용하여 고급언어로 작성된 프로그램을 구문 분석하여 문장을 문법구조에 따라 트리 형태로 작성한 것은?

① Parse Tree ② Menu Tree
③ Guide Tree ④ Dump Tree

파스 트리(Parse Tree)
- 어떤 표현이 BNF에 의해 바르게 작성되었는지 확인하기 위해 만드는 트리
- 문법의 시작 기호로부터 적합한 생성 규칙을 적용할 때마다 가지치기가 이루어짐
- 고급 언어로 작성된 프로그램을 구문 분석하여 그 문장의 구조를 트리로 표현한 것으로 루트, 중간, 단말 노드로 구성됨
- 트리의 모든 가지 터미널로 유도되어 가지치기가 끝난 상태의 트리를 파스 트리라 함
- 파스 트리가 존재하면 주어진 BNF에 의해 올바르게 작성되었음을 의미함

30 C언어의 FOR문, COBOL 언어의 PERFORM 문에 해당하는 것은?

① 반복문
② 종료문
③ 입출력문
④ 선언문

C언어의 FOR문, COBOL 언어의 PERFORM문은 반복문에 해당한다.

31 프로그램 개발 과정에서 프로그램 안에 내재해 있는 논리적 오류를 발견하고 수정하는 작업을 무엇이라고 하는가?

① 링킹(Linking)
② 바인딩(Binding)
③ 로딩(Loading)
④ 디버깅(Debugging)

디버깅(Death + BUG) : 벌레를 없앤다는 의미로, BUG는 프로그램의 잘못된 부분을 벌레에 비유한 것이다. 컴퓨터 프로그램에서 잘못된 부분을 찾아서 수정하거나 에러를 피하는 처리 과정이다.

32 카드에 각 메뉴와 구조를 작성하고 분류해 보며, 사용자들이 앱 내부의 정보와 메뉴 구조를 어떻게 인식하는지 정리하는 용도로 사용되는 것은?

① 프로세스
② 내비게이션
③ 레이블링
④ 카드 소팅

카드 소팅(Card Sorting)은 사용자가 제품의 정보와 구조를 어떻게 인식하는지 또는 사용자들이 특정 정보를 어떤 방식으로 조직하고 구조화할지에 대해 미리 준비된 카드를 그룹화해 표현하게 하는 유저 리서치 방식이다.

33 라이브러리의 개념과 구성에 대한 설명 중 틀린 것은?

① 라이브러리란 필요할 때 찾아서 쓸 수 있도록 모듈화되어 제공되는 프로그램을 말한다.
② 프로그래밍 언어에 따라 일반적으로 도움말, 설치 파일, 샘플 코드 등을 제공한다.
③ 외부 라이브러리는 프로그래밍 언어가 기본적으로 가지고 있는 라이브러리를 의미하며, 표준 라이브러리는 별도의 파일 설치를 필요로 하는 라이브러리를 의미한다.
④ 라이브러리는 모듈과 패키지를 총칭하며, 모듈이 개별 파일이라면 패키지는 파일들을 모아 놓은 폴더라고 볼 수 있다.

표준 라이브러리는 프로그래밍 언어가 기본적으로 가지고 있는 라이브러리를 의미하며, 외부 라이브러리는 별도의 파일 설치를 필요로 하는 라이브러리를 의미한다.

34 다음 중 웹 페이지 제작에 따른 외부 스타일시트 확장자는?

① *.stc
② *.ssc
③ *.xls
④ *.css

외부 스타일시트 확장자는 .css이다.

35 언어의 구문 요소 중 프로그램의 판독성을 향상시키고 프로그램 문서화의 주요 요소로서 프로그램 수행에는 영향을 주지 않는 것은?

① Comment
② Identifier
③ Key Word
④ Reserved Word

주석(Comment)
• 프로그램에 실제 실행되지 않고 프로그래머가 코드의 이해를 돕거나 분석을 위해 써놓은 일종의 프로그램 설명이다.
• 프로그램 문서화의 중요한 부분으로 추후 유지보수에 유리하다.
• 대부분의 프로그래밍 언어에서 각각의 주석 형식은 달라도 주석을 허용한다.

36 스타일시트의 적용 시 우선순위가 높은 것부터 낮은 순으로 차례로 나열한 것은?

① Inline, Class 선택자, Id 선택자, 태그 선택자
② Inline, Id 선택자, Class 선택자, 태그 선택자
③ Inline, 태그 선택자, Id 선택자, Class 선택자
④ Inline, 태그 선택자, Class 선택자, Id 선택자

CSS 적용 우선순위
1. 속성값 뒤에 !important를 붙인 속성
2. 인라인 스타일(html 파일에서 스타일 직접 지정)로 적용되어 있는 속성
3. 선택자에 id가 쓰인 속성
4. class, attribute, pseudo-class로 지정한 속성
5. 태그 이름으로 지정한 속성
6. 상위 객체에 의해 상속된 속성

37 다음 보기에서 모바일 환경의 UI/UX 디자인 원칙을 모두 고른 것은?

(1) 사용자의 인지적 관점에서 이해할 수 있는 디자인
(2) 사용하기 쉬운 인터페이스
(3) 원활한 상호작용(interaction)
(4) 간결하고 매력적인 디자인
(5) 유용한 기능과 콘텐츠
(6) 사용자 행동과 상황, 반응을 고려한 직관적인 디자인
(7) 접근성의 극대화
(8) 사용자 실수 방지 및 복구 가능한 디자인
(9) 표준을 준수한 일관된 디자인

① 1, 2, 3, 4, 5
② 2, 4, 6, 8, 9
③ 1, 2, 5, 6, 7, 8, 9
④ 모두

문제의 보기 모두 UI/UX 디자인 원칙이다.

38 자바스크립트의 변수에 대한 설명으로 옳지 않은 것은?

① 변수를 선언하지 않고 사용하는 경우에는 전역변수가 된다.
② 지역변수는 반드시 함수 내에서만 선언되어야 한다.
③ 지역변수 선언은 Dim 키워드를 사용하여 선언한다.
④ 지역변수는 선언된 중괄호({ }) 안에서만 사용할 수 있다.

dim은 Visual Basic에서의 변수 초기화 명령어이다.

39 단항 연산자 연산에 해당하는 것은?

① OR   ② XOR
③ NOT   ④ AND

연산자의 종류
• 단항(Unary) 연산자 : 하나의 입력 자료에 대한 연산으로 Move, Shift, Rotate, Complement 등을 말한다.
• 이항(Binary) 연산자 : 두 개의 입력 자료에 대한 연산으로 AND, OR, 사칙연산 등을 말한다.
• 대입 연산자 : =, +=, -=, *=, /=, %=, &=, ^=, |=, 《=, 》=
• 삼항 연산자 : ?, :

40 소프트웨어 개발에서 모듈(Module)이 되기 위한 주요 특징에 해당하지 않는 것은?

① 다른 것들과 구별될 수 있는 독립적인 기능을 가진 단위(Unit)이다.
② 독립적인 컴파일이 가능하다.
③ 유일한 이름을 가져야 한다.
④ 다른 모듈에서의 접근이 불가능해야 한다.

모듈은 일종의 부품으로서 다른 모듈과 인터페이스를 통해 통합된다.

정답 36 ② 37 ④ 38 ③ 39 ③ 40 ④

3과목 데이터베이스 활용

41 다음 트리를 중위 순회(Inorder Traversal)한 결과는?

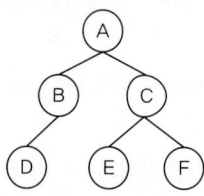

① A B D C E F
② D B A E C F
③ A B C D E F
④ D B E F C A

- 각 그룹을 운행한 뒤 그 결과를 합쳐 본다.

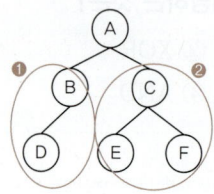

- LEFT – ROOT – RIGHT
  - ❶ A ❷
  - ❶ : D B
  - ❷ : E C F
- D B A E C F

42 뷰(VIEW)에 대한 설명으로 옳은 내용 모두를 나열한 것은?

㉠ 뷰에 대한 조작은 기본 테이블 조작과 거의 동일하며, 삽입, 갱신, 삭제 연산에는 제약이 따른다.
㉡ 뷰 위에 또 다른 뷰를 정의할 수 있다.
㉢ 뷰가 정의된 기본 테이블이 삭제되면, 뷰도 자동적으로 삭제된다.
㉣ 뷰는 물리적으로 구현되는 테이블이다.

① ㉠, ㉡
② ㉡, ㉣
③ ㉠, ㉡, ㉢
④ ㉠, ㉡, ㉢, ㉣

뷰는 저장장치 내에 물리적으로 존재하지 않고 테이블에서 유도되는 가상의 테이블이며 기본 테이블에 의해 유도되므로 원 테이블을 삭제하면 뷰도 삭제된다.

43 릴레이션의 특징으로 옳은 내용 모두를 나열한 것은?

㉠ 모든 튜플은 서로 다른 값을 갖는다.
㉡ 각 속성은 릴레이션 내에서 유일한 이름을 가진다.
㉢ 하나의 릴레이션에서 튜플의 순서는 존재한다.
㉣ 모든 속성값은 원자값이다.

① ㉠, ㉢
② ㉠, ㉡, ㉣
③ ㉡, ㉢, ㉣
④ ㉠, ㉡, ㉢, ㉣

릴레이션에서 튜플의 순서는 정렬 기준에 따라 변경될 수 있다.

44 정규화의 목적으로 옳지 않은 것은?

① 어떠한 릴레이션이라도 데이터베이스 내에서 표현 가능하게 만든다.
② 데이터 삽입 시 릴레이션을 재구성할 필요성을 줄인다.
③ 중복을 배제하여 삽입, 삭제, 갱신 이상의 발생을 야기한다.
④ 효과적인 검색 알고리즘을 생성할 수 있다.

정규화의 목적 : 데이터 구조의 안정성 최대화, 중복 데이터의 최소화, 수정/삭제 시 이상 현상 최소화, 테이블 불일치 위험 간소화

45 스택을 이용하는 예로서 옳지 않은 것은?

① 부프로그램 호출 시 복귀 주소의 저장
② 운영체제의 작업 스케줄링
③ 컴파일러를 이용한 언어 번역
④ 재귀 프로그램의 순서 제어

스택의 응용 분야는 인터럽트 처리, 수식 계산, 서브루틴의 복귀 번지 저장, 언어 번역, 재귀 프로그램 순서 제어 등이 있다.

오답 피하기
운영체제 스케줄링은 큐(Queue)를 사용한다.

46 객체지향 소프트웨어 공학에서 하나 이상의 유사한 객체들을 묶어서 하나의 공통된 특성을 표현한 것은?

① 트랜잭션 ② 클래스
③ 시퀀스   ④ 서브루틴

Class	• 같은 종류의 객체 집합으로 객체의 속성과 행동을 코드로 적어둔 것이며, 일반적인 Type을 의미한다. • 객체지향 프로그램의 기본적인 사용자 정의 데이터형이다. • 같은 종류의 Object 속성과 연산을 정의하고 있는 Template이다. • Class에 속한 Instance를 Object라 한다. • 상위 클래스(부모 클래스, Super Class), 하위 클래스(자식 클래스, Sub Class)
Object	• 데이터와 함수를 묶어 캡슐화한 것 • 하나의 소프트웨어 모듈 • Class의 요소(Instance)
Attribute	Object가 가지고 있는 데이터 값
Method	Object의 행위인 함수

47 다음이 설명하는 것은?

> 1981년에 클리프 핀켈쉬 타인(Clive Finkelstein)과 제임스 마틴(James Martin)이 공동 저술로 발표하였으며, 80년대 중반에 제임스 마틴에 의해 그 체계가 정리되면서 본격적으로 활용이 되었고, 정보 시스템을 구축하는 데 있어서 데이터 분석(Data Analysis)과 데이터베이스 설계(Database Design)를 위한 매우 유용한 기법으로 자리잡게 되었다. 이 모델은 관계의 다(Many) 쪽을 나타내기 위해 까마귀 발을 사용하기 때문에 때때로 까마귀 발 모델(Crow's Foot Model)이라고 부른다.

① 정보 공학 표기법
② 개체 관계 표기법
③ 바커 표기법
④ 관계형 표기법

문제의 보기는 정보 공학 표기법에 관한 내용이다.

48 SQL문에서 HAVING을 사용할 수 있는 절은?

① LIKE절   ② WHERE절
③ GROUP BY절 ④ ORDER BY절

HAVING절을 사용한 조회 검색 : GROUP BY절에 의해 선택된 그룹의 탐색 조건을 지정할 수 있으며 SUM, AVG, COUNT, MAN, MIN 등의 그룹 함수와 함께 사용할 수 있다.

49 다음 SQL문의 실행 결과는?

```
SELECT 가격 FROM 도서가격
    WHERE 책번호 = (SELECT 책번호
    FROM 도서 WHERE 책명='자료 구조');
```

[도서]

책번호	책명
111	운영체제
222	자료 구조
333	컴퓨터구조

[도서가격]

책번호	가격
111	20,000
222	25,000
333	10,000
444	15,000

① 10,000   ② 15,000
③ 20,000   ④ 25,000

SELECT 가격 FROM 도서가격	도서가격 테이블에서 가격 필드를 가져온다.
WHERE 책번호 = (SELECT 책번호 FROM 도서 WHERE 책명='자료 구조');	아래 하위 질의에서 검색한 책번호를 검색한다. • 하위 질의 • 도서 테이블에서 책명이 자료 구조인 책번호를 가져와 반환한다.

• 도서 테이블에서 책명이 자료 구조인 책번호를 도서가격 테이블에서 검색하여 가격 필드를 출력한다.
• 즉 도서 테이블에서 자료 구조인 책번호 222를 검색하고, 도서가격 테이블에서 책번호 222를 찾아 해당 튜플의 가격 25,000원을 가져온다.

정답 46 ② 47 ① 48 ③ 49 ④

50 「회원」 테이블 생성 후 「주소」 필드(컬럼)가 누락되어 이를 추가하려고 한다. 이에 적합한 SQL 명령어는?

① DELETE ② RESTORE
③ ALTER   ④ ACCESS

ALTER문 문법 구조
- ALTER TABLE : 테이블 구조(필드 추가, 변경, 삭제) 변경문이다.
- 추가 : ALTER TABLE 테이블_이름 ADD 열_이름 데이터_타입 DEFAULT 값;
- 변경 : ALTER TABLE 테이블_이름 ALTER 열_이름 SET DEFAULT 값;
- 삭제 : ALTER TABLE 테이블_이름 DROP 열_이름 CASCADE;

51 트랜잭션의 특징 중 트랜잭션이 일단 완료되면 그 후에 어떤 형태로 시스템이 고장나더라도 트랜잭션의 결과는 잃어버리지 않고 지속되는 것은?

① Isolation   ② Durability
③ Consistency   ④ Atomicity

트랜잭션의 특성
- 원자성(Atomicity) : 완전하게 수행 완료되지 않으면 전혀 수행되지 않아야 함
- 일관성(Consistency) : 시스템의 고정 요소는 트랜잭션 수행 전후에 같아야 함
- 격리성(Isolation, 고립성) : 트랜잭션 실행 시 다른 트랜잭션의 간섭을 받지 않아야 함
- 영속성(Durability, 지속성) : 트랜잭션의 완료 결과가 데이터베이스에 영구히 기억됨

52 릴레이션의 특징으로 옳지 않은 것은?

① 한 릴레이션에 포함된 튜플 사이에는 순서가 없다.
② 속성의 값은 논리적으로 더 이상 쪼갤 수 없는 원자값이다.
③ 한 릴레이션에 포함된 튜플들은 모두 상이하다.
④ 한 릴레이션을 구성하는 속성들 사이의 순서는 존재하며, 중요한 의미를 가진다.

릴레이션의 특징
- 테이블의 열(Column)에 해당하며 모든 속성값은 원자값이다.
- 한 릴레이션의 속성은 원자값이며, 속성 간 순서가 없다.
- 튜플 간 순서가 없다.

53 정보 공학적 표현 기법 중 서브타입에 관한 설명으로 틀린 것은?

① 서브타입은 배타적 또는 포괄적일 수 있다.
② 배타적이라면 슈퍼타입은 많아야 1개의 서브타입과 관련될 수 있다.
③ 포괄적이라면 슈퍼타입은 1개 또는 그 이상의 서브타입과 관련될 수 있다.
④ [그림1]에서 A는 슈퍼타입, B와 C는 포괄적 서브타입이다. [그림2]에서 A는 슈퍼타입, B와 C는 배타적 서브타입이다.

[그림1]에서 A는 슈퍼타입, B와 C는 배타적 서브타입이다. [그림2]에서 A는 슈퍼타입, B와 C는 포괄적 서브타입이다.

[배타적] 기호   [포괄적] 기호

54 순서가 A, B, C, D로 정해진 입력 자료를 스택에 입력하였다가 출력한 결과로 가능한 것이 아닌 것은? (단, 왼쪽부터 먼저 출력된 순서이다.)

① D, C, B, A   ② D, A, B, C
③ A, B, C, D   ④ C, B, A, D

- 스택 입력 및 출력 문제를 해결할 때는 우선 보기의 첫 번째 문자까지 스택에 입력해 보고 순서대로 Push와 POP을 진행해 보면 된다.
- 첫 번째 자료가 제일 먼저 나온 자료이므로 첫 번째 자료 이전의 데이터가 순서대로 입력되어야 첫 번째 데이터가 출력될 수 있다는 것에 포인트를 둔다.
- 예를 들어 ①번의 경우 D가 제일 먼저 출력되었으므로 A, B, C, D까지 입력된 상태에서 D가 POP된 것이다. D가 POP된 뒤 A, B, C가 남게 되어 C가 POP 다음으로 B, A 순으로 POP이 되므로 가능한 조건이다.
- ②번의 경우 D가 제일 먼저 POP되므로 A, B, C, D 순으로 스택에 입력되어야 하고 D가 POP된 후 A, B, C가 남아 있으므로 C→B→A 순으로 출력되어야 한다.

정답 50 ③ 51 ② 52 ④ 53 ④ 54 ②

55 다음 자료를 버블 정렬을 이용하여 오름차순으로 정렬할 경우 PASS 3의 결과는?

> 9, 6, 7, 3, 5

① 6, 3, 5, 7, 9
② 3, 5, 6, 7, 9
③ 6, 7, 3, 5, 9
④ 3, 5, 9, 6, 7

오름차순 버블 정렬 시 매 회전마다 마지막 값이 가장 큰 값이 된다.
• 0 pass : 9,6,7,3,5
• 1 pass : 6,7,3,5,9
• 2 pass : 6,3,5,7,9
• 3 pass : 3,5,6,7,9

56 다음 SQL문의 의미로 가장 옳은 것은?

> SQL〉 select hk, nm from ipsi;

① 테이블 ipsi에 항목 hk, nm의 값을 삽입하라.
② 테이블 ipsi에 항목 hk, nm의 모든 값을 추출하라.
③ 테이블 ipsi에 항목 hk, nm의 값을 삭제하라.
④ 테이블 ipsi에 항목 hk, nm의 값으로 변경하라.

SELECT문
• 테이블에서 제시된 조건에 해당하는 필드와 레코드를 검색(추출)할 때 사용한다.
• 기본 구조

```
SELECT 속성명 [ALL | DISTINCT |
    FROM 릴레이션명
        WHERE 조건;
            [GROUP BY 속성명1, 속성명2,…]
            [HAVING 조건]
            [ORDER BY 속성명 [ASC | DESC]];
```

– ALL : 모든 튜플을 검색 (생략 가능)
– DISTINCT : 중복된 튜플 생략

57 데이터 중복으로 인해 릴레이션 조작 시 예상하지 못한 곤란한 현상이 발생한다. 이를 무엇이라고 하는가?

① Normalization ② Degree
③ Cardinality   ④ Anomaly

이상(Anomaly) 현상 : 데이터 중복으로 인해 릴레이션 조작 시 예상하지 못한 곤란한 현상이 발생하는 것을 의미한다.

58 데이터베이스에서 하나의 논리적 기능을 수행하기 위한 작업의 단위 또는 한꺼번에 모두 수행되어야 할 일련의 연산들을 의미하는 것은?

① Collision   ② Bucket
③ Synonym   ④ Transaction

데이터베이스의 상태를 변화시키기 위한 하나의 논리적 작업 단위를 Trans + Action = Transaction이라고 한다.

59 정규화를 수행하는 목적이 아닌 것은?

① 자료 저장 공간의 최소화
② 데이터베이스 내부 자료의 무결성 유지 극대화
③ 데이터 구조의 안정성 최대화
④ 주 식별자에 이행 함수적 종속 극대화

이행 함수적 종속은 3차 정규형에서 정리해야 할 문제점이다.

60 분산 데이터베이스에 대한 설명으로 거리가 먼 것은?

① 분산 제어가 용이하다.
② 지역 자치성이 높다.
③ 효용성과 융통성이 높다.
④ 점진적 시스템 확장이 어렵다.

분산 데이터베이스의 장·단점
• 질의 처리 시간의 단축
• 데이터 공유성 향상
• 신뢰성 및 가용성 향상
• 점진적 시스템 용량 확장 용이

정보처리산업기사 필기 실전 모의고사 05회

시험 일자	문항 수	시험 시간
년 월 일	총 60문항	1시간 30분

수험번호 : ＿＿＿＿＿＿＿＿
성 명 : ＿＿＿＿＿＿＿＿

1과목 정보시스템 기반 기술

01 색인 순차 파일(Index Sequential File)에서 데이터 레코드 중의 key 항목만을 모아서 기록하는 인덱스 부분에 해당하지 않는 것은?

① Master Index
② Cylinder Index
③ Track Index
④ Data Index

색인 영역(Index Area)의 구성 : 트랙(Track) 색인 영역, 실린더(Cylinder) 색인 영역, 마스터(Master) 색인 영역

오답 피하기

색인 순차 파일
- 기본 영역, 색인 영역, 오버플로우 영역으로 구성된다.
- 레코드를 참조할 때 색인을 탐색한 후 색인이 가리키는 포인터를 사용하여 직접 참조할 수 있다.
- 레코드를 추가 및 삽입하는 경우, 파일 전체를 복사할 필요가 없다.
- 인덱스를 저장하기 위한 공간과 오버플로우 처리를 위한 별도의 공간이 필요하다.
- 색인 구역은 트랙 색인 구역, 실린더 색인 구역, 마스터 색인 구역으로 구성된다.

02 디지털 부호화 기술에서 음성신호의 통계적 특성을 이용하여 적응적으로 예측하고 양자화 하는 방식은?

① AM
② FM
③ PM
④ ADPCM

모뎀의 신호 방식(디지털 → 아날로그로 변조)
- ADPCM(Adaptive Differential Pulse Code Modulation) : 차분 펄스 부호 변조(DPCM)에서 양자화의 단계 폭(Step Size)을 신호의 진폭에 따라 적응적으로 변경시키는 방식으로, 진폭이 큰 곳에서는 단계 폭을 크게 하여 신호의 변화에 따라서 적응적인 예측치와 실제치의 차분만을 부호화하여 전송한다.
- ASK : 진폭 편이 변조
- FSK : 주파수 편이 변조
- PSK : 위상 편이 변조
- QAM : 직교 진폭 변조

03 대역폭(Bandwidth)에 대한 설명으로 옳은 것은?

① 최고 주파수를 의미한다.
② 최저 주파수를 의미한다.
③ 최고 주파수의 절반을 의미한다.
④ 최고 주파수와 최저 주파수 사이 간격을 의미한다.

대역폭(Bandwidth) : 기억 장치를 연속적으로 액세스할 때 초당 처리할 수 있는 비트 수로, 정보 전달 능력의 한계값이 된다.

04 OSI 7 계층 중 데이터 링크 계층의 프로토콜에 해당하지 않는 것은?

① HDLC
② HTTP
③ PPP
④ LLC

HTTP, FTP, E-mail 등은 응용 계층 프로토콜이다.

05 흐름 제어에서 한 번에 여러 개의 프레임을 나누어 전송할 경우 효율적인 기법은?

① 정지 및 대기
② 슬라이딩 윈도우
③ 다중 전송
④ 적응성 ARQ

흐름 제어(Flow Control) 기법
- 슬라이딩 윈도우(Sliding Window) : 한 번에 여러 개의 프레임을 나누어 전송할 경우 효율적인 방식
- 정지-대기(Stop-and-Wait) : 수신측으로부터 ACK를 받은 후 다음 패킷을 전송하는 방식으로, 한 번에 하나의 패킷만 전송 가능

정답 01 ④ 02 ④ 03 ④ 04 ② 05 ②

06 UML 다이어그램 중 정적 다이어그램이 아닌 것은?

① 컴포넌트 다이어그램
② 배치 다이어그램
③ 순차 다이어그램
④ 패키지 다이어그램

순차 다이어그램은 동적 다이어그램이다.

오답 피하기
- 구조 다이어그램(정적) : 클래스, 객체, 복합체 구조, 배치, 컴포넌트, 패키지
- 행위 다이어그램(동적) : 유스케이스, 활동, 상태머신, 콜라보레이션, 상호작용(순차, 상호작용 개요, 통신, 타이밍)

07 비동기 전송 방식에서 스타트(Start)와 스톱(Stop) 신호의 필요성에 대하여 가장 잘 설명한 것은?

① 메시지 단위로 정보를 전송하기 위해 사용한다.
② 정보 단위의 하나로 사용한다.
③ 바이트(Byte)와 바이트(Byte) 사이를 구분하기 위하여 사용한다.
④ 비트(Bit)를 표본화하기 위하여 사용한다.

비동기식(Asynchronous) 전송

Start Bit	Data Bit	Parity Bit	Stop Bit
1Bit	5~8Bit	1Bit	1~2Bit

- Byte와 Byte를 구분하기 위해 문자의 앞뒤에 각각 Start Bit와 Stop Bit를 가짐
- 동기식보다 주로 저속도의 전송에 이용됨
- 비트열이 전송되지 않을 때는 휴지 상태(Idle Time)가 됨
- 수신기는 자신의 클록 신호를 사용하여 회선을 샘플링하고 각 비트의 값을 읽어내는 방식

08 인터페이스 구현 검증 도구가 아닌 것은?

① FoxBASE
② STAF
③ Watir
④ xUnit

인터페이스 구현 검증 도구

Watir	• Ruby 기반 웹 애플리케이션 테스트 프레임워크이다. • 모든 언어 기반의 웹 어플리케이션 테스트와 브라우저 호환성을 테스트할 수 있다.
xUnit	• java(Junit), C++(Cppunit), .Net(Nunit) 등 다양한 언어를 지원하는 단위 테스트 프레임워크이다. • 함수, 클래스 등 다른 구성 단위를 테스트를 도와준다.
FitNesse	• 웹 기반 테스트 케이스 설계/실행/결과 확인 등을 지원하는 테스트 프레임워크이다. • 테스트 케이스 테이블 작성하면 자동으로 빠르고 쉽게 작성된 테스트를 수행할 수 있다.
STAF	• 서비스 호출, 컴포넌트 재사용 등 다양한 환경을 지원하는 테스트 프레임워크이다. • 데몬을 사용하여 테스트 대상 분산 환경에서 대상 프로그램을 통해서 테스트를 수행하고 통합하는 자동화 검증 도구이다.
NTAF Naver	• 테스트 자동화 프레임워크이다. • STAF와 FitNesse를 통합하였다.
Selenium	• 다양한 브라우저 지원 및 개발 언어를 지원하는 웹 애플리케이션 테스트 프레임워크이다. • 테스트를 위한 스크립트 언어 습득 없이, 기능 테스트 작성을 위한 플레이백 도구를 제공한다.

오답 피하기
FoxBASE : 미국의 폭스 소프트웨어 사에서 개발한 dBASE용 컴파일러 패키지

09 HDLC에서 사용되는 프레임의 유형이 아닌 것은?

① Information Frame
② Supervisory Frame
③ Unnumbered Frame
④ Control Frame

HDLC Frame의 구성
- I-프레임(Information Frame) : 사용자 데이터 전달 감독 프레임
- S-프레임(Supervisor Frame) : 에러 제어, 흐름 제어 비번호 프레임
- U-프레임(Unnumbered Frame) : 링크의 설정과 해제, 오류 회복을 위해 사용됨
- HDLC 프레임 구성

Flag 플래그	Address 주소부	Control 제어부	Information 정보부	FCS	Flag 플래그

- 제어부(Control Field)는 정보 프레임, 감독 프레임, 무번호 프레임으로 구성된다.

10 데이터 프레임의 정확한 수신 여부를 매번 확인하면서 다음 프레임을 전송해 나가는 ARQ 방식은?

① Go-back-N ARQ
② Selective-Repeat ARQ
③ Distribute ARQ
④ Stop-and-Wait ARQ

정지-대기 ARQ(Stop-and-Wait ARQ)
- 송신측이 한 블록을 전송한 후 수신측에서 오류의 발생을 점검하여 에러 발생 유무 신호(ACK/NAK 신호)를 보내올 때까지 기다리는 방식
- 수신측에서 에러 점검 후 제어 신호를 보내올 때까지 오버헤드가 효율면에서 가장 부담이 큰 연속 ARQ(Continuous ARQ)

오답 피하기
- Go-Back-N ARQ : 수신측으로부터 NAK 수신 시 오류 발생 이후의 모든 블록을 재전송하는 방식
- 선택적 재전송 ARQ(Selective-Repeat ARQ) : 수신측으로부터 NAK 수신 시 오류가 발생한 블록만 재전송하는 방식
- 적응적 ARQ(Adaptive ARQ) : 채널 효율을 최대로 하기 위해 데이터 블록의 길이를 채널의 상태에 따라 동적으로 변경하는 방식

11 블랙박스 테스트를 이용하여 발견할 수 있는 오류가 아닌 것은?

① 비정상적인 자료를 입력해도 오류 처리를 수행하지 않는 경우
② 정상적인 자료를 입력해도 요구된 기능이 제대로 수행되지 않는 경우
③ 반복 조건을 만족하는데도 루프 내의 문장이 수행되지 않는 경우
④ 경계값을 입력할 경우 요구된 출력 결과가 나오지 않는 경우

화이트박스 테스트 (White Box Test)	• 모듈의 원시 코드를 오픈시킨 상태에서 코드의 논리적 모든 경로를 테스트하는 방법이다. • Source Code의 모든 문장을 한 번 이상 수행함으로써 진행된다. • 종류 : 기초 경로검사, 제어구조검사
블랙박스 테스트 (Black Box Test)	• 블랙박스 테스트는 소프트웨어가 수행할 특정 기능을 알기 위해 각 기능이 완전히 작동되는 것을 입증하는 테스트로 기능 테스트라고도 한다. • 종류 : 동치분할 검사, 원인효과 그래프, 오류 예측 검사, 비교검사, 경계값 분석

12 가상기억장치(Virtual Memory System)를 도입함으로써 기대할 수 있는 장점이 아닌 것은?

① Binding Time을 늦추어서 프로그램의 Relocation을 용이하게 쓴다.
② 일반적으로 가상기억장치를 채택하지 않는 시스템에서의 실행 속도보다 빠르다.
③ 실제 기억용량보다 큰 가상 공간(Virtual Space)을 사용자가 쓸 수 있다.
④ 오버레이(Overlay) 문제가 자동적으로 해결된다.

가상기억장치는 보조기억장치를 사용하므로 주기억장치만 사용하는 방식보다 속도가 느려질 수 있다.

13 클래스 설계 원칙에 대한 바른 설명은?

① 단일 책임의 원칙 : 하나의 클래스만 변경 가능해야 한다.
② 개방-폐쇄의 원칙 : 클래스는 확장에 대해 열려 있어야 하며 변경에 대해 닫혀 있어야 한다.
③ 리스코프 교체의 원칙 : 여러 개의 책임을 가진 클래스는 하나의 책임을 가진 클래스로 대체되어야 한다.
④ 의존 관계 역전의 원칙 : 클라이언트는 자신이 사용하는 메소드와 의존 관계를 갖지 않도록 해야 한다.

객체지향 설계 원칙(SOLID)
- 단일 책임의 원칙(SRP, Single Responsibility Principle) : 모든 클래스는 단일 목적으로 생성되고, 하나의 책임만 가져야 한다.
- 개방-폐쇄의 원칙(OCP, Open Closed Principle) : 소프트웨어 구성 요소는 확장에 대해서는 개방되어야 하나 수정에 대해서는 폐쇄적이어야 한다.
- 리스코프 교체의 원칙(LSP, Liskov Substitution Principle) : 부모 클래스가 들어갈 자리에 자식 클래스를 대체하여도 계획대로 작동해야 한다.
- 인터페이스 분리의 원칙(ISP, Interface Segregation Principle) : 한 인터페이스는 자신이 사용하지 않는 인터페이스를 클라이언트에 특화되도록 분리해야 한다.
- 의존 관계 역전의 원칙(DIP, Dependency Inversion Principle) : 의존 관계를 맺으면 변하기 쉽고 변화 빈도가 높은 것보다 변하기 어렵고 변화 빈도가 낮은 것에 의존한다.

14 Shannon의 표본화 정리에 의하면 보내려는 신호 성분 중 최고 주파수의 최소 몇 배 이상으로 표본을 행하면 원 신호를 충실하게 재현시킬 수 있는가?

① 1
② 2
③ 4
④ 8

신호 성분 중 최고 주파수의 최소 2배 이상으로 표본을 행하면 원 신호를 충실하게 재현시킬 수 있다.

15 3개의 페이지 프레임(Frame)을 가진 기억장치에서 페이지 요청을 다음과 같은 페이지 번호 순으로 요청했을 때 교체 알고리즘으로 FIFO 방법을 사용한다면 몇 번의 페이지 부재(Fault)가 발생하는가? (단, 현재 기억장치는 모두 비어 있다고 가정한다.)

요청된 페이지 번호의 순서 : 2, 3, 2, 1, 5, 2, 4, 5, 3, 2, 5, 2

① 7번
② 8번
③ 9번
④ 10번

요청 페이지	2	3	2	1	5	2	4	5	3	2	5	2
페이지 프레임	2	2	2	2	5	5	5	5	3	3	3	3
		3	3	3	3	2	2	2	2	2	5	5
				1	1	1	4	4	4	4	4	2
페이지 부재	■	■		■	■	■	■		■	■		■

16 두 명의 개발자가 5개월에 걸쳐 10000 라인의 코드를 개발하였을 때, 월별(person-month) 생산성 측정을 위한 계산 방식으로 가장 적합한 것은?

① 10000/2
② 10000/5
③ 10000/(2×5)
④ (2×10000)/5

생산성 = 개발된 LOC/(투입 인원×개발 기간) = 10000/(2×5)

17 HRN 방식으로 스케줄링 할 경우, 입력된 작업이 다음과 같을 때 처리되는 작업 순서로 옳은 것은?

작업	대기시간	서비스(실행)시간
A	5	20
B	40	20
C	15	45
D	20	2

① A → B → C → D
② A → C → B → D
③ D → B → C → A
④ D → A → B → C

HRN(Highest Response-ratio Next)
• 우선순위 계산식 = (대기 시간 + 서비스를 받을 시간) / 서비스를 받을 시간
• A : (5 + 20) / 20 = 1.25
• B : (40 + 20) / 20 = 3
• C : (15 + 45) / 45 = 1.33
• D : (20 + 2) / 2 = 11
• 작업 순서 : D → B → C → A

18 OSI-7 Layer에서 링크의 설정과 유지 및 종료를 담당하며, 노드 간의 오류 제어와 흐름 제어 기능을 수행하는 계층은?

① 데이터 링크 계층
② 물리 계층
③ 세션 계층
④ 응용 계층

OSI 7 계층
• 물리 계층 : 물리적인 장치와 인터페이스가 전송을 위해 필요한 기계적, 전기적, 기능적, 절차적 기능을 정의한다.
• 데이터 링크 계층 : 인접한 두 개의 통신 시스템 간에 신뢰성 있는 효율적인 데이터를 전송할 수 있다.
• 네트워크 계층 : 경로 설정 및 네트워크 연결 관리를 수행한다.
• 전송 계층 : 통신 양단 간(End-to-End) 투명한 데이터 전송을 제공한다.
• 세션 계층 : 프로세스 간에 대한 연결을 확립, 관리, 단절시키는 수단을 제공한다.
• 표현 계층 : 응용 계층과 세션 계층 사이에서 데이터 변환을 담당한다.
• 응용 계층 : 사용자에게 서비스를 제공한다.

19 GoF(Gangs of Four) 디자인 패턴에서 생성(Creational) 패턴에 해당하는 것은?

① 컴퍼지트(Composite)
② 어댑터(Adapter)
③ 추상 팩토리(Abstract Factory)
④ 옵서버(Observer)

생성(Creational)	Abstract Factory, Singleton, Prototype, Builder
구조(Structural)	Adapter(object), Bridge, Composite, Decorator, Facade, Flyweight, Proxy
행위(Behavioral)	Chain of Responsibility, Command, Iterator, Mediator, Memento, Observer, State, Strategy, Visitor

20 다음 중 단위 테스트 도구로 사용할 수 없는 것은?

① CppUnit
② JUnit
③ HttpUnit
④ IgpUnit

단위 테스트 지원 도구(xUnit)
- JUnit : Java 프로그래밍 언어에 사용되는 테스트 도구로서 데이터를 테스트한 다음 코드에 삽입한다.
- NUnit : 모든 .net 언어에 널리 사용되는 단위 테스트 프레임워크로서, 병렬로 실행할 수 있는 데이터 중심 테스트를 지원한다.
- JMockit : 오픈소스 단위 테스트 도구로서, 기록 및 검증 구문으로 API를 Mocking 할 수 있다.
- EMMA : 코드 분석 오픈소스 툴 킷으로서, JAVA 기반이므로 외부 라이브러리 종속성이 없으며 소스코드에 액세스 할 수 있다.
- PHPUnit : PHP 프로그래머를 위한 단위 테스트 도구이다.
- HttpUnit : Java 프로그램용 GUI가 없는 브라우저를 포함하는 오픈소스 Java 라이브러리이다.
- DBUnit : 데이터베이스 단위 테스트를 지원하는 프레임워크이다.

2과목 프로그래밍 언어 활용

21 C언어에서 강제적으로 데이터 형 변환을 하는 연산자는?

① Auto 연산자
② Case 연산자
③ Cast 연산자
④ Conversion 연산자

Cast 연산자(형 변환 연산자)
- 어떤 수식을 다른 데이터형으로 바꿀 때 사용하는 연산자
- 명시적으로 형 변환을 할 때 사용됨

22 아래 코드의 실행 결과는?

```
#include <stdio.h>
void main(void) {
    int code = 65;
    int *p = &code;
    printf("%c", (*p)++);
}
```

① A
② B
③ 65
④ 66

포인터 변수와 포인터 연산자, 후위 증가 연산자

int code = 65;	// 정수 변수 code 선언 및 65로 초기화
int *p = &code;	// 정수형 포인터 변수 p 선언 및 정수형 변수 code의 주소값으로 초기화
printf("%c", (*p)++);	// 포인터 변수 p가 참조하는 값 65를 문자형 'A'로 변환 출력 후 참조하는 변수 code의 값을 1 증가시킨다.

printf("%c", (*p)++);
　　　②　　　①
　　　　　③

① *p // 포인터 변수 p가 참조하는 위치의 값, 즉 변수 code의 값 65를
② %c // printf() 함수의 출력서식 %c에 해당하는 ASCII코드 문자 'A'로 변환하여 출력하여라.
③ (*p)++ // code++과 동일한 의미로 후위증가 연산하여 66으로 1 증가시킨다. 최종 변수 code의 값은 66으로 저장된다.

오답 피하기
ASCII 코드표는 48번-0(영), 65번-A, 97번-a로 할당되어 있다.

23 다음 C언어를 수행할 때 산출되는 값은?

```
main()
{
   int x=3, y=4, z=0, rs;
   rs= x || y && z;
   printf("rs = %d \n", rs);
}
```

① 0
② 3
③ 4
④ 1

int x=3, y=4, z=0, rs;
정수형 변수 x, y, z, rs 선언 및 초기화
rs = x || y && z;
rs = 3 || 4 && 0
rs = 3 or (4 and 0)
rs = 3 or 0
rs = 1
printf("rs = %d \n", rs);
rs를 출력한다.

- || : 논리합(or) 연산자
- && : 논리곱(and) 연산자
- &&가 연산자 우선순위가 높으므로 먼저 계산한다.

오답 피하기
- 논리합은 피연산자가 모두 0인 경우에만 0을 출력한다.
- 논리곱은 피연산자가 모두 1인 경우에만 1을 출력한다.

24 CPU를 점유하고 있는 프로세스를 교체하기 위해 이전 프로세스의 상태를 보관하고 새로 진입하는 프로세스의 상태를 적재하는 작업은?

① Context Switching
② Scheduling
③ Argument
④ Throughput

Context Switching
- 다중 프로그램 작성 환경에서 어떤 프로그램의 실현을 중단하고 다른 프로그램의 실행을 재개할 때, 그 프로그램의 재개에 필요한 환경을 다시 설정하는 것을 말한다.
- 끼어들기 처리 기법의 하나로 컴퓨터 내부의 복수의 누산기나 레지스터군을 마련해 두고 끼어들기의 발생과 동시에 이들 레지스터군을 전환하는 방법이다.

25 토큰들의 문법적 오류를 검사하고, 오류가 없으면 파스 트리를 생성하는 컴파일 단계는?

① 어휘 분석 단계
② 구문 분석 단계
③ 중간코드 생성 단계
④ 최적화 단계

구문 분석
- 주어진 문장이 정의된 문법 구조에 따라 정당하게 하나의 문장으로 사용될 수 있는가를 확인하는 작업이다.
- 컴퓨터 분야에서는 컴파일러에 의하여 원시 프로그램을 기계어 프로그램으로 번역할 때 낱말 분석(Lexical Analysis) 결과로 만들어진 토큰들을 문법에 따라 분석하는 파싱(Parsing) 작업을 수행하여 파스 트리를 구성하는 작업을 지칭한다.

26 C언어에서 산술 연산자가 아닌 것은?

① %
② *
③ /
④ =

산술 연산자	*, /, %
	+, −
시프트 연산자	《, 》
관계 연산자	〈, 〈=, 〉, 〉=
	==, !=
할당 연산자	=, +=, −=, *=, /=, %=, 《=, 》=

27 다음 중 응집도가 가장 높은 것은?

① 절차적 응집도
② 순차적 응집도
③ 우연적 응집도
④ 논리적 응집도

응집도 정도 : (높음) 기능적 응집도 > 순차적 응집도 > 교환적(통신적) 응집도 > 절차적 응집도 > 시간적 응집도 > 논리적 응집도 > 우연적 응집도 (낮음)

28 Chomsky 문법 중 생성 규칙에 제한이 없는 문법은?

① Type 0
② Type 1
③ Type 2
④ Type 4

Noam Chomsky의 문법 구조
- Type 0 문법 : 튜닝 머신(Turing Machine) (Recursively Enumerable set). 모든 형식의 문법을 포함한다. 생성 규칙에 제한이 없다.
- Type 1 문법 : 선형 한계 오토마타(Linear Bounded Automata) (Context-sensitive language)
- Type 2 문법 : 푸시 다운 오토마타(Push Down Automata) (Context-Free Language). 구문 분석에 사용한다.
- Type 3 문법 : 유한 상태 오토마타(Finite Automata) (Regular Language). 언어의 어휘구조(lexical-structure). 어휘 분석에 사용한다.

29 JAVA언어의 접근 제어자의 설명이 잘못된 것은?

① public : 모든 접근을 허용한다.
② private : 같은 패키지에 있는 객체와 상속 관계의 객체들만 허용한다.
③ default : 같은 패키지에 있는 객체들만 허용한다.
④ protected : 현재 객체 내에서만 금지한다.

오답 피하기
protected : 현재 객체 내에서만 허용한다.

30 C언어에서 비트 연산자가 아닌 것은?

① &   ② !
③ <<   ④ ~

비트(논리) 연산자 : &(and), |(or), ^(xor), ~(not), <<(lshift), >>(rshift)

31 다음 설명에 부합하는 용어로 옳은 것은?

> - 소프트웨어 구조를 이루며, 다른 것들과 구별될 수 있는 독립적인 기능을 갖는 단위이다.
> - 하나 또는 몇 개의 논리적인 기능을 수행하기 위한 명령어들의 집합이라고도 할 수 있다.
> - 서로 모여 하나의 완전한 프로그램으로 만들어질 수 있다.

① 통합 프로그램
② 저장소
③ 모듈
④ 데이터

단위 모듈
- 소프트웨어 구현에 필요한 다양한 동작 중 한 가지 동작을 수행하는 기능을 모듈로 구현한 것을 의미한다.
- 사용자 또는 다른 모듈로부터 값을 전달받아 시작되는 작은 프로그램이다.
- 독립적인 컴파일이 가능하며, 다른 모듈에 호출되거나 삽입될 수 있다.
- 두 개의 단위 모듈이 합쳐지면 두 개의 기능을 갖는 모듈로 구현할 수 있다.
- 화면, DB 접근, 인터페이스, 비즈니스 트랜잭션, 데이터 암호화 등이 있다.

32 자바스크립트에서 일정한 시간마다 브라우저 상태를 파악하거나 동작을 수행하는 데 사용되는 함수는?

① window.setInterval( )
② window.setTimer( )
③ window.timer( )
④ window.setTime( )

- setTimeout : 일정 시간이 지난 후에 함수를 실행하는 방법
- setInterval : 일정 시간 간격을 두고 함수를 실행하는 방법

33 다음 JAVA 코드 출력문의 결과는?

```
..생략..
System.out.println("5 + 2 = " + 3 + 4);
System.out.println("5 + 2 = " + (3 + 4));
..생략..
```

① 5 + 2 = 34
　 5 + 2 = 34
② 5 + 2 + 3 + 4
　 5 + 2 = 7
③ 7 = 7
　 7 + 7
④ 5 + 2 = 34
　 5 + 2 = 7

JAVA의 System.out.println 메소드
- System.out.println 메소드는 콘솔에 문자열 결과를 출력 후, 행을 변경한다.
- "5 + 2 = "의 문자열 이후의 + 연산의 경우 문자열 간 연결 기능을 수행한다.
- 따라서, "5 + 2 = " 이후 + 3을 수행하면 3이 "3" 문자열로 형 변환 후 "5 + 2 = 3"으로 문자열 연결되며 + 4 역시 4가 "4" 문자열로 형 변환 후 "5 + 2 = 34"로 문자열 연결된 후 출력된다.
- "5 + 2 = " + (3 + 4)의 경우 괄호에 의해 (3 + 4)가 먼저 덧셈 수행하여 7로 산술연산이 되어 "5 + 2 = "과 "7"이 문자열 연결되어 "5 + 2 = 7"이 출력된다.

34 객체지향 개념에서 이미 정의되어 있는 상위 클래스의 메소드를 비롯한 모든 속성을 하위 클래스가 물려받는 것을 무엇이라고 하는가?

① Abstraction
② Method
③ Inheritance
④ Message

상속성(Inheritance)
- 클래스는 계층 구조를 이룬다.
- 상위 계층의 모든 요소를 상속받고 추가적으로 필요로 되는 새로운 자료 구조와 메소드를 추가하여 하위 계층의 클래스를 생성한다.
- 객체지향에서는 상속의 개념을 이용하여 소프트웨어의 재사용을 지원한다.

35 명시적 순서 제어에 해당되지 않는 것은?

① 해당 언어에서 각 문장이나 연산의 순서를 프로그래머가 직접 변경
② GOTO문이나 반복문을 사용해서 문장의 실행 순서를 변경
③ 수식의 괄호를 사용해서 연산의 순서를 변경
④ 수식에서 연산자 우선순위에 의한 수식 계산

묵시적 순서제어	• 프로그램 언어에서 미리 정해진 순서에 따라서 제어가 일어나는 것을 의미한다. • 일반 언어에서 순서를 명시적으로 제어하는 문장이 없으면 문장 나열 순서로 제어한다. • 수식에서 괄호가 없으면 연산자 우선순위에 의해서 수식이 계산된다.
명시적 순서제어	• 해당 언어에서 각 문장이나 연산의 순서를 프로그래머가 직접 명시한다. • GOTO문이나 반복문을 사용해서 문장의 실행 순서를 바꾼다. • 수식의 괄호를 사용해서 연산의 순서를 바꾼다.

36 모듈의 독립성을 높이기 위한 결합도(Coupling)와 관련한 설명으로 틀린 것은?

① 오류가 발생했을 때 전파되어 다른 오류의 원인이 되는 파문 효과(Ripple Effect)를 최소화해야 한다.
② 인터페이스가 정확히 설정되어 있지 않을 경우 불필요한 인터페이스가 나타나 모듈 사이의 의존도는 높아지고 결합도가 증가한다.
③ 모듈들이 변수를 공유하여 사용하게 하거나 제어 정보를 교류하게 함으로써 결합도를 낮추어야 한다.
④ 다른 모듈과 데이터 교류가 필요한 경우 전역변수(Global Variable)보다는 매개변수(Parameter)를 사용하는 것이 결합도를 낮추는 데 도움이 된다.

모듈들이 변수를 공유하지 않도록 결합도를 낮추어야 한다.

37 EBNF에서 선택적 구조를 나타내는 데 쓰이는 기호는?

① { } ② 〈 〉
③ [ ] ④ ::=

- BNF보다 읽기 쉽고 간결한 표현 시에 사용
- [..] : 다양한 선택
- [|] : 양자택일 선택

38 컴파일러에 의해 수행되는 자료 타입 강제 변환으로 혼합형 산술 계산 시 시스템에 의해 자동으로 형 변환이 수행되는 타입 자동 변환을 무엇이라고 하는가?

① 명시적 형 변환 ② 구조적 형 변환
③ 수학적 형 변환 ④ 묵시적 형 변환

자동 형 변환(묵시적 형 변환)
- 여러 개의 변수가 혼합되어 사용되는 경우 변환 규칙에 따라 자동으로 형이 변환됨
- 두 개 이상의 데이터형이 혼합된 연산에서는 순위가 높은 데이터형으로 변환하여 계산

39 다음 문장은 몇 개의 토큰으로 분리할 수 있는가?

k = 5 + c;

① 3 ② 4
③ 5 ④ 6

변수명, 연산자, 구두점 모두 각각 한 개씩 토큰으로 분리할 수 있다.

40 컴파일러 언어에서 다른 기종의 기계어로 번역하는 번역기는?

① Linker ② Cross-compiler
③ Debugger ④ Preprocessor

크로스 컴파일러(Cross Compiler) : 원시 프로그램을 컴파일러가 수행되고 있는 컴퓨터의 기계어로 번역하는 것이 아니라, 다른 기종에 맞는 기계어로 번역하는 컴파일러

3과목 데이터베이스 활용

41 다음 SQL문의 실행 결과로 생성되는 튜플 수는?

SELECT 급여 FROM 사원;

〈사원〉 테이블

사원ID	사원명	급여	부서ID
101	박철수	30000	1
102	한나라	35000	2
103	김감동	40000	3
104	이구수	35000	2
105	최초록	40000	3

① 1 ② 3
③ 4 ④ 5

사원 테이블의 급여 열을 검색하면 5개의 튜플이 검색된다.

42 데이터베이스의 무결성 규정(Integrity Rule)과 관련한 설명으로 틀린 것은?

① 무결성 규정에는 데이터가 만족해야 될 제약 조건, 규정을 참조할 때 사용하는 식별자 등의 요소가 포함될 수 있다.
② 무결성 규정의 대상으로는 도메인, 키, 종속성 등이 있다.
③ 정식으로 허가 받은 사용자가 아닌 불법적인 사용자에 의한 갱신으로부터 데이터베이스를 보호하기 위한 규정이다.
④ 릴레이션 무결성 규정(Relation Integrity Rules)은 릴레이션을 조작하는 과정에서의 의미적 관계(Semantic Relationship)를 명세한 것이다.

③번은 DB 보안에 관련된 내용이다.

43 다음 설명과 관련 있는 트랜잭션의 특징은?

> "트랜잭션의 연산은 모두 실행되거나, 모두 실행되지 않아야 한다."

① Durability
② Isolation
③ Consistency
④ Atomicity

트랜잭션의 특성
- 원자성(Atomicity) : 완전하게 수행 완료되지 않으면 전혀 수행되지 않아야 함
- 일관성(Consistency) : 시스템의 고정 요소는 트랜잭션 수행 전후에 같아야 함
- 격리성(Isolation, 고립성) : 트랜잭션 실행 시 다른 트랜잭션의 간섭을 받지 않아야 함
- 영속성(Durability, 지속성) : 트랜잭션의 완료 결과가 데이터베이스에 영구히 기억됨

44 버블 정렬을 이용하여 다음 자료를 오름차순으로 정렬할 경우 PASS 1의 결과는?

> 9, 6, 7, 3, 5

① 6, 9, 7, 3, 5
② 3, 9, 6, 7, 5
③ 3, 6, 7, 9, 5
④ 6, 7, 3, 5, 9

- 버블 정렬의 오름차순 수행 시 매 회전(Pass)마다 마지막 값이 가장 큰 값이 된다.
- 초 기 : 9, 6, 7, 3, 5
- 1Pass : 6, 7, 3, 5, 9
- 2Pass : 6, 3, 5, 7, 9
- 3Pass : 3, 5, 6, 7, 9
- 4Pass : 3, 5, 6, 7, 9

45 로킹 단위(Locking Granularity)에 대한 설명으로 옳은 것은?

① 로킹 단위가 크면 병행성 수준이 낮아진다.
② 로킹 단위가 크면 병행 제어 기법이 복잡해진다.
③ 로킹 단위가 작으면 로크(Lock)의 수가 적어진다.
④ 로킹은 파일 단위로 이루어지며, 레코드와 필드는 로킹 단위가 될 수 없다.

로킹(Locking) 특징
- 로킹 단위가 커지면 로크의 수가 적어 관리가 쉬워지지만 병행성 수준은 낮아진다.
- 로킹 단위가 작으면 로크의 수가 많아 관리가 어려워지지만 병행성 수준은 높아진다.
- 로킹의 대상이 되는 객체(파일, 테이블, 필드, 레코드)의 크기를 로킹 단위라고 한다.

46 뷰(VIEW)에 대한 설명으로 틀린 것은?

① 뷰 위에 또 다른 뷰를 정의할 수 있다.
② 뷰에 대한 조작에서 삽입, 갱신, 삭제 연산은 제약이 따른다.
③ 뷰의 정의는 기본 테이블과 같이 ALTER 문을 이용하여 변경한다.
④ 뷰가 정의된 기본 테이블이 제거되면 뷰도 자동적으로 제거된다.

뷰(View)의 특징
- 뷰의 생성 시 CREATE문, 검색 시 SELECT문을 사용한다.
- 뷰의 정의 변경 시 ALTER문을 사용할 수 없고 DROP문을 이용한다.
- 뷰를 이용한 또 다른 뷰의 생성이 가능하다.
- 하나의 뷰 제거 시 그 뷰를 기초로 정의된 다른 뷰도 함께 삭제된다.
- 뷰에 대한 조작에서 삽입, 갱신, 삭제 연산은 제약이 따른다.
- 뷰가 정의된 기본 테이블이 제거되면 뷰도 자동적으로 제거된다.

47 관계 데이터 모델에서 릴레이션(Relation)에 관한 설명으로 옳은 것은?

① 릴레이션의 각 행을 스키마(Schema)라 하며, 예로 도서 릴레이션을 구성하는 스키마에는 도서번호, 도서명, 저자, 가격 등이 있다.
② 릴레이션의 각 열을 튜플(Tuple)이라 하며, 하나의 튜플을 각 속성에서 정의된 값을 이용하여 구성된다.
③ 도메인(Domain)은 하나의 속성이 가질 수 있는 같은 타입의 모든 값의 집합으로 각 속성의 도메인은 원자값을 갖는다.
④ 속성(Attribute)은 한 개의 릴레이션의 논리적인 구조를 정의한 것으로 릴레이션의 이름과 릴레이션에 포함된 속성들의 집합을 의미한다.

관계형 데이터베이스 모델 구조

학번	이름	학과	학년
2024010	김합격	경비학과	1
2024016	박합격	태권도학과	2
2024011	정합격	영문학과	3

〈학생〉 릴레이션, 속성(Attribute), 튜플(Tuple), 도메인(Domain)

오답 피하기
- 릴레이션의 각 열을 스키마(Schema)라 하며, 예로 도서 릴레이션을 구성하는 스키마에는 도서번호, 도서명, 저자, 가격 등이 있다.
- 릴레이션의 각 행을 튜플(Tuple)이라 하며, 하나의 튜플을 각 속성에서 정의된 값을 이용하여 구성된다.
- 릴레이션 스키마는 한 개의 릴레이션의 논리적인 구조를 정의한 것으로 릴레이션의 이름과 릴레이션에 포함된 속성들의 집합을 의미한다.

48 데이터베이스 설계 시 물리적 설계 단계에서 수행하는 사항이 아닌 것은?

① 저장 레코드 양식 설계
② 레코드 집중의 분석 및 설계
③ 접근 경로 설계
④ 목표 DBMS에 맞는 스키마 설계

물리적 설계
- 목표 DBMS에 종속적인 물리적 구조 설계
- 저장 레코드 양식 설계와 레코드 집중의 분석/설계, 엑세스 경로 인덱싱, 클러스터링, 해싱 등의 설계 포함
- 접근 경로 설계 및 트랜잭션 세부 설계

오답 피하기
④번은 개념적 설계 단계에 관한 내용이다.

49 SQL의 명령을 사용 용도에 따라 DDL, DML, DCL로 구분할 경우, 그 성격이 나머지 셋과 다른 것은?

① SELECT
② UPDATE
③ INSERT
④ GRANT

정의어(DDL)	데이터베이스 구조를 정의 및 수정 등을 위해 사용되는 언어 예 CREATE, DROP, ALTER
조작어(DML)	데이터베이스 내의 자료를 검색, 삽입, 수정, 삭제하기 위해 사용되는 언어 예 SELECT, INSERT, UPDATE, DELETE
제어어(DCL)	데이터베이스의 데이터에 대해 무결성 유지, 병행 수행 제어, 보호와 관리를 위한 언어 예 GRANT, REVOKE

50 데이터베이스에서 인덱스(Index)와 관련한 설명으로 틀린 것은?

① 인덱스의 기본 목적은 검색 성능을 최적화하는 것으로 볼 수 있다.
② B-트리 인덱스는 분기를 목적으로 하는 Branch Block을 가지고 있다.
③ BETWEEN 등 범위(Range) 검색에 활용될 수 있다.
④ 시스템이 자동으로 생성하여 사용자가 변경할 수 없다.

- 인덱스(Index) : 데이터베이스 성능에 많은 영향을 주는 DBMS의 구성 요소로 테이블과 클러스터에 연관되어 독립적인 저장 공간을 보유하며, 데이터베이스에 저장된 자료를 더욱 빠르게 조회하기 위하여 별도로 구성한 순서 데이터를 말한다. (예 책의 맨 뒤에 빠르게 찾기에 해당한다.)
- B-트리 인덱스는 분기를 목적으로 하는 Branch Block을 가지고 있다.
- BETWEEN 등 범위(Range) 검색에 활용될 수 있다.

51 데이터베이스의 인덱스와 관련한 설명으로 틀린 것은?

① 문헌의 색인, 사전과 같이 데이터를 쉽고 빠르게 찾을 수 있도록 만든 데이터 구조이다.
② 테이블에 붙여진 색인으로 데이터 검색 시 처리 속도 향상에 도움이 된다.
③ 인덱스의 추가, 삭제 명령어는 각각 ADD, DELETE이다.
④ 대부분의 데이터베이스에서 테이블을 삭제하면 인덱스도 같이 삭제된다.

인덱스(Index)
- 데이터베이스 성능에 많은 영향을 주는 DBMS의 구성 요소로 테이블과 클러스터에 연관되어 독립적인 저장 공간을 보유하며, 데이터베이스에 저장된 자료를 더욱 빠르게 조회하기 위하여 별도로 구성한 순서 데이터를 말한다.
- 대부분의 데이터베이스에서 테이블을 삭제하면 인덱스도 같이 삭제된다.

오답 피하기
- 인덱스는 수정이 불가능하다.
- 인덱스 생성 : CREATE
- 인덱스 삭제 : DROP

52 속성(Attribute)에 대한 설명으로 틀린 것은?

① 속성은 개체의 특성을 기술한다.
② 속성은 데이터베이스를 구성하는 가장 작은 논리적 단위이다.
③ 속성은 파일 구조상 데이터 항목 또는 데이터 필드에 해당된다.
④ 속성의 수를 "Cardinality"라고 한다.

- 차수(Degree) : 속성의 수
- 카디널리티(Cardinality) : 튜플의 수(기수)

53 '갑' 테이블의 속성 A가 1, 2, 3, 4, 5의 도메인을 가지고 있고, '을' 테이블의 속성 A가 0, 2, 3, 4, 6의 도메인을 가지고 있다고 가정할 때 다음 SQL 구문의 실행 결과는?

```
SELECT A FROM 갑 UNION SELECT A FROM 을;
```

① 2, 3, 4
② 0, 1, 2, 3, 4, 5, 6
③ 1, 5, 6
④ 0, 1, 2, 2, 3, 3, 4, 4, 5, 6

UNION(통합, 합집합) 질의

```
SELECT 필드명1
FROM 테이블명1
UNION
SELECT 필드명2
FROM 테이블명2;
```

- 두 개 이상의 테이블이나 쿼리에서 대응되는 필드들을 결합하여 하나의 필드로 만들어 주는 쿼리이다.
- 성격이 유사한 두 개의 테이블이나 질의에 내용을 합쳐서 하나의 테이블을 만들기 위한 쿼리이다.
- 통합 질의를 사용하면 같은 레코드는 한 번만 기록된다.

정답 50 ④ 51 ③ 52 ④ 53 ②

54 분산 데이터베이스 시스템과 관련한 설명으로 틀린 것은?

① 물리적으로 분산된 데이터베이스 시스템을 논리적으로 하나의 데이터베이스 시스템처럼 사용할 수 있도록 한 것이다.
② 물리적으로 분산되어 지역별로 필요한 데이터를 처리할 수 있는 지역 컴퓨터(Local Computer)를 분산 처리기(Distributed Processor)라고 한다.
③ 분산 데이터베이스 시스템을 위한 통신 네트워크 구조가 데이터 통신에 영향을 주므로 효율적으로 설계해야 한다.
④ 데이터베이스가 분산되어 있음을 사용자가 인식할 수 있도록 분산 투명성(Distribution Transparency)을 배제해야 한다.

분산 데이터베이스(Distributed Database)
- 데이터베이스 관리 시스템(DBMS)의 종류 중 하나로, 물리적으로 분산된 데이터베이스를 네트워크를 통해 논리적으로 연결하여 분산된 작업을 처리하도록 하는 데이터베이스이다.
- 이를 사용하는 고객은 시스템이 분리되었는지 인식하지 못하면서 데이터베이스를 사용할 수 있으며, 데이터베이스는 이러한 투명성을 제공해야 한다.
- 투명성의 종류 : 병행 투명성, 분할 투명성, 장애 투명성, 지역사상 투명성, 위치 투명성, 중복 투명성

55 사용자 'PARK'에게 테이블을 생성할 수 있는 권한을 부여하기 위한 SQL문의 구성으로 빈칸에 적합한 내용은?

〈SQL문〉

GRANT (   ) PARK;

① CREATE TABLE TO
② CREATE TO
③ CREATE FROM
④ CREATE TABLE FROM

- GRANT 권한 ON 데이터 객체 TO 사용자 [WITH GRANT OPTION];
- 사용자 시스템 권한 : CREATE SESSION, CREATE TABLE, CREATE SEQUENCE, CREATE VIEW, CREATE PROCEDURE

56 다음에서 설명하는 스키마(Schema)는?

데이터베이스 전체를 정의한 것으로 데이터 개체, 관계, 제약 조건, 접근 권한, 무결성 규칙 등을 명세한 것

① 개념 스키마
② 내부 스키마
③ 외부 스키마
④ 내용 스키마

스키마의 3계층

외부 스키마 (External Schema)	사용자나 응용 프로그래머가 접근할 수 있는 정의 기술
개념 스키마 (Conceptual Schema)	• 범기관적 입장에서 데이터베이스를 정의한 것 • 개체 간의 관계와 제약 조건을 나타내고, 데이터베이스 접근 권한, 보안 및 무결성 규칙 명세가 있음
내부 스키마 (Internal Schema)	• 물리적 저장장치의 처지에서 본 데이터베이스 구조 • 실제로 데이터베이스에 저장될 레코드의 형식을 정의하고 저장 데이터 항목의 표현 방법 • 내부 레코드의 물리적 순서 등을 나타냄

57 DML(Data Manipulation Language) 명령어가 아닌 것은?

① INSERT
② UPDATE
③ ALTER
④ DELETE

- DDL의 종류 : CREATE, DROP, ALTER
- DML의 종류 : SELECT, INSERT, DELETE, UPDATE
- DCL의 종류 : GRANT, REVOKE

58 데이터 무결성 제약조건 중 "개체 무결성 제약" 조건에 대한 설명으로 맞는 것은?

① 릴레이션 내의 튜플들이 각 속성의 도메인에 지정된 값만을 가져야 한다.
② 기본키에 속해 있는 애트리뷰트는 널값이나 중복값을 가질 수 없다.
③ 릴레이션은 참조할 수 없는 외래키 값을 가질 수 없다.
④ 외래키 값은 참조 릴레이션의 기본키 값과 동일해야 한다.

개체 무결성이란, 기본키의 값은 널값이나 중복값을 가질 수 없다는 제약 조건이다.

59 STUDENT 릴레이션에 대한 SELECT 권한을 모든 사용자에게 허가하는 SQL 명령문은?

① GRANT SELECT FROM STUDENT TO PROTECT;
② GRANT SELECT ON STUDENT TO PUBLIC;
③ GRANT SELECT FROM STUDENT TO ALL;
④ GRANT SELECT ON STUDENT TO ALL;

```
GRANT 권한 ON 테이블명 TO 사용자 [WITH GRANT OPTION];
```

WITH GRANT OPTION
- 사용자에게 테이블의 권한을 부여하며, 부여받은 권한에 대해 다른 사용자에게 권한을 부여할 수 있게 된다.
- REVOKE 시 부여받은 권한은 연쇄적으로 반환된다.

60 다음 중 참조 무결성에 대한 설명으로 옳지 않은 것은?

① 참조 무결성은 참조하고 참조되는 테이블 간의 참조 관계에 아무런 문제가 없는 상태를 의미한다.
② 다른 테이블을 참조하는 테이블 즉, 외래키 값이 있는 테이블의 레코드 삭제 시에는 참조 무결성이 위배될 수 있다.
③ 다른 테이블을 참조하는 테이블의 레코드 추가 시 외래키 값이 널(Null)인 경우에는 참조 무결성이 유지된다.
④ 다른 테이블에 의해 참조되는 테이블에서 레코드를 추가하는 경우에는 참조 무결성이 유지된다.

다른 테이블을 참조하는 테이블 즉, 외래키 값이 있는 테이블(하위 테이블)의 경우 레코드를 삭제해도 참조 무결성이 위배되지 않는다. 반대로 상위 테이블의 일부 레코드를 삭제할 경우 연결되는 하위 테이블에 영향을 줄 수 있으므로 참조 무결성에 위배된다.

오답 피하기

개체 무결성 (Entity Integrity)	• 기본키를 구성하는 어떠한 속성값도 널(null) 값이나 중복값을 가질 수 없다. • 기본키가 설정된 테이블에 기본키가 누락된 (null) 채로 새로운 레코드 추가할 수 없다.
참조 무결성 (Reference Integrity)	• 외래키 값은 참조 테이블의 기본키 값과 동일해야 한다. • 조인된 두 테이블 중 메인 테이블에 존재하지 않는 레코드는 서브 테이블에 입력될 수 없다.

정보처리산업기사 필기 실전 모의고사 06회

시험 일자	문항 수	시험 시간
년 월 일	총 60문항	1시간 30분

수험번호 : _____
성   명 : _____

1과목 정보시스템 기반 기술

01 나선형(Spiral) 모형의 주요 태스크에 해당하지 않는 것은?

① 버전 관리 ② 위험 분석
③ 개발   ④ 평가

나선형 모형의 개발 단계

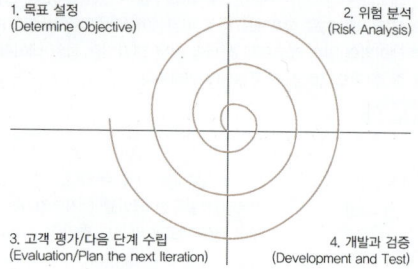

1. 목표 설정 (Determine Objective)
2. 위험 분석 (Risk Analysis)
3. 고객 평가/다음 단계 수립 (Evaluation/Plan the next Iteration)
4. 개발과 검증 (Development and Test)

02 CIDR(Classless Inter-Domain Routing) 표기로 203.241.132.82/27과 같이 사용되었다면, 해당 주소의 서브넷 마스크(Subnet Mask)는?

① 255.255.255.0
② 255.255.255.224
③ 255.255.255.240
④ 255.255.255.248

서브넷 마스크(Subnet Mask)
- 네트워크를 작은 내부 네트워크로 분리하여 효율적으로 네트워크를 관리하기 위한 수단이다.
- 서브넷 마스크는 32bit의 값으로 IP 주소를 네트워크와 호스트 IP 주소로 구분하는 역할을 한다.
- 네트워크 ID에 해당하는 모든 비트를 1로 설정하며, 호스트 ID에 해당하는 모든 비트를 0으로 설정한다.
- CIDR 표기 형식 : 10진수의 IP/네트워크 ID의 1비트의 개수

```
203.241.132.82/27
```

- 27은 32bit의 2진수 IP 주소 중 27bit가 네트워크 ID인 1비트의 개수이고 나머지 5(32-27)bit가 호스트 ID인 0비트의 개수이다.
- 서브넷 마스크 : 11111111.11111111.11111111.11100000
- 10진수 표기법 : 255.255.255.224

03 둘 이상의 서로 다른 네트워크에 접속하여 서로 간에 데이터를 주고받을 수 있도록 경로 선택, 혼잡 제어, 패킷 폐기 기능을 수행하는 것은?

① Hub   ② Repeater
③ Router   ④ Bridge

- 라우터(Router) : 네트워크를 구성하기 위해 반드시 필요한 장비로 정보 전송을 위한 최적의 경로를 찾아 통신망에 연결하는 장치
- 허브(Hub) : 네트워크를 구성할 때 여러 대의 컴퓨터를 연결하고, 각 회선들을 통합 관리하는 장치

정답 01 ① 02 ② 03 ③

04 다음 설명의 소프트웨어 테스트의 기본 원칙은?

> - 파레토 법칙이 좌우한다.
> - 애플리케이션 결함의 대부분은 소수의 특정한 모듈에 집중되어 존재한다.
> - 결함은 발생한 모듈에서 계속 추가로 발생할 가능성이 높다.

① 살충제 패러독스
② 결함 집중
③ 오류 부재의 궤변
④ 완벽한 테스팅은 불가능

소프트웨어 테스트의 원리
- 테스팅은 결함이 존재함을 밝히는 활동이다. : 소프트웨어의 잠재적인 결함을 줄일 수 있지만, 결함이 발견되지 않아도 결함이 없다고 증명할 수 없음을 나타낸다.
- 완벽한 테스팅은 불가능하다. : 무한 경로, 무한 입력값, 무한 시간이 소요되어 완벽하게 테스트할 수 없으므로 리스크 분석과 우선순위를 토대로 테스트에 집중할 것을 의미한다.
- 테스팅은 개발 초기에 시작해야 한다. : 애플리케이션의 개발 단계에 테스트를 계획하고 SDLC(Software Development Life Cycle)의 각 단계에 맞춰 전략적으로 접근하는 것을 고려하라는 뜻이다.
- 결함 집중(Defect Clustering) : 애플리케이션 결함의 대부분은 소수의 특정한 모듈에 집중되어 존재한다. 파레토 법칙이 좌우한다.
- 살충제 패러독스(Pesticide Paradox) : 동일한 테스트 케이스로 반복 테스트 시 결함을 발견할 수 없으므로 주기적으로 테스트 케이스를 리뷰하고 개선해야 한다.
- 테스팅은 정황(Context)에 의존한다. : 정황과 비즈니스 도메인에 따라 테스트를 다르게 수행하여야 한다.
- 오류–부재의 궤변(Absence of Errors Fallacy) : 사용자의 요구사항을 만족하지 못하는 오류를 발견하고 그 오류를 제거하였다 해도, 해당 애플리케이션의 품질이 높다고 말할 수 없다.

05 럼바우(Rumbaugh) 분석 기법에서 정보 모델링이라고도 하며, 시스템에서 요구되는 객체를 찾아내어 속성과 연산 식별 및 객체들 간의 관계를 규정하여 다이어그램으로 표시하는 모델링은?

① Object
② Dynamic
③ Function
④ Static

럼바우(Rumbaugh) 객체지향 분석 기법
- 소프트웨어 구성 요소를 그래픽으로 모형화하였다.
- 객체 모델링 기법(OMT, Object Modeling Technique)이라고도 한다.
  - 객체 모델링 : 정보 모델링이라고도 한다. 시스템에서 요구되는 객체를 찾아내어 속성과 연산 식별 및 객체들 간의 관계를 규정하여 객체를 다이어그램으로 표시한다.
  - 동적 모델링 : 제어 흐름, 상호작용, 동작 순서 등의 상태를 시간 흐름에 따라 상태 다이어그램으로 표시한다.
  - 기능 모델링 : 자료 흐름도를 이용하여 여러 프로세스 간의 자료 흐름을 표시한다. 어떤 데이터를 입력하여 어떤 결과를 가져올 수 있을지를 표현한다.

06 소프트웨어 재공학의 주요 활동 중 기존 소프트웨어 시스템을 새로운 기술 또는 하드웨어 환경에서 사용할 수 있도록 변환하는 작업을 의미하는 것은?

① Analysis
② Migration
③ Restructuring
④ Reverse Engineering

재공학의 과정
- 분석(Analysis) : 소프트웨어 재공학 활동 중 기본 소프트웨어의 명세서를 확인하여 소프트웨어의 동작을 이해하고 재공학 대상을 선정하는 것
- 재구성(Restructuring) : 상대적으로 같은 추상적 수준에서 하나의 표현을 다른 형태로 개조하는 것으로, 기존 소프트웨어를 향상시키기 위하여 코드를 재구성하므로 기능과 외적인 동작은 변경되지 않음
- 역공학(Reverse Engineering) : 소프트웨어 재공학 활동 중 원시 코드를 분석하여 소프트웨어 관계를 파악하고 기존 시스템의 설계 정보를 재발견하고 다시 제작하는 작업
- 이식(Migration) : 소프트웨어 재공학의 주요 활동 중 기존 소프트웨어 시스템을 새로운 기술 또는 하드웨어 환경에서 사용할 수 있도록 변환하는 작업

07 바람직한 소프트웨어 설계 지침이 아닌 것은?

① 모듈의 기능을 예측할 수 있도록 정의한다.
② 이식성을 고려한다.
③ 적당한 모듈의 크기를 유지한다.
④ 가능한 모듈을 독립적으로 생성하고 결합도를 최대화한다.

결합도(Coupling)
- 서로 다른 두 모듈 간의 상호 의존도로서 두 모듈 간의 기능적인 연관 정도를 나타낸다.
- 모듈 간의 결합도를 약하게 하면 모듈 독립성이 향상되어 시스템을 구현하고 유지보수 작업이 쉬워진다.

08 아키텍처 설계 과정이 올바른 순서로 나열된 것은?

> ㉮ 설계 목표 설정
> ㉯ 시스템 타입 결정
> ㉰ 스타일 적용 및 커스터마이즈
> ㉱ 서브 시스템의 기능, 인터페이스 동작 작성
> ㉲ 아키텍처 설계 검토

① ㉮ → ㉯ → ㉰ → ㉱ → ㉲
② ㉲ → ㉮ → ㉯ → ㉰ → ㉱
③ ㉮ → ㉲ → ㉯ → ㉱ → ㉰
④ ㉮ → ㉯ → ㉰ → ㉲ → ㉱

아키텍처 설계 과정 : 설계 목표 설정 → 시스템 타입 결정 → 스타일 적용 및 커스터마이즈 → 서브 시스템의 기능, 인터페이스 동작 작성 → 아키텍처 설계 검토

09 사용자 인터페이스를 설계할 경우 고려해야 할 가이드라인과 가장 거리가 먼 것은?

① 심미성을 사용성보다 우선하여 설계해야 한다.
② 효율성을 높이게 설계해야 한다.
③ 발생하는 오류를 쉽게 수정할 수 있어야 한다.
④ 사용자에게 피드백을 제공해야 한다.

사용자 인터페이스는 사용자의 사용성을 우선한다.

10 UML 다이어그램 중 정적 다이어그램이 아닌 것은?

① 컴포넌트 다이어그램
② 배치 다이어그램
③ 순차 다이어그램
④ 패키지 다이어그램

순차 다이어그램은 동적 다이어그램이다.

오답 피하기
- 구조 다이어그램(정적) : 클래스, 객체, 복합체 구조, 배치, 컴포넌트, 패키지
- 행위 다이어그램(동적) : 유스케이스, 활동, 상태머신, 콜라보레이션, 상호작용(순차, 상호작용 개요, 통신, 타이밍)

11 운영체제의 주기억장치 관리 기법 중 배치 전략에 해당되지 않는 것은?

① 최초 적합(First-Fit)
② 최후 적합(Last-Fit)
③ 최적 적합(Best-Fit)
④ 최악 적합(Worst-Fit)

배치(Placement) 전략
- 최초 적합(First Fit) : 입력되는 작업의 순서에 따라 주기억장치 첫 번째 기억 공간부터 할당
- 최적 적합(Best Fit) : 입력되는 작업의 크기에 맞는 주기억장치를 찾아 할당
- 최악 적합(Worst Fit) : 입력되는 작업의 크기에 맞지 않고 낭비가 가장 심한 공간을 찾아 할당

12 보안 유지 방식 중 사용자의 신원을 확인한 후 권한이 있는 사용자에게만 시스템에 접근하게 하는 방법은?

① 운용 보안
② 시설 보안
③ 사용자 인터페이스 보안
④ 내부 보안

사용자 인터페이스 보안(User Interface Security) : 사용자의 신원을 운영체제가 확인하는 절차를 통해 불법 침입자로부터 시스템을 보호하는 보안

13 소프트웨어 설계에서 자주 발생하는 문제에 대한 일반적이고 반복적인 해결 방법을 무엇이라고 하는가?

① 모듈 분해
② 디자인 패턴
③ 연관 관계
④ 클래스 도출

> 디자인 패턴 : 자주 사용하는 설계 형태를 정형화하여 유형별로 설계 템플릿을 만들어 두고 소프트웨어 개발 중 나타나는 과제를 해결하기 위한 방법

14 객체지향 분석 기법의 하나로 객체 모형, 동적 모형, 기능 모형의 3개 모형을 생성하는 방법은?

① Wirfs-Block Method
② Rumbaugh Method
③ Booch Method
④ Jacobson Method

> 럼바우(Rumbaugh) 객체지향 분석 기법
> • 소프트웨어 구성 요소를 그래픽으로 모형화하였다.
> • 객체 모델링 기법(OMT, Object Modeling Technique)이라고도 한다.
> – 객체 모델링 : 객체를 다이어그램으로 표시
> – 동적 모델링 : 상태를 시간 흐름에 따라 다이어그램으로 표시
> – 기능 모델링 : 자료 흐름도를 이용하여 여러 프로세스 간의 자료 흐름을 표시

15 기억공간의 크기가 20KB, 16KB, 8KB, 40KB일 때 기억장치 배치 전략으로 "Best Fit"을 사용하여 17KB의 프로그램을 적재할 경우 내부 단편화의 크기는 얼마인가?

① 3KB
② 23KB
③ 64KB
④ 67KB

> • 최적 적합(Best Fit)은 사용 가능한 영역 중에서 단편화가 가장 작은 영역에 할당한다.
> • 17KB의 프로그램은 최적 적합으로 배치할 경우 20KB의 공간에 적재되므로, 내부 단편화의 크기는 3KB이다.

16 입력되는 데이터를 컴퓨터의 프로세서가 처리하기 전에 미리 처리하여 프로세서가 처리하는 시간을 줄여주는 프로그램이나 하드웨어를 말하는 것은?

① EAI
② FEP
③ GPL
④ Duplexing

> FEP(Front-End Processor, 전위처리기)
> • 입력 데이터를 프로세서가 처리하기 전에 미리 처리하여 프로세서가 처리하는 시간을 줄여주는 프로그램이나 하드웨어이다.
> • 여러 통신라인을 중앙 컴퓨터에 연결하고 터미널의 메시지(Message)가 보낼 상태로 있는지 받을 상태로 있는지 검색한다.
> • 통신라인의 에러를 검출한다.

17 애플리케이션의 처리량, 응답시간, 경과시간, 자원사용률에 대해 가상의 사용자를 생성하고 테스트를 수행함으로써 성능 목표를 달성하였는지를 확인하는 테스트 자동화 도구는?

① 명세 기반 테스트 설계 도구
② 코드 기반 테스트 설계 도구
③ 기능 테스트 수행 도구
④ 성능 테스트 도구

> • 성능 테스트 도구 : 애플리케이션의 처리량, 응답시간, 경과시간, 자원사용률에 대해 가상의 사용자를 생성하고 테스트를 수행함으로써 성능 목표를 달성하였는지를 확인하는 테스트 자동화 도구
> • 테스트 하네스 도구 : 소프트웨어 컴포넌트의 테스트를 가능하게 하거나 프로그램의 입력을 받아들이거나 빠진 컴포넌트의 기능의 대신하거나 실행 결과와 예상 결과를 비교하기 위하여 동원된 소프트웨어 도구

18 GoF(Gang of Four) 디자인 패턴을 생성, 구조, 행동 패턴의 세 그룹으로 분류할 때, 구조 패턴이 아닌 것은?

① Adapter 패턴
② Bridge 패턴
③ Builder 패턴
④ Proxy 패턴

> • 구조(Structure) 디자인 패턴 : Adapter, Bridge, Composite, Decorator, Facade, Flyweight, Proxy
> • 행위(Behavioral) 디자인 패턴 : Chain of responsibility, Command, Interpreter, Iterator, Mediator, Memento, Observer, State, Strategy, Template Method, Visitor
> • 생성(Creational) 디자인 패턴 : Factory method, Abstract Factory, Singleton, Prototype, Builder

19 단위 테스트에서 테스트의 대상이 되는 하위 모듈을 호출하고, 파라미터를 전달하는 가상의 모듈로 상향식 테스트에 필요한 것은?

① 테스트 스텁(Test Stub)
② 테스트 드라이버(Test Driver)
③ 테스트 슈트(Test Suites)
④ 테스트 케이스(Test Case)

테스트 드라이버(Test Driver)
• 하위 → 상위 모듈로 통합하면서 테스트하는 상향식 테스트에서 사용한다.
• 테스트 대상을 제어하고 동작시키는 데 사용되는 도구를 의미한다.
• 시스템 및 컴포넌트를 시험하는 환경의 일부분으로 시험을 지원하는 목적 하에 생성된 코드와 데이터이다.
• 순차적 실행을 지원하는 프로그램이나 명령들이 묶여 있는 배치파일이다.

20 애자일(Agile) 프로세스 모델에 대한 설명으로 틀린 것은?

① 변화에 대한 대응보다는 자세한 계획을 중심으로 소프트웨어를 개발한다.
② 프로세스와 도구 중심이 아닌 개개인과의 상호소통을 통해 의견을 수렴한다.
③ 협상과 계약보다는 고객과의 협력을 중시한다.
④ 문서 중심이 아닌, 실행 가능한 소프트웨어를 중시한다.

애자일(Agile) 방법론
• '날렵한, 재빠른'이라는 사전적 의미가 있다.
• 특정 방법론이 아닌 소프트웨어를 빠르고 낭비 없이 제작하기 위해 고객과의 협업에 초점을 두고 소프트웨어 개발 중 설계 변경에 신속히 대응하여 요구사항을 수용할 수 있다.
• 절차와 도구보다 개인과 소통을 중요시하고 고객과의 피드백을 중요하게 생각한다.
• 소프트웨어가 잘 실행되는 데 가치를 두며, 소프트웨어 배포 시차를 최소화할 수 있다.

2과목 프로그래밍 언어 활용

21 C언어에서 문자열을 정수형으로 변환하는 라이브러리 함수는?

① atoi( )   ② atof( )
③ itoa( )   ④ ceil( )

• atoi( ) : 문자열을 정수형으로 변환
• atof( ) : 문자열을 실수형으로 변환
• toa : 숫자를 문자열로 변환
• ceil( ) : 자리올림
• floor( ) : 자리버림

22 월드 와이드 웹을 위한 표준을 개발하고 장려하는 국제적인 컨소시엄 조직으로, 웹의 지속적인 성장을 도모하는 프로토콜과 가이드라인을 개발하여 월드 와이드 웹의 모든 잠재력을 이끌어내기 위한 컨소시엄 조직은?

① ITU   ② W3C
③ KWCAG   ④ KISA

W3C(World Wide Web Consortium)에 관한 문제이다.

23 작성된 표현식이 주어진 BNF에 의해 바르게 작성되었는지를 확인하기 위해 만들어진 트리는?

① root tree
② binary normal tree
③ parse tree
④ level tree

parse tree(파스 트리)
• 작성된 표현식이 BNF의 정의에 의해 바르게 작성되었는지를 확인하기 위해 만드는 트리이다.
• 문법의 시작 기호로부터 적합한 생성 규칙을 적용할 때마다 가지치기가 이루어진다.
• 파스 트리의 터미널 노드는 단말 기호들이 된다.

24 PHP에서 사용 가능한 연산자가 아닌 것은?

① @
② #
③ < >
④ ===

PHP 연산자

산술 연산자	+, -, *, /, %, **
할당 연산자	=, +=, -=, *=, /=, %=
증가/감소 연산자	++, --
관계 연산자	==, ===, !=, <>, !==, >, <, >=, <=
논리 연산자	and, or, xor, &&, ||, !

오답 피하기
@ : 해당 코드라인의 에러 메시지를 출력하지 않는 연산자

25 다음 C언어 코드의 결과값은?

```
void main (void)
{
    int x[] = {100, 200, 300, 400};
    int y;
    y= *(x+2)+50;
    printf("%d", y);
}
```

① 150
② 250
③ 350
④ 450

int형 변수의 크기 : 4Byte

주소	1000	1004	1008	1012
배열 값	100	200	300	400

int x[] = {100, 200, 300, 400};	정수형 배열 x 선언 x 배열에 100, 200, 300, 400 입력
y= *(x+2)+50;	• 괄호 안의 +와 밖의 +를 구분해야 한다. • x 배열 시작 주소에 + 2를 더한다. • 2는 배열 요소 접근 간격이다. • *는 포인터를 의미하므로 괄호 안의 연산은 주소 연산이다. • 1000 + 2 * 4(int 형의 크기) = 1008 • 1008번의 데이터는 300이다. • *(1008)번 주소의 데이터 300+50 = 350
printf("%d", y);	y를 10진수로 출력한다.

26 프로그램 실행 시 사용되는 데이터 속성을 언어 번역기에 알려 주기 위한 문장은?

① 배정문
② 반복문
③ 조건문
④ 선언문

선언문
- 효율적인 주기억장치 사용과 관리를 하기 위하여 프로그램 실행 시 사용되는 데이터 속성을 언어 번역기에 알려 주기 위한 문장이다.
- 변수에 이름과 타입을 부여하거나 선언문을 사용하여 변수 이름을 나열하고 이들에 속성을 부여하는 명시적 선언과 선언문을 사용하지 않고 기본 규칙으로 변수에 속성을 부여하는 묵시적 선언이 있다.

27 자바스크립트의 함수 중 입력된 값이 숫자인지 아닌지의 여부를 판단하는 함수는?

① isNaN( )
② escape( )
③ confirm( )
④ alert( )

오답 피하기
- escape( ) : ASCII문자에 해당하지 않는 문자들은 모두 유니코드 형식으로 변환한다.
- confirm( ) : 확인창을 이용해 사용자와 상호작용할 때 사용한다.
- alert( ) : '확인(OK)' 버튼을 누를 때까지 메시지를 보여주는 창이 계속 떠있게 된다.

28 객체지향 개념에서 이미 정의되어 있는 상위 클래스(슈퍼 클래스 혹은 부모 클래스)의 메소드를 비롯한 모든 속성을 하위 클래스가 물려받는 것을 무엇이라 하는가?

① 메시지
② 메소드
③ 가상화
④ 상속

객체지향 기법의 기본 원칙
- 캡슐화(Encapsulation) : 데이터와 데이터를 조작하는 연산을 하나로 묶는 것을 의미하며 연관된 데이터와 함수를 함께 묶어 외부와 경계를 만들고 필요한 인터페이스만을 밖으로 드러내는 과정을 의미한다.
- 정보 은닉(Information Hiding) : 객체가 다른 객체로부터 자신의 자료를 숨기고 자신의 연산만을 통하여 접근을 허용하는 것을 의미하며 캡슐화와 밀접한 관계가 있다.
- 추상화(Abstraction) : 주어진 문제나 시스템 중에서 중요하고 관계 있는 부분만을 분리하여 간결하고 이해하기 쉽게 만드는 작업이다.
- 상속성(Inheritance) : 상위 클래스의 속성과 메소드를 하위 클래스가 물려받는 것을 의미하며 클래스와 객체를 재사용할 수 있다.
- 다형성(Polymorphism) : 많은 상이한 클래스들이 동일한 메소드명을 이용하는 능력을 의미하며 한 메시지가 객체에 따라 다른 방법으로 응답할 수 있는 것을 의미한다.

29 C언어에서 문자열 출력 시 사용하는 함수는?

① gets( ) ② getchar( )
③ puts( ) ④ putchar( )

C언어의 입출력 함수

입력		출력	
scanf( )	형식화된 입력	printf( )	형식화된 출력
gets( )	문자열 입력	puts( )	문자열 출력
getchar( )	한 문자 입력	putchar( )	한 문자 출력

30 C언어에서 반복처리를 위한 명령문이 아닌 것은?

① for ② while
③ continue ④ do~while

③번을 제외한 나머지는 모두 반복문이다.

오답 피하기
- continue : 루프 실행 도중 루프를 다시 실행하고자 할 때 사용한다.
- break : 반복 명령의 실행 도중 강제적으로 반복문을 빠져나올 때 사용한다.

31 큐에 있는 프로세스 중 실행 시간이 가장 짧은 프로세스에게 먼저 CPU를 할당하는 스케줄링 기법은?

① HRN ② FCFS
③ SJF   ④ ROUND ROBIN

선점형 스케줄링	• 라운드 로빈 : 시분할 방식을 위해 고안된 방식으로 FIFO 방식으로 수행하되 각 작업은 할당 시간 동안만 CPU를 사용 • SRT(Shortest Remaining Time) : 남은 처리 시간이 가장 짧은 작업을 먼저 수행
비선점형 스케줄링	• FIFO(First In First Out) : 가장 먼저 들어온 작업을 가장 먼저 처리 • SJF(Shortest Job First) : 처리시간이 가장 짧은 작업부터 먼저 처리 • HRN(Highest Response-ratio Next) : 처리시간이 긴 작업의 대기시간이 길어지는 SJF의 단점을 보완

32 다음 마크업 언어 중 가장 나중에 만들어진 것은?

① SGML ② HTML
③ XML   ④ XHTML

SGML → HTML → XML → XHTML

33 다음이 설명하는 IT 기술은?

- 컨테이너 응용 프로그램의 배포를 자동화하는 오픈소스 엔진이다.
- 소프트웨어 컨테이너 안에 응용 프로그램들을 배치시키는 일을 자동화해 주는 오픈소스 프로젝트이자 소프트웨어로 볼 수 있다.

① StackGuard
② Docker
③ CipherContainer
④ Scytale

Docker : 컨테이너 응용 프로그램의 배포를 자동화 하는 오픈소스 엔진으로 SW 컨테이너 안의 응용 프로그램들을 배치시키는 일을 자동화 해 주는 오픈소스 프로젝트이자 소프트웨어이다.

34 객체지향 언어에서 공통된 속성과 행위를 갖는 객체들의 집합을 의미하는 것은?

① 멀티스레딩
② 클래스
③ 메소드
④ 캡슐화

클래스(Class) : 하나 이상의 유사한 객체들을 묶어 공통된 특성을 묶어 공통된 속성과 연산을 표현한 객체의 집단이다.

오답 피하기
캡슐화(Encapsulation) : 데이터와 데이터를 조작하는 연산을 하나로 묶는 것을 의미하며 연관된 데이터와 함수를 함께 묶어 외부와 경계를 만들고 필요한 인터페이스만을 밖으로 드러내는 과정을 의미한다.

35 매개변수 전달 방법 중 실매개 변수 주소를 대응되는 형식매개 변수에 전달하는 방식은?

① 주소에 의한 전달(Call by Reference)
② 값에 의한 전달(Call by Value)
③ 이름에 의한 전달(Call by Name)
④ 매개변수에 의한 전달(Call by Papameter)

함수에 매개변수를 전달하는 방법
- 주소에 의한 전달(Call by Reference) : 실매개 변수(Actual Arguments) 주소를 대응되는 형식매개 변수에 전달하는 방식으로 호출자의 데이터는 호출된 함수에 의해 수정이 가능해진다. 일반적으로 입력 함수에 사용한다. (데이터의 갱신, 호출자에게 전달)
- 값에 의한 전달(Call by Value) : 값이 복사되어 전달되는 방식으로 함수 내의 지역변수와 같이 취급한다.

36 교착상태의 발생 조건이 아닌 것은?

① 상호 배제
② 환형 대기
③ 선점
④ 점유와 대기

교착상태 필수 4요소
- 상호 배제(Mutual Exclusion)
- 점유와 대기(Hold & Wait)
- 비선점(Non Preemption)
- 순환 대기(Circular Wait, 환형 대기)

37 자바스크립트 브라우저 내장 객체가 아닌 것은?

① Location 객체
② Image 객체
③ History 객체
④ Vision 객체

브라우저 내장 객체
- 웹 브라우저 관련 객체를 말한다.
- 브라우저에 있는 창, 문서, 도구모음, 상태표시줄 등에 해당하는 객체들의 정보를 제어한다.
- 계층 구조로 되어 있고 상위 객체와 하위 객체가 있다.
- Window, Document, Frame, History, Location, Image 객체 등이 있다.

38 다음 중 웹의 3요소에 해당하지 않는 것은?

① 웹 표준
② 웹 접근성
③ 웹 호환성
④ 웹 보안성

웹의 3요소 : 웹 표준, 웹 접근성, 웹 호환성

39 웹 페이지 제작 시 사용되는 스타일시트(CSS)에 대한 설명으로 틀린 것은?

① 내부 스타일시트 적용 시 〈HTML〉와 〈/HTML〉 내에서 자유롭게 정의할 수 있다.
② Inline CS와 Internal CS가 부분적으로 충돌할 경우, 충돌하지 않는 Internal CS는 그대로 상속 적용한다.
③ 외부 스타일시트의 파일 타입(확장자)은 .CSS이다.
④ 웹 문서 내에 특정 영역에만 영향을 주기 위해 〈SPAN〉, 〈DIV〉 태그를 사용한다.

〈STYLE〉〈/STYLE〉을 이용하여 〈HEAD〉~〈/HEAD〉 사이에 사용한다.

40 다음 중위식을 후위식으로 옳게 표현한 것은?

$$A - (D * K)$$

① $- D A * K$
② $A D K * -$
③ $A - D * K$
④ $A * D - K$

- 각 연산끼리 ( )로 묶어준 뒤 우선순위에 따라 해당변수 뒤에 연산자를 옮긴다.
- A−(D*K) → (A−(D*K)) → (A−(DK)*) → (A(DK)*−) → ADK*−

정답 35① 36③ 37④ 38④ 39① 40②

3과목 데이터베이스 활용

41 그래프의 특수한 형태로 노드(Node)와 선분(Branch)으로 되어 있고, 정점 사이에 사이클(Cycle)이 형성되어 있지 않으며, 자료 사이의 관계성이 계층 형식으로 나타나는 비선형 구조는?

① tree
② network
③ stack
④ distributed

tree
- 자료 사이의 관계성이 계층 형식으로 나타나는 비선형 구조이다.
- 그래프의 특수한 형태로 노드(Node)와 선분(Branch)으로 되어 있다.
- 정점 사이에 사이클(Cycle)이 형성되어 있지 않다.

42 시스템 카탈로그에 대한 설명으로 옳지 않은 것은?

① 데이터 사전이라고도 한다.
② 시스템 카탈로그에 저장되는 내용을 메타데이터라고 한다.
③ 시스템 자신이 필요로 하는 스키마 및 여러 가지 객체에 관한 정보를 포함하고 있는 시스템 데이터베이스이다.
④ 시스템 카탈로그의 정보를 INSERT, UPDATE, DELETE문으로 직접 갱신할 수 있다.

시스템 카탈로그(System Catalog)
- 데이터 사전(Data Dictionary)이라고도 한다.
- 시스템 자신이 필요로 하는 여러 가지 객체(기본 테이블, 뷰, 인덱스, 데이터베이스, 패키지, 접근 권한 등)에 관한 정보를 포함하고 있는 시스템 데이터베이스이다.
- 시스템 카탈로그 자체도 시스템 테이블로 구성되어 있어 SQL문을 이용해 내용 검색이 가능하다.
- 사용자가 시스템 카탈로그를 직접 갱신할 수는 없으며, 사용자가 SQL문으로 여러 가지 객체에 변화를 주면 시스템이 자동으로 갱신한다.

43 정규화를 거치지 않으면 릴레이션 조작 시 데이터 중복에 다른 예기치 못한 곤란한 현상이 발생할 수 있다. 이러한 이상(Anomaly) 현상의 종류에 해당하지 않는 것은?

① 삭제 이상
② 삽입 이상
③ 갱신 이상
④ 조회 이상

이상(Anomaly) 현상
- 데이터 중복으로 인해 릴레이션 조작 시 예상하지 못한 곤란한 현상이 발생하는 것을 의미한다.
- 삽입 이상(Insertion Anomaly) : 데이터를 삽입할 때 불필요한 데이터가 함께 삽입되는 현상이다.
- 삭제 이상(Deletion Anomaly) : 릴레이션의 한 튜플을 삭제함으로써 연쇄 삭제로 인해 정보의 손실을 발생시키는 현상이다.
- 갱신 이상(Updating Anomaly) : 튜플 중에서 일부 속성을 갱신함으로써 정보의 모순성이 발생하는 현상이다.

44 관계해석에 관한 설명으로 옳은 내용 모두를 나열한 것은?

ㄱ. 프레디키트 해석(predicate calculus)으로 질의어를 표현한다.
ㄴ. 튜플 관계해석과 도메인 관계해석이 있다.
ㄷ. 기본적으로 관계해석과 관계대수는 관계 데이터베이스를 처리하는 기능과 능력면에서 동등하다.
ㄹ. 원하는 정보와 그 정보를 어떻게 유도하는가를 기술하는 절차적인 언어이다.

① ㄱ, ㄹ
② ㄴ, ㄷ, ㄹ
③ ㄹ
④ ㄱ, ㄴ, ㄷ

오답 피하기
절차적 언어는 관계대수이다.

정답 41① 42④ 43④ 44④

45 학생 테이블에서 학번이 "1144077"인 학생의 학년을 "2"로 수정하기 위한 SQL 질의어는?

① UPDATE 학년="2" FROM 학생 WHERE 학번="1144077";
② UPDATE 학생 SET 학년="2" WHERE 학번="1144077";
③ UPDATE FROM 학생 SET 학년="2" WHERE 학번="1144077";
④ UPDATE 학년="2" SET 학생 WHEN 학번="1144077";

UPDATE문의 기본 구조

```
UPDATE 테이블명
SET 속성명=데이터
WHERE 조건;
```

46 데이터베이스 내에서 데이터들이 불필요하게 중복되어 릴레이션 조작 시 예기치 못한 곤란한 현상을 무엇이라고 하는가?

① Normalization
② Bug
③ Anomaly
④ Error

오답 피하기
- 정규화(Normalization) : 데이터베이스 내부에서 불필요한 중복으로 발생하는 각종 문제점들을 해결하기 위한 기법
- 버그(Bug) : 프로그램의 소스 코드나 설계 과정에서의 오류
- 에러(Error) : 소프트웨어 개발 또는 유지보수 수행 중에 발생한 부정확한 결과

47 다음 전위식(Prefix)을 후위식(Postfix)으로 옳게 표현한 것은?

$$- / A * + B C D E$$

① A B C + * D / E −
② A B * C D / + E −
③ A B * C + D / E −
④ A B C + D / * E −

- 피연산자의 왼쪽에 연산자가 있으므로 연산자 1개와 피연산자 2개씩 묶어준다. → (−(/(A*(+BC))D)E)
- 연산자를 피연산자 뒤로 이동시킨다. → (((A(BC+)*)D/)E−)
- 괄호를 제거한다. → ABC+*D/E−

48 Which of the following does not belong to the DML statement of SQL?

① DELETE
② ALTER
③ SELECT
④ UPDATE

다음 중 DML SQL문에 속하지 않는 것은 어느 것인가?

- DDL의 종류 : CREATE, DROP, ALTER
- DML의 종류 : SELECT, INSERT, DELETE, UPDATE

49 트랜잭션에서 SQL문들에 의해 수행된 모든 갱신을 취소시켜 데이터베이스를 트랜잭션의 첫 구문이 실행되기 전 상대로 되돌리는 트랜잭션 연산은?

① ROLLBACK
② UPDATE
③ CANCEL
④ COMMIT

트랜잭션의 연산
- Commit 연산 : 트랜잭션 실행이 성공적으로 종료되었음을 선언
- Rollback 연산 : 트랜잭션 실행이 실패하였음을 선언

50 서브루틴 레벨에서 복귀 번지를 기억시키는 경우 가장 적합한 자료 구조는?

① 큐
② 데크
③ 연결 리스트
④ 스택

스택(Stack)
• 리스트의 한쪽 끝에서만 자료의 삽입과 삭제가 이루어지는 자료 구조이다.
• 가장 나중에 삽입된 자료가 가장 먼저 삭제되는 후입선출(LIFO, Last In First Out) 방식이다.
• 서브루틴 레벨에서 복귀 번지를 기억시키는 경우 가장 적합한 자료 구조이다.

51 자료 구조를 비선형 구조와 선형 구조로 구분할 경우, 다음 중 성격이 다른 하나는 무엇인가?

① 그래프
② 리스트
③ 스택
④ 큐

• 선형 구조 : 큐, 스택, 데크, 리스트, 연결 리스트
• 비선형 구조 : 그래프, 트리, 인접 행렬

52 DBMS의 필수 기능 중 데이터 제어 기능에 해당하지 않는 것은?

① 병행 수행 제어
② 무결성 유지 제어
③ 사용자와 데이터베이스 사이의 인터페이스 수단 제공
④ 보안 및 권한 검사

사용자와 데이터베이스 사이의 인터페이스 수단을 제공하는 것은 데이터 조작어이다.

53 DBMS의 필수 기능 중 다음 내용과 관계 있는 것은?

> • 데이터의 무결성이 파괴되지 않도록 한다.
> • 데이터의 보안을 유지하고 권한을 검사한다.
> • 여러 사용자의 데이터베이스 동시 접근 시 병행 제어를 할 수 있어야 한다.

① Manipulation Facility
② Definition Facility
③ Connection Facility
④ Control Facility

• 정의 기능(Definition Facility) : 데이터베이스 구조 정의
• 조작 기능(Manipulation Facility) : 데이터베이스를 접근하여 데이터의 검색/삽입/삭제/갱신 등의 연산 작업을 위한 사용자와 데이터베이스 사이의 인터페이스 수단 제공
• 제어 기능(Control Facility) : 데이터 무결성 유지, 보안 유지 및 권한 검사, 병행 제어

54 인사 테이블의 주소 필드에 대한 데이터 타입을 VARCHAR(10)으로 정의하였으나 필드 길이가 부족하여 20바이트로 확장하고자 한다. 이에 적합한 SQL 명령은?

① MODIFY FIELD
② MODIFY TABLE
③ ALTER TABLE
④ ADD TABLE

DDL(Data Definition Language, 데이터 정의어)
• CREATE : 스키마, 도메인, 테이블, 뷰 정의
• ALTER : 테이블 정의 변경
• DROP : 스키마, 도메인, 테이블, 뷰 삭제

55 데이터베이스 로그(Log)를 필요로 하는 회복 기법은?

① 즉각 갱신 기법
② 대수적 코딩 방법
③ 타임스탬프 기법
④ 폴딩 기법

즉각 갱신법
• 데이터를 갱신하면 트랜잭션이 완료되기 전에 실제 데이터베이스에 반영하는 방법이다.
• 회복 작업을 위해서 갱신 내용을 별도의 Log로 기록해야 한다.
• Redo, Undo 모두 사용 가능하다.

56 데이터 모델이 포함하는 구성 요소와 거리가 먼 것은?

① Concept
② Structure
③ Operation
④ Constraint

데이터 모델의 구성 요소
• 데이터 구조(Structure) : 데이터 구조 및 정적 성질 표현
• 연산(Operations) : 데이터의 인스턴스에 적용 가능한 연산 명세와 조작 기법 표현
• 제약 조건(Constraints) : 데이터의 논리적 제한 명시 및 조작의 규칙

57 다음 SQL문을 관계 대수적으로 표현할 때 필요한 관계 연산자로 가장 적절한 것은?

```
SELECT 학번, 이름 FROM 학생 WHERE 학번 = 2000314;
```

① JOIN과 SELECT
② SELECT와 PROJECT
③ DIVISION과 SELECT
④ JOIN과 PROJECT

순수 관계 연산자의 종류
• Selection(σ) : 튜플 집합 검색
• Projection(π) : 속성 집합 검색
• Join(⋈) : 두 릴레이션의 공통 속성을 연결
• Division(÷) : 두 릴레이션에서 특정 속성을 제외한 속성만 검색

58 정규화의 필요성으로 거리가 먼 것은?

① 데이터 구조의 안정성 최대화
② 중복 데이터의 활성화
③ 수정, 삭제 시 이상 현상의 최소화
④ 테이블 불일치 위험의 최소화

정규화의 목적에는 데이터 구조의 안정성 최대화, 중복 데이터의 최소화, 수정, 삭제 시 이상 현상 최소화, 테이블 불일치 위험 최소화 등이 있다.

59 순서가 A, B, C, D로 정해진 입력 자료를 스택에 입력하였다가 출력할 때, 가능한 출력 순서의 결과가 아닌 것은?

① D, A, B, C
② A, B, C, D
③ A, B, D, C
④ B, C, D, A

- 스택 입력 및 출력 문제를 해결할 때는 우선 보기의 첫 번째 문자까지 스택에 입력해 보고 순서대로 Push와 POP을 진행해 보면 된다.
- 첫 번째 자료가 제일 먼저 나온 자료이므로 첫 번째 자료 이전의 데이터가 순서대로 입력되어야 첫 번째 데이터가 출력될 수 있다는 것에 포인트를 둔다.
- 예를 들어 ②번의 경우를 보면 A가 제일 먼저 POP 되었으므로

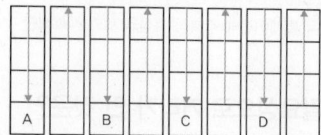

A(push) → A(pop)
B(push) → B(pop)
C(push) → C(pop)
D(push) → D(pop)

- ①번의 경우를 보면 D가 제일 먼저 POP되었으므로 A, B, C, D가 모두 PUSH된 상태부터 시작한다.

A → B → C → D (Push)
D (pop)
C (pop)
B (pop)
A (pop)

- D C B A 순서로 POP되므로 ①번 출력 순서는 불가능하다.

60 개체-관계 모델의 E-R 다이어그램에서 사용되는 기호와 그 의미의 연결이 옳지 않은 것은?

① 사각형 – 개체 타입
② 삼각형 – 속성
③ 선 – 개체 타입과 속성을 연결
④ 마름모 – 관계 타입

E-R 다이어그램

기호	기호 이름	의미
▭	사각형	개체(Entity)
◇	마름모	관계(Relationship)
◯	타원	속성(Attribute)
—	선, 링크	개체-속성, 개체-개체의 연결
◎	2중 타원	다중값 속성

정보처리산업기사 필기 실전 모의고사 07회

시험 일자	문항 수	시험 시간
년 월 일	총 60문항	1시간 30분

수험번호 : _____

성   명 : _____

1과목 정보시스템 기반 기술

01 럼바우(Rumbaugh)의 객체지향 분석 기법 중 자료 흐름도(DFD)를 주로 이용하는 것은?

① 기능 모델링
② 동적 모델링
③ 객체 모델링
④ 정적 모델링

럼바우(Rumbaugh)의 객체지향 분석 기법
- 소프트웨어 구성 요소를 그래픽으로 모형화하였다.
- 객체 모델링 기법(OMT, Object Modeling Technique)이라고도 한다.
- 객체 모델링 : 객체를 다이어그램으로 표시
- 동적 모델링 : 상태를 시간 흐름에 따라 다이어그램으로 표시
- 기능 모델링 : 자료 흐름도를 이용하여 여러 프로세스 간의 자료 흐름을 표시

02 TCP/IP 프로토콜 구조에 해당하지 않는 것은?

① 응용 계층
② 전송 계층
③ 인터넷 계층
④ 표현 계층

TCP/IP 4계층은 네트워크, 인터넷, 전송, 응용 계층으로 이루어져 있다.

03 객체지향 개념 중 하나 이상의 유사한 객체들을 묶어 공통된 특성을 표현한 데이터 추상화를 의미하는 것은?

① Method
② Class
③ Field
④ Message

클래스(Class)
- 유사한 객체를 정의한 집합으로 객체의 속성과 행동을 코드로 적어둔 것이며, 일반적인 Type을 의미한다.
- 기본적인 사용자 정의 데이터형이며, 데이터를 추상화하는 단위이다.
- 구조적 기법에서의 단위 테스트(Unit Test)와 같은 개념이다.
- 상위 클래스(부모 클래스, Super Class), 하위 클래스(자식 클래스, Sub Class)

04 소프트웨어 형상관리에 대한 설명으로 거리가 먼 것은?

① 소프트웨어에 가해지는 변경을 제어하고 관리한다.
② 프로젝트 계획, 분석서, 설계서, 프로그램, 테스트 케이스 모두 관리 대상이다.
③ 대표적인 형상관리 도구로 Ant, Maven, Gradle 등이 있다.
④ 유지보수 단계뿐만 아니라 개발 단계에도 적용할 수 있다.

Ant, Maven, Gradle은 빌드 자동화 도구이다.

오답 피하기
빌드 자동화 도구
- 소스코드 컴파일 후 다수의 연관된 모듈을 묶어 실행 파일로 만드는 과정을 빌드라고 한다.
- 소프트웨어 개발자가 반복 작업해야 하는 코딩을 잘 짜여진 프로세스를 통해 자동으로 실행하여, 신뢰성 있는 결과물을 생산해 낼 수 있는 작업 방식 및 방법이다.

05 다음이 설명하고 있는 것은?

- 1976년 ITU-T에 의해 패킷 교환망 표준으로 제정
- 패킷 교환망의 DCE와 PC 등의 통신 단말기 사이의 인터페이스 부분에 관한 규약

① X.21
② X.28
③ X.25
④ X.29

X.25의 특징
- 패킷 교환망에 대한 ITU-T의 권고안이다.
- DTE와 DCE의 인터페이스를 규정한다.
- 흐름 및 오류 제어 기능을 제공한다.

정답 01 ① 02 ④ 03 ② 04 ③ 05 ③

06 HDLC(High-level Data Link Control)의 링크 구성 방식에 따른 세 가지 동작모드에 해당하지 않는 것은?

① PAM
② NRM
③ ARM
④ ABM

HDLC 링크 구성에 따른 동작 모드
- 정규 응답 모드(NRM, Normal Response Mode)
- 비동기 응답 모드(ARM, Asynchronous Response Mode)
- 비동기 평형 모드(ABM, Asynchronous Balanced Mode)

07 라우팅 프로토콜인 OSPF(Open Shortest Path First)에 대한 설명으로 옳지 않은 것은?

① 멀티캐스팅을 지원한다.
② 거리 벡터 라우팅 프로토콜이라고도 한다.
③ 네트워크 변화에 신속하게 대처할 수 있다.
④ 최단 경로 탐색에 Dijkstra 알고리즘을 사용한다.

OSPF(Open Shortest Path First)
- 계층적 주소 체계를 기반으로 링크 상태 정보의 갱신 비용을 줄인 방법이다.
- 멀티캐스팅을 지원한다.
- 링크 상태 라우팅 프로토콜로 IP 패킷에서 프로토콜번호 89번을 사용하여 라우팅 정보를 전송하여 안정되고 다양한 기능으로 가장 많이 사용되는 IGP(Interior Gateway Protocol)이다.
- 네트워크 변화에 신속하게 대처할 수 있다.
- 최단 경로 탐색에 Dijkstra 알고리즘을 사용한다.

오답 피하기

거리 벡터 라우팅
- 패킷들이 전송되어야 하는 방향이나 인터페이스를 정의하며 목적지 네트워크까지의 거리로 경로를 판단한다.
- 종류 : RIP, IGRP, EIGRP

08 OSI 7 계층 중 통신망을 통하여 패킷을 목적지까지 전달하는 계층은?

① 응용 계층
② 네트워크 계층
③ 표현 계층
④ 물리 계층

네트워크 계층(Network Layer)
- 경로 설정 및 네트워크 연결 관리
- 통신망을 통한 목적지까지 패킷 전달을 담당
- 표준 : X.25, IP

09 클래스 다이어그램의 요소로 다음 설명에 해당하는 용어는?

- 클래스의 동작을 의미한다.
- 클래스에 속하는 객체에 대하여 적용될 메서드를 정의한 것이다.
- UML에서는 동작에 대한 인터페이스를 지칭한다고 볼 수 있다.

① Instance
② Operation
③ Item
④ Hiding

- 오퍼레이션은 클래스가 수행하는 액션이며, 클래스에서 메서드에 대응된다.
- 보통 오퍼레이션과 메서드를 동일하게 하지만 엄밀히 구분할 수도 있다. 오퍼레이션은 객체에서 호출되는 프로시저의 정의이며, 메서드는 프로시저의 본체이다.

10 요구사항 검증(Requirements Validation)과 관련한 설명으로 틀린 것은?

① 요구사항이 고객이 정말 원하는 시스템을 제대로 정의하고 있는지 점검하는 과정이다.
② 개발 완료 이후에 문제점이 발견될 경우 막대한 재작업 비용이 들 수 있기 때문에 요구사항 검증은 매우 중요하다.
③ 요구사항이 실제 요구를 반영하는지, 문서상의 요구사항은 서로 상충되지 않는지 등을 점검한다.
④ 요구사항 검증 과정을 통해 모든 요구사항 문제를 발견할 수 있다.

요구사항 검증(Requirements Validation)을 통해 모든 요구사항 문제를 발견할 수는 없다.

11 CASE(Computer-Aided Software Engineering)에 대한 설명으로 옳지 않은 것은?

① 소프트웨어 부품의 재사용성을 향상시켜 준다.
② Rayleigh-Norden 곡선의 노력 분포도를 기초로 한 생명 주기 예측 모형이다.
③ 소프트웨어 생명 주기의 모든 단계를 연결시켜 주고 자동화시켜 준다.
④ 소프트웨어의 유지보수를 용이하게 수행할 수 있도록 해준다.

CASE(Computer Aided Software Engineering)
- 소프트웨어 개발 과정에서 사용되는 요구 분석, 설계, 구현, 검사 및 디버깅 과정을 컴퓨터와 전용의 소프트웨어 도구를 사용하여 자동화하는 작업이다.
- 소프트웨어 생명 주기의 전체 단계를 연결시켜 주고 자동화시켜 주는 통합된 도구를 제공해주는 기술이다.

오답 피하기
- 비용 산정 자동화 도구에는 SLIM, ESTIMACS가 있다.
- SLIM : Rayleigh-Norden 곡선의 노력 분포도를 기초로 한 생명 주기 예측 모형이다.

12 소프트웨어 공학에서 워크스루(Walkthrough)에 대한 설명으로 틀린 것은?

① 사용 사례를 확장하여 명세하거나 설계 다이어그램, 원시코드, 테스트 케이스 등에 적용할 수 있다.
② 복잡한 알고리즘 또는 반복, 실시간 동작, 병행 처리와 같은 기능이나 동작을 이해하려고 할 때 유용하다.
③ 인스펙션(Inspection)과 동일한 의미를 가진다.
④ 단순한 테스트 케이스를 이용하여 프로덕트를 수작업으로 수행해 보는 것이다.

워크스루(Walkthrough)는 개별 산출물을 작성하는 중에 산출물을 검토하고 결함을 찾아내는 기법으로, 인스펙션(Inspection)에 비해 비형식적인 동료 검토 방법이다.

13 프로세스 적재 정책과 관련한 설명으로 틀린 것은?

① 반복, 스택, 부 프로그램은 시간 지역성(Temporal Locality)과 관련이 있다.
② 공간 지역성(Spatial Locality)은 프로세스가 어떤 페이지를 참조했다면 이후 가상주소 공간상 그 페이지와 인접한 페이지들을 참조할 가능성이 높음을 의미한다.
③ 일반적으로 페이지 교환에 보내는 시간보다 프로세스 수행에 보내는 시간이 더 크면 스래싱(Thrashing)이 발생한다.
④ 스래싱(Thrashing) 현상을 방지하기 위해서는 각 프로세스가 필요로 하는 프레임을 제공할 수 있어야 한다.

스래싱(Thrashing) : 하나의 프로세스가 작업 수행 과정에 수행하는 기억장치 접근에서 지나치게 페이지 부재가 발생하여 프로세스 수행에 소요되는 시간보다 페이지 이동에 소요되는 시간이 더 커지는 현상이다.

14 객체에게 어떤 행위를 하도록 지시하는 명령은?

① Class   ② Package
③ Object   ④ Message

객체지향의 구성 요소
- Class : 유사한 객체를 정의한 집합으로 객체의 속성과 행동을 코드로 적어둔 것이며, 일반적인 Type을 의미한다.
- Object : 데이터와 함수를 묶어 캡슐화하는 대상이 된다.
- Message : Object 간에 서로 주고받는 통신을 의미한다.

15 소프트웨어 테스트와 관련한 설명으로 틀린 것은?

① 화이트박스 테스트는 모듈의 논리적인 구조를 체계적으로 점검할 수 있다.
② 블랙박스 테스트는 프로그램의 구조를 고려하지 않는다.
③ 테스트 케이스에는 일반적으로 시험 조건, 테스트 데이터, 예상 결과가 포함되어야 한다.
④ 화이트박스 테스트에서 기본 경로(Basis Path)란 흐름 그래프의 시작 노드에서 종료 노드까지의 서로 독립된 경로로 싸이클을 허용하지 않는 경로를 말한다.

> 화이트박스 테스트에서 기본 경로(Basis Path)란 제어 흐름 그래프를 분석하여 선형 독립 실행 경로 집합을 찾는다. Mccabe의 순환 복잡도를 사용하여 선형 독립 경로 수를 결정한 다음 얻어진 각 경로에 대한 테스트 사례를 생성한다.

16 소프트웨어 패키징에 대한 설명으로 틀린 것은?

① 패키징은 개발자 중심으로 진행한다.
② 신규 및 변경 개발소스를 식별하고, 이를 모듈화하여 상용제품으로 패키징한다.
③ 고객의 편의성을 위해 매뉴얼 및 버전관리를 지속적으로 한다.
④ 범용 환경에서 사용이 가능하도록 일반적인 배포 형태로 패키징이 진행된다.

> **패키징 도구 활용 시 고려 사항**
> • 사용자에게 배포되는 소프트웨어임을 고려하여 반드시 내부 콘텐츠에 대한 암호화 및 보안을 고려한다.
> • 다양한 이기종 콘텐츠 및 단말기 간 DRM 연동을 고려한다.
> • 사용자 편의성을 위한 복잡성 및 비효율성 문제를 고려한다.
> • 반드시 내부 콘텐츠에 대한 암호화 및 보안을 고려한다.
> • 제품 소프트웨어에 적합한 암호화 알고리즘을 적용하여 범용성에 지장이 없도록 고려한다.

17 통합 테스트(Integration Test)와 관련한 설명으로 틀린 것은?

① 시스템을 구성하는 모듈의 인터페이스와 결합을 테스트하는 것이다.
② 하향식 통합 테스트의 경우 넓이 우선(Breadth First) 방식으로 테스트를 할 모듈을 선택할 수 있다.
③ 상향식 통합 테스트의 경우 시스템 구조도의 최상위에 있는 모듈을 먼저 구현하고 테스트한다.
④ 모듈 간의 인터페이스와 시스템의 동작이 정상적으로 잘 되고 있는지를 빨리 파악하고자 할 때 상향식보다는 하향식 통합 테스트를 사용하는 것이 좋다.

> **하향식 설계**
> • 소프트웨어 설계 시 제일 상위에 있는 main user function에서 시작하여 기능을 하위 기능들로 분할해 가면서 설계하는 방식이다.
> • 넓이 우선(Breadth First) 방식으로 테스트를 할 모듈을 선택할 수 있다.
> • 모듈 간의 인터페이스와 시스템의 동작이 정상적으로 잘 되고 있는지를 빨리 파악하고자 할 때 상향식보다는 하향식 통합 테스트를 사용하는 것이 좋다.
>
> **오답 피하기**
> 상향식 설계 : 가장 기본적인 컴포넌트를 먼저 설계한 다음 이것을 사용하는 상위 수준의 컴포넌트를 설계하는 방식

18 다음 디스크 스케줄링과 관계된 방법 중 그 성격이 다른 하나는?

① C-SCAN   ② FCFS
③ SLTF   ④ SSTF

> SLTF(Shortest Latency Time First) : 회전 시간의 최적화를 위해 구현된 기법으로, 탐구 시간을 필요로 하지 않는 고정 헤드 디스크 시스템이나 각 트랙마다 헤드를 갖는 드럼 등의 보조기억장치에서 사용된다.
>
> **오답 피하기**
> • C-SCAN(Circular SCAN) : 바깥쪽에서 안쪽으로 움직이면서 가장 짧은 탐색 거리를 찾아 서비스하는 기법이다.
> • FCFS(First Come First Service) : 가장 먼저 들어온 트랙에 대한 요청을 먼저 서비스하는 기법이다.
> • SSTF(Shortest Seek Time First) : 탐색 거리가 가장 짧은 트랙에 대한 요청을 먼저 서비스하는 기법이다.

정답 15 ④ 16 ① 17 ③ 18 ③

19 UI의 설계 지침으로 틀린 것은?

① 이해하기 편하고 쉽게 사용할 수 있는 환경을 제공해야 한다.
② 주요 기능을 메인화면에 노출하여 조작이 쉽도록 하여야 한다.
③ 치명적인 오류에 대한 부정적인 사항은 사용자가 인지할 수 없도록 한다.
④ 사용자의 직무, 연령, 성별 등 다양한 계층을 수용하여야 한다.

UI 설계 지침
- 사용자 중심 : 실사용자의 이해를 바탕으로 쉽게 이해하고, 쉽게 사용할 수 있는 환경 제공한다.
- 일관성 : 사용자가 기억하기 쉽고 빠른 습득을 가능하도록 버튼이나 조작법을 제공한다.
- 단순성 : 인지적 부담을 줄이도록 조작 방법을 가장 간단히 작동하도록 한다.

오답 피하기
치명적인 오류에 대한 부정적인 사항도 사용자에게 정확한 정보를 제공해야 한다.

---

20 소프트웨어 공학에서 모델링(Modeling)과 관련한 설명으로 틀린 것은?

① 개발팀이 응용문제를 이해하는 데 도움을 줄 수 있다.
② 유지보수 단계에서만 모델링 기법을 활용한다.
③ 개발될 시스템에 대하여 여러 분야의 엔지니어들이 공통된 개념을 공유하는 데 도움을 준다.
④ 절차적인 프로그램을 위한 자료 흐름도는 프로세스 위주의 모델링 방법이다.

모델링은 소프트웨어 개발 전단계에 사용된다.

2과목 프로그래밍 언어 활용

21 다음 자바 코드를 실행한 결과는?

```
int x=1, y=6;
while(y--) {
    x++;
}
System.out.println("x=" + x + "y=" + y);
```

① x=7 y=0
② x=6 y=−1
③ x=7 y=−1
④ Unresolved compilation problem 오류 발생

- while문의 조건식 부분에 입력된 'y--'는 참이나 거짓을 판단하는 조건식이 아니기 때문에 오류가 발생한다.
- 예를 들어 다음과 같이 코드를 수정하여 실행하면 'x=7 y=0'이 출력된다.

```
int x=1, y=6;
while(y > 0) {
    x++;
    y--;
}
System.out.println("x=" + x + "y=" + y);
```

---

22 기계어에 대한 설명으로 옳지 않은 것은?

① 2진수 0과 1을 사용하여 명령어와 데이터를 나타낸다.
② 컴퓨터가 직접 이해할 수 있어 실행 속도가 빠르다.
③ 전문적인 지식이 없으면 이해하기 힘들다.
④ 모든 기계에서 공통으로 사용 가능하여 호환성이 높다.

기계어
- 저급언어(기계어, 어셈블리어)는 적용되는 기계에 종속적이므로 각 적용되는 기계마다 언어가 다르다.
- 사람이 사용하는 자연어와 거리가 먼 기계어(코드)로 이루어져 프로그램 작성 및 유지보수가 어렵다.
- 2진수 0과 1을 사용하여 명령어와 데이터를 나타낸다.

23 다음 파이썬으로 구현된 프로그램의 실행 결과로 옳은 것은?

```
>>> a=[0,10,20,30,40,50,60,70,80,90]
>>> a[:7:2]
```

① [20, 60] ② [60, 20]
③ [0, 20, 40, 60] ④ [10, 30, 50, 70]

- [x:y:z] : 인덱스 x부터 (y-1)까지 z만큼 건너뛰면서 추출한다.
- a[: 7 : 2] : 인덱스 0(값: 0)부터 6(값: 60)까지 2만큼 건너뛰면서 추출한다.
- 결과 : 0, 20, 40, 60

24 C언어 라이브러리 중 stdlib.h에 대한 설명으로 옳은 것은?

① 문자열을 수치 데이터로 바꾸는 문자 변환 함수와 수치를 문자열로 바꿔주는 변환 함수 등이 있다.
② 문자열 처리 함수로 strlen()이 포함되어 있다.
③ 표준 입출력 라이브러리이다.
④ 삼각 함수, 제곱근, 지수 등 수학적인 함수를 내장하고 있다.

- stdio.h : C언어 표준 입출력 라이브러리(Standard Input and Output Library)이다.
- stdlib.h : C 표준 유틸리티 함수를 모아놓은 헤더파일이다. 문자형 변환, 수치를 문자형으로 변환하는 등 동적 할당 관련 함수, 난수 생성 함수, 정수의 연산 함수, 검색 및 정렬 함수 등이 있다.

25 EBNF에서 [ ]를 사용하는 이유는?

① 선택 사항 표현
② 블록(block) 표현
③ 생략 가능한 것 표현
④ 반복되는 부분 표현

EBNF
- BNF보다 읽기 쉽고 간결한 표현 시에 사용한다.
  - [|] : 양자택일 선택
  - { } : 반복
- BNF를 EBNF로 표현함으로써 nonterminal의 개수를 줄일 수 있고, 간결하게 표현이 가능하다.

26 C언어에서 변수 p_ch에 대입되는 것과 같은 결과를 갖는 것은?

```
char *p_ch, buf[300];
p_ch = buf;
```

① p_ch = buf[0]   ② p_ch=buf[1];
③ p_ch = &buf[0]; ④ p_ch=&buf[1];

- char *p_ch, buf[300]; → 문자형 포인터 변수 *p_ch와 1차원 배열 buf[300]을 선언한다.
- buf[300] → 300개의 배열을 갖는 배열 변수를 의미한다.
- buf[300]]의 첫 번째 배열 주소는 buf[0], 마지막 주소는 buf[299]이다.
- p_ch=buf → buf 배열의 시작 주소를 포인터 변수 p_ch에 입력한다.
- 여기서 다른 표현 방식은 ①번이 된다.

오답 피하기
pc_ch = &buf[0]; → &buf[0] (배열의 시작주소)를 p_ch 포인터 변수에 입력한다는 표현이다.

27 원시 프로그램을 문자 단위로 스캐닝하여 문법적으로 의미 있는 일련의 문자들로 분할해내는 단위는?

① ID   ② UNION
③ TOKEN   ④ PARSE

토큰(TOKEN) : 원시 프로그램을 하나의 긴 스트링으로 보고 문자 단위로 스캐닝하여 문법적으로 의미 있는 일련의 문자들로 분할하는데 이때 분할된 문법적인 단위를 말한다.

28 공통 모듈의 재사용 범위에 따른 분류가 아닌 것은?

① 컴포넌트 재사용
② 더미코드 재사용
③ 함수와 객체 재사용
④ 애플리케이션 재사용

소프트웨어 재사용(Software Reusability)
- 이미 개발되어 그 기능 및 성능, 품질을 인정받았던 소프트웨어의 전체 또는 일부분을 다시 사용하여 새롭게 개발하는 기법이다.
- 재사용 범위에 따른 분류 : 함수와 객체 재사용, 컴포넌트 재사용, 애플리케이션 재사용

오답 피하기
더미코드(Dummy Code)는 임시로 작성된 코드이므로 재사용 가치가 없다.

정답 23③ 24① 25③ 26③ 27③ 28②

29 C언어에서 사용하는 키워드로 틀린 것은?

① auto ② typedef
③ const ④ dynamic

- auto : 기본적인 변수의 저장 방식을 나타낸다.
- typedef : 이미 존재하는 자료형에 새로운 이름을 붙이기 위한 용도로 사용한다.
- const : 변수 앞에 붙여 값과 주소를 변경할 수 없도록 만들어 준다.
- sizeof : 항목의 크기를 바이트 단위로 알려주는 연산자이다.

30 자바스크립트에서 변수명으로 선언할 수 없는 것은?

① menu_7
② total
③ 2cond_name
④ _regnumber

자바스크립트 변수명
- 영문 대소문자, 숫자, 밑줄을 사용한다.
- 특수기호나 공백 문자를 사용할 수 없다.
- 변수명의 첫 글자는 반드시 영문자나 밑줄로 시작해야 한다.
- 예약어는 변수명으로 사용할 수 없다.
- 대소문자를 구분한다.

31 C언어에서 다음 코드의 결과값은?

```
int x = 4, y = 7;
int resultxy;
resultxy = x & y;
printf("%d", resultxy);
```

① 0 ② 4
③ 7 ④ 11

int x = 4, y = 7;	x = 4, y = 7 할당
int resultxy;	resultxy 변수 선언
resultxy = x & y;	4와 7을 논리곱 연산
printf("%d", resultxy);	그 결과를 10진수로 출력

```
0100  →  4
0111  →  7
-----------------  논리곱
0100  →  4
```

- &는 C언어에서 논리곱 연산을 수행한다.
- 논리 연산을 위해 정수 4, 7을 2진수로 변환한 뒤 논리곱 처리한다.

32 결합도(Coupling)에 대한 설명으로 틀린 것은?

① 데이터 결합도(Data Coupling)는 두 모듈이 매개변수로 자료를 전달할 때, 자료 구조 형태로 전달되어 이용 시 데이터가 결합되어 있다고 한다.
② 내용 결합도(Content Coupling)는 하나의 모듈이 직접적으로 다른 모듈의 내용을 참조할 때 두 모듈은 내용적으로 결합되어 있다고 한다.
③ 공통 결합도(Common Coupling)는 두 모듈이 동일한 전역 데이터에 접근한다면 공통결합되어 있다고 한다.
④ 결합도(Coupling)는 두 모듈 간의 상호작용, 또는 의존도 정도를 나타내는 것이다.

데이터 결합도(Data Coupling)는 한 모듈이 파라미터나 인수로 다른 모듈에게 데이터를 넘겨주고 호출 받은 모듈은 받은 데이터에 대한 처리 결과를 다시 돌려주는 경우의 결합도이다.

33 프로그래밍 언어에서 시스템이 알고 있는 특수한 기능을 수행하도록 이미 용도가 정해져 있는 단어로서, 프로그래머가 변수 이름이나 다른 목적으로 사용할 수 없는 것은?

① Array
② Constant
③ Reserved Word
④ Pointer

예약어(Reserved Word)
- 기호들은 특별한 의미를 가지고 있다.
- 프로그램을 좀 더 읽기 쉽도록 해준다.
- 컴파일러가 기호 테이블을 짧은 시간에 탐색하도록 한다.
- 오류 회복을 할 수 있도록 한다.
- 프로그래머가 변수 이름으로 사용할 수 없다.
- 프로그램의 신뢰성을 향상시킨다.
- 번역 과정에서 속도를 높여준다.

34 로더의 기능 중 실행 프로그램을 실행시키기 위해 기억장치 내에 옮겨 놓을 공간을 확보하는 기능은?

① 연결
② 재배치
③ 링커
④ 할당

> **로더의 4대 기능**
> • 할당(Allocation) : 주기억 장치 안에 빈 공간을 할당
> • 연결(Link) : 목적 모듈들 사이의 기호적 외부 참조를 실제적 주소로 변환
> • 재배치(Relocation) : 종속적인 모든 주소를 할당된 주기억 장치 주소와 일치하도록 조정
> • 적재(Load) : 기계 명령어와 자료를 기억 장소에 물리적으로 배치

35 C언어에서 변수 사용 시 "R-Value"에 해당하는 것은?

① 모든 변수명
② 4와 같은 상수
③ 배열 원소의 위치
④ 포인터 자신의 값이 있는 위치

> • 프로그래밍 언어에서 'A = B'라는 표현은 A와 B가 같다는 의미가 아니라 오른쪽 값(B)를 왼쪽 값(A)에 입력한다는 의미를 갖는다.
> • 여기서 A가 왼쪽에 있으므로 Left – Value가 되고, B가 오른쪽에 있으므로 Right – Value가 된다.
> • 다르게 말하면 A(기억장소)에 B(값)을 입력한다는 의미이고 각 위치를 L-Value, R-Value라고 정의한다.
> • 변수명, 배열 원소, 포인터의 위치는 모두 기억장소에 해당하므로 L-Value가 된다.

36 프로그램 개발 과정에서 프로그램 안에 내재해 있는 논리적 오류를 발견하고 수정하는 작업은?

① Loading
② Debugging
③ Linking
④ Hashing

> 디버깅(Debugging) : 프로그램 코딩 시의 오류를 정정하는 작업을 의미한다.

37 컴파일러의 논리적 단계 중 자료형 검사(Type Checking)를 수행하는 단계는?

① 의미 분석
② 구문 분석
③ 어휘 분석
④ 코드 분석

의미 분석	• 컴파일러의 논리적 단계 중 자료형 검사(Type Checking)를 수행하는 단계이다. • 분석 결과에 해석을 가하여 문장이 가진 의미를 분석한다.
어휘 분석	프로그램 실행 시 원시 프로그램을 문자 단위로 스캐닝하여 문법적으로 의미 있는 일련의 문자들로 분할해 내는 역할을 한다.
구문 분석	• 주어진 문장이 정의된 문법 구조에 따라 정당하게 하나의 문장으로 사용될 수 있는가를 확인하는 작업이다. • 컴퓨터 분야에서는 컴파일러에 의하여 원시 프로그램을 기계어 프로그램으로 번역할 때 낱말 분석(Lexical Analysis) 결과로 만들어진 토큰들을 문법에 따라 분석하는 파싱(Parsing) 작업을 수행하여 파스 트리를 구성하는 작업을 지칭한다.

38 다음 설명의 소프트웨어 버전관리 도구 방식은?

> • 버전관리 자료가 원격 저장소와 로컬 저장소에 함께 저장되어 관리된다.
> • 로컬 저장소에서 버전관리가 가능하므로 원격 저장소에 문제가 생겨도 로컬 저장소의 자료를 이용하여 작업할 수 있다.
> • 대표적인 버전관리 도구로 Git이 있다.

① 단일 저장소 방식
② 분산 저장소 방식
③ 공유 폴더 방식
④ 클라이언트 · 서버 방식

> **분산 저장소 방식**
> • 버전관리 자료가 원격 저장소와 로컬 저장소에 함께 저장되어 관리된다.
> • 로컬 저장소에서 버전관리가 가능하므로 원격 저장소에 문제가 생겨도 로컬 저장소의 자료를 이용하여 작업할 수 있다.
> • 개발자별로 원격 저장소의 자료를 각자의 로컬 저장소로 복사하여 작업 후 변경사항을 로컬 저장소에서 우선 적용하여 로컬 버전관리가 가능하다.
> • 개발 완료한 파일을 수정한 다음에 로컬 저장소에 먼저 커밋(Commit)한 이후, 다시 원격 저장소에 반영(Push)하는 방식이다.
> • 종류 : Git, Bazaar, Mercurial, TeamWare, Bitkeeper, Plastic SCM, GNU arch

39 응집도의 종류 중 서로 간에 어떠한 의미 있는 연관 관계도 지니지 않은 기능 요소로 구성되는 경우이며, 서로 다른 상위 모듈에 의해 호출되어 처리상의 연관성이 없는 서로 다른 기능을 수행하는 경우의 응집도는?

① Functional Cohesion
② Sequential Cohesion
③ Logical Cohesion
④ Coincidental Cohesion

응집도(Cohesion) 종류

종류	설명
기능적 응집도 (Functional Cohesion)	한 모듈 내부의 한 기능 요소에 의한 출력 자료가 다음 기능 요소의 입력 자료로서 제공되는 경우의 응집도
순차적 응집도 (Sequential Cohesion)	모듈의 구성 요소가 하나의 활동으로부터 나온 출력 자료를 그 다음 활동의 입력 자료로 사용하는 같은 모듈 내에서의 응집도
교환적 응집도 (Communication Cohesion)	동일한 입력과 출력을 사용하는 소작업들이 모인 모듈에서 볼 수 있는 응집도
절차적 응집도 (Procedural Cohesion)	모듈이 다수의 관련 기능을 가질 때 모듈 내부의 기능 요소들이 그 기능을 순차적으로 수행할 경우의 응집도
시간적 응집도 (Temporal Cohesion)	특정 시간에 처리되는 여러 기능을 모아 한 개의 모듈로 작성할 경우의 응집도
논리적 응집도 (Logical Cohesion)	유사한 성격을 갖거나 특정 형태로 분류되는 처리 요소들로 하나의 모듈이 형성되는 경우의 응집도
우연적 응집도 (Coincidental Cohesion)	서로 간에 어떠한 의미 있는 연관 관계도 지니지 않은 기능 요소로 구성되는 경우의 응집도

40 다음 C프로그램 문장에서 토큰의 개수는?

a[index]=1+2;

① 3   ② 4
③ 6   ④ 9

- C언어에서 토큰은 식별자, 구두점, 연산자, 상수, 자료형, 변수처럼 의미를 갖는 단위를 말한다.
- a[index]=1+2;에서 a(변수), [ ](구두점, 각각 한 개씩), index(변수), =과 +(연산자), 1과 2(상수), ;(구두점)
- 주의할 점은 [와]는 각 한 개의 토큰이므로, 2개이다.

3과목 데이터베이스 활용

41 다음 SQL 명령 중 DDL에 해당하는 것만으로 나열된 것은?

① CREATE   ② SELECT
③ DROP   ④ ALTER
⑤ DELETE   ⑥ INSERT
⑦ UPDATE

① ②, ④, ⑤, ⑥, ⑦
② ②, ⑤, ⑥, ⑦
③ ①, ②, ⑥
④ ①, ③, ④

정의어(DDL)	데이터베이스 구조를 정의 및 수정 등을 위해 사용되는 언어 예 CREATE, DROP, ALTER
조작어(DML)	데이터베이스 내의 자료를 검색, 삽입, 수정, 삭제하기 위해 사용되는 언어 예 SELECT, INSERT, UPDATE, DELETE
제어어(DCL)	데이터베이스의 데이터에 대해 무결성 유지, 병행 수행 제어, 보호와 관리를 위한 언어 예 GRANT, REVOKE

42 뷰(VIEW)에 대한 설명 중 옳은 내용 모두를 나열한 것은?

① 하나의 뷰를 제거해도 그 뷰를 기초로 정의된 다른 뷰는 제거되지 않는다.
② 뷰는 가상 테이블이므로 물리적으로 구현되어 있지 않다.
③ 필요한 데이터만 뷰로 정의해서 처리할 수 있기 때문에 관리가 용이하다.
④ SQL에서 뷰를 생성할 때 CREATE문을 사용한다.

① ①   ② ①, ②
③ ②, ③, ④ ④ ①, ②, ③, ④

뷰는 저장장치 내에 물리적으로 존재하지 않고 테이블에서 유도되는 가상의 테이블이며 기본 테이블에 의해 유도되므로 원 테이블이나 참조한 뷰를 삭제하면 연결된 뷰도 삭제된다.

43 후보키에 대한 설명으로 옳지 않은 것은?

① 릴레이션의 기본키와 대응되어 릴레이션 간의 참조 무결성 제약 조건을 표현하는 데 사용되는 중요한 도구이다.
② 릴레이션의 후보키는 유일성과 최소성을 모두 만족해야 한다.
③ 하나의 릴레이션에 속하는 모든 튜플들은 중복된 값을 가질 수 없으므로 모든 릴레이션은 반드시 하나 이상의 후보키를 갖는다.
④ 릴레이션에서 튜플을 유일하게 구별해 주는 속성 또는 속성들의 조합을 의미한다.

후보키(Candidate Key)
- 모든 튜플들을 유일하게 식별할 수 있는 하나 또는 몇 개의 속성 집합을 의미한다.
- 유일성과 최소성 모두 만족한다.

오답 피하기
①은 외래키에 대한 설명이다.

44 데이터베이스 환경에서 데이터 참조는 데이터베이스에 저장된 레코드들의 위치나 주소에 의해서가 아니라 사용자가 요구하는 데이터의 내용, 즉 데이터 값에 따라 참조된다는 데이터베이스의 특성은?

① Time Accessibility
② Continuous Evolution
③ Concurrent Sharing
④ Content Reference

데이터베이스의 특성
- 실시간 접근성(Real Time Accessibility) : 질문에 대한 실시간 응답이 가능해야 함
- 내용에 의한 참조(Content Reference) : 데이터의 주소나 위치가 아닌 데이터의 내용으로 참조가 가능해야 함
- 동시 공유(Concurrent Sharing) : 동시에 다수의 사용자가 데이터를 이용할 수 있어야 함
- 계속적 변화(Continuous Evolution) : 새로운 데이터의 삽입, 삭제, 갱신으로 최신의 데이터를 유지해야 함

45 순차 파일에 대한 설명으로 옳은 것을 모두 나열한 것은?

① 대화식 처리보다 일괄 처리에 적합한 구조이다.
② 필요한 레코드를 삽입, 삭제, 수정하는 경우 파일을 재구성해야 한다.
③ 연속적인 레코드의 저장에 의해 레코드 사이에 빈 공간이 존재하지 않으므로 기억 장치의 효율적인 이용이 가능하다.
④ 파일 탐색 시 효율이 좋으며, 접근시간 및 응답시간이 빠르다.

① ①, ④
② ①, ②, ③
③ ②, ③, ④
④ ①, ②, ③, ④

순차 파일(Sequential File)
- 입력되는 데이터의 논리적 순서에 따라 물리적으로 연속된 위치에 순차적으로 기록하는 방식이다.
- 처리 속도가 빠르고, 저장 매체의 공간 효율이 좋다.
- 검색 효율이 낮다.
- 필요한 레코드를 삽입, 삭제, 수정하는 경우 파일을 재구성해야 한다.

46 다음 문장의 ( ) 안의 내용으로 옳게 짝지어진 것은?

- (①) involves ensuring that users are allowed to do the things they are trying to do.
- (②) involves ensuring that the things they are trying to do are correct.

① ① Security ② Integrity
② ① Security ② Revoke
③ ① Integrity ② Transaction
④ ① Integrity ② Revoke

- (보안)은 사용자들이 그것을 사용하고자 할 때 사용할 수 있도록 보장하는 것이다.
- (무결성)은 그것을 사용하고자 할 때 정확하게 사용할 수 있도록 보장하는 것이다.

정답 43 ① 44 ④ 45 ② 46 ①

47 로킹(Locking) 기법에 대한 설명으로 옳지 않은 것은?

① 로킹의 대상이 되는 객체의 크기를 로킹 단위라고 한다.
② 로킹 단위가 작아지면 병행성 수준이 낮아진다.
③ 데이터베이스도 로킹 단위가 될 수 있다.
④ 로킹 단위가 커지면 로크 수가 작아 로킹 오버헤드가 감소한다.

로킹(Locking)
- 하나의 트랜잭션이 데이터를 액세스하는 동안 다른 트랜잭션이 그 데이터 항목을 액세스할 수 없도록 하는 병행제어 기법이다.
- 로킹 단위가 커지면 로크의 수가 적어 관리가 쉬워지지만, 병행성 수준이 낮아지고, 로킹 단위가 작으면 로크의 수가 많아 관리가 어려워지지만, 병행성 수준이 높아진다.

48 데이터베이스 설계에 대한 설명으로 옳지 않은 것은?

① 요구조건 분석 단계는 사용자의 요구 조건을 수집하고 분석하여 사용자가 의도하는 데이터베이스의 용도를 파악해야 한다.
② 개념적 설계 단계에서는 트랜잭션 인터페이스 설계, 스키마의 평가 및 정제 등의 작업을 수행한다.
③ 논리적 설계 단계에서는 개념적 설계 단계에서 만들어진 정보 구조로부터 특정 목표 DBMS가 처리할 수 있는 스키마를 생성한다.
④ 물리적 설계 단계에서는 저장 구조와 접근 경로 등을 결정한다.

데이터베이스 설계 단계에서의 트랜잭션 설계 단계
- 개념 설계 : 트랜잭션 모델링
- 논리 설계 : 트랜잭션 인터페이스 설계
- 물리 설계 : 트랜잭션 세부 설계

오답 피하기
논리적 설계
- 목표 DBMS에 종속적인 논리적 스키마 작성
- 논리적 데이터 모델로 변환
- 트랜잭션 인터페이스 설계
- 스키마의 평가 및 정제

49 What's the explain next sentence?

Choose the collect answer. A quick method for finding an ordered dense list for particular record by successively looking at that half of the remaining portion of the list in which the record is known to.

① Tree Search   ② Hashing
③ Binary Search   ④ Block Search

다음 문장은 무엇을 설명하는가?

수집한 결과를 선택한다. 레코드가 알려진 목록의 나머지 부분의 절반을 연속적으로 살펴봄으로써 특정 레코드에 대한 정렬된 조밀한 목록을 찾는 빠른 방법이다.

오답 피하기
이분 검색(Binary Search)
① 대상 범위의 첫 번째 원소의 위치를 Low로, 마지막 원소의 위치를 High로 두고서 그 중간 원소의 위치인 Mid를 (Low+High)/2로 구한다.
② 찾고자 하는 Key와 중간값을 비교한다.
③ Key 〉 중간값 : Low를 (Mid+1)로 두고서 계속 수행
 Key 〈 중간값 : High를 (Mid-1)로 두고서 계속 수행
 Key = 중간값 : 검색 완료

50 트랜잭션의 특성으로 옳은 내용을 모두 나열한 것은?

① Atomicity
② Durability
③ Consistency
④ Isolation

① ①, ②   ② ①, ②, ④
③ ①, ③, ④   ④ ①, ②, ③, ④

트랜잭션의 4 속성
- 원자성(Atomicity) : 완전하게 수행 완료되지 않으면 전혀 수행되지 않아야 한다.
- 일관성(Consistency) : 시스템의 고정 요소는 트랜잭션 수행 전후에 같아야 한다.
- 격리성(Isolation, 고립성) : 트랜잭션 실행 시 다른 트랜잭션의 간섭을 받지 않아야 한다.
- 영속성(Durability, 지속성) : 트랜잭션의 완료 결과가 데이터베이스에 영구히 기억된다.

51 다음 설명의 괄호 안에 들어갈 내용으로 옳게 짝지어진 것은?

(①)(은)는 원하는 정보와 그 정보를 어떻게 유도 하는가를 기술하는 절차적인 특징을 가지며, (②)(은)는 원하는 정보가 무엇이라는 것만 정의하는 비절차적인 특징을 가진다. 그러나 (②)(와)과 (①)(은)는 관계 데이터베이스를 처리하는 기능과 능력면에서 동등하다. (②)(은)는 원래 수학의 프레디켓 해석에 기반을 두고 있으며, 관계 데이터 모델의 제안자인 Codd가 특별히 관계 데이터베이스에 적용할 수 있도록 설계, 제안하였다.

① ① 관계형 데이터 모델
　② 계층형 데이터 모델
② ① 계층형 데이터 모델
　② 관계형 데이터 모델
③ ① 관계 대수 ② 관계 해석
④ ① 관계 해석 ② 관계 대수

- 관계 대수(Relational Algebra)는 원하는 정보와 그 정보를 어떻게 유도하는가를 기술하는 절차적인 방법이다.
- 관계 해석(Relational Calculus)은 원하는 정보가 무엇이라는 것만 정의하는 비절차적인 방법이다.

52 데이터베이스의 정의로 옳은 내용을 모두 나열한 것은?

① Distributed Data
② Stored Data
③ Operational Data
④ Shared Data

① ①, ②
② ①, ②, ④
③ ②, ③, ④
④ ①, ②, ③, ④

데이터베이스(Database)의 정의
- 통합된 데이터(Integrated Data)
- 저장된 데이터(Stored Data)
- 운영 데이터(Operational Data)
- 공용 데이터(Shared Data)

53 다음 관계 언어 중 절차적 특성을 갖는 것은?

① 관계 대수
② 관계 해석
③ 도메인 해석
④ 튜플 해석

오답 피하기
관계 해석(Relational Calculus)은 비절차적인 방법으로, 튜플 관계 해석과 도메인 관계 해석이 있다.

54 데이터베이스 설계 순서로 옳은 것은?

① 개념적 설계
② 구현
③ 요구 분석
④ 논리적 설계
⑤ 물리적 설계

① ③ → ④ → ① → ⑤ → ②
② ③ → ① → ④ → ⑤ → ②
③ ③ → ④ → ⑤ → ① → ②
④ ③ → ① → ⑤ → ④ → ②

데이터베이스 설계 순서 : 요구조건 분석 → 개념적 설계 → 논리적 설계 → 물리적 설계 → 데이터베이스 구현

55 다음 그림에서 트리의 차수는?

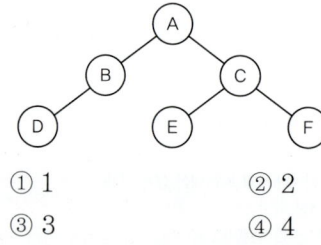

① 1　　② 2
③ 3　　④ 4

트리의 차수(Degree) : 트리의 노드 중 가장 큰 차수(노드 C의 차수가 2로 가장 큼)

56 릴레이션의 특징으로 거리가 먼 것은?

① 모든 튜플은 서로 다른 값을 갖는다.
② 모든 속성값은 원자값이다.
③ 튜플 사이에는 순서가 없다.
④ 각 속성은 유일한 이름을 가지며, 속성의 순서는 큰 의미가 있다.

릴레이션의 특징
- 테이블의 열(Column)에 해당하며 모든 속성값은 원자값이다.
- 한 릴레이션의 속성은 원자값이며, 속성 간 순서가 없다.
- 튜플 간 순서가 없다.

57 시스템 카탈로그에 대한 설명으로 옳지 않은 것은?

① 시스템 카탈로그는 DBMS가 스스로 생성하고 유지한다.
② 시스템 카탈로그 저장된 정보가 메타 데이터라고 한다.
③ 시스템 카탈로그는 시스템 테이블이기 때문에 일반 사용자는 검색할 수 없다.
④ 시스템 카탈로그를 자료 사전이라고도 한다.

시스템 카탈로그(System Catalog)
- 데이터 사전(Data Dictionary)이라고도 한다.
- 시스템 자신이 필요로 하는 여러 가지 객체(기본 테이블, 뷰, 인덱스, 데이터베이스, 패키지, 접근 권한 등)에 관한 정보를 포함하고 있는 시스템 데이터베이스이다.
- 시스템 카탈로그 자체도 시스템 테이블로 구성되어 있어 SQL문을 이용해 내용 검색이 가능하다.
- 사용자가 시스템 카탈로그를 직접 갱신할 수는 없으며, 사용자가 SQL문으로 여러 가지 객체에 변화를 주면 시스템이 자동으로 갱신한다.

58 어떤 릴레이션 R에서 X와 Y를 각각 R의 애트리뷰트 집합의 부분 집합이라고 할 경우 애트리뷰트 X의 값 각각에 대해 시간에 관계 없이 항상 애트리뷰트 Y의 값이 오직 하나만 연관되어 있을 때 Y는 함수 종속이라고 한다. 이 함수 종속의 표기로 옳은 것은?

① Y → X
② Y ⊂ X
③ X → Y
④ X ⊂ Y

종속성의 표현 : 좌측(결정자) → 우측(종속자)

59 이진 검색 알고리즘의 특징이 아닌 것은?

① 피보나치 수열에 따라 가감산을 이용하여 다음에 비교할 대상을 선정한다.
② 탐색 효율이 좋고 탐색 시간이 적게 소요된다.
③ 검색할 데이터가 정렬되어 있어야 한다.
④ 비교 횟수를 거듭할 때마다 검색 대상이 되는 데이터의 수가 절반으로 줄어든다.

피보나치 수열에 따라 다음에 비교할 대상을 선정하여 검색하는 것은 피보나치 검색 방식이다.

60 스택에서의 삽입 알고리즘으로 빈칸에 들어갈 내용은?

```
① IF TOP = null이면 TOP = 0 ;
② (              ) ;
③ IF TOP 〉 N 오버플로이므로 EXIT ;
④ TOP ≤ N 이면 STACK[TOP] = new node ;
```

① STACK[TOP] = new node
② STACK[TOP + 1] = new node
③ TOP = N
④ TOP = TOP + 1

오버플로우 알고리즘이다. TOP을 1씩 증가시켜 전체 슬롯 N보다 TOP이 크면 오버플로우 처리하고 탈출한다.

정보처리산업기사 필기 실전 모의고사 08회

시험 일자	문항 수	시험 시간
년 월 일	총 60문항	1시간 30분

수험번호 : _____
성   명 : _____

1과목 정보시스템 기반 기술

01 단위 테스트(Unit Test)와 관련한 설명으로 틀린 것은?

① 구현 단계에서 각 모듈의 개발을 완료한 후 개발자가 명세서의 내용대로 정확히 구현되었는지 테스트한다.
② 모듈 내부의 구조를 구체적으로 볼 수 있는 구조적 테스트를 주로 시행한다.
③ 필요 테스트를 인자를 통해 넘겨주고, 테스트 완료 후 그 결과값을 받는 역할을 하는 가상의 모듈을 테스트 스텁(Test Stub)이라고 한다.
④ 테스트할 모듈을 호출하는 모듈도 있고, 테스트할 모듈이 호출하는 모듈도 있다.

단위 테스트(Unit Test)
- 하나의 모듈을 기준으로 독립적으로 진행되는 가장 작은 단위의 테스트이다.
- 애플리케이션을 구성하는 하나의 기능이 올바르게 동작하는지를 독립적으로 테스트하는 것이다.
- 구현 단계에서 각 모듈의 개발을 완료한 후 개발자가 명세서의 내용대로 정확히 구현되었는지 테스트한다.
- 모듈 내부의 구조를 구체적으로 볼 수 있는 구조적 테스트를 주로 시행한다.

오답 피하기
테스트 스텁(Test Stub) : 상위 모듈에서 하위 모듈로의 테스트를 진행하는 과정 중 하위 시스템 컴포넌트의 개발이 완료되지 않은 상황에서 시스템 테스트를 진행하기 위하여 임시로 생성된 가상의 더미 컴포넌트(Dummy Componet)를 의미한다.

02 IDE 도구의 각 기능에 대한 설명으로 틀린 것은?

① Coding – 프로그래밍 언어를 가지고 컴퓨터 프로그램을 작성할 수 있는 환경을 제공
② Compile – 저급언어의 프로그램을 고급언어 프로그램으로 변환하는 기능
③ Debugging – 프로그램에서 발견되는 버그를 찾아 수정할 수 있는 기능
④ Deployment – 소프트웨어를 최종 사용자에게 전달하기 위한 기능

IDE 도구의 기능

개발환경 지원	프로그래밍 언어를 가지고 컴퓨터 프로그램을 작성할 수 있는 환경 제공
컴파일	문법에 어긋나는지 확인하고 기계어로 변환하는 기능 제공
디버깅	프로그래밍 과정에 발생하는 오류 및 비정상적인 연산 제거
외부 연계	외부 형상, 배포관리 기능과 연계되어 자동 배포 등 가능
DB 연동	JDBC, ODBC 등을 통한 데이터베이스 연동
Deployment	소프트웨어를 최종 사용자에게 전달하기 위한 기능

정답 01 ③ 02 ②

03 UML 다이어그램이 아닌 것은?

① 액티비티 다이어그램(Activity Diagram)
② 절차 다이어그램(Procedural Diagram)
③ 클래스 다이어그램(Class Diagram)
④ 시퀀스 다이어그램(Sequence Diagram)

UML 다이어그램의 분류
- 구조적 다이어그램 : Class Diagram, Object Diagram, Composite Structure Diagram, Deployment Diagram, Component Diagram, Package Diagram
- 행위 다이어그램 : Use Case Diagram, Activity Diagram, Collaboration Diagram, State Diagram, Interaction Diagram(Sequence Diagram, Communication Diagram, Interaction Overview Diagram, Timing Diagram)

04 분산 시스템을 위한 마스터-슬레이브(Master-Slave) 아키텍처에 대한 설명으로 틀린 것은?

① 일반적으로 실시간 시스템에서 사용된다.
② 마스터 프로세스는 일반적으로 연산, 통신, 조정을 책임진다.
③ 슬레이브 프로세스는 데이터 수집 기능을 수행할 수 없다.
④ 마스터 프로세스는 슬레이브 프로세스들을 제어할 수 있다.

주/종(Master/Slave) 처리기
- 마스터는 여러 슬레이브를 관리하고 실제 작업은 슬레이브가 처리한다.
- 마스터는 작업 요청을 받아 적절히 나누어 슬레이브에 분배하고 결과를 적절히 받아 병합한다.
- 일반적으로 실시간 시스템에서 사용된다.
- 마스터 프로세스는 일반적으로 연산, 통신, 조정을 책임진다.
- 슬레이브 프로세스는 데이터 수집 기능을 수행할 수 있다.

05 사용자 인터페이스(User Interface)에 대한 설명으로 틀린 것은?

① 사용자와 시스템이 정보를 주고받는 상호작용이 잘 이루어지도록 하는 장치나 소프트웨어를 의미한다.
② 편리한 유지보수를 위해 개발자 중심으로 설계되어야 한다.
③ 배우기가 용이하고 쉽게 사용할 수 있도록 만들어져야 한다.
④ 사용자 요구사항이 UI에 반영될 수 있도록 구성해야 한다.

UI 설계 지침
- 사용자 중심 : 실사용자의 이해를 바탕으로 쉽게 이해하고, 쉽게 사용할 수 있는 환경을 제공한다.
- 일관성 : 사용자가 기억하기 쉽고 빠른 습득을 가능하도록 버튼이나 조작법을 제공한다.
- 단순성 : 인지적 부담을 줄이도록 조작 방법을 가장 간단히 작동하도록 한다.

06 페이지 교체 기법 중 최근에 사용하지 않은 페이지를 교체하는 기법으로 각 페이지마다 참조 비트와 변형 비트가 사용되는 것은?

① NUR　　② FIFO
③ SCR　　④ OPT

페이지 교체 기법

FIFO (First In First Out)	• 가장 먼저 적재된 페이지를 먼저 교체하는 기법 • 벨레이디의 모순(Belady's Anomaly) 현상이 발생함
LRU (Least Recently Used)	가장 오랫동안 사용되지 않았던 페이지를 먼저 교체하는 기법
LFU (Least Frequently Used)	참조된 횟수가 가장 적은 페이지를 먼저 교체하는 기법
NUR (Not Used Recently)	• 최근에 사용하지 않은 페이지를 먼저 교체하는 기법 • 매 페이지마다 두 개의 하드웨어 비트(참조 비트[Reference Bit], 변형 비트[Modified Bit])가 필요함

07 화이트박스 테스트와 관련한 설명으로 틀린 것은?

① 화이트박스 테스트의 이해를 위해 논리 흐름도(Logic-Flow Diagram)를 이용할 수 있다.
② 테스트 데이터를 이용해 실제 프로그램을 실행함으로써 오류를 찾는 동적 테스트(Dynamic Test)에 해당한다.
③ 프로그램의 구조를 고려하지 않기 때문에 요구나 명세를 기초로 결정한다.
④ 테스트 데이터를 선택하기 위하여 검증 기준(Test Coverage)을 정한다.

화이트박스 테스트(White Box Test)
- 모듈의 원시 코드를 오픈시킨 상태에서 코드의 논리적 모든 경로를 테스트하는 방법이다.
- Source Code의 모든 문장을 한 번 이상 수행함으로써 진행된다.
- 종류 : 기초 경로 검사, 제어 구조 검사
- 화이트박스 테스트의 이해를 위해 논리 흐름도(Logic-Flow Diagram)를 이용할 수 있다.
- 테스트 데이터를 이용해 실제 프로그램을 실행함으로써 오류를 찾는 동적 테스트(Dynamic Test)에 해당한다.

오답 피하기
화이트박스 테스트는 프로그램의 구조를 고려한다.

08 소프트웨어 생명주기 모델 중 V 모델과 관련한 설명으로 틀린 것은?

① 요구 분석 및 설계 단계를 거치지 않으며 항상 통합 테스트를 중심으로 V 형태를 이룬다.
② Perry에 의해 제안되었으며 세부적인 테스트 과정으로 구성되어 신뢰도 높은 시스템을 개발하는 데 효과적이다.
③ 개발 작업과 검증 작업 사이의 관계를 명확히 들어내 놓은 폭포수 모델의 변형이라고 볼 수 있다.
④ 폭포수 모델이 산출물 중심이라면 V 모델은 작업과 결과의 검증에 초점을 둔다.

V-모델
- 폭포수 모델에 시스템 검증과 테스트 작업을 강조한 모델이다.
- 세부적인 프로세스로 구성되어 있어서 신뢰도 높은 시스템 개발에 효과적이다.
- 개발 단계의 작업을 확인하기 위해 테스트 작업을 수행한다.
- 생명 주기 초반부터 테스트 작업을 지원한다.

09 다음은 데이터 통신 시스템에서 발생하는 잡음에 대한 설명이다. 어떤 잡음에 대한 설명인가?

- 비연속적이고 불규칙한 진폭을 가지며, 순간적으로 높은 진폭이 발생하는 잡음이다.
- 외부의 전자기적 충격이나 기계적인 통신 시스템에서의 결함 등이 원인이다.
- 디지털 데이터를 전송하는 경우 중요한 오류 발생의 원인이 된다.

① 열 잡음
② 누화 잡음
③ 충격 잡음
④ 상호변조 잡음

잡음의 종류
- 백색 잡음(White Noise) : 전송 매체 내부의 온도 변화에 따라 발생하는 잡음으로, 열 잡음이라고도 한다.
- 누화 잡음 : 인접한 전송 매체의 전자기적 상호 유도 작용에 의해 생기는 잡음으로, 전화 통화 중 다른 전화의 내용이 함께 들리는 현상이다.
- 충격 잡음(Impulse Noise) : 외부의 전자기적 충격이나 기계적인 통신 시스템에서의 결함 등에 의해 발생하는 잡음이다.
- 상호변조 잡음(Intermodulation Noise) : 서로 다른 주파수들이 하나의 전송 매체를 공유할 때 이 주파수들이 서로의 합과 차의 신호를 발생함으로써 발생되는 잡음이다.

정답 07 ③ 08 ① 09 ③

10 UNIX의 특징이 아닌 것은?

① 트리 구조의 파일 시스템을 갖는다.
② Multi-User는 지원하지만 Multi-Tasking은 지원하지 않는다.
③ 대화식 운영체제이다.
④ 이식성이 높으며, 장치, 프로세스 간의 호환성이 높다.

UNIX 시스템은 Multi-Tasking, Multi-User 모두를 지원한다.

11 소프트웨어 공학에서 워크스루(Walkthrough)에 대한 설명으로 틀린 것은?

① 사용 사례를 확장하여 명세하거나 설계 다이어그램, 원시코드, 테스트 케이스 등에 적용할 수 있다.
② 복잡한 알고리즘 또는 반복, 실시간 동작, 병행 처리와 같은 기능이나 동작을 이해하려고 할 때 유용하다.
③ 인스펙션(Inspection)과 동일한 의미를 가진다.
④ 단순한 테스트 케이스를 이용하여 프로덕트를 수작업으로 수행해 보는 것이다.

워크스루(Walkthrough)
- 사용 사례를 확장하여 명세하거나 설계 다이어그램, 원시코드, 테스트 케이스 등에 적용할 수 있다.
- 복잡한 알고리즘 또는 반복, 실시간 동작, 병행 처리와 같은 기능이나 동작을 이해하려고 할 때 유용하다.
- 단순한 테스트 케이스를 이용하여 프로덕트를 수작업으로 수행해 보는 것이다.

오답 피하기
워크스루(Walkthrough)는 개별 산출물을 작성하는 중에 산출물을 검토하고 결함을 찾아내는 기법으로, 인스펙션(Inspection)에 비해 비형식적인 동료 검토 방법이다.

12 대표적으로 DOS 및 UNIX 등의 운영체제에서 조작을 위해 사용하던 것으로, 정해진 명령 문자열을 입력하여 시스템을 조작하는 사용자 인터페이스(User Interface)는?

① GUI(Graphical User Interface)
② CLI(Command Line Interface)
③ CUI(Cell User Interface)
④ MUI(Mobile User Interface)

사용자 인터페이스(User Interface)의 종류
- CUI(Character User Interface) : 문자 방식의 명령어 입력 사용자 인터페이스
- GUI(Graphic User Interface) : 그래픽 환경 기반의 마우스 입력 사용자 인터페이스
- WUI(Web User Interface) : 인터넷과 웹 브라우저를 통해 웹 페이지를 열람하고 조작하는 인터페이스
- CLI(Command Line Interface) : 사용자가 컴퓨터 자판 등을 이용해 명령 문자열을 입력하여 체계를 조작하는 인터페이스

13 다음은 관계 대수의 수학적 표현식이다. 해당되는 연산은?

$R \times S = \{r \cdot s | r \in R \land s \in S\}$
$r = \langle a_1, a_2 \cdots, a_n \rangle, s = \langle b_1, b_2 \cdots, b_m \rangle$

① 합집합
② 교집합
③ 차집합
④ 카티션 프로덕트

Cartesian Product(교차곱)
- 두 릴레이션의 모든 튜플을 교차곱한다.
- $R \times S = \{r \cdot s | r \in R \land s \in S\}$

오답 피하기
Union(합집합)
- 두 릴레이션의 튜플들의 합집합이다.
- $R \cup S = \{t | t \in R \lor t \in S\}$

14 소프트웨어 개발 프레임워크와 관련한 설명으로 가장 적절하지 않은 것은?

① 반제품 상태의 제품을 토대로 도메인별로 필요한 서비스 컴포넌트를 사용하여 재사용성 확대와 성능을 보장받을 수 있게 하는 개발 소프트웨어이다.
② 라이브러리와는 달리 사용자 코드에서 프레임워크를 호출해서 사용하고, 그에 대한 제어도 사용자 코드가 가지는 방식이다.
③ 설계 관점에 개발 방식을 패턴화시키기 위한 노력의 결과물인 소프트웨어 상태로 집적화시킨 것으로 볼 수 있다.
④ 프레임워크의 동작 원리를 그 제어 흐름의 일반적인 프로그램 흐름과 반대로 동작한다고 해서 IoC(Inversion of Control)라고 설명하기도 한다.

프레임워크 (Framework)	• 프레임워크는 뼈대나 기반 구조를 뜻하고, 제어의 역전 개념이 적용된 대표적인 기술이다. • 프로그래밍을 진행할 때 필수적인 코드, 알고리즘 등과 같이 어느 정도의 구조를 제공해주기 때문에 프레임워크를 사용하는 프로그래머는 이 프레임워크의 뼈대 위에서 코드를 작성하여 프로그램을 개발하면 된다.
라이브러리 (Library)	• 단순 활용 가능한 도구들의 집합을 말한다. • 프로그래머가 어떠한 기능을 수행하기 위해서 도움을 주는 또는 필요한 것을 제공해주는 역할을 한다.

프레임워크는 전체적인 흐름을 자체적으로 가지고 있어 프로그래머가 그 안에서 필요한 코드를 작성하는 반면에 라이브러리는 프로그래머가 전체적인 흐름을 가지고 있어 라이브러리를 자신이 원하는 기능을 구현하고 싶을 때 가져다 사용할 수 있다.

오답 피하기
라이브러리와는 달리 사용자 코드에서 프레임워크를 호출해서 사용하고, 그에 대한 제어도 프레임워크가 가지는 방식이다.

---

15 객체지향의 주요 개념에 대한 설명으로 틀린 것은?

① 캡슐화는 상위 클래스에서 속성이나 연산을 전달받아 새로운 형태의 클래스로 확장하여 사용하는 것을 의미한다.
② 객체는 실세계에 존재하거나 생각할 수 있는 것을 말한다.
③ 클래스는 하나 이상의 유사한 객체들을 묶어 공통된 특성을 표현한 것이다.
④ 다형성은 상속받은 여러 개의 하위 객체들이 다른 형태의 특성을 갖는 객체로 이용될 수 있는 성질이다.

캡슐화(Encapsulation)
• 서로 관련성이 높은 데이터(속성)와 그와 관련된 기능(메소드, 함수)을 묶는 기법이다.
• 결합도가 낮아져 소프트웨어 개발에 있어 재사용성이 높아진다.
• 정보은닉을 통하여 타 객체와 메시지 교환 시 인터페이스가 단순해진다.

오답 피하기
①번은 상속성에 대한 설명이다.

16 테스트 케이스와 관련한 설명으로 틀린 것은?

① 테스트의 목표 및 테스트 방법을 결정하기 전에 테스트 케이스를 작성해야 한다.
② 프로그램에 결함이 있더라도 입력에 대해 정상적인 결과를 낼 수 있기 때문에 결함을 검사할 수 있는 테스트 케이스를 찾는 것이 중요하다.
③ 개발된 서비스가 정의된 요구사항을 준수하는지 확인하기 위한 입력값과 실행 조건, 예상 결과의 집합으로 볼 수 있다.
④ 테스트 케이스 실행이 통과되었는지 실패하였는지 판단하기 위한 기준을 테스트 오라클(Test Oracle)이라고 한다.

테스트 케이스(Test Case)
- 구현된 소프트웨어가 사용자의 요구사항을 정확하게 준수했는지를 확인하기 위해 설계된 입력값, 실행 조건, 기대 결과 등으로 구성된 테스트 항목에 대한 명세서를 의미한다.
- 테스트의 목표 및 테스트 방법을 결정하고 테스트 케이스를 작성해야 한다.

---

17 주파수 분할 다중화기(FDM)에서 부채널 간의 상호 간섭을 방지하기 위한 것은?

① 가드 밴드(Guard Band)
② 채널(Channel)
③ 버퍼(Buffer)
④ 슬롯(Slot)

주파수 분할 다중화(FDM, Frequency Division Multiplexing)
- 주파수 대역폭을 작은 대역폭으로 나누어 사용하는 기법이다.
- 전송하려는 신호의 필요 대역폭보다 전송매체의 유효 대역폭이 클 때 사용된다.
- 채널 간의 간섭을 막기 위해 보호 대역(Guard Band)이 필요함 → 채널의 이용률 낮아짐

---

18 IP 프로토콜의 특징으로 옳지 않은 것은?

① 라우팅과 단편화 기능을 수행한다.
② 비신뢰성 프로토콜이다.
③ IP 헤더는 항상 20바이트의 고정된 길이를 가진다.
④ IP 데이터그램은 전송 순서와 도착 순서가 다를 수 있다.

IP(Internet Protocol)
- OSI 7 계층의 네트워크 계층에 해당하며 비신뢰성 서비스를 제공한다.
- 비연결성이기 때문에 송신지가 여러 개인 데이터그램을 보내면서 순서가 뒤바뀌어 도달할 수 있으며 IP 프로토콜의 헤더 길이는 최소 20~60byte이다.
- 데이터그램이라는 데이터 전송 형식을 갖는다.
- 기능 : 패킷 분해/조립, 호스트 주소 지정, 경로 선택
- 신뢰성이 부족한 비연결형 서비스를 제공하기 때문에 상위 프로토콜에서 이러한 단점을 보완해야 한다.

---

19 소프트웨어 개발에서 정보보안 3요소에 해당하지 않는 설명은?

① 기밀성 : 인가된 사용자에 대해서만 자원 접근이 가능하다.
② 무결성 : 인가된 사용자에 대해서만 자원 수정이 가능하며 전송 중인 정보는 수정되지 않는다.
③ 가용성 : 인가된 사용자는 가지고 있는 권한 범위 내에서 언제든 자원 접근이 가능하다.
④ 휘발성 : 인가된 사용자가 수행한 데이터는 처리완료 즉시 폐기되어야 한다.

정보보안의 3요소
- 무결성(Integrity) : 시스템 내의 정보는 오직 인가된 사용자만 수정할 수 있는 보안 요소
- 기밀성(Confidentiality) : 인가되지 않는 사용자가 객체 정보의 내용을 알 수 없도록 하는 보안 요소
- 가용성(Availability) : 정보 시스템 또는 정보에 대한 접근과 사용이 요구시점에 완전하게 제공될 수 있는 상태를 의미하는 보안 요소

20 객체지향 설계에서 정보 은닉(Information Hiding)과 관련한 설명으로 틀린 것은?

① 필요하지 않은 정보는 접근할 수 없도록 하여 한 모듈 또는 하부 시스템이 다른 모듈의 구현에 영향을 받지 않게 설계되는 것을 의미한다.
② 모듈들 사이의 독립성을 유지시키는데 도움이 된다.
③ 설계에서 은닉되어야 할 기본 정보로는 IP 주소와 같은 물리적 코드, 상세 데이터 구조 등이 있다.
④ 모듈 내부의 자료 구조와 접근 동작들에만 수정을 국한하기 때문에 요구사항 등 변화에 따른 수정이 불가능하다.

> 정보 은닉(Information Hiding) : 객체 내부의 속성과 메소드를 숨기고 공개된 인터페이스를 통해서만 메시지를 주고받을 수 있도록 하는 것을 의미한다.

2과목 프로그래밍 언어 활용

21 자바스크립트 이벤트의 종류와 발생 시기를 올바르게 설명한 것은?

① onchange : 사용자가 컨트롤을 클릭했을 때 발생되는 이벤트
② onclick : 사용자가 컨트롤이나 하이퍼링크 문자 위에 마우스를 올려놓았을 때 발생하는 이벤트
③ onload : 사용자가 웹 페이지를 브라우저로 읽을 때 발생하는 이벤트
④ onmouseout : 사용자가 마우스 포인터를 하이퍼링크 문자로 이동했을 때 발생하는 이벤트

> **자바스크립트 이벤트 핸들러**
> - onclick : 마우스로 클릭했을 때
> - ondbclick : 마우스로 더블클릭했을 때
> - onmousemove : 마우스 포인터가 HTML 요소 위에서 움직일 때
> - onmouseout : 마우스 포인터가 HTML 요소를 벗어났을 때
> - onmouseover : 마우스 포인터가 HTML 요소 위에 놓여있을 때
> - onkeypress : 키보드의 키를 누르고 손을 뗐을 때
> - onchange : input 요소의 값이 바뀌었을 때
> - onfocus : input 요소에 포커스가 갔을 때
> - onblur : input 요소에 포커스가 잃었을 때

22 Java에서 사용하는 접근 제어자의 종류가 아닌 것은?

① private
② default
③ public
④ internal

> **Java에서 접근 제어자**
> - 클래스의 변수와 메소드들이 사용됨에 있어 어느 범위까지 사용 가능한지 정해주는 것이다.
> - public : 모든 클래스에서 접근 가능하다.
> - private : 클래스 내에서만 접근 가능하다.
> - prtected : 동일한 패키지에 속하는 클래스에서 접근 가능하며 자신을 상속받은 클래스에서 접근 가능하다.
> - default : 아무것도 선언하지 않은 상태를 표현한다. 동일한 패키지에 속한 클래스에서만 접근 가능하다.

23 다음 C프로그램의 결과값은?

```
main(void) {
    int i;
    int sum = 0;
    for(i=1; i<=10; i=i+2)
        sum = sum + i;
    printf("%d", sum);
}
```

① 15
② 19
③ 25
④ 27

for 반복문
- 일정 횟수만큼 반복 수행할 때 사용한다.
- 문법 구조

```
for(초기식; 조건식; 증감식)
{
    명령문1;
    ...
    명령문n;
}
```

- 반복 변수를 초기화하는 초기식은 한 번만 수행되고 조건식을 만족하면 하위 명령문을 수행한 후 증감식을 수행하고 조건식을 검사한다.
- i가 1일 때 i<=10을 만족하므로 sum은 1이 된다.
- i가 3일 때 i<=10을 만족하므로 sum은 4가 된다.
- i가 5일 때 i<=10을 만족하므로 sum은 9가 된다.
- i가 7일 때 i<=10을 만족하므로 sum은 16이 된다.
- i가 9일 때 i<=10을 만족하므로 sum은 25가 된다.
- i가 11일 때 i<=10을 만족하지 않으므로 sum 변수값인 정수 25를 출력한다.

24 프로그램 실행 시 원시 프로그램을 문자 단위로 스캐닝하여 문법적으로 의미 있는 일련의 문자들로 분할해 내는 역할을 하는 것은?

① 구문 분석기
② 어휘 분석기
③ 디버거
④ 선행 처리기

- 어휘 분석 : 프로그램 실행 시 원시 프로그램을 문자 단위로 스캐닝하여 문법적으로 의미 있는 일련의 문자들로 분할해 내는 역할을 한다.
- 구문 분석 : 주어진 문장이 정의된 문법 구조에 따라 정당하게 하나의 문장으로 사용될 수 있는가를 확인하는 작업. 컴퓨터 분야에서는 컴파일러에 의하여 원시 프로그램을 기계어로 번역할 때 낱말 분석(Lexical Analysis) 결과로 만들어진 토큰들을 문법에 따라 분석하는 파싱(Parsing) 작업을 수행하여 파스 트리를 구성하는 작업을 지칭한다.

25 C언어의 포인터 조작 연산에서 변수 pc에 대입되는 것과 같은 결과를 갖는 것은?

```
char *pc, array1[100];
pc = array1;
```

① pc = &array1[0];
② pc = &array1[2];
③ pc = array1[10];
④ pc = array1[1];

- char *pc, array1[100]; → 문자형 포인터 변수 *pc와 1차원 배열 array1[100]을 선언한다.
- array1[100] → 100개의 배열을 갖는 배열 변수를 의미한다.
- array1[100]의 첫 번째 배열 주소는 array1[0], 마지막 주소는 array1[99]이다.
- pc=array1 → array1 배열의 시작 주소를 포인터 변수 pc에 입력한다.

오답 피하기
- 여기서 다른 표현 방식은 ①번이 된다.
- pc = &array1[0]; → &array1[0](배열의 시작주소)을 pc 포인터 변수에 입력한다는 표현이다.

26 다음 HTML 태그 중 성격이 다른 태그는?

① 〈OL〉 〈/OL〉
② 〈UL〉 〈/UL〉
③ 〈LI〉 〈/LI〉
④ 〈BR〉 〈/BR〉

- 〈BR〉은 문단 관련 태그이다.
- 나머지 보기는 목록 관련 태그이다.

27 Java 언어에서 기본 데이터형을 객체 데이터형으로 바꾸어주는 클래스는?

① abstract
② super
③ final
④ wrapper

wrapper : Java 언어에서 기본 데이터형을 객체 데이터형으로 바꾸어주는 클래스이다.

오답 피하기
- abstract : Java 언어에서 추상 메소드를 한 개 이상 포함한 클래스로 상속 시에 추상 메소드를 반드시 재정의해야 한다.
- super : 상속 관계에서 상위 클래스이다.
- sub : 상속 관계에서 하위 클래스이다.
- final : '마지막으로 구현한다'라는 의미로 클래스를 제한할 때 사용한다.

28 C언어에서 정수 자료형으로 옳은 것은?

① int
② float
③ char
④ double

C언어의 기본 자료형

자료형	예약어	크기
정수형	int	4Byte
	long	4Byte
실수형	float	4Byte
	double	8Byte
문자형	char	1Byte

29 어떤 모듈이 다른 모듈의 내부 논리 조직을 제어하기 위한 목적으로 제어신호를 이용하여 통신하는 경우이며, 하위 모듈에서 상위 모듈로 제어신호가 이동하여 상위 모듈에게 처리 명령을 부여하는 권리 전도 현상이 발생하게 되는 결합도는?

① Data Coupling
② Stamp Coupling
③ Control Coupling
④ Common Coupling

결합도 종류

데이터 결합도 (Data Coupling)	한 모듈이 파라미터나 인수로 다른 모듈에게 데이터를 넘겨주고 호출 받은 모듈은 받은 데이터에 대한 처리결과를 다시 돌려주는 경우의 결합도
스탬프 결합도 (Stamp Coupling)	두 모듈이 동일한 자료 구조를 조회하는 경우의 결합도
제어 결합도 (Control Coupling)	한 모듈이 다른 모듈의 내부 논리 조직을 제어하기 위한 목적으로 제어 신호를 이용하여 통신하는 경우의 결합도
외부 결합도 (External Coupling)	한 모듈에서 외부로 선언한 변수를 다른 모듈에서 참조할 경우의 결합도
공통 결합도 (Common Coupling)	한 모듈이 다른 모듈에게 제어 요소를 전달하고 여러 모듈이 공통 자료 영역을 사용하는 경우의 결합도
내용 결합도 (Content Coupling)	한 모듈이 다른 모듈의 내부 기능 및 그 내부 자료를 참조하는 경우의 결합도

30 Postfix expression "345+*"의 계산된 결과는?

① 27
② 35
③ 17
④ 32

- Postfix를 Infix로 변환하여 계산한다.
- 345+* → 3(4+5)* → 3*(4+5) = 27

31 소프트웨어 설계에서 사용되는 대표적인 추상화 메커니즘이 아닌 것은?

① 프로토콜 추상화
② 자료 추상화
③ 제어 추상화
④ 기능 추상화

추상화 메커니즘의 종류
- 자료 추상화 : 컴퓨터 내부의 자료 표현을 추상화 한다.
- 제어 추상화 : 몇 개의 기계 명령어를 모아 이해하기 쉬운 추상 구문으로 만드는 것이다.
- 기능 추상화 : 입력 데이터를 출력 데이터로 변환하는 과정을 추상화 하는 방법이다.

32 Python 데이터 타입 중 시퀀스(Sequence) 데이터 타입에 해당하며 다양한 데이터 타입들을 주어진 순서에 따라 저장할 수 있으나 저장된 내용을 변경할 수 없는 것은?

① 복소수(Complex) 타입
② 리스트(List) 타입
③ 사전(Dict) 타입
④ 튜플(tuple) 타입

Python 데이터 타입
- 리스트(List) : [ ] 대괄호로 표현한다. 다양한 데이터 타입의 요소를 가질 수 있고 순서가 중요하며, 중복을 허용한다.
- 튜플(Tuple) : ( ) 소괄호로 표현한다. 리스트와 유사하지만 수정, 삭제, 추가를 할 수 없다.
- 딕셔너리(Dictionary) : { } 중괄호로 표현한다. key, value 값으로 이루어진 요소를 가지는 자료형이다.
- 세트(Set) : { } 중괄호로 표현한다(딕셔너리와 혼동 주의). 집합 자료형으로 리스트와 비슷하지만, 인덱스 순서가 없고 중복을 허용하지 않는다.
- 복소수형(complex)
  - complex64 : 두 개의 32비트 부동소수점으로 표시되는 복소수
  - complex128 : 두 개의 64비트 부동소수점으로 표시되는 복소수

오답 피하기
- 수치 데이터 타입 : int, float, complex
- 불 데이터 타입 : bool(True or False)
- 시퀀스 데이터 타입 : str, list, tuple, set, dict

33 C언어에서 포인터를 사용하여 두 변수 a, b의 값을 교체하는 경우 빈칸에 알맞은 코드는?

```
int a=10, b=20, temp;
int *pa = &a;
int *pb = &b;

temp = *pa;

_____  〈빈칸〉

*pb = temp;
```

① b = &a; ② a = b;
③ *pb = *pa; ④ *pa = *pb;

치환 알고리즘
- 데이터를 가지고 있는 변수에 데이터를 입력하면 기존 데이터가 삭제되면서 입력된다.
- 두 변수의 값을 치환할 때에는 아래와 같은 절차를 따른다.
- 임시 변수 ← A 변수 데이터 : A 변수 데이터 임시 변수에 입력
- A 변수 데이터 ← B 변수 데이터 : B 변수 데이터를 A 변수에 입력
- B 변수 데이터 ← 임시 변수 데이터 : A 변수에서 옮겨 두었던 임시 변수 데이터를 B 변수에 입력
- 답은 *pa = *pb;가 된다.

34 C언어에서 사용되는 데이터형이 아닌 것은?

① long ② integer
③ double ④ float

C언어의 데이터형
- char : 문자형
- int : 정수형(2Byte)
- float : 실수형(4Byte)
- double : 실수형(8Byte)

35 프로그램의 오류 수정 작업을 위해 사용되는 소프트웨어를 무엇이라고 하는가?

① 디버거 ② 링커
③ 모니터 ④ 매크로

- 링커(Linker) : 재배치 가능한 기계 코드의 여러 파일을 한 프로그램으로 만듦
- 디버거(Debugger) : 프로그램의 오류 수정 작업을 위하여 사용되는 소프트웨어(DE + BUG)

36 Java 프로그래밍 언어의 정수 데이터 타입 중 'long'의 크기는?

① 1byte ② 2byte
③ 4byte ④ 8byte

Java 정수 데이터 타입
- byte : 1Byte
- short : 2Byte
- int : 4Byte
- long : 8Byte

37 Java에서 사용되는 출력 함수가 아닌 것은?

① System.out.print( )
② System.out.println( )
③ System.out.printing( )
④ System.out.printf( )

Java 출력 함수
- System.out.print( ) : 괄호 안을 출력하고 줄 바꿈을 안 한다.
- System.out.println( ) : 괄호 안을 출력하고 줄 바꿈을 한다.
- System.out.printf( ) : 변환 문자를 사용하여 출력한다.

38 객체에서 반복적으로 수행하기 위한 명령문의 집합을 정의한 것은?

① 속성 ② 메시지
③ 메소드 ④ 추상화

메소드(Method)
- 객체에서 반복적으로 수행하기 위한 명령문의 집합을 정의한 것
- 객체가 메시지를 받아 실행해야 할 객체의 구체적인 연산을 정의한 것
- 객체의 상태를 참조하거나 변경시킴
- 함수(Function)나 프로시저(Procedure)에 해당함

39 다음 쉘 스크립트의 의미로 옳은 것은?

```
until who | grep wow
do
    sleep 5
done
```

① wow 사용자가 로그인한 경우에만 반복문을 수행한다.
② wow 사용자가 로그인할 때까지 반복문을 수행한다.
③ wow 문자열을 복사한다.
④ wow 사용자에 대한 정보를 무한 반복하여 출력한다.

until문 형식
- 조건식을 만족할 때까지 명령문을 반복 실행한다.

```
until 조건식
do
    조건식의 결과가 거짓일 때 실행하는 명령문
done
```

- until who | grep wow : wow 사용자가 로그인할 때까지(grep : 특정 단어나 문자열 검색)
- do : 다음의 명령문을 반복 실행
- sleep 5 : 5초마다 로그인 여부 확인
- done : 반복 종료

40 로더(Loader)에 대한 기능이 아닌 것은?

① 할당(Allocation)
② 연결(Linking)
③ 적재(Load)
④ 번역(Compile)

로더의 4대 기능
- 할당(Allocation) : 주기억 장치 안에 빈 공간을 할당
- 연결(Link) : 목적 모듈들 사이의 기호적 외부 참조를 실제적 주소로 변환
- 재배치(Relocation) : 종속적인 모든 주소를 할당된 주기억 장치 주소와 일치하도록 조정
- 적재(Load) : 기계 명령어와 자료를 기억 장소에 물리적으로 배치

3과목 데이터베이스 활용

41 그래프의 특수한 형태로 노드(Node)와 선분(Branch)으로 되어 있고, 정점 사이에 사이클(Cycle)이 형성되어 있지 않으며, 자료 사이의 관계성이 계층 형식으로 나타나는 비선형 구조는?

① tree
② network
③ stack
④ distributed

tree
- 자료 사이의 관계성이 계층 형식으로 나타나는 비선형 구조이다.
- 그래프의 특수한 형태로 노드(Node)와 선분(Branch)으로 되어 있다.
- 정점 사이에 사이클(Cycle)이 형성되어 있지 않다.

42 a[0]의 주소값이 10일 경우 다음 C언어 프로그램이 실행되었을 때의 결과는? (단, int형의 크기는 4Byte로 가정한다.)

```c
#include <stdio.h>
int main(intargc, char *argv[]) {
    int a[] = {14, 22, 30, 38};
    printf("%u, ", &a[2]);
    printf("%u", a);
    return 0;
}
```

① 14, 10
② 14, 14
③ 18, 10
④ 18, 14

C언어의 주소 연산자(&)와 1차원 배열
- 주소 연산자(&)는 단항 연산자로 메모리 영역의 시작 주소를 반환한다.
- 문제에서 배열 a의 시작 주소를 10으로 int형 각 요소는 4byte로 가정하였다.
- int a[] = {14, 22, 30, 38};

	10번지	14번지	18번지	22번지
	&a[0]	&a[1]	&a[2]	&a[3]
a	14	22	30	38
	a[0]	a[1]	a[2]	a[3]

- printf("%u, ", &a[2]); 명령문은 배열 a의 2번째 요소의 주소 14를 출력한다.
- printf("%u", a); 명령문은 배열명의 주소 10을 출력한다. 배열의 이름은 배열의 첫 요소의 주소를 의미한다.

정답 39 ② 40 ④ 41 ① 42 ③

43 다음 자료에 대하여 삽입(Insertion) 정렬 기법을 사용하여 오름차순으로 정렬하고자 한다. 1회전 후의 결과는?

> 5, 4, 3, 2, 1

① 4, 3, 2, 1, 5
② 3, 4, 5, 2, 1
③ 4, 5, 3, 2, 1
④ 1, 2, 3, 4, 5

- 삽입 정렬은 두 번째 값을 키값으로 지정해 키값 앞의 값과 비교하면서 정렬을 진행한다.
- 1pass : 5, 4, 3, 2, 1 → 4, 5, 3, 2, 1
- 2pass : 4, 5, 3, 2, 1 → 3, 4, 5, 2, 1
- 3pass : 3, 4, 5, 2, 1 → 2, 3, 4, 5, 1
- 4pass : 2, 3, 4, 5, 1 → 1, 2, 3, 4, 5

44 View(뷰)에 대한 설명으로 틀린 것은?

① 뷰(View)를 제거하고자 할 때는 DROP문을 이용한다.
② 뷰(View)의 정의를 변경하고자 할 때는 ALTER문을 이용한다.
③ 뷰(View)를 생성하고자 할 때는 CREATE문을 이용한다.
④ 뷰(View)의 내용을 검색하고자 할 때는 SELECT문을 이용한다.

뷰(View)의 특징
- 뷰의 생성 시 CREATE문, 검색 시 SELECT문, 제거 시 DROP문을 이용한다.
- 뷰를 이용한 또 다른 뷰의 생성이 가능하다.
- 하나의 뷰 제거 시 그 뷰를 기초로 정의된 다른 뷰도 함께 삭제된다.
- 뷰 위에 또 다른 뷰를 정의할 수 있다.
- DBA는 보안 측면에서 뷰를 활용할 수 있다.
- 뷰는 물리적으로 존재하지 않는 가상화된 테이블이다.

45 다음 설명에 해당하는 스키마는?

> 물리적 저장 장치의 입장에서 본 데이터베이스 구조로서 실제로 데이터베이스에 저장될 레코드의 형식을 정의하고 저장 데이터 항목의 표현 방법, 내부 레코드의 물리적 순서 등을 나타낸다.

① Conceptual Schema
② Internal Schema
③ External Schema
④ Definition Schema

스키마 3계층

외부 스키마 (External Schema)	사용자나 응용 프로그래머가 접근할 수 있는 정의 기술
개념 스키마 (Conceptual Schema)	• 범기관적 입장에서 데이터베이스를 정의한 것 • 개체 간의 관계와 제약 조건을 나타내고, 데이터베이스 접근 권한, 보안 및 무결성 규칙 명세가 있음
내부 스키마 (Internal Schema)	• 물리적 저장장치의 입장에서 본 데이터베이스 구조 • 실제로 데이터베이스에 저장될 레코드의 형식을 정의하고 저장 데이터 항목의 표현 방법, 내부 레코드의 물리적 순서 등을 나타냄

46 데이터베이스 내에서 데이터들이 불필요하게 중복되어 릴레이션 조작 시 예기치 못한 곤란한 현상을 무엇이라고 하는가?

① Normalization
② Bug
③ Anomaly
④ Error

오답 피하기

이상(Anomaly) 현상
- 삽입 이상(Insertion Anomaly) : 데이터를 삽입할 때 불필요한 데이터가 함께 삽입되는 현상이다.
- 삭제 이상(Deletion Anomaly) : 릴레이션의 한 튜플을 삭제함으로써 연쇄 삭제로 인해 정보의 손실을 발생시키는 현상이다.
- 갱신 이상(Updating Anomaly) : 튜플 중에서 일부 속성을 갱신함으로써 정보의 모순성이 발생하는 현상이다.

47 트랜잭션의 특성 중 아래 내용에 해당하는 것은?

> 시스템이 가지고 있는 고정 요소는 트랜잭션 수행 전과 트랜잭션 수행 완료 후에 같아야 한다.

① 원자성(Atomicity)
② 일관성(Consistency)
③ 격리성(Isolation)
④ 영속성(Durability)

트랜잭션의 특성
- 원자성(Atomicity) : 트랜잭션의 연산은 데이터베이스에 모두 반영되든지, 아니면 전혀 반영되지 않아야 한다.
- 일관성(Consistency) : 트랜잭션이 그 실행을 성공적으로 완료하면 언제나 일관성 있는 데이터베이스 상태로 변환한다.
- 격리성(Isolation, 고립성) : 둘 이상의 트랜잭션이 동시에 병행 실행되는 경우 어느 하나의 트랜잭션 실행 중에 다른 트랜잭션의 연산이 끼어들 수 없다.
- 영속성(Durability, 지속성) : 트랜잭션에 의해서 생성된 결과는 계속 유지되어야 한다.

48 관계 데이터 모델의 무결성 제약 중 기본키 값의 속성값이 널(null)값이 아닌 원자값을 갖는 성질은?

① 개체 무결성　② 참조 무결성
③ 도메인 무결성　④ 키 무결성

오답 피하기
- 참조 무결성 : 참조할 수 없는 외래키 값을 가질 수 없다.
- 도메인 무결성 : 특성 속성의 값은 그 속성이 정의된 도메인에 속한 값이어야 한다.
- 키 무결성 : 하나의 릴레이션에는 최소한 하나의 키가 존재해야 한다.

49 양방향에서 입·출력이 가능한 선형 자료 구조로 2개의 포인터를 이용하여 리스트의 양쪽 끝 모두에서 삽입·삭제가 가능한 것은?

① 데크(Deque)　② 스택(Stack)
③ 큐(Queue)　④ 트리(Tree)

데크(Deque)
- 자료의 삽입과 삭제가 리스트의 양쪽 끝에서 이루어지므로 두 개의 포인터(END1, END2)를 사용하는 자료 구조
- 스택과 큐를 복합한 형태
- 입력 제한 데크를 Scroll, 출력 제한 데크를 Shell라고 함

50 병행제어 기법 중 로킹에 대한 설명으로 옳지 않은 것은?

① 로킹의 대상이 되는 객체의 크기를 로킹 단위라고 한다.
② 파일은 로킹 단위가 될 수 있지만 레코드는 로킹 단위가 될 수 없다.
③ 로킹의 단위가 작아지면 로킹 오버헤드가 증가한다.
④ 로킹의 단위가 커지면 데이터베이스 공유도가 저하된다.

로킹(Locking) : 로킹 단위가 커지면 로크의 수가 적어 관리가 쉬워지지만, 병행성 수준이 낮아지고, 로킹 단위가 작으면 로크의 수가 많아 관리가 어려워지지만, 병행성 수준은 높아진다.

51 NoSQL의 설명으로 틀린 것은?

① Not Only SQL의 약자이다.
② 비정형 데이터의 저장을 위해 유연한 데이터 모델을 지원한다.
③ 전통적인 관계형 데이터베이스 관리 시스템과는 다른 비관계형(non-relational) DBMS이다.
④ 정규화를 전제로 하고 있어 갱신 시에 저장 공간이 적게 든다.

NoSQL
- Not Only SQL의 약자이다.
- NoSQL은 정규화를 하지 않은 비정규화를 바탕으로 데이터를 모델링한다.
- 비정형 데이터의 저장을 위해 유연한 데이터 모델을 지원한다.
- 전통적인 관계형 데이터베이스 관리 시스템과는 다른 비관계형(non-relational) DBMS이다.

정답 47 ②　48 ①　49 ①　50 ②　51 ④

52 트랜잭션의 실행이 실패하였음을 알리는 연산자로 트랜잭션이 수행한 결과를 원래의 상태로 원상복귀시키는 연산은?

① COMMIT 연산
② BACKUP 연산
③ LOG 연산
④ ROLLBACK 연산

오답 피하기
• Commit 연산 : 트랜잭션 실행이 성공적으로 종료되었음을 선언
• Rollback 연산 : 트랜잭션 실행이 실패하였음을 선언

53 관계 대수에 대한 설명으로 옳지 않은 것은?

① 릴레이션을 처리하기 위한 연산의 집합으로 피연산자가 릴레이션이고 결과도 릴레이션이다.
② 원하는 정보와 그 정보를 어떻게 유도하는가를 기술하는 절차적 특징을 가지고 있다.
③ 일반 집합 연산과 순수 관계 연산이 있다.
④ 수학의 Predicate Calculus에 기반을 두고 있다.

관계 대수 : 릴레이션을 처리하기 위한 연산의 집합으로 피연산자가 릴레이션이고 결과도 릴레이션이다.

오답 피하기
관계 해석(Relational Calculus)
• 원하는 정보가 무엇이라는 것만 정의하는 비절차적인 방법
• 수학의 Predicate Calculus에 기반을 둠
• 종류 : 튜플 관계 해석, 도메인 관계 해석
• 관계 해석과 관계 대수는 관계 데이터베이스를 처리하는 기능과 능력 면에서 동등하다.

54 데이터베이스 로그(Log)를 필요로 하는 회복 기법은?

① 즉각 갱신 기법 ② 대수적 코딩 방법
③ 타임스탬프 기법 ④ 폴딩 기법

즉각 갱신법
• 데이터를 갱신하면 트랜잭션이 완료되기 전에 실제 데이터베이스에 반영하는 방법이다.
• 회복 작업을 위해서 갱신 내용을 별도의 Log로 기록해야 한다.
• Redo, Undo 모두 사용 가능하다.

55 What is the quantity of tuples in consist of the relation?

① Degree ② Instance
③ Domain ④ Cardinality

릴레이션의 구성으로 튜플의 양을 무엇이라 하는가?

오답 피하기
• 카디널리티(Cardinality) : 튜플의 수(기수)
• 디그리(Degree) : 속성의 수(차수)

56 이진 검색 알고리즘에 대한 설명으로 틀린 것은?

① 탐색 효율이 좋고 탐색 시간이 적게 소요된다.
② 검색할 데이터가 정렬되어 있어야 한다.
③ 피보나치 수열에 따라 다음에 비교할 대상을 선정하여 검색한다.
④ 비교 횟수를 거듭할 때마다 검색 대상이 되는 데이터의 수가 절반으로 줄어든다.

피보나치 수열에 따라 다음에 비교할 대상을 선정하여 검색하는 것은 피보나치 검색 방식이다.

57 무결성 제약조건 중 개체 무결성 제약조건에 대한 설명으로 옳은 것은?

① 릴레이션 내의 튜플들이 각 속성의 도메인에 정해진 값만을 가져야 한다.
② 기본키는 NULL 값을 가져서는 안 되며 릴레이션 내에 오직 하나의 값만 존재해야 한다.
③ 자식 릴레이션의 외래키는 부모 릴레이션의 기본키와 도메인이 동일해야 한다.
④ 자식 릴레이션의 값이 변경될 때 부모 릴레이션의 제약을 받는다.

개체 무결성 : 각 릴레이션의 기본키를 구성하는 속성은 널(NULL) 값이나 중복된 값을 가질 수 없다는 의미로, 만약 [학생] 릴레이션에서 '학번'을 기본키로 지정했다면 '학번' 속성은 NULL이 되어서는 안 된다는 제약조건이다.

58 데이터베이스 설계 시 물리적 설계 단계에서 수행하는 사항이 아닌 것은?

① 저장 레코드 양식 설계
② 레코드 집중의 분석 및 설계
③ 접근 경로 설계
④ 목표 DBMS에 맞는 스키마 설계

물리적 설계
- 목표 DBMS에 종속적인 물리적 구조 설계
- 저장 레코드 양식 설계 및 레코드 집중의 분석/설계
- 파일 조직 방법과 저장 방법 그리고 파일 접근 방법 등을 선정
- 응답시간 효율화를 위한 접근 경로 설계
- 트랜잭션 세부 설계

59 데이터베이스에서 사용되는 널 값(Null Value)에 대한 설명으로 옳지 않은 것은?

① 공백(Space) 또는 영(Zero)을 의미한다.
② 아직 알려지지 않거나 모르는 값이다.
③ 이론적으로 아무것도 없는 특수한 데이터를 의미한다.
④ 정보 부재를 나타내기 위해 사용한다.

NULL(널) : 아직 알려지지 않거나 모르는 값을 의미하며 정보의 부재를 나타내기 위해 사용한다.

60 정규화 과정에서 함수 종속이 A → B이고 B → C일 때 A → C인 관계를 제거하는 단계는?

① 1NF → 2NF
② 2NF → 3NF
③ 3NF → BCNF
④ BCNF → 4NF

이행 종속 규칙
- 릴레이션에서 속성 A가 B를 결정하고(A → B), 속성 B가 C를 결정하면(B → C) 속성 A가 C도 결정한다는(A → C) 종속 규칙이다.
- 정규화 과정에서 이행 종속을 해소하는 단계를 '3차 정규형'이라고 한다.

오답 피하기

비정규 릴레이션
↓ 도메인이 원자값
1NF
↓ 부분적 함수 종속 제거
2NF
↓ 이행적 함수 종속 제거
3NF
↓ 결정자이면서 후보키가 아닌 함수 종속 제거
BCNF
↓ 다치 종속 제거
4NF
↓ 조인 종속성 이용
5NF

정보처리산업기사 필기 실전 모의고사 09회

시험 일자	문항 수	시험 시간
년 월 일	총 60문항	1시간 30분

수험번호 : _____

성   명 : _____

1과목 정보시스템 기반 기술

01 익스트림 프로그래밍(XP)에 대한 설명으로 틀린 것은?

① 빠른 개발을 위해 테스트를 수행하지 않는다.
② 사용자의 요구사항은 언제든지 변할 수 있다.
③ 고객과 직접 대면하며 요구사항을 이야기하기 위해 사용자 스토리(User Story)를 활용할 수 있다.
④ 기존의 방법론에 비해 실용성(Pragmatism)을 강조한 것이라고 볼 수 있다.

XP(eXtremeProgramming)
- 1999년 Kent Beck이 제안하였으며, 개발 단계 중 요구사항이 시시각각으로 변동이 심한 경우에 적합한 방법론이다.
- 요구에 맞는 양질의 소프트웨어를 신속하게 제공하는 것을 목표로 한다.
- 요구사항을 모두 정의해 놓고 작업을 진행하는 것이 아니라, 요구사항이 변경되는 것을 적용하는 방식으로 예측성보다는 적응성에 더 높은 가치를 부여한 방법이다.
- 고객의 참여와 개발 과정의 반복을 극대화하여 생산성을 향상하는 방법이다.

02 운영체제의 성능을 판단할 수 있는 요소로 가장 거리가 먼 것은?

① 처리 능력
② 비용
③ 신뢰도
④ 사용 가능도

운영체제 성능 평가 요인 : 신뢰도, 처리 능력, 응답시간, 사용 가능도

03 가상기억장치 구현 기법에 대한 설명으로 가장 옳지 않은 것은?

① 가상기억장치 기법은 말 그대로 가상적인 것으로 현재 실무에서는 실현되는 방법이 아니다.
② 가상기억장치를 구현하는 일반적 방법에는 Paging과 Segmentation 기법이 있다.
③ 주기억장치의 이용률과 다중 프로그래밍의 효율을 높일 수 있다.
④ 주기억장치의 용량보다 큰 프로그램을 실행하기 위해 사용한다.

가상기억장치(Virtual Memory)
- 보조기억장치의 일부를 주기억장치처럼 사용함으로써 용량이 작은 주기억장치를 마치 큰 용량을 가진 것처럼 사용하는 기법
- 기억장치의 이용률과 다중 프로그래밍의 효율을 높일 수 있음
- 구현 방법 : 페이징 기법, 세그먼테이션 기법

정답 01 ① 02 ② 03 ①

04 HRN 방식으로 스케줄링 할 경우, 입력된 작업이 다음 〈표〉와 같을 때 우선순위가 가장 높은 것은?

작업	대기시간	서비스(실행)시간
A	5	20
B	40	20
C	15	45
D	40	10

① A ② B
③ C ④ D

HRN 계산
- 우선순위 계산식 = 대기 시간+서비스를 받을 시간/서비스를 받을 시간
- A작업 : (5+20)/20 = 1.25
- B작업 : (40+20)/20 = 3
- C작업 : (15+45)/45 = 1.3
- D작업 : (40+10)/10 = 5
- 작업 순서 : D → B → C → A

05 애자일(Agile) 기법 중 스크럼(Scrum)과 관련된 용어에 대한 설명이 틀린 것은?

① 스크럼 마스터(Scrum Master)는 스크럼 프로세스를 따르고, 팀이 스크럼을 효과적으로 활용할 수 있도록 보장하는 역할 등을 맡는다.
② 제품 백로그(Product Backlog)는 스크럼 팀이 해결해야 하는 목록으로 소프트웨어 요구사항, 아키텍처 정의 등이 포함될 수 있다.
③ 스프린트(Sprint)는 하나의 완성된 최종 결과물을 만들기 위한 주기로 3달 이상의 장기간으로 결정된다.
④ 속도(Velocity)는 한 번의 스프린트에서 한 팀이 어느 정도의 제품 백로그를 감당할 수 있는지에 대한 추정치로 볼 수 있다.

스프린트(Sprint) : 사전적으로 "전력 질주". 작은 단위의 개발 업무를 단기간에 전력 질주하여 개발한다는 의미로 반복 주기(2~4주)마다 이해 관계자에게 일의 진척도를 보고한다.

06 애자일 개발 방법론과 관련한 설명으로 틀린 것은?

① 빠른 릴리즈를 통해 문제점을 빠르게 파악할 수 있다.
② 정확한 결과 도출을 위해 계획 수립과 문서화에 중점을 둔다.
③ 고객과의 의사소통을 중요하게 생각한다.
④ 진화하는 요구사항을 수용하는 데 적합하다.

애자일(Agile) 방법론
- '날렵한, 재빠른'이라는 사전적 의미가 있다.
- 특정 방법론이 아닌 소프트웨어가 빠르고 낭비 없이 제작하기 위해 고객과의 협업에 초점 두고 소프트웨어 개발 중 설계 변경에 신속히 대응하여 요구사항을 수용할 수 있다.
- 절차와 도구보다 개인과 소통을 중요시하고 고객과의 피드백을 중요하게 생각한다.
- 소프트웨어가 잘 실행되는 데 가치를 두며, 소프트웨어 배포 시차를 최소화할 수 있다.

07 GoF(Gangs of Four) 디자인 패턴 중 생성 패턴으로 옳은 것은?

① Singleton Pattern
② Adapter Pattern
③ Decorator Pattern
④ State Pattern

생성 패턴
- 객체를 생성하는 것과 관련된 패턴이다.
- 객체의 생성과 변경이 전체 시스템에 미치는 영향을 최소화하도록 만들어주어 유연성을 높일 수 있고 코드를 유지하기가 쉬운 편이다.
- Factory Method, Singleton, Prototype, Builder, Abstraction Factory

오답 피하기
- Adapter Pattern, Decorator Pattern : 구조 패턴
- State Pattern : 행위 패턴

08 SJF(Shortest Job First) 스케줄링 방법에 대한 설명으로 가장 거리가 먼 것은?

① 작업이 끝날 때까지의 실행시간 추정치가 가장 작은 작업을 먼저 실행시킨다.
② 작업 시간이 큰 경우 오랫동안 대기하여야 한다.
③ 각 프로세스의 프로세스 요구시간을 미리 예측하기 쉽다.
④ FIFO 기법보다 평균대기시간이 감소된다.

SJF(Shortest Job First)
- 비선점 방식으로 준비상태 큐에서 대기하는 프로세스들 중에서 실행 시간이 가장 짧은 프로세스에게 먼저 CPU를 할당하는 기법이다.
- 작업시간이 큰 경우 오랫동안 대기하여야 한다.
- FIFO 기법보다 평균 대기시간이 감소된다.

09 Go-Back-N ARQ에서 7번째 프레임까지 전송하였는데 수신측에서 6번째 프레임에 오류가 있다고 재전송을 요청해 왔다. 재전송되는 프레임의 개수는?

① 1 ② 2
③ 3 ④ 4

- Go-Back-N ARQ는 수신측으로부터 NAK 수신 시 오류 발생 이후의 모든 블록을 재전송하는 방식이다.
- 현재 7번이고 오류가 6번이니 6~7번 2개 프레임이 재전송된다.

10 비행기 제어, 교통 제어, 레이더 추적 등 정해진 시간에 반드시 수행되어야 하는 작업들이 존재할 때, 가장 적합한 처리 방식은?

① Batch Processing System
② Time Sharing System
③ Real Time Processing System
④ Distributed Processing System

실시간 처리 시스템(Real Time Processing System) : 자료가 발생할 때마다 즉시 처리하는 방식

오답 피하기
- 일괄 처리 시스템(Batch Processing System) : 입력되는 자료를 일정 기간이나 일정량을 모아서 처리하는 방식
- 시분할 시스템(Time Sharing System) : 각 사용자들에게 프로그램을 시간적으로 분할하여 사용하게 하는 방식
- 분산 처리 시스템(Distributed Processing System) : 네트워크를 통해 연결된 여러 컴퓨터 시스템에 작업과 자원을 나누어 처리하는 방식

11 자료 흐름도(DFD)의 각 요소별 표기 형태의 연결이 옳지 않은 것은?

① Process : 원
② Data Flow : 화살표
③ Data Store : 삼각형
④ Terminator : 사각형

자료 흐름도(DFD, Data Flow Diagram)

구성 요소	의미	표기법
프로세스 (Process)	자료를 변환시키는 시스템의 한 부분을 나타냄	프로세스 이름
자료 흐름 (Data Flow)	자료의 이동(흐름)을 나타냄	자료 이름 →
자료 저장소 (Data Store)	시스템에서의 자료 저장소(파일, 데이터베이스)를 나타냄	자료 저장소 이름
단말 (Terminator)	• 자료의 발생지와 종착지를 나타냄 • 시스템의 외부에 존재하는 사람이나 조직체	단말 이름

12 통신 프로토콜의 기본적인 요소가 아닌 것은?

① 인터페이스 ② 구문
③ 의미   ④ 타이밍

프로토콜의 기본 요소 : 구문(Syntax), 의미(Semantic), 타이밍(Timing)

13 GoF(Gang of Four) 디자인 패턴과 관련한 설명으로 틀린 것은?

① 디자인 패턴을 목적(Purpose)으로 분류할 때 생성, 구조, 행위로 분류할 수 있다.
② Strategy 패턴은 대표적인 구조 패턴으로 인스턴스를 복제하여 사용하는 구조를 말한다.
③ 행위 패턴은 클래스나 객체들이 상호작용하는 방법과 책임을 분산하는 방법을 정의한다.
④ Singleton 패턴은 특정 클래스의 인스턴스가 오직 하나임을 보장하고, 이 인스턴스에 대한 접근 방법을 제공한다.

- Strategy 패턴은 행위 패턴이다.
- 인스턴스를 복제하여 사용하는 구조는 프로토타입 패턴에 해당한다.

14 패킷교환망에 접속되는 단말기 중 비패킷형 단말기(Non-Packet Mode Terminal)에서 패킷의 조립·분해 기능을 제공해주는 일종의 어댑터는?

① GFI ② PTI
③ SVC ④ PAD

패킷 조립 분해기(PAD, packet assembly and disassembly) : 데이터를 패킷 교환망으로 전송하기 위해 패킷으로 조립하거나 전송된 패킷을 데이터로 분해하는 기능을 수행한다.

15 UML 모델에서 한 사물의 명세가 바뀌면 다른 사물에 영향을 주며, 일반적으로 한 클래스가 다른 클래스를 오퍼레이션의 매개변수로 사용하는 경우에 나타나는 관계는?

① Association ② Dependency
③ Realization ④ Generalization

UML 의존 관계(Dependency Relation)
- 연관 관계와 같지만 메서드를 사용할 때와 같이 매우 짧은 시간만 유지된다.
- 영향을 주는 객체(User)에서 영향을 받는 객체 방향으로 점선 화살표로 연결한다.

16 요구 분석(Requirement Analysis)에 대한 설명으로 틀린 것은?

① 요구 분석은 소프트웨어 개발의 실제적인 첫 단계로 사용자의 요구에 대해 이해하는 단계라 할 수 있다.
② 요구 추출(Requirement Elicitation)은 프로젝트 계획 단계에 정의한 문제의 범위 안에 있는 사용자의 요구를 찾는 단계이다.
③ 도메인 분석(Domain Analysis)은 요구에 대한 정보를 수집하고 배경을 분석하여 이를 토대로 모델링을 하게 된다.
④ 기능적(Functional) 요구에서 시스템 구축에 대한 성능, 보안, 품질, 안정 등에 대한 성능, 보안, 품질, 안정성 등에 대한 요구사항을 도출한다.

성능, 보안, 품질, 안정 등에 대한 성능, 보안, 품질, 안정성 등에 대한 요구사항은 비기능적 요구사항에 해당한다.

17 LOC 기법에 의하여 예측된 총 라인 수가 36000라인, 개발에 참여할 프로그래머가 6명, 프로그래머들의 평균 생산성이 월간 300라인일 때 개발에 소요되는 기간을 계산한 결과로 가장 옳은 것은?

① 5개월 ② 10개월
③ 15개월 ④ 20개월

개발 기간 = 예측된 LOC / (개발자 수 × 1인당 월평균 생산 LOC)
= 360000 / (6 × 300)
= 360000 / 1800
= 20

18 TCP 프로토콜을 사용하는 응용 계층의 서비스가 아닌 것은?

① SNMP ② FTP
③ Telnet ④ HTTP

SNMP(Simple Network Management Protocol)
- 실시간 인터넷 방송과 네트워크 장비를 관리 감시하기 위한 응용 계층 프로토콜이다.
- 네트워크망을 관리하기 위해 MIB(Management Information Base)가 사용된다.

오답 피하기
- TCP 프로토콜을 사용하는 응용 계층 서비스 : FTP, Telnet, HTTP, SMTP, POP 등
- UDP 프로토콜을 사용하는 응용 계층 서비스 : SNMP, DNS, TFTP, 인터넷 게임/방송 등

19 다음 중 상위 CASE 도구가 지원하는 주요 기능으로 볼 수 없는 것은?

① 모델들 사이의 모순 검사 기능
② 전체 소스코드 생성 기능
③ 모델의 오류 검증 기능
④ 자료 흐름도 작성 기능

CASE의 분류
- 상위(Upper) CASE : 요구 분석 및 설계 단계 지원(모델 간 모순 검사 기능, 모델 오류 검증 기능, 자료 흐름도 작성 기능)
- 하위(Lower) CASE : 소스코드 작성, 테스트, 문서화 과정 지원
- 통합(Integrate) CASE : 소프트웨어 개발 주기 전체 과정 지원

정답 14 ④ 15 ② 16 ④ 17 ④ 18 ① 19 ②

20 순차 다이어그램(Sequence Diagram)과 관련한 설명으로 틀린 것은?

① 객체들의 상호작용을 나타내기 위해 사용한다.
② 시간의 흐름에 따라 객체들이 주고받는 메시지의 전달 과정을 강조한다.
③ 동적 다이어그램보다는 정적 다이어그램에 가깝다.
④ 교류 다이어그램(Interaction Diagram)의 한 종류로 볼 수 있다.

순차 다이어그램은 시스템의 내부적인 로직 흐름을 동적으로 표현한 동적 다이어그램이다.

2과목 프로그래밍 언어 활용

21 C언어에서 비트 논리 연산자에 해당하지 않는 것은?

① ^   ② ?
③ &   ④ ~

- ^ : 비트 단위 XOR 연산
- & : 비트 단위 AND 연산
- ~ : 비트 단위 NOT 연산(0→1, 1→0)

22 C언어에서 버퍼에 남아 있는 불필요한 데이터를 삭제해주는 함수는?

① gets( )
② fflush( )
③ fwrite( )
④ printf( )

fflush( ) : 버퍼에 남아 있는 불필요한 데이터를 삭제해주는 함수

오답 피하기
- fopen( ) : fflush( ) 함수로 삭제된 버퍼에 스트림을 생성해 주는 함수
- fwrite( ) : 스트림에 바이너리 데이터를 작성할 때 사용하는 함수
- printf( ) : 형식화된 출력
- puts( ) : 문자열 출력
- putchar( ) : 한 문자 출력
- scanf( ) : 형식화된 입력
- gets( ) : 문자열 입력
- getchar( ) : 한 문자 입력

23 운영체제의 목적으로 거리가 먼 것은?

① 처리량 향상
② 신뢰도 향상
③ 응답 시간 단축
④ 반환 시간 증대

운영체제 성능 평가 요인
- 처리량(Throughput) : 주어진 시간 내에 처리하여 결과를 출력하는 양
- 반환 시간(Turn around time) : 질문에 대한 답변 시간(반응 시간)
- 신뢰도(Reliability) : 작업의 정확성
- 이용 가능도(Availability) : 시스템을 100%로 봤을 때 사용 가능한 정도

24 프로그래밍 언어의 해독 순서로 옳은 것은?

① 링커 → 로더 → 컴파일러
② 컴파일러 → 링커 → 로더
③ 로더 → 컴파일러 → 링커
④ 컴파일러 → 로더 → 링커

원시 프로그램 → 컴파일러 → 목적 프로그램 → 링커 → 로더

25 BNF 심볼에서 정의를 나타내는 기호는?

① | ② ::=
③ 〈 〉   ④ →

BNF 심벌
- 왼쪽 : 정의될 대상(object)
- ::= : 정의
- | : 택일
- 〈 〉 : 비종단

정답 20 ③ 21 ② 22 ② 23 ④ 24 ② 25 ②

26 메서드 명칭은 동일하지만 매개변수와 데이터 타입 및 기능을 다르게 정의하는 개념은?

① 클래스
② 인스턴스
③ 추상화
④ 다형성

객체지향 기법의 기본 원칙
- 캡슐화(Encapsulation) : 데이터와 데이터를 조작하는 연산을 하나로 묶는 것을 의미하며 연관된 데이터와 함수를 함께 묶어 외부와 경계를 만들고 필요한 인터페이스만을 밖으로 드러내는 과정을 의미한다.
- 정보 은닉(Information Hiding) : 객체가 다른 객체로부터 자신의 자료를 숨기고 자신의 연산만을 통하여 접근을 허용하는 것을 의미하며 캡슐화와 밀접한 관계가 있다.
- 추상화(Abstraction) : 주어진 문제나 시스템 중에서 중요하고 관계 있는 부분만을 분리하여 간결하고 이해하기 쉽게 만드는 작업을 의미한다.
- 상속성(Inheritance) : 상위 클래스의 속성과 메소드를 하위 클래스가 물려받는 것을 의미하며 클래스와 객체를 재사용할 수 있다.
- 다형성(Polymorphism) : 많은 상이한 클래스들이 동일한 메소드명을 이용하는 능력을 의미하며 한 메시지가 객체에 따라 다른 방법으로 응답할 수 있는 것을 의미한다.

27 프로그램 실행 시 원시 프로그램을 문자 단위로 스캐닝하여 문법적으로 의미 있는 일련의 문자들로 분할된 단위는?

① 토큰
② 오토마타
③ BNF
④ 모듈

토큰 : 원시 프로그램을 하나의 긴 스트링으로 보고 원시 프로그램을 문자 단위로 스캐닝하여 문법적으로 의미 있는 일련의 문자들로 분할하는데 이때 분할된 문법적인 단위를 말한다.

28 로더의 기능 중 실행 프로그램을 실행시키기 위해 기억장치 내에 옮겨 놓을 공간을 확보하는 기능은?

① 적재
② 재배치
③ 연결
④ 할당

로더의 4대 기능
- 할당(Allocation) : 주기억 장치 안에 빈 공간을 할당
- 연결(Link) : 목적 모듈들 사이의 기호적 외부 참조를 실제적 주소로 변환
- 재배치(Relocation) : 종속적인 모든 주소를 할당된 주기억 장치 주소와 일치하도록 조정
- 적재(Load) : 기계 명령어와 자료를 기억 장소에 물리적으로 배치

29 자바스크립트 언어의 기본적인 특성으로 틀린 것은?

① 대소문자를 구분한다.
② 변수 이름에 공백 문자를 사용할 수 있다.
③ 하나의 명령문이 끝나면, 세미콜론(;)을 기술한다.
④ 변수 이름은 반드시 영문자 또는 밑줄(_)로 시작해야 한다.

변수 이름에 공백 문자를 사용할 수 없다.

30 컴파일 단계 중 원시 프로그램을 토큰으로 분리하는 단계는?

① 어휘 분석 단계
② 구문 분석 단계
③ 중간코드 생성 단계
④ 최적화 단계

- 어휘 분석 : 문법적 의미 있는 문자들로 분해해서 토큰을 생성하는 단계이다.
- 구문 분석 : 주어진 문장이 정의된 문법 구조에 따라 정당하게 하나의 문장으로 사용될 수 있는가를 확인하는 작업. 컴퓨터 분야에서는 컴파일러에 의하여 원시 프로그램을 기계어 프로그램으로 번역할 때 낱말 분석(Lexical Analysis) 결과로 만들어진 토큰들을 문법에 따라 분석하는 파싱(Parsing) 작업을 수행하여 파스 트리를 구성하는 작업을 지칭한다.

31 C언어의 포인트형(Pointer type)에 대한 설명으로 틀린 것은?

① 포인터 변수는 기억장소의 번지를 기억하는 동적 변수이다.
② 포인터는 가리키는 자료형이 일치할 때 대입하는 규칙이 있다.
③ 보통 변수의 번지를 참조하려면 번지 연산자 #을 변수 앞에 쓴다.
④ 실행문에서 간접 연산자 *를 사용하여 포인터 변수가 지시하고 있는 내용을 참조한다.

보통 변수의 번지를 참조하려면 번지 연산자 &를 변수 앞에 쓴다.

정답 26 ④ 27 ① 28 ④ 29 ② 30 ① 31 ③

32 JAVA 언어에 대한 특징이 아닌 것은?

① 다중 상속을 받을 수 없다.
② 다른 컴퓨터의 환경에 이식이 쉽다.
③ 캡슐화로 구조화 할 수 있다.
④ 재사용성이 높다.

JAVA 언어는 객체지향 언어로 다중 상속을 받을 수 있다.

33 다음 자바 프로그램 조건문에 대해 삼항 조건 연산자를 사용하여 옳게 나타낸 것은?

```
int i = 7, j = 9;
int k;
if (i > j)
    k = i - j;
else
    k = i + j;
```

① int i = 7, j = 9;
   int k;
   k = (i > j)?(i – j);(i + j);
② int i = 7, j = 9;
   int k;
   k = (i < j)?(i – j);(i + j);
③ int i = 7, j = 9;
   int k;
   k = (i > j)?(i + j);(i – j);
④ int i = 7, j = 9;
   int k;
   k = (i < j)?(i + j);(i – j);

• if/else문
```
if(조건식)
    조건식의 결과가 참일 때 실행하는 명령문;
else
    조건식의 결과가 거짓일 때 실행하는 명령문;
```

• 삼항 연산자
```
조건식 ? 참일 때 명령문; 거짓일 때 명령문;
```

34 UNIX 명령어에서 현재 작업 중인 디렉터리 경로를 보여주는 명령어는?

① dir   ② cat
③ pwd   ④ write

UNIX 명령어
• fork : 프로세스 생성, 복제
• mount : 기존 파일 시스템에 새로운 파일 시스템을 서브 디렉터리에 연결
• cp : 파일 복사
• mv : 파일 이동
• rm : 파일 삭제
• cat : 파일 내용 화면에 표시
• open : 텍스트 문서 열기
• chmod : 파일의 사용 허가 지정
• chown : 소유자 변경
• ls : 현재 디렉터리 내의 파일 목록 확인
• pwd : 현재 작업 중인 디렉터리 경로를 보여주는 명령어

35 구문 분석기가 올바른 문장에 대해 그 문장의 구조를 트리로 표현한 것으로 루트, 중간, 단말 노드로 구성되는 트리는?

① 파스 트리   ② 라운드 트리
③ 시프트 트리   ④ 토큰 트리

파스 트리
• 구문 분석기가 언어 번역에서 문법의 시작 기호가 어떻게 스트링을 유도하는가를 그림으로 표현하는 것이다.
• 어떤 표현이 BNF에 의해 바르게 작성되었는지 확인하기 위해 만드는 트리이다.

36 다음 검사의 기법 중 종류가 다른 하나는 무엇인가?

① 동치 분할 검사
② 원인 효과 그래프 검사
③ 비교 검사
④ 데이터 흐름 검사

화이트박스 테스트(White Box Test) 기법
• 기초 경로 검사(Basic Path Test)
• 조건 검사(Condition Coverage)
• 데이터 흐름 검사(Data Flow Test)
• 루프 검사(Loop Test)

오답 피하기
①, ②, ③은 블랙박스 검사 기법

37 효과적인 모듈 설계를 위한 유의사항으로 거리가 먼 것은?

① 모듈 간의 결합도를 약하게 하면 모듈 독립성이 향상된다.
② 복잡도와 중복성을 줄이고 일관성을 유지시킨다.
③ 모듈의 기능은 예측이 가능해야 하며 지나치게 제한적이어야 한다.
④ 유지보수가 용이해야 한다.

효과적인 모듈화 설계 방법
- 응집도는 강하게, 결합도는 약하게 설계한다.
- 복잡도와 중복성을 줄이고 일관성을 유지할 수 있도록 설계한다.
- 유지보수가 용이하도록 설계한다.
- 모듈 크기는 시스템의 전반적인 기능과 구조를 이해하기 쉬운 크기로 설계한다.
- 모듈 기능은 예측이 가능해야 하며 지나치게 제한적이어서는 안 된다.

38 다음은 사용자로부터 입력받은 문자열에서 처음과 끝의 3글자를 추출한 후 합쳐서 출력하는 파이썬 코드이다. ㉠에 들어갈 내용은?

```
string = input("7문자 이상 문자열을 입력하시오:")
m = (      ㉠      )
print(m)
```

입력값 : Hello World
최종 출력 : Helrld

① string[1:3] + string[-3:]
② string[:3] + string[-3:-1]
③ string[0:3] + string[-3:]
④ string[0:] + string[:-1]

- 인덱스는 0부터 시작한다.
- 역순으로 맨 오른쪽의 인덱스는 -1, 그 앞은 -2, 그 앞은 -3이다.
- [x:y] : 인덱스 x부터 (y-1)까지 추출하므로 string[0:3]은 인덱스 0부터 2까지 'Hel'이 출력된다.
- [x:] : 인덱스 x부터 끝까지 추출하므로 string[-3:]은 인덱스 -3부터 끝까지 'rld'가 출력된다.
- string[0:3] + string[-3:] : Helrld

39 객체지향 기법에서 객체에서 실행해야 할 구체적인 연산을 정의한 것은?

① Public
② Method
③ Class
④ Instance

객체 (Object)	• 필요한 자료 구조와 이에 수행되는 함수들을 가진 하나의 소프트웨어 모듈 • 각각의 상태를 가지고 있으며 행동에 의하여 그 특징을 나타낼 수 있고 식별성을 가짐 • 객체 = 애트리뷰트 + 메소드
애트리뷰트 (Attribute, 속성)	• 객체의 상태를 나타냄 • 데이터, 속성이라고도 함
메소드 (Method)	• 객체가 메시지를 받아 실행해야 할 객체의 구체적인 연산을 정의한 것 • 객체의 상태를 참조하거나 변경시킴 • 함수(Function)나 프로시저(Procedure)에 해당함

40 C++ 함수 정의 시 아래의 func( )처럼 매개 변수를 전달하는 방법은?

```
void main () {
    int a = 3 ;
    func (a) ;
}
void func(int &x) {
    x = 5 ;
}
```

① Call by Value
② Call by Reference
③ Call by Name
④ Call by Position

```void main () { int a = 3 ; func (a) ;}```	정수형 변수 a에 3 입력 a 호출. 즉 아래 func 함수연산 결과인 5가 a에 입력된다.
```void func(int &x) { x = 5 ;}```	func 함수 값으로 정수 x를 받는다. 정수 5가 x에 입력된다.

정답 37 ③ 38 ③ 39 ② 40 ②

3과목 데이터베이스 활용

41 다음 자료에 대하여 선택(Selection) 정렬을 이용하여 오름차순으로 정렬하고자 한다. 1회전 수행 결과는?

| 8, 3, 4, 9, 7 |

① 3, 4, 7, 8, 9
② 3, 4, 7, 9, 8
③ 3, 4, 8, 9, 7
④ 3, 8, 4, 9, 7

오름차순 선택 정렬의 경우 1pass마다 가장 작은 값이 맨 앞으로 이동한다.

0P	8	3	4	9	7
1P	3	8	4	9	7
2P	3	4	8	9	7
3P	3	4	7	9	8
4P	3	4	7	8	9

42 CREATE TABLE문에 포함되지 않는 기능은?

① 속성의 타입 변경
② 속성의 NOT NULL 여부 지정
③ 기본키를 구성하는 속성 지정
④ CHECK 제약조건의 정의

```
CREATE TABLE 기본테이블
    ( { 열이름 데이터_타입 [NOT NULL], [DEFALUT 값] }
      [PRIMARY KEY(열이름_리스트)]
      [UNIQUE(열이름_리스트, …)]
      { [FOREIGN KEY(열이름_리스트)]
        REFERENCES 기본테이블[(기본키_열이름)]
        [ON DELETE 옵션]
        [ON UPDATE 옵션] }
      [CHECK(조건식)] );
```

• { }는 중복 가능한 부분, [ ]는 생략 가능한 부분
• NOT NULL은 특정 열에 대해 널(Null) 값을 허용하지 않을 때 기술
• PRIMARY KEY는 기본키를 구성하는 속성을 지정할 때
• FOREIGN KEY는 외래키로 어떤 릴레이션의 기본키를 참조하는지를 기술

오답 피하기
속성의 타입 변경은 ALTER문을 사용한다.

43 다음 정의에서 말하는 기본 정규형은?

어떤 릴레이션 R에 속한 모든 도메인이 원자값(Atomic Value)만으로 되어 있다.

① 제1정규형(1NF)
② 제2정규형(2NF)
③ 제3정규형(3NF)
④ 보이스/코드 정규형(BCNF)

제1정규형(1NF)
• 어떤 릴레이션에 속한 모든 도메인이 원자값(Atomic Value)만으로 되어 있는 릴레이션이다.
• 하나의 속성만 있어야 하고 반복되는 속성은 별도 테이블로 분리한다.

44 트랜잭션들을 수행하는 도중 장애로 인해 손상된 데이터베이스를 손상되기 이전의 정상적인 상태로 복구시키는 작업은?

① Recovery
② Restart
③ Commit
④ Abort

트랜잭션들을 수행하는 도중 장애로 인해 손상된 데이터베이스를 손상되기 이전의 정상적인 상태로 복구시키는 작업을 복구(Recovery)라고 한다.

45 다음 SQL문에서 사용된 BETWEEN 연산의 의미와 동일한 것은?

```
SELECT *
FROM 성적
WHERE (점수 BETWEEN 90 AND 95)
      AND 학과 = '컴퓨터공학과';
```

① 점수 >= 90 AND 점수 <= 95
② 점수 > 90 AND 점수 < 95
③ 점수 > 90 AND 점수 <= 95
④ 점수 >= 90 AND 점수 < 95

• BETWEEN은 구간값 조건식이다.
• BETWEEN 90 AND 95는 90 이상에서 95 이하까지의 범위를 의미한다.
• where 점수 >= 90 and 점수 <=95로 표현할 수 있다.

46 퀵 정렬에 대한 설명으로 틀린 것은?

① 순환 알고리즘을 사용해야 하므로 스택 공간을 필요로 한다.
② 첫 번째 키만 분할원소로 정할 수 있다.
③ 키를 기준으로 작은 값은 왼쪽에, 큰 값은 오른쪽 서브파일로 분해시키는 방식이다.
④ 최악의 시간 복잡도는 $O(n^2)$이다.

퀵 정렬(Quick Sort)
- 레코드의 많은 자료 이동을 없애고 하나의 파일을 부분적으로 나누어 가면서 정렬하는 방법으로 키를 기준으로 작은 값은 왼쪽에 큰 값은 오른쪽에 모이도록 서로 교환시키는 부분 교환 정렬법이다.
- 위치에 상관없이 분할원소로 정할 수 있다.

47 데이터베이스의 물리적 설계 단계와 거리가 먼 것은?

① 저장 레코드 양식 설계
② 레코드 집중의 분석 및 설계
③ 개념 스키마 모델링 수행
④ 접근 경로 설계

물리적 설계
- 목표 DBMS에 종속적인 물리적 구조 설계
- 저장 레코드 양식 설계
- 레코드 집중의 분석/설계
- 응답시간 효율화를 위한 접근 경로 설계
- 트랜잭션 세부 설계

오답 피하기
개념 스키마 모델링 수행은 개념적 설계 단계에서 수행된다.

48 데이터베이스에서 병행 제어의 목적으로 틀린 것은?

① 시스템 활용도 최대화
② 사용자에 대한 응답시간 최소화
③ 데이터베이스 공유 최소화
④ 데이터베이스 일관성 최대화

병행 제어의 목적
- 데이터베이스 공유 최대화
- 데이터베이스 일관성 최대화
- 시스템 활용도 최대화
- 사용자에 대한 응답시간 최소화

49 다음 트리를 Preorder 운행법으로 운행할 경우 가장 먼저 탐색되는 것은?

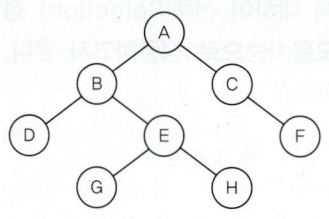

① A
② B
③ D
④ G

- Preorder의 순회 순서는 Root → Left → Right이다.

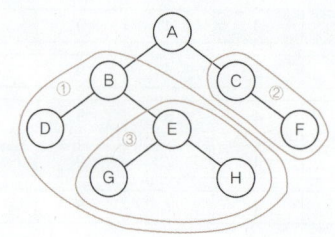

- A ① ②
- A B D ③ C F
- A B D E G H C F이므로 가장 먼저 A가 검색된다.

50 다음 자료에 대하여 삽입(Insertion) 정렬 기법을 사용하여 오름차순으로 정렬하고자 한다. 1회전 후의 결과는?

5, 4, 3, 2, 1

① 4, 3, 2, 1, 5
② 3, 4, 5, 2, 1
③ 4, 5, 3, 2, 1
④ 1, 2, 3, 4, 5

- 삽입 정렬은 두 번째 값을 키값으로 지정해 키값 앞의 값과 비교하면서 정렬을 진행한다.
- 1pass : 5, 4, 3, 2, 1 → 4, 5, 3, 2, 1
- 2pass : 4, 5, 3, 2, 1 → 3, 4, 5, 2, 1
- 3pass : 3, 4, 5, 2, 1 → 2, 3, 4, 5, 1
- 4pass : 2, 3, 4, 5, 1 → 1, 2, 3, 4, 5

오답 피하기
삽입 정렬은 두 번째 값을 키값으로 시작한다.

51 시스템 카탈로그에 대한 설명으로 옳지 않은 것은?

① 사용자가 직접 시스템 카탈로그의 내용을 갱신하여 데이터베이스 무결성을 유지한다.
② 시스템 자신이 필요로 하는 스키마 및 여러 가지 객체에 관한 정보를 포함하고 있는 시스템 데이터베이스이다.
③ 시스템 카탈로그에 저장되는 내용을 메타 데이터라고도 한다.
④ 시스템 카탈로그는 DBMS가 스스로 생성하고 유지한다.

> **시스템 카탈로그(System Catalog)**
> • 시스템 자신이 필요로 하는 여러 가지 객체(기본 테이블, 뷰, 인덱스, 데이터베이스, 패키지, 접근 권한 등)에 관한 정보를 포함하고 있는 시스템 데이터베이스이다.
> • 데이터 사전(Data Dictionary), 메타 데이터(Meta Data)라고도 한다.
> • 시스템 카탈로그 자체도 시스템 테이블로 구성되어 있어 SQL문을 이용하여 내용 검색이 가능하다.
> • 사용자가 시스템 카탈로그를 직접 갱신할 수는 없으나 SQL문으로 여러 가지 객체에 변화를 주면 시스템이 자동으로 갱신한다.

52 순서가 A, B, C, D로 정해진 입력 자료를 push, push, pop, push, push, pop, pop, pop 순서로 스택 연산을 수행하는 경우 출력 결과는?

① B D C A
② A B C D
③ B A C D
④ A B D C

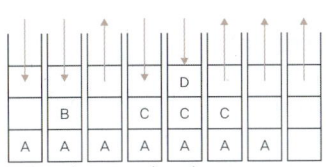
A, B, C, D의 데이터를 아래 순서대로 STACK 연산을 한다.

53 해싱에서 충돌로 인해 동일한 홈 주소를 갖는 레코드들의 집합을 의미하는 것은?

① Slot ② Bucket
③ Synonym ④ Mapping

> Synonym(동의어) : 해싱에서 동일한 홈 주소로 인하여 충돌이 일어난 레코드들의 집합을 말한다. 다시 말해 해싱 함수의 값을 구한 결과 키 K1, K2가 같은 값을 가질 때, 이들 키 K1, K2의 집합을 동의어(Synonym)라고 한다.

54 E-R 다이어그램의 표기법으로 옳지 않는 것은?

① 개체 타입 - 사각형
② 속성 - 타원
③ 관계 집합 - 삼각형
④ 개체 타입과 속성을 연결 - 선

E-R 다이어그램

기호	기호 이름	의미
□	사각형	개체(Entity)
◇	마름모	관계(Relationship)
○	타원	속성(Attribute)
―	선, 링크	개체-속성, 개체-개체의 연결
◎	2중 타원	다중값 속성

55 관계 해석에 대한 설명으로 틀린 것은?

① 튜플 관계 해석과 도메인 관계 해석이 있다.
② 질의에 대한 해를 구하기 위해 수행해야 할 연산의 순서를 명시해야 하는 절차적인 언어이다.
③ 릴레이션을 정의하는 방법을 제공한다.
④ 수학의 predicate calculus에 기반을 두고 있다.

> **관계 해석(Relational Calculus)**
> • 원하는 정보가 무엇이라는 것만 정의하는 비절차적인 방법이다.
> • 튜플 관계 해석과 도메인 관계 해석이 있다.
> • 릴레이션을 정의하는 방법을 제공한다.
> • 수학의 predicate calculus에 기반을 두고 있다.

정답 51 ① 52 ① 53 ③ 54 ③ 55 ②

56 트랜잭션의 특성 중 둘 이상의 트랜잭션이 동시에 병행 실행되는 경우 어느 하나의 트랜잭션 실행 중에 다른 트랜잭션의 연산이 끼어들 수 없음을 의미하는 것은?

① Log
② Consistency
③ Isolation
④ Durability

트랜잭션의 특성
- 원자성(Atomicity) : 트랜잭션의 연산은 데이터베이스에 모두 반영되든지, 아니면 전혀 반영되지 않아야 한다.
- 일관성(Consistency) : 트랜잭션이 그 실행을 성공적으로 완료하면 언제나 일관성 있는 데이터베이스 상태로 변환한다.
- 격리성(Isolation, 고립성) : 둘 이상의 트랜잭션이 동시에 병행 실행되는 경우 어느 하나의 트랜잭션 실행 중에 다른 트랜잭션의 연산이 끼어들 수 없다.
- 영속성(Durability, 지속성) : 트랜잭션에 의해서 생성된 결과는 계속 유지되어야 한다.

57 사용자 X1에게 department 테이블에 대한 검색 연산을 회수하는 명령은?

① delete select on department to X1;
② remove select on department from X1;
③ revoke select on department from X1;
④ grant select on department from X1;

REVOKE
- 데이터베이스 사용자로부터 사용 권한 취소
- 기본 구조

```
REVOKE [GRANT OPTION FOR] 권한 ON 데이터 객체
FROM 사용자 [CASCADE];
```

- GRANT OPTION FOR : 다른 사용자에게 권한을 부여할 수 있는 권한 취소
- CASCADE : 권한을 부여받았던 사용자가 다른 사용자에게 부여한 권한도 연쇄 취소

58 다음 자료를 버블 정렬을 이용하여 오름차순으로 정렬할 경우 PASS 2의 결과는?

| 9, 6, 7, 3, 5 |

① 3, 5, 6, 7, 9
② 6, 7, 3, 5, 9
③ 3, 5, 9, 6, 7
④ 6, 3, 5, 7, 9

- 오름차순 버블 정렬 시 매 회전마다 마지막 값이 가장 큰 값이 된다.
- 0p : 9,6,7,3,5
- 1p : 6,7,3,5,9
- 2p : 6,3,5,7,9
- 3p : 3,5,6,7,9

59 스키마, 도메인, 테이블을 정의할 때 사용되는 SQL문은?

① SELECT
② UPDATE
③ MAKE
④ CREATE

DDL(Data Definition Language, 데이터 정의어)
- 데이터베이스의 정의/변경/삭제에 사용되는 언어
- 논리적 데이터 구조와 물리적 데이터 구조의 정의
- 논리적 데이터 구조와 물리적 데이터 구조 간의 사상 정의
- 번역한 결과가 데이터 사전에 저장
- 종류

CREATE	스키마, 도메인, 테이블, 뷰 정의
ALTER	테이블 정의 변경
DROP	스키마, 도메인, 테이블, 뷰 삭제

60 다음 관계 대수 중 순수 관계 연산자가 아닌 것은?

① 차집합(Difference)
② 프로젝트(Project)
③ 조인(Join)
④ 디비전(Division)

순수 관계 연산자의 종류
- Selection(σ) : 튜플 집합 검색
- Projection(π) : 속성 집합 검색
- Join(⋈) : 두 릴레이션의 공통 속성 연결
- Division(÷) : 두 릴레이션에서 특정 속성을 제외한 속성만 검색

정답 56 ③ 57 ③ 58 ④ 59 ④ 60 ①

정보처리산업기사 필기 실전 모의고사 10회

시험 일자	문항 수	시험 시간
년 월 일	총 60문항	1시간 30분

수험번호 : _____
성 명 : _____

1과목 정보시스템 기반 기술

01 애자일 개발 방법론과 관련한 설명으로 틀린 것은?
① 빠른 릴리즈를 통해 문제점을 빠르게 파악할 수 있다.
② 정확한 결과 도출을 위해 계획 수립과 문서화에 중점을 둔다.
③ 고객과의 의사소통을 중요하게 생각한다.
④ 진화하는 요구사항을 수용하는 데 적합하다.

애자일(Agile) 방법론
• '날렵한, 재빠른'이라는 사전적 의미가 있다.
• 특정 방법론이 아닌 소프트웨어가 빠르고 낭비 없이 제작되기 위해 고객과의 협업에 초점 두고 소프트웨어 개발 중 설계 변경에 신속히 대응하여 요구사항을 수용할 수 있다.
• 절차와 도구보다 개인과 소통을 중요시하고 고객과의 피드백을 중요하게 생각한다.
• 소프트웨어가 잘 실행되는 데 가치를 두며, 소프트웨어 배포 시차를 최소화할 수 있다.

02 UNIX의 특징으로 옳지 않은 것은?
① 다양한 유틸리티 프로그램들이 존재한다.
② 이식성이 높다.
③ 많은 네트워킹 기능을 제공하므로 통신망 관리용으로 적합하다.
④ 비순환 그래프 디렉터리 구조의 파일 시스템을 갖는다.

UNIX의 특징
• 대화식 운영체제이다.
• 소스가 공개된 개방형 시스템으로 높은 이식성과 확장성을 가진다.
• 네트워킹 시스템을 통해 멀티유저, 멀티태스킹을 지원한다.
• 계층적 파일 시스템 구조를 사용한다.

03 시스템의 구성요소로 볼 수 없는 것은?
① Process ② Feedback
③ Maintenance ④ Control

시스템의 기본 요소 : 입력, 처리, 출력, 제어, 피드백

04 다음은 인터럽트 체제의 동작을 나열한 것이다. 수행 순서를 올바르게 표현한 것은?

> ① 현재 수행 중인 프로그램을 안전한 장소에 기억시킴
> ② 인터럽트 요청 신호 발생
> ③ 보존한 프로그램 상태로 복귀
> ④ 인터럽트 서비스 루틴의 수행
> ⑤ 어느 장치가 인터럽트를 요청했는가 찾음

① ② → ⑤ → ① → ③ → ④
② ② → ① → ④ → ⑤ → ③
③ ② → ④ → ① → ⑤ → ③
④ ② → ① → ⑤ → ④ → ③

인터럽트 수행 순서
1. 인터럽트 요청 신호 발생
2. 현재 수행 중인 명령을 완료하고, 상태를 기억시킴
3. 어느 장치가 인터럽트를 요청했는지 찾음
4. 인터럽트 취급 루틴 수행
5. 보존한 프로그램 상태 복귀

정답 01 ② 02 ④ 03 ③ 04 ④

05 서로 다른 네트워크 대역에 있는 호스트들 상호 간에 통신할 수 있도록 해주는 네트워크 장비는?

① L2 스위치　　② HIPO
③ 라우터　　　　④ RAD

라우터(Router)
- 네트워크 계층(Network Layer)에서 동작하며 동일 전송 프로토콜을 사용하는 분리된 2개 이상의 네트워크를 연결해주는 통신 장치이다.
- 네트워크상에서 가장 최적의 IP 경로를 설정하여 전송하는 장비이다.

06 사용자 인터페이스(UI)의 특징으로 틀린 것은?

① 구현하고자 하는 결과의 오류를 최소화한다.
② 사용자의 편의성을 높임으로써 작업시간을 증가시킨다.
③ 막연한 작업 기능에 대해 구체적인 방법을 제시하여 준다.
④ 사용자 중심의 상호 작용이 되도록 한다.

UI 설계 지침
- 사용자 중심 : 실사용자의 이해를 바탕으로 쉽게 이해하고, 쉽게 사용할 수 있는 환경을 제공한다.
- 일관성 : 사용자가 기억하기 쉽고 빠른 습득을 가능하도록 버튼이나 조작법을 제공한다.
- 단순성 : 인지적 부담을 줄이도록 조작 방법을 가장 간단히 작동하도록 한다.
- 가시성 : 주요 기능은 메인 화면에 배치하여 조작이 쉽게 한다.
- 표준화 : 기능 구조의 선행 학습 이후 쉽게 이용할 수 있도록 디자인을 표준화한다.
- 접근성 : 사용자의 직무, 성별, 나이 등 다양한 계층을 수용해야 한다.
- 결과 예측 가능 : 작동 대상 기능만 보고도 결과 예측이 가능해야 한다.
- 명확성 : 사용자 관점에서 개념적으로 쉽게 인지할 수 있어야 한다.
- 오류 발생 해결 : 오류가 발생하면 사용자가 상황을 정확히 인지할 수 있어야 한다.

07 다음 설명과 가장 밀접한 분산 운영체제의 구조는?

- 모든 사이트는 하나의 중앙 노드에 직접 연결되어 있다.
- 통신 비용이 저렴하다.
- 중앙 노드의 과부하 시 성능이 현저히 감소한다.
- 중앙 노드의 고장 시 모든 통신이 단절된다.

① Ring Connection
② Star Connection
③ Hierachy Connection
④ Partially Connection

스타(Star)형
- 모든 사이트가 하나의 중앙 노드에 직접 연결됨
- 집중 제어로 보수 및 관리 용이
- 통신 비용 저렴
- 중앙 노드 과부하 시 현저한 성능 감소, 고장 시 모든 통신 단절

08 메모리 관리 기법 중 Worst Fit 방법을 사용할 경우 10K 크기의 프로그램 실행을 위해서는 어느 부분이 할당되는가?

영역 번호	메모리 크기	사용 여부
NO.1	8K	FREE
NO.2	12K	FREE
NO.3	10K	IN USE
NO.4	20K	IN USE
NO.5	16K	FREE

① NO.2　　② NO.3
③ NO.4　　④ NO.5

Worst Fit 방법은 가장 낭비가 많은 부분에 적용되므로, 10K가 입력될 때 낭비가 최대로 되는 부분은 영역 No.5의 16K이다.

09 소프트웨어 개발 방법론의 테일러링(Tailoring)과 관련한 설명으로 틀린 것은?

① 프로젝트 수행 시 예상되는 변화를 배제하고 신속히 진행하여야 한다.
② 프로젝트에 최적화된 개발 방법론을 적용하기 위해 절차, 산출물 등을 적절히 변경하는 활동이다.
③ 관리 측면에서의 목적 중 하나는 최단기간에 안정적인 프로젝트 진행을 위한 사전 위험을 식별하고 제거하는 것이다.
④ 기술적 측면에서의 목적 중 하나는 프로젝트에 최적화된 기술 요소를 도입하여 프로젝트 특성에 맞는 최적의 기법과 도구를 사용하는 것이다.

프로젝트 수행 시 예상되는 변화를 감안하여 정밀하게 진행한다.

10 GoF(Gangs of Four) 디자인 패턴에 대한 설명으로 틀린 것은?

① Factory Method Pattern은 상위 클래스에서 객체를 생성하는 인터페이스를 정의하고, 하위 클래스에서 인스턴스를 생성하도록 하는 방식이다.
② Prototype Pattern은 Prototype을 먼저 생성하고 인스턴스를 복제하여 사용하는 구조이다.
③ Bridge Pattern은 기존에 구현되어 있는 클래스에 기능 발생 시 기존 클래스를 재사용할 수 있도록 중간에서 맞춰주는 역할을 한다.
④ Mediator pattern은 객체 간의 통제와 지시의 역할을 하는 중재자를 두어 객체지향의 목표를 달성하게 해준다.

Bridge Pattern은 기능 클래스 계층과 구현의 클래스 계층을 연결하고, 구현부에서 추상 계층을 분리하여 각자 독립적으로 변형할 수 있도록 해주는 패턴이다.

오답 피하기
③번은 Adapter 패턴에 대한 설명이다.

11 UML 모델에서 한 사물의 명세가 바뀌면 다른 사물에 영향을 주며, 일반적으로 한 클래스가 다른 클래스를 오퍼레이션의 매개변수로 사용하는 경우에 나타나는 관계는?

① Association
② Dependency
③ Realization
④ Generalization

UML 의존 관계(Dependency Relation)
• 연관 관계와 같지만 메서드를 사용할 때와 같이 매우 짧은 시간만 유지된다.
• 영향을 주는 객체(User)에서 영향을 받는 객체 방향으로 점선 화살표로 연결한다.

12 상호배제를 올바로 구현하기 위한 요구조건에 대한 설명으로 틀린 것은?

① 두 개 이상의 프로세스들이 공유 데이터에 접근하여 동시에 수행할 수 있어야 한다.
② 임계 구역 바깥에 있는 프로세스가 다른 프로세스의 임계 구역 진입을 막아서는 안 된다.
③ 어떤 프로세스도 임계 구역으로 들어가는 것이 무한정 연기되어서는 안 된다.
④ 임계 구역은 특정 프로세스가 독점할 수 없다.

한 번에 하나의 프로세스만이 공유 데이터에 접근하여 수행할 수 있다.

오답 피하기
• 상호배제 : 병행 중인 프로세서들 간에 공유 변수를 엑세스하고 있는 하나의 프로세스 이외에는 다른 모든 프로세스들이 공유 변수를 엑세스하지 못하도록 제어하는 기법
• 임계 구역(Critical section) : 공유 자원 영역

13 요구 분석(Requirement Analysis)에 대한 설명으로 틀린 것은?

① 요구 분석은 소프트웨어 개발의 실제적인 첫 단계로 사용자의 요구에 대해 이해하는 단계라 할 수 있다.
② 요구 추출(Requirement Elicitation)은 프로젝트 계획 단계에 정의한 문제의 범위 안에 있는 사용자의 요구를 찾는 단계이다.
③ 도메인 분석(Domain Analysis)은 요구에 대한 정보를 수집하고 배경을 분석하여 이를 토대로 모델링을 하게 된다.
④ 기능적(Functional) 요구에서 시스템 구축에 대한 성능, 보안, 품질, 안정 등에 대한 성능, 보안, 품질, 안정성 등에 대한 요구사항을 도출한다.

성능, 보안, 품질, 안정 등에 대한 성능, 보안, 품질, 안정성 등에 대한 요구사항은 비기능적 요구사항에 해당한다.

14 애자일 개발 방법론이 아닌 것은?

① 스크럼(Scrum)
② 익스트림 프로그래밍(XP, eXtreme Programming)
③ 기능 주도 개발(FDD, Feature Driven Development)
④ 하둡(Hadoop)

하둡(Hadoop) : 빅데이터를 분석 처리할 수 있는 큰 컴퓨터 클러스터에서 동작하는 분산 응용 프로그램을 지원하는 프리웨어 자바 소프트웨어 프레임워크이다.

15 객체지향 기법에서 클래스들 사이의 '부분-전체(part-whole)' 관계 또는 '부분(is-a-part-of)'의 관계로 설명되는 연관성을 나타내는 용어는?

① 일반화
② 추상화
③ 캡슐화
④ 집단화

객체지향 기법에서의 관계성
• is member of : 연관성(Association), 참조 및 이용 관계
• is part of : 집단화(Aggregation), 객체 간의 구조적인 집약 관계
• is a : 일반화(Generalization), 특수화(Specialization), 클래스 간의 개념적인 포함 관계

16 사용자 인터페이스(User Interface)에 대한 설명으로 틀린 것은?

① 사용자와 시스템이 정보를 주고받는 상호작용이 잘 이루어지도록 하는 장치나 소프트웨어를 의미한다.
② 편리한 유지보수를 위해 개발자 중심으로 설계되어야 한다.
③ 배우기가 용이하고 쉽게 사용할 수 있도록 만들어져야 한다.
④ 사용자 요구사항이 UI에 반영될 수 있도록 구성해야 한다.

사용자 인터페이스(UI)는 실사용자들이 쉽게 이해하고 쉽게 사용할 수 있도록 사용자 중심으로 설계되어야 한다.

17 소프트웨어 아키텍처와 관련한 설명으로 틀린 것은?

① 파이프 필터 아키텍처에서 데이터는 파이프를 통해 양방향으로 흐르며, 필터 이동 시 오버헤드가 발생하지 않는다.
② 외부에서 인식할 수 있는 특성이 담긴 소프트웨어의 골격이 되는 기본 구조로 볼 수 있다.
③ 데이터 중심 아키텍처는 공유 데이터 저장소를 통해 접근자 간의 통신이 이루어지므로 각 접근자의 수정과 확장이 용이하다.
④ 이해 관계자들의 품질 요구사항을 반영하여 품질 속성을 결정한다.

파이프 필터는 상태 정보 공유를 위해 비용이 소요되며 데이터 변환에 오버헤드가 발생할 수 있다.

18 요구사항 관리 도구의 필요성으로 틀린 것은?

① 요구사항 변경으로 인한 비용 편익 분석
② 기존 시스템과 신규 시스템의 성능 비교
③ 요구사항 변경의 추적
④ 요구사항 변경에 따른 영향 평가

기존 시스템과 신규 시스템의 성능 비교는 소프트웨어 재공학 시 벤치마킹 도구를 활용한다.

19 검토회의 전에 요구사항 명세서를 미리 배포하여 사전 검토한 후 짧은 검토 회의를 통해 오류를 조기에 검출하는 데 목적을 두는 요구사항 검토 방법은?

① 빌드 검증 ② 동료 검토
③ 워크스루 ④ 개발자 검토

요구사항 검토
- 동료 검토 : 명세서 작성자가 동료들에게 설명하고 동료들이 결함을 찾는 방법
- 워크스루(Walkthrough) : 검토회의 전 명세서 배포 → 짧은 검토회의 → 결함 발견
- 인스펙션(Inspection) : 명세서 작성자 외 전문가가 명세서의 결함을 발견하는 방법

20 UDP 특성에 해당되는 것은?

① 데이터 전송 후, ACK를 받는다.
② 송신 중에 링크를 유지 관리하므로 신뢰성이 높다.
③ 흐름 제어나 순서 제어가 없어 전송 속도가 빠르다.
④ 제어를 위한 오버헤드가 크다.

UDP(User Datagram Protocol)
- 패킷 헤더에 추가적인 정보가 없어 정확한 전송을 못하는 비신뢰성 전송 방식이다.
- TCP에 비해 속도가 빠르고 대량의 미디어 파일 전송에 주로 사용된다.
- UDP는 검사 합을 제외하고 오류 제어 메커니즘이 없다.

오답 피하기
①, ②, ④는 TCP에 대한 설명이다.

2과목 프로그래밍 언어 활용

21 JAVA 언어에서 접근 제한자가 아닌 것은?

① public ② protected
③ package ④ private

JAVA 접근 제한자(접근 제어자)
- public : 모든 접근을 허용한다.
- private : 같은 패키지에 있는 객체와 상속 관계의 객체들만 허용한다.
- default : 같은 패키지에 있는 객체들만 허용한다.
- protected : 현재 객체 내에서만 허용한다.

22 응집도가 가장 낮은 것은?

① 기능적 응집도
② 시간적 응집도
③ 절차적 응집도
④ 우연적 응집도

응집도(Cohesion)
- 한 모듈 내부의 처리 요소들 간의 기능적 연관도를 의미한다.
- 모듈 내부 요소는 명령어, 명령어의 모임, 호출문, 특정 작업수행 코드 등이다.
- 응집도 정도(강약) : 기능적 응집도 〉 순차적 응집도 〉 교환적(통신적) 응집도 〉 절차적 응집도 〉 시간적 응집도 〉 논리적 응집도 〉 우연적 응집도

23 스크립트 언어가 아닌 것은?

① PHP ② COBOL
③ Basic ④ Python

스크립트 언어(Script Language)
- 소스코드를 컴파일 과정을 거치지 않고 실행할 수 있는 프로그래밍 언어이다.
- 서버 측 스크립트 언어 : JSP, ASP, PHP, Python
- 클라이언트 측 스크립트 언어 : JavaScript, VBScript

오답 피하기
스크립트 언어와 인터프리터 언어는 다른 의미이지만, 인터프리터 언어인 BASIC은 컴파일 과정을 거치지 않는다는 관점에서 스크립트 언어로 봐야 답이 나오는 문제이다.

24 상향식 파싱 기법에 해당하지 않는 것은?

① 파스 트리의 리프, 즉 입력 스트링으로부터 위쪽으로 파스 트리를 만들어가는 방식이다.
② Shift Reduce 파싱이라고도 한다.
③ 입력 문자열에 대해 루트에서 왼쪽 우선순으로 트리의 노드를 만들어간다.
④ 주어진 스트링의 시작이 심볼로 축약될 수 있으면 올바른 문장이고, 그렇지 않으면 틀린 문장으로 간주하는 방법이다.

상향식 구문 분석 (Bottom-up parsing)	• 파스 트리의 리프, 즉 입력 스트링으로부터 위쪽으로 파스 트리를 만들어가는 방식이다. • Shift Reduce 파싱이라고도 한다. • 주어진 스트링의 시작이 심볼로 축약될 수 있으면 올바른 문장이고, 그렇지 않으면 틀린 문장으로 간주하는 방법이다.
하향식 구문 분석 (top-down parsing)	• 루트로부터 터미널 노드 쪽으로 파스 트리를 구성하는 것으로 입력 문자열에 대한 좌측 유도(Left Most Derivation) 과정이다. • 파스 트리의 루트로부터 시작하여 파스 트리를 만들어가는 방식이다. • 입력 문자열에 대해 루트로부터 왼쪽 우선순으로 트리의 노드를 만들어간다. • 생성 규칙이 잘못 적용될 경우 문자열을 다시 입력으로 보내는 반복 강조 방법을 사용한다.

25 Java에서 하위 클래스에서 상위 클래스를 참조하기 위해 사용하는 명령어는?

① extends ② static
③ super ④ method

- super : 하위 클래스에서 상위 클래스를 참조하기 위해 사용하는 명령어
- extends : 상위 클래스에서 하위 클래스로 상속하기 위해 사용하는 명령어

26 C언어에서 사용할 수 없는 변수명은?

① student2019 ② text-color
③ _korea ④ amount

C언어 변수명 작성 규칙
- 영문 대소문자(A~Z, a~z), 숫자(0~9), '_'를 혼용할 수 있다.
- 첫 글자는 영문자나 '_'로 시작해야 한다.
- 영문자는 대소문자를 구분한다.
- 공백과 예약어(Reserved Word)를 사용할 수 없다.

27 모듈화(Modularity)와 관련한 설명으로 틀린 것은?

① 소프트웨어의 모듈은 프로그래밍 언어에서 Subroutine, Function 등으로 표현될 수 있다.
② 모듈의 수가 증가하면 상대적으로 각 모듈의 크기가 커지며, 모듈 사이의 상호교류가 감소하여 과부하(Overload) 현상이 나타난다.
③ 모듈화는 시스템을 지능적으로 관리할 수 있도록 해주며, 복잡도 문제를 해결하는 데 도움을 준다.
④ 모듈화는 시스템의 유지보수와 수정을 용이하게 한다.

모듈화(Modularity)
- 모듈화는 거대한 문제를 작은 조각의 문제로 나누어 다루기 쉽도록 하는 과정으로, 작게 나누어진 각 부분을 모듈이라고 한다.
- 소프트웨어의 모듈은 프로그래밍 언어에서 Subroutine, Function 등으로 표현될 수 있다.
- 모듈화는 시스템을 지능적으로 관리할 수 있도록 해주며, 복잡도 문제를 해결하는 데 도움을 준다.
- 모듈화는 시스템의 유지보수와 수정을 용이하게 한다.

정답 23 ② 24 ③ 25 ③ 26 ② 27 ②

28 "A+B*C-D"를 후위(Postfix) 표기법으로 표현한 것은?

① ABC*D-+
② AB+C*D-
③ ABC+*D-
④ ABC*+D-

- 후위(postfix) 표기법
  - 피연산자 뒤에 연산자를 표기한다.
  - 일반적인 수식 : A+B를 AB+로 표시한다.
  - 연산자 우선순위대로 묶은 뒤 연산자를 괄호 뒤로 이동한다.
- A+B*C-D
  - A+B*C-D → A+(B*C)-D → (A+(B*C))-D → ((A+(B*C))-D)
  - ((A+(B*C))-D) → ((A+(BC)*)-D) → ((A(BC)*+)D)-
  - ABC*+D-

29 다음 파이썬(Python) 프로그램이 실행되었을 때의 결과는?

```
def cs(n):
    s=0
    for num in range(n+1):
        s+=num
    return s

print(cs(11))
```

① 45   ② 55
③ 66   ④ 78

- 파이썬의 range( ) 함수
  - for 반복문과 함께 많이 사용되며, 주어진 인수로 0부터 연속된 정수를 리스트 객체로 반환하는 함수
  - (예1) rangte(3) → (결과) [0, 1, 2]
  - (예2) rangte(1, 3) → (결과) [1, 2]
- 파이썬의 함수 호출과 매개변수 전달
  - 파이썬의 cs( ) 함수는 정수를 전달받아 0부터 정수까지의 합을 누적하여 반환하도록 정의되어 있다.
  - print(cs(11)) 명령문을 통해 정수 11을 cs( ) 함수에 전달한 후 반환되는 값을 출력한다.
  - cs( ) 함수에 정수 11이 매개변수 n에 전달된 후 for~in 반복문을 통해 0부터 11까지의 num의 값을 s에 누적한다.
  - s의 최종 결과 66은 반환되며 print( ) 함수를 통해 콘솔에 출력한다.

30 다음 C 코드 결과로 나타날 수 있는 값은?

```
void main( ) {
    ink k;
    k = 1;
    while(k<60)
    {
        if(k%4==0)
            printf("%d\n", k-2);
        k++;
    }
}
```

① 0   ② 8
③ 24   ④ 30

- 변수 k는 1부터 60까지 1씩 증가한다.

```
k = 1;
while(k<60)
~
k++;
```

- 변수 k가 4의 배수이면 그때 k보다 2 작은 값을 출력한다.

```
if(k%4==0)
    printf("%d\n", k-2);
```

- 즉 1~60까지의 수 중에서 4의 배수인 값보다 2 작은 값이 출력된다.
- (4)2, (8)6, (12)10, (16)14~32(30), 36(34) ~

31 C언어에서 정수가 2byte로 표현되고 "int a[2][3]"로 선정된 배열의 첫 번째 자료가 1000번지에 저장되었다. 이때 a[1][1] 원소가 저장된 주소는?

① 1002
② 1004
③ 1006
④ 1008

- a[2][3]은 a변수의 배열 크기가 2행 3열이란 의미이며 정수의 크기가 2byte이므로 각 배열의 크기가 2byte씩임을 알 수 있다. C에서 첫 번째 배열은 (0,0)으로 시작한다.
- a[2][3] 배열 (2행 3열)

- a[2][3] 배열의 주소 할당

주소	1000	1002	1004
배열	a(0,0)	a(0,1)	a(0,2)
주소	1006	1008	1010
배열	a(1,0)	a(1,1)	a(2,1)

32 다음은 무엇에 대한 설명인가?

"매개변수의 개수 및 데이터형(Data Type)에 따라 수행하는 행위가 다른 동일한 이름의 메소드를 여러 개 정의할 수 있다."

① Identity
② Information Hiding
③ Polymorphism
④ Object

객체지향 기법의 기본 원칙
- 캡슐화(Encapsulation) : 데이터와 데이터를 조작하는 연산을 하나로 묶는 것을 의미하며 연관된 데이터와 함수를 함께 묶어 외부와 경계를 만들고 필요한 인터페이스만을 밖으로 드러내는 과정을 의미한다.
- 정보 은닉(Information Hiding) : 객체가 다른 객체로부터 자신의 자료를 숨기고 자신의 연산만을 통하여 접근을 허용하는 것을 의미하며 캡슐화와 밀접한 관계가 있다.
- 추상화(Abstraction) : 주어진 문제나 시스템 중에서 중요하고 관계 있는 부분만을 분리하여 간결하고 이해하기 쉽게 만드는 작업을 의미한다.
- 상속성(Inheritance) : 상위 클래스의 속성과 메소드를 하위 클래스가 물려받는 것을 의미하며 클래스와 객체를 재사용할 수 있다.
- 다형성(Polymorphism) : 많은 상이한 클래스들이 동일한 메소드명을 이용하는 능력을 의미하며 한 메시지가 객체에 따라 다른 방법으로 응답할 수 있는 것을 의미한다.

33 자바스크립트에서 사용되는 연산자가 아닌 것은?

① |, ||
② &, &&
③ >>, >>>
④ <<, <<<

자바스크립트 연산자

( ), [ ]	최우선 연산자
++, --	증감 연산자
*, /, %, +, -	산술 연산자
>>, <<, >>>	시프트 연산자
>, <, >=, <=, ==, !=	비교 연산자
&, ^,		비트 연산자
&&, ||	논리 연산자
=, +=, -=	대입 연산자

34 원시 프로그램을 컴파일러가 수행되고 있는 컴퓨터의 기계어로 번역하는 것이 아니라, 다른 기종에 맞는 기계어로 번역하는 것은?

① Cross Compiler
② Preprocessor
③ Linker
④ Debugger

- 프리프로세서(전처리기, Preprocessor) : 주석(Comment)의 제거, 상수 정의 치환, 매크로 확장 등 컴파일러가 처리하기 전에 먼저 처리하여 확장된 원시 프로그램을 생성
- 크로스 컴파일러(Cross Compiler) : 번역이 이루어지는 컴퓨터와 번역된 기계어에 이용되는 컴퓨터가 서로 다른 기종의 컴퓨터일 때 사용하는 컴파일러의 한 가지

35 C언어에 대한 설명으로 옳지 않은 것은?

① 효율성이 좋아 대규모의 프로그램을 만들 수 있다.
② 포인터에 의한 번지 연산 등 다양한 연산 기능을 가진다.
③ 인터프리터 기법의 언어이다.
④ 이식성이 높은 언어이다.

- C언어는 FROTRAN, COBOL과 함께 컴파일러 언어이다.
- 인터프리터 언어 : Basic, Lisp 등

36. 프로그램이 동작하는 동안 변화되는 값을 기억하는 것은?

① 변수 ② 상수
③ 주석 ④ 디버거

- **변수와 상수**
  - 변수(Variable) : 기억 장치의 한 장소를 추상화 한 것, 프로그래머가 프로그램 내에서 정의하고 이름을 줄 수 있는 자료 객체
  - 상수(Constant) : 프로그램이 동작하는 동안 값이 절대로 변하지 않는 값
- **주석(Comment)**
  - 프로그램에 실제 실행되지 않고 프로그래머가 코드의 이해를 돕거나 분석을 위해 써놓은 일종의 프로그램 설명이다.
  - 프로그램 문서화의 중요한 부분으로 추후 유지보수에 유리하다.
  - 대부분의 프로그래밍 언어에서 각각의 주석 형식은 달라도 주석을 허용한다.

37. C언어에서 다음 코드의 결과값은?

```c
int main(void)
{
    int x=3;
    int resultxy;
    resultxy= 1+x<<2;
    printf("%d", resultxy);
    return 0;
}
```

① 2 ② 4
③ 8 ④ 16

- 좌측 산술 시프트(<<) 1비트 시 값이 2배가 된다.
- 우측 산술 시프트(>>) 1비트 시 값이 1/2배가 된다.

```
int x=3; → 정수형 변수 x 초기값 3
int resultxy → 정수형 변수 resultxy: 선언
resultxy= 1+x<<2; → 1+3 << 2 → 4 << 2 → 4^2 → 16
printf("%d", resultxy); → 10진수 16(resultxy) 출력
```

38. 하나의 자료 객체에 동시에 서로 다른 두 이름이 바인딩되어 있는 것은?

① 부작용(Side Effect)
② 현수참조(Dangling Reference)
③ 별명(Alias)
④ 가비지(Garbage)

별명(Alias)
- 동일한 데이터 요소나 포인트를 지칭하는 수단으로 사용되는 대체 레이블을 의미한다.
- 하나의 자료 객체에 동시에 서로 다른 두 이름이 바인딩되어 있는 것을 의미한다.

39. 웹 서버에서 동작하고, 클라이언트의 요청에 따라 데이터를 가공하여 새로운 결과 문서를 반환하는 데 사용되는 스크립트 언어로 적당하지 않은 것은?

① ASP ② CSS
③ PHP ④ JSP

오답 피하기
- ASP : 윈도우에서 사용 가능한 프로그래밍 언어
- PHP : 웹 개발에 특화된 언어
- JSP : 서블릿의 사용을 통해 웹 페이지의 내용이나 모양을 제어하는 기술

40. 촘스키가 분류한 문법 중 프로그래밍 언어에서 구문을 분석하는 데 사용하는 것은?

① Type 0 ② Type 1
③ Type 2 ④ Type 3

Noam Chomsky의 문법 구조
- Type 0 문법 : 튜닝 머신(Turing Machine) (Recursively Enumerable set), 모든 형식의 문법을 포함한다. 생성 규칙에 제한이 없다.
- Type 1 문법 : 선형 한계 오토마타(Linear Bounded Automata) (Context-sensitive language)
- Type 2 문법 : 푸시 다운 오토마타(Push Down Automata) (Context-Free Language), 구문 분석에 사용한다.
- Type 3 문법 : 유한 상태 오토마타(Finite Automata) (Regular Language), 언어의 어휘 구조(Lexical Structure), 어휘 분석에 사용한다.

3과목 데이터베이스 활용

41 다음 조건을 모두 만족하는 정규형은?

- 테이블 R에 속한 모든 도메인이 원자값만으로 구성되어 있다.
- 테이블 R에서 키가 아닌 모든 필드가 키에 대해 함수적으로 종속되며, 키의 부분 집합이 결정자가 되는 부분 종속이 존재하지 않는다.
- 테이블 R에 존재하는 모든 함수적 종속에서 결정자가 후보키이다.

① BCNF ② 제1정규형
③ 제2정규형 ④ 제3정규형

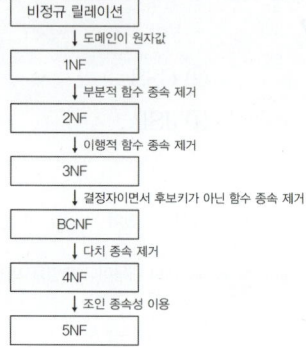

42 릴레이션 R1에 속한 애트리뷰트의 조합인 외래키를 변경하려면 이를 참조하고 있는 릴레이션 R2의 기본키도 변경해야 하는데 이를 무엇이라 하는가?

① 개체 무결성
② 고유 무결성
③ 널 무결성
④ 참조 무결성

오답 피하기
- 개체 무결성 : 기본키는 Null 값이 될 수 없고, 중복이 일어날 수 없다.
- 고유 무결성 : 릴레이션의 특정 속성에 대해 각 튜플이 갖는 값이 서로 달라야 한다.
- 널 무결성 : 릴레이션의 특성 속성값은 Null이 될 수 없다.

43 다른 릴레이션의 기본키를 참조하는 키를 의미하는 것은?

① 필드키
② 슈퍼키
③ 외래키
④ 후보키

외래키
- 관계형 데이터 모델에서 한 릴레이션의 외래키는 참조되는 릴레이션의 기본키와 대응되어 릴레이션 간의 참조 관계를 표현하는 데 사용되는 중요한 도구이다.
- 외래키를 포함하는 릴레이션이 참조하는 릴레이션이 되고, 대응되는 기본키를 포함하는 릴레이션이 참조 릴레이션이 된다.

44 SQL에서 스키마(Schema), 도메인(Domain), 테이블(Table), 뷰(View), 인덱스(Index)를 정의하거나 변경 또는 삭제할 때 사용하는 언어는?

① DML(Data Manipulation Language)
② DDL(Data Definition Language)
③ DCL(Data Control Language)
④ IDL(Interactive Data Language)

DDL(Data Definition Language, 데이터 정의어)
- 데이터베이스의 정의/변경/삭제에 사용되는 언어이다.
- 논리적 데이터 구조와 물리적 데이터 구조로 정의할 수 있다.
- 논리적 데이터 구조와 물리적 데이터 구조 간의 사상을 정의한다.
- 번역한 결과가 데이터 사전에 저장된다.

45 데이터베이스 설계 시 물리적 설계 단계에서 수행하는 사항이 아닌 것은?

① 저장 레코드 양식 설계
② 레코드 집중의 분석 및 설계
③ 접근 경로 설계
④ 목표 DBMS에 맞는 스키마 설계

물리적 설계
- 목표 DBMS에 종속적인 물리적 구조 설계
- 저장 레코드 양식 설계
- 레코드 집중의 분석/설계
- 접근 경로 설계
- 트랜잭션 세부 설계

정답 41 ① 42 ④ 43 ③ 44 ② 45 ④

46 뷰(View)에 대한 설명으로 틀린 것은?

① 뷰 위에 또 다른 뷰를 정의할 수 있다.
② DBA는 보안성 측면에서 뷰를 활용할 수 있다.
③ 사용자가 필요한 정보를 요구에 맞게 가공하여 뷰로 만들 수 있다.
④ SQL을 사용하면 뷰에 대한 삽입, 갱신, 삭제 연산 시 제약 사항이 없다.

뷰(View)의 특징
- 뷰의 생성 시 CREATE문, 검색 시 SELECT문을 사용한다.
- 뷰의 정의 변경 시 ALTER문을 사용할 수 없고 DROP문을 이용한다.
- 뷰를 이용한 또 다른 뷰의 생성이 가능하다.
- 하나의 뷰 제거 시 그 뷰를 기초로 정의된 다른 뷰도 함께 삭제된다.
- 뷰에 대한 조작에서 삽입, 갱신, 삭제 연산은 제약이 따른다.
- 뷰가 정의된 기본 테이블이 제거되면 뷰도 자동적으로 제거된다.

오답 피하기
뷰의 삽입, 삭제, 갱신 연산 시 ALTER문을 사용할 수 없다는 제약 사항이 있다.

47 이전 단계의 정규형을 만족하면서 후보키를 통하지 않는 조인 종속(JD, Join Dependency)을 제거해야 만족하는 정규형은?

① 제3정규형
② 제4정규형
③ 제5정규형
④ 제6정규형

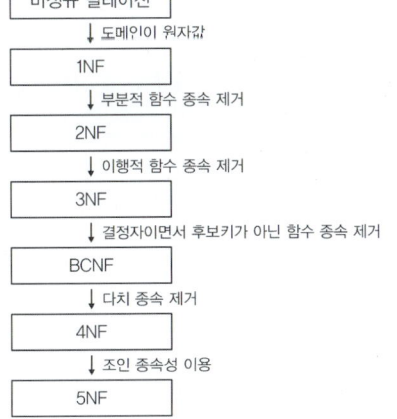

48 릴레이션에서 기본키를 구성하는 속성은 널(Null)값이나 중복값을 가질 수 없다는 것을 의미하는 제약조건은?

① 참조 무결성
② 보안 무결성
③ 개체 무결성
④ 정보 무결성

무결성(Integrity)
- 개체 무결성 : 기본키의 값은 널(Null)값이나 중복값을 가질 수 없다는 제약조건이다.
- 참조 무결성 : 참조할 수 없는 외래키 값을 가질 수 없다는 제약조건이다.
- 도메인 무결성 : 릴레이션의 하나의 속성은 반드시 원자값이어야 한다는 것을 보장하는 제약조건이다.

49 다음 SQL문에서 사용된 BETWEEN 연산의 의미와 동일한 것은?

```
SELECT *
FROM 성적
WHERE (점수 BETWEEN 90 AND 95)
      AND 학과 = '컴퓨터공학과';
```

① 점수 >= 90 AND 점수 <= 95
② 점수 > 90 AND 점수 < 95
③ 점수 > 90 AND 점수 <= 95
④ 점수 >= 90 AND 점수 < 95

- BETWEEN은 구간값 조건식이다.
- BETWEEN 90 AND 95는 90 이상에서 95 이하까지의 범위를 의미한다.
- where 점수 >= 90 and 점수 <=95로 표현할 수 있다.

50 SQL 구문에서 "having"절은 반드시 어떤 구문과 사용되어야 하는가?

① GROUP BY
② ORDER BY
③ UPDATE
④ JOIN

- 일반 튜플에 대한 조건은 WHERE로 지정하고, GROUP BY절에 의해 선택된 그룹의 조건은 HAVING으로 지정한다.
- ORDER BY는 특정 속성을 기준으로 정렬하여 검색할 때 사용된다.
- GROUP BY 절 하위에 조건을 지정할 경우 Having절을 사용한다.

51 물리적 데이터베이스 구조의 기본 데이터 단위인 저장 레코드의 양식을 설계할 때 고려사항이 아닌 것은?

① 데이터 타입
② 데이터 값의 분포
③ 트랜잭션 모델링
④ 접근 빈도

저장 레코드 양식 설계 시 고려사항 : 데이터 타입, 데이터값의 분포, 접근 빈도

오답 피하기

트랜잭션 모델링
- 트랜잭션을 개념적 시스템 독립적으로 정의한다.
- 트랜잭션의 입출력 기능, 형태만 정의한다.
- 검색, 갱신, 혼합(검색, 갱신)

52 다음에 해당하는 함수 종속의 추론 규칙은?

X → Y이고 Y → Z이면 X → Z이다.

① 분해 규칙
② 이행 규칙
③ 반사 규칙
④ 결합 규칙

이행 함수적 종속 : A → B이고 B → C일 때 A → C인 관계

53 학적 테이블에서 전화번호가 Null 값이 아닌 학생명을 모두 검색할 때, SQL 구문으로 옳은 것은?

① SELECT 학생명 FROM 학적 WHERE 전화번호 DON'T NULL;
② SELECT 학생명 FROM 학적 WHERE 전화번호 !=NOT NULL;
③ SELECT 학생명 FROM 학적 WHERE 전화번호 IS NOT NULL;
④ SELECT 학생명 FROM 학적 WHERE 전화번호 IS NULL;

- WHERE 전화번호 IS NOT NULL; → 전화번호가 Null 값이 아니면
- WHERE 전화번호 IS NULL; → 전화번호가 Null 값이면

54 데이터베이스의 인덱스와 관련한 설명으로 틀린 것은?

① 문헌의 색인, 사전과 같이 데이터를 쉽고 빠르게 찾을 수 있도록 만든 데이터 구조이다.
② 테이블에 붙여진 색인으로 데이터 검색 시 처리 속도 향상에 도움이 된다.
③ 인덱스의 추가, 삭제 명령어는 각각 ADD, DELETE이다.
④ 대부분의 데이터베이스에서 테이블을 삭제하면 인덱스도 같이 삭제된다.

인덱스(Index)
- 데이터베이스 성능에 많은 영향을 주는 DBMS의 구성 요소로 테이블과 클러스터에 연관되어 독립적인 저장 공간을 보유하며, 데이터베이스에 저장된 자료를 더욱 빠르게 조회하기 위하여 별도로 구성한 순서 데이터를 말한다.
- 대부분의 데이터베이스에서 테이블을 삭제하면 인덱스도 같이 삭제된다.

오답 피하기
- 인덱스는 수정이 불가능하다.
- 인덱스 생성 : CREATE
- 인덱스 삭제 : DROP

55 DBA가 사용자 PARK에게 테이블 [STUDENT]의 데이터를 갱신할 수 있는 시스템 권한을 부여하고자 하는 SQL문을 작성하고자 한다. 다음에 주어진 SQL문의 빈칸을 알맞게 채운 것은?

```
SQL> GRANT ___㉠___ ___㉡___
STUDENT TO PARK;
```

① ㉠ INSERT ㉡ INTO
② ㉠ ALTER ㉡ TO
③ ㉠ UPDATE ㉡ ON
④ ㉠ REPLACE ㉡ IN

GRANT 권한 ON 데이터 객체 TO 사용자 [WITH GRANT OPTION];

오답 피하기
- WITH GRANT OPTION : 사용자가 부여받은 권한을 다른 사용자에게 다시 부여할 수 있는 권한을 부여한다.
- 부여 가능한 권한 : Update, Delete, Insert, Select

56 다음 두 릴레이션 R1과 R2의 카티션 프로덕트(Cartesian Product) 수행 결과는?

R1 학년
1
2
3

R2 학년
컴퓨터
국문
수학

①
학년	학과
1	컴퓨터
2	국문
3	수학

②
학년	학과
2	컴퓨터
2	국문
2	수학

③
학년	학과
3	컴퓨터
3	국문
3	수학

④
학년	학과
1	컴퓨터
1	국문
1	수학
2	컴퓨터
2	국문
2	수학
3	컴퓨터
3	국문
3	수학

Cartesian Product(교차곱)의 결과 릴레이션은 두 릴레이션의 속성의 개수는 더하고 각 튜플의 개수는 곱한 크기의 결과 릴레이션이 생성된다.

57 동시성 제어를 위한 직렬화 기법으로 트랜잭션 간의 처리 순서를 미리 정하는 방법은?

① 로킹 기법
② 타임 스탬프 기법
③ 검증 기법
④ 배타 로크 기법

타임 스탬프
- 트랜잭션이 DBMS로부터 유일한 타임 스탬프(시간 허가 인증 도장)를 부여받는다.
- 동시성 제어를 위한 직렬화 기법으로 트랜잭션 간의 순서를 미리 정하는 방법이다.

58 데이터 제어어(DCL)에 대한 설명으로 옳은 것은?

① ROLLBACK : 데이터의 보안과 무결성을 정의한다.
② COMMIT : 데이터베이스 사용자의 사용 권한을 취소한다.
③ GRANT : 데이터베이스 사용자에게 사용 권한을 부여한다.
④ REVOKE : 데이터베이스 조작 작업이 비정상적으로 종료되었을 때 원래 상태로 복구한다.

DCL의 종류

GRANT	데이터베이스 사용자에게 사용 권한을 부여한다.
REVOKE	데이터베이스 사용자로부터 사용 권한을 취소한다.

59 릴레이션 R의 차수가 4이고 카디널리티가 5이며, 릴레이션 S의 차수가 6이고 카디널리티가 7일 때, 두 개의 릴레이션을 카티션 프로덕트한 결과의 새로운 릴레이션의 차수와 카디널리티는 얼마인가?

① 24, 35   ② 24, 12
③ 10, 35   ④ 10, 12

Cartesian Product(교차곱)의 결과 릴레이션은 두 릴레이션의 속성의 개수는 더하고 각 튜플의 개수는 곱한 크기의 결과 릴레이션이 생성된다.

릴레이션 R : 차수 4, 카디널리티 5
릴레이션 S : 차수 6, 카디널리티 7
결과 릴레이션 : 차수 10, 카디널리티 35

60 트랜잭션의 주요 특성 중 하나로 둘 이상의 트랜잭션이 동시에 병행 실행되는 경우 어느 하나의 트랜잭션 실행 중에 다른 트랜잭션의 연산이 끼어들 수 없음을 의미하는 것은?

① Log
② Consistency
③ Isolation
④ Durability

격리성(Isolation 고립성)
- 트랜잭션의 주요 특성 중 하나로 둘 이상의 트랜잭션이 동시에 병행 실행되는 경우 어느 하나의 트랜잭션 실행 중에 다른 트랜잭션의 연산이 끼어들 수 없음을 의미한다.
- 은행 계좌에 100원이 있을 경우 A, B 사람이 동시에 한 계좌에서 100원을 인출하려고 시도하면 먼저 요구한 트랜잭션을 판별하여 순위를 결정하고 우선권을 가진 트랜잭션을 먼저 처리할 때 우선권이 없는 트랜잭션이 끼어들 수 없도록 한다. 즉, 100원이 있는 계좌에서 200원이 출금되는 현상이 발생하는 것을 방지한다.

정답 57 ② 58 ③ 59 ③ 60 ③

CHAPTER

02

최신 기출문제

학습 방향

시험에서 가장 중요한 것은 바로 과년도 기출문제입니다. 최신 기출문제를 보면 어떤 내용들이 중요하고 어떤 내용을 위주로 공부해야 하는지 알 수 있습니다. 이전에 출제되었던 문제들을 풀어보면서 이론을 정리해보세요. 자주 틀리거나 이해가 어려운 문제들은 시험 전에 다시 확인해보는 것이 좋습니다.

정보처리산업기사 필기 최신 기출문제 01회

시험 일자	문항 수	시험 시간
2025년 제1회	총 60문항	1시간 30분

수험번호 : _____
성　　명 : _____

1과목 정보시스템 기반 기술

01 UI 설계 지침의 항목이 아닌 것은?
① 표준화
② 이식성
③ 사용자 중심
④ 가시성

02 HRN(Highest Response-ratio Next) 스케줄링 방식에 대한 설명으로 옳은 것은?
① 대기 시간이 긴 프로세스의 경우 우선순위가 낮아진다.
② 우선순위를 계산하여 그 수치가 가장 높은 것부터 높은 순으로 우선순위가 부여된다.
③ FIFO 기법을 보완하기 위한 방식이다.
④ 실행 시간이 짧은 작업에게 유리한 방식이다.

03 아키텍처 설계서 4+1 View의 종류가 아닌 것은?
① 논리 뷰(Logical View)
② 프로세스 뷰(Process View)
③ 유스케이스 뷰(Use Case View)
④ 사용자 인터페이스 뷰(User Interface View)

04 개발 환경 구성을 위한 빌드(Build) 도구에 해당하지 않는 것은?
① Maven
② Ant
③ Git
④ Gradle

05 코드 인스펙션(Code Inspection)과 관련한 설명으로 틀린 것은?
① 프로그램을 수행시켜보는 것 대신에 읽어보고 눈으로 확인하는 방법으로 볼 수 있다.
② 결함과 함께 코딩 표준 준수 여부, 효율성 등의 다른 품질 이슈를 검사하기도 한다.
③ 코드 품질 향상 기법 중 하나이다.
④ 동적 테스트 시에만 활용하는 기법이다.

06 UNIX에서 명령어 해석기로 명령어를 읽어서 실행하는 것은?
① Kernel
② Shell
③ PCB
④ i-node

07 다음 중 자료 흐름도(DFD)에 포함되지 않는 요소는?
① 프로세스
② 데이터 흐름
③ 데이터 저장소
④ 트랜잭션

08 디자인 패턴에 대한 설명으로 거리가 먼 것은?

① 설계 변경에 따른 이식성과 유연성이 좋아진다.
② 객체지향 개발 위주로 사용할 수 있다.
③ 재사용성과 확장성이 좋아 개발 시간이 단축된다.
④ 구조나 가독성보다 기능에 비중을 둔 기법이다.

09 다음 중 상황에 적합한 패턴의 선택이 아닌 것은?

① 호환성이 없는 클래스들의 인터페이스를 다른 클래스가 이용할 수 있게 할 때 – 브리지 패턴
② 인스턴스 한 개를 유지하면서 전역적인 접근을 허용하려고 할 때 – 싱글톤 패턴
③ 전체와 부분관계의 구조를 동일하게 취급하게 하려고 할 때 – 컴포지트 패턴
④ 복잡한 패키지 안에 손쉬운 API를 제공하려 할 때 – 중재자 패턴

10 블랙박스 테스트를 이용하여 발견할 수 있는 오류의 경우로 가장 거리가 먼 것은?

① 정상적인 자료를 입력해도 요구된 기능이 제대로 수행되지 않는 경우
② 비정상적인 자료를 입력해도 오류 처리를 수행하지 않는 경우
③ 경계값을 입력하면 요구된 출력 결과가 나오지 않는 경우
④ 반복 조건을 만족하는데도 루프 내의 문장이 수행되지 않는 경우

11 블랙박스 테스트의 기법으로 틀린 것은?

① 동등 분할 기법
② 원인 결과 그래프
③ 기초 경로 검사
④ 경계값 분석

12 네트워크에서 목적지 도달 불가, 시간 초과, 패킷 손실 등의 정보를 전송하여 상태를 알려주는 TCP/IP의 제어 메시지 프로토콜은?

① ARP
② RARP
③ ICMP
④ PPP

13 소프트웨어 개발 단계에서 요구 분석 과정에 대한 설명으로 거리가 먼 것은?

① 개발 비용이 가장 많이 소요되는 단계이다.
② 자료 흐름도, 자료 사전 등이 효과적으로 이용될 수 있다.
③ 분석 결과의 문서화를 통해 향후 유지보수에 유용하게 활용할 수 있다.
④ 보다 구체적인 명세를 위해 소단위 명세서(Mini-Spec)가 활용될 수 있다.

14 병행 중인 프로세서들 간에 공유 변수를 엑세스하고 있는 하나의 프로세스 이외에는 다른 모든 프로세스들이 공유 변수를 엑세스하지 못하도록 제어하는 기법을 무엇이라 하는가?

① 접근제한
② 교착상태
③ 상호보완
④ 상호배제

15 여러 개의 모듈을 결합하여 모듈 간의 인터페이스 및 상호작용이 정상적으로 동작하는지를 확인하는 테스트는?

① 통합 테스트(Integration Test)
② 시스템 테스트(System Test)
③ 인수 테스트(Acceptance Test)
④ 단위 테스트(Unit Test)

16 다음 중 객체지향 설계의 3대 요소가 아닌 것은?

① 캡슐화
② 상속성
③ 모듈화
④ 다형성

17 다음 중 TCP의 특징으로 옳지 않은 것은?

① 흐름 제어 제공
② 신뢰성 있는 전송
③ 비연결형 서비스
④ 오류 제어 제공

18 시스템 콜(System Call)에 대한 설명으로 틀린 것은?

① 커널이 제공하는 서비스
② 사용자 프로그램이 호출
③ 하드웨어 인터럽트
④ OS 기능 접근

19 IPv6 주소 지정 방식 중, 여러 노드에 동일한 주소를 할당하지만 실제로는 가장 가까운 단일 노드에만 데이터를 전달하는 방식으로, 일반적인 그룹 통신 목적에는 사용되지 않는 것은?

① 유니캐스트
② 애니캐스트
③ 브로드캐스트
④ 멀티캐스트

20 소프트웨어 생명주기 중 테스트 단계에 수행되는 것은?

① 요구사항 분석
② 설계
③ 구현
④ 검증

2과목 프로그래밍 언어 활용

21 다음 설명에 해당하는 것은?

> • 응용 프로그램 개발 시 재사용 가능한 뼈대(구조)를 제공한다.
> • 핵심 아키텍처 제공, 제어의 역전(IOC)이 특징이다.

① 컴포넌트(Component)
② 웹서비스(Web Service)
③ 프레임워크(Framework)
④ 클래스 라이브러리(Class Library)

22 C언어의 전처리문(Preprocessing)에서 함수나 상수에 이름을 붙여 단순화해주는 매크로를 정의할 때 사용하는 선행처리 지시자는?

① #define
② #include
③ #undef
④ #error

23 다음 Javascript 프로그램의 결과값은?

```
var a = 5;
let b = 3;
for (let i = 0; i < 4; i++) {
    if (i % 2 == 0) {
        a += i;
    } else {
        b *= i;
    }
}
console.log(a + b);
```

① 4
② 13
③ 16
④ 17

24 다음 중 모듈 결합도(Coupling)의 유형과 그 특성에 대한 설명으로 가장 적절한 것은?

① 제어 결합도는 모듈 간 공통 데이터를 공유하여 결합되는 형태이다.
② 외부 결합도는 두 모듈이 외부 매체나 장치를 통해 데이터를 공유할 때 발생한다.
③ 자료 결합도는 제어 정보를 전달하는 방식으로, 결합도가 가장 낮은 편이다.
④ 내용 결합도는 모듈 간에 함수 호출만으로 연결되어 가장 바람직한 형태이다.

25 다음 중 가장 높은 응집도(Cohesion)에 해당하는 것은?

① 순서적 응집도(Sequential Cohesion)
② 시간적 응집도(Temporal Cohesion)
③ 논리적 응집도(Logical Cohesion)
④ 절차적 응집도(Procedural Cohesion)

26 다음 중 단항 연산자는?

① ~
② &&
③ ||
④ ^

27 C언어에서 배열(Aray)에 관한 설명으로 틀린 것은?

```
#include <stdio.h>
int main()
{
    int arr[3] = {10, 20};
    printf("%d\n", arr[2]);
    return 0;
}
```

① 배열은 선언된 크기만큼 메모리를 확보한다.
② 배열의 첨자는 0부터 시작하므로 arr[2]는 세 번째 요소를 의미한다.
③ arr[2]는 명시적으로 초기화되지 않았지만, 0으로 자동 초기화된다.
④ 배열 초기화 시 값이 부족하면 컴파일 오류가 발생한다.

28 C언어에서 다음과 같이 수행될 때, while문은 몇 번 수행되는가?

```
#include <stdio.h>

int main()
{
    int i = 1, sum = 0;
    while (i <= 5) {
        if (i % 2 == 0) {
            i++;
            continue;
        }
        sum += i;
        i++;
    }
    printf("%d\n", sum);
    return 0;
}
```

① 3 ② 4
③ 5 ④ 6

29 HTML의 〈input〉 태그에 type 속성값에 대한 설명으로 틀린 것은?

① type 속성값을 "checkbox"로 설정하면, 사용자로부터 여러 개의 옵션 중 다수의 옵션을 입력받을 수 있다.
② type 속성값을 "text"로 설정하면, 사용자로부터 여러 줄의 텍스트를 입력받을 수 있다.
③ type 속성값을 "password"로 설정하면, 사용자가 입력한 내용이 별표나 원모양으로 표시되어 비밀번호를 입력받을 수 있다.
④ type 속성값을 "radio"로 설정하면, 사용자로부터 여러 개의 옵션 중 하나의 옵션만 입력받을 수 있다.

30 다음은 파이썬으로 만들어진 반복문 코드이다. 이 코드의 결과는?

```
while True:
    print('A')
    print('B')
    print('C')
    continue
    print('D')
```

① A, B, C 출력이 반복된다.
② A, B, C까지만 출력된다.
③ A, B, C, D 출력이 반복된다.
④ A, B, C, D까지만 출력된다.

31 Java에서 변수와 자료형에 대한 설명으로 틀린 것은?

① 변수는 어떤 값을 주기억 장치에 기억하기 위해서 사용하는 공간이다.
② 변수의 자료형에 따라 저장할 수 있는 값의 종류와 범위가 달라진다.
③ char 자료형은 나열된 여러 개의 문자를 저장하고자 할 때 사용한다.
④ boolean 자료형은 조건이 참인지 거짓인지 판단하고자 할 때 사용한다.

32 다음 CSS 코드에 대한 설명으로 옳지 않은 것은?

```
<style>
  .box {
    width: 200px;
    height: 100px;
    border: 1px solid black;
    margin: 0 auto;
    padding: 20px;
  }
</style>

<div class="box">내용</div>
```

① margin: 0 auto;는 수평 방향 중앙 정렬을 위한 설정이다.
② padding: 20px;은 내용과 테두리 사이의 간격을 20px로 설정한다.
③ 이 코드에서 .box는 좌우 마진이 자동으로 설정되어 부모 요소 기준 중앙에 배치된다.
④ margin은 테두리와 내용 사이의 간격을 설정한다.

33 다음 중 C언어에서 〈stdio.h〉에 정의된 함수 중 파일 스트림 또는 표준 출력에 포맷 문자열을 출력하는 기능을 수행하는 함수는?

① scanf()
② fread()
③ fopen()
④ fprintf()

34 HTML5에서 추가된 의미 요소 중 섹션이나 페이지의 시작 부분을 정의하는 것은?

① header 요소
② nav 요소
③ article 요소
④ figure 요소

35 HTML의 기본 태그에 대한 설명으로 틀린 것은?

① 〈!DOCTYPE html〉은 웹 페이지가 HTML5 문서임을 의미하며 HTML5에는 반드시 표기하지 않아도 된다.
② 〈html〉…〈/html〉은 HTML 문서의 시작과 끝을 의미한다.
③ 〈head〉…〈/head〉는 스타일과 스크립트를 선언하는 부분이다.
④ 〈body〉…〈/body〉는 사용자에게 보여주는 실제 내용이 구현되는 부분이다.

36 다음 중 Java에서 static 키워드의 역할에 대한 설명으로 옳지 않은 것은?

① 클래스에 속하는 멤버를 정의할 때 사용한다.
② static 메서드는 객체 생성 없이 호출할 수 있다.
③ static 변수는 모든 인스턴스에서 공유된다.
④ static 메서드는 인스턴스 변수에 접근할 수 있다.

37 C언어에서 다음 코드의 출력 결과는 무엇인가?

```
#include <stdio.h>
int main() {
    int a = 10;
    int *p = &a;
    int **pp = &p;

    **pp += 5;
    printf("%d", *p);
    return 0;
}
```

① 5
② 10
③ 15
④ 주소값

38 파이썬의 튜플(Tuple)에 대한 설명으로 틀린 것은?

① 튜플은 변경 불가능한(immutable) 자료형이다.
② 튜플은 소괄호( )로 생성할 수 있다.
③ 튜플은 리스트보다 속도가 느리다.
④ 튜플은 여러 자료형을 함께 저장할 수 있다.

39 Java에서 변수 선언문으로 옳지 않은 것은?

① short abc;
② int false;
③ float _x;
④ double A123;

40 소프트웨어 재공학의 주요 활동 중 역공학에 해당하는 것은?

① 소프트웨어 동작 이해 및 재공학 대상 선정
② 소프트웨어 기능 변경 없이 소프트웨어 형태를 목적에 맞게 수정
③ 원시코드로부터 설계정보 추출 및 절차 설계 표현, 프로그램과 데이터 구조 정보 추출
④ 기존 소프트웨어 시스템을 새로운 기술 또는 하드웨어 환경에 이식

3과목 데이터베이스 활용

41 데이터 모델에 표시해야 할 요소로 거리가 먼 것은?

① 출력 구조
② 제약조건
③ 연산
④ 논리적 데이터 구조

42 무결성 제약조건 중 개체 무결성 제약조건에 대한 설명으로 옳은 것은?

① 자식 릴레이션의 외래키는 부모 릴레이션의 기본키와 도메인이 동일해야 한다.
② 릴레이션 내의 튜플들이 각 속성의 도메인에 정해진 값만을 가져야 한다.
③ 기본키는 NULL 값을 가져서는 안 되며 릴레이션 내에 오직 하나의 값만 존재해야 한다.
④ 자식 릴레이션의 값이 변경될 때 부모 릴레이션의 제약을 받는다.

43 학생(STUDENT) 테이블에서 어떤 학과(DEPT)들이 있는지 검색하는 SQL 명령은? (단, 결과는 중복된 데이터가 없도록 한다.)

① SELECT ONLY DEPT FROM STUDENT;
② SELECT ONLY * FROM STUDENT;
③ SELECT NOT DUPLICATE DEPT FROM STUDENT;
④ SELECT DISTINCT DEPT FROM STUDENT;

44 릴레이션 R의 차수가 5이고 카디널리티가 5이며, 릴레이션 S의 차수가 4이고 카디널리티가 8일 때, 두 개의 릴레이션을 카티션 프로덕트한 결과의 새로운 릴레이션의 차수와 카디널리티는 얼마인가?

① 9, 35
② 12, 40
③ 10, 40
④ 9, 40

45 데이터베이스의 트랜잭션에서 일관성(Consistency) 속성에 대한 설명으로 옳지 않은 것은?

① 트랜잭션 수행 전과 후에 데이터 무결성이 유지되어야 한다.
② 시스템이 고장나도 일관성이 유지되어야 한다.
③ 트랜잭션 처리 결과가 모든 제약 조건을 만족해야 한다.
④ 트랜잭션 시작 전과 완료 후의 데이터 상태가 일관되어야 한다.

46 3NF에서 BCNF가 되기 위한 조건은?

① 결정자이면서 후보키가 아닌 속성 제거
② 이행적 함수 종속 제거
③ 다치 종속 제거
④ 부분적 함수 종속 제거

47 참조 무결성을 유지하기 위하여 DROP 문에서 부모 테이블의 항목 값을 삭제할 경우 자동적으로 자식 테이블의 해당 레코드를 삭제하기 위한 옵션은?

① SET-NULL
② RESTRICTED
③ CLUSTER
④ CASCADE

48 뷰(View)의 주요 목적이 아닌 것은?

① 보안
② 논리적 독립성 제공
③ 성능 최적화
④ 데이터 백업

49 아래 SQL문에서 WHERE 절의 조건이 의미하는 것은?

```
SELECT * FROM 고객
     WHERE 이름 LIKE '박%';
```

① '박'으로 시작하지 않는 모든 문자 이름을 검색한다.
② '박'으로 시작하는 3글자의 문자 이름을 검색한다.
③ '박'으로 시작하는 모든 문자 이름을 검색한다.
④ '박'으로 시작하지 않는 3글자의 문자 이름을 검색한다.

50 트랜잭션의 특징으로 거리가 먼 것은?

① Durability
② Automatic
③ Isolation
④ Consistency

51 정규화의 주요 목적 중 옳지 않은 것은?

① 데이터 중복 최소화
② 이상 현상 방지
③ 설계 복잡도 증가
④ 무결성 향상

52 색인순차(Index Sequence) 편성 파일에서 인덱스 영역(Index Area)에 해당하지 않는 것은?

① 트랙 인덱스 영역(Track Index Area)
② 기본 인덱스 영역(Prime Index Area)
③ 실린더 인덱스 영역(Cylinder Index Area)
④ 마스터 인덱스 영역(Master Index Area)

53 관계 데이터 모델에서 릴레이션(Relation)의 행을 의미하는 것은?

① tuple
② domain
③ schema
④ attribute

54 다음 그림의 이진 트리를 Preorder로 운행한 경우 C는 몇 번째로 탐색되는가?

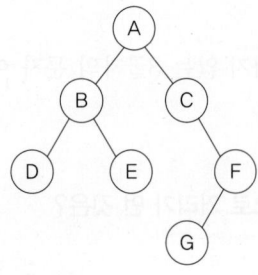

① 3번째
② 4번째
③ 5번째
④ 6번째

55 다음 관계대수 중 순수 관계 연산자가 아닌 것은?

① 조인(join)
② 차집합(difference)
③ 디비전(division)
④ 프로젝트(project)

56 데이터 제어어(DCL)의 기능으로 옳지 않은 것은?

① 데이터 보안
② 논리적, 물리적 데이터 구조 정의
③ 무결성 유지
④ 병행 수행 제어

57 시스템 카탈로그에 대한 설명으로 옳지 않은 것은?

① 데이터베이스에 포함된 다양한 데이터 객체에 대한 정보들을 유지, 관리하기 위한 시스템 데이터베이스이다.
② 시스템 카탈로그를 데이터 사전(Date Dictionary)이라고도 한다.
③ 시스템 카탈로그에 저장된 정보를 메타데이터라고도 한다.
④ 시스템 카탈로그는 시스템을 위한 정보를 포함하는 시스템 데이터베이스이므로 일반 사용자는 내용을 검색할 수 없다.

58 다음 SQL문을 실행했을 때 결과에 포함되는 학생 테이블의 이름은 누구인가? (단, 성적 테이블에는 학번, 과목, 점수 컬럼이 있으며, 점수는 100점 만점이다.)

```
SELECT 이름
FROM 학생
WHERE 학번 IN (
    SELECT 학번
    FROM 성적
    WHERE 과목 = '데이터베이스' AND 점수 >= 90
);
```

〈학생 테이블〉

학번	이름	학과
1001	김철수	전산과
1002	이영희	전기과
1003	박민수	전산과

〈성적 테이블〉

학번	과목	점수
1001	데이터베이스	92
1002	자료구조	85
1003	데이터베이스	88

① 김철수
② 이영희
③ 박민수
④ 김철수, 박민수

59 SQL의 TCL(Transaction Control Language)에 해당하지 않는 것은?

① GRANT
② SAVEPOINT
③ COMMIT
④ ROLLBACK

60 양 방향에서 입·출력이 가능한 선형 자료구조로 2개의 포인터를 이용하여 리스트의 양쪽 끝 모두에서 삽입·삭제가 가능한 것은?

① 데크(Deque)
② 스택(Stack)
③ 큐(Queue)
④ 트리(Tree)

정보처리산업기사 필기 최신 기출문제 02회

시험 일자	문항 수	시험 시간
2024년 제3회	총 60문항	1시간 30분

수험번호 : _____
성   명 : _____

1과목 정보시스템 기반 기술

01 모듈화(Modularity)와 관련한 설명으로 틀린 것은?

① 시스템을 모듈로 분할하면 각각의 모듈을 별개로 만들고 수정할 수 있기 때문에 좋은 구조가 된다.
② 응집도는 모듈과 모듈 사이의 상호의존 또는 연관 정도를 의미한다.
③ 모듈 간의 결합도가 약해야 독립적인 모듈이 될 수 있다.
④ 모듈 내 구성 요소들 간의 응집도가 강해야 좋은 모듈 설계이다.

02 아날로그-디지털 부호화 방식인 송신측 PCM(Pulse Code Modulation) 과정을 순서대로 옳게 나열한 것은?

① 표본화 → 양자화 → 부호화
② 양자화 → 부호화 → 표본화
③ 부호화 → 양자화 → 표본화
④ 표본화 → 부호화 → 양자화

03 블랙박스 테스트를 이용하여 발견할 수 있는 오류의 경우로 가장 거리가 먼 것은?

① 비정상적인 자료를 입력해도 오류 처리를 수행하지 않는 경우
② 정상적인 자료를 입력해도 요구된 기능이 제대로 수행되지 않는 경우
③ 반복 조건을 만족하는데도 루프 내의 문장이 수행되지 않는 경우
④ 경계값을 입력할 경우 요구된 출력 결과가 나오지 않는 경우

04 LAN의 한 종류인 100Base-T 네트워크에서 사용되는 전송매체는?

① Coaxial cable
② Optical cable
③ UTP cable
④ Microwave cable

05 라우팅 프로토콜이 아닌 것은?

① Border Gateway Protocol
② Open Shortest Path First
③ Routing Information Protocol
④ Serial Line Internet Protocol

06 소프트웨어 생명주기에 대한 각 단계의 설명으로 가장 옳은 것은?

① 유지보수 단계 : 사용자의 문제를 구체적으로 이해하고 소프트웨어가 담당해야 하는 영역을 정의하는 단계
② 운용 단계 : 사용자의 문제를 정의하고 전체 시스템이 갖추어야 할 기본 기능과 성능을 파악하는 단계
③ 설계 단계 : 소프트웨어의 구조와 그 성분을 명확히 밝혀 구현을 준비하는 단계
④ 계획 단계 : 개발된 시스템이 요구사항을 정확히 반영하였는가를 테스트하는 단계

07 TCP/IP 모델에서 인터넷 계층에 네트워크 오류 메시지, 호스트 도달 불가 메시지 등을 전송하여 네트워크의 상태를 확인하는 프로토콜은?

① SMTP   ② ICMP
③ SNA   ④ FTP

08 UML의 클래스 다이어그램에서 부모 클래스와 실체화한 자식 클래스 간의 상속 관계로 설명되는 클래스들 사이의 관계를 나타내는 용어는?

① 일반화   ② 추상화
③ 캡슐화   ④ 집단화

09 GoF 디자인 패턴 중 객체를 생성하기 위한 인터페이스를 정의하여 어떤 클래스가 인스턴스화될 것인지는 서브 클래스가 결정하도록 하는 생성 패턴은?

① Singleton
② Builder
③ Factory method
④ Abstraction factory

10 객체지향 분석기법의 하나로 객체 모형, 동적 모형, 기능 모형의 3개 모형을 생성하는 방법은?

① Wirfs-Block Method
② Rumbaugh Method
③ Booch Method
④ Jacobson Method

11 DFD(data flow diagram)에 대한 설명으로 틀린 것은?

① 자료 흐름 그래프 또는 버블(bubble) 차트라고도 한다.
② 구조적 분석 기법에 이용된다.
③ 시간 흐름을 명확하게 표현할 수 있다.
④ DFD의 요소는 화살표, 원, 사각형, 직선(단선/이중선)으로 표시한다.

12 선점형 스케줄링 방식에 해당하는 것은?

① FIFO
② SJF
③ Round-Robin
④ HRN

13 모듈의 결합도는 설계에 대한 품질 평가 방법의 하나로서 두 모듈 간의 상호 의존도를 측정하는 것이다. 다음 중 설계 품질이 가장 좋은 결합도는?

① Common Coupling
② Data Coupling
③ Control Coupling
④ Content Coupling

14 IPv6 주소체계로 거리가 먼 것은?
① Unicast ② Anycast
③ Broadcast ④ Multicast

15 UML 다이어그램 중 순차 다이어그램에 대한 설명으로 틀린 것은?
① 객체 간의 동적 상호작용을 시간 개념을 중심으로 모델링 하는 것이다.
② 주로 시스템의 정적 측면을 모델링하기 위해 사용된다.
③ 일반적으로 다이어그램의 수직 방향이 시간의 흐름을 나타낸다.
④ 회귀 메시지(Self-Message), 제어블록(Statementblock) 등으로 구성된다.

16 대표적으로 DOS 및 Unix 등의 운영체제에서 조작을 위해 사용하던 것으로, 정해진 명령 문자열을 입력하여 시스템을 조작하는 사용자 인터페이스(User Interface)는?
① GUI(Graphical User Interface)
② CLI(Command Line Interface)
③ CUI(Cell User Interface)
④ MUI(Mobile User Interface)

17 소프트웨어 개발 단계에서 요구 분석 과정에 대한 설명으로 거리가 먼 것은?
① 분석 결과의 문서화를 통해 향후 유지보수에 유용하게 활용할 수 있다.
② 개발 비용이 가장 많이 소요되는 단계이다.
③ 자료 흐름도, 자료 사전 등이 효과적으로 이용될 수 있다.
④ 보다 구체적인 명세를 위해 소단위 명세서(Mini-Spec)가 활용될 수 있다.

18 ARP(Address Resolution Protocol)에 대한 설명으로 틀린 것은?
① 네트워크에서 두 호스트가 성공적으로 통신하기 위하여 각 하드웨어의 물리적인 주소 문제를 해결해 줄 수 있다.
② 목적지 호스트의 IP 주소를 MAC 주소로 바꾸는 역할을 한다.
③ ARP 캐시를 사용하므로 캐시에서 대상이 되는 IP 주소의 MAC 주소를 발견하면 이 MAC 주소가 통신을 위해 사용된다.
④ ARP 캐시를 유지하기 위해서는 TTL 값이 0이 되면 이 주소는 ARP 캐시에서 영구히 보존된다.

19 소프트웨어 테스트에서 오류의 80%는 전체 모듈의 20% 내에서 발견된다는 법칙은?
① Brooks의 법칙
② Boehm의 법칙
③ Pareto의 법칙
④ Jackson의 법칙

20 4진 PSK 변조 방식에서 변조속도가 4800[Baud]일 때 데이터의 전송속도[bps]는?
① 2400
② 4800
③ 9600
④ 12800

2과목 프로그래밍 언어 활용

21 C언어에서 파일을 열고, 파일 포인터를 반환하는 함수는?

① fopen( )
② fscanf( )
③ fgetc( )
④ fgets( )

22 다음 JavaScript에서 HTML 문서에 사용되는 메서드의 기능이 잘못된 것은?

① getElementById() : 특정 id를 가진 요소를 반환
② querySelector() : CSS 선택자를 사용하여 요소를 선택
③ createElement() : 새로운 HTML 요소를 생성
④ removeChild() : 요소의 내부 HTML을 설정하거나 가져옴

23 다음 중 웹 페이지 제작에 따른 외부 스타일시트 확장자는?

① *.stc
② *.ssc
③ *.xls
④ *.css

24 C 언어에서 다음 코드의 실행 결과는?

```
#include <stdio.h>
int main()
{
    int a = 3;
    int b = 7;
    int c = a + b;
    printf("%d", c % a);
    return 0;
}
```

① 1
② 2
③ 3
④ 4

25 다음 중 CSS 클래스 선택자에 대한 설명으로 틀린 것은?

① 클래스 선택자는 요소에 추가적인 스타일을 부여하기 위해 사용된다.
② 클래스 선택자는 하나의 요소에 여러 개의 클래스를 지정할 수 있다.
③ 클래스 선택자는 ID 선택자보다 우선순위가 높다.
④ 클래스 선택자는 점(.)으로 시작하여 클래스 이름을 지정한다.

26 다음 중 현재 문서의 호스트명만 반환하거나 설정하는 Javascript의 Location 객체의 프로퍼티는?

① location.href
② location.search
③ location.hostname
④ location.pathname

27 다음 파이썬(Python) 프로그램의 결과값은?

```
x = 10
y = 4
result = x & y
print(result)
```

① 0 ② 0000
③ 1010 ④ 0100

28 HTML 요소에 대한 설명으로 틀린 것은?

① ⟨p⟩는 문단을 나타낸다.
② ⟨head⟩는 소개 및 탐색에 도움을 주는 콘텐츠를 나타낸다.
③ ⟨article⟩은 사이트 안에서 독립적으로 구분해 재사용할 수 있는 구획을 의미한다.
④ ⟨body⟩는 html 문서의 내용을 나타낸다.

29 JAVA에서 이전에 ObjectOutputStream을 통해 직렬화된 객체를 다시 원래의 객체 형태로 복원하는 역할을 하는 스트림은?

① BufferedInputStream
② ByteArrayInputStream
③ ObjectInputStream
④ PipedInputStream

30 다음 Javascript 프로그램의 결과값은?

```
var a = 10;
var b = 2;
for (var i = 1; i < 5; i+=2){
    a + = i ;
}
console.log(a+b);
```

① 4 ② 8
③ 16 ④ 20

31 다음 파이썬(Python) 프로그램의 결과값은?

```
list1 = [1, 2, 3]
list2 = [4, 5]
list1.insert(2, list2)
print(list1)
```

① [1, 2, 3, [4, 5]]
② [[4, 5], 1, 2, 3]
③ [1, [4, 5], 2, 3]
④ [1, 2, [4, 5], 3]

32 C언어의 포인터 조작 연산에서 변수 pc에 대입되는 것과 같은 결과를 갖는 것은?

① pc = &array1[0];
② pc = &array1[2];
③ pc = array1[10];
④ pc = array1[1];

33 Java에서 변수 선언문으로 옳지 않은 것은?

① short abc;
② int false;
③ float _x;
④ double A123;

34 객체지향 개념에서 이미 정의되어 있는 상위 클래스(슈퍼 클래스 혹은 부모 클래스)의 메소드를 비롯한 모든 속성을 하위 클래스가 물려받는 것을 무엇이라 하는가?

① Abstraction
② Method
③ Inheritance
④ Message

35 C언어의 포인트 형(Pointer type)에 대한 설명으로 틀린 것은?

① 포인터 변수는 기억장소의 번지를 기억하는 동적변수이다.
② 포인터는 가리키는 자료형이 일치할 때 대입하는 규칙이 있다.
③ 보통 변수의 번지를 참조하려면 번지 연산자 #을 변수 앞에 쓴다.
④ 실행문에서 간접연산자 *를 사용하여 포인터변수가 지시하고 있는 내용을 참조한다.

36 HTML5에서 추가된 의미 요소 중 섹션이나 페이지의 시작 부분을 정의하는 것은?

① head 요소
② nav 요소
③ article 요소
④ figure 요소

37 다음 중 JAVA의 예외 처리 구문의 예약어가 아닌 것은?

① try
② catch
③ finally
④ extends

38 소프트웨어 재공학의 주요 활동 중 역공학에 해당하는 것은?

① 소프트웨어 동작 이해 및 재공학 대상 선정
② 소프트웨어 기능 변경 없이 소프트웨어 형태를 목적에 맞게 수정
③ 원시 코드로부터 설계정보 추출 및 절차 설계 표현, 프로그램과 데이터 구조 정보 추출
④ 기존 소프트웨어 시스템을 새로운 기술 또는 하드웨어 환경에 이식

39 구조적 설계의 평가 기준 중 모듈 응집도가 강한 것에서 약한 것의 순서로 옳게 나열된 것은?

① 절차적 응집도 → 통신적 응집도 → 순차적 응집도 → 기능적 응집도
② 통신적 응집도 → 절차적 응집도 → 순차적 응집도 → 기능적 응집도
③ 절차적 응집도 → 통신적 응집도 → 기능적 응집도 → 순차적 응집도
④ 기능적 응집도 → 순차적 응집도 → 통신적 응집도 → 절차적 응집도

40 다음 C 코드 결과로 나타날 수 있는 값은?

```
void main() {
    int k;
    k = 1;
    while(k<60)
    {
        if(k%4==0)
            printf("%d\n", k-2);
        k++;
    }
}
```

① 0
② 8
③ 24
④ 30

3과목 데이터베이스 활용

41 다음 설명과 관련 있는 트랜잭션의 특징은?

> "트랜잭션의 연산은 모두 실행되거나, 모두 실행되지 않아야 한다."

① Durability
② Isolation
③ Consistency
④ Atomicity

42 데이터베이스에서 널(NULL) 값에 대한 설명으로 옳지 않은 것은?

① 아직 모르는 값을 의미한다.
② 아직 알려지지 않은 값을 의미한다.
③ 공백이나 0(ZERO)과 같은 의미이다.
④ 정보 부재를 나타내기 위해 사용한다.

43 조건을 만족하는 릴레이션의 수평적 부분 집합으로 구성하며, 연산자의 기호는 그리스 문자 시그마(σ)를 사용하는 관계대수 연산은?

① Select
② Project
③ Join
④ Division

44 다음 설명에 해당하는 스키마는?

> 물리적 저장장치의 입장에서 본 데이터베이스 구조로서 실제로 데이터베이스에 저장될 레코드의 형식을 정의하고 저장 데이터 항목의 표현 방법, 내부 레코드의 물리적 순서 등을 나타낸다.

① conceptual schema
② internal schema
③ external schema
④ definition schema

45 3NF에서 BCNF가 되기 위한 조건은?

① 이행적 함수 종속 제거
② 부분적 함수 종속 제거
③ 다치 종속 제거
④ 결정자이면서 후보키가 아닌 것 제거

46 개체-관계 모델의 E-R 다이어그램에서 사용되는 기호와 그 의미의 연결이 틀린 것은?

① 사각형 - 개체 타입
② 삼각형 - 속성
③ 선 - 개체 타입과 속성을 연결
④ 마름모 - 관계 타입

47 다음 SQL문에서 빈칸에 들어갈 내용으로 옳은 것은?

> UPDATE 회원 ( ) 전화번호='010-14'
> WHERE 회원번호 = 'N4';

① FROM
② SET
③ INTO
④ TO

48 릴레이션에 있는 모든 튜플에 대해 유일성은 만족시키지만 최소성은 만족시키지 못하는 키는?

① 후보키
② 기본키
③ 슈퍼키
④ 외래키

49 DML에 해당하는 것으로만 나열된 것은?

㉠ SELECT
㉡ UPDATE
㉢ INSERT
㉣ GRANT

① ㉠, ㉡, ㉢
② ㉠, ㉡, ㉣
③ ㉠, ㉢, ㉣
④ ㉠, ㉡, ㉢, ㉣

50 관계대수에 대한 설명으로 틀린 것은?

① 주어진 릴레이션 조작을 위한 연산의 집합이다.
② 일반 집합 연산과 순수 관계 연산으로 구분된다.
③ 질의에 대한 해를 구하기 위해 수행해야 할 연산의 순서를 명시한다.
④ 원하는 정보와 그 정보를 어떻게 유도하는가를 기술하는 비절차적 방법이다.

51 관계해석 중 '모든 것에 대하여(for all)'의 의미를 나타내는 것은?

① ∋
② ∈
③ ∀
④ ∪

52 로킹(Locking) 기법에 대한 설명으로 틀린 것은?

① 로킹의 대상이 되는 객체의 크기를 로킹 단위라고 한다.
② 로킹 단위가 작아지면 병행성 수준이 낮아진다.
③ 데이터베이스도 로킹 단위가 될 수 있다.
④ 로킹 단위가 커지면 로크 수가 작아 로킹 오버헤드가 감소한다.

53 사용자 X1에게 department 테이블에 대한 검색 연산을 회수하는 명령은?

① delete select on department to X1;
② remove select on department from X1;
③ revoke select on department from X1;
④ grant select on department from X1;

54 뷰(VIEW)에 대한 설명으로 틀린 것은?

① 뷰 위에 또 다른 뷰를 정의할 수 있다.
② 뷰에 대한 조작에서 삽입, 갱신, 삭제 연산은 제약이 따른다.
③ 뷰의 정의는 기본 테이블과 같이 ALTER 문을 이용하여 변경한다.
④ 뷰가 정의된 기본 테이블이 제거되면 뷰도 자동적으로 제거된다.

55 데이터 모델에 표시해야 할 요소로 거리가 먼 것은?
① 논리적 데이터 구조
② 출력 구조
③ 연산
④ 제약 조건

56 제3정규형에서 보이스코드 정규형(BCNF)으로 정규화하기 위한 작업은?
① 원자값이 아닌 도메인을 분해
② 부분 함수 종속 제거
③ 이행 함수 종속 제거
④ 결정자가 후보키가 아닌 함수 종속 제거

57 A1, A2, A3 3개 속성을 갖는 한 릴레이션에서 A1의 도메인은 3개 값, A2의 도메인은 2개 값, A3의 도메인은 4개 값을 갖는다. 이 릴레이션에 존재할 수 있는 가능한 튜플(Tuple)의 최대 수는?
① 24
② 12
③ 8
④ 9

58 데이터베이스 설계 시 물리적 설계 단계에서 수행하는 사항이 아닌 것은?
① 저장 레코드 양식 설계
② 레코드 집중의 분석 및 설계
③ 접근 경로 설계
④ 목표 DBMS에 맞는 스키마 설계

59 한 릴레이션 스키마가 4개 속성, 2개 후보키 그리고 그 스키마의 대응 릴레이션 인스턴스가 7개 튜플을 갖는다면 그 릴레이션의 차수(degree)는?
① 1
② 2
③ 4
④ 7

60 다음 그림의 이진트리를 Preorder로 운행한 경우 C는 몇 번째로 탐색되는가?

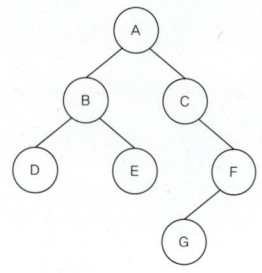

① 3번째
② 4번째
③ 5번째
④ 6번째

정보처리산업기사 필기 최신 기출문제 03회

시험 일자	문항 수	시험 시간
2024년 제2회	총 60문항	1시간 30분

수험번호 : _____
성   명 : _____

1과목 정보시스템 기반 기술

01 프레임워크(Framework)에 대한 설명으로 옳은 것은?

① 소프트웨어 구성에 필요한 기본 구조를 제공함으로써 재사용이 가능하게 해준다.
② 소프트웨어 개발 시 구조가 잡혀 있기 때문에 확장이 불가능하다.
③ 소프트웨어 아키텍처(Architecture)와 동일한 개념이다.
④ 모듈화(Modularity)가 불가능하다.

02 HDLC 프레임의 구조를 순서대로 나열한 것은?

① 플래그 → 주소부 → 제어부 → 정보부 → FCS → 플래그
② 플래그 → 제어부 → FCS → 정보부 → 주소부 → 플래그
③ 플래그 → 주소부 → 정보부 → FCS → 제어부 → 플래그
④ 플래그 → 제어부 → FCS → 주소부 → 정보부 → 플래그

03 소프트웨어 형상관리(Configuration management)에 관한 설명으로 거리가 먼 것은?

① 소프트웨어에서 일어나는 수정이나 변경을 알아내고 제어하는 것을 의미한다.
② 소프트웨어 개발의 전체 비용을 줄이고, 개발 과정의 여러 방해 요인이 최소화되도록 보증하는 것을 목적으로 한다.
③ 형상관리를 위하여 구성된 팀을 'chief programmer team'이라고 한다.
④ 형상관리에서 중요한 기술 중의 하나는 버전 제어 기술이다.

04 다음 중 라우터(Router)에 관한 설명으로 틀린 것은?

① 네트워크 계층을 지원한다.
② 전송되는 패킷들의 경로를 결정한다.
③ 게이트웨이(Gateway) 기능을 지원한다.
④ 브릿지(Bridge) 기능만을 지원한다.

05 LAN의 토폴로지 형태에 해당하지 않는 것은?

① Star형
② Bus형
③ Ring형
④ Sqare형

06 소프트웨어 생명주기 모델 중 V 모델과 관련한 설명으로 틀린 것은?

① 요구 분석 및 설계 단계를 거치지 않으며 항상 통합 테스트를 중심으로 V 형태를 이룬다.
② Perry에 의해 제안되었으며 세부적인 테스트 과정으로 구성되어 신뢰도 높은 시스템을 개발하는 데 효과적이다.
③ 개발 작업과 검증 작업 사이의 관계를 명확히 드러내 놓은 폭포수 모델의 변형이라고 볼 수 있다.
④ 폭포수 모델이 산출물 중심이라면 V 모델은 작업과 결과의 검증에 초점을 둔다.

07 다음 국제표준 통신 프로토콜 중 IP 주소를 물리 주소로 변환하기 위해 사용되는 것은?

① ARP
② TCP
③ ICMP
④ DHCP

08 UML의 클래스 다이어그램에서 부모 클래스와 실체화한 자식 클래스 간의 상속 관계로 설명되는 클래스들 사이의 관계를 나타내는 용어는?

① 일반화
② 추상화
③ 캡슐화
④ 집단화

09 다음 내용이 설명하는 디자인 패턴은?

> 상속을 사용하지 않고도 객체 간의 결합을 통해 유연하게 기능들을 확장할 수 있는 구조 패턴이다.

① Singleton 패턴
② Observer 패턴
③ Decorator 패턴
④ Bridge 패턴

10 UML에서 활용되는 다이어그램 중, 시스템의 동작을 표현하는 행위(Behavioral) 다이어그램에 해당하지 않는 것은?

① 활동 다이어그램
② 배치 다이어그램
③ 유스케이스 다이어그램
④ 상태 다이어그램

11 자료 흐름도(DFD)에 대한 설명으로 옳지 않은 것은?

① 하향식 분할 원리를 적용하여 그림 중심으로 표현한다.
② 자료 저장소는 직사각형으로 표시한다.
③ 개발 대상 업무의 작업 흐름을 쉽게 이해할 수 있다.
④ 사용자의 요구사항을 정확하게 파악할 수 있다.

12 기억공간이 15K, 23K, 22K, 21K 순으로 빈 공간이 있을 때 기억장치 배치 전략으로 'First Fit'을 사용하여 17K의 프로그램을 적재할 경우 내부 단편화의 크기는 얼마인가?

① 5K
② 6K
③ 7K
④ 8K

13 다음 중 가장 약한 결합도(Coupling)는?

① Common Coupling
② Content Coupling
③ External Coupling
④ Stamp Coupling

14 자원 할당 그래프와 관계되는 교착상태 해결 기법은?

① Prevention
② Avoidance
③ Recovery
④ Detection

15 하향식 통합 시험을 위해 일시적으로 필요한 조건만을 가지고 임시로 제공되는 시험용 모듈은?

① Stub
② Driver
③ Procedure
④ Function

16 Windows 등의 운영체제에서 조작을 위해 사용하던 것으로, 그래픽(아이콘, 버튼, 문자)을 통하여 시스템을 조작하는 사용자 인터페이스(User Interface)는?

① GUI(Graphical User Interface)
② CLI(Command Line Interface)
③ CUI(Cell User Interface)
④ MUI(Mobile User Interface)

17 소프트웨어 개발 단계 중 요구 분석에 대한 설명으로 옳지 않은 것은?

① 자료 수집 → 요구사항 도출 → 문서화 → 검증의 절차를 거친다.
② 소프트웨어의 기능, 성능, 제약 조건 등에 대하여 기술하고 검토한다.
③ 요구사항은 기능적 요구사항과 비기능적 요구사항, 사용자 요구사항과 시스템 요구사항들로 분류된다.
④ 요구 분석 명세서의 정확성을 검증하기 위해 화이트박스 테스트를 수행한다.

18 IP 프로토콜의 주요 특징에 해당하지 않는 것은?

① 체크섬(Checksum) 기능으로 데이터 체크섬(Data Checksum)만 제공한다.
② 패킷을 분할, 병합하는 기능을 수행하기도 한다.
③ 비연결형 서비스를 제공한다.
④ Best Effort 원칙에 따른 전송 기능을 제공한다.

19 다음과 같은 프로세스가 차례로 큐에 도착하였을 때, SJF(Shortest Job First) 정책을 사용할 경우 가장 먼저 처리되는 작업은?

프로세스 번호	실행시간
P1	6
P2	8
P3	4
P4	3

① P1
② P2
③ P3
④ P4

20 OSI 7계층 중 종점 호스트 사이의 데이터 전송을 다루는 계층으로 종점 간의 연결 관리, 오류 제어와 흐름 제어 등을 수행하는 계층은?

① 응용 계층
② 전송 계층
③ 프레젠테이션 계층
④ 물리 계층

2과목 프로그래밍 언어 활용

21 C언어에서 정수 자료형으로 옳은 것은?

① int
② float
③ char
④ double

22 다음 C 프로그램의 결과값은?

```
#include <stdio.h>
#define POWER(x) x * x

int main()
{
    printf("%d", POWER(1+2));
    return 0;
}
```

① 4
② 5
③ 6
④ 9

23 다음 중 배경색을 설정하는 CSS의 속성은?

```
<style>
    body { _____ : blue; }
</style>
```

① bgcolor
② background-color
③ background-image
④ background-position

24 C언어에서 정수 변수 a, b에 각각 1, 2가 저장되어 있을 때 다음 식의 연산 결과로 옳은 것은?

```
a < b + 2 && a << 1 <= b
```

① 0
② 1
③ 3
④ 5

25 다음 중 CSS의 선택자(selector)에 대한 설명으로 옳지 않은 것은?

① 스타일을 적용할 대상을 선택하기 위해 사용한다.
② 전체 선택자는 HTML 문서 내의 모든 요소를 선택한다.
③ 클래스 선택자는 아이디 이름을 가지는 특정 요소를 선택한다.
④ HTML 요소 선택자는 요소의 이름을 직접 사용하여 선택한다.

26 다음 중 현재 문서의 전체 URL 주소를 문자열로 반환하는 Javascript의 Location 객체의 프로퍼티는?

① location.href
② location.search
③ location.hostname
④ location.pathname

27 다음 파이썬(Python) 프로그램의 결과값은?

```
>>> not 7 > 5
```

① 0
② 1
③ False
④ True

28 텍스트 블록 내용의 일부인 텍스트의 줄바꿈을 만드는 목적으로 사용하는 태그는?

① ⟨p⟩ 태그
② ⟨br⟩ 태그
③ ⟨pre⟩ 태그
④ ⟨div⟩ 태그

29 JAVA 언어에서 접근제한자가 아닌 것은?

① public
② protected
③ package
④ private

30 다음 Javascript 프로그램의 결과값은?

```
var myArray = ['one', 'two', 'three'];
myArray.push('four');
myArray.unshift('five');
myArray.pop();
console.log(myArray)
```

① ['one', 'two', 'three', 'four']
② ['five', 'one', 'two', 'three']
③ ['one', 'two', 'three', 'four', 'five']
④ ['five', 'one', 'two', 'three', 'four']

31 다음 파이썬((Python) 프로그램의 결과값은?

```
list1 = [1, 2, 3]
list2 = [5, 6]
list1.append(4)
list1.append(list2)
print(list1)
```

① 1, 2, 3, 4, 5, 6
② 1, 2, 3, 4, [5, 6]
③ [1, 2, 3, 4, 5, 6]
④ [1, 2, 3, 4, [5, 6]]

32 C언어에서 지정된 파일로부터 한 문자씩 읽어 들이는 파일처리 함수는?

① fopen( )
② fscanf( )
③ fgetc( )
④ fgets( )

33 JAVA에서 조건이 참인지 거짓인지 판단하고자 할 때 사용하는 자료형은?

① byte
② char
③ int
④ boolean

34 객체지향 프로그래밍 언어(Object-oriented programming language)가 절차지향 프로그래밍 언어(Procedure-oriented programming language)에 비해 특히 우수한 점은?

① 구조화 프로그래밍(structured programming)이 가능하다.
② 함수(function)를 자유자재로 사용할 수 있다.
③ 컴파일 시 실행파일(executable file)의 속도가 향상된다.
④ 유지보수성(maintainability)과 재사용성(reusability)이 좋다.

35 C언어에서 사용할 수 없는 리터럴 상수는?

① 3.14f
② true
③ 'a'
④ "ABC"

36 HTML5에서 추가된 의미 요소가 아닌 것은?

① div 요소
② nav 요소
③ article 요소
④ figure 요소

37 다음 Java 프로그램의 결과값은?

```
public class Test {
    public static void main(String[] args) {
        int x = 7;
        int y = 0;
        int z;
        try {
            z = x / y;
            System.out.println("H");
        } catch(ArithmeticException e) {
            System.out.println("R");
        } finally {
            System.out.println("D");
        }
        System.out.println("K");
    }
}
```

① R
　K

② RDK

③ R
　D
　K

④ H
　R
　D
　K

38 겉으로 보이는 동작이나 외부 행위를 바꾸지 않고 소프트웨어 내부 구조를 바꾸며 점진적으로 설계를 향상시키는 기법에 해당하는 것은?

① 역공학
② 인스펙션
③ 재공학
④ 리팩토링

39 구조적 설계의 평가 기준 중 모듈 응집도가 강한 것에서 약한 것의 순서로 옳게 나열된 것은?

① 절차적 응집도 → 통신적 응집도 → 순차적 응집도 → 기능적 응집도
② 통신적 응집도 → 절차적 응집도 → 순차적 응집도 → 기능적 응집도
③ 절차적 응집도 → 통신적 응집도 → 기능적 응집도 → 순차적 응집도
④ 기능적 응집도 → 순차적 응집도 → 통신적 응집도 → 절차적 응집도

40 JavaScript의 연산자의 설명이 옳지 않은 것은?

① % - 나머지 연산자
② instanceof - 인스턴스인지를 판단하는 연산자
③ new - 객체 생성
④ delete - 객체 제거

3과목 데이터베이스 활용

41 정규화의 의미로 옳지 않은 것은?

① 함수적 종속성 등의 종속성 이론을 이용하여 잘못 설계된 관계형 스키마를 더 작은 애트리뷰트의 세트로 쪼개어 바람직한 스키마로 만들어가는 과정이다.
② 좋은 데이터베이스 스키마를 생성해 내고 불필요한 데이터의 중복을 방지하며 정보의 검색을 용이하게 할 수 있도록 허용해 준다.
③ 정규형에는 제1정규형, 제2정규형, 제3정규형, BCNF형, 제4정규형 등이 있다.
④ 어떠한 릴레이션 구조가 바람직한 것인지, 바람직하지 못한 릴레이션을 어떻게 합쳐야 하는지에 관한 구체적인 판단 기준을 제공한다.

42 데이터베이스의 설계 순서를 바르게 나열한 것은?

① 요구조건 분석-물리적 설계-논리적 설계-개념적 설계
② 요구조건 분석-논리적 설계-개념적 설계-물리적 설계
③ 요구조건 분석-개념적 설계-논리적 설계-물리적 설계
④ 요구조건 분석-논리적 설계-물리적 설계-개념적 설계

43 트랜잭션(Transaction)의 특성에 해당하지 않는 것은?

① 원자성(Atomicity)
② 일관성(Consistency)
③ 지속성(Duration)
④ 무결성(Integrity)

44 다음 자료에 대하여 선택(Selection) 정렬을 사용하여 오름차순으로 정렬하고자 할 경우 1회전 후의 결과로 옳은 것은?

8, 3, 4, 9, 7

① 3, 4, 8, 7, 9
② 3, 8, 4, 9, 7
③ 3, 4, 9, 7, 8
④ 7, 9, 4, 3, 8

45 SQL 언어의 데이터 제어어(DCL)에 해당하는 것은?

① SELECT
② INSERT
③ UPDATE
④ GRANT

46 현실 세계의 개념적 구조를 데이터베이스에 구현하기 위한 중간 단계로서 사용자의 입장에서 표현한 논리적 구조를 무엇이라 하는가?

① 개체-관계도
② 데이터 모델
③ 정보 모델
④ 데이터 구조

47 다른 관계에 존재하는 튜플을 참조하기 위해 사용되는 속성의 값은 참조되는 테이블의 튜플 중에 해당 속성에 대해 같은 값을 갖는 튜플이 존재해야 한다는 제약은?

① 개체무결성 제약
② 주소무결성 제약
③ 참조무결성 제약
④ 도메인 제약

48 해싱 함수에 의한 주소 계산 기법에서 서로 다른 키값에 의해 동일한 주소 공간을 점유하여 충돌되는 레코드들의 집합을 의미하는 것은?

① Division
② Chaining
③ Collision
④ Synonym

49 로킹에 대한 설명으로 틀린 것은?

① 로킹의 대상이 되는 객체의 크기를 로킹 단위라고 한다.
② 로킹은 주요 데이터의 접근을 상호 배타적으로 하는 것이다.
③ 로킹 단위가 크면 병행성 수준이 높아진다.
④ 로킹 단위가 작아지면 로킹 오버헤드가 증가한다.

50 SQL 명령 중 DDL에 해당하는 것으로만 짝지어진 것은?

① CREATE, ALTER, SELECT
② CREATE, ALTER, DROP
③ CREATE, UPDATE, DROP
④ DELETE, ALTER, DROP

51 자료구조 중 큐에 대한 설명으로 옳지 않은 것은?

① 선형 리스트의 한쪽에서 삽입이 이루어지고 다른 한쪽에서는 삭제가 이루어진다.
② 후입선출(LIFO) 방식으로 자료를 처리한다.
③ 시작과 끝을 표시하는 두 개의 포인터가 있다.
④ 운영체제의 작업 스케줄링에 응용되는 구조이다.

52 아래 SQL문에서 WHERE절의 조건이 의미하는 것은?

```
SELECT 이름, 과목, 점수
FROM 학생
WHERE 이름 NOT LIKE '박__';
```

① '박'으로 시작하는 모든 문자 이름을 검색한다.
② '박'으로 시작하지 않는 모든 문자 이름을 검색한다.
③ '박'으로 시작하는 3글자의 문자 이름을 검색한다.
④ '박'으로 시작하지 않는 3글자의 문자 이름을 검색한다.

53 색인 순차(index sequence) 편성 파일에서 인덱스 영역(index area)에 해당하지 않는 것은?

① 트랙 인덱스 영역(track index area)
② 실린더 인덱스 영역(cylinder index area)
③ 기본 인덱스 영역(prime index area)
④ 마스터 인덱스 영역(master index area)

54 다음 SQL문에서 (   ) 안에 들어갈 내용으로 옳은 것은?

```
UPDATE 인사급여 (   ) 호봉=15 WHERE 성명 = '홍길동';
```

① SET
② FROM
③ INOT
④ IN

55 물리적 데이터베이스 설계에 대한 설명으로 거리가 먼 것은?
① 물리적 설계의 목적은 효율적인 방법으로 데이터를 저장하는 것이다.
② 트랜잭션 처리량과 응답 시간, 디스크 용량 등을 고려해야 한다.
③ 저장 레코드의 형식, 순서, 접근 경로와 같은 정보를 사용하여 설계한다.
④ 트랜잭션의 인터페이스를 설계하며, 데이터 타입 및 데이터 타입들 간의 관계로 표현한다.

56 다음 그림의 이진트리를 Preorder로 운행한 경우 C는 몇 번째로 탐색되는가?

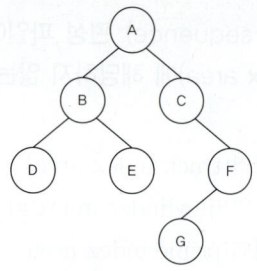

① 3번째
② 4번째
③ 5번째
④ 6번째

57 릴레이션 R의 차수가 4이고 카디널리티가 5이며, 릴레이션 S의 차수가 6이고 카디널리티가 7일 때, 두 개의 릴레이션을 카티션 프로덕트한 결과의 새로운 릴레이션의 차수와 카디널리티는 얼마인가?
① 24, 35
② 24, 12
③ 10, 35
④ 10, 12

58 뷰(VIEW)의 특징으로 옳지 않은 것은?
① 뷰에 대한 검색 연산은 기본 테이블 검색 연산과 비교하여 제약이 따른다.
② DBA는 보안 측면에서 뷰를 활용할 수 있다.
③ 뷰 위에 또 다른 뷰를 정의할 수 있다.
④ 뷰는 하나 이상의 기본 테이블로부터 유도되어 만들어지는 가상 테이블이다.

59 관계 대수 중 순수 관계 연산이 아닌 것은?
① project
② join
③ union
④ division

60 데이터베이스의 3단계 스키마 구조에서 데이터베이스를 활용하는 조직 전체의 논리적 구조를 표현한 스키마는?
① 외부 스키마
② 내부 스키마
③ 개념 스키마
④ ER 스키마

정보처리산업기사 필기 최신 기출문제 04회

시험 일자	문항 수	시험 시간
2024년 제1회	총 60문항	1시간 30분

수험번호 : _____
성　　명 : _____

1과목　정보시스템 기반 기술

01 소프트웨어 설계에서 자주 발생하는 문제에 대한 일반적이고 반복적인 해결 방법을 무엇이라고 하는가?

① 모듈 분해
② 디자인 패턴
③ 연관 관계
④ 클래스 도출

02 데이터 프레임을 연속적으로 전송 중 NAK를 수신하면 오류가 발생한 프레임 이후에 전송된 모든 데이터 프레임을 재전송하는 오류제어 방식은?

① Go-back-N ARQ
② Selective-Repeat ARQ
③ Stop-and-Wait ARQ
④ Forward Error Connection

03 소프트웨어 형상관리의 대상으로 거리가 먼 것은?

① 소스 레벨과 수행 형태인 컴퓨터 프로그램
② 숙련자와 사용자를 목표로 한 컴퓨터 프로그램을 서술하는 문서
③ 프로그램 내에 포함된 자료구조
④ 시스템 개발 비용

04 다음 중 라우터(Router)에 관한 설명으로 틀린 것은?

① 네트워크 계층을 지원한다.
② 전송되는 패킷들의 경로를 결정한다.
③ 게이트웨이(Gateway) 기능을 지원한다.
④ 브리지(Bridge) 기능만을 지원한다.

05 OSI 7계층 중 프로세스 간의 대화 제어 및 동기점을 이용한 효율적인 데이터 복구를 제공하는 계층은?

① 물리 계층
② 네트워크 계층
③ 세션 계층
④ 표현 계층

06 알파, 베타 테스트와 가장 밀접한 연관이 있는 테스트 단계는?

① 단위 테스트
② 인수 테스트
③ 통합 테스트
④ 시스템 테스트

07 프로세스의 정의 중 틀린 것은?

① 실행 중인 프로그램
② PCB를 가진 프로그램
③ 프로세서가 할당되는 실체
④ 동기적 행위를 일으키는 주체

08 객체지향 개념에서 다형성(Polymorphism)과 관련한 설명으로 틀린 것은?

① 다형성은 현재 코드를 변경하지 않고 새로운 클래스를 쉽게 추가할 수 있게 한다.
② 다형성이란 여러 가지 형태를 가지고 있다는 의미로, 여러 형태를 받아들일 수 있는 특징을 말한다.
③ 메소드 오버라이딩(Overriding)은 상위 클래스에서 정의한 일반 메소드의 구현을 하위 클래스에서 무시하고 재정의할 수 있다.
④ 메소드 오버로딩(Overloading)의 경우 매개 변수 타입은 동일하지만 메소드명을 다르게 함으로써 구현, 구분할 수 있다.

09 다음 내용이 설명하는 디자인 패턴은?

> • 객체를 생성하기 위한 인터페이스를 정의하여 어떤 클래스가 인스턴스화 될 것인지는 서브 클래스가 결정하도록 하는 것
> • Virtual-Constructor 패턴이라고도 함

① Visitor 패턴
② Observer 패턴
③ Factory Method 패턴
④ Bridge 패턴

10 소프트웨어 설계에서 사용되는 대표적인 추상화(Abstraction) 기법이 아닌 것은?

① 자료 추상화
② 제어 추상화
③ 과정 추상화
④ 강도 추상화

11 유스케이스(Usecase)에 대한 설명 중 옳은 것은?

① 유스케이스 다이어그램은 개발자의 요구를 추출하고 분석하기 위해 주로 사용한다.
② 액터는 대상 시스템과 상호 작용하는 사람이나 다른 시스템에 의한 역할이다.
③ 사용자 액터는 본 시스템과 데이터를 주고받는 연동 시스템을 의미한다.
④ 연동의 개념은 일방적으로 데이터를 파일이나 정해진 형식으로 넘겨주는 것을 의미한다.

12 프로그램이 프로세서에 의해 수행되는 속도와 프린터 등에서 결과를 처리하는 속도의 차이를 극복하기 위해 디스크 저장 공간을 사용하는 기법은?

① 링킹(linking)
② 사이클 스틸링(cycle stealing)
③ 스풀링(spooling)
④ 페이징(paging)

13 모듈 내 구성요소들이 서로 다른 기능을 같은 시간대에 함께 실행하는 경우의 응집도(Cohesion)는?

① Temporal Cohesion
② Logical Cohesion
③ Coincidental Cohesion
④ Sequential Cohesion

14 교착상태의 해결 방법 중 은행 알고리즘과 가장 관련 깊은 것은?

① 회피(avoidance)
② 예방(prevention)
③ 발견(detection)
④ 회복(recovery)

15 GoF(Gangs of Four) 디자인 패턴의 생성 패턴에 속하지 않는 것은?

① 추상 팩토리(Abstract Factory)
② 빌더(Builder)
③ 어댑터(Adapter)
④ 싱글턴(Singleton)

16 UNIX의 특징으로 거리가 먼 것은?

① 대화식 시스템이다.
② 이식성이 매우 높다.
③ 멀티 유저 시스템이다.
④ 대부분 어셈블리 언어로 구현되었다.

17 블랙박스 테스트 기법에 해당하는 내용 모두를 나열한 것은?

> ㄱ. 소프트웨어 인터페이스에서 실시되는 검사로 설계된 모든 기능들이 정상적으로 수행되는지 확인한다.
> ㄴ. 소프트웨어의 기능이 의도대로 작동하고 있는지, 입력은 적절하게 받아들였는지, 출력은 정확하게 생성되는지를 보여주는 데 사용된다.
> ㄷ. Equivalence Partitioning Testing, Boundary Value Analysis 등이 이 기법에 해당한다.

① ㄱ
② ㄱ, ㄴ
③ ㄴ, ㄷ
④ ㄱ, ㄴ, ㄷ

18 TCP 프로토콜과 관련한 설명으로 틀린 것은?

① 인접한 노드 사이의 프레임 전송 및 오류를 제어한다.
② 흐름 제어(Flow Control)의 기능을 수행한다.
③ 전이 중(Full Duplex) 방식의 양방향 가상 회선을 제공한다.
④ 전송 데이터와 응답 데이터를 함께 전송할 수 있다.

19 다음 표와 같은 작업부하가 시간 0에 도착했을 경우 SJF 방식으로 스케줄링할 때 평균 대기시간은?

작업	실행시간
1	10
2	29
3	3
4	7
5	12

① 13시간
② 18시간
③ 23시간
④ 28시간

20 OSI 7계층에서 각 계층의 프로토콜 데이터 유닛(PDU)을 잘못 나타낸 것은?

① 데이터링크 계층 – 프레임(Frame)
② 네트워크 계층 – 블럭(Block)
③ 전송 계층 – 세그먼트(Segment)
④ 세션 계층 – 메시지(Message)

2과목 프로그래밍 언어 활용

21 C언어의 변환 문자 형식 중 인수를 16진수 정수로 변환하는 것은?

① %d
② %x
③ %c
④ %f

22 다음 C 프로그램의 결과값은?

```
#include <stdio.h>
int main()
{
    int code = 65;
    int *p = &code;
    printf("%c", (*p)++);
    return 0;
}
```

① 65
② 66
③ A
④ B

23 다음 중 밑줄의 링크된 페이지의 URL을 명시하는 HTML의 〈a〉 태그의 속성은?

```
<a____="https://www.hrdkorea.or.kr">
한국산업인력공단</a>
```

① href
② link
③ url
④ des

24 다음 C 프로그램의 결과값은?

```
#include <stdio.h>
int main()
{
    int a = 15, b = 64;

    a = a >> 2;
    b = b << 2;

    printf("%d, %d", a, b);
    return 0;
}
```

① 3, 256
② 8, 128
③ 32, 32
④ 64, 16

25 다음 중 CSS의 text-indent 속성에 대한 설명으로 옳지 않은 것은?

① 블록에서 텍스트 뒤에 놓이는 공간의 길이를 설정한다.
② 기본값은 0이고 값이 양수이면 들여쓰기 음수이면 내어쓰기 설정이다.
③ html의 block 요소에는 적용되고 inline 요소에는 적용되지 않는다.
④ 〈span〉 요소에는 text-indent 속성을 설정해도 적용되지 않는다.

26 다음 중 브라우저에 웹 페이지가 로딩될 때 가장 먼저 데이터를 출력하는 Javascript의 메소드는?

① console.log()
② document.write()
③ window.alert()
④ document.getElementById()

27 다음 파이썬(Python) 프로그램의 결과값은?

```
>>> a = [0,10,20,30,40,50,60,70,80,90]
>>> a[:7:2]
```

① [20, 60]
② [60, 20]
③ [0, 20, 40, 60]
④ [10, 30, 50, 70]

28 웹 문서에서 이미지, 그림, 도표, 동영상 등의 설명을 추가할 때 사용하는 태그는?

① <img> 태그
② <caption> 태그
③ <figure> 태그
④ <figcaption> 태그

29 JAVA의 예외(exception)와 관련한 설명으로 틀린 것은?

① 문법 오류로 인해 발생한 것
② 오동작이나 결과에 악영향을 미칠 수 있는 실행시간 동안에 발생한 오류
③ 배열의 인덱스가 그 범위를 넘어서는 경우 발생하는 오류
④ 존재하지 않는 파일을 읽으려고 하는 경우에 발생하는 오류

30 다음 중 (가), (나) 영역에 CSS의 margin과 padding 속성을 옳게 나열한 것은?

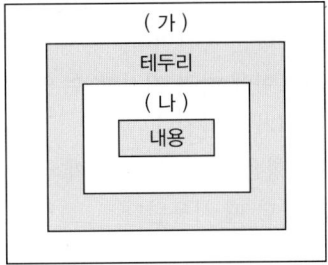

① margin, margin
② padding, margin
③ margin, padding
④ padding, padding

31 다음 파이썬(Python) 프로그램의 결과값은?

```
def cs(n):
    s = 0
    for num in range(n+1):
        s += num
    return s print(cs(11))
```

① 45
③ 66
② 55
④ 78

32 C언어에서 한 문자 출력 시 사용하는 함수는?

① gets( )
② getchar( )
③ puts( )
④ putchar( )

33 JAVA에서 변수와 자료형에 대한 설명으로 옳지 않은 것은?

① 변수는 어떤 값을 주기억 장치에 기억하기 위해서 사용하는 공간이다.
② 변수의 자료형에 따라 저장할 수 있는 값의 종류와 범위가 달라진다.
③ char 자료형은 나열된 여러 개의 문자를 저장하고자 할 때 사용한다.
④ boolean 자료형은 조건이 참인지 거짓인지 판단하고자 할 때 사용한다.

34 〈input〉 태그의 type 속성의 값의 설명이 옳지 않은 것은?

① hidden – 사용자에게 안 보이게 입력
② password – 비밀번호 입력
③ radio – 라디오 버튼 삽입
④ button – 서버 전송 버튼

35 C언어에서 사용할 수 없는 변수명은?

① student2019
② text-color
③ _korea
④ amount

36 HTML의 〈canvas〉 태그와 관련된 설명이 옳지 않은 것은?

① 웹 페이지에서 그래픽 콘텐츠를 그릴 때 사용되는 태그이다.
② 〈canvas〉 태그에는 width, height 속성이 존재한다.
③ 〈canvas〉 태그가 지원되지 않는 경우는 태그안의 text로 대체된다.
④ 〈img〉 태그와 같이 〈canvas〉 태그는 닫는 〈/canvas〉가 필요 없다.

37 다음 Java 프로그램의 결과값은?

```
public class Test {
    public static void main(String[] args) {
        int value = 3;
        switch (value) {
                case 1: System.out.println("one");
                case 2: System.out.println("two");
                case 3: System.out.println("three"); break;
                case 4: System.out.println("four");
                case 5: System.out.println("five");
        }
    }
}
```

① one
　two

② one
　two
　three

③ three

④ four
　five

38 C언어의 표준 입출력 함수 중에서 스트림을 직접 지정할 수 있는 함수가 아닌 것은?

① fopen( )
② fputs( )
③ fscanf( )
④ fprintf( )

39 API(Application Program Interface)와 관련된 설명으로 옳지 않은 것은?

① 라이브러리에 접근하기 위한 규칙들을 정의한 것이다.
② 기존의 API를 이용해 새로운 프로그램을 만드는 것을 매쉬업(mashup)이라고 한다.
③ 프로그래머는 라이브러리가 제공하는 여러 함수를 이용하여 프로그램을 작성할 때 해당 함수의 내부 구조를 잘 알아야 한다.
④ API의 장점으로는 코드의 재사용, 모듈화, 플랫폼 독립성, 연계 및 통합이 있다.

40 JavaScript와 같은 클라이언트 사이드 스크립트(client-side scripts)를 정의할 때 사용하는 HTML 태그는?

① ⟨javascript⟩ 태그
② ⟨script⟩ 태그
③ ⟨jsscript⟩ 태그
④ ⟨javascript⟩ 태그

3과목 데이터베이스 활용

41 정규화에 대한 설명으로 적절하지 않은 것은?

① 데이터베이스의 개념적 설계 단계 이전에 수행한다.
② 데이터 구조의 안정성을 최대화한다.
③ 중복을 배제하여 삽입, 삭제, 갱신 이상의 발생을 방지한다.
④ 데이터 삽입 시 릴레이션을 재구성할 필요성을 줄인다.

42 데이터베이스 설계 단계 중 물리적 설계 시 고려 사항으로 적절하지 않은 것은?

① 스키마의 평가 및 정제
② 응답 시간
③ 저장 공간의 효율화
④ 트랜잭션 처리량

43 계층형 데이터 모델에 대한 설명으로 옳지 않은 것은?

① 링크를 사용하여 자료와 자료 사이의 관계성을 나타낸다.
② CODASYL DBTG 모델이라고도 한다.
③ 각 레코드가 트리구조 형태로 구성된다.
④ 데이터의 독립성이 보장된다.

44 다음 자료를 버블 정렬을 이용하여 오름차순으로 정렬할 경우 PASS 3의 결과는?

> 9, 6, 7, 3, 5

① 6, 3, 5, 7, 9
② 3, 5, 6, 7, 9
③ 6, 7, 3, 5, 9
④ 3, 5, 9, 6, 7

45 다음 중 SQL에서의 DDL문이 아닌 것은?

① CREATE
② DELETE
③ ALTER
④ DROP

46 데이터 모델에 표시해야 할 요소로 거리가 먼 것은?

① 논리적 데이터 구조
② 출력 구조
③ 연산
④ 제약 조건

47 다음 중 기본키는 NULL 값을 가져서는 안 되며, 릴레이션 내에 오직 하나의 값만 존재해야 한다는 조건을 무엇이라 하는가?

① 개체 무결성 제약 조건
② 참조 무결성 제약 조건
③ 도메인 무결성 제약 조건
④ 속성 무결성 제약 조건

48 해싱 함수(Hashing Function)의 종류가 아닌 것은?

① 제곱법(mid-square)
② 숫자분석법(digit analysis)
③ 개방주소법(open addressing)
④ 제산법(division)

49 다음에서 설명하는 스키마(Schema)는?

> 데이터베이스 전체를 정의한 것으로 데이터 개체, 관계, 제약 조건, 접근 권한, 무결성 규칙 등을 명세한 것

① 개념 스키마   ② 내부 스키마
③ 외부 스키마   ④ 내용 스키마

50 트랜잭션의 특성이 아닌 것은?

① Durability
② Isolation
③ Concurrent sharing
④ Atomicity

51 DBA의 역할로 거리가 먼 것은?

① 응용 프로그램(Application program)의 작성
② 스키마 정의
③ 무결성 제약 조건의 지정
④ 저장 구조와 액세스 방법 정의

52 다음 질의문 실행의 결과는?

```
SELECT 가격 FROM 도서가격
WHERE 책번호 = (SELECT 책번호 FROM 도서
                WHERE 책명 = '운영체제');
```

〈도서 테이블〉

책번호	책명
1111	운영체제
2222	세계지도
3333	생활영어

〈도서가격 테이블〉

책번호	가격
1111	15000
2222	23000
3333	7000
4444	5000

① 5000
② 7000
③ 15000
④ 23000

53 색인 순차 파일에 대한 설명으로 옳지 않은 것은?

① 레코드의 삽입과 수정이 용이하다.
② 색인을 저장하기 위한 공간과 오버플로우 처리를 위한 별도의 공간이 필요 없다.
③ 순차 처리와 랜덤 처리가 모두 가능하다.
④ 인덱스를 이용한 액세스 때문에 랜덤 편성 파일과 비교해서 액세스 시간이 느리다.

54 학적 테이블에서 전화번호가 NULL값이 아닌 학생명을 모두 검색할 때, SQL 구문으로 옳은 것은?

① SELECT FROM 07 WHERE 전화번호 DON'T NULL;
② SELECT FROM WHERE 전화번호 != NOT NULL;
③ SELECT 학생명 FROM 학적 WHERE 전화번호 IS NOT NULL;
④ SELECT FROM WHERE 전화번호 IS NULL;

55 다음 SQL문의 실행 결과를 가장 옳게 설명한 것은?

```
DROP TABLE 인사 CASCADE;
```

① 인사 테이블을 제거한다.
② 인사 테이블을 참조하는 테이블과 인사 테이블을 제거한다.
③ 인사 테이블이 참조 중이면 제거하지 않는다.
④ 인사 테이블을 제거할지 여부를 사용자에게 다시 질의한다.

56 다음 트리에 대한 중위 순회 운행 결과는?

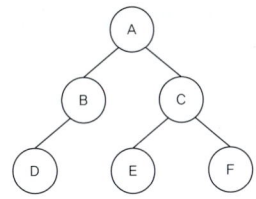

① ABDCEF
② ABCDEF
③ DBECFA
④ DBAECF

57 다음의 설명 ㉠과 ㉡이 의미하고 있는 개념을 옳게 설명한 것으로 짝지어진 것은?

> ㉠ 릴레이션의 애트리뷰트 개수
> ㉡ 릴레이션에 포함되어 있는 튜플의 개수

	㉠	㉡
①	차수(degree)	레벨(level)
②	차수(degree)	카디널리티(cardinality)
③	레벨(level)	카디널리티(cardinality)
④	레벨(level)	차수(degree)

58 뷰(view)에 대한 설명으로 옳지 않은 것은?

① 뷰는 CREATE문을 사용하여 정의한다.
② 뷰는 데이터의 논리적 독립성을 제공한다.
③ 뷰를 제거할 때에는 DROP문을 사용한다.
④ 뷰는 저장장치 내에 물리적으로 존재한다.

59 릴레이션의 특징으로 거리가 먼 것은?

① 모든 튜플은 서로 다른 값을 갖는다.
② 모든 속성값은 원자값이다.
③ 튜플 사이에는 순서가 없다.
④ 각 속성은 유일한 이름을 가지며, 속성의 순서에는 큰 의미가 있다.

60 하나의 애트리뷰트가 가질 수 있는 원자값들의 집합을 의미하는 것은?

① 도메인
② 튜플
③ 엔티티
④ 다형성

정보처리산업기사 필기 최신 기출문제 05회

시험 일자	문항 수	시험 시간
2023년 제3회	총 60문항	1시간 30분

수험번호 : _____
성   명 : _____

1과목 정보시스템 기반 기술

01 객체지향 기법 중 다음 설명이 의미하는 것은?

> 객체의 성질을 분해하여 공통된 성질을 추출하여 슈퍼클래스를 선정하는 것이다. 즉, 불필요한 부분을 생략하고 객체의 속성 중 가장 중요한 것에만 중점을 두어 개략화, 모델화하는 것이다. 예를 들면, '자동차'와 '말'이라는 클래스에서 '타는 것'이라는 클래스를 만드는 것이다.

① Inheritance
② Abstraction
③ Polymorphism
④ Encapsulation

02 아키텍처 패턴과 디자인 패턴에 대한 설명으로 틀린 것은?

① 아키텍처 패턴은 외부에서 인식할 수 있는 특성이 담긴 소프트웨어의 골격이 되는 기본 구조로 볼 수 있다.
② 소프트웨어 품질 요구사항은 아키텍처 패턴을 결정하는 데 주요한 요소로 작용한다.
③ 아키텍처 패턴은 소프트웨어 설계에서 자주 발생하는 문제에 대한 일반적이고 반복적인 해결 방법이다.
④ 디자인 패턴은 각기 다른 소프트웨어 모듈이나 기능 간의 설계 또는 해결책 간의 공통되는 요소를 재사용할 수 있게 해준다.

03 UNIX 시스템에서 파일 모드가 '-rwxr-xr-x'이다. 이 파일에 대한 설명 중 옳은 것은?

① 모든 사용자는 실행 가능하다.
② 권한을 나타내는 숫자는 '757'이다.
③ 모든 사용자는 쓰기 가능하다.
④ 파일 소유자는 읽기 불가능하다.

04 기능 모델링의 기본 요소가 아닌 것은?

① 표현(Representation)
② 관계(Relationships)
③ 규약(Convention)
④ 명세(Specification)

05 통합 테스트에 대한 설명으로 틀린 것은?

① 기능적 요구사항 테스트 방법은 화이트박스 테스트를 수행한다.
② 상향식 테스트는 최하위 레벨에서 구축과 테스트를 시작한다.
③ 상향식 테스트는 최하위 레벨에서 구축과 테스트를 시작한다.
④ 샌드위치형 테스트는 상향식과 하향식을 절충한 방식이다.

06 IP 주소의 수는 한정되어 있으므로 어떤 기관에서 배정 받은 하나의 네트워크 주소를 다시 여러 개의 작은 네트워크로 나누어 사용하는 것은?

① Subnetting
② SLIP
③ MAC
④ IP address

07 객체지향 기법의 캡슐화(Encapsulation)에 대한 설명으로 틀린 것은?

① 변경 발생 시 오류의 파급효과가 적다.
② 인터페이스가 단순화 된다.
③ 소프트웨어 재사용성이 높아진다.
④ 상위 클래스의 모든 속성과 연산을 하위 클래스가 물려받는 것을 의미한다.

08 UI 설계 지침의 항목이 아닌 것은?

① 사용자 중심
② 이식성
③ 가시성
④ 표준화

09 FIFO 기법을 적용하여 작업 스케줄링을 하였을 때, 다음 작업들의 평균 회수시간(Turn-around Time)은? (단, 문맥교환시간은 무시한다.)

작업	도착시간	CPU 사용시간
A	0	6
B	1	3
C	2	1
D	3	8

① 9.25
② 8.25
③ 7.75
④ 7.25

10 병행 프로세스의 상호배제 구현 기법으로 거리가 먼 것은?

① 데커 알고리즘
② 피터슨 알고리즘
③ Test_And_Set 명령어 기법
④ 은행원 알고리즘

11 UML(Unified Modeling Language)에 대한 설명 중 틀린 것은?

① 객체 지향 시스템을 개발할 때 산출물을 명세화, 시각화, 문서화하는 데 사용된다.
② 개발하는 시스템을 이해하기 쉬운 형태로 표현하여 분석가, 의뢰인, 설계자가 효율적인 의사소통을 할 수 있게 해준다.
③ 개발 방법론이나 개발 프로세스가 아니라 표준화된 모델링 언어이다.
④ 동적 모델은 시스템의 내부 동작을 말하며, UML에서는 Class Diagram을 사용한다.

12 OSI 7계층 참조모델 중 2계층 프로토콜에 해당하지 않는 것은?

① HDLC
② SNMP
③ PPP
④ SLIP

13 모듈 작성 시 주의 사항으로 거리가 먼 것은?

① 적절한 크기로 작성한다.
② 모듈 간의 결합도를 최대화한다.
③ 보기 쉽고 이해하기 쉽도록 작성한다.
④ 자료 추상화와 정보은닉의 성격을 가지도록 한다.

14 TCP/IP 프로토콜의 IP 계층에 대응하는 OSI 참조 모델의 계층은?

① 물리 계층
② 전송 계층
③ 네트워크 계층
④ 세션 계층

15 디자인 패턴 중에서 행위 패턴에 속하는 것은?

① 커맨드(Command) 패턴
② 브리지(Bridge) 패턴
③ 프록시(Proxy) 패턴
④ 싱글톤(Singleton) 패턴

16 다음이 설명하고 있는 프로토콜은?

> 각 컴퓨터에서 IP 관리를 쉽게 하기 위한 프로토콜이며 TCP/IP 통신을 실행하기 위해 필요한 정보를 자동적으로 할당, 관리하기 위한 통신 규약으로써 RFC 1541에 규정되어 있다.

① LDP
② DHCP
③ ARP
④ RTCP

17 블랙박스 테스트를 이용하여 발견할 수 있는 오류가 아닌 것은?

① 비정상적인 자료를 입력해도 오류 처리를 수행하지 않는 경우
② 정상적인 자료를 입력해도 요구된 기능이 제대로 수행되지 않는 경우
③ 반복 조건을 만족하는데도 루프 내의 문장이 수행되지 않는 경우
④ 경계값을 입력할 경우 요구된 출력 결과가 나오지 않는 경우

18 다음 설명에 해당하는 형상관리와 관련된 용어는?

> • 소프트웨어 개발 과정 중 특정 시점이나 목적을 위하여 만들어진 산출물의 집합
> • 공식적인 변경 통제 절차를 통해서만 변경 가능한 형상항목

① 기능 점수(Function Point)
② 베이스라인(Baseline)
③ 기본 경로(Basis Path)
④ 사용자 스토리(User Story)

19 애플리케이션의 컴포넌트 및 모듈을 테스트하는 환경의 일부분으로, 테스트를 지원하기 위해 생성된 코드와 데이터를 의미하는 것은?

① 테스트 하네스
② 테스트 케이스
③ 테스트 시나리오
④ 테스트 오라클

20 UNIX에서 커널에 대한 설명으로 틀린 것은?

① 컴퓨터가 부팅될 때 주기억장치에 적재된 후 상주하면서 실행된다.
② 프로그램과 하드웨어 간의 인터페이스 역할을 담당한다.
③ 기억장치 관리, 파일 관리, 프로세스 관리, 명령어 해석기 역할을 수행한다.
④ UNIX의 가장 핵심적인 부분이다.

2과목 프로그래밍 언어 활용

21 C언어의 실수 자료형에 해당하는 것은?

① float
② char
③ long
④ int

22 다음 C 프로그램의 결과값은?

```
#include <stdio.h>
int main()
{
    int x = 10;
    int y = 12;
    int z;

    z = x++ < --y ? ++x: y--;
    printf("%d", z);
    return 0;
}
```

① 10
② 11
③ 12
④ 13

23 Java에서 예외 처리 구문에 해당하는 것은?

① try…catch
② if…else
③ switch…case
④ while

24 다음 Python 프로그램의 결과값은?

```
#include <stdio.h>
int main()
{
    int a = 100;
    int b = 200;

    printf("%d", a != b);
    return 0;
}
```

① 0
② 1
③ 2
④ 300

25 다음 내용이 설명하는 용어는?

- 프로그래머가 사용하는 운영체제나 응용 프로그램의 인터페이스이다.
- 개발자들에게 소프트웨어 개발과 상호작용을 단순화하고, 효율적인 개발을 가능하게 하는 강력한 도구이다.
- 웹, 라이브러리, 운영체제 등 다양한 형태로 제공된다.

① RAD
② RSS
③ API
④ OPI

26 보안 취약점을 의미하는 것은?

① Visibility
② Portability
③ Usability
④ Vulnerability

27 두 개체 또는 시스템 간의 상호작용을 위한 경계나 접점을 의미하는 것은?

① 모듈
② 프로토콜
③ 프레임워크
④ 인터페이스

28 다음 Java 프로그램의 결과값은?

```
class XXX {
    String s1, s2;
}
class YYY {
    String s1, s2;
    YYY() { }
    YYY(String s1, String s2) {
        this.s1 = s1;
        this.s2 = s2;
    }
}
public class Exam {
    public static void
    main(String[] args) {
        XXX x = new XXX();
        YYY y = new YYY("ba",
        "ab");
        x.s1 = "aa";
        x.s2 = "bb";
        System.out.println("a" +
        x.s1 + y.s2 + "b");
    }
}
```

① aaabbb
② aaaabb
③ abaabb
④ aaabab

29 웹의 3요소가 아닌 것은?

① 웹 사이트
② 웹 표준
③ 웹 접근성
④ 웹 호환성

30 다른 모듈 내의 외부 선언을 하지 않은 자료를 직접 참조하므로 의존도가 대단히 높고, 순서 변경이 다른 모듈에 영향을 주기 쉬운 모듈 결합도에 해당하는 것은?

① 제어 결합도
② 외부 결합도
③ 공통 결합도
④ 내용 결합도

31 다음 중 Myers가 구분한 응집도(Cohesion)의 정도에서 가장 낮은 응집도를 갖는 단계는?

① 순차적 응집도(Sequential Cohesion)
② 기능적 응집도(Functional Cohesion)
③ 시간적 응집도(Temporal Cohesion)
④ 우연적 응집도(Coincidental Cohesion)

32 다음 Java 프로그램의 결과값은?

```
class AAA {
    AAA() {
        System.out.print("1 ");
    }
    AAA(int n) {
        System.out.print("2 ");
    }
}
class BBB extends AAA {
    BBB() {
        System.out.print("3 ");
    }
    BBB(int n) {
        System.out.print("4 ");
    }
}
public class Exam {
    public static void main(String[] args) {
        BBB bbb = new BBB(100);
    }
}
```

① 1 3
② 1 4
③ 2 3
④ 2 4

33 다음 Javascript 프로그램의 결과값은?

```
<!DOCTYPE html>
<html lang="ko">
<body>
    <script>
        var sum = 0;
        for (var i = 1; i <= 10; i++) {
            sum = sum + i;
        }
        document.write(sum);
    </script>
</body>
</html>
```

① 0
② 10
③ 45
④ 55

34 C언어에서 XOR 연산을 하는 비트 연산자는?

① ^
② &
③ |
④ ~

35 예외와 에러에 대한 설명으로 옳지 않은 것은?

① 예외(Exception)는 프로그램의 실행 중에 예상하지 않은 상황이나 오류가 발생할 때 사용된다.
② 런타임 에러는 프로그램이 실행되는 동안 예외적인 상황이나 오류가 발생하는 경우에 발생한다.
③ 컴파일 에러는 프로그램이 실행되는 동안 발생하며, 코드의 구문과 타입에 관련된 문제로 발생한다.
④ 에러(Error)는 심각한 오류나 시스템 수준의 문제로, 프로그램이 중단되고 실행이 멈추게 된다.

36 HTML에서 현재 있는 웹 페이지에서 다른 웹 페이지로 이동할 수 있도록 하이퍼링크를 정의하는 태그는?

① ⟨li⟩
② ⟨ul⟩
③ ⟨ol⟩
④ ⟨a⟩

37 다음 C 프로그램의 결과값은?

```
#include <stdio.h>
int main()
{
    int a[3];
    int* p;
    int i;
    int sum = 0;

    p = a;

    *p = 10;
    *(p + 1) = 12;
    a[2] = a[0] + a[1];

    for(i = 0; i < 3; i++)
    {
        sum += a[i];
    }

    printf("%d", sum + a[2]);
    return 0;
}
```

① 22
② 33
③ 44
④ 66

38 ⟨p⟩ 태그에 빨강색 점선 테두리에 내부 여백을 30px로 지정하는 CSS는?

① ⟨p style ="border-color: red; border-style: solid; margin: 30px;"⟩
② ⟨p style ="border-color: red; border-style: dotted; margin: 30px;"⟩
③ ⟨p style ="border-color: red; border-style: solid; padding: 30px;"⟩
④ ⟨p style ="border-color: red; border-style: dotted; padding: 30px;"⟩

39 JavaScript에서 배열 객체의 마지막에 요소를 추가해 주는 메소드는?

① splice()
② push()
③ add()
④ unshift()

40 속성과 메서드를 재정의하거나 새로운 속성과 메서드를 추가하여 기능을 확장하는 객체지향의 주요 특징은?

① 캡슐화
② 정보은닉
③ 상속
④ 다형성

3과목 데이터베이스 활용

41 제2차 정규형에서 제3차 정규형이 되기 위한 조건은?

① 부분함수 종속 제거
② 이행함수 종속 제거
③ 원자값이 아닌 도메인을 분해
④ 결정자가 후보키가 아닌 함수 종속 제거

42 개체-관계 모델(E-R)에서 개체 간 관계 타입을 나타낼 때 사용하는 기호는?

① 삼각형
② 마름모
③ 타원
④ 오각형

43 다음 관계대수 중 순수 관계 연산자가 아닌 것은?

① 차집합(difference)
② 프로젝트(project)
③ 조인(join)
④ 디비전(division)

44 버블 정렬을 이용한 오름차순 정렬 시 3회전 후의 결과는?

> 10, 7, 8, 4, 6

① 7, 8, 4, 6, 10
② 7, 10, 8, 4, 6
③ 4, 6, 7, 8, 10
④ 7, 4, 6, 8, 10

45 다음 SQL 명령 중 DML에 해당하는 항목 모두를 나열한 것은?

㉠ SELECT	㉡ UPDATE
㉢ DELETE	㉣ INSERT
㉤ CREATE	㉥ DROP

① ㉠, ㉥
② ㉡, ㉣, ㉤
③ ㉠, ㉡, ㉢, ㉣
④ ㉠, ㉡, ㉢, ㉣, ㉥

46 데이터베이스 설계 단계 중 물리적 설계 시 고려 사항으로 적절하지 않은 것은?

① 스키마의 평가 및 정제
② 응답 시간
③ 저장 공간의 효율화
④ 트랜잭션 처리량

47 A, B, C, D의 순서로 정해진 입력 자료를 스택에 입력하였다가 출력한 결과가 될 수 없는 것은? (단, 왼쪽부터 먼저 출력된 순서이다.)

① C, B, A, D
② C, D, A, B
③ B, A, D, C
④ B, C, D, A

48 해싱 함수 선택 시 고려 사항과 거리가 먼 것은?

① 계산 과정의 단순화
② 충돌의 최소화
③ 기억장소 낭비의 최소화
④ 오버플로우의 최대화

49 릴레이션의 속성에 대한 설명으로 옳지 않은 것은?
① 각 속성은 릴레이션 내에서 유일한 이름을 가진다.
② 속성의 개수를 카디널리티(cardinality)라고 한다.
③ 속성의 순서는 큰 의미가 없다.
④ 한 릴레이션에 나타난 속성값은 논리적으로 더 이상 분해할 수 없는 원자값이다.

50 다음의 트리를 포스트오더(Postorder)로 운행할 때 노드 E는 몇 번째로 검사되는가?

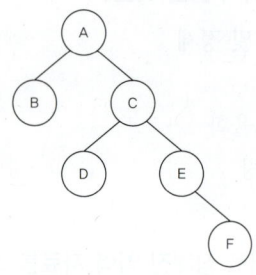

① 2번째
② 3번째
③ 4번째
④ 5번째

51 논리적 설계 단계에 해당하지 않는 것은?
① 논리적 데이터 모델로 변환
② 트랜잭션 인터페이스 설계
③ 개념 스키마의 평가 및 정제
④ 접근 경로 설계

52 외래키에 대한 설명으로 옳지 않은 것은?
① 외래키는 현실 세계에 존재하는 개체 타입들 간의 관계를 표현하는 데 중요한 역할을 수행한다.
② 외래키로 지정되면 참조 릴레이션의 기본키에 없는 값은 입력할 수 없다.
③ 외래키를 포함하는 릴레이션이 참조 릴레이션이 되고, 대응되는 기본키를 포함하는 릴레이션이 참조하는 릴레이션이 된다.
④ 참조 무결성 제약 조건과 밀접한 관계를 가진다.

53 관계 데이터 모델에서 애트리뷰트가 취할 수 있는 값들의 집합을 의미하는 것은?
① 릴레이션
② 도메인
③ 튜플
④ 차수

54 학생 테이블에서 학번이 300인 학생의 학년을 3으로 수정하기 위한 SQL 질의어는?
① UPDATE 학년 = 3 FROM 학생 WHERE 학번 = 300;
② UPDATE 학생 SET 학년 = 3 WHERE 학번 = 300;
③ UPDATE FROM 학생 SET 학년 = 3 WHERE 학번 = 300;
④ UPDATE 학년 = 3 SET 학생 WHEN 학번 = 300;

55 다음 문장을 만족하는 SQL 문장은?

> 학번이 1000번인 학생을 학생 테이블에서 삭제하시오.

① DELETE FROM 학생 WHERE 학번=1000;
② DELETE FROM 학생 IF 학번=1000;
③ SELECT * FROM 학생 WHERE 학번=1000;
④ SELECT * FROM 학생 CONDITION 학번=1000;

56 다음 SQL문을 실행한 결과는?

〈계좌〉

계좌번호	이자	종류
101	110	보통계좌
201	120	보통계좌
301	400	보통계좌
401	150	보통계좌
505	100	당좌계좌
605	200	당좌계좌

```
SELECT 계좌번호 FROM 계좌
WHERE 이자 = ( SELECT MAX(이자) FROM 계좌 );
```

① 650
② 301
③ 101
   301
④ 505
   605

57 다음 SQL문에서 DISTINCT의 의미는?

> SELECT DISTINCT DEPT FROM STUDENT;

① 검색 결과에서 레코드의 중복을 제거하라.
② 모든 레코드를 검색하라.
③ 검색 결과를 순서대로 정렬하라.
④ DEPT의 처음 레코드만 검색하라.

58 뷰에 대한 설명으로 옳지 않은 것은?

① 뷰 위에 또 다른 뷰를 정의 할 수 있다.
② 보안 측면에서 뷰를 활용할 수 있다.
③ 뷰를 삭제할 때 그 위에 정의된 다른 뷰도 자동적으로 삭제된다.
④ 뷰에 대한 삽입, 갱신, 삭제 연산은 기본 테이블과 동일하다.

59 데이터 제어어(DCL)의 기능으로 옳지 않은 것은?

① 데이터 보안
② 논리적, 물리적 데이터 구조 정의
③ 무결성 유지
④ 병행 수행 제어

60 정규화의 원칙으로 거리가 먼 것은?

① 하나의 스키마에서 다른 스키마로 변환시킬 때 정보의 손실이 있어서는 안 된다.
② 이상 현상 제거를 위해 데이터의 종속성이 많아야 한다.
③ 하나의 독립된 관계성은 하나의 독립된 릴레이션으로 분리시켜 표현한다.
④ 데이터의 중복성이 감소되어야 한다.

정보처리산업기사 필기 최신 기출문제 06회

시험 일자	문항 수	시험 시간
2023년 제2회	총 60문항	1시간 30분

수험번호 : _____

성   명 : _____

1과목 정보시스템 기반 기술

01 객체지향 기법 중 다음 설명이 의미하는 것은?

> - 상위 클래스의 모든 속성과 연산을 하위 클래스가 재정의 없이 물려받아 사용하는 것이다.
> - 상위 클래스는 추상적 성질을, 하위 클래스는 구체적 성질을 가진다.
> - 하위 클래스는 이것을 받은 속성과 연산에 새로운 속성과 연산을 추가하여 사용할 수 있다.
> - 다수의 상위 클래스에서 속성과 연산을 물려받는 것을 다중 이것이라고 한다.

① Inheritance
② Abstraction
③ Polymorphism
④ Encapsulation

02 소프트웨어 개발 프레임워크와 관련한 설명으로 가장 적절하지 않은 것은?

① 반제품 상태의 제품을 토대로 도메인별로 필요한 서비스 컴포넌트를 사용하여 재사용성 확대와 성능을 보장받을 수 있게 하는 개발 소프트웨어이다.
② 라이브러리와는 달리 사용자 코드에서 프레임워크를 호출해서 사용하고, 그에 대한 제어도 사용자 코드가 가지는 방식이다.
③ 설계 관점에 개발 방식을 패턴화시키기 위한 노력의 결과물인 소프트웨어 디자인 패턴을 반제품 소프트웨어 상태로 집적화시킨 것으로 볼 수 있다.
④ 프레임워크의 동작 원리를 그 제어 흐름의 일반적인 프로그램 흐름과 반대로 동작한다고 해서 IOC(Inversion of Control)라고 설명하기도 한다.

03 UNIX에서 각 파일에 대한 정보를 기억하고 있는 자료구조로서 파일 소유자의 식별번호, 파일 크기, 파일의 최종 수정시간, 파일 링크 수 등의 내용을 가지고 있는 것은?

① Super block
② i-node
③ Directory
④ File system mounting

04 소프트웨어 테스트 순서가 바르게 나열된 것은?

① 인수 → 통합 → 단위 → 시스템
② 단위 → 통합 → 시스템 → 인수
③ 인수 → 단위 → 시스템 → 통합
④ 시스템 → 인수 → 단위 → 통합

05 통합 테스트에 대한 설명으로 틀린 것은?

① 드라이버를 사용하는 것은 상향식 테스트 기법이다.
② 모듈이나 컴포넌트의 기능성 테스트를 최우선으로 한다.
③ 상향식 테스트는 최하위 레벨에서 구축과 테스트를 시작한다.
④ 샌드위치형 테스트는 상향식과 하향식을 절충한 방식이다.

06 IPv6의 주소체계로 거리가 먼 것은?

① Unicast
② Anycast
③ Broadcast
④ Multicast

07 하나의 프로세스가 작업 수행 과정에서 수행하는 기억 장치 접근에서 지나치게 페이지 폴트가 발생하여 프로세스 수행에 소요되는 시간보다 페이지 이동에 소요되는 시간이 더 커지는 현상은?

① 스레싱(Thrashing)
② 워킹 셋(Working set)
③ 세마포어(Semaphore)
④ 교환(Swapping)

08 GoF 디자인 패턴 중 객체를 생성하기 위한 인터페이스를 정의하여 어떤 클래스가 인스턴스화 될 것인지는 서브 클래스가 결정하도록 하는 생성 패턴은?

① Singleton
② Builder
③ Factory method
④ Abstraction factory

09 SJF(Shortest Job First) 스케줄링에서 작업 도착시간과 CPU 사용시간은 다음 표와 같다. 모든 작업들의 평균 대기시간은 얼마인가?

작업	도착시간	CPU 사용시간
1	0	29
2	3	32
3	8	7

① 6
② 9
③ 12
④ 18

10 교착상태가 발생할 수 있는 조건이 아닌 것은?

① Mutual exclusion
② Hold and wait
③ Non-preemption
④ Linear wait

11 다음 설명의 ㉠과 ㉡에 들어갈 내용으로 옳은 것은?

> 가상기억장치의 일반적인 구현 방법에는 프로그램을 고정된 크기의 일정한 블록으로 나누는 (㉠) 기법과 가변적인 크기의 블록으로 나누는 (㉡) 기법이 있다.

① ㉠ Paging, ㉡ Segmentation
② ㉠ Segmentation, ㉡ Allocation
③ ㉠ Segmentation, ㉡ Compaction
④ ㉠ Paging, ㉡ Linking

12 X.25에서 오류 제어와 흐름 제어, 가상 회선의 설정과 해제, 다중화 기능, 망 고장 발생 시 회복 메커니즘을 규정하는 계층은?

① 링크 계층
② 물리 계층
③ 패킷 계층
④ 응용 계층

13 루프 검사(Loop Test)에서 찾아볼 수 있는 4가지 반복 구조가 아닌 것은?

① 단순 반복
② 연산식 반복
③ 비구조적 반복
④ 중첩 반복

14 연속되는 2개의 숫자를 표현한 코드에서 한 개의 비트를 변경하면 새로운 코드가 되기 때문에 아날로그-디지털 변환, 데이터 전송 등에 주로 사용되는 코드는?

① EBCDIC Code
② Hamming Code
③ ASCII Code
④ Gray Code

15 해싱에서 동일한 홈 주소로 인하여 충돌이 일어난 레코드들의 집합을 의미하는 것은?

① Synonym
② Collision
③ Bucket
④ Overflow

16 GoF(Gang of Four) 디자인 패턴을 생성, 구조, 행동 패턴의 세 그룹으로 분류할 때, 다른 그룹의 패턴은?

① Singlenton 패턴
② Bridge 패턴
③ Adapter 패턴
④ Proxy 패턴

17 UDP 프로토콜의 특징이 아닌 것은?

① 비연결형 서비스를 제공한다.
② 단순한 헤더 구조로 오버헤드가 적다.
③ 주로 주소를 지정하고, 경로를 설정하는 기능을 한다.
④ TCP와 같이 트랜스포트 계층에 존재한다.

18 아키텍처 설계에서 뷰의 종류가 아닌 것은?

① 물리적 뷰
② 논리적 뷰
③ 프로세스 뷰
④ 배포 뷰

19 업무상 일 처리에 해당하는 소프트웨어 기능을 서비스로 판단하여 그 서비스를 네트워크상에 연동하여 시스템 전체를 구축해 나가는 방법론은?

① SLA
② EAI
③ RSA
④ SOA

20 테스트와 디버그의 목적으로 옳은 것은?

① 테스트는 오류를 찾는 작업이고 디버깅은 오류를 수정하는 작업이다.
② 테스트는 오류를 수정하는 작업이고 디버깅은 오류를 찾는 작업이다.
③ 둘 다 소프트웨어의 오류를 찾는 작업으로 오류 수정은 하지 않는다.
④ 둘 다 소프트웨어 오류의 발견, 수정과 무관하다.

2과목 　프로그래밍 언어 활용

21 모듈의 결합도는 설계에 대한 품질 평가 방법의 하나로서 두 모듈 간의 상호 의존도를 측정하는 것이다. 다음 중 설계 품질이 가장 좋은 결합도는?

① Common Coupling
② Data Coupling
③ Control Coupling
④ Content Coupling

22 다음 Java 프로그램이 실행되었을 때 실행 결과는?

```
public class Test {
    public static void main(String args[]) {
        int a, b, c, d;
        a = b = 7;
        c = --a % --a;
        d = b++ * b++;
        System.out.printf("%d, %d", c, d);
    }
}
```

① 0, 49　　② 1, 49
③ 0, 56　　④ 1, 56

23 객체 지향 개념 중 하나 이상의 유사한 객체들을 묶어 공통된 특성을 표현한 데이터 추상화를 의미하는 것은?

① Method
② Class
③ Field
④ Message

24 Python에서 연속된 숫자를 생성하는 기능으로, 리스트의 생성이나 반복문에 주로 활용하는 것은?

① Goto
② Range
③ Slice
④ Set

25 다음 C언어 프로그램 실행 결과는?

```
#include <stdlib.h>
int main(int argc, char* argv[]) {
    int i = 0;
    while (1) {
        if (i == 6) {
            break;
        }
        ++i;
    }
    printf("i = %d", i);
    return 0;
}
```

① i = 0
② i = 2
③ i = 4
④ I = 6

26 단위 테스트(Unit Test)와 관련한 설명으로 틀린 것은?

① 구현 단계에서 각 모듈의 개발을 완료한 후 개발자가 명세서의 내용대로 정확히 구현되었는지 테스트한다.
② 모듈 내부의 구조를 구체적으로 볼 수 있는 구조적 테스트를 주로 시행한다.
③ 필요 테스트를 인자를 통해 넘겨주고, 테스트 완료 후 그 결과값을 받는 역할을 하는 가상의 모듈을 테스트 스텁(Stub)이라고 한다.
④ 테스트할 모듈을 호출하는 모듈도 있고, 테스트할 모듈이 호출하는 모듈도 있다.

27 화이트박스 테스트와 관련한 설명으로 틀린 것은?

① 화이트박스 테스트의 이해를 위해 논리 흐름도(Logic-Flow Diagram)를 이용할 수 있다.
② 테스트 데이터를 이용해 실제 프로그램을 실행함으로써 오류를 찾는 동적 테스트(Dynamic Test)에 해당한다.
③ 프로그램의 구조를 고려하지 않기 때문에 요구나 명세를 기초로 결정한다.
④ 테스트 데이터를 선택하기 위하여 검증 기준(Test Coverage)을 정한다.

28 다음 HTML 문서에서 빨강색 배경을 설정하는 라인은?

```
<!DOCTYPE html>
<html>
<head>
  <style>
    tr:nth-child(even) { background-
    color: red; }
  </style>
</head>
<body>
  <table>
    <thead>
      <tr>
        <th></th>
      </tr>
    </thead>
    <tfoot>
      <tr>
        <td></td>
      </tr>
    </tfoot>
    <tbody>
      <tr>
        <td></td>
      </tr>
      <tr>
        <td></td>
      </tr>
    </tbody>
  </table>
</body>
</html>
```

① 2행
② 3행
③ 4행
④ 5행

29 다음 Java 코드가 실행되었을 때의 결과는?

```java
public class Main {
    public static void main(String[] args) {
        int[][] a = new int[4][5];
        System.out.print(a.length);
    }
}
```

① 2
② 3
③ 4
④ 5

30 좋은 소프트웨어 설계를 위한 소프트웨어의 모듈 간의 결합도(Coupling)와 모듈 내 요소 간 응집도(Cohesion)에 대한 설명으로 옳은 것은?

① 응집도는 낮게 결합도는 높게 설계한다.
② 응집도는 높게 결합도는 낮게 설계한다.
③ 양쪽 모두 낮게 설계한다.
④ 양쪽 모두 높게 설계한다.

31 다음 중 JavaScript의 프레임워크가 아닌 것은?

① Angular
② React
③ Ember
④ Django

32 다음 C언어 코드를 실행한 결과로 옳은 것은?

```c
#include <stdio.h>
#include <stdlib.h>
struct st {
  int a;
  int b;
};

int calc(int i, int j) {
  return abs(i - j);
}

int main() {
  struct st s;
  s.a = 30000;
  s.b = 10000;
  printf("%d", calc(s.a, s.b));
  return 0;
}
```

① 10000　　② 30000
③ 15000　　④ 20000

33 다음 C언어 프로그램의 결과값은?

```c
#include <stdio.h>
void func(int* p) {
    *p = *p - 7;
}
main() {
    int a = 15;
    func(&a);
    printf("%d", a);
}
```

① -5　　② 3
③ 8　　④ 13

34 C언어에서 문자열 출력 시 사용하는 함수는?

① gets( )
② getchar( )
③ puts( )
④ putchar( )

35 자바스크립트에서 배열의 속성과 메소드에 대한 설명으로 옳지 않은 것은?

① pop() : 배열의 맨 끝의 값을 삭제한다.
② join() : 배열의 요소들을 구분자로 구분하는 하나의 문자열로 반환한다.
③ splice() : 배열에서 지정한 범위의 데이터를 가져온다.
④ length : 배열의 길이를 반환한다.

36 C언어에서 식별자로 사용할 수 없는 것은?

① _2hrdk   ② str1
③ unoin   ④ Total

37 다음 C 프로그램의 괄호 (ⓐ)에 알맞은 코드는?

```
#include <stdio.h>
int func(int i, int j) {
  int sum = i + j;
  ( ⓐ ) sum;
}

int main() {
  int r = func(3, 5);
  printf("The sum of 3 and 5 is: %d\n", r);
  return 0;
}
```

① print   ② input
③ continuie ④ return

38 다음은 아이디와 패스워드를 입력하는 로그인 창을 JavaScript로 구현할 때 괄호에 들어갈 알맞은 속성은?

```
<html>
<head>
<title>로그인</title>
</head>
<body>
<form onsubmit="return validateForm()" ( ㉠ )="post" ( ㉡ )="log01.jsp">
<p>ID:<input type="text" name="id" required></p>
<p>PW:<input type="password" name="pw" required></p>
<p><input type="submit" value="Send"></p>
</form>

<script>
function validateForm() {
  var id = document.forms["myForm"]["id"].value;
  var pw = document.forms["myForm"]["pw"].value;
  if (id == "" || pw == "") {
    alert("ID와 비밀번호를 모두 입력하세요.");
    return false;
  }
  return true;
}
</script>
</body>
</html>
```

① ㉠ method, ㉡ action
② ㉠ action, ㉡ function
③ ㉠ function, ㉡ name
④ ㉠ name, ㉡ method

39 JavaScript에서 배열의 요소를 추가하거나 제거하는 메소드는?

① splice()
② push()
③ add()
④ unshift()

40 HTML5의 〈input〉 태그에서 필수 입력 필드를 만들려고 할 때 빈칸에 알맞은 것은?

〈input type="text" id="name" name="name" (　　)〉

① essential
② required
③ expexted
④ fill

3과목 데이터베이스 활용

41 양방향에서 입·출력이 가능한 선형 자료구조로 2개의 포인터를 이용하여 리스트의 양쪽 끝 모두에서 삽입·삭제가 가능한 것은?

① 데크(Deque)
② 스택(Stack)
③ 큐(Queue)
④ 트리(Tree)

42 정규화의 필요성으로 거리가 먼 것은?

① 데이터 구조의 안정성 최대화
② 중복 데이터의 활성화
③ 수정, 삭제 시 이상 현상의 최소화
④ 테이블 불일치 위험의 최소화

43 다음 BETWEEN 연산의 의미와 동일한 것은?

```
SELECT *
FROM 성적
WHERE (점수 BETWEEN 90 AND 95)
AND 학과 = "컴퓨터공학과"
```

① 점수 >= 90 AND 점수 <= 95
② 점수 > 90 AND 점수 < 95
③ 점수 > 90 AND 점수 <= 95
④ 점수 >= 90 AND 점수 < 95

44 다음 트리를 전위 순회(preorder traversal)한 결과는?

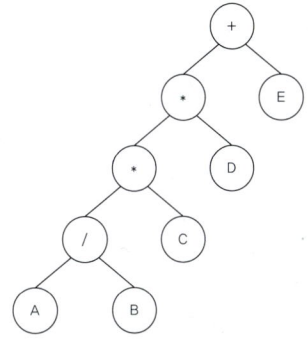

① +*AB/*CDE
② AB/C*D*E+
③ A/B*C*D+E
④ +**/ABCDE

45 다음 SQL문을 올바르게 설명한 것은?

```
SELECT *
FROM STUDENT
WHERE SNAME LIKE '신%';
```

① SNAME이 '신'으로 시작하는 레코드를 삭제한다.
② SNAME이 '신'으로 시작하는 레코드를 삽입한다.
③ SNAME이 '신'으로 시작하는 레코드를 조회한다.
④ SNAME이 '신'으로 시작하는 레코드를 갱신한다.

46 뷰(View) 삭제문의 형식으로 옳은 것은?

① DELETE VIEW 뷰이름;
② DROP VIEW 뷰이름;
③ REMOVE VIEW 뷰이름;
④ OUT VIEW 뷰이름;

47 시스템 카탈로그에 대한 설명으로 옳지 않은 것은?

① 사용자가 직접 시스템 카탈로그의 내용을 갱신하여 데이터베이스 무결성을 유지한다.
② 시스템 자신이 필요로 하는 스키마 및 여러 가지 객체에 관한 정보를 포함하고 있는 시스템 데이터베이스이다.
③ 시스템 카탈로그에 저장되는 내용을 메타 데이터라고도 한다.
④ 시스템 카탈로그는 DBMS가 스스로 생성하고 유지한다.

48 무결성 제약 조건 중 개체 무결성 제약 조건에 대한 설명으로 옳은 것은?

① 릴레이션 내의 튜플들이 각 속성의 도메인에 정해진 값만을 가져야 한다.
② 기본키는 NULL 값을 가져서는 안 되며 릴레이션 내에 오직 하나의 값만 존재해야 한다.
③ 자식 릴레이션의 외래키는 부모 릴레이션의 기본키와 도메인이 동일해야 한다.
④ 자식 릴레이션의 값이 변경될 때 부모 릴레이션의 제약을 받는다.

49 7, 9, 3, 4의 순서로 정해진 입력자료를 스택에 입력하였다가 출력한 결과가 될 수 없는 것은?

① 3, 4, 7, 9
② 3, 9, 7, 4
③ 9, 3, 4, 7
④ 4, 7, 3, 9

50 아래와 같은 결과를 만들어내는 SQL문은?

〈공급자〉

공급자번호	공급자명	위치
16	대신공업사	수원
27	삼진사	서울
39	삼양사	인천
62	진아공업사	대전
70	신촌상사	서울

〈결과〉

공급자번호	공급자명	위치
16	대신공업사	수원
70	신촌상사	서울

① SELECT * FROM 공급자 WHERE 공급자명 LIKE LIKE '%신%'
② SELECT * FROM 공급자 WHERE 공급자명 LIKE LIKE '?신?'
③ SELECT * FROM 공급자 WHERE 공급자명 LIKE LIKE '신%'
④ SELECT * FROM 공급자 WHERE 공급자명 LIKE LIKE '%신'

51 다음 중 관계형 데이터베이스에서 사용되는 용어에 대한 설명으로 옳은 것은?

① 도메인(Domain) : 테이블에서 행을 나타내는 말로 레코드와 같은 의미
② 튜플(Tuple) : 하나의 속성이 취할 수 있는 값의 집합
③ 속성(Attribute) : 테이블에서 열을 나타내는 말로 필드와 같은 의미
④ 차수(Degree) : 한 릴레이션에서의 튜플의 개수

52 데이터베이스 설계 시 물리적 설계 단계에서 수행하는 사항이 아닌 것은?

① 저장 레코드 양식 설계
② 레코드 집중의 분석 및 설계
③ 접근 경로 설계
④ 목표 DBMS에 맞는 스키마 설계

53 다음 릴레이션의 Degree와 Cardinality는?

〈학생〉

학번	이름	학년	전공
13001	홍길동	3	물리
13002	이산신	2	국문
13003	강중찬	1	영문

① Degree : 4, Cardinality : 3
② Degree : 3, Cardinality : 4
③ Degree : 3, Cardinality : 12
④ Degree : 12, Cardinality : 3

54 관계대수에 대한 설명으로 옳지 않은 것은?

① 원하는 릴레이션을 정의하는 방법을 제공하며 비절차적 언어이다.
② 릴레이션 조작을 위한 연산의 집합으로 피연산자와 결과가 모두 릴레이션이다.
③ 일반 집합 연산과 순수 관계 연산으로 구분된다.
④ 질의에 대한 해를 구하기 위해 수행해야 할 연산의 순서를 명시한다.

55 소프트웨어 개발에서 정보보안 3요소에 해당하지 않는 설명은?

① 기밀성 : 인가된 사용자에 대해서만 자원 접근이 가능하다.
② 무결성 : 인가된 사용자에 대해서만 자원 수정이 가능하며 전송 중인 정보는 수정되지 않는다.
③ 가용성 : 인가된 사용자는 가지고 있는 권한 범위 내에서 언제든 자원 접근이 가능하다.
④ 휘발성 : 인가된 사용자가 수행한 데이터는 처리 완료 즉시 폐기되어야 한다.

56 SQL의 명령을 사용 용도에 따라 DDL, DML, DCL로 구분할 경우, 그 성격이 나머지 셋과 다른 것은?

① SELECT
② ALTER
③ CREATE
④ DROP

57 다음 질의어를 SQL 문장으로 바르게 나타낸 것은?

> 부서번호가 널(NULL)인 사원번호와 이름을 검색하라.

① SELECT 사원번호, 이름 FROM 직원 WHERE 부서번호 = NULL;
② SELECT 사원번호, 이름 FROM 직원 WHERE 부서번호 ◇ NULL;
③ SELECT 사원번호, 이름 FROM 직원 WHERE 부서번호 IS NULL;
④ SELECT 사원번호, 이름 FROM 직원 WHERE 부서번호 = " ";

58 참조 무결성을 유지하기 위하여 DROP문에서 부모 테이블의 항목 값을 삭제할 경우 자동적으로 자식 테이블의 해당 레코드를 삭제하기 위한 옵션은?

① CLUSTER
② CASCADE
③ SET-NULL
④ RESTRICTED

59 데이터 모델의 종류 중 CODASYL DBTG 모델과 가장 밀접한 관계가 있는 것은?

① 계층형 데이터 모델
② 네트워크형 데이터 모델
③ 관계형 데이터 모델
④ 스키마형 데이터 모델

60 데이터베이스 설계 순서로 옳은 것은?

① 요구 조건 분석 → 개념적 설계 → 논리적 설계 → 물리적 설계 → 구현
② 요구 조건 분석 → 논리적 설계 → 개념적 설계 → 물리적 설계 → 구현
③ 요구 조건 분석 → 논리적 설계 → 물리적 설계 → 개념적 설계 → 구현
④ 요구 조건 분석 → 개념적 설계 → 물리적 설계 → 논리적 설계 → 구현

정보처리산업기사 필기 최신 기출문제 07회

시험 일자	문항 수	시험 시간
2023년 제1회	총 60문항	1시간 30분

수험번호 : _____
성   명 : _____

1과목 정보시스템 기반 기술

01 형상관리(Configuration Management)의 관리 항목으로 거리가 먼 것은?
① 정의 단계의 문서
② 개발 단계의 문서와 프로그램
③ 유지보수 단계의 변경 사항
④ 개인 정보 변경

02 GoF(Gangs of Four) 디자인 패턴 중 Singleton 패턴에 대한 설명으로 옳은 것은?
① 기능 확장이 필요할 때 서브 클래싱(Sub-classing) 대신 쓸 수 있는 유연한 대안을 제공한다.
② 서브 시스템에 있는 객체들을 사용할 수 있도록 인터페이스 역할을 한다.
③ 대표적인 구조 패턴으로 인스턴스를 복제하여 사용하는 구조를 말한다.
④ 특정 클래스의 인스턴스가 오직 하나임을 보장하고, 이 인스턴스에 대한 접근 방법을 제공한다.

03 UML의 구성요소에 해당하지 않는 것은?
① 연관 관계
② 사회 관계
③ 포함 관계
④ 의존 관계

04 소프트웨어 아키텍처 모델 중 MVC(Model-View-Controller)와 관련한 설명으로 틀린 것은?
① MVC 모델은 사용자 인터페이스를 담당하는 계층의 응집도를 높일 수 있고, 여러 개의 다른 UI를 만들어 그 사이의 결합도를 낮출 수 있다.
② 모델(Model)은 뷰(View)와 제어(Controller) 사이에서 전달자 역할을 하며, 뷰마다 모델 서브 시스템이 각각 하나씩 연결된다.
③ 뷰(View)는 모델(Model)에 있는 데이터를 사용자 인터페이스에 보이는 역할을 담당한다.
④ 제어(Controller)는 모델(Model)에 명령을 보냄으로써 모델의 상태를 변경할 수 있다.

05 다음 설명에 가장 알맞은 용어는?

> 프로그램 개발 과정에서 코드를 한 줄 한 줄 점검하며 프로그램에 내재해 있는 논리적 오류를 발견하고 수정하는 과정이다.

① 링킹(Linking)
② 바인딩(Binding)
③ 로딩(Loading)
④ 디버깅(Debugging)

06 개발 환경 구성을 위한 빌드(Build) 도구에 해당하지 않는 것은?

① Ant
② Kerberos
③ Maven
④ Gradle

07 객체지향 프로그래밍의 개념인 캡슐화, 상속, 다형성을 지원하는 언어는?

① LISP
② C
③ Pascal
④ C++

08 소프트웨어 개발 프레임워크의 적용 효과로 볼 수 없는 것은?

① 공통 컴포넌트 재사용으로 중복 예산 절감
② 기술 종속으로 인한 선행 사업자 의존도 증대
③ 표준화된 연계모듈 활용으로 상호 운용성 향상
④ 개발 표준에 의한 모듈화로 유지보수 용이

09 클래스 다이어그램의 요소로 다음 설명에 해당하는 용어는?

- 클래스의 동작을 의미한다.
- 클래스에 속하는 객체에 대하여 적용될 메서드를 정의한 것이다.
- UML에서는 동작에 대한 인터페이스를 지칭한다고 볼 수 있다.

① Instance
② Operation
③ Item
④ Hiding

10 시큐어코딩(Secure Coding)에 대한 설명으로 옳지 않은 것은?

① 시큐어코딩은 보안 취약점을 제거해 안전한 SW를 개발하는 일련의 보안 활동이다.
② JAVA 시큐어코딩 가이드에는 정보시스템 구축·운영 지침의 진단 시 필수 포함해야 하는 보안약점 43개가 포함되어 있다.
③ SW 개발 과정의 구현 단계에서만 지켜야 한다.
④ 국내의 경우 전자정부 서비스 개발 시 적용토록 의무화 되었다.

11 UML 다이어그램 중 시스템 내 클래스의 정적 구조를 표현하고 클래스와 클래스, 클래스의 속성 사이의 관계를 나타내는 것은?

① Activity Diagram
② Model Diagram
③ State Diagram
④ Class Diagram

12 해싱 등의 사상 함수를 사용하여 레코드 키에 의한 주소 계산을 통해 레코드에 접근할 수 있도록 구성한 파일은?

① 순차 파일
② 인덱스 파일
③ 직접 파일
④ 다중 링 파일

13 두 모듈이 동일한 자료구조를 조회하는 경우의 결합도이며, 자료구조의 어떠한 변화 즉 포맷이나 구조의 변화는 그것을 조회하는 모든 모듈 및 변화되는 필드를 실제로 조회하지 않는 모듈에도 영향을 미치게 되는 것은?

① 자료 결합도
② 스탬프 결합도
③ 제어 결합도
④ 외부 결합도

14 시스템을 구성하는 모듈의 인터페이스와 결합을 테스트하는 방법은?

① 통합 테스트(Integration Test)
② 단위 테스트(Unit Test)
③ 시스템 테스트(System Test)
④ 인수 테스트(Acceptance Test)

15 GoF(Gang of Four) 디자인 패턴 중에서 행위적 패턴에 속하지 않는 것은?

① 커맨드(Command) 패턴
② 옵저버(Observer) 패턴
③ 프로토타입(Prototype) 패턴
④ 상태(State) 패턴

16 다음 내용이 설명하는 UI설계 도구는?

> 요구사항을 분석하여 전체적인 기능을 간략화하여 동적인 형태로 구현한 모형이다.

① 스토리보드(Storyboard)
② 목업(Mockup)
③ 프로토타입(Prototype)
④ 유스케이스(Usecase)

17 화이트박스 테스트에 대한 설명으로 가장 옳지 않은 것은?

① 제품의 내부 요소들이 명세서에 따라 수행되고 충분히 실행되는가를 보장하기 위한 검사이다.
② 모듈 안의 작동을 직접 관찰한다.
③ 프로그램 원시 코드의 논리적인 구조를 커버하도록 테스트 케이스를 설계한다.
④ 화이트박스 테스트 기법에는 조건 검사, 루프 검사, 비교 검사 등이 있다.

18 공식적인 변경 통제 절차를 통해서만 변경 가능한 형상항목은?

① 기능 점수(Function Point)
② 베이스라인(Baseline)
③ 기본 경로(Basis Path)
④ 사용자 스토리(User Story)

19 UI 구성요소 중 목록에서 선택할 수 있을 뿐만 아니라 직접 입력할 수도 있는 것은?

① 콤보박스(ComboBox)
② 텍스트박스(TextBox)
③ 라디오 버튼(Radio Button)
④ 체크박스(CheckBox)

20 컴파일러 구조에서 원시 프로그램에 대한 문장 에러를 검사하는 단계는?

① 어휘 분석 단계
② 의미 분석 단계
③ 중간코드 생성 단계
④ 구문 분석 단계

2과목 프로그래밍 언어 활용

21 Python의 이스케이프 시퀀스(Escape Sequence)에 대한 설명으로 틀린 것은?

① \a – 백스페이스
② \n – 개행
③ \t – 탭 간격
④ \r – 캐리지 리턴

22 다음 C 프로그램의 결과 값은?

```c
#include <stdio.h>
int main()
{
    int sum = 0;
    int n = 1;
    do {
        sum += n;
        n += 2;
    } while(n < 10);

    printf("%d", sum);
    return 0;
}
```

① 15
② 25
③ 45
④ 55

23 다음 중 HTML 문서에 자바스크립트 코드를 포함하는 방법으로 틀린 것은?

① 〈javascript〉 자바스크립트 코드 〈/javascript〉
② 〈head〉 〈script〉 자바스크립트 코드 〈/script〉 〈/head〉
③ 〈body〉 〈script〉 자바스크립트 코드 〈/script〉 〈/body〉
④ 〈head〉 〈script src="/자바스크립트 코드.js"〉〈/script〉〈/head〉

24 다음 C 프로그램의 결과 값은?

```c
#include <stdio.h>
int main()
{
    int a = 100;
    int b = 200;

    printf("%d", a != b);
    return 0;
}
```

① 0
② 1
③ 100
④ 200

25 UNIX 명령어 중 파일에 대한 액세스(읽기, 쓰기, 실행) 권한을 설정하는 데 사용하는 명령어는?

① chmod
② pwd
③ mkdir
④ ls

26 패킷 교환 방식(packet switching)의 특징이 아닌 것은?

① 메시지 교환 방식과 같이 축적 교환 방식의 일종이다.
② 트래픽 용량이 적은 경우에 유리하다.
③ 전송할 수 있는 패킷의 길이가 제한되어 있다.
④ 데이터그램과 가상 회선 방식이 있다.

27 라우팅 프로토콜 중 Distance Vector 방식이 아닌 것은?

① RIP
② BGP
③ EIGRP
④ OSPF

28 HTML의 표의 셀의 확장될 열의 개수를 지정하는 〈td〉 태그의 속성은?

① rows
② cols
③ rowspan
④ colspan

29 SJF(Shortest Job First) 스케줄링에서 작업 도착 시간과 CPU 사용시간은 다음 표와 같다. 모든 작업들의 평균 대기시간은 얼마인가?

작업	도착시간	CPU 사용시간
1	0	23
2	3	35
3	8	10

① 15
② 17
③ 24
④ 25

30 다른 모듈 내의 외부 선언을 하지 않은 자료를 직접 참조하므로 의존도가 대단히 높고, 순서 변경이 다른 모듈에 영향을 주기 쉬운 모듈 결합도에 해당하는 것은?

① 제어 결합도
② 외부 결합도
③ 공통 결합도
④ 내용 결합도

31 프로세스(Process)에 대한 설명이 아닌 것은?

① 실행 가능한 PCB를 가진 프로그램
② 더 이상 계속할 수 없는 어떤 특정 사건을 기다리고 있는 상태
③ 프로세서가 할당하는 개체로서 디스패치가 가능한 단위
④ 목적 또는 결과에 따라 발생되는 사건들의 과정

32 다음 중 OSI 7계층 참조모델에서 중계 기능, 경로 설정 등을 주로 수행하는 계층은?

① 네트워크 계층
② 응용 계층
③ 데이터링크 계층
④ 표현 계층

33 다음 Javascript 프로그램의 결과 값은?

```
Math.max(1, 100, -100, "1000", "HRDK", 0);
```

① 100
② 1000
③ Infinity
④ NaN

34 JavaScript에서 피연산자의 자료형을 반환하는 연산자는?

① typeof
② delete
③ new
④ instanceof

35 다음 중 서로 다른 프로토콜을 사용하는 망을 연결하는 데 사용되는 것은?

① 리피터(Repeater)
② 게이트웨이(Gateway)
③ 서버(Server)
④ 클라이언트(Client)

36 HTML의 목록 태그가 아닌 것은?

① ⟨li⟩
② ⟨ul⟩
③ ⟨ol⟩
④ ⟨a⟩

37 다음 C 프로그램의 결과 값은?

```
#include <stdio.h>
void test()
{
    int a = 20;
    printf("%d", a);
    a += 20;
    printf("%d", a);
}
int main()
{
    int a = 10;
    test();
    printf("%d", a);
    a += 20;
    printf("%d", a);
    return 0;
}
```

① 20 40 30 10
② 20 40 10 30
③ 20 40 60 30
④ 10 30 20 40

38 CSS에서 상자의 테두리를 둥글게 만드는 속성은?

① border-width
② border-style
③ border-color
④ border-radius

39 JavaScript에서 문자열에서 특정 범위의 문자열을 추출하는 메서드는?

① charAt()
② slice()
③ split()
④ indexOf()

40 병행 중인 프로세서들 간에 공유 변수를 엑세스하고 있는 하나의 프로세스 이외에는 다른 모든 프로세스들이 공유 변수를 엑세스하지 못하도록 제어하는 기법을 무엇이라 하는가?

① 상호보완
② 상호배제
③ 접근제한
④ 교착상태

3과목 데이터베이스 활용

41 부분 함수 종속 제거가 이루어지는 정규화 단계는?

① 1NF → 2NF
② 2NF → 3NF
③ 3NF → BCNF
④ BCNF → 4NF

42 E-R 다이어그램(Diagram)의 구성요소에 대한 표현의 연결이 옳지 않은 것은?

① 개체집합 - 직사각형
② 관계집합 - 마름모꼴
③ 속성 - 타원
④ 링크 - 화살표

43 관계대수와 관계해석에 대한 설명으로 옳지 않은 것은?

① 관계대수와 관계해석은 모두 절차적 특징을 가지고 있다.
② 기본적으로 관계대수와 관계해석은 관계 데이터베이스를 처리하는 기능과 능력 면에서 동등하다.
③ 관계해석에는 튜플 관계해석과 도메인 관계해석이 있다.
④ 관계해석은 수학의 프레디킷 해석(Predicate Calculus)에 기반을 두고 있다.

44 다음 자료에 대하여 삽입(insertion) 정렬 기법을 사용하여 오름차순으로 정렬하고자 한다. 2회전 후의 결과는?

5, 4, 3, 2, 1

① 4, 3, 2, 1, 5
② 3, 4, 5, 2, 1
③ 4, 5, 3, 2, 1
④ 1, 2, 3, 4, 5

45 SQL의 데이터 조작문(DML)에 해당하는 것은?

① CREATE
② INSERT
③ ALTER
④ DROP

46 관계대수의 순수 관계 연산이 아닌 것은?
① 프로젝트
② 셀렉트
③ 카티션 프로덕트
④ 조인

47 릴레이션의 기본키를 구성하는 어떤 속성도 널(Null) 값이나 중복 값을 가질 수 없음을 의미하는 것은?
① 참조 무결성 제약조건
② 정보 무결성 제약조건
③ 개체 무결성 제약조건
④ 주소 무결성 제약조건

48 해싱 함수에 의한 주소 계산 기법에서 서로 다른 키값에 의해 동일한 주소 공간을 점유하여 충돌되는 레코드들의 집합을 의미하는 것은?
① Division
② Chaining
③ Collision
④ Synonym

49 개념 세계에서 표현된 각 개체와 개체 간의 관계들을 서로 독립된 2차원 테이블 즉 릴레이션으로 표현하며, 가장 널리 사용되는 데이터 모델은?
① 개체형 데이터 모델
② 관계형 데이터 모델
③ 계층형 데이터 모델
④ 네트워크형 데이터 모델

50 양방향에서 입·출력이 가능한 선형 자료구조로서 2개의 포인터를 이용하여 양쪽 끝 모두에서 삽입·삭제가 가능한 것은?
① STACK
② QUEUE
③ DEQUE
④ TREE

51 관계대수의 일반 집합 연산이 아닌 것은?
① 합집합
② 교집합
③ 차집합
④ 조인

52 학생(STUDENT) 테이블에서 어떤 학과(DEPT)들이 있는지 검색하는 SQL 명령은? (단, 결과는 중복된 데이터가 없도록 한다.)
① SELECT ONLY * FROM STUDENT;
② SELECT DISTINCT DEPT FROM STUDENT;
③ SELECT ONLY DEPT FROM STUDENT;
④ SELECT NOT DUPLICATE DEPT FROM STUDENT;

53 뷰(View) 삭제문의 형식으로 옳은 것은?
① DELETE VIEW 뷰이름;
② DROP VIEW 뷰이름;
③ REMOVE VIEW 뷰이름;
④ OUT VIEW 뷰이름;

54 학생 테이블에서 성명이 '정'으로 시작하는 3글자가 아닌 튜플을 검색하는 SQL 명령문은?

① SELECT * FROM 학생 WHERE 성명 LIKE '정%';
② SELECT * FROM 학생 WHERE 성명 NOT LIKE '정%';
③ SELECT * FROM 학생 WHERE 성명 NOT LIKE '정__';
④ SELECT * FROM 학생 WHERE 성명 LIKE '정__';

55 학생(STUDENT) 테이블에 인터넷정보과 학생 160명, 사무자동화과 학생 140명에 관한 데이터가 있다고 했을 때, 다음에 주어지는 SQL문 (ㄱ), (ㄴ), (ㄷ)을 각각 실행시키면 결과 튜플 수는 각각 몇 개인가? (단, DEPT는 학과 컬럼명임)

```
(ㄱ) SELECT DISTINCT DEPT FROM STUDENT;
(ㄴ) SELECT DEPT FROM STUDENT;
(ㄷ) SELECT COUNT(DISTINCT DEPT) FROM
     STUDENT  WHERE DEPT = '사무자동학과';
```

① (ㄱ) 2   (ㄴ) 300   (ㄷ) 1
② (ㄱ) 300   (ㄴ) 2   (ㄷ) 140
③ (ㄱ) 2   (ㄴ) 300   (ㄷ) 140
④ (ㄱ) 300   (ㄴ) 2   (ㄷ) 1

56 n개의 정점으로 구성된 무방향 그래프의 최대 간선 수는?

① $n(n+1)$
② $n(n-1)/2$
③ $(n-2)/2$
④ $n-5$

57 테이블 R1, R2의 COL 컬럼에 대하여 차집합을 구하는 SQL문의 빈칸에 알맞은 SQL 명령은?

```
SELECT COL FORM R1 (    빈칸    ) SELECT
COL FORM R2;
```

① UNION
② UNION ALL
③ EXCEPT
④ INTERSECT

58 뷰(VIEW)에 대한 설명으로 옳지 않은 것은?

① DBA는 보안 측면에서 뷰를 활용할 수 있다.
② 뷰 위에 또 다른 뷰를 정의할 수 있다.
③ 뷰에 대한 삽입, 갱신, 삭제 연산 시 제약사항이 따르지 않는다.
④ 독립적인 인덱스를 가질 수 없다.

59 시스템 카탈로그에 대한 설명으로 옳지 않은 것은?

① 데이터베이스에 포함된 다양한 데이터 객체에 대한 정보들을 유지, 관리하기 위한 시스템 데이터베이스이다.
② 시스템 카탈로그를 데이터 사전(Date Dictionary)이라고도 한다.
③ 시스템 카탈로그에 저장된 정보를 메타 데이터라고도 한다.
④ 시스템 카탈로그는 시스템을 위한 정보를 포함하는 시스템 데이터베이스이므로 일반 사용자는 내용을 검색할 수 없다.

60 관계 데이터 모델에서 릴레이션(Relation)의 행을 의미하는 것은?

① schema
② tuple
③ domain
④ attribute

정보처리산업기사 필기 최신 기출문제 08회

시험 일자	문항 수	시험 시간
2022년 제3회	총 60문항	1시간 30분

수험번호 : _____

성   명 : _____

1과목 정보시스템 기반 기술

01 다음에서 설명하는 프로세스 스케줄링은?

> 최소 작업 우선(SJF) 기법의 약점을 보완한 비선점 스케줄링 기법으로 다음과 같은 식을 이용해 우선순위를 판별한다.
>
> $$\text{우선순위} = \frac{\text{대기한 시간} + \text{서비스를 받을 시간}}{\text{서비스를 받을 시간}}$$

① FIFO 스케줄링
② RR 스케줄링
③ HRN 스케줄링
④ MQ 스케줄링

02 교착상태의 해결 방법 중 은행원 알고리즘(Banker's Algorithm)이 해당되는 기법은?

① 예방(Prevention)
② 회피(Avoidance)
③ 발견(Detection)
④ 회복(Recovery)

03 UNIX에서 명령어 해석기로 명령어를 읽어서 실행하는 것은?

① Kernel
② i-node
③ Shell
④ PCB

04 통신 프로토콜(Protocol)의 기본 요소가 아닌 것은?

① 구문
② 의미
③ 순서
④ 포맷

05 OSI 7 계층 중 데이터링크 계층에 해당되는 프로토콜이 아닌 것은?

① HDLC
② PPP
③ LLC
④ SMTP

06 채널 용량(Channel Capacity)에 대한 설명으로 틀린 것은?

① 정해진 오류 발생률 내에서 채널을 통해 최대로 전송할 수 있는 정보의 양을 의미한다.
② 측정 단위는 초당 전송되는 비트수(bps)로 나타낸다.
③ 샤논(Shannon)은 채널 용량을 $C = W\log_2(1 + S \times N)$으로 나타낸다.
④ 채널을 통해서 보내지는 데이터의 양은 그 채널의 대역폭(Bandwidth)과 비례한다.

07 보안이 취약한 컴퓨터를 스스로 찾아 침입해 보이지 않는 곳에서 조용히 작동하면서 컴퓨터 사용자도 모르게 시스템에게 명령을 내릴 수 있는 원거리 해킹 툴은 무엇인가?

① bot
② SSL
③ 애드웨어
④ 스푸핑(Spoofing)

08 개발 환경 구성을 위한 빌드(Build) 도구에 해당하지 않는 것은?
① Ant ② Maven
③ Git ④ Gradle

09 제품과 시스템, 서비스 등을 사용자가 직·간접적으로 경험하면서 느끼고 생각하는 총체적 경험을 의미하는 용어는 무엇인가?
① 라이브러리 ② UX
③ UI ④ 내비게이션

10 테스트 커버리지(Test Coverage)의 측정 유형이 아닌 것은?
① 구문 커버리지(Statement Coverage)
② 결정 커버리지(Decision Coverage)
③ 조건 커버리지(Condition Coverage)
④ 전체 커버리지(All Coverage)

11 알파, 베타 테스트와 가장 밀접한 연관이 있는 테스트 단계는?
① 단위 테스트 ② 통합 테스트
③ 시스템 테스트 ④ 인수 테스트

12 테스트 하네스(Test Harness)를 가장 적절히 설명하는 것은 무엇인가?
① 빅뱅 방식의 통합 테스트에서 사용한다.
② 테스트 대상이 실행되는 환경을 시뮬레이션한다.
③ 테스트 드라이버(Driver)는 하향식(Top-down) 통합 테스트 접근에서 사용된다.
④ 테스트 스텁(Stub)은 테스트 중 시스템 모듈을 호출하는 기능(Functions)이다.

13 다음은 테스트에 대한 설명이다. 옳지 않은 것은 무엇인가?
① 테스트는 오류 발견을 목적으로 프로그램을 실행하여 품질을 평가하는 과정이다.
② 사소한 경우를 제외하고 모든 입력과 선행 조건의 조합을 모두 테스트하는 것은 불가능하다.
③ 테스트를 통해 결함이 없다는 것을 보여준다.
④ 테스트는 구현과 관계 없는 독립된 팀에서 수행한다.

14 개별 모듈을 시험하는 것으로 모듈이 정확하게 구현되었는지, 예정한 기능이 제대로 수행되는지를 점검하는 것이 주요 목적인 테스트는?
① 통합 테스트(Integration Test)
② 시스템 테스트(System Test)
③ 인수 테스트(Acceptance Test)
④ 단위 테스트(Unit Test)

15 UML의 다이어그램들 중에서 상호작용을 하는 객체들 사이의 조직을 강조하고 시스템의 행동 관점으로 행동의 실제와 구현을 만들어내며 클래스 간의 상호작용 관계(Association)들을 통해서 메시지를 교환하는 작용을 나타내는 교류 다이어그램(Interaction Diagram)은?
① 객체 다이어그램(Object Diagram)
② 클래스 다이어그램(Class Diagram)
③ 상태 다이어그램(State Diagram)
④ 커뮤니케이션 다이어그램(Communication Diagram)

16 다음 중 상황에 적합한 패턴의 선택이 아닌 것은?

① 호환성이 없는 클래스들의 인터페이스를 다른 클래스가 이용할 수 있게 할 때 – 브릿지 패턴
② 인스턴스 한 개를 유지하면서 전역적인 접근을 허용하려고 할 때 – 싱글톤 패턴
③ 복잡한 패키지 안에 손쉬운 API를 제공하려 할 때 – 중재자 패턴
④ 전체와 부분 관계의 구조를 동일하게 취급하게 하려고 할 때 – 컴포지트 패턴

17 객체지향 분석 기법과 관련한 설명으로 틀린 것은?

① 동적 모델링 기법이 사용될 수 있다.
② 코드 재사용에 의한 프로그램 생산성 향상 및 요구에 따른 시스템의 쉬운 변경이 가능하다.
③ 기능 중심으로 시스템을 파악하며 순차적인 처리가 중요시되는 하향식(Top-down) 방식으로 볼 수 있다.
④ 데이터와 행위를 하나로 묶어 객체를 정의 내리고 추상화시키는 작업이라 할 수 있다.

18 소프트웨어 아키텍처 모델 중 MVC(Model View Controller)와 관련한 설명으로 틀린 것은?

① MVC 모델은 사용자 인터페이스를 담당하는 계층의 응집도를 높일 수 있고, 여러 개의 다른 UI를 만들어 그 사이에 결합도를 낮출 수 있다.
② 모델(Model)은 뷰(View)와 제어(Controller) 사이에서 전달자 역할을 하며, 뷰마다 모델 서브 시스템이 각각 하나씩 연결된다.
③ 뷰(View)는 모델(Model)에 있는 데이터를 사용자 인터페이스에 보이는 역할을 담당한다.
④ 제어(Controller)는 모델(Model)에 명령을 보냄으로써 모델의 상태를 변경할 수 있다.

19 자료 흐름도(DFD)의 각 요소별 표기 형태의 연결이 옳지 않은 것은?

① Process : 원
② Data Flow : 화살표
③ Data Store : 삼각형
④ Terminator : 사각형

20 인공 지능을 기반으로 한 인간 이미지 합성 기술로 기존의 사진이나 영상을 원본이 되는 사진이나 영상에 겹쳐서 만들어내는 기술은?

① 딥페이크(Deepfake)
② 징(Zing)
③ 페이드 피어링(Paid Peering)
④ 디지털 아카이브(Digital Archive)

2과목 프로그래밍 언어 활용

21 HTML 태그 중 하이퍼링크 기능을 위한 태그는?

① ⟨link⟩
② ⟨href⟩
③ ⟨div⟩
④ ⟨a⟩

22 C언어에서 문자열 처리 함수의 서식과 그 기능의 연결로 틀린 것은?

① strlen(s) – s의 길이를 구한다.
② strcpy(s1, s2) – s2를 s1으로 복사한다.
③ strcmp(s1, s2) – s1과 s2를 연결한다.
④ strrev(s) – s를 거꾸로 변환한다.

23 줄바꿈 없는 공백 띄어쓰기를 위한 HTML 특수문자는?

①
② ©
③ <
④ >

24 다음 중 사용자가 링크 위에 마우스를 올린 상태를 설정하는 CSS 속성은?

① a:link 속성
② a:visited 속성
③ a:hover 속성
④ a:active 속성

25 HTML5에서 변경된 문법은?

① 대소문자 입력
② DOCTYPE 선언
③ 태그의 종료
④ ⟨ head ⟩⟨ /head ⟩에 포함되는 내용

26 다음 중 JAVASCRIPT의 배열의 끝에 원하는 값을 삽입해주는 함수는?

① push( )
② pop( )
③ shift( )
④ reverse( )

27 모듈화(Modularity)와 관련한 설명으로 틀린 것은?

① 시스템을 모듈로 분할하면 각각의 모듈을 별개로 만들고 수정할 수 있기 때문에 좋은 구조가 된다.
② 응집도는 모듈과 모듈 사이의 상호의존 또는 연관 정도를 의미한다.
③ 모듈 간의 결합도가 약해야 독립적인 모듈이 될 수 있다.
④ 모듈 내 구성 요소들 간의 응집도가 강해야 좋은 모듈 설계이다.

28 다음 중 JAVASCRIPT의 오류 종류가 아닌 것은?

① Syntax Errors
② Runtime Errors
③ Loading Errors
④ Logical Errors

29 다음 코드에서 실수형 포인터 변수 fptr을 선언한다면 올바른 표현은?

```
float number1, number2;
number1=7.3;
```

① float fptr;
② float *fptr;
③ fptr *float;
④ fptr float;

30 다음 중 레이아웃을 위해 추가된 요소에 대한 설명이 잘못된 것은?

① hgroup – 제목과 부제목을 묶는 요소
② article – 개별 콘텐츠를 나타내는 요소
③ footer – 제작자의 정보나 저작권의 정보를 나타내는 요소
④ aside – 메뉴 부분을 나타내는 요소

31 다음 JAVASCRIPT 프로그램이 실행되었을 때의 결과는?

```
function func(num) {
    let sum = 0;
    for (let i = 0; i < num; i++) {
        sum += i;
    }
    return sum;
}
print(func(10));
```

① 45　　② 55
③ 65　　④ 66

32 JAVA의 예외(Exception)와 관련한 설명으로 틀린 것은?

① 문법 오류로 인해 발생한 것
② 오동작이나 결과에 악영향을 미칠 수 있는 실행 시간 동안에 발생한 오류
③ 배열의 인덱스가 그 범위를 넘어서는 경우 발생하는 오류
④ 존재하지 않는 파일을 읽으려고 하는 경우에 발생하는 오류

33 변수의 형이 결정되는 바인딩 시간은?

① 실행 시간
② 번역 시간
③ 언어 정의 시간
④ 언어 구현 시간

34 다음 C 프로그램이 실행되었을 때의 결과는?

```
#include <stdio.h>
int main()
{
    int a[] = {14, 22, 30, 38};
    printf("%d, ", *(a + 2));
    printf("%d", *a + 2);
    return 0;
}
```

① 30, 30
② 16, 30
③ 16, 16
④ 30, 16

35 파이썬의 변수 작성 규칙 설명으로 옳지 않은 것은?

① 첫 자리에 숫자를 사용할 수 없다.
② 영문 대문자/소문자, 숫자, 밑줄(_)의 사용이 가능하다.
③ 변수 이름의 중간에 공백을 사용할 수 있다.
④ 이미 사용되고 있는 예약어는 사용할 수 없다.

36 객체지향 설계에서 객체가 가지고 있는 속성과 오퍼레이션의 일부를 감추어서 객체의 외부에서는 접근이 불가능하게 하는 개념은?

① 조직화(Organizing)
② 캡슐화(Encapsulation)
③ 정보 은닉(Information Hiding)
④ 구조화(Structuralization)

37 다음 Python 프로그램의 실행 결과가 20일 때, 빈칸에 적합한 것은?

```
x = 20
if x == 10:
    print('10')
_____ x == 20:
    print('20')
else:
    print('other')
```

① either
② elif
③ else if
④ else

38 다음 파이썬(Python) 프로그램이 실행되었을 때의 결과는?

```
print('10' + '20')
```

① 12
② 30
③ 1020
④ 2010

39 다음 JAVA 프로그램의 실행 결과 25가 출력되었다. 밑줄에 알맞은 명령어는?

```
class AAA {
    private int age;
    public void setAge(int x) {
        age = x;
    }
    public int getAge() {
        return age;
    }
}
public class Test {
    public static void main (String[] args) {
        AAA obj = _____ AAA();
        obj.setAge(25);
        System.out.println(obj.getAge());
    }
}
```

① new   ② create
③ delete   ④ malloc

40 아래 코드의 실행 결과는?

```
#include <stdio.h>
int main()
{
    int a = 5, b = 0;
    int t1, t2;
    t1 = a && b;
    t2 = a || b;
    printf("%d", t1 + t2);
    return 0;
}
```

① 0   ② 1
③ 2   ④ 5

3과목 데이터베이스 활용

41 시스템 카탈로그에 대한 설명으로 옳지 않은 것은?

① 데이터베이스에 포함된 다양한 데이터 객체에 대한 정보들을 유지, 관리하기 위한 시스템 데이터베이스이다.
② 시스템 카탈로그를 데이터 사전(Date Dictionary)이라고도 한다.
③ 시스템 카탈로그에 저장된 정보를 메타 데이터라고도 한다.
④ 시스템 카탈로그는 시스템을 위한 정보를 포함하는 시스템 데이터베이스이므로 일반 사용자는 내용을 검색할 수 없다.

42 다음 자료에 대하여 "Selection Sort"를 사용하여 오름차순으로 정렬할 경우 PASS 1의 결과는?

초기 상태 : 8, 3, 4, 9, 7

① 3, 4, 8, 7, 9
② 3, 4, 7 ,9, 8
③ 3, 4, 7, 8, 9
④ 3, 8, 4, 9, 7

43 STUDENT 테이블에 독일어과 학생 50명, 중국어과 학생 30명, 영어영문학과 학생 50명의 정보가 저장되어 있을 때, 다음 SQL문의 실행 결과 튜플 수는? (단, DEPT 컬럼은 학과명)

ⓐ SELECT DEPT FROM STUDENT;
ⓑ SELECT DISTINCT DEPT FROM STUDENT;

① ⓐ 3   ⓑ 3
② ⓐ 50   ⓑ 3
③ ⓐ 130   ⓑ 3
④ ⓐ 130   ⓑ 130

44 어떤 릴레이션 R의 모든 조인 종속성의 만족이 R의 후보키를 통해서만 만족될 때, 이 릴레이션 R이 해당하는 정규형은?

① 제5정규형
② 제4정규형
③ 제3정규형
④ 제1정규형

45 데이터베이스 설계의 논리적 설계 단계에서 수행하는 작업이 아닌 것은?

① 논리적 데이터 모델로 변환
② 트랜잭션 인터페이스 설계
③ 스키마의 평가 및 정제
④ 트랜잭션 모델링

46 n개의 정점으로 구성된 무방향 그래프의 최대 간선 수는?

① $n(n+1)$
② $n(n-1)/2$
③ $(n-2)/2$
④ $n-5$

47 다음 관계 대수 중 순수 관계 연산자가 아닌 것은?

① 차집합(Difference)
② 프로젝트(Project)
③ 조인(Join)
④ 디비전(Division)

48 아래 SQL문에서 WHERE절의 조건이 의미하는 것은?

```
SELECT 이름, 과목, 점수
FROM 학생
WHERE 이름 NOT LIKE '박__';
```

① '박'으로 시작하는 모든 문자 이름을 검색한다.
② '박'으로 시작하지 않는 모든 문자 이름을 검색한다.
③ '박'으로 시작하는 3글자의 문자 이름을 검색한다.
④ '박'으로 시작하는 3글자 이름을 제외한 이름을 검색한다.

49 해싱에서 동일한 홈 주소로 인하여 충돌이 일어난 레코드들의 집합을 무엇이라고 하는가?
① Bucket   ② Collision
③ Synonym ④ Overflow

50 SQL에서 SELECT문에 나타날 수 없는 절은?
① HAVING
② GROUP BY
③ DROP
④ ORDER BY

51 관계 데이터 모델에서 릴레이션(Relation)의 특성이 아닌 것은?
① 한 릴레이션에 속하는 모든 튜플은 유일성을 가진다.
② 각 속성은 릴레이션 내에서 유일한 이름을 가지며, 속성의 순서는 큰 의미가 없다.
③ 릴레이션에서 튜플의 순서는 존재하지 않는다.
④ 한 릴레이션에서 나타난 속성값은 논리적으로 분해 가능한 값이어야 한다.

52 일반적인 데이터 모델의 3가지 구성 요소로 옳은 것은?
① 구조, 연산, 제약 조건
② 구조, 연산, 도메인
③ 릴레이션, 구조, 스키마
④ 데이터 사전, 연산, 릴레이션

53 기본 테이블 R을 이용하여 뷰 V1을 정의하고, 뷰 V1을 이용하여 다시 뷰 V2가 정의되었다. 그리고 기본 테이블 R과 뷰 V2를 조인하여 뷰 V3를 정의하였다. 이때 다음과 같은 SQL문이 실행되면 어떤 결과가 발생하는지 올바르게 설명한 것은?

```
DROP VIEW V1 RESTRICT;
```

① V1만 삭제된다.
② R, V1, V2, V3 모두 삭제된다.
③ V1, V2, V3만 삭제된다.
④ 하나도 삭제되지 않는다.

54 해싱 등의 사상 함수를 사용하여 레코드 키(Record Key)에 의한 주소 계산을 통해 레코드에 접근할 수 있도록 구성한 파일은?
① 순차 파일
② 인덱스 파일
③ 직접 파일
④ 다중 링 파일

55 양방향에서 입·출력이 가능한 선형 자료 구조로 2개의 포인터를 이용하여 리스트의 양쪽 끝 모두에서 삽입·삭제가 가능한 것은?
① 데크(Deque)
② 스택(Stack)
③ 큐(Queue)
④ 트리(Tree)

56 관계형 데이터베이스에서 다음 설명에 해당하는 키(Key)는?

> 한 릴레이션 내의 속성들의 집합으로 구성된 키로서, 릴레이션을 구성하는 모든 튜플에 대한 유일성은 만족시키지만 최소성은 만족시키지 못한다.

① 후보키
② 대체키
③ 슈퍼키
④ 외래키

57 관계 해석에 대한 설명으로 거리가 먼 것은?

① 원하는 정보와 그 정보를 어떻게 유도하는가를 기술하는 절차적인 언어이다.
② 기본적으로 관계 해석과 관계 대수는 관계 데이터베이스를 처리하는 기능과 능력면에서 동등하다.
③ 튜플 관계 해석과 도메인 관계 해석이 있다.
④ 프레디카트 해석(Predicate Calculus)에 기반을 두고 있다.

58 다음 중 SQL 정의어에 포함되지 않는 명령어는?

① CREATE
② SELECT
③ ALTER
④ DROP

59 STUDENT(SNO, SNAME, YEAR, DEPT) 테이블에 200번, 김길동, 2학년, 전산과 학생 튜플을 삽입하는 SQL 명령으로 옳은 것은?

① INSERT STUDENT INTO VALUES(200, '김길동', 2, '전산과');
② INSERT TO STUDENT VALUES(200, '김길동', '전산과', 2);
③ INSERT INTO STUDENT(SNO, SNAME, YEAR, DEPT) VALUES(200, '김길동', 2, '전산과');
④ INSERT TO STUDENT(SNO, SNAME, YEAR, DETP) VALUES(200, '김길동', 2, '전산과');

60 데이터 모델링에 있어서 ERD(Entity Relationship Diagram)는 무엇을 나타내고자 하는가?

① 데이터 흐름의 표현
② 데이터 구조의 표현
③ 데이터 구조들과 그들 간의 관계들을 표현
④ 데이터 사전을 표현

정보처리산업기사 필기 최신 기출문제 09회

시험 일자	문항 수	시험 시간
2022년 제2회	총 60문항	1시간 30분

수험번호 : _____
성 명 : _____

1과목 정보시스템 기반 기술

01 스레드(Thread)에 대한 설명으로 옳지 않은 것은?
① 한 개의 프로세스는 여러 개의 스레드를 가질 수 없다.
② 스레드란 프로세스보다 더 작은 단위를 말하며, 다중 프로그래밍을 지원하는 시스템 하에서 CPU에게 보내져 실행되는 또 다른 단위를 의미한다.
③ 상태의 절감은 하나의 연관된 스레드 집단이 기억장치나 파일과 같은 자원을 공유함으로써 이루어진다.
④ 스레드를 사용함으로써 하드웨어, 운영체제의 성능과 응용 프로그램의 처리율을 향상시킬 수 있다.

02 다음의 페이지 참조 열(Page reference string)에 대해 페이지 교체 기법으로 선입선출 알고리즘을 사용할 경우 페이지 부재(Page Fault) 횟수는? (단, 할당된 페이지 프레임 수는 3이고, 처음에는 모든 프레임이 비어 있다.)

참조 열 : 1, 2, 3, 4, 1, 2, 3

① 4   ② 5
③ 6   ④ 7

03 S/W Project 일정이 지연된다고 해서 Project 말기에 새로운 인원을 추가 투입하면 Project는 더욱 지연되게 된다는 내용과 관련되는 법칙은?
① Putnam의 법칙
② Mayer의 법칙
③ Brooks의 법칙
④ Boehm의 법칙

04 스케줄링 하고자 하는 세 작업의 도착시간과 실행시간이 다음 〈표〉와 같다. 이 작업을 SJF로 스케줄링 하였을 때, 작업 2의 종료시간은? (단, 여기서 오버헤드는 무시한다.)

〈표〉

작업	도착시간	실행시간
1	0	6
2	1	3
3	2	4

① 3   ② 6
③ 9   ④ 13

05 OSI-7 Layer의 각 계층에 대한 설명으로 옳지 않은 것은?

① 세션 계층 – 단말기 사이에 오류 수정과 흐름 제어를 수행하여 신뢰성 있고 명확한 데이터를 전달하는 계층
② 데이터링크 계층 – 인접 개방형 시스템 간의 정보 전송, 전송 오류 제어, 흐름 제어 등 물리적 연결을 이용해 신뢰성 있는 정보 전송 기능을 담당하는 계층
③ 물리 계층 – 기계적, 전기적, 절차적 특성을 정의한 계층
④ 표현 계층 – 암호화, 코드 변환, 텍스트 압축 등을 수행하는 계층

06 물리적 하드웨어 주소인 이더넷 주소를 TCP/IP에서 사용되는 논리 주소로 변환하는 프로토콜은?

① ARP   ② RARP
③ ICMP   ④ PPP

07 다중화 방식 중 타임 슬롯(Time Slot)을 사용자의 요구에 따라 동적으로 할당하여 데이터를 전송할 수 있는 것은?

① Pulse Code Multiplexing
② Statistical Time Division Multiplexing
③ Synchronous Time Division Multiplexing
④ Frequency Division Multiplexing

08 TCP 흐름 제어 기법 중 송신측에서 1개의 프레임을 송신한 후 수신측에서 ACK 또는 NAK 신호를 보내올 때까지 기다리는 방식으로 한 번에 프레임 1개만 전송할 수 있는 기법은?

① Slow Start
② Sliding Window
③ Stop and Wait
④ Congestion Avoidance

09 DFD(Data Flow Diagram)에 대한 설명으로 틀린 것은?

① 자료 흐름 그래프 또는 버블(bubble) 차트라고도 한다.
② 구조적 분석 기법에 이용된다.
③ 시간 흐름을 명확하게 표현할 수 있다.
④ DFD의 요소는 화살표, 원, 사각형, 직선(단선/이중선)으로 표시한다.

10 다음에서 설명하고 있는 것은?

- 논리의 기술에 중점을 두고 도형을 이용한 표현 방법이다.
- 조건이 복합되어 있는 곳의 처리를 시각적으로 명확히 식별하는 데 적합하다.
- 이해하기 쉽고 코드 변환이 용이하다.
- 연속, 선택, 반복 등의 제어 논리 구조를 표현한다.

① Waterfall 모델
② N-S차트
③ PAD
④ HCP

11 아키텍처 스타일에 대한 설명으로 옳지 않은 것은?

① 클라이언트 서버 구조는 하나의 서버 컴포넌트와 다수의 클라이언트 컴포넌트로 구성되는 패턴이다.
② 계층 구조는 시스템을 계층으로 구분하여 구성하는 고전적인 방법으로, 특정 계층만을 교체해 시스템을 개선하는 것이 가능하다.
③ MVC 구조는 서브 시스템을 모델, 뷰, 컨트롤러 부분으로 구조화한 패턴이다.
④ 브로커 구조는 서브 시스템이 입력 데이터를 받아 처리하고 결과를 다른 시스템에 보내는 작업이 반복되는 아키텍처 스타일이다.

12 객체지향(Object-Oriented)의 개념 설명 중 가장 옳지 않은 것은?

① 캡슐화(Encapsulation) : 데이터와 데이터를 조작하는 연산을 하나로 묶어 하나의 모듈 내에서 결합되도록 하는 것
② 속성(Attribute) : 객체들이 갖고 있는 데이터의 값으로 파일 처리에서 객체는 레코드, 속성은 필드와 유사한 개념
③ 객체(Object) : 상위 클래스에서 속성이나 연산을 전달받아 새로운 형태의 클래스로 확장하여 사용하는 것
④ 메소드(Method) : 객체가 메시지를 받아 실행해야 할 때 객체의 구체적인 연산

13 단일 송신자와 단일 수신자 간의 통신이므로, 단일 인터페이스를 사용하는 IPv6 주소 지정 방식은?

① 애니캐스트
② 유니캐스트
③ 멀티캐스트
④ 브로드캐스트

14 다음 용어의 설명 중 옳지 않은 것은?

① 워킹 셋(Working set) - 실행 중인 프로세스가 일정 시간 동안에 참조하는 페이지의 집합을 의미한다.
② 스래싱(Thrashing) - 가상기억장치에서 어떤 프로세스가 충분한 프레임을 갖지 못하여 페이지 교환이 계속적으로 발생하여 전체 시스템의 성능이 저하되는 현상을 의미한다.
③ 오버레이(Overlay) - 실행되어야 할 작업의 크기가 커서 사용자의 기억공간에 수용될 수 없을 때 작업을 분할하여 필요한 부분만 교체하는 방법을 의미한다.
④ 구역성(Locality) - 프로세서들은 기억장치 내의 정보를 균일하게 액세스하는 것이 아니라 어느 한순간에 특정 부분을 집중적으로 참조하는 경향이 있는데, 구역성이 발생하면 시스템의 성능이 저하된다.

15 GoF(Gangs of Four) 디자인 패턴 중 생성 패턴에 대한 설명으로 잘못된 것은?

① Abstract Factory 패턴은 인터페이스를 통해 서로 연관·의존하는 객체들의 그룹으로 생성하여 추상적으로 표현하는 것으로, 연관된 서브 클래스를 묶어 한 번에 교체하는 것이 가능하다.
② Singleton 패턴은 특정 클래스의 인스턴스가 오직 하나임을 보장하고, 이 인스턴스에 대한 접근 방법을 제공한다.
③ Prototype Pattern은 Prototype을 먼저 생성하고 인스턴스를 복제하여 사용하는 구조이다.
④ Mediator Pattern은 특정 시점에서 객체 내부 상태를 객체화하여 이후 요청에 따라 객체를 해당 시점의 상태로 돌릴 수 있는 기능을 제공한다.

16 다음에서 설명하고 있는 애플리케이션 테스트 유형은?

> - 모든 모듈이 미리 결합되어 있는 프로그램 전체를 테스트하는 방법이다.
> - 규모가 작은 애플리케이션에 적합하다.
> - 오류를 발견하거나 장애 위치를 파악하고 수정하는 것이 어렵다.

① 하향식 통합 테스트
② 상향식 통합 테스트
③ 회귀 테스트
④ 빅뱅 테스트

17 코드 인스펙션(Code Inspection)과 관련한 설명으로 틀린 것은?

① 프로그램을 수행시켜보는 것 대신에 읽어보고 눈으로 확인하는 방법으로 볼 수 있다.
② 코드 품질 향상 기법 중 하나이다.
③ 동적 테스트 시에만 활용하는 기법이다.
④ 결함과 함께 코딩 표준 준수 여부, 효율성 등의 다른 품질 이슈를 검사하기도 한다.

18 소프트웨어 개발 모델 중 나선형 모델의 4가지 주요 활동이 순서대로 나열된 것은?

> ⓐ 계획 수립
> ⓒ 개발 및 검증
> ⓑ 고객 평가
> ⓓ 위험 분석

① ⓐ-ⓑ-ⓓ-ⓒ 순으로 반복
② ⓐ-ⓓ-ⓒ-ⓑ 순으로 반복
③ ⓐ-ⓑ-ⓒ-ⓓ 순으로 반복
④ ⓐ-ⓒ-ⓑ-ⓓ 순으로 반복

19 UML 다이어그램 중 시스템이나 객체들의 시간의 흐름에 따라 상호 작용하는 과정을 액터, 객체, 메시지 등의 요소를 사용하여 그림으로 표현한 것은?

① Sequence Diagram
② State Machine Diagram
③ State Diagram
④ Class Diagram

20 다음 중 애자일(Agile) 소프트웨어 개발에 대한 설명으로 틀린 것은?

① 고객의 요구사항 변화에 유연하게 대응할 수 있도록 일정한 주기를 반복하면서 개발 과정을 진행하는 방법론이다.
② 초급 개발자들이 대규모 프로젝트를 진행할 때 유용하다.
③ 계약 협상보다는 고객과의 협력을 가치 있게 여긴다.
④ 애자일 개발 방법론에는 스크럼(Scrum), 익스트림 프로그래밍(XP, eXtreme Programming), 기능 주도 개발(FDD, Feature Driven Development) 등이 있다.

2과목 프로그래밍 언어 활용

21 C언어 표준 입출력 라이브러리 stdio.h에 포함된 표준 출력 함수는?
① scanf   ② fopen
③ printf   ④ fread

22 소프트웨어 설계의 품질을 평가하는 척도로 결합도와 응집력이 사용된다. 다음 중 가장 우수한 설계 품질은?
① 모듈 간의 결합도는 높고 모듈 내부의 응집력은 높다.
② 모듈 간의 결합도는 높고 모듈 내부의 응집력은 낮다.
③ 모듈 간의 결합도는 낮고 모듈 내부의 응집력은 높다.
④ 모듈 간의 결합도는 낮고 모듈 내부의 응집력은 낮다.

23 HTML의 기본 태그에 대한 설명으로 틀린 것은?
① 〈!DOCTYPE html〉은 웹 페이지가 HTML5 문서임을 의미하며 HTML5에는 반드시 표기하지 않아도 된다.
② 〈html〉…〈/html〉은 HTML 문서의 시작과 끝을 의미한다.
③ 〈head〉…〈/head〉는 스타일과 스크립트를 선언하는 부분이다.
④ 〈body〉…〈/body〉는 사용자에게 보여주는 실제 내용이 구현되는 부분이다.

24 다음 중 텍스트의 수평 방향 정렬을 설정하는 CSS 속성은?
① test-transform 속성
② text-indent 속성
③ text-align 속성
④ color 속성

25 다음 중 CSS 박스 모델의 패딩(Padding)에 대한 설명으로 틀린 것은?
① 패딩 영역은 background-color 속성으로 설정하는 배경색의 영향을 받지 않는다.
② 내용(Content)과 테두리(Border) 사이의 간격인 패딩 영역의 크기를 설정한다.
③ CSS를 사용하면 패딩 영역의 크기를 방향별로 따로 설정할 수 있다.
④ 모든 Padding 속성을 이용한 스타일을 top, right, bottom, left 순으로 한 줄에 설정할 수 있다.

26 다음 같은 표를 HTML 문서에 표현하고 싶을 때 가장 올바르지 않은 것은?

정보처리산업기사 필기	정보시스템 기반 기술
	프로그래밍 언어 활용
	데이터베이스 활용

① 테이블 설정은 〈table border="1"〉 … 중략 … 〈/table〉로 한다.
② 테이블 전체의 배경색을 파란색으로 하고자 한다면 〈table bgcolor="blue"〉로 지정하면 된다.
③ 〈td colspan="3"〉 정보처리산업기사 필기 〈/td〉로 표를 병합한다.
④ border, bgcolor 등 몇몇 속성은 HTML5에서 지원되지 않으므로 CSS로 지정하도록 한다.

27 다음이 설명하는 응집도의 유형은?

> 모듈이 다수의 관련 기능을 가질 때 모듈 안의 구성 요소들이 그 기능을 순차적으로 수행할 경우의 응집도

① 기능적 응집도   ② 우연적 응집도
③ 논리적 응집도   ④ 절차적 응집도

28 현재 브라우저에 표시된 HTML 문서의 주소(URL)를 얻거나 브라우저에서 새 문서를 불러올 때 사용하는 자바스크립트의 브라우저 객체는?

① Navigator 객체
② Screen 객체
③ Location 객체
④ History 객체

29 C언어에서 사용하는 기본적인 데이터형이 아닌 것은?

① char
② short
③ integer
④ double

30 C언어에서 산술 연산자가 아닌 것은?

① %
② *
③ /
④ =

31 다음 JAVASCRIPT 프로그램이 실행되었을 때의 결과는?

```
const fruits = ['apple', 'banana', 'kiwi', 'melon'];
fruits.push('berry');
fruits.pop();
fruits.unshift('grape');
fruits.shift();
consol.log(fruits);
```

① kiwi, melon, berry, grape
② grape, banana, kiwi, melon
③ grape, berry, apple, banana
④ apple, banana, kiwi, melon

32 객체지향 언어에서 공통된 속성과 연산(행위)을 갖는 객체의 집합으로, 객체의 일반적인 타입을 의미하는 것은?

① 추상화
② 인스턴스
③ 메시지
④ 클래스

33 C언어의 함수 중 문자의 입력 함수는?

① getchar( )
② gets( )
③ puts( )
④ putchar( )

34 다음 JAVA 코드 출력문의 결과는?

```
..생략..
System.out.println("5 + 2 = " + 3 + 4);
System.out.println("5 + 2 = " + (3 + 4));
..생략..
```

① 5 + 2 = 34
  5 + 2 = 34
② 5 + 2 + 3 + 4
  5 + 2 = 7
③ 7 = 7
  7 + 7
④ 5 + 2 = 34
  5 + 2 = 7

35 C언어에서의 변수 선언으로 틀린 것은?

① int else;
② int Test2;
③ int pc;
④ int True;

36 객체지향 개념에서 이미 정의되어 있는 상위 클래스(슈퍼 클래스 혹은 부모 클래스)의 메소드를 비롯한 모든 속성을 하위 클래스가 물려받는 것을 무엇이라 하는가?

① 메시지
② 메소드
③ 가상화
④ 상속

37 C언어 라이브러리 중 stdlib.h에 대한 설명으로 옳은 것은?

① 문자열을 수치 데이터로 바꾸는 문자 변환 함수와 수치를 문자열로 바꿔주는 변환 함수 등이 있다.
② 문자열 처리 함수로 strlen()이 포함되어 있다.
③ 표준 입출력 라이브러리이다.
④ 삼각 함수, 제곱근, 지수 등 수학적인 함수를 내장하고 있다.

38 다음 파이썬(Python) 프로그램이 실행되었을 때의 결과는?

```
def cs(n):
    s = 0
    for num in range(n+1):
        s += num
    return s
print(cs(11))
```

① 45
② 55
③ 66
④ 78

39 다음 JAVA 프로그램이 실행되었을 때의 결과는?

```
public class Operator {
    public static void main(String[] args) {
        int x = 5, y = 0, z = 0;
        y = x++;
        z = --x;
        System.out.print(x + "," + y + "," + z);
    }
}
```

① 5, 5, 5
② 5, 6, 5
③ 6, 5, 5
④ 5, 6, 4

40 아래 코드의 실행 결과는?

```
#include <stdio.h>
int main(void) {
    int code = 65;
    int *p = &code;
    print("%c", (*p)++);
    return 0;
}
```

① A
② 65
③ B
④ 66

3과목 데이터베이스 활용

41 3NF에서 BCNF가 되기 위한 조건은?

① 이행적 함수 종속 제거
② 부분적 함수 종속 제거
③ 다치 종속 제거
④ 결정자이면서 후보키가 아닌 것 제거

42 시스템 자신이 필요로 하는 여러 가지 객체에 관한 정보를 포함하고 있는 시스템 데이터베이스로서, 포함하고 있는 객체로는 테이블, 데이터베이스, 뷰, 접근 권한 등이 있는 것은?

① 스키마(Schema)
② 시스템 카탈로그(System Catalog)
③ 관계(Relation)
④ 도메인(Domain)

43 다음 SQL문에서 DISTINCT의 의미는?

"SELECT DISTINCT DEPT FROM STUDENT;"

① 검색 결과에서 레코드의 중복 제거
② 모든 레코드 검색
③ 검색 결과를 순서대로 정렬
④ DEPT의 처음 레코드만 검색

44 데이터베이스 언어 중 데이터베이스의 객체들, 즉 테이블, 뷰, 인덱스 등에 대한 구조인 스키마를 정의하고 변경하며 삭제할 수 있는 기능을 가진 것은?

① 데이터 정의어(DDL)
② 데이터 제어어(DCL)
③ 절차적 데이터 조작어(Procedural DML)
④ 비절차적 데이터 조작어(Non-Procedural DML)

45 해싱에서 동일한 홈 주소로 인하여 충돌이 일어나는 경우를 무엇이라고 하는가?

① Synonym
② Collision
③ Bucket
④ Overflow

46 색인 순차 파일(Indexed Sequential File)에서 색인 영역(Index Area)의 종류를 가장 옳게 나열한 것은?

① Cylinder Index are, Track Index area, Data Index area
② Master Index area, Cylinder Index area, Data Index area
③ Master Index area, Cylinder Index area, Track Index area
④ Track Index area, Master Index area, Data Index area

47 "트랜잭션 결과 관련 있는 모든 연산들은 완전히 실행되거나 전혀 실행되지 않아야 한다."는 내용이 의미하는 트랜잭션의 요구사항은?

① Consistency
② Durability
③ Isolation
④ Atomicity

48 A, B, C, D의 순서로 정해진 입력 자료를 스택에 입력하였다가 출력한 결과가 될 수 없는 것은? (단, 왼쪽부터 먼저 출력된 순서이다.)

① C, B, A, D
② C, D, A, B
③ B, A, D, C
④ B, C, D, A

49 선형 자료 구조로만 짝지어진 것은?

① 스택, 트리
② 트리, 그래프
③ 스택, 큐
④ 큐, 그래프

50 삽입 정렬을 사용하여 다음의 자료를 오름차순으로 정렬하고자 한다. 2회전 후의 결과는?

> 5, 4, 3, 2, 1

① 4, 5, 3, 2, 1
② 2, 3, 4, 5, 1
③ 3, 4, 5, 2, 1
④ 1, 2, 3, 4, 5

51 다음 릴레이션의 Degree와 Cardinality는?

학번	이름	학년	학과
23001	홍길동	3학년	전기
23002	이순신	4학년	기계
23003	강감찬	2학년	컴퓨터

① Degree : 4, Cardinality : 3
② Degree : 3, Cardinality : 4
③ Degree : 3, Cardinality : 12
④ Degree : 12, Cardinality : 3

52 관계 해석에 대한 설명으로 옳지 않은 것은?

① 프레디키트 해석(Predicate Calculus)으로 질의어를 표현한다.
② 원하는 정보와 그 정보를 어떻게 유도하는가를 기술하는 절차적인 언어이다.
③ 튜플 관계 해석과 도메인 관계 해석이 있다.
④ 기본적으로 관계 해석과 관계 대수는 관계 데이터베이스를 처리하는 기능과 능력면에서 동등하다.

53 뷰(View) 삭제문의 형식으로 옳은 것은?

① DELETE VIEW 뷰이름;
② DROP VIEW 뷰이름;
③ REMOVE VIEW 뷰이름;
④ OUT VIEW 뷰이름;

54 SQL에서 각 기능에 대한 내장함수의 연결이 옳지 않은 것은?

① 열에 있는 값들의 개수 – COUNT
② 열에 있는 값들의 평균 – AVG
③ 열에 있는 값들의 합 – TOT
④ 열에서 가장 큰 값 – MAX

55 계층형 데이터 모델의 특징이 아닌 것은?

① 개체 타입 간에는 상위와 하위 관계가 존재한다.
② 개체 타입들 간에는 사이클(Cycle)이 허용된다.
③ 루트 개체 타입을 가지고 있다.
④ 링크를 사용하여 개체와 개체 사이의 관계성을 표시한다.

56 무결성 제약조건 중 어떤 릴레이션의 기본 키를 구성하는 어떠한 속성값도 널(Null) 값이나 중복 값을 가질 수 없음을 의미하는 것은?

① 참조 무결성 제약조건
② 정보 무결성 제약조건
③ 개체 무결성 제약조건
④ 주소 무결성 제약조건

57 목표 DBMS에 맞는 스키마를 설계하고 트랜잭션의 인터페이스를 설계하는 것은 데이터베이스 설계 단계 중 어디에 해당하는가?

① 요구 조건 분석 단계
② 개념적 설계 단계
③ 논리적 설계 단계
④ 물리적 설계 단계

58 SQL에서 명령어 짝의 사용이 부적절한 것은?

① UPDATE... / SET...
② INSERT... / INTO...
③ DELETE... / FROM...
④ CREATE VIEW... / TO...

59 다음 SQL문에서 (　　)의 내용으로 옳은 것은?

```
UPDATE 인사급여 (        ) 호봉=15 WHERE
성명='홍길동';
```

① SET   ② FROM
③ INTO   ④ IN

60 다음 트리를 후위 순회(Post Traversal)할 경우, 가장 먼저 순회하는 노드는?

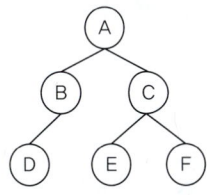

① A   ② D
③ E   ④ F

정보처리산업기사 필기 최신 기출문제 10회

시험 일자	문항 수	시험 시간
2022년 제1회	총 60문항	1시간 30분

수험번호 : _____
성   명 : _____

1과목 정보시스템 기반 기술

01 UNIX 명령어 중 파일에 대한 액세스(읽기, 쓰기, 실행) 권한을 설정하는 데 사용하는 명령어는?
① pwd
② ls
③ chmod
④ fork

02 교착상태가 발생할 수 있는 조건이 아닌 것은?
① 상호 배제(Mutual Exclusion) 조건
② 점유 및 대기(Hold and Wait) 조건
③ 재진입 가능(Reentrant) 조건
④ 비선점(Non Preemption) 조건

03 HRN(Highest Response-ratio Next) 스케줄링 방식에 대한 설명으로 옳은 것은?
① 대기 시간이 긴 프로세스의 경우 우선 순위가 낮아진다.
② 우선 순위를 계산하여 그 수치가 가장 높은 것부터 높은 순으로 우선 순위가 부여된다.
③ FIFO 기법을 보완하기 위한 방식이다.
④ 실행 시간이 짧은 작업에게 유리한 방식이다.

04 다중접속 방식이 아닌 것은?
① TDMA
② OFDMA
③ CDMA
④ XDMA

05 다음 중 단위 테스트에 대한 설명으로 옳지 않은 것은?
① 모듈이 예정한 기능을 제대로 수행하는지를 점검한다.
② 모듈 내부에 존재하는 논리적인 오류를 검출한다.
③ 시스템의 오류와 사용상의 문제점을 사용자와 개발자가 함께 확인하면서 기록한다.
④ 사용자의 요구사항을 기반으로 한 기능성 테스트를 최우선으로 수행한다.

06 B Class에 속하는 IP address는?
① 173.16.78.3
② 10.7.2.14
③ 225.52.34.10
④ 200.81.20.91

07 IPv6의 주소체계로 거리가 먼 것은?
① Unicast
② Anycast
③ Broadcast
④ Multicast

08 OSI 7 계층 중 설명하는 계층이 다른 것은?
① 사용하는 기본 데이터 단위는 패킷이다.
② 암호화, 코드 변환, 텍스트 압축 등을 수행한다.
③ 패킷에 발신지와 목적지의 논리 주소를 추가한다.
④ 라우터 또는 교환기는 패킷 전달을 위해 경로를 지정하거나 교환 기능을 제공한다.

09 UDP 특성에 해당되는 것은?
① 신뢰성이 있는 연결지향형 전달 서비스이다.
② 송신 중에 링크를 유지관리하므로 신뢰성이 높다.
③ 수신측에서 잘못 전송된 패킷에 대해 재전송을 요구한다.
④ 헤더 구조가 단순하여 오버헤드가 적다.

10 OSI 7 계층 중 응용 계층에 해당되는 프로토콜은?
① SMTP   ② UDP
③ PPP   ④ ICMP

11 테스트에 사용되는 여러 테스트 케이스의 집합으로, 테스트 케이스 사이의 연관 관계를 포함하고 있는 것은?
① 테스트 스텁(Test Stub)
② 테스트 드라이버(Test Driver)
③ 테스트 슈트(Test Suites)
④ 테스트 하네스(Test Harness)

12 럼바우(Rumbaugh)의 객체지향 분석 기법 중 상태 다이어그램(State Diagram)을 주로 이용하는 것은?
① 동적 모델링
② 객체 모델링
③ 기능 모델링
④ 정적 모델링

13 다음 UML 모델 중 종류가 다른 Diagram은?
① Class Diagram
② Object Diagram
③ Component Diagram
④ Activity Diagram

14 객체지향에서 정보은닉(Information Hiding)에 대한 설명으로 옳지 않은 것은?
① 정보은닉이란 객체에 대한 구체적인 정보를 노출시키지 않도록 하는 기법이다.
② 잘 정의되어 있고 쉽게 변경되지 않는 공용 인터페이스만 외부에 제공한다.
③ 캡슐화가 되었다는 것은 정보은닉이 잘 되었다는 것이다.
④ 기능의 교체나 변경에 대한 유연성을 제공하며, 객체 간의 결합도를 약화시킨다.

15 블랙박스 테스트의 기법으로 틀린 것은?
① 경계값 분석
② 원인 결과 그래프
③ 동등 분할 기법
④ 기초 경로 검사

16 UI 설계 원칙에서 누구나 쉽게 이해하고 사용할 수 있어야 한다는 것은?
① 유효성
② 직관성
③ 무결성
④ 희소성

17 형상관리에 대한 설명으로 틀린 것은?
① 형상관리를 통해 개발 과정의 여러 방해 요인을 최소화 시킬 수 있어 소프트웨어 개발의 전체 비용을 줄일 수 있다.
② 형상 식별은 형상관리 계획을 근거로 형상관리의 대상이 무엇인지 식별하는 과정이다.
③ 형상관리는 유지 보수 단계에서만 적용 가능하다.
④ 형상관리 항목에는 프로젝트 요구 분석서, 소스코드 등이 있으며, 프로젝트 개발 비용은 포함되지 않는다.

18 유스케이스 다이어그램(Usecase Diagram)에 대한 설명 중 옳지 않은 것은?

① 유스케이스 다이어그램은 사용자 측면에서 본 시스템 기능을 나타낸다.
② 액터는 시스템 내부에서 대상 시스템과 상호 작용하는 사람을 의미한다.
③ 유스케이스(Usecase)는 시스템이 액터에게 제공해야 하는 기능으로, 시스템의 요구사항을 나타낸다.
④ 액터와 유스케이스 간에 상호작용이 있을 때는 연관관계(Association)로 나타낸다.

19 디자인 패턴에 대한 설명으로 거리가 먼 것은?

① 설계 변경에 따른 이식성과 유연성이 좋아진다.
② 객체지향 개발 위주로만 사용할 수 있다.
③ 재사용성과 확장성이 좋아 개발 시간이 단축된다.
④ 구조나 가독성보다 기능에 비중을 둔 기법이다.

20 디자인 패턴 중에서 행위적 패턴에 속하는 것은?

① 커맨드(Command) 패턴
② 싱글톤(Singleton) 패턴
③ 프로토타입(Prototype) 패턴
④ 어댑터(Adapter) 패턴

2과목 프로그래밍 언어 활용

21 다음 설명에 해당하는 것은?

> 비슷한 유형의 응용 프로그램들을 위해 재사용이 가능한 아키텍처와 협력하는 소프트웨어 산출물의 통합된 집합으로, 특정 클래스의 재사용뿐만 아니라 응용 프로그램을 위한 핵심 아키텍처를 제공하여 설계의 재사용을 지원한다.

① 컴포넌트(Component)
② 웹 서비스(Web Service)
③ 프레임워크(Framework)
④ 클래스 라이브러리(Class Library)

22 C언어의 전처리문(Preprocessing)에서 함수나 상수에 이름을 붙여 단순화해주는 매크로를 정의할 때 사용하는 선행처리 지시자는?

① #define   ② #include
③ #undef   ④ #error

23 다음 자바 코드를 실행한 결과는?

```
public class Test {
    public static void main(String[] args) {
        int a = 0b0101;
        System.out.print(a);
    }
}
```

① 오류 발생   ② 0101
③ 101   ④ 5

24 다음 중 단항 연산자는?

① ~   ② &&
③ || ④ ^

25 시스템에서 모듈 사이의 결합도(Coupling)에 대한 설명으로 옳은 것은?

① 한 모듈 내에 있는 처리 요소들 사이의 기능적인 연관 정도를 나타낸다.
② 결합도가 높으면 시스템 구현 및 유지보수 작업이 쉽다.
③ 모듈 간의 결합도를 약하게 하면 모듈 독립성이 향상된다.
④ 자료 결합도는 내용 결합도보다 결합도가 높다.

26 다음 중 가장 높은 응집도(Cohesion)에 해당하는 것은?

① 순서적 응집도(Sequential Cohesion)
② 시간적 응집도(Temporal Cohesion)
③ 논리적 응집도(Logical Cohesion)
④ 절차적 응집도(Procedural Cohesion)

27 다음 JAVA 프로그램이 실행되었을 때의 결과는?

```
public class Array {
    public static void main(String[] args) {
        int cnt = 0;
        do {
            cnt++;
        } while(cnt < 0);
        if(cnt == 1)
            cnt++;
        else
            cnt = cnt + 3;
        System.out.printf("%d", cnt);
    }
}
```

① 2 ② 3
③ 4 ④ 5

28 객체지향 기법에서 객체가 메시지를 받아 실행해야 할 구체적인 연산을 정의한 것은?

① 메소드   ② 클래스
③ 속성   ④ 인스턴스

29 C언어에서 배열(Aray)에 관한 설명으로 틀린 것은?

① 배열의 각 요소를 변수처럼 사용한다.
② 배열의 첨자(Index)는 1부터 시작한다.
③ 배열 요소는 배열명에 첨자를 붙여 표현한다.
④ 배열은 일차원뿐만 아니라 다차원 배열도 만들 수 있다.

30 C언어에서 문자형 자료 선언 시 사용하는 것은?

① char   ② int
③ float   ④ double

31 다음 파이썬(Python) 프로그램이 실행되었을 때의 결과는?

```
class FourCal:
    def Setdata(sel, fir, sec):
        sel.fir = fir
        sel.sec = sec
    def add(sel):
        result sel.fir + sel.sec
        return result
a = FourCal()
a.setdata(4, 2)
print(a.add())
```

① 0 ② 2
③ 4 ④ 6

32 C언어에서 다음과 같이 수행될 때, while문은 몇 번 수행되는가?

```
sum = 0;
i = 1;
while( sum < 20 ) {
    sum = sum + i;
    i = i + 1;
}
```

① 1 ② 3
③ 6 ④ 20

33 HTML의 〈input〉 태그에 type 속성값에 대한 설명으로 틀린 것은?

① type 속성값을 "checkbox"로 설정하면, 사용자로부터 여러 개의 옵션 중 다수의 옵션을 입력받을 수 있다.
② type 속성값을 "text"로 설정하면, 사용자로부터 여러 줄의 텍스트를 입력받을 수 있다.
③ type 속성값을 "password"로 설정하면, 사용자가 입력한 내용이 별표나 원 모양으로 표시되어 비밀번호를 입력받을 수 있다.
④ type 속성값을 "radio"로 설정하면, 사용자로부터 여러 개의 옵션 중 하나의 옵션만 입력받을 수 있다.

34 다음 파이썬(Python) 프로그램이 실행되었을 때의 결과는?

```
i = 0
while(i > 5) :
    i = i + 1

print(i)
```

① 0   ② 1
③ 2   ④ 15

35 다음 JAVASCRIPT 프로그램이 실행되었을 때의 결과는?

```
var rst = 0;
for( var i = 1; i<20; i++ ) {
    if( i%7 == 0 )
        rst += i;
}
consol.log(rst);
```

① 55   ② 7
③ 210 ④ 21

36 객체지향 기법을 지원하지 않는 프로그래밍 언어는?

① LISP   ② Java
③ Python ④ C++

37 자바에서 사용하는 접근 제어자의 종류가 아닌 것은?

① internal
② private
③ default
④ public

38 다음은 파이썬으로 만들어진 반복문 코드이다. 이 코드의 결과는?

```
>> while(True) :
        print('A')
        print('B')
        print('C')
        continue
        print('D')
```

① A, B, C 출력이 반복된다.
② A, B, C까지만 출력된다.
③ A, B, C, D 출력이 반복된다.
④ A, B, C, D까지만 출력된다.

39 JAVA에서 변수와 자료형에 대한 설명으로 틀린 것은?

① 변수는 어떤 값을 주기억 장치에 기억하기 위해서 사용하는 공간이다.
② 변수의 자료형에 따라 저장할 수 있는 값의 종류와 범위가 달라진다.
③ char 자료형은 나열된 여러 개의 문자를 저장하고자 할 때 사용한다.
④ boolean 자료형은 조건이 참인지 거짓인지 판단하고자 할 때 사용한다.

40 다음 중 CSS 박스 모델의 마진(Margin)에 대한 설명으로 틀린 것은?

① 내용(Content)과 테두리(Border) 사이의 간격인 패딩 영역의 크기를 설정한다.
② 테두리(Border)와 이웃하는 요소 사이의 간격인 마진 영역의 크기를 설정한다.
③ CSS를 사용하면 마진 영역의 크기를 방향별로 따로 설정할 수 있다.
④ margin 속성값을 auto로 설정하면, 웹 브라우저가 수평 방향 마진(Margin) 값을 자동으로 설정하여 해당 요소를 포함하고 있는 부모 요소의 정중앙에 위치하게 된다.

3과목 데이터베이스 활용

41 다음 SQL문의 실행 결과는?

```
SELECT 과목이름
FROM 성적
WHERE EXISTS (SELECT 학번
FROM 학생 WHERE 학생.학번 = 성적.학번 AND
학과 IN ('전산', '전기') AND 주소 = '경기');
```

[학생] 테이블

학번	이름	학년	학과	주소
1000	김철수	1	전산	서울
2000	고영준	1	전기	경기
3000	유진호	2	전자	경기
4000	김영진	2	전산	경기
5000	정현영	3	전자	서울

[성적] 테이블

학번	과목번호	과목이름	학점	점수
1000	A100	자료 구조	A	91
2000	A200	DB	A+	99
3000	A100	자료 구조	B+	88
3000	A200	DB	B	85
4000	A200	DB	A	94
4000	A300	운영체제	B+	89
5000	A400	운영체제	B	88

① 과목이름
DB

② 과목이름
DB
DB

③ 과목이름
DB
DB
운영체제

④ 과목이름
DB
운영체제

42 운영체제의 작업 스케줄링 등에 응용될 수 있는 가장 적합한 자료 구조는?

① 스택(Stack)
② 큐(Queue)
③ 트리(Tree)
④ 연결 리스트(Linked List)

43 다음 중 SQL문의 DML에 속하지 않는 것은?

① SELECT
② DELETE
③ CREATE
④ INSERT

44 트랜잭션의 특징으로 거리가 먼 것은?

① Consistency
② Isolation
③ Durability
④ Automatic

45 하나의 애트리뷰트가 가질 수 있는 원자값들의 집합을 의미하는 것은?

① 튜플
② 릴레이션
③ 도메인
④ 엔티티

46 다음 트리에 대한 중위 순회 운행 결과는?

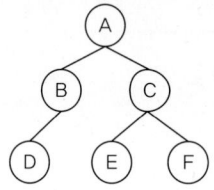

① A B D C E F
② A B C D E F
③ D B E C F A
④ D B A E C F

47 DBA의 역할로 거리가 먼 것은?

① 데이터베이스 스키마 정의
② 사용자 요구 응용 프로그램 작성
③ 보안 정책과 무결성(Integrity) 유지
④ 예비조치(Backup)와 회복(Recovery)에 대한 절차 수립

48 개체-관계(E-R) 모델에 대한 설명으로 옳지 않은 것은?

① E-R 다이어그램은 개체 타입을 사각형, 관계 타입을 타원, 속성을 마름모로 표현한다.
② 현실 세계의 무질서한 데이터를 개념적인 논리 데이터로 표현하기 위한 방법으로 사용된다.
③ 1:1, 1:N, N:M 등의 관계 유형을 제한 없이 나타낼 수 있다.
④ E-R 모델의 기본적인 아이디어를 시각적으로 가장 잘 나타낸 것이 E-R 다이어그램이다.

49 색인 순차 파일에 대한 설명으로 옳지 않은 것은?

① 레코드의 삽입과 수정이 용이하다.
② 색인을 저장하기 위한 공간과 오버플로우 처리를 위한 별도의 공간이 필요 없다.
③ 순차 처리와 랜덤 처리가 모두 가능하다.
④ 인덱스를 이용한 액세스 때문에 랜덤 편성 파일과 비교해서 액세스 시간이 느리다.

50 순수 관계 연산자에서 릴레이션의 일부 속성만 추출하여 중복되는 튜플은 제거한 후 새로운 릴레이션을 생성하는 연산자는?

① REMOVE
② PROJECT
③ DIVISION
④ JOIN

51 관계 대수식을 SQL 질의로 옳게 표현한 것은?

$$\pi_{이름}(\sigma_{학과='교육'}(학생))$$

① SELECT 학생 FROM 이름 WHERE 학과='교육';
② SELECT 이름 FROM 학생 WHERE 학과='교육';
③ SELECT 교육 FROM 학과 WHERE 이름='학생';
④ SELECT 학과 FROM 학생 WHERE 이름='교육';

52 뷰(VIEW)에 대한 설명으로 옳지 않은 것은?

① 뷰 위에 또 다른 뷰를 정의할 수 있다.
② DBA는 보안 측면에서 뷰를 활용할 수 있다.
③ 뷰의 정의는 ALTER문을 이용하여 변경할 수 없다.
④ SQL을 사용하면 뷰에 대한 삽입, 갱신, 삭제 연산 시 제약 사항이 없다.

53 버블 정렬을 이용한 오름차순 정렬 시 다음 자료에 대한 2회전 후의 결과는?

9, 6, 7, 3, 5

① 3, 9, 6, 7, 5
② 6, 7, 3, 5, 9
③ 6, 3, 5, 7, 9
④ 3, 5, 9, 6, 7

54 다음 설명에 해당하는 것은?

"물리적 저장 장치의 입장에서 본 데이터베이스 구조로서 실제로 데이터베이스에 저장될 레코드의 형식을 정의하고 저장 데이터 항목의 표현 방법, 내부 레코드의 물리적 순서 등을 나타낸다."

① 외부 스키마
② 내부 스키마
③ 개념 스키마
④ 슈퍼 스키마

55 릴레이션 R1에 저장된 튜플이 릴레이션 R2에 있는 튜플을 참조하려면 참조되는 튜플이 반드시 R2에 존재해야 한다는 데이터 무결성 규칙은?

① 개체 무결성 규칙(Entity Integrity Rule)
② 참조 무결성 규칙(Referential Integrity Rule)
③ 영역 무결성 규칙(Domain Integrity Rule)
④ 트리거 규칙(Trigger Rule)

56 참조 무결성을 유지하기 위하여 DROP문에서 부모 테이블의 항목 값을 삭제할 경우 자동적으로 자식 테이블의 해당 레코드를 삭제하기 위한 옵션은?

① CLUSTER
② CASCADE
③ SET-NULL
④ RESTRICTED

57 정규화 과정 중 1NF에서 2NF가 되기 위한 조건은?

① 1NF를 만족하고 모든 도메인이 원자값이어야 한다.
② 1NF를 만족하고 키가 아닌 모든 애트리뷰트가 기본키에 대해 이행적으로 함수 종속되지 않아야 한다.
③ 1NF를 만족하고 다치 종속이 제거되어야 한다.
④ 1NF를 만족하고 키가 아닌 모든 속성이 기본키에 대하여 완전 함수적 종속 관계를 만족해야 한다.

58 다음과 같이 가~바에 데이터베이스 설계의 주요 과정들이 나열되어 있다. 데이터베이스 설계 과정의 순서로 가장 적절한 것은?

> 가. 논리적 설계
> 나. 데이터베이스 튜닝
> 다. 요구사항 수집 및 분석
> 라. 물리적 설계
> 마. 정규화
> 바. 개념적 설계

① 다, 바, 마, 가, 나, 라
② 다, 바, 가, 마, 라, 나
③ 다, 가, 바, 마, 라, 나
④ 다, 바, 가, 라, 마, 나

59 DDL(Data Definition Language)의 기능이 아닌 것은?

① 데이터베이스의 생성 기능
② 병행 처리 시 Lock 및 Unlock 기능
③ 테이블의 삭제 기능
④ 인덱스(Index) 생성 기능

60 이행적 함수 종속 관계를 의미하는 것은?

① A → B이고 B → C일 때, A → C를 만족하는 관계
② A → B이고 B → C일 때, C → A를 만족하는 관계
③ A → B이고 B → C일 때, B → A를 만족하는 관계
④ A → B이고 B → C일 때, C → B를 만족하는 관계

CHAPTER
03

최신 기출문제
정답 & 해설

정답 & 해설

최신 기출문제 01회

01 ②	02 ②	03 ④	04 ③	05 ④
06 ②	07 ④	08 ②	09 ④	10 ④
11 ③	12 ③	13 ①	14 ④	15 ①
16 ③	17 ②	18 ②	19 ②	20 ④
21 ③	22 ①	23 ③	24 ②	25 ①
26 ①	27 ④	28 ③	29 ②	30 ①
31 ③	32 ④	33 ④	34 ①	35 ①
36 ④	37 ③	38 ③	39 ②	40 ③
41 ①	42 ③	43 ④	44 ④	45 ②
46 ①	47 ④	48 ④	49 ③	50 ②
51 ③	52 ②	53 ①	54 ②	55 ②
56 ②	57 ④	58 ①	59 ①	60 ①

01 ②

UI(User Interface) 설계 지침

- 사용자가 시스템을 쉽게 이해하고 효율적으로 사용할 수 있도록 지원하기 위한 기준이다.
- 대표적인 UI 설계 지침 항목으로는 표준화, 사용자 중심, 가시성, 일관성, 접근성 등이 있다.
- 표준화는 UI 요소들의 일관성과 반복성을 유지하여 학습 비용을 줄이는 것을 의미한다.
- 사용자 중심은 사용자의 요구와 사용 환경을 고려한 UI 설계를 의미하며, 가시성은 정보와 기능이 눈에 잘 띄도록 구성하는 것을 말한다.

오답 피하기

이식성(Portability) : 소프트웨어가 다양한 플랫폼이나 환경에서 실행 가능한지를 의미하는 일반적인 품질 특성으로, UI 설계 지침에는 포함되지 않는다.

02 ②

HRN(Highest Response-ratio Next) 스케줄링

- 응답 비율(Response Ratio)을 기준으로 우선순위를 결정하는 방식이다.
- 응답 비율은 (대기 시간 + 서비스 시간) / 서비스 시간으로 계산한다.
- 대기 시간이 길거나 서비스 시간이 짧을수록 응답 비율이 높아져 우선순위가 높아진다.
- 이는 짧은 작업만 우선하는 SJF의 단점을 보완하여 긴 시간 대기한 작업에도 기회를 부여하는 방식이다.
- FIFO의 문제점인 기다림 시간의 불균형을 해소하고자 도입된 방식이기도 하다.

03 ④

4+1 View 모델

- 복잡한 소프트웨어 아키텍처를 다각도로 설명하기 위한 구조적 설계 모델이다.
- 이 모델은 다음과 같은 5가지 뷰로 구성된다.

논리 뷰(Logical View)	클래스, 객체 구조 등 시스템의 기능을 중심으로 표현함
프로세스 뷰(Process View)	병행 처리, 성능, 동기화 등 런타임 특성을 다룸
개발 뷰(Development View)	소프트웨어 모듈 구성과 개발 관점에서의 구조를 설명함
물리 뷰(Physical View)	시스템의 하드웨어 노드와의 연결과 배포를 설명함
유스케이스 뷰(Use Case View)	사용자의 요구사항 및 시나리오를 중심으로 다른 뷰들을 연계함

04 ③

빌드(Build) 도구

- 소스코드의 컴파일, 패키징, 테스트, 배포 등의 작업을 자동화하여 개발 과정을 효율화하는 도구이다.
- 대표적인 빌드 도구에는 다음과 같은 것들이 있다.

Ant	Java 환경에서 널리 사용된 XML 기반의 초기 빌드 자동화 도구
Maven	프로젝트 의존성 관리와 생명주기 관리를 지원하는 표준화된 빌드 도구
Gradle	Groovy 기반의 스크립트를 활용하며, 성능과 유연성이 뛰어난 최신 빌드 도구

오답 피하기

Git은 버전 관리 시스템(Version Control System)으로, 소스코드 변경 이력 관리에 사용된다.

05 ④

코드 인스펙션(Code Inspection)

- 소프트웨어 개발 과정에서 코드의 논리적 오류, 품질 문제, 표준 미준수 등을 정적(Static)으로 분석하는 기법이다.
- 실제로 프로그램을 실행하지 않고, 코드를 눈으로 직접 읽거나 도구를 통해 분석하는 방식이다.
- 주요 목적은 초기 단계에서 오류를 사전에 발견하고, 코드의 가독성, 유지보수성, 표준 준수 등을 점검하는 것이다.
- 정적 테스트 기법에 해당하며, 컴파일이나 실행 없이도 문제를 식별할 수 있다.

오답 피하기

동적 테스트는 프로그램을 실행하여 결과를 확인하는 방식으로, 인스펙션과는 구분된다.

06 ②

UNIX Shell은 명령어 해석기(Shell)은 사용자가 입력한 명령어를 읽고 실행하는 역할을 한다.

오답 피하기

- Kernel : 운영체제의 핵심 부분으로 하드웨어와 직접 상호작용하며, 시스템 자원을 관리하고 프로세스, 메모리, 파일 시스템 등을 제어한다.
- PCB(Process Control Block) : 각 프로세스에 대한 정보를 담고 있는 구조체로, 프로세스의 상태와 자원 할당 상태를 추적한다.
- i-node : 파일 시스템에서 파일에 대한 메타데이터(파일 크기, 위치, 소유자 등)를 저장하는 구조체로, 파일의 실제 데이터가 아닌 정보만을 담고 있다.

07 ④

자료 흐름도(DFD, Data Flow Diagram)

- 시스템 내의 데이터 흐름과 처리 과정을 시각적으로 표현하는 구조적 분석 도구이다.
- DFD는 시스템의 논리적 기능, 데이터 흐름, 저장소 간 관계를 보여준다.
- 기본 구성 요소

프로세스(Process)	데이터를 처리하는 기능 단위
데이터 흐름(Data Flow)	데이터의 이동 경로를 화살표로 표현
데이터 저장소(Data Store)	데이터가 저장되는 장소로, 병렬선 등으로 표현
외부 엔티티(Terminator)	시스템 외부의 데이터 출입 주체로, 사각형으로 표현

08 ④

디자인 패턴

- 소프트웨어 설계에서 자주 발생하는 문제를 해결하기 위해 검증된 설계 구조를 재사용할 수 있도록 정형화한 기법이다.
- 시스템의 유지보수성과 확장성을 높이고, 구조적인 품질을 개선하는 데 있다.
- 디자인 패턴은 대부분 객체지향 설계 기반이지만, 절차지향 언어에서도 개념적으로 일부 활용 가능하다.
- 패턴을 적용하면 설계 변경이 유연해지고, 코드 재사용성과 확장성이 향상되어 개발 시간과 비용을 절감할 수 있다.
- 디자인 패턴은 기능 구현보다는 구조적 명확성, 설계 가독성, 모듈화에 중점을 둔다.

오답 피하기

'기능에 비중을 둔 기법'이라는 설명은 디자인 패턴의 핵심 철학과 맞지 않으므로, 가장 거리가 먼 설명이다.

09 ④

- 브리지(Bridge) 패턴은 구현부와 추상화를 분리하여 독립적으로 확장 가능하게 하며, 호환성 없는 인터페이스를 연결할 때 유용하다.
- 싱글톤(Singleton) 패턴은 인스턴스를 하나만 생성하여 전역적으로 공유할 때 사용된다.
- 컴포지트(Composite) 패턴은 전체와 부분을 동일한 구조로 처리할 수 있도록 하여 계층적 구조를 단순화한다.
- 중재자(Mediator) 패턴은 여러 객체 간의 복잡한 상호작용을 중앙 집중형 객체로 통제하여 객체 간 결합도를 낮추는 역할을 한다.

오답 피하기

복잡한 시스템에 손쉬운 API를 제공하려는 목적에는 퍼사드(Facade) 패턴이 적합하다.

10 ④

블랙박스 테스트

- 소프트웨어의 기능적 요구사항을 검증하는 테스트 기법이다.
- 내부 코드 구조나 논리를 고려하지 않고, 입력과 출력 간의 관계만을 기반으로 테스트를 수행한다.
- 대표적인 블랙박스 테스트 기법에는 동등 분할, 경계값 분석, 원인-결과 그래프, 오류 예측 기법 등이 있다.
- 블랙박스 테스트로 찾을 수 있는 오류 사례
  - 비정상 입력값을 넣었을 때 적절한 오류 처리가 이루어지지 않는 경우
  - 정상 입력값으로 기대한 결과가 출력되지 않는 경우
  - 경계값 처리 오류

오답 피하기

루프 구조나 반복 조건과 관련된 문제는 코드 내부 흐름을 기반으로 분석하는 화이트박스 테스트에서 주로 다룬다.

11 ③

블랙박스 테스트의 주요 기법

동등 분할 기법	입력값을 유효/무효 그룹으로 나누어 각 그룹에서 하나씩 테스트하는 기법
경계값 분석	경계 근처의 입력값에서 오류가 자주 발생하는 특성을 활용한 테스트하는 기법
원인-결과 그래프	입력 조건(원인)과 결과 사이의 논리적 관계를 기반으로 테스트 케이스를 도출하는 기법

오답 피하기

기초 경로 검사(Basis Path Testing)는 화이트박스 테스트 기법으로, 코드의 논리 경로(분기, 루프 등)를 분석하여 최소 테스트 경로 집합을 도출하는 방식이다.

12 ③

ICMP(Internet Control Message Protocol)
- TCP/IP 프로토콜군에서 제어 메시지를 전달하기 위한 프로토콜이다.
- 주로 목적지 도달 불가(Destination Unreachable), 시간 초과(Time Exceeded), 패킷 손실(Packet Loss) 등의 상태를 알리는 데 사용된다.
- ping 명령어가 ICMP의 대표적인 응용 예로, 네트워크 연결 상태를 테스트한다.

오답 피하기
- ARP는 IP 주소로 MAC 주소를 찾고, RARP는 MAC 주소로 IP 주소를 얻는 프로토콜이다.
- PPP는 두 장비 간의 점대점 연결을 위한 데이터 링크 계층 프로토콜이다.

13 ①

소프트웨어 개발 생명주기(SDLC)의 요구 분석 단계
- 사용자의 요구사항을 수집하고 분석하여 명확하게 문서화하는 초기 단계이다.
- 분석 결과는 요구사항 명세서(SRS)로 정리되어 이후 설계, 구현, 테스트의 기준이 된다.
- 이 과정에서는 자료 흐름도(DFD), 자료 사전, 소단위 명세서(Mini-Spec) 등의 도구를 활용하여 요구사항을 시각적으로 표현하고 구조화할 수 있다.
- 분석 결과의 체계적인 문서화는 향후 유지보수와 변경 관리에 매우 유용하다.

오답 피하기
개발 비용이 가장 많이 드는 단계는 일반적으로 유지보수 단계이다. 유지보수는 전체 생명주기에서 약 60~70%의 비용을 차지할 수 있다.

14 ④

상호배제
- 병행 프로그래밍 환경에서는 여러 프로세스나 스레드가 동시에 공유 자원(예: 변수, 파일, 메모리 등)에 접근할 수 있는 상황이 발생한다.
- 이때 데이터를 보호하기 위해 사용하는 대표적인 기법이 상호배제(Mutual Exclusion)이다.
- 공유 자원에 한 번에 하나의 프로세스만 접근할 수 있도록 제한하여, 경쟁 상태(Race Condition)나 데이터 손상을 방지한다.
- 구현 방식에는 세마포어(Semaphore), 모니터(Monitor), 뮤텍스(Mutex) 등이 사용된다.

15 ①

통합 테스트
- 개별 단위 모듈들이 서로 결합되었을 때, 인터페이스 간의 데이터 전달, 호출 관계, 상호작용 등이 올바르게 수행되는지 확인하는 테스트이다.
- 보통 모듈 단위 테스트 이후에 수행되며, 상향식, 하향식, 샌드위치 방식 등 다양한 접근법으로 테스트가 진행된다.
- 예를 들어, 로그인 모듈과 사용자 정보 조회 모듈이 연결되어 있을 때, 사용자의 ID 전달과 그에 따른 처리 결과를 검증하는 것이 통합 테스트에 해당한다.

오답 피하기
- 단위 테스트는 개별 모듈에 대한 테스트이고, 시스템 테스트는 전체 시스템을 대상으로 한다.
- 인수 테스트는 최종 사용자 요구사항에 대한 만족 여부를 검증하는 단계이다.

16 ③

객체지향 설계의 핵심 3대 요소

캡슐화(Encapsulation)	데이터와 기능을 하나의 단위로 묶고 외부로부터 정보를 숨기는 방식
상속(Inheritance)	기존 클래스의 속성과 기능을 새로운 클래스가 재사용할 수 있게 하는 기능
다형성(Polymorphism)	동일한 메시지에 대해 객체가 각기 다른 방식으로 응답할 수 있는 성질

오답 피하기
모듈화는 일반적인 소프트웨어 설계 원칙 중 하나로, 시스템을 분리된 구성요소로 나누는 개념이다. 객체지향뿐 아니라 절차지향 등 다양한 설계 방식에서 사용된다.

17 ③

TCP(Transmission Control Protocol)
- 연결형(Connection-oriented) 전송 방식의 프로토콜이다.
- 송신 측과 수신 측 사이에 연결을 설정한 후 데이터를 전송하며, 데이터의 순서 보장, 오류 제어, 흐름 제어 등을 제공한다.
- 흐름 제어는 수신 측의 처리 능력을 고려해 송신 속도를 조절하는 기능이며, TCP는 슬라이딩 윈도우 방식으로 이를 구현한다.
- 오류 제어는 전송 중 손상되거나 유실된 데이터를 재전송하여 데이터의 정확성을 확보하는 기능이다.

오답 피하기
비연결형 서비스는 UDP(사용자 데이터그램 프로토콜)은 연결 설정 없이 데이터를 전송하며 신뢰성을 보장하지 않는다.

18 ③

시스템 콜(System Call)
- 사용자 프로그램이 운영체제의 기능을 요청하기 위해 호출하는 인터페이스이다.
- 시스템 콜은 소프트웨어 인터럽트 또는 트랩(trap)을 통해 발생하는 것이 일반적이다.
- 일반 사용자가 직접 접근할 수 없는 커널 영역의 기능(예 파일 처리, 프로세스 제어, 메모리 할당 등)을 사용할 수 있게 한다.
- 커널이 제공하는 서비스를 간접적으로 사용할 수 있도록 중간 역할을 하며, 대표적인 호출 방식에는 read( ), write( ), fork( ) 등이 있다.

> **오답 피하기**
> 하드웨어 인터럽트는 외부 장치(예 키보드, 타이머, I/O 장치 등)에서 발생하는 신호로, 시스템 콜과는 개념이 다르다.

19 ②

IPv6는 주소 지정 방식

유니캐스트	특정 하나의 수신자에게 데이터 전송
멀티캐스트	지정된 그룹에 속한 여러 노드에게 동시에 데이터 전송
애니캐스트	• 동일한 주소를 여러 노드에 할당하지만, 가장 가까운 한 노드에만 전송 • 주로 라우팅 최적화와 부하 분산에 사용되며, 일반적인 그룹 통신(멀티캐스트 목적)에는 적합하지 않음

20 ④

소프트웨어 생명주기(SDLC)
- 요구사항 분석 → 설계 → 구현 → 테스트 → 유지보수의 순서로 진행된다.
- 요구사항 분석, 설계, 구현은 테스트 이전 단계로, 코드 개발 전 또는 개발 도중에 수행되는 활동이다.
- 테스트 단계의 특징은 다음과 같다.
  - 소프트웨어가 요구사항에 맞게 동작하는지 확인하는 과정으로, 검증(Verification) 또는 확인(Validation)이라고도 한다.
  - 테스트 단계에서는 단위 테스트, 통합 테스트, 시스템 테스트, 인수 테스트 등 다양한 수준에서 검증 활동이 이루어진다.

> **오답 피하기**
> 검증(Verification)은 주어진 입력에 대해 기대한 출력이 정확히 나오는지를 판단하며, 기능의 정확성, 안정성, 성능 등을 시험한다.

21 ③

프레임워크
- 소프트웨어 개발에 필요한 기본 구조를 제공하는 틀이다.
- 개발자는 프레임워크가 제공하는 구조 내에서 코드를 작성하면 된다.
- 제어의 흐름이 개발자에게 있는 것이 아니라 프레임워크가 관리하는 특징을 가진다. 이러한 특성을 제어의 역전(IoC, Inversion of Control)이라 한다.
- 재사용성과 일관성을 높이며 개발 생산성을 향상시키는 장점이 있다.

22 ①

#define
- C언어의 전처리 지시자 중 하나로, 상수나 매크로 함수를 정의하는 데 사용된다.
- 소스코드에서 특정 이름(식별자)에 값을 부여하여 반복되는 코드를 간단하게 처리할 수 있게 한다.
- 예를 들어 #define PI 3.14는 이후 코드에서 PI를 3.14로 치환하여 사용하게 만든다.
- 전처리기는 컴파일 전에 이 지시자들을 읽고 소스코드를 처리한다.

> **오답 피하기**
> - #include는 외부 헤더 파일을 포함하는 데 사용한다.
> - #undef는 이미 정의된 매크로를 취소할 때 사용한다.
> - #error는 사용자가 정의한 조건이 만족되지 않을 때 컴파일을 중단시키기 위해 사용한다.

23 ③

반복(i)	조건	실행 코드	a	b
i = 0	0 % 2 == 0	a += 0	a = 5 + 0 = 5	b = 3
i = 1	1 % 2 == 0	b *= 1	a = 5	b = 3 * 1 = 3
i = 2	2 % 2 == 0	a += 2	a = 5 + 2 = 7	b = 3
i = 3	3 % 2 == 0	b *= 3	a = 7	b = 3 * 3 = 9

결과 : a + b = 7 + 9 = 16

24 ②

결합도(Coupling)
- 모듈 간 상호작용의 밀접한 정도를 의미하며, 낮을수록 바람직하다.
- 결합도는 **(높음)** 내용 〉 공통 〉 외부 〉 제어 〉 스탬프 〉 자료 **(낮음, 바람직)** 순이다.
- 소프트웨어 구조 설계 시 모듈 간 결합도를 낮추고 응집도를 높이는 것이 좋은 설계 방식이다.
- 모듈 간 결합도가 낮을수록 재사용성과 테스트 용이성도 향상된다.

> **오답 피하기**
> - ①번은 제어 결합도가 아닌 공통 결합도에 대한 설명이다. 공통 결합도는 전역 데이터를 공유한다.
> - ③번은 자료 결합도와 제어 결합도의 정의를 혼동한 것이다. 제어 결합도는 제어 플래그 같은 정보를 전달하며 자료 결합도보다 결합도가 높다.
> - ④번은 내용 결합도에 대한 잘못된 설명이다. 내용 결합도는 한 모듈이 다른 모듈 내부로 직접 접근하는 방식으로, 결합도 중 가장 낮은 수준이 아닌 가장 높고 위험한 형태이다.

25 ①

응집도(Cohesion)
- 하나의 모듈 내부 구성 요소들이 얼마나 밀접하게 연관되어 있는지를 나타내는 지표이다.
- 응집도는 높을수록 모듈 내부 기능이 하나의 목적을 향해 잘 통합되어 있음을 의미하며, 이는 유지보수성과 재사용성을 높인다.
- 응집도는 (낮음) 우연적 < 논리적 < 시간적 < 절차적 < 통신적 < 순차적 < 기능적 (**높음, 바람직**) 순이다.

오답 피하기
- 순서적 응집도는 한 작업의 출력이 다음 작업의 입력으로 바로 연결되는 형태로, 비교적 높은 응집도를 가진다.
- 시간적 응집도는 시간적으로 유사한 작업들을 함께 묶은 것으로, 예를 들면 프로그램 시작 시 초기화 작업 등을 포함한다.
- 논리적 응집도는 유사한 논리적 기능들을 묶어 놓은 것이며, 하나의 플래그나 조건문으로 수행 기능이 결정된다.
- 절차적 응집도는 수행 절차에 따라 기능을 모은 것으로, 내부 요소들 간 연관성이 상대적으로 약하다.

26 ①

- 단항 연산자는 피연산자 하나만을 대상으로 동작하는 연산자이다.
- ~는 비트 NOT 연산자로, 정수형 피연산자의 모든 비트를 반전시키는 단항 연산자이다. 예를 들어 ~5는 5의 비트를 뒤집어 결과적으로 -6이 된다.
- 단항 연산자의 대표적인 예로는 ++, --, -, !, ~ 등이 있다.

오답 피하기
- ② &&는 논리 AND 연산자로, 두 개의 피연산자를 필요로 하는 이항 연산자이다.
- ③ ||는 논리 OR 연산자로, 역시 두 개의 피연산자를 요구하는 이항 연산자이다.
- ④ ^는 비트 XOR 연산자로, 두 피연산자의 비트를 비교하여 서로 다르면 1을 반환하는 이항 연산자이다.

27 ④

- C언어에서는 배열 초기화 시 초기화 리스트의 값이 배열 크기보다 적더라도 컴파일 오류가 발생하지 않는다. 대신, 나머지 요소는 0으로 자동 초기화된다.
- 문제의 코드에서 {10, 20}으로 초기화했지만, 배열 크기가 3이므로 arr[2]은 0으로 초기화된다.

오답 피하기
- ① 배열을 선언할 때 컴파일러는 해당 배열의 자료형과 크기에 맞춰 연속적인 메모리 공간을 할당한다. 문제의 코드에서 int arr[3]은 3개의 정수를 저장할 수 있는 메모리 공간을 확보한다.
- ② 대부분의 프로그래밍 언어에서 배열의 인덱스는 0부터 시작한다. 따라서 arr[0]은 첫 번째 요소, arr[1]은 두 번째 요소, arr[2]는 세 번째 요소를 가리킨다.
- ③ C언어에서 배열을 초기화할 때, 초기화 리스트에 제공된 값보다 배열 크기가 크면 나머지 요소는 자동으로 0으로 초기화된다. 문제의 코드에서 arr[2]는 초기화 리스트 {10, 20}에 포함되지 않으므로 0으로 초기화된다.

28 ③

- 1번째 반복 (i = 1):
  - i <= 5 → 참
  - i % 2 == 0 → 거짓 (1은 홀수)
  - sum += i → sum = 0 + 1 = 1
  - i++ → i = 2
- 2번째 반복 (i = 2):
  - i <= 5 → 참
  - i % 2 == 0 → 참 (2는 짝수)
  - i++ → i = 3
  - continue → sum += i는 실행되지 않고 다음 반복으로 이동
- 3번째 반복 (i = 3):
  - i <= 5 → 참
  - i % 2 == 0 → 거짓 (3은 홀수)
  - sum += i → sum = 1 + 3 = 4
  - i++ → i = 4
- 4번째 반복 (i = 4):
  - i <= 5 → 참
  - i % 2 == 0 → 참 (4는 짝수)
  - i++ → i = 5
  - continue → sum += i는 실행되지 않고 다음 반복으로 이동
- 5번째 반복 (i = 5):
  - i <= 5 → 참
  - i % 2 == 0 → 거짓 (5는 홀수)
  - sum += i → sum = 4 + 5 = 9
  - i++ → i = 6
- 6번째 반복 시도 (i = 6):
  - i <= 5 → 거짓
  - 루프 종료
- 결과
  - sum = 9 (홀수인 1, 3, 5의 합)
  - printf("%d\n", sum); → 9 출력
  - while문은 i = 1, 2, 3, 4, 5일 때 총 5번 실행된다.

29 ②

<input type="text">는 한 줄의 텍스트 입력을 받는 데 사용된다. 예를 들어, 이름이나 이메일 같은 짧은 텍스트를 입력받을 때 적합하다. 여러 줄의 텍스트를 입력받으려면 <textarea> 태그를 사용해야 한다.

오답 피하기
- ① <input type="checkbox">는 체크박스를 생성하며, 사용자가 여러 옵션 중에서 다수를 선택할 수 있다. 예를 들어, 취미를 선택하는 폼에서 "독서", "운동", "여행" 중 여러 개를 동시에 선택 가능하다.
- ③ <input type="password">는 비밀번호 입력 필드를 생성하며, 사용자가 입력한 텍스트가 별표(*) 또는 원(●) 같은 마스킹 문자로 표시되어 내용이 노출되지 않는다. 이는 비밀번호 입력을 안전하게 처리하기 위한 기능이다.
- ④ <input type="radio">는 라디오 버튼을 생성하며, 동일한 name 속성을 가진 라디오 버튼 그룹에서 하나의 옵션만 선택할 수 있다. 예를 들어, 성별 선택에서 "남성" 또는 "여성" 중 하나만 선택 가능하다.

30 ①

- while True:는 무한 루프이다.
- print('A'), print('B'), print('C')는 매 반복마다 출력된다.
- continue는 반복문의 다음 루프로 즉시 이동하므로 print('D')는 절대 실행되지 않는다.
- break 문이 없으므로 프로그램을 수동으로 중단하지 않으면 계속 출력된다.
- 결과적으로 'A', 'B', 'C'만 무한 반복된다.

31 ③

Java에서 char 자료형

- 단일 문자 하나만 저장하는 데 사용된다.
- 예를 들어 char ch = 'A';처럼 하나의 문자만 가능하며, 작은따옴표로 감싼다.
- Java는 강타입 언어이므로 자료형의 정의와 용도에 맞게 정확히 구분해야 한다.

오답 피하기

- ①은 변수는 주기억 장치(RAM)에 데이터를 저장하기 위한 공간이라는 점에서 맞는 설명이다.
- ②는 자료형에 따라 정수, 실수, 문자 등 저장 가능한 데이터의 형태와 범위가 달라지므로 맞는 설명이다.
- ③은 여러 개의 문자를 저장하려면 String 클래스를 사용해야 하므로 틀린 설명이다.
- ④는 boolean은 true 또는 false 값을 저장하며, 조건 판단에 사용되는 자료형으로 맞는 설명이다.

32 ④

margin은 테두리와 외부 요소 사이의 간격, 즉 외부 여백을 설정한다. 내용과 테두리 사이 간격은 padding이 설정하는 부분이다.

오답 피하기

- ① margin: 0 auto; : 상하는 0, 좌우는 자동 설정으로 수평 가운데 정렬된다.
- ② padding: 20px; : 내용(content)과 테두리(border) 사이의 간격인 padding을 20픽셀로 지정한다.
- ③ .box 클래스에 margin: 0 auto; 적용 : 좌우 마진이 자동 설정되어 부모 요소의 가운데 정렬된다.

33 ④

fprintf( )

- 파일뿐만 아니라 표준 출력에도 유연하게 형식화된 출력을 수행할 수 있도록 해주는 함수이다.
- 예를 들어, fprintf(stdout, "Hello, %s!\n", "World") → "Hello, World!"가 표준 출력에 출력된다.

오답 피하기

- ① scanf( ) : 입력 함수이며, 사용자가 입력한 값을 변수에 저장하는 데 사용된다.
- ② fread( ) : 파일에서 이진 데이터를 읽어오는 함수이다.
- ③ fopen( ) : 파일을 열고 해당 파일과 연결된 파일 포인터(FILE)를 반환하는 함수이다. 입출력 동작을 하지 않으며, 파일 스트림을 열기만 한다.

34 ①

HTML5에서 추가된 주요 요소

⟨nav⟩	• 문서 내 네비게이션 링크 그룹을 정의 • 주로 웹사이트의 주요 네비게이션 링크를 감싸는 데 사용됨
⟨article⟩	• 문서, 페이지, 애플리케이션 또는 사이트 안에서 독립적으로 구분되거나 재사용 가능한 영역을 정의 • 블로그 게시물, 뉴스 기사, 댓글, 포럼 글 등과 같은 독립적인 컨텐츠를 표현하는 데 사용됨
⟨figure⟩	• 독립적인 콘텐츠를 정의하고 캡션을 제공 • 이미지, 동영상, 차트, 코드 조각 등과 같은 멀티미디어 콘텐츠를 표현하는 데 사용됨
⟨section⟩	• 문서 내에서 특정 테마나 콘텐츠 영역을 정의 • 일반적으로 제목(⟨h1⟩ – ⟨h6⟩ 요소)을 포함하며, 더 작은 섹션으로 나뉠 수 있음
⟨header⟩	• 섹션이나 페이지의 시작 부분을 정의 • 제목이나 로고, 탐색 링크 등의 콘텐츠를 포함함
⟨footer⟩	• 섹션이나 페이지의 하단 부분을 정의 • 작성자 정보, 저작권 정보, 연락처 정보 등을 포함하는 데 사용됨

35 ①

⟨!DOCTYPE html⟩ 선언

- HTML5 문서임을 명시적으로 나타내는 중요한 선언이다.
- HTML5 표준에서는 이 독타입 선언을 사용하는 것이 필수적이다.
- 브라우저는 이 선언을 통해 문서가 HTML5 표준에 따라 해석되어야 함을 인식한다.
- 생략하면 브라우저가 호환 모드로 렌더링하여 예기치 않은 동작을 일으킬 수 있다.

36 ④

- static 메서드는 클래스 로딩 시 메모리에 올라가기 때문에 객체가 생성되지 않은 시점에서 인스턴스 변수에 접근할 수 없다.
- 인스턴스 변수에 접근하려면 객체가 생성되어 있어야 하므로 static 메서드 내에서는 인스턴스 변수 사용이 불가능하다.

37 ③

- int a = 10; : a는 정수형 변수, 값은 10이다.
- int *p = &a; : p는 a의 주소를 가리키는 포인터이므로, *p는 10이다.
- int **pp = &p; : pp는 p의 주소를 가리킨다.
- *pp는 p의 주소(즉, a의 주소)를 가리키는 이중 포인터이고, **pp는 p가 가리키는 값(즉, a의 값인 10)이다.
- **pp += 5; : **pp(즉, a)의 값에 5를 더한다.
- a의 값은 15이다.
- *p 역시 a를 가리키므로 그 값은 15가 된다.

38 ③

튜플은 불변(immutable) 자료형이므로 리스트보다 구조가 단순하고, 메모리 사용이 효율적이며, 접근 속도도 더 빠르다.

39 ②

false는 자바에서 예약어이기 때문에 변수 이름으로 사용할 수 없다.

40 ③

역공학(Reverse Engineering)
- 소프트웨어를 분석하여 소프트웨어 개발과정과 데이터 처리 과정을 설명하는 분석 및 설계 정보를 재발견하거나 다시 만들어내는 작업이다.
- 현재 프로그램으로부터 데이터, 아키텍쳐, 그리고 절차에 관한 분석 및 설계 정보를 추출하는 작업이다.

41 ①

데이터 모델
- 현실 세계의 데이터를 컴퓨터에 표현하기 위한 개념적 도구로, 데이터의 구조, 제약조건, 연산 등을 정의한다.
- 일반적으로 데이터 모델은 다음 세 가지 요소로 구성된다.

논리적 데이터 구조	엔티티, 속성, 관계 등 데이터의 논리적 구성 요소
연산(Operation)	데이터를 검색, 삽입, 삭제, 갱신하는 데 사용되는 연산 규칙
제약조건(Constraint)	데이터 무결성을 유지하기 위한 규칙(예) 키 제약조건, 참조 제약조건 등)

오답 피하기
출력 구조는 데이터 모델의 개념적 표현 대상이 아니며, 출력 포맷이나 보고서 형식은 응용 또는 프레젠테이션 계층에서 다룬다.

42 ③

무결성 제약조건
- 데이터의 정확성과 일관성을 보장하기 위해 설정하는 규칙이다.
- 개체 무결성(Entity Integrity) 제약조건은 기본키(Primary Key)에 대한 규칙으로, 다음 두 가지 조건을 반드시 만족해야 한다.
  - 기본키는 NULL 값을 가질 수 없다.
  - 기본키는 릴레이션 내에서 유일(unique)해야 하며 중복될 수 없다.

오답 피하기
①은 도메인 무결성에 대한 설명이며, ②와 ④는 참조 무결성 제약조건(외래키 관련 제약)에 해당한다.

43 ④

- SELECT 문은 테이블에서 원하는 열(column)의 데이터를 조회할 때 사용된다.
- DISTINCT 키워드는 중복된 값을 제거하고 고유한(유일한) 값들만 조회할 때 사용된다.
- 문제에서 "중복된 데이터가 없도록"한다는 조건이 있으므로 DISTINCT가 반드시 필요하다.
- SELECT DISTINCT DEPT FROM STUDENT;는 STUDENT 테이블에서 중복되지 않는 학과(DEPT) 목록만 조회하는 SQL 문이다.

오답 피하기
- ① SELECT ONLY DEPT FROM STUDENT; → ONLY는 잘못된 키워드
- ② SELECT ONLY * FROM STUDENT; → ONLY는 SQL 표준이 아니며 문법 오류
- ③ SELECT NOT DUPLICATE DEPT FROM STUDENT; → NOT DUPLICATE는 잘못된 표현(정확한 문법은 DISTINCT)

44 ④

- 카티션 프로덕트(Cartesian Product)는 두 릴레이션의 모든 튜플을 짝지어 새 릴레이션을 생성하는 연산이다.
- 이때 새 릴레이션의 차수(Degree)는 두 릴레이션의 속성 수의 합, 카디널리티(Cardinality)는 두 릴레이션의 튜플 수의 곱이다.
- 문제에서 주어진 조건은 다음과 같다.

구분	차수	카디널리티
릴레이션 R	5	5
릴레이션 S	4	8

- 차수 = 5 + 4 = 9
- 카디널리티 = 5 × 8 = 40

45 ②

트랜잭션의 일관성(Consistency)
- 트랜잭션이 실행되기 전후의 데이터 상태가 무결성을 만족하는 일관된 상태로 유지되어야 한다는 속성이다.
- 이는 데이터베이스에 설정된 제약 조건(예) 개체 무결성, 참조 무결성 등)을 위배하지 않도록 보장하는 것이다.
- 즉, 트랜잭션 수행 중 오류가 발생하더라도 최종적으로 반영된 결과가 제약 조건을 만족해야 한다.

오답 피하기
- 시스템 고장 시에도 일관성을 유지하는 것은 내구성(Durability) 또는 원자성(Atomicity) 속성과 관련이 있다.
- 예를 들어, 시스템 고장이 발생했을 때 트랜잭션이 완료되지 않았으면 롤백하여 원래 상태로 되돌리는 건 원자성, 성공적으로 끝난 트랜잭션의 결과가 손실 없이 보장되는 것은 내구성에 해당한다.
- 따라서 '시스템이 고장 나도 일관성이 유지되어야 한다'는 설명은 일관성의 정의와 직접적으로 맞지 않는다.

46 ①

- 정규화(Normalization)는 릴레이션에서 이상 현상을 제거하고 데이터의 중복을 최소화하기 위한 과정이다.
- 제3정규형(3NF)
  - 모든 이행적 함수 종속(Transitive Dependency)을 제거한 상태이며, 모든 비기본 속성이 기본키에만 함수적으로 종속되도록 한다.
  - 하지만 3NF는 결정자가 후보키가 아닌 경우를 허용할 수 있어서, BCNF(Boyce-Codd Normal Form)보다 덜 엄격하다.
- BCNF
  - 모든 결정자가 반드시 후보키여야 한다는 조건을 추가로 만족해야 한다.
  - 3NF 상태에서 BCNF로 가기 위해서는 결정자이면서 후보키가 아닌 속성을 제거하거나 새로운 릴레이션으로 분해해야 한다.
  - 이행적, 부분적, 다치 종속은 각각 3NF, 2NF, 4NF에서 제거 대상이므로 해당되지 않는다.

47 ④

참조 무결성(Referential Integrity)

- 외래키(Foreign Key)가 가리키는 부모 테이블의 기본키 값이 실제 존재해야 함을 보장하는 제약조건이다.
- 부모 테이블의 레코드를 삭제하거나 변경할 때, 그 값을 참조하는 자식 테이블의 레코드와의 일관성을 유지해야 한다.
- 이를 위해 외래키 제약조건에는 다음과 같은 옵션이 존재한다.

CASCADE	부모 레코드 삭제 시, 자식 레코드도 자동으로 함께 삭제
SET NULL	부모 레코드 삭제 시, 자식 테이블의 외래키 값을 NULL로 설정
RESTRICT 또는 NO ACTION	부모 테이블의 레코드를 참조 중이면 삭제/수정 불가
SET DEFAULT	자식 테이블 외래키를 기본값으로 변경

오답 피하기
CLUSTER는 인덱스 방식과 관련된 용어로, 무결성과는 무관하다.

48 ④

뷰(View)

- 하나 이상의 테이블에서 유도된 가상의 테이블로, 실제 데이터를 저장하지 않고 정의된 쿼리 결과를 참조한다.
- 주로 다음과 같은 목적에 사용된다.

보안(Security)	특정 사용자에게 보여줄 열(column)이나 행(row)만 제한적으로 제공
논리적 독립성 (Logical Independence)	실제 테이블 구조가 변경되더라도 사용자 쿼리를 변경하지 않아도 되도록 지원
성능 최적화	데이터의 중복을 최소화하여 성능을 최적화할 수 있도록 지원

오답 피하기
뷰는 데이터를 저장하지 않으며, 백업 기능은 DBMS의 내장 백업 도구나 외부 백업 시스템에 의해 수행된다.

49 ③

LIKE 연산자

- LIKE 연산자는 문자열 패턴 매칭에 사용되며, '%'는 0개 이상의 임의 문자를 의미한다.
- '박%'는 이름이 '박'으로 시작하고, 뒤에 어떤 문자가 0개 이상 올 수 있는 모든 문자열과 매칭된다. 예를 들어 '박', '박영수', '박철', '박123' 등이 모두 검색된다.
- 반대로 '박_ _'처럼 밑줄(_)을 사용하면 정확히 3글자인 경우만 매칭되며, NOT LIKE '박%'는 '박'으로 시작하지 않는 경우를 의미한다.

50 ②

트랜잭션(Transaction)

- 데이터베이스에서 하나의 논리적 작업 단위를 의미하며, 반드시 ACID라는 네 가지 특성을 만족해야 한다.
- ACID의 특징

Atomicity(원자성)	트랜잭션 내의 작업은 모두 수행되거나 전혀 수행되지 않아야 함
Consistency(일관성)	트랜잭션 수행 전과 후에 데이터는 무결성을 유지해야 함
Isolation(고립성)	여러 트랜잭션이 동시에 실행될 때 서로의 작업이 간섭하지 않아야 함
Durability(지속성)	트랜잭션이 성공적으로 완료되면 그 결과는 영구적으로 보존되어야 함

51 ③

정규화(Normalization)

- 관계형 데이터베이스 설계 시, 데이터 중복을 줄이고 이상 현상(삽입, 삭제, 갱신 이상)을 방지하기 위해 릴레이션을 여러 개로 분해하는 과정이다.
- 정규화를 통해 데이터 구조는 더 체계적이고 안정적이 되며, 설계의 복잡도는 오히려 감소하거나 효율적으로 조절된다.
- 정규화의 주요 목적
  - 데이터 중복 최소화
  - 무결성 제약 유지
  - 삽입, 삭제, 갱신 이상(anomaly) 방지
  - 논리적 구조의 단순화

52 ②

- 색인순차 파일(Index Sequential File)은 순차 파일과 색인 파일의 장점을 결합한 형태로, 데이터 검색 속도를 높이기 위해 여러 계층의 색인 구조를 가진다.
- 인덱스 영역(색인 영역, Index Area)은 디스크 구조(실린더, 트랙 등)에 따라 다단계로 구성되어 있어 검색 효율을 높인다.
  - 트랙 인덱스 영역(Track Index Area) : 트랙 단위의 색인을 관리
  - 실린더 인덱스 영역(Cylinder Index Area) : 실린더 단위 색인을 관리
  - 마스터 인덱스 영역(Master Index Area) : 전체 인덱스 구조를 총괄하는 최상위 인덱스 영역

53 ①

- 관계형 데이터 모델(Relational Data Model)에서 데이터는 릴레이션(Relation)이라는 2차원 테이블 형태로 표현된다.
- 릴레이션을 구성하는 기본 용어
  - 튜플(Tuple) : 테이블의 행(row)을 의미하며, 하나의 레코드(기록)를 나타낸다.
  - 애트리뷰트(Attribute) : 테이블의 열(column)을 의미하며, 데이터의 속성을 나타낸다.
  - 도메인(Domain) : 각 속성이 가질 수 있는 값의 범위를 의미한다.
  - 스키마(Schema) : 릴레이션의 구조(속성 이름, 데이터 타입 등)를 정의한 틀이다.

54 ③

Preoder(전위순회)는 Root → Left → Right 순으로 순회한다.

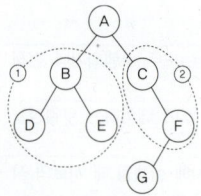

A①② → ABDE② → ABDECFG

55 ②

- 관계대수는 관계형 데이디베이스에서 릴레이션(테이블)을 조작하기 위한 이론적 언어이다.
- 순수 관계 연산자(Pure Relational Operators)는 오직 릴레이션만을 입력과 출력으로 사용하는 연산자이며, 집합 이론을 기반으로 한 연산들로 구성된다.
- 순수 관계 연산자의 종류
  - 셀렉트(Select, σ) : 조건을 만족하는 튜플(행)만 선택
  - 프로젝트(Project, π) : 지정한 속성(열)만 추출
  - 조인(Join, ⋈) : 두 릴레이션을 관련 속성 기준으로 결합
  - 디비전(Division, ÷) : 한 릴레이션에서 다른 릴레이션에 관련된 튜플만 추출

오답 피하기

일반 집합 연산자 : 합집합, 교집합, 차집합, 카티션 프로덕트

56 ②

DCL(Data Control Language)

- 데이터베이스에서 접근 권한 부여 및 회수, 보안, 병행 제어, 무결성 유지 등을 담당하는 명령어 집합이다.
- 대표적인 DCL 명령어에는 GRANT, REVOKE 등이 있다.
- DCL의 주요 기능

데이터 보안	사용자의 권한을 제어하여 접근 제한 가능
병행 수행 제어	트랜잭션 동시 처리 시 충돌 방지(LOCK 등 사용)
무결성 유지	제약조건을 통해 데이터의 일관성 보장

오답 피하기

논리적/물리적 데이터 구조 정의는 DDL(Data Definition Language)의 기능이다. 예를 들어 CREATE, ALTER, DROP 등은 테이블이나 인덱스 등의 구조를 정의하거나 변경하는 명령어이다.

57 ④

시스템 카탈로그(System Catalog)

- 데이터베이스 내부에 존재하는 시스템 전용 테이블 집합으로, 데이터베이스에 정의된 테이블, 뷰, 인덱스, 제약조건, 사용자 권한 등 메타데이터를 저장하고 관리한다.
- = 데이터 사전(Data Dictionary) = 메타데이터 저장소

오답 피하기

- 시스템 카탈로그(System Catalog)의 정보들은 DBMS가 내부적으로 관리하지만, 일반 사용자도 INFORMATION_SCHEMA, USER_TABLES, ALL_TABLES 등의 뷰를 통해 검색이 가능하다.
- 보안상의 제한이 있을 수 있지만, 내용 검색 자체가 불가능한 것은 아니다.

58 ①

- 서브쿼리(Subquery)와 IN 연산자를 활용한 SQL 조건 필터링 문제이다.
- 서브쿼리에서는 성적 테이블에서 과목이 '데이터베이스'이고 점수가 90점 이상인 학번을 추출한다.
- 성적 테이블을 보면 조건을 만족하는 학번은 1001번(김철수) 뿐이다.
- 1003번(박민수)도 '데이터베이스' 과목이지만 점수가 88점이므로 제외된다.
- 메인 쿼리는 학생 테이블에서 해당 학번(1001)의 이름을 조회하므로 결과는 '김철수'이다.

59 ①

TCL(Transaction Control Language)
- 트랜잭션의 실행을 제어하고, 데이터의 일관성과 무결성을 유지하기 위한 SQL 언어이다.
- TCL의 종류

COMMIT	현재까지의 트랜잭션 변경 내용을 영구 반영
ROLLBACK	트랜잭션 도중 발생한 문제로 인해 변경 내용 취소(되돌리기)
SAVEPOINT	중간 지점을 저장하여, 부분 ROLLBACK 가능하게 함

오답 피하기
GRANT, REVOKE는 DCL에 해당한다.

60 ①

데크(Deque, Double-Ended Queue)
- 양쪽 끝에서 삽입과 삭제가 모두 가능한 선형 자료구조이다.
- 두 개의 포인터(앞과 뒤)를 사용하여 앞(front)과 뒤(rear)에서 데이터를 삽입하거나 삭제할 수 있다.
  - 입력 제한 데크 : 한쪽 끝에서만 삽입, 양쪽에서 삭제
  - 출력 제한 데크 : 양쪽에서 삽입, 한쪽에서만 삭제

오답 피하기
- 스택(Stack) : 후입선출(LIFO) 구조로, 한쪽(Top)에서만 삽입과 삭제 가능하다.
- 큐(Queue) : 선입선출(FIFO) 구조로, 한쪽에서 삽입(Rear), 다른 쪽에서 삭제(Front) 가능하다.
- 트리(Tree) : 비선형 자료구조로, 계층적 관계를 표현한다.

최신 기출문제 02회

2-150p

01 ②	02 ①	03 ③	04 ③	05 ④
06 ③	07 ②	08 ①	09 ③	10 ②
11 ③	12 ③	13 ②	14 ③	15 ②
16 ②	17 ②	18 ④	19 ③	20 ③
21 ①	22 ④	23 ④	24 ①	25 ③
26 ③	27 ①	28 ②	29 ③	30 ③
31 ①	32 ①	33 ②	34 ③	35 ③
36 ①	37 ④	38 ③	39 ④	40 ④
41 ④	42 ③	43 ①	44 ②	45 ④
46 ③	47 ②	48 ③	49 ①	50 ④
51 ③	52 ②	53 ③	54 ③	55 ②
56 ④	57 ①	58 ④	59 ③	60 ③

01 ②

모듈화(Modularity)
- 거대한 문제를 작은 조각의 문제로 나누어 다루기 쉽도록 하는 과정으로, 작게 나누어진 각 부분을 모듈이라고 한다.
- 소프트웨어의 모듈은 프로그래밍 언어에서 Subroutine, Function 등으로 표현될 수 있다.
- 모듈화는 시스템을 지능적으로 관리할 수 있도록 해주며, 복잡도 문제를 해결하는 데 도움을 준다.
- 모듈화는 시스템의 유지보수와 수정을 용이하게 한다.

오답 피하기
모듈과 모듈 사이의 상호의존 또는 연관 정도를 의미하는 것은 결합도(Coupling)이다.

02 ①

펄스 코드 변조(PCM, Pulse Code Modulation)
- 송신측에서 아날로그 데이터를 표본화하여 PAM(펄스 진폭 변조) 신호를 만든 후 양자화, 부호화 과정을 거쳐 디지털 형태로 전송하는 방식이다.
- PCM 과정 : 표본화 → 양자화 → 부호화

03 ③

블랙박스 테스트는 각 기능이 완전히 작동되는 것을 입증하는 검사 기법이므로, 입력값에 대한 출력값이 맞는지를 테스트하는 기법이다. 그러므로 반복 조건 등의 중간 과정의 테스트는 이루어지지 않는다.

04 ③

- 100Base-T : 100Mbps의 속도를 가지며, Twisted Pair 케이블을 사용한다는 의미이다.
- UTP 케이블
  - 비차폐 꼬임쌍선이라고 불리며, 일반적으로 우리가 사용하는 LAN 케이블이다.
  - 여러 가닥의 구리선을 쌍으로 꼬아서 전자파 간섭을 최소화한 케이블이다.

05 ④

라우팅 프로토콜(Routing Protocol)

내부 라우팅 프로토콜 (IGP)	• 같은 자치 시스템의 내부에서 라우터 간 라우팅 정보를 교환하는 프로토콜
	• 종류
	  – RIP(Routing Information Protocol) : 거리 벡터 라우팅 프로토콜 중 하나
	  – OSPF(Open Shortest Path First) : Dijkstra 알고리즘을 사용하여 최단 경로를 계산
	  – IS-IS(Intermediate System-to-Intermediate System Protocol) : 최적 경로 계산을 위해 SPF(Shortest Path First) 알고리즘 사용

외부 라우팅 프로토콜 (EGP)	• 자치 시스템 외부에서 다른 자치 시스템과 라우팅 정보를 교환하는 프로토콜 • 종류 – BGP(Board Gateway Protocol) : 경로 벡터 라우팅 프로토콜에 해당하며, 대규모의 네트워크에서 사용

06 ③

소프트웨어 생명주기 단계

- 요구사항 분석 : 사용자의 요구를 파악하고 시스템이 제공해야 할 기능을 정의
- 설계 : 시스템의 전체적인 구조, 모듈, 인터페이스 등을 설계
- 구현 : 설계된 내용을 바탕으로 소프트웨어를 실제로 구현
- 테스트 : 개발된 소프트웨어가 요구사항을 충족하는지 검증
- 배포 : 개발된 소프트웨어를 사용자에게 제공
- 유지보수 : 사용자의 요구에 따라 소프트웨어를 수정하고 개선

07 ②

ICMP(Internet Control Message Protocol)

- 네트워크 오류 메시지, 호스트 도달 불가 메시지 등을 전송하여 네트워크의 상태를 확인하고 문제를 진단하는 데 사용되는 프로토콜이다.
- 인터넷 계층에서 네트워크의 상태를 관리하고 제어하는 역할을 한다.

오답 피하기

- SMTP(Simple Mail Transfer Protocol) : 인터넷을 통해 이메일 메시지를 주고받는 데 사용되는 통신 프로토콜
- SNA(Social Network Analysis) : 많은 사람들의 개인정보와 관계를 분석하여 사회 구조를 조사하는 과정
- FTP(File Transfer Protocol) : TCP/IP 프로토콜을 가지고 서버와 클라이언트 사이의 파일 전송을 하기 위한 프로토콜

08 ①

일반화(Generalization)

- 부모 클래스가 자식 클래스의 일반적인 특징과 행동을 정의하는 관계이다.
- 부모 클래스에서 자식 클래스로 화살표가 향하는 형태로 표시한다.
- 예시 : 동물(부모) → 개(자식), 고양이(자식)
  – 동물 클래스는 개와 고양이의 일반적인 특징(예 호흡, 이동)을 정의하고, 개와 고양이 클래스는 각각 고유한 특징(예 털 색깔, 품종)을 추가적으로 정의한다.
  – 상속은 코드 재사용성을 높이고 유지보수를 용이하게 하며, 부모 클래스에서 변경된 내용은 자식 클래스에도 자동으로 적용된다.

09 ③

Factory method

- 객체를 생성하기 위한 인터페이스를 정의하여 어떤 클래스가 인스턴스화 될 것인지는 서브 클래스가 결정하도록 한다.
- Virtual-Constructor 패턴이라고도 한다.

오답 피하기

- Singleton method : 유일한 하나의 인스턴스를 보장하도록 하는 패턴
- Builder method : 생성 단계를 캡슐화 해서 구축 공정을 동일하게 이용하도록 하는 패턴
- Abstraction factory method : 생성군들을 하나에 모아놓고 팩토리 중에서 선택하게 하는 패턴

10 ②

럼바우(Rumbaugh) 객체지향 분석 기법

- 소프트웨어 구성 요소를 그래픽으로 모형화하였다.
- 객체 모델링 기법(OMT, Object Modeling Technique)이라고도 한다.
- 객체 모델링 → 동적 모델링 → 기능 모델링 순서로 진행된다.

객체 모델링(Object Modeling)	객체를 다이어그램으로 표시
동적 모델링(Dynamic Modeling)	상태를 시간 흐름에 따라 다이어그램으로 표시
기능 모델링(Functional Modeling)	자료 흐름도(DFD)를 이용하여 여러 프로세스 간의 자료 흐름을 표시

11 ③

데이터(자료) 흐름도(DFD, Data Flow Diagram)
- 시스템 내의 모든 자료 흐름을 4가지의 기본 기호(처리, 자료 흐름, 자료 저장소, 단말)로 기술하고 이런 자료 흐름을 중심으로 한 분석용 도구이다.
- DFD의 요소는 화살표, 원, 사각형, 직선(단선/이중선)으로 표시한다.

> **오답 피하기**
> ③번은 시퀀스 다이어그램에 대한 설명이다.

12 ③

선점형 스케줄링	• 라운드 로빈 : 시분할 방식을 위해 고안된 방식으로, FIFO 방식으로 수행하되 각 작업은 할당 시간 동안만 CPU를 사용 • SRT(Shortest Remaining Time) : 남은 처리시간이 가장 짧은 작업을 먼저 수행
비선점형 스케줄링	• FIFO(First In First Out) : 가장 먼저 들어온 작업을 가장 먼저 처리 • SJF(Shortest Job First) : 처리시간이 가장 짧은 작업부터 먼저 처리 • HRN(Highest Response-ratio Next) : 처리시간이 긴 작업의 대기시간이 길어지는 SJF의 단점을 보안

13 ②

결합도(Coupling)
모듈 간 결합 정도에 따라 구분되며 결합도가 낮을수록 높은 품질이다.

자료 결합도(Data Coupling)	한 모듈이 파라미터나 인수로 다른 모듈에게 데이터를 넘겨주고 호출받은 모듈은 받은 데이터에 대한 처리 결과를 다시 돌려주는 경우의 결합도
스탬프 결합도(Stamp Coupling)	두 모듈이 동일한 자료구조를 조회하는 경우의 결합도
제어 결합도(Control Coupling)	한 모듈이 다른 모듈의 내부 논리 조직을 제어하기 위한 목적으로 제어신호를 이용하여 통신하는 경우의 결합도
외부 결합도(External Coupling)	한 모듈에서 외부로 선언한 변수를 다른 모듈에서 참조할 경우의 결합도
공통 결합도(Common Coupling)	한 모듈이 다른 모듈에게 제어 요소를 전달하고 여러 모듈이 공통 자료 영역을 사용하는 경우의 결합도
내용 결합도(Content Coupling)	한 모듈이 다른 모듈의 내부 기능 및 그 내부 자료를 참조하는 경우의 결합도

결합도 낮은(높은 품질) → 결합도 높음(낮은 품질)
자료 결합도 ⇨ 스탬프 결합도 ⇨ 제어 결합도 ⇨ 외부 결합도 ⇨ 공통 결합도 ⇨ 내용 결합도

14 ③

IPv6 주소체계는 유니캐스트(Unicast), 멀티캐스트(Multicast), 애니캐스트(Anycast) 등의 3가지로 나뉜다.

15 ②

순차 다이어그램은 행위 다이어그램이므로 동적이고, 순차적인 표현을 위한 다이어그램이다.

16 ②

사용자 인터페이스(User Interface)의 종류

CUI(Character User Interface)	문자 방식의 명령어 입력 사용자 인터페이스
GUI(Graphic User Interface)	그래픽 환경 기반의 마우스 입력 사용자 인터페이스
WUI(Web User Interface)	인터넷과 웹 브라우저를 통해 웹 페이지를 열람하고 조작하는 인터페이스
CLI(Command Line Interface)	사용자가 컴퓨터 자판 등을 이용해 명령 문자열을 입력하여 체계를 조작하는 인터페이스

17 ②

개발 비용이 가장 많이 소요되는 단계는 유지보수 단계이다.

18 ④

ARP 캐시에 저장된 정보는 영구적인 것이 아니라 TTL 값에 따라 유효 기간이 정해져 있으며, TTL 값이 0이 되면 캐시에서 삭제된다.

19 ③

> **오답 피하기**
> - Brooks의 법칙 : 지체되는 소프트웨어 개발 프로젝트에 인력을 더하는 것은 개발을 늦출 뿐이다.
> - Boehm의 법칙 : 소프트웨어 프로젝트 중에 버그를 찾아 수정하는 비용은 시간이 지날수록 높아진다.
> - Jackson의 법칙은 없음

20 ③

$2 \times 4800 = 9600(bps)$

> **오답 피하기**
> - 1비트 신호 단위인 경우(onebit, 2위상, 2진) : bps = baud
> - 2비트 신호 단위인 경우(dibit, 4위상, 4진) : bps = 2baud
> - 3비트 신호 단위인 경우(tribit, 8위상, 8진) : bps = 3baud

21 ①

fopen()

```
FILE *fopen(const char *filename, const char *mode);
```

- 파일을 열고, 파일 포인터를 반환하는 함수이다.
- 파일을 읽기, 쓰기, 추가 등의 모드로 열 수 있다.

오답 피하기

fscanf()	• 파일에서 서식화된 데이터를 읽어들이는 함수이다. • scanf() 함수와 비슷하지만, 파일 포인터를 첫 번째 인자로 받는다. `int fscanf(FILE *stream, const char *format, ...);`
fgetc()	• 파일에서 한 문자를 읽어들이는 함수이다. • EOF(파일의 끝)를 만나면 EOF를 반환한다. `int fgetc(FILE *stream);`
fgets()	• 파일에서 한 줄의 문자열을 읽어들이는 함수이다. • 최대 n−1개의 문자를 읽어들이며, 개행 문자도 포함된다. `char *fgets(char *str, int n, FILE *stream);`

22 ④

removeChild() : 특정 자식 요소를 부모 요소에서 제거

오답 피하기

innerHTML : 요소의 내부 HTML을 설정하거나 가져옴

23 ④

오답 피하기

- *.stc : Smart Tag Compiler의 확장자
- *.ssc : Style Sheet Compiler의 확장자
- *.xls : Excel 파일의 확장자

24 ①

`#include <stdio.h>`
`int main()`
`{`
	• 기본 입출력 라이브러리 추가
	• 정수형 main 함수 시작

`    int a = 3;`
`    int b = 7;`
`    int c = a + b;`
`    printf("%d", c % a);`
	• a 변수에 3 할당
	• b 변수에 7 할당
	• c 변수에 a 변수와 b 변수의 합 할당
	• c 변수와 a 변수의 나머지(%) 계산

`    return 0;` `}`	main() 함수 종료

25 ③

선택자 점수

- 점수가 높은 선언이 우선한다.
- 점수가 같으면, 가장 마지막에 작성된 선언이 우선한다.

인라인 스타일	가장 높음
id 선택자	100점
class 선택자	10점
태그 선택자	1점
전체 선택자	가장 낮음

26 ③

JavaScript의 Location 객체

- 현재 문서의 URL을 나타내며, 이 URL을 조작할 수 있는 다양한 프로퍼티와 메서드를 제공한다.
- 종류

href	• 현재 페이지의 전체 URL을 문자열로 반환하거나 설정
	• ⓔ 현재 페이지의 URL 출력
	`console.log(window.location.href);`
	• ⓔ URL 변경
	`window.location.href = 'https://www.example.com';`

hostname	• 호스트명만 반환하거나 설정 • ⓔ 'example.com' 출력 `console.log(window.location.hostname);`
pathname	• URL의 경로 부분을 반환하거나 설정 • ⓔ '/path/to/page' 출력 `console.log(window.location.pathname);`
search	• 쿼리 문자열을 반환하거나 설정 • ⓔ '?name=value' 출력 `console.log(window.location.search);`

27 ①

x = 10	2진수 : 1010
y = 4	2진수 : 0100
result = x & y	1010 0100 0000
print(result)	0 (2진수 : 0000)

28 ②

〈head〉 태그는 HTML 문서의 머리 부분으로, 문서에 대한 메타 데이터(제목, 스타일, 스크립트 등)를 포함하며, 실제로 페이지에 내용이 표시되지 않는다.

29 ③

오답 피하기

- ObjectInputStream
  - 기본 스트림
  - 직렬화된 객체를 파일이나 네트워크 소켓 등에서 읽어와 객체로 복원하는 데 가장 일반적으로 사용된다.
- ByteArrayInputStream
  - 메모리 기반 스트림
  - 바이트 배열을 입력 소스로 사용하는 스트림이다.
- PipedInputStream
  - Thread 간 통신 스트림
  - 한 스레드에서 데이터를 쓰고 다른 스레드에서 읽는 데 사용되는 스트림이다.

30 ③

`var a = 10;` `var b = 2;`	• 변수 a에 10을 할당 • 변수 b에 2를 할당
`for (var i = 1; i < 5; i+=2):`	• var i = 1; : 변수 i에 1을 초기화 • i < 5; : i가 5보다 작을동안 반복 • i+=2 : 각 반복마다 i에 2를 더함
`a += i`	• a에 i를 더하고, 그 결과를 다시 a에 저장 • 첫 번째 반복 : a = 10 + 1 = 11 • 두 번째 반복 : a = 11 + 3 = 14
`console.log(a+b)`	• 최종적으로 a와 b의 합을 콘솔에 출력 • a는 루프를 통해 14가 되었고 b는 2이므로, 14+2 = 16을 출력

31 ④

`list1 = [1, 2, 3]` `list2 = [4, 5]`	list1과 list2를 생성
`list1.insert` `(2, list2)`	• list1 리스트의 인덱스 2 위치에 list2 전체를 삽입 • 파이썬 리스트의 인덱스는 0부터 시작하므로, 인덱스 2는 실제로 세 번째 위치 • list2 자체가 하나의 요소로 취급되어 list1의 세 번째 위치에 들어감
`print(list1)`	최종적으로 수정된 list1 리스트의 내용을 출력

32 ①

- char *pc, array1[100]; → 문자형 포인터 변수 *pc와 1차원 배열 array1[100]을 선언한다.
- array1[100] → 100개의 배열을 갖는 배열 변수를 의미한다. array1[100]의 첫 번째 배열 주소는 array1[0] 마지막 주소는 array1[99]이다.
- pc=array1 → array1 배열의 시작 주소를 포인터 변수 pc에 입력한다.

오답 피하기

pc = &array1[0]; → &array1[0](배열의 시작 주소)를 pc 포인터 변수에 입력한다는 표현이다.

33 ②

false는 자바의 예약어이므로 변수 이름으로 사용할 수 없다.

34 ③

객체지향 기법의 특성

캡슐화(Encapsulation)	연관된 데이터와 함수를 함께 묶는 것
정보은닉(Information Hiding)	객체가 다른 객체로부터 자신의 자료를 숨기고 자신의 연산만을 통하여 접근을 허용하는 것
추상화(Abstraction)	주어진 문제나 시스템 중에서 중요하고 관계있는 부분만을 분리하여 간결하고 이해하기 쉽게 만드는 것
상속(Inheritance)	상위 클래스의 속성과 메서드를 하위 클래스가 물려받는 것
다형성(Polymorphism)	많은 상이한 클래스들이 동일한 메서드 명을 이용하는 것

35 ③

보통 변수의 번지를 참조하려면 번지 연산자 &를 변수 앞에 쓴다.

36 ①

HTML5에서 추가된 주요 요소

요소	설명
〈nav〉	• 문서 내 비게이션 링크 그룹을 정의한다. • 주로 웹사이트의 주요 내비게이션 링크를 감싸는 데 사용된다.
〈article〉	• 문서, 페이지, 애플리케이션 또는 사이트 안에서 독립적으로 구분되거나 재사용 가능한 영역을 정의한다. • 블로그 게시물, 뉴스 기사, 댓글, 포럼 글 등과 같은 독립적인 컨텐츠를 표현하는 데 사용된다.
〈figure〉	• 독립적인 콘텐츠를 정의하고 캡션을 제공한다. • 이미지, 동영상, 차트, 코드 조각 등과 같은 멀티미디어 콘텐츠를 표현하는 데 사용된다.
〈section〉	• 문서 내에서 특정 테마나 콘텐츠 영역을 정의한다. • 일반적으로 제목(〈h1〉-〈h6〉 요소)을 포함하며, 더 작은 섹션으로 나눌 수 있다.
〈header〉	• 섹션이나 페이지의 시작 부분을 정의한다. • 제목이나 로고, 탐색 링크 등의 콘텐츠를 포함한다
〈footer〉	• 섹션이나 페이지의 하단 부분을 정의한다. • 작성자 정보, 저작권 정보, 연락처 정보 등을 포함하는 데 사용된다.

37 ④

extends : Java에서 클래스 간의 상속 관계를 정의하는 데 사용된다.

오답 피하기

JAVA 예외 처리 예약어

- try : 예외가 발생할 수 있는 코드 블록을 정의한다.
- catch : 예외가 발생했을 때 해당 예외를 처리하는 코드 블록을 정의한다.
- finally : 예외 발생 여부에 상관없이 항상 실행되는 코드 블록을 정의한다.

38 ③

역공학(Reverse Engineering)
- 소프트웨어를 분석하여 소프트웨어 개발과정과 데이터 처리 과정을 설명하는 분석 및 설계정보를 재발견하거나 다시 만들어내는 작업이다.
- 현재 프로그램으로부터 데이터, 아키텍쳐, 그리고 절차에 관한 분석 및 설계 정보를 추출하는 작업이다.

39 ④

응집도(Cohension)

우연적 응집도 (Coincidental Cohension)	서로 간에 어떠한 의미 있는 연관 관계도 없는 기능 요소로 구성될 경우의 응집도
논리적 응집도 (Logical Cohension)	유사한 성격을 갖거나 특정 형태로 분류되는 처리 요소들이 한 모듈에서 처리되는 경우의 응집도
시간적 응집도 (Temporal Cohension)	연관된 기능이라기보다는 특정 시간에 처리되어야 하는 활동들을 한 모듈에서 처리할 경우의 응집도
절차적 응집도 (Procedural Cohension)	모듈이 다수의 관련 기능을 가질 때 모듈 안의 구성요소들이 그 기능을 순차적으로 수행할 경우의 응집도
통신적 응집도 (Communication Cohension)	동일한 입력과 출력을 사용하여 다른 기능을 수행하는 활동들이 모여 있을 경우의 응집도
순차적 응집도 (Sequential Cohension)	모듈 내에서 한 활동으로부터 나온 출력 값을 다른 활동이 사용할 경우의 응집도
기능적 응집도 (Functional Cohension)	모듈 내부의 모든 기능이 단일한 목적을 위해 수행되는 경우의 응집도

응집도 낮음(낮은 품질) → 응집도 높음(높은 품질)

우연적 응집도 → 논리적 응집도 → 시간적 응집도 → 절차적 응집도 → 통신적 응집도 → 순차적 응집도 → 기능적 응집도

40 ④

```
k = 1;
while(k<60)
~
k++;
```
변수 k는 1부터 60까지 1씩 증가한다.

```
if(k%4==0)
    printf("%d\n",
k-2);
```
- 변수 k가 4의 배수이면 그때 k보다 2 작은 값을 출력한다.
- 즉 1~60까지 수중에서 4의 배수인 값보다 2 작은 값이 출력된다.
- (4)2, (8)6, (12)10, (16)14 ~ 32(30), 36(34) ~

41 ④

트랜잭션의 특성

원자성(Atomicity)	완전하게 수행 완료되지 않으면 전혀 수행되지 않아야 함
일관성(Consistency)	시스템의 고정 요소는 트랜잭션 수행 전후에 같아야 함
격리성(Isolation, 고립성)	트랜잭션 실행 시 다른 트랜잭션의 간섭을 받지 않아야 함
영속성(Durability, 지속성)	트랜잭션의 완료 결과가 데이터베이스에 영구히 기억되어야 함

42 ③

NULL(널)은 아직 알려지거나 모르는 값을 의미하며, 정보의 부재를 나타내기 위해 사용한다.

43 ①

Select는 조건에 맞는 튜플을 구하는 수평적 연산으로, σ(시그마)를 사용하는 순수 관계 연산자이며, σ〈조건〉(릴레이션명)으로 표기한다.

오답 피하기

순수 관계 연산자

select	σ	튜플 집합을 검색
project	π	속성 집합을 검색
join	⋈	두 릴레이션의 공통 속성을 연결
division	÷	두 릴레이션에서 특성 속성을 제외한 속성만 검색

44 ②

스키마(Schema) 3계층

외부 스키마(Internal Schema)	• 사용자나 응용 프로그래머가 접근할 수 있는 정의를 기술 • 서브 스키마라고도 함
개념 스키마(Internal Schema)	• 데이터베이스 전체의 논리적인 구조 • 개체 간의 관계와 제약 조건을 나타내고, 데이터베이스 접근 권한, 보안 및 무결성 규칙 명세가 있음
내부 스키마(Internal Schema)	• 물리적 저장 장치의 입장에서 본 데이터베이스 구조 • 실제로 데이터베이스에 저장될 레코드의 형식을 정의하고 저장 데이터 항목의 표현 방법, 내부 레코드의 물리적 순서 등을 나타냄

45 ④

```
┌─────────────────────┐
│   비정규형 릴레이션   │
└─────────────────────┘
         ↓ 모든 도메인이 원자값이 되도록 분해
┌─────────────────────┐
│    제1정규형(1NF)    │
└─────────────────────┘
         ↓ 부분 함수 종속 관계 제거
┌─────────────────────┐
│    제2정규형(2NF)    │
└─────────────────────┘
         ↓ 이행적 함수 종속 관계 제거
┌─────────────────────┐
│    제3정규형(3NF)    │
└─────────────────────┘
         ↓ 후보키가 아닌 결정자 관계 제거
┌─────────────────────┐
│  보이스 코드 정규형(BCNF)  │
└─────────────────────┘
         ↓ 다치 종속 관계 제거
┌─────────────────────┐
│    제4정규형(4NF)    │
└─────────────────────┘
         ↓ 후보키를 통하지 않은 조인 종속 관계 제거
┌─────────────────────┐
│    제5정규형(5NF)    │
└─────────────────────┘
```

46 ②

E-R 다이어그램(ERD)

기호		의미
사각형		개체(Entity)
마름모		관계(Relationship)
타원		속성(Attribute)
선, 링크		개체-속성, 개체-개체의 연결
2중 타원		다중값 속성

47 ②

UPDATE

- 튜플의 내용 변경하는 명령어이다.
- 기본 구조

```
UPDATE 테이블명
SET 속성명=데이터
WHERE 조건;
```

48 ③

키(Key)의 종류

기본키(Primary Key)	• 후보키들 중에서 하나를 선택한 키로, 테이블에서 기본키는 오직 1개만 지정할 수 있다. • NULL 값을 절대 가질 수 없고, 중복된 값을 가질 수 없다.
후보키(Candidate Key)	• 테이블에서 각 행을 유일하게 식별할 수 있는 최소한의 속성들의 집합이다. • 기본키가 될 수 있는 후보들이며, 유일성과 최소성을 동시에 만족시켜야 한다.
슈퍼키(Super Key)	• 테이블에서 각 행을 유일하게 식별할 수 있는 하나 또는 그 이상의 속성들의 집합이다. • 유일성은 만족시키지만 최소성은 만족시키지 못한다.
대체키(Alternate Key)	• 후보키가 두 개 이상일 경우 그 중에서 어느 하나를 기본키로 지정하고 남은 후보키들이다. • 기본키로 선정되지 않은 후보키이다.
외래키(Foreign Key)	• 테이블이 다른 테이블의 데이터를 참조하여 테이블 간의 관계를 연결하는 것이다. • 참조되는 테이블의 기본키와 동일한 키 속성을 가진다.

49 ①

SQL(Structured Query Language)의 종류

데이터 정의어 (DDL, Data Definition Language)	• CREATE : 테이블 생성 • DROP : 테이블 삭제 • ALTER : 테이블 수정 • TRUNCATE : 테이블에 있는 모든 데이터 삭제
데이터 조작어 (DML, Data Manipulation Language)	• SELECT : 데이터 조회 • INSERT : 데이터 입력 • UPDATE : 데이터 수정 • DELETE : 데이터 삭제
데이터 제어어 (DCL, Data Control Language)	• GRANT : 권한 생성 • REVOKE : 권한 삭제

50 ④

관계대수(Relational Algebra)

- 원하는 정보와 그 정보를 어떻게 유도하는가를 기술하는 절차적인 방법이다.
- 주어진 릴레이션 조작을 위한 연산의 집합이다.
- 질의에 대한 해를 구하기 위해 수행해야 할 연산의 순서를 명시한다.
- 릴레이션 조작을 위한 연산의 집합으로 피연산자와 결과가 모두 릴레이션이다.
- 일반 집합 연산과 순수 관계 연산으로 구분된다.
- 종류 및 기호 : 셀렉션(σ), 프로젝션(π), 조인($\bowtie$), 디비전($\div$)

51 ③

관계해석 자유 변수

∀	전칭 정량자(Universal quantifier)	for all(모든 것에 대하여)
∃	존재 정량자(Existential quantifier)	There exists, For Some

52 ②

로킹의 단위

로킹의 단위가 큰 경우	• 로크의 개수가 적어져 병행 제어 기법이 단순해진다. • 병행성(공유도) 수준이 낮아지고 오버헤드가 감소한다.
로킹의 단위가 작은 경우	• 로크의 개수가 많아져 병행 제어 기법이 복잡해진다. • 병행성(공유도) 수준이 높아지고 오버헤드가 증가한다.

53 ③

REVOKE는 데이터베이스 사용자로부터 사용 권한을 취소한다.

오답 피하기

REVOKE의 기본 구조

REVOKE [GRANT OPTION FOR] 권한 ON 데이터 객체 FROM 사용자 [CASCADE];

- GRANT OPTION FOR : 다른 사용자에게 권한을 부여할 수 있는 권한을 취소한다.
- CASCADE : 권한을 부여받았던 사용자가 다른 사용자에게 부여한 권한도 연쇄 취소한다.
- 부여 가능한 권한 : Update, delete, Insert, Select

54 ③

뷰(View)의 특징

- 저장장치 내에 물리적으로 존재하지 않고 테이블에서 유도되는 가상의 테이블이다.
- 뷰를 이용한 또 다른 뷰의 생성이 가능하다.
- 하나의 뷰 제거 시 그 뷰를 기초로 정의된 다른 뷰도 함께 삭제된다.
- 뷰에 대한 조작에서 삽입, 갱신, 삭제 연산은 제약이 따른다.
- 뷰가 정의된 기본 테이블이 제거되면 뷰도 자동적으로 제거된다.
- 뷰의 생성 시 CREATE문, 검색 시 SELECT문을 사용한다.
- 뷰의 정의 변경 시 ALTER문을 사용할 수 없고, DROP문을 사용한다.

55 ②

데이터 모델의 구성요소

구조(Structure)	데이터 구조 및 정적 성질 표현
연산(Operations)	데이터의 인스턴스에 적용 가능한 연산 명세와 조작 기법 표현
제약 조건(Constraints)	데이터의 논리적 제한 명시 및 조작의 규칙

56 ④

비정규형 릴레이션
↓ 모든 도메인이 원자값이 되도록 분해
제1정규형(1NF)
↓ 부분 함수 종속 관계 제거
제2정규형(2NF)
↓ 이행적 함수 종속 관계 제거
제3정규형(3NF)
↓ 후보키가 아닌 결정자 관계 제거
보이스 코드 정규형(BCNF)
↓ 다치 종속 관계 제거
제4정규형(4NF)
↓ 후보키를 통하지 않은 조인 종속 관계 제거
제5정규형(5NF)

57 ①

- 모든 속성의 도메인 값을 곱하면 최대 튜플 수가 계산된다.
- 3×2×4 = 24(개)

58 ④

물리적 설계	• 목표 DBMS에 종속적인 물리적 구조 설계 • 저장 레코드 양식 설계 및 레코드 집중의 분석/설계 • 파일 조직 방법과 저장 방법 그리고 파일 접근 방법 등을 선정 • 응답시간 효율화를 위한 접근 경로 설계 • 트랜잭션 세부 설계
논리적 설계	• DBMS에 따라 서로 다른 논리적 스키마 설계 • 개념 스키마를 평가 및 정제 • 논리적 데이터 모델로 변환 • 트랜잭션 인터페이스 설계 • 개념 스키마의 평가 및 정제

59 ③

제시된 릴레이션의 스키마(속성)가 4개이므로 차수는 4가 된다.

오답 피하기

속성(Attribute)

- 테이블의 열(Column)에 해당하며 파일 구조의 항목(Item), 필드(Field)와 같은 의미이다.
- 차수(Degree) : 속성의 수(차수)

60 ③

Preoder(전위 순회)는 Root → Left → Right 순으로 순회한다.

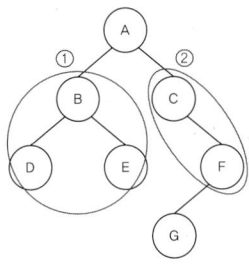

A ① ②
A B D E ②
A B D E C F G

최신 기출문제 03회
2-159p

01 ①	02 ①	03 ③	04 ④	05 ④
06 ①	07 ①	08 ①	09 ③	10 ②
11 ②	12 ②	13 ④	14 ④	15 ①
16 ①	17 ④	18 ①	19 ④	20 ②
21 ①	22 ②	23 ②	24 ②	25 ③
26 ①	27 ③	28 ②	29 ③	30 ②
31 ④	32 ③	33 ④	34 ④	35 ②
36 ①	37 ③	38 ④	39 ④	40 ④
41 ④	42 ③	43 ④	44 ②	45 ④
46 ②	47 ③	48 ④	49 ③	50 ②
51 ②	52 ④	53 ③	54 ①	55 ④
56 ③	57 ③	58 ①	59 ③	60 ③

01 ①

Framework(프레임워크)

- 뼈대나 기반구조를 의미하며, 제어의 역전 개념이 적용된 대표적인 기술이다.
- 프로그래밍을 진행할 때 필수적인 코드, 알고리즘 등과 같이 어느 정도의 구조를 제공해 주기 때문에 프레임워크를 사용하는 프로그래머는 이 프레임워크의 뼈대 위에서 코드를 작성하여 프로그램을 개발하면 된다.

02 ①

HDLC 구조

| FLAG | ADDRESS | CONTROL | INFORMATION | FCS | FLAG |

- 플래그(Flag) : 프레임의 양 끝에 고유 비트 패턴인 01111110으로써 제한하며, 프레임의 시작과 끝을 표시하므로 프레임의 동기화에 사용
- 주소부(Address) : 프레임을 송수신하는 부스테이션을 식별하기 위해 사용
- 제어부(Control) : 프레임의 종류를 식별하기 위해 사용
  - I-프레임 : 정보(Information) 프레임, 데이터에 대한 확인 응답
  - S-프레임 : 감독(Supervisory) 프레임, 오류제어와 흐름 제어
  - U-프레임 : 비번호(Unnumbered) 프레임, 링크 설정과 오류 회복
- 정보부(Information) : 실제 사용자 데이터를 포함하는 필드
- FCS(Frame Check Sequence) 필드 : CRC(Cyclic Redundancy Checks) 방식을 이용한 프레임의 에러 검출을 위한 필드

03 ③

형상 관리(Version Control Revision Control)
- 구성 관리(Software Configuration Management)라고도 한다.
- 소프트웨어의 변경 사항을 체계적으로 관리하기 위하여 추적하고 통제하는 것이다.
- 단순 버전관리 기반의 소프트웨어 운용을 좀 더 포괄적인 학술 분야의 형태로 넓히는 근간을 의미한다.
- 작업 산출물을 형상 항목(Configuration Item)이라는 형태로 선정하고, 형상 항목 간의 변경 사항 추적과 통제 정책을 수립하고 관리한다.

> **오답 피하기**
> chief programmer team(책임 프로그래머)은 중앙 집중형 프로젝트 구성과 관련된 내용이다.

04 ④

라우터(Router)
- 게이트웨이 기능을 제공하며 네트워크망의 최단경로 탐색 기능을 수행한다.
- 네트워크 계층까지의 기능을 수행한다.

05 ④

LAN의 토폴로지 형태

스타형(Star, 성형)	• 중앙에 호스트 컴퓨터(Host Computer)가 있고 이를 중심으로 터미널(Terminal)들이 연결되는 중앙 집중식의 네트워크 구성 형태이다. • 중앙 컴퓨터와 직접 연결되어 응답이 빠르고 통신 비용이 적게 소요되지만, 중앙 컴퓨터에 장애가 발생하면 전체 시스템이 마비된다.
링형(Ring)	• 데이터는 한쪽 방향으로만 흐르고 병목 현상이 드물지만, 두 노드 사이의 채널이 고장 나면 전체 네트워크가 손상될 수 있다. • 한 노드가 절단되어도 우회로를 구성하여 통신이 가능하다.
버스형(Bus)	• 한 개의 통신 회선에 여러 개의 사이트가 연결된 형태이다. • 한 사이트의 고장은 나머지 사이트 간 통신에 아무런 영향을 주지 않는다.
계층형(Tree)	• 트리(Tree) 형태이다. • 분산 처리 시스템을 구성하는 방식이다.
망형(Mesh, 2분형)	• 각 사이트는 시스템 내의 모든 사이트와 직접 연결된 형태이다. • 통신 회선의 총 경로가 다른 네트워크 형태에 비해 가장 길게 소요된다. • 많은 단말기로부터 많은 양의 통신이 필요할 때 유리하다. • n개의 구간을 망형으로 연결하면 n(n-1)/2개의 회선이 필요하다.

06 ①

V-모델

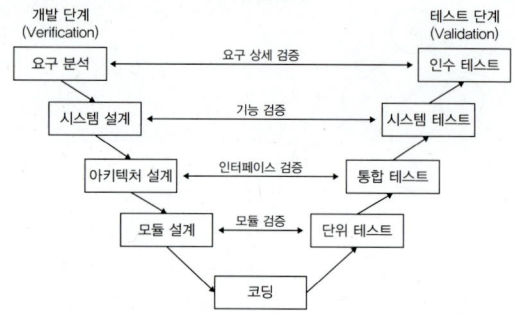

- 요구 분석 및 설계 단계를 필수적으로 거친다.
- 폭포수 모델의 변형으로, 요구사항 분석, 설계, 코딩, 테스트 단계로 구성된다.
- 각 단계는 순차적으로 진행되며, 이전 단계가 완료되지 않으면 다음 단계로 넘어갈 수 없다.
- 특히 요구사항 분석 및 설계 단계는 시스템의 기능, 성능, 사용자 인터페이스 등을 명확하게 정의하는 중요한 역할을 한다.
- 생명주기 초반부터 테스트 작업을 지원한다.

07 ①

ARP(Address Resolution Protocol)	IP 주소를 이용하여 물리적인 MAC 주소를 찾아 주는 프로토콜
RARP(Reverse Address Resolution Protocol)	호스트의 물리 주소를 통하여 논리 주소인 IP 주소를 얻어오기 위해 사용되는 프로토콜

08 ①

일반화(Generalization)
- 부모 클래스가 자식 클래스의 일반적인 특징과 행동을 정의하는 관계이다.
- 부모 클래스에서 자식 클래스로 화살표가 향하는 형태로 표시한다.
- 예시 : 동물(부모) → 개(자식), 고양이(자식)
  - 동물 클래스는 개와 고양이의 일반적인 특징(예 호흡, 이동)을 정의하고, 개와 고양이 클래스는 각각 고유한 특징(예 털 색깔, 품종)을 추가적으로 정의한다.
  - 상속은 코드 재사용성을 높이고 유지보수를 용이하게 하며, 부모 클래스에서 변경된 내용은 자식 클래스에도 자동으로 적용된다.

09 ③

데코레이터 패턴(Decorator Pattern)
- 객체 지향 설계 패턴 중 하나로, 기존 객체에 동적으로 기능을 추가하여 확장성을 높이는 데 효과적이다.
- 데코레이터 패턴 구성요소

구성요소	설명
Component	기본 기능을 정의하는 인터페이스
ConcreteComponent	Component 인터페이스를 구현하며, 기본 기능을 제공하는 클래스
Decorator	Component 인터페이스를 구현하며, 추가 기능을 제공하기 위해 다른 Component 객체를 감싸는 클래스
ConcreteDecorator	Decorator 클래스를 상속받아 추가적인 기능을 실제로 구현하는 클래스

- 데코레이터 패턴의 사용 예 : GUI 위젯 라이브러리, 네트워크 프록시 등

오답 피하기

싱글톤 패턴(Singleton Pattern)
- 객체 지향 설계 패턴 중 하나로, 특정 클래스의 인스턴스가 하나만 존재하도록 보장하는 패턴이다.
- 싱글톤 패턴의 사용 예 : 환경 설정, 로그 시스템, 캐싱 시스템 등

10 ②

UML 다이어그램의 분류

분류	다이어그램
구조적 다이어그램	• 클래스 다이어그램(Class Diagram) • 객체 다이어그램(Object Diagrma) • 컴포넌트 다이어그램(Componet Diagram) • 배치 다이어그램(Deployment Diagram) • 복합체 구조 다이어그램(Composite Structure Diagram) • 패키지 다이어그램(Package Diagram)
행위 다이어그램	• 유스케이스 다이어그램(Use Case Diagram) • 시퀀스 다이어그램(Sequence Diagram) • 커뮤니케이션 다이어그램(Communication Diagram) • 상태 다이어그램(State Diagram) • 활동 다이어그램(Activitiy Diagram) • 상호작용 개요 다이어그램(Interaction Overview Diagram) • 타이밍 다이어그램(Timing Diagram)

11 ②

자료 흐름도(DFD, Data Flow Diagram)

구성요소	의미	표기법
프로세스 (Process)	자료를 변환시키는 시스템의 한 부분을 나타냄	프로세스 이름
자료 흐름 (Data Flow)	자료의 이동(흐름)을 나타냄	자료 이름 →
자료 저장소 (Data Store)	시스템에서의 자료 저장소(파일, 데이터베이스)를 나타냄	자료 저장소 이름
단말 (Terminator)	자료의 발생지와 종착지를 나타냄(시스템의 외부에 존재하는 사람이나 조직체)	단말 이름

12 ②

내부 단편화
- 데이터가 적재될 데이터 크기와 메모리 여유 공간의 차이를 의미한다.
- 기억 공간 중 17k를 입력할 수 있는 첫 번째 공간은 23k이므로, 23-17 = 6k이다.

오답 피하기

배치(Placement) 전략

전략	설명
최초 적합(First Fit)	입력되는 작업의 순서에 따라 주기억장치 첫 번째 기억 공간부터 할당
최적 적합(Best Fit)	입력되는 작업의 크기에 맞는 주기억장치를 찾아 할당
최악 적합(Worst Fit)	입력되는 작업의 크기에 맞지 않고 낭비가 가장 심한 공간을 찾아 할당

13 ④

결합도(Coupling)
모듈 간 결합 정도에 따라 구분되며 결합도가 낮을수록 높은 품질이다.

종류	설명
자료 결합도 (Data Coupling)	한 모듈이 파라미터나 인수로 다른 모듈에게 데이터를 넘겨주고 호출받은 모듈은 받은 데이터에 대한 처리 결과를 다시 돌려주는 경우의 결합도
스탬프 결합도 (Stamp Coupling)	두 모듈이 동일한 자료구조를 조회하는 경우의 결합도
제어 결합도 (Control Coupling)	한 모듈이 다른 모듈의 내부 논리 조직을 제어하기 위한 목적으로 제어신호를 이용하여 통신하는 경우의 결합도
외부 결합도 (External Coupling)	한 모듈에서 외부로 선언한 변수를 다른 모듈에서 참조할 경우의 결합도
공통 결합도 (Common Coupling)	한 모듈이 다른 모듈에게 제어 요소를 전달하고 여러 모듈이 공통자료 영역을 사용하는 경우의 결합도
내용 결합도 (Content Coupling)	한 모듈이 다른 모듈의 내부 기능 및 그 내부 자료를 참조하는 경우의 결합도

결합도 낮음(높은 품질) ────────→ 결합도 높음(낮은 품질)

자료 결합도 ⇒ 스탬프 결합도 ⇒ 제어 결합도 ⇒ 외부 결합도 ⇒ 공통 결합도 ⇒ 내용 결합도

14 ④

교착상태의 해결 방법

예방(Prevention)	· 교착상태가 발생하지 않도록 사전에 시스템을 제어하는 방법 · 일반적으로 자원의 낭비가 가장 심한 것으로 알려진 기법
회피(Avoidance)	· 교착상태 발생 가능성을 인정하고 교착상태가 발생하려고 할 때, 교착상태 가능성을 피해가는 방법 · 주로 은행가 알고리즘(Banker's Algorithm)을 사용
발견(Detection)	· 교착상태가 발생했는지 검사하여 교착상태에 빠진 프로세스와 자원을 발견하는 방법 · 자원 할당 그래프를 활용
회복(Recovery)	· 교착상태에 빠진 프로세스를 종료하거나 해당 프로세스가 점유하고 있는 자원을 선점하여 다른 프로세스에게 할당하는 방법 · 사용자가 직접 처리하는 방법과 시스템에 의해 자동으로 처리하는 방법을 활용

15 ①

테스트 스텁(Test Stub) : 상위 모듈에서 하위 모듈로의 테스트를 진행하는 과정 중 하위 시스템 컴포넌트의 개발이 완료되지 않은 상황에서 시스템 테스트를 진행하기 위하여 임시로 생성된 가상의 더미 컴포넌트(dummy componet)

16 ①

사용자 인터페이스(User Interface)의 종류

CUI(Character User Interface)	문자 방식의 명령어 입력 사용자 인터페이스
GUI(Graphic User Interface)	그래픽 환경 기반의 마우스 입력 사용자 인터페이스
WUI(Web User Interface)	인터넷과 웹 브라우저를 통해 웹 페이지를 열람하고 조작하는 인터페이스
CLI(Command Line Interface)	사용자가 컴퓨터 자판 등을 이용해 명령 문자열을 입력하여 체계를 조작하는 인터페이스

17 ④

· 화이트박스 테스트는 일반적으로 소프트웨어의 내부 동작 및 코드 구조를 검증하는 데 사용되는 테스트 방법으로, 주로 개발자들이 코드를 작성하고 테스트하는 과정에서 활용한다.
· 요구 분석 명세서를 검증하는 기법에는 프로토타이핑, 인터뷰, 요구사항 검토 등을 이용한다.

18 ①

체크섬(Checksum)
· 네트워크를 통해서 전송된 데이터의 값이 변경되었는지(무결성)를 검사하는 값이다.
· 무결성을 통해서 네트워크를 통해서 수신된 데이터에 오류가 없는지 여부를 확인한다.

> **오답 피하기**
> IP 헤더 체크섬은 일반적으로 IP 헤더를 따르는 데이터는 자체 체크섬을 가지고 있기 때문에 IP 헤더를 통해서만 계산된다.

19 ④

SJF(Shortest Job First)
· 비선점 스케줄링 기법의 일종이다.
· 준비상태 큐에서 기다리고 있는 프로세스들 중에서 실행시간이 짧은 프로세스에 먼저 할당한다.
· 가장 적은 평균 대기시간을 제공한다.

20 ②

OSI 7계층의 기능

물리 계층(Physical Layer)	전기적, 기능적, 절차적 기능 정의
데이터 링크 계층(Data Link Layer)	흐름 제어, 에러 제어
네트워크 계층(Network Layer)	경로 설정 및 네트워크 연결 관리
전송 계층(Transport Layer)	통신 양단 간의 에러 제어 및 흐름 제어
세션 계층(Session Layer)	프로세스 간에 대한 연결을 확립, 관리, 단절 수단 제공
표현 계층(Presentation Layer)	코드 변환, 암호화, 압축, 구문 검색
응용 계층(Application Layer)	사용자에게 서비스 제공

21 ①

C언어의 기본 자료형

자료형	예약어	크기
정수형	int	4Byte
	long	4Byte
실수형	float	4Byte
	double	8Byte
문자형	char	1Byte

22 ②

`#include <stdio.h>`	표준 입력/출력 함수 선언
`#define POWER(x) x * x`	• #define은 매크로를 정의하는 데 사용되는 프리 프로세서 지시문 • POWER(x)는 매크로 이름이고, x * x는 매크로 본문 • POWER(x) 매크로는 매개변수 x를 제곱하여 값을 반환하는 매크로로 정의
`int main() {`	main 함수 시작
`printf("%d", POWER(1+2));`	프리 프로세서에 의해 POWER(x)에 정의된 식을 컴파일 전 printf("%d", 1+2*1+2);로 변환 • 1+2*1+2는 1+(2*1)+2이므로 5로 계산 • printf("%d", 5);는 5를 정수 형식으로 출력
`return 0; }`	프로그램 종료

23 ②

CSS의 배경색 설정 방법

- background-color : 요소의 배경 색상을 설정
- background-image : 요소의 배경에 이미지를 삽입
- background-repeat : 배경 이미지의 반복 방법을 설정
- background-attachment : 배경 이미지가 스크롤 될 때의 동작을 설정
- background-size : 배경 이미지의 크기를 설정

24 ②

- 풀이 순서 ① : a < b + 2를 평가
  - a는 10이고, b는 20이므로 b + 2는 40이다.
  - 따라서 1 < 4는 참(True)이다.
- 풀이 순서 ② : a << 1을 평가
  - a << 1은 1을 왼쪽으로 한 번 시프트하므로 2가 된다.
- 풀이 순서 ③ : a << 1 <= b를 평가
  - a << 1은 20이고, b는 20이다.
  - 따라서 2 <= 2는 참(True)이다.
- 풀이 순시 ④ : 전체 식 a < b | 2 && a << 1 <= b를 평가
  - 첫 번째 부분 a < b + 2는 참(True)이다.
  - 두 번째 부분 a << 1 <= b도 참(True)이다.
  - AND 연산자 &&는 두 피연산자가 모두 참일 때 참을 반환한다.
  - 따라서 전체 식의 결과는 참(True)이고, C언어에서 참은 정수 1로 표현되므로 결과는 1이 된다.

25 ③

CSS의 선택자(Selector)

- 스타일을 적용할 HTML 요소를 선택하는 데 사용된다.
- 다양한 방법으로 HTML 요소를 선택할 수 있으며, 이를 통해 웹 페이지의 특정 부분에 스타일을 적용할 수 있다.
- 클래스 선택자는 클래스 이름을 가지는 특정 요소를 선택한다.
- 기본 선택자

요소 선택자
(Type Selector)
	• p를 이용하여 특정 HTML 요소를 선택
	• 예 모든 <p> 요소의 텍스트 색상을 파란색으로 변경
	`p {`
	`    color: blue;`
	`}`

클래스 선택자
(Class Selector)
	• .을 이용하여 특정 클래스를 가진 요소를 선택
	• 예 class="example"인 모든 요소의 글자 크기를 20픽셀로 변경
	`.example {`
	`    font-size: 20px;`
	`}`

아이디 선택자
(ID Selector)
	• #을 이용하여 특정 아이디를 가진 요소를 선택
	• 예 id="unique"인 요소의 배경색을 노란색으로 변경
	`#unique {`
	`    background-color: yellow;`
	`}`

전체 선택자
(Universal Selector)
	• *를 이용하여 문서의 모든 요소를 선택
	• 예 웹 페이지의 모든 요소에 기본 여백과 패딩을 0으로 설정
	`* {`
	`    margin: 0;`
	`    padding: 0;`
	`}`

26 ①

JavaScript의 Location 객체

- 현재 문서의 URL을 나타내며, 이 URL을 조작할 수 있는 다양한 프로퍼티와 메서드를 제공한다.
- 종류

href	• 현재 페이지의 전체 URL을 문자열로 반환하거나 설정
	• 예 현재 페이지의 URL 출력
	`console.log(window.location.href);`
	• 예 URL 변경
	`window.location.href = 'https://www.example.com';`

hostname	• 호스트명만 반환하거나 설정 • 예 'example.com' 출력 `console.log(window.location.hostname);`

pathname	• URL의 경로 부분을 반환하거나 설정 • 예 '/path/to/page' 출력
	`console.log(window.location.pathname);`
search	• 쿼리 문자열을 반환하거나 설정 • 예 '?name=value' 출력
	`console.log(window.location.search);`

27 ③

- 7 > 5: → True
- Not True → Flase

28 ②

⟨p⟩ 태그	• 단락(paragraph)을 나타내는 태그 • 텍스트 블록을 새로운 단락으로 나누고, 기본적인 여백과 스타일을 적용 • 단락 간에 자연스러운 공간을 만들고, 텍스트의 가독성을 향상시킴
	`<p>첫 번째 단락입니다.</p><p>두 번째 단락입니다.</p>`
⟨br⟩ 태그	• 텍스트 블록 안에서 강제적으로 줄바꿈을 발생시키는 태그 • 단락 구분 없이 특정 위치에서 한 줄 텍스트를 다음 줄로 넘기는 데 사용
	` 두 번째 줄입니다. 세 번째 줄입니다.`
⟨pre⟩ 태그	• 사전 정의된 형식(preformatted)의 텍스트를 나타내는 태그 • 공백, 줄바꿈, 들여쓰기 등을 원래 형식대로 보존하여 출력 • 코드, 텍스트 예시, 표 등과 같은 텍스트 표현에 유용
	`<pre> function add(a, b) { return a + b; } </pre>`

29 ③

JAVA 접근제어자(접근제한자)

제어자	접근 범위	적용 가능한 범위
public	모든 클래스	클래스, 필드, 메서드, 생성자
protected	같은 패키지, 상속받은 클래스	필드, 메서드, 생성자
default	같은 패키지에서만(명시적으로 설정하지 않음)	클래스, 필드, 메서드, 생성자
private	동일 클래스 내에서만	필드, 메서드, 생성자

30 ②

- var myArray = ['one', 'two', 'three'];
- 문자열 'one', 'two', 'three'를 요소로 갖는 배열 myArray를 생성
- myArray : ['one', 'two', 'three']

배열에 요소 추가(push 메서드):
- myArray.push('four');
- 배열의 끝에 'four'를 추가
- myArray : ['one', 'two', 'three', 'four']

배열의 앞에 요소 추가(unshift 메서드):
- myArray.unshift('five');
- 배열의 맨 앞에 'five'를 추가
- myArray : ['five', 'one', 'two', 'three', 'four']

배열의 마지막 요소 제거(pop 메서드):
- myArray.pop();
- 배열의 마지막 요소를 제거
- myArray : ['five', 'one', 'two', 'three']

배열 출력(console.log):
- console.log(myArray);
- 현재 배열의 상태를 콘솔에 출력
- 출력 : ['five', 'one', 'two', 'three']

31 ④

`list1 = [1, 2, 3]` `list2 = [5, 6]`	list1과 list2를 생성
`list1.append(4)`	• 리스트에 요소 추가(append 메서드) • list1 : [1, 2, 3, 4]
`list1.append(list2)`	• 리스트1에 리스트2 추가(append 메서드) • list1 : [1, 2, 3, 4, [5, 6]]
`print(list1)`	• 리스트 출력 (print 메서드): • list1 : [1, 2, 3, 4, [5, 6]]

32 ③

fopen()	• 파일을 열고, 파일 포인터를 반환하는 함수 • 파일을 읽기, 쓰기, 추가 등의 모드로 열 수 있음
	`FILE *fopen(const char *filename, const char *mode);`
fscanf()	• 파일에서 서식화된 데이터를 읽어들이는 함수 • scanf() 함수와 비슷하지만, 파일 포인터를 첫 번째 인자로 받음
	`int fscanf(FILE *stream, const char *format, ...);`
fgetc()	• 파일에서 한 문자를 읽어들이는 함수 • EOF(파일의 끝)를 만나면 EOF를 반환함
	`int fgetc(FILE *stream);`
fgets()	• 파일에서 한 줄의 문자열을 읽어들이는 함수 • 최대 n-1개의 문자를 읽어들이며, 개행 문자도 포함됨
	`char *fgets(char *str, int n, FILE *stream);`

33 ④

실수형	• float : 32비트 부동소수점 값 저장(IEEE 754 표준 기반, 단일 정밀도) • double : 64비트 부동소수점 값 저장(IEEE 754 표준 기반, 더 높은 정밀도)
문자형	char : 16비트 유니코드 문자 저장
논리형	boolean : true 또는 false 값 저장(조건 판단에 사용)

34 ④

객체지향 프로그래밍 언어는 유지보수성(maintainability)과 재사용성(reusability)이 좋다.

오답 피하기

나머지 보기는 구조적 프로그래밍 언어의 특징이다.

35 ②

C언어에서는 true와 false와 같은 불리언(boolean) 값을 나타내는 상수를 직접적으로 제공하지 않는다.

오답 피하기

정수 상수 (Integer Constants)	• 정수값을 나타낸다. • 10진수, 16진수, 8진수 등의 진법으로 표현할 수 있다. • 부호 있는(int) 및 부호 없는(unsigned) 정수를 표현할 수 있다. • 예 123, -456, 0, 0x1A(16진수), 077(8진수)
실수 상수 (Floating-point Constants)	• 부동 소수점 값을 나타낸다. • 소수점과 지수(e 또는 E)를 사용하여 표현된다. • float, double, long double과 같은 데이터 유형으로 표현된다. • 예 3.14, -0.001, 2.5e3, 1.23E-4
문자 상수 (Character Constants)	• 단일 인용부호(작은따옴표)로 묶인 단일 문자를 나타낸다. • ASCII 또는 Unicode 문자를 나타낼 수 있다. • 정수값으로 저장되며, 대부분 int 형식으로 사용됩니다. • 예 'A', 'x', '1', '&', '\n'
문자열 상수 (String Constants)	• 연속된 문자들을 나타낸다. • 이중 인용부호(큰따옴표)로 묶여 있다. • 내부적으로는 null 종료 문자열로 취급되며, char 배열로 저장된다. • 예 "Hello, world!", "C Programming", ""
포인터 상수 (Pointer Constants)	• 포인터가 가리키는 주소값이 없음을 나타낸다. • 프로그램에서 포인터가 아직 유효한 주소를 가리키지 않을 때 사용된다. • 보통 NULL 매크로로 정의되며, 0 또는 (void*)0과 같은 값으로 표현된다. • 예 NULL

36 ①

HTML5에서 추가된 주요 요소

⟨nav⟩	• 문서 내비게이션 링크 그룹을 정의 • 주로 웹 사이트의 주요 내비게이션 링크를 감싸는 데 사용
⟨article⟩	• 문서, 페이지, 애플리케이션 또는 사이트 안에서 독립적으로 구분되거나 재사용 가능한 영역을 정의 • 블로그 게시물, 뉴스 기사, 댓글, 포럼 글 등과 같은 독립적인 콘텐츠를 표현하는 데 사용
⟨figure⟩	• 독립적인 콘텐츠를 정의하고 캡션을 제공 • 이미지, 동영상, 차트, 코드 조각 등과 같은 멀티미디어 콘텐츠를 표현하는 데 사용
⟨section⟩	• 문서 내에서 특정 테마나 콘텐츠 영역을 정의 • 일반적으로 제목(⟨h1⟩~⟨h6⟩ 요소)을 포함하며, 더 작은 섹션으로 나뉠 수 있음
⟨header⟩	• 섹션이나 페이지의 시작 부분을 정의 • 제목이나 로고, 탐색 링크 등의 콘텐츠를 포함
⟨footer⟩	• 섹션이나 페이지의 하단 부분을 정의 • 작성자 정보, 저작권 정보, 연락처 정보 등을 포함하는 데 사용

37 ③

```
public class Test {
    public static void main(String[] args) {
```
• main 메서드
• 프로그램의 시작점을 정의

```
int x = 7;
int y = 0;
int z;
```
• 변수 선언
• int x = 7; : 정수형 변수 x를 선언하고 7을 할당
• int y = 0; : 정수형 변수 y를 선언하고 0을 할당
• int z; : 정수형 변수 z를 선언

```
try {
    z = x / y;
    System.out.println("H");
```
• try 블록
• 예외가 발생할 수 있는 코드 포함
• z = x / y; : 변수 z에 x를 y로 나눈 값을 할당
• 여기서 y가 0이므로 ArithmeticException이 발생
• "H"를 출력하는 문장은 실행 안 됨

```
} catch(ArithmeticException e) {
    System.out.println("R");
```
• catch 블록
• try 블록에서 발생한 예외 처리
• ArithmeticException e : ArithmeticException이 발생했을 때 실행
• "R"을 출력

```
} finally {
    System.out.println("D");
```
• finally 블록
• 예외 발생 여부에 상관없이 항상 실행되는 코드를 포함
• "D"를 출력

```
System.out.println("K");
}
```
• try-catch-finally 블록을 벗어난 후 실행
• "K"를 출력

38 ④

리팩토링(Refactoring)이란, 소프트웨어를 보다 쉽게 이해할 수 있고 적은 비용으로 수정할 수 있도록 겉으로 보이는 동작의 변화 없이 내부 구조를 변경하는 것을 의미한다.

39 ④

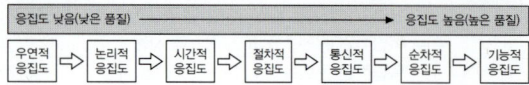

40 ④

JavaScript에서 객체를 제거하는 데 사용되는 연산자는 존재하지 않는다.

41 ④

정규화(Normalization)
- 데이터의 종속으로 인하여 발생하는 이상 현상(Anomaly)이 발생하지 않도록 하는 것이다.
- 정규화 단계를 통하여 릴레이션을 분할하여 이상 현상과 종속성을 해결한다.
- 데이터베이스의 개념적 설계 단계와 논리적 설계 단계에서 수행된다.
- 한 테이블에 너무 많은 정보를 포함해서 발생하는 이상 현상을 제거한다.
- 정규화에서 테이블의 필드 수와는 관계가 없다.

42 ③

데이터베이스 설계
- 사용자의 요구를 분석하여 그것들을 컴퓨터에 저장할 수 있는 데이터베이스 구조에 맞게 변형한 다음, 특정 DBMS로 구현하여 일반 사용자들이 사용할 수 있게 하는 과정이다.
- 데이터베이스 계획 → 요구사항 분석 → 개념적 데이터 설계 → 논리적 데이터 설계 → 물리적 데이터 설계 → 구현
  - 개념적 설계 단계에서 ERD를 작성한다.
  - 논리적 데이터 설계 단계에서 목표 DBMS에 맞는 스키마 설계, 트랜잭션 인터페이스 설계를 하며 더 좋은 관계 스키마를 만들기 위하여 정규화 한다.
  - 물리적 데이터 설계 단계에서는 목표 DBMS에 맞는 물리적 구조 설계, 트랜잭션 세부 설계를 한다.

43 ④

트랜잭션의 특성

원자성(Atomicity)	완전하게 수행 완료되지 않으면 전혀 수행되지 않아야 함
일관성(Consistency)	시스템의 고정 요소는 트랜잭션 수행 전후에 같아야 함
격리성(Isolation, 고립성)	트랜잭션 실행 시 다른 트랜잭션의 간섭을 받지 않아야 함
영속성(Durability, 지속성)	트랜잭션의 완료 결과가 데이터베이스에 영구히 기억되어야 함

44 ②

오름차순 선택 정렬의 경우 1pass마다 가장 작은 값이 맨 앞으로 이동한다.

45 ④

SQL 명령어

DDL(데이터 정의어)	CREATE, DROP, ALTER
DML(데이터 조작어)	SELECT, INSERT, DELETE, UPDATE
DCL(데이터 제어어)	GRANT, REVOKE

46 ②

- 데이터 모델이란, 실세계의 개념적 구조를 데이터베이스에 구현하기 위한 중간 단계로서 사용자의 입장에서 표현한 논리적 구조를 의미한다.
- 데이터 모델의 구성요소

데이터 구조(Structure)	데이터 구조 및 정적 성질 표현
연산(Operations)	데이터의 인스턴스에 적용 가능한 연산 명세와 조작 기법 표현
제약 조건(Constraints)	데이터의 논리적 제한 명시 및 조작의 규칙

47 ③

무결성(Integrity)
- 개체 무결성 : 기본키의 값은 널 값이나 중복값을 가질 수 없다는 제약 조건이다.
- 참조 무결성 : 참조할 수 없는 외래키 값을 가질 수 없다는 제약 조건이다. 예를 들어 릴레이션 R1에 저장된 튜플이 릴레이션 R2에 있는 튜플을 참조하려면 참조되는 튜플이 반드시 R2에 존재해야 한다는 무결성 규칙이다.

48 ④

동의어(Synonym)란, 해싱에서 동일한 홈 주소로 인하여 충돌이 일어난 레코드들의 집합을 말한다. 다시 말해 해싱 함수의 값을 구한 결과 키 K1, K2가 같은 값을 가질 때, 이들 키 K1, K2의 집합을 동의어(Synonym)라고 한다.

> **오답 피하기**
> 충돌(Collision)은 레코드를 삽입할 때 2개의 상이한 레코드가 똑같은 버킷으로 해싱되는 것을 의미한다.

49 ③

로킹의 단위

로킹의 단위가 큰 경우	• 로크의 개수가 적어져 병행 제어 기법이 단순해진다. • 병행성(공유도) 수준이 낮아지고 오버헤드가 감소한다.
로킹의 단위가 작은 경우	• 로크의 개수가 많아져 병행 제어 기법이 복잡해진다. • 병행성(공유도) 수준이 높아지고 오버헤드가 증가한다.

50 ②

SQL 명령어

DDL(데이터 정의어)	CREATE, DROP, ALTER
DML(데이터 조작어)	SELECT, INSERT, DELETE, UPDATE
DCL(데이터 제어어)	GRANT, REVOKE

51 ②

큐는 선입선출(FIFO) 방식으로 자료를 처리한다.

52 ④

SQL 만능 문자

%	• 임의의 문자열 • 예 '%son' → 'son'으로 끝나는 문자열
_ (언더스코어)	• 임의의 단일 문자 • 예 'J_n'은 'Jon', 'Jan'과 같이 3글자이면서 임의의 가운데 문자열
[ ]	• 괄호 안에 포함된 문자 중 하나와 일치 • 예 'J[ao]n'은 'Jon' 또는 'Jan'
^ (캐럿)	• 부정을 나타냄 • 괄호 내에 사용될 경우 해당 문자를 제외한 모든 문자와 일치 • 예 'J[^o]n'은 'Jon'이 아닌 문자열

53 ③

색인 순차 파일(Indexed Sequential Access File)의 구성 중 인덱스 영역은 트랙, 실린더, 마스터 영역으로 구분된다.

오답 피하기

색인 순차 파일은 기본 영역(Prime area), 색인 영역(Index area), 오버플로 영역(Overflow area)으로 구성되어 있다.

54 ①

UPDATE

- 튜플의 내용을 변경(갱신)한다.
- 기본 구조

```
UPDATE  테이블명
SET  속성명=데이터
WHERE  조건;
```

55 ④

물리적 설계	• 목표 DBMS에 종속적인 물리적 구조 설계 • 저장 레코드 양식 설계 및 레코드 집중의 분석/설계 • 파일 조직 방법과 저장 방법 그리고 파일 접근 방법 등을 선정 • 응답시간 효율화를 위한 접근 경로 설계 • 트랜잭션 세부 설계
논리적 설계	• DBMS에 따라 서로 다른 논리적 스키마 설계 • 개념 스키마를 평가 및 정제 • 논리적 데이터 모델로 변환 • 트랜잭션 인터페이스 설계 • 개념 스키마의 평가 및 정제

56 ③

Preoder(전위 순회)는 Root → Left → Right 순으로 순회한다.

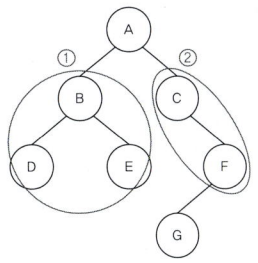

A ① ②
A B D E ②
A B D E C F G

57 ③

- 차수 : 속성 수
- 카디널리티 : 레코드수
- 카티션프로덕트 : R*S
- 카티션프로덕트를 실행하면 R차수+S차수, R카디럴리티*S카디널리티로 연산한다.

58 ①

뷰(View)의 특징

- 뷰를 이용한 또 다른 뷰의 생성이 가능하다.
- 하나의 뷰 제거 시 그 뷰를 기초로 정의된 다른 뷰도 함께 삭제된다.
- 뷰에 대한 조작에서 삽입, 갱신, 삭제 연산은 제약이 따른다.
- 뷰가 정의된 기본 테이블이 제거되면 뷰도 자동적으로 제거된다.

오답 피하기

뷰는 삽입, 삭제, 갱신 연산에는 제한이 있지만, 검색은 기본 테이블 검색 연산과 동일하다.

59 ③

관계대수(Relational Algebra)

- 원하는 정보와 그 정보를 어떻게 유도하는가를 기술하는 절차적인 방법이다.
- 주어진 릴레이션 조작을 위한 연산의 집합이다.
- 질의에 대한 해를 구하기 위해 수행해야 할 연산의 순서를 명시한다.
- 릴레이션 조작을 위한 연산의 집합으로 피연산자와 결과가 모두 릴레이션이다.
- 일반 집합 연산과 순수 관계 연산으로 구분된다.
- 종류 및 기호 : 셀렉션(σ), 프로젝션(π), 조인(⋈), 디비전(÷)

60 ③

스키마(Schema) 3계층

외부 스키마 (Internal Schema)	• 사용자나 응용 프로그래머가 접근할 수 있는 정의를 기술 • 서브 스키마라고도 함
개념 스키마 (Internal Schema)	• 데이터베이스 전체의 논리적인 구조 • 개체 간의 관계와 제약 조건을 나타내고, 데이터베이스 접근 권한, 보안 및 무결성 규칙 명세가 있음
내부 스키마 (Internal Schema)	• 물리적 저장 장치의 입장에서 본 데이터베이스 구조 • 실제로 데이터베이스에 저장될 레코드의 형식을 정의하고 저장 데이터 항목의 표현 방법, 내부 레코드의 물리적 순서 등을 나타냄

최신 기출문제 04회

01 ②	02 ①	03 ④	04 ④	05 ③
06 ②	07 ④	08 ④	09 ③	10 ④
11 ②	12 ③	13 ①	14 ①	15 ③
16 ④	17 ④	18 ①	19 ①	20 ②
21 ②	22 ③	23 ①	24 ①	25 ①
26 ②	27 ③	28 ④	29 ①	30 ③
31 ②	32 ④	33 ③	34 ①	35 ②
36 ④	37 ③	38 ①	39 ④	40 ②
41 ①	42 ①	43 ②	44 ①	45 ②
46 ②	47 ①	48 ③	49 ①	50 ③
51 ①	52 ③	53 ②	54 ③	55 ②
56 ④	57 ②	58 ④	59 ④	60 ①

01 ②

디자인 패턴은 자주 사용하는 설계 형태를 정형화하여 유형별로 설계 템플릿을 만들어 두고 소프트웨어 개발 중 나타나는 과제를 해결하기 위한 방법 중 하나이다.

02 ①

오답 피하기

- Selective-Repeat ARQ : 전송 중인 데이터 패킷 중 에러가 발생한 패킷만 재전송하는 방식
- Stop-and-Wait ARQ : 송신측에서 한 개의 블록을 전송한 후 수신측으로부터 응답을 기다리는 방식
- Forward Error Connection : 재전송 없이 전송된 데이터에서 제한된 수의 오류를 감지하고 수정하는 데 사용되는 오류 수정 방식

03 ④

소프트웨어 형상 항목
- 정의 단계의 문서 (소스 레벨과 수행 형태인 컴퓨터 프로그램)
- 개발 단계의 문서와 프로그램(숙련자와 사용자를 목표로 한 컴퓨터 프로그램 서술 문서)
- 유지보수 단계의 변경 사항
- 프로그램 내에 포함된 자료구조

04 ④

라우터(Router)
- 네트워크 계층을 지원하며, 네트워크를 구성하기 위해 반드시 필요한 장비로 정보 전송을 위한 최적의 경로를 찾아 통신망에 연결하는 장치이다.
- 전송되는 패킷들의 경로를 결정한다.
- 브리지(Bridge)와 게이트웨이(Gateway) 기능을 지원한다.

오답 피하기

브리지(Bridge)란, 네트워크를 구성할 때 디지털 신호를 아날로그 신호로 변환하여 전송하고 다시 수신된 신호를 원래대로 변환하기 위한 전송 장치이다.

05 ③

OSI 7계층의 기능

물리 계층(Physical Layer)	전기적, 기능적, 절차적 기능 정의
데이터 링크 계층(Data Link Layer)	흐름 제어, 에러 제어
네트워크 계층(Network Layer)	경로 설정 및 네트워크 연결 관리
전송 계층(Transport Layer)	통신 양단 간의 에러 제어 및 흐름 제어
세션 계층(Session Layer)	프로세스 간에 대한 연결을 확립, 관리, 단절 수단 제공
표현 계층(Presentation Layer)	코드 변환, 암호화, 압축, 구문 검색
응용 계층(Application Layer)	사용자에게 서비스 제공

06 ②

인수 테스트

- 일반적인 테스트 레벨의 가장 마지막 상위 레벨로, SW 제품에 대한 요구사항이 제대로 이행되었는지 확인하는 단계이다.
- 테스팅 환경을 실 사용자 환경에서 진행하며, 수행하는 주체가 사용자이다.
- 테스트 단계 중 SW 제품에 대한 요구사항이 제대로 이행되었는지 점검하는 것이 주요 목적이므로 알파, 베타 테스트와 가장 밀접한 연관이 있다.

07 ④

프로세스(Process)의 정의

- 실행 중인 프로그램, 운영체제가 관리하는 실행 단위
- PCB를 가진 프로그램
- 비동기적 행위를 일으키는 주체
- 프로세서가 할당되는 실체
- 활동 중인 프로시저(Procedure)

08 ④

다형성(Polymorphism)

- 많은 상이한 클래스들이 동일한 메소드명을 이용하는 능력을 의미한다.
- 한 메시지가 객체에 따라 다른 방법으로 응답할 수 있는 것이다.
- 메시지에 의해 객체가 연산을 수행하게 될 때 하나의 메시지에 대해 각 객체가 가지고 있는 고유한 방법으로 응답할 수 있는 능력이다.

오답 피하기

메소드 오버라이딩(Overriding)의 경우 매개 변수 타입은 동일하지만 메소드명을 다르게 함으로써 구현, 구분할 수 있다.

09 ③

오답 피하기

- Visitor 패턴 : 알고리즘을 객체 구조에서 분리시키는 디자인 패턴
- Observer 패턴 : 한 객체의 상태가 바뀌면 그 객체에 의존하는 다른 객체들에게 연락이 가고 자동으로 내용이 갱신되는 디자인 패턴
- Bridge 패턴 : 구현부에서 추상층을 분리하여 각자 독립적으로 변형할 수 있게 하는 디자인 패턴

10 ④

추상화(Abstraction) 기법

자료 추상화	데이터나 객체의 중요한 특징을 강조하고, 불필요한 세부 사항을 숨기는 것
제어 추상화	프로그램 흐름을 제어하는 추상화 것으로, 절차적 프로그래밍이나 객체지향 프로그래밍에서 사용
과정 추상화	시스템의 작업을 단순화하고 추상화하는 것으로, 소프트웨어 공학에서 사용

11 ②

액터(Actor)란 서비스를 이용하는 외부 객체를 의미하며, 시스템이 특정한 사례(Use Case)를 실행하도록 요구할 수 있는 존재이다.

오답 피하기

- 유스케이스 다이어그램은 시스템의 기능을 행위자의 관점에서 모델링하는 데 사용된다.
- 사용자 액터는 사용자를 의미하며, 시스템과 직접 상호 작용하는 역할을 한다.
- 연동은 두 시스템 간의 데이터 교환을 의미하며, 방향이나 형식에 제약이 없다.

12 ③

스풀링(Spooling)

- 프로세서에 의해 수행되는 속도와 프린터 등에서 결과를 처리하는 속도의 차이를 극복하기 위해 디스크 저장 공간을 사용하는 기법이다.
- CPU와 입·출력장치를 아주 높은 효율로 작업할 수 있도록 하는 다중프로그래밍의 운영 방식이라고 볼 수 있다.
- 많은 작업의 입·출력과 계산을 중복하여 수행할 수 있다.
- 용량이 크고 빠른 디스크를 이용하여 각 사용자의 입·출력을 효과적으로 처리하는 기법이다.

13 ①

응집도(Cohesion)

우연적 응집도 (Coincidental Cohesion)	서로 간에 어떠한 의미 있는 연관 관계도 없는 기능 요소로 구성될 경우의 응집도
논리적 응집도 (Logical Cohesion)	유사한 성격을 갖거나 특정 형태로 분류되는 처리 요소들이 한 모듈에서 처리되는 경우의 응집도
시간적 응집도 (Temporal Cohesion)	연관된 기능이라기보다는 특정 시간에 처리되어야 하는 활동들을 한 모듈에서 처리할 경우의 응집도
절차적 응집도 (Procedural Cohesion)	모듈이 다수의 관련 기능을 가질 때 모듈 안의 구성요소들이 그 기능을 순차적으로 수행할 경우의 응집도
통신적 응집도 (Communication Cohesion)	동일한 입력과 출력을 사용하여 다른 기능을 수행하는 활동들이 모여 있을 경우의 응집도
순차적 응집도 (Sequential Cohesion)	모듈 내에서 한 활동으로부터 나온 출력 값을 다른 활동이 사용할 경우의 응집도
기능적 응집도 (Functional Cohesion)	모듈 내부의 모든 기능이 단일한 목적을 위해 수행되는 경우의 응집도

응집도 낮음(낮은 품질) ← → 응집도 높음(높은 품질)
우연적 응집도 → 논리적 응집도 → 시간적 응집도 → 절차적 응집도 → 통신적 응집도 → 순차적 응집도 → 기능적 응집도

14 ①

교착상태의 해결 방법

예방(Prevention)	• 교착상태가 발생하지 않도록 사전에 시스템을 제어하는 방법 • 일반적으로 자원의 낭비가 가장 심한 것으로 알려진 기법
회피(Avoidance)	• 교착상태 발생 가능성을 인정하고 교착상태가 발생하려고 할 때, 교착상태 가능성을 피해가는 방법 • 주로 은행가 알고리즘(Banker's Algorithm)을 사용
발견(Detection)	• 교착상태가 발생했는지 검사하여 교착상태에 빠진 프로세스와 자원을 발견하는 방법 • 자원 할당 그래프를 활용
회복(Recovery)	• 교착상태에 빠진 프로세스를 종료하거나 해당 프로세스가 점유하고 있는 자원을 선점하여 다른 프로세스에게 할당하는 방법 • 사용자가 직접 처리하는 방법과 시스템에 의해 자동으로 처리하는 방법을 활용

15 ③

디자인 패턴(Design Pattern)

생성 패턴	팩토리 메소드 패턴(Factory Method Pattern), 추상 팩토리 패턴(Abstract Factory Pattern), 빌더 패턴(Builder Pattern), 프로토타입 패턴(prototype Pattern), 싱글턴 패턴(Singleton Pattern) 등
구조 패턴	어댑터 패턴(Adapter Pattern), 브리지 패턴(Bridge Pattern), 컴포지트 패턴(Composite Pattern), 데코레이터 패턴(Decorator Pattern), 퍼싸드 패턴(Facade Pattern), 플라이 웨이트 패턴(Fly wight Pattern), 프록시 패턴(Porxy Pattern) 등
행위 패턴	책임 연쇄 패턴(Chain of Responsibility Pattern), 명령 패턴(Command Pattern), 반복자 패턴(Iterator Pattern), 기록 패턴(Mememto Pattern), 상태 패턴(State Pattern), 전략 패턴(Strategy Pattern), 템플릿 메서드 패턴(Template Method Pattern), 해석자 패턴(Interpreter Pattern), 감시자 패턴(Observer Pattern), 방문자 패턴(Visitor Pattern), 중재자 패턴(Mediator Pattern) 등

16 ④

UNIX의 특징

- 사용자의 명령으로 시스템이 수행되고 그에 따른 결과를 나타내 주는 대화식 운영체제이다.
- 소스가 공개된 개방형 시스템으로 높은 이식성과 확장성을 가진다.
- 네트워킹 시스템을 통해 멀티유저, 멀티태스킹을 지원한다.
- 계층적(트리형) 파일 시스템 구조를 사용한다.
- 표준 입출력을 통해 명령어와 명령어가 파이프라인으로 연결된다.
- C언어로 이루어져 있어 높은 이식성을 제공한다.

17 ④

화이트박스 테스트	• 설계된 절차에 중점을 두는 구조적 테스트 • 테스트 과정의 초기에 적용 • 종류 : 기초 경로 검사, 조건 검사, 제어 구조 검사, 데이터 흐름 검사, 루프 검사 등
블랙박스 테스트	• 사용자의 요구사항 명세를 보면서, 구현된 기능에 중점을 두는 테스트 • 테스트 과정의 후반에 적용 • 종류 : 동치 분할 검사, 원인 효과 그래프 검사, 비교 검사 등

18 ①

TCP(Transmission Control Protocol)

- 신뢰성 있는 연결 지향형 전달 서비스를 제공한다.
- 순서 제어, 에러 제어, 흐름 제어 기능을 제공한다.
- 전이중 서비스와 스트림 데이터 서비스를 제공한다.
- 메시지를 캡슐화(Encapsulation)와 역캡슐화(Decapsulation)한다.
- 서비스 처리를 위해 다중화(Multiplexing)와 역다중화(Demultiplexing)를 이용한다.

오답 피하기

①은 데이터링크 계층에 관한 내용이다.

19 ①

- 먼저 도착한 작업들의 실행시간을 오름차순으로 정렬한다.

작업	실행시간
3	3
4	7
1	10
5	12
2	29

- 각 작업의 대기시간을 계산한다.

작업	대기시간
3	0
4	3(작업 3의 실행시간) + 0(작업 3의 대기시간) = 3
1	7(작업 4의 실행시간) + 3(작업 4의 대기시간) = 10
5	10(작업 1의 실행시간) + 10(작업 1의 대기시간) = 20
2	12(작업 5의 실행시간) + 20(작업 5의 대기시간) = 32

- 따라서 평균 대기시간은 (0+3+10+20+32)/5 = 13

20 ②

PDU(Protocol Data Unit)란, 데이터 통신 프로토콜에서 사용되는 데이터 단위를 의미한다.

오답 피하기

네트워크 계층 – 패킷(Packet)

21 ②

오답 피하기

- %d : 10진수 정수 형식으로 변환
- %c : 문자 형식으로 변환
- %f : 실수 형식으로 변환

22 ③

`#include <stdio.h>`	표준 입력/출력 라이브러리 헤더 파일
`int main()` `{`	main 함수를 시작
`int code = 65;`	• int 형 변수 code를 선언하고 65 값으로 초기화 • 65는 ASCII 'A' 문자의 코드값
`int *p = &code;`	• int 형 포인터 변수 p를 선언하고 code 변수의 주소를 저장 • & 연산자는 변수의 주소를 가져옴
`printf("%c", (*p)++);`	• printf 함수를 사용하여 문자를 출력 • "%c" : 문자 형식으로 출력 • (*p) : 포인터 p가 가리키는 값을 가져와 출력(code 변수의 값인 65(ASCII 'A' 문자)가 출력
`return 0;` `}`	main 함수를 종료하고 프로그램 종료

23 ①

- ⟨a⟩ 태그는 하이퍼링크를 만드는 데 사용되는 HTML 태그이다.
- href 속성은 하이퍼링크의 목적지 URL을 지정하는 데 사용된다.

오답 피하기

- link : HTML5에서 추가된 속성으로, 자원과의 관계를 나타낸다.
- url : HTML 속성이 아니다.
- des : HTML 속성이 아니다.

24 ①

`#include <stdio.h>`	표준 입력/출력 라이브러리 헤더 파일
`int main()` `{`	main 함수를 시작
`int a = 15, b = 64;`	int 형 변수 a와 b를 선언하고 각각 15, 64 값으로 초기화
`a = a >> 2;`	• a 변수를 2비트 오른쪽 비트 이동 • 15(0b00001111)를 2비트 오른쪽 비트 이동하면 3(0b00000011)
`b = b << 2;`	• b 변수를 2비트 왼쪽 비트 이동 • 64(0b01000000)를 2비트 왼쪽 비트 이동하면 256(0b0001000000)
`printf("%d, %d", a, b);`	• printf 함수를 사용하여 두 개의 정수를 출력 • 두 개의 정수 형식으로 출력 • 각각 변수 a와 b의 값을 출력
`return 0;` `}`	main 함수를 종료하고 프로그램 종료

25 ①

text–indent 속성

- 블록 요소의 첫 줄 들여쓰기를 설정하는 데 사용한다.
- text–indent 속성의 주요 특징
  - 기본값 : 0(들여쓰기 없음)
  - 값 : 양수 또는 음수 값을 사용
  - 양수 값 : 들여쓰기(왼쪽 여백 증가)
  - 음수 값 : 내어쓰기(왼쪽 여백 감소)
  - 적용 대상 : 블록 요소(예 ⟨p⟩, ⟨div⟩, ⟨h1⟩ 등)
  - 비적용 대상 : 인라인 요소(예 ⟨b⟩, ⟨i⟩, ⟨span⟩ 등)

26 ②

- 웹 페이지 로딩 과정은 파싱과 렌더링 두 단계로 나눌 수 있다.

파싱	브라우저는 HTML 및 CSS 코드를 분석하고 DOM (Document Object Model) 트리를 구축한다.
렌더링	브라우저는 DOM 트리와 CSS 스타일 정보를 기반으로 웹 페이지를 화면에 표시한다.

- Javascript 메소드의 작동 방식

console.log()	• 개발자 도구의 콘솔에 메시지를 출력한다. • 웹 페이지 로딩 과정에 영향을 미치지 않는다. • 개발자가 디버깅이나 로그 확인을 위해 사용한다.
document.write()	• 웹 페이지의 현재 위치에 HTML 코드를 직접 삽입한다. • 가장 빠르게 데이터를 출력한다. • 페이지 로딩 과정의 초기 단계에서만 사용할 수 있다. • 기존 HTML 코드를 덮어쓸 수 있기 때문에 주의해서 사용해야 한다.
window.alert()	• 사용자에게 알림창을 띄운다. • 페이지 로딩 과정에 영향을 미치지 않는다. • 사용자 상호 작용이 필요한 경우에 사용한다.
document.getElementById()	• ID 속성에 해당하는 요소를 선택한다. • 페이지 로딩 과정에 영향을 미치지 않는다. • DOM 트리가 완전히 구축된 후에 사용해야 한다. • 요소를 선택하고 조작하는 데 사용된다.

27 ③

- a[:7:2]는 리스트 a의 슬라이싱 연산을 의미한다.
- :은 생략 가능하며, 생략하면 전체 리스트를 의미한다.
- :7은 시작 인덱스 0부터 7번째 인덱스(7 제외)까지 슬라이싱한다.
- :2는 2칸씩 건너뛰어 슬라이싱한다.
- 리스트 a에서 0번째, 2번째, 4번째, 6번째 인덱스에 해당하는 값을 2칸씩 건너뛰어 추출하여 새로운 리스트를 생성한다.
- 결과값 ; [0, 20, 40, 60]

28 ④

〈figcaption〉 태그
- 〈figure〉 태그 내의 이미지, 그림, 도표, 동영상 등의 설명을 추가하는 데 사용된다.
- 〈figure〉 태그와 함께 사용해야 효과적으로 작동한다.

오답 피하기

- 〈img〉 태그
  - 웹 문서에 이미지를 삽입하는 데 사용된다.
  - 이미지 자체의 설명은 제공하지 않으며, 대체 텍스트(alt 속성)를 사용하여 이미지의 내용을 간략하게 설명할 수 있다.
- 〈caption〉 태그
  - 표의 제목을 추가하는 데 사용된다.
  - 이미지나 그림과 직접적인 관련이 없다.
- 〈figure〉 태그
  - 이미지, 그림, 도표, 동영상 등의 자체적인 콘텐츠와 설명을 하나의 블록으로 묶는 데 사용된다.
  - 〈figcaption〉 태그와 함께 사용하여 이미지나 그림의 설명을 추가할 수 있다.

29 ①

문법 오류는 컴파일 과정 중에 에러가 발생하여 프로그램의 정상적인 실행이 불가능하므로 실행 과정 중 발행하는 JAVA의 예외 조건에 부합하지 않는다.

30 ③

- margin : 요소 주변의 공간을 나타낸다.
- padding : 요소의 내용과 테두리 사이의 공간을 나타낸다.

31 ②

- 0부터 11까지의 모든 정수를 더하는 함수를 정의한 코드이다.
- 0+1+2+3+4+5+6+7+8+9+10+11 = 66

def cs(n):	n 매개변수를 갖는 cs 함수 정의
s = 0	변수 s를 0으로 초기화
for num in range(n+1):	• 0부터 n까지의 정수를 반복하는 루프를 시작 • range(n+1)은 0부터 n까지의 정수를 생성
s += num	num 값을 s에 합함
return s print(cs(11))	cs 함수를 호출하고, 매개변수로 11을 전달

32 ④

C언어의 입출력 함수

printf()	형식화된 출력
puts()	문자열 출력
putchar()	한 문자 출력
scanf()	형식화된 입력
gets()	문자열 입력
getchar()	한 문자 입력

33 ③

char 자료형은 단일 문자를 저장하는 데 사용된다.

34 ④

input 태그의 type 속성
- text : type 속성의 기본값으로, 일반 텍스트 입력 필드를 생성한다.
- hidden : 사용자에게는 보이지 않는 숨겨진 입력 필드를 정의한다.
- password : 비밀번호를 입력받는 입력 필드를 생성한다(입력한 텍스트는 보안상으로 가려져 표시됨).
- radio : 여러 옵션 중 하나를 선택할 수 있는 라디오 버튼 그룹을 생성한다.

오답 피하기

button 속성
- 사용자 정의 기능을 수행하는 버튼을 생성한다(예 자바스크립트 함수를 호출하거나 클릭 이벤트를 처리할 수 있음).
- Input 태그에 사용할 수 없다(일반 입력 필드로 인식함).

35 ②

C언어 변수명 작성 규칙
- 영문 대소문자(A~Z, a~z), 숫자(0~9), '_'를 혼용하여 사용할 수 있다.
- 첫 글자는 영문자나 '_'로 시작해야 한다.
- 영문자는 대소문자는 구분한다.
- '-'이나 공백을 포함할 수 없다.
- 예약어(reserved word)를 사용할 수 없다.

36 ④

HTML의 〈canvas〉 태그는 여는 태그인 〈canvas〉와 닫는 태그인 〈/canvas〉로 구성되어야 한다.

오답 피하기

〈canvas〉 태그
- 웹 페이지에서 그래픽 콘텐츠를 직접적으로 그리는 데 사용되는 태그이다.
- 이미지, 도형, 텍스트 등 다양한 그래픽 요소를 JavaScript 코드를 사용하여 동적으로 생성하고 표시할 수 있다.
- width와 height 속성이 존재하며, 이 속성을 사용하여 캔버스의 너비와 높이를 설정할 수 있다.
- 태그가 지원되지 않는 브라우저에서는 태그 자체가 무시되고 그 안에 포함된 텍스트만 표시된다.

37 ③

`public class Test {`	'Test' 공개 클래스를 선언
`public static void main(String[] args) {`	프로그램의 진입점 역할을 하는 main 메소드를 선언
`int value = 3;`	정수형 변수 value를 선언하고 값 3을 할당
`switch (value) {`	• switch문을 시작 • value : switch문에서 검사할 변수

`case 1: System.out.println("one");`
`case 2: System.out.println("two");`
`case 3: System.out.println("three");`
`break;`
`case 4: System.out.println("four");`
`case 5: System.out.println("five");`
	• case : switch문의 각 분기 조건을 정의
	• case 뒤에 오는 값과 value 변수의 값이 일치하는 경우, 해당 코드 블록이 실행
	• System.out.println("one"); : "one" 문자열을 출력
	• break; : case 블록이 실행된 후 switch문을 빠져나옴(이 코드에서는 case 3에서만 break문이 존재함)

`}` `}` `}`	종료

38 ①

fopen()는 fflush() 함수로 삭제된 버퍼에 스트림을 생성해 주는 함수이다.

오답 피하기
- fputs() : 지정된 파일에 문자열을 출력
- fscanf() : 파일로부터 데이터를 읽어와서 변수에 저장
- fprintf() : 지정된 형식대로 자료를 파일 포인터 변수가 가리키는 곳에 출력

39 ③

- 프로그래머는 라이브러리가 제공하는 여러 함수를 이용하여 프로그램을 작성할 때 해당 함수의 내부 구조를 알 필요는 없다.
- API는 함수의 기능과 사용 방법만을 제공하며, 내부 구현은 개발자가 직접 신경 쓰지 않아도 된다.
- 코드 작성의 효율성을 높이고, 개발자들이 특정 기능에 집중할 수 있도록 돕는 장점이 있다.

40 ②

〈script〉는 JavaScript와 같은 클라이언트 사이드 스크립트(client-side scripts)를 정의할 때 사용하는 HTML 태그이다.

오답 피하기

나머지 보기는 존재하지 않는 태그이다.

41 ①

```
비정규 릴레이션
    ↓ 모든 도메인이 원자값이 되도록 분해
제1정규형(1NF)
    ↓ 부분 함수 종속 관계 제거
제2정규형(2NF)
    ↓ 이행적 함수 종속 관계 제거
제3정규형(3NF)
    ↓ 후보키가 아닌 결정자 관계 제거
BCNF
    ↓ 다치 종속 관계 제거
제4정규형(4NF)
    ↓ 후보키를 통하지 않는 조인 종속 관계 제거
제5정규형(5NF)
```

42 ①

물리적 설계	• 목표 DBMS에 종속적인 물리적 구조 설계 • 저장 레코드 양식 설계 및 레코드 집중의 분석/설계 • 파일 조직 방법과 저장 방법 그리고 파일 접근 방법 등을 선정 • 응답시간 효율화를 위한 접근 경로 설계 • 트랜잭션 세부 설계
논리적 설계	• DBMS에 따라 서로 다른 논리적 스키마 설계 • 개념 스키마를 평가 및 정제 • 논리적 데이터 모델로 변환 • 트랜잭션 인터페이스 설계 • 개념 스키마의 평가 및 정제

43 ②

계층형 모델 (Hierarchical model)	• 데이터베이스를 트리(Tree) 구조로 표현 • 구조가 간단하여 이해하기가 쉬움 • 데이터 상호간의 유연성이 부족하고 검색 경로의 한정으로 비효율적임
네트워크 모델 (Network model)	• 그래프(Graph) 구조로 표현(오너-멤버 관계) • CODASYL DBTG 모델이라고도 함
관계형 모델 (Relational model)	• 데이터베이스를 테이블(Table)의 집합으로 표현 • 데이터 간의 관계를 기본키(Primary Key)와 이를 참조하는 외래키(Foreign Key)로 표현 • 테이블(Table, 표) 데이터 모델이라고도 함 • 간결하고 보기에 편리함 • 대응도 : 1:1, 1:N, N:M

44 ②

버블 정렬의 오름차순 수행 시 매 회전(Pass)마다 마지막 값이 가장 큰 값이 된다.

초기	9, 6, 7, 3, 5
1Pass	6, 7, 3, 5, 9
2Pass	6, 3, 5, 7, 9
3Pass	3, 5, 6, 7, 9
4Pass	3, 5, 6, 7, 9

45 ②

SQL 명령어

DDL(데이터 정의어)	CREATE, DROP, ALTER
DML(데이터 조작어)	SELECT, INSERT, DELETE, UPDATE
DCL(데이터 제어어)	GRANT, REVOKE

46 ②

데이터 모델의 구성요소

데이터 구조(Structure)	데이터 구조 및 정적 성질을 표현
연산(Operations)	데이터의 인스턴스에 적용 가능한 연산 명세와 조작 기법 표현된 값들을 처리하는 작업
제약 조건(Constraints)	데이터의 논리적 제한 명시 및 조작의 규칙

47 ①

무결성(Integrity)
• 개체 무결성 : 기본키의 값은 널(Null) 값이나 중복값을 가질 수 없다는 제약 조건
• 참조 무결성 : 참조할 수 없는 외래키값을 가질 수 없다는 제약 조건

48 ③

해싱 함수(Hashing Function)의 종류

제산 방법 (Division Method)	나머지 연산자(%)를 사용하여 테이블 주소를 계산하는 방법
중간 제곱 방법 (Mid-Square Method)	레코드 키값을 제곱한 후에 결과값의 중간 부분에 있는 몇 비트를 선택하여 해시 테이블의 홈 주소로 사용하는 방법
중첩 방법 (폴딩, Folding Method)	레코드 키를 여러 부분으로 나누고, 나눈 부분의 각 숫자를 더하거나 논리합(XOR) 한 값을 홈 주소로 사용하는 방법
기수 변환 방법 (Radix Conversion Method)	레코드의 키값을 임의의 다른 기수 값으로 변환하여 그 값을 홈 주소로 이용하는 방법
무작위 방법 (Random Method)	난수를 발생시킨 후 그 난수를 이용해 각 키의 홈 주소를 산출하는 방법
계수 분석 방법 (숫자, Digit Analysis Method)	레코드 키를 구성하는 수들이 모든 키들 내에서 각 자리별로 어떤 분포인지를 조사하여 비교적 고른 분포를 나타내는 자릿수를 필요한 만큼 선택한 후 레코드의 홈 주소로 사용하는 방법

49 ①

외부 스키마(Internal Schema)	• 사용자나 응용 프로그래머가 접근할 수 있는 정의를 기술 • 서브 스키마라고도 함
개념 스키마(Internal Schema)	• 데이터베이스 전체의 논리적인 구조 • 개체 간의 관계와 제약 조건을 나타내고, 데이터베이스 접근 권한, 보안 및 무결성 규칙 명세가 있음
내부 스키마(Internal Schema)	• 물리적 저장 장치의 입장에서 본 데이터베이스 구조 • 실제로 데이터베이스에 저장될 레코드의 형식을 정의하고 저장 데이터 항목의 표현 방법, 내부 레코드의 물리적 순서 등을 나타냄

50 ③

트랜잭션의 특성

원자성(Atomicity)	완전하게 수행 완료되지 않으면 전혀 수행되지 않아야 함
일관성(Consistency)	시스템의 고정 요소는 트랜잭션 수행 전후에 같아야 함
격리성(Isolation, 고립성)	트랜잭션 실행 시 다른 트랜잭션의 간섭을 받지 않아야 함
영속성(Durability, 지속성)	트랜잭션의 완료 결과가 데이터베이스에 영구히 기억되어야 함

51 ①

데이터베이스 관리자(DBA, DataBase Administrator)의 역할
- 데이터베이스 구축(개념 및 내부 스키마 정의)
- DBMS 관리 및 사용자 요구 정보 결정 및 효율적 관리
- 백업 및 회복 전략 정의
- 데이터 모델링을 수행하고 데이터베이스를 정의

52 ③

하위 질의를 먼저 처리하고 그 결과를 상위 질의 조건으로 사용한다.

```
SELECT 책번호 FROM 도서 WHERE 책명 = '운영체제'
```

→ 도서 테이블에서 책명이 운영체제인 책 번호를 조회한다. → 1111

```
SELECT 가격 FROM 도서가격 WHERE 책번호 = '1111'
```

→ 도서가격 테이블에서 책번호 1111에 해당하는 가격을 조회한다. → 15000

53 ②

색인 순차 파일(Indexed Sequential File)
- 색인을 저장하기 위한 공간과 오버플로우 처리를 위한 별도의 공간이 필요하다.
- 레코드의 삽입과 수정이 용이하다.
- 순차 처리와 랜덤 처리가 모두 가능하다.
- 인덱스를 이용한 액세스 때문에 랜덤 편성 파일과 비교해서 액세스 시간이 느리다.

54 ③

```
SELECT [DISTINCT] 필드명
FROM 테이블명
[WHERE 조건식]
```

55 ②

```
DROP TABLE 테이블_이름 [CASCADE | RESTRICT];
```

- CASCADE : 삭제할 요소가 다른 개체에서 참조 중이라도 삭제가 수행된다.
- RESTRICT : 삭제할 요소가 다른 개체에서 참조 중일 경우 삭제가 취소된다.

56 ④

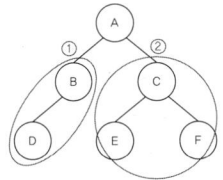

①A② → DBA② → DBAECF

57 ②

한 릴레이션에 포함된 속성(Atribute)의 수를 디그리(Dgree)라고 하고, 한 릴레이션에 포함된 튜플(Tuple)의 수를 카디널리티(Cadinality)라고 한다.

58 ④

뷰(View)의 특징
- 저장장치 내에 물리적으로 존재하지 않고 테이블에서 유도되는 가상의 테이블이다.
- 뷰를 이용한 또 다른 뷰의 생성이 가능하다.
- 하나의 뷰 제거 시 그 뷰를 기초로 정의된 다른 뷰도 함께 삭제된다.
- 뷰에 대한 조작에서 삽입, 갱신, 삭제 연산은 제약이 따른다.
- 뷰가 정의된 기본 테이블이 제거되면 뷰도 자동적으로 제거된다.
- 뷰의 생성 시 CREATE문, 검색 시 SELECT문을 사용한다.
- 뷰의 정의 변경 시 ALTER문을 사용할 수 없고, DROP문을 사용한다.

59 ④

릴레이션(Relation)의 특징

튜플의 유일성	모든 튜플은 서로 다른 값을 갖는다.
튜플의 무순서성	하나의 릴레이션에서 튜플의 순서는 없다.
속성의 원자성	속성값은 원자값을 갖는다.
속성의 무순서성	각 속성은 릴레이션 내에서 유일한 이름을 가지며, 속성의 순서는 큰 의미가 없다.

60 ①

릴레이션(Relation)	행(Row)과 열(Column)로 구성된 테이블
릴레이션 스키마	• 릴레이션 스킴, 릴레이션 내포(Intension) • 정적 성질
릴레이션 인스턴스	릴레이션의 실질적인 내용
튜플(Tuple)	테이블의 각 행(Row), 파일 구조의 레코드(Record)와 같은 의미
속성(attribute)	• 개체가 갖는 특성이나 상태 • 테이블의 각 열(Column), 파일 구조의 필드(Field) 또는 항목(Item)
도메인(Domain)	• 하나의 속성을 취할 수 있는 같은 타입의 원자값들의 집합 • 정의된 속성은 반드시 그 해당 도메인 내에서만 값을 취함

최신 기출문제 05회

01 ②	02 ③	03 ①	04 ②	05 ①
06 ①	07 ④	08 ②	09 ①	10 ④
11 ④	12 ②	13 ②	14 ③	15 ①
16 ②	17 ④	18 ②	19 ①	20 ③
21 ①	22 ③	23 ①	24 ②	25 ③
26 ④	27 ④	28 ②	29 ①	30 ④
31 ④	32 ②	33 ④	34 ①	35 ③
36 ④	37 ④	38 ④	39 ②	40 ④
41 ②	42 ④	43 ①	44 ④	45 ③
46 ①	47 ②	48 ④	49 ②	50 ③
51 ④	52 ②	53 ②	54 ①	55 ①
56 ②	57 ①	58 ④	59 ②	60 ②

01 ②

추상화(Abstraction)란, 필요 없는 부분은 생략하고 객체의 속성 중 중요한 것만 개략적으로 표현하는 것이다.

오답 피하기

- 상속(Inheritance) : 이미 정의된 상위 클래스의 모든 속성을 하위 클래스가 물려받는 것
- 다형성(Polymorphism) : 객체의 속성이나 기능이 상황에 따라 여러 가지 형태를 가지는 것
- 캡슐화(Encapsulation) : 데이터와 데이터를 처리하는 함수를 하나로 묶는 것

02 ③

아키텍처 패턴

- 특정한 소프트웨어 시스템의 구조와 구성요소 간의 상호작용을 결정하는 데 사용되며, 보통 시스템의 전체적인 골격을 정의한다.
- 소프트웨어의 고수준 구조를 형성하며, 시스템의 기본적인 특성들을 나타내므로 소프트웨어의 전반적인 품질 요구사항과 관련이 있다.

오답 피하기

③은 디자인 패턴에 관한 내용이다.

03 ①

chmod
파일의 사용자별 권한 변경 명령이다.

소유자	그룹	일반 사용자
rwx	rwx	rwx

- – : 일반 파일
- r : read(읽기)
- w : write(쓰기)
- x : excute(실행)

오답 피하기

소유자	그룹	일반 사용자
rwx	r-x	r-x
↓		
111	101	101
7	5	5

04 ②

기능 모델링

- 시스템의 기능을 이해하고 표현하는 방법이다.
- 시스템을 기능 관점에서 바라보고 시스템에서 요구되는 정보의 흐름과 정보의 변환을 나타내는 대표적인 기능 모델이다.
- 기능 모델링의 기본 요소

표현(Representation)	• 기능 단위를 표현하는 방법 • 기능 단위는 블록 다이어그램, UML 다이어그램, 텍스트 설명 등 다양한 방법으로 표현할 수 있음
규약(Convention)	• 기능 모델의 표준화된 구조와 용어를 정의하는 방법 • 기능 모델의 이해와 상호 운용을 용이하게 함
명세(Specification)	• 기능 모델의 세부적인 내용을 기술하는 방법 • 기능 모델의 정확성과 완결성을 보장함

오답 피하기

관계(Relationships)는 기능 단위 간의 관계를 나타내는 방법을 의미하며, 기능 단위 간의 관계는 기능의 사용, 생성, 제어, 종속성 등 다양한 관계로 표현할 수 있다.

05 ①

테스트 레벨의 종류

단위 테스트	개발자가 원시코드를 대상으로 각각의 단위를 다른 부분과 연계되는 부분은 고려하지 않고 단위 자체에만 집중하여 테스트
통합 테스트	단위 테스트를 통과한 개발 소프트웨어/하드웨어 컴포넌트 간 인터페이스 및 연동 기능 등을 구조적으로 접근하여 테스트
시스템 테스트	• 단위/통합 테스트가 가능한 완벽히 완료되어 기능상에 문제가 없는 상태에서 실제 환경과 가능한 유사한 환경에서 진행 • 시스템 성능과 관련된 요구사항이 완벽하게 수행되는지를 테스트하기 때문에 사전 요구사항이 명확해야 함 • 개발 조직과는 독립된 테스트 조직에서 수행
인수 테스트	• 일반적인 테스트 레벨의 가장 마지막 상위 레벨 • SW 제품에 대한 요구사항이 제대로 이행되었는지 확인하는 단계 • 테스팅 환경을 실사용자 환경에서 진행하며 수행하는 주체가 사용자 • 알파, 베타 테스트와 가장 밀접한 연관이 있음

06 ①

서브네팅(Sub Netting)
- 할당된 네트워크 주소를 다시 여러 개의 작은 네트워크로 나누어 사용하는 것을 의미한다.
- 4바이트의 IP 주소 중 네트워크 주소와 호스트 주소를 구분하기 위한 비트를 서브넷마스크라 하며, 이를 변경하여 네트워크 주소를 여러 개로 분할한다.

07 ④

캡슐화(Encapsulation)
- 속성과 관련된 연산(Operation)을 클래스 안에 묶어서 하나로 취급하는 것을 의미한다.
- 데이터와 데이터를 조작하는 연산을 하나의 모듈로 결합시키는 것을 의미한다.
- 결합도가 낮아져 소프트웨어 개발에 있어 재사용성이 높아진다.
- 정보은닉을 통하여 타 객체와 메시지 교환 시 인터페이스가 단순해진다.
- 변경 발생 시 오류의 파급효과가 적다.

오답 피하기
④는 상속(Inheritance)을 의미한다.

08 ②

UI 설계 지침

사용자 중심	사용자가 쉽게 이해하고 편리하게 사용할 수 있는 환경을 제공하며, 실사용자에 대한 이해가 바탕이 되도록 설계
일관성	버튼이나 조작 방법 등을 일관성 있게 제공하므로 사용자가 쉽게 기억하고 습득할 수 있도록 설계
단순성	조작 방법을 단순화시켜 인지적 부담을 감소시키도록 설계
결과 예측 가능	작동시킬 기능만 보고도 결과를 미리 예측할 수 있도록 설계
가시성	메인 화면에 주요 기능을 노출시켜 최대한 조작이 쉽도록 설계
표준화	기능 구조와 디자인을 표준화해 한 번 학습한 이후에는 쉽게 사용할 수 있도록 설계
접근성	사용자의 연령, 성별, 인종 등 다양한 계층이 사용할 수 있도록 설계
명확성	사용자가 개념적으로 쉽게 인지할 수 있도록 설계
오류 발생 해결	오류가 발생하면 사용자가 쉽게 인지할 수 있도록 설계

09 ①

작업	도착시간	사용시간	시작시간	종료시간	회수시간
A	0	6	0	6	6-0=6
B	1	3	6	9	9-1=8
C	2	1	9	10	10-2=8
D	3	8	10	18	18-3=15

즉, (6+8+8+15)/4 = 9.25

10 ④

오답 피하기
- 데커 알고리즘 : 뮤텍스의 개념을 사용하여 상호배제를 구현하는 방법 중 하나이다.
- 피터슨 알고리즘 : 두 개의 프로세스 간의 상호배제를 위해 사용되는 알고리즘 중 하나로, 스레드나 프로세스 간의 경쟁 상태를 방지하기 위해 락 변수와 조건 변수를 사용한다.
- Test_And_Set 명령어 기법 : 고전적인 상호배제 기법 중 하나로, 하드웨어에서 지원하는 명령어로써, 원자적인(read-modify-write) 연산을 수행하여 락을 획득하고 해제한다.

11 ④

UML(Unified Modeling Language)
- 실시간 시스템 및 분산 시스템을 포함한 다양한 종류의 시스템의 분석과 설계에 사용될 수 있다.
- 객체 지향적 분석과 설계 방법론의 표준화를 목표로 OMG(Open Management Group)에서 개발하고 있는 통합 모델링 언어이다.
- 실시간 시스템 및 분산 시스템에도 UML을 적용할 수 있다.

오답 피하기
Class Diagram은 정적 모델을 나타내며 시스템의 구조를 표현한다.

12 ②

OSI 7계층

물리 계층(Physical Layer)	• 전기적, 기능적, 절차적 기능 정의 • 표준 : RS-232C
데이터 링크 계층(Data Link Layer)	• 흐름 제어, 에러 제어 • 표준 : HDLC, LLC, LAPB, LAPD, ADCCP
네트워크 계층(Network Layer)	• 경로 설정 및 네트워크 연결 관리 • 표준 : X.25, IP
전송 계층(Transport Layer)	• 통신 양단 간의 에러 제어 및 흐름 제어 • 표준 : TCP, UDP
세션 계층(Session Layer)	프로세스 간에 대한 연결을 확립, 관리, 단절 수단 제공
표현 계층(Presentation Layer)	코드 변환, 암호화, 압축, 구문 검색
응용 계층(Application Layer)	• 사용자에게 서비스 제공 • 표준 : HTTP, FTP, DNS, SNMP

13 ②

모듈화의 원리
- 결합도는 최소화하고 응집도는 최대화한다.
- 적절한 크기로 작성한다.
- 모듈의 내용이 다른 곳에도 적용이 가능하도록 표준화한다.
- 보기 좋고 이해하기 쉽게 작성한다.

14 ③

TCP/IP 인터넷 계층 프로토콜의 종류

TCP 계층	• 메시지를 송·수신자의 주소와 정보로 묶어 패킷 단위로 분류한다. • 전송 데이터의 흐름 제어와 데이터의 에러 유무 검사한다. • OSI 7계층 중 전송 계층에 해당한다.
IP 계층	• 패킷 주소를 해석하고 경로를 결정하여 다음 호스트로 전송한다. • OSI 7계층 중 네트워크 계층에 해당한다.

15 ①

디자인 패턴(Design Pattern)

생성 패턴	팩토리 메소드 패턴(Factory Method Pattern), 추상 팩토리 패턴(Abstract Factory Pattern), 빌더 패턴(Builder Pattern), 프로토타입 패턴(prototype Pattern), 싱글턴 패턴(Singleton Pattern) 등
구조 패턴	어댑터 패턴(Adapter Pattern), 브리지 패턴(Bridge Pattern), 컴포지트 패턴(Composite Pattern), 데코레이터 패턴(Decorator Pattern), 퍼싸드 패턴(Facade Pattern), 플라이 웨이트 패턴(Fly wight Pattern), 프록시 패턴(Porxy Pattern) 등
행위 패턴	책임 연쇄 패턴(Chain of Responsibility Pattern), 명령 패턴(Command Pattern), 반복자 패턴(Iterator Pattern), 기록 패턴(Mememto Pattern), 상태 패턴(State Pattern), 전략 패턴(Strategy Pattern), 템플릿 메서드 패턴(Template Method Pattern), 해석자 패턴(Interpreter Pattern), 감시자 패턴(Observer Pattern), 방문자 패턴(Visitor Pattern), 중재자 패턴(Mediator Pattern) 등

16 ②

DHCP(Dynamic Host Configuration Protocol)

- 컴퓨터가 네트워크에 접속하면 DHCP 서버가 자신의 목록에서 IP 주소를 선택하여 할당해 준다.
- 가상 IP 사용으로 보안성을 높일 수 있다.
- TCP/IP 통신에서 클라이언트가 인터넷을 사용할 수 있도록 하기 위해 동적인 IP 주소를 할당받도록 해주는 프로토콜이다.

오답 피하기

- LDP(Label Distribution Protocol) : 라벨 배포를 담당하는 MPLS 프로토콜
- ARP(Address Resolution Protocol) : 논리적인 IP 주소를 물리적인 MAC 주소로 바꾸어주는 주소 해석 프로토콜
- RTCP(RTP Control Protocol) : 실시간 전송 프로토콜(RTP) 세션의 품질 제어를 위한 별도의 제어용 프로토콜

17 ③

화이트박스 테스트	• 모듈의 원시 코드를 오픈시킨 상태에서 코드의 논리적 모든 경로를 테스트 • Source Code의 모든 문장을 한 번 이상 수행함으로써 진행 • 종류 : 기초 경로 검사, 조건 검사, 제어 구조 검사, 데이터 흐름 검사, 루프 검사 등
블랙박스 테스트	• 사용자의 요구사항 명세를 보면서 구현된 기능에 중점을 두는 테스트 • 소프트웨어가 수행할 특정 기능을 알기 위해 각 기능이 완전히 작동되는 것을 입증하는 테스트(=기능 테스트) • 종류 : 동치 분할 검사, 원인 효과 그래프 검사, 비교 검사 등

18 ②

베이스라인(Baseline)

- 소프트웨어 개발 과정 중 특정 시점이나 목적을 위하여 만들어진 산출물의 집합이다.
- 공식적인 변경 통제 절차를 통해서만 변경 가능한 형상항목이다.
- 베이스라인의 용도

변경 관리	특정 베이스라인과 현재 버전의 차이를 비교하여 변경 사항을 파악하고 관리
릴리즈 관리	테스트를 통과한 안정적인 베이스라인을 기반으로 릴리즈 진행
문제 해결	문제가 발생했을 때, 관련 베이스라인으로 되돌아가 문제의 근본 원인을 파악하고 해결
다중 버전 관리	여러 팀이 동시에 개발을 진행하는 경우, 각 팀의 작업 내용을 담은 베이스라인을 활용하여 버전 충돌을 방지하고 통합

19 ①

테스트 하네스(Test Harness)

- 애플리케이션의 컴포넌트 및 모듈을 테스트하는 환경의 일부분으로, 테스트를 지원하기 위해 생성된 코드와 데이터를 의미한다.
- 테스트 케이스, 테스트 시나리오, 테스트 오라클과 같은 다양한 테스트 요소들을 하나로 묶고 실행하는 역할을 한다.

오답 피하기

- 테스트 케이스(Test Case) : 특정한 기능이나 요구사항을 검증하기 위한 테스트 단계들의 집합이다.
- 테스트 시나리오(Test Scenario) : 테스트 케이스들을 하나의 시나리오로 연결하여 실제 사용자의 행동을 모방하는 테스트 절차이다.
- 테스트 오라클(Test Oracle) : 테스트 결과가 기대하는 기준을 충족하는지 판단하는 기준이다.

20 ③

오답 피하기

③은 Shell에 관한 내용이다.

21 ①

C언어의 자료형

char	문자형(1Byte)
int	정수형(4Byte)
float	실수형(4Byte)
double	실수형(8Byte)

22 ③

`#include <stdio.h>`	표준 입력/출력 함수 헤더 파일
`int main()`	main 함수를 정의
`{`	main 함수의 시작
`int x = 10;`	정수형 변수 x를 선언하고 초기값을 10으로 설정
`int y = 12;`	정수형 변수 y를 선언하고 초기값을 12로 설정
`int z;`	정수형 변수 z를 선언
`z = x++ < --y ? ++x: y--;`	• 조건 연산자를 사용하여 x의 후위 증가 연산과 y의 전위 감소 연산을 수행 – x++ : 먼저 x의 값을 출력하고 1 증가(x는 11이 됨) – --y : y의 값을 1 감소(y는 11이 됨) • 조건식은 x가 y보다 작으면 x를 증가시키고, 그렇지 않으면 y를 감소 – x++ < --y : x++의 결과(11)가 --y의 결과(11)보다 작은지 비교 – ++x : 조건이 거짓이므로 x를 1 증가(x는 12가 됨) – y-- : 조건이 참이었다면 y를 1 감소 • 이 값을 z에 할당
`printf("%d", z);`	변수 z의 값을 정수 형식으로 출력
`return 0;`	main 함수를 종료
`}`	main 함수의 끝

23 ①

JAVA 예외 처리 예약어

try	예외가 발생할 수 있는 코드 블록을 정의
catch	예외가 발생했을 때 해당 예외를 처리하는 코드 블록을 정의
finally	예외 발생 여부에 상관없이 항상 실행되는 코드 블록을 정의
throw	예외를 강제로 발생시키는 역할
throws	메서드나 생성자에서 해당 메서드를 호출한 곳으로 예외를 던질 수 있음을 선언
try-with-resources	자원을 자동으로 해제하기 위해 사용되는 구문으로, 자원을 try 블록 내에서 선언하고 사용한 후 자동으로 해제
catch multiple exceptions	하나의 catch 블록에서 여러 예외를 처리하는 것을 가능하게 함
try-catch-finally 중첩	예외 처리를 중첩하여 여러 예외 상황에 대응할 수 있도록 함
custom exception	사용자가 직접 정의한 예외 클래스를 사용하여 예외를 발생

24 ②

`#include <stdio.h>`	표준 입력/출력 함수 헤더 파일
`int main()`	main 함수를 정의
`{`	main 함수의 시작
`int a = 100;`	정수형 변수 a를 선언하고 초기값을 100으로 설정
`int b = 200;`	정수형 변수 b를 선언하고 초기값을 200으로 설정
`printf("%d", a != b);`	• a와 b가 서로 다른지를 비교한 결과를 정수 형식으로 출력 • a와 b가 다르면 1을 출력하고, 같으면 0을 출력
`return 0;`	main 함수를 종료
`}`	main 함수의 끝

25 ③

API(Application Programming Interface)

- 프로그래머가 사용하는 운영체제나 응용 프로그램의 인터페이스이다.
- 개발자들에게 소프트웨어 개발과 상호작용을 단순화하고, 효율적인 개발을 가능하게 하는 강력한 도구이다.
- 웹, 라이브러리, 운영체제 등 다양한 형태로 제공된다.
- 응용 프로그램이 다른 프로그램이나 서비스의 기능을 활용할 수 있도록 제공되는 메서드나 함수의 집합을 의미한다.

> **오답 피하기**
> - RAD(Rapid application development) : 소프트웨어의 구성 요소를 사용하여 매우 빠르게 선형 순차적 모델을 적용시켜 빠른 개발 주기를 가지는 점진적 소프트웨어 개발 방식
> - RSS(Really Simple Syndication) : 웹 사이트에 직접 방문하지 않아도 자주 업데이트되는 정보와 뉴스를 손쉽고 빠르게 받아 볼 수 있는 서비스

26 ④

Vulnerability(취약점)

- 소프트웨어, 시스템, 네트워크 등에서 악용될 수 있는 결함이니 약점을 의미한다.
- 마치 성벽의 구멍처럼 공격자가 침투하여 시스템을 손상시키거나 데이터를 탈취할 수 있는 기회를 제공하는 것을 의미한다.
- 취약점을 방지하기 위한 방법
  - 코드 검토 : 코드를 검토하여 프로그래밍 오류나 설계 결함을 발견하고 수정한다.
  - 침투 테스트 : 전문가가 공격자의 입장에서 시스템을 공격하여 취약점을 파악한다.
  - 보안 소프트웨어 사용 : 방화벽, 침입 탐지 시스템, 바이러스 백신 등의 보안 소프트웨어를 사용하여 공격을 차단한다.
  - 시스템 업데이트 : 운영체제, 소프트웨어, 펌웨어 등을 최신 버전으로 업데이트하여 발견된 취약점을 해결한다.
  - 보안 교육 : 직원들에게 보안 교육을 실시하여 보안 인식을 높이고, 취약점을 악용하는 공격에 대비하도록 한다.

27 ④

인터페이스
- 두 개체 또는 시스템 간의 상호 작용을 가능하게 하는 경계나 접점을 의미한다.
- 예를 들면 두 나라 사이의 국경선처럼, 서로 다른 시스템들이 소통하고 데이터를 주고받을 수 있도록 규칙과 표준을 제공하는 역할을 한다.
- 인터페이스의 구성
  - 모듈 : 특정 기능을 수행하도록 설계된 코드의 독립적인 단위이다.
  - 프로토콜 : 두 시스템 간의 데이터 전송 방식을 규정하는 규칙이다.
  - 프레임워크 : 소프트웨어 개발을 위한 기본 구조와 도구를 제공하는 플랫폼이다.

오답 피하기
- 모듈 : 독립된 하나의 소프트웨어 또는 하드웨어 단위
- 프로토콜 : 두 개체 간의 데이터 교환을 위한 일련의 규칙
- 프레임워크 : 일련의 협업화된 형태로 클래스들을 제공하는 틀

28 ②

코드	설명

class XXX {
String s1, s2;
}
	• XXX 클래스 정의
	• 문자열 멤버 변수 s1과 s2 정의

class YYY {
String s1, s2;
YYY() { }
YYY(String s1, String s2) {
this.s1 = s1;
this.s2 = s2;
}
}
	• YYY 클래스 정의
	• 문자열 멤버 변수 s1과 s2를 가지며, 기본 생성자와 두 개의 문자열을 매개변수로 받는 생성자를 가짐
	• 생성자를 통해 s1과 s2 멤버 변수에 값을 할당

public class Exam {	Exam 클래스 정의
public static void main(String[] args) {	main 메서드 정의
XXX x = new XXX();	XXX 클래스의 객체 x를 생성
YYY y = new YYY("ba", "ab");	• YYY 클래스의 문자열을 매개변수로 받는 생성자를 호출하여 생성 • "ba"는 s1에, "ab"는 s2에 할당
x.s1 = "aa";	객체 x의 s1 멤버 변수에 "aa"를 할당
x.s2 = "bb";	객체 x의 s2 멤버 변수에 "bb"를 할당
System.out.println("a" + x.s1 + y.s2 + "b");	문자열 "a", 객체 x의 s1 값, 객체 y의 s2 값, 문자열 "b"를 순서대로 이어서 출력
} }	종료

29 ①

웹의 3요소

웹 표준	웹에서 사용되는 기술이나 규약을 통일하여 웹 페이지의 구조와 동작을 표준화하는 것
웹 접근성	모든 사람이 웹 사이트를 이해하고 사용할 수 있도록 하는 것
웹 호환성	웹 사이트가 다양한 브라우저와 기기에서 동일하게 정확하게 표시되고 작동하는 것

30 ④

결합도(Coupling)
- 모듈 간 결합 정도에 따라 구분되며 결합도가 낮을수록 높은 품질이다.
- 모듈 간의 결합도를 약하게 하면 모듈 독립성이 향상되어 시스템을 구현하고 유지보수 작업을 하기 쉽다.

자료 결합도 (Data Coupling)	한 모듈이 파라미터나 인수로 다른 모듈에게 데이터를 넘겨주고 호출받은 모듈은 받은 데이터에 대한 처리 결과를 다시 돌려주는 경우의 결합도
스탬프 결합도 (Stamp Coupling)	두 모듈이 동일한 자료구조를 조회하는 경우의 결합도
제어 결합도 (Control Coupling)	한 모듈이 다른 모듈의 내부 논리 조직을 제어하기 위한 목적으로 제어신호를 이용하여 통신하는 경우의 결합도
외부 결합도 (External Coupling)	한 모듈에서 외부로 선언한 변수를 다른 모듈에서 참조할 경우의 결합도
공통 결합도 (Common Coupling)	한 모듈이 다른 모듈에게 제어 요소를 전달하고 여러 모듈이 공통자료 영역을 사용하는 경우의 결합도
내용 결합도 (Content Coupling)	한 모듈이 다른 모듈의 내부 기능 및 그 내부 자료를 참조하는 경우의 결합도

결합도 낮음(높은 품질) → 결합도 높음(낮은 품질)
자료 결합도 ⇒ 스탬프 결합도 ⇒ 제어 결합도 ⇒ 외부 결합도 ⇒ 공통 결합도 ⇒ 내용 결합도

31 ④

응집도(Cohesion)

우연적 응집도 (Coincidental Cohesion)	서로 간에 어떠한 의미 있는 연관 관계도 없는 기능 요소로 구성될 경우의 응집도
논리적 응집도 (Logical Cohesion)	유사한 성격을 갖거나 특정 형태로 분류되는 처리 요소들이 한 모듈에서 처리되는 경우의 응집도
시간적 응집도 (Temporal Cohesion)	연관된 기능이라기보다는 특정 시간에 처리되어야 하는 활동들을 한 모듈에서 처리할 경우의 응집도
절차적 응집도 (Procedural Cohesion)	모듈이 다수의 관련 기능을 가질 때 모듈 안의 구성요소들이 그 기능을 순차적으로 수행할 경우의 응집도
통신적 응집도 (Communication Cohesion)	동일한 입력과 출력을 사용하여 다른 기능을 수행하는 활동들이 모여 있을 경우의 응집도

순차적 응집도 (Sequential Cohension)	모듈 내에서 한 활동으로부터 나온 출력 값을 다른 활동이 사용할 경우의 응집도
기능적 응집도 (Functional Cohension)	모듈 내부의 모든 기능이 단일한 목적을 위해 수행되는 경우의 응집도

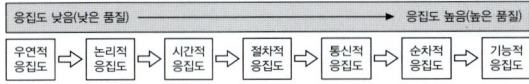

32 ②

```
class AAA {
    AAA() {
        System.out.print("1 ");
    }
    AAA(int n) {
        System.out.print("2 ");
    }
}
```

- AAA 클래스는 다음과 같은 생성자를 가지고 있다.
  - 첫 번째 생성자 매개변수를 받지 않고, "1"을 출력한다.
  - 두 번째 생성자 정수형 매개변수를 받고, "2"를 출력한다.

```
class BBB extends AAA {
    BBB() {
        System.out.print("3 ");
    }
    BBB(int n) {
        System.out.print("4 ");
    }
}
```

- BBB 클래스는 AAA 클래스를 상속받는다.
- BBB 클래스에는 다음과 같은 생성자를 가지고 있다.
  - 첫 번째 생성자는 매개변수를 받지 않고, 부모 클래스의 생성자를 호출하여 "1"을 출력한 뒤 "3"을 추가로 출력한다.
  - 두 번째 생성자는 정수형 매개변수를 받고, 부모 클래스의 생성자를 호출하여 "1"을 출력한 뒤 "4"를 출력한다.

```
public class Exam {
    public static void main(String[] args) {
        BBB bbb = new BBB(100);
    }
}
```

- main 메서드에서 BBB 클래스의 객체를 생성하고, 정수형 매개변수를 전달하여 BBB 클래스의 두 번째 생성자를 호출한다.
- 따라서 출력 결과는 "1 4"가 된다.

33 ④

```
<script>
    var sum = 0;
    for (var i = 1; i <= 10; i++) {
        sum = sum + i;
    }
```

- 변수 sum을 선언하고 초기값을 0으로 설정한다.
- i라는 변수를 1부터 10까지 반복적으로 증가시키는 for 루프를 시작한다.
- 루프 반복 시마다 sum에 현재 i 값을 더한다.
- 1부터 10까지의 모든 정수를 더하여 sum 변수에 저장하는 코드이다.
- 계산된 sum 값을 문서에 출력한다.

```
    document.write(sum);
</script>
```

- for 루프가 종료되면 sum 변수는 1 + 2 + 3 + ... + 10 값을 가지게 된다.
- 마지막으로 document.write 함수를 사용하여 sum 값 55를 웹 브라우저에 출력한다.

34 ①

C언어 비트 연산자

&	비트 단위로 AND 연산(두 비트가 모두 1일 때만 1을 반환)
|	비트 단위로 OR 연산(두 비트 중 하나라도 1이면 1을 반환)
^	비트 단위로 XOR 연산(두 비트가 서로 다를 때만 1을 반환)
~	단항 연산자로서 피연산자의 모든 비트를 반전시킴
<<	피연산자의 비트 열을 왼쪽으로 이동시킴
>>	피연산자의 비트 열을 오른쪽으로 이동시킴

35 ③

컴파일 에러는 프로그램이 컴파일되는 동안 발생하며, 코드의 구문 및 타입과 관련된 문제로 발생한다.

36 ④

⟨a⟩
- 하이퍼링크를 정의하는 태그이다.
- 다른 웹 페이지 또는 동일한 웹 페이지 내의 다른 위치로 이동할 수 있는 링크를 만들 때 사용된다.
- href 속성을 사용하여 링크의 대상 URL을 지정한다.

오답 피하기
- ⟨li⟩ : 리스트 항목을 정의하는 태그로, 보통 ⟨ul⟩(순서 없는 목록) 또는 ⟨ol⟩(순서 있는 목록) 태그 안에 사용되어 목록의 각 항목을 나열한다.
- ⟨ul⟩ : 순서 없는 목록을 정의하는 태그로, ⟨li⟩ 태그와 함께 사용되어 목록의 각 항목을 나열한다.
- ⟨ol⟩ : 순서 있는 목록을 정의하는 태그로, ⟨li⟩ 태그와 함께 사용되어 목록의 각 항목을 나열하며, 항목 앞에 번호가 자동으로 매겨진다.

37 ④

코드	설명

`#include <stdio.h>`
`int main()`
`{`
	• 표준 입력 및 출력 함수 헤더 파일
	• 프로그램의 진입점을 나타내는 main 함수를 시작

`int a[3];`
`int* p;`
`int i;`
`int sum = 0;`
	정수형 배열 a[3], 정수형 포인터 p, 정수형 변수 i, sum을 선언

`p = a;`	포인터 p를 배열 a의 첫 번째 요소를 가리키도록 초기화

`*p = 10;`
`*(p + 1) = 12;`
`a[2] = a[0] + a[1];`
	• 포인터 p를 통해 배열 a의 첫 번째 요소에 10을 할당하고, 두 번째 요소에 12를 할당
	• 배열 a의 세 번째 요소에는 첫 번째와 두 번째 요소의 합(22)을 저장

`for(i = 0; i < 3; i++)`
`{`
`    sum += a[i];`
`}`
	배열 a의 모든 요소를 더하여 sum에 누적(10+12+(10+12) = 44)

`printf("%d", sum + a[2]);`
`return 0;`
`}`
	• 배열 a의 모든 요소의 합(sum, 44)과 세 번째 요소(a[2], 22)를 더하여 66을 출력
	• main 함수를 종료

38 ④

- margin은 요소 자체의 외부 여백을 조정한다.
- padding은 요소 내부의 내용과 테두리 사이의 여백을 조정한다.

```
<p style ="border-color: red; border-style:
dotted; padding: 30px;">
```

→ 빨간색 점선 테두리 내부의 내용과 테두리 사이의 여백(padding) 30px이 적용된 단락

오답 피하기

```
<p style ="border-color: red; border-style:
solid; margin: 30px;">
```

→ 빨간색 테두리와 요소 자체의 외부 여백(margin) 30px이 적용된 단락

```
<p style ="border-color: red; border-style:
dotted; margin: 30px;">
```

→ 빨간색 점선 테두리와 요소 자체의 외부 여백(margin) 30px이 적용된 단락

```
<p style ="border-color: red; border-style:
solid; padding: 30px;">
```

→ 빨간색 실선 테두리 내부의 내용과 테두리 사이의 여백(padding) 30px이 적용된 단락

39 ②

push()
- 배열의 끝에 하나 이상의 요소를 추가하는 메소드이다.
- 추가할 요소를 push() 메소드의 매개변수로 전달하면 배열의 끝에 요소가 추가된다.

오답 피하기

- splice() : 배열의 기존 요소를 삭제 또는 교체하거나 새 요소를 추가하여 배열의 내용을 변경
- unshift() : 새로운 요소를 배열의 맨 앞쪽에 추가하고, 새로운 길이를 반환

40 ③

상속성(Inheritance)
- 클래스는 계층구조를 이룬다.
- 속성과 메서드를 재정의하거나 새로운 속성과 메서드를 추가하여 기능을 확장한다.
- 객체지향에서는 상속의 개념을 이용하여 소프트웨어의 재사용을 지원한다.

오답 피하기

- 캡슐화(Encapsulation) : 데이터와 데이터를 처리하는 함수를 하나로 묶는 것
- 정보은닉(Information Hiding) : 다른 객체에게 자신의 정보를 숨기고 자신의 연산만을 통하여 접근을 허용하는 것
- 다형성(Polymorphism) : 객체의 속성이나 기능이 상황에 따라 여러 가지 형태를 가지는 것

41 ②

이행 종속 규칙
- 릴레이션에서 속성 A가 B를 결정하고(A→B), 속성 B가 C를 결정하면(B→C) 속성 A가 C도 결정한다는(A→C) 종속 규칙이다.
- 정규화 과정에서 이행 종속을 해소하는 단계를 '3차 정규형'이라고 한다.

오답 피하기

```
비정규 릴레이션
  ↓ 모든 도메인이 원자값이 되도록 분해
제1정규형(1NF)
  ↓ 부분 함수 종속 관계 제거
제2정규형(2NF)
  ↓ 이행적 함수 종속 관계 제거
제3정규형(3NF)
  ↓ 후보키가 아닌 결정자 관계 제거
BCNF
  ↓ 다치 종속 관계 제거
제4정규형(4NF)
  ↓ 후보키를 통하지 않는 조인 종속 관계 제거
제5정규형(5NF)
```

42 ②

E-R 다이어그램(ERD)

기호		의미
□	사각형	개체(Entity)
◇	마름모	관계(Relationship)
○	타원	속성(Attribute)
─	선, 링크	개체-속성, 개체-개체의 연결
◎	2중 타원	다중값 속성

43 ①

순수 관계 연산자

select	σ	튜플 집합을 검색
project	π	속성 집합을 검색
join	⋈	두 릴레이션의 공통 속성을 연결
division	÷	두 릴레이션에서 특정 속성을 제외한 속성만 검색

44 ③

버블 정렬의 오름차순 수행 시 매 회전(Pass)마다 마지막 값이 가장 큰 값이 된다.

초기	10, 7, 8, 4, 6
1Pass	7, 8, 4, 6, 10
2Pass	7, 4, 6, 8, 10
3Pass	4, 6, 7, 8, 10

45 ③

SQL 명령어

DDL(데이터 정의어)	CREATE, DROP, ALTER
DML(데이터 조작어)	SELECT, INSERT, DELETE, UPDATE
DCL(데이터 제어어)	GRANT, REVOKE

46 ①

물리적 설계	• 목표 DBMS에 종속적인 물리적 구조 설계 • 저장 레코드 양식 설계 및 레코드 집중의 분석/설계 • 파일 조직 방법과 저장 방법 그리고 파일 접근 방법 등을 선정 • 응답시간 효율화를 위한 접근 경로 설계 • 트랜잭션 세부 설계
논리적 설계	• DBMS에 따라 서로 다른 논리적 스키마 설계 • 개념 스키마를 평가 및 정제 • 논리적 데이터 모델로 변환 • 트랜잭션 인터페이스 설계 • 개념 스키마의 평가 및 정제

47 ②

- 우선 보기의 첫 번째 문자까지 스택에 입력해 보고 순서대로 Push와 POP을 진행함
- 첫 번째 자료가 제일 먼저 나온 자료이므로 첫 번째 자료 이전의 데이터가 순서대로 입력되어야 첫 번째 데이터가 출력될 수 있다는 것에 포인트를 두고 계산해야 함
- 예1 : C가 제일 먼저 출력되려면 A, B, C까지 입력된 상태에서 C가 제일 먼저 출력될 수 있음(C→B→A→D 순)
- 예2 : C가 제일 먼저 출력되려면 A, B, C까지 입력된 상태에서 C가 제일 먼저 출력되고, D가 입력되어 A, B, D인 상태에서 D가 출력될 수 있음
- 하지만 A, B인 상태에서 A가 먼저 출력될 수 없으므로 ②번은 출력 결과가 될 수 없음

48 ④

해싱 함수 선택 시 오버플로우의 최소화에 관점을 둔다.

49 ②

한 릴레이션에 포함된 속성(Atribute)의 수를 디그리(Dgree)라 한다.

오답 피하기

한 릴레이션에 포함된 튜플(Tuple)의 수를 카디널리티(Cadinality)라 한다.

50 ③

후위 순회(Postorder) : Left → Right → Root

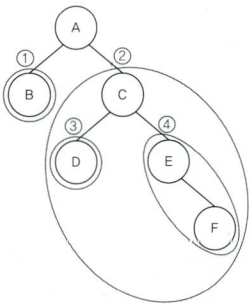

① ② A → B ② A → B ③ ④ CA → BD ④ CA → BDFECA

51 ④

물리적 설계	• 목표 DBMS에 종속적인 물리적 구조 설계 • 저장 레코드 양식 설계 및 레코드 집중의 분석/설계 • 파일 조직 방법과 저장 방법 그리고 파일 접근 방법 등을 선정 • 응답시간 효율화를 위한 접근 경로 설계 • 트랜잭션 세부 설계
논리적 설계	• DBMS에 따라 서로 다른 논리적 스키마 설계 • 개념 스키마를 평가 및 정제 • 논리적 데이터 모델로 변환 • 트랜잭션 인터페이스 설계 • 개념 스키마의 평가 및 정제

52 ③

외래키를 포함하는 릴레이션이 참조 릴레이션이 되고, 대응되는 기본키를 포함하는 릴레이션이 피참조 릴레이션이 된다.

53 ②

도메인(Domain)
- 하나의 속성 취할 수 있는 같은 타입의 원자값들의 집합을 의미한다.
- 정의된 속성은 반드시 그 해당 도메인 내에서만 값을 취한다.

오답 피하기
- 릴레이션 : 행(Row)과 열(Column)로 구성된 테이블
- 튜플 : 릴레이션을 구성하는 각 행(레코드), 속성의 모임
- 차수 : 한 릴레이션에 포함된 속성(Atribute)의 수(=디그리(Degree))

54 ②

UPDATE
- 튜플의 내용을 변경(갱신)한다.
- 기본 구조

```
UPDATE 테이블명
SET 속성명=데이터
WHERE 조건;
```

55 ①

DELETE
- 튜플을 삭제한다.
- 기본 구조

```
DELETE FROM 테이블명
WHERE 조건;
```

56 ②

하위 질의를 먼저 처리하고 결과를 상위 쿼리의 조건으로 대입한다.

```
SELECT MAX(이자) FROM 계좌
```
→ 계좌 테이블에서 이자의 최대값을 조회한다. → 400

```
SELECT 계좌번호 FROM 계좌 WHERE 이자 = 400
```
→ 계좌 테이블에서 이자가 400인 계좌번호를 조회한다. → 301

57 ①

SELECT문 기본 구조

```
SELECT 속성명 [ALL | DISTINCT]
FROM 릴레이션명
WHERE 조건;
[GROUP BY 속성명1, 속성명2,…]
[HAVING 조건]
[ORDER BY 속성명 [ASC | DESC]];
```

- ALL : 모든 튜플을 검색(생략 가능)
- DISTINCT : 중복된 튜플 생략

58 ④

- 뷰(View)는 생성 시 CREATE문, 검색 시 SELECT문, 제거 시 DROP문을 이용한다.
- 뷰의 정의를 변경할 때는 ALTER문을 사용할 수 없으며, DROP문으로 삭제한 뒤 CREATE문으로 새로 작성해야 한다.

59 ②

데이터 제어어(DCL)
- 데이터 보안, 데이터 무결성, 병행 제어, 보안 및 권한 검사, 데이터 복구 등을 위해 사용하는 언어이다.
- 종류 : GRANT(권한), REVOKE(권한 해제)

오답 피하기
②는 데이터 정의어(DDL)의 기능이다.

60 ②

정규화(Normalization)
- 데이터의 종속으로 인하여 발생하는 이상 현상(Anomaly)이 발생하지 않도록 하는 것이다.
- 정규화 단계를 통하여 릴레이션을 분할하여 이상 현상과 종속성을 해결한다.
- 데이터베이스의 개념적 설계 단계와 논리적 설계 단계에서 수행된다.
- 한 테이블에 너무 많은 정보를 포함해서 발생하는 이상 현상을 제거한다.
- 정규화에서 테이블의 필드 수와는 관계가 없다.

최신 기출문제 06회

2-188p

01 ①	02 ②	03 ②	04 ②	05 ②
06 ③	07 ①	08 ③	09 ④	10 ④
11 ①	12 ③	13 ②	14 ④	15 ①
16 ①	17 ③	18 ①	19 ④	20 ①
21 ②	22 ④	23 ②	24 ②	25 ④
26 ③	27 ②	28 ④	29 ②	30 ②
31 ④	32 ④	33 ④	34 ③	35 ③
36 ③	37 ④	38 ①	39 ①	40 ②
41 ①	42 ②	43 ①	44 ④	45 ③
46 ②	47 ①	48 ②	49 ④	50 ②
51 ③	52 ④	53 ②	54 ①	55 ④
56 ①	57 ③	58 ②	59 ②	60 ①

01 ①

상속(Inheritance)
- 이미 정의된 상위 클래스의 모든 속성과 연산을 하위 클래스가 물려받는 것이다.
- 상위 클래스는 추상적 성질을, 하위 클래스는 구체적 성질을 가진다.

오답 피하기
- 추상화(Abstraction) : 필요 없는 부분은 생략하고 객체의 속성 중 중요한 것만 개략적으로 표현하는 것
- 다형성(Polymorphism) : 객체의 속성이나 기능이 상황에 따라 여러 가지 형태를 가지는 것
- 캡슐화(Encapsulation) : 데이터와 데이터를 처리하는 함수를 하나로 묶는 것

02 ②

오답 피하기
- 라이브러리는 프레임워크와 달리 사용자 코드에서 라이브러리를 호출해서 사용하고, 그에 대한 제어도 사용자 코드가 가지는 것이다.
- 프레임워크는 이미 정해진 코드를 호출하고 제어한다.

03 ②

I-node 블록(Index Node Block)
- 각 파일에 대한 정보를 저장하고 있는 블록이다.
- 파일 소유자의 식별번호, 파일 크기, 소유자가 속한 그룹의 번호, 파일의 최종 수정 시간, 파일 링크 수 등의 내용을 가지고 있다.

오답 피하기
- Super block : 파일시스템의 정보를 유지하는 자료구조
- Directory : 파일 또는 다른 디렉토리에 액세스할 때 필요한 정보만을 포함하는 하나의 고유한 파일 유형
- File system mounting : 생성된 파일시스템을 운영체제와 연결하는 작업

04 ②

소프트웨어 테스트 순서 : 단위 → 통합 → 시스템 → 인수

05 ②

통합 테스트
- 모듈/컴포넌트 간의 상호작용 검증 : 각 모듈/컴포넌트가 서로 어떻게 통신하고 데이터를 주고받는지 확인한다.
- 인터페이스 검증 : 모듈/컴포넌트 간의 인터페이스가 정확하게 정의되고, 예상대로 작동하는지 확인한다.
- 데이터 흐름 검증 : 시스템 내 데이터가 올바른 경로를 통해 흐르는지 확인한다.
- 시스템 전체 기능 검증 : 개별 모듈/컴포넌트 테스트에서 검증하지 못한 시스템 전체의 기능을 검증한다.

오답 피하기
②는 단위 테스트에 관한 내용이다.

06 ③

IPv6(Internet Protocol version 6)
- 16비트씩 8 부분으로 총 128비트로 구성된다.
- 주소의 한 부분이 0으로만 연속되는 경우 연속된 0은 '∷'으로 생략하여 표시할 수 있다.
- 주소체계는 유니캐스트(Unicast), 애니캐스트(Anycast), 멀티캐스트(Multicast) 등 세 가지로 나뉜다.

07 ①

스래싱(thrashing)이란, 너무 잦은 페이지 교체 현상으로 어떤 프로세스가 계속적으로 페이지 부재가 발생하면 프로세스의 처리 시간보다 페이지 교체 시간이 더 많아지는 현상을 의미한다.

오답 피하기
- 워킹 셋(Working set) : 지역성을 기반으로 가장 많이 사용하는 페이지를 미리 저장해둔 것
- 세마포어(Semaphore) : 공유된 자원의 데이터를 여러 프로세스가 접근하는 것을 막는 것
- 교환(Swapping) : 프로세스가 실행 도중에 임시로 보조 메모리로 교체되어 나갔다가 다시 메모리로 되돌아오는 과정

08 ③

Factory method
- 객체를 생성하기 위한 인터페이스를 정의하여 어떤 클래스가 인스턴스화 될 것인지는 서브 클래스가 결정하도록 한다.
- Virtual-Constructor 패턴이라고도 한다.

오답 피하기
- Singleton method : 유일한 하나의 인스턴스를 보장하도록 하는 패턴
- Builder method : 생성 단계를 캡슐화 해서 구축 공정을 동일하게 이용하도록 하는 패턴
- Abstraction factory method : 생성군들을 하나에 모아놓고 팩토리 중에서 선택하게 하는 패턴

09 ④

작업	도착시간	사용시간	대기시간
1	0	29	0
3	8	7	29−8=21
2	3	32	29+7−3=33

평균 대기시간 = (0+21+33)/3 = 18

오답 피하기

대기시간 = 앞선 작업의 사용시간 합 − 현재 작업 도착시간

10 ④

교착 상태의 발생 조건

상호 배제(Mutual Exclusion)	한 번에 한 개의 프로세스만이 공유 자원을 사용할 수 있어야 함 (데커 알고리즘, 피터슨 알고리즘, Lamport의 빵집 알고리즘, Test and Set 기법, Swap 명령어 기법)
점유와 대기(Hold and Wait)	이미 자원을 가진 프로세스가 다른 자원의 할당을 요구함
비선점(Non-preemption)	프로세스에 할당된 자원은 사용이 끝날 때까지 강제로 빼앗을 수 없음
환형 대기(Circular Wait)	이미 자원을 가진 프로세스가 앞이나 뒤의 프로세스의 자원을 요구함

11 ①

가상 기억장치(Virtual Memory)
- 주 기억장치의 부족한 용량을 해결하기 위해 보조기억장치를 주 기억장치처럼 사용하는 기법이다.
- 가상기억장치의 일반적인 구현 방법에는 프로그램을 고정된 크기의 일정한 블록(페이지)으로 나누는 페이징 기법과 가변적인 크기의 블록(세그먼트)으로 나누는 세그멘테이션 기법이 있다.

12 ③

X.25의 계층 구조

패킷 계층	• 데이터 전송 시 오류 제어, 순서 제어, 흐름 제어, 다중화, 망 고장 시 복구 등의 데이터 전송 제어 기능을 수행하는 계층 • OSI 7계층의 네트워크 계층에 해당
프레임 계층	• 패킷의 원활한 전송을 위해 데이터링크의 제어를 수행하는 계층(=링크 계층) • OSI 7계층의 데이터링크 계층에 해당
물리 계층	• 단말장치(DTE)와 패킷 교환망(DCE) 간의 물리적 접속에 관한 인터페이스를 정의하는 계층 • X.21 사용

13 ②

루프 검사(Loop Test)의 유형에는 단순 루프, 중첩 루프, 연결 루프, 비구조적 루프가 있다.

14 ④

그레이 코드(Gray Code)
- BCD 코드의 인접하는 비트를 XOR 연산하여 표현함
- 변환 방법

  2진수   : 1 0 0 1
  Gray Code : 1 1 0 1

15 ①

Synonym(동의어)
- 해싱에서 동일한 홈 주소로 인하여 충돌이 일어난 레코드들의 집합을 의미한다.
- 해싱 함수의 값을 구한 결과 키 K1, K2가 같은 값을 가질 때, 이들 키 K1, K2의 집합을 동의어(Synonym)라고 한다.

오답 피하기
- Collision(충돌) : 서로 다른 두 개 이상의 레코드가 같은 주소를 갖는 현상
- Bucket(버킷) : 하나의 주소를 갖는 파일의 한 구역
- Overflow(오버플로우) : 계산된 홈 주소의 버킷 내에 저장할 기억공간이 없는 상태

16 ①

생성 패턴	팩토리 메소드 패턴(Factory Method Pattern), 추상 팩토리 패턴(Abstract Factory Pattern), 빌더 패턴(Builder Pattern), 프로토타입 패턴(prototype Pattern), 싱글턴 패턴(Singleton Pattern) 등
구조 패턴	어댑터 패턴(Adapter Pattern), 브리지 패턴(Bridage Pattern), 컴포지트 패턴(Composite Pattern), 데코레이터 패턴(Decorator Pattern), 퍼싸드 패턴(Facade Pattern), 플라이 웨이트 패턴(Fly wight Pattern), 프록시 패턴(Porxy Pattern) 등
행위 패턴	책임 연쇄 패턴(Chain of Responsibility Pattern), 명령 패턴(Command Pattern), 반복자 패턴(Iterator Pattern), 기록 패턴(Mememto Pattern), 상태 패턴(State Pattern), 전략 패턴(Strategy Pattern), 템플릿 메서드 패턴(Template Method Pattern), 해석자 패턴(Interpreter Pattern), 감시자 패턴(Observer Pattern), 방문자 패턴(Visitor Pattern), 중재자 패턴(Mediator Pattern) 등

17 ③

UDP(User Datagram Protocol)
- 비연결형 및 비신뢰성 전송 서비스를 제공한다.
- 흐름 제어나 순서 제어가 없어 전송 속도가 빠르다.
- 수신된 데이터의 순서 재조정 기능을 지원하지 않는다.
- 복구 기능을 제공하지 않는다.

오답 피하기

③은 IP Protocol에 관한 설명이다.

18 ②

아키텍처 뷰
- 시스템을 다양한 관점에서 표현하고 이해하기 위한 시각적 도구로, 관련 있는 관심사들의 집합을 기준으로 하나 이상의 뷰(View)로 구성된다. 이를 통해 전체 시스템을 체계적으로 설명할 수 있다.
- 종류

유스케이스 뷰	시스템 외부 사용자의 관점에서 사용 사례와 이들 간의 관계를 정의하며 다른 뷰를 검증한다.
논리적 뷰	설계자의 관점에서 시스템의 기능적인 요구사항이 제공되는 설명을 표현한다.
구현 뷰	개발자의 관점에서 서브 시스템 모듈이 어떻게 구조화되어 있는지를 확인하기 위해 소프트웨어의 구성을 표현한다.
프로세스 뷰	시스템 통합자의 관점에서 자원의 효율적인 사용, 이벤트 처리 등을 표현한다.
배포 뷰	테스터의 관점에서 컴포넌트가 어떻게 배치되고 연결되는지를 표현한다.

19 ④

SOA(Service Oriented Architecture)
- 업무상 일 처리에 해당하는 소프트웨어 기능을 서비스로 판단하여 그 서비스를 네트워크상에 연동하여 시스템 전체를 구축해 나가는 방법론이다.
- 업무 처리 변화를 시스템에 빠르게 반영하고자 하는 수요를 대응하기 위해 최근 IT 업계에서 주목받고 있다.

> **오답 피하기**
- SLA : 제공하는 서비스의 수준을 명확하게 제시하여 서비스의 품질을 보장하기 위한 기준
- EAI : 기업 내 각종 애플리케이션 및 플랫폼 간의 상호 연동이 가능하도록 하는 솔루션
- RSA : 연결된 두 개의 암호화 키(개인 및 공개)를 사용하는 비대칭 암호화 기술

20 ①

> **오답 피하기**
- ② : 테스트는 오류를 찾는 작업이며, 디버깅은 오류를 수정하는 작업이다. 따라서 순서가 뒤바뀐 잘못된 설명이다.
- ③ : 테스트와 디버깅은 모두 소프트웨어 오류를 발견하고 수정하는 데 중요한 역할을 한다. 오류를 단순히 찾는 작업이 아니라, 실제로 해결하는 과정까지 포함한다.
- ④ : 테스트와 디버깅은 소프트웨어 오류의 발견 및 수정과 밀접하게 관련되어 있다. 오류를 방치하면 소프트웨어의 품질을 저하시키고 사용자에게 악영향을 미칠 수 있기 때문에, 적극적으로 수행해야 한다.

21 ②

결합도(Coupling)
모듈 간 결합 정도에 따라 구분되며 결합도가 낮을수록 높은 품질이다.

자료 결합도(Data Coupling)	한 모듈이 파라미터나 인수로 다른 모듈에게 데이터를 넘겨주고 호출받은 모듈은 받은 데이터에 대한 처리 결과를 다시 돌려주는 경우의 결합도
스탬프 결합도(Stamp Coupling)	두 모듈이 동일한 자료구조를 조회하는 경우의 결합도
제어 결합도(Control Coupling)	한 모듈이 다른 모듈의 내부 논리 조직을 제어하기 위한 목적으로 제어신호를 이용하여 통신하는 경우의 결합도
외부 결합도(External Coupling)	한 모듈에서 외부로 선언한 변수를 다른 모듈에서 참조할 경우의 결합도
공통 결합도(Common Coupling)	한 모듈이 다른 모듈에게 제어 요소를 전달하고 여러 모듈이 공통자료 영역을 사용하는 경우의 결합도
내용 결합도(Content Coupling)	한 모듈이 다른 모듈의 내부 기능 및 그 내부 자료를 참조하는 경우의 결합도

결합도 낮음(높은 품질) → 결합도 높음(낮은 품질)
자료 결합도 ⇒ 스탬프 결합도 ⇒ 제어 결합도 ⇒ 외부 결합도 ⇒ 공통 결합도 ⇒ 내용 결합도

22 ④

```
public class Test {
    public static void main(String args[]) {
```
Test 클래스 선언 및 main 메소드 시작

```
    int a, b, c, d;
    a = b = 7;
```
- int 자료형의 네 개 변수 a, b, c, d를 선언
- a와 b 변수에 모두 7이라는 값을 할당

```
c = --a % --a;
```
- --a : a 변수값을 1 감소시킨 후 그 값을 사용(a가 7이면 --a는 6을 반환)
- % : 나머지 연산을 수행(6 % 5 = 1 반환)

```
d = b++ * b++;
```
- b++ : b 변수값을 사용한 후 1 증가(b가 7이면 b++는 7을 반환하고 b는 8을 반환)
- * 연산자 : 곱셈을 수행(7 * 8은 56을 반환)

```
System.out.printf("%d, %d", c, d);
```
- System.out.printf() 함수를 사용하여 c와 d 변수의 값을 출력
- %d 형식 지정자 : 정수값을 출력하는 데 사용(콘솔에 "1, 56"이 출력)

23 ②

클래스(Class)
- 유사한 객체를 정의한 집합으로 속성+행위를 정의한 것으로 일반적인 Type을 의미한다.
- 기본적인 사용자 정의 데이터형이며, 데이터를 추상화하는 단위이다.
- 구조적 기법에서의 단위 테스트(Unit Test)와 같은 개념이다.
- 종류 : 상위 클래스(부모 클래스, Super Class), 하위 클래스(자식 클래스, Sub Class)

24 ②

range
- Python에서 연속된 숫자를 생성하는 가장 간편하고 효율적인 방법이다.
- 리스트 생성 및 반복문 제어 등 다양한 분야에서 활용됩니다.

오답 피하기
- Goto : 점프 명령어로, 특정 위치로 이동하며 반복과 관련이 없다.
- Slice : 문자열이나 리스트의 일부분을 추출하는 데 사용한다.
- Set : 고유한 값으로 구성된 집합 자료구조를 만들며, 순서가 보장되지 않아 연속된 숫자 생성에 적합하지 않다.

25 ④

`#include <stdlib.h>` `int main(int argc, char* argv[]) {`	• 〈stdlib.h〉 헤더 파일을 포함 • main 함수를 정의
`int i = 0;`	정수형 변수 i를 0으로 초기화
`while (1) {`	• 무한 루프를 시작 • 1은 참을 나타내는 조건
`if (i == 6) {`	만약 i가 6과 같다면 아래의 코드를 실행
`break;`	현재의 루프를 빠져나옴
`++i;`	i의 값을 1씩 증가
`}`	if문의 끝을 표시
`printf("i - %d", i);`	• 현재 i의 값을 출력 • %d는 정수를 대응시키는 포맷 지정자
`return 0;`	프로그램 종료

26 ③

필요 데이터를 인자로 통해 넘겨주고, 테스트 완료 후 그 결과값을 받는 역할을 하는 가상의 모듈을 테스트 드라이버라고 한다.

오답 피하기
테스트 스텁은 제어 모듈이 호출하는 타 모듈의 기능을 단순히 수행하는 도구로, 일시적으로 필요한 조건만을 가지고 있는 시험용 모듈이다.

27 ③

화이트박스 테스트(White Box Test)
- 모듈의 원시 코드를 오픈시킨 상태에서 코드의 논리적 모든 경로를 테스트하는 방법이다.
- 화이트박스 테스트의 이해를 위해 논리 흐름도(Logic-Flow Diagram)를 이용할 수 있다.
- Source Code의 모든 문장을 한 번 이상 수행함으로써 진행된다.
- 테스트 데이터를 이용해 실제 프로그램을 실행함으로써 오류를 찾는 동적 테스트(Dynamic Test)에 해당한다.
- 종류 : 기초 경로 검사, 제어 구조 검사

오답 피하기
프로그램의 구조를 고려한다.

28 ④

- 선택자 : tr:nth-child(even)
  - tr: → HTML에서 테이블 행 요소인 〈tr〉 요소를 모두 선택한다.
  - :nth-child(even) → 의사 클래스로서 부모 요소 내에서 자식 요소의 위치를 기반으로 특정 자식 요소를 선택하고 이 경우 부모 요소의 짝수 번째 자식 요소만 선택한다.
- 선언 블록 : { background-color: red; }
  - background-color: → 선택된 요소의 배경색을 설정한다.
  - red: → background-color 속성의 값으로 배경색을 빨간색으로 설정한다.
- 설명
  - 모든 짝수 번호의 테이블 행을 선택하고 배경색을 빨간색으로 설정한다.
  - 테이블의 모든 다른 행은 빨간색 배경을 갖게 된다.

29 ③

`public class Main {` `    public static void main(String[] args) {`	• main 클래스 시작 선언 • main 메서드 정의
`int[][] a = new int[4][5];`	• a 이름의 2차원 배열을 선언하고 초기화 • 배열에 대한 메모리를 할당하고 크기를 4×5로 설정
`System.out.print(a.length);`	배열 a의 첫 번째 차원(행)의 길이를 콘솔에 출력

30 ②

모듈의 결합도와 응집도
- 바람직한 소프트웨어 설계는 응집도는 강하게, 결합도는 약하게 설계하여 모듈의 독립성을 확보할 수 있도록 한다.
- 유지보수가 수월해야 하며 복잡도와 중복을 피한다.
- 입구와 출구는 하나씩 갖도록 한다.

31 ④

Django
- Python 기반 웹 프레임워크이다.
- 주로 서버 측 개발에 사용되어 웹 애플리케이션의 데이터 처리, 라우팅 및 템플릿 처리를 담당한다.

오답 피하기

JavaScript의 프레임워크

프레임워크	특징	사용 사례
React	가상 DOM 사용, 컴포넌트 기반 개발, 단방향 데이터 흐름	Facebook, Netflix
Angular	TypeScript 기반, 의존성 주입, 양방향 데이터 흐름	Google, AngularJS
Vue.js	가상 DOM 사용, 템플릿 기반 개발, 반응형 데이터 흐름	Alibaba, Laravel
Svelte	컴파일러 기반, 반응형, 가볍고 빠른	SvelteKit, Sapper
Ember.js	MVC 패턴, 구성 가능, 데이터 바인딩	Ember Data, Discourse

32 ④

`#include <stdio.h>` `#include <stdlib.h>`	• 표준 입력/출력 함수 헤더 파일 • 표준 라이브러리 함수 헤더 파일

`struct st {`
`  int a;`
`  int b;`
`};`
	• 이름 st를 가진 구조체를 정의
	– 구조체에 a 이름의 정수형 변수를 추가
	– 구조체에 b 이름의 정수형 변수를 추가

`int calc(int i, int j) {`
`  return abs(i - j);`
`}`
	• i, j 정수형 매개변수를 받는 calc라는 이름의 함수 정의
	• 두 매개변수의 절댓값 차이를 계산하여 함수 결과 반환

`int main() {`
`  struct st s;`
`  s.a = 30000;`
`  s.b = 10000;`
`  printf("%d", calc(s.a, s.b));`
`  return 0;`
`}`
	• main 함수 시작
	• 구조체 st의 인스턴스 s를 선언
	– s 구조체의 a 변수에 30000 할당
	– s 구조체의 b 변수에 10000 할당
	• calc 함수를 호출하여 s.a와 s.b의 차이를 계산하고, 결과를 printf 함수를 사용하여 표준 출력
	• 프로그램 종료

33 ③

`#include <stdio.h>`	표준 입력 및 출력 헤더 파일 포함
`void func(int* p) {`	정수형 포인터를 매개변수로 갖는 func 함수를 정의
`*p = *p - 7;`	func 함수 내에서 주소를 통해 전달된 변수의 값을 7만큼 감소시킴
`int main() {`	프로그램의 진입점인 main 함수를 정의
`int a = 15;`	정수형 변수 a를 선언하고, 초깃값으로 15를 할당
`func(&a);`	func 함수를 호출하고, a 변수의 주소를 전달
`printf("%d", a);`	• 현재 a 변수의 값을 출력 • func 함수에서 a 변수의 값이 7만큼 감소되었으므로, • 출력 : 15-7 = 8

34 ③

C언어의 입출력 함수

함수	설명
printf()	형식화된 출력
puts()	문자열 출력
putchar()	한 문자 출력
scanf()	형식화된 입력
gets()	문자열 입력
getchar()	한 문자 입력

35 ③

splice는 배열에서 데이터를 삭제하는 기능뿐만 아니라, 새로운 요소를 삽입하거나 기존 데이터를 바꾸는 기능이 있다.

36 ③

C언어 변수명 작성 규칙
- 영문 대소문자(A~Z, a~z), 숫자(0~9), '_'를 혼용하여 사용할 수 있다.
- 첫 글자는 영문자나 '_'로 시작해야 한다.
- 영문자는 대소문자는 구분한다.
- '-'이나 공백을 포함할 수 없다.
- 예약어(reserved word)를 사용할 수 없다.

> **오답 피하기**
>
> 예약어 : auto, beak, case, char, const, continue, default, do, double, else, enum, extern, float, for, goto, if, int, long, register, return, short, signed, sizeof, static, struct, switch, typedef, union, unsigend, void, volatile, while 등(총 32개)

37 ④

`#include <stdio.h>`	표준 입/출력 헤더 선언

`int func(int i, int j) {`
`  int sum = i + j;`
`  return sum;`
`}`
	• func 함수 정의
	• sum 변수를 선언하고 i와 j의 합을 계산하여 초기화
	• 계산된 sum 값을 func 함수를 호출한 코드 부분으로 반환(이 값은 함수의 반환값을 받는 변수에 저장됨)

`int main() {`
`  int r = func(3, 5);`
`  printf("The sum of 3 and 5 is: %d\n", r);`
`  return 0;`
`}`
	• func 함수 진입
	• r 정수 변수 선언
	• func 함수를 인수 3과 5로 호출
	• 3과 5의 합, 즉 8이 변수 r에 저장
	• "The sum of 3 and 5 is: %d\n" 메시지를 출력(%d 형식 지정자는 r 변수의 값을 정수로 출력)
	• 프로그램 종료

38 ①

```
<form onsubmit="return validateForm()"
method="post" action="log01.jsp">
```
- 〈form〉 태그 : HTML 폼의 시작
- onsubmit="return validateForm()" 속성
  - 사용자가 "제출" 버튼을 클릭할 때 실행될 JavaScript 함수 validateForm()을 지정
  - return문 : 함수 내에서 폼 제출 여부 (true) 또는 취소 (false)를 제어하는 데 사용
  - validateForm() 함수 : 일반적으로 사용자 입력 데이터 유효성 검사를 수행
- method="post" 속성
  - 폼 데이터를 전송하는 HTTP 메서드를 정의
  - POST 메서드를 사용하며, 일반적으로 정보를 숨겨진 데이터로 요청 본문에 포함하여 전송
- action="log01.jsp" 속성
  - 제출된 폼 데이터를 처리할 웹 페이지의 URL을 지정
  - log01.jsp 페이지가 사용

```
<p>ID:<input type="text" name="id" required></p>
```
- 〈p〉 태그
  - 단락 태그는 기본적인 텍스트 형식 지정에 사용
- 〈input type="text" name="id" required〉
  - 텍스트 입력 필드를 생성하여 사용자가 ID를 입력할 수 있도록 함
  - type="text" : 입력 필드가 일반 텍스트를 허용하도록 지정
  - name="id" : 입력 필드에 이름을 할당하여 제출 시 데이터를 식별하는 데 사용
  - required : 사용자가 제출하기 전에 이 필드에 값을 입력해야 함

```
<p>PW:<input type="password" name="pw" required>
</p>
```
- 비밀번호 입력 필드를 생성하여 사용자가 비밀번호를 입력할 수 있도록 함
  - type="password" : 입력된 문자를 숨겨 비밀번호 보안을 강화
  - name="pw" : 비밀번호 데이터를 참조하기 위해 입력 필드에 이름을 할당
  - required : 사용자가 제출하기 전에 비밀번호를 입력해야 함

```
<p><input type="submit" value="Send"></p>
</form>
```
- 제출 버튼을 생성하여 사용자가 클릭하면 폼 제출 프로세스를 트리거함
  - type="submit" : 입력 필드를 제출 버튼으로 정의
  - value="Send" : 버튼에 표시되는 텍스트를 "Send"로 설정

39 ①

splice()
- 배열의 요소를 추가하거나 제거하는 메소드이다.
- 특정 위치에 요소를 추가할 수도 있다.
- 배열의 특정 위치에 요소를 추가하는 목적보다는 요소를 제거하는 데 주로 사용된다.

오답 피하기

- push()
  - 배열의 끝에 하나 이상의 요소를 추가하는 메소드이다.
  - 추가할 요소를 push() 메소드의 매개변수로 전달하면 배열의 끝에 요소가 추가된다.
- unshift()
  - 배열의 시작 부분에 요소를 추가하는 메소드이다.
  - push() 메소드와 반대로 배열의 시작 부분에 요소를 추가한다.

40 ②

required는 〈input〉의 태그에서 필수 입력 필드를 만들려고 할 때 사용한다.

오답 피하기

나머지는 HTML 속성이 아니다.

41 ①

데크(Deque)
- 자료의 삽입과 삭제가 리스트의 양쪽 끝에서 이루어지므로 두 개의 포인터(END1, END2)를 사용하는 자료구조이다.
- 스택과 큐를 복합한 형태이다.
- 입력 제한 데크를 Scroll, 출력 제한 데크를 Shelf라고 한다.

오답 피하기

- 스택(Stack) : 가장 최근에 삽입된 자료가 가장 먼저 삭제되는 자료구조(후입선출(LIFO) 방식)
- 큐(Queue) : 리스트의 한쪽 끝에서 자료가 삽입되고 반대쪽 끝에서 자료의 삭제가 이루어지는 자료구조(선입선출(FIFO) 방식)
- 트리(Tree) : 어떤 하나의 집합으로부터 하위 레벨로 가지를 뻗어 나가는 자료구조

42 ②

정규화는 중복 데이터의 최소화가 목적이다.

43 ①

BETWEEN은 구간값 조건식으로, BETWEEN 90 AND 95는 90~95까지의 범위를 의미한다. 즉, BETWEEN 〉=90 and 〈=95로 표현할 수 있다.

44 ④

전위(Preorder) 운행 : Root → Left → Right

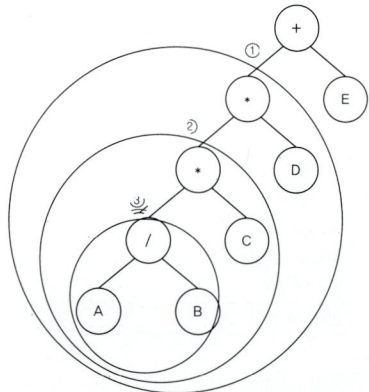

+①E → +*②DE → +**③CDE → +**/ABCDE

45 ③

SELECT문은 조건에 맞는 레코드를 조회한다.

```
SELECT [DISTINCT] 필드명
FROM 테이블명
[WHERE 조건식]
[ORDER BY 필드명 [ASC | DESC]];
ORDER BY 필드명
```

오답 피하기
- % : 만능 문자
- 신% : '신'으로 시작하는 문자
- %신 : '신'으로 끝나는 문자

46 ②

- 뷰를 삭제할 경우에는 DROP VIEW 명령을 사용한다.
- 일단 뷰를 삭제하면 더 이상 뷰를 참조하여 사용할 수 없다.
- 형식

```
DROP VIEW 뷰이름;
```

47 ①

시스템 카탈로그(System Catalog)
- 시스템 자신이 필요로 하는 여러 가지 객체(기본 테이블, 뷰, 인덱스, 데이터베이스, 패키지, 접근 권한 등)에 관한 정보를 포함하고 있는 시스템 데이터베이스이다.
- 데이터 사전(Data Dictionary)이라고도 한다.
- 데이터베이스에 포함되는 데이터 객체에 대한 정의나 명세에 대한 정보를 유지 관리한다.
- DBMS가 스스로 생성하고 유지하는 데이터베이스 내의 특별한 테이블의 집합체이다.
- 시스템 카탈로그 자체도 시스템 테이블로 구성되어 있어 SQL문을 이용해 내용 검색이 가능하다.
- 사용자가 시스템 카탈로그를 직접 갱신할 수는 없으며, 사용자가 SQL문으로 여러 가지 객체에 변화를 주면 시스템이 자동으로 갱신한다.
- 시스템 카탈로그의 갱신은 무결성 유지를 위하여 DBMS가 수행한다.
- 카탈로그에 저장된 정보를 메타 데이터라고도 한다.

48 ②

무결성(Integrity)
- 개체 무결성 : 기본키의 값은 널(Null) 값이나 중복값을 가질 수 없다는 제약 조건
- 참조 무결성 : 참조할 수 없는 외래키값을 가질 수 없다는 제약 조건

49 ④

- ① : 3번까지 Push (7, 9, 3) 후 → 3 Pop → 3(7, 9) → 4 Push (7, 9, 4) → 4 Pop (7, 9) → 9 Pop (7) → 7 Pop
- ② : 3번까지 Push (7, 9, 3) 후 → 3 Pop → 3(7, 9) → 9 Pop (7) → 7 Pop ( ) → 4 Push (4) → 4 Pop → ( )
- ③ : 9번까지 Push (7, 9) 후 → 9 Pop → 9(7) → 3 Push (7, 3) → 3 Pop (7) → 4 Push (7, 4) → 4, 7 Pop ( )
- ④ : 4번까지 Push (7, 9, 3, 4) 후 → 4 Pop → 4(7, 9, 3) → 7 을 Pop 할 수 없음

오답 피하기
- 스택 입력 및 출력 문제를 해결하기 위해서, 우선 보기의 첫 번째 문자까지 스택에 입력해 보고 순서대로 Push와 POP을 진행해 본다.
- 첫 번째 자료가 제일 먼저 나온 자료이므로 첫 번째 자료 이전의 데이터가 순서대로 입력되어야 첫 번째 데이터가 출력될 수 있다는 것에 포인트를 둔다.

50 ①

- WHERE 공급자명 조건이 동일하므로 공급자명에서 결과에 표시된 값의 공통 조건을 찾아본다.
- 공급자명에 '신'자가 포함된 레코드만 출력된 것을 확인할 수 있다.

51 ③

관계형 데이터베이스의 구성요소

테이블(Table)	행과 열로 데이터들을 표현한 것
속성(Attribute)	• 테이블을 구성하는 각각의 열 • 데이터의 가장 작은 논리적 단위
튜플(Tuple)	• 테이블을 구성하는 각각의 행 • 속성의 모임으로 구성
도메인(Domain)	하나의 튜플이 가질 수 있는 모든 값의 범위
차수(Degree)	속성의 수
기수(Cardinality)	튜플의 수

52 ④

물리적 설계	• 목표 DBMS에 종속적인 물리적 구조 설계 • 저장 레코드 양식 설계 및 레코드 집중의 분석/설계 • 파일 조직 방법과 저장 방법 그리고 파일 접근 방법 등을 선정 • 응답시간 효율화를 위한 접근 경로 설계 • 트랜잭션 세부 설계
논리적 설계	• DBMS에 따라 서로 다른 논리적 스키마 설계 • 개념 스키마를 평가 및 정제 • 논리적 데이터 모델로 변환 • 트랜잭션 인터페이스 설계 • 개념 스키마의 평가 및 정제

53 ①

- 디그리(Degree) : 속성(열)의 수(차수) – 4개
- 카디널리티(Cardinality) : 튜플(행)의 수(기수) – 3개

54 ①

관계 대수(Relational Algebra)는 원하는 정보와 그 정보를 어떻게 유도하는가를 기술하는 절차적인 방법이다.

오답 피하기

관계 해석(Relational Calculus)은 원하는 정보가 무엇이라는 것만 정의하는 비절차적인 방법이다.

55 ④

정보보안의 3요소(CIA)

기밀성(Confidentiality)	인가되지 않는 사용자가 객체 정보의 내용을 알 수 없도록 하는 보안 요소
무결성(Integrity)	시스템 내의 정보는 오직 인가된 사용자만 수정할 수 있는 보안 요소
가용성(Availability)	정보시스템 또는 정보에 대한 접근과 사용이 요구 시점에 완전하게 제공될 수 있는 상태를 의미하는 보안 요소

56 ①

SQL 명령어

DDL (데이터 정의어)	CREATE, DROP, ALTER
DML (데이터 조작어)	SELECT, INSERT, DELETE, UPDATE
DCL (데이터 제어어)	GRANT, REVOKE

57 ③

SELECT문 기본 구조

```
SELECT 속성명 [ALL | DISTINCT |
FROM 릴레이션명
WHERE 조건;
[GROUP BY 속성명1, 속성명2, …]
[HAVING 조건]
[ORDER BY 속성명 [ASC | DESC]];
```

- ALL : 모든 튜플을 검색(생략 가능)
- DISTINCT : 중복된 튜플 생략
- IS NULL : Where절에 사용하며 빈 레코드를 검색

58 ②

DROP문의 기본 구조

```
DROP TABLE 테이블_이름 [CASCADE | RESTRICT];
```

- CASCADE : 삭제할 요소가 다른 개체에서 참조 중이라도 삭제 수행
- RESTRICT : 삭제할 요소가 다른 개체에서 참조 중일 경우 삭제 취소

59 ②

네트워크형 데이터 모델은 데이터베이스를 그래프(Graph) 구조로 표현(오너-멤버 관계)하며, CODASYL DBTG 모델이라고도 한다.

60 ①

데이터베이스 설계 순서 : 요구 조건 분석 → 개념적 설계 → 논리적 설계 → 물리적 설계 → 데이터베이스 구현

최신 기출문제 07회

2-199p

01 ④	02 ④	03 ②	04 ②	05 ④
06 ②	07 ④	08 ②	09 ②	10 ③
11 ④	12 ③	13 ②	14 ①	15 ③
16 ③	17 ④	18 ②	19 ①	20 ④
21 ①	22 ②	23 ①	24 ②	25 ①
26 ②	27 ④	28 ④	29 ①	30 ④
31 ②	32 ①	33 ④	34 ①	35 ②
36 ④	37 ②	38 ④	39 ②	40 ②
41 ①	42 ④	43 ①	44 ②	45 ②
46 ③	47 ③	48 ④	49 ②	50 ②
51 ④	52 ②	53 ②	54 ③	55 ①
56 ②	57 ③	58 ③	59 ④	60 ②

01 ④

형상관리
- 소프트웨어의 개발과정에서 소프트웨어의 변경사항을 관리하기 위해 개발된 일련의 활동을 소프트웨어 형상관리라고 한다.
- 형상관리 항목에는 소프트웨어 프로젝트 계획서, 소프트웨어 요구 사항 명세서, 데이터베이스 기술서, 유지보수 문서 등이 포함된다.
- 개인 정보 변경은 형상관리 항목에 포함되지 않는다.

02 ④

오답 피하기
- ①은 데코레이터 패턴(Decorator Pattern)에 대한 설명으로, 객체 간의 결합을 통해 능동적으로 기능들을 확장할 수 있는 패턴이다.
- ②는 퍼싸드 패턴(Facade Pattern)에 대한 설명으로, 개발자가 사용해야 하는 서브 시스템의 가장 앞쪽에 위치한 패턴이다.
- 인스턴스를 복제하여 사용하는 구조는 생성 패턴 중 프로토타입 패턴(Prototype Pattern)에 해당한다.

03 ②

UML
- UML은 사물, 관계, 다이어그램으로 구성된다.
- 연관 관계, 포함 관계, 일반화 관계, 의존 관계, 실체화 관계로 나눌 수 있다.

04 ②

- 모델(Model)은 모든 데이터 상태와 로직을 처리하고 호출에만 응답한다.
- 모델과 뷰(View) 사이에서 전달자 역할을 하는 것은 제어(Controller)이다.

05 ④

디버깅(Debugging)이란 소프트웨어에서 소스코드의 오류 또는 버그를 찾아서 수정하는 과정을 의미한다.

06 ②

빌드 도구 : Ant, Make, Maven, Gradle, Jenkins 등

07 ④

C 언어는 하향식 접근법의 절차 지향 언어이다.

08 ②

프레임워크(Framework)
- 소프트웨어 개발에 도움을 주는 재사용 가능한 디자인 패턴 및 소스코드의 집합을 의미한다.
- 재사용을 통한 생산성 향상, 안정성 확보, 개발 표준화, 개발 용이성 확보 등의 효과를 볼 수 있다.

09 ②

클래스 다이어그램 구성 요소

클래스명(Class name)	모든 클래스는 다른 클래스와 구별되는 이름을 갖는다.
속성(Attribute)	의미 있는 명사형으로 표현하며, Class의 멤버 변수라 할 수 있다.
행동(Operation, Method)	Class가 행할 수 있는 동작을 기술하는 것으로, 의미 있는 동사형으로 표현한다.

10 ③

시큐어코딩(Secure Coding)
- 전자정부 서비스 보안을 강화하기 위해 정보시스템 개발 및 유지보수 시 SW보안약점(취약점)을 점검하고 제거하는 것을 목적으로 한다.
- 개발 단계에서 적용되기 때문에 개발자의 코딩 작업이 핵심 대상이 된다.

11 ④

오답 피하기
- 활동 다이어그램(Activity Diagram) : 시스템의 내부 활동에 대한 흐름을 행위에 따라 변화하는 객체의 상태를 표현하는 다이어그램이다.
- 상태 다이어그램(State Diagram) : 이벤트에 따라 순차적으로 발생하는 객체의 상태 변화를 표현하는 동적 다이어그램이다.

12 ③

오답 피하기
- 순차 파일(Sequential File) : 레코드를 논리적인 처리 순서에 따라 연속된 물리적 공간으로 기록한 파일
- 인덱스 파일(Index File) : 색인(Index)을 이용하여 순차적인 접근 방법을 제공하는 파일
- 다중 링 파일(Multi-Ring File) : 같은 특성을 가진 레코드들을 일련의 포인터로 연결하여 구성한 파일

13 ②

결합도(Coupling)

모듈 간 결합 정도에 따라 구분되며 결합도가 낮을수록 높은 품질이다.

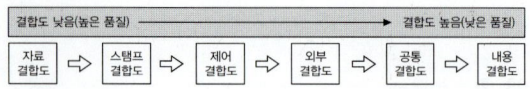

자료 결합도	모듈 간의 인터페이스가 자료 요소로만 구성된 경우
스탬프 결합도	두 모듈이 동일한 자료구조를 조회하는 경우
제어 결합도	어떤 모듈이 다른 모듈의 내부 논리 조작을 제어하기 위한 목적으로 제어신호를 이용하여 통신하는 경우
외부 결합도	어떤 모듈에서 외부로 선언한 변수를 다른 모듈에서 참조할 경우
공통 결합도	여러 모듈이 공통 자료 영역을 사용하는 경우
내용 결합도	한 모듈이 다른 모듈의 내부 기능 및 그 내부 자료를 조회하도록 설계되었을 경우

14 ①

테스트(Test)

- 단위 테스트(Unit Test) : 작은 소프트웨어 단위를 테스트하는 것으로, 일반적으로 개발자에 의해 행해진다.
- 통합 테스트(Integration Test) : 모듈 사이의 인터페이스, 통합된 컴포넌트 간의 상호작용을 테스트한다.
- 시스템 테스트(System Test) : 통합된 단위 시스템의 기능이 시스템에서 정상적으로 수행되는지를 테스트한다.
- 인수 테스트(Acceptance Test) : 최종 사용자와 업무에 따른 이해관계자 등이 테스트를 수행하여 개발된 제품에 대해 운영 여부를 결정하는 테스트이다.

15 ③

프로토타입 패턴은 생성 패턴에 해당한다.

오답 피하기

- 생성 패턴 : 팩토리 메소드 패턴(Factory Method Pattern), 추상 팩토리 패턴(Abstract Factory Pattern), 빌더 패턴(Builder Pattern), 프로토타입 패턴(prototype Pattern), 싱글턴 패턴(Singleton Pattern)
- 구조 패턴 : 어댑터 패턴(Adapter Pattern), 브리지 패턴(Bridge Pattern), 컴포지트 패턴(Composite Pattern), 데코레이터 패턴(Decorator Pattern), 퍼싸드 패턴(Facade Pattern), 플라이 웨이트 패턴(Fly wight Pattern), 프록시 패턴(Porxy Pattern)
- 행위 패턴 : 책임 연쇄 패턴(Chain of Responsibility Pattern), 커맨드 패턴(Command Pattern), 해석자 패턴(Interpreter Pattern), 반복자 패턴(Iterator Pattern), 상태 패턴(State Pattern) 등

16 ③

UI설계 도구

- 스토리보드(Storyboard) : 사용자와 작업, 인터페이스 간 상호작용을 시각화 한 것으로, 개발자와 디자이너 간의 의사소통을 돕는 도구이다.
- 목업(Mockup) : 시각적으로 구성요소를 배치하여 실물과 흡사한 정적인 모형으로 실제 구현되지는 않는다.
- 와이어 프레임(Wire Frame) : UI 중심의 화면 레이아웃을 선을 이용하여 개략적으로 작성한다.

17 ④

- 화이트박스 테스트 : 기초 경로 검사, 조건 검사, 제어 구조 검사, 데이터 흐름 검사, 루프 검사 등
- 블랙박스 테스트 : 동치분할 검사, 원인 효과 그래프 검사, 비교 검사 등

18 ②

기준선(Baseline)은 변경을 통제하도록 도와주는 기준으로, 정식으로 검토 및 합의된 명세서나 제품 개발의 바탕으로서, 정식의 변경 통제 절차를 통해서만 변경 가능하다.

19 ①

오답 피하기

- 텍스트박스(TextBox) : 사용자가 입력한 문자 정보를 받아 프로그램이 쓸 수 있게 한다.
- 라디오 버튼(Radio Button) : 여러 개의 옵션 중에서 무조건 한 개만 선택 가능하다.
- 체크박스(Checkbox) : 여러 개의 옵션 중에서 하나 또는 여러 개를 선택하거나, 아무것도 선택하지 않는 것이 가능하다.

20 ④

- 의미 분석 : 자료형 검사를 수행하는 단계로 분석결과에 해석을 가하여 문장이 가진 의미를 분석한다.
- 어휘 분석 : 프로그램 실행 시 원시 프로그램을 문자 단위로 스캐닝하여 문법적으로 의미 있는 일련의 문자들로 분할해 내는 역할을 수행한다.
- 구문 분석 : 주어진 문장이 정의된 문법 구조에 따라 정당하게 하나의 문장으로 사용될 수 있는가를 확인하는 작업이다.

21 ①

Python의 이스케이프 시퀀스(Escape Sequence)

- \a : 벨(Bell)
- \' : 작은 따옴표(Single Quote)
- \" : 큰 따옴표(Double Quote)

22 ②

- n이 1일 때 sum은 1이 되고 n을 2 증가한 후 n<10을 만족하므로 반복
- n이 3일 때 sum은 4가 되고 n을 2 증가한 후 n<10을 만족하므로 반복
- n이 5일 때 sum은 9가 되고 n을 2 증가한 후 n<10을 만족하므로 반복
- n이 7일 때 sum은 16이 되고 n을 2 증가한 후 n<10을 만족하므로 반복
- n이 9일 때 sum은 25가 되고 n을 2 증가한 후 n<10을 만족하지 않으므로 sum 변수 값인 정수 25를 출력한다.

오답 피하기

do~while 반복문
- 1회 이상 반복 수행할 때 사용한다.
- 문법 구조

```
초기식;
do {
명령문;
...
증감식;
} while(조건식);
```

23 ①

HTML 문서에 자바스크립트 코드를 포함하는 방법

방법1	• Internal 방법 : ⟨script⟩ 태그를 ⟨head⟩ 태그에 포함시키거나 ⟨body⟩ 태그 끝에 포함 • ⟨head⟩ ⟨script⟩ 자바스크립트 코드 ⟨/script⟩ ⟨/head⟩ • ⟨body⟩ ⟨script⟩ 자바스크립트 코드 ⟨/script⟩ ⟨/body⟩
방법2	• External 방법 : js 파일을 작성하여 ⟨script⟩ 태그 src 속성에 포함 • ⟨script src="/자바스크립트 코드.js"⟩⟨/script⟩

24 ②

100 != 200을 판별하면, 두 정수는 같지 않으므로 '참'을 반환하고 C언어의 출력형식 지정 문자가 "%d"이므로 정수 1을 출력한다.

25 ①

오답 피하기

- pwd : 현재 경로 표시
- mkdir : 디렉터리 생성
- ls : 파일 목록 출력

26 ②

오답 피하기

트래픽 용량이란 1일 동안 이용 가능한 총 트래픽을 의미하는 것으로, 전송량이 적은 경우와는 다르다.

27 ④

- 거리 벡터 라우팅(Distance Vector Routing) : RIP, BGP, IGRP, EIGRP 등
- 링크 상태 라우팅(Link State Routing) : OSPF, IS-IS 등

28 ④

⟨td⟩ 태그의 속성
- rowspan 속성 : 표의 셀의 확장될 행의 개수
- colspan 속성 : 표의 셀의 확장될 열의 개수

29 ①

SJF(Shortest Job First)는 작업이 끝나기까지의 실행시간(CPU 사용시간) 추정치가 가장 작은 작업을 먼저 실행시키는 선점형 스케줄링 방법이다.

작업	도착시간	CPU 사용시간	대기시간	반환시간
1	0	23	0	23
2	3	35	33-3=30	68-3=65
3	8	10	23-8=15	33-8=25

30 ④

결합도(Coupling)
- 두 모듈 간의 상호 의존도로 한 모듈 내에 있는 처리 요소들 사이의 기능적인 연관 정도를 나타낸다.
- 모듈 간의 결합도를 약하게 하면 모듈 독립성이 향상되어 시스템을 구현하고 유지보수 작업이 쉽다.

결합도 낮음(높은 품질) ────────→ 결합도 높음(낮은 품질)

자료 결합도 ⇒ 스탬프 결합도 ⇒ 제어 결합도 ⇒ 외부 결합도 ⇒ 공통 결합도 ⇒ 내용 결합도

31 ②

오답 피하기

②는 교착상태에 대한 설명이다.

32 ①

OSI 7계층의 기능
① 물리 계층(Physical Layer) : 전기적, 기능적, 절차적 기능을 정의한다.
② 데이터 링크 계층(Data Link Layer) : 흐름 제어, 에러 제어, 두 노드 간을 직접 연결하는 링크 상에서 프레임의 전달을 담당한다. 흐름 제어와 오류 복구를 통하여 신뢰성 있는 프레임 단위의 전달을 제공한다.
③ 네트워크 계층(Network Layer) : 경로 설정 및 네트워크 연결을 관리하며 통신망을 통해 목적지까지 패킷 전달을 담당한다.
④ 전송 계층(Transport Layer) : 통신 양단 간(End-To-End)의 에러 제어 및 흐름 제어, 다중화/역다중화를 한다.
⑤ 세션 계층(Session Layer) : 회화 구성, 동기 제어, 데이터 교환 관리, 프로세스 간에 대한 연결을 확립, 관리, 단절시키는 수단을 제공한다.
⑥ 표현 계층(Presentation Layer) : 코드 변환, 암호화, 압축, 구문 검색을 한다.
⑦ 응용 계층(Application Layer) : 사용자에게 서비스를 제공하며, 네트워크 가상 터미널(Network Virtual Terminal)이 존재하여 서로 상이한 프로토콜에 의해 발생하는 호환성 문제를 해결한다.

33 ④

Math 객체의 max() 메서드
- 전달받은 인수 중에서 가장 큰 수를 반환한다.
- 인수가 전달되지 않으면 Infinity를, 인수가 비교 불가능하면 NaN을 반환한다.

34 ①

오답 피하기
- delete 연산자 : 피연산자를 삭제하는 연산자
- new 연산자 : 피연산자의 인스턴스를 생성하는 연산자
- instanceof 연산자 : 피연산자가 특정 객체의 인스턴스인지를 반환하는 연산자

35 ②

오답 피하기
- 리피터(Repeater) : 디지털 신호를 증폭시켜 주는 역할
- 서버(Server) : 클라이언트와 통신하여 서비스 제공
- 클라이언트(Client) : 하드웨어 환경 사용자의 인터페이스 역할

36 ④

HTML의 목록 태그
- ⟨ul⟩ : 순서가 없는 목록
- ⟨ol⟩ : 순서가 있는 목록
- ⟨li⟩ : 각 목록에 포함되는 요소
- ⟨dl⟩ : 정의 목록, ⟨dt⟩ 외 ⟨dd⟩ 태그 포함

37 ②

- main() 함수에서 test() 함수로 호출이 실행되었다.
- 첫 번째 변수 a의 출력 결과는 test() 함수의 20이다.
- 두 번째 변수 a의 출력 결과는 test() 함수의 40이다.
- test() 함수에서 main() 함수로 반환되며 test() 함수의 변수 a는 메모리에서 사라진다.
- 세 번째 변수 a의 출력 결과는 main() 함수의 10이다.
- 네 번째 변수 a의 출력 결과는 main() 함수의 30이다.

오답 피하기
C언어 함수 내의 지역변수(Local variable, 자동변수)는 중괄호({ }) 내부에 선언되어 해당 블록에서만 접근 가능한 변수이다.

38 ④

오답 피하기
- border-width : 테두리의 두께 설정
- border-style : 테두리의 모양 설정
- border-color : 테두리의 색상 설정

39 ②

JavaScript의 문자열 관련 메서드

charAt()	전달받은 인덱스의 문자 추출
slice()	인덱스의 시작과 끝의 문자열 추출
split()	구분자를 기준으로 문자열 분리
indexOf()	특정 문자열이 처음 등장하는 위치의 인덱스를 반환

40 ②

상호배제를 구현하는 기법으로 데커 알고리즘, 피터슨 알고리즘, Test and set 기법, Lamport의 베이커리(빵집) 알고리즘, Swap 명령어 기법 등이 있다.

41 ①

비정규형 릴레이션
↓ 모든 도메인이 원자값이 되도록 분해
제1정규형(1NF)
↓ 부분 함수 종속 관계 제거
제2정규형(2NF)
↓ 이행적 함수 종속 관계 제거
제3정규형(3NF)
↓ 후보키가 아닌 결정자 관계 제거
보이스 코드 정규형(BCNF)
↓ 다치 종속 관계 제거
제4정규형(4NF)
↓ 후보키를 통하지 않은 조인 종속 관계 제거
제5정규형(5NF)

42 ④

E-R 다이어그램(ERD)

기호	기호 이름	의미
사각형	사각형	개체(Entity)
마름모	마름모	관계(Relationship)
타원	타원	속성(Attribute)
선	선, 링크	개체-속성, 개체-개체의 연결
2중 타원	2중 타원	다중값 속성

43 ①

- 관계대수 : 원하는 정보와 그 정보를 어떻게 유도하는가를 기술하는 절차적인 방법
- 관계해석 : 원하는 정보가 무엇이라는 것만 정의하는 비절차적인 방법

44 ②

삽입(insertion) 정렬은 두 번째 값을 키값으로 지정해 키값 앞의 값과 비교하면서 정렬을 진행한다.

1pass	5, 4, 3, 2, 1 → 4, 5, 3, 2, 1
2pass	4, 5, 3, 2, 1 → 3, 4, 5, 2, 1
3pass	3, 4, 5, 2, 1 → 2, 3, 4, 5, 1
4pass	2, 3, 4, 5, 1 → 1, 2, 3, 4, 5

45 ②

SQL 명령어

DDL(데이터 정의어)	CREATE, DROP, ALTER
DML(데이터 조작어)	SELECT, INSERT, DELETE, UPDATE
DCL(데이터 제어어)	GRANT, REVOKE

46 ③

순수 관계 연산

Select	σ	조건에 맞는 튜플을 구하는 수평적 연산
Project	π	속성 리스트로 주어진 속성만 구하는 수직적 연산
Join	⋈	공통 속성을 기준으로 두 릴레이션을 합하여 새로운 릴레이션을 만드는 연산
Division	÷	두 릴레이션 A, B에 대해 B 릴레이션의 모든 조건을 만족하는 튜플들을 릴레이션 A에서 분리해 내어 프로젝션하는 연산

47 ③

무결성(Integrity)

- 개체 무결성 : 기본키의 값은 널(Null) 값이나 중복 값을 가질 수 없다는 제약 조건
- 참조 무결성 : 참조할 수 없는 외래키값을 가질 수 없다는 제약 조건

48 ④

Synonym(동의어)

- 해싱에서 동일한 홈 주소로 인하여 충돌이 일어난 레코드들의 집합을 말한다.
- 즉, 해싱 함수의 값을 구한 결과 키 K1, K2가 같은 값을 가질 때, 이들 키 K1, K2의 집합을 동의어(Synonym)라고 한다.

49 ②

2차원 테이블로 표현되는 데이터 모델은 관계형 데이터 모델이다.

50 ③

데크(Deque)

- 자료의 삽입과 삭제가 리스트의 양쪽 끝에서 이루어지므로 두 개의 포인터(END1, END2)를 사용하는 자료구조이다.
- 스택과 큐를 복합한 형태이다.
- 입력 제한 데크를 Scroll, 출력 제한 데크를 Shelf라고 한다.

51 ④

일반 집합 연산

- 수학적 집합 이론에서 사용하는 연산자로, 릴레이션 연산에도 그대로 적용할 수 있다.
- 합집합, 교집합, 차집합, 교차곱이 있다.

52 ②

DISTINCT 명령은 검색된 레코드 중 중복된 레코드를 제외하는 명령이다.

53 ②

뷰(View)

- 뷰의 생성 시 CREATE문, 검색 시 SELECT문, 삭제 시 DROP문을 사용한다.
- 뷰의 정의 변경 시 ALTER문을 사용할 수 없고 DROP문을 이용한다.

54 ③

'정__'은 '정'으로 시작하는 3글자 문자를 검색한다. 하지만 연산자가 not like이므로 '정'으로 시작하는 3글자 이름을 제외한 이름을 검색한다.

오답 피하기

'정%'는 '정'으로 시작하는 문자를 검색한다.

55 ①

```
SELECT DISTINCT DEPT FROM STUDENT;
```
- DISTINCT 명령은 검색된 레코드 중 중복된 레코드를 제외하는 명령이다.
- 검색된 300명 레코드 중 학과명(DEPT)이 동일한 학생은 제외하고 총 2개 학과 2개 레코드만 출력된다.

```
SELECT DEPT FROM STUDENT;
```
- STUDENT 테이블에서 DEPT학과명을 검색하는 명령이다.
- 인터넷정보과 학생 160명, 사무자동화과 학생 140명 총 300명이 검색된다.

```
SELECT COUNT(DISTINCT DEPT) FROM STUDENT
WHERE DEPT = '사무자동학과';
```
- 학과가 '사무자동학과'인 레코드만 검색하여, 중복을 제외하고 레코드 개수를 센다.

56 ②

- 방향 그래프의 최대 간선수 : n(n-1)
- 무방향 그래프의 최대 간선수 : n(n-1)/2

57 ③

차집합, EXCEPT
- 두 개의 테이블에서 겹치는 부분을 앞의 테이블에서 제외하여 추출하는 연산이다.
- 추출 후 중복된 결과를 제거하여 보여준다.

58 ③

뷰(View)의 특징
- 뷰를 이용한 또 다른 뷰의 생성이 가능하다.
- 하나의 뷰 제거 시 그 뷰를 기초로 정의된 다른 뷰도 함께 삭제된다.
- 뷰에 대한 조작에서 삽입, 갱신, 삭제 연산은 제약이 따른다.
- 뷰가 정의된 기본 테이블이 제거되면 뷰도 자동으로 제거된다.

59 ④

시스템 카탈로그(System Catalog)는 시스템을 위한 정보를 포함하는 시스템 데이터베이스이므로 일반 사용자도 내용을 검색할 수 있다. 단, 일반 사용자는 수정을 할 수는 없다.

60 ②

릴레이션(Relation)	• 행(Row)과 열(Column)로 구성된 테이블
릴레이션 스키마	• 릴레이션 내포(Intension) • 정적 성질
릴레이션 인스턴스	• 릴레이션의 실질적인 내용 의미
튜플(Tuple)	• 테이블의 각 행(Row), 파일 구조의 레코드(Record)와 같은 의미
속성(Attribute)	• 개체가 갖는 특성이나 상태 의미 • 테이블의 각 열(Column), 파일 구조의 필드(Field) 또는 항목(Item)
도메인(Domain)	• 하나의 속성 취할 수 있는 같은 타입의 원자값들의 집합 • 정의된 속성은 반드시 그 해당 도메인 내에서만 값을 취함

최신 기출문제 08회

2-209p

01 ③	02 ②	03 ③	04 ④	05 ④
06 ③	07 ①	08 ③	09 ②	10 ④
11 ④	12 ②	13 ③	14 ④	15 ④
16 ①	17 ②	18 ②	19 ③	20 ①
21 ④	22 ③	23 ①	24 ③	25 ②
26 ①	27 ②	28 ③	29 ②	30 ④
31 ①	32 ①	33 ②	34 ④	35 ③
36 ③	37 ②	38 ③	39 ①	40 ②
41 ④	42 ④	43 ④	44 ①	45 ④
46 ②	47 ①	48 ④	49 ③	50 ③
51 ④	52 ①	53 ④	54 ③	55 ①
56 ③	57 ①	58 ②	59 ③	60 ③

01 ③

HRN(Highest Response-ratio Next) 스케줄링의 우선순위 = (대기 시간+서비스를 받을 시간)/서비스를 받을 시간

02 ②

회피(Avoidance)
- 교착상태 발생 가능성을 인정하고 교착상태가 발생하려고 할 때, 이를 피해가는 방법이다.
- 주로 은행가 알고리즘(Banker's Algorithm)을 사용한다.

03 ③

쉘(Shell)
- 사용자가 지정한 명령들을 해석하여 커널로 전달하는 명령어 해석기이다.
- 시스템과 사용자 간의 인터페이스를 담당한다.
- 종류 : C Shell, Bourn Shell, Korn Shell 등

04 ④

프로토콜의 기본 요소 : 구문(Syntax), 의미(Semantic), 타이밍(Timing)

05 ④

데이터 링크 계층의 프로토콜 종류 : HDLC, BSC, LAPB, LAPD, LAPF, LLC/MAC, ATM, PPP 등

오답 피하기

응용 계층의 프로토콜 종류 : SMTP, HTTP, FTP 등

06 ③

통신(채널) 용량

$$C = Blog_2(1+S/N)$$

- C : 통신 용량
- B : 대역폭
- S : 신호 전력
- N : 잡음 전력

07 ①

bot : 로봇의 줄임말로 데이터를 찾아주는 소프트웨어 도구이며, 인터넷 웹 사이트를 방문하고 요청한 정보를 검색, 저장, 관리하는 에이전트의 역할을 한다.

오답 피하기

스푸핑(spoofing) : 네트워크 주변을 지나다니는 패킷을 엿보면서 계정(ID)과 비밀번호를 알아내는 보안 위협이다.

08 ③

Git은 형상관리 툴이다.

09 ②

UX(User eXperience) : 제품과 시스템, 서비스 등을 사용자가 직·간접적으로 경험하면서 느끼고 생각하는 총체적 경험

10 ④

코드 커버리지 종류
- 구문 커버리지(Statement Coverage)
- 결정 커버리지(Decision Coverage)
- 조건 커버리지(Condition Coverage)
- 조건/결정 커버리지(Condition/Decision Coverage)
- 변형 조건/결정 커버리지(Modified Condition/Decision Coverage)
- 다중 조건 커버리지(Multiple Condition Coverage)
- 경로 커버리지(All Path Coverage)

11 ④

인수 테스트
- 일반적인 테스트 레벨의 가장 마지막 상위 레벨로, SW 제품에 대한 요구사항이 제대로 이행되었는지 확인하는 단계이다.
- 테스팅 환경을 실 사용자 환경에서 진행하며 수행하는 주체가 사용자이다.
- 알파, 베타 테스트와 가장 밀접한 연관이 있다.

12 ②

테스트 하네스 도구 : 소프트웨어 컴포넌트의 테스트를 가능하게 하거나 프로그램의 입력을 받아들이거나 빠진 컴포넌트의 기능의 대신하거나 실행 결과와 예상 결과를 비교하기 위하여 동원된 소프트웨어 도구

13 ③

소프트웨어 테스트는 완벽 테스팅 불가와 오류 부재의 궤변에 의해 테스트 결과에 결함이 없다고 확신할 수 없다.

14 ④

단위 테스트(Unit Test)
- 하나의 모듈을 기준으로 독립적으로 진행되는 가장 작은 단위의 테스트이다.
- 애플리케이션을 구성하는 하나의 기능이 올바르게 동작하는지를 독립적으로 테스트하는 것이다.
- 구현 단계에서 각 모듈의 개발을 완료한 후 개발자가 명세서의 내용대로 정확히 구현되었는지 테스트한다.
- 모듈 내부의 구조를 구체적으로 볼 수 있는 구조적 테스트를 주로 시행한다.

15 ④

커뮤니케이션 다이어그램 : 시스템이나 객체들이 메시지를 주고받으며 시간의 흐름에 따라 상호 작용하는 과정을 액터, 객체, 링크, 메시지 등의 요소를 사용하여 그림으로 표현한다.

오답 피하기

상태 다이어그램(State Diagram) : 제한된 시간 내에 기계를 작동할 때 발생하는 프로세스를 시각적으로 표현한 것이다.

16 ①

브릿지 패턴(Bridge Pattern)
- 패턴은 객체의 확장성을 향상하기 위한 패턴이다.
- 기능과 구현에 대해서 두 개를 별도의 클래스로 구현한다.

오답 피하기

①번은 적응자(Adapter) 패턴에 관한 내용이다.

17 ③

③번은 절차지향형 분석 기법에 관한 설명이다.

18 ②

모델(Model)은 데이터를 저장, 보관하고 있으며 중앙 데이터 구조로 제어 객체가 제어 흐름을 지시한다.

오답 피하기

MVC 모델
- 모델(Model) : 데이터와 비즈니스 로직을 관리한다. (사용자가 편집하길 원하는 모든 데이터를 가지고 있어야 한다.)
- 뷰(View) : 레이아웃과 화면을 처리한다. (모델이 가지고 있는 정보를 따로 저장해서는 안 된다.)
- 제어(Controller) : 명령을 모델과 뷰 부분으로 라우팅한다. (모델이나 뷰에 대해서 알고 있어야 한다.)

19 ③

자료 흐름도(DFD, Data Flow Diagram)

구성 요소	의미	표기법
프로세스 (Process)	자료를 변환시키는 시스템의 한 부분을 나타냄	프로세스 이름
자료 흐름 (Data Flow)	자료의 이동(흐름)을 나타냄	자료 이름
자료 저장소 (Data Store)	시스템에서의 자료 저장소(파일, 데이터베이스)를 나타냄	자료 저장소 이름
단말 (Terminator)	• 자료의 발생지와 종착지를 나타냄 • 시스템의 외부에 존재하는 사람이나 조직체	단말 이름

20 ①

오답 피하기

Zing : 기기를 키오스크에 갖다 대면 원하는 데이터를 바로 가져올 수 있는 기술로 10cm 이내 근접 거리에서 기가급 속도로 데이터 전송이 가능한 초고속 근접무선통신(NFC, Near Field Communication) 기술이다.

21 ④

오답 피하기
- 〈link〉: 해당 문서와 외부 소스(External Resource) 사이의 관계를 정의할 때 사용한다.
- 〈href〉: 〈a〉 태그의 href 속성은 링크된 페이지의 URL을 명시한다.
- 〈/div〉: Division의 약자로, 레이아웃을 나누는 데 주로 쓰인다.

22 ③

strcmp(s1, s2) : s1과 s2를 비교한다.

23 ①

오답 피하기
- © : Copyright ⓒ를 표시한다.
- < : 〈 (부등호 꺾쇠)
- > : 〉 (부등호 꺾쇠)
- & : & (앰퍼샌드)

24 ③

a:hover 속성 : 마우스 오버했을 때 링크 상태

오답 피하기
- a:link 속성 : 방문 전 링크 상태
- a:visited 속성 : 방문 후 링크 상태
- a:active 속성 : 클릭했을 때 링크 상태

25 ②

HTML5는 DTD를 참조하지 않기 때문에 DOCTYPE 선언이 다음과 같이 간단하게 변경되었다.

```
< !DOCTYPE html >
```

26 ①

JAVASCRIPT 배열 관련 함수
- .push( ) : 배열 맨 뒤에 요소 추가
- .pop( ) : 배열 맨 뒤 요소 삭제
- .unshift( ) : 배열 맨 앞에 요소 추가
- .shift( ) : 배열 맨 앞 요소 삭제

27 ②

모듈화(Modularity)
- 모듈화는 거대한 문제를 작은 조각의 문제로 나누어 다루기 쉽도록 하는 과정으로, 작게 나누어진 각 부분을 모듈이라고 한다.
- 소프트웨어의 모듈은 프로그래밍 언어에서 Subroutine, Function 등으로 표현될 수 있다.
- 모듈화는 시스템을 지능적으로 관리할 수 있도록 해주며, 복잡도 문제를 해결하는 데 도움을 준다.
- 모듈화는 시스템의 유지보수와 수정을 용이하게 한다.

28 ③

JAVASCRIPT의 오류
- 구문 오류(Syntax Error)
- 실행시간 오류(Runtime Error, Exception)
- 논리적인 오류(Logical Errors)

29 ②

형 *변수명

30 ④

aside : 좌우측의 사이드 바를 나타내는 요소로서, 본문과 직접적인 관련이 없는 링크나 관련 정보를 나타내기 위해 사용된다.

31 ①

- func 함수에 10을 가져와 for (let i = 0; i < num; i++)를 통해
  - for (let i = 0; i < 10; i++)
  - 즉 수열 i를 1~9까지 누적 합계한다.
- 1+2+3+4+5+6+7+8+9 = 45

32 ①

문법 오류는 컴파일 과정 중에 에러가 발생하여 프로그램의 정상적인 실행이 불가능하므로, 실행 과정 중 발행하는 JAVA의 예외 조건에 부합하지 않는다.

33 ②

바인딩 시간의 분류
- 동적 바인딩(실행 시간 바인딩) : 프로그램 호출 시간, 모듈 기동 시간, 실행 시간 중 객체 사용 시점
- 정적 바인딩(번역 시간 바인딩) : 언어 정의 시간, 언어 구현 시간, 언어 번역 시간, 링크 시간으로 변수의 형이 결정

34 ④

C언어의 포인터 연산자(*)와 1차원 배열 요소 참조

	10번지 &a[0]	14번지 &a[1]	18번지 &a[2]	22번지 &a[3]
a	14	22	30	38
	a[0]	a[1]	a[2]	a[3]

- 배열의 이름 a는 배열의 첫 번째 요소의 주소와 같다.
- 포인터 연산자(*)는 포인터가 가르치는 주소의 내용을 참조하여 반환한다.
- *(a + 2)는 a[2]의 값인 30을 출력한다.
- *a + 2는 a[0] + 2를 수행하여 16을 출력한다.

35 ③

변수 이름의 중간에 공백을 사용할 수 없다.

36 ③

정보 은닉(Information Hiding)
- 객체 내부의 속성과 메소드를 숨기고 공개된 인터페이스를 통해서만 메시지를 주고받을 수 있도록 하는 것을 의미한다.
- 예기치 못한 Side Effect를 줄이기 위해서 사용한다.

37 ②

파이썬의 if~elif~else 조건문

```
if 조건1:
    조건1이 True일 경우 실행문
elif 조건2:
    조건1이 False이고 조건2가 True일 경우 실행문
else
    조건1과 조건2가 모두 False일 경우 실행문
```

빈칸에 elif가 들어가면 'elif x==20'의 결과가 True이므로 실행 결과인 20이 출력된다.

38 ③
- 데이터가 ' '로 묶여 있으므로 문자열이다.
- 두 문자열('10' + '20')을 묶어 1020이 된다.

39 ①
new 연산자
- 인스턴스(객체)를 생성해주는 역할을 한다.
- 메모리(Heap 영역)에 데이터를 저장할 공간을 할당받고 해당 객체의 참조값을 객체에게 반환함과 동시에 생성자를 호출한다. // 객체생성
- 클래스 변수 = new 클래스( );

40 ②
C언어의 논리 연산자
- 논리부정(!) 연산자 : '참'을 '거짓'으로 '거짓'을 '참'으로 부정
- 논리곱(&&) 연산자 : 좌측과 우측 피연산자가 모두 '참'이어야 '참'의 결과
- 논리합(||) 연산자 : 좌측과 우측 피연산자 중 좌측 연산자가 '참'이면 '참'의 결과

오답 피하기
printf("%d", t1 + t2); 명령문은 0 + 1을 수행한 결과 1을 출력한다.

	int a = 5, b = 0;
t1	a && b
	5 && 0
	참 && 거짓
	결과 : 거짓(0)
t2	a || b
	5 || 0
	참 || 0
	결과 : 참(1)

41 ④
일반 사용자도 내용을 검색할 수 있지만, 내용을 삽입/삭제/갱신하는 것은 불가능하다.

42 ④
오름차순 선택 정렬의 경우 1pass마다 가장 작은 값이 맨 앞으로 이동한다.
1pass : 8 3 4 9 7 → 3 8 4 9 7
2pass : 3 8 4 9 7 → 3 4 8 9 7
3pass : 3 4 8 9 7 → 3 4 7 9 8
4pass : 3 4 7 9 8 → 3 4 7 8 9

43 ③
`SELECT DEPT FROM STUDENT;`
- STUDENT 테이블에서 DEPT 학과명을 검색하는 명령이다.
- 독일어과 50명, 중국어과 30명, 영어영문학과 50명 총 130명이 검색된다.

`SELECT DISTINCT DEPT FROM STUDENT;`
- DISTINCT 명령은 검색된 레코드 중 중복된 레코드를 제외하는 명령이다.
- 검색된 130명 레코드 중 학과명이 동일한 학생은 제외하고 총 3개 학과 3개 레코드만 출력된다.

44 ①

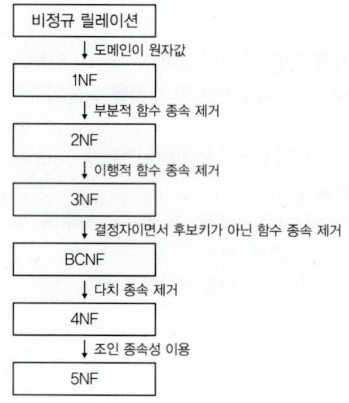

45 ④
논리적 설계 단계 : 트랜잭션 인터페이스 설계, 스키마 설계, 스키마의 평가 및 정제 등의 기능 수행, 정규화 수행

오답 피하기
트랜잭션 모델링은 개념적 설계 단계에서 수행한다.

46 ②
무방향 그래프의 최대 간선수 : n(n-1)/2

오답 피하기
방향 그래프의 최대 간선수 : n(n-1)

47 ①
순수 관계 연산자 종류

Select	σ	조건에 맞는 튜플을 구하는 수평적 연산
Project	π	속성 리스트로 주어진 속성만 구하는 수직적 연산
Join	⋈	공통 속성을 기준으로 두 릴레이션을 합하여 새로운 릴레이션을 만드는 연산
Division	÷	두 릴레이션 A, B에 대해 B 릴레이션의 모든 조건을 만족하는 튜플들을 릴레이션 A에서 분리해 내어 프로젝션하는 연산

48 ④

'박__'은 '박'으로 시작하는 3글자 문자를 검색한다. 하지만 연산자가 not like이므로 '박'으로 시작하는 3글자 이름을 제외한 나머지 이름을 검색한다.

49 ③

Synonym(동의어) : 해싱에서 동일한 홈 주소로 인하여 충돌이 일어난 레코드들의 집합을 말한다. 다시 말해 해시 함수의 값을 구한 결과 키 K1, K2가 같은 값을 가질 때, 이들 키 K1, K2의 집합을 동의어(Synonym)라고 한다.

오답 피하기

- 버킷(Bucket) : 하나의 주소를 갖는 파일의 한 구역으로, n개의 슬롯이 모여 하나의 버킷을 형성함
- 충돌(Collision) : 레코드를 삽입할 때 2개의 상이한 레코드가 똑같은 버킷으로 해싱되는 것
- 오버플로우(Overflow) : 정해진 작은 공간에 그 공간보다 더 큰 물건을 담으면 내용물이 흘러 넘치는 현상

50 ③

DROP은 DDL(데이터베이스 정의어)이다.

51 ④

속성값은 단일값(Atomic Value)이어야 한다.

52 ①

데이터 모델의 구성 요소

- 구조(Structure) : 데이터 구조 및 정적 성질 표현
- 연산(Operations) : 데이터의 인스턴스에 적용 가능한 연산 명세와 조작 기법 표현
- 제약 조건(Constraints) : 데이터의 논리적 제한 명시 및 조작의 규칙

53 ④

RESTRICT : 삭제할 요소가 다른 개체에서 참조 중일 경우 삭제가 취소된다.

54 ③

직접 파일(Direct File)

- 직접 접근 기억장치의 물리적 주소를 통해 직접 레코드에 접근하는 파일 구조
- 해싱 등의 사상 함수를 사용하여 레코드 키에 의한 주소 계산을 통해 레코드에 접근할 수 있도록 구성

55 ①

데크(Deque)

- 자료의 삽입과 삭제가 리스트의 양쪽 끝에서 이루어지므로 두 개의 포인터(END1, END2)를 사용하는 자료 구조
- 스택과 큐를 복합한 형태
- 입력 제한 데크를 Scroll, 출력 제한 데크를 Shelf라고 함

56 ③

오답 피하기

- 후보키(Candidate Key) : 릴레이션을 구성하는 속성들 중에서 튜플을 유일하게 식별하기 위해 사용되는 속성들의 부분집합 (유일성과 최소성을 모두 만족)
- 대체키(Alternate Key) : 후보키 중에서 선정된 기본키를 제외한 나머지 후보키
- 외래키(Foreign Key) : 다른 릴레이션의 기본키를 참조하는 속성 또는 속성들의 집합

57 ①

오답 피하기

관계 대수(Relational Algebra)

- 원하는 정보와 그 정보를 어떻게 유도하는가를 기술하는 절차적인 방법이다.
- 주어진 릴레이션 조작을 위한 연산의 집합이다.
- 일반 집합 연산과 순수 관계 연산으로 구분된다.
- 질의에 대한 해를 구하기 위해 수행해야 할 연산의 순서를 명시한다.

58 ②

DDL(데이터 정의어)의 종류

CREATE	스키마, 도메인, 테이블, 인덱스, 뷰 정의
ALTER	테이블 정의 변경
DROP	스키마, 도메인, 테이블, 인덱스, 뷰 삭제

59 ③

```
INSERT INTO 테이블명(필드1, 필드2, ...) Values(필드1값, 필드2값, 필드3값, ...);
```

60 ③

개체 관계도(ERD, Entity-Relationship Diagram)

- 데이터베이스 설계 단계에서 데이터 구조들과 그들 간의 관계를 표현하는 방법이다.
- 구성 : 개체(Entity), 속성(Attribute), 관계(Relationship)

최신 기출문제 09회

01 ①	02 ④	03 ③	04 ③	05 ①
06 ②	07 ②	08 ③	09 ③	10 ②
11 ④	12 ③	13 ②	14 ④	15 ④
16 ④	17 ①	18 ③	19 ①	20 ②
21 ③	22 ④	23 ①	24 ③	25 ①
26 ③	27 ④	28 ③	29 ③	30 ④
31 ④	32 ③	33 ①	34 ④	35 ①
36 ④	37 ①	38 ③	39 ①	40 ①
41 ④	42 ①	43 ①	44 ①	45 ②
46 ③	47 ④	48 ②	49 ①	50 ④
51 ①	52 ②	53 ②	54 ①	55 ②
56 ③	57 ③	58 ④	59 ①	60 ②

01 ①

스레드(Thread)
- 프로세스 내에서의 작업 단위로서 시스템의 여러 자원을 할당받아 실행하는 프로그램의 단위를 의미한다.
- 하드웨어, 운영체제의 성능과 응용 프로그램의 처리율을 향상시킬 수 있다.
- 한 개의 프로세스는 여러 개의 스레드를 가질 수 있다.

02 ④

FIFO(First In First Out)는 가장 먼저 적재된 페이지를 먼저 교체하는 기법이다.

요청 페이지	1	2	3	4	1	2	3
페이지 프레임	1	1	1	4	4	4	3
		2	2	2	1	1	1
			3	3	3	2	2
페이지 부재	×	×	×	×	×	×	×

03 ③

브룩스(Brooks)의 법칙 : 소프트웨어 개발 일정이 지연된다고 해서 말기에 새로운 인원을 투입하면 작업 적응 기간과 부작용으로 인해 일정은 더욱 지연된다는 법칙이다.

04 ③

SJF(Shortest Job First)
- 비선점 방식으로 준비상태 큐에서 대기하는 프로세스들 중에서 실행 시간이 가장 짧은 프로세스에게 먼저 CPU를 할당하는 기법이다.
- 작업 순서는 실행시간이 짧은 순서이므로 2 - 3 - 1의 순서로 실행되지만 이 문제의 경우 1번이 가장 먼저 도착해 실행을 해 버린 상태에서 2번이 도착되었기 때문에 결국 2번은 1번이 끝날 때까지 기다린 후 실행이 되게 된다.
- 작업번호 2의 최종 종료시간은 '작업1 실행시간 + 작업2 실행시간'이 된다.
- 즉, 6+3=9

05 ①

①번은 전송 계층에 관한 내용이다.

06 ②

- ARP(Address Resolution Protocol) : 논리 주소(IP 주소)를 물리 주소(MAC 주소)로 변환하는 프로토콜이다.
- RARP(Reverse Address Resolution Protocol) : 호스트의 물리 주소(MAC 주소)로부터 논리 주소(IP 주소)를 구하는 프로토콜이다.

07 ②

비동기식 시분할 다중화(ATDM, Asynchronous Time Division Multiplexing)
- 지능 다중화, 통계적 다중화(Statistical Time Division Multiplexing)라고도 한다.
- 실제로 전송할 데이터가 있는 단말 장치에만 타임 슬롯을 할당 → 전송 효율이 높다.
- 기억 장치, 복잡한 주소제어 회로 등이 필요하다.
- 동기식 시분할 다중화기에 비해 가격이 비싸고, 접속에 소요되는 시간이 길어진다.

08 ③

정지-대기(Stop and Wait) 방식
- 한 개의 프레임을 전송하고, 수신측으로부터 ACK(긍정 응답) 및 NAK(부정 응답) 신호를 수신할 때까지 정보 전송을 중지하고 기다리는 기법이다.
- 가장 간단한 방식이다.

09 ③

데이터(자료) 흐름도(DFD, Data Flow Diagram)
- 시스템 내의 모든 자료 흐름을 4가지의 기본 기호(처리, 자료 흐름, 자료 저장소, 단말)로 기술하고 이런 자료 흐름에 중심한 분석용 도구이다.
- DFD의 요소는 화살표, 원, 사각형, 직선(단선/이중선)으로 표시한다.
- 시스템이나 프로그램 간의 총체적인 데이터 흐름을 표시할 수 있으며, 기본적인 데이터 요소와 그들 사이의 데이터 흐름 형태로 기술된다.
- 다차원적이며 자료 흐름 그래프 또는 버블(bubble) 차트라고도 한다.
- 구조적 분석 기법에 이용된다.
- 그림 중심의 표현이고 하향식 분할 원리를 적용한다.

10 ②

N-S 차트(Nassi-Schneiderman Chart)
- 구조적 프로그램의 순차, 선택, 반복의 구조를 사각형으로 도식화하여 알고리즘을 논리적 기술에 중점을 둔 도형식 표현 방법이다.
- 조건이 복합되어 있는 곳의 처리를 시각적으로 명확히 식별하는 데 적합하다.
- 제어 구조 : 순차(Sequence), 선택 및 다중 선택(If~Then~Else, Case), 반복(Repeat~Until, While, For)
- 박스 다이어그램이라고도 한다.

11 ④

오답 피하기

브로커 패턴(Broker Pattern)
- 분리된 컴포넌트들로 이루어진 분산 시스템에서 사용된다.
- 이 컴포넌트들은 원격 서비스 실행을 통해 서로 상호 작용을 할 수 있다.
- 브로커(Broker) 컴포넌트는 컴포넌트(Components) 간의 통신을 조정하는 역할을 한다.

12 ③

③번은 상속에 관한 내용이다.

13 ②

IPv6
- 128비트의 길이를 갖는다.
- 유니캐스트, 멀티캐스트, 애니캐스트의 3가지 주소 유형을 갖는다.

14 ④

구역성이 발생하면 시스템의 성능이 향상된다.

오답 피하기

구역성(Locality)
- 프로세스가 실행되는 동안 일부 페이지만 집중적으로 참조되는 경향을 의미한다.
- 시간 구역성(Temporal Locality) : 최근에 참조된 기억장소가 가까운 장래에도 계속 참조될 가능성이 높음을 의미한다. (루프, 서브루틴, 스택, 집계에 사용되는 변수 등)
- 공간 구역성(Spatial Locality) : 하나의 기억장소가 가까운 장래에도 계속 참조될 가능성이 높음을 의미한다. (배열 순례, 프로그램의 순차적 수행 등)

15 ④

④번은 메멘토(Memento) 패턴의 설명이다.

16 ④

결합된 모든 프로그램을 한 번에 테스트하는 기법은 빅뱅 테스트이다.

17 ③

코드 인스펙션(감사)은 정적 테스트 기법에 주로 사용된다.

18 ②

나선형 모형의 개발 단계

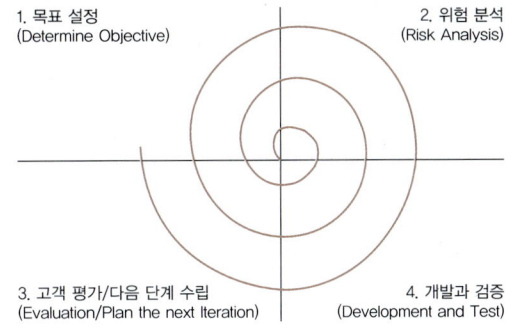

19 ①

순차 다이어그램(Sequence Diagram)
시스템의 동작을 정형화하고 객체 간의 메시지 교환을 쉽게 표현하고 시간에 따른 메시지 발생순서를 강조한다.

오답 피하기

상태 머신 다이어그램(State Machine Diagram)
- 객체의 생명주기를 표현한다.
- 동적 행위를 모델링하지만 특정 객체만을 다룬다.
- 예 실시간 임베디드 시스템, 게임, 프로토콜 설계에 이용

20 ②

애자일 개발 방법론은 전문 개발자들이 중소 규모의 프로젝트를 진행할 때 유리하다.

21 ③

- stdio.h는 C언어 표준 입출력 라이브러리(Standard Input and Output Library)이다.
- printf( ) 함수는 C언어의 표준 출력 함수로, 여러 종류의 데이터(data)를 다양한 서식에 맞춰 출력한다.

22 ③

모듈의 결합도와 응집도
- 바람직한 소프트웨어 설계는 응집도는 강하게, 결합도는 약하게 설계하여 모듈의 독립성을 확보할 수 있도록 한다.
- 유지보수가 수월해야 하며 복잡도와 중복을 피한다.
- 입구와 출구는 하나씩 갖도록 한다.

23 ①

DOCTYPE 선언은 HTML 문서가 어떤 버전으로 작성되었는지 브라우저에게 말해주는 것으로, HTML 문서의 첫 부분에 반드시 작성해야 한다.

24 ③

> 오답 피하기
- test-transform : 대소문자 변경
- text-indent : 들여쓰기

25 ①

Padding 속성
- 내용(Content)과 테두리(Border) 사이의 간격인 패딩 영역의 크기를 설정한다.
- 패딩 영역은 background-color 속성으로 설정하는 배경색의 영향을 받으며, 배경색을 구분하고자 할 경우 "background-clip: content-box;"를 사용한다.

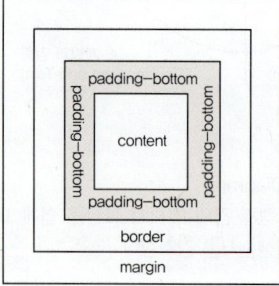

26 ③

행이 병합되어 있으므로 "〈td rowspan="3"〉 정보처리산업기사 필기 〈/td〉"로 작성한다.

> 오답 피하기
- colspan : 열 병합
- rowspan : 행 병합

27 ④

절차적 응집도(Procedural Cohesion) : 모듈이 다수의 관련 기능을 가질 때 모듈 내부의 기능 요소들이 그 기능을 순차적으로 수행할 경우의 응집도

28 ③

Location 객체 : 현재 브라우저에 표시된 HTML 문서의 주소를 얻거나, 브라우저에 새 문서를 불러올 때 사용한다.

> 오답 피하기
- Screen 객체 : 사용자의 디스플레이 화면에 대한 다양한 정보를 저장하는 객체이다.
- History 객체 : 브라우저의 히스토리 정보를 문서와 문서 상태 목록으로 저장하는 객체이다.

29 ③

C언어의 데이터형
- char : 문자형(1Byte)
- int : 정수형(4Byte)
- float : 실수형(4Byte)
- double : 실수형(8Byte)

> 오답 피하기
- integer : FORTRAN 정수 변수
- character : FORTRAN 문자 변수

30 ④

C언어의 산술 연산자

연산자	의미	예
-	부호 변환	-a
+	덧셈	a+b
-	뺄셈	a-b
*	곱셈	a*b
/	나눗셈	a/b
%	나머지 계산	a%b

31 ④

① fruits 배열 상수에 'apple', 'banana', 'kiwi', 'melon' 할당
②, ③ fruits 맨 뒤에 'berry' 삽입 후 삭제
④, ⑤ fruits 맨 앞에 'grape' 삽입 후 삭제
→ 결국 초기 배열값이 출력된다.

> 오답 피하기
- push( ) : 배열 맨 뒤에 요소 추가
- pop( ) : 배열 맨 뒤 요소 삭제
- unshift( ) : 배열 맨 앞에 요소 추가
- shift( ) : 배열 맨 앞 요소 삭제

32 ④

클래스(Class)
- 유사한 객체를 정의한 집합으로 객체의 속성과 행동을 코드로 적어둔 것이며, 일반적인 Type을 의미한다.
- 기본적인 사용자 정의 데이터 형이며, 데이터를 추상화하는 단위이다.
- 구조적 기법에서의 단위 테스트(Unit Test)와 같은 개념이다.
- 상위 클래스(부모 클래스, Super Class), 하위 클래스(자식 클래스, Sub Class)

33 ①

C언어의 입출력 함수

입력		출력	
scanf( )	형식화된 입력	printf( )	형식화된 출력
gets( )	문자열 입력	puts( )	문자열 출력
getchar( )	한 문자 입력	putchar( )	한 문자 출력

34 ④
JAVA의 System.out.println 메소드
- System.out.println 메소드는 콘솔에 문자열 결과를 출력 후, 행을 변경한다.
- "5 + 2 = "의 문자열 이후의 + 연산의 경우 문자열 간 연결 기능을 수행한다.
- 따라서, "5 + 2 = " 이후 + 3을 수행하면 3이 "3" 문자열로 형 변환 후 "5 + 2 = 3"으로 문자열 연결되며 + 4 역시 4가 "4" 문자열로 형 변환 후 "5 + 2 = 34"로 문자열 연결된 후 출력된다.
- "5 + 2 = " + (3 + 4)의 경우 괄호에 의해 (3 + 4)가 먼저 덧셈 수행하여 7로 산술 연산이 되어 "5 + 2 = "과 "7"이 문자열 연결되어 "5 + 2 = 7"이 출력된다.

35 ①
- 변수로 예약어는 사용할 수 없다.
- if~else는 분기문이다.

36 ④
상속성(Inheritance)
- 클래스는 계층 구조를 이룬다.
- 상위 계층의 모든 요소를 상속받고 추가적으로 필요한 새로운 자료 구조와 메소드를 추가하여 하위 계층의 클래스를 생성한다.
- 객체지향에서는 상속의 개념을 이용하여 소프트웨어의 재사용을 지원한다.

37 ①
stdlib.h : C 표준 유틸리티 함수를 모아놓은 헤더 파일이다. 문자형 변환, 수치를 문자형으로 변환하는 등 동적 할당 관련 함수, 난수 생성 함수, 정수의 연산 함수, 검색 및 정렬 함수 등이다.

38 ③
range 함수
- 필요한 만큼의 숫자를 만들어 내는 유용한 기능을 수행한다.
- 입력받은 숫자에 해당되는 범위의 값을 반복 가능한 객체로 만들어 리턴한다.
- for in range(시작, 종료, 스텝) : 순회할 횟수가 정해져 있을 때 사용한다. 시작과 스텝은 생략 가능하다.
- n이 11로 cs 함수로 전달되어 range(11+1) → 0~11까지 S에 누적 합한다.
- 0+1+2+3+4+5+6+7+8+9+10+11 = 66

39 ①
후위 증가 연산자(++)와 전위 감소 연산자(--)
- y = x++; → 변수 y에 변수 x의 값을 대입 후, 변수 x의 값을 1 증가시켜 변수 y에는 5가, 변수 x에는 6이 저장된다.
- z = --x; → 변수 x의 값을 1 감소시킨 후, 변수 z에 변수 x의 값을 대입하여 변수 x와 변수 z에 5가 저장된다.
- 최종 결과 변수 x, 변수 y, 변수 z를 출력하면 5, 5, 5가 출력된다.

40 ①
포인터 변수와 포인터 연산자, 후위 증가 연산자

```
int code = 65;        // 정수 변수 code 선언 및 65로 초기화
int *p = &code;       // 정수형 포인터 변수 p 선언 및 정수형 변수 code의 주소 값으로 초기화
printf("%c", (*p)++); // 포인터 변수 p가 참조하는 값 65를 문자형 'A'로 변환 출력 후 참조하는 변수 code의 값을 1 증가시킨다.
```

printf("%c", (*p)++);
    ②   ① ③

① *p   // 포인터 변수 p가 참조하는 위치의 값, 즉 변수 code의 값 65를
② %c   // printf( ) 함수의 출력서식 %c에 해당하는 ASCII 코드 문자 'A'로 변환하여 출력하여라.
③ (*p)++ // code++과 동일한 의미로 후위 증가 연산하여 66으로 1 증가시킨다. 최종 변수 code의 값은 66으로 저장된다.

오답 피하기
ASCII 코드표는 48번-0(영), 65번-A, 97번-a로 할당되어 있다.

41 ④
정규화 과정

비정규 릴레이션
↓ 도메인이 원자값
1NF
↓ 부분적 함수 종속 제거
2NF
↓ 이행적 함수 종속 제거
3NF
↓ 결정자이면서 후보키가 아닌 함수 종속 제거
BCNF
↓ 다치 종속 제거
4NF
↓ 조인 종속성 이용
5NF

42 ②
시스템 카탈로그는 시스템을 위한 정보를 포함하는 시스템 데이터베이스이므로 일반 사용자도 내용을 검색할 수 있다. 단 일반 사용자는 수정을 할 수 없다.

43 ①

DISTINCT 명령은 검색된 레코드 중 중복된 레코드를 제외하는 명령이다.

44 ①

DDL(Data Definition Language, 데이터 정의어)
- 데이터베이스의 정의/변경/삭제에 사용되는 언어이다.
- 논리적 데이터 구조와 물리적 데이터 구조로 정의할 수 있다.
- 논리적 데이터 구조와 물리적 데이터 구조 간의 사상을 정의한다.
- 번역한 결과가 데이터 사전에 저장된다.

45 ②

충돌(Collision)이란 레코드를 삽입할 때 2개의 상이한 레코드가 똑같은 버킷으로 해싱되는 것을 의미한다.

오답 피하기
- 동의어(Synonym) : 해싱에서 동일한 홈 주소로 인하여 충돌이 일어난 레코드들의 집합
- 버킷(Bucket) : 하나의 주소를 갖는 파일의 한 구역으로, n개의 슬롯이 모여 하나의 버킷을 형성함
- 오버플로우(Overflow) : 정해진 작은 공간에 그 공간보다 더 큰 물건을 담으면 내용물이 흘러 넘치는 현상

46 ③

색인 순차 파일(Indexed Sequential File)의 특성
- 순차 및 직접 접근 형태 모두 가능하도록 레코드들을 키값 순으로 정렬시켜 기록하고, 레코드의 키 항목만을 모든 색인을 구성하는 방식이다.
- 레코드를 참조하려면 색인 탐색 후 색인이 가리키는 포인터를 사용하여 직접 참조한다.
- 기억 장소의 낭비를 초래하고, 속도가 느리다.
- 기본 영역, 색인 영역(트랙/실린더/마스터), 오버플로우 영역(실린더/독립)으로 구성된다.

47 ④

트랜잭션의 특성
- 원자성(Atomicity) : 완전하게 수행 완료되지 않으면 전혀 수행되지 않아야 함
- 일관성(Consistency) : 시스템의 고정 요소는 트랜잭션 수행 전후에 같아야 함
- 격리성(Isolation, 고립성) : 트랜잭션 실행 시 다른 트랜잭션의 간섭을 받지 않아야 함
- 영속성(Durability, 지속성) : 트랜잭션의 완료 결과가 데이터베이스에 영구히 기억되어야 함

48 ②

- 모든 보기를 실제 스택에 입력해 보면 된다. 보기의 첫 번째 문자까지 순서대로 입력한 뒤 pop과 insert를 진행해 보면 된다.
- 예를 들어 ①의 경우 C가 가장 먼저 출력되었다는 것은 A, B, C까지 입력되었다고 가정할 수 있다.

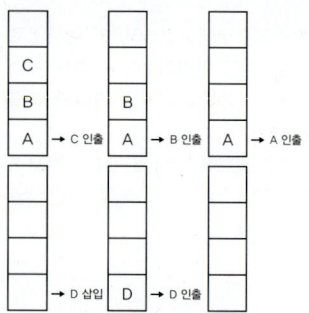

- 위의 인출 순서를 나열하면 C, B, A, D가 된다. 그러므로 ①번은 출력 결과가 될 수 있다.
- ②의 경우도 C가 먼저 출력되었으므로 A, B, C까지 입력된 상태로 볼 수 있다.

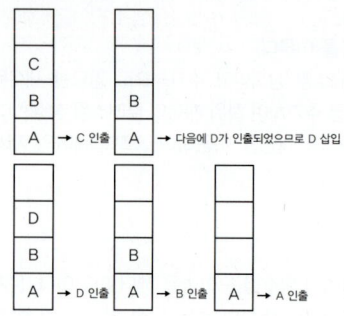

- 즉, 그림과 같이 B보다 A가 먼저 인출될 수 없으므로 ②번이 답이 된다.
- 정상적인 인출 순서를 나열하면 C, D, B, A가 되어야 한다.

49 ③

- 선형 구조 : 큐, 스택, 데크, 리스트, 연결 리스트
- 비선형 구조 : 그래프, 트리, 인접 행렬

50 ③

삽입 정렬은 두 번째 값을 키값으로 지정해 키값 앞의 값과 비교하면서 정렬을 진행한다.
1pass : 5, 4, 3, 2, 1 → 4, 5, 3, 2, 1
2pass : 4, 5, 3, 2, 1 → 3, 4, 5, 2, 1
3pass : 3, 4, 5, 2, 1 → 2, 3, 4, 5, 1
4pass : 2, 3, 4, 5, 1 → 1, 2, 3, 4, 5

51 ①
- 디그리(Degree) : 속성(열)의 수(차수) → 4개
- 카디널리티(Cardinality) : 튜플(행)의 수(기수) → 3개

52 ②
관계 해석(Relational Calculus)
- 원하는 정보가 무엇인지만 정의하는 비절차적인 방법이다.
- 수학의 프레디키트 해석(Predicate Calculus)에 기반을 둔다.
- 종류 : 튜플 관계 해석, 도메인 관계 해석
- 관계 해석과 관계 대수는 관계 데이터베이스를 처리하는 기능과 능력면에서 동등하다.

53 ②
View는 가상 테이블이므로 DDL을 사용한다.

오답 피하기
DDL 종류
- CREATE : 스키마, 도메인, 테이블, 뷰 정의
- ALTER : 테이블 정의 변경
- DROP : 스키마, 도메인, 테이블, 뷰 삭제

54 ③
열에 있는 값들의 합 - SUM

55 ②
계층형 모델은 타입들 간 사이클이 허용되지 않는다.

오답 피하기
계층형이 진보한 망형에서는 싸이클이 허용된다.

56 ③
무결성(Integrity)
- 개체 무결성 : 기본키의 값은 널(Null) 값이나 중복 값을 가질 수 없다는 제약조건이다.
- 참조 무결성 : 릴레이션 R1에 속한 애트리뷰트의 조합인 외래키를 변경하려면 이를 참조하고 있는 릴레이션 R2의 기본키도 변경해야 한다. 이때 참조할 수 없는 외래키 값을 가질 수 없다는 제약조건이다.

57 ③
논리적 설계
- 목표 DBMS에 종속적인 논리적 스키마 설계 및 스키마의 평가 및 정제
- 논리적 데이터 모델로 변환 및 트랜잭션 인터페이스 설계

58 ④
```
CREATE TABLE 기본테이블
    ( { 열이름 데이터_타입 [NOT NULL], [DEFALUT 값] }
    [PRIMARY KEY(열이름_리스트)]
```

오답 피하기
DDL에는 전치사가 붙지 않는다.

59 ①
UPDATE
- 튜플의 내용 변경(갱신)하는 명령어이다.
- 기본 구조

```
UPDATE 테이블명
SET 속성명=값
WHERE 조건;
```

60 ②

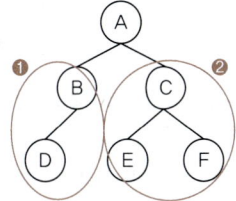

- 후위 순회는 left – right – root 순으로 순회한다.
- ①②A
- DB②A
- DBEFCA

최신 기출문제 10회

2-228p

01 ③	02 ③	03 ②	04 ④	05 ③
06 ①	07 ③	08 ②	09 ④	10 ①
11 ③	12 ①	13 ④	14 ①	15 ④
16 ②	17 ③	18 ②	19 ④	20 ①
21 ③	22 ①	23 ④	24 ①	25 ③
26 ①	27 ①	28 ①	29 ②	30 ①
31 ④	32 ③	33 ①	34 ①	35 ④
36 ①	37 ①	38 ①	39 ③	40 ①
41 ③	42 ②	43 ③	44 ④	45 ④
46 ④	47 ②	48 ①	49 ②	50 ②
51 ②	52 ④	53 ③	54 ①	55 ③
56 ②	57 ④	58 ②	59 ②	60 ①

01 ③

chmod는 UNIX에서 파일에 대한 액세스(읽기, 쓰기, 실행) 권한을 설정하여 사용자에게 제한적인 권한을 주려고 할 때 사용하는 명령어이다.

02 ③

예방(Prevention) : 상호 배제, 점유와 대기, 비선점, 환형 대기 중 어느 하나를 발생하지 않게 하는 방법이다.

오답 피하기

- 회피(Avoidance) : 교착상태의 발생 가능성을 인정하고 교착상태가 발생하려고 할 때, 교착상태 가능성을 피해가는 방법(은행원 알고리즘)이다.
- 회복(Recovery) : 교착상태를 일으킨 프로세스를 종료하거나 교착상태에 있는 프로세스가 점유하고 있는 자원을 선점하여 다른 프로세스에게 할당하는 기법이다.

03 ②

- 어떤 작업이 서비스 받을 시간과 그 작업이 서비스를 기다린 시간으로 결정되는 우선순위에 따라 CPU를 할당하는 기법이다.
- 우선순위 계산식 = (대기 시간+서비스를 받을 시간)/서비스를 받을 시간
- 계산 결과의 크기가 큰 것부터 우선순위가 부여된다.

04 ④

XDMA(Xing Distributed Media Architecture) : 싱 테크놀로지(Xing Technology)가 개발한 스트리밍 미디어의 멀티캐스트 전송을 위한 네트워크 구조이다.

05 ③

단위 테스트는 개발자가 진행한다.

06 ①

클래스별 Network Address

구분	Network Address
class A	0~127
class B	128~192
class C	192~223
class D	224~239
class E	240~255

07 ③

IPv6의 특징

- 인증 및 보안 기능을 포함하고 있어 IPv4보다 보안성이 강화되었다.
- IPv6 확장 헤더를 통해 네트워크 기능 확장이 용이하다.
- 임의의 크기의 패킷을 주고받을 수 있도록 패킷 크기 제한이 없다.
- 멀티미디어의 실시간 처리가 가능하다.
- 자동으로 네트워크 환경 구성이 가능하다.
- 주소체계는 유니캐스트(Unicast), 애니캐스트(Anycast), 멀티캐스트(Multicast) 방식이 있다.

08 ②

표현 계층(Presentation Layer)은 코드 변환, 암호화, 압축, 구문 검색 등의 역할을 담당한다.

오답 피하기

나머지 보기는 네트워크 계층이다.

09 ④

UDP(User Datagram Protocol)

- 비연결형 및 비신뢰성 전송 서비스를 제공한다.
- 흐름 제어나 순서 제어가 없어 전송 속도가 빠르다.
- 수신된 데이터의 순서 재조정 기능을 지원하지 않는다.
- 복구 기능을 제공하지 않는다.
- 헤더 구조가 단순하여 오버헤드가 적다.

10 ①

오답 피하기

- UDP : 전송 계층
- PPP : 데이터 링크 계층
- ICMP : TCP/IP의 인터넷 계층

11 ③

오답 피하기
- 테스트 스텁(Test Stub) : 제어 모듈이 호출하는 타 모듈의 기능을 단순히 수행하는 도구
- 테스트 드라이버(Test Driver) : 테스트 대상 하위 모듈을 호출하고, 파라미터를 전달하고, 모듈 테스트 수행 후의 결과 도출
- 테스트 하네스(Test Harness) : 시스템 및 시스템 컴포넌트를 시험하는 환경의 일부분으로 시험을 지원하는 목적하에 생성된 코드와 데이터

12 ①

럼바우(Rumbaugh) 객체지향 분석 기법
- 소프트웨어 구성 요소를 그래픽으로 모형화하였다.
- 객체 모델링 기법(OMT, Object Modeling Technique)이라고도 한다.
- 객체 모델링 : 객체를 다이어그램으로 표시
- 동적 모델링 : 상태를 시간 흐름에 따라 다이어그램으로 표시
- 기능 모델링 : 자료 흐름도를 이용하여 여러 프로세스 간의 자료 흐름을 표시

13 ④

UML 다이어그램의 분류
- 구조적 다이어그램 : Class Diagram, Object Diagram, Composite Structure Diagram, Deployment Diagram, Component Diagram, Package Diagram
- 행위 다이어그램 : Use Case Diagram, Activity Diagram, Collaboration Diagram, State Diagram, Interaction Diagram(Sequence Diagram, Communication Diagram, Interaction Overview Diagram, Timing Diagram

14 ③

정보은닉 : 객체 내부의 속성과 메소드를 숨기고 공개된 인터페이스를 통해서만 메시지를 주고받을 수 있도록 하는 것을 의미한다.

오답 피하기
캡슐화(Encapsulation)
- 서로 관련성이 높은 데이터(속성)와 그와 관련된 기능(메소드, 함수)을 묶는 기법이다.
- 결합도가 낮아져 소프트웨어 개발에 있어 재사용성이 높아진다.
- 정보은닉(Information Hiding)을 통하여 타 객체와 메시지 교환 시 인터페이스가 단순해진다.

15 ④

화이트박스 테스트 종류 : 기초 경로 검사, 제어 구조 검사, 데이터 흐름 검사 등

16 ②

UI 설계 원칙
- 직관성 : 누구나 쉽게 이해하고 사용할 수 있도록 한다.
- 유효성 : 사용자의 목적을 정확히 달성할 수 있도록 유용하고 효과적이어야 한다.
- 학습성 : 사용자가 쉽게 배우고 익힐 수 있어야 한다.
- 유연성 : 사용자의 요구를 최대한 수용하면서 오류를 최소화해야 한다.

17 ③

형상관리(Version Control Revision Control)
- 구성관리(Software Configuration Management)라고도 한다.
- 형상관리는 개발 계획 단계부터 진행한다.
- 소프트웨어의 변경 사항을 체계적으로 관리하기 위하여 추적하고 통제하는 것이다.
- 단순 버전관리 기반의 소프트웨어 운용을 좀 더 포괄적인 학술 분야의 형태로 넓히는 근간을 의미한다.
- 작업 산출물을 형상 항목(Configuration Item)이라는 형태로 선정하고, 형상 항목 간의 변경 사항 추적과 통제 정책을 수립하고 관리한다.

18 ②

액터(Actor) : 서비스를 이용하는 외부 객체이다. 시스템이 특정한 사례(Use Case)를 실행하도록 요구할 수 있는 존재이다.

19 ④

디자인 패턴은 자주 사용하는 설계 형태를 정형화하여 유형별로 설계 템플릿을 만들어 두고 소프트웨어 개발 중 나타나는 과제를 해결하기 위한 방법으로 구조와 가독성에 비중을 둔다.

20 ①

오답 피하기
나머지 보기는 생성 패턴에 해당한다.

21 ③

소프트웨어 개발 프레임워크(Framework) : 소프트웨어 개발에 공통적으로 사용되는 구성 요소와 아키텍처를 일반화하여 손쉽게 구현할 수 있도록 여러 가지 기능들을 제공해주는 반제품 형태의 소프트웨어 시스템이다.

22 ①

#define은 언어의 전처리문(Preprocessing)에서 함수나 상수에 이름을 붙여 단순화해주는 매크로를 정의할 때 사용하는 선행처리 지시자이다.

오답 피하기
#include는 헤더파일을 추가할 때 사용한다.

23 ④
- 앞의 두 자리 "0b"는 이진 정수 상수를 의미한다.
- 뒤의 네 자리 "0101"은 2진수이다.
- $0101_{(2)} \rightarrow 5_{(10)}$

24 ①
오답 피하기
나머지 보기는 모두 논리 연산자이다.

25 ③
오답 피하기
- ① : 응집도(Cohesion)에 대한 설명이다.
- ② : 결합도가 낮아야 시스템 구현 및 유지보수 작업이 쉽다.
- ④ : 결합도 정도(약<강)는 자료 결합도 < 스탬프 결합도 < 제어 결합도 < 외부 결합도 < 공통 결합도 < 내용 결합도이다.

26 ①
응집도 순서(높 → 낮) : 기능적 → 순차적 → 교환적 → 절차적 → 시간적 → 논리적 → 우연적

27 ①
JAVA의 do~while 명령문과 if~else 명령문
- 변수 cnt를 초기화 후, 반복문(do~while)과 조건문(if~else)을 실행 후 변수 cnt의 값을 출력하는 프로그램이다.
- 변수 cnt의 초깃값은 0이며, do~while 명령문에 의해 무조건 반복문 내부로 진입하여 cnt++;를 수행하여 변수 cnt는 1이 된다. 조건식 cnt < 0의 결과 거짓이므로 다음 if~else 명령문을 수행하게 된다.
- 변수 cnt는 1이므로 조건식 cnt==1은 참이므로 cnt++;를 수행하여 변수 cnt는 2이 된다.
- 출력문에 의해 변수 cnt는 2가 출력된다.

28 ①
오답 피하기
- 클래스(Class) : 특정 객체를 생성하기 위해 변수와 메소드를 정의하는 틀
- 속성(Property) : 키와 값을 연결하는 객체의 구성원
- 인스턴스(Instance) : 어떤 클래스로부터 만들어진 객체

29 ②
배열의 첨자(index)는 0부터 시작한다.

30 ①
오답 피하기
- int : 정수형(4Byte)
- float : 실수형(4Byte)
- double : 실수형(8Byte)

31 ④
파이썬의 클래스 메소드 호출
- 클래스 FourCal에 setdata( ) 메소드와 add( ) 메소드가 정의되어 있다.
  - setdata(sel, fir, sec) 메소드 : 두 개의 매개변수를 전달받아 객체 변수 fir와 sec에 각각 저장된다.
  - add(sel) 메소드 : 객체 변수들의 덧셈을 수행 후 결괏값을 반환한다.
- a = FourCal( ) 명령문을 통해 FourCal 클래스 형의 객체 a를 생성한다.
- 객체명.메소드 형태로 호출을 수행한다.
- a.setdata(4, 2) : 메소드 호출 시, 객체명을 통해 호출할 때는 self를 반드시 생략해서 호출한다. 4와 2의 값을 매개변수로 전달하여 객체 a의 객체변수를 fir를 4로 sec를 2로 저장한다.
- a.add( ) : add( ) 메소드 호출 후, 두 객체 변수를 덧셈한 결과 6을 반환받아 온다. print( ) 함수를 통해 콘솔에 출력한다.

32 ③
- sum(합계변수), i(수열변수)
- 합계변수 sum이 20 미만일 때까지 수열변수 i를 누적합계를 계산하는 코드이다. i는 1부터 1씩 증가한다.
  - 1회 : sum = 0(sum초깃값)+1(i) = 1
  - 2회 : sum = 1+2 = 3
  - 3회 : sum = 3+3 = 6
  - 4회 : sum = 6+4 = 10
  - 5회 : sum = 10+5 = 15
  - 6회 : sum = 15+6 = 21 →》 (sum<20) 조건 만족으로 종료
- 총 6회 반복한다.

33 ②
type 속성값을 "text"로 설정하면, 사용자로부터 한 줄의 텍스트를 입력받을 수 있다.

34 ①
- 변수 i 초깃값 0
- while(i > 5) : 조건이 만족하지 않으므로 바로 print(i)로 출력되어 0이 출력된다.

35 ④
- i가 1~19까지 증가하면서 수열 i 값이 7의 배수일 때 그 값을 누적하여 합한다.
- 7+14 = 21

36 ①
LISP : LIST Programming의 약자로, 1958년 MIT에서 개발된 역사 깊은 함수형 언어이다. 모든 자료는 연결 리스트로 처리하며, 컴파일 개념 없이 인터프리터 상에서 동작한다.

37 ①

Java의 4가지 접근 제어자 : private, public, default, protected

38 ①

파이썬의 무한 반복과 continue 명령문
- while 반복 조건식의 결과가 True 값이므로 항상 참인 판별 상황으로 반복문을 항상 실행하게 된다.
- 반복문에서 continue 명령문을 만나면 continue 명령문 이후 문장을 실행하지 않고, 반복 조건식으로 제어를 이동한다.
- 문제의 반복 코드는 무한 반복문 내에서 A, B, C를 출력 후 contine문을 실행하게 되어 반복 조건식을 수행하는 동작을 반복하게 된다.

39 ③

char 자료형 : 문자를 저장하기 위한 변수를 선언할 때 사용되며, char 타입의 변수는 하나의 문자만 저장할 수 있다.

40 ①

Margin 속성은 테두리(Border)와 이웃하는 요소 사이의 간격인 마진 영역의 크기를 설정한다.

오답 피하기
①은 Padding에 관한 설명이다.

41 ③

- 하위 질의의 경우 하위 질의를 먼저 처리하고 그 결과를 상위 질의 조건에 입력한다.
- SELECT 과목이름 FROM 성적 WHERE EXISTS
  - 성적 테이블에서 아래 하위 테이블에서 검색된 2000, 4000에 해당하는 학생의 과목이름을 출력한다.

학번	과목번호	과목이름	학점	점수
1000	A100	자료 구조	A	91
2000	A200	DB	A+	99
3000	A100	자료 구조	B+	88
3000	A200	DB	B	85
4000	A200	DB	A	94
4000	A300	운영체제	B+	89
5000	A400	운영체제	B	88

- (SELECT 학번 FROM 학생 WHERE 학생.학번 = 성적.학번 AND 학생.학과 IN ('전산', '전기') AND 학생.주소 = '경기');
  - 하위 질의 : 학생 테이블과 성적 테이블의 학번 필드가 같은 학생 중 학생 테이블의 학과 필드가 전산, 전기이면서 학생 주소가 경기인 학생의 학번 필드를 검색한다. → 2000, 4000

학번	이름	학년	학과	주소
1000	김철수	1	전산	서울
2000	고영준	1	전기	경기
3000	유진호	2	전자	경기
4000	김영진	2	전산	경기
5000	정현영	3	전자	서울

42 ②

큐(Queue)
- 자료의 삽입 작업은 선형 리스트의 한쪽 끝에서, 제거 작업은 다른 쪽 끝에서 수행되는 자료 구조이다.
- 가장 먼저 삽입된 자료가 가장 먼저 삭제되는 선입선출(FIFO, First In First Out) 방식이다.
- 큐의 응용 분야 : 운영체제의 작업 스케줄링 등

43 ③

SQL 데이터베이스 조작어(DML)의 종류
- SELECT : 튜플을 검색할 때 사용한다.
- INSERT : 튜플을 삽입할 때 사용한다.
- DELETE : 튜플을 삭제할 때 사용한다.
- UPDATE : 튜플의 내용을 변경할 때 사용한다.

44 ④

트랜잭션의 특성
- 원자성(Atomicity) : 완전하게 수행 완료되지 않으면 전혀 수행되지 않아야 함
- 일관성(Consistency) : 시스템의 고정 요소는 트랜잭션 수행 전후에 같아야 함
- 격리성(Isolation, 고립성) : 트랜잭션 실행 시 다른 트랜잭션의 간섭을 받지 않아야 함
- 영속성(Durability, 지속성) : 트랜잭션의 완료 결과가 데이터베이스에 영구히 기억됨

45 ③

도메인(Domain)은 하나의 속성이 가질 수 있는 같은 타입의 모든 값의 집합으로 각 속성의 도메인은 원자값을 갖는다.

오답 피하기
한 필드에 입력될 수 있는 값의 범위로 예를 들면 이름 필드에는 이름만 입력할 수 있다.

46 ④

- 각 그룹을 운행한 뒤 그 결과를 합쳐 본다.

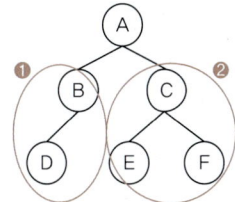

- LEFT - ROOT - RIGHT
  - ❶ A ❷
  - ❶ : D B
  - ❷ : E C F
- D B A E C F

47 ②

데이터베이스 사용자의 종류
- 데이터베이스 관리자(DBA) : 데이터베이스 설계, 보안관리, 운용에 대한 전반적인 책임
- 응용 프로그래머 : 데이터베이스 사용자를 위한 응용프로그램 작성
- 일반 사용자 : 데이터베이스 시스템을 실제 사용하는 사용자

48 ①

E-R 다이어그램

기호	기호 이름	의미
사각형	사각형	개체(Entity)
마름모	마름모	관계(Relationship)
타원	타원	속성(Attribute)
선, 링크	선, 링크	개체-속성, 개체-개체의 연결
2중 타원	2중 타원	다중값 속성

49 ②

색인 순차 파일(Indexed Sequential Access File)의 구성 : 기본 영역(Prime Area), 색인 영역(Index Area), 오버플로우 영역(Overflow Area)

오답 피하기

색인 순차 파일 구성 중 색인 영역은 '트랙/실린더/마스터' 영역으로 구분할 수 있다.

50 ②

순수 관계 연산자 종류

Select	σ	조건에 맞는 튜플을 구하는 수평적 연산
Project	π	속성 리스트로 주어진 속성만 구하는 수직적 연산
Join	⋈	공통 속성을 기준으로 두 릴레이션을 합하여 새로운 릴레이션을 만드는 연산
Division	÷	두 릴레이션 A, B에 대해 B 릴레이션의 모든 조건을 만족하는 튜플들을 릴레이션 A에서 분리해 내어 프로젝션하는 연산

51 ②

관계대수
- select(σ) : 튜플 집합을 검색한다.
- project(π) : 속성 집합을 검색한다.
- $\pi_{이름}$ → SELECT 이름
- $\sigma_{학과='교육'}(학생)$ → FROM 학생 WHERE 학과='교육';

52 ④

뷰(View)의 특징
- 뷰의 생성 시 CREATE문, 검색 시 SELECT문을 사용한다.
- 뷰의 정의 변경 시 ALTER문을 사용할 수 없고 DROP문을 이용한다.
- 뷰를 이용한 또 다른 뷰의 생성이 가능하다.
- 하나의 뷰 제거 시 그 뷰를 기초로 정의된 다른 뷰도 함께 삭제된다.
- 뷰에 대한 조작에서 삽입, 갱신, 삭제 연산은 제약이 따른다.
- 뷰가 정의된 기본 테이블이 제거되면 뷰도 자동적으로 제거된다.

오답 피하기

뷰의 삽입, 삭제, 갱신 연산 시 ALTER문을 사용할 수 없다는 제약이 있다.

53 ③

버블 정렬의 오름차순 수행 시 매 회전(Pass)마다 마지막 값이 가장 큰 값이 된다.
초 기 : 9, 6, 7, 3, 5
1Pass : 6, 7, 3, 5, 9
2Pass : 6, 3, 5, 7, 9 ←
3Pass : 3, 5, 6, 7, 9
4Pass : 3, 5, 6, 7, 9

54 ②

내부 스키마(Internal Schema)
- 데이터의 실제 저장 방법을 기술한다.
- 물리적 저장 장치의 입장에서 본 데이터베이스 구조로서 실제로 데이터베이스에 저장될 레코드의 형식을 정의하고 저장 데이터 항목의 표현 방법, 내부 레코드의 물리적 순서 등을 나타낸다.

55 ②

무결성(Integrity)
- 개체 무결성 : 기본키의 값은 널값이나 중복값을 가질 수 없다는 제약 조건
- 참조 무결성 : 참조할 수 없는 외래키 값을 가질 수 없다는 제약 조건

56 ②

CASCADE vs RESTRICT
- DROP View : View_이름 [CASCADE | RESTRICT];
- CASCADE : 삭제할 요소가 다른 개체에서 참조 중이라도 삭제가 수행된다.

57 ④

1NF에서 부분 함수 종속을 제거하여 완전 함수적 종속 관계를 만족하면 2NF가 된다.

```
비정규 릴레이션
   ↓ 도메인이 원자값
  1NF
   ↓ 부분적 함수 종속 제거
  2NF
   ↓ 이행적 함수 종속 제거
  3NF
   ↓ 결정자이면서 후보키가 아닌 함수 종속 제거
  BCNF
   ↓ 다치 종속 제거
  4NF
   ↓ 조인 종속성 이용
  5NF
```

58 ②

요구사항 수집 → 개념적 설계 → 논리적 설계 → 정규화 → 물리적 설계 → 데이터베이스 튜닝

오답 피하기
- 개—논—물
- 정규화는 논리 설계 단계에서 진행한다.

59 ②

병행 처리 시 Lock 및 Unlock 기능은 DCL의 기능이다.

60 ①

이행 종속 규칙
- 릴레이션에서 속성 A가 B를 결정하고(A→B), 속성 B가 C를 결정하면(B→C) 속성 A가 C도 결정한다는(A→C) 종속 규칙이다.
- 정규화 과정에서 이행 종속을 해소하는 단계를 3차 정규형이라 한다.

PART 10

실기!
문제로 합격하기

파트 소개

필기시험에 합격했다면 이제 실기시험을 준비할 단계입니다. 실기! 문제로 합격하기 파트를 통해 실전 모의고사와 최신 기출문제를 풀어보면서 필기시험을 준비하면서 공부했던 내용들을 다시 한번 복습해보세요. 실기시험은 직접 손으로 정답을 작성해 보는 것이 매우 중요합니다. 실기시험까지 합격하면 드디어 자격증을 취득할 수 있습니다!

CHAPTER 01

실전 모의고사

학습 방향

객관식 시험에 완벽하게 적응했다면, 이제 앞으로 출제될 가능성이 있는 문제들의 정답을 직접 손으로 써보세요. 각 이론들마다 문제화될 수 있는 내용들을 쏙쏙 골라 총 10회의 실전 모의고사를 수록했습니다. 문제를 풀어본 후 잘 이해가 안 된다면 문제 아래의 해설을 통해 이론 내용을 복습하세요. 자기만의 오답노트를 만들어 시험 전에 확인한다면 충분히 합격할 수 있습니다!

정보처리산업기사 실기 실전 모의고사 01회

시험 일자	문항 수	시험 시간
년 월 일	총 20문항	2시간 30분

수험번호 : _____
성   명 : _____

---

01 다음 설명에 해당하는 운영체제의 운영 방식을 쓰시오.

- 데이터 처리 장치와 데이터베이스가 지역적으로 분산되어 있다.
- 정보 교환을 위해 네트워크로 상호 결합된 시스템이다.
- 사용자는 각 컴퓨터의 위치를 몰라도 자원 사용이 가능하다.
- 네트워크로 연결된 각 노드들의 독자적인 운영체제가 배제된다.

답 :

정답
분산 처리 시스템

해설
분산 처리 시스템은 여러 자원을 공유하고 속도 및 용량 등의 효율을 높이기 위한 시스템 방식으로, 하나의 컴퓨터에 과중한 업무를 덜어 주어 이용 효율을 높이는 장점이 있다.

---

02 데이터베이스 관리 시스템(DBMS)의 필수 기능 3가지를 쓰시오.

답 :

정답
정의 기능, 조작 기능, 제어 기능

해설
DBMS 필수 기능에는 정의 기능, 조작 기능, 제어 기능이 있다.

03 관계 데이터베이스에서는 여러 가지 키를 사용한다. 그 중에서 튜플을 유일하게 구분하기 위해 한 개 이상의 속성들의 집합으로 이루어진 키로, 유일성은 만족하지만 최소성은 만족하지 않는 키의 명칭을 쓰시오.

답 :

정답
슈퍼 키 또는 Super Key

해설
슈퍼 키(Super Key)는 어떤 릴레이션의 어떠한 튜플들도 같은 값을 가지지 않는 속성 또는 속성들의 조합으로 유일성은 만족하지만 최소성은 만족하지 않는다.

---

04 사원 릴레이션에 데이터

사원번호	이름
21067	세오녀

만 입력하려고 할 때 발생하는 이상 현상은 무엇인지 쓰시오. (단, 밑줄친 속성은 기본키이다.)

[사원]

사원번호	이름	부서번호
22071	김상진	1
20035	최죽산	2
19126	그린비	3

답 :

정답
삽입 또는 삽입 이상

해설
릴레이션에 데이터를 삽입할 때 의도와는 상관없이 원하지 않는 값들도 함께 삽입되는 현상을 삽입 이상이라고 한다. 위 릴레이션에서는 사원번호와 부서번호가 기본키로 지정되어 있기 때문에, 부서번호까지 입력해야 튜플이 삽입된다. 원하지 않는 부서번호까지 입력해야 하므로 삽입 이상이 발생한다.

05 트랜잭션 내의 모든 연산은 반드시 한꺼번에 완료되어야 하며, 그렇지 못한 경우는 한꺼번에 취소되어야 한다는 트랜잭션의 특성을 쓰시오.

답 :

정답
원자성 또는 Atomicity

해설
트랜잭션의 특성(ACID)에는 원자성(Atomicity), 일관성(Consistency), 독립성(Isolation), 영속성(Durability)이 있다.

06 다음이 설명하는 프로토콜을 영어 약자로 쓰시오.

- 호스트 컴퓨터와 인접 라우터가 멀티캐스트 그룹 멤버십을 구성하는 데 사용하는 통신 프로토콜이다.
- PC가 멀티캐스트로 통신할 수 있다는 것을 라우터에 통지하는 프로토콜이다.
- IPTV와 같은 곳에서 호스트가 특정 그룹에 가입하거나 탈퇴하는 데 사용하는 프로토콜을 가리킨다.

답 :

정답
IGMP

해설
IGMP는 IP 멀티캐스트를 실현하기 위한 프로토콜로, 랜(LAN)상에서 라우터가 멀티캐스트 통신 기능을 구비한 PC에 대하여 멀티캐스트 패킷을 분배하는 경우에 사용된다.

07 IPv6에서 지원하는 주소 체계 3가지를 쓰시오.

답 :

정답
유니캐스트 또는 Unicast, 멀티캐스트 또는 Multicast, 애니캐스트 또는 Anycast

해설
IPv6의 유형에는 유니캐스트(Unicast), 멀티캐스트(Multicast), 애니캐스트(Anycast)가 있다.

08 OSI 7 계층에서 사용하는 데이터 단위와 계층을 올바르게 연결하시오.

① 세션 계층　　•　　　　•　ⓐ 세그먼트
② 전송 계층　　•　　　　•　ⓑ 메시지
③ 네트워크 계층　•　　　　•　ⓒ 프레임
④ 데이터링크 계층　•　　　•　ⓓ 패킷

정답
① - ⓑ, ② - ⓐ, ③ - ⓓ, ④ - ⓒ

해설
OSI 7 계층의 계층별로 전달되는 데이터 단위

OSI 7 계층	데이터 단위	전달되는 정보 및 형태
응용 계층		
표현 계층		
세션 계층	메시지	Data
전송 계층	세그먼트	Data / TCP 헤더
네트워크 계층	패킷	Data / TCP 헤더 / IP 헤더
데이터 링크 계층	프레임	Data / TCP 헤더 / IP 헤더 / MAC 주소
물리 계층	비트	010101000001011011

---

09 OSI 7 계층 중 종점 호스트 사이의 데이터 전송을 다루는 계층으로서 종점 간의 연결 관리, 오류 제어와 흐름 제어 등을 수행하는 계층을 쓰시오.

답 :

정답
전송 계층 또는 Transport Layer

해설
전송 계층(Transport Layer)에서는 종단 간 신뢰성 있는 데이터 전송을 위해 분할과 재조합, 연결제어, 흐름 제어, 오류 제어, 혼잡제어를 수행한다.

10 비교적 짧은 거리(약 10m 내)인 개인활동공간 내의 저전력 휴대기기 간의 무선 네트워크를 구성한 것으로, 이것을 활용한 기술에는 ZigBee, 블루투스, UWB 등이 있다. 이것의 명칭을 영어 약자로 쓰시오.

답:

정답
WPAN

해설
WPAN(Wireless Personal Area Network)은 사람의 활동범위 주변, 약 10~20m 구간의 무선 네트워킹을 위한 기술군이다. WPAN과 유사한 기술에는 사람의 신체범위 안의 1~2m 구간 네트워킹을 위한 WBAN이 있다. WBAN은 사람이 착용하는 옷이나 인체 내부 혹은 외부에 있는 여러 장치들을 상호 연결하여 통신할 수 있는 근거리 무선통신 기술이다.

11 개발된 서비스가 정의된 요구 사항을 준수하는지 확인하기 위한 입력 값과 실행 조건, 테스트 데이터, 예상 결과의 집합으로, 프로그램에 결함이 있더라도 입력에 대해 정상적인 결과를 낼 수 있기 때문에 결함을 검사할 수 있는 이것을 찾는 것이 매우 중요한다. 이것은 무엇인지 쓰시오.

답:

정답
테스트 케이스 또는 Test Case

해설
테스트 케이스는 측정 가능한 상태에 대한 정보, 상황(Condition), 이벤트(Event), 입출력 값을 포함하는 데이터로 구성된다.

12 다음 보기에서 화이트박스 테스트(White Box Test)의 종류를 찾아 기호로 쓰시오.

> ⓐ 기초 경로 검사(Basic Path Testing)
> ⓑ 경계값 분석(Boundary Value Analysis)
> ⓒ 루프 검사(Loop Testing)
> ⓓ 조건 검사(Condition Testing)
> ⓔ 데이터 흐름 검사(Data Flow Testing)
> ⓕ 동치 분할 테스트(Equivalence Partitioning Test)

답 :

정답
ⓐ, ⓒ, ⓓ, ⓔ

해설
ⓑ, ⓕ는 블랙박스 테스트이다.

---

13 증강 현실(AR), 가상 현실(VR), 혼합 현실(MR) 기술을 활용하여 사용자에게 경험과 몰입감을 제공하고 확장된 현실을 창조하는 초실감형 기술을 뜻하는 용어를 쓰시오.

답 :

정답
확장 현실 또는 eXtended Reality 또는 XR

해설
확장 현실(eXtended Reality, XR)은 증강 현실, 가상 현실, 혼합 현실을 모두 지원할 수 있는 새로운 형태의 착용 가능(웨어러블) 기기가 등장하면서 나온 용어로, 현실과 가상 간의 상호작용을 더욱 강화하여 현실 공간에 배치된 가상의 물체를 만져보는 간접 체험이 가능하다.

14 〈급여〉 테이블에 사원번호가 2075인 30세 'Smith' 사원의 연봉 4000, 부서번호 2의 정보를 추가하는 SQL문을 〈보기〉의 알맞은 명령을 선택하여 작성하시오. (단, 다음의 요구사항을 참고하여 작성하시오.)

〈요구사항〉

1. 급여 테이블의 이름은 salaries이며, 사원번호(emp_num), 사원이름(name), 사원나이(age), 연봉(salary), 부서번호(dept_no)의 속성으로 정의되어 있다.
2. 사원이름 속성의 데이터는 문자형이며, 나머지 속성의 데이터는 숫자형이다.
3. SQL 명령문은 대/소문자를 구분하지 않는다.
4. SQL 명령문의 종결 문자의 세미콜론(;)은 생략 가능하다.
5. 실행 결과가 일치하더라도 〈요구사항〉을 적용하지 않은 SQL문을 작성하면 오답으로 간주한다.

〈보기〉

UPDATE, DELETE, INSERT, FROM, WHERE, INTO, SET, SELECT, CREATE, TO, VALUES

답 :

정답
INSERT INTO salaries VALUES(2075, 'Smith', 30, 4000, 2);
또는
INSERT INTO salaries(emp_num, name, age, salary, dept_no) VALUES(2075, 'Smith', 30, 4000, 2);

해설

- INSERT INTO 테이블명 VALUES(값1, 값2, 값3, 값4, …);
- INSERT INTO 테이블명(값1, 값2, 값3, 값4, …) VALUES(값1, 값2, 값3, 값4, …);

15 〈STUDENT〉 테이블은 50개의 튜플이 정의되어 있으며, "S-AGE" 열의 값은 정수값으로 되어 있다. "S-AGE" 값이 18인 튜플이 10개, 19인 튜플이 35개, 20인 튜플이 5개일 경우, 다음 두 SQL문의 실행 결과 튜플의 수를 각각 쓰시오.

〈SQL문〉

```
① : SELECT DISTINCT S-AGE FROM STUDENT;
② : SELECT DISTINCT S-AGE FROM STUDENT WHERE S-AGE > 19;
```

① :

② :

정답

① : 3

② : 1

해설

SELECT DISTINCT S-AGE FROM STUDENT;	STUDENT 테이블에서 S-AGE 열의 중복을 제거한 레코드 개수를 구한다. → 3
SELECT DISTINCT S-AGE FROM STUDENT WHERE S-AGE > 19;	STUDENT 테이블에서 S-AGE 열의 값 중 19 초과인 행의 개수를 중복 제거 후 구한다. → 1

16 아래 보기의 〈학생〉 테이블을 대상으로 작성한 SQL문의 실행 결과를 쓰시오.

〈학생〉

학번	학생이름	전공	학년
1000	홍길동	computer	1
2000	강감찬	mathematics	2
3000	이순신	accounting	2
4000	계백	computer	3
5000	김철수	economics	4

〈SQL문〉

```
SELECT COUNT(*) FROM 학생 WHERE 학년 = 4;
```

답 :

정답
1

해설

SELECT COUNT(*)	레코드 개수를 구한다.	
FROM 학생	학생 테이블에서	결과 : 1
WHERE 학년 = 4;	4학년인	

17 다음 Java언어로 구현된 프로그램을 분석하여 그 실행 결과를 쓰시오.

```java
public class Exam {
    public static int[] makeArray(int n) {
        int[] t = new int[n];
        for(int i = 0; i < n; i++) {
            t[i] = i ;
        }
        return t ;
    }
    public static void main(String[] args) {
        int[] a = makeArray(4);
        for(int i = 0; i < a.length; i++)
            System.out.print(a[i] + "");
    }
}
```

답:

정답

0 1 2 3

해설

- 해당 프로그램은 Java의 1차원 배열 객체를 생성(new)하고 각 요소에 값을 할당한 후 배열의 요소(값)을 출력하는 프로그램이다.
- makeArray(int n) 메소드는 매개변수 정수 4를 지역변수 n에 전달받아 new int[4];를 실행하여 4개의 요소로 이루어진 1차원 정수 배열 객체를 생성한다. 이후 이 객체는 참조 변수 t를 통해 접근한다.

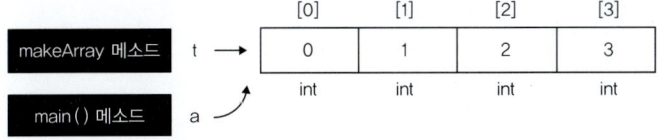

- main( ) 메소드 내에서 makeArray(4) 명령문을 통해 호출한 결과 생성된 객체 t를 반환하면 int[] a를 통해 전달받게 되며 main( ) 메소드 내에서는 참조 변수 a를 통해 배열 객체에 접근한다.
- Java에서는 배열 객체의 length 속성을 사용하여 배열의 길이(크기)를 얻을 수 있다.
- 주어진 1차원 배열 a 객체의 배열의 길이는 요소의 개수이므로 4이다. 따라서 반복문 for를 통해 0번째 요소부터 3번째 요소까지 요소의 값을 각각 출력한다.
- 해당 문제는 출력 결과를 작성하는 문제이므로 부분 점수가 부여되지 않는다.

18 다음은 Java로 작성된 프로그램이다. 이를 실행한 결과를 쓰시오.

```java
public class Exam {
    public static void main(String[] args) {
        int i = 3, k = 1 ;
        switch( i ) {
            case 1: k++ ;
            case 2: k += 3;
            case 3: k = 0;
            case 4: k += 3;
            case 5: k -= 10;
            default: k-- ;
        }
        System.out.print(k);
    }
}
```

답:

정답

−8

해설

- 선택 제어구조의 명령문인 switch~case문에서는 switch(정수값) 명령문의 정수값에 해당하는 블록 내의 case문으로 분기된다. 위 프로그램의 정수형 변수 i의 값이 3이므로 레이블 case 3: 위치로 실행 분기가 이루어진다.
- switch~case 블록 내에 break; 명령문이 존재하면, switch~case 블록을 벗어난다. 위 프로그램에서는 break; 명령문이 존재하지 않으므로 레이블 case 3: 이후의 명령어를 차례대로 다음과 같이 실행한다.

	i:3	k:1
switch(i) {		
case 1: k++;		
case 2: k += 3;		
case 3: k = 0;	0	0
case 4: k += 3;	0+3 3	3
case 5: k -= 10;	0+3−10	−7
default: k--;	0+3−10−1	−8
최종 출력 System.out.print(k);	결과 : −8	

- 해당 문제는 출력 결과를 작성하는 문제이므로 부분 점수가 부여되지 않는다.

19 다음 C언어 프로그램이 실행되었을 때의 결과를 쓰시오.

```c
#include <stdio.h>
int main()
{
        int num1 = 15;
        int num2 = 22;

        num1 ^= num2;
        num2 ^= num1;
        num1 ^= num2;

        printf("%d %d", num1, num2);
        return 0;
}
```

답:

정답

22 15

해설

^= : XOR 비트 연산자 (배타적 논리합, 두 값이 서로 다를 때 1을 출력)

num1	0	0	1	1	1	1
num2	0	1	0	1	1	0
num1 ^= num2	0	1	1	0	0	1

num2	0	1	0	1	1	0
num1	0	1	1	0	0	1
num2 ^= num1;	0	0	1	1	1	1

num1	0	1	1	0	0	1
num2	0	0	1	1	1	1
num1 ^= num2;	0	1	0	1	1	0

printf("%d %d", num1, num2); ← 10진수로 num1, num2를 출력한다.

num1	0	1	0	1	1	0
	32	16	8	4	2	1

16+4+2 = 22

num2	0	0	1	1	1	1
	32	16	8	4	2	1

8+4+2+1 = 15

20 다음은 Python으로 작성된 프로그램이다. 이를 실행한 결과를 쓰시오.

```
for n in range(0, 6):
    print("*" * n)
```

답:

정답
```
*
**
***
****
*****
```

해설
- range(시작, 끝, 스텝) ← 시작부터 끝 미만까지 스텝만큼씩 수열을 생성한다.
- range(0, 6) ← 0~5까지 생성한다.
- print("*" * n) ← 문자열 "*"를 n번만큼 반복 출력한다.

정보처리산업기사 실기 실전 모의고사 02회

시험 일자	문항 수	시험 시간
년 월 일	총 20문항	2시간 30분

수험번호 : _____
성　　명 : _____

01 다음은 유닉스 명령어들이다. ①~④에 가장 적합한 명령어를 쓰시오.

(①)	현재 경로 표시
(②)	새로운 자식 프로세스 생성
(③)	파일에 대한 접근 권한 설정
(④)	현재 위치의 파일 목록 조회

① :

② :

③ :

④ :

정답

① : pwd
② : fork
③ : chmod
④ : ls

02 다음 표는 프로세스들의 대기 시간과 예상되는 서비스 시간을 나타낸 것이다. HRN 스케줄링 알고리즘을 사용할 때, 우선순위가 가장 높은 프로세스를 쓰시오.

프로세스	대기 시간	서비스 시간
P1	10	5
P2	12	4
P3	8	12
P4	15	3

답:

정답
P4

해설
HRN의 우선순위 계산식 : $\dfrac{\text{대기 시간} + \text{서비스를 받을 시간}}{\text{서비스를 받을 시간}}$

프로세스	대기 시간	서비스 시간	우선순위 계산	우선순위
P1	10	5	(10+5)/5 = 3	3
P2	12	4	(12+4)/4 = 4	2
P3	8	12	(8+12)/12 = 1.67	4
P4	15	3	(15+3)/3 = 6	1

03 다음 보기에서 설명하는 용어를 쓰시오.

- 데이터베이스에서 하나의 논리적 기능을 수행하기 위한 작업의 단위
- 데이터 객체(튜플, 릴레이션)들을 접근하여 갱신하는 프로그램 수행의 단위
- 한꺼번에 모두 수행되어야 할 일련의 연산들을 의미

답:

정답
트랜잭션 또는 Transaction

해설
트랜잭션은 데이터베이스 시스템에서 복구 및 병행 수행 시 처리되는 작업의 논리적 단위이다.

04 특정 테이블을 삭제할 때, 해당 테이블을 참조하는 테이블도 함께 삭제하기 위한 삭제 옵션을 쓰시오.

답 :

정답
CASCADE

해설
- CASCADE : 부모 테이블의 참조 대상 키가 삭제되면 자식 테이블의 참조 튜플 삭제
- RESTRICT : 부모 테이블의 참조 대상 키가 삭제 또는 변경되는 것을 불허

05 데이터베이스를 구성하는 데이터 객체, 이들의 성질, 이들 간에 존재하는 관계, 그리고 데이터의 조작 또는 이들 데이터 값들이 갖는 제약 조건에 관한 정의를 나타내는 용어를 쓰시오.

답 :

정답
스키마 또는 Schema

해설
스키마(Schema)는 데이터베이스의 전체적인 구조와 제약조건에 대한 명세이다.

06 기본키가 아닌 모든 애트리뷰트들이 기본 키에 완전하게 함수적으로 종속하는 정규형으로, 이행적 함수 종속이 존재하는 정규형은 어느 정규형인지 쓰시오.

답 :

정답
제2정규형 또는 2NF

해설
제2정규형에서는 부분적 함수 종속이 제거되고, 기본키에 완전 함수 종속이 된다.

07 OSI 7 계층 중 종단 간 전송을 위한 경로 설정을 담당하는 계층으로, 호스트로 도달하기 위한 최적의 경로를 설정하고 제어한다. 이 계층의 이름을 쓰시오.

답 :

정답
네트워크 계층 또는 Network Layer

해설
네트워크 계층(Network Layer)은 통신망을 통하여 패킷을 목적지까지 전달을 담당을 하는 계층으로 중계 기능, 최적의 경로 설정 등을 주로 수행한다.

08 IPv6의 주소 형식에 대한 설명이다. 빈칸 (　)에 알맞은 숫자를 쓰시오.

- 16비트씩 (①) 부분으로 구성되는 (②)비트 주소 체계이다.
- 각 자리는 0부터 65535까지의 (③)진수로 표현하며, 콜론(:)으로 구분한다.

① :
② :
③ :

정답
① : 8
② : 128
③ : 16

해설
- IPv6는 IPv4의 주소 부족 한계를 위해 개발한 128비트 주소체계이다.
- 총 128비트를 각 16비트씩 8자리로 나타내며, 각 자리는 ':'(콜론)으로 구분하여 표기한다.

09 독립 단말끼리 외부의 도움없이 자기들만으로 자율적인 임시적 망을 구성한 것으로 노드들의 이동이 자유로워 네트워크 토폴로지가 동적으로 변화되는 특징을 가진 네트워크의 명칭을 쓰시오.

답 :

정답
애드혹 네트워크 또는 Ad-hoc Network

해설
애드혹 네트워크(Ad-Hoc Network)는 네트워크의 구성 및 유지를 위해 기지국이나 액세스 포인트와 같은 기반 네트워크 장치를 필요로 하지 않으며, 노드(Node)들에 의해 자율적으로 구성된다.

---

10 OSI 7 계층과 그 역할을 옳게 연결하시오.

① 전송 계층 • • ⓐ 기계적, 전기적, 절차적 특성을 정의한 계층

② 네트워크 계층 • • ⓑ 중점 호스트 사이의 데이터 전송을 다루는 계층으로 종점 간의 연결 관리, 오류 제어와 흐름 제어 등을 수행하는 계층

③ 데이터링크 계층 • • ⓒ 통신망을 통하여 패킷을 목적지까지 전달을 담당을 하며 중계 기능, 경로설정 등을 주로 수행하는 계층

④ 물리 계층 • • ⓓ 인접 개방형 시스템 간의 정보 전송, 전송 오류 제어, 흐름 제어 등 물리적 연결을 이용해 신뢰성 있는 정보 전송 기능을 담당하는 계층

정답
① - ⓑ, ② - ⓒ, ③ - ⓓ, ④ - ⓐ

---

11 개발 프로젝트 범위에서 정의된 전체 시스템 또는 제품의 동작에 대해 수행하는 소프트웨어 테스트이다. 시스템의 실제 동작과 원래 의도했던 요구사항과는 차이가 없는지 등을 판단하는 테스트를 쓰시오.

답 :

정답
시스템 테스트 또는 System Test

해설
시스템 테스트는 단위 테스트나 통합 테스트 등에서 발견하지 못한 시스템 전반의 구조적 제약을 찾는 테스트이다.

12 다음은 테스트 목적에 따른 분류이다. 테스트에 대한 설명을 옳은 것으로 연결하시오.

① 회복(Recovery) 테스트 •　　• ⓐ 변경 또는 수정된 코드에 대하여 새로운 결함 발견 여부를 평가하는 테스트

② 강도(Stress) 테스트 •　　• ⓑ 시스템에 과다 정보량을 부과하여 과부하 때도 시스템이 정상적으로 작동되는지를 검증하는 테스트

③ 성능(Performance) 테스트 •　　• ⓒ 사용자의 이벤트에 시스템이 응답하는 시간, 특정 시간 내에 처리하는 업무량, 사용자 요구에 시스템이 반응하는 속도 등을 테스트

④ 회귀(Regression) 테스트 •　　• ⓓ 시스템에 고의로 실패를 유도하고 시스템이 정상적으로 복귀하는지 테스트

정답
① - ⓓ, ② - ⓑ, ③ - ⓒ, ④ - ⓐ

13 다음 보기의 빈칸 ( )에 들어갈 용어를 쓰시오.

( ) 컴퓨팅 인터넷 기반 컴퓨팅의 일종으로 정보를 자신의 컴퓨터가 아닌 클라우드에 연결된 다른 컴퓨터로 처리하는 기술을 의미한다. 컴퓨팅 리소스를 인터넷을 통해 서비스로 사용할 수 있는 주문형 서비스이다. 기업에서 직접 리소스를 조달하거나 구성, 관리할 필요가 없으며 사용한 만큼만 비용을 지불하면 된다.

답 :

정답
클라우드

해설
클라우드 컴퓨팅(Cloud Computing)은 가상화 기술을 이용하여 서비스를 제공하는 것으로 필요한 때에, 필요한 만큼, CPU, 메모리, 디스크, 소프트웨어 등을 쉽게 빌려쓸 수 있게 하는 서비스이다.

14 아래 보기의 〈student〉 테이블을 대상으로 하는 〈지시사항〉을 SQL문으로 각각 작성하시오.

〈student〉

학번	학생이름	전공	학년
1000	홍길동	computer	1
2000	강감찬	mathematics	2
3000	이순신	accounting	2
4000	계백	computer	3
5000	김철수	economics	4

〈지시사항〉

1. 〈student〉 테이블에서 2학년 이상인 학생의 학생이름을 검색하되, 학년 속성의 내림차순으로 검색한다.
3. SQL 명령문은 대/소문자를 구분하지 않는다.
4. SQL 명령문의 종결 문자의 세미콜론(;)은 생략 가능하다.
5. 실행 결과가 일치하더라도 〈지시사항〉을 적용하지 않은 SQL문을 작성하면 오답으로 간주한다.

답:

정답

SELECT 학생이름 FROM student WHERE 학년 >= 2 ORDER BY 학년 DESC;

해설

```
SELECT 필드명
    FROM 테이블명
        WHERE 조건
            ORDER BY 정렬;
```

15 아래 보기의 〈성적〉 테이블을 대상으로 하는 〈SQL문〉의 결과를 쓰시오.

〈성적〉

SNO	NAME	KOR	ENG	MATH
1111	HONG	100	100	100
2222	KIM	100	NULL	100
3333	KANG	NULL	0	100

〈SQL문〉

```
① SELECT SUM(KOR) FROM 성적;
② SELECT SUM(ENG) FROM 성적;
③ SELECT SUM(MATH) FROM 성적
```

① :

② :

③ :

정답

① : 200

② : 100

③ : 300

해설

SQL문	설명	결과
① SELECT SUM(KOR) FROM 성적;	성적 테이블에서 KOR열의 합계	200
② SELECT SUM(ENG) FROM 성적;	성적 테이블에서 ENG열의 합계	100
③ SELECT SUM(MATH) FROM 성적	성적 테이블에서 MATH열의 합계	300

16 다음은 Java로 작성된 프로그램이다. 이를 실행한 출력 결과를 쓰시오.

```
class A {
    int a;
    public A(int n) {
        a = n;
    }
    public void print() {
        System.out.println("a="+a);
    }
}
class B extends A {
    public B(int n) {
        super(n);
        super.print();
    }
}
public class Exam {
    public static void main(String[] args) {
        B obj = new B(10);
    }
}
```

답 :

정답
a=10

해설
- 모든 객체는 힙 영역에 생성됨과 동시에 자동으로 생성자를 호출한다. 자식 클래스 B의 객체 생성 시 매개변수를 갖는 생성자를 자동 호출하여 public B(int n) 생성자를 자동 호출한다.
- 생성자 내의 super(n); 명령문에 의해 정수 10을 가지고 부모 클래스 A의 매개변수를 갖는 public A(int n) 생성자를 호출하여 필드 a에 10을 대입하고 자식 생성자로 반환한 후, 다시 super.print() 메소드를 호출하여 a=10을 출력한다.

17 다음 C언어 프로그램이 실행되었을 때의 결과를 쓰시오.

```c
#include <stdio.h>
struct score {
        char name[12];
        int os, db, hab, hhab;
};
int main( )
{
        struct score st[3] = { {"가", 95, 88},
                               {"나", 84, 91},
                               {"다", 86, 75} } ;
        struct score *p;
        p = &st[0];

        (p+1)->hab = (p+1)->os + (p+2)->db;
        (p+1)->hhab = (p+1)->hab + p->os + p->db;

        printf("%d", (p+1)->hab + (p+1)->hhab);

        return 0;
}
```

답 :

정답

501

해설

- 구조체 포인터 연산자(->)를 통해 구조체 멤버에 접근한 후 결과를 출력하는 프로그램이다.
- 구조체의 멤버를 접근하는 방법은 두 가지가 있다.
    - 1) 구조체 변수를 이용한 접근 : 구조체변수명.멤버명
    - 2) 구조체 포인터 변수를 이용한 접근 : 구조체포인터변수명->멤버명
- p = &st[0]; 명령문에 의해 구조체 배열 st에 구조체 포인터 변수 p로 참조가 가능해진다.

		name	os	db	hab	hhap
p	→ st[0]	"가"	95	88		
p+1	→ st[1]	"나"	84	91		
p+2	→ st[2]	"다"	86	75		

- 구조체 포인터 변수를 이용한 접근 방법으로 주어진 연산을 처리하면,
    - (p+1)->hab = (p+1)->os + (p+2)->db;에서
    - (p+1)->os의 값은 84이고, (p+2)->db은 75이고 84+75의 결과 159가 (p+1)->hab에 할당된다.

		name	os	db	hab	hhap
p	→ st[0]	"가"	95	88		
p+1	→ st[1]	"나"	84	91	159	
p+2	→ st[2]	"다"	86	75		

- (p+1)->hhab = (p+1)->hab + p->os + p->db;에서
- (p+1)->hab은 159이고 p->os는 95, p->db는 88로 159+95+88의 결과 342이 (p+1)->hhab에 할당된다.

		name	os	db	hab	hhap
p	→ st[0]	"가"	95	88		
p+1	→ st[1]	"나"	84	91	159	342
p+2	→ st[2]	"다"	86	75		

- (p+1)->hab에는 84 + 75 덧셈 후 159가 대입된다.
- (p+1)->hhab에는 159 + 95 + 88 덧셈 후 342가 대입된다.
- printf("%d", (p+1)->hab + (p+1)->hhab);는 159+342의 결과 501이 최종 출력된다.
- 해당 문제는 출력 결과를 작성하는 문제이므로 부분 점수가 부여되지 않는다.

18 다음은 Python으로 작성된 프로그램이다. 이를 실행한 결과를 쓰시오.

```
a, b = 10, 20
print(a == b)
```

답 :

정답
False

해설
다중 대입문(Multiple Assingment)과 관계 연산자
- a, b = 10, 20은 다중 대입문으로 각 변수 a, b에 다른 값 10, 20을 각각 대입한다. 변수 a는 10이, 변수 b는 20이 저장된다. a == b 조건문의 결과는 두 변수의 값이 다르므로 거짓에 해당하는 논리 상수 False가 출력된다.
- 해당 문제는 출력 결과를 작성하는 문제이므로 부분 점수가 부여되지 않는다.

19 다음 Java언어로 구현된 프로그램을 분석하여 그 실행 결과를 쓰시오.

```java
public class Test {
    public static void main(String[] args) {
        int w = 3, x = 4, y = 3, z = 5;
        if((w == 2 | w == y) & !(y > z) & (1 == x ^ y != z)) {
            w = x + y;
            if(7 == x ^ y != w) {
                System.out.println(w);
            }
        } else {
            w = y + z;
            if(7 == y ^ z != w) {
                System.out.println(w);
            } else {
                System.out.println(z);
            }
        }
    }
}
```

답 :

정답

7

해설

- 해당 프로그램에는 비트 논리 연산자인 비트 AND 연산자(&), 비트 XOR 연산자(^), 비트 OR 연산자(|)가 사용되어 if문의 조건식을 구성하고 있다.
- 비트 논리 연산자의 결과는 연산의 대상에 따라 달라진다. 예를 들어 다음과 같이 정수를 대상으로 하는 경우는 결과가 정수 0 또는 1이 결과값을 얻을 수 있고, 논리상수를 대상으로 비트 논리 연산을 수행하면 true와 false의 결과를 얻는다.

```
(예1) System.out.println( 0 | 1 ) ;           // (결과) 1
(예2) System.out.println( false | true ) ;    // (결과) true
```

— 비트 논리 연산자의 우선순위 : 비트 AND 연산자(&) → 비트 XOR 연산자(^) → 비트 OR연산자(|)
— 관계 연산자(==, !=, 〈, 〈=, 〉, 〉=)는 비트 논리 연산자보다 연산의 우선순위가 높음
- 주어진 조건식 if((w == 2 | w == y) & !(y 〉 z) & (1 == x ^ y != z))은 if(조건식① & 조건식② & 조건식③)의 순서로 세부 조건식이 판별된 후 전체 if문의 분기가 결정된다.
- 조건식①, 조건식②, 조건식③을 if문에서 수행하는 과정은 다음과 같다.

	단계	
조건식①	단계1	w==2 | w==y
	단계2	3==2 | 3==3
	단계3	false | true
	결과	true
조건식②	단계1	!(y 〉 z)
	단계2	!(3 〉 5)
	단계3	!(false)
	결과	true
조건식③	단계1	1==4 ^ 3!=z
	단계2	1==4 ^ 3!=5
	단계3	false ^ true
	결과	true

— 조건식①, 조건식②, 조건식③의 결과는 모두 true이다.
— if(조건식① & 조건식② & 조건식③)은 if(true & true & true)를 수행하여 true의 결과로 참인 블록을 수행하게 된다.
- w = x + y;를 수행하여 변수 w의 값을 7로 변경 후, if(7 == x ^ y != w) 조건식을 다음과 같이 수행한다.

	단계	
if 조건식	단계1	7==x ^ y!=w
	단계2	7==4 ^ 3!=7
	단계3	false ^ true
	결과	true

- 조건식의 결과 true이므로 참인 블록 내의 System.out.println(w); 명령문을 수행한 결과 최종 출력 결과는 7이다.
- 해당 문제는 출력 결과를 작성하는 문제이므로 부분 점수가 부여되지 않는다.

20 다음 C언어 프로그램이 실행되었을 때의 결과를 쓰시오.

```c
#include <stdio.h>
#include <string.h>

int main(void) {
    char str[50] = "nation";
    char *p2 = "alter";

    strcat(str, p2);

    printf("%s", str);

    return 0;
}
```

답:

정답

nationalter

해설

  strcat(최종문자열, 붙일문자열);

- str[50] 배열에 "nation" 입력
- *p2 포인터 변수에 "alter" 입력
- strcat(str, p2);
- strcat("nation", "alter"); → "nation" + "alter" → "nationalter"

정보처리산업기사 실기 실전 모의고사 03회

시험 일자	문항 수	시험 시간
년 월 일	총 20문항	2시간 30분

수험번호 : _____
성   명 : _____

---

01 다음 설명의 빈칸 (   )에 들어갈 적절한 용어를 쓰시오.

> (   )(은)는 다중 프로그래밍을 지원하는 시스템하에서 CPU에게 보내져 실행되는 또 다른 단위이다. (   )(을)를 사용하면 운영체제의 성능과 응용 프로그램의 처리율을 향상시킬 수 있다. 프로세스가 여러 개의 (   )(으)로 구성되어 있을 때, (   )(은)는 모두 개별적인 제어 흐름을 갖는다.

답 :

정답
스레드 또는 Thread

해설
스레드(Thread)는 하나의 프로세스 내에서 더 작은 단위들로 각각 독립적으로 실행되며, 각각 제어가 가능하다. 스레드를 경량(Lightweigt) 프로세스라고도 한다.

---

02 다음 보기는 데이터베이스 설계에서 하는 작업들이다. 이 중 논리적 설계 단계에서 수행하는 작업을 골라 기호를 쓰시오.

> ⓐ 사용자가 의도하는 DB 용도 파악
> ⓑ 트랜잭션 인터페이스 설계, 스키마 설계, 스키마의 평가 및 정제 등의 기능 수행
> ⓒ 스키마 모델링 작업과 요구되는 트랜잭션을 파악하여 트랜잭션 모델링 수행
> ⓓ 애트리뷰트, 개체, 관계성을 파악하여 E-R 다이어그램 작성
> ⓔ 릴레이션의 잘못된 구조를 개선하기 위해 정규화 수행
> ⓕ 목표 DBMS의 DDL로 스키마를 작성하여 데이터베이스에 등록

답 :

정답
ⓑ, ⓔ

해설
- ⓐ : 요구 조건 분석 단계
- ⓒ, ⓓ : 개념적 설계 단계
- ⓕ : 구현 단계

03 이행적 함수 종속이 제거된 상태이나 후보키가 아닌 결정자가 존재하는 정규형은 무엇인지 쓰시오.

답 :

정답
제3정규형 또는 3NF

해설
제3정규형은 기본키를 제외한 속성들 간의 이행적 함수 종속이 없는 것으로, 기본키 이외의 다른 애트리뷰트가 그 외 다른 애트리뷰트를 결정할 수 없다.

04 하나의 애트리뷰트가 가질 수 있는 모든 원자값들의 집합을 무엇이라 하는지 쓰시오.

답 :

정답
도메인 또는 Domain

해설
도메인(Domain)은 각 애트리뷰트에 입력 가능한 값들의 범위를 미리 정해 놓은 것으로, 하나의 애트리뷰트가 가질 수 있는 모든 값들의 집합을 의미한다.

05 다음 보기는 무엇에 대한 설명인지 쓰시오.

> 하나 이상의 기본 테이블로부터 유도되어 만들어진 가상 테이블로, 데이터베이스 일부만 선택적으로 보여준다. 데이터베이스의 접근을 제한하여 보안을 제공한다.

답 :

정답
뷰 또는 View

해설
뷰(View)는 실제 저장된 데이터 중에서 사용자가 필요한 내용만을 선별해서 볼 수 있는 가상의 테이블이며, 데이터의 논리적 독립성을 제공한다.

06 다음 설명의 빈칸 ( )에 들어갈 적절한 용어를 쓰시오.

> 패킷처리 방식에 따라 ( ) 패킷교환 방식과 가상회선 패킷교환 방식이 있다. ( ) 패킷교환 방식은 부하가 적거나 간헐적인 통신의 경우에 적합하며, 대역폭 설정에 융통성이 있다.

답 :

정답
데이터그램

해설
데이터그램 패킷교환 방식은 각 패킷이 독립적으로 처리되어 목적지까지 도달하는 방식을 의미한다. 패킷마다 가는 경로가 다를 수 있고, 망의 상황에 따라 달라지며, 패킷의 도착 순서가 바뀔 수 있으므로 순서의 재조정이 가능해야 한다.

07 TCP/IP에서 UDP는 OSI 7 계층 참조 모델의 어느 계층에 해당하는지 쓰시오.

답 :

정답
전송 계층 또는 Transport Layer

해설
전송 계층의 프로토콜에는 TCP, UDP, SCTP 등이 있다.

08 다음은 스위치와 라우터의 데이터 전송의 특징을 비교한 표이다. 빈칸 (　)에 알맞은 장치명을 스위치와 라우터 중에서 쓰시오.

구분	(ⓐ)	(ⓑ)
데이터의 전송 범위	네트워크 사이	같은 네트워크 내부
전송을 위해 이용하는 테이블	라우팅 테이블	MAC 주소 테이블
전송할 때 참조하는 주소	IP 주소	MAC 주소
테이블에 필요한 정보가 없을 때의 동작	데이터를 파기한다.	데이터를 플러딩한다.

ⓐ :

ⓑ :

정답

ⓐ : 라우터

ⓑ : 스위치

해설

플러딩(Flooding)이란 어떤 노드에서 온 하나의 패킷을 라우터에 접속되어 있는 다른 모든 노드로 전달하는 것을 의미한다. 대규모 네트워크에서 수정된 라우팅 정보를 모든 노드에 빠르게 배포하는 수단이다.

09 다음 표는 IPv6에서 지원하는 통신 방식이다. 빈칸 (　)에 알맞은 용어를 쓰시오.

(ⓐ)	단일 송신자와 단일 수신자 간의 통신
(ⓑ)	단일 송신자와 다중 수신자 간의 통신
(ⓒ)	단일 송신자와 가장 가까이 있는 단일 수신자 간의 통신

ⓐ :

ⓑ :

ⓒ :

정답

ⓐ : 유니캐스트 또는 Unicast

ⓑ : 멀티캐스트 또는 Multicast

ⓒ : 애니캐스트 또는 Anycast

10 다음 그림은 소프트웨어 생명 주기의 V-모델이다. 빈칸에 해당하는 테스트를 쓰시오.

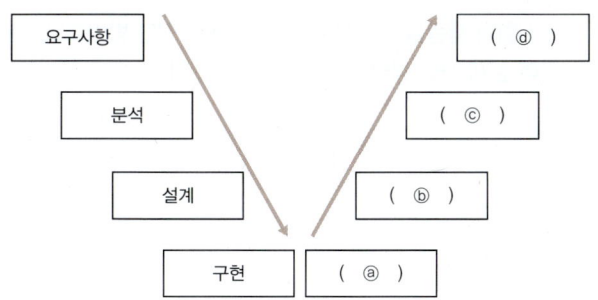

ⓐ :

ⓑ :

ⓒ :

ⓓ :

정답
ⓐ : 단위 테스트
ⓑ : 통합 테스트
ⓒ : 시스템 테스트
ⓓ : 인수 테스트

해설
단계별 테스트는 '단위 테스트 – 통합 테스트 – 시스템 테스트 – 인수 테스트' 순서로 진행된다.

11 인수 테스트 유형 중에서 피드백을 목적으로 수행하는 개발 조직 내의 테스트로 실제 환경과 동일한 환경에서 사용자와 개발자가 함께 확인하면서 시행하는 테스트는 무엇인지 쓰시오.

답 :

정답
알파 테스트 또는 Alpha Test

해설
알파 테스트(Alpha Test)는 개발 회사 내부에서 이루어지는 테스트로, 베타 테스트를 하기 전에 실시한다.

12 다음 설명의 빈칸 ( )에 들어갈 용어를 쓰시오.

( ) 테스트는 현 제품에 대한 사용자의 요구사항과 행동을 관찰할 수 있는 유용한 진단 방법으로, 사용자에게 실제와 유사한 상황의 시나리오를 제시하여 실제 사용 형태를 분석하는 테스트이다.

답 :

정답
사용성

해설
사용성 테스트(UT, Usability Test)는 실제 대상 고객과 사용자를 불러와서 직접 사용하는 상황을 제공하고 주어진 과제와 단계를 수행하도록 요청함으로써 실제 의견을 듣고 사용하는 모습을 관찰하는 방법이다.

13 다음 보기가 설명하는 것은 무엇인지 쓰시오.

사람을 속이기 위해 설계된 사용자 인터페이스(UI)를 뜻하는 말로, 인터넷 사이트나 애플리케이션에서 사용자들을 은밀히 유도해 물건을 구매하거나 서비스에 가입하게 하는 것이 대표적인 사례다. 무료 이용 기간이 끝나면 알림 없이 신용카드로 비용을 청구하고, 사용자를 속여 다른 웹 사이트로 이동하는 아이콘을 누르게 하는 경우 등이 여기에 속한다.

답 :

정답
다크 패턴 또는 Dark Patterns

해설
다크 패턴(Dark Patterns)은 이용자들이 물건을 구매하거나 서비스에 가입하도록 유도하기 위해 업체가 의도한 웹이나 앱의 설계 또는 UI(사용자 인터페이스)를 의미한다.

14 아래 보기의 〈사원〉 테이블 생성 시, '직급' 속성의 도메인을 '차장', '과장', '사원'의 문자열 상수값으로 제한하는 SQL문을 완성하는 빈칸 ①~②에 알맞은 용어를 쓰시오.

〈사원〉

사번	이름	부서	직급
2023001	홍길동	관리부	차장
2023002	박길동	관리부	과장
2023003	강길동	관리부	사원
2023004	김철수	교육부	사원
2023005	이철수	교육부	사원
2023006	정철수	영업부	과장
2023007	강철수	영업부	사원

〈SQL문〉

```
CREATE TABLE 사원 (
    사번 CHAR(6) NOT NULL,
    이름 VARCHAR(20) NOT NULL,
    부서 VARCHAR(20) NOT NULL,
    직급 VARCHAR(20),
    PRIMARY KEY(사번),
    (    ①    ) ( 직급 (    ②    ) ('차장', '과장', '사원') )
);
```

① :

② :

정답

① : CHECK

② : IN

해설

- CHECK문은 특정 속성에 데이터 입력 시 조건을 적용할 때 사용한다. 즉, 직급 속성에 입력할 수 있는 값을 '차장', '과장', '사원'으로 제한하고 싶을 때 사용한다.
- IN은 다중 조건의 문자열을 입력할 때 사용한다.

15 아래 보기의 두 테이블 〈A〉, 〈B〉에 대하여 다음 SQL문의 수행결과를 쓰시오.

〈A〉

SNO	NAME	GRADE
1000	SMITH	1
2000	ALLEN	2
3000	SCOTT	3

〈B〉

RULE
S%
%T%

〈SQL문〉

```
SELECT COUNT(*) AS CNT
FROM A CROSS JOIN B
WHERE A.NAME LIKE B.RULE;
```

답:

정답

4

해설

SELECT COUNT(*) AS CNT	전체 행의 개수를 구한다.
FROM A CROSS JOIN B	A, B 테이블을 크로스 조인한다.
WHERE A.NAME LIKE B.RULE;	A 테이블의 NAME, B 테이블의 RULE을 기준으로 조인한다.

RULE	해설	크로스 조인 결과
S%	S로 시작하는	SMITH, SCOTT
%T%	T를 포함하는	SMITH, SCOTT

총 4개 레코드가 조회된다.

16 아래 보기의 〈성적〉 테이블에서 1학년 학생의 점수의 합계를 구하는 SQL문의 빈칸에 알맞은 명령을 정확히 쓰시오.

〈성적〉

학번	이름	학년	점수
1000	이영진	1	80
2000	홍순신	2	90
3000	김감찬	1	100
4000	강희영	3	70
5000	이철수	1	50
6000	이영희	4	85

〈SQL문〉

```
SELECT (        ) FROM 성적 WHERE 학년 = 1;
```

답 :

정답
SUM(점수)

해설
합계를 계산하는 도메인 함수는 SUM이다.

17 다음 C언어 프로그램이 실행되었을 때의 결과를 쓰시오.

```
#include <stdio.h>

int main( )
{
        int num1 = 16;
        int num2 = 80;

        printf("%d", num1 > num2 ? num1 & num2 : num1 ^ num2);

        return 0;
}
```

답 :

정답
64

해설

- 삼항 연산자 구조

a > b	?	100	:	200
조건		참일 때		거짓일 때

- 대입

num1 > num2	?	num1 & num2	:	num1 ^ num2
조건		참일 때		거짓일 때

- num1이 num2 초과이면 num1 & num2 출력
  - & : 비트단위 AND 연산
- num1이 num2 초과가 아니면 num1 ^ num2 출력
  - ^ : 비트단위 XOR 연산 (두 값이 다르면 1, 아니면 0)
- 위 코드는 조건이 만족하지 않으므로 거짓일 때 연산이 처리된다.

num1	0	0	0	1	0	0	0	0
num2	0	1	0	1	0	0	0	0

num1 ^ num2	0	1	0	0	0	0	0	0
10진수 변환	128	64	32	16	8	4	2	1
	64							

18 다음 C언어 프로그램이 실행되었을 때의 결과를 쓰시오.

```c
#include <stdio.h>
#define func1 0
#define func2 1

int main( ) {
        int num = 83;
        if(num % 2 == func1)
                printf("HRD");
        else if(num % 2 == func2)
                printf("KOREA");
        else
                printf("1644-8000");
        return 0;
}
```

답:

정답

KOREA

해설

- 짝수와 홀수를 구분하는 코드이다.
  - if(num % 2 == func1) ← 83 % 2 : 83을 2로 나누었을 때 나머지가 func1(0)과 같으면 (즉 짝수이면) printf("HRD");를 실행한다.
  - else if(num % 2 == func2) ← 83 % 2 : 83을 2로 나누었을 때 나머지가 func2(1)과 같으면 (즉 홀수이면) printf("KOREA");를 실행한다.
- 83 % 2 = 1이므로 printf("KOREA");가 실행된다.

19 다음은 C언어로 작성된 프로그램이다. 이를 실행한 결과를 쓰시오.

```c
#include <stdio.h>
int main( )
{
    int a[] = { 89, 75, 30, 100, 50 } ;
    int i, j, temp;
    int n = sizeof(a) / sizeof(int);

    for( i = 0; i < n-1; i++ ) {
        for( j = 0; j < 4-i; j++ )
            if( a[j] > a[j+1] ) {
                temp = a[j];
                a[j] = a[j+1];
                a[j+1] = temp;
            }
    }

    for( i = 0; i < 5; i++ ) {
        printf("%d ", a[i]);
    }
    return 0;
}
```

답 : 30 50 75 89 100

정답

30 50 75 89 100

해설

- 해당 프로그램은 C언어로 버블 정렬 알고리즘을 구현하여 오름차순으로 정렬된 1차원 배열의 요소(값)를 출력하는 프로그램이다.
- 버블 정렬의 오름차순은 가장 큰 데이터가 가장 오른쪽으로 밀려 이동한다. 각 단계마다 이웃한 두 데이터를 교환하는 과정들이 일어나므로 교환 정렬(Exchange Sort)이라고도 한다.
- 중첩 for 명령문 구조의 반복문을 통해 각 단계에서의 교환 과정은 다음과 같다.

		[0]	[1]	[2]	[3]	[4]
i		89	75	30	100	50
0		89	75	30	100	50
		75	89	30	100	50
		75	30	89	100	50
		75	30	89	100	50
		75	30	89	50	100
1		75	30	89	50	100
		30	75	89	50	100
		30	75	89	50	100
		30	75	50	89	100
2		30	75	50	89	100
		30	75	50	89	100
		30	50	75	89	100
3		30	50	75	89	100
		30	50	75	89	100

20 다음은 Java로 작성된 프로그램이다. 이를 실행한 출력 결과를 쓰시오.

```java
class Singleton {
    private static Singleton instance = null;
    private int count = 0;
    private Singleton () { } ;
    public static Singleton getInstance() {
        if(instance == null) {
            instance = new Singleton();
            return instance;
        }
        return instance;
    }
    public void count() {
        count++ ;
    }
    public int getCount() {
        return count;
    }
}
public class Test {
    public static void main(String[] args) {
        Singleton sg1 = Singleton.getInstance();
        sg1.count();
        Singleton sg2 = Singleton.getInstance();
        sg2.count();
        Singleton sg3 = Singleton.getInstance();
        sg3.count();
        System.out.print(sg1.getCount());
    }
}
```

답 :

정답

3

해설

- 해당 프로그램은 싱글톤 패턴(Singleton Pattern)이 적용된 프로그램으로 프로그램이 실행되는 동안 클래스를 생성하는 객체(인스턴스)가 오직 하나이다.
- 싱글톤 패턴을 자바로 구현하는 3단계 : ① 생성자 메서드를 private로 접근 제한 ② private static 인스턴스 변수 선언 (오직 하나의 같은 오브젝트를 참조) ③ public static SingletongetInstance( ) 메소드 구현
- 참조 변수 sg1, sg2, sg3는 같은 객체를 참조하며, 객체 내의 필드 count가 0으로 초기화 된 후, sg1.count( ); 메소드 호출로 count가 1, sg2.count( ); 메소드 호출로 count가 2, sg3.count( ); 메소드 호출로 count가 3이 되어 최종 출력 결과는 3이다.
- 해당 문제는 출력 결과를 작성하는 문제이므로 부분 점수가 부여되지 않는다.

정보처리산업기사 실기 실전 모의고사 04회

시험 일자	문항 수	시험 시간
년 월 일	총 20문항	2시간 30분

수험번호 : _____
성　　명 : _____

---

01 DBMS는 데이터의 독립성을 목적으로 한다. 다음 설명의 빈칸 (　)에 알맞은 용어를 쓰시오.

> (　) 데이터 독립성은 응용 프로그램과 보조기억장치와 같은 물리적 장치를 독립시키는 것이다. 응용 프로그램이나 데이터베이스의 논리적 구조에 영향을 미치지 않고 데이터의 물리적 구조를 변경할 수 있는 능력을 의미하기도 한다.
> (　) 데이터 독립성은 내부 스키마가 변경되어도 외부/개념 스키마가 영향을 받지 않도록 지원한다.

답 :

정답
물리적

해설
데이터 독립성에는 논리적 데이터 독립성과 물리적 데이터 독립성이 있다.

---

02 어떤 릴레이션 R(A, B, C, D)이 복합 애트리뷰트 {A, B}를 기본키로 가질 때 보기와 같은 함수 종속이 발생한다. 이러한 함수 종속의 명칭을 쓰시오.

> {A, B} → C, D
> B → C
> C → D

답 :

정답
이행 함수 종속 또는 이행적 함수 종속 또는 이행 함수적 종속

해설
릴레이션의 X, Y, X라는 3개의 속성에서 X → Y → Z이란 종속관계가 있을 경우, X → Z가 성립되면 이행적 함수 종속이라고 한다.

03 프로세스 스케줄링 방식으로 FIFO 방식을 사용하는 시스템이 있다. 준비 큐에 다음과 같이 작업이 들어왔을 때 평균 대기 시간을 구하시오. (단, 프로세스 간 문맥 교환에 따른 오버헤드는 무시하며, 주어진 4개의 프로세스 외에 처리할 다른 프로세스는 없다고 가정한다.)

프로세서	도착 시간	실행시간
P1	0	5
P2	3	6
P3	4	3
P4	7	4

답 :

정답
4

해설
- FIFO는 준비 큐에 들어온 순서대로 처리하는 스케줄링이다.

프로세서	도착시간	실행시간	대기시간	반환시간
P1	0	5	0	5
P2	3	6	5−3 = 2	5+6−3=8
P3	4	3	5+6−4 = 7	5+6+3−4=10
P4	7	4	5+6+3−7=7	5+6+3+4−7=11

- 총 대기시간 : 0+2+7+7 = 16
- 평균 대기시간 : 16/4 = 4
- 총 반환시간 : 5+8+10+11 = 34
- 평균 반환시간 : 34/4 = 8.5

04 OSI 7 계층 중 전송 단위로는 세그먼트를 사용하며, 프로세스를 특정하기 위한 주소로 포트 번호(Port Number)를 이용하는 계층은 어느 계층인지 쓰시오.

답 :

정답
전송 계층 또는 Transport Layer

해설
전송 계층(Transport Layer)은 종단 간 신뢰성 있는 데이터 전송을 담당하며, 신뢰성 있는 데이터 전송을 위해 분할과 재조합, 연결제어, 흐름 제어, 오류 제어, 혼잡제어를 수행한다.

05 보기의 두 릴레이션에 대한 카티션 프로덕트 연산 A×B 결과로 생성되는 카디널리티(튜플의 개수)와 디그리(애트리뷰트의 개수)를 쓰시오.

[A]

번호	이름	나이
100	단미	30
200	그린비	30

[B]

거주지
서울
독도
이어도

카디널리티 :

디그리 :

정답

카디널리티 : 6

디그리 : 4

해설

Cartesian Product는 A×B 형태로 표현되며, 결과 릴레이션에서 카디널리티는 튜플 개수의 곱, 디그리는 애트리뷰트 개수의 합으로 나타난다.

06 다음 보기가 설명하는 스키마는 어떤 스키마인지 쓰시오.

- 범기관적 입장에서 본 데이터베이스의 정의를 기술한 것이다.
- 데이터베이스의 전체적인 논리적 설계를 의미하는 것으로 데이터 객체, 성질, 관계, 제약조건에 관한 것이다.
- 모든 응용에 대한 전체적인 통합된 데이터 구조로서 단순히 스키마라고도 한다.

답 :

정답

개념 또는 개념 스키마

해설

개념 스키마(Conceptual Schema)는 모든 응용 시스템과 사용자들이 필요로 하는 데이터를 통합한 조직 전체의 데이터베이스 구조를 논리적으로 정의한다.

07 다음 빈칸 ( )에 알맞은 용어를 쓰시오.

(ⓐ)(은)는 인터넷에 연결되어 있는 모든 컴퓨터들이 논리적으로 갖게 되는 고유 주소이다. (ⓑ)(은)는 인터넷에서 (ⓐ)(을)를 사람이 기억하기 쉽도록 하기 위하여 만들어진 것이다. (ⓑ)(은)는 .(dot)로 구분되는 다단계 계층 트리구조를 가지고 있다.
(ⓒ)(은)는 문자로 구성된 (ⓑ)(을)를 숫자로 이뤄진 (ⓐ)(으)로 변환하고 라우팅 정보를 제공하는 분산형 데이터베이스 시스템을 의미한다.

ⓐ :

ⓑ :

ⓒ :

정답
ⓐ : IP 주소
ⓑ : 도메인 네임 또는 Domain Name
ⓒ : DNS 또는 도메인 네임 시스템 또는 Domain Name System

해설
IP 주소는 숫자로 구성된 주소이며, IP 주소를 사람이 이해하기 쉬운 문자로 바꾼 주소가 도메인 네임이다. IP 주소와 도메인 네임 간의 변환은 DNS가 담당한다.

08 다음 보기에서 설명하는 프로토콜을 영어 약자로 쓰시오.

Link State 방식의 라우팅 프로토콜로 네트워크 변화에 신속하게 대처할 수 있으며, 최단 경로 탐색에 Dijkstra 알고리즘을 사용하는 라우팅 프로토콜

답 :

정답
OSPF

해설
OSPF(Open Shortest Path First, 개방형 최단 경로 우선 프로토콜)는 인터넷 망에서 이용자가 최단 경로를 선정할 수 있도록 라우팅 정보에 노드 간의 거리 정보, 링크 상태 정보를 실시간으로 반영하여 최단 경로로 라우팅을 지원하는 프로토콜이다.

09 통합 테스트 중에서 특정 테스트 대상 모듈을 중심으로 상하위 임시 모듈을 연결하여 테스트하는 것으로, 상향식, 하향식 순차 개발이 아닌 중요 기능 중심의 빠른 개발 및 테스트 방식은 무엇인지 쓰시오.

답:

정답
백본 통합 테스트 또는 Backbone Integration Test

해설
백본 통합 테스트는 위험(Risk)이 높은 결함을 초기에 발견할 수 있다는 장점이 있지만, 테스트 시간이 오래 걸린다는 단점이 있다.

10 소프트웨어 테스트는 설계 기법에 따라 명세 기반 테스트, 구조 기반 테스트, 경험 기반 테스트로 분류할 수 있다. 다음 설명의 빈칸 ( )에 해당하는 테스트를 쓰시오.

(ⓐ)	동치 분할, 경계값 분석, 상태 전이 모델
(ⓑ)	제어흐름 테스트, 자료흐름 테스트
(ⓒ)	애드혹 테스트, 탐색적 테스트 등

ⓐ :

ⓑ :

ⓒ :

정답
ⓐ : 명세 기반 테스트
ⓑ : 구조 기반 테스트
ⓒ : 경험 기반 테스트

해설

명세 기반 테스트	테스트 목적에 맞게 알려진 모델을 활용하는 테스트로, 동치 분할 기법, 경계값 분석, 결정 테이블 테스트, 상태 전이 테스트, 유즈케이스 테스트가 있다.
구조 기반 테스트	정량화된 테스트 커버리지를 측정할 수 있는 테스트이다.
경험 기반 테스트	테스트 관련 인력의 지식이나 경험으로 테스트 케이스를 도출하는 것으로, 탐색적 테스트, 애드혹 테스트, 애자일 테스트가 있다.

11 다음 설명의 빈칸 ( )에 들어갈 용어를 〈보기〉에서 골라 기호로 쓰시오.

소프트웨어의 개발과정에서 소프트웨어의 변경사항을 관리하기 위해 개발된 일련의 활동을 (①)(이)라고 한다. (②)(은)는 형상관리 계획을 근거로 형상관리의 대상이 무엇인지 식별하는 과정이다. (③)(은)는 형상관리 계획대로 (①)(이)가 진행되고 있는지, 형상 항목의 변경이 요구 사항에 맞도록 제대로 이뤄졌는지 등을 살펴보는 활동이다.

〈보기〉

| ⓐ 형상식별 | ⓑ 형상관리 | ⓒ 형상감사 |

① :
② :
③ :

정답
① : ⓑ
② : ⓐ
③ : ⓒ

해설
형상관리란 소프트웨어의 SDLC 전단계에서 소프트웨어의 변경을 통제하고 변경요구를 제도적으로 수렴하는 일련의 활동을 의미한다.

12 다음 보기의 설명을 읽고, 빈칸 ( )에 들어갈 용어를 쓰시오.

(①)(이)란 소스코드를 실행할 수 있는 상태로 변환하는 과정이며, (②)(이)란 개발자 또는 사용자가 애플리케이션을 실행, 테스트할 수 있도록 컴파일된 프로그램, 실행에 필요한 리소스를 서버 상의 적합한 위치로 이동하는 작업을 의미한다.

① :
② :

정답
① : 빌드
② : 배포

해설
- 빌드 : 소스코드 파일을 실행 가능한 소프트웨어 산출물로 만드는 일련의 과정
- 배포 : 최종 사용자에게 소프트웨어를 전달하는 과정

13 OSI 7 계층은 상위 계층과 하위 계층으로 나눌 수 있다. 하위 계층을 1계층부터 순서대로 쓰시오.

답 :

정답
물리 계층, 데이터링크 계층, 네트워크 계층, 전송 계층

해설
- OSI 7 계층은 사용자를 위한 상위 계층과 컴퓨터를 위한 하위 계층으로 나눌 수 있다.
- 상위 계층은 세션 계층(5계층), 표현 계층(6계층), 응용 계층(7계층)이다.

14 아래 보기의 〈CUSTOMER〉 테이블을 대상으로 하는 〈지시사항〉에 대한 SQL문을 완성하시오.

〈CUSTOMER〉

ID	NAME	AGE	GRADE
hong	홍길동	34	VIP
kang	강감찬		VIP
shin	이순신	14	GOLD
bak	계백		SILVER
young	강희영	29	VIP

〈지시사항〉

〈CUSTOMER〉 테이블에서 AGE 속성이 NULL인 고객의 NAME을 검색하시오.

〈SQL문〉

SELECT NAME FROM CUSTOMER WHERE AGE (   );

답 :

정답
IS NULL 또는 is null

해설
빈 레코드를 검색하는 명령어는 IS NULL이다.

15 아래 보기의 〈학생〉 테이블에서 이름이 '민수'인 학생 튜플을 삭제하는 SQL문을 작성하시오. (단, 다음 지시사항을 참고하여 작성하시오.)

〈학생〉

학번	이름	학과	전화번호
1000	철수	컴퓨터	02-222-1234
2000	민수	수학	02-333-1234
3000	영희	컴퓨터	02-444-1234
4000	민호	통계	02-555-1234
5000	길동	컴퓨터	02-666-1234

〈지시사항〉

1. 이름 속성의 데이터는 문자형이다. 문자형 데이터는 작은따옴표(' ')로 표시한다.
2. SQL 명령문은 대/소문자를 구분하지 않는다.
3. SQL 명령문의 종결 문자인 세미콜론(;)은 생략 가능하다.
4. 실행 결과가 일치하더라도 〈요구사항〉을 모두 적용하지 않은 SQL문을 작성하면 오답으로 간주한다.

답:

정답

DELETE FROM 학생 WHERE 이름 = '민수';

해설

```
DELETE FROM 테이블명
     WHERE 조건절;
```

16 다음 C언어로 구현된 최솟값 프로그램에서 ①에 들어갈 가장 적합한 변수(Variable)와 조건식을 C언어 코드 형식으로 쓰시오.

```c
#include <stdio.h>
int main( )
{   int num[5] = { 70, 60, 55, 90, 85 };
    int min = 9999;
    int i;
    for (i= 0; i< 5; i++)
    {
        if (min > num[i])
            min = ___①___ ;
    }
    printf("배열 num의 요소 중 최솟값은 %d 입니다. \n", min);
    return 0;
}
```

답:

정답

num[i]

해설

- 최솟값 알고리즘이다.
- if (min > num[i]) ← 배열의 값이 min 변수보다 작으면
- min = num[i]; ← 배열 값을 min 변수에 입력한다.

17 다음 C언어 프로그램이 실행되었을 때의 결과를 쓰시오.

```
#include <stdio.h>
int main( )
{
    int a[10] = { 1, 2, 3, 4, 5, 6, 7, 8, 9, 10 };

    printf("%d\n", *a);
    printf("%d\n", *a+2);
    printf("%d\n", *(a+2));
    printf("%d\n", *(a+2)+2);

    return 0;
}
```

답 :

정답

1
3
3
5

해설

배열 a[10]에 입력된 값을 출력하는 코드이다. 배열 인덱스 변경이 없으므로 첫 번째 배열의 값이 출력 부분에서 연산되어 10진수로 출력된다.

a = 1
a = 1+2
a = (1+2)
a = (1+2)+2

18 다음 Java 코드는 버블 정렬 코드이다. 빈칸에 알맞은 코드를 작성하시오.

```
public class BubbleSort {
    public static void main(String[] args) {
        int[] arr = {64, 34, 25, 12, 22, 11, 90};
        bubbleSort(arr);
        System.out.println("Sorted array :");
        for (int i = 0; i < arr.length; i++) {
            System.out.print(arr[i] + " ");
        }
    }

    static void bubbleSort(int[] arr) {
        int n = arr.length;
        for (int i = 0; i < n-1; i++) {
            for (int j = 0; j < n-i-1; j++) {
                if (arr[j] > arr[j+1]) {
                    int temp = arr[j];
                    (_____)
                    arr[j+1] = temp;
                }
            }
        }
    }
}
```

답:

정답

arr[j] = arr[j+1];

해설

- 버블 정렬은 인접한 두 개 배열 값을 묶어 물방울처럼 비교한다.

| 64 | 34 | 25 | 12 | 22 | 11 | 90 |

  – 오름차순의 경우 앞쪽 배열의 크기가 크면 두 값을 swap(교환)한다.

| 34 | 64 | 25 | 12 | 22 | 11 | 90 |

  – 이 단계를 마지막 배열까지 반복한다.
- 문제의 빈칸은 버블 정렬에서 두 값을 비교해서 뒤쪽 배열이 크면 두 값을 swap(교환)하는 부분이다.
- 전체 swap 코드는 다음과 같다.

```
if (arr[j] > arr[j+1]) {
        int temp = arr[j];
        arr[j] = arr[j+1];
        arr[j+1] = temp;
}
```

19 다음 C언어 프로그램이 실행되었을 때의 결과를 쓰시오.

```c
#include <stdio.h>
int r1( ) {
    return 4;
}
int r10( ) {
    return (30 + r1( ));
}
int r100( ) {
    return (200 + r10( ));
}
void main( ) {
    printf("%d", r100( ));
}
```

답 :

정답

234

해설

- r1에 4를 반환한다.
- r10에 30+4 = 34를 반환한다.
- r100에 200+34= 234를 반환한다.
- r100을 10진수로 출력한다.
- 결과는 234이다.

20 다음은 Java로 작성된 프로그램이다. 이를 실행한 출력 결과를 쓰시오.

```java
public class Main {
    public static void main(String[] args) {
        int i, j = 0;
        for(i = 0; i <= 5; i++) {
            j += i ;
            System.out.print(i);
            if ( i == 5 ) {
                System.out.print("=");
            } else {
                System.out.print("+");
            }
        }
        System.out.println(j);
    }
}
```

답 :

정답

0+1+2+3+4+5=15

해설

- 해당 프로그램은 0부터 5까지의 정수 항을 반복 출력한 후 최종 누적 결과를 출력하는 프로그램이다.
- 반복하여 출력하는 대상은 0부터 4까지의 정수 항의 출력 후 '+' 문자를 출력하고 5인 정수 항의 출력 후에는 '=' 문자를 출력한다. 이를 위해 반복문에서 항의 값이 변수 i가 5인지를 if~else 명령문을 통해 구별하여 '+' 문자와 '=' 문자를 출력한다.

i	j		출력
0	0	0+0	0+
1	1	0+0+1	1+
2	3	0+0+1+2	2+
3	6	0+0+1+2+3	3+
4	10	0+0+1+2+3+4	4+
5	15	0+0+1+2+3+4+5	5=
6			
최종 출력 System.out.println(j);			15

- 해당 문제는 출력 결과를 작성하는 문제이므로 부분 점수가 부여되지 않는다.

정보처리산업기사 실기 실전 모의고사 05회

시험 일자	문항 수	시험 시간
년 월 일	총 20문항	2시간 30분

수험번호 : _____
성　　명 : _____

---

01 HRN은 에이징 기법을 적용한 프로세스 스케줄링 기법이다. HRN에서 우선순위를 계산하는 계산식을 쓰시오.

답 :

정답
(대기 시간+서비스 시간)/서비스 시간 또는 (대기 시간+서비스를 받을 시간)/서비스를 받을 시간

해설
에이징(Aging)이란 컴퓨터 시스템에서 처리할 작업의 순서를 정할 때 프로세서가 자원을 기다린 시간에 비례하여 프로세서의 우선순위를 부여하는 방법을 의미한다.

---

02 가상 기억장치는 페이징 기법을 이용한다. 다음 보기 중에서 페이지 크기가 작은 경우에 해당하는 것들을 골라 기호를 쓰시오.

ⓐ 입·출력 시간이 감소한다.
ⓑ 디스크 접근 횟수가 많아진다.
ⓒ 내부 단편화가 감소한다.
ⓓ 페이지 맵 테이블의 크기가 감소한다.
ⓔ 기억장소 이용 효율이 증가한다.

답 :

정답
ⓑ, ⓒ, ⓔ

해설
페이지 크기가 작을 경우에 동일한 크기의 프로그램에 더 많은 수의 페이지가 필요하게 되어 주소 변환에 필요한 페이지 맵 테이블의 공간이 더 많이 요구된다.

03 가장 보편화되고 일반적인 데이터베이스 관리 시스템으로 데이터를 저장하는 테이블의 일부를 다른 테이블과 상하 관계로 표시하며 상관관계를 정리하는 DBMS를 무엇이라 하는지 쓰시오.

답 :

정답
관계형 데이터베이스 관리 시스템 또는 RDBMS

해설
RDBMS(관계형 데이터베이스 관리 시스템)는 행과 열로 된 2차원의 표로 데이터를 표현하는 데이터베이스 관리 시스템으로, 대규모 컴퓨터 시스템을 대상으로 한 많은 이용자가 대량의 데이터를 다룰 때 데이터베이스를 관리하는 시스템이다.

04 데이터베이스에서 속성들 사이에 존재하는 여러 종류의 종속 관계를 하나의 릴레이션에 표현할 때 이상 현상이 발생한다. 이상 현상의 종류 3가지를 쓰시오.

답 :

정답
삽입 이상, 삭제 이상, 갱신 이상

해설
이상 현상은 정규화를 거치지 않은 데이터베이스에서 발생할 수 있는 현상으로, 애트리뷰트들의 종속 관계를 하나의 릴레이션에 표현하기 때문에 발생한다. 이상 현상에는 삽입 이상, 삭제 이상, 갱신 이상이 있다.

05 다음 보기 문항은 데이터베이스 설계 순서를 나타낸 것이다. 설계 순서대로 바르게 나열하시오.

〈보기〉

| ⓐ 물리적 설계 | ⓑ 요구 조건 분석 | ⓒ 개념적 설계 |
| ⓓ 구현 | ⓔ 논리적 설계 | |

답 :   –   –   –   –

정답
ⓑ – ⓒ – ⓔ – ⓐ – ⓓ

해설
데이터베이스 설계는 '요구 조건 분석 – 개념적 설계 – 논리적 설계 – 물리적 설계 – 구현' 순서로 진행된다.

06 보기에서 트랜잭션의 특성과 설명을 옳게 연결하시오.

① Atomicity •   • ⓐ 트랜잭션이 그 실행을 성공적으로 완료하면 언제나 일관성 있는 데이터베이스 상태로 변환

② Consistency •   • ⓑ 한 트랜잭션의 모든 연산이 데이터베이스에 완전히 반영되거나 전혀 반영되지 않아야 함. Commit과 Rollback 명령어에 의해 보장

③ Isolation •   • ⓒ 성공적으로 완료된 트랜잭션의 결과는 시스템이 고장나더라도 영구적으로 반영되어야 함

④ Durability •   • ⓓ 하나로 둘 이상의 트랜잭션이 동시에 병행 실행되는 경우 어느 하나의 트랜잭션 실행 중에 다른 트랜잭션의 연산이 끼어들 수 없음을 의미

정답
①-ⓑ, ②-ⓐ, ③-ⓓ, ④-ⓒ

해설
원자성 : Atomicity, 일관성 : Consistency, 격리성 : Isolation, 영속성 : Durability

07 IPv4 주소 체계는 효율적 관리를 위해 클래스 개념을 도입하여 사용하고 있다. IPv4의 클래스 중 소규모 통신망에 적합한 클래스는 무엇인지 쓰시오.

답 :

정답
C 클래스(Class)

해설
IPv4의 클래스

A Class	• 국가, 대형 통신망 • 2^{24} = 16,772,216개의 호스트 사용 가능	0~127 (실질 : 1~126)
B Class	• 중대형 통신망 • 2^{16} = 65,536개의 호스트 사용 가능	128~191
C Class	• 소규모 통신망 • 2^{8} = 256개의 호스트 사용 가능	192~223
D Class	멀티 캐스트용	224~239
E Class	실험적 주소, 공용되지 않음	240~254

08 다른 컴퓨터 시스템들과의 통신이 개방된 시스템 간의 연결을 다루는 OSI 모델에서 다음 보기가 설명하는 계층을 쓰시오.

> - 인접 노드 간의 링크의 설정과 유지 및 종료를 담당한다.
> - 네트워크 카드의 MAC 주소를 통해 목적지를 찾아간다.
> - 신뢰성 있는 정보를 전송하기 위해 동기화, 오류 제어, 흐름 제어, 접근 제어 등의 전송 에러를 제어하는 계층이다.
> - 논리 링크 제어 계층, 매체 접근 제어 계층이라는 두 개의 부계층으로 나뉜다.

답:

정답
데이터 링크 계층 또는 Data Link Layer

해설
데이터 링크 계층(Data Link Layer)은 인접하는 시스템 간의 데이터 전송 제어 및 회선망을 유통하는 전송 데이터의 오류 검출 기능을 제공한다.

09 하나의 회선 또는 전송로를 분할하여 개별적으로 독립된 신호를 동시에 송수신할 수 있는 다수의 통신로를 구성하는 기술을 무엇이라 하는지 쓰시오.

답:

정답
다중화 또는 Multiplexing 또는 MUX

해설
다중화(Multiplexing, MUX)는 효율적인 전송을 위하여 넓은 대역폭을 가진 하나의 전송 링크를 통하여 여러 신호를 동시에 실어 보내는 기술이다.

10 비연결형 전송으로 단순한 헤더 구조로 적은 오버헤드를 가지며 흐름 제어나 순서 제어가 없어 전송 속도가 빠른 전송 계층의 프로토콜을 쓰시오.

답 :

> **정답**
> UDP
>
> **해설**
> UDP는 비연결형 프로토콜로, 연결되어 있지 않아도 데이터를 송신할 수 있지만, 수신측의 수신 여부는 확인하기 어려운 프로토콜이다. 하나의 송신 정보를 다수의 인원이 수신해야 할 경우 UDP를 사용한다.

11 결함(Defect)을 찾는 것이 아니라 시스템을 배포하거나 사용할 준비가 되었는지 평가하는 것으로, 해당 시스템이 실제 운영 환경에서 사용될 준비가 되었는지 최종적으로 확인하는 테스트는 무엇인지 쓰시오.

답 :

> **정답**
> 인수 테스트
>
> **해설**
> 인수 테스트는 사용자측 관점에서 소프트웨어가 요구 사항을 충족시키는지를 평가하는 테스트이다.

12 다음에서 설명하는 용어를 쓰시오.

- 프로그램과 명세서 간의 차이, 업무 내용 불일치이다.
- 기대 결과와 실제 관찰 결과 간의 차이이다.
- 시스템이 사용자가 기대하는 타당한 기대치를 만족시키지 못할 때 변경이 필요한 모든 것을 의미한다.

답 :

정답
결함 또는 Defect

해설
보기 설명은 결함(Defect)에 대한 설명으로, 결함은 버그, 에러, 오류, 실패, 프로그램 실행에 대한 문제점, 프로그램 개선 사항 등의 전체를 포괄한다.

13 다음 보기에 있는 개발 지원도구들 중 빌드 도구를 찾아 나열하시오.

〈보기〉

NetBeans	Subversion	Ant	Eclipse	Gradle
Git	Maven	CVS	xUnit	Spring Test

답 :

정답
Ant, Maven, Gradle

해설
개발 지원 도구

형상관리 도구	CVS, Subversion, Git 등
빌드 도구	Ant, Maven, Gradle 등
구현 도구	Eclipse, Visual Studio Code, IntelliJ, NetBeans 등
테스트 도구	xUnit, Spring Test 등

14 아래 보기의 〈성적〉 테이블을 대상으로 하는 〈지시사항〉에 대한 SQL문을 완성하시오.

〈성적〉

학번	이름	수강과목	점수
1000	홍길동	운영체제	92
2000	김길동	데이터베이스	85
3000	박길동	데이터베이스	91
4000	강길동	운영체제	88
5000	정길동	빅데이터개론	80
6000	심길동	데이터베이스	70
7000	이길동	빅데이터개론	72

〈지시사항〉

〈성적〉 테이블에서 수강과목별 점수의 평균이 85점 이상인 수강과목을 출력하시오.

〈SQL문〉

```
SELECT 수강과목 FROM 성적 GROUP BY 수강과목 (        ) AVG(수강과목) >= 85;
```

답 :

정답
HAVING

해설
GROUP BY절 내의 조건문은 HAVING이다.

15 아래 보기의 〈학생〉 테이블에서 학생의 점수가 85점 이상 90점 이하인 학생의 연락처를 검색하는 SQL문을 작성하시오. (단, BETWEEN 연산자를 이용하시오.)

〈학생〉

학번	이름	수강과목	점수	연락처
1000	홍길동	운영체제	92	2222-2222
2000	김길동	데이터베이스	85	3333-3333
3000	박길동	데이터베이스	91	4444-4444
4000	강길동	운영체제	88	5555-5555
5000	정길동	빅데이터개론	80	6666-6666
6000	심길동	데이터베이스	70	7777-7777
7000	이길동	빅데이터개론	72	8888-8888

답 :

정답

SELECT 연락처 FROM 학생 WHERE 점수 BETWEEN 85 AND 90;

해설

• SELECT문

```
SELECT 필드명 FROM 테이블명
       WHERE 조건;
```

• BETWEEN문 : 85~90 범위 값 조회

```
BETWEEN 85 AND 90;
```

16 아래 보기의 〈성적〉 테이블에 점수가 높은 순으로(내림차순으로) 학생의 이름과 점수를 출력하도록 SQL문의 빈칸 ①~③에 알맞은 명령을 정확히 쓰시오. (성적 테이블의 이름의 컬럼명은 NAME, 점수의 컬럼명은 SCORE이다.)

〈성적〉

SID	NAME	GRADE	SCORE
1000	이영진	1	80
2000	홍순신	2	90
3000	김감찬	3	100
4000	강희영	3	70
5000	이철수	3	50
6000	이영희	4	85

〈SQL문〉

```
SELECT NAME, SCORE FROM 성적 (   ①   ) BY (   ②   ) (   ③   );
```

① :

② :

③ :

정답

① : ORDER

② : SCORE

③ : DESC

해설

```
SELECT 필드명 FROM 테이블명
    WHERE 조건
    ORDER BY 필드명 정렬 기준
```

• 정렬 기준
 – ASC : 오름차순
 – DESC : 내림차순

17 다음은 Python으로 작성된 프로그램이다. 이를 실행한 결과를 쓰시오.

```
print('1' + '2')
print(1 + 2)
print('2' * 3)
print(2 * 3)
```

답:

정답
12
3
222
6

해설
- 데이터를 ' '로 묶으면 문자열로 변환되고 + 연산자는 문자열을 연결한다.
- 문자열 * 3에서 "*" 연산자는 문자열 반복 횟수를 의미한다.

코드	결과
print('1' + '2')	12
print(1 + 2)	3
print('2' * 3)	222
print(2 * 3)	6

18 다음은 Python으로 작성된 프로그램이다. 이를 실행한 결과를 쓰시오.

```
count = 0
sum = 0
while count < 10:
    count += 1
    if count%3 == 0:
        sum += count

print("{}".format(sum))
```

답:

정답

18

해설

0~9까지 3의 배수의 누적 합계를 계산한다.

if count%3 == 0:		sum += count
1	false	
2	false	
3	true	3
4	false	
5	false	
6	true	9
7	false	
8	false	
9	true	18

19 다음은 Java로 작성된 프로그램이다. 이를 실행한 출력 결과를 쓰시오.

```java
public class Main {
    public static void main(String[] args) {
        int a[][] = { {45, 50, 55}, {89} };
        System.out.println(a[0].length);
        System.out.println(a[1].length);
        System.out.println(a[0][0]);
        System.out.println(a[0][1]);
        System.out.println(a[1][0]);
    }
}
```

답 :

정답

3
1
45
50
89

해설

- 해당 프로그램은 Java의 2차원 배열 객체의 각 행의 길이(요소의 개수)와 배열의 요소(값)를 출력하는 프로그램이다.
  - Java에서는 배열 객체의 length 속성을 사용하여 배열의 길이를 얻을 수 있다.
  - 주어진 2차원 배열 객체의 각각의 0행과 1행의 배열의 길이는 열을 구성하는 요소의 개수이다.
- 따라서 a[0].length는 0행의 요소의 개수인 3, a[1].length는 1행의 요소의 개수인 1을 각각 출력한다.

a[][]

	[0][0]	[0][1]	[0][2]
[0][0]	45	50	55
[1][0]	89		
[2][0]			

각 행별 배열 길이	배열 길이
a[0].length	3
a[1].length	1

a 배열 [행][열]	값
a[0][0]	45
a[0][1]	50
a[1][0]	89

20 다음은 Python언어로 작성된 프로그램이다. 이를 실행한 출력 결과를 쓰시오.

```
class Arr:
    a = [ "Seoul", "Kyeonggi", "Inchon", "Daejoen", "Deagu", "Pusan" ]
str01 = ' '
for i in Arr.a:
    str01 = str01 + i[0]
print(str01)
```

답:

정답
SKIDDP

해설
- Python의 클래스 Arr의 클래스 변수인 a리스트 객체는 6개의 문자열 상수를 요소로 갖도록 선언되어 있다.
- Arr.a의 모든 문자열 요소에 대해 첫 번째(인덱스 0) 위치의 문자를 인덱싱을 통해 추출한 후, 문자열 객체 str01에 누적한 결과를 출력하는 프로그램이다.

for 변수 in 리스트:
수행할 문장

- 변수 i=0 (초기화 하지 않는 경우 기본값이 0이다.)

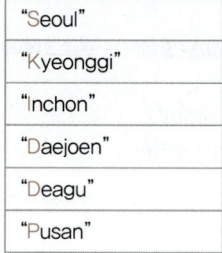

- "S"+"K"+"I"+"D"+"D"+"P" → SKIDDP

# 정보처리산업기사 실기 **실전 모의고사 06회**

시험 일자	문항 수	시험 시간
년 월 일	총 20문항	2시간 30분

수험번호 : _____
성 명 : _____

---

01 교착상태가 발생하는 필요 충분 조건에는 4가지가 있다. 교착상태 발생의 필요 충분 조건 4가지를 모두 쓰시오.

답 :

정답
상호 배제, 점유 및 대기, 비선점, 환형 대기

해설
교착상태(Deadlock)는 두 개 이상의 프로세스가 서로 상대방이 사용하고 있는 자원의 사용을 위해 무한정 기다리는 현상을 말한다. 교착상태가 발생하는 필요 충분 조건에는 상호 배제(Mutual Exclusion), 점유 및 대기(Hold and Wait), 비선점(Non-Preemption), 환형 대기(Circular Wait)가 있다.

---

02 다음 릴레이션의 차수(Degree)와 기수(Cardinality)를 각각 쓰시오.

이름	나이	성별
박정웅	25	남
정수희	30	여
채연아	33	여
고은찬	27	남

차수(Degree) :

기수(Cardinality) :

정답
차수(Degree) : 3
기수(Cardinality) : 4

해설
차수(Degree)는 애트리뷰트의 개수, 기수(Cardinality)는 튜플의 개수를 의미한다.

03 데이터 정의어에 대해 간단히 쓰시오.

답:

정답
- 데이터베이스를 정의하거나 수정할 목적으로 사용된다.
- 논리적 데이터 구조와 물리적 데이터 구조를 정의하고, 각 구조 간의 사상을 정의한다.

해설
데이터 정의어(DDL, Data Definition Language)는 데이터베이스 구조를 정의 및 수정하기 위해 사용되는 언어이다.

04 정보의 부재를 나타낼 때 사용하는 특수한 데이터 값으로, 아직 알려지지 않은 모르는 값을 의미하는 용어를 쓰시오.

답:

정답
널(NULL) 또는 널값(Null Value)

해설
널(Null)은 0이나 공백과는 달리 '정보가 없음'을 의미한다.

05 다음 빈칸 ( )에 알맞은 용어를 쓰시오.

> ( )(은)는 유닉스 운영체제에서 가장 핵심적인 부분으로 하드웨어를 보호하고 응용 프로그램들에게 서비스를 제공한다. ( )(은)는 운영체제에서 가장 핵심적인 역할인 자원(메모리, 프로세서 등)을 관리하며, 시스템이 원활히 돌아갈 수 있도록 제어해 준다.

답:

정답
커널 또는 Kernel

해설
커널(Kernel)은 운영체제의 핵심이 되는 컴퓨터 프로그램으로, 운영체제의 다른 부분 및 응용 프로그램 수행에 필요한 여러 가지 서비스를 제공한다.

06 데이터의 중복으로 인해 사용자의 의도와는 다르게 데이터가 삽입, 삭제, 갱신되는 현상이 발생하는 것을 무엇이라 하는지 쓰시오.

답 :

정답
이상 현상

해설
이상 현상(Anomaly)은 데이터들이 불필요하게 중복되어 릴레이션 조작에 예기치 못한 문제가 발생하는 것을 말한다.

---

07 TCP 헤더에는 6개의 플래그 비트가 있다. 플래그 비트 6개를 나열하시오. (단, 순서는 상관없다.)

답 :

정답
SYN, ACK, PSH, URG, RST, FIN

해설

SYN	동기화	URG	긴급
ACK	확인	RST	강제 초기화
PSH	가능한 빨리 처리	FIN	연결 해제

---

08 네트워크 관리자들이 조직 내의 네트워크 상에서 IP 주소를 중앙에서 관리하고 개별 클라이언트들에게 자동으로 할당해주는 프로토콜은 무엇인지 쓰시오.

답 :

정답
DHCP 또는 Dynamic Host Configuration Protocol

해설
DHCP는 TCP/IP 통신을 실행하기 위해 필요한 설정 정보를 자동적으로 할당, 관리하기 위한 프로토콜이다. 주소 할당에 관해서 네트워크 관리자의 작업을 단순화시킨다.

09 통신 연결 장치와 그 장치가 동작하는 OSI 계층을 올바르게 연결하시오.

① 네트워크 계층 •   • ⓐ 리피터
② 데이터링크 계층 •   • ⓑ 라우터
③ 물리 계층 •   • ⓒ 브리지

정답
① - ⓑ, ② - ⓒ, ③ - ⓐ

해설
계층별 주요 장비

물리 계층	허브, 리피터, 네트워크 카드(NIC) 등
데이터링크 계층	브리지, L2 Switch 등
네트워크 계층	라우터(Router), L3 Switch 등
전송 계층	L4 Switch

10 다음 보기 중에서 링크 상태 라우팅에 해당하는 것만 골라 기호를 쓰시오.

〈보기〉

ⓐ OSFP	ⓑ RIP	ⓒ BGP
ⓓ IGRP	ⓔ EIGRP	ⓕ IS:IS

답:

정답
ⓐ, ⓕ

해설
ⓑ, ⓒ, ⓓ, ⓔ는 거리 벡터 라우팅이다.

11 다음 설명의 빈칸 ( )에 알맞은 용어를 쓰시오.

(①)박스 테스트는 프로그램의 내부구조나 알고리즘을 보지 않고, 요구사항 명세서에 기술되어 있는 소프트웨어 기능을 토대로 실시하는 테스트이다. 프로그램의 구조를 고려하지 않는다.
(②)박스 테스트는 모듈의 논리적인 구조를 체계적으로 점검할 수 있는 테스트이다. 모듈의 원시 코드를 오픈시킨 상태에서 원시 코드의 논리적인 모든 경로를 테스트하여 테스트 케이스를 설계하는 방법이다.

① :

② :

정답
① : 블랙 또는 Black
② : 화이트 또는 White

해설
- 블랙박스 테스트(Black Box Test)은 소프트웨어의 내부를 보지 않고, 입력과 출력값을 확인하여 기능의 유효성을 판단하는 테스트이다.
- 화이트박스 테스트(White Box Test)는 소프트웨어 내부 소스코드를 확인하는 테스트이다.

12 파레토(Pareto)의 법칙에 대해 간략히 쓰시오.

답 :

정답
소프트웨어 테스트에서 오류의 80%는 전체 모듈의 20% 내에서 발견된다는 법칙으로, '결함 집중'의 원리이다.

13 다음은 Python으로 작성된 프로그램이다. 이를 실행한 결과를 쓰시오.

```
names = ['Kang', 'Shin', 'Kim']

for name in names:
    print('%s' % name)
```

답:

정답
Kang
Shin
Kim

해설
names는 리스트를 출력하는 코드이다.

14 '사원번호', '사원명', '부서', '연락처' 속성으로 구성된 〈사원〉 테이블에서 부서가 '총무부'인 사원들에 대한 '사원번호', '사원명', '연락처' 속성을 가진 '총무부사원명단' 뷰를 생성 하는 SQL문이다. 빈칸에 알맞은 용어를 쓰시오.

```
CREATE VIEW 총무부사원명단(사원번호, 사원명, 연락처)
      (      ) 사원번호, 사원명, 연락처
      FROM 사원
      WHERE 부서 = '총무부';
```

답:

정답
AS SELECT

해설
• (사원번호, 사원명, 연락처) 필드를 갖는 총무부사원명단 VIEW를 생성한다.
• AS SELECT
  – 기존 테이블을 가져와서 똑같이 복제한다.
  – 테이블 생성 시 기존의 데이터 유형을 일일이 다시 재정의하지 않아도 된다.

15 아래 보기의 〈학생〉 테이블을 대상으로 하는 〈지시사항〉을 SQL문으로 작성하시오. (단, 이름 속성의 데이터는 문자형이고, 학번과 학년 속성의 데이터는 숫자형(int)이다.)

〈학생〉

학번	이름	학년
1001	KKK	1
1002	HHH	2
1003	XXX	3
1004	YYY	3
1005	QQQ	4

〈지시사항〉

- 〈학생〉 테이블에서 3학년이거나 4학년 학생의 학번과 이름을 검색하시오.
- 단, 조건절 작성 시 in(value1, value2) 문법을 사용하여 작성하시오.

답 :

정답

SELECT 학번, 이름 FROM 학생 WHERE 학년 IN(3, 4);

해설

```
SELECT 필드명
    FROM 테이블명
    WHERE 조건;
```

in(value1, value2) : 입력된 value값을 다중 조건 지정 시 사용한다.

16 다음 C언어 프로그램이 실행되었을 때의 결과를 쓰시오.

```
#include <stdio.h>
int main( )
{
        int a = 5, b = 3, c = 12;
        int t1, t2, t3;

        t1 = a && b;
        t2 = a || b;
        t3 = !c;

        printf("%d", t1+t2+t3);
        return 0;
}
```

답 :

정답
2

해설
C언어의 논리 연산자
- 논리부정(!) 연산자 : '참'을 '거짓'으로 '거짓'을 '참'으로 부정
  - 논리 연산자가 &&, || 두 번 표시되면 정수 형태로 비교
  - 0이 아닌 정수는 모두 참(1)으로 인식
- 논리곱(&&) 연산자 : 좌측과 우측 피연산자가 모두 '참'이어야 '참'의 결과
- 논리합(||) 연산자 : 좌측과 우측 피연산자 중 하나라도 '참'이면 '참'의 결과

오답 피하기
printf("%d", t1 + t2 + t3); 명령문은 1 + 1 + 0을 수행한 결과 2를 출력한다.

t1	a && b
	5 && 3
	참 && 참
	결과 : 참(1)
t2	a || b
	5 || 3
	참 || 3
	결과 : 참(1)
t3	!c
	!12
	!참
	결과 : 거짓(0)

17 다음에 제시된 Java 프로그램은 〈처리결과〉와 같이 결과를 출력한다. Java 프로그램의 빈칸 ①~②에 들어갈 Java 표현을 대소문자를 구별하여 각각 쓰시오.

〈처리결과〉

```
00001010
```

```java
public class Main {
    public static void main(String[] args) {
        int a[] = new int[8];
        int i = 0, n = 10;
        while (   ①   ) {
            a[i++] =   ②   ;
            n /= 2 ;
        }
        for (i = 7 ; i >= 0; i--)
            System.out.printf("%d", a[i]);
    }
}
```

① :

② :

정답

① : i<a.length 또는 n>0 또는 n>=1 또는 i<8 또는 i<=7 또는 n!=0

② : n%2

해설

• 해당 프로그램은 0에서 255까지의 10진 정수를 2진 정수 8자리로 진법 변환하여 출력하는 프로그램이다. 주어진 10진 정수는 변수 n의 10으로 프로그램의 출력 결과는 정수 배열을 출력하여 00001010으로 차례로 출력되었다.

• 해낭 문제의 경우 세부 문항이 2문세이므로 부분 점수가 부여되며 ①의 경우 다양한 경우의 조건식이 적용될 수 있다.

18 대규모 프로젝트를 실행하거나 플랜트를 본격적으로 가동하기 전에, 발생할 수 있는 여러 가지 변인들을 미리 파악해서 수정 보완하기 위해 모의로 시행해 보는 테스트는 무엇인지 쓰시오.

답:

정답
파일럿 테스트 또는 Pilot Test

해설
파일럿 테스트(Pilot Test)는 컴퓨터 프로그램을 실제로 운용하기 전에 오류 또는 부족한 점을 찾기 위하여, 실제 상황과 유사한 조건에서 시험 가동해보는 테스트이다.

19 다음은 Java로 작성된 프로그램이다. 이를 실행한 출력 결과를 쓰시오.

```java
class Parent {
    int compute(int num) {
        if(num <= 1)
            return num;
        return compute(num - 1) + compute(num - 2);
    }
}
class Child extends Parent {
    int compute(int num) {
        if(num <= 1)
            return num;
        return compute(num - 1) + compute(num - 3);
    }
}
public class Exam {
    public static void main(String[] args) {
        Parent obj = new Child();
        System.out.print(obj.compute(4));
    }
}
```

답:

정답

1

해설

- 위 프로그램은 3개의 클래스로 구성되어 있으며, Parent 클래스와 Chile 클래스는 상속 관계에 있고 Exam 클래스는 실행 클래스이다. Exam 클래스의 main( ) 메소드 안에서 Parent obj = new Child( );를 통해 Chile 클래스의 객체(인스턴스)를 생성하며 부모의 참조 변수 obj로 compute(4) 메소드를 호출하여 결과를 출력하는 프로그램이다.
- 자식 클래스인 Child에서는 부모 클래스 Parent의 compute(int num) 메소드가 재정의(오버라이드, override)되어 있으므로 obj.compute(4)를 실행하였을 경우, 자식 클래스에 재정의된 메소드가 호출된다.
- obj.compute(4)를 호출하여 진입한 후, 해당 프로그램은 재귀 호출(자신 메소드 호출)을 통한 실행과정을 거쳐 결과 1을 최종적으로 반환하게 된다. 출력 결과는 1이 된다.
- 재귀호출의 실행 순서는 다음과 같다.

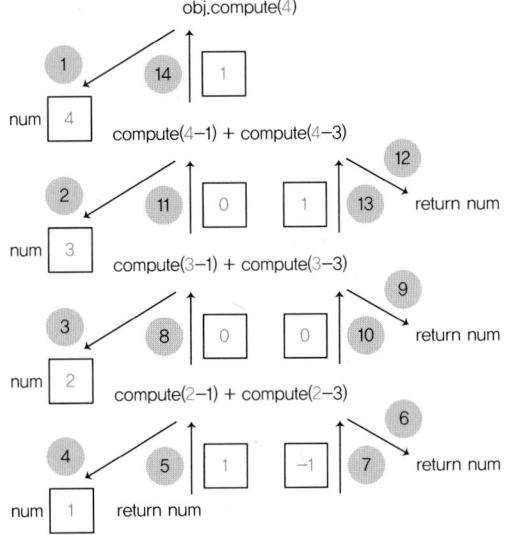

20 다음은 Python언어로 작성된 프로그램이다. 이를 실행한 출력 결과를 쓰시오.

```python
lol = [[1, 2, 3], [4, 5], [6, 7, 8, 9]]
print(lol[0])
print(lol[2][1])
for sub in lol:
    for item in sub:
        print(item, end=" ")
    print( )
```

답:

정답

[1,2,3]
7
1 2 3
4 5
6 7 8 9

해설

- Python의 리스트 객체로 LIST는 요소의 중복은 허용하고, 다양한 자료형을 요소로 가질 수 있으며, 순서가 중요한 시퀀스 자료형이다.
- lol 리스트 객체는 요소가 리스트로 중첩된 리스트 객체이다. 해당 프로그램은 중첩 리스트 객체의 요소를 인덱싱한 결과를 출력하는 프로그램이다.

lol

	[0][0]	[0][1]	[0][2]	[0][3]
[0][0]	1	2	3	
[1][0]	4	5		
[2][0]	6	7	8	9

코드	해설	출력
`print(lol[0])`	0행 리스트 출력	[1 2 3]
`print(lol[2][1])`	2행 1열 출력	7
`for sub in lol:` `    for item in sub:`	lol 객체 각 배열 행 출력	1 2 3 4 5 6 7 8 9
`print( )`	줄 넘김	

정보처리산업기사 실기 실전 모의고사 07회

시험 일자	문항 수	시험 시간
년 월 일	총 20문항	2시간 30분

수험번호 : _____
성   명 : _____

---

01 가상 기억장치에서 어떤 프로세스가 충분한 프레임을 갖지 못하여 페이지 교환이 계속적으로 발생하여 전체 시스템의 성능이 저하되는 현상을 의미하는 용어를 쓰시오.

답 :

정답
스래싱 또는 Thrashing

해설
스래싱은 페이지 부재가 계속 발생하여 페이지 교체에 소비되는 시간이 많이 걸려 성능이 저하되는 현상을 말한다.

---

02 데이터베이스에 정확하게 접근하여 갱신, 삽입, 삭제, 작업이 정확하게 수행될 수 있도록 제어하는 기능 요소를 무결성이라 한다. 보기는 이러한 무결성의 종류에 대한 설명이다. 빈칸 (   )에 들어갈 가장 적절한 용어를 쓰시오.

- (①) 무결성은 기본키에 중복된 값과 NULL값을 허용하지 않는 것이다.
- (②) 무결성은 외래키의 값은 NULL이거나 참조 릴레이션에 있는 기본키 값과 동일해야 한다는 것이다.
- (③) 무결성은 속성값들이 정해진 범위 내에 있어야 하는 것으로, 데이터 형태, 범위, 유일성 등을 제한한다.

① :
② :
③ :

정답
① : 개체
② : 참조
③ : 영역 또는 도메인

03 다음 설명 중에서 관계 해석에 관한 설명으로 옳은 것을 골라 기호를 쓰시오.

> ⓐ 원하는 정보와 그 정보를 어떻게 유도하는가를 기술하는 절차적인 언어이다.
> ⓑ 프레디키트 해석(Predicate Calculus)으로 질의어를 표현한다.
> ⓒ 튜플 관계 해석과 도메인 관계 해석이 있다.
> ⓓ 기본적으로 관계 해석과 관계 대수는 관계 데이터 베이스를 처리하는 기능과 능력면에서 동등하다.
> ⓔ 한정된 튜플 관계 해석은 관계 대수의 표현 능력과 차이가 있다.

답 :

정답
ⓑ, ⓒ, ⓓ

해설
- 관계 해석은 비절차적 언어이다.
- ⓐ는 관계 대수에 대한 설명이다.
- 관계 해석과 관계 대수의 표현 능력에는 차이가 없다.

04 다음 빈칸 (　)에 알맞은 용어를 쓰시오.

> (　) 함수 종속은 종속자가 기본키에만 종속된 경우를 뜻한다. 기본키가 복합키일 경우 기본키를 구성하는 모든 속성이 포함된 기본키의 부분집합에 종속된 경우를 (　) 함수 종속이라 한다.

답 :

정답
완전

해설
완전 함수 종속의 예

주민번호	이름	성별	주소
871002-1******	성춘향	여	독도
110226-4******	성춘향	남	독도
101002-3******	성춘향	여	이어도

위 릴레이션에서 기본키인 주민번호를 통해 이름, 성별, 주소를 식별할 수 있다. 기본키가 아닌 이름은 성별, 주소, 주민번호 등 어떤 것도 식별할 수 없다. 기본키인 주민번호를 제외한 다른 속성들이 다른 속성에 종속되지 않는 완전 함수 종속이 이루어진 릴레이션이다.

05 데이터베이스 설계 단계 중 저장 레코드 양식 설계, 레코드 집중의 분석 및 설계, 접근 경로 설계 등은 어느 단계에서 수행하는지 쓰시오.

답 :

정답
물리적 설계 단계

해설
물리적 설계 단계는 목표 DBMS에 맞는 물리적 구조를 설계하는 단계이며, 저장 레코드 양식 설계, 접근 경로 설계 등을 수행한다.

06 다음 보기에서 설명하는 장치를 쓰시오.

> OSI 7 계층 중 3계층용 장비로, 둘 이상의 서로 다른 네트워크에 접속하여 서로 간에 데이터를 주고 받을 수 있도록 경로 선택, 혼잡 제어, 패킷 폐기 기능을 수행하는 장치

답 :

정답
라우터 또는 Router

해설
라우터는 컴퓨터 네트워크 간에 데이터 패킷을 전송하는 네트워크 장치이다.

07 다음 보기 중에서 데이터링크(Data Link) 계층 프로토콜만 골라 나열하시오.

| HDLC | ATM | BSC | ARP | LLC |
| FTP | ICMP | PPP | IP | HTTP |

답 :

정답
HDLC, ATM, BSC, LLC, PPP

해설
- 응용 계층 프로토콜 : FTP, HTTP 등
- 네트워크 계층 프로토콜 : IP, ARP, ICMP 등

08 다음 빈칸 ( )에 알맞은 용어를 쓰시오.

> OSI 참조 모델에서 호스트 간의 통신은 결국 두 호스트의 동등한 계층 간의 통신에 의해 이루어진다. 송신하는 데이터에 각 계층의 제어 정보를 추가하는 것을 (ⓐ)(이)라 하고, 반대로 최하위 계층인 물리 계층에서 최상위 계층인 응용 계층까지의 데이터 전달은 (ⓑ)(을)를 통해 이루어진다. (ⓑ)(은)는 (ⓐ)의 역작업이라 할 수 있다.

ⓐ :

ⓑ :

정답
- ⓐ : 캡슐화 또는 Encapsulation
- ⓑ : 역캡슐화 또는 Decapsulation

해설
- 캡슐화(Encapsulation) : OSI 계층 모델에서 사용자 데이터가 각 계층을 지나면서, 하위 계층은 상위 계층으로부터 온 정보를 데이터로 취급하며, 자신의 계층 특성을 담은 제어 정보(주소, 에러 제어 등)를 헤더화시켜 이를 하나로 묶는 일련의 과정
- 역캡슐화(Decapsulation) : 캡슐화했던 정보에서 각 계층의 헤더를 제거하는 과정

09 상위 프로토콜 지시자의 잘 알려진 포트번호(Well-known Port)와 TCP 프로토콜이다. 각 프로토콜에 맞는 포트 번호를 넣으시오.

> - FTP : (ⓐ)번 포트
> - HTTP : (ⓑ)번 포트

ⓐ :

ⓑ :

정답
- ⓐ : 21
- ⓑ : 80

10 다음 보기의 빈칸 ( )에 알맞은 용어를 쓰시오.

(ⓐ)	• 상향식 테스트에 필요 • 하위 모듈은 있지만 상위 모듈이 없는 경우, 하위 모듈과 상위 모듈의 인터페이스 역할 수행
(ⓑ)	• 하향식 테스트에 필요 • 상위 모듈은 있지만 하위 모듈이 없는 경우 하위 모듈의 역할 수행

ⓐ :

ⓑ :

정답
ⓐ : 테스트 드라이버 또는 Test Driver
ⓑ : 테스트 스텁 또는 Test Stub

해설
- 테스트 드라이버(Test Driver)는 상향식 테스트에서 사용되는 것으로 테스트의 대상이 되는 하위 모듈을 호출하는 간이 소프트웨어이다.
- 테스트 스텁(Test Stub)은 하향식 테스트에서 사용되는 것으로, 제어 모듈이 호출하는 타 모듈의 기능을 단순히 수행하는 도구이다.

---

11 소프트웨어의 결함은 시스템 결함, 기능 결함, GUI 결함, 문서 결함 등으로 분류할 수 있다. 다음 보기 중에서 시스템 결함에 해당하는 것을 골라 기호로 쓰시오.

ⓐ 비정상적인 종료 ⓑ 타시스템 연동 시 오류 ⓒ 응답 시간 지연 ⓓ 데이터 타입의 표시 오류 ⓔ 스크립트 에러 ⓕ 데이터베이스 에러

답 :

정답
ⓐ, ⓒ, ⓕ

해설
ⓑ, ⓔ는 기능 결함, ⓓ는 GUI 결함이다.

12 사용자가 제품, 시스템, 혹은 서비스의 사용 혹은 기대되는 사용 결과에서 오는 인식과 반응으로 사용자가 UI를 직간접적으로 이용하며 경험한 모든 것을 뜻하는 용어를 쓰시오.

답 :

정답
사용자 경험 또는 UX 또는 User Experience

해설
사용자 경험(UX, User Experience)은 사용자가 어떤 시스템, 제품, 서비스를 직간접적으로 이용하면서 느끼고 생각하게 되는 총체적 경험을 말한다.

13 다음 보기에서 설명하는 용어를 쓰시오.

- 정보 통신 기술을 기반으로 실세계(Physical World)와 가상 세계(Virtual World)의 다양한 사물들을 연결하여 진보된 서비스를 제공하기 위한 서비스 기반 시설을 의미한다.
- 각종 기기에 센서와 통신 기능을 내장하여 인터넷에 연결하는 기술로 데이터를 수집, 저장, 분석하는 기술이다.

답 :

정답
사물 인터넷 또는 IoT 또는 Internet of Things

해설
사물 인터넷(IoT, Internet of Things)은 각종 사물에 센서와 통신 기능을 내장하여 인터넷에 연결하는 기술로, 무선 통신을 통해 각종 사물을 연결하는 기술을 의미한다.

14 아래 보기의 〈CUSTOMER〉 테이블에서 AGE 속성이 NULL이 아닌 고객의 NAME을 검색하는 SQL 명령문을 쓰시오.

〈CUSTOMER〉

ID	NAME	AGE	GRADE
hong	홍길동	34	VIP
kang	강감찬		VIP
shin	이순신	14	GOLD
bak	계백		SILVER
young	강희영	29	VIP

답 :

정답
SELECT NAME FROM CUSTOMER WHERE AGE IS NOT NULL;

해설
IS NOT NULL은 특정 필드에 값이 입력된 레코드만 조회할 때 사용하는 명령어이다.

15 다음은 DROP 명령을 이용해 〈학생〉 테이블을 삭제하기 위한 구문이다. 이때 삭제하고자 하는 〈학생〉 테이블이 참조 중인 경우 삭제가 되지 않도록 하는 옵션은 무엇인지 빈칸에 알맞은 용어를 쓰시오.

```
DROP TABLE 학생(      );
```

답 :

정답
RESTRICT

해설
CASCADE vs RESTRICT
- DROP View : View_이름 [CASCADE | RESTRICT];
- CASCADE : 삭제할 요소가 다른 개체에서 참조 중이라도 삭제가 수행된다.
  - 즉, V_1 하위에 연결된 V_2도 같이 삭제된다.
- RESTRICT : 삭제할 요소가 다른 개체에서 참조 중일 경우 삭제가 취소된다.

16 아래 보기의 〈학생〉 테이블에 이름 속성이 '영'을 포함하는 학생들의 학번을 검색하되 학년이 높은 학생 순으로(내림차순) 출력하는 SQL문을 작성하시오.

〈학생〉

ID	이름	학년
hong	홍길동	1
kang	강감찬	2
shln	이순신	3
kim	김영희	3
young	강희영	3
lee	이철수	4

답 :

정답
SELECT 학번 FROM 학생 WHERE 이름 LIKE '%영%' ORDER BY 학년 DESC;
또는
select 학번 from 학생 where 이름 like '%영%' order by 학년 desc;

해설
%
- SQL문에서 만능 문자로 사용된다.
- 영% : "영"으로 시작하는
- %영 : "영"으로 끝나는
- %영% : "영"을 포함하는

17 다음 C언어 프로그램이 실행되었을 때의 결과를 쓰시오.

```c
#include <stdio.h>
int mp(int base, int exp);
int main( )
{
    int res;
    res = mp(2, 10);
    printf("%d", res);
    return 0;
}
int mp(int base, int exp) {
    int res = 1;    int i;
    for (i= 0; i< exp; i++) {
        res *= base;
    }
    return res;
}
```

답:

정답

1024

해설

- 거듭제곱을 구하는 C프로그램이다. 주어진 두 변수 중 변수 base를 변수 exp 횟수만큼 곱하는 연산을 mp( ) 함수를 통해 구현하였다. 변수 base를 밑수로 변수 exp를 지수로 거듭제곱한 결과 baseexp가 출력 결과가 된다.
- main( ) 함수에서 mp(2, 10)를 통해 함수가 호출된다. mp( ) 함수로 Call by Value의 매개변수 전달 기법으로 각 가인수 base로 2, exp로 10이 전달된다.
- mp( ) 함수에서의 for 반복 구조를 통해 실행되는 동안의 디버깅은 다음과 같다.

i	base	res * base	res
0	2	1*2	2
1	2	2*2	4
2	2	4*2	8
3	2	8*2	16
4	2	16*2	32
5	2	32*2	64
6	2	64*2	128
7	2	128*2	256
8	2	256*2	512
9	2	512*2	1024
반환 후, 최종 출력 printf("%d", res);			1024

- mp( ) 함수는 10회 반복하여 1로 초기화된 변수 res에 2를 10회 곱하여 1024를 main( ) 함수에 최종 반환하게 된다.

18 다음에 제시된 Java 프로그램은 〈처리결과〉와 같이 결과가 출력된다. Java 프로그램의 (?)에 들어갈 Java 표현을 대소문자를 구별하여 쓰시오.

〈처리결과〉

```
Child
```

```
class Parent {
    void show( ) {
        System.out.println("Parent");
    }
}
class Child extends Parent {
    void show( ) {
        System.out.println("Child");
    }
}
public class Exam {
    public static void main(String[] args) {
        Parent pa = (____?____) Child( );
        pa.show( );
    }
}
```

답 :

정답

new 또는 (Parent)new

해설

자바의 클래스 인스턴스 생성을 위해서는 new 연산자를 사용하며, new 연산자에 의해 힙 메모리에 Child 클래스 객체가 생성된다. 자식 객체를 부모형 참조변수로 참조하는 다형성에 의해서 오버라이드(Override, 재정의)되어 있는 자식 메소드 show( )가 호출되어 Child를 결과로 출력한다.

19 다음은 Java로 작성된 프로그램이다. 이를 실행한 출력 결과를 쓰시오.

```java
class A {
    int a;
    public A(int n) {
        a = n;
    }
    public void print() {
        System.out.println("a="+a);
    }
}
class B extends A {
    public B(int n) {
        super(n);
        super.print();
    }
}

public class Exam {
    public static void main(String[] args) {
        B obj = new B(10);
    }
}
```

답:

정답

a=10

해설

모든 객체는 힙 영역에 생성됨과 동시에 자동으로 생성자를 호출한다. 자식 클래스 B의 객체 생성 시 매개변수를 갖는 생성자를 자동 호출하여 public B(int n) 생성자를 자동 호출한다. 생성자 내의 super(n); 명령문에 의해 정수 10을 가지고 부모 클래스 A의 매개변수를 갖는 public A(int n) 생성자를 호출하여 필드 a에 10을 대입하고 자식 생성자로 반환한 후, 다시 super.print() 메소드를 호출하여 a=10을 출력한다.

20 다음은 Python언어로 작성된 프로그램이다. 이를 실행한 출력 결과를 쓰시오.

```
a = 100
result = 0
for i in range(1, 3):
        result = a >> i
        result = result + 1
print(result)
```

답 :

정답

26

해설

- for 명령문에 range( ) 함수를 결합하여 2회 반복 구조 내의 명령을 실행하도록 한다.
- range( ) 함수는 두 인수를 통해 반복의 횟수를 지정한다.
- range(1, 3)의 경우 1 이상부터 3 미만까지의 정수 리스트 객체를 생성하여 [1, 2]의 결과를 얻는다.
- for 반복 구조를 통해 실행되는 동안의 디버깅은 다음과 같다.
- 〉〉 : 산술 shift 연산자로 우측 shift 시 1/2이 된다.

i	a 〉〉 i		result	result+1
1	100 〉〉 1	50	50	51
2	100 〉〉 2	25	25	26
최종 출력 print(result)				26

정보처리산업기사 실기 실전 모의고사 08회

시험 일자	문항 수	시험 시간
년 월 일	총 20문항	2시간 30분

수험번호 : _____
성　　명 : _____

---

01 다음 보기에서 설명하는 디스크 스케줄링 방법의 명칭을 쓰시오.

> - 탐색 거리가 가장 짧은 요청이 먼저 서비스를 받는 기법이다.
> - 응답 시간에 편차가 크고, 기아 현상이 발생할 수 있다.
> - 일괄처리 시스템에 유용하며, 대화형 시스템에는 부적합하다.

답 :

정답
SSTF

해설
SSTF(Shortest Seek Time First) 스케줄링은 현재 디스크의 헤드 위치에서 가장 가까운 실린더에 대한 요청을 우선적으로 처리한다.

---

02 디스크 큐에 다음과 같이 입출력 요청이 들어와 있다. SSTF 스케줄링 적용 시 발생하는 총 헤드 이동 거리를 구하시오. (단, 추가 입출력 요청은 없다고 가정한다. 디스크 헤드는 0부터 199까지 이동 가능하며, 현재 위치는 50이다.)

> 디스크 큐 : 80, 20, 100, 30, 70, 130, 40

답 :

정답
140

해설
SSTF는 현재 헤드 위치에서 가까운 것부터 처리한다.

처리 순서	50	→	40	→	30	→	20	→	70	→	80	→	100	→	130
헤드이동거리			10		10		10		50		10		20		30

03 다음 보기는 무엇에 대한 설명인지 쓰시오.

> • 컴퓨터가 접근할 수 있는 저장 매체에 저장된 자료이다.
> • 조직의 존재 목적이나 유용성면에서 존재가치가 확실한 필수적 데이터이다.
> • 여러 응용 시스템들이 공동으로 소유하고 유지하는 자료이다.
> • 동일 데이터의 중복성을 최소화해야 한다.

답 :

정답
데이터베이스 또는 Database

---

04 서로 다른 기기들 간의 데이터 교환을 원활하게 수행할 수 있도록 표준화 시켜놓은 통신 규약을 무엇이라 하는지 쓰시오.

답 :

정답
프로토콜 또는 Protocol

해설
프로토콜(Protocol)은 네트워크에서 메시지를 주고받는 통신 규약으로, 통신을 원하는 두 개체 간에 무엇을, 어떻게, 언제 통신할 것인가에 대해 미리 정의된 상호 간의 약속이다.

---

05 트랜잭션 연산 중에서 트랜잭션을 수행하는 데 실패했음을 선언하는 연산은 무엇인지 쓰시오.

답 :

정답
Rollback 또는 롤백 연산

해설
트랜잭션 상태

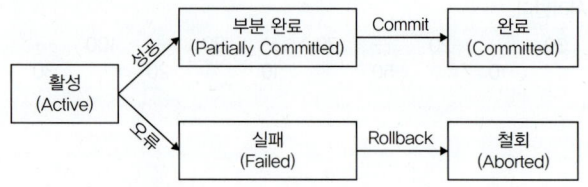

06 다음 빈칸 ( )에 들어갈 용어를 쓰시오.

( )(은)는 애트리뷰트 간의 종속 관계를 분석하여 주어진 릴레이션을 여러 개의 릴레이션으로 분해하여 이상 현상을 해결하는 과정이다.

답 :

정답
정규화 또는 Normalization

해설
정규화는 관계 데이터베이스의 설계에서 중복을 최소화하여, 릴레이션에서 발생하는 이상 현상을 제거하는 과정이다.

07 다음 설명의 빈칸 ( )에 알맞은 용어를 쓰시오.

- (①) 라우팅은 네트워크 관리자가 직접 라우팅 테이블에 라우팅 경로를 입력하여 관리하는 방법이다.
- (②) 라우팅은 라우터 간에 정보를 교환하면서 라우팅 경로를 관리하는 방법으로, 거리 벡터 라우팅과 링크 상태 라우팅이 있다.

① :

② :

정답
① : 정적 또는 Static
② : 동적 또는 Dynamic

해설
- 정적(Static) 라우팅은 수작업으로 라우팅 정보를 입력하는 것으로, 동적 라우팅에 비해 설정이 간단하고 라우터의 부하가 적다.
- 동적(Dynamic) 라우팅은 라우팅 프로토콜을 사용하여 자동으로 라우팅 정보를 갱신하여, 작업 부담이 없고, 항상 최신 라우팅 정보를 유지할 수 있다.

08 다음 두 개의 릴레이션 중에서 외래키는 어느 것인지 쓰시오. (단, 밑줄친 속성은 기본키이다.)

[과목]

과목번호	과목명
A01	데이터베이스
B04	운영체제
A02	자료구조

[수강]

학번	이름	과목번호
1000	홍길동	A01
2000	이몽룡	B04
3000	벽계수	C02

답 :

정답
과목번호

해설
외래키는 어떤 릴레이션 R1의 기본키의 값들과 일치함을 요구하는 다른 릴레이션 R2의 속성을 의미한다.

09 다음 보기가 설명하는 계층은 OSI 7 계층 중 어느 계층에 해당하는지 쓰시오.

- 인접하는 시스템 간의 데이터 전송 제어 및 회선상을 유통하는 전송 데이터의 오류 검출 기능을 제공한다.
- 네트워크 카드의 MAC(Media Access Control) 주소를 통해 목적지를 찾아간다.
- 신뢰성 있는 전송을 위해 흐름 제어(Flow Control), 오류 제어(Error Control), 회선제어(Line Control)을 수행한다.
- 논리 링크 제어 계층, 매체 접근 제어 계층이라는 두 개의 부계층으로 나뉜다.

답 :

정답
데이터링크 계층 또는 Data Link Layer

해설
데이터링크 계층은 인접한 노드 간의 신뢰성 있는 데이터(단위 : 프레임) 전송을 제어한다.

10 다음의 설명은 TCP/IP 프로토콜 스택 중에서 무엇에 대한 설명인지 쓰시오.

- 양 종단 호스트 내 프로세스 상호 간에 신뢰적인 연결지향성 서비스를 제공한다.
- 수신측의 수신 가능 상태, 수신 여부 등을 단계별로 체크해 가며 데이터를 전송한다.
- 논리적인 1:1 가상 회선을 지원하여 해당 경로로만 데이터가 전달되도록 한다.
- 대표 서비스에는 FTP, Telnet, HTTP, SMTP, POP, IMAP 등이 있다.

답:

정답
TCP(Transmission Control Protocol)

해설
TCP는 신뢰성 있는 연결지향성 서비스를 제공하는 전송 계층 프로토콜이다.

---

11 ALTER 명령은 기존에 만들어진 테이블에 새로운 속성을 추가하거나 변경, 삭제 등을 위해 사용되는 명령이다. 다음은 새로운 속성을 추가하기 위한 구문이다. 빈칸에 알맞은 용어를 쓰시오.

```
ALTER  TABLE  테이블_이름 (     ) 속성_이름 데이터_타입;
```

답:

정답
ADD

해설
- 컬럼 추가(Add)

```
ALTER TABLE table_name ADD COLUMN ex_column varchar(32) NOT NULL;
```

- 컬럼 변경(Modify)

```
ALTER TABLE table_name MODIFY COLUMN ex_column varchar(16) NULL;
```

- 변경(Change)

```
ALTER TABLE table_name CHANGE COLUMN ex_column ex_column2 varchar(16) NULL;
```

- 컬럼 삭제(Drop)

```
ALTER TABLE table_name DROP COLUMN ex_column;
```

12 테스트의 결과가 참인지 거짓인지를 판단하기 위해서 사전에 정의된 참값을 입력하여 비교하는 기법이나 활동을 의미하는 용어는 무엇인지 쓰시오.

답 :

정답
테스트 오라클 또는 Test Oracle

해설
테스트 오라클은 테스트 케이스 실행이 통과되었는지 실패하였는지 판단하기 위한 기준이다.

---

13 다음 보기가 설명하는 테스트를 쓰시오.

> 단위 테스트가 끝난 후 각 모듈들을 더 큰 단위로 결합해 가며 테스트한다. 이 테스트는 DB에 접근하거나 전체 코드와 다양한 환경이 제대로 작동하는지 확인하는 데 필요한 모든 작업을 수행할 수 있다. 이 테스트의 목적은 주요 설계 항목들이 기능, 성능, 안정성 요구사항을 잘 구현하고 있는지를 검증하는 것이다.

답 :

정답
통합 테스트 또는 Integration Test

해설
통합 테스트(Integration Test)는 단위 테스트 이후 단위 간 결합에 대한 소프트웨어 테스트 과정이다.

---

14 다음 보기 문항 중에서 정적 테스트 도구에 해당하는 것들을 찾아 나열하시오.

〈보기〉

| 코드 인스펙션 | 화면 기능 | 반복 테스트 |
| 보안 취약점 분석 | Run Time Error 점검 | 병행 가동 |

답 :

정답
코드 인스펙션, 보안 취약점 분석, Run Time Error 점검

해설
동적 테스트 도구 : 화면 기능, 반복 테스트, 병행 가동

15 다음 C언어 프로그램이 실행되었을 때의 결과를 쓰시오.

```c
#include <stdio.h>
int main(int argc, char *argv[]) {
    int n1 = 1, n2 = 2, n3 = 3;
    int r1, r2, r3;

    r1 = (n2 <= 2) || (n3 > 3);
    r2 = !n3;
    r3 = (n1 > 1) && (n2 < 3);

    printf("%d", r3 - r2 + r1);
    return 0;
}
```

답 :

정답

1

해설

C언어의 관계 연산자와 논리 연산자

r1	(n2 <= 2) || (n3 > 3);
	(2 <= 2) || (n3 > 3);
	좌측 조건식의 결과가 '참'이므로 논리 OR(||) 연산은 우측 조건식을 수행하지 않는다. 결과 : '참'(1)
r2	!n3;
	!3은 !참이고 논리 NOT(!) 연산의 결과 : '거짓'(0)
r3	(n1 > 1) && (n2 < 3);
	(1 > 1) && (n2 < 3);
	좌측 조건식의 결과가 '거짓'이므로 논리 AND(&&) 연산은 우측 조건식을 수행하지 않는다. 결과 : '거짓'(0)

printf("%d", r3 − r2 + r1); 명령문은 0 − 0 + 1을 수행한 결과 1을 출력한다.

16 아래 보기의 〈성적〉 테이블을 대상으로 하는 〈지시사항〉을 실행하는 SQL문을 완성하는 빈칸 ①~⑤에 알맞은 용어를 쓰시오.

〈성적〉

학번	이름	수강과목	점수
1000	이영진	운영체제	92
1003	김영진	데이터베이스	85
1006	김철수	데이터베이스	91
1009	강순신	운영체제	88
1012	이민수	자료구조	80
1015	정민정	데이터베이스	70
1018	강재영	정보통신	72

〈지시사항 및 SQL문〉

- 〈성적〉 테이블에서 데이터베이스 과목을 수강하는 학생 중 점수가 80점 이상인 학생의 이름을 출력하시오.
  - ▶ SELECT (①) FROM 성적
    (②) 수강과목 = '데이터베이스' (③) 점수 >= 80;
- 〈성적〉 테이블에서 수강과목을 검색하되, 중복된 값은 한 번만 출력하시오.
  - ▶ SELECT (④) 수강과목 FROM 성적;
- 〈성적〉 테이블에서 모든 속성을 점수 속성의 내림차순으로 검색하시오.
  - ▶ SELECT * FROM 성적 (⑤) 점수 DESC;

①:

②:

③:

④:

⑤:

정답
① : 이름
② : WHERE
③ : AND
④ : DISTINCT
⑤ : ORDER BY

해설
SELECT문 문법

```
SELECT 필드명 [DISTINCT] FROM 테이블명
WHERE 조건
ORDER BY 필드명 정렬기준
```

- DISTINCT : 검색 결과 레코드가 중복될 경우 중복을 제외하고 레코드 1개만 출력한다.
- 조건1 AND 조건2 : 두 조건이 모두 만족하는 경우만 검색한다.

17 다음은 Python언어로 작성된 프로그램이다. 이를 실행한 출력 결과를 쓰시오.

```
>>> asia = {'한국', '중국', '일본'}
>>> asia.add('베트남')
>>> asia.add('중국')
>>> asia.remove('일본')
>>> asia.update(['홍콩', '한국', '태국'])
>>> print(asia)
```

답 :

정답
{'한국', '홍콩', '베트남', '태국', '중국'}

해설
Python의 자료형 SET는 집합 요소의 중복은 허용하지 않고, 순서는 상관이 없다. 중괄호 { } 속 집합 요소가 문자열이므로 반드시 작은따옴표 쌍으로 표시되어야 하며, 부분 점수는 부여되지 않는다.

18 다음 C언어 프로그램이 실행되었을 때의 결과를 쓰시오.

```c
#include <stdio.h>
struct st {
        int a;
        int c[10];
};

int main(int argc, char *argv[]) {
        int i = 0;
        struct st ob1;
        struct st ob2;
        ob1.a = 0;
        ob2.a = 0;

        for(i = 0; i < 10; i++){
                ob1.c[i] = i;
                ob2.c[i] = ob1.c[i] + i;
        }

        for(i = 0; i < 10; i = i+2){
                ob1.a = ob1.a + ob1.c[i];
                ob2.a = ob2.a + ob2.c[i];
        }
        printf("%d", ob1.a + ob2.a);
        return 0;
}
```

답:

정답

60

해설

C언어의 구조체

- 구조체 사용 순서 : ① 구조체 선언 ② 구조체 변수 선언 ③ 구조체 멤버 사용

① 구조체 선언

```
struct st {
        int a;       // 정수 a멤버
        int c[10];   // 1차원 정수 배열 b멤버
};
```

② 구조체 변수 선언

```
struct st ob1;
struct st ob2;
```

ob1	a	c[0]	c[1]	c[2]	c[3]	c[4]	c[5]	c[6]	c[7]	c[8]	c[9]

ob2	a	c[0]	c[1]	c[2]	c[3]	c[4]	c[5]	c[6]	c[7]	c[8]	c[9]

- 첫 번째 for문에서는 ob1.c[i]와 ob2.c[i]의 전체 요소 값이 대입된다.

ob1	a	c[0]	c[1]	c[2]	c[3]	c[4]	c[5]	c[6]	c[7]	c[8]	c[9]
	0	0	1	2	3	4	5	6	7	8	9

ob2	a	c[0]	c[1]	c[2]	c[3]	c[4]	c[5]	c[6]	c[7]	c[8]	c[9]
	0	0	2	4	6	8	10	12	14	16	18

- 두 번째 for문에서는 짝수번째 배열c의 요소값이 멤버 a에 누적된다.

ob1	a	c[0]	c[1]	c[2]	c[3]	c[4]	c[5]	c[6]	c[7]	c[8]	c[9]
	20	0	1	2	3	4	5	6	7	8	9

ob2	a	c[0]	c[1]	c[2]	c[3]	c[4]	c[5]	c[6]	c[7]	c[8]	c[9]
	40	0	2	4	6	8	10	12	14	16	18

- printf("%d", ob1.a + ob2.a); 명령문에서 20 + 40은 60이 출력된다.

19 다음은 Java로 작성된 프로그램이다. 이를 실행한 결과를 쓰시오.

```java
public class ovr {
    public static void main(String[] args) {
        int a = 1, b = 2, c = 3, d = 4;
        int mx, mn;
        mx = a < b ? b : a;
        if(mx == 1) {
            mn = a > mx ? b : a;
        }
        else {
            mn = b < mx ? d : c;
        }
        System.out.println(mn);
    }
}
```

답:

정답

3

해설

JAVA의 if~else와 삼항 연산자(조건 연산자)

- 삼항 연산자의 문법 → 조건식 ? 참값 : 거짓값
- 변수 mx의 값을 구한 후 if~else문을 실행하여 변수 mm의 값을 구하여 출력하는 프로그램이다.

`mx = a < b ? b : a;`
`if(mx == 1) {`
`    mn = a > mx ? b : a;`
`}`
	조건식 1<2의 결과는 '참'이므로 변수 mx에는 변수 b값인 3이 대입된다.
	3 == 1의 결과는 '거짓'이므로

`else {`
`    mn = b < mx ? d : c;`
`}`
	'거짓'인 경우 else 블록을 실행한다.
	조건식 2>3의 결과는 '거짓'이므로
	변수 mn에는 변수 c값인 3이 대입된다.

20 다음은 Java로 작성된 프로그램이다. 이를 실행한 결과를 쓰시오.

```java
public class Over1 {
    public static void main(String[] args) {
        Over1 a1 = new Over1();
        Over2 a2 = new Over2() ;
        int r = a1.sun(3, 2) + a2.sun(3, 2);
        System.out.println(r);
    }
    int sun(int x, int y) {
        return x + y ;
    }
}
class Over2 extends Over1 {
    int sun(int x, int y) {
        return x - y + super.sun(x, y);
    }
}
```

답 :

정답

11

해설

- 해당 프로그램은 클래스 상속 시 부모 객체와 자식 객체 간 오버라이드된 메소드를 호출하여 반환값을 덧셈한 결과를 출력하는 Java 프로그램이다.
- a1.sun(3, 2)의 메소드 호출은 부모 객체 sun 메소드를 호출하여 3+2의 결과를 반환하여 결과값은 5이다.
- a2.sun(3, 2)의 메소드 호출은 자식 객체 sun 메소드를 호출하여 3-2+super.sun(3, 2)가 실행되어, 부모의 sun 메소드를 호출하여 얻는 결과값 3+2, 즉 5를 반환하여 3-2+5를 수행한다. 결과값은 6이다.
- 최종 출력 결과는 5+6인 11이다.
- 해당 문제는 출력 결과를 작성하는 문제이므로 부분 점수가 부여되지 않는다.

정보처리산업기사 실기 실전 모의고사 09회

시험 일자	문항 수	시험 시간
년 월 일	총 20문항	2시간 30분

수험번호 : _____
성 명 : _____

---

01 3개의 page를 수용할 수 있는 메모리가 있으며, 현재 완전히 비어 있다. 어느 프로그램이 〈보기〉와 같이 page 번호를 요청했을 때, LRU(Least-Recently-Used)를 사용할 경우 몇 번의 page-fault가 발생하는지 쓰시오.

> 요청하는 번호 순서 : 2, 3, 2, 1, 5, 2, 4, 5

답 :

정답

6번

해설

LRU 기법은 오랫동안 사용하지 않은 페이지를 교체하는 방법이다.

페이지 프레임	2	2	2	2	2	2	2	2
		3	3	3	5	5	5	5
				1	1	1	4	4
페이지부재	발생	발생		발생	발생	발생	발생	

---

02 다음에서 설명하는 용어를 쓰시오.

> • 여러 개의 병렬 프로세스가 공통의 변수 또는 자원에 접근할 때 그 조작을 정당하게 실행하기 위하여 접근 중인 임의의 시점에서 하나의 프로세스만이 그 접근을 허용하도록 제어하는 것이다. 임계 구역(Critical Section)으로 불리는 코드 영역에 의해 구현된다.
> • 구현하는 기법으로 데커 알고리즘, 피터슨 알고리즘, Swap 명령어 기법 등이 있다.

답 :

정답

상호 배제 또는 Mutual Exclusion 또는 Mutex

해설

상호 배제는 여러 개의 병렬 프로세스가 공통의 변수 또는 자원에 접근할 때 그 조작을 정당하게 실행하기 위하여 접근 중인 임의의 시점에서 하나의 프로세스만이 그 접근을 허용하도록 제어하는 것을 의미한다.

---

03 병행 제어 기법 중 로킹에서 로킹 단위가 작은 경우에 해당하는 특징을 고르시오.

> ⓐ 병행 제어 기법이 단순해진다.   ⓑ 병행 제어 기법이 복잡해진다.
> ⓒ 오버헤드가 증가한다.   ⓓ 오버헤드가 감소한다.
> ⓔ 병행성 수준이 낮아진다.   ⓕ 병행성 수준이 높아진다.

답 :

정답

ⓑ, ⓒ, ⓕ

해설

ⓐ, ⓓ, ⓔ는 로킹 단위가 큰 경우에 해당한다.

---

04 보기에 있는 두 개의 릴레이션으로 교집합 A∩B를 수행하였다. 교집합 A∩B의 결과로 나타난 카디널리티는 몇인지 숫자만 쓰시오.

[A]

번호	이름
100	김상진
200	최죽산

[B]

번호	과목번호
100	김상진
350	박하섭
500	최죽산

답 :

정답

1

해설

- 교집합(∩)은 두 개의 릴레이션에서 중복되는 튜플을 선택하는 연산이다.
- A릴레이션과 B릴레이션에서 중복된 튜플은 번호 100, 이름 김상진 튜플 1개이다.

05 시스템 자신이 필요로 하는 여러 가지 객체에 대한 정보를 포함하고 있는 시스템 데이터베이스로 기본 테이블, 뷰, 인덱스, 패키지, 접근 권한 등의 정보를 저장하는 곳의 명칭을 쓰시오.

답:

정답
시스템 카탈로그 또는 데이터 사전

해설
시스템 카탈로그(System Catalog)는 데이터베이스에 포함된 다양한 데이터 객체에 대한 정보들을 유지, 관리하기 위한 시스템 데이터베이스를 의미하며, 데이터 사전이라고도 한다.

06 아래 설명에 해당하는 정규형을 쓰시오.

- 결정자이면서 후보키가 아닌 함수 종속을 제거한 릴레이션 스키마이다.
- 모든 결정자가 후보키인 경우이다.
- 해당되는 경우가 거의 없어 실제로 고려되지 않는 정규형이다.

답:

정답
보이스-코드 정규형 또는 BCNF

07 프로토콜을 구성하는 기본 요소 3가지를 쓰시오.

답:

정답
구문, 의미, 순서 또는 Syntax, Semantics, Timing

해설
프로토콜 기본 3요소

구문(Syntax)	데이터의 형식이나 부호화 및 신호 레벨 등을 규정
의미(Semantics)	오류 제어, 동기 및 흐름 제어 등의 각종 제어 절차에 관한 정의
순서(Timing)	접속되어 있는 엔티티 간의 통신 속도의 조정이나 메시지의 순서 제어 등을 규정

08 다음은 응용 계층의 프로토콜이다. 설명에 해당하는 프로토콜을 영어 약자로 쓰시오.

- (ⓐ) : 한 파일이나 파일의 일부분을 한 시스템에서 다른 시스템으로 전송하기 위한 프로토콜
- (ⓑ) : 인터넷에서 이메일을 보내기 위해 이용되는 프로토콜, 사용하는 TCP 포트번호 25번
- (ⓒ) : 사용자가 수신된 편지의 제목과 송신자를 보고, 메일을 실제로 다운로드할 것인지를 결정하고, 이를 다운로드하는 데 사용하는 전자메일용 프로토콜

ⓐ :

ⓑ :

ⓒ :

정답
ⓐ : FTP
ⓑ : SMTP
ⓒ : IMAP

09 다음 보기가 설명하는 데이터 교환 방식을 쓰시오.

- 고정된 대역폭 전송 방식으로, 물리적인 통신경로가 통신종료까지 구성된다.
- 접속에는 긴 시간이 소요되나 전송지연은 거의 없다.
- 점대점 방식의 전송구조를 갖는다.
- 에러 제어는 제공되지 않는다.

답 :

정답
회선 교환 방식

해설
회선 교환 방식은 회선을 확보하기 위한 작업을 진행하고 실데이터를 전송한 후, 회선을 닫는 프로세스로 진행된다.

10 다음 설명은 TCP/IP 프로토콜에 대한 설명이다. 빈칸 ①~②에 들어갈 프로토콜을 쓰시오.

> • (①)(은)는 사용자가 입력한 IP 주소를 이용해 물리적 네트워크 주소(MAC Address)를 제공한다.
> • (②)(은)는 데이터 전송 과정에서 오류가 발생하면 오류 메시지를 전송한다.

① :

② :

정답

① : ARP

② : ICMP

해설

- ARP는 네트워크상에서 IP 주소를 물리적 네트워크 주소로 변환하는 프로토콜이다.
- ICMP는 통신 중에 발생하는 오류의 처리와 전송 경로의 변경 등을 위한 제어 메시지를 취급하는 무연결 전송용의 프로토콜이다.

---

11 다음 중 성적(학번, 이름, 학과, 점수) 테이블의 튜플의 수가 12개, 평가(학번, 전공, 점수) 테이블의 튜플의 수가 7개일 때, 아래 SQL의 결과의 튜플의 수를 쓰시오.

⟨SQL문⟩

```
SELECT 학번, 학과, 점수 FROM 성적 UNION ALL
SELECT 학번, 전공, 점수 FROM 평가;
```

답 :

정답

19

해설

릴레이션 R, S에서 속성 A를 기준으로 합집합(UNION ALL) 연산을 수행하면 릴레이션 R, S의 속성 A값 모두가 검색된다.

12 다음 보기의 빈칸 ( )에 공통으로 들어갈 용어를 영어로 쓰시오.

> ( ) 테스트는 단위 테스트를 할 때 ( ) 객체를 사용하여 테스트하는 기법이다. ( ) 객체는 테스트를 수행할 모듈과 연결되는 외부의 다른 서비스나 모듈들을 실제 사용하는 모듈을 사용하지 않고 실제의 모듈을 "흉내"내는 "가짜" 모듈을 작성하여 테스트의 효용성을 높이는 데 사용하는 객체이다. 따라서 특정 모듈이나 기능이 완벽히 개발 완료되지 않은 상태에서도 ( ) 객체를 이용해 테스트를 진행할 수 있다.

답:

정답
Mock

해설
Mock은 단위 테스트를 할 모듈과 메시지를 주고받는 객체를 대신할 가짜 객체를 의미한다. 반면, 스텁(Stub)은 실제 코드나 아직 준비되지 못한 코드를 호출하여 수행할 때 호출된 요청에 대해 미리 준비해둔 결과를 제공하는 테스트 객체이다.

13 전체 프로그램의 범위 대비 테스트 수행 시 해당 테스트 수행을 위해 동작된 프로그램의 범위 비율을 나타내는 것으로 소스코드를 기반으로 수행하는 화이트박스 테스트를 통해 측정하는 것을 나타내는 용어를 쓰시오.

답:

정답
테스트 커버리지 또는 Test Coverage

해설
테스트 커버리지(Test Coverage)는 주어진 테스트 케이스에 의해 수행되는 소프트웨어의 테스트 범위를 측정하는 테스트 품질 측정 기준으로, 테스트의 정확성과 신뢰성을 향상시키는 역할을 수행한다.

14 아래 보기의 〈학생〉 테이블에 이름 속성이 '이'로 시작하는 학생들의 학번을 검색하는 경우 사용되는 SQL 명령문이다. SQL문을 완성하는 빈칸에 알맞은 용어를 쓰시오.

〈성적〉

학번	이름	수강과목	점수
1000	이영진	운영체제	92
1003	김영진	데이터베이스	85
1006	김철수	데이터베이스	91
1009	강순신	운영체제	88
1012	이민수	자료구조	80
1015	정민정	데이터베이스	70
1018	강재영	정보통신	72

〈SQL문〉

SELECT 학번 FROM 학생 WHERE 이름 (　　) '이%';

답:

정답
LIKE

해설
LIKE 연산자를 이용한 특정 문자열 검색
SELECT 검색문에서 와일드 카드 문자 '%'를 이용하여 특정 지정된 패턴과 일치하는지를 확인할 때는 LIKE 연산자를 사용한다.
- '%영%' : '영'이 포함된 모든 레코드
- '영%' : '영'으로 시작하는 모든 레코드
- '%영' : '영'으로 끝나는 모든 레코드
- IS NOT NULL : 비어있지 않은 레코드

15 사용자 환경에서 통제 없이 진행하며 사용자가 모든 문제를 보고, 해당 소프트웨어가 상업적으로 판매되기 전 목표시장의 기존 고객과 잠재 고객의 피드백을 받을 목적으로 활용하는 인수 테스트의 명칭을 쓰시오.

답 :

정답
베타 테스트 또는 Beta Test 또는 필드 테스트 또는 Field Test

해설
베타 테스트는 개발자 없이 사용자가 직접 사용하면서 테스트하는 것으로, 사용자가 일정 기간 무료로 사용하게 한 후에 나타난 여러 가지 오류를 수정, 보완하는 방법이다.

---

16 아래 보기의 〈학생〉 테이블에 이름 속성이 '이'로 시작하는 학생들의 학번을 검색하여 학년이 높은 학생 순으로(내림차순으로) 출력하도록 SQL문의 빈칸 ①~②에 알맞은 명령을 정확히 쓰시오.

〈학생〉

학번	이름	학년
1000	이영진	1
2000	홍순신	2
3000	강감찬	3
4000	강희영	3
5000	이철수	3
6000	이영희	4

〈SQL문〉

```
SELECT 학번 FROM 학생 WHERE 이름 LIKE ( ① ) ORDER BY 학년 ( ② );
```

① :

② :

정답
① : '이%'
② : DESC

해설
- '이%' : '이'로 시작하는 모든 레코드
- ASC : 오름차순, DESC : 내림차순

17 다음 Java 언어로 구현된 프로그램을 분석하여 그 실행 결과를 쓰시오.

```java
abstract class Vehicle {
    String name;
    abstract public String getName(String val);

    public Vehicle(String val) {
        this.name = val;
    }
    public String getName() {
        return "Vehicle name : " + name;
    }
}
class Car extends Vehicle {
    public Car(String val) {
        super(val);
    }
    public String getName(String val) {
        return "Car name : " + val;
    }
    public String getName(byte val[]) {
        return "Car name : " + val;
    }
}
public class Exam {
    public static void main(String[] args) {
        Vehicle obj = new Car("Spark");
        System.out.println(obj.getName());
    }
}
```

답 :

정답

Vehicle name : Spark

해설

- 답안 작성 시, 대소문자에 주의하여 작성해야 한다.
- Vehicle 클래스는 추상 메소드를 포함하는 추상 클래스로 상속 상황에서의 부모 클래스로 정의되어 있으며, Car 클래스는 Vehicle 클래스를 상속받는 자식 클래스이며 부모의 추상 메소드를 오버라이딩하여 정의되었다.
- main( ) 메소드에서는 new Car("Spark");를 통해 자식 객체를 생성한 후, 매개변수 "Spark"를 갖는 자식 생성자를 자동 호출하였다. public Car(String val) 생성자에서는 super(val);를 통해 부모의 매개변수 생성자를 통해 name 멤버의 값을 "Spark"로 초기화하였다.
- 생성된 자식 객체는 부모 클래스의 형으로 형 변환되는 업 캐스팅(Up-casting)을 묵시적으로 수행하였다. obj.getName( )을 통해 메소드를 호출하면 상속받은 public String getName( )를 호출하게 되어 메소드 내부의 "Vehicle name : " + name의 반환문을 수행하게 된다. 문자열 결합에 의해 "Vehicle name : Spark" 문자열 상수가 반환된 후 main( ) 메소드 내에서 출력되며 프로그램이 종료된다.

18 다음 Java 프로그램은 3개 학년의 국어 점수와 영어 점수를 2차원 배열 score에 저장하여 처리하도록 구현되어 있다. 프로그램을 분석하여 그 실행 결과를 쓰시오.

```java
public class Test5 {
    public static void main(String[] args) {
        double score[][] = { {80, 90}, {70, 80}, {60, 100} };
        double sum = 0;
        for ( int year=0 ; year < score.length ; year++ ){
            for (int s=0; s < score[year].length ; s++ ){
                sum += score[year][s];
            }
        }
        int row = score.length;
        int col = score[0].length;
        System.out.println(sum/(row*col));
    }
}
```

답 :

정답

80.0

해설

3행 2열의 점수를 모두 합하고 평균을 계산하는 코드이다.

```
for ( int year=0 ; year < score.length ; year++ ){     ← ①
  for (int s=0; s < score[year].length ; s++ ){        ← ②
    sum += score[year][s];                             ← ③
```

① score 배열의 행의 개수만큼 반복한다.
② score 배열의 열의 개수만큼 반복한다.
③ score 배열의 모든 값을 합하여 sum 변수에 입력 (480)

```
int row = score.length;                    ← ④
int col = score[0].length;                 ← ⑤
System.out.println(sum/(row*col));         ← ⑥
```

④ score 배열의 행 개수를 row 변수에 입력 (3)
⑤ score 배열의 열 개수를 col 변수에 입력 (2)
⑥ 480/(3*2) = 80.0

19 다음 C언어 프로그램이 실행되었을 때의 결과를 쓰시오.

```
#include <stdio.h>

int main() {
    int num[10] = {29, 24, 56, 42, 35, 41, 64, 79, 51, 14};
    int sum = 0;
    int i;
    for(i = 0; i < 9; i = i + 2)
    {
        sum = sum + num[i];
    }
    printf("%d", sum);
    return 0;
}
```

답:

정답

235

해설

num 배열에 입력된 값의 8배열의 값까지 2의 배수 배열의 합계를 계산한다.

[0]	[1]	[2]	[3]	[4]	[5]	[6]	[7]	[8]	[9]
29	24	56	42	35	41	64	79	51	14

20 다음 Java 프로그램은 배열 n의 요소의 값인 1부터 5까지의 합을 구하도록 구현되어 있다. 다음 ①에 들어갈 표현을 쓰시오.

〈출력 결과〉

```
1+2+3+4+5=15
```

```java
public class Test4 {
    public static void main(String[] args) {
        int[] n = {1, 2, 3, 4, 5};
        int sum = 0;
        for(int i = 0 ; i < ①; i++){
            sum += n[i];
            if ( i != ① - 1)
                System.out.print(n[i] + "+");
            else System.out.print(n[i] + "=");
        }
        System.out.println(sum);
    }
}
```

답 :

정답

n.length

해설

배열 n에 입력된 값의 합계를 계산하는 코드이다.

```
for(int i = 0 ; i < n.length; i++){            ← ①
    sum += n[i];                                ← ②
    if ( i != n.length - 1)                     ← ③
        System.out.print(n[i] + "+");           ← ④
    else System.out.print(n[i] + "=");          ← ⑤
}
System.out.println(sum);                        ← ⑥
```

① 인덱스 변수 i를 배열 크기만큼 반복한다. 0~4
② sum 변수에 배열 n에 입력된 값의 합계를 계산한다.
③ 인덱스 변수 i가 배열 크기보다 1작을 때까지 반복한다. 0~3
④ 배열 n 배열의 0~3까지 출력한다. 1+2+3+4
⑤ 배열 n 배열의 4 값을 출력한다. +5
⑥ sum 변수를 출력한다.
⑦ 결과 : 1+2+3+4+5=15

정보처리산업기사 실기 실전 모의고사 10회

시험 일자	문항 수	시험 시간
년 월 일	총 20문항	2시간 30분

수험번호 : _____
성   명 : _____

01 다음과 같은 가용 공간을 갖는 주기억장치에 크기가 각각 25KB, 30KB, 15KB, 10KB인 프로세스가 순차적으로 적재 요청된다. 최악 적합(Worst-fit) 배치 전략을 사용할 경우 할당되는 가용 공간 시작 주소를 순서대로 나열하시오.

가용 공간 리스트	
시작주소	크기
ⓐ	30KB
ⓑ	20KB
ⓒ	15KB
ⓓ	35KB

답 :

정답
ⓓ - ⓐ - ⓑ - ⓒ

해설
최악 적합(Worst-fit)은 비어 있는 공간(가용 공간) 중에서 가장 큰 공간에 먼저 할당하는 배치 방법이다.

02 다음 보기에서 설명하는 운영체제의 명칭을 쓰시오.

> - Google이 공개한 개방형 모바일 운영체제이다.
> - 오픈소스 소프트웨어에 기반을 둔 모바일 운영체제다.
> - 스마트폰, 태블릿 PC 같은 터치스크린 모바일 장치용으로 디자인된 운영체제이다.
> - 자바, 코틀린 등을 이용해 애플리케이션 작성이 가능하다.
> - 컴파일된 바이트 코드를 구동할 수 있는 런타임 라이브러리를 제공한다.

답 :

정답
안드로이드 또는 Android

해설
Android는 Google사에서 개발한 리눅스 기반 무료 모바일 운영체제이다.

03 관계 데이터 연산 중에서 주어진 관계로부터 원하는 관계를 얻기 위해 연산자와 연산 규칙을 제공하는 절차적 언어를 가리키는 연산을 쓰시오.

답 :

정답
관계 대수

해설
관계 대수와 관계 해석 비교

구분	관계 대수	관계 해석
목적	어떻게(How)	무엇을(What)
기반	집합과 관계연산	프레디킷 논리
접근법	절차적	비절차적
관점	규범적	기술적
표현력	동일	

04 다음의 역할을 수행하는 사람은 누구인지 영어 약자로 쓰시오.

- 데이터베이스 시스템의 관리, 운영에 모든 책임을 지고 있는 사람 또는 집단
- 데이터베이스의 무결성 유지
- 성능 향상과 새로운 요구에 대응한 재구성
- 저장 구조와 접근 방법 선정
- 보안 정책 수립 및 무결성 유지

답 :

정답
DBA

해설
DBA(DataBase Administrator, 데이터베이스 관리 책임자)는 데이터베이스를 가장 좋은 상태로 관리하는 책임을 지는 개인 또는 집단을 의미한다. DBA는 데이터베이스의 정보 내용의 정확성이나 통합성을 결정하고 데이터베이스의 내부 저장 구조 및 접근 관리 대책을 결정하며, 데이터의 보안 대책을 수립하고 점검하는 등 데이터베이스의 성능을 감시하여 변화하는 요구에 대응하는 책임을 진다.

05 권한을 부여받았던 사용자가 다른 사용자에게 권한을 부여하지 않은 경우에만 권한을 취소하는 명령어 옵션을 쓰시오.

답 :

정답
RESTRICT 또는 restrict

해설
RESTRICT는 지정한 권한을 제거할 경우 타 사용자에게 영향이 가면 실패 처리하도록 하는 명령이이다.

06 정규화 과정을 옳게 연결하시오.

① 1NF → 2NF　　•　　　　•　ⓐ A → B이고 B → C일 때 A → C를 만족하는 종속 관계를 제거
② 2NF → 3NF　　•　　　　•　ⓑ 결정자가 후보키가 아닌 함수 종속 제거
③ 3NF → BCNF　•　　　　•　ⓒ 부분 함수 종속 제거

정답

① - ⓒ, ② - ⓐ, ③ - ⓑ

해설

- 1NF에서 부분 함수 종속을 제거하면 2NF가 된다.
- 2NF에 존재하는 이행적 함수 종속을 제거하면 3NF가 된다.
- 3NF에서 결정자가 후보키가 아닌 함수 종속을 제거하면 BCNF가 된다.

07 암호화와 인증 옵션 기능을 제공하며 프로토콜의 확장을 허용하도록 설계된 128비트의 인터넷 주소 체계는 무엇인지 쓰시오.

답:

정답

IPv6

해설

IPv6는 IPv4의 주소 부족 문제를 해결하기 위해서, IPv4의 주소공간을 4배 확장한 128비트 인터넷 주소 체계이다.

08 다음이 설명하는 라우팅 알고리즘의 명칭을 영어 약자로 쓰시오.

- 경유하는 라우터의 대수(홉(Hop)의 수량)에 따라서 최단 경로를 동적으로 결정하는 거리 벡터(Vector) 라우팅 프로토콜이다. 경로 비용을 홉 수로만 판단하고, 속도나 거리 지연 등을 고려하지 않아 최적의 경로 산정에는 비효율적이지만, 설정하기 쉽고 간단하다는 장점이 있다. 최대 홉 수를 15로 제한하고 있어 소규모 네트워크 환경에 적합하다.
- UDP 세그먼트에 캡슐화되어 사용한다.

답 :

정답
RIP

해설
RIP(Routing Information Protocol)에 대한 설명으로, RIP는 라우팅 테이블에 동일 네트워크에 포함된 각 라우터에 도달하기 위해 거쳐야 하는 라우터들의 최대 수와 각 라우터에 도달하기 위해 이동해야 하는 다음 라우터 정보를 관리한다.

09 다음에서 설명하는 프로토콜을 쓰시오.

- 대역폭이 제한된 통신 환경에 최적화하여 개발된 푸시 기술(Push Technology) 기반의 경량 메시지 전송 프로토콜이다.
- 메시지 길이가 가장 작게는 2바이트까지 가능하고, 초당 1,000 단위의 메시지 전송이 될 수 있어 가볍고 빠르다.

답 :

정답
MQTT 또는 Message Queuing Telemetry Transport

해설
MQTT는 TCP/IP 기반 네트워크에서 동작하는 발행-구독 기반의 메시징 프로토콜로 최근 IoT 환경에서 자주 사용되고 있는 프로토콜이다.

10 OSI 7 계층 중 데이터링크 계층의 프로토콜 데이터 유닛(PDU)의 명칭을 쓰시오.

답 :

정답
프레임 또는 Frame

해설
계층별 데이터 단위

계층	세션 계층	전송 계층	네트워크 계층	데이터 링크 계층	물리 계층
단위	메시지	세그먼트	패킷	프레임	비트

11 IP 주소를 물리 주소로 변환하기 위해 사용되는 네트워크 계층 프로토콜을 쓰시오.

답 :

정답
ARP

해설
ARP는 논리 주소인 IP 주소를 물리 주소(MAC)로 변환하는 프로토콜이고, RARP는 물리적 하드웨어 주소인 이더넷 주소를 IP 주소로 변환하는 프로토콜이다.

12 프로그램의 각 부분을 고립시켜서 각각의 특정 모듈이 의도된 대로 정확히 작동하는지 테스트하는 것으로, 모듈 내부의 구조를 구체적으로 볼 수 있는 구조적 테스트를 주로 시행하는 테스트는 무엇인지 쓰시오.

답 :

정답
단위 테스트 또는 Unit Test

해설
단위 테스트(Unit Test)는 개별 모듈을 시험하는 것으로 모듈이 정확하게 구현되었는지, 예정한 기능이 제대로 수행되는지를 점검하는 것이 주요 목적인 테스트이다.

13 아래 보기의 〈성적〉 테이블과 〈취미활동〉 테이블을 대상으로 하는 〈지시사항〉을 실행하는 SQL문을 완성하는 빈칸에 알맞은 용어를 쓰시오.

〈성적〉

학번	이름	수강과목	점수
1000	이영진	운영체제	92
1003	김영진	데이터베이스	85
1006	김철수	데이터베이스	91
1009	강순신	운영체제	88
1012	이민수	자료구조	80
1015	정민정	데이터베이스	70
1018	강재영	정보통신	72

〈취미활동〉

이름	활동명
이영진	독서
김영진	여행
김철수	운동
강순신	음악감상

〈지시사항〉

취미활동이 없는 〈성적〉 테이블의 학생을 검색하시오.

〈SQL문〉

```
SELECT * FROM 성적 WHERE 이름 (      ) (SELECT 이름 FROM 취미활동);
```

답:

정답
NOT IN

해설
NOT IN문

```
SELECT *
    FROM TABLE
    WHERE COLUMN NOT IN ('A', 'B')
```

NOT IN문은 'A'와 'B'가 포함되지 않는 데이터만 추출한다.

14 다음의 결함 관리 프로세스 단계를 순서에 맞게 기호로 나열하시오.

> ⓐ 결함 관리 계획
> ⓑ 결함 검토
> ⓒ 결함 기록
> ⓓ 최종 결함 분석 및 보고서 작성
> ⓔ 결함 수정
> ⓕ 결함 재확인
> ⓖ 결함상태 추적 및 모니터링 활동

답 :

정답

ⓐ - ⓒ - ⓑ - ⓔ - ⓕ - ⓖ - ⓓ

해설

결함 관리 프로세스

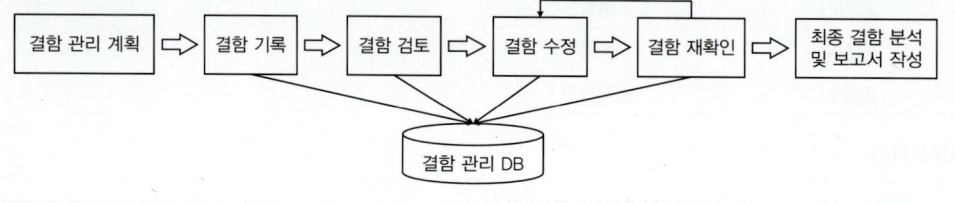

15 INDEX는 데이터베이스의 성능을 향상시키기 위해 사용된다. 〈STUDENT〉 테이블에서 s 속성으로 중복을 허용하지 않도록 'stud_idx'라는 이름의 INDEX를 정의하기 위한 구문은 다음과 같다. 빈칸에 알맞은 용어를 쓰시오.

```
CREATE UNIQUE INDEX stud_idx (      ) STUDENT(s);
```

답:

정답
ON

해설
UNIQUE 인덱스 작성

```
CREATE UNIQUE INDEX 인덱스명 ON 테이블명 (컬럼명1, 컬럼명2, ...);
```

16 다음은 Java로 작성된 프로그램이다. 이를 실행한 출력 결과를 쓰시오

```
public class Main {

    public static void main(String[] args) {
        int w = 3, x = 4, y = 3, z = 5;
        if((w == 2 | w== y) & !(y > z) & (1 == x ^ y != z)) {
            w = x + y ;
            if(7 == x ^ y != w) {
                System.out.println(w);
            } else {
                System.out.println(x);
            }
        } else {
            w = y + z ;
            if(7 == y ^ z != w) {
                System.out.println(w);
            } else {
                System.out.println(z);
            }
        }
    }
}
```

답:

정답

7

해설

- 해당 프로그램에는 비트 논리 연산자인 비트 AND 연산자(&), 비트 XOR 연산자(^), 비트 OR 연산자(|)가 사용되어 if문의 조건식을 구성하고 있다.
- 비트 논리 연산자의 결과는 연산의 대상에 따라 달라진다. 예를 들어 다음과 같이 정수를 대상으로 하는 경우는 결과가 정수 0 또는 1이 결과값을 얻을 수 있고, 논리상수를 대상으로 비트 논리 연산을 수행하면 true와 false의 결과를 얻는다.

```
(예1) System.out.println( 0 | 1 ) ;           // (결과) 1
(예2) System.out.println( false | true ) ;    // (결과) true
```

  – 비트 논리 연산자의 우선순위 : 비트 AND 연산자(&) → 비트 XOR 연산자(^) → 비트 OR연산자(|)
  – 관계 연산자(==, !=, <, <=, >, >=)는 비트 논리 연산자보다 연산의 우선순위가 높음
- 주어진 조건식 if((w == 2 | w == y) & !(y > z) & (1 == x ^ y != z))은 if(조건식① & 조건식② & 조건식③)의 순서로 세부 조건식이 판별된 후 전체 if문의 분기가 결정된다.
- 조건식①, 조건식②, 조건식③을 if문에서 수행하는 과정은 다음과 같다.

조건식①	단계1	w==2 | w==y
	단계2	3==2 | 3==3
	단계3	false | true
	결과	true
조건식②	단계1	!(y > z)
	단계2	!(3 > 5)
	단계3	!(false)
	결과	true
조건식③	단계1	1==4 ^ 3!=z
	단계2	1==4 ^ 3!=5
	단계3	false ^ true
	결과	true

  – 조건식①, 조건식②, 조건식③의 결과는 모두 true이다.
  – if(조건식① & 조건식② & 조건식③)은 if(true & true & true)를 수행하여 true의 결과로 참인 블록을 수행하게 된다.
- w = x + y;를 수행하여 변수 w의 값을 7로 변경 후, if(7 == x ^ y != w) 조건식을 다음과 같이 수행한다.

if 조건식	단계1	7==x ^ y!=w
	단계2	7==4 ^ 3!=7
	단계3	false ^ true
	결과	true

- 조건식의 결과 true이므로 참인 블록 내의 System.out.println(w); 명령문을 수행한 결과 최종 출력 결과는 7이다.
- 해당 문제는 출력 결과를 작성하는 문제이므로 부분 점수가 부여되지 않는다.

17 다음은 Java로 작성된 프로그램이다. 〈결과〉와 같이 실행되도록 빈 줄에 알맞은 내용에 해당하는 기호를 〈보기〉에서 골라 쓰시오.

```
public class Test {
    public static void main(String[] args) {
        System.out.println(Test.check(1));
    }
    (_____) String check(int num) {
        return (num >= 0) ? "POSITIVE" : "NEGATIVE";
    }
}
```

〈결과〉

POSITIVE

〈보기〉

ㄱ. static   ㄴ. public   ㄷ. protected   ㄹ. private

답:

정답

ㄱ

해설

- 자바의 static 메소드의 기본 형태는 다음과 같다.

```
static 반환형 메소드명(매개변수) {
    실행 코드;
    return 반환값;
}
```

- 정적 필드처럼 static을 반환형 앞부분에 붙여 선언한 메소드를 정적 메소드(static 메소드)라고 한다. 정적 메소드는 객체를 생성하지 않고도 호출 가능하다.
- main( ) 메소드에서 check( ) 메소드는 Test.check( )와 같이 클래스를 통해 호출할 수 있다.
- 보기의 private, protected, public은 자바의 접근 제어자(Access Modifier)이다.

18. 다음은 Java로 작성된 프로그램이다. 이를 실행한 출력 결과를 쓰시오.

```java
public class Over1 {
    public static void main(String[] args) {
        Over1 a1 = new Over1();
        Over2 a2 = new Over2();
        int r = a1.sun(3, 2) + a2.sun(3, 2);
        System.out.println(r);
    }
    int sun(int x, int y) {
        return x + y;
    }
}
class Over2 extends Over1 {
    int sun(int x, int y) {
        return x-y + super.sun(x, y);
    }
}
```

답 :

정답

11

해설

- 해당 프로그램은 클래스 상속 시 부모 객체와 자식 객체 간 오버라이드된 메소드를 호출하여 반환값을 덧셈한 결과를 출력하는 Java 프로그램이다.
- a1.sun(3, 2)의 메소드 호출은 부모 객체 sun 메소드를 호출하여 3+2의 결과를 반환하여 결과값은 5이다.
- a2.sun(3, 2)의 메소드 호출은 자식 객체 sun 메소드를 호출하여 3-2+super.sun(3, 2)가 실행되어, 부모의 sun 메소드를 호출하여 얻는 결과값 3+2, 즉 5를 반환하여 3-2+5를 수행한다. 결과값은 6이다.
- 최종 출력 결과는 5+6인 11이다.

19 다음은 Java로 작성된 프로그램이다. 이를 실행한 출력 결과를 쓰시오.

```java
class Singleton {
    private static Singleton instance = null;
    private int count = 0;
    private Singleton () { } ;
    public static Singleton getInstance() {
        if(instance == null) {
            instance = new Singleton();
            return instance;
        }
        return instance;
    }
    public void count() {
        count++ ;
    }
    public int getCount() {
        return count;
    }
}
public class Test {
    public static void main(String[] args) {
        Singleton sg1 = Singleton.getInstance();
        sg1.count();
        Singleton sg2 = Singleton.getInstance();
        sg2.count();
        Singleton sg3 = Singleton.getInstance();
        sg3.count();
        System.out.print(sg1.getCount());
    }
}
```

답 :

정답

3

해설

- 해당 프로그램은 싱글톤 패턴(Singleton Pattern)이 적용된 프로그램으로 프로그램이 실행되는 동안 클래스를 생성하는 객체(인스턴스)가 오직 하나이다.
- 싱글톤 패턴을 자바로 구현하는 3단계 : ① 생성자 메서드를 private로 접근 제한 ② private static 인스턴스 변수 선언 (오직 하나의 같은 오브젝트를 참조) ③ public static SingletongetInstance( ) 메소드 구현
- 참조 변수 sg1, sg2, sg3는 같은 객체를 참조하며, 객체 내의 필드 count가 0으로 초기화 된 후, sg1.count( ); 메소드 호출로 count가 1, sg2.count( ); 메소드 호출로 count가 2, sg3.count( ); 메소드 호출로 count가 3이 최어 최종 출력 결과는 3이다.
- 해당 문제는 출력 결과를 작성하는 문제이므로 부분 점수가 부여되지 않는다.

20 다음은 Python언어로 작성된 프로그램이다. 이를 실행한 출력 결과를 쓰시오.

```
a = 100
result = 0
for i in range(1, 3):
    result = a >> i
    result = result +1
print(result)
```

답:

정답

26

해설

- for 명령문에 range( ) 함수를 결합하여 2회 반복 구조 내의 명령을 실행하도록 한다.
- range( ) 함수는 두 인수를 통해 반복의 횟수를 지정한다.
- range(1, 3)의 경우 1 이상부터 3 미만까지의 정수 리스트 객체를 생성하여 [1, 2]의 결과를 얻는다.
- for 반복 구조를 통해 실행되는 동안의 디버깅은 다음과 같다.

i	a 》 i		result	result + 1
1	100 》 1	50	50	51
2	100 》 2	25	25	26
최종 출력 print(result)				26

CHAPTER

02

최신 기출문제

학습 방향

시험에서 가장 중요한 것은 바로 과년도 기출문제입니다. 최신 기출문제를 보면 어떤 내용들이 중요하고 어떤 내용을 위주로 공부해야 하는지 알 수 있습니다. 이전에 출제되었던 문제들을 풀어보면서 이론을 정리해보세요. 자주 틀리거나 이해가 어려운 문제들은 시험 전에 다시 확인해보는 것이 좋습니다.

정보처리산업기사 실기 최신 기출문제 01회

시험 일자	문항 수	시험 시간
2025년 제1회	총 20문항	2시간 30분

수험번호 : _____
성   명 : _____

---

01 다음 설명하는 프로세스 스케줄링을 쓰시오.

- FCFS 알고리즘을 선점(Preemptive) 형태로 변형한 기법이다.
- Time Sharing System을 위해 고안된 방식이다.
- Time Slice가 작을 경우 문맥 교환이 자주 일어난다.

답 :

02 유닉스(UNIX)의 쉘에 대한 설명을 〈보기〉에서 골라 기호를 쓰시오.

〈보기〉

ㄱ	사용자가 입력시킨 명령어 라인을 읽어 필요한 시스템 기능을 실행시키는 명령어 해석기이다.
ㄴ	주기억장치에 상주하지 않고, 명령어가 포함된 파일 형태로 존재하며 보조기억장치에서 교체 처리가 가능하다.
ㄷ	응용 프로그램과 하드웨어의 사이의 인터페이스 역할을 한다.

답 :

03 아래 보기의 〈학생〉 릴레이션의 디그리(Degree)와 카디널리티(Cardinality)를 쓰시오.

〈학생〉 릴레이션

학생	성명	학년
1000	정학생	1
2000	강학생	2
3000	신학생	3
4000	김학생	3

차수 :

카디널리티 :

04 릴레이션 R1에 저장된 튜플이 릴레이션 R2에 있는 튜플을 참조하려면 참조되는 튜플이 반드시 R2에 존재해야 한다는 데이터 무결성 규칙은 무엇인지 쓰시오.

답:

05 웹 상에서 웹 서버 및 웹 브라우저 상호 간의 데이터 전송을 위한 기본 포트 번호 80번의 응용 계층 프로토콜을 영문 약어로 쓰시오.

답:

06 다음 빈칸에 설명하는 LAN의 전송 매체접근제어(MAC) 방식과 관련 용어를 쓰시오.

> 근거리통신망(LAN)에서 사용되는 채널할당 방식에서 요구할당 방식으로 토큰 링 방식과 이더넷(CSMA/CD)이 결합된 형태로 물리적으로는 버스 형태를 띄지만 논리적으로는 토큰 링 방식을 사용하는 매체접근제어 방식이다. 물리적으로 보면 공유 버스 구조로 연결되지만, 논리적인 프레임 전달은 링 구조로, 데이터 프레임 전송이 호스트 사이에 순차적으로 이루어지도록 토큰(Token)이라는 제어 프레임을 사용한다.

답:

07 다음 설명에 해당하는 빈칸 ①~②에 알맞은 용어를 영문 약어로 쓰시오.

(①)	• 서비스 지향 아키텍처 기반 애플리케이션이다. • 일 처리 단위를 서비스로 판단하고 그 서비스를 네트워크에 연동하여 시스템 전체를 구축해 나가는 방법론이다. • 계층 : 표현 계층, 프로세스 계층, 서비스 계층, 비즈니스 계층, 영속 계층
(②)	• 네트워크 관리 및 네트워크의 장치와 그들의 동작을 감시, 관리하는 프로토콜이다. • 응용 계층 프로토콜로 RFC 1157에 규정되어 있으며 161번 포트 번호를 사용한다.

①:

②:

08 다음 설명에 해당하는 라우팅 프로토콜을 〈보기〉에서 기호를 골라 쓰시오.

- 최단경로탐색에 Bellman-Ford 알고리즘을 사용하는 거리 벡터 라우팅 프로토콜이다.
- 최적의 경로를 산출하기 위한 정보로서 홉(거리 값)만을 고려하므로, 선택한 경로가 최적의 경로가 아닌 경우가 많이 발생할 수 있다.
- 최대 홉 카운트를 15홉 이하로 한정한다.
- 소규모 네트워크 환경에 적합하다.

〈보기〉

| ㄱ. BGP | ㄴ. DHCP | ㄷ. ARP | ㄹ. OSPF |
| ㅁ. ICMP | ㅂ. EGP | ㅅ. IGP | ㅇ. RIP |

답 :

09 다음 설명에 해당하는 빈칸 ①~③에 알맞은 네트워크 주요 장비를 〈보기〉에서 기호를 골라 쓰시오.

(①)	• 디지털 신호를 증폭시켜 주는 역할을 하여 신호가 약해지지 않고 컴퓨터로 수신되도록 하는 장치이다. • 네트워크에서 신호를 수신하여 증폭한 후 다음 구간으로 재전송한다. • 감쇠된 전송 신호를 새롭게 재생하여 다시 전달하는 재생 중계 장치이다.
(②)	같은 프로토콜을 사용하는 두 개의 근거리 통신망(LAN)을 서로 연결해 주는 통신망 연결 장치이다.
(③)	• 서로 다른 네트워크 간의 데이터를 전송하고 가장 이상적인 데이터 전달 경로를 설정하여 주는 역할을 수행한다. • 둘 이상의 서로 다른 네트워크에 접속하여 서로 간에 데이터를 주고 받을 수 있도록 경로 선택, 혼잡 제어, 패킷 폐기 기능을 수행한다. • LAN과 LAN을 연결하거나 LAN과 WAN을 연결하기 위한 인터넷 네트워킹 장비이다.

〈보기〉

| ㄱ. 리피터 | ㄴ. 라우터 | ㄷ. 브릿지 | ㄹ. 게이트웨이 |

① :

② :

③ :

10 다음은 UI(사용자 인터페이스)의 4가지의 유형이다. 빈칸 ①~④에 알맞은 용어를 〈보기〉에서 기호를 골라 쓰시오.

유형	설명
(①) 사용자 인터페이스	간략한 작업 환경에서 텍스트와 아이콘으로 이루어진 객체를 사용자가 직접 시스템을 조작한다.
(②) 사용자 인터페이스	인터넷의 다양한 종류의 콘텐츠를 하이퍼링크로 네비게이션하기 위해 브라우저를 통해 페이지를 열람한다.
(③) 사용자 인터페이스	인공지능이나 게임 분야에서 자연어에 가까운 문장을 입력하여 시스템을 조작한다.
(④) 사용자 인터페이스	지정된 명령어를 입력하여 시스템을 조작한다.

〈보기〉

ㄱ. 텍스트   ㄴ. 명령어   ㄷ. 그래픽   ㄹ. 웹

① :

② :

③ :

④ :

11 다음은 C 언어로 작성된 프로그램이다. 이를 실행한 결과를 쓰시오.

```c
#include <stdio.h>

int main()
{
    int arr[] = {1, 2, 3};
    int sum = 0;
    
    for(int i = 0; i < 3; i++)
    {
        sum += arr[arr[i] - 1];
    }
    
    printf("%d", sum);
    
    return 0;
}
```

답:

12 다음은 C 언어로 작성된 프로그램이다. 이를 실행한 결과를 쓰시오.

```c
#include <stdio.h>

struct Point
{
    int x;
    int y;
};

void func(struct Point *p)
{
    p->x += p->y;

    struct Point pp = {p->x + 1, p->y + 1};
    struct Point *temp = &pp;

    p->x += temp->y;
    p->x += 4;
}

int main()
{
    struct Point p = {5, 3};
    func(&p);
    printf("%d\n", p.x);

    return 0;
}
```

답 :

13 다음은 C 언어로 작성된 프로그램이다. 이를 실행한 결과를 쓰시오.

```c
#include <stdio.h>
void quicksort(int arr[], int left, int right) {
        int pivot, i, j;
        int temp;
        i = left;
        j = right;
        pivot = arr[(left + right) /2];
        do {
            while(arr[i] < pivot) i++;
            while(arr[j] > pivot) j--;

            if(i <= j){
                temp = arr[i];
                arr[i] = arr[j];
                arr[j] = temp;
                i++;
                j--;
            }
        } while(i <= j);
        if(left < j)
            quicksort(arr, left, j);
        if(right > i)
            quicksort(arr, i, right);
}
int main(){
    int data[] = {2, 9, 4, 18, 5, 1, 7, 8, 15, 12};
    quicksort(data, 0, 9);
    for (int i = 0; i < 10; i++) {
        if (i % 2 == 1) {
            printf("%d ", data[i]);
        }
    }
    return 0;
}
```

답:

14 다음은 C 언어로 작성된 프로그램이다. 이를 실행한 결과를 쓰시오.

```c
#include <stdio.h>

int main()
{
    int a = 5;
    int b = 8;

    int *p = &a;
    int *q = &b;
    int **r = &p;

    **r += *q;
    printf("%d\n", a);

    return 0;
}
```

답:

15 다음은 Java 언어로 작성된 프로그램이다. 이를 실행한 결과를 쓰시오.

```java
class AAA {
    int a;
    public AAA(int a) {
        this.a = a;
    }
}

public class Exam {
    public static void main(String[] args) {
        AAA x = new AAA(3);
        AAA y = new AAA(3);

        AAA[] arr = {x, y};

        AAA temp = arr[0];
        arr[0] = arr[1];
        arr[1] = temp;

        arr[0].a += arr[1].a;

        System.out.println(arr[0].a);
    }
}
```

답:

16 다음은 테스트 종류에 대한 설명이다. 빈칸 (   ) 안에 들어갈 가장 적합한 용어에 해당하는 기호를 〈보기〉에서 골라 쓰시오.

> '삽입 SQL'이라고도 하며, 일반 응용 프로그램에 SQL을 삽입하여 데이터베이스 자료를 이용하고 다양한 조작을 할 수 있도록 한 것이다. 즉, 응용 프로그램이 실행될 때 같이 실행되도록 호스트 프로그램 언어에 삽입된 SQL을 말한다.

〈보기〉

| ㄱ. Sub Query | ㄴ. Data Mar | ㄷ. Embedded SQL |
| ㄹ. Data Warehouse | ㅁ. Stored Procedure | ㅂ. Data Mining |

답 :

17 SQL 정의어(DDL) 중 테이블을 대상으로 사용되는 명령문의 구문에 알맞은 명령어를 빈칸 ①~③에 쓰시오.

〈SQL DDL 구문〉

- 테이블 생성 : (①) TABLE 테이블명(속성명 데이터타입 ...);
- 테이블 수정 : (②) TABLE 테이블명 ADD 속성명 데이터타입;
- 테이블 제거 : (③) TABLE 테이블명;

① :

② :

③ :

18 아래 보기의 〈사원〉 테이블 생성 시, '직급' 속성의 도메인을 '차장', '과장', '사원'의 문자열 상수로 제한하는 SQL문을 완성하는 빈칸 ①∼②에 알맞은 명령을 쓰시오.

〈사원〉 테이블

사번	이름	부서	직급
100001	홍길동	관리부	차장
100003	박길동	관리부	과장
100005	강길동	관리부	사원
100007	김철수	교육부	사원
100009	이철수	교육부	사원
100011	정철수	영업부	과장
100013	신철수	영업부	사원

〈SQL문〉

```
CREATE TABLE 사원 (
    사번 CHAR(6) NOT NULL,
    이름 VARCHAR(20) NOT NULL,
    부서 VARCHAR(20) NOT NULL,
    직급 VARCHAR(20),
    PRIMARY KEY(사번),
    (   ①   ) (직급 (   ②   ) ('차장', '과장', '사원'))
);
```

①:

②:

19 다음은 빈칸 ( ) 안에 들어갈 가장 적합한 블랙박스 테스트 유형에 해당하는 기호를 〈보기〉에서 골라 쓰시오.

- ( )(은)는 입력의 경계값에서 발생하는 오류를 제거하기 위한 검사 기법으로 등가분할의 경계부분의 입력값에서 결함이 발견될 확률이 높다는 가정으로 테스트하는 기법이다.
- (예) 입력 값(x)의 유효범위로 0 <= x <= 10을 갖는 프로그램에서 -1, 0, 10, 11을 테스트 케이스의 입력값으로 테스트를 진행한다.

〈보기〉

ㄱ. 경계값 분석	ㄴ. 조건 검사	ㄷ. 조건 검사
ㄹ. 루프 검사	ㅁ. 동등 분할 검사	ㅂ. 원인 결과 그래프 기법
ㅅ. 오류 예측 기법	ㅇ. 데이터 흐름 검사	

답:

20 다음은 테스트 종류에 대한 설명이다. 빈칸 ( ) 안에 들어갈 가장 적합한 용어에 해당하는 기호를 〈보기〉에서 골라 쓰시오.

( )(은)는 프로젝트 수행 단계에서 단위 테스트 다음으로 진행하는 테스트이다. 컴포넌트 간 인터페이스 테스트를 하고 운영체제(OS), 파일 시스템, 하드웨어 또는 시스템 간 인터페이스와 같은 각각 다른 부분과 상호 연동이 정상적으로 작동하는지 여부를 테스트한다.

〈보기〉

| ㄱ. 시스템 테스트 | ㄴ. 인수 테스트 | ㄷ. 알파 테스트 |
| ㄹ. 단위 테스트 | ㅁ. 통합 테스트 | ㅂ. 회귀 테스트 |

답:

정보처리산업기사 실기 최신 기출문제 02회

시험 일자	문항 수	시험 시간
2024년 제3회	총 20문항	2시간 30분

수험번호 : _____

성   명 : _____

---

01 다음 설명에 해당하는 TCL(Transaction Control Language) 명령어를 쓰시오.

> 데이터베이스 내의 트랜잭션 연산이 비정상적으로 종료되거나 정상적으로 수행이 되었다 하더라도 수행되기 이전 상태로 되돌리기 위해 연산 내용을 취소할 때 사용하는 명령이다.

답 :

02 다음 빈칸에 설명하는 컴퓨터 네트워크 관련 용어를 쓰시오.

> 국가, 대륙과 같이 광범위한 지역을 연결하는 네트워크인 WAN의 회선 방식에는 전용 회선 방식과 교환 회선 방식이 있다. 교환 회선 방식은 공중망을 활용하여 다수의 사용자가 선로를 공유하는 방식으로 회선 교환과 축적 교환 방식이 있다. 축적 교환 방식의 하나인 (   ) 교환 방식은 1968년 ARPNET을 통해 최초로 등장한 이후, 현재 컴퓨터 네트워크에서 주로 사용하는 방식이다. (   ) 교환 방식은 대화형 데이터 통신에 적합하도록 개발된 교환 방식을 (   )(이)라는 단위를 사용하여 데이터를 송신하고 수신한다. (   )(은)는 정보를 일정한 크기로 분할한 뒤 각각의 묶음에 송·수신 주소 및 부가 정보를 입력한 것이다.

답 :

03 서버와 클라이언트 사이에 파일을 업로드와 다운로드의 전송을 하기 위한 프로토콜을 영문 약어로 쓰시오.

답 :

04 OSI 7 참조 계층 중 인접 개방형 시스템 간의 정보 전송, 전송 오류 제어, 흐름 제어 등 물리적 연결을 이용해 신뢰성 있는 정보 전송 기능하며 매체 공유를 위한 매체접근제어(MAC)를 수행하는 계층명을 쓰시오.

답:

05 다음 설명에 해당하는 빈칸 ①~②에 알맞은 프로토콜명을 쓰시오.

(①)	• 연결형 프로토콜로 데이터의 중복이나 손실 없이 종단 간에 데이터를 전송한다. • 대표 서비스 : FTP, Telnet, HTTP, SMTP, POP, IMAP 등
(②)	• 비연결형 프로토콜로, 연결되어 있지 않아도 데이터를 송신할 수 있으며 수신측의 수신 여부는 확인하기 어렵다. • 대표 서비스 : SNMP, DNS, TFTP, NFS, NETBIOS, 인터넷 게임/방송/증권 등

①:
②:

06 다음 주어진 설명 중 네트워크 장비인 라우터의 "라우팅(Routing) 기능"에 해당하는 것을 〈보기〉에서 골라 기호를 쓰시오.

〈보기〉

ㄱ. 목적지 주소 확인	ㄹ. 경로 선택
ㄴ. 라우팅 정보 소스 확인	ㅁ. 라우팅 정보 인증 및 검증
ㄷ. 경로 탐색	ㅂ. 패킷 전송

답:

07 다음은 C언어로 작성된 프로그램이다. 이를 실행한 결과를 쓰시오.

```
#include <stdio.h>

int main()
{
    int x = 1;
    int y = 2;
    int z = 3;

    switch(x + y)
    {
        case 1: x *= x + y; break;
        case 2: y += x + y; break;
        case 3: z -= x + y; break;
    }
    printf("%d", z);
    return 0;
}
```

답:

08 다음은 C언어로 작성된 프로그램이다. 이를 실행한 결과를 쓰시오.

```c
#include <stdio.h>

struct data
{
    int x;
    int y;
};

int main()
{
    struct data p1 = {1, 2};
    struct data p2 = {3, 4};
    
    struct data *p3 = &p1;
    
    printf("%d", p1.y + p2.x + p3->y);
    
    return 0;
}
```

답 :

09 다음은 C언어로 작성된 프로그램이다. 이를 실행한 결과를 쓰시오.

```c
#include <stdio.h>

union number {
    int int_val;
    int double_val;
};
struct data {
    union number n1;
    union number n2;
    char is_int;
};
void addfunc(struct data *s)
{
    if (s->is_int) {
        s->n1.int_val += s->n2.int_val;
    }
    else {
        s->n1.double_val += s->n2.double_val;
    }
}

int main()
{
    struct data s = {{.int_val = 5}, {.double_val = 3.5}, 1};
    addfunc(&s);
    printf("%d", s.n1.int_val);
    return 0;
}
```

답 :

10 다음은 C언어로 작성된 프로그램이다. 이를 실행한 결과를 쓰시오.

```c
#include <stdio.h>

int main()
{
    int n;
    int sum = 0;
    for(n = 0; n < 11; n++)
    {
        if(n%2 != 0)
            continue;
        sum += n;
    }
    printf("%d", n + sum);
    return 0;
}
```

답:

11 다음은 C언어로 작성된 프로그램이다. 이를 실행한 결과를 쓰시오.

```c
#include <stdio.h>
void swap(int *x, int *y)
{
    int temp = *x;
    *x = *y;
    *y = temp;
}
void func(int *a, int size)
{
    int *p1 = &a[0];
    int *p2 = &a[size-1];
    while(p1 < p2) {
        swap(p1, p2);
        p1++;
        p2--;
    }
}
int main()
{
    int arr[] = {1, 2, 3, 4, 5};
    func(arr, sizeof(arr)/sizeof(int));
    printf("%d", arr[2]);
    return 0;
}
```

답:

12 답: 7

13 답: 2

14 다음은 Java 언어로 작성된 프로그램이다. 이를 실행한 결과를 쓰시오.

```java
class A {
    int x = 5;
    public int calculate() {
        return x * 2;
    }
}
class B extends A {
    int x = 10;
    public int calculate() {
        return x + super.calculate();
    }
}
interface C {
    public abstract int getValue();
}
class D implements C {
    B b = new B();
    public int getValue() {
        return b.x + b.calculate();
    }
}
public class Exam {
    public static void main(String[] args) {
        D obj = new D();
        System.out.println(obj.getValue());
    }
}
```

답 :

15 SQL 명령문의 SELECT문에서 지정된 속성의 튜플 개수를 세어 반환하는 집계 함수명을 쓰시오.

답 :

16 20명의 직원 정보가 있는 인사팀 테이블에는 20대 직원 3명, 30대 직원 6명, 40대 직원 11명의 정보가 저장되어 있다. 다음 〈SQL문〉의 실행 결과 검색될 수 있는 튜플의 개수를 빈칸 ①, ②에 쓰시오.

〈SQL문〉

SELECT 이름 FROM 인사팀 WHERE 나이 BETWEEN 35 AND 49;

〈결과 : 튜플의 수〉

(①)명 이상 (②)명 이하

① :
② :

17 〈학생정보〉 테이블과 〈학과인원〉 테이블에서 학과명이 같은 튜플을 JOIN하여 이름, 학과, 학생수를 검색하는 SQL문을 완성하려고 한다. 빈칸 ①에 알맞은 명령을 〈보기〉에서 골라 기호를 쓰시오.

〈SQL문〉

SELECT 이름, 학과, 학생수 FROM 학생정보 JOIN 학과인원 (①) (학과코드);

〈보기〉

ㄱ. ON	ㅁ. IN
ㄴ. NATURAL	ㅂ. INNER
ㄷ. WHERE	ㅅ. ALL
ㄹ. USING	ㅇ. AS

답 :

18 다음은 〈학생〉 테이블의 학과 속성값을 오름차순 정렬하여, 중복을 허용하지 않도록 'stud_idx'라는 이름의 인덱스를 정의하는 SQL 명령이다. 빈칸 ①~③에 알맞은 SQL 명령문을 쓰시오.

〈SQL문〉

CREATE (①) (②) stud_idx ON 학생(학과 ASC);

①:
②:

19 결정 포인트 내의 모든 개별 조건식에 대해 수행하는 테스트 커버리지는 무엇인지 쓰시오.

답:

20 다음 설명에 해당하는 IT 기술 용어를 쓰시오.

- 컨테이너 응용 프로그램의 배포를 자동화하는 오픈소스 엔진이다.
- 소프트웨어 컨테이너 안에 응용 프로그램들을 배치시키는 일을 자동화해 주는 오픈소스 프로젝트이자 소프트웨어로 볼 수 있다.

답:

정보처리산업기사 실기 최신 기출문제 03회

시험 일자	문항 수	시험 시간
2024년 제2회	총 20문항	2시간 30분

수험번호 : _____

성　　명 : _____

---

01 다음 설명에 해당하는 Windows의 네트워크와 관련된 명령어를 쓰시오.

- 패킷이 라우팅 되는 경로의 추적에 사용되는 유틸리티로, 목적지 경로까지 각 경유지의 응답속도를 확인할 수 있는 명령어이다.
- 목적지까지 거치는 라우터를 추적하는 역할을 한다.
- ICMP로 동작하며, 기본으로 30홉으로 설정되어 있다.

답 :

02 다음은 데이터베이스의 무결성 제약조건에 대한 설명이다. 빈칸에 알맞은 용어를 쓰시오.

- (　　) 무결성 제약조건이란 기본키는 NULL 값이 올 수 없으며, 중복될 수 없음을 나타내는 제약조건이다.

답 :

03 릴레이션에 존재하는 부분 함수 종속을 제거하고 모든 속성이 기본키에 완전 함수 종속이 되도록 분해하는 과정을 무엇이라 하는지 쓰시오.

답 :

04 다음 공통으로 설명하는 프로토콜을 영문 약어로 쓰시오.

- 네트워크 관리 및 네트워크의 장치와 그들의 동작을 감시, 관리하는 프로토콜이다.
- 응용 계층 프로토콜로 RFC 1157에 규정되어 있으며 161번 포트 번호를 사용한다.

답 :

05 IPv4의 32bit 주소 체계는 네트워크 부분과 호스트 부분으로 구성되어 있으며 클래스별로 두 부분의 길이가 다르다. 호스트 부분이 16bit로 구성된 중대형 통신망에 해당하는 클래스명을 쓰시오.

답:

06 다음 설명에 해당하는 빈칸 ①~③에 알맞은 IPv4의 전송 방식과 관련된 용어를 쓰시오.

(①)	네트워킹 주소 지정 방식 중 특정 기준을 만족하는 스테이션 그룹으로 전송하기 위한 다중 송신자와 다중 수신자 간의 전송 방식이다.
(②)	MAC 주소는 FFFF.FFFF.FFFF이며, 어떤 특정 네트워크에 속한 모든 노드에 대하여 데이터 수신을 지시할 때 사용하는 전송 방식이다.
(③)	한 장비에서 다른 한 장비로 1:1 메시지를 전송하는 방식으로 IPv4에서 호스트 주소를 자동으로 설정하는 전송 방식이다.

①:
②:
③:

07 다음은 패리티 검사에 대한 설명이다. 빈칸 ①~④에 알맞은 용어를 〈보기〉에서 골라 쓰시오.

데이터 통신의 오류 검사 방식 중 패리티 검사 방식은 송신측에서는 정보의 전송 중에 생기는 오류를 검출 (체크)하기 위하여 패리티 비트를 첨가하여 전송한다. 패리티 검사에는 홀수 패리티 비트 검사 방식과 짝수 패리티 방식이 있다.
홀수(기수, Odd) 패리티 검사 방식은 데이터 비트들과 1bit의 패리티 비트 전체의 (①)의 개수가 홀수인지를 검사한다. 검사 결과 짝수 개이면 오류가 존재한다.
짝수(우수, Even) 패리티 검사 방식은 데이터 비트들과 1bit의 패리티 비트 전체의 (②)의 개수가 짝수인지를 검사한다. 검사 결과 홀수 개이면 오류가 존재한다.
그러나 두 방식 모두 2bit 이상의 오류 발생 시 오류를 검출할 수 (③). 패리티 검사 비트 방식은 1비트의 패리티 비트를 추가하여 오류를 검출할 수 있으나 교정은 (④)하다.

〈보기〉

0, 1, 2, 있으며, 없으며, 가능, 불가능

①:
②:
③:
④:

08
HTML에서는 RGB 색상값, 16진수 색상값, 색상 이름으로 색을 표현하는 방법이 있다. 다음 주어진 색에 해당하는 빈칸 ①~③에 알맞은 W3C에서 정의한 색상 이름을 쓰시오.

녹색	(①)
빨간색	(②)
노란색	(③)

①:

②:

③:

09
다음은 C 언어로 작성된 프로그램이다. 이를 실행한 결과를 쓰시오.

```
#include <stdio.h>

int main()
{
    int x = 3;
    int y = 5;
    printf("%d", (x|y) - (x&y));
    return 0;
}
```

답:

10 다음은 C 언어로 작성된 구구단 3단을 출력하는 프로그램이다. 〈실행 결과〉와 같이 출력되도록 빈 칸에 알맞은 명령을 쓰시오.

〈실행 결과〉

```
3 * 1 = 3
3 * 2 = 6
3 * 3 = 9
3 * 4 = 12
3 * 5 = 15
3 * 6 = 18
3 * 7 = 21
3 * 8 = 24
3 * 9 = 27
```

```
#include <stdio.h>

int main()
{
    int n = 3;

    for(int i = 1; i <= 9; i++)
    {
        printf("%d * %d = %d \n", n, i, _____);
    }

    return 0;
}
```

답:

11 다음은 C 언어로 작성된 프로그램이다. 이를 실행한 결과를 쓰시오.

```c
#include <stdio.h>

int main()
{
    int n1 = 11;
    int n2 = 0;
    int* p = NULL;
    p = &n1;
    n2 = *p + n1;

    printf("%d", *p - n1 + n2);
    return 0;
}
```

답:

12 다음은 C 언어로 작성된 프로그램이다. 이를 실행한 결과를 쓰시오.

```c
#include <stdio.h>

int main()
{
    int a[5] = {3, 4, 5, 10, 2};
    int *p = a;
    int i, j, temp;
    for(i = 0; i < 4; i++)
    {
        for(j = i+1; j < 5; j++)
        {
            if(*(p+i) > *(p+j))
            {
                temp = *(p+i);
                *(p+i) = *(p+j);
                *(p+j) = temp;
            }
        }
    }
    for(i = 0; i < 5; i++)
        printf("%d ", *(p+i));

    return 0;
}
```

답:

13 다음은 C 언어로 작성된 프로그램이다. 이를 실행한 결과를 쓰시오.

```c
#include <stdio.h>

struct Point
{
    float x;
    float y;
};
int main()
{
    struct Point p1 = {3.5, 3.5};
    struct Point p2 = {4.5, 4.5};
    struct Point p3;

    p3.x = p1.x + p1.y;
    p3.y = p2.x + p2.y;

    printf("%.2f 그리고 %.2f", p3.x, p3.y);
    return 0;
}
```

답:

14 다음은 Java 언어로 작성된 프로그램이다. 이를 실행한 결과를 쓰시오.

```java
public class Exam {
    public static int A(int a, int b) {
        System.out.print(a + b);
        return a * b;
    }
    public static void main(String[] args) {
        Exam a = new Exam();
        System.out.print(a.A(5,5));
    }
}
```

답:

15 다음은 Python으로 작성된 프로그램이다. 이를 실행한 결과를 쓰시오.

```
number = [1, -1, 0, 1, -1]

for n in number:
    if(n == -1):
        continue
    print(n, end = "")
```

답:

16 〈사원〉 테이블에 〈지시사항〉을 실행하는 SQL문을 완성하는 빈칸 ①~③에 알맞은 명령문을 쓰시오.

〈사원〉 테이블

사번	이름	부서	직급
100001	홍길동	관리부	차장
100003	박길동	관리부	대리
100005	강길동	관리부	사원
100007	김철수	교육부	사원
100009	이철수	교육부	사원

〈지시사항1〉	〈사원〉 테이블에 '정직원' 사원의 레코드를 삽입하시오. 〈SQL문1〉 INSERT (①) 사원 (②) (100010, '정직원', '영업부', '사원');
〈지시사항2〉	〈사원〉 테이블의 성이 '박'인 직원의 직급을 '과장'으로 수정하시오. 〈SQL문2〉 UPDATE 사원 (③) 직급 = '과장' WHERE 이름 LIKE '박%';

①:

②:

③:

17 다음 〈지시사항〉에 해당하는 〈SQL문〉의 빈칸 ①~③에 알맞은 SQL 명령문을 쓰시오.

〈지시사항1〉	〈학생〉 테이블에서 4학년 '컴퓨터'학과 학생을 검색하여 출력하시오.
	〈SQL문1〉
	SELECT * FROM 학생 WHERE 학년 = 4 (①) 학과 = '컴퓨터';
〈지시사항2〉	〈학생〉 테이블에서 성적을 오름차순으로 검색하여 출력하시오.
	〈SQL문2〉
	SELECT * FROM 학생 ORDER BY 성적 (②);
〈지시사항3〉	〈학생〉 테이블에서 '독서'와 '음악감상'을 취미로 갖지 않는 학생을 검색하여 출력하시오.
	〈SQL문3〉
	SELECT * FROM 학생 WHERE 취미 (③) IN ('독서', '음악감상');

① :

② :

③ :

18 〈학생〉 테이블에 컴퓨터과 학생 100명, 전자과 학생 60명, 건축과 학생 50명의 정보가 저장되어 있을 때, 다음 SQL문 ①~③의 실행 결과 튜플 수를 쓰시오.

① SELECT 학과 FROM 학생;
② SELECT DISTINCT 학과 FROM 학생;
③ SELECT COUNT(DISTINCT 학과) FROM 학생 WHERE 학과 = '컴퓨터';

① :

② :

③ :

19 블랙박스 테스트와 화이트박스 테스트 기법에 해당하는 것을 〈보기〉에서 골라 기호를 쓰시오.

〈보기〉
ㄱ. 변형 조건 결정 커버리지　　ㄹ. 조건 커버리지
ㄴ. 동치 분할 검사　　　　　　ㅁ. 원인-효과 그래프 검사
ㄷ. 문장 커버리지　　　　　　ㅂ. 경계값 분석

블랙박스 테스트 :

화이트박스 테스트 :

20 점진적 통합 테스트의 상향식 테스트에서 하위 모듈을 순서에 맞게 호출하고 호출 시 필요한 매개변수를 제공하며 결과를 전달하는 역할을 하는 모듈에 해당하는 용어를 쓰시오.

답 :

정보처리산업기사 실기 최신 기출문제 04회

시험 일자	문항 수	시험 시간
2024년 제1회	총 20문항	2시간 30분

수험번호 : _____

성   명 : _____

---

01 다음 설명에 해당하는 빈칸 ①~②에 알맞은 용어를 각각 쓰시오.

(①)	컴퓨터에서 전원을 켜면 가장 먼저 운영체제가 동작하기 전에 컴퓨터의 자기진단과 주변기기 점검 등의 기본적인 기능을 처리해 주는 프로그램이다. 영문 약어 4자로 쓰시오.
(②)	CPU와 입출력 장치 사이의 속도 차이를 해소하기 위해 메모리 영역에 자료를 잠시 저장해서 입출력 장치의 느린 속도를 보완해 주는 방법이다. CPU의 효율적인 시간 관리를 지향하기 위해 도입되었다. 주기억 장치와 CPU 간 또는 주기억 장치와 입출력 장치 간의 데이터 이동에 있어서 시간 관리의 효율화를 도모한다.

① :

② :

---

02 다음 설명에 해당하는 빈칸 ①~④에 알맞은 프로세스 관리 모듈과 관련된 용어를 〈보기〉에서 골라 기호를 쓰시오.

(①)	프로세스의 상태 변화 중 준비 상태의 우선순위가 가장 높은 프로세스를 선정하여 CPU를 할당함으로써 실행 상태로 전환하는 작업을 말한다.
(②)	'장기 스케줄러'라고도 하며, 어느 프로세스에 메모리를 할당하여 준비 큐로 보낼지를 결정하는 역할을 한다. 생성(new) 상태의 프로세서를 준비(ready) 상태로 전환시킨다.
(③)	'단기 스케줄러', 'CPU 스케줄러'라고도 하며, 준비 큐에 있는 준비(ready) 상태의 프로세스들 중 하나의 프로세스를 실행(running) 상태로 전환할 것을 결정한다.
(④)	모든 프로세스의 상태를 파악하여 프로세스 관리하며, 모든 상태 전환을 수행하며 프로세스 간의 통신과 동기화를 조정한다.

〈보기〉

ㄱ. 디스패치	ㅁ. 프로세스 스케줄러
ㄴ. 스풀러	ㅂ. 프로시저
ㄷ. 작업 스케줄러	ㅅ. 컴파일러
ㄹ. 중기 스케줄러	ㅇ. 트래픽 제어기

① :

② :

③ :

④ :

03 다음은 데이터베이스와 관련된 설명이다. 빈칸 ①~⑤에 알맞은 용어를 각각 쓰시오.

(①)	관계 데이터 모델은 자료의 저장 형태를 2차원 구조의 (①)(이)라는 표(테이블)로 표현하는 방법을 말한다. (①)(을)를 구성하는 각 열을 속성(Attribute)라고 하며, 한 행을 구성하는 속성들의 집합을 튜플(Tuple)이라 한다.
(②)	하나의 속성이 가질 수 있는 값의 범위를 (②)(이)라 하며, (①)(을)를 만들 때 속성의 값으로 올 수 있는 범위를 제한함으로써 범위 외의 값은 올 수 없도록 한다.
(③)	[학생] 테이블에서 '학년'이 2학년이고, 수강과목이 '산업공학'인 학생의 '성명'과 '연락처'를 검색하는 SQL 명령문은 다음과 같다. [학생] 테이블에서 '학년'이 2학년이고, 수강과목이 '산업공학'인 학생의 '성명'과 '연락처'를 검색하는 SQL 명령문은 다음과 같다.
(④)	관계 데이터베이스에서 검색하고자 하는 속성의 결과를 정렬하여 검색하고자 하는 경우 'ORDER BY' 구문을 사용하여 오름차순 혹은 내림차순으로 정렬할 수 있다. 또한 검색 시 필요에 따라 속성의 값을 그룹으로 분류하고자 할 때 'GROUP BY' 구문을 사용하며 'GROUP BY' 구문을 사용하여 그룹에 대한 조건을 제시하는 경우 (④)(을)를 이용한다.
(⑤)	'사번', '성명', '담당부서', '연락처'로 구성된 [사원] 테이블에 신입사원의 정보를 삽입하려고 한다. 이와 같이 기존의 테이블에 새로운 자료를 삽입할 때, INSERT 명령을 이용한다. 사번 'A1234', 이름 '이영진', 담당부서 '총무부', 연락처 '010-1234-5678'인 자료를 삽입하는 SQL 명령문은 다음과 같다. INSERT INSERT 사원(사번, 성명, 담당부서, 연락처) (⑤) ('A1234', '이영진', '총무부', '010-1234-5678');

①:

②:

③:

④:

⑤:

04 다음은 데이터베이스 설계에 대한 설명이다. 빈칸 ①~⑤에 알맞은 용어를 각각 쓰시오.

데이터베이스의 논리적 설계 단계에서 데이터의 (①)(은)는 중복을 최소화하고 여러 가지 (②) 현상을 제거하기 위해서, 함수적 종속성과 기본키를 기반으로 주어진 릴레이션 스키마를 분해하는 과정이다.
(②)(은)는 속성들 간에 존재하는 여러 종류의 종속 관계를 하나의 릴레이션에 표현할 때 발생한다. (②)에는 삭제, 삽입, (③)이 있다. 삭제 (②)(이)란 릴레이션에서 한 튜플을 삭제할 때 의도와는 상관없는 값들도 함께 삭제되는 연쇄 삭제 현상이다. 삽입 (②)(이)란 릴레이션에서 데이터를 삽입할 때 의도와는 상관없이 원하지 않는 값들도 함께 삽입되는 현상이다. (③) (②)(이)란 릴레이션에서 튜플에 있는 속성값을 갱신할 때 일부 튜플의 정보만 갱신되어 정보에 모순이 생기는 현상이다.
(①) 과정에서 함수 종속이 A→B이고 B→C일 때 A→(④)인 이행적 함수 관계를 제거하는 단계는 2NF에서 3NF로 분해하는 단계이다. 3NF에서 (⑤)(으)로 (①)하기 위해서는 결정자가 후보키가 아닌 함수 종속 관계를 제거해야 한다.

① :

② :

③ :

④ :

⑤ :

05 데이터 전송 제어 절차 5단계 동작 과정을 순서대로 〈보기〉에서 기호를 골라 쓰시오.

〈보기〉

ㄱ. 통신 회선 절단
ㄴ. 데이터 링크 설정
ㄷ. 통신 회선 접속
ㄹ. 데이터 전송
ㅁ. 데이터 링크 종결

답 :   -   -   -   -

06 다음 데이터 교환 방식 중 축적 교환 방식(Store & Forwarding)에 해당하는 것을 〈보기〉에서 기호를 골라 쓰시오.

〈보기〉

ㄱ. Circuit Switching
ㄴ. Virtual Circuit
ㄷ. Message Switched
ㄹ. Datagram

답 :

07 데이터 링크 프로토콜인 HDLC(High-level Data Link Control)의 프레임 구성에서 정보 프레임, 감독 프레임, 비번호 프레임의 종류를 식별하기 위한 필드를 〈보기〉에서 골라 쓰시오.

〈보기〉

FLAG, ADDRESS, CONTROL, INFORMATION, FCS

답:

08 다음 공통으로 설명하는 오류 제어 방식을 영문 약어로 쓰시오.

- 데이터 전송 과정에서 오류가 발생하면 수신측에서 오류를 검출하여 스스로 수정하는 방식이다.
- 역채널이 필요 없으며, 연속적인 데이터의 흐름이 가능하다.
- 오류 검출과 수정을 위해 해밍 코드와 상승 코드를 사용한다.

답:

09 다음 OSI 7 참조 모델의 계층 설명에 해당하는 PDU(Protocol Data Unit)를 〈보기〉에서 골라 쓰시오.

PDU	OSI 계층 설명
(①)	여러 개의 노드를 거칠 때마다 경로를 찾아주는 역할을 하는 계층
(②)	물리적 연결을 이용해 신뢰성 있는 정보를 전송하기 위해 동기화, 오류 제어, 흐름 제어, 접근 제어 등의 전송 에러를 제어하는 계층
(③)	실제 장치들 간의 기계적, 전기적, 절차적 특성을 정의한 계층
(④)	종단 간 신뢰성 있고 효율적인 데이터 전송을 다루는 계층

〈보기〉

세그먼트, 프레임, 비트, 패킷

① :
② :
③ :
④ :

10 다음은 C 언어로 작성된 프로그램이다. 이를 실행한 결과를 쓰시오.

```c
#include <stdio.h>
#include <string.h>

int main()
{
    char *str = "abCDEfGh";
    int i;
    char ch;
    int cnt =0;

    for(i = 0; i < strlen(str); i++)
    {
        ch = str[i];
        if(ch >= 'A' && ch <= 'Z')
            cnt++;
    }

    printf("%d", cnt);

    return 0;
}
```

답:

11 다음은 C 언어로 작성된 프로그램이다. 〈실행 결과〉와 같이 입력한 후, 출력되는 결과를 쓰시오.

〈실행 결과〉

입력1:string Enter
입력2:test Enter

```c
#include <stdio.h>
#include <stdlib.h>
#include <string.h>

int main()
{
    char temp[100];
    char *str[2];
    int i, j;
    for(i = 0; i < 2; i++)
    {
        printf("입력%d:",i+1);
        scanf("%s", &temp);
        str[i] = (char*)malloc(strlen(temp)+1);
        strcpy(str[i], temp);
    }

    for(i = 1; i >= 0 ; i--)
    {
        printf("출력%d:", i+1);
        for(j = strlen(str[i]); j >= 0; j--)
        {
            printf("%c", str[i][j]);
        }
        printf("\n");
        free(str[i]);
    }
    return 0;
}
```

답 :

12. 답: 334

13. 답: 21

14 다음은 Java 언어로 작성된 프로그램이다. 〈실행 결과〉와 같이 출력되도록 빈칸 ①, ②에 알맞은 Java 코드를 쓰시오.

〈실행 결과〉

```
가축의 다릿수 입력:4 [Enter]
가축의 다릿수 입력:4 [Enter]
가축의 다릿수 입력:2 [Enter]
가축의 다릿수 입력:2 [Enter]
가축의 다릿수 입력:4 [Enter]
가축의 다릿수 입력:3 [Enter]
돼지와 오리는 총 5마리입니다.
```

```java
import java.util.Scanner;

public class Exam {
    public static void main(String[] args) {
        int pigcnt = 0;
        int duckcnt =0;
        Scanner in = new Scanner(System.in);

        while(true) {
            System.out.print("가축의 다릿수 입력:");
            int leg = in.nextInt();
            if(leg == 2)
                (   ①   ) += 1;
            else if(leg == 4)
                (   ②   ) += 1;
            else
                break;
        }
        System.out.println("돼지와 오리는 총 " + (pigcnt + duckcnt) + "마리입니다.");
    }
}
```

①:

②:

15 다음은 Python으로 작성된 프로그램이다. 이를 실행한 결과를 쓰시오.

```
ls = [81, 91, 72, 100, 49]

print(ls.pop())
print(ls.pop())
print(ls.pop(1))
```

답:

16 다음은 〈학과정보〉 테이블을 대상으로 '학생수'가 30명 이하인 '학과'를 출력하는 〈SQL문〉이다. 〈SQL문〉의 빈칸 ①, ②에 알맞은 명령문을 쓰시오(〈학과정보〉 테이블에는 학과번호, 학과, 학생수 컬럼이 존재한다).

〈SQL문〉

SELECT (①) FROM 학과정보 WHERE (②);

①:
②:

17 다음 〈지시사항〉에 해당하는 〈SQL문〉의 빈칸 ①~③에 알맞은 SQL 명령문을 쓰시오.

〈지시사항1〉	학생 테이블에서 "컴퓨터" 학과 1학년 학생들의 이름을 검색하라.
	〈SQL문1〉
	SELECT 이름 FROM 학생 WHERE 학과 = "컴퓨터" (①) 학년 = 1;
〈지시사항2〉	학생 테이블에서 2학년과 4학년 학생의 과목을 검색하라(단, 결과는 숭목된 데이터가 없도록 한다).
	〈SQL문2〉
	SELECT (②) 과목 FROM 학생 WHERE 학년 (③) (2, 4);

①:
②:
③:

18 〈급여〉 테이블에서 사원번호가 20240427인 사원의 연봉을 2500로 변경하는 〈SQL문〉의 빈칸 ①, ②에 알맞은 명령문을 쓰시오.

〈SQL문〉

UPDATE 급여 (　①　) 연봉 = 2500 (　②　) 사원번호 = 20240427;

①:

②:

19 다음 V 모델 그림에 해당하는 빈칸 ①~⑧에 알맞은 용어를 〈보기〉에서 골라 쓰시오.

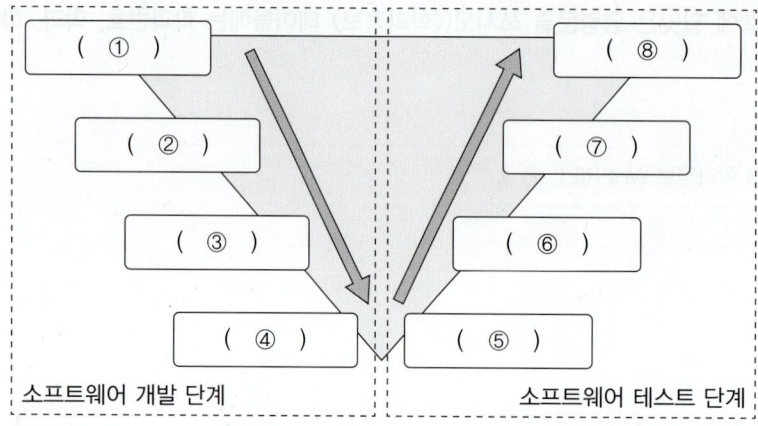

〈보기〉

구현, 설계, 단위, 시스템, 분석, 인수, 사용자요구사항, 통합

①:　　　　　　　　　　　　②:
③:　　　　　　　　　　　　④:
⑤:　　　　　　　　　　　　⑥:
⑦:　　　　　　　　　　　　⑧:

20 다음 설명에 해당하는 용어를 쓰시오.

- 코드 품질 향상 기법 중 하나로 역할과 절차, 체크리스트를 기준으로 결함을 식별하는 공식적인 리뷰 기법이다.
- 프로그램을 수행시켜보는 것 대신에 읽어보고 눈으로 확인하는 방법으로 볼 수 있다.
- 결함과 함께 코딩 표준 준수 여부, 효율성 등의 다른 품질 이슈를 검사하기도 하는 정적 테스트 도구이다.

답:

정보처리산업기사 실기 최신 기출문제 05회

시험 일자	문항 수	시험 시간
2023년 제3회	총 20문항	2시간 30분

수험번호 : _____

성   명 : _____

01 다음 설명에 해당하는 빈칸 ①~②에 알맞은 관계 데이터 모델과 관련된 용어를 〈보기〉에서 골라 기호를 쓰시오.

(①)	데이터베이스의 전체적인 구조와 제약조건에 대한 명세를 기술·정의한 것을 말한다.
(②)	개체의 특성이나 상태를 기술하는 것을 말한다.

〈보기〉

ㄱ. 속성	ㅁ. 도메인
ㄴ. 튜플	ㅂ. 스키마
ㄷ. 디그리	ㅅ. 인스턴스
ㄹ. 카디널리티	ㅇ. 릴레이션

① :

② :

02 아래 〈학생〉 릴레이션의 차수(Degree)와 카디널리티(Cardinality)를 쓰시오.

〈학생〉 릴레이션

학번	성명	학과	학년	주소
1000	정학생	전자	1	서울
2000	강학생	경영	2	경기
3000	신학생	컴퓨터	3	부산

차수 :

카디널리티 :

03 데이터베이스의 무결성 제약조건에 대한 설명을 바르게 연결하시오.

① Unique Integrity •
② Domain Integrity •
③ Referential Integrity •
④ Entity Integrity •

• ㄱ. 릴레이션(테이블)에서 속성값의 범위가 정의된 경우 그 속성값은 정해진 범위 이내의 값으로 구성해야 하는 제약조건이다.
• ㄴ. 특정 속성에 대해 고유한 값을 가지도록 조건이 주어진 경우, 그 속성값은 모두 달라야 하는 제약조건을 말한다.
• ㄷ. 기본키는 NULL 값이 올 수 없으며, 중복될 수 없음을 나타내는 제약조건이다.
• ㄹ. 외래키는 NULL 값이 올 수 있으며, 참조 릴레이션(테이블)의 기본키와 같아야 하는 제약조건으로 테이블 참조 시 오류가 없도록 하기 위한 제약조건이다.

04 다음 설명하는 정규형(Normal Form)을 쓰시오.

- 정규화 과정에서 다치 종속(MVD) 관계가 성립되는 경우 분해하는 정규형이다.
- 다치 종속(MVD)은 함수 종속과는 달리 하나의 속성값이 대응되는 속성의 집합을 결정하는 종속 관계를 말하며, 릴레이션의 속성이 3개 이상일 때 존재한다.

답:

05 TCP/IP의 인터넷 계층의 프로토콜로 논리 주소인 IP 주소를 물리 주소(MAC)로 변환하는 프로토콜을 무엇이라 하는지 영문 약어로 쓰시오.

답:

06 다음은 IPv6에 대한 설명이다. 빈칸 ①~②에 알맞은 용어를 각각 쓰시오.

IPv6는 IETF(Internet Engineering Task Force)에서 IPv4 Address의 부족과 Mobile IP Address 구현 문제를 해결 방안으로 만들어진 IPv4를 보완하는 차세대 IP Address 주소 체계이다. 주소 유형은 유니캐스트, 멀티캐스트, 애니캐스트 3가지이며, 주소의 길이는 (①)bit이고 8개 그룹으로 배열되며 각 그룹은 16비트이다. 각 그룹은 4개의 16진수로 표현되며 그룹 간은 콜론(:)으로 구분된다. 패킷 전송 시 멀티캐스트를 사용한다.
IPv4 주소 체계는 보안 기능을 고려하지 않았기 때문에 개방형 온라인 서비스나 트랜잭션으로 이전하고자 하는 경우 인증성, 기밀성, 데이터 무결성 등 지원에 대한 요구가 높다. 반면에 IPv6는 (②) 기능과 보안 기능이 추가되어 확장 헤더에 포함시켰다. (②)(은)는 '서비스 품질'로 일반적으로 소비자가 판단하는 품질을 말한다.

①:
②:

07 TCP/IP에서 신뢰성 없는 비연결형 프로토콜인 IP를 대신하여 송신 측으로 네트워크의 IP 상태 및 에러 메시지를 전달해주는 프로토콜을 무엇이라고 하는지 영문 약어로 쓰시오.

답:

08 다음 〈그림〉은 TCP 연결 해제 시 4-way Handshaking 방식이다. 빈칸 ①~④에 알맞은 과정을 〈보기〉에서 기호를 골라 쓰시오.

〈그림〉

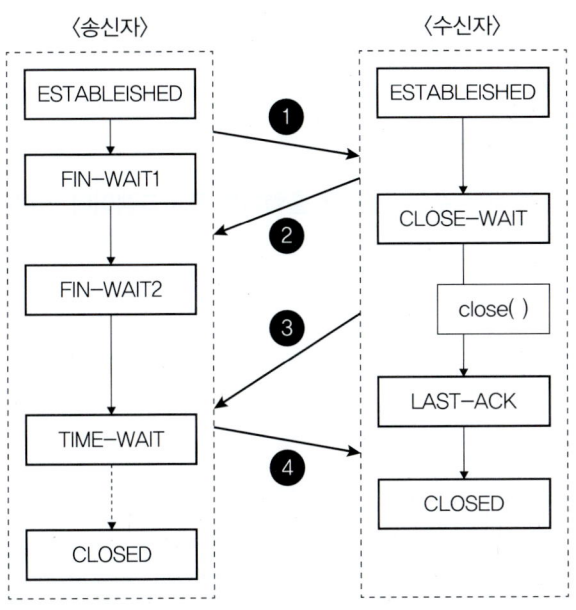

〈보기〉

ㄱ. 수신자 → 송신자 ACK 세그먼트
ㄴ. 수신자 → 송신자 FIN 세그먼트
ㄷ. 송신자 → 수신자 ACK 세그먼트
ㄹ. 송신자 → 수신자 FIN 세그먼트

①:

②:

③:

④:

09

다음 TCP 프로토콜의 잘 알려진 포트(Well-known Port) 번호를 빈칸 ①~③에 각각 쓰시오.

TCP 프로토콜	포트 번호	TCP 프로토콜	포트 번호
DNS	53	HTTP	80
FTP(데이터)	20	HTTPS	(①)
FTP(제어)	21	SSH	(②)
Telnet	23	IMAP	(③)
SMTP	25		

①:

②:

③:

10

다음은 C 언어로 작성된 두 정수를 비교하여 작은 수와 큰 수를 출력하는 프로그램이다. 빈칸 ①~②에 알맞은 C 코드를 쓰시오.

```c
#include <stdio.h>

void compare(int i, int j, int *m, int *n) {
    if(i > j) {
        *m = i;
        *n = j;
    } else {
        *m = j;
        *n = i;
    }
}

int main() {
    int max = 0;
    int min = 0;

    compare(3, 7, ___①___, ___②___);
    printf("작은수:%d 큰수:%d", min, max);

    return 0;
}
```

①:

②:

11 다음은 C 언어로 작성된 프로그램이다. 이를 실행한 결과를 쓰시오.

```c
#include <stdio.h>

void sub(int* a)
{
    printf("%d", *a);
    printf("%d\n", a[2]);
}

int main()
{
    int a[10] = {1, 2, 3, 4, 5, 6};
    sub(a);
    sub(a + 2);

    return 0;
}
```

답:

12 다음은 C 언어로 작성된 프로그램이다. 이를 실행한 결과를 쓰시오.

```c
#include <stdio.h>

int main()
{
    int E[] = {12, 31, 26, 36, 15, 23};
    int cnt = sizeof(E) / sizeof(int);
    
    for(int i = 0; i < cnt; i++) {
        for(int j = 0; j < (cnt-1)-i; j++) {
            if (E[j] > E[j+1]) {
                int tmp = E[j];
                E[j] = E[j+1];
                E[j+1] = tmp;
            }
        }
    }
    
    for(int i = 1; i < cnt-1; i++)
        printf("%d ", E[i]);
    
    return 0;
}
```

답:

13 다음은 C 언어로 작성된 프로그램이다. 이를 실행한 결과를 쓰시오.

```c
#include <stdio.h>
#define MAX 4

void print(int);

int main()
{
    print(MAX);
    return 0;
}

void print(int n)
{
    if(n > 1)
        print(n - 1);
    printf("%d", n);
}
```

답:

14 다음은 C 언어로 작성된 프로그램이다. 〈실행 결과〉와 같이 출력되도록 빈칸 ①에 알맞은 C코드를 쓰시오.

〈실행 결과〉

1	2	3	4
12	13	14	5
11	16	15	6
10	9	8	7

```c
#include <stdio.h>
#define SIZE 4

int main()
{
    int a[SIZE][SIZE] = { 0 };
    int num = 1, x = 0, y = 0;
    int i, k, j;
    int c = 0;
    int sign = 1;

    for(k = 0; k < SIZE; ++k) {
        a[x][y] = num++;
        y += 1;
    }
    y -= 1;
    for(i = SIZE - 1; i > 0; --i) {
        for(j = 0; j < i; ++j) {
            x += sign;
            a[x][y] = num++;
        }
        c = (c + 1) % (    ①    );
        sign = (c % 2 == 0) ? 1 : -1;
        for(k = 0; k < i; ++k) {
            y += sign;
            a[x][y] = num++;
        }
    }
    for(int i = 0; i < SIZE; ++i) {
        for(int j = 0; j < SIZE; ++j) {
            printf("%3d", a[i][j]);
        }
        printf("\n");
    }
    return 0;
}
```

답:

15 다음은 Java로 작성된 프로그램이다. 이를 실행한 결과를 쓰시오.

```
class A {
    int f(int a, int b) {
        return a + b;
    }
}

public class Exam {
    public static void main(String[] args) {
        A obj = new A();
        System.out.print(obj.f(25, 25));
    }
}
```

답:

16 다음은 Java로 작성된 프로그램이다. 이를 실행한 결과를 쓰시오.

```
public class Exam {

    static int a = 0;

    static void func(int tmp) {
        a = a + tmp;
    }

    public static void main(String[] args) {
        for(int i = 0; i < 5; i++) {
            func(i);
        }
        System.out.print(a);
    }
}
```

답:

17 다음은 Java로 작성된 프로그램이다. 이를 실행한 결과를 쓰시오.

```java
class Berry {
    String str;
    void meth() {
        func();
    }
    void func() {
        System.out.println(str);
    }
}
class Apple extends Berry {
    String str;
    void func() {
        str = "Apple";
        super.str = "Berry";
        super.func();
        System.out.println(str);
    }
}
public class Exam {
    public static void main(String[] args) {
        Berry A = new Apple();
        A.meth();
    }
}
```

답:

18 CUSTOMER 테이블에서 GRADE 속성의 값을 검색하는 SQL 명령문을 쓰시오(단, 결과는 중복된 데이터가 없도록 한다).

답:

19 다음 설명에 해당하는 빈칸 ①~②에 알맞은 테스트 관련 용어를 〈보기〉에서 골라 기호를 쓰시오.

(①)	• 제품의 생산 과정을 테스트한다. • 올바른 제품을 생산하고 있는지 검증하는 것을 의미한다.
(②)	• 생산된 제품의 결과를 테스트한다. • 생산된 제품이 정상적으로 동작하는지 확인하는 것을 의미한다.

〈보기〉

ㄱ. Acceptance Test	ㄹ. Validation
ㄴ. Dynamic Test	ㅁ. Verification
ㄷ. Static Test	ㅂ. Test Coverage

① :

② :

20 블랙박스 테스트 기법에 해당하는 것을 〈보기〉에서 골라 기호를 쓰시오.

〈보기〉

ㄱ. 데이터 흐름 테스트
ㄴ. 기초 경로 테스트
ㄷ. 동치 분할 테스트
ㄹ. 루프 테스트
ㅁ. 조건 테스트

답 :

정보처리산업기사 실기 최신 기출문제 06회

시험 일자	문항 수	시험 시간
2023년 제2회	총 20문항	2시간 30분

수험번호 : _____

성　명 : _____

---

01 운영체제의 비선점 프로세스 스케줄링 기법 중 하나인 HRN(Highest Response-ratio Next)은 어떤 작업이 서비스를 받을 시간(S)과 그 작업이 서비스를 기다린 시간(W)으로 결정되는 우선순위에 따라 CPU를 할당하는 기법이다. HRN의 우선순위를 결정하는 계산식을 기호를 사용하여 쓰시오.

답 :

02 다음 2NF(제2정규형), 3NF(제3정규형), BCNF가 되기 위한 조건을 〈보기〉에서 골라 기호를 쓰시오.

〈보기〉

> ㄱ. 결정자가 후보키가 아닌 함수 종속 제거
> ㄴ. 이행적 함수 종속 제거
> ㄷ. 부분적 함수 종속 제거
> ㄹ. 원자값이 아닌 도메인 분해
> ㅁ. 다치 종속이 제거
> ㅂ. 후보키를 통하지 않은 조인 종속 제거

2NF :

3NF :

BCNF :

03 다음 설명에 해당하는 빈칸 ①~②에 알맞은 트랜잭션의 특성을 〈보기〉에서 골라 기호를 쓰시오.

(①)	트랜잭션 수행 시 다른 트랜잭션 연산 작업이 중간에 개입되지 못하도록 보장하는 것을 말한다.
(②)	수행이 성공적으로 완료된 트랜잭션의 수행 결과는 데이터베이스에 영원히 반영되어야 한다.

〈보기〉

ㄱ. 원자성	ㅁ. 병행성
ㄴ. 의존성	ㅂ. 일관성
ㄷ. 격리성	ㅅ. 효율성
ㄹ. 무결성	ㅇ. 지속성

① :

② :

04 데이터베이스 언어 중 DDL, DML, DCL의 명령어를 〈보기〉에서 골라 쓰시오.

〈보기〉

DELETE, ALTER, DROP, SELECT,
UPDATE, GRANT, REVOKE, CREATE, INSERT

DDL :

DML :

DCL :

05 다음 OSI 7계층의 통신 계층별 프로토콜 데이터 단위(PDU)를 〈보기〉에서 골라 기호를 쓰시오.

〈보기〉

ㄱ. 비트	ㅁ. 바이트
ㄴ. 워드	ㅂ. 레코드
ㄷ. 패킷	ㅅ. 프레임
ㄹ. 페이지	ㅇ. 세그먼트

물리 계층 :

데이터링크 계층 :

네트워크 계층 :

06 다음 설명하는 프로토콜을 영문 약어로 쓰시오.

> - ISO에서 표준안으로 발표한 비트 동기 방식의 프로토콜이다.
> - 비트 지향형 전송을 하며 단방향, 반이중, 전이중 모두 사용 가능하다.
> - CRC 방식을 이용하여 오류 제어를 한다.
> - 프레임의 종류에는 I-프레임, S-프레임, U-프레임이 있다.
> - 데이터 전송 모드에는 NRM, ABM, ARM이 있다.

답 :

07 ARQ 방식 중 전송 오류 제어 중 오류가 발생한 프레임뿐만 아니라 오류 검출 이후의 모든 프레임을 재전송하는 방식을 〈보기〉에서 기호를 골라 쓰시오.

〈보기〉

ㄱ. Adaptive ARQ	ㄹ. Stop-and-Wait ARQ
ㄴ. Selective ARQ	ㅁ. Idle-RQ
ㄷ. Go-Back-N ARQ	ㅂ. Sliding Window

답 :

08 OSI 7계층 중 정보처리를 수행하는 응용 프로그램과의 인터페이스를 제공하며 전자우편이나 파일 전송과 같은 사용자 서비스를 제공하는 계층을 쓰시오.

답 :

09 다음은 C 언어로 작성된 프로그램이다. 이를 실행한 결과를 쓰시오.

```c
#include <stdio.h>

int main()
{
    int d = 55;
    int r = 0, q = 0;

    r = d;

    while(r >= 4) {
        r = r - 4;
        q++;
    }

    printf("%d 그리고 ", q);
    printf("%d", r);

    return 0;
}
```

답:

10 다음은 C 언어로 작성된 프로그램이다. 〈실행 결과〉의 빈칸 ①~④에 알맞은 결과값을 쓰시오.

```c
#include <stdio.h>

void border(int m[5][6])
{
    int i, j;

    for(i = 0; i <= 4; i++)
    {
        for(j = 5; j >= 0; j--)
        {
            if(i == 0 | i == 4 | j == 0 | j  == 5)
            {
                printf("%3d", m[i][j]);
            }
            else
            {
                printf("   ");
            }
        }
        printf("\n");
    }
}

int main()
{
    int matrix[5][6] = { {0,1,2,3,4,5},
                         {6,7,8,9,10,11},
                         {12,13,14,15,16,17},
                         {18,19,20,21,22,23},
                         {24,25,26,27,28,29} };
    border(matrix);
    return 0;
}
```

〈실행 결과〉

```
 5    4    3    2    1    0
11                        6
(①)                     (②)
(③)                     (④)
29   28   27   26   25   24
```

①:

②:

③:

④:

11 다음은 C 언어로 작성된 프로그램이다. 이를 실행한 결과를 쓰시오.

```c
#include <stdio.h>

int main()
{
    char str1[5] = "abcd";
    char str2[5];

    for(int i = 0; i < 4; i++)
    {
        str2[i] = str1[3 - i];
    }
    str2[4] = '\0';
    printf("%s", str2);

    return 0;
}
```

답:

12 다음은 C 언어로 작성된 프로그램이다. 이를 실행한 결과를 쓰시오.

```c
#include <stdio.h>

int main()
{
    int i;
    int result = 1;

    for(i = 1; i <= 5; i++) {
        result *= i;
    }
    printf("%d", result);

    return 0;
}
```

답:

13 다음은 C 언어로 작성된 프로그램이다. 이를 실행한 결과를 쓰시오.

```c
#include <stdio.h>

int main()
{
    int a = 10;
    char b = 'a';

    printf("%d\n", a);
    printf("%d\n", b);
    printf("%c", b);

    return 0;
}
```

답:

14 다음은 Java로 작성된 프로그램이다. 이를 실행한 결과를 쓰시오.

```java
public class Exam
{
    public static void main(String[ ] args) {
        int[] E = {2, 4, 7, 1};

        for(int i = 0; i < 4; i++) {
            for(int j = i + 1; j < 4; j++) {
                if(E[i] > E[j]) {
                    int tmp = E[i];
                    E[i] = E[j];
                    E[j] = tmp;
                }
            }
        }
        for(int i = 0; i < 4; i++)
                System.out.print(E[i] + "a");
    }
}
```

답 :

15 다음은 Java 언어의 특징에 대한 설명이다. 빈칸 (   )에 들어갈 가장 적합한 용어를 쓰시오.

- Java 언어는 객체 지향 프로그래밍 언어로 기본 자료형을 제외한 모든 요소들이 객체(Object)로 표현되고, 객체 지향 개념의 특징인 캡슐화, 상속, 다형성이 잘 적용된 언어이다. JVM(자바 가상 머신)상에서 동작하는 플랫폼 독립적인 언어이다.
- Java 언어는 (   ) 컬렉터(Collector)를 통해 자동으로 메모리 관리가 가능하다. (   )(은)는 정리되지 않은 메모리와 유효하지 않은 메모리 주소 등을 의미한다. (   ) 컬렉터(Collector)는 힙(Heap)에 남아 있으나 변수가 가지고 있던 참조 값을 잃거나 변수 자체가 없어짐으로써 더 이상 사용되지 않는 객체를 제거해주는 역할을 하는 모듈이다.

답 :

16 Python 언어의 설명에 해당하는 것을 〈보기〉에서 골라 기호를 쓰시오.

〈보기〉
ㄱ. 변수는 선언문을 통해 자료형을 직접 지정해야만 한다.
ㄴ. 구문의 마지막에 세미콜론(;)을 사용하지 않는다.
ㄷ. 실행 시점에 자료형을 결정하는 정적 타이핑 기능을 갖는다.
ㄹ. 들여쓰기를 사용하여 블록 영역을 지정한다.
ㅁ. gcc를 사용하는 컴파일 방식의 언어이다.
ㅂ. 여러 변수를 한 번에 만들어 변수에 값을 각각 할당 지정하는 것이 가능하다.
ㅅ. 문자를 작은 따옴표(' ')로 문자열을 큰 따옴표(" ")로 명확히 구문한다.
ㅇ. switch ~ case 문을 통해 여러 조건에 대해 분기를 원활하게 수행한다.

답:

17 학생 테이블에서 학년이 3 이상인 학생의 과목이 있는지 검색하는 SQL 명령문을 쓰시오. (단, 결과는 중복된 데이터가 없도록 한다.)

답:

18 관계형 데이터베이스의 표준 질의어인 SQL(Structured Query Language)에서 CREATE TABLE 문의 제약조건 중 도메인을 생성할 때 사용하는 구분의 명령을 쓰시오.

답:

19 V 모델의 소프트웨어 개발 단계에서 테스트가 수행되는 순서대로 〈보기〉에서 골라 기호를 나열하시오.

〈보기〉

ㄱ. 시스템 테스트	ㄹ. 단위 테스트
ㄴ. 인수 테스트	ㅁ. 통합 테스트
ㄷ. 알파 테스트	ㅂ. 회귀 테스트

답 :

20 블랙박스 테스트 기법과 화이트박스 테스트 기법의 설명에 해당하는 것을 〈보기〉에서 골라 기호를 쓰시오.

〈보기〉

ㄱ. 입력(input)과 출력(output)에 의해 모듈을 검사한다.
ㄴ. 프로그램 원시 코드의 논리적인 구조를 커버하도록 테스트 케이스를 설계한다.
ㄷ. 모듈의 내부 구현 로직을 검사한다.
ㄹ. 모듈의 구조보다 기능을 검사한다.

블랙박스 테스트 기법 :

화이트박스 테스트 기법 :

정보처리산업기사 실기 최신 기출문제 07회

시험 일자	문항 수	시험 시간
2023년 제1회	총 20문항	2시간 30분

수험번호 : _____
성   명 : _____

---

01 다음 설명에 해당하는 빈칸 ①~④에 알맞은 운영체제 처리 방식의 기호를 골라 쓰시오.

(①)	한 개의 CPU가 있는 컴퓨터에서 여러 개의 프로그램을 동시에 기억 장치에 보관시킨 후 번갈아 가며 처리하는 방식
(②)	입력되는 자료를 일정 기간 또는 일정량을 모아서 한꺼번에 처리하는 방식
(③)	CPU의 전체 사용 시간을 작은 작업 시간량으로 나누어서 그 시간량 동안만 번갈아 가면서 CPU를 할당하여 각 작업을 처리하는 방식
(④)	여러 개의 CPU와 한 개의 주기억 장치로 여러 프로그램을 동시에 처리하는 방식

〈보기〉

ㄱ. 일괄 처리 시스템	ㅁ. 실시간 처리 시스템
ㄴ. 다중 프로그래밍 시스템	ㅂ. 분산 처리 시스템
ㄷ. 시분할 시스템	ㅅ. 단일 사용자 시스템
ㄹ. 다중 처리 시스템	ㅇ. 다중 사용자 시스템

① :

② :

③ :

④ :

02 SRT(Shortest Remaining Time) 스케줄링 기법을 사용하였을 경우 다음 프로세스의 평균 반환시간과 평균 대기시간을 쓰시오.

프로세스	도착시간	실행시간
P1	0	6
P2	1	4
P3	2	2
P4	3	2

평균 반환시간 :

평균 대기시간 :

03 다음 설명에 해당하는 빈칸 ①~②에 알맞은 교착상태 발생의 필요충분조건을 쓰시오.

(①)	한 번에 하나의 프로세스만이 어떤 자원을 사용할 수 있다.
(②)	프로세스의 순환 사슬이 존재해서 이를 구성하는 각 프로세스는 사슬 내의 다음에 있는 프로세스가 요구하는 하나 또는 그 이상의 자원을 점유하고 있다.

①:

②:

04 다음 설명에 해당하는 빈칸 ①~②에 알맞은 데이터베이스 시스템의 구성 요소의 기호를 골라 쓰시오.

(①)	· 사용자가 작성한 DML 문장을 해석하고 실행 가능한 실행 계획으로 변환함 · 데이터베이스 시스템의 성능과 안정성에 큰 영향을 줌 · 기능 : 파싱, 최적화, 코드 생성
(②)	· 데이터베이스 시스템에서 트랜잭션의 ACID 속성을 보장하고, 동시성 제어를 관리하는 역할을 수행 · 데이터베이스의 안정성과 성능에 큰 영향을 줌 · 기능 : 트랜잭션 관리, 동시성 제어, 병행 처리, 로깅, 로킹 관리

〈보기〉

ㄱ. DDL 컴파일러	ㅁ. 저장 데이터 관리자
ㄴ. DML 컴파일러	ㅂ. 런타임 데이터베이스 처리기
ㄷ. 질의 컴파일러	ㅅ. 유틸리티
ㄹ. 트랜잭션 관리자	ㅇ. 프리 컴파일러

①:

②:

05 다음 〈E-R 다이어그램〉에서 개체 타입과 관계 타입의 명칭을 쓰시오.

〈E-R 다이어그램〉

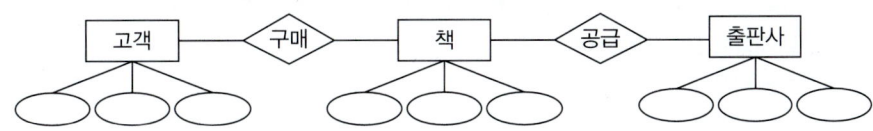

개체 :

관계 :

06 다음 설명에 해당하는 관계대수를 〈보기〉에서 기호를 골라 쓰시오.

(①)	조건에 맞는 튜플을 구하는 수평적 연산
(②)	속성 리스트로 주어진 속성만 구하는 수직적 연산
(③)	두 릴레이션 모두에 존재하는 중복된 튜플을 구하는 연산
(④)	한 릴레이션에서 두 릴레이션 모두에 존재하는 중복된 튜플을 제외한 튜플을 구하는 연산

〈보기〉

ㄱ. 셀렉트(SELECT)　　　ㅁ. 합집합(UNION)
ㄴ. 프로젝트(PROJECT)　　ㅂ. 교집합(INTERSECTION)
ㄷ. 조인(JOIN)　　　　　ㅅ. 차집합(DIFFERENCE)
ㄹ. 디비전(DIVISION)　　ㅇ. 교차곱(CARTESIAN PRODUCT)

① :
② :
③ :
④ :

07 다음 설명에 해당하는 DCL(Data Control Language) 명령어를 빈칸 ①~②에 쓰시오.

(①)	데이터베이스 내의 연산이 성공적으로 종료되어 연산에 의한 수정 내용을 지속적으로 유지하기 위한 명령어이다.
(②)	데이터베이스 내의 연산이 비정상적으로 종료되거나 정상적으로 수행이 되었다 하더라도 수행되기 이전 상태로 되돌리기 위해 연산 내용을 취소할 때 사용하는 명령어이다.

① :
② :

08 다음 설명하는 프로토콜을 영문 약어로 쓰시오.

- 전송 계층의 대표적인 프로토콜로 순서제어, 오류제어, 흐름제어 기능을 제공한다.
- 수신측의 수신 가능 상태, 수신 여부 등을 단계별로 체크해 가며 데이터를 전송한다.
- 신뢰성 있는 연결 지향형 전달 서비스이다.
- 스트림 전송 기능을 제공한다.
- 전이중 서비스를 제공한다.

답 :

09 다음 그림은 IPv4의 헤더 구조와 크기(bit)를 나타내는 것이다. 빈칸 ①~②에 들어갈 가장 적합한 값을 쓰시오.

버전 (4비트)	헤더 길이 (①비트)	서비스 타입 (8비트)	전체 패킷 길이 (16비트)	
단편화 식별자 (16비트)			플래그 (3비트)	단편 오프셋 (13비트)
패킷 수명 (8비트)	프로토콜 유형 (8비트)		헤더 체크섬 (16비트)	
송신지 IP 주소(32비트)				
수신지 IP 주소(②비트)				
IP 헤더 옵션 영역				

① :

② :

---

10 OSI 7계층 중 2계층인 데이터링크 계층(Data Link Layer)의 기능을 〈보기〉에서 기호를 골라 쓰시오.

〈보기〉

ㄱ. 경로 배정	ㅁ. 동기 제어
ㄴ. 회선 제어	ㅂ. 세션 제어
ㄷ. 오류 제어	ㅅ. 중계 기능
ㄹ. 입출력 제어	ㅇ. 암호화

답 :

---

11 IP Address가 '192.168.25.10'이며, 서브넷 마스크(Subnet Mask)가 '255.255.252.0'인 경우, 빈칸 ①~②에 들어갈 가장 적합한 값을 쓰시오.

IP 주소	192.168.25.10
서브넷 마스크	255.255.252.0
네트워크 주소	(①)
브로드캐스트 주소	(②)

① :

② :

12 다음은 C언어로 작성된 프로그램이다. 빈칸 (   )에 알맞은 명령을 쓰시오.

```c
#include <stdio.h>

int SumNTo1(int n)
{
    if(n <= 1)
        return 1;
    else
        return n + (        );
}

int main()
{
    int sum = SumNTo1(100);
    printf("%d", sum);
    return 0;
}
```

답:

13 다음은 C언어로 작성된 프로그램이다. 빈칸 (   )에 알맞은 명령을 쓰시오.

```c
#include <stdio.h>

int recursion(int n)
{
    if(n <= 1)  return 1;
    return n * n + recursion(        );
}

int main()
{
    int i;
    scanf("%d", &i);
    printf("%d", recursion(i));
    return 0;
}
```

답:

14 다음은 퀵 정렬의 오름차순을 출력하도록 JAVA로 작성된 프로그램이다. 빈칸 ( )에 알맞은 명령을 쓰시오. (단, 퀵 정렬의 피봇은 배열 가운데 원소로 지정한다.)

```java
public class Exam
{
    private static void quickSort(int arr[], int left, int right) {
        int pivot, i, j;
        int temp;
        i = left;
        j = right;
        pivot = arr[(left + right) / (      )];
        do {
            while(arr[i] < pivot) i++;
            while(arr[j] > pivot) j--;
            if(i <= j){
                temp = arr[i];
                arr[i] = arr[j];
                arr[j] = temp;
                i++;
                j--;
            }
        } while(i <= j);
        if(left < j) quickSort(arr, left, j);
        if(right > i) quickSort(arr, i, right);
    }
    public static void main(String[] args) {
        int data[] = {8, 3, 4, 9, 7, 2, 1, 5, 6};
        quickSort(data, 0, data.length-1);
        for(int i : data)
            System.out.print(i + " ");
        System.out.println();
    }
}
```

답 :

15 다음은 Java로 작성된 프로그램이다. 이를 실행한 결과를 쓰시오.

```
public class Exam
{
    public static void main(String[ ] args) {
        int a = 1;

        System.out.println(!(a > 0));
        System.out.println((a != 0) || (a > 0));
        System.out.println(a << 2);
        System.out.println(a & 2);
        System.out.println(a % 3);
    }
}
```

답:

16 다음은 Python으로 작성된 프로그램이다. 빈칸 (　)에 알맞은 명령을 쓰시오.

```
wallet = ['credit', 'id']
fareCard = True

if 'cash' in wallet:
    print('택시')
(    ) fareCard == True:
    print('버스')
else:
    print('도보')
```

답:

17 아래 보기의 〈사원〉 테이블 생성 시, '직급' 속성의 도메인을 '차장', '과장', '사원'의 문자열 상수로 제한하는 SQL문을 완성하는 빈칸 ①~②에 알맞은 명령을 쓰시오.

〈사원〉 테이블

사번	이름	부서	직급
100001	홍길동	관리부	차장
100003	박길동	관리부	과장
100005	강길동	관리부	사원
100007	김철수	교육부	사원
100009	이철수	교육부	사원
100011	정철수	영업부	과장
100013	신철수	영업부	사원

〈SQL문〉

```
CREATE TABLE 사원 (
    사번 CHAR(6) NOT NULL,
    이름 VARCHAR(20) NOT NULL,
    부서 VARCHAR(20) NOT NULL,
    직급 VARCHAR(20),
    PRIMARY KEY(사번),
    (  ①  ) ( 직급 (  ②  ) ('차장', '과장', '사원') )
);
```

① :

② :

18 다음 설명에 해당하는 테스트 기법을 〈보기〉에서 골라 기호를 쓰시오.

- 비점진적인 테스트 기법으로 모든 테스트 모듈을 사전에 통합하여 전체 프로그램을 한꺼번에 테스트한다.
- 드라이버/스텁 없이 실제 모듈로 테스트하여 빠르게 테스트할 수 있으나 결함 격리가 어렵다.

〈보기〉

ㄱ. Backbone	ㄹ. Sandwich
ㄴ. Big Bang	ㅁ. Top Down
ㄷ. Bottom Up	ㅂ. Regression

답:

19 '네트워크 주소 변환'이라고도 하며, 내부에서 사용하는 사설 IP 주소와 외부로 보여지는 공인 IP 주소 간의 변환 기능을 영문 약어로 쓰시오.

답:

20 다음과 같은 〈소스 코드〉에 문장 커버리지(Statement Coverage)를 사용하여 테스트를 진행하였다. 〈제어 흐름 그래프〉의 최소의 테스트 케이스 경로를 쓰시오.

〈소스 코드〉

```
int test()
{
    int n = 1;

    while(n <= 2)
    {
        if(n%2 == 0)
            printf("%d", n);
        n++;
    }
    return 0;
}
```

〈제어 흐름 그래프〉

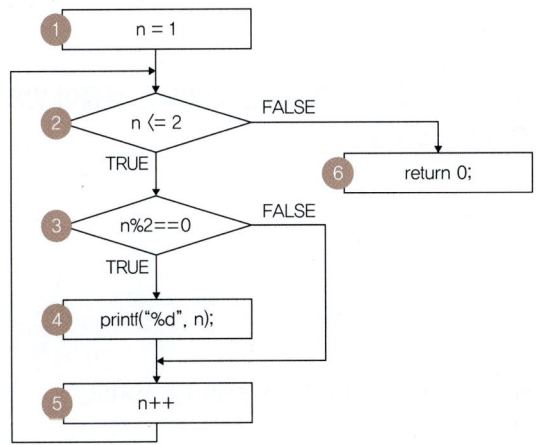

답 :

정보처리산업기사 실기 최신 기출문제 08회

시험 일자	문항 수	시험 시간
2022년 제3회	총 20문항	2시간 30분

수험번호 : _____

성   명 : _____

---

01 다음 설명하는 프로세스 스케줄링을 쓰시오.

> • 준비상태 큐에서 기다리고 있는 프로세스들 중에서 실행시간이 가장 짧은 프로세스에게 먼저 CPU를 할당하는 스케줄링 기법이다.
> • 비선점(Non-Preemptive) 스케줄링 기법으로 이 스케줄링을 선점으로 변경한 것이 SRT이다.
> • 작업이 끝나기까지의 실행시간 추정치가 가장 작은 작업을 먼저 실행시킨다.

답 :

02 릴레이션 R1에 저장된 튜플이 릴레이션 R2에 있는 튜플을 참조하려면 참조되는 튜플이 반드시 R2에 존재해야 한다는 데이터 무결성 규칙은 무엇인지 쓰시오.

답 :

03 아래 보기의 〈학생〉 릴레이션의 디그리(Degree)와 카디널리티(Cardinality)를 쓰시오.

〈학생〉 릴레이션

학생	성명	학년
1000	정학생	1
2000	강학생	2
3000	신학생	3
4000	김학생	3

디그리 :

카디널리티 :

04 다음 트랜잭션의 특성(ACID)과 관련 있는 〈보기〉의 DBMS의 기능을 빈칸 ①~②에서 골라 단어를 쓰시오.

트랜잭션 특성	DBMS 기능
원자성(Atomicity)	①
일관성(Consistency)	무결성 제약, 동시성 제어
독립성(Isolation)	②
영속성(Durability)	회복

〈보기〉

무결성 제약, 동시성 제어, 회복, 보안 유지, 접근 권한 검사

① :

② :

05 다음 설명하는 용어를 쓰시오.

- 하나의 테이블로 여러 개를 생성할 수 있으며 사용자의 요구에 따라 활용할 수 있다.
- 일종의 가상 테이블이며, Update에는 제약이 따른다.
- 물리적으로 존재하는 기본 테이블과 다르게 논리적으로만 존재하며 카탈로그에 저장된다.
- 기본 테이블을 만드는 것처럼 CREATE문을 사용하여 만들 수 있다.
- DBA는 보안성 측면에서 활용할 수 있다.

답 :

06 OSI 7 참조 모델 중 통신 시스템 간의 패킷의 경로배정과 중계기능, 흐름 제어, 오류 제어 등의 기능을 수행하는 계층 명칭을 쓰시오.

답 :

07 IPv4는 32비트를 네트워크 크기나 호스트의 수에 따라 클래스를 구분하는 주소 체계를 가지고 있다. 빈칸 ①~②에 알맞은 클래스를 쓰시오.

(①)	네트워크 주소	네트워크 주소	네트워크 주소	호스트 주소
(②)	네트워크 주소	호스트 주소	호스트 주소	호스트 주소

① :
② :

08 다음 설명에 해당하는 라우팅 프로토콜을 〈보기〉에서 기호를 골라 쓰시오.

- 최단경로탐색에 Bellman-Ford 알고리즘을 사용하는 거리 벡터 라우팅 프로토콜이다.
- 최적의 경로를 산출하기 위한 정보로서 홉(거리 값)만을 고려하므로, 선택한 경로가 최적의 경로가 아닌 경우가 많이 발생할 수 있다.
- 최대 홉 카운트를 15홉 이하로 한정한다.
- 소규모 네트워크 환경에 적합하다.

〈보기〉

| ㄱ. BGP | ㄴ. DHCP | ㄷ. ARP | ㄹ. OSPF |
| ㅁ. ICMP | ㅂ. EGP | ㅅ. IGP | ㅇ. RIP |

답 :

09 TCP 세그먼트는 TCP를 이용하여 두 종단 장치 간 송수신하는 데이터들의 단위이다. 다음 설명에 해당하는 빈칸 ①~②에 알맞은 TCP 헤더 정보의 기호를 골라 쓰시오.

(①)	• 세그먼트들이 수신지 호스트에서 재구성되어야 할 순서를 가리킨다. • 전달하는 바이트마다 번호가 부여된다.
(②)	• 상대편 호스트에서 받으려는 바이트의 번호를 정의한다. • 응답 제어 비트가 설정되어 있을 때에만 제공된다.

〈보기〉

ㄱ. Sort Port　　　　　　　ㅁ. Data Offset
ㄴ. Destination Port　　　　ㅂ. Window Size
ㄷ. Sequence Number　　 ㅅ. Checksum
ㄹ. Acknowledgement Number　　ㅇ. Urgent Pointer

① :
② :

10 기본 포트 번호 23번에 해당하는 TCP(Transmission Control Protocol)의 응용 계층의 원격 제어 서비스는 무엇인지 쓰시오.

답 :

11 다음은 C언어로 작성된 프로그램이다. 이를 실행하여 키보드로 5를 입력했을 때의 결과를 쓰시오.

```
#include <stdio.h>

int main( )
{
    int i, n;
    int sum = 0;

    scanf("%d", &n);

    for(i = 1; i <= n; i++)
        sum += i;

    printf("%d", sum);

    return 0;
}
```

답 :

12 다음은 C언어로 작성된 프로그램이다. 이를 실행한 결과를 쓰시오.

```
#include <stdio.h>

int main( )
{
    int a[3][5] = { {29, 23, 22, 40, 11},
                    {11, 10, 13, 25, 15},
                    {20, 25, 24, 18, 20} };
    int sum = 0;
    int ssum = 0;

    for(int i = 0; i < 3; i++) {
        for(int j = 0; j < 5; j++) {
            sum += a[i][j];
        }
        ssum += sum;
    }

    printf("%d", ssum);

    return 0;
}
```

답:

13 다음은 C언어로 작성된 프로그램이다. 이를 실행한 결과를 쓰시오.

```
#include <stdio.h>

int main( )
{
      int n = 0;
      int i = 1;
      while(i <= 50)
      {
            if(i%7 == 0)
                  n += i;
            i++;
      }
      printf("%d", n);
      return 0;
}
```

답 :

14 다음은 Java로 작성된 프로그램이다. 이를 실행한 결과를 쓰시오.

```
public class Exam
{
      public static void main(String[ ] args) {
            int[ ] b = new int[8];
            int i = 0;
            int d = 11;
            while(d > 0) {
                  b[i++] = d % 2;
                  d /= 2;
            }
            for(i = 7; i >= 0; i--)
                  System.out.print(b[i]);
      }
}
```

답 :

15 다음은 Java로 작성된 프로그램이다. 이를 실행한 결과를 쓰시오.

```java
public class Exam
{
    static int v = 1;
    static void init(int a[][]) {
        for(int i = 0; i < a.length; i++)
            for(int j = 0; j < a[i].length; j++)
                a[i][j] = 0;
    }
    static void data(int a[][]) {
        for(int i = 0; i < a.length; i++) {
            for(int j = i; j < a[i].length; j++) {
                a[i][j] = v;
                v++;
            }
        }
    }
    static void print(int a[][]) {
        for(int i = 0; i < a.length; i++) {
            for(int j = 0; j < a[i].length; j++) {
                if(a[i][j] == 0) {
                    System.out.print("");
                }
                else {
                    System.out.printf("%d", a[i][j]);
                }
            }
            System.out.println("");
        }
    }
    public static void main(String[] args) {
        int a[][] = new int[3][3];
        init(a);
        data(a);
        print(a);
    }
}
```

답:

16 다음은 Python으로 작성된 프로그램이다. 이를 실행한 결과를 쓰시오.

```
def af(a, b):
    return a + b

def bf(a, b):
    return a - b

print( bf(af(4, 5), 6) )
```

답:

17 다음은 Python으로 작성된 프로그램이다. 이를 실행한 결과를 쓰시오.

```
def f(n):
    return lambda a : a * n

k = f(3)
print( k(10) )
```

답:

18 다음 설명에 해당하는 빈칸 ①~③에 알맞은 DDL(Data Definition Language) 명령문을 쓰시오.

(①)문	Database, Table, View, Index 등을 생성한다.
(②)문	Table의 속성(Attribute), 도메인(Domain), 제약조건(Constraint) 등을 변경한다.
(③)문	Database, Table, View, Index 등을 삭제한다.

①:

②:

③:

19 다음 빈칸 ( )에 알맞은 용어를 〈보기〉에서 골라 기호를 쓰시오.

- ( ) 테스트는 시스템을 구성하는 모듈의 인터페이스와 결합을 테스트하는 것이다.
- 하향식 ( ) 테스트의 경우 넓이 우선(Breadth First) 방식으로 테스트를 할 모듈을 선택할 수 있다.
- 하향식 ( ) 테스트의 경우 시스템 구조도의 최상위에 있는 모듈을 먼저 구현하고 테스트한다.
- 모듈 간의 인터페이스와 시스템의 동작이 정상적으로 잘 되고 있는지를 빨리 파악하고자 할 때 상향식보다는 하향식 ( ) 테스트를 사용하는 것이 좋다.

〈보기〉

ㄱ. Unit　　　　　ㄴ. System　　　　　ㄷ. Acceptance
ㄹ. Validation　　ㅁ. Integration　　ㅂ. Regression

답 :

20 다음 설명에 테스트 기법을 〈보기〉에서 골라 기호를 쓰시오.

블랙박스 테스트의 종류 중 프로그램의 입력 조건에 중점을 두고, 어느 하나의 입력 조건에 대하여 타당한 값(정상 범위)과 그렇지 못한 값(비정상 범위)을 설정하여 해당 입력 자료에 맞는 결과가 출력되는지 확인하는 테스트 기법이다.

〈보기〉

ㄱ. Equivalence Partitioning Test　　ㅁ. Loop Test
ㄴ. Boundary Value Analysis Test　　ㅂ. Data Flow Test
ㄷ. Comparison Test　　　　　　　　ㅅ. Basic Path Test
ㄹ. Cause-Effect Graphic Test　　　ㅇ. Condition Test

답 :

정보처리산업기사 실기 최신 기출문제 09회

시험 일자	문항 수	시험 시간
2022년 제2회	총 20문항	2시간 30분

수험번호 : _____
성   명 : _____

---

01 다음 설명하는 프로세스 스케줄링을 쓰시오.

- FCFS 알고리즘을 선점(Preemptive) 형태로 변형한 기법이다.
- Time Sharing System을 위해 고안된 방식이다.
- Time Slice가 작을 경우 문맥 교환이 자주 일어난다.

답 :

02 데이터베이스의 정의에 대한 설명을 바르게 연결하시오.

① Integrated Data   •   • ⓐ 여러 사용자와 다수의 응용 시스템이 공유할 수 있도록 만든 데이터의 집합이다.

② Stored Data   •   • ⓑ 중복을 최소화하고 여러 사람이 공유함에 있어 문제가 발생하지 않도록 관리를 필요로 하는 데이터로, 이용가치가 있는 데이터의 집합이다.

③ Shared Data   •   • ⓒ 사용자나 응용 시스템이 필요 시 언제든지 이용할 수 있도록 저장 매체에 저장된 데이터의 집합이다.

④ Operational Data   •   • ⓓ 하나의 주제에 따라 중복을 최소화한 데이터의 집합이다.

03 스키마는 데이터베이스의 전체적인 구조와 제약조건에 대한 명세를 기술·정의한 것을 말하며, '스킴(Scheme)'이라고도 한다. 스키마의 3계층에 대한 설명과 부합하는 빈칸 ①~③에 알맞은 용어를 쓰시오.

(①) 스키마	사용자나 응용 프로그래머가 접근할 수 있는 전체 데이터 중 사용자가 사용하는 한 부분에서 본 논리적 구조를 말하며, '서브 스키마'라고도 한다.
(②) 스키마	논리적 관점(사용자 관점)에서 본 전체적인 데이터 구조이다.
(③) 스키마	물리적 저장 장치 관점(기계 관점)에서 본 데이터베이스의 물리적 구조를 말한다.

① :

② :

③ :

04 다음 빈칸 ( )에 알맞은 용어를 쓰시오.

> ( ) 무결성 제약조건은 기본키는 NULL값이 올 수 없으며, 중복될 수 없음을 나타내는 제약조건이다.
> ( ) 무결성 제약조건은 개체를 식별하기 위해서 오류가 없도록 하기 위한 제약조건이다.

답:

05 OSI 7 참조 모델 중 두 장비 간의 전송을 위한 연결이나 전달 등의 인터페이스의 기계적, 전기적, 절차적 특성을 정의하며 비트를 물리적인 매체를 통해 전송하는 계층 명칭을 쓰시오.

답:

06 다음 설명에 해당하는 프로토콜을 빈칸 ①~②에 영문 약어로 쓰시오.

(①)	• 연결 지향형 프로토콜로 송·수신 호스트 간에 송·수신할 수 있는 통로를 만들고 데이터를 전송한다. • 신뢰성 있는 연결 서비스를 제공하는 전송 계층 프로토콜이다. • 전송 메시지의 정확한 도착을 보장하고, 오류의 경우 재전송하며 흐름 제어 기능이 있다. • FTP, E-Mail, Download 등의 서비스에 적합하다.
(②)	• 비연결 지향형 프로토콜로 전송 메시지의 정확한 수신지 도착을 보장하지 않는다. 오류의 경우 재전송이 이루어지며, 흐름 제어 기능을 제공하지 않는다. • TFTP, 동영상 스트리밍, 화상 채팅과 같이 약간의 데이터 손실을 감수할 수 있는 서비스에 적합하다.

① :
② :

07 다음 빈칸 ( )에 알맞은 용어를 영문 약어로 쓰시오.

> • ( ) 주소는 네트워크상에서 통신을 위해 랜카드, 스마트폰 등에 부여된 일종의 주소이다.
> • ( ) 주소는 12자리의 16진수로 표시되는 고유 주소이다.
> • 네트워크를 통하여 전송되는 데이터 프레임은 목적지 컴퓨터의 IP 주소 외에도 네트워크 카드의 물리적인 주소인 ( ) 주소를 가지고 있어야 한다. ARP 프로토콜은 논리적인 주소를 물리적인 주소인 ( ) 주소로 변환시켜준다.

답:

08 다음 빈칸 ( )에 알맞은 용어를 쓰시오.

- ( ) 라우팅 방식은 목적지 네트워크로 가는 경로까지 거쳐야 하는 라우터의 순수 물리적인 거리를 이용하여 최적의 경로를 결정하는 동적 라우팅 방식이다.
- ( ) 라우팅 방식은 인접 라우터와 정보 공유하여 목적지까지의 거리와 방향을 결정하는 라우팅 프로토콜 알고리즘인 벨만-포드(Bellman-Ford) 알고리즘을 사용한다.
- ( ) 라우팅 방식은 소규모 네트워크에 적합하며 경로 계산 방식은 홉 카운트(Hop Count)로 계산한다.
- ( ) 라우팅을 사용하는 라우팅 프로토콜에는 RIP, IGRP 등이 있다.

답:

09 외부 인터넷망이 차단된 상태에서 인트라넷만을 활용하여 개발환경을 구축하는 방식으로 데이터와 정보의 외부 유출이 민감할 경우 해당 장비를 자체 구매하고 특정 공간에 개발환경을 구축하는 개발환경 인프라 구성 방식을 쓰시오.

답:

10 다음은 C언어로 작성된 프로그램이다. 이를 실행한 결과를 쓰시오.

```
#include <stdio.h>
int main( )
{
    int sum = 0;
    int i;
    for(i = 0; i <= 10; i++)
    {
        if(i % 2 != 0)
            continue;
        sum += i;
    }
    printf("%d", sum + i);
    return 0;
}
```

답:

11 다음은 C언어로 작성된 프로그램이다. 이를 실행한 결과를 쓰시오.

```c
#include <stdio.h>
int main()
{
    int x = 27;
    int y = 12;
    int g, l;
    int i;

    for(i = y; i > 0; i--)
    {
        if(x%i == 0 && y%i == 0)
        {
            g = i;
            break;
        }
    }
    l = x * y / g;
    printf("%d", g + l);
    return 0;
}
```

답:

12 다음 〈관계대수식〉과 동일한 의미의 SQL문을 작성하시오.

〈관계대수식〉

$\pi_{\text{FNAME, LNAME, SALARY}}(\sigma_{\text{DNO = 1005}}(\text{EMP}))$

답:

13 다음은 테스트 기법에 대한 설명이다. 빈칸 (　)에 알맞은 용어를 쓰시오.

(　) 테스트는 인수 테스트 단계에서 진행되며 개발자의 통제하에 사용자가 개발환경에서 수행하는 테스트이다.

답:

14 다음은 C언어로 작성된 프로그램이다. 이를 실행한 결과를 쓰시오.

```c
#include <stdio.h>
int main()
{
    int score[6];
    int max = 0, min = 999;
    float sum = 0.0f;
    int i;

    for(i = 0; i < 6; i++)
    {
        score[i] = i * i;
        sum += score[i];
    }
    for(i = 0; i < 6; i++)
    {
        if(max < score[i]) max = score[i];
        if(min > score[i]) min = score[i];
    }

    printf("%.2f", (sum - max - min) / 4.0);
    return 0;
}
```

답:

15 다음 빈칸 (   )에 알맞은 용어를 쓰시오.

( ) 테스트는 개별 모듈을 시험하는 것으로 모듈이 정확하게 구현되었는지, 예정한 기능이 제대로 수행되는지를 점검하는 것이 주요 목적인 테스트로 '모듈 테스트'라고도 한다. 모듈 내부의 구조를 구체적으로 볼 수 있는 구조적 테스트를 주로 시행한다.
( ) 테스트는 소프트웨어 최소 기능 단위인 모듈, 컴포넌트를 테스트하는 것으로 사용자의 요구사항을 기반으로 한 기능 테스트를 제일 먼저 수행한다. 인터페이스, 자료 구조, 독립적 기초경로, 오류처리 경로, 결제 조건 등을 테스트한다.

답:

16 다음은 C언어로 작성된 프로그램이다. 이를 실행한 결과를 쓰시오.

```c
#include <stdio.h>
#include <math.h>
int check(int);
int main( )
{
    int arr[5];
    int i;

    for(i = 0; i < 5; i++)
    {
        arr[i] = i + 2 + i * 2;
    }
    for(i = 0; i < 5; i++)
    {
        printf("%d", check(arr[i]));
    }
    return 0;
}
int check(int digit)
{
    int n = (int)sqrt(digit);
    int i = 2;
    while(i <= n)
    {
        if(digit%i == 0) return 0;
        i++;
    }
    return 1;
}
```

답:

17 다음은 C언어로 작성된 프로그램이다. 이를 실행한 결과를 쓰시오.

```c
#include <stdio.h>
int main( )
{
    char a[3][5] = { "KOR", "HUS", "RES" };
    char *pa[] = { a[0], a[1], a[2] };

    int n = sizeof(pa) / sizeof(pa[0]);
    int i;

    for(i = 0; i < n; i++)
    {
        printf("%c", pa[i][i]);
    }
    return 0;
}
```

답:

18 다음은 Java로 작성된 프로그램이다. 이를 실행한 결과를 쓰시오.

```java
public class Exam
{
    public static void main(String[] args) {
        int i = 17;
        i += 1;
        i -= 2;
        i *= 3;
        i /= 4;
        i %= 5;
        System.out.println(i);
    }
}
```

답:

19 다음은 Java로 작성된 프로그램이다. 이를 실행한 결과를 쓰시오.

```java
public class Exam
{
    public static void main(String[] args) {
        int x = 26;
        int y = 91;
        int g = 0;
        int z = x < y ? x: y;
        int i;

        for(i = 1; i < z; i++)
        {
            if(x%i == 0 && y%i == 0)
                g = i;
        }

        System.out.println(g);
    }
}
```

답:

20 〈급여〉테이블에서 사원번호가 2073인 사원의 연봉을 2500로 변경하는 SQL문을 〈보기〉의 알맞은 명령을 선택하여 작성하시오. (단, 다음의 요구사항을 참고하여 작성하시오.)

〈요구사항〉

1. 급여 테이블의 이름은 salaries이며, 사원번호 속성(emp_num)과 연봉 속성(salary)의 데이터는 숫자형이다.
2. SQL 명령문은 대/소문자를 구분하지 않는다.
3. SQL 명령문의 종결 문자의 세미콜론(;)은 생략 가능하다.
4. 실행 결과가 일치하더라도 〈요구사항〉을 적용하지 않은 SQL문을 작성하면 오답으로 간주한다.

〈보기〉

UPDATE, DELETE, INSERT, FROM, WHERE, INTO, SET, SELECT, CREATE, TO

답:

정보처리산업기사 실기 최신 기출문제 10회

시험 일자	문항 수	시험 시간
2022년 제1회	총 20문항	2시간 30분

수험번호 : _____

성   명 : _____

---

01 다른 릴레이션의 기본키를 참조하는 키를 〈보기〉에서 골라 기호를 쓰시오.

〈보기〉
ㄱ. 필드키(Field Key)	ㄴ. 슈퍼키(Super Key)	ㄷ. 후보키(Candidate Key)
ㄹ. 기본키(Primary Key)	ㅁ. 외래키(Foreign key)	ㅂ. 대체키(Alternate Key)

답 :

---

02 다음 빈칸 (   )에 알맞은 기본 정규형을 쓰시오.

- (   ) 정규형은 어떤 릴레이션 R에 속한 모든 도메인이 원자값(Atomic Value)만으로 되어 있다.
- (   ) 정규형의 이상을 해결하기 위해서는 프로젝션에 의해 릴레이션을 분해하여 부분 함수 종속을 제거해야 한다.

답 :

---

03 서버 내 서비스들은 서로가 다른 문을 통하여 데이터를 주고받는데 이를 포트라고 한다. 파일 전송 서비스를 위한 기본 포트 번호를 쓰시오.

답 :

04 다음 설명에 해당하는 OSI 7 계층의 명칭을 쓰시오.

- 한 노드에서 다른 노드로 프레임을 전송하는 책임을 갖는 계층이다.
- 물리적 연결을 이용해 신뢰성 있는 정보를 전송하려고 동기화, 오류 제어, 흐름 제어 등의 전송에러를 제어하는 계층이다.
- 대표적인 프로토콜은 SDLC, HDLC, PPP, LLC 등이 있다.

답 :

05 인터넷상의 문자로 된 주소를 숫자 IP 주소로 상호 변환하는 시스템을 영문 약어로 3글자로 쓰시오.

답 :

06 다음은 UI(사용자 인터페이스)의 4가지의 유형이다. 빈칸 ①~④에 알맞은 용어를 〈보기〉에서 골라 쓰시오.

유형	설명
①	간략한 작업 환경에서 텍스트와 아이콘으로 이루어진 객체를 사용자가 직접 시스템을 조작한다.
②	인터넷의 다양한 종류의 콘텐츠를 하이퍼링크로 내비게이션하기 위해 브라우저를 통해 페이지를 열람한다.
③	인공지능이나 게임 분야에서 자연어에 가까운 문장을 입력하여 시스템을 조작한다.
④	지정된 명령어를 입력하여 시스템을 조작한다.

〈보기〉

ㄱ. 텍스트 사용자 인터페이스 ㄴ. 명령어 사용자 인터페이스
ㄷ. 그래픽 사용자 인터페이스 ㄹ. 웹 사용자 인터페이스

① :

② :

③ :

④ :

07 다음은 C언어로 작성된 프로그램이다. 다음 〈처리결과〉와 같이 7을 입력하였을 경우, 이를 실행한 결과를 쓰시오.

〈처리결과〉

```
7 Enter
```

```c
#include <stdio.h>
int main( )
{
    int num, cnt = 0;
    int i;
    scanf("%d", &num);
    for(i = 2; i <= num/2; i++)
    {
        if(i%1 == 0)
            cnt++;
    }
    printf("%d", cnt);
    return 0;
}
```

답:

08 다음은 C언어로 작성된 프로그램이다. 이를 실행한 결과를 쓰시오.

```c
#include <stdio.h>
int main( )
{
    int number = 3, result = 0;
    int i;
    for(i = 1; i < 10; i = i + 2)
    {
        result += number * i;
    }
    printf("%d", result);
    return 0;
}
```

답:

09 다음은 C언어로 작성된 프로그램이다. 이를 실행한 결과를 쓰시오.

```c
#include <stdio.h>
int main( )
{
    int num1 = 15
    int num2 = 22;

    num1 ^= num2;
    num2 ^= num1;
    num1 ^= num2;

    printf("%d %d", num1, num2);
    return 0;
}
```

답:

10 다음은 C언어로 작성된 프로그램이다. 이를 실행한 결과를 쓰시오.

```c
#include <stdio.h>
int main( )
{
    int number = 35, evencnt = 0, oddcnt = 0;
    int i;
    for(i = 1; i <= number; i++)
    {
        if(i%2 == 0)
            evencnt++;
        else
            oddcnt++;
    }
    printf("%d %d", evencnt, oddcnt);
    return 0;
}
```

답:

11 다음은 Java로 작성된 프로그램이다. 이를 실행한 결과를 쓰시오.

```java
public class Exam {
    public static void main(String[] args) {
        int x = 1;
        int T_x, t_x;

        T_x = (x >= 0) ? x: -x;

        if(x >= 0)
            t_x = x;
        else
            t_x = -x;

        System.out.println(T_x + " " + t_x);
    }
}
```

답:

12 다음은 Java로 작성된 프로그램이다. 이를 실행한 결과를 쓰시오.

```java
public class Exam {

    public static void main(String[] args) {
        int num = 0, sum = 0;
        while(true) {
            if(sum > 100) break;
            ++num;
            sum += num;
        }
        System.out.println(num + sum);
    }
}
```

답:

13 다음은 Python으로 작성된 프로그램이다. 이를 실행한 결과를 쓰시오.

```
x = 10
y = 'test'

print(type(x))
print(type(y))
```

답:

14 20명의 직원 정보가 있는 인사팀 테이블에는 20대 직원 3명, 30대 직원 6명, 40대 직원 11명의 정보가 저장되어 있다. 다음 〈SQL문〉의 실행 결과 검색될 수 있는 튜플의 갯수를 빈칸 ①~②에 쓰시오.

〈SQL문〉

SELECT 이름 FROM 인사팀 WHERE 나이 BETWEEN 35 AND 49;

〈결과 : 튜플의 수〉

(①) 명 이상 (②) 명 이하

①:
②:

15 다음은 〈STUDENT〉 테이블을 대상으로 5명 이상의 학생이 수강하는 과목에 대해 과목별 과목번호와 중간고사 점수 평균을 구하여 출력하는 〈SQL문〉이다. 〈결과〉와 같이 출력되도록 〈SQL문〉의 빈칸 ①~②에 알맞은 명령문을 쓰시오. (〈STUDENT〉 테이블에는 CNO, NAME, MSCORE, FSCORE 컬럼이 존재한다.)

〈결과〉

과목번호	중간평균
C123	85.5
D205	95.3
K325	70.0

〈SQL문〉

```
SELECT CNO AS 과목번호, (  ①  )(MSCORE) AS 중간평균
FROM STUDENT
GROUP BY CNO
HAVING (  ②  )(*) >= 5;
```

① :

② :

16 다음 〈보기〉에서 소프트웨어 테스트 수행 절차를 순서대로 나열하시오.

〈보기〉

ㄱ. 테스트 케이스 작성   ㄴ. 테스트 목적 찾기   ㄷ. 테스트 방법 결정
ㄹ. 예상되는 결과 설정   ㅁ. 테스트 케이스 수행

답 :

17 다음은 테스트 기법에 대한 설명이다. 빈칸 ①~②에 알맞은 용어를 쓰시오.

> 소프트웨어를 직접 실행하여 오류를 찾는 동적 테스트에는 (①)박스 테스트 기법과 (②)박스 테스트 기법이 있다.
> (①)박스 테스트 기법은 소프트웨어 인터페이스에서 실시되는 검사로 설계된 모든 기능들이 정상적으로 수행되는지 확인한다. (①)박스 테스트 기법은 소프트웨어의 기능이 의도대로 작동하고 있는지, 입력은 적절하게 받아들였는지, 출력은 정확하게 생성되는지를 보여주는 데 사용된다. (①)박스 테스트 기법에는 Equivalence Partitioning Testing, Boundary Value Analysis 등이 있다.
> (②)박스 테스트 기법은 프로그램의 제어구조에 따라 선택, 반복 등의 부분들을 수행함으로써 논리적 경로를 점검한다. (②)박스 테스트 기법은 모듈 안의 작동을 직접 관찰할 수 있으며 원시 코드의 모든 문장을 한 번 이상 수행 함으로써 진행된다. (②)박스 테스트 기법에는 Data Flow Testing, Loop Testing 등이 있다.

① :

② :

18 데이터 삽입, 삭제가 top이라고 부르는 한쪽 끝에서만 이루어지는 후입선출(LIFO) 형태의 자료 구조 명칭을 쓰시오.

답 :

19 다음 공통으로 설명하는 보안 관련 용어를 영문 약어로 쓰시오.

> ( )(은)는 실제 컴퓨터 시스템에 데이터웨어하우스(DW)를 구축하지 않고서도 사용자가 사용하는 데 있어서 구축한 것과 같은 효과를 내는 가상 시스템이다.
> ( )의 장점으로는 빠른 다차원 데이터 분석이 가능하고 구축 기간 및 노력을 크게 줄일 수 있다는 것이다.

답 :

20 다음 공통으로 설명하는 보안 관련 용어를 영문 약어로 쓰시오.

> ( )(은)는 웹 애플리케이션 보안에 특화된 방화벽이다.
> ( )(은)는 Cross-Site Scripting(XSS), SQL Injection과 같은 웹 공격을 탐지하고 차단하는 역할을 한다.
> ( )(은)는 일반 네트워크 방화벽의 약속된(Reserved) 포트의 차단/허용 방식 방어가 아닌 HTTP, HTTPS를 통한 공격 방어 기술을 가진 웹서비스 전용 필수 보안 솔루션이다.

답 :

CHAPTER
03

최신 기출문제
정답 & 해설

정답 & 해설

최신 기출문제 01회

01 RR 또는 Round Robin 또는 라운드 로빈

해설

프로세스 스케줄링

FIFO(First In First Out, FCFS)	• 가장 간단하고 단순하며 구현하기 쉽다. • 준비 큐에 도착한 순서대로 CPU를 할당하는 비선점 스케줄링 기법이다. • 일단 요청이 도착하면 실행 예정 순서가 도착순으로 고정된다.
SJF(Shortest Job First)	• 작업이 끝나기까지의 실행시간 추정치가 가장 작은 작업을 먼저 실행시키는 비선점형 스케줄링 방법이다. • 스케줄링 방식에서 평균 대기 시간이 가장 짧다.
HRN	• 최소 작업 우선(SJF) 기법의 약점을 보완한 비선점 스케줄링 기법이다. • 대기 시간이 긴 프로세스의 경우 우선순위가 높아진다. • 긴 작업과 짧은 작업 간의 지나친 불평 등을 해소할 수 있다. • 에이징 기법을 적용한 방법이다. • 우선순위 계산식 = (대기 시간+서비스 시간)/서비스 시간
RR(Round Robin)	• FCFS 알고리즘을 선점(Preemptive) 형태로 변형한 기법이다. • Time Sharing System을 위해 고안된 방식이다. • Time Slice가 작을 경우 문맥 교환이 자주 일어난다.
SRT(Shortest Remaining Time)	• 비선점 방식의 SJF에 선점 방식을 도입한 기법이다. • 현재 실행 중인 프로세스 보다 잔여 처리 시간이 짧은 프로세스가 준비 큐에 생기면 실행 중인 프로세스를 선점 하여 더 짧은 프로세스를 실행시키는 선점형 방식이다.
다단계 큐(MQ, Multi-level Queue)	• 프로세스들을 우선순위에 따라 시스템 프로세스, 대화형 프로세스, 일괄처리 프로세스 등으로 나눈 기법이다. • 상위, 중위, 하위 단계의 단계별 준비 큐를 배치하는 선점형 스케줄링 방식이다.
다단계 피드백 큐(MFQ, Multi-level Feedback Queue)	• 여러 개의 큐를 두어 낮은 단계로 내려갈수록 프로세스의 시간 할당량을 크게 하는 프로세스 스케줄링 방식이다. • 마지막 단계의 큐에서는 작업이 완료될 때까지 RR 방식을 통해 처리된다. • 짧은 작업에 우선권을 주며 입 · 출력 위주의 작업권에 우선권을 주어야 한다.

02 ㄱ, ㄴ

해설

유닉스(UNIX)의 쉘

• 사용자가 운영체제와 대화하기 위한 기반을 제공하는 프로그램으로 명령어를 해석하고, 오류의 원인을 알려주는 역할을 수행한다.
• 사용자가 입력시킨 명령어 라인을 읽어 필요한 시스템 기능을 실행시키는 명령어 해석기이다.
• 시스템과 사용자 간의 인터페이스를 제공한다.
• 공용 쉘이나 사용자 자신이 만든 쉘을 사용할 수 있다.
• 여러 가지의 내장 명령어를 가지고 있다.
• 반복적인 명령 프로그램을 만드는 프로그래밍 기능을 제공한다.
• 초기화 파일을 이용해 사용자 환경을 설정하는 기능을 제공한다.

오답 피하기

응용 프로그램과 하드웨어 사이의 인터페이스 역할을 하는 것은 운영체제(OS, Operating System)이다.

03 차수 : 3
카디널리티 : 4

해설

• 차수(디그리, Degree) : 릴레이션을 구성하는 속성(항목)의 개수
• 기수(카디널리티, Cardinality) : 릴레이션에 입력된 튜플(레코드)의 개수

04 참조 무결성 제약조건 또는 Referential Integrity Rule

해설

무결성 제약조건(Integrity Rule)

개체 무결성	기본키는 NULL 값이 올 수 없으며 중복될 수 없음을 나타내는 제약조건으로, 개체를 식별하기 위해서 오류가 없도록 하기 위한 제약조건이다.
참조 무결성	외래키는 NULL 값이 올 수 있으며, 참조 릴레이션(테이블)의 기본키와 같아야 하는 제약조건으로, 테이블 참조 시 오류가 없도록 하기 위한 제약조건이다.
도메인 무결성	릴레이션(테이블)에서 속성값의 범위가 정의된 경우 그 속성값은 정해진 범위 이내의 값으로 구성해야 하는 제약조건이며, 동일한 속성에 대해 데이터 타입과 데이터 길이가 동일해야 한다.
고유(Unique) 무결성	특정 속성에 대해 고유한 값을 가지도록 조건이 주어진 경우, 그 속성값은 모두 달라야 하는 제약조건을 말한다.
NULL 무결성	특정 속성값에 NULL이 올 수 없다는 조건이 주어진 경우, 그 속성값은 NULL 값이 올 수 없다는 제약조건을 말한다.

05 HTTP

해설

HTTP(Hypertext Transfer Protocol)
- 웹 상에서 웹 서버 및 웹 브라우저 상호 간의 데이터 전송을 위한 응용 계층 프로토콜이다.
- 기본 포트번호는 80이다.

오답 피하기

Well known Port(잘 알려진 포트)
- 0번~1023번에 해당되는 포트이다.
- 대표적인 포트 번호

포트	TCP	UDP	설명
20	TCP		파일 전송 프로토콜(FTP, File Transfer Protocol) – 데이터 포트
21	TCP		파일 전송 프로토콜(FTP, File Transfer Protocol) – 제어 포트
22	TCP		시큐어 셸(SSH, Secure SHell) – ssh, scp, sftp같은 프로토콜 및 포트 포워딩
23	TCP		텔넷 프로토콜(Telnet Protocol) – 암호화되지 않은 텍스트 통신
25	TCP		SMTP(Simple Mail Transfer Protocol) – 이메일 전송에 사용
53	TCP	UDP	도메인 네임 시스템(DNS, Domain Name System)
67		UDP	BOOTP(부트스트랩 프로토콜) 서버 – DHCP로도 사용
68		UDP	BOOTP(부트스트랩 프로토콜) 클라이언트 – DHCP로도 사용
69		UDP	간단한 파일 전송 프로토콜(TFTP, Trivial File Transfer Protocol)
80	TCP	UDP	HTTP(HyperText Transfer Protocol) – 웹 페이지 전송
110	TCP		POP3(Post Office Protocol version 3) – 전자우편 가져오기에 사용
139	TCP		넷바이오스(NetBIOS, Network Basic Input/Output System)
143	TCP		인터넷 메시지 접속 프로토콜 4(IMAP4, Internet Message Access Protocol 4) – 이메일 가져오기에 사용
220	TCP		인터넷 메시지 접속 프로토콜 3(IMAP3, Internet Message Access Protocol 3)
443	TCP		HTTPS – 보안 소켓 레이어(SSL, Secure Socket Layer) 위의 HTTP(암호화 전송)
445		UDP	Microsoft-DS(액티브 디렉터리, 윈도 공유, Sasser-worm, Agobot, Zobot-worm)
993	TCP		SSL 위의 IMAP4(암호화 전송)
995	TCP		SSL 위의 POP3(암호화 전송)

06 토큰 버스 또는 Token Bus

해설

LAN의 전송 매체접근제어(MAC)
- 공유하고 있는 전송매체에 대한 채널의 할당에 대한 문제를 해결하는 방식이다.
- CSMA/CD는 스테이션이 채널의 상태를 미리 감지해 충돌을 피하는 방식이다.
- 토큰 링(Token Ring)은 토큰이라는 짧은 프레임을 사용하여 데이터를 보낼 권리를 정하여 데이터를 정하는 방식이다.
- 토큰 버스(Token Bus)는 토큰 링 방식과 이더넷이 결합된 형태로 물리적으로는 버스 형태를 띄지만 논리적으로는 토큰 링 방식을 사용하는 매체접근제어 방식이다.

07 ① : SOA
② : SNMP

해설

SOA	- 서비스 지향 아키텍처 기반 애플리케이션이다. - 일 처리 단위를 서비스로 판단하고 그 서비스를 네트워크에 연동하여 시스템 전체를 구축해 나가는 방법론이다. - 계층 : 표현 계층, 프로세스 계층, 서비스 계층, 비즈니스 계층, 영속 계층
SNMP	- 네트워크 관리 및 네트워크의 장치와 그들의 동작을 감시, 관리하는 프로토콜이다. - 응용 계층 프로토콜로 RFC 1157에 규정되어 있으며 161번 포트 번호를 사용한다.

08 ㅇ 또는 o, RIP

해설

RIP
- 최단경로탐색에 Bellman-Ford 알고리즘을 사용하는 거리 벡터 라우팅 프로토콜이다.
- 최적의 경로를 산출하기 위한 정보로서 홉(거리 값)만을 고려하므로, 선택한 경로가 최적의 경로가 아닌 경우가 많이 발생할 수 있다.
- 최대 홉 카운트를 15홉 이하로 한정하며, 소규모 네트워크 환경에 적합하다.

09 ① : ㄱ 또는 ㄱ. 리피터
② : ㄷ 또는 ㄷ. 브릿지
③ : ㄴ 또는 ㄴ. 라우터

해설

네트워크 주요 장비

리피터	• 디지털 신호를 증폭시켜 주는 역할을 하여 신호가 약해지지 않고 컴퓨터로 수신되도록 하는 장치이다. • 네트워크에서 신호를 수신하여 증폭한 후 다음 구간으로 재전송한다. • 감쇠된 전송 신호를 새롭게 재생하여 다시 전달하는 재생 중계 장치이다.
브릿지	같은 프로토콜을 사용하는 두 개의 근거리 통신망(LAN)을 서로 연결해 주는 통신망 연결 장치이다.
라우터	• 서로 다른 네트워크 간의 데이터를 전송하고 가장 이상적인 데이터 전달 경로를 설정하여 주는 역할을 수행한다. • 둘 이상의 서로 다른 네트워크에 접속하여 서로 간에 데이터를 주고 받을 수 있도록 경로 선택, 혼잡 제어, 패킷 폐기 기능을 수행한다. • LAN과 LAN을 연결하거나 LAN과 WAN을 연결하기 위한 인터넷 네트워킹 장비이다.
게이트웨이	이기종 프로토콜을 사용하는 망을 서로 연결하는 데 사용되는 장치 또는 시스템을 뜻한다.

10 ① : ㄷ 또는 ㄷ. 그래픽
② : ㄹ 또는 ㄹ. 웹
③ : ㄱ 또는 ㄱ. 텍스트
④ : ㄴ 또는 ㄴ. 명령어

해설

UI(사용자 인터페이스)의 유형

그래픽 사용자 인터페이스	간략한 작업 환경에서 텍스트와 아이콘으로 이루어진 객체를 사용자가 직접 시스템을 조작한다.
웹 사용자 인터페이스	인터넷의 다양한 종류의 콘텐츠를 하이퍼링크로 네비게이션하기 위해 브라우저를 통해 페이지를 열람한다.
텍스트 사용자 인터페이스	인공지능이나 게임 분야에서 자연어에 가까운 문장을 입력하여 시스템을 조작한다.
명령어 사용자 인터페이스	지정된 명령어를 입력하여 시스템을 조작한다.

11 6

해설

- 해당 프로그램은 C언어의 1차원 배열의 요소의 접근을 위한 인덱스(위치)를 계산하여 해당 배열의 요소 값들을 누적하여 결과를 출력하는 프로그램이다.
- 다음과 같이 for 명령문을 통해 배열의 인덱스 위치를 계산한 후 배열의 요소 값을 참조하여 누적 합을 구하는 연산을 반복한다.

i	1차원 배열 arr				arr[arr[i] − 1]	sum
0		0	1	2	arr[arr[0] − 1] arr[1 − 1] arr[0]	0 + 1
	arr	1	2	3		
1		0	1	2	arr[arr[1] − 1] arr[2 − 1] arr[1]	0 + 1 + 2
	arr	1	2	3		
2		0	1	2	arr[arr[2] − 1] arr[3 − 1] arr[2]	0 + 1 + 2 + 3
	arr	1	2	3		

- 변수 sum은 초기화 0으로 반복을 통하여 배열 arr의 요소 1, 2, 3의 누적 합계를 구하여 6이 최종 출력된다.

12 16

해설

- 해당 프로그램은 C언어의 구조체 변수와 구조체 포인터 변수를 통하여 멤버변수에 구조체 포인터 연산자를 통해 접근하는 방법을 구현한 프로그램이다.
- 구조체 변수의 멤버에 접근하는 두 가지 연산자는 멤버 접근 연산자(.)과 화살표 연산자(−>)가 있으며 각각의 사용 문법은 다음과 같다.

멤버 접근 연산자	구조체변수명.멤버명
화살표 연산자	구조체포인터변수명−>멤버명

- main( ) 함수에서 구조체 변수 p를 선언하고 초기화한 후 멤버변수는 각각 다음과 같고 이후 func(&p) 함수를 Call by Poiner 방식으로 호출한다.
main( ) 함수

p ● | x | y |
     | 5 | 3 |

- p−>x += p−>y; 명령문에 의해 구조체 변수 p의 멤버변수 x의 값은 8이 된다.
func( ) 함수

p−> | x | y |
     | 8 | 3 |

- func(&p) 함수에서 구조체 변수 pp를 선언하고 p의 멤버를 1씩 증가하여 초기화를 한 후, 구조체 포인터 변수 temp로 참조하였다.
func( ) 함수

temp−>p ● | x | y |
           | 9 | 4 |

- p−>x += temp−>y; 명령문에 의해 구조체 포인터 p의 멤버변수 8에 4가 더해져 12가 되고 이후, p−>x += 4; 명령문에 의해 4가 더해져 16이 된다.

p−> | x | y | p−> | x | y |
     | 12 | 3 | ⇨ | 16 | 3 |

- main( ) 함수로 복귀하여 최종 구조체 변수 x의 값 16이 최종 출력된다.
- 해당 문제는 출력 결과를 작성하는 문제이므로 부분 점수가 부여되지 않는다.

13 2 5 8 12 18

해설

```c
#include <stdio.h>
void quicksort(int arr[], int left, int right) {
    int pivot, i, j;
    int temp;
    i = left;
    j = right;
    //배열의 중간값 원소를 pivot으로 선택
    pivot = arr[(left + right) /2];
    do {
        //left부터 요소를 검사해서 pivot보다 큰
        값이 나올 때까지 i++
        while(arr[i] < pivot) i++;
        //right부터 요소를 검사해서 pivot보다 작
        은 값이 나올 때까지 j--
        while(arr[j] > pivot) j--;

        //i가 j보다 작을 경우 현재 i값과 j값 교환
        if(i <= j){
            temp = arr[i];
            arr[i] = arr[j];
            arr[j] = temp;
            //교환 후 왼쪽 인덱스는 증가, 오른쪽은
            감소
            i++;
            j--;
        }
    } while(i <= j);
    //재귀적으로 quickSort 호출
    if(left < j)
        quicksort(arr, left, j);
    if(right > i)
        quicksort(arr, i, right);
}
```

- 해당 프로그램은 피봇(pivot)을 배열의 가운데로 지정하는 퀵 정렬의 오름차순 프로그램으로 최종 출력 결과는 정렬된 배열의 홀수 번째 요소의 값만을 출력한다.
- 재귀호출로 quicksort(int arr[], int left, int right) 함수가 호출될 때, 피봇의 위치는 배열 arr의 left와 right의 가운데로 나누기 2를 수행하여 중앙 위치로 지정하고 그 위치의 배열 요소 값을 피봇으로 지정하여 값의 비교를 수행한다.

left	right	pivot	(재귀호출, 퀵 정렬 수행 후)1차원 배열 arr
0	9	5	arr: [0]2 [1]1 [2]4 [3]18 [4]5 [5]9 [6]7 [7]8 [8]15 [9]12
0	9	5	arr: [0]2 [1]1 [2]4 [3]5 [4]18 [5]9 [6]7 [7]8 [8]15 [9]12
0	3	1	arr: [0]1 [1]2 [2]4 [3]5 [4]18 [5]9 [6]7 [7]8 [8]15 [9]12
0	3	4	arr: [0]1 [1]2 [2]4 [3]5 [4]18 [5]9 [6]7 [7]8 [8]15 [9]12
4	9	7	arr: [0]1 [1]2 [2]4 [3]5 [4]7 [5]9 [6]18 [7]8 [8]15 [9]12
4	9	7	arr: [0]1 [1]2 [2]4 [3]5 [4]7 [5]9 [6]18 [7]8 [8]15 [9]12
5	9	8	arr: [0]1 [1]2 [2]4 [3]5 [4]7 [5]8 [6]18 [7]9 [8]15 [9]12
5	9	8	arr: [0]1 [1]2 [2]4 [3]5 [4]7 [5]8 [6]18 [7]9 [8]15 [9]12
6	9	9	arr: [0]1 [1]2 [2]4 [3]5 [4]7 [5]8 [6]9 [7]18 [8]15 [9]12
7	9	15	arr: [0]1 [1]2 [2]4 [3]5 [4]7 [5]8 [6]9 [7]12 [8]15 [9]18
7	9	15	arr: [0]1 [1]2 [2]4 [3]5 [4]7 [5]8 [6]9 [7]12 [8]15 [9]18

- 해당 문제는 출력 결과를 작성하는 문제이므로 부분 점수가 부여되지 않는다.

14 13

해설

- 해당 프로그램은 C언어의 일반 변수, 포인터 변수, 이중 포인터 변수 간의 참조를 간략하게 살펴볼 수 있는 프로그램이다.
- 이중 포인터 변수 r에 포인터 변수 통해 참조한 일반 변수 a에 변수 b의 8을 누적 5 + 8 의 결과 13이 최종 출력된다.

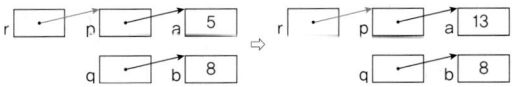

- 해당 문제는 출력 결과를 작성하는 문제이므로 부분 점수가 부여되지 않는다.

15 6

해설

- 해당 프로그램은 Java의 객체를 요소로 갖는 1차원 배열 객체 arr의 두 요소간 교환(SWAP)을 수행한 후, 0번째 요소의 값을 1번째 요소의 값에 누적한 후 0번째 요소의 값을 출력하는 프로그램이다.
- 해당 문제는 출력 결과를 작성하는 문제이므로 부분 점수가 부여되지 않는다.

16 ㄷ 또는 ㄷ. Embedded SQL

해설

내장 SQL(Embedded SQL) : '삽입 SQL'이라고도 하며, 일반 응용 프로그램에 SQL을 삽입하여 데이터베이스 자료를 이용하고 다양한 조작을 할 수 있도록 한 것이다. 즉, 응용 프로그램이 실행될 때 같이 실행되도록 호스트 프로그램 언어(응용 프로그램을 작성할 때 사용되는 C, C++, Java 등의 언어)에 삽입된 SQL을 말한다.

17 ① : CREATE 또는 create
② : ALTER 또는 alter
③ : DROP 또는 drop

해설

- 정의어(DDL)는 관계 데이터베이스에서 사용될 테이블, 스키마, 도메인, 인덱스, 뷰 등을 정의(생성)하거나 수정 및 제거하기 위해 사용되는 언어이다.
- 정의어의 종류에는 CREATE문, ALTER문, DROP문이 있다.

18 ① : CHECK
② : IN

해설

- CHECK 절 : CREATE TABLE 명령문을 통해 테이블을 생성할 때 특정 속성에 대해 속성값의 범위를 지정할 때 사용된다.
- IN 절 : 특정 속성의 값이 여러 속성값 중 하나라도 일치하는 조건식을 간결하게 작성할 때 사용된다.

19 ㄱ 또는 ㄱ. 경계값 분석

해설

- 블랙박스 테스트(Black Box Test)는 소프트웨어가 수행할 특정 기능을 알기 위해 각 기능이 완전히 작동되는 것을 입증하는 테스트로, 기능 테스트라고도 한다.
- 블랙박스 테스트의 종류

동치 분할 검사	• 입력 자료에 초점을 맞춰 테스트 케이스를 만들고 검사하는 방법이다. • 입력 조건에 타당한 입력 자료와 그렇지 않은 자료의 개수를 균등하게 나눠 테스트 케이스를 설정한다.
경계값 분석	• 입력 자료에만 치중한 동치 분할 기법을 보완한 기법이다. • 입력 조건 경계값에서 오류 발생 확률이 크다는 것을 활용하여 경계값을 테스트 케이스로 선정해 검사한다.
원인-효과 그래프 검사	• 입력 데이터 간의 관계와 출력에 영향을 미치는 상황을 체계적으로 분석한다. • 효용성이 높은 테스트 케이스를 선정해 검사한다.
오류 예측 검사	• 과거의 경험이나 감각으로 테스트하는 기법이다. • 다른 테스트 기법으로는 찾기 어려운 오류를 찾아내는 보충적 검사 기법이다.
비교 검사	같은 테스트 자료를 여러 버전의 프로그램에 입력하고 같은 결과가 출력되는지 테스트하는 기법이다.

20 ㅁ 또는 ㅁ. 통합 테스트

해설

프로젝트 수행 단계에 따른 테스트의 분류

단위 테스트	• 작은 소프트웨어 단위(컴포넌트 또는 모듈)를 테스트한다. • 일반적으로 개발자 자신에 의해 수행된다. • 과거에는 시간 부족을 이유로 단위 테스트가 생략되었으나 최근에는 개발 도구의 발전으로 개발 과정 중에 자동으로 진행된다. • 단위 테스트는 아주 중요한 부분이므로 개발 도구에서 지원하지 않아도 반드시 수행한다.
통합 테스트	• 모듈 사이의 인터페이스, 통합된 컴포넌트 간의 상호 작용을 테스트한다. • 하나의 프로세스가 완성된 경우 부분적으로 통합 테스트를 수행하는 경우도 있다.
시스템 테스트	• 통합된 단위 시스템의 기능이 시스템에서 정상적으로 수행되는지를 테스트한다. • 성능 및 장애 테스트가 여기에 포함된다.
인수 테스트	• 일반적으로 최종 사용자와 업무에 따른 이해관계자 등이 테스트를 수행한다. • 개발된 제품에 대해 운영 여부를 결정하는 테스트로, 실제 업무 적용 전에 수행한다.

최신 기출문제 02회

01 ROLLBACK 또는 rollback

TCL(Transaction Control Language) 명령어

COMMIT	데이터베이스 내의 트랜잭션 연산이 성공적으로 종료되어 연산에 의한 수정 내용을 지속적으로 유지하기 위한 명령어이다.
ROLLBACK	데이터베이스 내의 트랜잭션 연산이 비정상적으로 종료되거나 정상적으로 수행이 되었다 하더라도 수행되기 이전 상태로 되돌리기 위해 연산 내용을 취소할 때 사용하는 명령이다.

02 패킷 또는 Packet

패킷 교환 방식
- 패킷이라는 단위를 사용하여 데이터를 송신하고 수신한다.
- 현재 컴퓨터 네트워크에서 주로 사용하는 방식이다.
- 메시지의 임시 저장과 실시간 처리가 가능하다.
- 대화형 데이터 통신에 적합하도록 개발된 교환 방식이다.
- 전송할 수 있는 패킷의 길이가 제한되어 있다.
- 속도, 프로토콜 및 코드 변환이 가능하다.
- 장애 발생 시 대체경로 선택이 가능하다.
- 패킷 처리 방식에 따라 가상회선 방식과 데이터그램 방식이 있다.

03 FTP

FTP(File Transfer Protocol, 파일 전송 프로토콜)는 서버와 클라이언트 사이에 파일을 전송하기 위한 응용 계층의 프로토콜이다.

04 데이터링크 또는 Data Link

OSI 7 참조 계층

계층	계층명	특징
7	응용층(Application Layer)	사용자에게 서비스 제공
6	표현층(Presentation Layer)	코드 변환, 암호화, 압축, 구문 검색
5	세션층(Session Layer)	프로세스 간 연결을 확립, 관리, 단절 수단 제공
4	전송층(Transport Layer)	통신 양단 간의 에러 제어 및 흐름 제어
3	네트워크층(Network Layer)	경로 설정 및 네트워크 연결 관리
2	데이터링크층(Data Link Layer)	흐름 제어, 에러 제어
1	물리층(Physical Layer)	기계적, 전기적, 기능적, 절차적 기능 정의

05 ① : TCP
② : UDP

TCP	• 연결형 프로토콜로 데이터의 중복이나 손실 없이 종단 간에 데이터를 전송한다. • 대표 서비스 : FTP, Telnet, HTTP, SMTP, POP, IMAP 등
UDP	• 비연결형 프로토콜로, 연결되어 있지 않아도 데이터를 송신할 수 있으며 수신측의 수신 여부는 확인하기 어렵다. • 대표 서비스 : SNMP, DNS, TFTP, NFS, NETBIOS, 인터넷 게임/방송/증권 등

06 ㄱ, ㄷ, ㄹ, ㅂ

- 라우터(Router)
  - 서로 다른 네트워크 간의 데이터를 전송하고 가장 이상적인 데이터 전달 경로를 설정하여 주는 역할을 수행하는 인터넷 네트워킹 장비이다.
  - 둘 이상의 서로 다른 네트워크에 접속하여 서로 간에 데이터를 수고받을 수 있도록 경로 신댁(라우딩), 혼잡 제이, 패킷 폐기 기능을 수행한다.
- 라우팅(Routing)
  - 라우터가 패킷을 식별하고 네트워크의 최적의 경로를 따라 전달하는 기능을 의미한다.
  - 패킷에 포함된 주소 등의 상세 정보를 이용하여 목적지까지 데이터 또는 메시지를 체계적으로 다른 네트워크에 전달하는 경로 선택(Path Determination) 그리고 스위칭(Switching)하는 과정이다.
  - 효율적인 라우팅을 위해 다양한 프로토콜 알고리즘이 구현되어 라우터에 적용된다. 대표적인 라우팅 프로토콜로는 RIP, OSPF, BGP가 있다.

07 0

해설

- 해당 프로그램은 C언어의 switch~case 명령구조와 복합 연산자를 수행한 결과 변수에 대입이 이루어진 후의 결과를 출력하는 프로그램이다.
- 변수 x와 y의 덧셈 결과는 3이므로 switch(3)이 실행되어 case 3: 영역을 실행한다.
- z -= x + y 명령의 복합 연산자의 의미는 z = z - (x + y)이다. 이를 실행하여 변수 z에는 3-3의 결과 0이 대입되며 최종 0이 출력된다.
- 해당 문제는 출력 결과를 작성하는 문제이므로 부분 점수가 부여되지 않는다.

08 7

해설

- 해당 프로그램은 C언어의 구조체 변수와 구조체 포인터 변수를 통하여 멤버변수에 연산자를 통해 접근하는 방법을 구현한 프로그램이다.
- 구조체 변수의 멤버에 접근하는 두 가지 연산자는 멤버 접근 연산자(.)와 화살표 연산자(->)가 있으며 각각의 사용 문법은 다음과 같다.

멤버 접근 연산자	구조체변수명.멤버명
화살표 연산자	구조체포인터변수명 -> 멤버명

- main() 함수에서 구조체 변수 p1, p2와 구조체 포인터 변수 p3를 선언하고 초기화한 후 멤버변수는 각각 다음과 같다.

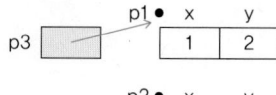

- p1.y + p2.x + p3->y 산술식의 각 항은 2 + 3 + 2로 덧셈의 수행 결과 7이 최종 출력된다.
- 해당 문제는 출력 결과를 작성하는 문제이므로 부분 점수가 부여되지 않는다.

09 8

해설

- 해당 프로그램은 C언어의 구조체와 공용체의 멤버변수가 메모리에 할당되는 방식과 구조체 변수의 매개변수 전달 Call by Reference를 통한 호출의 결과를 반영한 구조체 멤버변수의 값을 출력하는 프로그램이다.
- 해당 문제를 분석할 때 주의해야 할 부분은 자료형과 관계없는 멤버변수명이 부여되어 초기화 시 부여된 상수값을 대입하면 실수 상수(3.5)가 정수형 변수(doube_val)에 대입 처리되므로 특별히 주의하도록 한다.
- C언어의 구조체(Structure)는 멤버변수들을 연속적으로 메모리를 할당하는 사용자 정의 자료형이다.
- C언어의 공용체(Union)는 멤버변수들이 메모리 공간을 공용하여 사용하는 사용자 정의 자료형이다.

- main() 함수에서 구조체 변수 s의 선언과 초기화는 다음과 같이 할당된다.

s●	n1	n2	is_int
	5	3	1
	int_val	double_val	
	int	int	char

- addfunc(struct data *s) 함수 내에서 s->is_int의 값은 문자형 상수 1이 존재하므로 '참'에 해당하는 블록 내용을 수행하게 된다. s->n1.int_val += s->n2.int_val 명령에 의해 구조체 포인터 변수 s의 int_val은 5에 3이 누적되어 8이 대입된다.

s●	n1	n2	is_int
	8	3	1
	int_val	double_val	
	int	int	char

- addfunc() 함수를 처리한 후 반환된 main() 함수에서는 구조체 변수 s의 int_val 멤버의 값 8이 최종 출력된다.
- 해당 문제는 출력 결과를 작성하는 문제이므로 부분 점수가 부여되지 않는다.

10 41

해설

- 해당 프로그램은 C언어의 0부터 10까지의 정수 중에서 짝수를 판별 후 결과를 출력하는 프로그램이다.
- n%2 명령은 변수 n을 2로 나눈 후 나머지 값을 구하는 산술 명령이다. 나머지 값이 0이면 0과 같지 않으므로 비교했을 경우 판별 결과가 '거짓'으로 다음 명령인 sum += n을 수행하고, 나머지 값이 1이면 0과 같지 않으므로 비교했을 경우 판별 결과가 '참'으로 continue 명령을 수행한다.

n	if(n%2 != 0)		sum
0	if(0 != 0)	거짓	0+0
1	if(1 != 0)	참	-
2	if(0 != 0)	거짓	0+2
3	if(1 != 0)	참	-
4	if(0 != 0)	거짓	2+4
5	if(1 != 0)	참	-
6	if(0 != 0)	거짓	6+6
7	if(1 != 0)	참	-
8	if(0 != 0)	거짓	12+8
9	if(1 != 0)	참	-
10	if(0 != 0)	거짓	20+10
11		for 반복문 종료	

- for문의 수행 결과 변수 sum은 30이고 for문 수행의 마지막 판별에서 변수 n은 11이므로 n+sum의 결과 41이 최종 출력된다.
- 해당 문제는 출력 결과를 작성하는 문제이므로 부분 점수가 부여되지 않는다.

11 3

해설

- 해당 프로그램은 1차원 배열의 중앙 위치 요소를 기준으로 앞쪽 위치 요소와 뒤쪽 위치 요소를 포인터 변수를 이용하여 교환한 후 중앙 위치 요소를 출력하는 프로그램이다.
- main() 함수에서 func(arr, sizeof(arr)/sizeof(int)) 명령으로 2개의 매개변수 1차원 배열 arr과 배열의 요소의 개수 5를 전달하여 func() 함수를 호출한다.
- func() 함수에 전달받은 1차원 배열 arr은 func() 함수에서 포인터 변수 a로 참조된다. 위치 이동을 위한 포인터 변수 p1은 배열의 시작 위치로 포인터 변수 p2는 배열의 끝 위치로 초기화된다.
- while 반복문은 포인터 변수 p1과 p2가 교차되기 전까지만 다음과 같이 반복한다.

p1	p2	(swap(p1, p2) 전) 배열 a	(swap(p1, p2) 후) 배열 a
&a[0]	&a[4]	p1↓ ↓p2 0 1 2 3 4 1 2 3 4 5	p1↓ ↓p2 0 1 2 3 4 5 2 3 4 1
&a[1]	&a[3]	p1↓ ↓p2 0 1 2 3 4 5 2 3 4 1	p1↓ ↓p2 0 1 2 3 4 5 4 3 2 1

- func() 함수 내에서는 swap() 함수를 이용하여 Call by Refernce 매개변수를 전달하여 배열 내의 값을 두 매개변수로 전달하여 교환을 2회 수행한 후 main() 함수로 반환한다.
- main() 함수에서는 1차원 배열 arr의 2번째 요소 arr[2]의 값 3이 최종 출력된다.
- 해당 문제는 출력 결과를 작성하는 문제이므로 부분 점수가 부여되지 않는다.

12 7

해설

- 해당 프로그램은 C언어의 재귀호출을 통해 3개의 원판을 3번 기둥에서 2번 기둥으로 옮기는 이동 횟수를 출력하는 하노이탑(Tower of Hanoi) 알고리즘을 구현한 프로그램이다. 하노이탑 알고리즘을 재귀호출로 구현한 알고리즘의 핵심은 원판 N개의 경우의 하노이 함수를 구현하면 세 번의 과정으로 나누어진다는 것이다.
- myfac() 함수 내의 재귀호출 시 종료 조건을 수행하지 않고 재귀호출이 반복될 경우의 재귀호출 코드의 의미는 각각 다음과 같다.
  - myfac(n-1, from, temp, to) : n-1개의 원판을 from에서 temp로 이동시키는 방법을 계산하기 위해 재귀호출이 반복된다.
  - +1 : 가장 큰 원판을 from에서 to로 직접 이동시키는 과정으로 원판을 한 번 이동시키므로 +1을 더한다.
  - myfac(n-1, temp, to, from) : n-1개의 원판을 temp에서 to로 이동시키는 방법을 계산하기 위해 재귀호출이 반복된다.
- main() 함수의 myfac(3, 3, 2, 1) 함수의 첫 번째 인수(n)는 원판의 개수를 의미하며 2번째 인수는 출발 기둥(3번), 3번째 인수는 도착 기둥(2번), 4번째 인수는 임시 기둥(1번)을 의미하며 매개변수 4개를 전달하며 호출을 시작으로 하는 재귀호출과 반환 과정은 다음과 같다.

myfac 호출 과정	재귀호출 함수 : 매개변수			seen[c]
	n	from	to	temp	
myfac(3, 3, 2, 1) 호출	3	3	2	1	
재귀호출 명령 : ① myfac(n-1, from, temp, to) + ② 1 + ③ myfac(n-1, temp, to, from) 중 ① 재귀호출 과정					
myfac(2, 3, 1, 2) 재귀호출	2	3	1	2	
(앞) myfac(1, 3, 2, 1) 재귀호출	1	3	2	1	
(앞) myfac(0, 3, 1, 2) 재귀호출	0	3	1	2	return 0; (반환)
(앞) myfac(0, 3, 1, 2) 으로 반환	0	3	1	2	0+1+(뒤) 재귀호출
(뒤) myfac(0, 1, 2, 3) 재귀호출	0	1	2	3	return 0; (반환)
(뒤) myfac(0, 1, 2, 3) 으로 반환	0	1	2	3	0+1+0 return 1; (반환)
(앞) myfac(1, 3, 2, 1) 으로 반환	1	3	2	1	1+1+(뒤) 재귀호출
(앞) myfac(1, 2, 1, 3) 재귀호출	1	2	1	3	
(앞) myfac(0, 2, 3, 1) 재귀호출	0	2	3	1	return 0; (반환)
(앞) myfac(0, 2, 3, 1) 으로 반환	0	2	3	1	0+1+(뒤) 재귀호출
(뒤) myfac(0, 3, 1, 2) 재귀호출	0	3	1	2	return 0; (반환)
(뒤) myfac(0, 3, 1, 2) 으로 반환	0	3	1	2	0+1+0 return 1; (반환)
(뒤) myfac(1, 2, 1, 3) 으로 반환	1	2	1	3	1+1+1 return 3; (반환)
myfac(2, 3, 1, 2)으로 반환	2	3	1	2	3+1+③ 재귀호출

- 위 디버깅 표에서 살펴보듯 『①myfac(n-1, from, temp, to) + ②1 + ③myfac(n-1, temp, to, from)』식의 ①번 항의 재귀호출 반환 값이 변수 n이 2일 경우 3이므로 같은 과정과 깊이를 거친 ③번 항의 반환 값이 3이 되며, 3 + 1 + 3의 결과 7이 최종 출력된다.
- 해당 문제는 출력 결과를 작성하는 문제이므로 부분 점수가 부여되지 않는다.

13 2

해설
- 해당 프로그램은 Java의 산술 복합 연산자를 수행한 변수 num의 값을 출력하는 프로그램이다.
- 산술 복합 연산자의 수행 단계는 다음과 같다.

복합 연산자 수행	num	
num += 1;	17 + 1	18
num -= 2;	18 -2	16
num *= 3;	16 * 3	48
num /= 4;	48 / 4	12
num %= 5;	12 % 5	2

- 해당 문제는 출력 결과를 작성하는 문제이므로 부분 점수가 부여되지 않는다.

14 30

해설
- 해당 프로그램은 Java의 클래스 간 상속(extends)와 인터페이스와 클래스 간 구현(implements)의 기본 문법을 살펴 상위 클래스의 메소드 super를 통해 호출하는 구조를 이해하기 위한 프로그램이다.
- Java의 프로그램의 시작은 main() 메소드에서부터 시작되므로 D obj = new D() 명령이 가장 먼저 수행된다. new D() 명령으로 인터페이스 C를 직접 구현한 클래스 D형 객체가 생성된다. 이 객체를 참조변수 obj가 참조하게 된다.
- main() 메소드의 출력 메소드 내의 obj.getValue() 명령으로 클래스 D형 객체 생성 시 추상 메소드를 구현한 getValue() 메소드가 호출된다.
- getValue() 메소드 내에서 반환되는 b.x + b.calculate() 수식에서의 b.x는 자식 클래스 B에서 선언된 필드 x의 10이며, b.calculate() 명령으로 자식 클래스 B에서 오버라이드된 b.calculate() 메소드가 호출된다.
- b.calculate() 메소드 내의 return x + super.calculate() 명령에서 필드 x는 자식 클래스에서 선언된 10이며 super.calculate() 메소드는 부모 클래스 A의 상위 메소드가 호출되어 return x * 2 명령을 실행한 후 10을 반환 실행한다. 10 + 10의 결과 20이 자식 클래스 B의 오버라이드된 calculate() 메소드에서 반환되어 getValue() 메소드에 전달된다. 최종 getValue() 메소드에서는 10과 20을 더한 30을 main() 메소드로 전달한다.
- main() 메소드에서는 30이 최종 출력된다.
- 해당 문제는 출력 결과를 작성하는 문제이므로 부분 점수가 부여되지 않는다.

15 COUNT

해설
SELECT문 내에서 활용하는 집계함수

SUM(속성_이름)	지정된 속성의 합계를 구하는 함수
AVG(속성_이름)	지정된 속성의 평균을 구하는 함수
MAX(속성_이름)	지정된 속성의 값 중 최댓값을 구하는 함수
MIN(속성_이름)	지정된 속성의 값 중 최솟값을 구하는 함수
COUNT(속성_이름)	지정된 속성의 행 수를 세어주는 함수

16 ① : 11
② : 17

해설
- 속성명 BETWEEN 값1 AND 값2 : 속성값이 값1 이상 값2 이하의 범위값을 표현하는 조건식이다.
- 30대는 나이가 30 이상 39 이하이며, 인사팀 테이블의 직원 6명의 나이가 모두 35 미만이거나 모두 35 이상일 수 있으므로 문제 질의의 결과는 0+11(11)명 이상 6+11(17)명 이하이다.

17 ㄹ. USING

해설
- 〈학생정보〉 테이블과 〈학과인원〉 테이블에서 학과명이 같은 튜플을 JOIN하기 위해서는 두 테이블의 조인조건 속성인 '학과코드'를 기준으로 두 테이블의 일치하는 속성값의 튜플들을 자연 조인으로 결합한 결과 반환되는 결과 테이블에서 이름, 학과, 학생수를 추출하여 출력한다.
- 「SELECT 속성_리스트 FROM 테이블1 JOIN 테이블2 USING (조인속성명);」 문법에 맞게 USING 키워드를 사용하여 간결한 문법으로 두 테이블의 자연 조인을 수행한다.

18 ① : UNIQUE
② : INDEX

해설
- CREATE INDEX문은 데이터베이스 내의 자료를 보다 효율적으로 검색하기 위해 인덱스를 생성할 때 사용하는 DCL 명령문이다.
- 구문

```
CREATE [UNIQUE] INDEX 인덱스명
ON 테이블명(정렬_속성명[ASC|DESC]) [CLUSTER];
```

  - UNIQUE : 중복을 허용하지 않도록 인덱스를 생성할 때 사용되며, 생략시 중복이 허용된다.
  - ON 테이블명(정렬_속성명) : 지정된 테이블의 속성으로 인덱스를 만든다. [ASC|DESC]는 인덱스로 사용될 속성값의 정렬 방법을 나타내며 ASC는 오름차순, DESC는 내림차순을 의미한다.
  - CLUSTER : 인접된 튜플들을 물리적인 그룹으로 묶어 저장하도록 할 때 사용된다.

19 조건 커버리지 또는 Condition Coverage

해설

테스트 커버리지(Test Coverage)는 코드의 테스트가 충분한지 테스트 수행 정도를 나타내는 지표로 구문(Statement), 조건(Condition), 결정(Decision)의 기준을 갖는다.

구문 커버리지 (Statement Coverage)	코드 구조 내의 모든 구문에 대해 한 번 이상 수행하는 테스트 커버리지
결정 커버리지 (Decision Coverage)	결정 포인트 내의 모든 분기문에 대해 최소 한 번씩 수행하는 테스트 커버리지
조건 커버리지 (Condition Coverage)	결정 포인트 내의 모든 개별 조건식에 대해 수행하는 테스트 커버리지
조건/결정 커버리지 (Condition/Decision Coverage)	전체 조건식의 결과가 참 한 번, 거짓 한 번을 갖도록 개별 조건식을 조합하는데, 이때 개별 조건식도 참 한 번, 거짓 한 번을 모두 갖도록 개별 조건식을 조합하는 테스트 커버리지
변경 조건/결정 커버리지 (Modified Condition/ Decision Coverage)	조건과 결정을 복합적으로 고려한 측정 방법이며, 결정 포인트 내의 다른 개별적인 조건식 결과에 상관없이 독립적으로 전체 조건식의 결과에 영향을 주는 테스트 커버리지

20 도커 또는 Docker

해설

도커(Docker)
- 컨테이너 응용 프로그램의 배포를 자동화하는 오픈소스 엔진이다.
- 소프트웨어 컨테이너 안에 응용 프로그램들을 배치시키는 일을 자동화해 주는 오픈소스 프로젝트이자 소프트웨어이다.

최신 기출문제 03회

01 tracert

해설

tracert
- 웹사이트의 경로를 추적하고 경로의 상태 및 흐름을 파악하는 명령어이다.
- 목적지 IP 주소까지의 경로에서 중계 역할을 하는 라우터의 주소를 표시한다.

02 개체

해설

무결성 제약조건

개체 무결성	기본키는 NULL 값이 올 수 없으며, 중복될 수 없음을 나타내는 제약조건으로, 개체 무결성은 개체를 식별하기 위해서 오류가 없도록 하기 위한 제약조건이다.
참조 무결성	외래키는 NULL 값이 올 수 있으며, 참조 릴레이션(테이블)의 기본키와 같아야 하는 제약조건으로, 테이블 참조 시 오류가 없도록 하기 위한 제약조건이다.
도메인 무결성	릴레이션(테이블)에서 속성값의 범위가 정의된 경우 그 속성값은 정해진 범위 이내의 값으로 구성해야 하는 제약조건으로, 동일한 속성에 대해 데이터 타입과 데이터 길이가 동일해야 한다.

03 제2정규형 또는 2NF

해설

정규화(Normalization)

```
비정규 릴레이션
    ↓ 모든 도메인이 원자값이 되도록 분해
제1정규형(1NF)
    ↓ 부분 함수 종속 관계 제거
제2정규형(2NF)
    ↓ 이행적 함수 종속 관계 제거
제3정규형(3NF)
    ↓ 후보키가 아닌 결정자 관계 제거
BCNF
    ↓ 다치 종속 관계 제거
제4정규형(4NF)
    ↓ 후보키를 통하지 않는 조인 종속 관계 제거
제5정규형(5NF)
```

04 SNMP

해설

SNMP(Simple Network Management Protocol)
- 실시간 인터넷 방송과 네트워크 장비를 관리 감시하기 위한 응용 계층 프로토콜이다.
- 네트워크망을 관리하기 위해 관리 대상 장치 내부 객체들에 대한 정보 저장소인 MIB(Management Information Base)가 사용된다.

05 B클래스 또는 B

해설

IPv4의 클래스 구분
- 각 클래스의 네트워크 주소 : 네트워크 자체의 주소
- 호스트 주소 : 각 네트워크에 속한 호스트의 주소

A Class	• 국가, 대형 통신망 • 2^{24}=16,772,216개의 호스트 사용 가능
B Class	• 중대형 통신망 • 2^{16}=65,536개의 호스트 사용 가능
C Class	• 소규모 통신망 • 2^{8}=256개의 호스트 사용 가능
D Class	멀티캐스트용
E Class	실험적 주소, 공용되지 않음

06
① : 멀티캐스트
② : 브로드캐스트
③ : 유니캐스트

해설

IPv4의 전송 방식

멀티캐스트 (Multicast)	네트워킹 주소 지정 방식 중 특정 기준을 만족하는 스테이션 그룹으로 전송하기 위한 다중 송신자와 다중 수신자 간의 전송 방식이다.
브로드캐스트 (Broadcast)	MAC 주소는 FFFF.FFFF.FFFF이며, 어떤 특정 네트워크에 속한 모든 노드에 대하여 데이터 수신을 지시할 때 사용하는 전송 방식이다.
유니캐스트 (Unicast)	한 장비에서 다른 한 장비로 1:1 메시지를 전송하는 방식으로 IPv4에서 호스트 주소를 자동으로 설정하는 전송 방식이다.

07
① : 1
② : 1
③ : 없으며
④ : 불가능

해설

패리티 검사(Parity Check)
- 데이터 블록에 1비트의 패리티 비트(Parity Bit)를 추가하여 오류를 검출하는 방식이다.
- 오류를 검출만 가능하고 수정은 불가능한 전진 오류 수정 방식이다.
- 1bit의 오류 검출은 가능하나 그 이상의 오류 검출은 불가능하다.
- 종류 : 짝수(우수) 패리티, 홀수(기수) 패리티

08
① : green
② : red
③ : yellow

해설

HTML 색(Color) 표현

색상 이름	16진수 색상	RGB 색상
black	#000000	0,0,0
silver	#C0C0C0	192,192,192
gray	#808080	128,128,128
white	#FFFFFF	255,255,255
maroon	#800000	128,0,0
red	#FF0000	255,0,0
purple	#800080	128,0,128
fuchsia	#FF00FF	255,0,255
green	#008000	0,128,0
lime	#00FF00	0,255,0
olive	#808000	128,128,0
yellow	#FFFF00	255,255,0
navy	#000080	0,0,128
blue	#0000FF	0,0,255
teal	#008080	0,128,128
aqua	#00FFFF	0,255,255

09 6

해설

- 해당 프로그램은 C언어의 비트 논리곱 연산자(&)와 비트 논리합 연산자(|)를 통해 비트 연산 후의 정수 뺄셈을 수행 후 결과를 출력하는 프로그램이다.
- 32bit의 정수형 변수 x와 y에는 각각 3과 5가 대입되어 있으며 비트 연산 수행 시 다음과 같다.

x(3)	0	…	0	0	1	1
y(5)	0	…	0	1	0	1
x|y	0	…	0	1	1	1

x(3)	0	…	0	0	1	1
y(5)	0	…	0	1	0	1
x&y	0	…	0	0	0	1

- (x|y)의 결과 7과 (x&y)의 결과 1의 뺄셈을 수행하여 6이 최종 출력된다.
- 해당 문제는 출력 결과를 작성하는 문제이므로 부분 점수가 부여되지 않는다.

10 n * i 또는 i * n 또는 3 * i 또는 i * 3

해설

- 해당 프로그램은 반복문 for문을 이용하여 9회 반복하며, 구구단 3단의 결과 항을 만들어 출력하는 프로그램이다.
- printf() 함수의 세 번째 출력 형식 지정 문자 %d는 3이다.
- 해당 문제는 출력 결과를 작성하는 문제이므로 부분 점수가 부여되지 않는다.

11 22

> 해설

- 해당 프로그램은 C언어의 주소 연산자(&)와 포인터 연산자(*)를 통해 메모리 공간을 참조한 후 간단한 정수값들의 산술 연산을 수행하여 결과를 출력하는 프로그램이다.
- int* p = NULL; 명령문은 정수형 변수를 참조할 수 있는 포인터 변수 p를 선언한 후 NULL 값으로 초기화를 하였다.
- p = &n1; 명령문은 정수형 변수 n1을 포인터 변수 p로 참조할 수 있게 주소를 대입하였다.
- *p + n1 명령을 통해 포인터 연산자는 포인터 변수 p의 내용을 참조하여 11과 변수 n1의 값 11을 덧셈하여 22를 변수 n2에 대입하였다.
- *p - n1 + n2 명령을 수행하여, 11 - 11 + 22의 결과 22가 최종 출력된다.
- 해당 문제는 출력 결과를 작성하는 문제이므로 부분 점수가 부여되지 않는다.

12 2 3 4 5 10

> 해설

- 해당 프로그램은 포인터 변수를 이용한 버블 정렬의 오름차순을 수행 후 최종 결과를 출력하는 프로그램이다.
- int *p = a; 명령문을 통해 1차원 배열 a를 포인터 변수 p로 참조하여 버블 정렬의 각 단계를 수행하였다.

i	j	(정렬 전) 배열 a					(정렬 후) 배열 a				
0	1, 2, 3, 4	0	1	2	3	4	0	1	2	3	4
		3	4	5	10	2	3	4	5	2	10
1	2, 3, 4	0	1	2	3	4	0	1	2	3	4
		3	4	5	2	10	3	4	2	5	10
2	3, 4	0	1	2	3	4	0	1	2	3	4
		3	4	2	5	10	3	2	4	5	10
3	4	0	1	2	3	4	0	1	2	3	4
		3	2	4	5	10	2	3	4	5	10

- 해당 문제는 출력 결과를 작성하는 문제이므로 부분 점수가 부여되지 않는다.

13 7.00 그리고 9.00

> 해설

- 해당 프로그램은 C언어의 구조체 변수 간의 멤버에 접근하여 연산 후 출력하는 프로그램이다.
- 구조체 Point는 float형 멤버 변수 x와 y로 선언된 후, main() 함수에서 p1과 p2의 구조체 변수로 선언 후 초기화가 되었다.

	x	y			x	y
p1	3.5	3.5		p2	4.5	4.5

- 구조체 변수명을 통한 참조 시, 멤버 접근연산자(.)를 사용한다. 구조체 변수 p3의 멤버 변수에 구조체 변수 p1과 p2의 멤버를 덧셈 연산하여 할당하였다.

	x	y
p3	7.0	9.0

- printf() 함수를 사용하여 실수를 출력할 때에는 출력 형식 문자 %f를 사용하며, 소수 이하 자리를 출력하기 위해서는 %와 f 사이에 『%.숫자』 형식으로 지정한다. 『%.2f』는 실수 정수의 소수 이하 값이 존재한다면 소수 이하 두 번째 자리까지 출력된다.
- 해당 문제는 출력 결과를 작성하는 문제이므로 부분 점수가 부여되지 않는다.

14 1025

> 해설

- 해당 프로그램은 Java의 메소드 간의 호출과 반환 및 System.out.print() 메소드를 사용한 출력 결과를 확인하는 프로그램이다.
- new Exam() 명령을 통해 객체를 생성한 후, 참조 변수 a를 통해 두 개의 매개변수를 전달하는 A(5, 5) 메소드를 호출하였다. 5 + 5의 결과 10을 출력한 후 return 5 * 5;를 main() 메소드로 반환하여 25가 출력된다.
- 해당 문제는 출력 결과를 작성하는 문제이므로 부분 점수가 부여되지 않는다.

15 101

> 해설

- 해당 프로그램은 리스트 객체의 요소가 정수 -1이 아닌 경우를 출력하는 프로그램이다.
- continue문은 for문의 헤더 부분으로 제어를 이동하여 다음 객체 number의 요소를 순회하도록 한다.
- print() 함수 내의 end 속성의 값은 ''이므로 출력을 한 후 해당 위치에 커서가 위치한다.

n	if(n == -1):	출력
1	1 == -1 False	1
-1	-1 == -1 True	
0	0 == -1 False	0
1	1 == -1 False	1
-1	-1 == -1 True	

- 해당 문제는 출력 결과를 작성하는 문제이므로 부분 점수가 부여되지 않는다.

16 ① : INTO
② : VALUES
③ : SET

해설
- INSERT문의 『INSERT INTO 테이블명 VALUES(값1, 값2, 값3 …);』 문법에 맞게 작성한 결과 기존 테이블에 하나의 레코드가 가장 아래 위치에 삽입된다.
- UPDATE문의 『UPDATE 테이블명 SET 속성명 = 값 WHERE 조건식;』 문법에 맞게 작성한 결과 기존 테이블에서 조건에 맞는 레코드들을 추출하여 해당 속성의 값들을 갱신한다.

17 ① : AND
② : ASC
③ : NOT

해설
- SELECT문은 테이블에서 원하는 자료를 검색하고자 하는 경우에 사용되는 명령문이며, 산술식에 의한 계산도 수행한다.
- 구문

```
SELECT [DISTINCT] 속성명
FROM 테이블명
[WHERE 조건]
[GROUP BY 속성명 [HAVING 그룹조건]]
[ORDER BY 속성속성 [ASC | DESC]];
```

- WHERE 조건 : 검색에 필요한 조건을 기입하는 부분으로 관계 연산자(=, 〈 〉, 〈, 〈=, 〉, 〉=)와 논리 연산자(NOT, AND, OR) 등의 다양한 연산자를 이용할 수 있다.
- ORDER BY 속성명 : 검색하고자 하는 속성의 값을 정렬하여 검색하고자 하는 경우 사용된다. 정렬 방법은 오름차순(ASC), 내림차순(DESC)이 있다.
- IN 연산자는 속성의 값이 해당 범위의 값들 중 일치하는 값이 있을 경우 참 값을 반환한다.
- NOT IN 연산자는 속성의 값이 해당 범위의 값들 중 일치하는 값이 없을 경우 참 값을 반환한다.

18 ① : 210
② : 3
③ : 1

해설
- SELECT문의 『SELECT 속성목록 FROM 테이블명 WHERE 조건식;』 문법에 맞게 작성한 결과에는 중복된 데이터가 검색된다. 이때, 중복된 데이터(튜플)를 제거하기 위해 DISTINCT를 속성명 앞에 작성하여 중복 제거를 한다.
- SQL문 ①은 〈학생〉 테이블에서 학과 속성을 추출하여 테이블 내의 210개의 모든 튜플을 추출하여 출력한다.
- SQL문 ②는 〈학생〉 테이블에서 학과 속성을 추출하여 테이블 내의 210개의 모든 튜플을 추출한 후, 중복된 튜플을 제거하여 3개의 튜플만 출력한다.
- SQL문 ③은 〈학생〉 테이블에서 컴퓨터과 학생 튜플을 추출하여 테이블 내의 100개의 '컴퓨터' 값을 튜플에 대해 중복된 튜플을 제거하여 1개의 튜플만 추출하여 COUNT() 함수를 통해 개수를 집계하여 1을 출력한다.

19 블랙박스 테스트 : ㄴ, ㅁ, ㅂ
화이트박스 테스트 : ㄱ, ㄷ, ㄹ

해설
- 화이트박스 테스트(White Box Test)
  - 프로그램의 내부 로직(수행 경로 구조, 루프 등)을 보면서 테스트를 수행한다.
  - 모듈의 논리적인 구조를 체계적으로 점검할 수 있다.
  - 코드 커버리지는 프로그램의 소스 코드의 테스트 수행 정도를 표시한다.
  - 종류 : 기초 경로 테스트, 루프 테스트, 데이터 흐름 테스트, 조건 테스트, 구문 커버리지, 조건 커버리지, 결정 커버리지, 변경/조건 커버리지 등
- 블랙박스 테스트(Black Box Test)
  - 프로그램의 외부 사용자 요구사항 명세를 보면서 테스트하는 것으로, 주로 구현된 기능을 테스트한다.
  - 프로그램의 구조를 고려하지 않는다.
  - 종류 : 동등(균등, 동치) 분할, 경계값 분석, 오류 예측, 원인 결과 그래프, 비교 테스트 등

20 드라이버 또는 테스트 드라이버 또는 Test Driver

해설
- 테스트 스텁(Test Stub)
  - 하향식 테스트 시 상위 모듈은 존재하나 하위 모듈이 없는 경우의 테스트를 위해 임시 제공되는 모듈이다.
  - 골격만 있는 또는 특별한 목적의 소프트웨어 컴포넌트를 구현한 것을 의미한다.
  - 스텁을 호출하거나 스텁에 의존적인 컴포넌트를 개발하거나 테스트할 때 사용한다.
- 테스트 드라이버(Test Driver)
  - 상향식 테스트 시 상위 모듈 없이 하위 모듈이 존재할 때 하위 모듈 구동 시 자료 입출력을 제어하기 위한 제어 모듈(소프트웨어)이다.
  - 컴포넌트나 시스템을 제어하거나 호출하는 컴포넌트를 대체하는 모듈이다.

최신 기출문제 04회

01 ① : BIOS
　　② : 버퍼링 또는 Buffering

해설

BIOS	컴퓨터에서 전원을 켜면 가장 먼저 운영체제가 동작하기 전에 컴퓨터의 자기진단과 주변기기 점검 등의 기본적인 기능을 처리해 주는 프로그램이다.
버퍼링 (Buffering)	CPU와 입출력 장치 사이의 속도 차이를 해소하기 위해 메모리 영역에 자료를 잠시 저장해서 입출력 장치의 느린 속도를 보완해 주는 방법이다.

02 ① : ㄱ 또는 ㄱ. 디스패치
　　② : ㄷ 또는 ㄷ. 작업 스케줄러
　　③ : ㅁ 또는 ㅁ. 프로세스 스케줄러
　　④ : ㅇ 또는 ㅇ. 트래픽 제어기

해설

디스패치	프로세스의 상태 변화 중 준비 상태의 우선순위가 가장 높은 프로세스를 선정하여 CPU를 할당함으로써 실행 상태로 전환하는 작업을 말한다.
스풀러	인쇄 작업을 일시적으로 저장하고, 프린터가 해당 작업을 순서대로 처리할 수 있게 한다.
작업 스케줄러	'장기 스케줄러'라고도 하며, 어느 프로세스에 메모리를 할당하여 준비 큐로 보낼지를 결정하는 역할을 한다. 생성(new) 상태의 프로세서를 준비(ready) 상태로 전환시킨다.
중기 스케줄러	우선순위가 가장 낮은 프로세스나 일정 시간 동안 활성화되지 않았던 프로세스들을 디스크로 내려 메모리에 적재된 프로세스의 수를 관리한다.
프로세스 스케줄러	'단기 스케줄러', 'CPU 스케줄러'라고도 하며, 준비 큐에 있는 준비(ready) 상태의 프로세스들 중 하나의 프로세스를 실행(running) 상태로 전환할 것을 결정한다.
프로시저	절차형 SQL을 활용하여 특정 기능을 수행하는 일종의 트랜잭션 언어이다.
컴파일러	인간이 만든 고급언어를 컴퓨터가 해석할 수 있는 저급언어로 번역하는 과정이다.
트래픽 제어기	모든 프로세스의 상태를 파악하여 프로세스 관리하며, 모든 상태 전환을 수행하며 프로세스 간의 통신과 동기화를 조정한다.

03 ① : 릴레이션 또는 Relation
　　② : 도메인 또는 Domain
　　③ : and 또는 AND
　　④ : having 또는 HAVING
　　⑤ : values 또는 VALUES

해설

릴레이션 (Relation)	관계 데이터 모델은 자료의 저장 형태를 2차원 구조로 표(테이블)로 표현하는 방법을 말한다. 릴레이션을 구성하는 각 열을 속성(Attribute)이라고 하며, 한 행을 구성하는 속성들의 집합을 튜플(Tuple)이라고 한다.
도메인 (Domain)	하나의 속성이 가질 수 있는 값의 범위이며, 도메인을 만들 때 속성의 값으로 올 수 있는 범위를 제한함으로써 범위 외의 값은 올 수 없도록 한다.
HAVING	관계 데이터베이스에서 검색 시 필요에 따라 속성의 값을 그룹으로 분류하고자 할 때 'GROUP BY' 구문을 사용하며 'GROUP BY' 구문을 사용하여 그룹에 대한 조건을 제시하는 경우 HAVING을 이용한다.
AND	SELECT문의 조건절 WHERE절 내의 조건이 여러 가지일 경우, 해당 조건을 모두 만족할 경우 검색 시 AND 논리곱 연산자를 사용한다. SELECT 속성리스트 FROM 테이블명 WHERE 조건식1 AND 조건식2;
HAVING	관계 데이터베이스에서 검색 시 필요에 따라 속성의 값을 그룹으로 분류하고자 할 때 'GROUP BY' 구문을 사용하며 'GROUP BY' 구문을 사용하여 그룹에 대한 조건을 제시하는 경우 HAVING을 이용한다.
VALUES	기존의 테이블에 새로운 레코드를 삽입할 때, INSERT 명령을 이용한다. INSERT INSERT 테이블명(속성1, 속성2, 속성3) 　VALUES(값1, 값2, 값3);

04 ① : 정규화 또는 Normalization
　　② : 이상 또는 Anomaly
　　③ : 갱신
　　④ : C
　　⑤ : BCNF 또는 보이스코드 정규형

해설

정규화 (Normalization)	데이터베이스의 논리적 설계 단계에서 데이터의 중복을 최소화하고 여러 가지 이상 현상을 제거하기 위해서, 함수적 종속성과 기본 키를 기반으로 주어진 릴레이션 스키마를 분해하는 과정이다.
이상(Anomaly)	속성들 간에 존재하는 여러 종류의 종속 관계를 하나의 릴레이션에 표현할 때 발생한다. 삭제 이상, 삽입 삭제, 갱신 이상이 있다.
이행적 함수 종속	A→B이고 B→C일 때, A→C를 만족하는 함수 종속의 추론 규칙이다.
BCNF (보이스코드 정규형)	1NF, 2NF, 3NF 정규형을 만족하며, 테이블 R에 존재하는 모든 함수적 종속에서 결정자가 후보키이다.

05 ㄷ - ㄴ - ㄹ - ㅁ - ㄱ

해설

데이터 전송 제어 절차 : 통신 회선 접속 → 데이터 링크 확립 → 데이터 전송 → 데이터 링크 종결 → 통신 회선 절단

06 ㄴ, ㄷ, ㄹ

해설

데이터 회선 방식

전용 회선 방식	통신 사업자가 사전에 계약을 체결한 송신자와 수신자끼리만 데이터를 교환하는 방식이다.
교환 회선 방식	공중망을 활용하여 다수의 사용자가 선로를 공유하는 방식이다.

교환 회선 — 회선 교환 — 메시지 교환
            └ 축적 교환 — 패킷 교환 — 가상 회선
                                   └ 데이터그램

07 CONTROL

해설

HDLC(High-level Data Link Control)
- 각 프레임에 데이터 흐름을 제어하고 오류를 검출할 수 있는 비트열을 삽입하여 전송하는 비트 방식의 데이터 링크 프로토콜이다.
- 동작 모드 : 정상 응답 모드(NRM), 비동기 응답 모드(ARM), 비동기 균형 모드(ABM)
- 프레임 구조 : 플래그, 주소부, 제어부, 정보부, FCS, 플래그로 구성

플래그(Flag)	• 프레임의 시작과 끝을 표시한다. • 8비트로 구성되며 고유의 비트 패턴으로 제한한다.
주소부(Address)	• 프레임을 송수신하는 스테이션을 구별하기 위해 사용한다. • 모든 스테이션에게 프레임을 전송할 때는 주소값으로 '11111111'을 사용한다.
제어부(Control)	정보 프레임, 감시 프레임, 무번호 프레임의 3종류 프레임을 정의한다.

08 FEC

해설

전송 오류 제어 방식

전진 오류 수정 (FEC, Forward Error Correction)	• 데이터 전송 과정에서 오류가 발생하면 수신측에서 오류를 검출하여 스스로 수정하는 방식이다. • 역채널이 필요 없으며, 연속적인 데이터의 흐름이 가능하다. • 오류 검출과 수정을 위해 해밍 코드와 상승 코드를 사용한다.
후진 오류 수정 (BEC, Backward Error Correction)	• 데이터 전송 과정에서 오류가 발생하면 송신측에 재전송을 요구하는 방식이다. • 역채널이 필요하다.

09 ① : 패킷
② : 프레임
③ : 비트
④ : 세그먼트

해설

PDU	계층	OSI 계층 설명
패킷	네트워크 계층 (3계층)	여러 개의 노드를 거칠 때마다 경로를 찾아주는 역할을 하는 계층
프레임	데이터 링크 계층(2계층)	물리적 연결을 이용해 신뢰성 있는 정보를 전송하기 위해 동기화, 오류 제어, 흐름 제어, 접근 제어 등의 전송 에러를 제어하는 계층
비트	물리 계층(1계층)	실제 장치들 간의 기계적, 전기적, 절차적 특성을 정의한 계층
세그먼트	전송 계층(4계층)	종단 간 신뢰성 있고 효율적인 데이터 전송을 다루는 계층

10 4

해설

- 해당 프로그램은 문자열 내의 문자 중 알파벳 대문자의 개수를 출력하는 프로그램이다.
- 헤더파일 string.h를 통해 문자열의 길이를 반환하는 strlen() 함수 사용하였다. strlen() 함수는 문자열 내의 널 문자('\0')를 제외한 문자의 개수를 반환한다.

i	ch = str[i];	if(ch >= 'A' && ch <= 'Z')		cnt
0	'a'	('a' >= 'A') && ('a' <= 'Z')	거짓	0
1	'b'	('b' >= 'A') && ('b' <= 'Z')	거짓	0
2	'C'	('C' >= 'A') && ('C' <= 'Z')	참	1
3	'D'	('D' >= 'A') && ('D' <= 'Z')	참	2
4	'E'	('E' >= 'A') && ('E' <= 'Z')	참	3
5	'f'	('f' >= 'A') && ('f' <= 'Z')	거짓	3
6	'G'	('G' >= 'A') && ('G' <= 'Z')	참	4
7	'h'	('h' >= 'A') && ('h' <= 'Z')	거짓	4

- 해당 문제는 출력 결과를 작성하는 문제이므로 부분 점수가 부여되지 않는다.

11 출력2:tset
　　출력1:gnirts

해설

- 해당 프로그램은 동적 메모리 할당을 통해 입력받은 문자열을 뒤집어 역순으로 출력하는 프로그램이다.
- 헤더파일 stdlib.h를 통해 동적 메모리 할당을 받는 malloc() 함수와 메모리 해제를 하는 free() 함수를 사용하였다.
- 헤더파일 string.h를 통해 문자열의 길이를 반환하는 strlen() 함수와 문자열을 복사하는 strcpy()를 사용하였다.
- 첫 번째 for문에서는 1차원 포인터 배열 str에 2개의 문자열을 실행 시간에 키보드로부터 입력받았다.
- 두 번째 for문에서는 입력받은 1차원 포인터 배열 str의 2개의 문자열을 역순으로 각 문자에 접근하여 출력하였다.

i	strlen(str[i])	str[i]						
0	b[0] = 11 % 2;	str[0]	0	1	2	3	4	5
			s	t	r	i	n	g
1	b[1] = 5 % 2;	str[1]	0	1	2	3	4	
			t	e	s	t	\0	

(str[0]의 6번 칸은 \0)

- 해당 문제는 출력 결과를 작성하는 문제이므로 부분 점수가 부여되지 않는다.

12 334

해설

- 해당 프로그램은 do-while 문을 수행하며, 정수 329 이상의 정수 999의 약수를 구한 후 약수보다 1 큰 정수를 출력하는 프로그램이다.

i	num	
329	999 % 329	12
330	999 % 330	9
331	999 % 331	6
332	999 % 332	3
333	999 % 333	0
334	최종 결과 출력	

- 해당 문제는 출력 결과를 작성하는 문제이므로 부분 점수가 부여되지 않는다.

13 21

해설

- 해당 프로그램은 Java의 1차원 배열의 모든 요소의 값을 each-for 문을 통해 차례대로 방문하여 변수 sum에 누적 합계를 구한 후 출력하는 프로그램이다.
- each-for 문에서 배열의 모든 요소를 차례대로 참조하는 변수 i의 값은 다음과 같다.

i		sum	
nums[0]	1	0+1	1
nums[1]	2	0+1+2	3
nums[2]	3	0+1+2+3	6
nums[3]	4	0+1+2+3+4	10
nums[4]	5	0+1+2+3+4+5	15
nums[5]	6	0+1+2+3+4+5+6	21

- 해당 문제는 출력 결과를 작성하는 문제이므로 부분 점수가 부여되지 않는다.

14 ① : duckcnt
　　② : pigcnt

해설

- 해당 프로그램은 Java의 Scanner 클래스를 통한 정수 입력 후 if~else 문으로 값을 분류하는 while 문을 이용하여 무한 반복을 하는 프로그램이다.
- while 문은 항상 true 상수값으로 판별되어 반복 구문을 수행한다. 입력된 정수가 2나 4가 아닐 경우 break 문을 통해 무한 반복을 종료한다.
- 키보드를 통해 입력받은 정수값을 갖는 변수 leg가 2일 경우 변수 duckcnt에, 4일 경우 변수 pigcnt에 각각 1씩 누적하여, 최종 결과 pigcnt의 3과 duckcnt의 2를 더하여 5가 출력된다.
- 해당 문제는 출력 결과를 작성하는 문제이므로 부분 점수가 부여되지 않는다.

15 49
    100
    91

해설

- 해당 프로그램은 리스트 객체의 요소를 삭제한 값을 반환하는 pop() 메소드를 실행 후 삭제된 값을 출력하는 프로그램이다.
- 리스트 객체의 pop() 메소드는 주어진 인덱스의 요소값을 삭제한 후 반환하는 기능의 메소드이다.
- pop() 메소드의 인덱스를 지정하지 않으면 가장 뒤 인덱스부터 한 개의 요소값을 삭제한 후 반환한다.

(실행 전) 리스트 ls 객체	pop() 메소드 실행	(실행 후) 리스트 ls 객체	삭제 후 출력되는 요소
ls [0:81][1:91][2:72][3:100][4:49]	ls.pop()	ls [0:81][1:91][2:72][3:100]	49
ls [0:81][1:91][2:72][3:100]	ls.pop()	ls [0:81][1:91][2:72]	100
ls [0:81][1:91][2:72]	ls.pop()	ls [0:81][2:72]	91

- 해당 문제는 출력 결과를 작성하는 문제이므로 부분 점수가 부여되지 않는다.

16 ① : 학과
    ② : 학생수 <= 30

해설

- SELECT 문은 테이블에서 원하는 자료를 검색하고자 하는 경우에 사용되는 명령문이며, 산술식에 의한 계산도 수행한다.
- 구문

```
SELECT [DISTINCT] 속성명
FROM 테이블명
[WHERE 조건]
[GROUP BY 속성명 [HAVING 그룹조건]]
[ORDER BY 속성명 [ASC | DESC]];
```

- WHERE 조건 : 검색에 필요한 조건을 기입하는 부분으로 관계 연산자(=, 〉, 〈, 〈=, 〉, 〉=)와 논리 연산자(NOT, AND, OR) 등의 다양한 연산자를 이용할 수 있다.

17 ① : AND
    ② : DISTINCT
    ③ : IN

해설

SELECT 문의 WHERE 조건
- 검색에 필요한 조건을 기입하는 부분으로 관계 연산자(=, 〉, 〈, 〈=, 〉, 〉=)와 논리 연산자(NOT, AND, OR) 등의 다양한 연산자를 이용할 수 있다. 여러 조건식을 모두 만족해야 하는 경우 AND 연산자를 사용하고 여러 조건식 중 한 조건만 만족해도 되는 경우는 OR 연산자를 사용한다.
- DISTINCT는 검색 결과에 중복되는 값이 있는 경우 SELECT 절에 해당 속성의 값이 한 번만 표현하도록 하는 옵션이며, 생략 시 중복된 값이 모두 표시된다.
- IN 연산자는 속성의 값이 해당 범위의 값들 중 일치하는 경우 참 값을 반환한다.

18 ① : SET
    ② : WHERE

해설

- UPDATE 문은 테이블의 자료(튜플) 중에서 값을 변경하고자 하는 경우 사용되는 명령문이다.
- 구문

UPDATE 테이블_이름 SET 속성_이름 = 변경 내용 [WHERE 조건];

19 ① : 사용자요구사항
    ② : 분석
    ③ : 설계
    ④ : 구현
    ⑤ : 단위
    ⑥ : 통합
    ⑦ : 시스템
    ⑧ : 인수

해설

V 모델의 소프트웨어 개발 단계

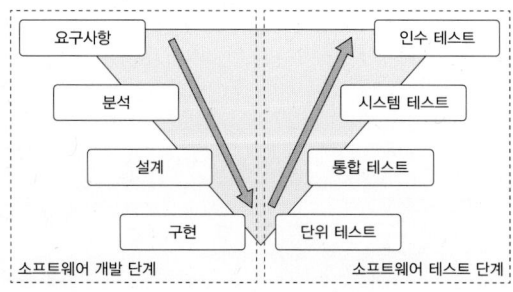

20 코드 인스펙션 또는 Code Inspection

> 해설

코드 인스펙션(Code Inspection)
- 프로그램을 수행시켜보는 것 대신에 읽어보고 눈으로 확인하는 방법으로 볼 수 있다.
- 정적 테스트 시에 활용하는 기법으로 코드 품질 향상 기법 중 하나이다.
- 결함과 함께 코딩 표준 준수 여부, 효율성 등의 다른 품질 이슈를 검사하기도 한다.
- 코드 리뷰 시 역할과 절차, 체크리스트를 기준으로 결함을 식별하는 공식적인 리뷰 기법이다.

최신 기출문제 05회

01 ① : ㅂ 또는 B. 스키마
② : ㄱ 또는 ㄱ. 속성

> 해설

관계 데이터 모델 용어

릴레이션(Relation)	자료 저장의 형태가 2차원 구조의 테이블(표)로 표현
속성(Attribute)	릴레이션을 구성하는 각 열(Attribute=Column=Filed)
튜플(Tuple)	릴레이션의 한 행을 구성하는 속성들의 집합 (Tuple=Row=Record)
도메인(Domain)	하나의 속성이 가질 수 있는 값들의 범위
스키마(Schema)	데이터베이스의 전체적인 구조와 제약조건에 대한 명세를 기술·정의한 것
릴레이션 인스턴스 (Relation Instance)	릴레이션에서 어느 시점까지 입력된 튜플들의 집합
디그리(Degree, 차수)	릴레이션을 구성하는 속성(항목)의 수
카디널리티 (Cardinality, 기수)	릴레이션에 입력된 튜플(레코드)의 수

02 차수 : 5
카디널리티 : 3

> 해설

디그리(Degree, 차수)	릴레이션을 구성하는 속성(항목)의 수
카디널리티(Cardinality, 기수)	릴레이션에 입력된 튜플(레코드)의 수

03 ①-ㄴ, ②-ㄱ, ③-ㄹ, ④-ㄷ

> 해설

무결성 제약조건(Integrity Constraint)

고유(Unique) 무결성	특정 속성에 대해 고유한 값을 가지도록 조건이 주어진 경우, 그 속성값은 모두 달라야 하는 제약조건이다.
도메인(Domain) 무결성	릴레이션에서 속성값의 범위가 정의된 경우 그 속성값은 정해진 범위 이내의 값으로 구성해야 하는 제약조건이다.
참조(Referential) 무결성	외래키는 NULL 값이 올 수 있으며, 참조 릴레이션의 기본키와 같아야 하는 제약조건이다.
개체(Entity) 무결성	기본키는 NULL 값이 올 수 없으며, 중복될 수 없음을 나타내는 제약조건으로, 개체를 식별하기 위해서 오류가 없도록 하기 위한 제약조건이다.

04 제4정규형 또는 4NF

해설

정규화(Normalization)

```
비정규 릴레이션
    │ 모든 도메인이 원자값이 되도록 분해
제1정규형(1NF)
    │ 부분 함수 종속 관계 제거
제2정규형(2NF)
    │ 이행적 함수 종속 관계 제거
제3정규형(3NF)
    │ 후보키가 아닌 결정자 관계 제거
BCNF
    │ 다치 종속 관계 제거
제4정규형(4NF)
    │ 후보키를 통하지 않는 조인 종속 관계 제거
제5정규형(5NF)
```

05 ARP

해설

인터넷 계층(네트워크 계층) 주소와 링크 계층 주소 사이의 변환을 담당하는 프로토콜
- ARP(Address Resolution Protocol) : IP 주소 → MAC 주소
- RARP(Reverse Address Resolution Protocol) : MAC 주소 → IP 주소

06 ① : 128
　　② : QoS

해설

- IPv6
  - IPv4의 주소 자원 부족과 인터넷 보안의 강화를 위해 개발된 주소 체계이다.
  - IPv6 주소는 128비트로, 16비트씩 8부분으로 구분한다.
- QoS(Quality Of Service) : 통신 서비스에서 사용자가 특정 응용 서비스 사용에 만족하는 정도를 나타내는 서비스 품질 척도이다.

07 ICMP

해설

ICMP(Internet Control Message Protocol)
- 송신 측의 상황과 목적지 노드의 상황을 진단하는 프로토콜이다.
- 호스트 서버와 인터넷 게이트웨이 사이에서 메시지를 제어하고 오류를 알려주는 프로토콜이다.
- IP 프로토콜에서 오류 보고와 오류 수정 기능. 호스트와 관리 질의를 위한 제어 메시지를 관리하는 인터넷 계층(네트워크 계층) 프로토콜로, 메시지는 하위 계층으로 가기 전에 IP 프로토콜 데이터그램 내에 캡슐화된다.
- ICMP를 사용하는 명령어는 Ping, Tracert, Echo 등이 있다.

08 ① : ㄹ
　　② : ㄱ
　　③ : ㄴ
　　④ : ㄷ

해설

TCP 연결 해제 시 4-way Handshaking 방식

STEP 1	• 송신자 → 수신자 FIN 세그먼트 • 송신자가 연결을 종료하겠다는 FIN 플래그를 전송한다. 이때 송신자는 FIN-WAIT 상태가 된다.
STEP 2	• 수신자 → 송신자 ACK 세그먼트 • 수신자는 FIN 플래그를 받고, 일단 확인 메시지 ACK를 보내고 자신의 통신이 끝날 때까지 기다리는데 이 상태가 수신자의 CLOSE_WAIT 상태이다.
STEP 3	• 수신자 → 송신자 FIN 세그먼트 • 연결을 종료할 준비가 되면, 연결 해지를 위한 준비가 되었음을 알리기 위해 송신자에게 FIN 플래그를 전송한다. 이때 수신자의 상태는 LAST-ACK이다.
STEP 4	• 송신자 → 수신자 ACK 세그먼트 • 송신자는 해지 준비가 되었다는 ACK를 확인했다는 메시지를 보낸다. 송신자의 상태가 FIN-WAIT에서 TIME-WAIT로 변경된다.

09 ① : 443
　　② : 22
　　③ : 143

해설

TCP 프로토콜의 Well-known Port

TCP 프로토콜	포트 번호	특징
DNS	53	DNS 질의응답 및 호스트 도메인 이름을 네트워크 주소로 바꾸거나 반대 변환을 수행하는 프로토콜
FTP(데이터)	20	데이터 포트 - FTP의 데이터 전송 프로토콜
FTP(제어)	21	제어 포트 - FTP의 데이터 전송 제어 (PUT, GET 등의 FTP 명령 전송) 프로토콜
Telnet	23	대화 방식의 원격 명령 라인 세션에 사용되는 프로토콜
SMTP	25	메일 메시지 전송 프로토콜
HTTP	80	웹 전송 프로토콜
HTTPS	443	암호화된 웹 전송 프로토콜
SSH	22	암호화된 원격 로그인에 사용되는 프로토콜
IMAP	143	인터넷 메시지 접근 프로토콜로 서버에 저장된 메일박스에 접근하기 위한 프로토콜

10 ① : &max
　　② : &min

해설

- 해당 프로그램은 C언어의 매개변수 전달 기법 중 Call by Pointer/Address(주소에 의한 호출)가 적용된 두 정 중 큰 값과 작은 값을 출력하는 프로그램이다.
- main() 함수에서 compare() 함수 호출 시 4개의 실인수가 전달된다. 이 중 3과 7은 값 자체가 전달되므로 Call by Value(값에 의한 호출)에 의해 매개변수가 전달되며, 전달된 가인수 3과 7은 각각 변수 i와 변수 j에 대입된다. 이후 큰 값과 작은 값을 구별하는 판별을 선택문으로 수행한다. compare() 함수에는 큰 값과 작은 값을 구한 후 반환문(return)이 존재하지 않는다.
- main() 함수에서 compare() 함수의 호출 시 매개변수를 통한 처리와 결과 반환을 위해서 변수 min과 변수 max의 주소를 전달해야 하므로 빈칸 ①과 ②에는 두 변수의 주소 연산자(&)를 통해 실인수를 전달시켜야 한다.

11 13
　　35

해설

- 해당 프로그램은 1차원 배열을 함수 호출 시 매개변수로 전달한 후, 배열명의 연산을 통해 배열의 요소를 출력하는 프로그램이다.
- main() 함수에서 sub(a); 명령문과 sub(a + 2); 명령문을 통해 sub() 함수를 각각 호출하고 호출된 sub() 함수 내에서는 2번씩 정수값을 출력 후 반환한다.
- sub() 함수의 printf("%d", *a); 명령문은 1차원 배열의 이름(시작 주소)의 내용인 a[0]을 출력한다.
- sub() 함수의 printf("%d", a[2]); 명령문은 1차원 배열의 내용인 a[2]를 출력한다.

sub(a); 호출

- main() 함수

a	0	1	2	3	4	5	6	7	8	9
	1	2	3	4	5	6				

- sub() 함수

a	0	1	2	3	4	5	6	7	8	9
	1	2	3	4	5	6				

sub(a+2); 호출

- main() 함수

a	0	1	2	3	4	5	6	7	8	9
	1	2	3	4	5	6				

- sub() 함수

a	0	1	2	3	4	5	6	7
	3	4	5	6				

- 해당 문제는 출력 결과를 작성하는 문제이므로 부분 점수가 부여되지 않는다.

12 15 23 26 31

해설

- 해당 프로그램은 1차원 배열의 6개의 요소에 대한 버블정렬의 오름차순 후 배열 내 일부 요소만 출력하는 프로그램이다.
- 버블정렬 방법으로 1차원 배열의 인접한 요소를 차례대로 비교하여 정렬하는 알고리즘이다.

i	j	if(E[j] > E[j+1])		차원 배열 E					
					0	1	2	3	4	5
0	0	12 > 31	거짓	(교환 X)	E	12	31	26	36	15	23
0	1	31 > 26	참	(교환 O)	E	12	26	31	36	15	23
0	2	31 > 36	거짓	(교환 X)	E	12	26	31	36	15	23
0	3	36 > 15	참	(교환 O)	E	12	26	31	15	36	23
0	4	36 > 23	참	(교환 O)	E	12	26	31	15	23	36
1	0	12 > 26	거짓	(교환 X)	E	12	26	31	15	23	36
1	1	26 > 31	거짓	(교환 X)	E	12	26	31	15	23	36
1	2	31 > 15	참	(교환 O)	E	12	26	15	31	23	36
1	3	31 > 23	참	(교환 O)	E	12	26	15	23	31	36
...											
5	0	12 > 15	거짓	(교환 X)	E	12	15	23	26	31	36

- 출력 결과를 작성 시 최종 회전 단계를 수행한 결과에서 일부만을 출력하는 것에 주의해야 한다. 배열 E의 1번째 요소에서 4번째 요소만 반복하여 출력한다.
- 해당 문제는 출력 결과를 작성하는 문제이므로 부분 점수가 부여되지 않는다.

13 1234

해설

- 해당 프로그램은 재귀호출 함수를 통해 정수를 전달받아 1부터 해당 정수까지를 출력하는 프로그램이다.
- 재귀호출과 반환 과정은 다음과 같다.

print(4) 호출		
print(3) 재귀호출		
print(2) 재귀호출		
print(1) 재귀호출	printf("%d", 1);	(출력 후 반환)
print(2)로 반환	printf("%d", 2);	(출력 후 반환)
print(3)으로 반환	printf("%d", 3);	(출력 후 반환)
print(4)로 반환	printf("%d", 4);	(출력 후 반환)

- 해당 문제는 출력 결과를 작성하는 문제이므로 부분 점수가 부여되지 않는다.

14 4 또는 SIZE

해설

- 해당 프로그램은 4행 4열의 정방행렬에 1부터 16까지 정수를 나선형 방향으로 대입하고 출력하는 달팽이 배열 프로그램이다.
- 문제의 c = (c + 1) % 4; 명령문은 2차원 배열에 행(변수 x)이 고정되고 열(변수 y)이 위치를 이동하며 대입하는 상황에서 열(변수 y)의 방향을 오른쪽에서 왼쪽, 왼쪽에서 오른쪽으로 이동하기 위해 변수 sign을 -1과 +1로 번갈아가며 다음과 같이 대입한다.

i	(c + 1) % 4	c	sign	변수 y 이동 방향
3	(0+1) % 4 → 1	1	-1	← (오른쪽에서 왼쪽)
2	(1+1) % 4 → 2	2	+1	→ (왼쪽에서 오른쪽)
1	(2+1) % 4 → 3	3	-1	← (오른쪽에서 왼쪽)

15 50

해설

- 해당 프로그램은 객체를 생성하여 참조변수를 통해 호출한 메소드에서 처리한 결과를 반환받아 출력하는 프로그램이다.
- new A() 명령문을 통해 객체를 메모리 힙에 생성시킨 후, 참조변수 obj에 대입한다.
- obj.f(25, 25) 명령문은 참조변수 obj를 통해 인스턴스 메소드를 호출하여 50을 반환한 후 결과를 출력한다.
- 해당 문제는 출력 결과를 작성하는 문제이므로 부분 점수가 부여되지 않는다.

16 10

해설

- 해당 프로그램은 정수 0부터 4까지를 func() 메소드를 호출하여 클래스의 static 필드 a에 누적하여 출력하는 프로그램이다.
- Java 프로그램의 실행의 시작은 main() 메소드이며 static 메소드 func()를 5번 호출하여 다음과 같이 static 필드 a의 값을 대입한다.

i	func(i);	a + tmp	a
0	func(0);	0 + 0	0
1	func(1);	0 + 1	1
2	func(2);	1 + 2	3
3	func(3);	3 + 3	6
4	func(4);	6 + 4	10

- 해당 문제는 출력 결과를 작성하는 문제이므로 부분 점수가 부여되지 않는다.

17 Berry
Apple

해설

- 해당 프로그램은 클래스 간 상속(자식 클래스 Apple이 부모 클래스 Berry를 상속받음)과 다형성을 구현한 프로그램이다.
- main() 메소드에서 A.meth()를 호출하면 부모로부터 상속받은 meth() 메소드가 호출되고 func(); 명령문을 실행한다.
- func() 메소드는 자식 클래스에서 오버라이딩(재정의)된 메소드가 호출되어 메소드 내부의 명령문을 차례대로 다음과 같이 실행한다.

str = "Apple";	자식 클래스의 필드 str에 "Apple" 대입
super.str = "Berry";	부모 클래스의 필드 str에 "Berry" 대입
super.func();	부모 클래스의 func() 메서드 호출 실행 → Berry 출력
System.out.println(str);	자식 클래스의 필드 str 출력 → Apple 출력

- 해당 문제는 출력 결과를 작성하는 문제이므로 부분 점수가 부여되지 않는다.

18 SELECT DISTINCT GRADE FROM CUSTOMER;
또는
select distinct grade from customer;

해설

- SELECT 문의 『SELECT 속성목록 FROM 테이블명 WHERE 조건식;』 문법에 맞게 작성한 결과에는 중복된 데이터가 검색될 수 있으므로 DISTINCT를 속성명 앞에 작성하여 중복 제거를 한다.
- 해당 문제는 실행 명령문 전체를 작성하는 문제이므로 부분 점수가 부여되지 않는다.

19 ① : ㅁ 또는 ㅁ. Verification
② : ㄹ 또는 ㄹ. Validation

해설

검증 (Verification)	제품의 생산 과정을 테스트하는 것으로, 올바른 제품을 생산하고 있는지 검증한다.
확인 (Validation)	생산된 제품의 결과를 테스트하는 것으로, 생산된 제품이 정상적으로 동작하는지 확인한다.
인수 테스트 (Acceptance Test)	일반적으로 최종 사용자와 업무에 따른 이해관계자 등이 테스트를 수행함으로써 개발된 제품에 대해 운영 여부를 결정하는 테스트이다.
동적 테스트 (Dynamic Test)	프로그램의 실행을 요구하는 테스트로 화이트박스 테스트와 블랙박스 테스트가 있다.
정적 테스트 (Static Test)	프로그램 실행 없이 소스코드의 구조를 분석하여 논리적으로 검증하는 테스트로 인스펙션, 코드 검사, 워크스루 등이 있다.
테스트 커버리지 (Test Coverage)	테스트 데이터를 선택하기 위하여 검증 기준으로, 전체 프로그램의 범위 대비 테스트 수행 시 해당 테스트 수행을 위해 동작된 프로그램의 범위 비율을 나타낸다.

20 ㄷ 또는 ㄷ. 동치 분할 테스트

해설

- 화이트박스 테스트(White Box Test)
  - 프로그램의 내부 로직(수행 경로 구조, 루프 등)을 보면서 테스트를 수행한다.
  - 모듈의 논리적인 구조를 체계적으로 점검할 수 있다.
  - 종류 : 기초 경로 테스트, 루프 테스트, 데이터 흐름 테스트, 조건 테스트 등
- 블랙박스 테스트(Black Box Test)
  - 프로그램의 외부 사용자 요구사항 명세를 보면서 테스트하는 것으로, 주로 구현된 기능을 테스트한다.
  - 프로그램의 구조를 고려하지 않는다.
  - 종류 : 동등(균등, 동치) 분할, 경계값 분석, 오류 예측, 원인 결과 그래프, 비교 테스트 등

최신 기출문제 06회

01 (W+S)/S 또는 (S+W)/S 또는 $\frac{(W+S)}{S}$ 또는 $\frac{(S+W)}{S}$

해설

HRN(Highest Response-ratio Next)
- 긴 작업과 짧은 작업 간의 지나친 불평등을 해소하기 위해 에이징 기법을 적용한 프로세스 스케줄링 기법이다.
- 우선순위를 계산하여 그 수치가 가장 높은 것부터 낮은 것 순으로 우선순위가 부여된다.
- 우선순위 계산식 = (대기시간 + 서비스를 받을 시간) / 서비스를 받을 시간

02 2NF : ㄷ
3NF : ㄴ
BCNF : ㄱ

해설

정규화(Normalization)

```
비정규 릴레이션
    ↓ 모든 도메인이 원자값이 되도록 분해
제1정규형(1NF)
    ↓ 부분 함수 종속 관계 제거
제2정규형(2NF)
    ↓ 이행적 함수 종속 관계 제거
제3정규형(3NF)
    ↓ 후보키가 아닌 결정자 관계 제거
BCNF
    ↓ 다치 종속 관계 제거
제4정규형(4NF)
    ↓ 후보키를 통하지 않는 조인 종속 관계 제거
제5정규형(5NF)
```

03 ① : ㄷ 또는 ㄷ. 격리성
② : ㅇ 또는 ㅇ. 지속성

해설

트랜잭션의 ACID 성질

원자성(Atomicity)	트랜잭션 내의 연산은 반드시 모두 수행되어야 하며, 그렇지 않은 경우 모두 수행되지 않아야 한다.
일관성(Consistency)	트랜잭션이 정상적으로 완료된 후 언제나 일관성 있는 데이터베이스 상태가 되어야 하며, 결과에 모순이 생겨서는 안 된다.
격리성(Isolation, 고립성, 독립성)	트랜잭션 수행 시 다른 트랜잭션 연산 작업이 중간에 개입되지 못하도록 보장해야 한다.
영속성(Durability, 지속성)	수행이 성공적으로 완료된 트랜잭션의 수행 결과는 데이터베이스에 영원히 반영되어야 한다.

04 DDL : CREATE, ALTER, DROP
DML : SELECT, INSERT, UPDATE, DELETE
DCL : GRANT, REVOKE

해설

DDL(정의어)	• 데이터베이스 구조의 정의 및 수정 등을 위해 사용되는 언어 • 종류 : CREATE, ALTER, DROP
DML(조작어)	• 데이터베이스 내의 자료를 검색, 삽입, 수정, 삭제하기 위해 사용되는 언어 • 종류 : SELECT, INSERT, UPDATE, DELETE
DCL(제어어)	• 데이터베이스의 데이터에 대해 무결성 유지, 병행 수행 제어, 보호와 관리를 위한 언어 • 종류 : GRANT, REVOKE

05 물리 계층 : ㄱ. 또는 ㄱ. 비트
데이터링크 계층 : ㅅ. 또는 ㅅ. 프레임
네트워크 계층 : ㄷ. 또는 ㄷ. 패킷

해설

OSI 7계층별 프로토콜 데이터 단위

OSI 7계층	데이터 단위
응용 계층	
표현 계층	
세션 계층	메시지
전송 계층	세그먼트
네트워크 계층	패킷
데이터링크 계층	프레임
물리 계층	비트

06 HDLC

해설

HDLC(High-Level Data Link Control)
- 각 프레임에 데이터 흐름을 제어하고 오류를 검출할 수 있는 비트열을 삽입하여 전송하는 비트 방식의 데이터링크 프로토콜이다.
- HDLC 프레임은 플래그, 주소부, 제어부, 정보부, FCS, 플래그로 구성된다.
- 제어부는 정보 프레임(I-Frame), 감시 프레임(S-Frame), 무번호 프레임(U-Frame)으로 구성된다.

07 ㄷ, 또는 ㄷ. Go-Back-N ARQ

해설

ARQ(Automatic Repeat reQuest) 방식
- 정지-대기 ARQ : 송신측에서 1개의 프레임을 전송한 후 수신측에서 오류의 발생을 점검하여 ACK 또는 NAK 신호를 보내올 때까지 대기하는 방식이다.
- Go-Back-N ARQ : 데이터 프레임을 연속적으로 전송해 나가다가 NAK 응답을 하면, 오류가 발생한 프레임 이후에 전송된 모든 데이터 프레임을 재전송하는 ARQ 방식이다.
- 선택적 재전송(Selective Repeat) ARQ : 수신 측에서 NAK 응답을 하면, 오류가 발생한 프레임만 재전송하는 방식이다.
- 적응적(Adaptive) ARQ : 전송 효율을 최대한 높이려고 데이터 블록의 길이를 동적으로 변경시켜 전송하는 ARQ 방식이다.

08 응용 계층 또는 Application Layer

해설

OSI 7계층
- 물리(Physical) 계층 : 기계적, 전기적, 절차적 특성을 정의한 계층이다.
- 데이터 링크(Data Link) 계층 : 물리적 연결을 이용해 신뢰성 있는 정보를 전송하기 위해 동기화, 오류 제어, 흐름 제어, 접근 제어 등의 전송 오류를 제어하는 계층이다.
- 네트워크(Network) 계층 : 통신망을 통하여 패킷을 목적지까지 전달을 담당하는 계층으로 중계 기능, 최적의 경로 설정 등을 주로 수행하는 계층이다.
- 전송(Transport) 계층 : 데이터 전송에 관한 서비스를 제공하는 계층으로 투명하고 신뢰성 있는 통신이 가능하도록 하는 계층이다.
- 세션(Session) 계층 : 프로세스 간의 대화 제어 및 동기점을 이용한 효율적인 데이터 복구 제공을 위한 계층이다.
- 표현(Presentation) 계층 : 정보의 형식 설정과 코드의 변환, 암호화, 압축 등의 기능을 주로 수행하는 계층이다.
- 응용(Application) 계층 : 사용자에게 서비스를 제공하는 계층으로, 응용 프로세스 간의 정보 교환, 전자사서함, 파일 전송 등을 취급하는 계층이다.

09 13 그리고 3

해설

- 해당 프로그램은 55에서 시작하여 4씩 감소하여 4 이상일 경우 while 문의 반복을 실행하여 반복 종료 후의 최종 4 미만의 값과 반복 횟수를 출력하는 프로그램이다.

r	q
55	1
51	2
47	3
43	4
...	...
11	11
7	12
3	13

- 해당 문제는 출력 결과를 작성하는 문제이므로 부분 점수가 부여되지 않는다.

10 ① : 17
② : 12
③ : 23
④ : 18

해설

- 해당 프로그램은 0부터 29까지의 정수값으로 초기화된 5행 6열의 2차원 배열을 중첩 for문으로 반복하며 조건에 해당하는 요소의 값을 출력하는 프로그램이다.
- 변수 i는 배열 m의 행 위치를 의미하며 0행부터 1씩 증가하며 차례대로 4행까지 외부 for문을 통해 반복한다.
- 변수 j는 배열 m의 열 위치를 의미하며, 각 행의 5열부터 1씩 감소하며 차례대로 0열까지 내부 for문을 통해 반복한다.
- if(i == 0 | i == 4 | j == 0 | j == 5) 조건문이 참일 경우는 배열 m의 요소값을 출력하고 그렇지 않으면 공백을 출력한다.
- 조건식 (i == 0 | i == 4 | j == 0 | j == 5)의 의미는 0행이거나 4행이거나 0열이거나 5열에 해당하는지를 판별한다.

배열 m		j					
		0열	1열	2열	3열	4열	5열
i	0행	0	1	2	3	4	5
	1행	6	7	8	9	10	11
	2행	12	13	14	15	16	17
	3행	18	19	20	21	22	23
	4행	24	25	26	27	28	29

출력 결과		j					
		0열	1열	2열	3열	4열	5열
i	0행	5	4	3	2	1	0
	1행	11					6
	2행	17					12
	3행	23					18
	4행	29	28	27	26	25	24

- 해당 문제는 출력 결과를 작성하는 문제이므로 부분 점수가 부여되지 않는다.

11 dcba

해설

i	3 - i	문자 배열 str1						문자 배열 str2					
0	3	str1	0 a	1 b	2 c	3 d	4 \0	str2	0 d	1	2	3	4
1	2	str1	0 a	1 b	2 c	3 d	4 \0	str2	0 d	1 c	2	3	4
2	1	str1	0 a	1 b	2 c	3 d	4 \0	str2	0 d	1 c	2 b	3	4
3	0	str1	0 a	1 b	2 c	3 d	4 \0	str2	0 d	1 c	2 b	3 a	4

- for문 실행 이후, str2[4] = '\0';을 실행하여 배열 str2의 4번째 위치에 최종 널문자('\0')를 대입한다.

str2	0	1	2	3	4
	d	c	b	a	\0

- "%s" 서식 지정자는 문자열의 널문자('\0')를 제외하고 이전까지 문자들을 연속적으로 출력한다.
- 해당 문제는 출력 결과를 작성하는 문제이므로 부분 점수가 부여되지 않는다.

12 120

해설

- 해당 프로그램은 1부터 5까지의 정수 항의 누적 곱의 결과를 출력하는 프로그램이다.

i	result(초기값 : 1)
1	1
2	2
3	6
4	24
5	120

- 해당 문제는 출력 결과를 작성하는 문제이므로 부분 점수가 부여되지 않는다.

13 10
  97
  a

해설

- 주요 서식 지정자(Format Specifier)

서식 지정자	출력 형태
%d	10진 정수
%f	10진 실수
%c	문자
%s	문자열
%o	8진 정수
%x	16진 정수

- C 언어의 문자 데이터는 'A'는 ASCII코드 값 97이며, 'a'는 57이다.
- 해당 문제는 출력 결과를 작성하는 문제이므로 부분 점수가 부여되지 않는다.

14 1a2a4a7a

해설

- 해당 프로그램은 1차원 배열의 4개의 요소에 대한 선택정렬의 오름차순 프로그램이다.
- 선택정렬 방법으로 정렬된 1차원 배열의 요소를 차례대로 방문하여 해당 요소의 값과 "a" 문자열을 연결하여 출력한다.

i	j	if(E[j] > E[j+1])			차원 배열 E				
0	1	2 > 4	거짓	(교환 X)	E	0 2	1 4	2 7	3 1
0	2	2 > 7	거짓	(교환 X)	E	0 2	1 4	2 7	3 1
0	3	2 > 1	참	(교환 O)	E	0 1	1 4	2 7	3 2
1	2	4 > 7	거짓	(교환 X)	E	0 1	1 4	2 7	3 2
1	3	4 > 2	참	(교환 O)	E	0 1	1 2	2 7	3 4
2	3	7 > 4	참	(교환 O)	E	0 1	1 2	2 4	3 7

- 해당 문제는 출력 결과를 작성하는 문제이므로 부분 점수가 부여되지 않는다.

15 가비지 또는 Garbage

해설

가지비 컬렉터(GC, Garbage Collector)는 메모리 최적화를 위해 주기적으로 검사하여 더 이상 필요 없는 메모리를 해제(청소)한다.

16 ㄴ, ㄹ, ㅂ

해설

- Python 언어는 귀도 반 로섬(Guido van Rossum)이 발표한 언어로 인터프리터 방식이자 객체지향적이며, 배우기 쉽고 이식성이 좋은 것이 특징인 스크립트 언어이다.
- Python 언어의 주요 특징
  - 변수 사용 시 사전에 선언하지 않는다.
  - 실행 시점에 자료형이 결정되는 동적 타이핑 기능을 갖는다.
  - 구문의 마지막에 세미콜론(;)을 사용하지 않는다.
  - 중괄호 대신 들여쓰기를 사용하여 블록 영역을 지정한다.
  - 여러 변수에 각각 할당 지정이 가능하다.
  - 문자열 상수를 작은 따옴표(' ') 또는 큰 따옴표(" ")로 감싼다.
- Python에서는 switch ~ case 문 대신 elif 문을 사용한다.

17 select distinct 과목 from 학생 where 학년 >= 3;
   또는
   SELECT DISTINCT 과목 FROM 학생 WHERE 학년 >= 3;

해설

- SELECT 문의 『SELECT 속성목록 FROM 테이블명 WHERE 조건식;』 문법에 맞게 작성한 결과에는 중복된 데이터가 검색될 수 있으므로 DISTINCT를 속성명 앞에 작성하여 중복 제거를 한다.
- 해당 문제는 실행 명령문 전체를 작성하는 문제이므로 부분 점수가 부여되지 않는다.

18 CHECK 또는 check

해설

CHECK 절은 CREATE TABLE 명령문을 통해 테이블을 생성하는 경우, 특정 속성에 대해 속성값의 범위를 지정할 때 사용된다.

19 ㄹ → ㅁ → ㄱ → ㄴ

해설

V 모델의 소프트웨어 개발 단계

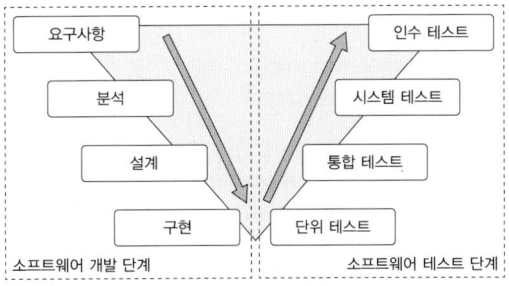

20 블랙박스 테스트 기법 : ㄱ, ㄹ
   화이트박스 테스트 기법 : ㄴ, ㄷ

해설

- 블랙박스 테스트(Black Box Test)
  - 프로그램의 외부 사용자 요구사항 명세를 보면서 테스트하는 것으로, 주로 구현된 기능을 테스트한다.
  - 프로그램의 구조를 고려하지 않는다.
  - 종류 : 동등(균등, 동치) 분할, 경계값 분석, 오류 예측, 원인 결과 그래프, 비교 테스트 등
- 화이트박스 테스트(White Box Test)
  - 프로그램의 내부 로직(수행 경로 구조, 루프 등)을 보면서 테스트를 수행한다.
  - 모듈의 논리적인 구조를 체계적으로 점검할 수 있다.
  - 종류 : 기초 경로 테스트, 루프 테스트, 데이터 흐름 테스트, 조건 테스트 등

최신 기출문제 07회

01 ① : ㄴ 또는 ㄴ. 다중 프로그래밍 시스템
    ② : ㄱ 또는 ㄱ. 일괄 처리 시스템
    ③ : ㄷ 또는 ㄷ. 시분할 시스템
    ④ : ㄹ 또는 ㄹ. 다중 처리 시스템

해설

- 일괄 처리 시스템 : 입력되는 자료를 일정 기간 또는 일정량을 모아서 한꺼번에 처리하는 방식이다.
- 다중 프로그래밍 시스템 : 한 개의 CPU가 있는 컴퓨터에서 여러 개의 프로그램을 동시에 기억 장치에 보관시킨 후 번갈아 가며 처리하는 방식이다.
- 시분할 시스템 : CPU의 전체 사용 시간을 작은 작업 시간량으로 나누어서 그 시간량 동안만 번갈아가면서 CPU를 할당하여 각 작업을 처리하는 방식이다.
- 다중 처리 시스템 : 여러 개의 CPU와 한 개의 주기억 장치로 여러 프로그램을 동시에 처리하는 방식이다.
- 실시간 처리 시스템 : 자료가 발생할 때마다 즉시 처리하는 방식으로 정해진 시간에 반드시 수행되어야 하는 작업들을 처리하기에 적합한 방식이다.
- 분산 처리 시스템 : 통신 회선으로 연결된 여러 개의 컴퓨터와 단말기에 작업과 자원을 분산시킨 후, 통신망을 통하여 교신 처리하는 운영체제 방식이다.
- 단일 사용자 시스템 : 한 명의 사용자만 컴퓨터에 접근하여 처리 가능한 방식이다.
- 다중 사용자 시스템 : 두 명 이상의 사용자가 동시에 컴퓨터에 접근하여 처리 가능한 방식이다.

02 평균 반환시간 : 6.75
    평균 대기시간 : 3.25

해설

- SRT(Shortest Remaining Time) 스케줄링 기법 : 비선점 방식의 SJF에 선점 방식을 도입한 것으로, 현재 실행 중인 프로세스보다 잔여 실행시간이 짧은 프로세스가 준비 큐에 생기면 실행 중인 프로세스를 선점하여 더 짧은 프로세스를 실행시키는 선점형 방식이다.
- 간트 차트(Gantt Chart) : 스케줄링 실행

P1	P2	P3	P4	P2	P1
0 1	2	3	5	6	9	10	14

프로세스	도착시간	실행시간	반환시간	대기시간
P1	0	6	14-0=14	9-1=8
P2	1	4	9-1=8	6-2=4
P3	2	2	4-2=2	2-2=0
P4	3	2	6-3=3	4-3=1

- 평균 반환시간 : (14+8+2+3)/4 = 6.75
- 평균 대기시간 : (8+4+0+1)/4 = 3.25

03 ① : 상호배제 또는 Mutual Exclusion
② : 환형 대기 또는 Circular Wait

[해설]

교착상태(DeadLock)
- 두 개 이상의 프로세스가 서로 상대방이 사용하고 있는 자원의 사용을 위해 기다리는 현상을 의미한다.
- 교착상태 발생의 필요충분조건

상호 배제 (Mutual Exclusion)	한 번에 하나의 프로세스만이 어떤 자원을 사용할 수 있다.
점유 및 대기 (Hold and Wait)	최소한 하나의 자원을 점유하고 있는 프로세스가 있어야 하며, 이 프로세스가 다른 프로세스에 의하여 점유된 자원을 추가로 얻기 위해 대기하고 있어야 한다.
비선점 (Non Preemption)	자원은 사용이 끝날 때까지 이들이 가지고 있는 프로세스로부터 제거할 수 없다.
환형 대기 (Circular Wait)	프로세스의 순환 사슬이 존재해서 이를 구성하는 각 프로세스는 사슬 내의 다음에 있는 프로세스가 요구하는 하나 또는 그 이상의 자원을 점유하고 있다.

04 ① : ㄴ 또는 ㄴ. DML 컴파일러
② : ㄹ 또는 ㄹ. 트랜잭션 관리자

[해설]

DDL 컴파일러	데이터 정의어로 작성된 스키마를 해석하고, 데이터베이스를 생성하거나 스키마의 정의를 데이터 사전에 저장한다.
DML 컴파일러	데이터 조작어(삽입, 삭제, 수정, 검색) 요청을 분석하여 런타임 데이터베이스 처리기가 이해할 수 있도록 해석한다.
트랜잭션 관리자	데이터베이스에 접근하는 과정에서 사용자의 접근 권한이 유효한지 검사하고 데이터베이스 무결성을 유지하기 위한 제약조건 위반 여부를 확인한다. 회복이나 병행 수행과 관련된 작업도 한다.
저장 데이터 관리자	디스크에 저장되어 있는 사용자 데이터베이스와 데이터 사전을 관리하고 접근한다.

05 개체 : 고객, 책, 출판
관계 : 구매, 공급

[해설]

E-R 다이어그램의 기호

개체	□
속성	○
관계	◇

06 ① : ㄱ 또는 ㄱ. 셀렉트(SELECT)
② : ㄴ 또는 ㄴ. 프로젝트(PROJECT)
③ : ㅂ 또는 ㅂ. 교집합(INTERSECTION)
④ : ㅅ 또는 ㅅ. 차집합(DIFFERENCE)

[해설]

- 셀렉트(SELECT) : 릴레이션에서 조건을 만족하는 튜플만 추출하는 연산으로, 수평적 부분 집합을 구하기 위한 연산이다.
- 프로젝트(PROJECT) : 릴레이션에서 수직적 부분 집합(속성의 값)을 구하는 연산으로, 원하는 속성만 추출하는 연산이다.
- 조인(JOIN) : 두 릴레이션으로부터 조건에 맞는 관련된 튜플들을 하나의 튜플로 결합하여 하나의 테이블로 만드는 연산이다.
- 디비전(DIVISION) : 두 릴레이션 A, B에 대해 'A ÷ B'는 B릴레이션의 조건을 만족하는 튜플들을 릴레이션 A에서 추출하는 연산이다.
- 합집합(UNION) : 두 릴레이션 모두에 존재하는 튜플 중 중복된 튜플은 제외한 튜플을 구하는 연산이다.
- 교집합(INTERSECTION) : 두 릴레이션 모두에 존재하는 중복된 튜플을 구하는 연산이다.
- 차집합(DIFFERENCE) : 한 릴레이션에서 두 릴레이션 모두에 존재하는 중복된 튜플을 제외한 튜플을 구하는 연산이다.
- 교차곱(CARTESIAN PRODUCT) : 두 릴레이션에 있는 튜플들의 순서쌍을 구하는 연산이다.

07 ① : COMMIT 또는 commit
② : ROLLBACK 또는 rollback

[해설]

TCL(Transaction Control Language) 명령어

COMMIT	데이터베이스 내의 연산이 성공적으로 종료되어 연산에 의한 수정 내용을 지속적으로 유지하기 위한 명령어이다.
ROLLBACK	데이터베이스 내의 연산이 비정상적으로 종료되거나 정상적으로 수행이 되었다 하더라도 수행되기 이전 상태로 되돌리기 위해 연산 내용을 취소할 때 사용하는 명령어이다.

08 TCP

[해설]

TCP	• Transmission Control Protocol, 전송 제어 프로토콜 • 신뢰성 있는 연결 지향형 전달 서비스로, 수신측의 수신 가능 상태, 수신 여부 등을 단계별로 체크해 가며 데이터를 전송하는 프로토콜이다.
UDP	• User Datagram Protocol, 사용자 데이터그램 프로토콜 • 비연결형 프로토콜로, 연결되어 있지 않아도 데이터를 송신할 수 있다. • 흐름 제어, 오류 제어를 하지 않아 신뢰성 있는 데이터 전송에는 부적합하다.

09 ① : 4
② : 32

해설

IP 데이터그램(IP Datagram)
- IP 데이터그램은 가변 길이의 패킷으로 헤더와 데이터 부분으로 구성된다.
- IP 데이터그램의 헤더는 20~60바이트의 길이를 가지며 라우팅 전달에 필요한 정보를 포함한다.

버전 (4비트)	헤더 길이 (4비트)	서비스 타입 (8비트)	전체 패킷 길이 (16비트)	
단편화 식별자 (16비트)			플래그 (3비트)	단편 오프셋 (32비트 또는 13비트)
패킷 수명 (8비트)		프로토콜 유형 (8비트)	헤더 체크섬 (16비트)	
송신지 IP 주소(32비트)				
수신지 IP 주소(32비트)				
IP 헤더 옵션 영역				패딩

- 헤더 길이(HLEN)는 4바이트 단위로 헤더의 전체 길이를 나타낸다. 예를 들어 헤더의 길이가 20바이트라면, 20/4=5가 되므로, 헤더 길이는 5(0101₂)가 된다. 헤더의 길이가 60바이트라면 60/4=15가 되므로, 헤더 길이는 15(1111₂)가 된다.
- 송신지와 수신지의 IP주소는 패킷을 전송하는 송신지와 패킷을 수신하는 수신지의 주소를 나타내는 영역으로, 32비트로 구성된다.

10 ㄴ, ㄷ, ㄹ, ㅁ

해설

데이터링크 계층(Data Link Layer)은 물리적 연결을 이용해 신뢰성 있는 정보를 전송하기 위해 동기화, 오류 제어, 흐름 제어, 접근 제어 등의 전송 에러를 제어하는 계층이다.

11 ① : 192.168.24.0
② : 192.168.27.255

해설

서브넷 마스크(Subnet Mask)
- 컴퓨터가 속한 네트워크를 나타내는 네트워크 식별자를 추출하는 것이다.
- 네트워크 주소, 브로드캐스트 주소 추출 방법

		192	168	25	10
1) IP 주소를 2진수로 변환한다.					
IP 주소	192.168.25.10	11000000	10101000	000110 00	00001010
2) 서브넷 마스크를 2진수로 변환한다.					
서브넷 마스크	255.255.252.0	11111111	11111111	111111 00	00000000
3) 서브넷 마스크의 1에 해당하는 부분은 그대로 쓰고 나머지는 0으로 쓴다. 10진수로 변환하면 네트워크 주소가 된다.					
네트워크 주소	192.168.24.0	11000000	10101000	000110 00	00000000
4) 서브넷 마스크의 1에 해당하는 부분은 그대로 쓰고 나머지는 1로 쓴다. 10진수로 변환하면 브로드캐스트 주소가 된다.					
브로드캐스트 주소	192.168.27.255	11000000	10101000	000110 11	11111111

- 서브넷 마스크 중 255는 모두 1에 해당하니 이 부분은 2진수로 변환하지 않고, IP 주소 그대로 써도 된다.

12 SumNTo1(n-1)

해설

(재귀 호출) 100 + 99 + 98 + ... + 1
- 해당 프로그램은 재귀 호출을 하여 1부터 10까지의 정수 항의 누적 합계를 출력하는 프로그램이다.
- main() 함수에서는 100을 인수로 SumNTo1() 함수를 호출한 후 재귀호출 종료 조건을 만족할 때까지 수행하여 최종 5050을 출력한다.
- 100을 최초의 인수 n으로 전달받은 SumNTo1() 함수는 n이 1보다 작거나 같은지 확인한다. 인수 n이 1보다 크다면 SumNTo1 함수를 n-1을 인수로 재귀적으로 호출하고, 이를 n에 더한다. 인수 n이 1이 되는 종료 조건이 만족될 때까지 계속 재귀 호출을 진행한다.

13 n-1

해설

(재귀 호출) 1*1 + 2*2 + ... + i*i
- 해당 프로그램은 재귀 호출을 하여 1부터 사용자로부터 입력 받은 정수 i까지 정수의 제곱 항의 누적 합계를 출력하는 프로그램이다.
- main() 함수에서 사용자로부터 입력 받은 정수 i를 recursion() 함수의 인수 n으로 전달하며 호출을 시작한다. recursion 함수() 함수에서는 인수 n이 1보다 작거나 같은지 확인 후 만약 n이 1보다 크다면 n-1을 인수로 recursion() 함수를 재귀적으로 호출하고, 이를 n의 제곱 값과 더한다. 이 단계를 n이 1보다 작거나 같을 때까지 계속 호출을 진행한다.

14 2

해설

```
public class Exam
{
    private static void quickSort(int arr[],
    int left, int right) {
        int pivot, i, j;
        int temp;
        i = left;
        j = right;
        //배열의 중간값 원소를 pivot으로 선택
        pivot = arr[(left + right) / (    )];
        do {
            //left부터 요소를 검사해서 pivot보다 큰
            값이 나올 때까지 i++
            while(arr[i] < pivot) i++;
            //right부터 요소를 검사해서 pivot보다 작
            은 값이 나올 때까지 j--
```

```
                while(arr[j] > pivot) j--;
                //i가 j보다 작을 경우 현재 i값과 j값 교환
                if(i <= j){
                    temp = arr[i];
                    arr[i] = arr[j];
                    arr[j] = temp;
                    //교환 후 왼쪽 인덱스는 증가, 오른쪽은 감소
                    i++;
                    j--;
                }
            } while(i <= j);
            //재귀적으로 quickSort 호출
            if(left < j) quickSort(arr, left, j);
            if(right > i) quickSort(arr, i, right);
        }
        public static void main(String[] args) {
            int data[] = {8, 3, 4, 9, 7, 2, 1, 5, 6};
            quickSort(data, 0, data.length-1);
            for(int i : data)
                System.out.print(i + " ");
            System.out.println();
        }
    }
```

- 해당 프로그램은 피봇(pivot)을 배열의 가운데로 지정하는 퀵 정렬의 오름차순 프로그램이다.
- 재귀 호출로 quickSort(int arr[], int left, int right) 메소드가 호출될 때, 피봇의 위치는 배열 arr의 left와 right의 가운데로 나누기 2를 수행하여 지정된다.

left	right	pivot	(재귀호출, 퀵 정렬 수행 후) 1차원 배열 arr									
			arr	0	1	2	3	4	5	6	7	8
0	8	7		8	3	4	9	7	2	1	5	6
0	8	7	arr	0	1	2	3	4	5	6	7	8
				6	3	4	9	7	2	1	5	8
0	8	7	arr	0	1	2	3	4	5	6	7	8
				6	3	4	5	7	2	1	9	8
0	8	7	arr	0	1	2	3	4	5	6	7	8
				6	3	4	5	1	2	7	9	8
0	5	4	arr	0	1	2	3	4	5	6	7	8
				6	3	4	5	1	2	7	9	8
0	5	4	arr	0	1	2	3	4	5	6	7	8
				2	3	4	5	1	6	7	9	8
0	5	4	arr	0	1	2	3	4	5	6	7	8
				2	3	1	5	4	6	7	9	8
0	2	3	arr	0	1	2	3	4	5	6	7	8
				2	3	1	5	4	6	7	9	8
0	1	2	arr	0	1	2	3	4	5	6	7	8
				2	3	1	5	4	6	7	9	8
3	5	4	arr	0	1	2	3	4	5	6	7	8
				1	2	3	5	4	6	7	9	8
4	5	5	arr	0	1	2	3	4	5	6	7	8
				1	2	3	4	5	6	7	9	8
6	8	9	arr	0	1	2	3	4	5	6	7	8
				1	2	3	4	5	6	7	9	8
6	7	7	arr	0	1	2	3	4	5	6	7	8
				1	2	3	4	5	6	7	9	8
6	7	7	arr	0	1	2	3	4	5	6	7	8
				1	2	3	4	5	6	7	8	9

- 해당 문제는 출력 결과를 작성하는 문제이므로 부분 점수가 부여되지 않는다.

15 false
true
4
0
1

해설

- System.out.println() 메소드 내의 연산식의 결과는 다음과 같이 처리하여 출력 결과를 반드시 5행으로 작성해야 한다.
- 논리 부정 연산자(!) : !(a > 0) → !(1 > 0) → !(true) → false
- 논리 합 연산자(||) : (a != 0) || (a > 0) → (1 != 0) || (1 > 0) → (true) || (1 > 0) → true
- 비트(좌측) 이동 연산자(<<) : a << 2 → 1 << 2 → 0001 << 2 → 0100 → 4
- 비트 논리곱 연산자(&) : a & 2 → 1 & 2 → 0001 & 0010 → 0000 → 0
- 산술 나머지 연산자(%) : a % 3 → 1 % 3 → 1
- 해당 문제는 출력 결과를 작성하는 문제이므로 부분 점수가 부여되지 않는다.

16 elif

해설

Python에서는 switch-case문을 제공하지 않기 때문에 복잡한 조건들을 가독성 있게 구현하기 위해 elif문을 사용한다. elif문은 하나의 if문에 여러 개를 사용할 수 있다.

17 ① : CHECK
② : IN

해설

- CHECK 절 : CREATE TABLE 명령문을 통해 테이블 생성 시, 특정 속성에 대해 속성값의 범위를 지정할 때 사용된다.
- IN 절 : 특정 속성의 값이 여러 속성 값 중 하나라도 일치하는 조건식을 간결하게 작성할 때 사용된다.

18 ㄴ 또는 ㄴ, Big Bang

해설

- 백본(Backbone) 테스트 : 리스크가 높은 결함을 초기에 발견할 수 있으나, 테스트 시간이 오래 걸린다. 드라이버와 스텁을 필요에 따라 만들어 사용한다.
- 상향식(Bottom Up) 테스트 : 가장 하부의 모듈부터 통합하는 것으로, 테스트 드라이버가 필요하다.
- 하향식(Top Down) 테스트 : 가장 상부의 모듈부터 통합하는 것으로, 테스트 스텁이 필요하다.
- 샌드위치(Sandwich) 테스트 : 연쇄식이라고도 하며, 하향식과 상향식 통합 방식을 절충한 방식이다.
- 회귀(Regression) 테스트 : 모듈이나 컴포넌트의 변화로 인해 의도하지 않은 오류가 생기지 않았음을 보증하기 위해 반복 테스트하는 것이다.

19 NAT

해설

NAT(Network Address Translation)는 인터넷의 공인 IP 주소를 절약하고 사설망을 통해 외부 공공망을 통한 침입을 보호를 위해 외부 공공망과 내부 사설망을 오가는 패킷을 변환하는 과정에 사용한다.

20 (1)-(2)-(3)-(4)-(5)-(2)-(6)

해설

- 제어 흐름 그래프 : 노드(node)와 간선(edge)으로 제어(실행) 흐름을 표시한 그래프
- 문장 커버리지(구문 커버리지, Statement Coverage)
  - 화이트박스 테스트 수행 시 프로그램의 모든 문장이 적어도 한 번은 실행
  - 소스코드의 모든 문장이 적어도 1회 이상 실행

최신 기출문제 08회

01 SJF 또는 Shortest Job First

해설

FIFO (First In First Out, FCFS)	• 준비 큐에 도착한 순서대로 CPU를 할당하는 비선점 스케줄링 기법이다. • 가장 간단하고 단순하며 구현하기 쉽다.
SJF (Shortest Job First)	• 작업이 끝나기까지의 실행시간 추정치가 가장 작은 작업을 먼저 실행시키는 선점형 스케줄링 방법이다. • 스케줄링 방식에서 평균 대기 시간이 가장 짧다.
HRN	• 최소 작업 우선(SJF) 기법의 약점을 보완한 비선점 스케줄링 기법이다. • 우선순위를 계산하여 그 수치가 가장 높은 것부터 낮은 순으로 우선순위가 부여한다.
RR (Round Robin)	• FIFO 스케줄링 기법을 선점 기법(Pre-emptive)으로 구현한 것이다. • 시간 할당량(Time Slice)이라는 작은 단위 시간이 정의되고, 이 단위 시간 동안 CPU를 제공하는 방법이다.
SRT (Shortest Remaining Time)	현재 실행 중인 프로세스보다 잔여 처리 시간이 짧은 프로세스가 준비 큐에 생기면 실행 중인 프로세스를 선점하여 더 짧은 프로세스를 실행시키는 선점형 기법이다.

02 참조 무결성 제약 조건 또는 Referential Integrity Rule

해설

- 다른 릴레이션을 참조할 때 사용하는 키는 외래키이며, 외래키에 대한 제약 조건은 참조 무결성 제약 조건이다.
- 참조 무결성 제약 조건 : 외래키의 값은 NULL이거나 참조하는 릴레이션의 기본키 값과 동일해야 한다는 제약 조건이다.
- 개체 무결성 제약 조건 : 릴레이션의 기본키를 구성하는 속성은 널(NULL)값이거나 중복된 값을 가질 수 없다는 제약 조건이다.

03 디그리 : 3
   카디널리티 : 4

해설

- 디그리(Degree, 차수) : 한 릴레이션 안에 있는 애트리뷰트의 개수이다.
- 카디널리티(Cardinality, 기수) : 릴레이션을 구성하는 튜플의 개수이다.

04 ① : 회복
② : 동시성 제어

해설

트랜잭션의 ACID 성질

원자성 (Atomicity)	• 한 트랜잭션의 모든 연산이 데이터베이스에 완전히 반영되거나 전혀 반영되지 않아야 한다. • 트랜잭션의 작업이 부분적으로 실행되거나 중단되지 않는 것을 보장하는 것이다. • 장애가 발생하였을 때 특정 상태로 복구되어야 하는 성질인 회복과 관련된다.
일관성 (Consistency)	• 트랜잭션이 그 실행을 성공적으로 완료하면 언제나 일관성 있는 데이터베이스 상태로 변환되어야 한다. • 무결성 제약과 동시성 제어와 관련된다. (무결성 : 부적절한 자료가 입력되어 동일한 내용에 대하여 서로 다른 데이터가 저장되는 것을 허용하지 않는 성질)
독립성 (Isolation)	• 둘 이상의 트랜잭션이 동시에 병행 실행되는 경우 어느 하나의 트랜잭션이 실행 중에 다른 트랜잭션의 연산이 끼어들 수 없음을 의미한다. • 동시성 제어와 관련된다.
영속성 (Durability)	• 성공적으로 완료된 트랜잭션의 결과는 시스템이 고장나더라도 영구적으로 반영되어야 한다. • 회복과 관련된다.

05 뷰 또는 View

해설

뷰(View)는 데이터베이스에 저장된 자료가 사용자에게 보여지는 모양이라 할 수 있다. 하나의 데이터베이스에서도 데이터베이스를 사용하는 사용자나 응용 프로그램마다 뷰가 달라진다.

06 네트워크 계층 또는 Network Layer

해설

응용(Application) 계층	응용 프로세스 간의 정보교환, 전자 사서함, 파일전송 등을 취급
표현(Presentation) 계층	코드 문자 등을 번역하여 일관되게 전송하고 압축, 해제, 보안 기능 담당
세션(Session) 계층	송신, 수신 간의 논리적 연결
전송(Transport) 계층	• 종단 간 신뢰성 있고 효율적인 데이터를 전송 • 연결 관리, 오류 제어와 흐름제어 등
네트워크(Network) 계층	• 다수의 중계 시스템 중 올바른 경로를 선택하도록 지원 • 패킷을 발신지로부터 최종 목적지까지 전달하는 책임 • 통신 시스템 간의 패킷의 경로 배정과 중계 기능, 흐름제어, 오류제어 등의 기능 수행
데이터 링크(Data Link) 계층	• 정보전송, 전송오류제어, 흐름제어 등 물리적 연결을 이용해 신뢰성 있는 정보전송 기능을 담당 • 인접 장치(노드) 간의 오류제어와 흐름제어
물리(Physical) 계층	• 실제 장비들을 연결하기 위한 연결 장치 • 기계적, 전기적, 절차적 특성 정의

07 ① : C 클래스
② : A 클래스

해설

IPv4의 클래스 모델

A클래스	네트워크	호스트	호스트	호스트
B클래스	네트워크	네트워크	호스트	호스트
C클래스	네트워크	네트워크	네트워크	호스트
D클래스	멀티캐스트(Multicast)			
E클래스	차후 사용을 위해 예약됨			

08 ㅇ 또는 ㅇ. RIP

해설

RIP (Routing Information Protocol)	• 설정하기 쉽고 간단해서 널리 사용되는 거리 벡터 라우팅 프로토콜이다. • 최대 홉수를 15로 제한하고 있어 소규모 네트워크 환경에 적합하다.
BGP (Border Gateway Protocol)	• 다양한 프로토콜 정보를 한꺼번에 교환할 수 있는 거리 벡터 라우팅 프로토콜이다. • 관리자의 의도대로 경로를 동적으로 변환할 수 있다.
OSPF (Open Shortest Path First)	• 네트워크 변화에 신속하게 대처할 수 있는 링크 상태 라우팅 프로토콜이다. • 최단 경로 탐색에 Dijkstra 알고리즘을 사용한다.

09 ① : ㄷ 또는 ㄷ. Sequence Number
② : ㄹ 또는 ㄹ. Acknowledgement Number

해설

TCP 헤더 구성

Source Port	출발지 포트번호
Destination Port	목적지 포트번호
순서번호(Sequence Number)	• 세그먼트들이 수신지 호스트에서 재구성되어야 할 순서를 가리킨다. • 송신자가 전하는 데이터 전송 순서로, 전달하는 바이트마다 번호를 부여한다.
수신번호확인 (Acknowledgement Number)	• 제대로 수신했는지 여부를 수신자측으로부터 전달받는다. • 상대편 호스트에서 받으려는 바이트의 번호를 정의한다. • 응답제어 비트가 설정되어 있을 때에만 제공된다.
Data Offset	• TCP 데이터의 시작 위치 • TCP 헤더의 길이
Reserved	예약된 필드로 현재 사용되지 않는다.
Window Size	• 수신하는 쪽이 한번에 수신할 수 있는 데이터 크기를 송신하는 쪽에 통지한다. • 자신의 수신 버퍼 여유 용량 크기를 통보하여 얼마만큼의 데이터를 받을 수 있는지 상대방에게 알려주어 흐름제어를 수행하게 되는 필드이다.

TCP 제어 플래그	특수한 목적의 패킷을 위한 6개의 제어 플래그	
	URG	비트가 1인 경우, 긴급 데이터를 포함
	ACK	확인 응답을 수행하는 세그먼트
	PSH	수신한 데이터를 바로 애플리케이션에 전달
	RST	연결 강제 종료 요구
	SYN	동기화, 연결 설정
	FIN	연결의 정상 종료
Checksum	TCP 헤더와 데이터 부분의 에러 체크 수행	
Urgent Pointer	• URG 플래그가 1일 때만 유효하다. • 긴급 데이터의 시작 위치를 나타낸다.	

10 텔넷 또는 Telnet

해설

- 텔넷(Telnet) : 컴퓨터 통신망상의 다른 컴퓨터에 로그인하기 위해 사용하는 서비스이다.
- 기본 포트 번호

TCP 20, 21	FTP(File Transfer Protocol) (20 : 전송, 21 : 서버 접속)
TCP 22	SSH(Secure Shell)
TCP 23	TELNET(Telnet Terminal)
TCP 25	SMTP(Simple Mail Transfer Protocol)
TCP 80, UDP 80	HTTP(Hypertext Transfer Protocol)
TCP 443	HTTPS(Hypertext Transfer Protocol Secure)

11 15

해설

- 해당 프로그램은 1부터 입력받은 정수 n(5)까지의 합계를 출력하는 프로그램이다.

i	sum += i; sum = sum + i;	sum 0
1	sum = 0 + 1;	1
2	sum = 1 + 2;	3
3	sum = 3 + 3;	6
4	sum = 6 + 4;	10
5	sum = 10 + 5;	15

- 해당 문제는 출력 결과를 작성하는 문제이므로 부분 점수가 부여되지 않는다.

12 630

해설

- 해당 프로그램은 중첩 for문을 이용하여 2차원 배열 요소의 누적 소계를 구하며, 행 단위 소계를 총계에 누적한 후 누적 총계 값을 출력하는 프로그램이다.
- 3행 5열의 2차원 배열의 각 요소에 접근하여 소계 변수 sum에 15번 누적 합계를 중첩 for문을 통해 수행한다.
- 행 단위 소계를 구한 후 총계 누적 변수 ssum에 3번 누적 합계를 구한다.

행 i	열 j	a[i][j]	sum 0	ssum 0
0	0	29	29	0
0	1	23	52	0
0	2	22	74	0
0	3	40	114	0
0	4	11	125	125
1	0	11	136	125
1	1	10	146	125
1	2	13	159	125
1	3	25	184	125
1	4	15	199	324
2	0	20	219	324
2	1	25	244	324
2	2	24	268	324
2	3	18	286	324
2	4	20	306	630

- 해당 문제는 출력 결과를 작성하는 문제이므로 부분 점수가 부여되지 않는다.

13 196

해설

- 해당 프로그램은 1부터 50까지의 정수 중 7의 배수의 합계를 출력하는 프로그램이다.

i	if(i%7 == 0)	n 0
1	1 == 0	거짓	0
2	2 == 0	거짓	0
3	3 == 0	거짓	0
...	...	거짓	0
7	0 == 0	참	7
...	...	거짓	7
14	0 == 0	참	21
...	...	거짓	21
21	0 == 0	참	42
...	...	거짓	42
28	0 == 0	참	70
...	...	거짓	70
35	0 == 0	참	105
...	...	거짓	105
42	0 == 0	참	147
...	...	거짓	147
49	0 == 0	참	196
50	1 == 0	거짓	196

- 해당 문제는 출력 결과를 작성하는 문제이므로 부분 점수가 부여되지 않는다.

14 00001011

해설

- 해당 프로그램은 10진 정수 11을 1차원 배열에 8자리 2진 정수로 진법 변환하여 저장 후, 출력하는 프로그램이다.

d	i	b[i++] = d % 2;	1차원 배열 b
11	0	b[0] = 11 % 2;	0 1 2 3 4 5 6 7 / b / 1 0 0 0 0 0 0 0
5	1	b[1] = 5 % 2;	0 1 2 3 4 5 6 7 / b / 1 1 0 0 0 0 0 0
2	2	b[2] = 2 % 2;	0 1 2 3 4 5 6 7 / b / 1 1 0 0 0 0 0 0
1	3	b[3] = 1 % 2;	0 1 2 3 4 5 6 7 / b / 1 1 0 1 0 0 0 0

- 결과 출력 시 배열 b의 인덱스를 7에서 0까지 역으로 접근하므로 00001011 순으로 출력된다.
- 해당 문제는 출력 결과를 작성하는 문제이므로 부분 점수가 부여되지 않는다.

15 123
    45
    6

해설

- 해당 프로그램은 2차원 배열을 생성하여 중첩 for문을 이용하여 각 요소를 초기화하고 값을 설정하고 최종 출력하는 프로그램이다.
- main( ) 메소드 : new int[3][3]을 통해 2차원 배열 객체를 생성하고 init( ) → data( ) → print( ) 메소드를 차례로 호출하여 2차원 배열을 초기화 → 요소 할당 → 출력 순으로 실행한다.
- a.length : 2차원 배열의 행 크기
- a[i].length : 2차원 배열의 각 행(i)의 열 크기
- init( ) 메소드 : 2차원 배열의 모든 요소를 0으로 초기화

a	0	1	2
0	0	0	0
1	0	0	0
2	0	0	0

- data( ) 메소드 : 2차원 배열의 각 행(i)의 i번째 열부터 변수 v 값을 할당

j ↓

a	0	1	2
0	1	2	3
1	0	0	0
2	0	0	0

i →

j ↓

a	0	1	2
0	1	2	3
1	0	4	5
2	0	0	0

i →

j ↓

a	0	1	2
0	1	2	3
1	0	4	5
2	0	0	6

i →

- print( ) 메소드 : 2차원 배열의 요소의 값이 0이면 빈칸을 출력하고 0이 아닌 값이 존재하면 해당 값을 출력한다.
- 해당 문제는 출력 결과를 작성하는 문제이므로 부분 점수가 부여되지 않는다.

16 3

해설

- 해당 프로그램은 def를 통한 일반 함수를 정의한 후 호출하여 결과를 출력하는 프로그램이다.
- af(a, b) 함수 : 두 매개변수 a와 b의 덧셈의 결과를 반환한다.
- bf(a, b) 함수 : 두 매개변수 a와 b의 뺄셈의 결과를 반환한다.
- print(bf(af(4, 5), 6)) 실행문은 가장 안쪽 중첩되어 있는 함수의 호출을 시작으로 다음과 같이 호출을 하여 최종 결과를 출력한다.
  - print(bf(af(4, 5), 6)) → print(bf(9, 6)) → print(3)
- 해당 문제는 출력 결과를 작성하는 문제이므로 부분 점수가 부여되지 않는다.

17 30

해설

- 해당 프로그램은 람다 함수를 호출하기 위해 람다 표현식을 변수에 할당하여 호출 후 결과를 출력하는 프로그램이다.
- 람다 함수(람다식, Lambda Expressions) : '익명 함수'라고도 하며, 함수(메소드)를 하나의 식으로 표현하여 코드의 간결성과 가독성을 높인다.
- f(n) 함수 : 전달 받은 매개변수 3을 람다 표현식에 대입 후 람다 함수 객체를 반환한다.
- k = f(3) : 람다 표현식을 변수 k에 할당하여 익명 함수를 호출할 수 있다. (k = lambda a : a * 3)
- print(k(10)) 실행문에 의해 내부의 k(10) 함수를 호출하여 10 * 3을 실행하여 30을 반환한 후, 출력한다.
- 해당 문제는 출력 결과를 작성하는 문제이므로 부분 점수가 부여되지 않는다.

18 ① : CREATE
    ② : ALTER
    ③ : DROP

해설

DDL(Data Definition Language) 명령문

CREATE문	Database, Table, View, Index 등 생성한다.
ALTER문	Table의 속성(Attribute), 도메인(Domain), 제약조건(Constraint) 등 변경한다.
DROP문	Database, Table, View, Index 등 삭제한다.

19 ㄷ 또는 ㅁ. Integration

해설

V-모델의 테스트 레벨

단위(Unit) 테스트	• 개발자가 원시 코드를 대상으로 각각의 단위를 다른 부분과 연계되는 부분은 고려하지 않고 단위 자체에만 집중하여 테스트한다. • 객체지향에서 클래스 테스팅이 여기에 해당한다.
통합(Integration) 테스트	단위 테스트를 통과한 개발 소프트웨어/하드웨어 컴포넌트 간 인터페이스 및 연동 기능 등을 구조적으로 접근하여 테스트한다.
시스템(System) 테스트	• 단위/통합 테스트가 가능한 완벽히 완료되어 기능상에 문제가 없는 상태에서 실제 환경과 가능한 유사한 환경에서 진행한다. • 시스템 성능과 관련된 요구사항이 완벽하게 수행되는지를 테스트하기 때문에 사전 요구사항이 명확해야 한다. • 개발 조직과는 독립된 테스트 조직에서 수행한다.
인수(Acceptance) 테스트	• 일반적인 테스트 레벨의 가장 마지막 상위 레벨로, SW 제품에 대한 요구사항이 제대로 이행되었는지 확인하는 단계이다. • 테스팅 환경을 실 사용자 환경에서 진행하며 수행하는 주체가 사용자이다. • 알파, 베타 테스트와 가장 밀접한 연관이 있다.

20 ㄱ 또는 ㄱ. Equivalence Partitioning Test

해설

블랙박스 테스트

동치 분할 검사 (Equivalence Partitioning)	• 입력 자료에 초점을 맞춰 테스트 케이스를 만들고 검사하는 방법이다. • 입력 조건에 타당한 입력 자료와 그렇지 않은 자료의 개수를 균등하게 분할해 테스트 케이스를 설정한다.
원인-효과 그래프 검사 (Cause and Effect Graphing)	• 입력 데이터 간의 관계와 출력에 영향을 미치는 상황을 체계적으로 분석한다. • 효용성이 높은 테스트 케이스를 선정해 검사한다.
오류 예측 검사 (Error Forecast)	• 과거의 경험이나 감각으로 테스트하는 기법이다. • 다른 테스트 기법으로는 찾기 어려운 오류를 찾아내는 보충적 검사 기법이다.
비교 검사 (Comparison Testing)	동일한 테스트 자료를 여러 버전의 프로그램에 입력하고 동일한 결과가 출력되는지 테스트하는 기법이다.
경계 값 분석 (Boundary Value Analysis)	• 입력 자료에만 치중한 동치 분할 기법을 보완한 기법이다. • 입력 조건 경계값에서 오류 발생 확률이 크다는 것을 활용하여 경계값을 테스트 케이스로 선정해 검사한다. • 분할의 경계 부분에 해당되는 입력 값에서 결함이 발견될 확률이 경험적으로 높기 때문에 결함을 방지하기 위해 경계 값까지 포함하여 테스트하는 기법이다.

최신 기출문제 09회

01 RR 또는 Round Robin 또는 라운드로빈

해설

RR 스케줄링은 시간 할당량(Time Slice)이라는 작은 단위 시간이 정의되고, 이 단위 시간 동안 CPU를 제공하는 방법이다.

02 ① - ⓓ, ② - ⓒ, ③ - ⓐ, ④ - ⓑ

해설

- Integrated Data : 통합된 데이터
- Stored Data : 저장된 데이터
- Operational Data : 운영 데이터
- Shared Data : 공용 데이터

03 ① : 외부
② : 개념
③ : 내부

해설

- 외부 스키마(External Schema) : 사용자 관점에서의 논리적 구조
- 개념 스키마(Conceptual Schema) : 논리적 관점에서 본 전체적인 데이터 구조로, 사용자들이 필요로 하는 통합 조직의 데이터베이스 구조
- 내부 스키마(Internal Schema) : 물리적 저장 장치 관점에서 본 DB의 물리적인 구조

04 개체

해설

개체 무결성 제약조건이란 기본키는 반드시 값을 가져야 한다는 조건이다.

05 물리 또는 물리 계층 또는 Physical Layer

해설

물리 계층(Physical Layer)은 물리적인 장치의 전기적, 전자적 연결에 대한 명세이다. 주소 개념이 없으며 물리적으로 연결된 노드 간에 신호를 주고 받는다.

06 ① : TCP
② : UDP

해설

- TCP는 데이터를 주고받을 양단 간에 먼저 연결을 설정하고 설정된 연결을 통해 양방향으로 데이터를 전송한다.
- UDP는 연결 설정 단계를 거치지 않고 전송측에서 일방적으로 데이터를 전송하는 비연결성, 비신뢰성 전송 프로토콜이다.

07 MAC

해설

MAC 주소는 대부분의 네트워크 인터페이스 어댑터(NIC)에 부여된 고유한 식별자이다. 인터넷 통신을 할 때 필요한 요소로 48비트로 구성되지만 편의상 12자리 16진수로 표시한다.

08 거리 벡터 또는 거리 벡터 알고리즘

해설

거리 벡터 라우팅은 인접한 라우터 정보를 통한 거리를 계산하여 경로를 결정하는 라우팅 프로토콜이다.

09 온프레미스 또는 On-premise

해설

온프레미스는 모든 정보 기술(IT) 자원을 사용자가 자체적으로 보유하여 컴퓨팅 환경을 구축하고, 직접 운영 · 유지 · 관리하는 인프라 구성 방식이다.

10 41

해설

- 해당 프로그램은 0 이상 10 이하의 정수 중 짝수의 합을 출력하는 프로그램이다.

i	if(i % 2 != 0)		SUM
			0
0	0 % 2 != 0	거짓	0
1	1 % 2 != 0	참	
2	2 % 2 != 0	거짓	2
3	3 % 2 != 0	참	
4	4 % 2 != 0	거짓	6
5	5 % 2 != 0	참	
6	6 % 2 != 0	거짓	12
7	7 % 2 != 0	참	
8	8 % 2 != 0	거짓	20
9	9 % 2 != 0	참	
10	10 % 2 != 0	거짓	30
11	for 반복 종료		

- for 반복문을 수행 후 printf("%d", sum + i); 출력문에서 sum은 30이고 i는 11이므로 합은 41이 출력된다.
- 해당 문제는 출력 결과를 작성하는 문제이므로 부분 점수가 부여되지 않는다.

11 111

해설

- 해당 프로그램은 10진 정수 27과 12의 최대공약수(g)와 최소공배수(l)를 구하여 합을 결과로 출력하는 프로그램이다.
- 최대공약수를 구하는 효율적인 반복문은 두 정수 중 작은 정수 12를 피제수(나누는 수, 변수 i)로 지정한 후 12에서 1까지 1씩 감소하며 정수 27과 12를 나누었을 때 처음으로 나머지 값이 모두 0인 경우 변수 i를 최대공약수로 할당한다.
- 최소공배수는 두 정수의 곱을 최대공약수로 나눈 값이다.

i	if(x%i == 0 && y%i == 0)		g
12	27%12 == 0 && 12%12 == 0	false	
11	27%11 == 0 && 12%11 == 0	false	
10	27%10 == 0 && 12%10 == 0	false	
9	27%9 == 0 && 12%9 == 0	false	
8	27%8 == 0 && 12%8 == 0	false	
7	27%7 == 0 && 12%7 == 0	false	
6	27%6 == 0 && 12%6 == 0	false	
5	27%5 == 0 && 12%5 == 0	false	
4	27%4 == 0 && 12%4 == 0	false	
3	27%3 == 0 && 12%3 == 0	true	3

- 최대공약수는 3으로 할당되고 break문에 의해 반복문을 탈출한다.
- 최소공배수는 l = x * y / g; 명령문에 의해 27 * 12 / 3 = 108이다.
- 최종 출력 결과는 3 + 108의 결과 111이 출력된다.
- 해당 문제는 출력 결과를 작성하는 문제이므로 부분 점수가 부여되지 않는다.

12 SELECT FNAME, LNAME, SALARY FROM EMP WHERE DNO = 1005;

해설

- 위 관계대수식은 EMP 릴레이션에서 DNO가 1005인 튜플들에서 FNAME, LNAME, SALARY 속성을 추출하라는 의미이다.
- 관계대수의 연산과 SQL의 SELECT 명령문

SQL	관계대수	기호	설명
SELECT절	Project	π	속성 리스트로 주어진 속성만 구하는 수직적 연산 π_속성명1, 속성명2, 속성명3(릴레이션명)
WHERE절	Select	σ	조건에 맞는 튜플을 구하는 수평적 연산 σ_조건식(릴레이션명)

13 알파 또는 Alpha

해설

- 알파 테스트는 개발자의 장소에서 사용자가 개발자 앞에서 행하는 기법이다.
- 베타 테스트는 개발자 없이 고객의 사용 환경에 소프트웨어를 설치하여 검사를 수행하는 기법이다.

14 7.50

해설

- 해당 프로그램은 1차원 배열 score에 초기값을 지정하고, 각 요소의 합계와 최대값과 최소값을 구한 후, 최대값과 최소값을 제외한 값들의 평균을 출력하는 프로그램이다.

i	score[i]		score 배열						float sum = 0.0f;
				0	1	2	3	4	5
0	0*0	0	score	0						0.0f
1	1*1	1	score	0	1					1.0f
2	2*2	4	score	0	1	4				5.0f
3	3*3	9	score	0	1	4	9			14.0f
4	4*4	16	score	0	1	4	9	16		30.0f
5	5*5	25	score	0	1	4	9	16	25	55.0f

- 최종 출력 항 (sum − max − min) / 4.0을 계산하면, (55.0f − 25 − 0) / 4.0 = 7.5f이다.
- printf() 출력 함수의 출력 포맷은 "%.2f"이므로 소수 이하 둘째 자리까지 출력하면 7.50이 출력된다.
- 해당 문제는 출력 결과를 작성하는 문제이므로 부분 점수가 부여되지 않는다.

15 단위 또는 Unit

해설

단위 테스트(Unit Test)는 하나의 소프트웨어 모듈이 정상적으로 기능을 수행하는지 여부를 시험하는 최소 수준의 테스트이다.

16 11010

해설

- 해당 프로그램은 1차원 배열 arr에 초기값을 지정 후, 각 요소의 소수를 check( ) 함수로 판별한 결과를 출력하는 프로그램이다. (소수이면 1, 아니면 0)
  − 소수(Prime Number) : 1과 자기 자신만을 약수로 갖는 수 (예 2, 3, 5, 11 등)

i	arr[i] = i + 2 + i * 2		arr 배열						check(arr[i])	
				0	1	2	3	4		
0	0 + 2 + (0*2)	2	arr	2					check(2)	1
1	1 + 2 + (1*2)	5	arr	2	5				check(5)	1
2	2 + 2 + (2*2)	8	arr	2	5	8			check(8)	0
3	3 + 2 + (3*2)	11	arr	2	5	8	11		check(11)	1
4	4 + 2 + (4*2)	14	arr	2	5	8	11	14	check(14)	0

- 배열의 각 요소를 check(arr[i]) 함수 호출 후 반환된 결과는 11010이다.
- 해당 문제는 출력 결과를 작성하는 문제이므로 부분 점수가 부여되지 않는다.

17 KUS

해설

- 해당 프로그램은 2차원 문자열 배열의 첫요소를 1차원 포인터 배열로 참조하여 출력하는 프로그램이다.

i				a	0	1	2	3	4
pa[0]	0	100번지	→ 100번지 a[0]	0	K	O	R	\0	
pa[1]	1	105번지	→ 105번지 a[1]	1	H	U	S	\0	
pa[2]	2	110번지	→ 110번지 a[2]	2	R	E	S	\0	

- 변수 n은 2차원 배열의 행의 크기를 구한다. sizeof(pa) / sizeof(pa[0])는 배열 pa의 전체의 크기에서 0번째 행의 크기를 나누므로, 15byte / 5byte는 3이다.

i	printf("%c", pa[i][i]);	a[i][i]	%c(단일 문자)
0	printf("%c", pa[0][0]);	a[0][0]	K
1	printf("%c", pa[1][1]);	a[1][1]	U
2	printf("%c", pa[2][2]);	a[2][2]	S

- 해당 문제는 출력 결과를 작성하는 문제이므로 부분 점수가 부여되지 않는다.

18 2

> 해설

- 해당 프로그램은 10진 정수 17에 복합 연산자로 표현된 산술 연산을 수행하여 최종 결과를 출력하는 프로그램이다.

산술연산	복합 연산	산술 연산 후 할당	i
			17
덧셈	i += 1;	i = i + 1;	18
뺄셈	i -= 2;	i = i - 2;	16
곱셈	i *= 3;	i = i * 3;	48
나눗셈	i /= 4;	i = i / 4;	12
나머지	i %= 5;	i = i % 5;	2

- 해당 문제는 출력 결과를 작성하는 문제이므로 부분 점수가 부여되지 않는다.

19 13

> 해설

- 해당 프로그램은 10진 정수 26과 91의 최대공약수를 구하여 결과를 출력하는 프로그램이다.
- int z = x < y ? x: y; 명령문을 통해 두 정수 x와 y 중 작은 수를 변수 z에 할당한다.
- for 반복문은 1부터 두 수 중 작은 정수 z(26)까지 반복 수행하며, if 조건의 결과가 true일 경우 변수 g의 값을 갱신한다.
- if 조건식 if(x%i == 0 && y%i == 0)은 정수 x(26)와 y(91)를 변수 i(1~26)로 나누었을 경우, 나머지 값이 모두 0인 경우의 정수 i를 변수 g에 할당한다.

i	if(26%i == 0 && 91%i == 0)		g
			0
1	26%1 == 0 && 91%1 == 0	true	1
2	26%2 == 0 && 91%2 == 0	false	
3	26%3 == 0 && 91%3 == 0	false	
...			
13	26%13 == 0 && 91%13 == 0	true	13
...			
26	26%26 == 0 && 91%i26 == 0	false	

- 해당 문제는 출력 결과를 작성하는 문제이므로 부분 점수가 부여되지 않는다.

20 UPDATE salaries SET salary = 2500 WHERE emp_num = 2073;

> 해설

UPDATE 명령문은 테이블 내의 정보를 변경하는 DML 명령문이다.

UPDATE 테이블명 SET 변경속성명 = 변경속성값 WHERE 조건식;

최신 기출문제 10회

01 ㄴ 또는 ㅁ. 외래키(Foreign Key)

> 해설

- 슈퍼키 : 유일성만 만족하는 키
- 후보키 : 유일성과 최소성을 모두 만족하는 키
- 기본키 : 후보키 중에서 대표로 지정된 키
- 대체키 : 후보키 중에서 기본 키를 제외한 나머지 키

02 1 또는 제1정규형 또는 1NF

> 해설

제1정규형에서는 릴레이션의 모든 애트리뷰트가 원자값으로만 구성되어 있다.

03 21

> 해설

FTP(File Transfer Protocol)는 서버와 클라이언트 사이에 파일을 전송하는 프로토콜이다. 전송 계층에서 지정하는 상위 프로토콜 지시자는 21번 포트이다.

04 데이터링크 계층 또는 Datalink Layer

> 해설

데이터링크 계층(Datalink Layer)은 인접한 노드 간의 신뢰성 있는 데이터를 프레임 단위로 전송한다. 신뢰성 있는 전송을 위해 흐름 제어(Flow Control), 오류 제어(Error Control), 회선 제어(Line Control)를 수행한다.

05 DNS

> 해설

DNS(Domain Name System)는 숫자로 이루어진 인터넷 주소를 사용자의 이해와 기억을 돕기 위해 이름과 위치 등을 나타내는 일련의 단어로 변환하는 구조이다.

06 ① : ㄷ 또는 그래픽 사용자 인터페이스
② : ㄹ 또는 웹 사용자 인터페이스
③ : ㄱ 또는 텍스트 사용자 인터페이스
④ : ㄴ 또는 명령어 사용자 인터페이스

해설

UI(사용자 인터페이스)의 유형

그래픽 사용자 인터페이스	간략한 작업 환경에서 텍스트와 아이콘으로 이루어진 객체를 사용자가 직접 시스템을 조작한다.
웹 사용자 인터페이스	인터넷의 다양한 종류의 콘텐츠를 하이퍼링크로 내비게이션하기 위해 브라우저를 통해 페이지를 열람한다.
텍스트 사용자 인터페이스	인공지능이나 게임 분야에서 자연어에 가까운 문장을 입력하여 시스템을 조작한다.
명령어 사용자 인터페이스	지정된 명령어를 입력하여 시스템을 조작한다.

07 2

해설

- 해당 프로그램은 10진 정수 7을 입력받아 2부터 7/2(3)까지의 정수의 개수를 출력하는 프로그램이다.
- C언어에서는 정수와 정수를 나눗셈하면 결과가 정수이므로 7을 2로 나눈 몫의 결과는 3이다.

i	if(i%1 == 0)		cnt
			0
2	2%1 == 0	참	1
3	3%1 == 0	참	2

- 해당 문제는 출력 결과를 작성하는 문제이므로 부분 점수가 부여되지 않는다.

08 75

해설

- 해당 프로그램은 for 반복문의 반복 횟수에 따른 산술식의 누적 결과를 출력하는 프로그램이다.
- for 반복문의 제어변수 i는 1, 3, 5, 7, 9로 총 5회 반복한다.

i	result += number * i;	result
	result = result + (3 * i);	0
1	result = result + (3 * 1);	3
3	result = result + (3 * 3);	12
5	result = result + (3 * 5);	27
7	result = result + (3 * 7);	48
9	result = result + (3 * 9);	75

- 해당 문제는 출력 결과를 작성하는 문제이므로 부분 점수가 부여되지 않는다.

09 22 15

해설

- 해당 프로그램은 두 10진 정수의 배타적 논리 합(XOR)의 비트 연산을 수행한 결과 두 정수를 교환하여 출력하는 프로그램이다.
- XOR 연산 결과는 각 자리의 비트가 서로 다르면 1, 같으면 0이다.
- 두 정수 num1과 num2를 2진 정수 6자리로 변경하면 각각 15는 001111이고, 22는 010110이다.

실행문	복합 연산식	XOR 연산							결과
1	num1 ^= num2;	num1	0	0	1	1	1	1	num1 : 25
		num2 ^	0	1	0	1	1	0	num2 : 22
	num1 = num1 ^ num2;	num1	0	1	1	0	0	1	
2	num2 ^= num1;	num2	0	1	0	1	1	0	num1 : 25
		num1 ^	0	1	1	0	0	1	num2 : 15
	num2 = num2 ^ num1;	num2	0	0	1	1	1	1	
3	num1 ^= num2;	num1	0	1	1	0	0	1	num1 : 22
		num2 ^	0	0	1	1	1	1	num2 : 15
	num1 = num1 ^ num2;	num1	0	1	0	1	1	0	

- 해당 문제는 출력 결과를 작성하는 문제이므로 부분 점수가 부여되지 않는다.

10 17 18

해설

- 해당 프로그램은 정수 1부터 35 사이의 홀수와 짝수의 개수를 각각 출력하는 프로그램이다.
- 변수 evencnt : 짝수의 개수, 2로 나눈 나머지 값이 0인 경우는 짝수, 2의 배수를 의미한다.
- 변수 oddcnt : 홀수의 개수, 2로 나눈 나머지 값이 0이 아닌 경우는 홀수를 의미한다.

if(i%2 == 0)	i가 2로 나눈 나머지 값이 0과 일치하는지 판별
evencnt++;	'참'인 경우(짝수) : evencnt = evencnt + 1;
else	그렇지 않으면.
oddcnt++;	'거짓'인 경우(홀수) : oddent = oddcnt + 1;

- 해당 문제는 출력 결과를 작성하는 문제이므로 부분 점수가 부여되지 않는다.

11 11

해설
- 해당 프로그램은 조건 연산자와 if~else문을 통해 선택적으로 실행된 명령문을 실행하여 결과를 출력하는 프로그램이다.
- 조건연산자 : 〈문법〉 조건식 ? 참값 : 거짓값
- if~else문 : 〈문법〉 if(조건식) { true일 경우 실행문; } else { false일 경우 실행문; }

실행문		x 1	T_x	t_x
T_x = (x >= 0) ? x: -x;	T_x = (1 >= 0) ? x: -x;		T_x = x;	1
if(x >= 0)	if(1 >= 0) // true			
t_x = x;	'true'인 경우 실행		t_x = x;	1
else				
t_x = -x;				

- 변수 T_x와 변수 t_x 모두 조건식의 결과 'true'(참)로 판별되어 변수 x의 값 1이 할당되어 출력된다.
- 해당 문제는 출력 결과를 작성하는 문제이므로 부분 점수가 부여되지 않는다.

12 119

해설
- 해당 프로그램은 10진 정수 1부터 1씩 증가한 정수의 값들의 합이 100을 초과할 경우의 합을 결과로 출력하는 프로그램이다.
- Java언어에서의 무한 반복문은 while(true) { 반복실행 명령문; }이며, 조건식의 결과가 'true'이면 break 명령문에 의해 무한 반복문을 탈출한다.

if(sum > 100)		num	sum
		0	0
0 > 100	false	1	1
1 > 100	false	2	3
3 > 100	false	3	6
6 > 100	false	4	10
10 > 100	false	5	15
15 > 100	false	6	21
21 > 100	false	7	28
28 > 100	false	8	36
36 > 100	false	9	45
45 > 100	false	10	55
55 > 100	false	11	66
66 > 100	false	12	78
78 > 100	false	13	91
91 > 100	false	14	105
105 > 100	true		break;

- System.out.println(num + sum); 명령문은 14 + 105의 결과 119를 출력한다.
- 해당 문제는 출력 결과를 작성하는 문제이므로 부분 점수가 부여되지 않는다.

13 int
　　 str

해설
- 해당 프로그램은 Python의 객체의 자료형을 출력하는 프로그램이다.
- 10진 정수 10은 정수형 상수이며, 'test'는 문자열형 상수이다.
- print( ) 함수는 화면에 결과물을 출력하는 내장 함수이다.
- type( ) 함수는 객체의 자료형(타입)을 확인하는 내장 함수이다.
- 변수 x의 10의 자료형은 int이고, 변수 y의 'test'는 str이다.
- 해당 문제는 출력 결과를 작성하는 문제이므로 부분 점수가 부여되지 않는다.

14 ① : 11
　　 ② : 17

해설
- 속성명 BETWEEN 값1 AND 값2 : 속성값이 값1 이상 값2 이하의 범위 값을 표현하는 조건식이다.
- 30대는 나이가 30 이상 39 이하이며, 인사팀 테이블의 직원 6명의 나이가 모두 35 미만이거나 모두 35 이상일 수 있으므로 문제 질의의 결과는 0+11(11)명 이상 6+11(17)명 이하이다.

15 ① : AVG
　　 ② : COUNT

해설
테이블 내의 튜플들을 그룹화하여 그룹 내의 튜플의 개수가 5 이상인 그룹에 대해서만 평균을 구하는 질의이다.

SELECT 속성명 AS 별칭, 집계합수 AS 별칭	4	과목번호와 중간고사 점수 평균을 구하여 출력
FROM 테이블명	1	〈STUDENT〉 테이블을 대상으로
GROUP BY 그룹기준속성	2	과목별
HAVING 그룹별_적용_ 조건식;	3	5명 이상의 학생이 수강하는 과목에 대해
SELECT CNO AS 과목번호, AVG(MSCORE) AS 중간평균 FROM STUDENT GROUP BY CNO HAVING COUNT(*) >= 5;		

16 ㄴ - ㄷ - ㄱ - ㄹ - ㅁ

해설
테스트 수행은 '테스트 목적 찾기 → 테스트 방법 결정 → 테스트 케이스 작성 → 예상되는 결과 설정 → 테스트 케이스 수행' 순서로 진행된다.

17 ① : 블랙
② : 화이트

해설
- 화이트박스 테스트(White Box Test)는 소프트웨어의 내부 구조 및 동작을 세밀하게 검사하는 테스트 방식으로, 사용자가 들여다 볼 수 없는 구간의 코드 단위를 테스트한다.
- 블랙박스 테스트(Black Box Test)는 소프트웨어의 내부 구조나 작동 원리를 모르는 상태에서 소프트웨어의 동작을 검사하는 방법으로, 사용자 입장에서 소프트웨어의 요구사항과 결과물이 일치하는지 확인한다.

18 스택 또는 Stack

해설
- 스택(Stack)은 한쪽 끝에서만 자료의 삽입(push)과 삭제(pop)이 발생하며 재귀 알고리즘, 실행 취소, 웹 브라우저에서 방문기록(뒤로가기) 등을 구현할 때 사용한다.

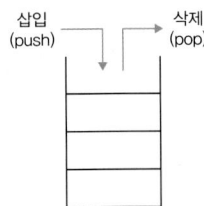

- 큐(Queue)는 한쪽 끝에서는 데이터의 입력, 다른 한쪽 끝에서는 데이터의 출력이 이루어지는 선입선출(FIFO) 형태의 자료구조이다.

19 VDW

해설
- DW(Data Warehouse)는 기간 시스템의 데이터베이스에 축적된 데이터를 공통의 형식으로 변환하여 일원적으로 관리하는 데이터베이스 시스템을 의미한다.
- VDW(Virtual Data Warehouse, 가상데이터웨어하우스)는 데이터웨어하우스를 구축하지 않았는데도 사용자가 실제로 데이터웨어하우스가 구축되어 있는 것처럼 생각하게 만드는 시스템이다.

20 WAF

해설
WAF(Web Application Firewall, 웹 방화벽)는 일반적인 네트워크 방화벽(Firewall)과는 달리 웹 애플리케이션 보안에 특화되어 개발된 솔루션이다. 직접적인 웹 공격 대응에도, 정보유출방지솔루션, 부정로그인방지솔루션, 웹사이트위변조방지솔루션 등으로 활용이 가능하다.

자격증은 이기적

이기적 강의는 무조건 0원!
이기적 영진닷컴

공부하다가 궁금한 사항은?
이기적 스터디 카페

결과가 어떨지 아무도 모르지.
그냥 지금까지 열심히 공부한 만큼
네가 합격했으면 좋겠다.